Grundthemen der Literaturwissenschaft

Herausgegeben von
Klaus Stierstorfer

Wissenschaftlicher Beirat
Martin Huber, Barbara Korte, Schamma Schahadat,
Christoph Strosetzki und Martina Wagner-Egelhaaf

Grundthemen der Literaturwissenschaft: Lesen

Alexander Honold und Rolf Parr (Hrsg.)

Grundthemen der Literaturwissenschaft: **Lesen**

——

unter Mitarbeit von Thomas Küpper

DE GRUYTER

ISBN 978-3-11-036467-5
e-ISBN (PDF) 978-3-11-036525-2
e-ISBN (EPUB) 978-3-11-039128-2
ISSN 2567-241X

Library of Congress Cataloging-in-Publication Data
Names: Parr, Rolf, editor. | Honold, Alexander, editor.
Title: Grundthemen der Literaturwissenschaft : Lesen / herausgegeben von Rolf
    Parr, Alexander Honold.
Description: Boston : De Gruyter, 2018. | Series: Grundthemen der
    Literaturwissenschaft | Includes bibliographical references and index.
Identifiers: LCCN 2018031552 (print) | LCCN 2018033410 (ebook) | ISBN
    9783110365252 (electronic Portable Document Format (pdf)) | ISBN
    9783110364675 (hardback) | ISBN 9783110365252 (e-book pdf) | ISBN
    9783110391282 (e-book epub)
Subjects: LCSH: Reading. | Reading comprehension. | Literature--Study and
    teaching. | BISAC: LITERARY CRITICISM / General.
Classification: LCC PN83 (ebook) | LCC PN83 .G78 2018 (print) | DDC
    418/.4--dc23
LC record available at https://lccn.loc.gov/2018031552

Bibliografische Information der Deutschen Nationalbibliothek
Die Deutsche Nationalbibliothek verzeichnet diese Publikation in der Deutschen
Nationalbibliografie; detaillierte bibliografische Angaben sind im Internet über
http://dnb.dnb.de abrufbar.

© 2018 Walter de Gruyter GmbH, Berlin/Boston
Satz: Dörlemann Satz, Lemförde
Druck und Bindung: CPI books GmbH, Leck

www.degruyter.com

Die Reihe bietet substanzielle Einzeldarstellungen zu Grundthemen und zentralen Fragestellungen der Literaturwissenschaft. Sie erhebt den Anspruch, für fortgeschrittene Studierende wissenschaftliche Zugänge zum jeweiligen Thema zu erschließen. Gleichzeitig soll sie Forscherinnen und Forschern mit speziellen Interessen als wichtige Anlaufstelle dienen, die den aktuellen Stand der Forschung auf hohem Niveau kartiert und somit eine solide Basis für weitere Arbeiten im betreffenden Forschungsfeld bereitstellt.

Die Bände richten sich nicht nur an Studierende und WissenschaftlerInnen im Bereich der Literaturwissenschaften. Von Interesse sind sie auch für all jene Disziplinen, die im weitesten Sinn mit Texten arbeiten. Neben den verschiedenen Literaturwissenschaften soll sie LeserInnen im weiten Feld der Kulturwissenschaften finden, in der Theologie, der Philosophie, der Geschichtswissenschaft und der Kunstgeschichte, in der Ethnologie und Anthropologie, der Soziologie, der Politologie und in den Rechtswissenschaften sowie in der Kommunikations- und Medienwissenschaft. In bestimmten Fällen sind die hier behandelten Themen selbst für die Natur- und Lebenswissenschaften relevant.

Münster, im November 2017   Klaus Stierstorfer

Inhaltsverzeichnis

Einleitung

Alexander Honold/Rolf Parr

Lesen – literatur-, kultur- und medienwissenschaftlich

1 Dimensionen der kommunikativen Praxis ‚Lesen'

Je selbstverständlicher eine Tätigkeit in die Abläufe des Alltags und auch der wissenschaftlichen Praxis eingebettet ist, desto weniger tendiert sie dazu, als Erkenntnisobjekt eigener Art in den Blick zu treten. Dies gilt auch (oder sogar insbesondere) für diejenige perzeptive und kognitive Verarbeitung von meist schriftbasierten, enkodierten Zeichen, die wir ‚Lesen' nennen.

Lesen ist eine der Basiskompetenzen kultureller Orientierung und Verständigung. Die Bandbreite der Funktionen des Lesens reicht von den sehr spezifischen Anforderungen an die Rezipienten literarischer Kommunikation (Leserin und Leser im literarischen Prozess) über die alphabetisierungs- und sozialisationsbedingten Fähigkeiten zur Entschlüsselung sprachlichen Zeichenmaterials (lesen können) bis hin zu einem allgemeinen Wahrnehmungssensorium (*awareness*) für die Regelhaftigkeit von Texturen, das sich sowohl auf menschliche Artefakte wie auch auf die natürliche Emergenz von Mustern und Gestaltformen beziehen kann. Auf diesen drei zu unterscheidenden Ebenen fungiert Lesen als ein Modus der intellektuellen Weltaneignung mit je unterschiedlichem Erkenntnisobjekt:

Gegenstand des literarischen Lesens ist der *Text* (bzw. das *Werk*), Medium des Entschlüsselungsvorganges ist die *Schrift*, Voraussetzung eines zustande kommenden Wahrnehmungsaktes überhaupt ist zunächst die *Textur* der jeweiligen materiellen Träger. Alle drei Dimensionen des Lesens werden mit dem vorliegenden Handbuch in systematischer Weise aufgegriffen. Ausgegangen wird dabei von der doppelten Prämisse, dass Wahrnehmung, Entschlüsselung und Aneignung aufeinander aufbauende Phasen bzw. Schichten des Lektürevorgangs darstellen und dass die sukzessive gewonnenen ästhetischen Elaborate Textur, Schrift und Text jeweils als metafunktionale Thematisierungen der ihnen vorausgehenden und deshalb von ihnen implizierten Erkenntnisstufen zu betrachten sind.

Wie andere Grundthemen der Literaturwissenschaft verbinden sich im Phänomenbereich des Lesens zudem eine geschichtliche und eine sachsystematische Dimension, deren Kombination in je ganz unterschiedlicher Art und Weise auch in schon vorliegenden Handbüchern und Geschichten des Lesens anzutreffen ist. So weist Alberto Manguels *Eine Geschichte des Lesens* (2012 [1996]) bei weitgehend chronologischer Darstellung eine der Tendenz nach eher sachsystema-

https://doi.org/10.1515/9783110365252-001

tische Gliederung auf; das von Bodo Franzmann u. a. im Auftrag der Stiftung Lesen und der Deutschen Literaturkonferenz herausgegebene *Handbuch Lesen* (1999) beginnt mit einem von Erich Schön verfassten geschichtlichen Teil, um dann sachsystematisch weiter zu gliedern; das *Handbook of Reading Research* (2002), herausgegeben von P. David Pearson, beginnt jeden seiner Teile mit einem historischen Abriss, um dann ebenfalls zu Einzelthemen in theoretisch-systematischer Sicht überzugehen; und selbst eine so dezidiert theoretisch ausgerichtete Studie wie die von Marcus Willand über *Lesermodelle und Lesertheorien* (2014) trägt den Untertitel *Historische und systematische Perspektiven.* Dieser offensichtlich nötigen Verschränkung von historischer und sachsystematischer Ebene sucht das vorliegende Handbuch sowohl durch die in den systematisch aufgebauten Beiträgen jeweils eingearbeiteten chronologischen Linien wie auch durch einen vorgeschalteten, umfangreichen Abriss zur Geschichte des Lesens von den Anfängen bis in die Gegenwart Rechnung zu tragen; neben die Reihung von Geschichte und Systematik tritt somit der Versuch ihrer Zusammenführung.

Hinzu kommt bei einem Thema wie dem des Lesens, dass eine objektive Behandlung des Gegenstandes nicht ohne die mitlaufende Reflexion des eigenen tagtäglichen Leseverhaltens und die zumindest in Ansätzen vollzogene Aufarbeitung der durchlaufenen Lesesozialisation gelingen kann, greift doch ein tiefgehendes Verständnis der beim Lesen involvierten kognitiven, mentalen, physikalischen und kulturellen Vorgänge und Fertigkeiten nur mithilfe der Komplementarität von Außen- und Innensicht. Dem Lesen ist „nur in flagranti auf die Spur zu kommen, im Versuch also, das Lesen zu lesen" (*Lesen. Ein Handapparat* 2015, 230).

Die Differenz von Innen/Außen

Über das Lesen verständigen wir uns als Lesende, d. h. je schon in einer kommunikativen Praxis Stehende. Dabei impliziert der Tätigkeitsbereich des Lesens, wie ihn auch dieses Handbuch der Reihe *Grundthemen der Literaturwissenschaft* als epistemologischen Hintergrund voraussetzt, nicht (mehr) nur die kontemplative Versenkung in eine Buchseite (vgl. den Fotografien-Band von McCurry 2016). Er umfasst vielmehr das ganze Ensemble des Navigierens durch eine mit Daten, Zeichen und Spuren aller Art gespickte, intelligible Welt. Ohne ein individuell etabliertes, durch Introspektion gewonnenes Vorverständnis des Lesevorgangs und ohne die solide praktische Beherrschung dieser Tätigkeit wäre weder ein passiver noch ein aktiver Umgang mit Literatur möglich, würde evidenterweise auch eine Nutzung dieses Handbuchs und damit die Rezeption dieses einleitenden Textes nicht zustande kommen, die doch gerade jetzt zweifellos stattfindet.

Wie weit zurück müsste man eigentlich gehen, von wo aus müsste man schauen, wollte man das Selbstverständliche des Lesens und der dabei involvierten Voraussetzungen, Kenntnisse und Fertigkeiten einmal *von außen* in den Blick nehmen? Seit etwa 250 Jahren wurde die Anleitung zum Lesenlernen und Lesen in einer wachsenden Anzahl von Ländern als eine staatliche Kernaufgabe betrachtet, die zusammen mit der korrespondierenden Schreibfähigkeit und neben dem Rechnen als Basiskompetenz für die Teilhabe am gesellschaftlichen Leben gilt und deshalb im Zentrum schulischer Grundlagenbildung steht. Lesen ist eine Kulturtechnik, deren Ausübung als mühsam erlernte oder genussvoll praktizierte, als sinnliche oder abstrakte Tätigkeit erlebt werden kann. Lesefähigkeit vermag im gesellschaftlichen Vergleich einerseits gemeinschaftsbildend, andererseits aber auch exkludierend zu wirken; es basiert auf allgemein verbindlichen und erlernbaren Techniken und setzt doch individuell je unterschiedliche Fertigkeiten und Erfahrungen frei. Sämtliche alltäglichen Kommunikations- und Verkehrsformen sind mit permanenten, meist unbeachtet ablaufenden Lektüreprozessen verbunden. Ganz gleich, ob wir uns dabei in virtuellen oder realen Räumen bewegen, agieren wir mit größter Selbstverständlichkeit unter Lesenden – und haben vergessen, dass dies über die längste Zeit der menschlichen Geschichte nur jeweils für eine sehr schmale Bevölkerungsgruppe der Fall war (vgl. Griep 2005; Schneider 2004).

Die Lektüre von Spuren und natürlichen Anzeichen ist jedoch keineswegs ein menschliches Spezifikum, sondern auch im Tierreich sind entsprechende Kompetenzen weit verbreitet. Auf der anderen Seite spricht vieles dafür, dass jene graphische Organisation von Texten nach dem Schema der räumlich gestalteten Buchseite, die seit dem Hochmittelalter für das Konzept des regelgeleiteten Lesens zum Modell schlechthin geworden ist (vgl. Illich 1991), im Zeitalter hypertextueller und multimedialer Konnektivität ihre paradigmatische Vorrangstellung einbüßen wird oder schon an die Techniken des vernetzten und verlinkten Navigierens abgetreten hat (vgl. zum Lesen digitaler Literatur Bachleitner 2010 und zum aktuellen Stand von „Rezeptionsprozessen in der digitalen Gegenwart", also des „Lesen[s] X.0", den gleichnamigen Band von Böck et al. 2017). Mit anderen Worten: Das Lesen von Texten, die *in corpore* auf Buchseiten ausgebreitet und materiell überliefert werden, stellt aus heutiger Sicht eine epochal und kulturell überschaubar gewordene Sonderentwicklung dar, die freilich bislang noch den allergrößten Teil des überlieferten Universums der Texte umfasst und nicht von ungefähr auch mit der Entstehung und Verbreitung der Gelehrsamkeitskultur an den abendländischen Universitäten geschichtlich einigermaßen kongruent verlief.

Literatur wiederum ist ein ästhetischer Spezialfall schriftfixierter Kommunikation und basiert wie diese auf dem Erzeugen, Speichern und Versenden enkodierter Notate und auf deren nachfolgender empfängerseitiger Entzifferung. Schriftbasierte Kommunikation ist demnach durch den doppelten Modus von Potentialität und Aktualität gekennzeichnet. Ihr Zusammenspiel findet immer dann statt, wenn Zeilen wie diese von einem lesenden Auge in sprunghaften Bewegungen (Sakkaden) abgetastet und von den dabei involvierten Hirnregionen kognitiv verarbeitet und dadurch ‚verstanden' werden. Zum Ideal wird oft erhoben, dass sich der beim Schreibprozess ausgeformte Gedanke nach seinem Transportweg auf der Empfängerseite in gleicher Weise wieder zusammensetzt, wie er beim Absender formuliert worden war. Dabei kann die Aktualisierung des Geschriebenen durch den Lesenden irgendwann – zu einem gegenüber der Niederschrift und dem Druck beliebig späteren Zeitpunkt – geschehen; und sie wird je nach Fähigkeiten, Umständen und Bedarf einmalig oder wiederholt, langsam oder geschwind, nachvollziehend oder mit befremdeter Distanz erfolgen, mal eindeutiger und denotierend, mal mehrdeutiger und konnotierend. Als Formen des Zeichengebrauchs stellen die Akte des Schreibens und Lesens Handlungen zweiten Grades dar; sie beschwören ohne Primäranlass affektive Zustände herauf und bringen Menschen dazu, bestimmte Dinge zu tun oder zu unterlassen. Mittels der extrem elastischen und subtilen Verbindung von Schreiben und Lesen können auf abstraktem Wege und über erhebliche Distanzen hinweg Druck und Macht ausgeübt sowie Kontrollmechanismen implementiert und durchgesetzt werden. Hierfür ist gerade das hohe Abstraktionspotential schriftbasierter Kommunikation ein bedeutsamer Faktor.

Der entscheidende Leistungsgewinn der phönizischen Konsonantenschrift und des griechischen Alphabets gegenüber anderen schriftlichen Mitteilungsformen hatte darin bestanden, das Repräsentationsverhältnis nicht auf die Beziehung von Gedanken und Zeichen abzustellen (so dass jede Zeichenfunktion fast so komplex erlernt werden musste wie die mit ihr artikulierte gedankliche Verknüpfung selbst), sondern unter Ausklammerung der gesamten Referenzproblematik ausschließlich mithilfe der schriftlichen Abbildung von Lautwerten zu etablieren (Haarmann ²1991, 268 f.). Gelesen werden in der Alphabetschrift also zunächst nicht gedankliche Inhalte, sondern die ‚Namen' oder Bezeichnungswerte der einzelnen lautlichen Komponenten des Systems der gesprochenen Sprache. Unter der griechischen Handels- und Kolonialexpansion setzte sich um die Mitte des letzten vorchristlichen Jahrtausends das phönizische Prinzip einer graphisch kodierten Repräsentation von distinkten Lautelementen rasch in einem relativ weiten Verbreitungsgebiet des östlichen Mittelmeerraumes durch (Stein 2006, 61 f.), übrigens parallel zur Expansion des Geldes als Zahlungsmittel. Beide Verkehrsformen schufen hohe Konvertibilität ungeachtet der substantiellen Eigenschaften des jeweils bewegten Materials. Als „Technik zur Sichtbarmachung von Lautäußerungen" war das Alphabet in der Lage, kommunikative Zusammenhänge auch über trennende Zeiträume und Distanzen hinweg verlässlich zu etablieren: „Einem Leser kann beigebracht werden, Dinge zu äußern, die er niemals vorher gehört hat." (Illich 1991, 43) Aus diesen Gründen erwies sich die alphabetische Schrift- und Lesekultur, indem sie aufgrund einer gleichbleibenden, institutionell stabilen Kodierungspraxis hohe kommunikative Adaptivität mit der Möglichkeit der Anlage eines langzeitlichen Gedächtnisarchivs zu verbinden erlaubte, als hochgradig fungibel gerade in kolonialen Herrschafts- und Delegationszusammenhängen. Einerseits verschafften die Fertigkeiten in der schriftbasierten Kommunikation ihren Akteuren erhebliche strategische Vorteile gegenüber den Nutzern weniger geschmeidiger Zeichensysteme, andererseits ermöglichten sie den Aufbau virtueller Befehlsketten und Verpflichtungsbande, die einer unmittelbaren physischen Präsenz der Autorität nicht mehr bedurften, sondern diese auf symbolischer Ebene etablierten und damit einer zunehmenden Internalisierung von Macht- und Kontrollstrukturen zuarbeiteten.

Doch überall dort, wo sich mithilfe des Schreibens und Lesens ein nahezu unumschränkter, machtdurchdrungener Raum von Gesetzen, Ordnungen, Regelungen und Rechtfertigungen zu entfalten begann, erwuchsen bald auch verschiedenste Formen des ambivalenten und widerständigen Zeichengebrauchs, des bewussten oder unwillkürlichen Fehllesens etwa oder der subtilen ironischen Verfremdung, die aus den Unbestimmtheitszonen von Schrift, Lesen und Sinnbildung Kapital schlug. Von den sprichwörtlichen Spitzfindigkeiten der antiken Sophisten über die gewitzten Narrenfiguren des Mittelalters und der Frühen Neuzeit, wie Till Eulenspiegel, bis zu den ambivalenzgesättigten Hochstapler- und Betrügerkarrieren in Moderne und Gegenwart sind vielerlei Formen der Renitenz im Umgang mit Lesbarem und Gelesenem überliefert. Oftmals genügt es schon, einzelne problematische Züge des Repräsentationsverhältnisses von Laut und Schrift auszubeuten, um damit Lug und Trug von erheblichen Ausmaßen aktivieren zu können, oft sogar ohne sich dabei ausdrückliche und manifeste Falschbehauptungen zuschulden kommen zu lassen. Die Gebrauchsformen des Zeichenhandelns sind abgründig und bilden schon innerhalb der Grenzen einer Sprache, erst recht bei dem Zusammenspiel mehrerer, eine stete Quelle von Missverständnissen, Fehlschlüssen und Überrumpelungen.

So konnte es nicht ausbleiben, dass für die Literaturtheorie des massendemokratischen Kommunikationszeitalters der *Akt des Lesens* (Iser [2]1986 [1976]) zu einer argumentativen Schlüsselstelle werden konnte und über ihn die Rolle des literarischen Rezipienten als eines eigenständigen und unabhängigen Akteurs im Literaturprozess modellhaft konzipiert wurde. Schon die Romantik sah in der Figur des Lesers eine Art zweiten, erweiterten Autor, über den erst die produktive Ergänzung und Vollendung des ästhetischen Werkgeschehens gelingen konnte. So sah beispielsweise Eichendorff diejenigen als „die rechten Leser" an, „die mit und über dem Buche dichten" (vgl. dazu Kremer und Kilcher [4]2015, 103). In einem charakteristischen Spannungsverhältnis beschrieb die Rezeptionsästhetik die Dimension der Lektüre einerseits als bereits in der Werkstruktur implizit angelegt und idealiter vorgeformt, während sie andererseits die Nachträglichkeit, Unverfügbarkeit und Offenheit des Leseaktes als seine irreduziblen Freiheitsmerkmale betonte.

Neben die poetologische und die hermeneutische Bestimmung der Leserrolle als zum Schreibenden komplementäre Funktion traten in den vergangenen Dekaden schließlich die Objektivierungstendenzen sowohl der kognitiv ausgerichteten wie der sozioempirisch fundierten Rezeptionsforschung, in welchen quantitative Daten über tatsächliches gesellschaftliches Leseverhalten und über die dabei involvierten zerebralen Prozesse gewonnen wurden – freilich ohne damit den kulturellen Faszinationswert und die mentalen Geheimnisse dieser fast magischen Kulturtechnik vollständig zu lüften. Sozioanalytische Erhebungen und physiologische Daten können zwar abbilden, welche Aktivitäten regelhaft mit bestimmten Lesetätigkeiten verbunden sind (und wie sich gesellschaftliche und physische Rahmenbedingungen dabei jeweils auswirken), doch entwerfen sie damit ebenso wenig ein ‚inneres Bild' des Lektüregeschehens, wie dies die zahlreichen Abbildungen lesender Menschen in der bildenden Kunst oder im Film zu tun vermögen. Auf diesen Bildern sind oftmals über Bücher und Schriftstücke gebeugte, ins Lesen versenkte Menschen zu sehen; es geht also aus den bildlichen Darstellungen durchaus hervor, welche Haltung Lesende einzunehmen pflegen, doch wäre allein diese äußerliche Anschauung niemals in der Lage, einem Illiteraten die Technik des Lesens selbst zu erschließen. Was da intrinsisch geschieht und in welcher Welt der oder die Lesende sich während des Lesevorganges mental befindet, ist aus dem äußerlich beobachtbaren Geschehen selbst kaum abzuleiten und kann auch durch Messverfahren wie das Eye-Tracking nur oberflächlich erfasst werden (vgl. die Beiträge in *From Eye to Mind* [1990]).

Die Diskrepanz zwischen innerlicher und äußerlicher Betrachtungsweise ist frappant; freilich bildet die Innen/Außen-Dichotomie nur einen der bei der konzeptionellen Bestimmung des Lesens auftretenden konstitutiven Gegensätze. Als weitere, ähnlich konträr aufgebaute Spannungsfelder lassen sich die Gegensätze von Fläche und Tiefe, die Dualität von Auge und Ohr sowie das Gegeneinander von konsekutiven und simultanen Mechanismen festmachen. In allen den genannten Hinsichten erweist sich das Lesen bei genauerem Einblick als eine in diesen Dichotomien jeweils nicht einsinnig verortbare, monomethodische Technik, sondern weit eher als eine kombinatorisch angelegte, zwischen konträren Optionen ausbalancierte oder sie geschickt kombinierende Fertigkeit.

Die Differenz von Fläche/Tiefe

Das Spannungsfeld von Oberfläche und Tiefe etwa weist in der Mediengeschichte des Schreibens und Lesens auf jene Bewegungen des Einritzens oder Eingravierens zurück, die mithilfe eines länglichen, von der Schreibhand gelenkten Instruments, eines Griffels oder Stiftes, ausgeführt wurden. Im Zuge der fortschreitenden Anforderungen an die Geläufigkeit, Geschwindigkeit und Quantität des Schreibens ging diese Schreibtechnik des gravierenden Ritzens zunehmend in die oberflächlich gleitende Bewegung der Tintenfeder oder des Bleistiftes über. Demzufolge nahm die vertikale Tiefeneinwirkung in der Handhabung des Stiftes ab, die Bedeutung der horizontalen Distribution des Schreibstromes hingegen zu; aussagefähig wurden nun Feinheit, Akkuratesse und kreative Eigenarten der Linienführung. Der Begriff des Stils geht vom Schreibgriffel, dem *stilus*, auf die ästhetische Faktur des Geschriebenen über, wie etwa Buffons Diktum belegt: „Le style, c'est l'homme même" (Buffon 1872). Dementsprechend bildet sich auch in der Lektüre die haptische Qualität mit den Fingern ertastbarer Eindrücke gegenüber der abstrahierenden Fähigkeit, das Auge geschwind über Linien und Flächen hingleiten zu lassen, zurück. Tendenziell ist in den jüngsten medientechnischen Hard- und Software-Entwicklungen wiederum eine Rückkehr der vertikalen Schreibdimension und ihrer taktilen Qualitäten zu konstatieren, da sowohl die übereinandergelegte Verlinkung mehrerer Darstellungsebenen (Hypertext) wie auch die berührungssensitiven Displays wieder eine aktivere Rolle der haptischen Texterfassung vorsehen, womit die Flächigkeit der bildschirmgestützten Textträger gleichsam eine sekundär konstituierte ‚Tiefe' zurückgewinnt. Das lässt sich in jüngster Zeit auch für die Umschläge von Paperbacks beobachten, bei denen zunehmend ‚erhabene' Elemente anzutreffen sind, die die vormalige Flächigkeit zur Dreidimensionalität tendieren lassen.

Die Differenz zwischen visuellem und auditivem Übertragungsweg

Besonders intensive Forschungsdebatten haben sich seit jeher auf die Beziehung von Auge und Ohr und damit auf das Verhältnis von stiller zu akustisch manifester Lektüre gerichtet. Zwischen dem Sprechen-Hören und dem Schreiben-Sehen klafft eine so sinnfällige Divergenz, dass es plausibel erscheint, hier von zwei kognitiv weitgehend getrennten Induktionsprozessen auszugehen. Zwar wird beim Lesen die Sprache als basales Medium der Verständigung herangezogen, doch bleibt sie in der Textform eigentümlich stumm: Die Lesesäle der Bibliotheken sind wahre Archive des Schweigens, in denen schon leises Tastenklappern als Störgeräusch auffällt. Ein geschichtlich noch nicht allzu weit zurückliegender edukativer ‚Fortschritt' bei der Verbreitung und Erhöhung von Lesekompetenzen bestand in der Propagierung der stummen und einsamen Lektüre. Die Verbannung des beim lesenden Entziffern als Begleiterscheinung auftretenden Mitsprechens ‚nach innen', in die Zerebralsphäre der imaginativen Körpertätigkeit, ist ein der Affektkontrolle verwandter Abstraktionsvorgang, bei dem zeit- und aufwandsersparend manche Implikationen des Lesevorganges verflachen und nur mehr angedeutet oder in abgekürzter Form realisiert werden. Doch zeigen die Befunde der Leseforschung, dass auch beim stummen Lesen oftmals eine gewisse ‚Subvokalisation' auftreten kann, bei der andeutungsweise und niederschwellig zusammen mit der graphischen Textwahrnehmung auch die lautlichen Korrelate aufgerufen werden; teils virtuell, teils manifest (vgl. *Dichtung für die Ohren* 2015). Klaus Weimar geht so weit, das Lesen als ein „Sprechen zu sich selbst" definitorisch an das Element der ‚inneren' akustischen Realisation zu koppeln (Weimar 1999). Dass der Verzicht auf die Lautlichkeit beim Lesen weder vollständig noch irreversibel ist, wird zudem durch die Konjunktur der Hörbücher und Audiostreams oder durch die Beliebtheit von Poetry-Slams und anderen performativen Lesedarbietungen mit einbezogenem Publikum belegt. Insofern zeitigt der sozialisationsgeschichtliche Musterfall des stummen Lesens offenkundig eine Art komplementären Vokalisierungsbedarf, welcher bei lebenden Autoren u. a. durch die berühmte Wasserglas-Lesung oder durch andere paratextuelle Verlautbarungen bedient werden kann, bei toten Dichtern hingegen durch die interpretatorische Maxime der Rekonstruktion dessen abgedeckt wird, was der Autor mit seinem Text hatte ‚sagen wollen'.

Die Differenz zwischen konsekutiven und simultanen Mechanismen des Lesens

Grundsätzlich beruhen das Lesen und seine methodische Intensivvariante des interpretierenden Entzifferns und Nachvollzugs auf der sowohl räumlichen wie zeitlichen Trennung der kommunikativen Instanzen von Sender und Empfänger. Diese wiederum ist eine Folge der systematischen Auslagerung der Rhetorik als Redekunst in die kontrollierten und reproduzierbaren Darstellungsformen der Medialität der Schrift: Beim einsamen Schreiben ist der adressierte Leser abwesend, beim einsamen Lesen der Absender, der den Text geschrieben hat. Diese komplementäre Mangelstruktur ist konstitutiv für literarische Kommunikation – von der klassischen Briefkultur bis in die vernetzten Digitalmedien. Lesen trägt – wie die Beschäftigung mit jeder Art von Spuren – das Merkmal der Nachträglichkeit, hat aber den Vorzug des zeitlich beliebigen und wiederholbaren Zugriffs.

Während der Redeakt und seine auditive Rezeption einer transitorischen Linearität unterliegen, bei der in unablässigem Daten-Transport die jeweils nachfolgende Zeitstelle das Zeichenmaterial der ihr vorangegangenen verdrängt, schafft ein Text als schriftlich fixierte (und meist durch ein Druckbild graphisch zusätzlich ausgeformte) Ganzheit die simultane Existenz eines Artefakts, das in verschiedenste Richtungen und mit unterschiedlichen Geschwindigkeiten erkundet werden kann. Für die Literatur können daraus geradezu *Poetiken des Blätterns* (vgl. dazu Schulz 2015) entstehen, die den Leser immer schon mitdenken. Andererseits jedoch unterscheidet sich die Rezeption eines Textes von etwa derjenigen eines bildkünstlerischen Werkes dadurch, dass die simultan präsentierte Fläche etwa einer Buchseite nicht mit gleichermaßen befriedigenden Ergebnissen auf jede beliebige Weise abgetastet werden kann, sondern für die erfolgreiche Dekodierung eine bestimmte konsekutive Zeichenfolge mehr oder minder zwingend vorgegeben ist. Lesen ist etwas, was man der Reihe nach bewerkstelligt; von links nach rechts (in manchen Schriftsystemen auch umgekehrt), von oben nach unten oder in der Gegenrichtung (um etwa in einem absteigend gereihten Lebenslauf der Chronologie zu folgen). Der Lesevorgang verbindet demnach jeweils eine simultane und eine sukzessive Komponente dergestalt, dass die zeitliche Linearität der gesprochenen Sprache und die räumliche Simultanität des flächig ausgedehnten Artefakts eine ästhetische Kombinatorik eingehen, die der Rezeption zwar eine konsekutive Richtung und Bahn vorschreiben, zugleich aber gelegentliche Vor- und Rückwendungen oder übergreifende Blicke auf die Gesamtanlage ermöglichen.

Vier Dimensionen der Schreiben/Lesen-Kommunikation

In den vier skizzierten Dimensionen der anthropologischen Innen/Außen-Differenz, der Oberflächen- und Tiefenstruktur des medialen Trägers, der Korrelation von visuellem und auditivem Übertragungsweg sowie der semiotischen Dualität von dia- und synchroner Zeichenordnung erweisen sich die grundlegenden Aspekte der Schreiben/Lesen-Kommunikation als bemerkenswert widersprüchlich respektive zwiefältig angelegt. In ihren geschichtlichen Entwicklungsphasen und Erscheinungsformen, so der vorherrschende Eindruck, lassen sich die Merkmale der Kulturtechnik des Lesens kaum auf bestimmte substantielle Eigenschaften oder Werte festlegen; weit eher sind sie als operative Bewegungen innerhalb von bestimmten Spannungsfeldern und Gegensatzbeziehungen aufzufassen, bei welchen die Techniken des Lesens jeweils zwischen gegenläufigen Kräften bzw. Zielvorgaben ausgleichende Vermittlungsfunktionen ausüben: zwischen äußerer Haltung und innerer Anteilnahme, zwischen flächiger Expansion und haptischer Eindruckstiefe, zwischen auditiver Mündlichkeit und visueller Schrift sowie zwischen einem zeitlich-linearen Progress und einer simultanen Gestalthaftigkeit.

Ohne hierzu in jedem Falle explizit Stellung zu nehmen, lassen die in diesem Handbuch versammelten Beiträge gleichwohl eine nahezu durchgängige Tendenz erkennen, innerhalb der Kulturtechniken des Lesens weder eine einsinnige historische Entwicklungslinie (sei es die des Fortschritts der Aufklärung oder die der kulturpessimistischen Verfallsdiagnose) anzunehmen, noch eine axiologische Werthierarchie zwischen basalen und elaborierten Lektüreformen anzulegen. Zwar lesen heute mehr Menschen mit höherem intellektuellem Schulungsgrad mehr Texte mit größerer kommunikativer Reichweite und gestiegener praktischer Relevanz, als dies vor zweihundert, vor fünfhundert und erst recht vor zweitausend Jahren der Fall gewesen war; insofern liegt die Globaldiagnose des Wegs in die Lesegesellschaft sicher nicht ganz falsch. Aber wie intensiv, wie genau, wie erfolgreich und wie nachhaltig jeder einzelne dieser Lesevorgänge ausfällt, ist dabei von einem zunehmend komplexeren Geflecht an begünstigenden oder erschwerenden Faktoren abhängig, bei denen neue Formen der (Bildungs-) Ungleichheit ebenso wie der beschleunigte Wandel von medialen Formen und kommunikativen Substraten eine erhebliche, mittel- wie langfristig schwer einzuschätzende Rolle spielen. Zwischen einem Schriftstellerleben des klassischen Literaturzeitalters (etwa von Lessing bis Hofmannsthal), das sich bei manchen Fällen in mehreren zehntausend handgeschriebenen Briefen niedergeschlagen hat, und den typischen Nutzungsprofilen der aktuellen digitalen Medienangebote gibt es einerseits nur wenige lebensweltliche Überschneidungen, andererseits aber doch eine Reihe von erstaunlichen prinzipiellen Übereinstimmungen, wenn es etwa um ästhetische Lenkung von Aufmerksamkeit oder um poetologische Gestaltungsrationalität geht. Als eine methodologische Maxime – der auch die Beiträge dieses Handbuchs mal eher explizit, mal eher implizit folgen – soll deshalb angenommen werden, weder die Diskontinuität noch die Vergleichbarkeit des geschichtlich und systematisch Auseinanderliegenden überzubewerten. Zu den konstitutiven Illusionen nicht nur dieses Handbuchs, sondern vielleicht sogar der Kulturgeschichte insgesamt zählt der Glaube daran, dass sich im Spektrum der so eklatant verschiedenartigen Erscheinungsformen und Gebrauchsweisen einer so elementaren Kulturtechnik wie derjenigen des Lesens überhaupt so etwas wie ein gemeinsames begriffliches Schnittfeld herauspräparieren lässt.

2 Theoriegeschichte(n) des Lesens: historisch und systematisch

In der Theoriegeschichte der Literaturwissenschaften ist die mitlaufende Reflexion über die Entwicklungsphasen, Erscheinungsformen und Einsatzmöglichkeiten des Lesens stets eine treibende Kraft gewesen, wenngleich der Fokus dabei meist weniger auf den Lektüretechniken selbst als auf den durch sie konstituierten Gegenständen und Perspektiven lag. Zahlreiche philosophische und literaturwissenschaftliche Innovationen sind direkt oder mittelbar als Folgewirkungen bestimmter Lektüreweisen entstanden bzw. methodisch geschärft worden. Dazu gehören etwa die antiken Wissensformen der Hermeneutik und Mantik, die mittelalterliche Allegorielehre des vierfachen Schriftsinns, im Aufklärungszeitalter die buchgestützten Speicherformen des Kommentars, der Übersetzung und der Enzyklopädie, in der Moderne wiederum das Close Reading bzw. Careful Reading des textimmanenten New Criticism, die rezeptionsästhetische Entdeckung der auf Leerstellen und implizite Lenkungen gestützten Akte des Lesens (Iser ²1986 [1976]) und schließlich das dekonstruktive Interesse für aporetische Formen des Lesens (Bloom 1997 [1975]; de Man 1979; ²1983 [1971]; 1984; 1986; 1988; 1999 [1979]; 2012) oder die postkoloniale Entdeckung der kontrapunktischen Lektüre (Said 1994 [1993]), auf die wiederum jüngst die Konjunktur der von maschinengenerierten Lektüren gespeisten Analysen der Korpuslinguistik und anderer quantitativer Auswertungsverfahren folgte – um nur einige besonders prägnante methodengeschichtliche Formationen zu nennen. Wie hat dabei jeweils die zeitbedingte Auffassung des Lesens in die Ausarbeitung wissenschaftlich-theoretischer Erkenntnisinteressen und Arbeitsformen hineingewirkt?

Antike: Entziffern und Deuten als grundlegende Praktiken des Lesens

Seit der antiken Grundlegung der Praxis der Hermeneutik bilden die Entzifferung und Deutung sowohl von natürlich hervorgegangenen (*terrigenus*) wie von kulturell geschaffenen (*factitius*) Zeichen eine der vorrangigen Erkenntnisformen menschlicher Weltanschauung und Naturaneignung. In weiten Teilen ist das methodische Spektrum interpretierenden Lesens und seine Theoriegeschichte letztlich zurückzuführen auf jenen mit den großen Schriftreligionen etablierten und in der spätantiken, philologisch-theologischen Gelehrsamkeitskultur ausgeformten Dienst am Text, mit dem Geist und Buchstaben des in der *Heiligen Schrift* niedergelegten göttlichen Wortes für die jeweils zeitgenössischen Glaubensgemeinschaften dargestellt und ausgelegt wurden. Hermeneutik als Interpretationslehre (vgl. Gadamer ⁴1975) ist somit wesentlich eine lektürebasierte, auf je spezifischen metaphysischen Vorannahmen und medialen Rahmenbedingungen beruhende Vermittlungtätigkeit. Ihr zur Seite steht als ,dunklere' Erkenntnisform die Tradition magisch-esoterischer Naturkunde samt ihrer Manipulationstechniken. Das Spurenlesen, die Wahrnehmung und Interpretation der Eigenarten von Pflanzen, Tieren, Erd-, Wind- und Wasserphänomenen, insbesondere auch die aufmerksame und geduldige Langzeit-Beobachtung der Bewegungszyklen von Himmelskörpern besaßen ihre methodischen Gemeinsamkeiten in einem Konzept der Lektüre des Buchs der Natur, bei dem nahezu sämtliche gnoseologischen Praxisformen als Techniken des Lesens organisiert waren, und dies wiederum hieß: als figurative Operationen einer nachzeichnenden, entziffernden und ausdeutenden Zusammenschau von visuellen Sinneswahrnehmungen. „Was nie geschrieben wurde, lesen" – diese von Walter Benjamin (1991 [1974], 1238) aufgegriffene Formel Hugo von Hofmannsthals (1900) umschreibt all jene mantischen Erkenntnisformen von der Astrologie bis zur Handlesekunst, die vor bzw. außerhalb enkodierter Zeichenkommunikation das menschliche Naturverhältnis nach Parametern eines Lektüreaktes modellieren. Die Auffassung, via Lektüre mit besonderen Kräften, Geistern oder divinatorischen Fähigkeiten im Bunde zu stehen, stellt bis heute eine gewisse magische Komponente der Bedeutungsdimensionen des Lesens dar.

Mittelalter: Lesen im Buch Gottes

In der Wissensordnung des Mittelalters bildeten das Buch Gottes und das Buch der Natur zwei nicht gegensätzliche, sondern komplementäre, aufeinander bezogene Wissensbereiche aus. Gefragt war nicht die methodologische Distinktionsbildung, sondern die Vereinbarkeit und Kombinierbarkeit per Analogie. Im Konzept des vierfachen Schriftsinns ist die allegorische Handhabung von Texten zu einem ausgeklügelten Modell von Sinnstufen entfaltet, bei der zum *sensus literalis*, der buchstäblichen Wort- und Satzbedeutung eines Textes, noch drei andere, mit zunehmend transfigurierten Sinnpotentialen versehene Deutungsschichten hinzukamen, nämlich die allegorische, die anagogische und die eschatologische Bedeutungsebene ein und derselben Textstelle. Auf diese Weise konnte nahezu jeder Textstelle (meist Bibelstelle) neben ihrer konkreten situativen Referenz zunächst eine symbolisch-abstrakte, sodann eine lebensweltlich-moralische und schließlich eine heilsgeschichtlich-überzeitliche Aussage zugeschrieben werden, wodurch ein komplexes System von Sinnstufen und Verweisungen entstand, in der eine begrenzte Basis von Signifikanten mit einer ungleich größeren Menge von hierarchisch geordneten Signifikaten ‚angereichert' wurde. Obwohl diese relativ strengen Regeln der Allegorese außerhalb der in ihrem Rahmen erfolgten Textproduktion nur bedingt anwendbar sind, zeigen sich ebenfalls bis in die Gegenwart in der philologisch-interpretatorischen Gelehrsamkeit noch gewisse Auswirkungen der entsprechenden Tradition, so etwa dann, wenn die Dignität literarischer Werke u. a. daran bemessen wird, wie viele ‚höhere' Lesarten und Ausdeutungen über ihrem *sensus literalis* errichtet werden können.

Aufklärung: Die Welt lesbar abbilden

Das Zeitalter der Aufklärung schuf, indem es an die Archive und Wunderkammern der Frühen Neuzeit und ihr Prinzip einer topologischen Welt-Abbildung anknüpfte (Schmidt-Biggemann 1983), erstmals eine konsequent auf Ordnungssystemen basierende Wissenskultur, in der vor allem der Zeichensatz des Alphabets zu einem erkenntnisleitenden Darstellungsmedium avancierte. Die Welt und das Wissen von ihr als ein Ganzes zu umrunden, wurde zum Masterprojekt des zweiten Entdeckungszeitalters, das seinen sinnfälligen Ausdruck gleichermaßen in der Circum-Navigation der Weltumsegler Cook und Co. wie auch in der Enzyklopädie Diderots und seiner Mitstreiter fand. Zwischen A und Z eine Universaltopik des gesamten menschlichen Weltwissens einzurichten, war emblematischer Ausdruck der Wissensutopie einer zutiefst buch- und buchstabenbegeisterten Epoche, für welche die ‚beiden Bücher' des Mittelalters längst zu einem einzigen Buch, aber mit unzählig vielen Teilbänden, fusioniert waren. Soweit irgend möglich, wurde im europäischen 18. Jahrhundert die Generierung neuen Wissens in die Anfertigung von Übersetzungen, Kommentaren und Wörterbüchern gegossen, und auch diese gleichsam medien-administrative Variante aus der Wissensgeschichte der Methodenlehren hat ihren weitreichenden Einfluss auf die *Humanities* bis heute nicht eingebüßt.

19. und 20. Jahrhundert: Vom immanenten Textstudium zum Close Reading

Als eine Art Abwehrreaktion auf die doppelte Herausforderung sowohl durch den historistischen wie durch den empirischen Schub in der Wissenschaftskultur des 19. Jahrhunderts kam in den Geistes- und Literaturwissenschaften des frühen 20. Jahrhunderts sodann ein Trend zur Versenkung ins immanente Textstudium zum Tragen, der vor allem in seiner angloamerikanischen Ausprägung unter der vielzitierten Formel des ‚Close Reading' bekannt geworden ist. Im Gegenzug zu den allegorischen Formen der Sinnanreicherung sucht das Close Reading seiner Bezeichnung gemäß möglichst nah am Text zu bleiben, den Signifikanten dicht auf der Spur. Was der Text selbst bzw. sein Wortlaut besagen, wird nun gegenüber sämtlichen ‚übertragenen' Ausdeutungen als die primäre und eigentliche Bedeutungsbasis bevorzugt; wahrheitsfähig ist allein die phänomenale Oberflächenstruktur. Wenn in diesem Zusammenhang gelegentlich auch von einem ‚Careful Reading' die Rede ist, so zielt dies auf die (etwa gegenüber ideologischen Konnotationen geforderte) Tugend, sich nicht vom Text in seiner Buchstäblichkeit ablenken oder abbringen zu lassen.

Aus dem Beharren auf texttreuer Buchstäblichkeit spricht mitunter jene Art von Vorbehalt, der gegen die psychoanalytische Einsicht in die Ambiguität sprachlichen Zeichenhandelns gerichtet zu sein scheint, demzufolge etwa in scheinbar harmlosen Wortspielen eine Fülle von sexuellen Triebenergien mitschwingt. Mit Sorgfalt und Vorsicht wappnet sich eine gewisse methodische Biederkeit textimmanenter Lektüren insbesondere gegen die – von der Postmoderne wieder aufgegriffenen – Versuchungen einer „fröhlichen Wissenschaft" (nach Nietzsche 1980 [1886]), die gerade nicht im interesse- und leidenschaftslosen Raum der Neutralität verbleibt, sondern sich ausdrücklich von den satirischen und erotischen Ausprägungen des eigenen Spieltriebs leiten lässt. Unter dem Banner der „gaya scienza" (Nietzsche 1980 [1886], 7) frönt die Lektüre einem scherzhaften oder sogar maliziösen Eigensinn, während sie in der Devise des Careful Reading sogar der Erwartung Ausdruck verleiht, dass der geschulte Umgang mit wohlgeformten Texten auch die Entwicklung einer ethisch ausgerichteten Persönlichkeitsstruktur begünstige bzw. die Anlagen zu einer solchen bereits voraussetze.

Lesen und Subjektivität

Doch kommen sowohl die spielerische wie die moralische Auffassung des Lektürevorganges zumindest darin überein, dem Aspekt der Subjektivität eine besondere Bedeutung einzuräumen. Wenn zwei Menschen den gleichen Text gelesen haben, so haben sie eben im Ergebnis keineswegs dasselbe gelesen; die Art, wie Textinhalte *ex post* zusammengefasst und wie dabei bestimmte Elemente priorisiert, andere eher vernachlässigt oder ganz ausgeblendet werden, zeigt an, dass sich die individuelle Lektüre jeweils ihren ganz eigenen, unverwechselbaren Pfad durch einen Text bahnt. Was andere Menschen mit klarer intentionaler Zielvorgabe geschrieben haben, kann in der Lektüre auf verschiedenartigste Weise aufgenommen werden: sympathetisch oder kritisch, kooperativ oder resistent, benevolent oder maliziös. Ein identischer Text, von ein und derselben Person in unterschiedlichen Lebensaltern wiederholt gelesen, kann jeweils markant unterschiedliche Bedeutungen freisetzen. Im Rahmen der Analysen einer qualitativ und textbasiert ausgerichteten Rezeptionsästhetik wiederum ist nach den Regelhaftigkeiten und Gründen für solche Varianzphänomene zu fragen, während sie in der empirischen Leseforschung zunächst auf breiter Datenbasis erfasst, dokumentiert und aufgefächert werden.

Wann ist die Lektüre erfolgreich? Einesteils dann, wenn der Akt des Lesens mit einem ergebniskontrollierten Verständnis abgeschlossen werden und sodann in eigenes Handeln transformiert werden kann. Andernteils dann, wenn die Lektüre weitere, komplexere und langwierigere Lektüren nach sich zieht, und dies immer so fort. Die Innen- und die Außenwelt des Lesens sind durch ein nur schwer auszubalancierendes System von Fremd- und Selbstbezügen miteinander verbunden. Noch einmal kann hier das Reflexionspotential der Hermeneutik für ein besseres Verständnis des Leseprozesses und seiner Schwierigkeiten herangezogen werden. Mit dem Begriff des ‚hermeneutischen Zirkels‘ wird nicht etwa schlichtweg die zirkuläre Projektion des eigenen Vorwissens auf den stattfindenden Lektüre- und Verstehensprozess bezeichnet. Genau genommen geht es dabei vielmehr um jenes für konsekutive Bildungsetappen charakteristische und letztlich unaufhebbare Problem, dass man zu Anfang einer bestimmten Lerneinheit noch nicht alles wissen kann, aber schon weit mehr an Vorwissen bräuchte, um überhaupt in die spezifische Informationsvermittlung hineinzufinden.

Im technischen Sinne beschreibt der hermeneutische Zirkel jenes Verstehensdilemma, welches sich bei der Lektüre von Texten durch die komplexe kompositorische Beziehung der Teile zum Ganzen ergibt. Ein Beispiel: Um den ersten Satz in Marcel Prousts *À la recherche du temps perdu* verstehen zu können – und das wiederum heißt: ihn als logisch gestufte Analepse innerhalb einer groß angelegten narrativen Rekonstruktion der Kindheitserlebnisse eines Icherzählers aus dessen Erwachsenenperspektive einordnen zu können –, müsste der Erstleser zu Beginn seiner Lektüre eigentlich das ganze Werk dieses siebenbändigen Romans schon mindestens einmal durchlaufen haben, denn sonst ist er diesem *medias in res*-Auftakt gegenüber vollkommen aufgeschmissen. Nach erstmaliger Gesamtlektüre des Romans wiederum stellt man ans Ende gelangt fest, dass nun eigentlich erst ‚mit wissenden Augen‘ eine Gesamtlektüre des Romans gelingen kann, diese also aufs Neue und wieder von vorne einsetzend unternommen werden müsste. Das Wiederlesen des Anfanges geschieht dann allerdings gerade nicht mehr mit jener unbefangenen Neugier einer Entdeckungsreise, die wiederum beim Einstieg in Prousts Textuniversum als Rezeptionshaltung eigentlich vorausgesetzt ist. Auf diese Weise ist bei der Lektüre also immer etwas noch nicht oder nicht mehr vorhanden, was zu einem adäquaten Verständnis der Textstruktur unbedingt erforderlich ist. An den Einzelstellen fehlt der Blick aufs Ganze, in den Kindheitsepisoden irritiert die ungenaue Ahnung des Kommenden, während die späteren Folgen die lebendige Frische der früher durchlaufenen Abschnitte vermissen lassen, wie man freilich erst im Nachhinein bedauernd erkennen muss.

Die zeitliche Dimension des Lesens

Wie das Merkmal der Subjektivität, so spielt folglich auch der Faktor Zeit im Lesevorgang eine ganz besondere Rolle. Lesen ist eine zeitaufwändige Tätigkeit par excellence. Sämtliche literarischen Genussformen und intellektuellen Betätigungen, die auf eigener und gründlicher Textlektüre beruhen, sind am extremen Gegenpol eines effizienten Umgangs mit Zeitressourcen angesiedelt. Zwar sind geübte Lesende in ihrem Lektürepensum deutlich schneller als Ungeübte, doch wächst damit erfahrungsgemäß das von ihnen abzuleistende Lesequantum in noch größeren Schritten, so dass niemals und für niemanden eigentlich genug Lesezeit vorhanden ist oder von einem erfolgreichen Abschluss der Lektürephase die Rede sein kann. Lesen ist eine anti- oder an-ökonomische Form, seine Zeit zu verbringen. Es ist als eine ebenso kontemplative wie analytische Technik eine genuine Errungenschaft der mittelalterlichen Studienkultur der Scholastik, die sich (wie auch der Begriff Schule) im wörtlichen Sinne vom Luxus des Zeithabens ableitet. Gerade im Sinne einer Gegenkraft könnte der verschwenderischen Gepflogenheit des zeitvergessenen Lesens hier eine neue, rebellische Rolle zukommen.

Andererseits kann man das Lesen durch den Einsatz von Hilfsmitteln oder Sekundärinformationen auch abkürzen, umgehen oder optimieren. Insbesondere die vergleichsweise mechanischen Leseprozesse, wie sie für die Ermittlung und Auszählung von Belegstellen erforderlich sind, können heute großenteils bereits an Maschinen delegiert werden. Was geschieht, wenn auch die verstehende Dimension der Geisteswissenschaften zunehmend von quantifizierenden Lektürepraktiken unterstützt oder auch herausgefordert wird? Rückt dann ein auf die Verarbeitung großer Datenvolumina ausgerichtetes ‚Distant Reading‘ (Moretti 2016) an die Stelle vertiefter, nachbuchstabierender Einzellektüren, so dass die Frage nach dem ‚Lesen unter digitalen Bedingungen und Möglichkeiten‘ noch einmal ganz neu gestellt werden muss? Mitunter werden, wie verschiedene Arbeitsproben dieser disziplinären Neuentwicklungen zeigen, hierbei Strukturen wahrnehmbar, die den individuellen Lektüreprozess bislang meist eher unterschwellig, aber wirkungsvoll mitgeformt haben. Zwischen naher und distanzierter, schneller und langsamer, subjektiver und standardisierter Lektüre muss, derzeit zumindest, keine Entscheidung, noch nicht einmal eine Priorisierung getroffen werden. Auch hier gleicht das Lesen de facto weit eher einem Navigieren zwischen verschiedenen Optionen, als dass es eine verbindliche Festlegung seiner Orthopraxie, eine Fixierung ‚richtigen' Vorgehens verlangen würde. Es ist durchaus legitim, immer wieder zu prüfen: Muss ich das eigentlich lesen? Habe ich dies womöglich schon einmal gelesen, aber wieder vergessen? Wie viel Zeitaufwand werde ich an die Lektüre setzen und wohin bringt sie mich? Kaum eine dieser Fragen aber lässt sich beantworten, ohne damit schon ins Lesen und seine methodischen Problemzonen hineinzugeraten.

3 Forschungssituation, Zielsetzung und Aufbau des Handbuchs

Auch wenn das müßige Lesen im Lehnstuhl und beim Lampenschein der Vergangenheit angehören mag, bestimmt *Literacy* mehr denn je die intellektuellen Standards der Informationsgesellschaft. Über viele Medienwechsel hinweg ist und bleibt Lesen eine der basalen kulturellen Kompetenzen der menschlichen Weltorientierung und Kommunikation. In der Tätigkeit des Lesens verbinden sich kognitive, ästhetische, emotionale und soziale Fähigkeiten zu komplexen Operationen der Zeichenerkennung, der Sprachdarstellung und Musterbildung.

In sprach- und literaturwissenschaftlicher Hinsicht bildet das Lesen zwar einen elementaren Bestandteil aller größeren Theoriemodelle des Verarbeitens sprachlicher bzw. literarischer Kommunikate. Dennoch sind die u. a. epistemischen und mediengeschichtlichen Voraussetzungen des Lesens sowie die dabei eingesetzten sinnesphysiologischen, kognitiven und kulturellen Prozesse nur selten ineinandergreifend und in systematischer Perspektive behandelt worden. Klar ist: Im Vorgang des Lesens selbst und auch im Bildungsziel der Lesefähigkeit kommt weit mehr zur Anwendung als das bloße Dekodieren von (verschlüsselten) Signalen. Wie aber lässt sich aus literaturwissenschaftlicher (literatursoziologischer, semiotischer, linguistischer) Sicht das jeweils kulturell, geschichtlich und sozial variable Spektrum des lesenden Umgangs mit Zeichen, Schrift(lichkeit) und Text(en) überhaupt konzeptionell erfassen?

Forschungssituation

Die Erforschung des Lesens ist – eigentlich – ein Kerngeschäft literaturwissenschaftlicher Quellenauswertung, Analyse und Theoriebildung. Kaum irgendwo liegen so auskunftsfreudige, vielfältige und reflektierte Zeugnisse zur Geschichte des Lesens sowie zur Beschaffenheit seiner Akteure und Schauplätze vor, wie in den literarischen Beständen selbst. Zudem setzt jegliche Textinterpretation und

Werkanalyse primär mit der Verarbeitung von Leseerfahrungen an, bedarf also einer mitlaufenden konzeptionellen Selbstverständigung sowohl über die epistemologischen und medialen Voraussetzungen des Lesens wie über die geistige und ästhetische ‚Natur' dieser Tätigkeit selbst. Umgekehrt erwächst den Literaturwissenschaften respektive den Philologien in der Referenz auf diejenige kulturelle Leistung, die ihre genuine und unbestrittene Domäne darstellt, eine hohe Expertise von allgemeiner Tragweite, die zu analytischer Klarheit und explikativer Prägnanz, vielleicht sogar zu prognostischer Weitsicht befähigen sollte. Gleichwohl ist zu konstatieren, dass in den neuphilologischen Literaturwissenschaften die Fragen nach Techniken, Formen und Gegenständen des Lesens, gemessen an ihrer strategischen Relevanz, weiterhin (oder wieder) eine nur nachrangige Rolle zu spielen scheinen.

Die treibenden Impulse für eine literatur- und kulturwissenschaftliche Konzeptualisierung des Lesevorgangs kamen zunächst hauptsächlich aus den Bereichen der Kultursemiotik, der Rezeptionsästhetik und der Sozialgeschichte (vgl. Schneider 2004). Paradigmatisch hierfür war die literaturtheoretische Aufwertung des Lesens durch die einschlägigen Arbeiten von Roland Barthes, Hans Robert Jauß und Wolfgang Iser seit den 1960er Jahren. Zu einer zweiten Konjunktur der Erforschung des Lesens trug sodann die sozialgeschichtliche Orientierung der Literaturwissenschaft seit Mitte der 1970er Jahre bei. In den wiederum hieraus entstandenen, ausdifferenzierten Forschungsfeldern der Medien-, Kommunikations- und Bildungsforschung dominierten seit den 1990er Jahren eher didaktische (Lesenlernen, Lesemotivation/-disposition), buchwissenschaftliche (wer liest was und warum und in welchen Zusammenhängen?), kommunikationswissenschaftliche (Lesewirkungsforschung) und soziologische (Lesemilieus) Fragestellungen und Interessen (vgl. im Einzelnen die Arbeits-Bibliografie im Anhang). Zugleich gab und gibt es eine breit gefächerte Forschung zum Lesen aus literaturwissenschaftlicher Perspektive, die jedoch überwiegend auf Einzelaspekte, spezifische Epochen-, Gattungs- und Distributionsbereiche ausgerichtet ist und deren Erträge in ihrer systematischen Relevanz bislang nicht an einem zentralen Ort sichtbar wurden. Deshalb lässt sich zusammenfassend feststellen, dass trotz seiner elementaren Bedeutung für die philologische Theorie und Praxis das Lesen aus einer dezidiert literaturwissenschaftlichen und zugleich die Einzelphilologien übergreifenden Perspektive noch nicht in umfassender Form in den Blick genommen worden ist.

Im Zuge des tiefgreifenden Wandels der Medien- und Kommunikationstechnologie (Virtualisierung des Schriftbildes, Digitalisierung der Verarbeitungsprozesse sowie Elektronisierung der materiellen Träger) steht das gesamte Spektrum von Lesetätigkeiten und -kompetenzen vor neuen Herausforderungen informationstechnischer, ästhetischer und medienpädagogischer Art. Kann eine Maschine lesen? Oder anders gefragt: Können computergesteuerte Rechenoperationen menschliche Leser von computergesteuerten Decodierungsmechanismen unterscheiden? Genau auf diese Distinktion zielen die von Zugangsfiltern generierten ‚schlecht lesbaren‘, weil in *Fuzzy Shapes* gesetzten Testbilder (*Captcha*), die von menschlichen Benutzern mit Sinn für Texturen eingelesen werden müssen.

Was Lesen bedeutet, worin es besteht und worauf es sich richtet, hat aufgehört, selbstverständlich zu sein. Desto mehr gewinnen die Gegenstände, Formen und Dimensionen des Lesens hierbei an analytischer Beobachtbarkeit. Bemerkenswert ist, auch in symptomaler Hinsicht, die emphatische Darstellung von Lesern und Lesevorgängen in erfolgreichen literarischen Werken der jüngeren Zeit: Bernhard Schlinks *Der Vorleser* (1995) und Alan Bennetts *The Uncommon Reader* (*Die souveräne Leserin*, 2008) sind exemplarische Fälle. Zeigen sie das verstärkte Auseinanderdriften einer auf den Residuen der Buchkultur basierenden Bildungselite und der exoterischen Mediennutzung in der Populärkommunikation?

In der aktuellen Übergangsphase kann die (meist mit kulturpessimistischen Einschätzungen einhergehende) Entgegensetzung von traditioneller Lesekultur und ihrer zeitgenössischen Krisenerscheinungen (Stichworte: Schwinden der *Literacy*, Zunahme sekundärer Oralität) durch diachrone Vergleiche mit früheren Medienumbrüchen in ihrer Dramatik relativiert und in ihren kulturellen Mechanismen besser verstanden werden. Deshalb liegt der methodische Hauptakzent des hier vorgelegten Handbuchs darauf, systematische Fragestellungen (nach Akteuren, Medien und Formen des Lesens) mit einer geschichtlichen Tiefenperspektive zu verbinden, die ein historisch-genealogisches Verständnis der jeweiligen Faktoren und ihrer sozialen Bedingtheit befördert.

Zielsetzung

Vor diesem Hintergrund bezieht das vorliegende Handbuch das Lesen konsequent auf Grundfragen und -probleme der Literaturwissenschaft, literaturtheoretische ebenso wie literaturgeschichtliche, literatursoziologische und medienkulturwissenschaftliche. Die Erkenntnisse angrenzender Disziplinen zum Lesen finden dabei Berücksichtigung, allerdings bleibt die literaturwissenschaftliche Perspektive stets leitend.

Über eine bloße Bestandsaufnahme bereits geleisteter Forschung hinaus präsentieren die Beiträge des Handbuchs neuere eigene Forschungen und die Entwicklung von Fragestellungen für zukünftige Forschung. Damit überschreiten die Beiträge das traditionelle Format von aktuelle Forschungsstände aufarbeitenden Handbuchartikeln deutlich.

Durchgängige Leitfragen dieses Handbuchs sind: Welche Auswirkungen haben welche Formen des Lesens auf die Produktion, Distribution und Rezeption von Literatur? In welchem Verhältnis stehen Lesen und Sinnbildung, Lesen und Verstehen zueinander? Wie sieht dabei der Zusammenhang zwischen Lesen und den verschiedenen Medien der Schriftlichkeit aus? Wie etwa unterscheiden sich das Lesen eines traditionellen belletristischen Buches und das einer Internetseite mit ebenfalls belletristischen Inhalten voneinander? Und wie sieht es mit dem Lesen im übertragenen Sinne aus, etwa dem Lesen von filmischen Texturen oder gar dem Lesen ganzer Kulturen (vgl. Breidbach ³2011)? Ist von Lesen hier nur noch in einem metaphorischen Sinne die Rede oder finden ähnliche Techniken und Strategien der Informationsverarbeitung und dann auch Sinnbildung statt?

Alle Artikel perspektivieren ihre je spezifischen Fragen und Gegenstände dabei interphilologisch, d. h. sie übergreifen die europäischen Philologien (auch die ost- und nordeuropäischen), was sich in manchen Artikeln eher bewerkstelligen ließ – und manchmal auch weniger ergiebig oder notwendig war – als bei anderen.

Aufbau

In seiner Zielsetzung und im Aufbau folgt das vorliegende Handbuch den Maximen, wie sie für die Reihe *Grundthemen der Literaturwissenschaft* insgesamt bestimmend sind. Das Handbuch bietet zunächst einen Überblick über Grundlagen und Praxen sowie Phänomene des Lesens selbst in ihrer geschichtlichen, gesellschaftlichen und kulturellen Vielfalt (Jost Schneider); es stellt dann eine Reihe von aktuellen Forschungsbereichen vor, in denen einzelne Aspekte des Lesens aus literatur-, kultur-, medien- und sprachwissenschaftlicher Sicht reflektiert und analysiert werden. Innerhalb der vier großen Abschnitte wie auch der einzelnen Beiträge findet sich die das Handbuch insgesamt kennzeichnende Kombination von diachronem und systematischem Gliederungsprinzip bei einer gleichzeitigen Mischung aus überblicksartigen und exemplarischen Ansätzen wieder. Gleichsam vom ‚Gravitationszentrum' der Literaturwissenschaften ausgehend, werden dabei zahlreiche weitere für das Lesen relevante Disziplinen angeschlossen, wie sie der Abschnitt IV mit Beiträgen zu den „Interdisziplinären Implikationen" des Lesens behandelt.

Der Abschnitt „Grundlagen" nimmt zunächst einmal die medialen Erscheinungsformen bzw. medialen Parameter des Lesens in den Blick (Harun Maye) und damit einen Aspekt, der u. a. in den frühen Arbeiten des Medienwissenschaftlers Friedrich Kittler (1985; 1986) dadurch neu betont wurde, dass sie die Aufmerksamkeit darauf lenkten, dass der jeweilige medial-materielle Rahmen nicht nur für das Schreiben von Texten eine relevante Bedingungsgröße ist, sondern auch für den komplexen Prozess des Lesens, einschließlich solcher Hilfsmittel des Lesens, wie sie Buchgestelle für unhandliche Folianten (vgl. Hanebutt-Benz 1985) oder auch ein einfach nur ergonomisch gestaltetes traditionelles Buch (vgl. Reuß 2014) darstellen. Musste Kittler zu Beginn der 1980er Jahre auf dieses ‚mediale Apriori‘ noch explizit aufmerksam machen, so ist die mediale Rahmung auch des Lesens inzwischen allgegenwärtig, nicht zuletzt im Hinblick auf das Zusammenspiel von Schriften und Bildern (vgl. Gross 1994), insbesondere in digitalen Hypertexten jeglicher Art.

Gleich mehrere Beiträge zu den „Grundlagen" des Lesens haben aus unterschiedlicher Perspektive und mit jeweils anderem Interesse spezifisch literaturwissenschaftliche Grundfragen bzw. -konstellationen des Lesens zum Gegenstand. Sie fragen nach literaturwissenschaftlichen Theorien des Lesens (Oliver Jahraus), nach dem Prozess der Sinnbildung, also der Relation von Lesen und Verstehen (Iris Bäcker), danach, inwieweit bereits das Lesen schon ein Interpretieren ist (Horst-Jürgen Gerigk), und nach dem Leser als Adressaten literarischer Texte (Dorothee Birke). Dem schließt sich ein zweiter Block von Beiträgen an, die nur teilweise oder auch gar nicht gelingende Formen des Lesens in den Blick nehmen, vom Fehllesen auf Seiten der Leser und der Unlesbarkeit auf Seiten der Texte (Simon Aeberhard) bis hin zur Frage, ob manche aktuellen methodischen Vorgehensweisen der Literaturwissenschaften – wie etwa die computergestützte Auswertung von großen Korpora – nicht eigentlich einer spezifischen Form des Nicht-Lesens das Wort reden (Eike Kronshage).

Das ‚Wie‘ des Lesens zeigt sich – auch hier wieder historisch wie systematisch – in verschiedenen „Praktiken des Lesens", zu denen so hochgradig emotional aufgeladene Beschreibungen des Lesens wie Leseglück und Leselust (Thomas Anz) ebenso gehören wie die Ausdifferenzierungen in soziale Konstellationen des Lesens (Corinna Schlicht) und – durchaus verschiedene – Formen des individuellen (nicht unbedingt nur ‚stillen‘) Lesens (Matthias Bickenbach), die Re-Lektüre bzw. das Wiederlesen von vor allem literarischen, aber auch religiösen Texten (Alexandra Pontzen) und solche Sonderformen wie die parallele Lektüre mehrerer Texte (Jörg Wesche), das lesende Dechiffrieren geheimer Texturen (Bernhard J. Dotzler) bzw. solcher, die durch die Verwendung von Chiffrierung bzw. von in deren Nähe rückenden Darstellungsverfahren zur ‚Aufdeckung‘ geheimer Botschaften geradezu herausfordern. Man denke nur an die nicht kleine Community der gerade in dieser Hinsicht ‚affizierten‘ Leser der Texte Arno Schmidts. Mit magischen Lektüren (Jürgen Nelles) und dem Lesen von Text/Bild-Korrelaten (Silke Horstkotte) schließt der Abschnitt zu den Lektürepraktiken.

Eine Metaebene dazu nimmt der Abschnitt „(Selbst-)Beobachtungen des Lesens" ein, der dabei ansetzt, dass Literatur, bildende Kunst, Film und Fernsehen in vielfältiger Form ‚Bilder des Lesens' bieten, die es wiederum zu reflektieren gilt. Dies unternehmen Friedhelm Marx für lesende Romanfiguren und Peter Friedrich für Repräsentationen des Lesens in Film, Fernsehen und Literatur.

Abgeschlossen wird der Band mit einem Abschnitt zu den interdisziplinären Implikationen des Lesens. Anders als *Lesen – Ein Handbuch. Lesestoff, Leser und Leserverhalten, Lesewirkungen, Leseerziehung, Lesekultur* (1973), das literaturwissenschaftliche Fragen zum Lesen nur untergeordnet behandelt, und ebenfalls anders als *Lesen. Ein interdisziplinäres Handbuch* (2015), das die Bezugsperspektive von Abschnitt zu Abschnitt wechselt, wird das Lesen – auch hier stets ausgehend vom Ort der Literatur- und im Weiteren der Kulturwissenschaften – in der Sicht einer ganzen Reihe von Einzel- und Subdisziplinen gezeigt, und zwar derjenigen der Kognitionswissenschaften (Renate Brosch), der Textlinguistik (Beate Lingnau), der Psychoanalyse (Joachim Pfeiffer), der Digital Humanities (Martin Doll), der Social Reading-Forschung (Thomas Ernst) und der Mehrsprachigkeitsforschung (Till Dembeck). Hinzu kommen die didaktische Leseforschung (Ulrike Preußer), genderspezifische Aspekte des Lesenlernens und Lesens (Andrea Bertschi-Kaufmann und Natalie Plangger), die kulturwissenschaftlichen Formen des Lesens (Städte lesen, Kulturen lesen) jenseits der durch Schrift und Buch tradierten Texturen (Julia Bertschik) und – zugleich als Zusammenfassung wie auch Öffnung – die Aufarbeitung von Metaphern des Lesens, die das Lesen in Analogie zu anderen Lebens- und Praxisbereichen stellen (Monika Schmitz-Emans).

Literatur

Bachleitner, Norbert (2010). „Das Lesen digitaler Literatur: Revision einer Kulturtechnik". *lesen. heute. perspektiven.* Hrsg. von Eduard Beutner und Ulrike Tanzer. Innsbruck, Wien und Bozen: 185–201.

Benjamin, Walter (1991 [1974]). „Das dialektische Bild". *Gesammelte Schriften.* 7 Bde. Hrsg. von Rolf Tiedemann und Hermann Schweppenhäuser. Bd. 1.3. Frankfurt/M.: 1238.

Bennett, Alan (2008). *The Uncommon Reader.* London (dt.: ders. [⁵2008]. *Die souveräne Leserin.* Deutsche Übersetzung von Ingo Herzke. Berlin).

Bloom, Harold (1997 [1975]). *Eine Topographie des Fehllesens.* Frankfurt/M.

Breidbach, Olaf (³2011). „Lesen". *Wörterbuch der philosophischen Metaphern.* Hrsg. von Ralf Konersmann. Darmstadt: 199–211.

Buffon, Georges-Louis Leclerc de (1872). *Discours sur le style, prononcé à l'Académie française par M. de Buffon le jour de sa réception (25 août 1753), avec une notice biographique, un examen critique et des notes explicatives, par Ad. Hatzfeld.* Paris.

de Man, Paul (1979). *Allegories of Reading. Figural Language in Rousseau, Nietzsche, Rilke, and Proust.* New Haven und London.

de Man, Paul (²1983 [1971]). *Blindness and Insight. Essays in the Rhetoric of Contemporary Criticism.* London.

de Man, Paul (1984). *The Rhetoric of Romanticism*. New York.

de Man, Paul (1986). *The Resistance to Theory*. Minneapolis.

de Man, Paul (1988). *Allegorien des Lesens*. Aus dem Amerikanischen von Werner Hamacher und Peter Krumme. Mit einer Einleitung von Werner Hamacher. Frankfurt/M.

de Man, Paul (1999 [1979]). „Shelley Disfigured". *Deconstruction and Criticism*. Hrsg. von Harold Bloom, Paul de Man, Jacques Derrida, Geoffrey Hartmann und J. Hillis Miller. London und New York: 32–61.

de Man, Paul (2012). *Allegorien des Lesens II. Die Rousseau-Aufsätze*. Hrsg. von Gerhard Poppenberg. Aus dem Amerikanischen von Sylvia Rexing-Lieberwirth. Berlin.

Dichtung für die Ohren. Zur Poetik und Ästhetik des Tonalen (2015). Hrsg. von Britta Herrmann. Berlin.

From Eye to Mind (1990). Hrsg. von Rudolf Groner, Géry d'Ydewalle und Ruth Parham. Amsterdam, New York, Oxford und Tokyo.

Gadamer, Hans-Georg (⁴1975). *Wahrheit und Methode. Grundzüge einer philosophischen Hermeneutik*. Tübingen.

Griep, Hans-Joachim (2005). *Geschichte des Lesens. Von den Anfängen bis Gutenberg*. Darmstadt.

Gross, Sabine (1994). *Lese-Zeichen. Kognition, Medium und Materialität im Leseprozeß*. Darmstadt.

Haarmann, Harald (²1991). *Universalgeschichte der Schrift*. Frankfurt/M. und New York.

Handbook of Reading Research (2002). Hrsg. von P. David Pearson. Maywah/NJ und London.

Handbuch Lesen (²2006). Hrsg. von Bodo Franzmann, Klaus Hasemann, Dietrich Löffler und Erich Schön unter Mitarb. von Georg Jäger, Wolfgang R. Langenbucher und Ferdinand Melichar. Baltmannsweiler.

Hanebutt-Benz, Eva-Maria (1985). *Die Kunst des Lesens. Lesemöbel und Leseverhalten vom Mittelalter bis zur Gegenwart*. Frankfurt/M.

Hofmannsthal, Hugo von (1900). *Der Thor und der Tod*. Leipzig.

Illich, Ivan (1991). *Im Weinberg des Textes. Als das Schriftbild der Moderne entstand. Ein Kommentar zu Hugos „Didascalicon"*. Aus dem Englischen übersetzt von Ylva Eriksson-Kuchenbuch. Frankfurt/M.

Iser, Wolfgang (²1986 [1976]). *Der Akt des Lesens*. München.

Kittler, Friedrich A. (1985). *Aufschreibesysteme 1800/1900*. München.

Kittler, Friedrich A. (1986). *Grammophon, Film, Typewriter*. Berlin.

Kremer, Detlef und Andreas B. Kilcher (⁴2015). *Romantik. Lehrbuch Germanistik*. Stuttgart.

Lesen. Ein Handapparat (2015). Hrsg. von Hans-Christian von Herrmann und Jeannie Moser. Frankfurt/M.

Lesen – Ein Handbuch. Lesestoff, Leser und Leserverhalten, Lesewirkungen, Leseerziehung, Lesekultur (1973). Hrsg. von Alfred Clemens Baumgärtner. Hamburg.

Lesen. Ein interdisziplinäres Handbuch (2015). Hrsg. von Ursula Rautenberg und Ute Schneider. Berlin und Boston.

Lesen X.0. Rezeptionsprozesse in der digitalen Gegenwart (2017). Hrsg. von Sebastian Böck, Julian Ingelmann, Kai Matuszkiewicz und Friederike Schruhl. Göttingen.

Manguel, Alberto (2012 [1996]). *Eine Geschichte des Lesens*. Berlin.

McCurry, Steve (2016). *LESEN. Eine Leidenschaft ohne Grenzen. Mit einem Vorwort von Paul Theroux*. München, London und New York.

Moretti, Franco (2016). *Distant Reading*. Aus dem Englischen übersetzt von Christine Pries. Konstanz.

Nietzsche, Friedrich (1980 [1886]). „Fröhliche Wissenschaft". *Werke in sechs Bänden*. Hrsg. von Karl Schlechta. Bd. 3. München und Wien: 7–274.

Reuß, Roland (2014). *„Die perfekte Lesemaschine". Zur Ergonomie des Buches*. Göttingen.

Said, Edward W. (1994 [1993]). *Kultur und Imperialismus. Einbildungskraft und Politik im Zeitalter der Macht*. Übers. von Hans-Horst Henschen. Frankfurt/M.

Schlink, Bernhard (1995). *Der Vorleser*. Zürich.

Schmidt-Biggemann, Wilhelm (1983). *Topica Universalis. Eine Modellgeschichte humanistischer und barocker Wissenschaft*. Hamburg.

Schneider, Jost (2004). *Sozialgeschichte des Lesens. Zur historischen Entwicklung und sozialen Differenzierung der literarischen Kommunikation in Deutschland*. Berlin und New York.

Schulz, Christoph Benjamin (2015). *Poetiken des Blätterns*. Hildesheim.

Stein, Peter (2006). *Schriftkultur. Eine Geschichte des Schreibens und Lesens*. Darmstadt.

Weimar, Klaus (1999). „Lesen: zu sich selbst sprechen in fremdem Namen". *Literaturwissenschaft. Einführung in ein Sprachspiel*. Hrsg. von Heinrich Bosse und Ursula Renner-Henke. Freiburg/Br.: 49–62.

Willand, Marcus (2014). *Lesermodelle und Lesertheorien. Historische und systematische Perspektiven*. Berlin und Boston.

II Lesen: historische Perspektiven

Jost Schneider

Geschichte und Sozialgeschichte des Lesens und der Lesekulturen

1 Problem-/Gegenstandsaufriss

In unserer heutigen Wissens- und Dienstleistungsgesellschaft gehört das Lesen zu jenen grundlegenden Kulturtechniken, deren sichere Beherrschung von jedermann erwartet und ganz allgemein für eine Selbstverständlichkeit gehalten wird. Kaum lässt sich noch nachvollziehen, dass eine solch wichtige Schlüsselqualifikation über Jahrhunderte hinweg das Privileg einer winzigen Bildungselite gewesen sein soll. Und nicht minder erstaunlich klingt es, dass nicht nur die bildungsfernen Massen, sondern auch die Angehörigen der Machteliten lange Zeit ganz problemlos auf das Erlernen dieser Kulturtechnik verzichten konnten und die Lesefähigkeit als Spezialkompetenz einer kleinen Gruppe von Gelehrten galt. Doch die Geschichte des Lesens lehrt, dass dies in der Tat der Fall war.

Mündliche und schriftliche Kommunikation

Das Schreiben und das Lesen gehören zu jenen menschlichen Erfindungen, deren allgemeiner Nutzen erst spät erkannt wurde und die sich nur langsam gegen vielfältige Widerstände ausbreiten konnten. Obwohl die Schrift und damit auch das Lesen bereits vor über 5000 Jahren erfunden wurden, konnte selbst in den am höchsten entwickelten Gesellschaften erst vor kaum mehr als 100 Jahren eine Vollalphabetisierung erreicht werden. Wie konnte es zu dieser erstaunlichen Verzögerung kommen? Weshalb wurde mehrere Jahrtausende lang von den heute offensichtlich erscheinenden Vorzügen der Schrift- und Lesekultur nur in geringstem Umfang Gebrauch gemacht?

Wirtschafts-, gesellschafts-, bildungs-, technik- und mediengeschichtliche Entwicklungsprozesse, von denen im Folgenden ausführlicher die Rede sein soll, können diese Verzögerung zu weiten Teilen erklären. Doch darüber hinaus und sogar in erster Linie ist es die Natur der menschlichen Sprache selbst, die als Ursache hierfür anzusehen ist. Denn eine sprachliche Äußerung kann immer in zwei verschiedenen, in mancherlei Hinsicht gleichrangigen Erscheinungsformen auftreten: als mündliche Äußerung (Sequenz von Phonemen) oder als schriftliche Äußerung (Sequenz von Graphemen). Was man sagt, kann man aufschreiben; und was man geschrieben hat, kann man vorlesen. Auch wenn geschriebene und

https://doi.org/10.1515/9783110365252-002

gesprochene Sprache nicht verlustfrei ineinander übersetzt werden können (vgl. Dürscheid ⁴2012), erfüllen die beiden Erscheinungsformen der Sprache doch weitgehend gleichartige Funktionen.

In einfachen Gesellschaften steht der Zusatznutzen der Schrift jedenfalls in keinem vernünftigen Verhältnis zu den Kosten und Mühen, die das Erlernen des Schreibens und Lesens verursacht (vgl. Stein 2006, 9–54). Denn worin bestünde dieser Nutzen? Eine dauerhafte Speicherung sprachlicher Informationen für die Mit- oder Nachwelt ließ sich nicht erst durch Verschriftlichung, sondern auch schon durch zuverlässige Memorierung und mündliche Tradierung erreichen (vgl. Mertens ²1997, 12–13). Eine Weitergabe sprachlicher Äußerungen an weit entfernte Rezipienten konnte durch reitende Boten besorgt werden, die aus dem Gedächtnis wiedergaben, was der Absender ihnen vorgesagt und zu übermitteln aufgetragen hatte. Und in der alltäglichen *Face-to-face*-Kommunikation bestand erst recht kaum ein Bedarf an der Verschriftlichung sprachlicher Äußerungen.

Erst in komplexeren Gesellschaften entsteht das Bedürfnis, besonders lange, wichtige, an unbestimmte Adressaten gerichtete oder jede menschliche Gedächtnisleistung sprengende Sprachäußerungen auch in schriftlicher Form zu fixieren, zu speichern und zeitlich (Nachwelt) oder räumlich (z. B. Fernhandel) weit entfernten Rezipienten zur Verfügung zu stellen. In Betracht kommen dafür zunächst ökonomische, politisch-diplomatische, juristische, religiöse und gelegentlich auch künstlerische Texte und Dokumente, die man aufgrund ihrer besonderen Wichtigkeit dauerhaft in ihrem exakten Wortlaut erhalten und überliefern will. Hierbei genügt es anfangs vollauf, wenn diese schriftliche Fixierung und Überlieferung an eine Expertengruppe von Schreibern, Priestern oder Gelehrten delegiert wird, die das Schreiben und Lesen berufsmäßig betreiben und deren Amt sie zu besonderer Sorgfalt und Korrektheit verpflichtet. Für die breite Bevölkerungsmasse und auch für die eigentlichen Machteliten (Herrscher und Krieger, später Fürsten und Aristokraten) besteht hingegen über Jahrtausende hinweg kaum eine Veranlassung, sich auch persönlich für diese Kulturtechniken zu interessieren oder gar selbst Griffel und Federkiel bzw. Schriftrolle und Kodex in die Hand zu nehmen.

Dass die geschriebene und die gesprochene Sprache trotz aller unbestreitbaren Unterschiede weitgehend gleichartige Funktionen erfüllen, ist noch aus einem anderen Grund für die Geschichte des Lesens von Bedeutung. Gemeint ist der Umstand, dass aktuelle Modellierungen des Lesebegriffes bemüht sind, eine möglichst umfassende und differenzierte Beschreibung des Leseprozesses zu liefern. Hierbei wird typischerweise zwischen hierarchieniedrigen und hierarchiehohen Teilprozessen unterschieden, die beim Ausführen eines Leseaktes zu durchlaufen sind (vgl. Christmann und Richter 2002, 28–34). Zu den *hierarchieniedrigen* Prozessen zählt beispielsweise das Erkennen von Schriftzeichen als solchen, die Identifikation von Wörtern (Wortbildern), das Aktualisieren passen-

der Wortbedeutungen und das grammatikalisch korrekte Interpretieren von Wort-
folgen, also das Nachvollziehen syntaktischer Strukturen. Zu den *hierarchiehohen*
Prozessen rechnet man demgegenüber die gedankliche Verknüpfung von Sätzen
zu Textabschnitten, das Verstehen von längeren Gesamttexten, die Erkennung
von Persuasions- oder Ironisierungsstrategien, die Identifikation von Anspielungen auf andere Texte, die historische Kontextualisierung von Texten und vieles
mehr, das eine höhere Abstraktionsleistung, eine elaboriertere Sprachbeherr-
schung und eine umfassendere Allgemeinbildung erfordert.

Obwohl diese Ausdifferenzierung und Erweiterung des Lesebegriffes einen
unbestreitbaren fachgeschichtlichen Fortschritt darstellt, bringt sie doch für die
Geschichte des Lesens die Schwierigkeit mit sich, dass selbige immer stärker mit
der allgemeinen Sprach- und Bildungsgeschichte verwächst. Denn viele der hierarchiehohen und sogar einige der hierarchieniedrigen Teilprozesse, die heute
mit Recht als Bestandteile des Leseprozesses aufgefasst werden, sind – wenn
auch nicht in ganz identischer Form – bei der Rezeption von sowohl schriftlichen
als auch mündlichen sprachlichen Äußerungen zu realisieren. Auch ein voll-
ständiger Analphabet muss beispielsweise Sätze zu Sinnabschnitten und diese zu
einer Textgesamtaussage zusammenfügen, wenn man ihm eine Sage oder einen
Zeitungsartikel vorliest und er den Handlungsverlauf nachvollziehen bzw. die
Information verstehen will. Das hat zur Folge, dass eine moderne Lesegeschichte
nicht erst dort einsetzen kann, wo bereits eine Alphabetisierung weiter Bevölkerungskreise erreicht ist, wo ein ausgedehnter Buchhandel existiert oder wo sogar
ein ausdifferenziertes literarisches Leben mit Berufsschriftstellern, Feuilleton-
redaktionen, Buchmessen, Literaturpreisen und dergleichen anzutreffen ist.
Vielmehr ist davon auszugehen, dass die Geschichte des Lesens eine ausgedehnte
Vorgeschichte hat, zu der auch die Entwicklung jener allgemeinen Sprachkompetenzen und jener mündlichen literarischen Kultur (*oral poetry*) gehört, die als
unentbehrliche wichtige Vorstufen auf dem langen Weg zu einer allgemeinen, fast
die gesamte Bevölkerung durchdringenden Schriftkultur gelten müssen.

Lesebegriff und Lesegeschichtsschreibung

Der folgende Überblick über die Geschichte des Lesens trägt der modernen Erweiterung des Lesebegriffes zwar Rechnung, legt das Schwergewicht aber dennoch
auf die Entwicklung der Schriftkultur im engeren Sinne. Die wesentliche Ursache
hierfür ist die Quellenproblematik, denn die oben angesprochene Vorgeschichte
des Lesens ist nach wie vor nur in Teilen wissenschaftlich rekonstruierbar. Auch
wenn man berücksichtigt, dass nicht nur schriftliche Dokumente, sondern auch
bildliche Darstellungen und mündliche Überlieferungen als relevante Quellen

anzusehen sind (vgl. Assel und Jäger 1999; Schenda 1993, 12–16), bleibt doch bisher ein beträchtlicher Teil der Geschichte und erst recht der Vorgeschichte des Lesens verborgen. Es ist beim augenblicklichen Stand der Forschung (Übersicht bei Bonfadelli 1999, 87–97, und Boelmann 2009, 309–318) nicht abzusehen, ob jemals eine vollgültige, alle Epochen mit gleicher Detailliertheit abbildende Lesegeschichte geschrieben werden kann.

Nachfolgend soll aber immer sowohl das Aktivlesen (Selbstlesen) als auch das Passivlesen (Zuhören/Vorlesenlassen) im Blick behalten werden. Denn bis in das 18. Jahrhundert hinein war das laute Lesen (Vorlesen) eine weit verbreitete, alltägliche Praxis; erst im Verlauf des 19. Jahrhunderts wurde das stille einsame Lesen zum allgemein üblichen Normalfall der Buchlektüre und der Schriftrezeption (vgl. Schön 1987). Für die unmittelbare Gegenwart kann konstatiert werden, dass die technischen Fortschritte bei der Fixierung und Translozierung von Phonemsequenzen (Mobiltelefon, Mailbox, Audiobook, Radiopodcast usw.) in manchen Bereichen der Kommunikation den Schriftgebrauch tendenziell wieder verzichtbar erscheinen lassen.

Geschichte der Alphabetisierung

Es gibt verschiedene Grade der aktiven oder passiven Teilhabe an schriftlicher Kommunikation. Und dazu kommt noch, dass auch innerhalb des Aktivlesens (Selbstlesens) im historischen Längsschnitt zwischen mindestens vier verschiedenen Kompetenzniveaus unterschieden werden kann und muss (vgl. Schneider 2007, 9–11).

- Kompetenzniveau 1: rudimentäre Alphabetisierung.
  Erkennen einzelner Buchstaben und Wörter; keine schulische bzw. systematische Unterweisung im Schreiben und Lesen.
- Kompetenzniveau 2: funktionaler Analphabetismus.
  Stockendes Entziffern einfacher Texte; u. U. Verlernen der autodidaktisch oder in der Elementarschule erworbenen Schreib-/Lesekompetenzen durch mangelnde Übung.
- Kompetenzniveau 3: reguläre Alphabetisierung.
  Flüssiges Lesen von Geschäftskorrespondenz, Zeitungsartikeln, Bestseller-Literatur und dergleichen; mittlere schulische Bildung.
- Kompetenzniveau 4: superiore Alphabetisierung.
  Regelmäßige freiwillige Teilhabe an gehobener/kanonisierter Schriftkommunikation; hohe und höchste Schul- und Hochschulabschlüsse.

Es ist schwierig, ganz exakt und differenziert zu beziffern, wie sich die Alphabetisierung in Deutschland über die Jahrhunderte hinweg in allen vier Kompetenzstufen entwickelt hat. Denn in Residenz-, Universitäts- oder Handelsstädten gab es beispielsweise höhere Alphabetisierungsquoten als in kleinen ländlichen Gemeinden. Gleichwohl ist es möglich, Durchschnittswerte anzugeben, die eine Vorstellung von der Gesamtentwicklung vermitteln:

Alphabetisierung in Deutschland auf den vier Kompetenzniveaus (in Prozent der erwachsenen Bevölkerung) (Prozentangaben nach Schön 1999 und Wittmann ³2011)

	1500	**1600**	**1700**	**1800**	**1900**	**2000**
Niveau 1	15	18	20	50	90	99
Niveau 2	9	11	13	25	55	85
Niveau 3	2	4	5	10	40	70
Niveau 4	1	1,5	2	3	22	40

In der graphischen Darstellung tritt noch deutlicher als in der tabellarischen Übersicht hervor, dass erst im 18. Jahrhundert eine allmähliche Steigerung der Alphabetisierungsquote und erst im Verlauf des 19. Jahrhunderts ein rasanter Anstieg im Bereich der für das Aktivlesen (Selbstlesen) relevanten Kompetenzniveaus 3 und 4 erreicht wird:

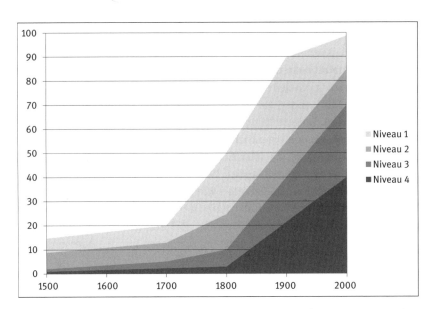

Alphabetisierung in Deutschland auf den vier Kompetenzniveaus (in Prozent der erwachsenen Bevölkerung)

Für die ganze lange Zeitspanne bis zum 18./19. Jahrhundert lässt sich demnach konstatieren, dass die regelmäßige Teilhabe an schriftlicher Kommunikation (Niveaustufen 3 und 4) das Privileg einer kleinen Bildungselite war, die kaum ein Zwanzigstel der erwachsenen Bevölkerung ausmachte. Daneben gab es eine – ebenfalls recht kleine – Gruppe von Teilalphabetisierten, die zur Not, mit dem Finger über die Zeile fahrend, kürzere einfache Schriftstücke stockend entziffern konnten, die jedoch als Aktivleser längerer Texte schon wegen mangelnder Lesekompetenzen nicht in Betracht kamen und die deshalb, wie auch die große Bevölkerungsmehrheit der vollständigen Analphabeten, zeitlebens darauf angewiesen waren, von Lesekundigen hier und da etwas vorgelesen zu bekommen.

Dabei ist im Auge zu behalten, dass zur großen Gruppe der vollständigen Analphabeten bis ins 18. Jahrhundert hinein nicht nur die Masse der Besitzlosen und Bildungsfernen, sondern auch ein guter Teil der Machteliten gehörte. Für einen germanischen Stammesfürsten mit seinem kriegerischen Gefolge und auch noch für einen Gutteil der Fürsten des (frühen und mittleren) Feudalzeitalters mit ihren höfischen Adelsgenossen war das flüssige Lesen und Schreiben keineswegs eine relevante Qualifikation, sondern eine nachrangige, nicht standesgemäße Tätigkeit, die man ganz überwiegend an untergeordnete Spezialisten delegierte. Machtausübung und Repräsentation beruhten nicht auf dem Versand eigenhändig verfasster Briefe oder Urkunden, sondern auf dem persönlichen Auftreten im Rahmen ritualisierter Machtinszenierungen (Audienzen, höfische Feste, Turniere usw.). Wer, auf dem allein für ihn reservierten Ehrensitz thronend, die Insignien seiner Macht (Kette, Orden, Schwert, Krone, Szepter o. Ä.) auf dem Haupt bzw. in der Hand, vor seinem versammelten Gefolge oder Hofstaat mündlich eine Erklärung abgab, schuf damit Fakten und bedurfte keiner eigenhändigen schriftlichen Besiegelung des in solch offizieller Form rechtswirksam Verkündeten (vgl. Althoff 2004). Noch im 18. Jahrhundert gab es deshalb in den Machteliten eine bis in die innenarchitektonische Ausgestaltung von Adelsresidenzen hinein nachvollziehbare Trennung zwischen den eigentlichen Akten der Machtausübung (Audienzsaal) und den nachrangigen, an schriftkundige Hofbeamte delegierten Verwaltungsvorgängen (Kanzlei, Schreibstube). Wie diese Beispiele illustrieren, steht das Schreiben und Lesen immer in einem – wie Hugo Kuhn es nannte – konkreten Gebrauchszusammenhang (vgl. Schulze 1997), der in einer Geschichte des Lesens berücksichtigt werden muss und der uns erst verstehen lässt, weshalb und in welchen sozialen und historischen Kontexten das Lesen größere oder geringere Verbreitung und Bedeutung hatte.

Geschichte der Leseforschung

Die Geschichte der Leseforschung zeigt, dass das wissenschaftliche Interesse an der Rekonstruktion derartiger Kontexte aus ganz verschiedenartigen Quellen gespeist werden kann (Details bei Schneider 2004, 18–22). Als erster Pionier einer solchen umfassenden Rekonstruktion gilt der Schriftsteller und Literaturhistoriker Robert Prutz, der 1859 im zweiten Band seiner Studie über *Die deutsche Literatur der Gegenwart* erstmals das Projekt einer Lesegeschichte konzipierte: „Es wäre ein interessantes Unternehmen, würde aber freilich eine größere Kenntniß des Publicums und mehr Berührung mit den verschiedenartigsten Klassen desselben erfordern, als unsern Schriftstellern, geschweige denn unsern Gelehrten gemeiniglich zu Gebote steht, statt der herkömmlichen gelehrten oder ästhetischen Literaturgeschichte einmal eine Historie der Literatur zu schreiben vom bloßen Standpunkt des Lesers aus: das heißt also eine Literaturgeschichte, wo nach gut oder schlecht, gelungen oder misslungen, gar keine Frage wäre, sondern wo es sich allein darum handelte, welche Schriftsteller, in welchen Kreisen, welcher Ausdehnung und mit welchem Beifall sie gelesen werden" (Prutz 1859, 73). Bei Prutz ergibt sich diese Forderung aus einer politischen, liberal-oppositionellen Haltung. Er konnte selbst aber nur punktuell Beiträge zur Realisierung eines solchen Projektes liefern. Literatursoziologisch-wissenschaftlich ist hingegen die 1923 publizierte *Soziologie der Literarischen Geschmacksbildung* des Anglisten Levin Ludwig Schücking fundiert, die aber nach anfänglichen Erfolgen für lange Zeit in Vergessenheit geriet. Harald Weinrichs Plädoyer *Für eine Literaturgeschichte des Lesers* (1967) und Gunter E. Grimms Standardwerk *Rezeptionsgeschichte. Grundlegung einer Theorie* (1977) entwickelten dann das Konzept einer empirischen Rezeptionsgeschichtsschreibung, die zunächst jedoch nur einen vereinzelten Kontrapunkt zur dominierenden theoretischen, nicht-empirischen Rezeptionsforschung der Konstanzer Schule (Jauß, Iser) bildete. Der Ethnologe Rudolf Schenda legte allerdings mit seiner 1970 publizierten Habilitationsschrift *Volk ohne Buch. Studien zur Sozialgeschichte der populären Lesestoffe 1770–1910* in dieser Zeit eine wichtige, viel diskutierte Studie zur bis dahin in der Leseforschung weitgehend ignorierten literarischen Populärkultur vor. Die in den letzten Jahrzehnten erschienenen Sozialgeschichten der deutschen Literatur (Hansers Sozialgeschichte [1980–2004]; Deutsche Literatur [1980–1997]) basieren nur zu geringen Teilen auf einer eigenständigen historisch-empirischen Leseforschung, bleiben auf die Zuarbeit der historischen Soziologie, der Kulturhistoriographie und der Lebensstilforschung angewiesen und konzentrieren sich im Wesentlichen doch auf den hergebrachten Werkkanon.

Peter Uwe Hohendahls Studie *Literarische Kultur im Zeitalter des Liberalismus 1830–1870* (1985) kann als weiterer Meilenstein in der Entwicklung einer breiter fundierten Leseforschung gelten. In der Auseinandersetzung mit Walter Benjamin und Peter Bürger konzipiert Hohendahl Literaturgeschichte als Institutionsgeschichte, wobei er allerdings von einer Differenzierung nach Gesellschaftsschichten Abstand nimmt. Peter Nussers Studie *Deutsche Literatur im Mittelalter* (1992) unterscheidet dagegen zwischen Geistlichen, Adeligen und Bürgern, denen jeweils eine spezifische Lebensform und eine dieser Lebensform entsprechende Praxis der literarischen Kommunikation zugeordnet wird. Trotz seiner methodologisch obsoleten Orientierung am Lebensform-Konzept Wilhelm Flitners gelangt Nusser zu einer empirisch gut fundierten Rekonstruktion der schichtenspezifischen Rezeptionspraktiken des Mittelalters, wobei allerdings die größte Gesellschaftsgruppe, die der analphabetischen Landarbeiter, mitsamt ihrer reichen oralen literarischen Kultur weitgehend ausgeklammert bleibt. Wichtige Impulse lieferten in den frühen 1990er Jahren die sich mehr und mehr an den Hochschulen etablierenden Buch-, Bibliotheks- und Medienwissenschaften, als deren für die Lesegeschichte wichtigste Produkte hier Alberto Martinos Studie *Die deutsche Leihbibliothek* (1990) und Reinhard Wittmanns *Geschichte des deutschen Buchhandels* (³2011) genannt seien. Die umfassendsten Gesamtdarstellungen der Geschichte des Lesens liefern *Der Bürger als Leser* (1974) von Rolf Engelsing, *Die Welt des Lesens* (1999), herausgegeben von Roger Chartier und Guglielmo Cavallo, *Sozialgeschichte des Lesens* (2004) von Jost Schneider, *Geschichte des Lesens* (2005) von Hans-Joachim Griep, *Schriftkultur* (2006) von Peter Stein sowie das vierbändige, eine globale Übersicht über den Forschungsstand vermittelnde *Handbook of Reading Research* (1991/2000/2002/2011), herausgegeben von Rebecca Barr et al.

Quellenproblematik

Dass es nach dem Impuls von Robert Prutz mehr als 100 Jahre dauerte, bis erste Überblicksdarstellungen zur Lesegeschichte entstanden, hängt nicht zuletzt – wie oben bereits angedeutet – mit der schwierigen Quellensituation zusammen. Dabei sind zwei Faktoren von zentraler Bedeutung, ein quantitativer und ein qualitativer.

Erstens gibt es nur recht wenige historische Dokumente, die eine zuverlässige Aussage über die Verbreitung von Lese- und Schreibkompetenzen zu formulieren erlauben. Eine wesentliche Ursache hierfür ist darin zu erblicken, dass aus der Perspektive des einzelnen Individuums mindestens zwei Dutzend gute Gründe dafür existieren, keine Auskunft über sein tatsächliches Leseverhalten zu geben (vgl. Schneider 2014). Dazu zählen nicht nur so offenkundige Motive wie z. B. die Rücksicht auf gesellschaftliche Konventionen bei pornographischer Lektüre oder die Angst vor der Zensurbehörde bei privatem Studium politisch missliebiger Autoren, sondern auch Faktoren wie die Privatheit oder die Belanglosigkeit der Lektüre, ganz zu schweigen von den vielen Fällen, in denen die Lektüre nicht freiwillig erfolgt (Geschäftskorrespondenz, Schullektüre) und deshalb keiner expliziten Kommentierung gewürdigt oder sogar verdrängt wird. Alle Briefe, Tagebücher und sonstigen autobiographischen Quellen, deren Verfasser sich über ihre – angeblichen oder tatsächlichen – Mediennutzungserfahrungen und -gewohnheiten äußern, sind deshalb mit großer Vorsicht zu behandeln.

Zweitens ist darüber hinaus selbst in jenen Fällen ein Quellenproblem zu konstatieren, in denen ganz direkte Lektürespuren analysiert werden können. Denn sogar Unterstreichungen oder Randkommentare in Büchern, die aus historischen Privatbibliotheken stammen, können häufig nicht zuverlässig datiert und auf konkrete Buchbesitzer und -benutzer zurückgeführt werden. Schon 1955 konstatierte Hildegard Neumann in ihrer Tübinger Dissertation zum *Bücherbesitz der Tübinger Bürger von 1750–1850*, es existiere „keine wissenschaftliche Methode, um festzustellen, welche Bücher gelesen wurden" (Neumann 1955, 88). Und Iris Bunte gelangt am Ende ihrer 2013 publizierten, äußerst akkurat gearbeiteten Dissertation über den Buchbesitz der Werler Erbsälzer zu einer ebenfalls sehr verhaltenen Einschätzung hinsichtlich des Wertes selbst umfänglichster bibliotheksgeschichtlicher Studien für die Rekonstruktion konkreter Leserprofile und Mediennutzungsgewohnheiten (Bunte 2013, 321–322); sogar dann, wenn der private Buchbestand einer Familie über Jahrhunderte hinweg vollständig erhalten geblieben ist, was selten genug vorkommt, lassen sich aus einer noch so präzisen Untersuchung der Benutzungsspuren kaum Aussagen darüber ableiten, welche konkrete historische Einzelperson welche Bücher zu welchen Zwecken und auf welche Weise genutzt hat.

Aus dieser zugespitzten Quellenproblematik darf allerdings nicht gefolgert werden, eine Geschichte des Lesens könne nicht über das Stadium der unwissenschaftlichen Spekulation hinausgelangen. In den historischen Wissenschaften gibt es zahlreiche vergleichbare Fälle, in denen zwar die konkrete einzelne Handlung oder Äußerung eines Individuums nicht zweifelsfrei rekonstruierbar ist, in denen jedoch das Handlungsmuster oder der Denk- und Äußerungsstil der Angehörigen einer bestimmten Bildungs- und Gesellschaftsschicht sehr wohl zuverlässig rekonstruiert werden kann. Jede Einzeläußerung steht in einem historischen Gebrauchszusammenhang, dessen Umrisse aus einer Zusammenschau der historischen Fakten ersichtlich werden. Ob der konkrete einzelne Bäckergeselle X in der Kleinstadt Y zum Zeitpunkt Z das Lesekompetenzniveau 1 oder 2 erreichte, lässt sich nicht mit Gewissheit sagen. Aber welche durchschnittliche Lesekompetenz ein typischer Bäckergeselle zu dieser Zeit und an diesem Ort höchstwahrscheinlich erreichte, kann sehr wohl rekonstruiert werden. Zu diesem Zweck müssen Daten und Fakten über die Alphabetisierungsquote und über den Entwicklungsstand des Schulsystems, über die Angebote der örtlichen Buchhandlungen und Büchereien, über den durchschnittlichen Anteil des Kulturbudgets am Haushaltseinkommen, über den Entwicklungsstand der Drucktechnik, über die Angebote der Buchverlage usw. gesammelt werden. Die historische Forschung hat inzwischen einen Differenzierungsgrad erreicht, der es uns erlaubt, im historischen Längsschnitt zu jeder Epoche und Gesellschaftsschicht eine Aussage hinsichtlich des typischen Mediennutzungsverhaltens zu treffen, die weit über die bloße Spekulation hinausgeht und den Rang einer empirisch abgesicherten wissenschaftlichen Hypothese für sich beanspruchen darf. Jede derartige Hypothese ist und bleibt eine Konstruktion, jedoch unter solchen Voraussetzungen keine wackelige, sondern eine recht stabile.

Literaturbegriff

Das vorliegende Handbuch beschäftigt sich mit der Geschichte und Theorie des Lesens im Allgemeinen, legt aber besonderen Wert auf die Rekonstruktion der literarischen Kommunikation von den Anfängen bis zur Gegenwart und auf die Rekonstruktion der epochen- und schichtenspezifischen Formen und Funktionen der Teilhabe an schriftlicher literarischer Kommunikation. Es soll daher kurz der im Folgenden verwendete Literaturbegriff erläutert werden.

In Anlehnung an das zuerst 2000 in meiner *Einführung in die moderne Literaturwissenschaft* vorgestellte Dreikreisschema definiere ich als literarischen Text „eine Sequenz von Laut- oder Schriftzeichen, die fixiert und/oder sprachkünstlerisch gestaltet und/oder ihrem Inhalt nach fiktional ist" (Schneider [5]2008 [2000], 9; weitere Details bei Schneider 2009). Die einzelnen Bestandteile dieser Definition seien hier kurz erläutert:

- *Laut- oder Schriftzeichen*: Der hier verwendete Literaturbegriff beinhaltet auch die mündlich tradierte Literatur (*oral poetry*).
- *fixiert*: gespeichert; als Speichermedium wird dabei neben Pergamentrolle, Buch, CD, Festplatte usw. auch das menschliche Gehirn aufgefasst, d. h. auch das zuverlässige Auswendiglernen einer Sequenz von Phonemen und/oder Graphemen gilt als Fixierung.
- *sprachkünstlerisch gestaltet*: besonders komplexe oder individuelle Diktion (Häufung rhetorischer Figuren, komplizierte Syntax, außeralltägliches Vokabular, Reime, Verse; Neologismen, bewusste Verstöße gegen Rechtschreib-, Interpunktions-, Satzgliedstellungs- oder Wortbildungsregeln, Kohärenzstörungen o. Ä.).

- *fiktional*: erfunden, erdichtet; bis zu einem gewissen Grad beinhaltet nach heutigem Verständnis jede Weltwahrnehmung eine aktive Konstruktionsleistung des erkennenden Subjektes. Als Erfindung gilt vor diesem Hintergrund eine quantitative Steigerung und/oder qualitative Modifikation dieser Konstruktionstätigkeit.

Kombiniert man die drei Definitionsmerkmale der Fixierung, der sprachkünstlerischen Gestaltung und der Fiktionalität, so gelangt man zu einem sieben Teilmengen umfassenden Literaturbegriff:

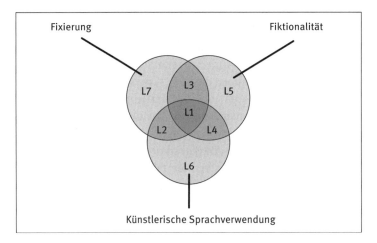

L1 Fixierung und künstlerische Sprachverwendung und Fiktionalität
(z. B. Goethes *Faust*, Fontanes *Brücke am Tay*, Bölls *Ansichten eines Clowns*).

L2 Fixierung und künstlerische Sprachverwendung, aber keine Fiktionalität
(z. B. Lichtenbergs *Briefwechsel*, Forsters *Reise um die Welt*, Hebbels *Tagebücher*).

L3 Fixierung und Fiktionalität, aber keine künstlerische Sprachverwendung
(z. B. Groschenromane, Schlagertexte, volkstümliche Schwänke).

L4 Fiktionalität und künstlerische Sprachverwendung, aber keine Fixierung
(z. B. anekdotisch ausgeschmückte ‚Alltagserzählungen' am Kaffeetisch, improvisierte Gute-Nacht-Geschichten).

L5 Fiktionalität, aber keine künstlerische Sprachverwendung und keine Fixierung
(z. B. prahlerische Phantasiegeschichten von Jugendlichen, selbstgesprächartige Rachephantasien).

L6 Künstlerische Sprachverwendung, aber keine Fiktionalität und keine Fixierung (z. B. manche Festansprachen, Werbetexte oder Wortspiele.

L7 Fixierung, aber keine Fiktionalität und keine künstlerische Sprachverwendung (z. B. Telefonbücher, Gebrauchsanweisungen, Teile der experimentell-aleatorischen Literatur.

Texte der Kategorie L1 sind nicht *an sich* literarischer als solche der Kategorie L7. Sie werden jedoch von mehr Rezipienten und in mehr alltäglichen Gebrauchszusammenhängen für literarisch gehalten und als literarisch bezeichnet. Eine von den Anfängen der Schriftkultur bis zum Literatursystem der Gegenwart reichende Lesegeschichte sollte einen weit gefassten Literaturbegriff nutzen, der keine der sieben aufgelisteten Teilmengen per se ausschließt.

Diesem flexiblen deskriptiven Literaturbegriff standen und stehen zahlreiche normative Literaturdefinitionen gegenüber, die zu bestimmten Zeiten in bestimmten Bildungsschichten verbreitet waren und die der ‚eigentlichen‘, ‚wahren‘, ‚echten‘ Literatur – besonders im Unterschied zur ‚Trivialliteratur‘ – bestimmte positive Absichten oder Eigenschaften unterstellen (v. a. tiefgründige Wesenserkenntnis, soziales Engagement, authentische Selbstkundgabe, verdrängungsfreie Erinnerungskultur). Solche normativen Kategorien taugen nur als Gegenstände und nicht als Instrumente einer *wissenschaftlichen* Literaturgeschichtsschreibung.

Einteilung in Epochen

Art und Grad der Mediennutzung eines Menschen hängen im Wesentlichen von den Gebrauchszusammenhängen ab, in denen er sich in seinem alltäglichen Leben überwiegend bewegt. So basiert die Geschichte des Lesens auf einer Geschichte der Gebrauchszusammenhänge, die von Epoche zu Epoche wechseln und die sich zudem in den einzelnen Bildungs- und Gesellschaftsschichten deutlich voneinander unterscheiden. Sekundär treten zahlreiche weitere determinierende Faktoren hinzu, wie Alter, Geschlecht, Konfession, Region, Profession usw., die eine genauere Ausdifferenzierung erlauben.

Die traditionellen Periodisierungskategorien der Literatur- und Kulturgeschichtsschreibung bilden diese Geschichte der Gebrauchszusammenhänge nur in kleinen Ausschnitten ab. In der Regel konzentrieren sie sich auf das Mediennutzungsverhalten der jeweiligen Bildungseliten, fassen alle übrigen Erscheinungsformen des Schriftgebrauchs in pauschaler, zudem oft pejorativer Weise zusammen und konstruieren Geschichte in der Art einer ‚großen Erzählung‘ (Lyotard) als Überbietungsgeschichte, in der die Periode n+1 der Periode n immer in spezifischer Weise überlegen ist. Für die Lesegeschichtsschreibung ist eine solche Blickbegrenzung nicht zielführend. Vielmehr müssen die verschiedenen epochen- und schichtenspezifischen Lebens- und Arbeitsbedingungen rekonstruiert werden, die jeweils mit einem typischen Bedarf an Lese- und Schreibkompetenzen einhergehen. Für den hier interessierenden Kulturraum ergibt sich bei einer solchen Herangehensweise eine Unterteilung in fünf Epochen der Lesegeschichte:

- *Vorgeschichte:* In dieser ersten Phase gab es nach dem aktuellen Kenntnisstand der Archäologie noch keinerlei Gebrauchszusammenhänge, in denen Schreib- und Lesekompetenzen im *engeren* Sinne von Nutzen und in Gebrauch gewesen wären. Aufgrund des erweiterten Lesebegriffes (s. o.) sind jedoch die für diesen Zeitraum bereits belegbaren allgemeinen Sprachkompetenzen (Mündlichkeit) und Zeichennutzungskompetenzen (ikonische und indexikalische Zeichen) als wesentliche Voraussetzungen für die spätere Entwicklung der Schrift und des Lesens aufzufassen und demgemäß in einer Geschichte des Lesens wenigstens überblicksartig mit zu berücksichtigen.

- *Frühgeschichte* (Stammeszeitalter): In dieser zweiten Epoche kommt es zu einer auf sehr kleine Nutzergruppen eingeschränkten und in der Hauptsache auf ökonomische sowie kultisch-rituelle Gebrauchszusammenhänge begrenzten, aber durch eindeutige Fundstücke zweifelsfrei belegten Nutzung von Schriftzeichen (z. B. Runen-Inschriften auf Sakral- und Opfergegenständen).

- *Feudalistisches Zeitalter:* In dieser dritten Periode entstehen in Gestalt der Feudalstaaten, die aber noch keine Flächenstaaten in unserem heutigen Sinne, sondern sogenannte Personenverbandsstaaten mit unzusammenhängenden und häufig wechselnden Grenzen waren, komplexere Gesellschaftsordnungen mit einer relativ stabilen, differenzierten Ständeordnung. Dabei gilt für die Angehörigen einiger dieser Stände, dass sie regelmäßig in Gebrauchszusammenhänge verwickelt waren, in denen üblicherweise Lese- und Schreibkompetenzen erforderlich waren.

- *Bürgerliches Zeitalter:* Es folgt dann viertens das bürgerliche Zeitalter, in dem durch herausragende ökonomisch-technische Fortschritte eine neue Wirtschaftsdynamik in Gang gesetzt wird (,Industrielle Revolution'), in deren Folge selbst für die breite Masse der Land- und Fabrikarbeiter eine Grundausbildung im Lesen und Schreiben (Primarstufenniveau) als unabdingbar erscheint und an deren Ende demzufolge erstmals eine Vollalphabetisierung der Gesellschaft erreicht wird.

- *Demokratisch-pluralistisches Zeitalter:* In der fünften und bis dato letzten Phase kommt es schließlich zur Entwicklung einer Wissens- und Dienstleistungsgesellschaft, in der von jedermann verlangt wird, in der Beherrschung

der nun als Schlüsselqualifikationen geltenden Lese- und Schreibkompetenzen mindestens das Niveau 3 (s. o.) zu erreichen. Menschen aller Bildungs-
und Gesellschaftsschichten sind in dieser Epoche sowohl in der Arbeitszeit
als auch in ihrer Freizeit regelmäßig mit Gebrauchszusammenhängen konfrontiert, in denen ihnen Lesefertigkeiten dieser Kompetenzstufe abverlangt
werden (Bedienungsanleitungen, Beipackzettel, Zeitungen und Zeitschriften, Post- und Reklamesendungen, Rechnungen, geschäftliche Mitteilungen
usw.).

In den einzelnen Regionen der Welt wurde diese Abfolge der fünf Phasen, in der
es immer wieder zu Verzögerungen oder auch Rückwärtsbewegungen kommen
kann, nicht synchron vollzogen. Und auch innerhalb Westeuropas lassen sich in
dieser Hinsicht bedeutende Unterschiede feststellen, was schon beim Vergleich
der germanischen Stammeskultur mit der simultan existierenden römischen
Hochkultur ins Auge springt. Hier werden nachfolgend speziell die Verhältnisse
im deutschsprachigen Raum in den Blick genommen.

Differenzierung in Bildungs- und Gesellschaftsschichten

In welche für sein Mediennutzungsverhalten relevanten, Lese- und Schreibkompetenzen erfordernden Gebrauchszusammenhänge sich ein Mensch typischerweise regelmäßig gestellt sieht, hängt nur bis zu einem gewissen Grad von seinen
persönlichen Dispositionen ab. Prägend ist hierfür in erster Linie seine Zugehörigkeit zu einer bestimmten Bildungs- und Gesellschaftsschicht, in der sowohl
hinsichtlich seines Arbeits- als auch seines Freizeitverhaltens spezifische Anforderungen an ihn gestellt werden (dazu Schneider 2004, 14–16 u. ö.). Allerdings
variiert von Epoche zu Epoche und von Gesellschaftssystem zu Gesellschaftssystem die Rigidität, mit der eventuelle Abweichungen von den entsprechenden
Verhaltensnormen registriert und sanktioniert werden. Die liberalen Standards
der relativ offenen pluralistischen Gegenwartsgesellschaft stellen hierbei im historischen Längsschnitt eher eine Ausnahme dar. Für die fünf oben genannten
Epochen ergibt sich – in ganz geraffter Überblicksdarstellung – jeweils ein spezifisches Bild der im Folgenden zu berücksichtigenden Unterteilung in verschiedenartige Bevölkerungsgruppen bzw. Gesellschaftsschichten:

- *Vorgeschichte:* Leben in (halb-)nomadischen Kleingruppen mit relativ
  schwach ausgeprägter und hochgradig labiler sozialer Stratifikation.
- *Frühgeschichte (Stammeszeitalter):* Zusammenschluss zu größeren gesellschaftlichen Einheiten (Stämmen/Volksgruppen) bei gleichzeitig deutlicher
  hervortretenden Unterschieden in Macht, Besitz und Prestige.

- *Feudalistisches Zeitalter:* Herausbildung von Ständen mit spezifischen Ständeordnungen, die von der Berufsausübung über die Gestaltung des Familienlebens bis hin zur Bekleidung weite Bereiche des Alltagslebens reglementieren.
- *Bürgerliches Zeitalter:* Ersetzung der Stände durch Klassen, die primär durch Höhe des Vermögens und Einkommens voneinander unterschieden sind.
- *Demokratisch-pluralistisches Zeitalter:* Ersetzung der Klassen durch Milieus, deren Angehörige sich zwar einerseits noch immer durch Vermögen und Einkommen, aber andererseits nicht minder deutlich durch ihren spezifischen Lebensstil voneinander unterscheiden.

In allen historischen Epochen existiert zudem neben den in das jeweilige System der Gesellschaftsschichten Integrierten eine kleinere Gruppe von ‚Außenseitern‘, deren kulturelle Praktiken vorübergehend oder auf Dauer keinem Stand bzw. keiner Klasse und keinem Milieu zuzuordnen sind und die mit spezifischen Anforderungen an das Mediennutzungsverhalten und an die Schreib-/Lesekompetenzen verbunden sein können (Jugendliche; Fahrende; Arbeitsmigranten; Aussteiger u. a.).

2 Geschichte des Lesens

Vorgeschichte der Lesekultur

Die Erfindung der Schrift darf man sich nicht als singulären Geniestreich einer/ eines Einzelnen vorstellen. Vielmehr deutet alles darauf hin, dass es einen gleitenden Übergang von der anfänglichen Nutzung rein indexikalischer Zeichen über die Verwendung ikonischer Zeichen bis hin zum Gebrauch konventionalisierter Schriftzeichen gegeben haben dürfte (vgl. insbesondere Stein 2006, 11–12, 18–19, 22–23, 29–67, und Bollwage ²2015, 8–46). Als Stimulantien für die Entwicklung von Schriftzeicheninventaren können dabei all jene Lebenssituationen aufgefasst werden, in denen räumlich oder zeitlich voneinander getrennte Menschen miteinander kommunizieren mussten bzw. in denen sprachliche Äußerungen für so bedeutsam gehalten wurden, dass man sie unbedingt dauerhaft in ihrem präzisen Wortlaut fixieren wollte (medizinische Rezepturen, Gesetze, naturkundliche Erkenntnisse, Verträge, magische Beschwörungsformeln etc.).

An entsprechenden Lebenssituationen herrschte offenbar schon in prähistorischer Zeit kein Mangel: Die Menschen der Alt- und Mittelsteinzeit lebten vor ca. 40 000 bis ca. 7000 Jahren als Jäger und Sammler in kleineren Gruppen (‚Horden‘)

und führten ein (halb-)nomadisches Leben, das auch die Fähigkeit zur Überbrückung größerer Distanzen erforderte. So zeigen beispielsweise die Ausgrabungen von Gönnersdorf, dass Gesteinsrohstoffe für Klingen, wie sie zur Anfertigung von Werkzeugen und Waffen genutzt wurden, teilweise von Fundstätten herstammen, die mehrere Hundert Kilometer entfernt lagen (Maasfeuerstein, Baltischer Feuerstein; vgl. Terberger 2009, 35). Die Keilschrift der Sumerer entwickelte sich aus einfachen Tonmarken, deren früheste sogar schon auf 8000 v. Chr. datiert werden und die offenbar in Handel und Verwaltung als Mengen- und Wertbezeichnungen genutzt wurden (vgl. Schmandt-Besserat 1996). Ein Fund wie jener der Gletschermumie vom Hauslabjoch belegt, dass schon vor mehr als 5000 Jahren längere Wanderungen durch schwieriges Bergterrain bewältigt werden konnten. Erste einfache Bohlenwege sind in Irland bereits im vierten vorchristlichen Jahrtausend nachweisbar (vgl. Raftery 2009). Und in der alltäglichen Praxis der Nahrungsbeschaffung war es – um hier ein konkretes Beispiel für die Entwicklung nicht-mündlicher Sprachzeichen zu geben – offenbar üblich, dass zunächst eine Vorhut das Terrain sondierte und lohnende Ziele für die Nachfolgenden markierte, die dann beispielsweise getötetes Wild zerlegten und abtransportierten. Hier entstand ein Bedarf an Wegmarkierungen, die diesen Nachfolgenden Aufschluss darüber gaben, wo welche Jagdbeute bzw. welches Sammelgut anzutreffen war. Die Evolution des Zeichennutzungsverhaltens lässt sich in einem derartigen Fall gemäß folgendem Erklärungsmodell veranschaulichen:

- In einer ersten Phase hinterlassen die vorangehenden Wegnutzer bzw. Kundschafter *unabsichtlich und ohne irgendwelche vorherigen Absprachen* natürliche Spuren, wie Fußabdrücke, umgeknickte Grashalme usw., und verlassen sich darauf, dass die Nachfolgenden geschickte Spuren*leser* sind, die bei der Verfolgung von Wildfährten gelernt haben, solchen indexikalischen Zeichen ein Höchstmaß an Informationen darüber zu entnehmen, wie viele Personen welchen Gewichtes mit welcher Geschwindigkeit und Zielstrebigkeit wohin gingen. Das ist semiotisch insofern von Interesse, als diese unscheinbaren natürlichen Spuren bereits einen Überschuss an Information enthalten und damit ein Gefühl dafür erzeugen, dass es möglich ist, mit äußerst geringem Aufwand relativ viele Informationen weiterzugeben.
- In einer zweiten Entwicklungsphase werden derartige Spuren noch immer *ohne vorherige Absprache, jedoch mit Absicht* ausgelegt, um den Nachfolgenden die Erkennung und Entzifferung zu erleichtern. Das ist bereits dann der Fall, wenn beispielsweise Fußabdrücke vertieft oder auf hartem Untergrund nachmodelliert werden. Dazu kommen die vielen Möglichkeiten der Schaffung von Wegmarken, wie sie teilweise noch heute in unwegsamen Bergregionen anzutreffen sind (abgebrochene oder entlaubte Äste, Einritzungen in Baumrinde, kleine Steinpyramiden usw.).

- In der dritten Phase werden derartige Zeichen *nach vorheriger Absprache und mit voller Absicht* genutzt, um Informationen zuverlässiger und eindeutiger fixieren zu können. In diesem Entwicklungsstadium können auch komplexere, abstraktere Botschaften, wie beispielsweise Entfernungs-, Richtungs- oder Mengenangaben, übermittelt werden. Und vor allem können die benutzten Zeichen im Prinzip bereits arbiträr sein oder in der Art von Piktogrammen eine symbolische Verdichtung von Informationen enthalten (Richtungspfeile, Striche als Zahlzeichen, abstrahierende Tierdarstellungen, Sonnenstandsmarkierungen usw.). Der Unterschied zum Schriftgebrauch im engeren Sinne besteht hier im Wesentlichen darin, dass nur ganz bestimmte, vorher explizit verabredete, den jeweiligen Gebrauchszusammenhang sachlich-inhaltlich nicht überschreitende Informationen auf diese Weise übermittelt werden können. Da diese pragmatischen Gebrauchszusammenhänge von alltäglicher lebenspraktischer Bedeutung waren und jedermann betrafen, können wir unterstellen, dass die meisten Mitglieder einer Nomadengruppe in der Lage waren, derartige einfache ‚Schrift'-Zeichen herzustellen und auch zu ‚lesen', wenngleich es sowohl bei ihrer Produktion als auch bei ihrer Rezeption individuelle Kompetenzunterschiede gegeben haben mag.

- In der vierten, vermutlich schon in das Stammeszeitalter fallenden Phase (s. u.) der Schriftentwicklung ändert sich dies, d. h. die ‚Lese'-Fähigkeit wird zum Privileg einer besonders geschulten Gruppe von Spezialisten. Denn die Einschränkung der Zeichennutzung auf einen pragmatischen Kontext wird nun überschritten, d. h. es wird ein universalisiertes Schriftzeichenrepertoire benutzt, das nicht nur ganz bestimmte, vorher in der Kleingruppe abgesprochene Botschaften zu übermitteln ermöglicht, sondern das im Prinzip *jede beliebige Information* in Schriftzeichen zu übertragen und zu translozieren erlaubt. Dies kann auf zwei grundsätzlich verschiedenartigen, aber funktional gleichrangigen Wegen erreicht werden, nämlich einerseits dadurch, dass nicht nur für die ursprünglich besonders relevanten Kontexte (Jagen und Sammeln) graphische Zeichen verabredet werden, sondern dass nach und nach ein prinzipiell unbegrenztes, ggf. viele Tausend Einzelzeichen umfassendes Schriftzeicheninventar entwickelt wird, das Botschaften zu allen nur denkbaren Themen und Lebensbereichen zu fixieren erlaubt (semasiographische Schriftsysteme). Und andererseits kann dies durch eine Lautschrift realisiert werden, welche einzelne Wörter, Silben oder Laute abbildet und damit – idealiter – alles zu verschriftlichen erlaubt, was in der gesprochenen Sprache formuliert werden kann (glottographische Schriftsysteme). Die kompetente Beherrschung beider Schriftsysteme, die nicht selten miteinander vermischt wurden, setzt ein Spezialwissen voraus, das nur im Verlauf einer längeren Schulungszeit erworben werden kann, so dass sich nun eine deutlichere Trennung in Schriftkundige und Schriftunkundige ergibt.

- In der fünften und letzten Phase kommt es dann zu einer Ausdifferenzierung und (relativen) Autonomisierung der Schriftkultur, d. h. zur Herausbildung spezifischer Standards und Konventionen, die sich nicht aus den Gegebenheiten der mündlichen Kommunikation ableiten lassen und die nicht unbedingt von den linguistischen Spezifika der Einzelsprache, sondern von allgemeineren kulturellen Traditionen und Rahmenbedingungen abhängen. Dazu gehören beispielsweise die Durchsetzung einer konsequenten Linearität, die Festlegung einer bestimmten Schreibrichtung, die Ausbildung fester Gewohnheiten hinsichtlich der für bestimmte Textsorten zu verwendenden Schriftstile, Schreibmaterialien, Aufbewahrungsarten etc. oder auch die Entwicklung spezifischer Textaufbauprinzipien, die Verwendung typischer Textanfangs- und Textendformeln oder auch die Einrichtung von Schreibschulen. Ganz am Ende dieser fünften Phase erlangt die Schriftbeherrschung aufgrund der Tertiärisierung der Gesellschaft eine derartige Bedeutung, dass jedermann im Rahmen einer obligatorischen Ausbildungsphase zur Erlangung adäquater Schreib- und Lesekompetenzen verpflichtet wird, so dass die zwischenzeitlich in der vierten Phase eingetretene Differenzierung zwischen Schriftkundigen und Schriftunkundigen (tendenziell) wieder eingeebnet wird.

Wissenschaftlich zuverlässige Aussagen zur genauen Chronologie dieser fünfphasigen Entwicklung sind nach derzeitigem Forschungsstand noch nicht möglich, denn erstens gab es hierbei offenbar sehr große regionale Unterschiede und zweitens liegen erst aus der fünften und damit allerletzten Phase des gesamten Entwicklungsprozesses in Gestalt der ältesten überlieferten, vor ca. 3500 Jahren in Mesopotamien und Ägypten hergestellten Schrifttafeln umfassendere archäologische Zeugnisse vor. Entscheidend ist hier im Kontext der Lesegeschichtsschreibung, dass keine spontane Erfindung eines Schriftsystems postuliert werden muss, um die allmähliche Entwicklung der Schrift zu erklären. Darüber hinaus macht das oben skizzierte Fünfphasenmodell auch verständlich, warum es für die Vor- und Frühgeschichte der Schrift nur wenige archäologische Zeugnisse gibt. Denn solange sich etwa die hier als Beispiel gewählten Wegzeichen nur an Mitglieder der eigenen Gruppe richteten, mit deren Eintreffen innerhalb weniger Stunden oder Tage zu rechnen war, mussten die für sie angelegten Markierungen nicht besonders dauerhaft sein. Die Vertiefung einer Fußspur, die Einkerbung in einem Baumstamm oder die Entlaubung eines Astes brauchten nicht auf Dauer erhalten zu bleiben. Es hätte sich nicht gelohnt, derartige Ad-hoc-Zeichen in Stein einzuritzen oder sonst wie dauerhaft zu fixieren.

Auch wenn die aktuelle archäologische Forschung hier noch viele Fragen unbe-
antwortet lassen muss, scheint alles in allem doch schlüssig belegt zu sein, dass
schon in der Alt- und Mittelsteinzeit die dritte Phase der Schriftentwicklung
erreicht wurde, in der sprachliche Zeichen *nach vorheriger Absprache und mit
voller Absicht* in geeignete Trägermaterialien eingeritzt wurden, um für den jeweiligen Gebrauchszusammenhang relevante Informationen an zeitlich oder räumlich entfernte Personen zu übermitteln. Mit Bezug auf die in Altamira, Lascaux
und anderen Höhlen gefundenen Felszeichnungen mit ihren schwer deutbaren
Punkt- und Strichsymbolen darf vermutet werden, dass auch mythologisch-magi-
sche bzw. religiöse Kontexte und Praktiken bei der Schriftentstehung mitgewirkt
haben können (vgl. Leroi-Gourhan 1981).

Lesekultur des Stammeszeitalters

Die Erreichung der vierten und fünften Phase des oben vorgestellten Fünfstufen-
modells setzt eine grundlegende Veränderung der Wirtschafts- und Gesellschaftsordnung voraus (Details bei Schneider 2004, 24–46). Soweit die archäologische
Forschung dies zuverlässig belegen kann, lässt sich für die Populationen der Jäger
und Sammler an keinem Ort der Welt ein Fortschritt in der Schriftzeichenerfindung
und -verwendung belegen, der über die Praktiken der dritten Phase hinausginge.

Erst die sesshaften Viehzüchter und Ackerbauern des Stammeszeitalters verfügen offensichtlich über die geistigen, technischen und ökonomischen Kapazi-
täten, um entsprechende Kulturleistungen hervorzubringen. Allerdings erfolgt
die Abkehr vom (halb-)nomadischen Lebensstil der Steinzeitpopulationen in den
verschiedenen Regionen der Erde keineswegs zeitgleich. Begegnen in Mesopotamien und Anatolien bereits im 8. Jahrtausend vor Christus erste Anzeichen der
neolithischen Produktionsweise, so erfolgt in weiten Teilen West- und Nordeuro-
pas erst gute 4000 Jahre später eine vergleichbare Kulturentwicklung. Immerhin
finden sich seit dieser Zeit Stein- und Metallartefakte, Grabstätten und Spuren von
Tausend oder mehr Einwohner fassenden Großsiedlungen, die auf bedeutende
Fortschritte in der technisch-ökonomischen und politisch-sozialen Entwicklung
schließen lassen. Ab der Spätbronzezeit, also etwa seit 1300 v. Chr., kann man
dann von definierbaren Volksgruppen sprechen, die sich durch Sprache, Bestat-
tungsformen, Ornamentik usw. voneinander unterscheiden. Erst mit den Erobe-
rungen der Römer setzen jedoch detailliertere Überlieferungen ein, die uns eine
Differenzierung nach Völkern (v. a. Kelten, Skythen und Germanen) und Stämmen
ermöglichen.

Sprachgeschichtliche Analysen erlauben es, die Entstehung des Germanischen auf das 3. Jahr*tausend vor* Christus zu datieren. Die ersten germanischen

Schriftzeichen (Runen-Inschriften), die uns überliefert sind, stammen jedoch aus dem 2. Jahrhundert nach Christus. Erst für die letzte Phase des Stammeszeitalters liegen also archäologische Funde vor, welche die Existenz einer germanischen Schrift eindeutig belegen. Da diese Schrift allerdings nach dem oben vorgestellten Modell schon der fünften und letzten Stufe zuzuordnen ist, lässt sich als begründete Hypothese formulieren, dass in den Jahrhunderten zuvor ein allmählicher Übergang von der dritten zur vierten und dann von der vierten zur fünften Stufe stattgefunden hat, der jedoch bisher nicht archäologisch dokumentiert werden konnte.

Die Repräsentationskultur der Machteliten

Historische Quellen, wie die Beschreibungen von Tacitus oder Cäsar, Grabbeigaben und Hausgrundrisse dokumentieren, dass die soziale Differenzierung in der germanischen Stammesgesellschaft weit entwickelt war und zur Herausbildung einer eigenen Führungsschicht mit höheren Kultur- und Komfortbedürfnissen geführt hatte. Auch schon zuvor, in den ‚Horden' der Steinzeit, wird es Anführer gegeben haben, doch deren Vormachtstellung dürfte äußerst labil gewesen sein. Denn durch Krankheiten, Attacken wilder Tiere, Jagdunfälle, Rivalenkämpfe usw. war praktisch jedermann beständig von tödlichen Gefahren bedroht. Machtpositionen konnten unter diesen Umständen nicht langfristig behauptet werden.

Sesshafte Stammesgesellschaften produzieren demgegenüber Ertragsüberschüsse, setzen sich in bestimmten Territorien fest und bringen auch vergleichsweise stabile Gefolgschaftsverhältnisse hervor, so dass soziale Ungleichheiten dauerhafter konserviert werden können. Allerdings beruht diese Verstetigung der Macht- und Abhängigkeitsverhältnisse immer noch in allererster Linie auf militärischer Überlegenheit. Die in dieser Zeit entstehende kriegerische Epik zielt deshalb darauf ab, Körperkraft, Kampfesmut, Robustheit, Autorität, strategisches Geschick und ähnliche Eigenschaften der Führerpersönlichkeiten und ihrer kriegerischen Gefolgschaft zu überhöhen, um damit einerseits nach innen das Zusammengehörigkeitsgefühl zu verstärken und andererseits nach außen hin potentielle Gegner von militärischen Übergriffen abzuschrecken.

Die entsprechenden Texte zeigen deshalb ausgesprochen brutale Kriegs- und Kampfesszenen, die allem Anschein nach zwar einen wahren historischen Kern besitzen, die das Geschehene jedoch nicht historiographisch-neutral zu fixieren, sondern im Sinne einer Machtkonsolidierung auszuschmücken und zu überhöhen trachten. Das *Hildebrandslied* (9. Jahrhundert), das *Nibelungenlied* (ca. 1200) und die Heldenlieder der *Edda* (13. Jahrhundert) sind die wichtigsten Zeugnisse dieser literarischen Kultur der Machteliten. Zwar sind sie nur in Aufzeichnungen überliefert, die erst im feudalistischen Zeitalter (s. u.) entstanden. Doch aufgrund inhaltlicher und formal-sprachlicher Indizien kann ihre ursprüngliche Entstehung mit hoher Wahrscheinlichkeit auf die Völkerwanderungszeit oder sogar auf die Epoche der römischen Germanenfeldzüge zurückdatiert werden. Dass keine schriftlichen Dokumente aus dieser Zeit selbst existieren, ist offenbar darauf zurückzuführen, dass die germanischen Kriegs- und Heldenepen der *oral poetry* angehören, d. h. von einer speziell ausgebildeten Gruppe von Barden memoriert und bei entsprechenden Gelegenheiten (Festversammlungen) aus dem Gedächtnis rezitiert wurden. Die literarische Kultur der Machteliten des Stammeszeitalters wurde also im Wesentlichen von Analphabeten getragen. Doch es gab daneben historiographisch belegte Versuche, schon in dieser Epoche eine schriftliche Kultur zu etablieren.

Erstens und vor allem ist hierbei an die germanische Runenschrift des 3. bis 7. nachchristlichen Jahrhunderts zu denken, die auf einem eigenständigen Alphabet (Futhark) basierte und deren erhaltene Zeugnisse eindeutig der vierten und in ihren späten Ausprägungen sogar der fünften Stufe des skizzierten Fünfphasenmodells zuzuordnen sind, da sie wesentliche dafür charakteristische Eigenarten, wie ein definites Grapheminventar, eine (in sich) konsequente Linearität, eine festgelegte Schreibrichtung (Rechtsläufigkeit) und die Ausprägung bestimmter Formeln und Konventionen, aufweisen. Als spezifisches Phänomen der Führungsschicht ist die Verbreitung der Runen deshalb anzusprechen, weil diese Schrift – anders als in Skandinavien, wo sie vom 2. bis zum 14. Jahrhundert nach Christus relativ weit verbreitet war – von den Germanen Mitteleuropas nicht für Alltagszwecke, sondern fast nur zur Anfertigung von Inschriften benutzt wurde. Man findet sie ganz überwiegend auf metallenen Schmuckgegenständen in reicher ausgestatteten Frauengräbern, seltener auch auf Waffenteilen oder häuslichen Zier- und Gebrauchsgegenständen. Diese Inschriften umfassen zumeist nur einige wenige Zeichen oder Wörter und beinhalten oftmals den Namen des Herstellers, des Besitzers oder – wie etwa bei der Müncheberger Eisenlanze vermutet wird – des Gegenstandes selbst. Offenbar gab es unter den Angehörigen der germanischen Machtelite kein Interesse an einer regelmäßigen Benutzung der Runenschrift, aber es darf als zweifelsfrei belegt gelten, dass zumindest ein gewisser Teil dieser Gesellschaftsschicht des Schreibens und Lesens von Runen mächtig war und sich für die Anfertigung von (Namens-) Inschriften dieses ersten germanischen Schriftsystems bediente.

Ein zweites Indiz dafür, dass bereits im Stammeszeitalter einige Angehörige der Machteliten alphabetisiert waren, ergibt sich aus den – besonders in den Kontaktzonen entlang der germanischen Grenzen – gut dokumentierten Berührungen mit den benachbarten Hochkulturen der Kelten und der Römer. Einige germanische Anführer, wie Arminius oder Ariovist, sollen relativ gebildet gewesen sein.

Allerdings geben die Quellen keine detaillierteren Aufschlüsse über ihre sprachlichen Kompetenzen (vgl. Todd 2000 [1992], 9–39). Auffällig bleibt jedenfalls, dass von keinem einzigen Angehörigen der germanischen Machteliten ein schriftlich fixierter Text erhalten ist oder auch nur in römischen Quellen genannt wird. Insgesamt lässt sich daraus folgern, dass trotz teilweise enger Berührung mit der römischen Kultur, die damals bereits einen ausgedehnten Buchhandel und eine respektable Anzahl privater und öffentlicher Bibliotheken aufwies, keinerlei Anstrengung erkennbar ist, ähnliche Einrichtungen auch in Germanien zu etablieren. Einige wenige Angehörige der germanischen Führungsschicht sind wahrscheinlich polyglott und vielleicht auch schriftkundig gewesen. Doch es fehlten die Ressourcen und Motivationen, um in der germanischen Führungsschicht eine höher entwickelte Schriftkultur einzuführen.

Die gelehrte Kultur der Bildungseliten

Nicht anders verhält es sich mit der Bildungselite dieses Zeitalters, die sich aus heidnischen Priestern und Wahrsagern zusammensetzte. Auffällig ist hierbei, welch anhaltenden Widerstand die Germanen der Christianisierung und den mit ihr verbundenen Kulturentwicklungen entgegensetzten. Bischof Wulfila erfand im 4. Jahrhundert nach Christus ein eigenes gotisches Alphabet, das griechische und lateinische Schriftzeichen mit Runen kombinierte. Doch seine Bibelübersetzung fand unter den Germanen kaum Anhänger. Auch diese schriftgeschichtliche Pioniertat verhallte ohne größere Resonanz.

Gleichwohl darf unterstellt werden, dass die von den Priestern und Wahrsagern memorierten und mündlich tradierten Beschwörungsformeln, Segenssprüche oder Prophezeiungen auch literarische Qualitäten besaßen. So beinhalten die *Sprüche des Hohen*, die zwar erst im 13. Jahrhundert aufgezeichnet wurden und in der *Edda* (s. o.) überliefert wurden, allem Anschein nach aber zu den ältesten Literaturdenkmälern der Germanen gerechnet werden müssen, spruchartige Lebensweisheiten, die zu Mäßigung und Rücksichtnahme beim Biergenuss, in der Liebe usw. raten. Trotz dieser Einzelbelege ist unübersehbar, dass die germanische Sprachkultur zu dieser Zeit ganz überwiegend noch nicht schriftgestützt war. Es gibt keinen germanischen Tacitus, keinen germanischen Horaz, keinen germanischen Vergil. Über Qualität, Niveau oder Situationsangemessenheit der germanischen literarischen Kultur ist damit durchaus kein Urteil gesprochen. Doch es ist unbestreitbar, dass die literarische Kultur dieser Epoche in Germanien noch keine Schriftkultur war, obwohl die vierte und fünfte Entwicklungsstufe der Schriftentwicklung bekannt war und im Prinzip erreicht wurde. Die bloße Erfindung eines Schriftsystems (Runen, Wulfilas Alphabet) genügt also, wie man hier deutlich erkennt, nicht aus, um der Schriftkultur zum Durchbruch zu verhelfen. Vielmehr müssen bestimmte ökonomische, technische und intellektuell-mentale Voraussetzungen gegeben sein, damit diese Erfindung auch tatsächlich in größerem Maßstab genutzt und flächendeckend eingesetzt wird.

Bauern und Sklaven

Nur ganz kurz muss im Kontext einer Lesegeschichte auf die literarische Kultur der germanischen Bauern und Sklaven hingewiesen werden. Denn diese Kultur war offenbar durchgängig schriftlos, d. h. uns liegen keine Quellen vor, die in diesen Bevölkerungsschichten einen regelmäßigen Schriftgebrauch erkennen lassen. Seltene Ausnahmen gab es möglicherweise dort, wo Kriegsgefangene versklavt und zur Zwangsarbeit herangezogen wurden. Einige dieser Sklaven mögen vor ihrer Gefangennahme im Lesen und Schreiben unterrichtet worden sein. Doch anders als im römischen Reich, in dem die gebildeteren Sklaven manchmal als Gutsverwalter oder Hauslehrer eingesetzt wurden, sind derartige höhere Tätigkeiten von germanischen Sklaven nicht überliefert. Nur in seltenen Ausnahmen finden sich in den Reihengräbern der unteren Bevölkerungsschichten Grabbeigaben, die auf fremde Herkunft oder bescheidenen Wohlstand schließen lassen (einfachere Schmuckgegenstände, ggf. mit Einritzungen).

In Gestalt von Arbeitsliedern oder einfachen Merkversen besaßen die germanischen Bauern ihre eigene literarische Kultur, die jedoch vollkommen schriftlos blieb. Dass zu dieser Kultur auch märchen- oder sagenartige Texte, Wiegenlieder, Tanzlieder, Liebeslieder und dergleichen gehörten, ist nicht belegt, aber durchaus wahrscheinlich. Im Sinne des eingangs vorgestellten erweiterten Lesebegriffes kann aber immerhin gemutmaßt werden, dass hierarchiehöhere Leseprozesse, wie die Kohärenzbildung, die Stoff- und Motivkenntnis, die Textsortenerkennung usw., durch die Pflege dieser *oral poetry* eingeübt und dass damit die spätere Ausbreitung einer schriftgestützten Kultur vorbereitet wurde.

Zusammenfassend lässt sich feststellen, dass die sprachliche und literarische Kultur der Germanen weitestgehend auf Schriftgebrauch verzichtete, obwohl die Schriftnutzung als solche durchaus bekannt war (Runen). Das kann sicherlich in der Hauptsache auf fehlende Ressourcen zurückgeführt werden. Doch zusätzlich ist auch mit der Möglichkeit zu rechnen, dass die Mündlichkeit im Vergleich mit der Schriftlichkeit damals noch für überlegener gehalten wurde, etwa weil sie auf authentischer *Face-to-face*-Kommunikation beruht, eine fortlaufende Aktualisierung des tradierten Wissens erleichtert und keine aufwändige Unterhaltung von Bildungseinrichtungen erfordert. Solche Argumente mögen heute leicht widerlegbar erscheinen, doch muss man im Auge behalten, dass die Germanen in Gestalt der benachbarten Römer mit einer sehr bald untergehenden Hochkultur konfrontiert waren. Wenn man den Anfang vom Niedergang des römischen Reiches auf das späte 3. Jahrhundert nach Christus datiert, lässt sich nachvollziehen, dass es aus der Sicht germanischer Fürsten unklug erscheinen mochte, das Wirtschafts- und Gesellschaftssystem der Römer und damit auch ihre Kultur zum Vorbild zu nehmen. Angesichts zunehmender Bedrohungen von außen ließ Kaiser Aurelian ab 270 n. Chr. eine 19 Kilometer lange Verteidigungsmauer um die Stadt Rom ziehen. Doch derartige Sicherungs- und Verteidigungsbemühungen erwiesen sich letztlich als wirkungslos. 410 plünderte Alarich mit seinen Westgoten die Stadt Rom, und im 6. Jahrhundert eroberten die Langobarden fast den ganzen Siedlungsraum des heutigen Italien. In den Ruinen der einstigen Millionenstadt lebten nur noch einige zehntausend Einwohner. Die schriftlosen ‚Barbaren' wurden Augenzeugen und Mitinitiatoren des Untergangs jener konkurrierenden Großmacht, die Holzwände durch steinerne Mauern, Feldwege durch gepflasterte Straßen und mündliche Überlieferung durch schriftliche Dokumente ersetzt hatte. Auch dies mag dazu beigetragen haben, dass die Vorzüge des Lesens und Schreibens von den Germanen auf lange Zeit relativ gering geachtet wurden.

Lesekultur des feudalistischen Zeitalters

An der bis zum Beginn des feudalistischen Zeitalters vorherrschenden Vernachlässigung der Schriftkultur änderte sich erst etwas, als die Bewohner des ab ca. 1100 als ‚Deutschland' bezeichneten Siedlungsraumes von einer grundlegenden Veränderung der Wirtschafts- und Gesellschaftsordnung erfasst wurden und in größeren und dauerhafteren, staatsartigen Gesellschaftsgebilden zu leben begannen. In einem sich über Jahrhunderte erstreckenden Entwicklungsprozess wird aus den Stämmen mit ihren relativ labilen Herrschaftsinstitutionen ein neues, stabileres Gesellschaftssystem, nämlich der mittelalterliche Personenverbandsstaat, dem nicht nur einige Tausend oder Zigtausend, sondern mehrere Millionen Menschen angehören und der über funktionierende zentralstaatliche Einrichtungen, wie Militär, Gerichtswesen und Verwaltung, verfügt. Von einer bestimmten Größenordnung an sind derartige Institutionen nicht mehr durch bloße Gefolgschaftsverhältnisse oder durch persönliche Willensbekundungen von Angesicht zu Angesicht steuerbar. Es entsteht ein massenhafter Bedarf an langfristig fixier-ten und fernhin kommunizierbaren, mithin verschriftlichten Mitteilungen, und es bildet sich eine Gruppe von Spezialisten heraus, die als Schreiber oder Schriftgelehrte dafür Sorge tragen, dass alle Voraussetzungen für die Aufrechterhaltung einer Schriftkultur – von der Papierherstellung bis zur Einrichtung eines Leseunterrichtes – geschaffen werden (Details bei Schneider 2004, 47–160).

Die wichtigsten Träger dieser neuen mittelalterlichen Schriftkultur waren die Adeligen (höfische Kultur), die Geistlichen (christliche Klosterkultur) und die wohlhabenderen Bürger (städtisch-patrizische Kultur). Die breite Masse der analphabetischen Landarbeiter, die das ganze feudalistische Zeitalter hindurch mehr als 90 Prozent der Bevölkerung stellten, entwickelte zwar eine ausdifferenzierte mündliche literarische Kultur (*oral poetry*), hatte jedoch nur in geringstem Umfang Anteil an der expandierenden Schriftkultur dieser Epoche. Dabei hatte das Individuum aufgrund der vergleichsweise starren, wenn auch von Region zu Region unterschiedlichen und im Lauf der Zeit immer wieder Veränderungen unterworfenen Ständeordnungen kaum die Möglichkeit, sich nach eigenem Wunsch und Willen der einen oder anderen Gesellschaftsschicht anzuschließen, sich also ‚emporzuarbeiten‘ und damit auch die Teilhabe an schriftlicher literarischer Kommunikation zu erringen. Vielmehr wurden die Stände als Geburtsstände aufgefasst, in die man durch die familiäre Herkunft hineingestellt war und in denen man, von relativ seltenen Ausnahmen abgesehen, zeitlebens verblieb. Zu den wichtigsten Lebenszielen gehörte es, durch eine standesgemäße Lebensführung der dem eigenen Stand in der gesellschaftlichen Hierarchie zugemessenen Ehre in vollem Umfang teilhaftig zu werden. Die Sitzordnung in der Kirche, die für den öffentlichen und privaten Raum gültige Kleiderordnung, das ausdifferenzierte Titularwesen, die standestypischen Anstandsregeln und diverse weitere Konventionen und Bestimmungen machten die Standesordnung im alltäglichen Leben überall und jederzeit sichtbar und regulierten auch die verschiedenen Formen des Sprechens und Schreibens bzw. des Kontaktes mit Schrifterzeugnissen.

Für einfache Landbewohner war es das ganze feudalistische Zeitalter hindurch nicht leicht, derartige Schrifterzeugnisse überhaupt in die Hand zu bekommen. Von privatem Buchbesitz konnte hier in aller Regel keine Rede sein; allenfalls sah man zu bestimmten Gelegenheiten den Dorfgeistlichen, den Lehrer, den Gutsbesitzer oder ähnliche Respektspersonen mit Dokumenten, Büchern, Akten oder anderen Schrifterzeugnissen hantieren. Eine allgemeine Schulpflicht existierte nicht. Kinder und Jugendliche besuchten – wenn überhaupt – lediglich in den Wintermonaten, wenn ihre Arbeitskraft in Haus und Hof entbehrlicher war, für einige Wochen die Dorfschule und erwarben dabei rudimentäre, weit unter heutigem Grundschulniveau liegende Kenntnisse in Religion, Singen, Rechnen, Lesen und Schreiben. In den Städten war der Bildungs- und Lebensstandard im Durchschnitt etwas höher. Hier gab es Buchhändler, höhere Schulen, private Büchersammlungen und in Residenzstädten manchmal auch Theater, Bibliotheken oder andere Kultureinrichtungen, die den verfeinerten Bedürfnissen des Adels, der Geistlichkeit und des Patriziates entsprachen, jedoch in aller Regel nicht jedermann, sondern nur den ‚Standespersonen‘ offenstanden. Die meisten Städte des Mittelalters waren nach unseren heutigen Maßstäben Kleinstädte und zählten nur einige Tausend Einwohner. Regelrechte Großstädte mit einigen Hunderttausend Bewohnern, wie Berlin oder Wien, blieben bis zum Ende der feudalistischen Epoche eine ausgesprochene Rarität. Neun von zehn Menschen lebten auf dem Lande und besuchten solche größeren Städte entweder nie oder nur einige wenige Male in ihrem Leben. Die durchschnittliche Lebenserwartung lag bei weniger als 30 Jahren; rechnet man die hohe Kindersterblichkeit heraus, bei ca. 40 Jahren. Mehrere Jahre dieser knapp bemessenen Lebensspanne für eine spezielle Schul- oder Ausbildungsphase zu reservieren, konnten sich nur die Angehörigen der höheren Stände leisten.

Im ländlichen Raum, für die große Mehrheit der Bevölkerung, gab es also nur in sehr begrenztem Umfang Gelegenheit, irgendwie mit Zeugnissen der Schriftkultur in Berührung zu kommen. Die wichtigsten Kristallisationspunkte dieser Kultur waren dort die christlichen Klöster. Denn einige Ordensregeln, wie beispielsweise die der Zisterzienser oder der Prämonstratenser, beinhalteten ausdrücklich eine Abkehr von irdischem Luxus und führten zu Klostergründungen in abgelegenen, von weltlich-urbanem Treiben weit entfernten Regionen. Diese ländlichen Klöster entwickelten sich teilweise nicht nur zu sehr bedeutsamen Stätten der Gelehrsamkeit, sondern zu Zentren des Garten- und Ackerbaus, der Heilkunde, der Sozialfürsorge und auch des Handels und Verkehrs. Sowohl durch ihre Missionierungsleistung als auch durch praktisch-ökonomische Beziehungen standen viele dieser Klöster in engem Austausch mit ihrer direkten Umgebung und wurden zu Anlaufstellen und Entwicklungszentren, deren kultivierende Funktion in die ganze Umgebung ausstrahlte (vgl. Gleba 2002, 39–42, 83–84, 135–136). Von den frühesten Gründungen (z. B. Lorsch 764, Korvey 822) bis zur vollständigen Christianisierung des Reiches vergehen allerdings mehrere Jahrhunderte. Erst im 11. Jahrhundert erreicht die Germanenmissionierung ihren endgültigen Abschluss, sind also die naturreligiösen und mythischen Glaubensinhalte des Stammeszeitalters mitsamt ihren abergläubisch-magischen Praktiken flächendeckend durch den christlichen Monotheismus ersetzt.

Insgesamt können wir festhalten, dass die Alphabetisierungsquote – selbst wenn wir unserer Kalkulation nur das Schriftkompetenzniveau 1 (s. o.) zugrunde legen – das ganze feudalistische Zeitalter hindurch bei unter 15 Prozent verharrte und dass als Buchkäufer und -nutzer im engeren Sinne nicht einmal 1 Prozent der Bevölkerung in Betracht kam (vgl. Schön 1999, 9–28; Hammerstein und Herrmann 2005). Daran änderten auch die in dieser Epoche durchaus beachtlichen Fortschritte in der Medientechnik wenig, die zu einer relativen Vereinfachung der Buchherstellung und zu einer Verbilligung der Schreibmaterialien führten (ausführlich hierzu: Stein 2006, 129–222; ergänzend: Burkhardt und Werkstetter 2005). Von der handschriftlichen Urkunde über den im Skriptorium eines Klosters aus kostbarem Pergament hergestellten und reich verzierten Kodex bis hin zum

in einigen hundert Exemplaren gedruckten Buch entwickelte das feudalistische
Zeitalter nach und nach eine Vielfalt unterschiedlichster Schrifterzeugnisse, doch
selbst die ab dem 16. Jahrhundert belegte Verbreitung von Flugschriften führte
nicht zur Entwicklung von ‚Massenmedien' in unserem heutigen Sinne. Denn viele
dieser Flugschriften waren nicht in der deutschen Volkssprache, sondern – wie
auch der Großteil der gedruckten Bücher – in lateinischer Sprache verfasst, und
ihr Preis war ungefähr so hoch wie heute der eines dicken gebundenen Buches,
so dass die große Masse der Bevölkerung bis zum 18. Jahrhundert nur sehr selten
derartige Schrifterzeugnisse in die Hände bekam. Die durchschnittliche Auflage
eines Buches lag bis zum Ende des Mittelalters bei einigen Hundert Exemplaren
und stieg dann im 16. und 17. Jahrhundert auf ca. 1000 bis 2000 Exemplare an.
Die Verbreitung von Schrifterzeugnissen wurde außerdem durch die Maßnahmen
der kirchlichen und obrigkeitlichen Kommunikationskontrolle behindert, die
zwar erst ab dem 16. Jahrhundert (mit großen regionalen Unterschieden) zu einer
institutionalisierten Vorzensur führten, die jedoch gerade wegen ihrer Unregel-
mäßigkeit und Unberechenbarkeit eine diffuse, schwer zu rekonstruierende Kon-
trollwirkung entfalteten (Bücherverbrennungen, Ketzerverfolgungen).

Aristokratisch-höfische Lesekultur

Die Entwicklung der höfischen Schriftkultur steht in engem Zusammenhang mit
der tiefgreifenden Wandlung, der das Lebens- und Bildungsideal der Aristokratie
im Verlauf des feudalistischen Zeitalters unterworfen war. Dieser Entwicklungs-
gang führt vom schwertführenden Haudegen über den fromm-christlichen Kreuz-
ritter und den galanten Damenritter bis hin zum weltgewandten Diplomaten.
Norbert Elias hat ihn als einen Prozess der Zivilisierung beschrieben, in dessen
Folge auch andere, die aristokratische Kultur zumindest in bestimmten Teilen als
vorbildlich akzeptierende Bevölkerungsschichten eine Pazifizierung und Kultivierung erfuhren (Elias 1976).

Die Entwicklung von der militärischen Trutzburg zum heiteren Lustschloss,
vom ausschweifenden Gelage zum zeremoniösen Schauessen und von der rabia-
ten Schwertkampftechnik zur artistisch-eleganten Fechtübung sowie zahlreiche
vergleichbare Phänomene illustrieren diesen Verfeinerungsprozess, der natürlich
auch das Sprech- und Schreibverhalten erfasste und sowohl zur allmählichen
Ausbildung einer raffinierten Konversationskultur als auch zur Entwicklung spezifischer literarischer Gattungen und Formate führte, die uns ein anschauliches
Bild von den Bildungs- und Kulturidealen der Aristokratie als der herrschenden
Machtelite dieser Epoche liefern. Oberstes Prinzip dieser höfischen Kultur war
die *repraesentatio maiestatis*, d. h. die performativ-praktische Veranschau-

lichung der Macht und Herrlichkeit sowohl der himmlischen als auch der von dieser abgeleiteten und durch diese legitimierten irdischen Majestät in Gestalt aufwändiger Turniere, Umzüge, Schaukämpfe, Jagdbelustigungen, Feuerwerke usw. Auch wenn bereits im Mittelalter eine rigorose Hofkritik entstand, die den hierbei betriebenen, manchmal jede ökonomische Logik ad absurdum führenden Aufwand als Geldverschwendung oder eitle Prahlerei geißelte, muss doch die diesen höfischen Inszenierungen zugrunde liegende Repräsentationsidee ernst genommen werden. Sie meinte keineswegs die angeberische Zurschaustellung persönlichen Reichtums, sondern die feierliche Inszenierung und Bekräftigung einer zugleich das Diesseitige und das Jenseitige durchwaltenden Ordnung.

Von grundlegender Wichtigkeit für das Verständnis der höfisch-aristokratischen Schriftkultur ist es hierbei, dass die Ausübung einer derartigen Repräsentationsfunktion primär auf der korrekten, regelkonformen Exekution von Ritualen und Prozeduren und nicht auf einer schulmäßigen, gelehrt-kognitiven Durchdringung der vorgezeigten Symbole oder Schriftzeichen beruhte (vgl. Alewyn 1989). Ein Fürst, der feierlich in einem Festzug einherschritt, war von zahlreichen bildlichen und schriftlichen Zeichen umgeben, die das Wirken der besagten Ordnung bezeugen sollten. Hoffähige Gelehrte bereiteten die entsprechenden Inschriften und Dekorationen bis in jede Kleinigkeit hinein vor und schufen dabei einen dichten, raffinierten, anspielungsreichen Zeichenkosmos, der sich virtuos des Repertoires der antiken Mythologie, der biblischen Geschichte, der griechisch-lateinischen Hochkultur und anderer Kulturtraditionen bediente. Doch der Fürst und seine Entourage mussten diese Zeichenfülle nicht selbst deuten und verstehen können. Seine Rolle beschränkte sich darauf, die vorgeführten Zeichentableaus durch seine Präsenz und durch die ordnungsgemäße Ausführung der protokollarisch vorgeschriebenen Schrittfolgen, Gesten und Sprechakte in Geltung zu setzen.

Hier zeigt sich besonders deutlich der Unterschied zwischen der ein inhaltliches Wissen und Verstehen anstrebenden Schriftkultur der Bildungseliten einerseits und der auf Repräsentation abzielenden Schriftkultur der eigentlichen Machteliten andererseits. Beides kann sich allerdings im Einzelfall durchdringen. Von Karl dem Großen über Maximilian I. bis hin zu Herzog Anton Ulrich oder Friedrich II. gab es im feudalistischen Zeitalter einige Fürsten, denen eine besondere Affinität zu Kunst und Wissenschaft nachgesagt wurde und die sich allem Anschein nach auch persönlich für die Sphäre der Gelehrsamkeit interessierten. Im Regelfall gab es jedoch eine klare Arbeitsteilung zwischen ,Wehrstand' und ,Lehrstand'. Auch der unbedeutende Landadelige orientierte sich natürlich nicht an den berufsethischen Vorstellungen der Kanzlisten oder Gelehrten, sondern am Repräsentationsstil der nächstgelegenen Residenz, der sich seinerseits üblicherweise an die als besonders vornehm und raffiniert geltende Lebensart der französischen Fürstenhöfe anzulehnen pflegte.

Daraus erklärt sich auch, dass die literarische Kultur des Adels nicht von Adeligen selbst im engeren Sinne verfasst werden konnte. Stundenlang am Schreibtisch zu sitzen und Manuskripte abzufassen oder Akten und Bücher zu wälzen, gehörte typischerweise nicht zum Lebens- und Bildungsideal eines Aristokraten. Damit eröffneten sich Aufstiegschancen für talentierte und gebildete Bürgerliche mit Konduite und Esprit, die sich in die Erfordernisse und Gegebenheiten der höfischen Repräsentationskultur hineindenken konnten und die als Verfasser entsprechender Auftragswerke in Betracht kamen. Durch Verleihung eines niedrigen Adelstitels (sogenannter Dienstadel/Briefadel) wurden sie der Form halber hoffähig gemacht und konnten dann als Rezitatoren, Autoren, *Directeurs des Plaisirs*, Theaterleiter und Zeremonienmeister sicherstellen, dass die höfischen Kultur- und Festveranstaltungen das erforderliche Niveau erreichten.

Unter den konkreten literarischen Gattungen, die innerhalb der höfischen Repräsentationskultur dominierten, ist an erster Stelle das höfische Epos zu nennen, aus dem im Spätmittelalter der höfische Prosaroman hervorgeht. Für die Entwicklung der aristokratischen Schriftkultur ist diese Gattung insofern von besonderem Interesse, als sie den allmählichen Übergang von der reinen Mündlichkeit über die sogenannte schriftgestützte Mündlichkeit bis hin zur reinen Schriftlichkeit in mustergültiger Weise veranschaulicht (vgl. Green 1996). Die Heldenepen des Stammeszeitalters und des Frühmittelalters waren von Barden memoriert und rezitiert, also nicht in schriftlicher Form tradiert worden, weshalb oftmals keine oder nur ganz wenige Überlieferungszeugen aus der Zeit ihrer Entstehung erhalten sind. Auch im Hochmittelalter obliegt es noch speziellen Berufssängern, derartige Heldenepen bei Hof vorzutragen, doch ab dem 12. Jahrhundert werden die Meisterwerke der mittelhochdeutschen Heldenepik auch auf Pergament fixiert, und in der Frühen Neuzeit entsteht dann die Form des höfischen Prosaromanes, der nicht selten viele Tausend Seiten umfasst und offenkundig nicht von Berufsrezitatoren memoriert und aus dem Gedächtnis rezitiert, sondern von einem Vorleser zu Gehör gebracht oder aber vom aristokratisch-gelehrten Rezipienten selbst gelesen werden soll. Inhaltlich sind drei Momente für die allmähliche Verfeinerung der höfischen Epik von Bedeutung. Erstens macht sich im Zuge der Germanenmissionierung die Christianisierung und damit auch eine Spiritualisierung des Handlungsgeschehens und der handelnden Figuren bemerkbar. Zweitens führt die starke Orientierung der höfischen Kultur an französischen Vorbildern zu einer Adaption wesentlicher Inhalte des Antikenromanes und der (in einzelnen Elementen eventuell auf germanische Ursprünge rückführbaren) Matière de Bretagne, wodurch die reiche literarisch-mythologische Tradition der Antike und die verfeinerte Ehr- und Liebeskonzeption des Artuskultes Eingang in die deutsche höfische Kultur finden. Drittens tritt dann – verstärkt ab der Frühen Neuzeit – ein patriotisches Interesse am Eigenwert der deutschen Sprache und Kultur hinzu, in dessen Folge u. a. die Sprachgesellschaften des 17. Jahrhunderts entstehen, die eine prinzipielle Gleichrangigkeit der deutsch-‚volkssprachlichen' und der französischen bzw. lateinischen Literatur postulieren und die sichere Beherrschung der deutschen Sprache in Schrift und Rede als wesentliche Voraussetzung einer Teilhabe an höherer, anspruchsvoller Schriftkultur erscheinen lassen.

Eine weitere literarische Gattung, die als charakteristisch für die höfische Repräsentationskultur gelten kann, ist der (hochmittelalterliche) Minnesang u. a. eines Neidhart, Ulrich von Liechtenstein oder Gottfried von Neifen. Unter lesegeschichtlichen Aspekten ist er von Bedeutung, weil mit ihm die Frau außerhalb religiös-kirchlicher Kontexte und Gebrauchszusammenhänge als literarischer Hauptgegenstand und als Rezipientin in Erscheinung tritt (vgl. Signori 2009). Minnelieder wurden nicht gelesen, sondern ganz überwiegend gesungen und eventuell z. T. auch getanzt. Für die Lesegeschichte sind sie deshalb nur insofern von Belang, als sie veranschaulichen, dass im Hochmittelalter selbst bei augenscheinlich in der höfischen Kultur dieser Zeit weit verbreiteten und beliebten literarischen Gattungen nur in vereinzelten Fällen das Bedürfnis entstand, die zu Gehör gebrachten Texte in schriftlicher Form zu fixieren und zu rezipieren. Die drei bedeutsamsten Überlieferungsträger des Minnesangs (*Kleine* und *Große Heidelberger Handschrift, Weingartner Handschrift*) entstanden bezeichnenderweise erst geraume Zeit nach der Hochblüte dieser Gattung.

Als genuin schriftliche Gattung aus dem Bereich der höfischen Repräsentationskultur kann demgegenüber der Panegyrikus bezeichnet werden, ein oftmals in der Form eines großformatigen und kostbar ausgestatteten Buches gestalteter Text, in welchem die besonderen Taten, Eigenschaften und Verdienste prominenter Persönlichkeiten aus Adel, Klerus, Gelehrtenstand und Patriziat in lobender, oft sogar überschwänglich-schmeichelnder Art dargestellt und ausgeschmückt werden. Obwohl es sich bei diesen Büchern um Auftragsarbeiten handelte, die nicht selten von bekannten, später kanonisierten Autoren, wie Opitz oder Canitz, verfasst wurden, gibt es seit der Aufklärung, in der diese Form des unkritischen Auftragslobes als eines wahren Künstlers unwürdig gebrandmarkt wurde, kaum noch Neuauflagen derartiger Werke (Beispieltexte zugänglich auf www.zvdd.de). Der Panegyrikus sollte für die Mit- und Nachwelt schwarz auf weiß festhalten und beurkunden, dass der solcherart Gelobte aufgrund seiner Verdienste und seiner würdigen Lebensführung der ihm von Standes wegen zustehenden Ehre in vollem Umfang teilhaftig geworden war. Er folgt damit ganz der inneren Logik einer ständisch-höfischen Repräsentationskultur und bezeugt die inneren Motive, aus denen sich in der Aristokratie des feudalistischen Alters eine hohe Wertschätzung für die Tradierungsleistung des geschriebenen Wortes entwickeln konnte. Das Hauptinteresse des höfischen Publikums galt jedoch, wie oben bereits ausgeführt wurde, dem Feuerwerk, dem Schauessen, dem Festumzug, dem Schlittenkorso und ähnlichen ephemeren Attraktionen, die Teilnehmer und Zuschauer mit einer Fülle unterschiedlicher Reize überwältigen und die Macht und Herrlichkeit sowohl der himmlischen als auch der irdischen Majestät in sinnfälliger Weise veranschaulichen sollten.

Die gelehrte Kultur der Bildungseliten

An die Seite der eigentlichen Machteliten trat auch im feudalistischen Zeitalter in Gestalt der Geistlichen und Gelehrten eine zwar in ihren Einflussmöglichkeiten begrenzte, fast immer von adeligen Gönnern und Auftraggebern unmittelbar abhängige, aber für die Geschichte des Lesens sehr wichtige zweite gesellschaftliche Elite. Ihr Anteil an der Gesamtbevölkerung betrug zwar das gesamte feudalistische Zeitalter hindurch deutlich weniger als 1 Prozent, aber durch Predigt, Kirchengesang, Geistliches Spiel, Ansprache und rege, vielfältige Publikationstätigkeit erwarb diese Bevölkerungsgruppe der Gelehrten bedeutenden Einfluss.

Das zentrale Ausdrucks- und Verständigungsmedium der Angehörigen dieser Bildungselite war allerdings die lateinische (und z. T. auch die griechische und die hebräische) Sprache. Von einer populären Direktwirkung kann deshalb keine Rede sein. Aber durch die geschickt auf analphabetische Rezipienten zugeschnittenen Medienangebote der Kirche hielten die religiösen und philosophisch-humanistischen Überzeugungen der Kleriker in vermittelter und gefilterter Form nach und nach Einzug in die Mentalität der breiteren, ungebildeteren Bevölkerungsschichten. Diese vermittelte, sich über Jahrhunderte hinziehende Massenwirkung der von Antike und Christentum geprägten Geistlichen und Gelehrten basiert auf der fortgesetzten, geduldigen, volkssprachlich-mündlichen und didaktisch-veranschaulichenden Erläuterung der Inhalte eines umfassenden Schrifttums, das ganz überwiegend religiösen Inhaltes war. Wer als junger Mann im feudalistischen Zeitalter ein Universitätsstudium absolviert hatte (Frauen waren nicht zugelassen), trat mit hoher Wahrscheinlichkeit in die Dienste der Kirche oder eines Adeligen ein, um sich entweder religiösen Studien und kirchlichen Diensten oder aber der Arbeit in Verwaltung, Wirtschaft, Rechtswesen, Medizin und vergleichbaren anspruchsvollen Professionen zu widmen. Eine von Adel und Kirche unabhängige (oder zumindest nicht vollständig abhängige) Gelehrsamkeit im Sinne unserer heutigen Forschungs- und Bildungsinstitutionen entsteht erst nach und nach im 13. und 14. Jahrhundert (städtische Lateinschulen; ‚staatliche' Universitäten).

Die Priester, Heiler und Seher der Germanen waren allem Anschein nach in der ganz überwiegenden Mehrheit monoglotte Analphabeten und somit von der ausdifferenzierten Schriftkultur der griechischen und lateinischen Antike weitgehend abgeschnitten gewesen. Die Gelehrten des feudalistischen Zeitalters sind demgegenüber schriftkundig und polyglott. Sie verdanken einen Großteil ihrer Kenntnisse der intensiven Auseinandersetzung mit christlich-religiösem und antikem Schrifttum, das hauptsächlich in den christlichen Klöstern gesammelt, abgeschrieben und übersetzt wurde.

In Gestalt des gebildeten Mönches oder des lateinischen Gelehrten begegnet uns damit im feudalistischen Zeitalter erstmals in der deutschen Bildungsgeschichte eine Bevölkerungsgruppe, deren Angehörige ihren hohen sozialen Status ganz wesentlich dem Umstand verdanken, dass sie als Experten für die heilige/Heilige Schrift gelten und privilegierten Zugang zu schriftlich offenbarten Wahrheiten und hilfreichen wissenschaftlichen Kenntnissen besitzen. Als Schriftreligion, für die nicht die mündliche Überlieferung von Priester zu Priester, sondern das Studium schriftlich fixierter Glaubenstexte zentraler Inhalt einer gelehrt-religiösen Arbeitspraxis sein sollte, hat das Christentum diesen Trend im Unterschied zur mündlich verbreiteten Volksreligion der Germanen stark unterstützt. Das zeigt sich unter anderem an den früh entstehenden Klosterbibliotheken, aber auch an der Tatsache, dass Gelehrte nun begannen, kleine Privatbibliotheken anzulegen, die einige Dutzend, manchmal sogar einige Hundert Bücher umfassten (vgl. Harms ²2003). Da Bücher bis zum Ende des feudalistischen Zeitalters sehr teuer blieben und typischerweise nur geringe Auflagen von wenigen Hundert Exemplaren erlebten, stellten diese Büchersammlungen bedeutende Schätze dar, die ihre Besitzer schon rein äußerlich von der Masse der Schriftunkundigen abgrenzten.

Es kann u. a. als Reaktion auf ihre soziale Ausnahmestellung aufgefasst werden, dass die Angehörigen des Gelehrtenstandes häufig in sehr regem brieflichem Austausch mit Gleichrangigen standen und im Verlauf ihres Lebens nicht selten Tausende oder gar Zigtausende Briefe erhielten und versandten. Diese Briefe, die fast immer in lateinischer Sprache abgefasst und nach einem festgelegten Kompositionsschema konstruiert waren, dürften das soziale Ansehen der Schriftkommunikation – auch bei Schriftunkundigen – zusätzlich erhöht haben, machten sie doch auf sinnfällige Weise deutlich, dass mit Hilfe der Schrift ein für wichtig gehaltenes Wissen über enorme Entfernungen hinweg transportiert und zuverlässig archiviert werden konnte. Denn diese Gelehrtenbriefe verbanden den einzelnen Geistlichen, Mediziner oder Rechtsgelehrten nicht nur mit den Kollegen in den umliegenden Regionen. Vielmehr ist zumindest für die zweite Hälfte des feudalistischen Zeitalters belegt, dass derartige Korrespondenzen nicht selten über Ländergrenzen hinweg reichten und die gelehrte Welt von Deutschland, Italien, Frankreich, Holland usw. eng miteinander verbanden.

Obwohl es der seit dem Aufklärungszeitalter verbreitete Kulturrelativismus nicht opportun erscheinen lässt, die Kulturen verschiedener Epochen unter qualitativen Aspekten miteinander zu vergleichen, kann doch im Hinblick auf die Entwicklung des Lesens und der Bildung im Allgemeinen konstatiert werden, dass die Schriftkultur des feudalistischen Zeitalters zumindest aus dem Blickwinkel der Zeitgenossen im Vergleich mit derjenigen des Stammeszeitalters (Runen) in vielerlei Hinsicht als überlegen eingestuft worden zu sein scheint. Jedenfalls gab es innerhalb der Gelehrtenzunft selbst praktisch keine Versuche, inhaltlich an die Wissensbestände und Glaubensinhalte der germanischen Kultur anzuknüpfen. Das tritt besonders deutlich in jenem Bereich zutage, der aus heutiger wissenschaftlicher Sicht als kurios und obskur gelten kann, im Hinblick auf die (Vor-) Geschichte sowohl der Naturwissenschaften als auch der Schriftkultur im Allgemeinen jedoch höhere Aufmerksamkeit verdient, nämlich die gelehrte Esoterik und Alchemie.

Wenn es irgendeinen Wissensbestand des Stammeszeitalters gegeben hat, mit dem sich die lateinischen Gelehrten durchaus hätten beschäftigen können, so war es das naturkundliche und lebenspraktische Wissen dieser Zeit. Denn als Bauern und Jäger, als Himmelsbeobachter und Seefahrer hatten auch schon die Menschen dieses Zeitalters ein profundes, zwar nicht wissenschaftliches, aber doch sehr reichhaltiges und im Alltag verwertbares Wissen über Fauna, Flora, Klima und Geographie sowie über Grundkategorien des Rechtes und der Heilkunde erworben, das im feudalistischen Zeitalter durch Sammlung und Verschriftlichung hätte gesichert und ausgebaut werden können. Dies ist jedoch nur in seltenen Ausnahmefällen geschehen (z. B. *Merseburger Zaubersprüche*, *Malbergische Glossen*, *Hamelburger Markbeschreibung*). Der Medienwechsel von der Mündlichkeit zur Schriftlichkeit, den die Bildungseliten beim Übergang vom Stammes- zum Feudalzeitalter vollzogen, war also kein bloß formal-äußerlicher, sondern auch und vor allen Dingen ein inhaltlicher. Es wurden nicht die vorhandenen Wissensbestände der Kelten und Germanen schriftlich fixiert und weiter entwickelt, sondern es wurde mit der lateinischen Schriftsprache auch die lateinische Kultur- und Wissenschaftstradition übernommen.

Insofern die antik-lateinische Kultur in mancherlei Hinsicht von den gebildeten Angehörigen des feudalistischen Zeitalters als reicher und fortgeschrittener wahrgenommen werden konnte und wahrgenommen wurde, mag dies nicht überraschen. Am Beispiel der Esoterik und der Alchemie lässt sich jedoch zeigen, dass es auch für jene Bereiche gilt, in denen sich germanische und mittelalterliche Naturforschung in ,qualitativer' Hinsicht allem Anschein nach kaum voneinander unterschieden, so dass eine Anknüpfung an die Wissensbestände der Priester und Druiden des Stammeszeitalters keine abwegige Idee gewesen wäre. Gemeint ist das Arkanwissen dieser früheren Bildungseliten, das besonders in medizinischen, tiermedizinischen, prognostischen und magisch-sakrifikatorischen Praktiken und Prozeduren resultierte und damit inhaltlich-thematisch zahlreiche Anknüpfungspunkte für die Gelehrten des feudalistischen Zeitalters geboten hätte. Eine solche Anknüpfung unterblieb jedoch weitestgehend. Stattdessen zogen die lateinischen Gelehrten dieser Epoche es offenkundig vor, ihr Arkanwissen aus jener bereits verschriftlichten esoterischen Geheimliteratur zu beziehen, die sich auf ägyptische, hebräische, griechische, persische oder altlateinische Ursprünge zurückführen ließ und allerlei Zauberformeln, Weissagungen und Geheimlehren bereitstellte, deren Kenntnis den Eingeweihten mit höheren Kräften oder Einsichten ausstatten sollte (Gnosis, Hermetik, Manichäismus, Kabbala).

Für die Geschichte des Lesens ist dieser mit dem Medienwechsel einhergehende Übergang vom mündlich tradierten Okkultismus der keltischen und germanischen Priester zur schriftgestützten Hermetik der Gelehrten des feudalistischen Zeitalters insofern von Bedeutung, als er eine charakteristische Lesehaltung hervorbrachte, die eine besonders intensive Bindung an das Medium Buch erzeugte und die sich in säkularisierter und abgeschwächter Form bis heute erhalten hat. Es handelt sich dabei um die im Extremfall bis zur Kontaktmagie (Heilung durch Buchauflegen) reichende Buchgläubigkeit oder Buchverehrung, für die das Buch eine spezifische Aura des Geheimnisvollen und Anbetungswürdigen besitzt. Ein Alchemist des feudalistischen Zeitalters betrachtete sein Zauberbuch nicht als eine unter vielen Quellen für wissenschaftliche Informationen, sondern als geheiligtes Instrument einer Transmutation, von der nicht nur die im Labor bearbeiteten Werkstoffe, sondern auch er selbst erfasst werden sollte. In die Mysterien dieser oder jener Geheimlehre eingeweiht zu sein und womöglich den Stein der Weisen oder eine Formel für die Goldherstellung zu finden, war ein über die Zwecke nüchterner Alltagsarbeit auch in philosophisch-theologischer Hinsicht hinausreichendes Ziel, das der Alchemist nicht nur unter Aufbietung aller Verstandeskräfte, sondern auch mit höchster innerseelischer Beteiligung erstrebte. Und das kostbare, geheimnisvolle Instrument, das ihn diesem höchsten Ziel näherbrachte, war das Buch, dessen verschlungenen Wort- und Satzkombinationen er jene Geheimbotschaften, Beschwörungsformeln oder Zaubersprüche zu entnehmen hoffte, die ihn zum Meister aller Transmutationen machen würden.

Ein solches parawissenschaftliches Denken war in den Gelehrtenkreisen des feudalistischen Zeitalters bis in die Epoche der Aufklärung und sogar darüber hinaus keine Seltenheit; selbst bei wissenschaftlich gebildeten Autoren, wie Lessing, Georg Forster oder Hegel (und sogar noch bei Thomas Mann), lassen sich in bestimmten Phasen ihres Lebens Affinitäten zu dieser esoterisch-alternativen Form der Naturtheologie und Naturphilosophie entdecken. Die Buchverehrung mancher Gegenwartsleser, auch wenn sie sich von jeder Form des Okkultismus entschieden distanzieren würden, erinnert manchmal noch an die Lesepraktiken der frühen Esoteriker.

Die Unterhaltungskultur der Mittelschichten

Zu den Mittelschichten im soziologischen Sinne gehörten im feudalistischen Zeitalter überwiegend selbständige Handwerker und Händler sowie Beamte, die z. B. für Handelshäuser, Zünfte und Gilden, kirchliche Einrichtungen oder städtische Institutionen tätig waren. Die an sie gestellten beruflichen Anforderungen setzten bereits solide Kenntnisse und Fertigkeiten im Bereich des Lesens und Schreibens voraus. Ihr Wirkungskreis konnte regional und überregional, ja manchmal sogar international sein; auch ein ganz auf seine lokale oder regionale Sphäre beschränkter Sattler, Schneider oder Kontorist musste aber ein gewisses Quantum an Geschäftskorrespondenz erledigen und Warenbeschreibungen, Inventurlisten, Auftragsbestätigungen oder Rechnungen in akzeptabler äußerer Form abfassen können. Die Alphabetisierungsquote erreichte deshalb in dieser Schicht deutlich höhere Werte als in der Masse der formal ungebildeten Landarbeiter.

Der Anteil dieser bürgerlichen Mittelschicht an der Gesamtbevölkerung lag allerdings zu Beginn des feudalistischen Zeitalters im niedrigen einstelligen Prozentbereich und stieg bis zum 18. Jahrhundert nur ganz allmählich (mit starken regionalen Unterschieden) auf etwa ein Zehntel der Gesamtpopulation an. Gleichwohl hat auch diese Bevölkerungsgruppe ein charakteristisches Mediennutzungsverhalten und eine spezifische Form der literarischen Kommunikation entwickelt und damit einen eigenen Mosaikstein zur Geschichte des Lesens beigesteuert.

Das Lesen stand hier weitestgehend unter dem Diktat einer direkten beruflichen Nutzanwendung und einer mit dem bürgerlichen Beruf gegebenen Vorstellung von standesgemäßer Lebensführung und von ehrbarem Ehe- und Familienleben im ‚Ganzen Haus‘, zu dem außer den Blutsverwandten auch die Angestellten, Lehrlinge und Dienstboten gerechnet wurden. Als Oberhaupt dieser Wohn- und Arbeitsgemeinschaft fungierte der *pater familias*, der über das Arbeits- und Sozialverhalten sämtlicher Haushaltsmitglieder genauso wachte wie über ihren Kirchenbesuch und allgemein ihre Wohlanständigkeit.

Ein Instrument der Belehrung wie auch der Kontrolle war in diesem Kontext die autoritative Lektüre in Form des vom Haushaltsvorstand initiierten oder sogar höchstpersönlich durchgeführten regelmäßigen Vorlesens aus Andachts- und Erbauungsbüchern, die in den Büchernachlässen von Angehörigen dieser Schichten klar dominieren und die ganz pragmatisch zur sittlichen Unterweisung und religiösen Erbauung eingesetzt wurden (vgl. Schön 1987, 179–180). Solche religiösen Schriften waren oftmals in der lebendig und anschaulich wirkenden Brief- oder Dialogform gehalten und in einfacher Sprache formuliert. Sie schilderten die Begebnisse der biblischen Geschichte, Episoden aus dem Leben der Heiligen oder die Taten und Aussprüche berühmter Kirchenlehrer und -führer. Auch direkte Lebenshilfe aus christlichem Geiste anlässlich schicksalhafter Lebenssituationen, wie Krankheit, Tod, Krieg oder Hungersnot, waren in diesem vielfältigen und viel gelesenen Schrifttum zu finden, das im Gefolge der Kirchenspaltung besonders auf protestantischer Seite noch einmal einen besonderen Aufschwung erfuhr.

Beispiele für derartige religiöse Bestseller waren etwa Johann Arndts *Vier Bücher vom wahren Christentum* aus dem Jahre 1610, die in über 200 Auflagen verbreitet wurden, oder Heinrich Müllers *Geistliche Erquickstunden* von 1664–1666, worin 300 „Haus- und Tisch-Andachten" zu finden waren, die neben unmittelbar religiös-kirchlichen Gegenständen auch Themen wie „Vom rechten Brauch der Zeit", „Von der Sparsamkeit", „Von böser Gesellschaft" oder „Vom Müssiggang" behandelten. Wer als Schustergeselle oder Hausmagd vom *pater familias* zu derartigen Lesungen einbestellt wurde, lernte das Buch in erster Linie als Instrument der Belehrung und Ermahnung kennen, wobei dem Familienoberhaupt allerdings noch weitaus drakonischere Unterweisungs- und Disziplinierungsinstrumente zur Verfügung standen, so dass die autoritäre Lektüre als eine vergleichsweise milde, fürsorgliche und zivilisierte Form der Ausübung hausväterlicher Gewalt wahrgenommen worden sein dürfte. Bei geschickter Textauswahl und virtuoser Vorlesetechnik konnte deshalb auch diese Form der Schriftrezeption zu einer Verfestigung und Steigerung des Ansehens der Buchkultur in breiteren Bevölkerungsschichten beitragen. Dass eine solche elaborierte Rezitationstechnik in bürgerlichen Kreisen zumindest in den letzten Jahrhunderten des feudalistischen Zeitalters existiert hat, beweist die Gattung des Meistersanges, dessen Fokussierung auf Korrektheit der Metrik und Ehrbarkeit der Inhalte besonders deutlich die pragmatisch-didaktische, aus späterer Sicht kunstgewerblich wirkende Poesieauffassung des Bürgerstandes hervortreten lässt.

Zusammenfassend kann resümiert werden, dass die Lesekultur der Mittelschichten dieser Ära überwiegend beruflichen Zwecken diente und darüber hinaus als wesentliches Element einer ehrbaren, standesgemäßen Lebensführung aufgefasst wurde. Die Schriftlichkeit blieb hier also noch weitgehend dem Prinzip des *prodesse* unterstellt, während das *delectare* im Rahmen einer ganz überwiegend mündlichen literarischen Kultur zu seinem Recht kam (Märchen, Sagen, Lieder, Witze usw.).

Die Kompensationskultur der Unterschichten

Mit einem Anteil von (anfangs weit) über 90 Prozent stellen die einfachen Landarbeiter und Dienstboten den weitaus größten Teil der Bevölkerung im Deutschland des feudalistischen Zeitalters. Sie verrichteten schwere körperliche Arbeit im Wald, auf dem Feld, im Stall, in der Werkstatt oder in der Küche und erhielten die dazu erforderlichen Instruktionen so gut wie ausschließlich in mündlicher Form.

Obwohl gegen Ende des feudalistischen Zeitalters einige Angehörige dieser Unterschicht, wie z. B. Ulrich Bräker, aufgrund äußerlicher Glücksumstände und persönlicher Ambitionen Zugang zu gebildeten Kreisen finden und sogar selbst als Autoren hervortreten, erreichen doch die Schreib- und Lesefertigkeiten der allermeisten Menschen aus dieser Gesellschaftsschicht kaum das Kompetenzniveau 2 (s. o.), d. h. sie sind als (funktionale) Analphabeten einzustufen. Wenn allerdings, wie eingangs ausgeführt wurde, gilt, dass zur Vorgeschichte der Lesekultur vor dem Hintergrund des modernen, erweiterten Lesebegriffes u. a. die Entwicklung der allgemeinen Sprachkompetenzen und der mündlichen literarischen Kultur gehört, kann auch die Entwicklung des Mediennutzungsverhaltens dieser Schicht als Baustein einer modernen Lesegeschichte aufgefasst werden.

Entscheidend ist hierfür der Umstand, dass der (formale und inhaltliche) Abstand zwischen der alphabetischen Kultur der Mittelschicht und der analphabetischen literarischen Kultur der Unterschicht vergleichsweise gering blieb. Durch die oben geschilderte Praxis des regelmäßigen Vorlesens im Ganzen Haus erhielt auch der Leseunkundige eine ungefähre Vorstellung davon, was er den niedergeschriebenen Texten würde entnehmen können, wenn er denn selbst des Lesens kundig wäre. Und umgekehrt konnte auch der gebildete Patrizier oder Kleriker im Haus, auf dem Markt oder beim Kirchfest die Lieder, Sprüche und Witze seiner Dienstboten und Landarbeiter hören. Selbst bei rigider Wahrung aller Standesgrenzen konnte eine Berührung der Kultursphären im Alltag kaum umgangen werden. Und so erfahren manche Elemente der Volkskultur nach und nach einen ‚Aufstieg' in die schriftliche Fixierung (Märchen, Sprichwörter, Lieder u. a.), während umgekehrt bestimmte Elemente der Gelehrten- und der Repräsentationskultur in die mündliche literarische Kultur der Unterschichten ‚absinken' (z. B. Volksbücher, Legenden, Heiligenviten, biblische Geschichten). Die mündliche und die schriftliche literarische Kultur stellen also keine monadenartigen Paralleluniversen dar, sondern berühren sich in verschiedenen Punkten, ohne dass man allerdings von Schnittmengen im engeren Sinne sprechen könnte. Denn durch die Loslösung von ihrem ursprünglichen Gebrauchszusammenhang werden die ‚auf'- bzw. ‚absteigenden' Kulturelemente umgedeutet und auf je spezifische Weise ästhetisiert bzw. pragmatisiert. Gleichwohl hat die mündliche literarische Kultur der Unterschichten des feudalistischen Zeitalters insofern lesevorbereitend gewirkt, als sie ein grundlegendes, teilweise explizites und teilweise implizit bleibendes Wissen über beispielsweise Vers und Reim, über erzähltypische Figurenkonstellationen und Handlungsverläufe, über tragische und komische Dramengattungen oder auch über Aufbau und Inhalt diverser pragmatischer Gattungen, wie Predigt, Brief oder Reisebericht, vermittelte.

Wer solche präliterarischen Kompetenzen im Rahmen von Erzähl- oder Vorlesesituationen erworben hatte, konnte noch nicht als *literatus* bezeichnet werden, besaß jedoch bereits eine relativ differenzierte Vorstellung davon, was in den potentiell für ihn in Betracht kommenden Büchern zu finden war, deren Lektüre ihm selbst verwehrt blieb. Nur wer freiwillig oder unfreiwillig von derartigen Situationen ausgeschlossen blieb, konnte eine durchgreifende Revolution seiner ganzen Vorstellungswelt erfahren, wenn er irgendwann doch in Kontakt mit der Schriftkultur kommen sollte. Die große Mehrheit der Schriftunkundigen hätte jedoch in den überhaupt in ihren Wahrnehmungshorizont gelangenden, überwiegend der mittelständischen Lesekultur zuzurechnenden Büchern und Druckschriften nur das nachlesen können, was ihnen in wesentlichen Teilen bereits auf mündlichem Wege vermittelt worden war. Das mag auch ein Grund dafür sein, weshalb es sehr viele Menschen dieser Gesellschaftsschicht nicht als eines ihrer drängendsten Probleme erlebt zu haben scheinen, von der Teilhabe an schriftlicher Kommunikation im engeren Sinne de facto ausgeschlossen gewesen zu sein. Als im Zuge der Aufklärung nach und nach in den deutschen Staaten die Schulpflicht eingeführt wurde, mussten die als billige Arbeitskräfte gebrauchten Kinder nicht selten gegen den erklärten Willen ihrer Eltern und teilweise sogar mit polizeilicher Gewalt zum Schreib- und Leseunterricht geführt werden.

Lesekultur des bürgerlichen Zeitalters

Das bürgerliche Zeitalter (ca. 1789 bis 1918) stellt in Deutschland und allgemein in den westlichen Industriestaaten den entscheidenden Wendepunkt in der Geschichte des Lesens und der Schriftkultur dar. Die neue Wirtschafts- und Gesellschaftsordnung dieser Epoche geht mit einer Modernisierung des Bildungssystems einher, in deren Folge das Lesen als eine grundlegende Schlüsselqualifikation für jedermann aufgefasst wird. Tatsächlich wird am Ende dieser Epoche erstmals in der deutschen Geschichte eine Vollalphabetisierung erreicht. Es entsteht ein Massenmarkt für Schrifterzeugnisse, der vom Fachbuch bis zum Boulevardblatt und vom Groschenheft bis zum Experimentalroman eine außerordentliche Fülle an Textgattungen und -formaten umfasst und Auflagenzahlen generiert, wie sie in den vorherigen Epochen weder technisch noch ökonomisch zu erzielen gewesen wären (Details bei Schön 1999, 38–53; Schneider 2004, 161–285; Wittmann ³2011, 171–301).

An die Stelle der feudalistisch-agrarischen Produktionsweise tritt die industrielle Warenproduktion, die nicht nur in der Energiewirtschaft und in der Schwerindustrie, sondern auch in der Landwirtschaft zu einer Rationalisierung und Technisierung von Arbeitsabläufen führt und den Beschäftigten höhere Qualifikationen abverlangt. Darüber hinaus tragen der Übergang von der Natural- zur Geldwirtschaft und die Ersetzung des Ganzen Hauses (s. o.) durch die bürgerliche

Kernfamilie dazu bei, dass der Einzelne nun erstmals genug Freizeit, Geld und Bildung besitzt, um ohne direkte Kontrolle durch einen *pater familias* alten Typs seinen individuell-privaten Neigungen nachgehen zu können.

Persönliches Lebensziel der Menschen des bürgerlichen Zeitalters ist nicht mehr die erfolgreiche Anpassung an die von einer relativ statischen Zunft- oder Ständeordnung vorgegebenen Ehrbarkeitsvorstellungen, sondern die Verwirklichung der je individuellen Talente und Ambitionen. In Gestalt der Jugendphase wird den Individuen nun ein eigener Entwicklungszeitraum zugebilligt, innerhalb dessen sie durch Bildung und Erziehung zur Entwicklung realistischer Ziele hinsichtlich ihrer persönlichen und beruflichen Zukunft angeregt werden. Dabei soll dem Ehrgeiz im Prinzip keine Grenze gesetzt sein, d. h. es gilt fortan als schicklich und erwünscht, die Fesseln der eigenen Herkunft abzustreifen, ambitionierte Karriereziele anzustreben und in freier Marktkonkurrenz die eigene Arbeitsleistung zur Geltung zu bringen. Objektiv wie subjektiv, in der Berufspraxis wie in der persönlichen Vorstellungswelt des Einzelnen, werden damit Spiel- und Imaginationsräume eröffnet, die zu einer Konjunktur solcher literarischen Fiktionen führten, in denen dem Individuum vom Entwicklungsroman bis hin zum Abenteuerroman die unterschiedlichsten, mal pragmatisch-realistischen und mal unterhaltsamphantastischen Entgrenzungs- und Selbstverwandlungsmöglichkeiten vorgeführt werden (vgl. Wirsching 1993, 352–356).

Allerdings dauerte es viele Jahrzehnte, bis die neue freiere Wirtschafts- und Gesellschaftsordnung des bürgerlichen Zeitalters flächendeckend eingeführt und durchgesetzt war. Es gab erhebliche regionale Unterschiede (industrielle Ballungszentren vs. Agrarregionen). Und in den einzelnen Sektoren der Gesellschaft, wie Kirche, Politik, Bildungssystem, Militär oder Presse, kam es zu langwierigen Auseinandersetzungen zwischen Traditionalisten und Erneuerern. So konnte beispielsweise erst nach und nach in allen deutschen Ländern durchgesetzt werden, dass nicht die familiäre Herkunft maßgeblich für die Zulassung zu einer Universität war, sondern dass die in den neuen weiterführenden Schulen erworbenen Abschlusszeugnisse eine einklagbare Berechtigung auf Hochschulzugang beinhalteten.

Darüber hinaus mussten in Papierherstellung, Drucktechnik, Manuskriptbearbeitung, Buchvertrieb etc. neue Wege beschritten werden, um die aufgrund von Alphabetisierung und Bevölkerungsexplosion stark steigende Nachfrage tatsächlich bedienen zu können. Mit Verve wurden deshalb technische Innovationen wie die dampfgetriebene Schnellpresse (1823) oder die Rotationsdruckmaschine (1872/1873) befördert. Die Anzahl der produzierten Buchtitel stieg von ca. 20 000 zu Beginn des 19. Jahrhunderts binnen Hundert Jahren auf den sechsfachen Wert. Allerorts entstanden Buchhandlungen und Leihbibliotheken. Und neue Gesetze gegen Raubdruck, die Einführung der Gewerbefreiheit und die Durchsetzung eines Urheberrechtes führten zu einer Professionalisierung von Autor- und Verlegerschaft. Um 1900 gab es etwa 5000 Freie Schriftsteller, die von den Erzeugnissen ihrer Feder leben konnten, und damit mehr als doppelt so viele wie zu Beginn des bürgerlichen Zeitalters (vgl. Scheideler 1997, 26–29 und 208).

Diese Expansion und Liberalisierung des Printmedienmarktes führte zur Entwicklung neuartiger Lesebedürfnisse und Lektüreangebote. Da das Mediennutzungsverhalten des Individuums auch im bürgerlichen Zeitalter hauptsächlich von der Zugehörigkeit zu einer bestimmten Bildungs- und Gesellschaftsschicht determiniert wird, kann im Folgenden erneut zwischen vier verschiedenen Spielarten der Schriftkultur unterschieden werden.

Die Repräsentationskultur des Besitzbürgertums

Die Entwicklung der Repräsentationskultur des bürgerlichen Zeitalters wird wesentlich durch den – im internationalen Vergleich durchaus ungewöhnlichen – Umstand geprägt, dass es im Bereich der gesellschaftlichen Elite zu einem personellen Wechsel grundlegender Art kam. Denn die erfolgreichen Unternehmer des industriellen Zeitalters entstammten in Deutschland zum allergrößten Teil nicht den alten vermögenden Adelsfamilien, sondern zu mehr als drei Vierteln jenem städtischen Patriziat, das bereits in der Frühen Neuzeit entstanden war und durch ökonomischen Erfolg und politisch-gesellschaftlichen Einfluss nach und nach alle Voraussetzungen erworben hatte, um sich durch seine wirtschaftlichen Aktivitäten erfolgreich auf nationalen und internationalen Märkten zu behaupten.

Es waren also ganz überwiegend die (zumeist männlichen) Sprösslinge von erfolgreichen Fabrikanten-, Bankiers-, Kaufmanns- und Handwerkerfamilien, die im Zeitalter der Industriellen Revolution als Unternehmer agierten und damit die Nachkommenschaft der Aristokratie überflügelten, die den Prozess der ökonomisch-technischen Modernisierung größtenteils aus der Distanz beobachtete und mit skeptisch-melancholischem Konservativismus verfolgte. Anders als es manche Klischeebilder selbst der Hochliteratur vermitteln, war der Bildungsstand innerhalb der neuen Unternehmerschaft dieses Zeitalters außerordentlich hoch. Nicht die Thomas Mann'schen Peeperkorns und Klöterjahns dominierten in dieser neuen Macht- und Besitzelite, sondern gut ausgebildete, oft mit den höchsten Schul- und Hochschulabschlüssen versehene Nachkommen erfolgreicher, alteingesessener Patrizierfamilien, die durch gezielte Heiratspolitik und politisch-gesellschaftliches Engagement ihren Einfluss zu mehren und ihren ökonomischen Erfolg zu konsolidieren verstanden.

Obwohl es in einzelnen Details Parallelen zum Lebensstil der alten Aristokratie gab, entwickelte die neue Unternehmerschaft doch ein ganz eigenes, modernes Ideal von höherer Repräsentationskultur. Neben einer anspruchsvollen Wohn-, Reise-, Ernährungs-, Konversations- und Erziehungskultur gehörte zu diesem neuen Lebensstil des erfolgreichen Unternehmers selbstverständlich auch das Interesse an gehobener Schriftkultur. Anders als in der alten Aristokratie zielte diese Kultur idealiter nicht mehr auf eine *repraesentatio maiestatis*, also die Veranschaulichung von Pracht und Herrlichkeit einer zugleich diesseitigen und jenseitigen Ordnungsmacht, sondern auf die demonstrative Inszenierung des Leistungsvermögens der Unternehmerfamilie, deren Angehörige jeweils spezifische Funktionen zu erfüllen hatten.

Die Kulturpflege sowie die sehr sorgsam geplante und überwachte Erziehung des Nachwuchses oblagen hierbei in der Regel der Dame des Hauses, die mit Hilfe eines eigenen Stabes von höheren und niederen Hausangestellten weitgehend selbstständig dafür Sorge zu tragen hatte, dass in angemessener Weise die gesellschaftlichen Verpflichtungen erfüllt, die karitativen Aktivitäten organisiert, der Hausstand in Ordnung gehalten und das kulturelle Leben vor Ort gefördert wurde. Die regelmäßige Teilhabe an höherer literarischer Kultur war in dieser schon sehr früh komplett alphabetisierten Gesellschaftsschicht eine Selbstverständlichkeit. Zum Raumprogramm der Unternehmervilla gehörte neben dem Musikzimmer und dem Malatelier natürlich auch eine Privatbibliothek, die oftmals prunkvoll ausgestattet war und damit die enge Verbundenheit der Familie mit der kulturellen Tradition veranschaulichen sollte. In diese Bibliotheken zog man sich allerdings nicht zurück, um Texte im Stile eines Schulgelehrten wissenschaftlich-philologisch durchzuarbeiten, zu exzerpieren oder zu annotieren. Vielmehr reflektieren und inszenieren diese privaten Buchsammlungen den je individuellen Lebens- und Berufsweg ihres Besitzers sowie ein höheres Maß an Geschmack und Kultur, das nicht als Ausweis angeborener Nobilität, sondern als Nachweis einer persönlichen Bildungsleistung aufgefasst wurde.

Zunächst ist hierbei an kostspielige, vielbändige Nachschlagewerke in der Art des Brockhaus'schen *Conversations-Lexikons oder Hand-Wörterbuchs für die gebildeten Stände* (1812–1819) zu denken, sowie an Fachlexika, wie beispielsweise Johann Joseph von Prechtls *Technologische Encyklopädie, oder, alphabetisches Handbuch der Technologie, der technischen Chemie und des Maschinenwesens* (1830–1836), Julius Michaelis' *Deutschlands Eisenbahnen. Ein Handbuch für Geschäftsleute, Capitalisten und Speculanten, enthaltend Geschichte und Beschreibung der Eisenbahnen, deren Verfassung, Anlagecapital, Frequenz, Einnahme, Rentabilität und Reservefonds, nebst tabellarischer Uebersicht der Actiencurse* (1859) oder Wilhelm Heinrich Uhlands fünfbändiges *Handbuch für den praktischen Maschinen-Constructeur* (1883–1886). Daneben treten halb wissenschaftliche, halb populäre, zuweilen reich illustrierte und aufwändig ausgestattete Sachbücher, wie Johann Andreas Lebrecht Richters *Handbuch der populären Astronomie für die gebildeten Stände, insbesondere für denkende, wenn auch der Mathematik nur wenig oder gar nicht kundige Leser* (1831) oder die kolorierte zehnbändige Ausgabe von *Brehms Thierleben* (1876–79). Dazu kamen zahllose ‚*Coffee Table Books*' über Gärten, Städte, Baudenkmäler, Weltausstellungen, ferne Kontinente, Möbel, Schmuck, Pferderassen usw., die mit ihrer besonders geschmackvollen, reichhaltigen Ausstattung (Papierqualität, Einbandgestaltung, Illustrationen usw.) zum Durchblättern einladen und auf unterhaltsame Weise informieren wollten.

Zu den weiteren Buchpublikationen, die innerhalb des bürgerlichen Zeitalters (auch) in kostbarer Ausstattung bzw. in Form von Pracht- oder Liebhaberausgaben publiziert wurden und dadurch offensichtlich auf das Besitzbürgertum als Käufergruppe zielten, gehörten Atlanten und Reiseführer sowie Kunstbände und Gesamtausgaben von kanonisierten Schriftstellern. So erschienen beispielsweise Luxusausgaben mit Ledereinband und Goldschnitt von Werken Goethes, Schillers, Mörikes, Kellers, Hebbels usw., deren kostbare Aufmachung nicht zuletzt unter Beweis stellen sollte, dass die höhere literarische Kultur ihren Besitzern viel bedeutete.

Das liberal-konservative Denken und die technisch-ökonomischen Interessen vieler Angehöriger des Besitzbürgertums spiegeln sich auch in den Erzeugnissen der Biographie- und Memoirenliteratur des 19. Jahrhunderts wider. Karl August Varnhagen von Enses *Denkwürdigkeiten und vermischte Schriften* in neun Bänden (1837–1859) oder Wilhelm von Kügelgens *Jugenderinnerungen eines alten Mannes* (1870) zeugen für das Interesse an einer authentischen Darstellung der Gegenwartsgeschichte aus dem Blickwinkel von Zeitzeugen, die keine Panegyrik und keine Teleologie, sondern Beobachtungen und Kommentare von kenntnisreichen und schriftstellerisch talentierten Insidern liefern sollten. Und Bücher wie Fritz Blenckes Krupp-Biographie (1898) oder Artur Fürsts *Werner von Siemens, der Begründer der modernen Elektrotechnik* (1916) reflektieren die ersten Versuche zur Selbsthistorisierung des Unternehmertums.

Ein in den Büchersammlungen der neuen Besitzelite häufig anzutreffendes Genre ist außerdem das Etikette- oder Anstandsbuch in der Art von Amely Böltes *Briefstellerin für Damen* (1834) oder Elise von Hohenhausens *Die feine junge Dame. Ein Buch des Rates für alle Fragen des feineren geselligen Verkehrs* (1902). Da die Repräsentanten des Besitzbürgertums, wie oben ausgeführt, zum allergrößten Teil nicht den Unterschichten, aber auch nicht der Aristokratie, sondern den gehobenen Mittelschichten der Frühen Neuzeit (Patriziat) entstammten und damit in ihrer Kinderstube nur bedingt auf ein Leben in den allerhöchsten Kreisen vorbereitet worden waren, entwickelten sie ein Bedürfnis nach genauerer Unterweisung in Fragen der höheren Lebensart, das von den Benimmbüchern, Tischzuchten und Fürstenspiegeln des feudalistischen Zeitalters nicht mehr adäquat gestillt werden konnte.

Charakteristisch für diese Gesellschaftsschicht ist zudem die Rezeption einer geschlechtsspezifischen Spielart von unterhaltsam-belehrender Romanliteratur. Gemeint ist der konservative Frauenroman in der Art von Amely Böltes *Eine gute Versorgung* (1856) oder Louise von François' *Die letzte Reckenburgerin* (1870). Da in den Werken dieser Autorinnen vergleichsweise traditionalistische Geschlechterrollenkonzeptionen dominieren, sind sie trotz ihres zeitweise beträchtlichen Einflusses auch von der modernen feministischen Literaturgeschichtsschreibung ignoriert worden, so dass ihre Werke bis heute als weitestgehend unerforscht gelten müssen. Als vorbildlich konnten sie innerhalb der weiblichen Leserschaft des gehobenen Bürgertums gelten, weil sie unter konsequenter Vermeidung alles sprachlich oder inhaltlich für unschicklich Gehaltenen ein für diese Klientel attraktives Rollenideal konstruierten. Dazu gehörte zwar stets die Fokussierung auf ein harmonisches Familienleben in materiell gesicherten Verhältnissen unter Leitung eines beruflich erfolgreichen und gütigen Familienvaters, aber gleichzeitig auch durchaus die Entwicklung eigener Aktivitäten, die Übernahme von Verantwortung und das Einstehen für (liberal-konservative) Werte durch weibliche Protagonistinnen, die das Herz auf dem rechten Fleck tragen und innerhalb sozial akzeptierter Grenzen ihre Frau zu stehen wissen.

Ein wesentlicher Unterschied zwischen der Repräsentationskultur des bürgerlichen und des feudalistischen Zeitalters besteht ferner darin, dass in ersterem deutlich seltener die demonstrative öffentliche Zurschaustellung verschwenderischer Pracht anzutreffen ist. An die Stelle des Festumzuges, der Turnierveranstaltung, der Hofoper oder des Feuerwerkes treten nun intimere Spielarten der Kulturausübung. Das zeigt sich beispielsweise in der neu entstehenden Form des privaten Liederabendes, bei dem Konzert- oder Gesangsvirtuosen in privatem Rahmen vor sorgfältig ausgewählten Gästen musizierten. Im Hinblick auf die Entwicklung der schichtenspezifischen Lesekultur ist dies von Bedeutung, weil durch das Medium der Musik ein großer Teil der zeitgenössischen Lyrikproduktion kommensurabel gemacht werden konnte. Jedenfalls waren in den großbürgerlichen Bibliotheken dieser Ära natürlich fast immer schön aufgemachte Ausgaben von Gedichtsammlungen, wie Novalis' *Hymnen an die Nacht*, Heines *Buch der Lieder*, Brentanos *Romanzen vom Rosenkranz*, Droste-Hülshoffs *Das geistliche Jahr*, Fontanes *Balladen* oder Rilkes *Stunden-Buch*, anzutreffen.

Zusammenfassend bleibt festzustellen, dass die Macht- und Besitzelite des bürgerlichen Zeitalters eine eigenständige Lektürepraxis entwickelte, in der das Interesse am schön gestalteten, kostbar aufgemachten Buch mit einer inhaltlichen Erneuerung des Repräsentationskonzeptes Hand in Hand ging, das sich nun nicht mehr aus dem feudalistischen Ideal der *repraesentatio maiestatis*, sondern aus der Inszenierung von Arbeitsleistungen ableitete und damit zur Aufwertung spezifischer, die Lebenslage dieser Rezipientengruppe widerspiegelnder Textsorten und -formate führte.

Die gelehrte Kultur der Bildungseliten

Als „dominierte Fraktion der herrschenden Klasse" (Bourdieu 1987 [1979], 163, 287, 396 u. ö.) gerät auch das Bildungsbürgertum im 19. Jahrhundert unter starken Modernisierungsdruck. An die Stelle des lateinischen Gelehrten oder Geistlichen der Feudalzeit tritt nun der aufgeklärte, vorurteilsfreie, umfassend gebildete und in deutscher Sprache dozierende bzw. publizierende Akademiker, der als Repräsentant eines zwar staatlichen, aber (teil-)autonomen und jedenfalls nicht von Kirchen oder Parteien und Gesinnungen abhängigen Bildungssystems agiert. Dieses Bildungssystem gewinnt im Gefolge der Durchsetzung einer allgemeinen Schulpflicht in bis dato unvorstellbarem Ausmaß an Bedeutung für weiteste Bevölkerungskreise, und dem Bildungsbürgertum gelingt es, sich im Bildungssektor als tonangebende Größe zu etablieren und mit Hilfe der Institution Schule seinen schichtenspezifischen Vorstellungen und Anschauungen zu gesamtgesellschaftlicher Bekanntheit und weitreichender Geltung zu verhelfen, obwohl sein Anteil an der Gesamtbevölkerung selbst bei großzügiger Kalkulation kaum 1 Prozent beträgt.

Wenngleich ihr äußerer Lebensstil aufgrund limitierter Vermögens- und Einkommensverhältnisse weit eher dem des Kleinbürgertums als dem des Besitzbürgertums entspricht, sind die Angehörigen des Bildungsbürgertums dieser Ära aus dem Blickwinkel eines Arbeiters oder eines kleinen Angestellten durch die Art und Weise ihres Sprechens und Denkens jederzeit als höher stehende Respektspersonen erkennbar. Was zunächst ihre Sprache betrifft, so bedienen sie sich nun zwar auch in professionellen Kontexten ganz überwiegend des Deutschen, aber durch Eigenarten wie die Häufung von Rara und Fremdwörtern, komplexere Syntax und hochsprachliche Artikulation unterscheiden sich ihre Äußerungen deutlich von der Umgangssprache der breiten Masse. Darüber hinaus ist ihre Gedanken- und Vorstellungswelt von einer intellektuellen Tiefgründigkeit geprägt, die diesen Massen trotz aller Fortschritte in Alphabetisierung und Volksbildung unverständlich und unzugänglich bleibt.

Die von den Gelehrten des feudalistischen Zeitalters für das Studium lateinischer, griechischer und hebräischer Texte entwickelte wissenschaftlich-philologische Lektürepraxis wird von ihnen auf das Deutsche übertragen und immer weiter ausdifferenziert. Die Germanistik etabliert sich als Hochschuldisziplin, und der Deutschunterricht erfährt sukzessive eine Verwissenschaftlichung, da in ihm fortan die Grundlagen einer spezifischen wissenschaftlichen Analyse der deutschen Sprache und Literatur zu vermitteln sind. Die neue schulische Lektürepraxis erfordert vom Lernenden in der Hauptsache ein Absehen von seinen persönlichen Assoziationen oder Leseerfahrungen, an deren Stelle die systematische Anwendung eines vorgegebenen Analyseverfahrens tritt. Dazu gehören in formalstilistischer Hinsicht beispielsweise die Bestimmung der Gattung, die Einordnung in eine historische Epoche, die Erkennung rhetorischer Stilmittel oder die korrekte Analyse der Metrik, während unter inhaltsanalytischen Aspekten etwa auf die Identifikation gelehrter Zitate und Anspielungen sowie auf eine Sensibilisierung für das Schöne, Gute und Wahre abgestellt wird, das es in Textdeutungen und Besinnungsaufsätzen herauszuarbeiten und rhetorisch zu überhöhen gilt.

Die strikte Orientierung an vorgegebenen Werthaltungen kann hierbei auch politisch instrumentalisiert werden (Nationalismus, Patriotismus), befördert aber gleichzeitig die Herausbildung einer deutschsprachigen ‚Weltliteratur‘, d. h. einer den ethisch-ästhetischen Dispositionen des Bildungsbürgertums entsprechenden, kanonfähigen Literatur. Tatsächlich entwickelt die deutsche Literatur dieser Epoche in Gestalt von Werken wie Goethes *Faust*, Hölderlins *Hyperion*, Schillers *Wallenstein*, Eichendorffs *Marmorbild* oder Fontanes *Stechlin* Meisterwerke, die aufgrund ihres sprachlichen und inhaltlichen Anspruchsniveaus – wenn auch teilweise erst mit Verzögerung – Eingang in den Kanon dieser Weltliteratur finden.

Werke dieses Typs richten sich an jene im 19. Jahrhundert noch sehr kleine Rezipientengruppe, die der Kunstrezeption eine superiore Bedeutung beimisst und außer in wissenschaftlichen Studien und religiösen Schriften fortan in (anspruchsvollen) literarischen Texten eine dritte, gleichrangige Erkenntnisquelle erblickt. In bestimmten Systemen der Ästhetik kann dies sogar so weit reichen, dass die freiwillige regelmäßige Teilhabe an anspruchsvoller literarischer/künstlerischer Kommunikation schlechterdings zum Höhepunkt allen Menschenwerkes erklärt wird. Damit wird der Kunstrezeption eine Wichtigkeit und Ernsthaftigkeit verliehen, die bei den Angehörigen der anderen Bildungs- und Gesellschaftsschichten typischerweise auf Spott oder Skepsis trifft. Für die Geschichte des Lesens bleibt aber festzustellen, dass im Bildungsbürgertum dieses Zeitalters erstmals eine Attitüde entsteht, die das Lesen nicht bloß als nützliche Schlüsselqualifikation mit vielfältiger Nutzanwendung, sondern als den Königsweg zur ästhetischen Erfahrung und damit zu einer der aus ihrer Sicht höchsten und wichtigsten Erfahrungen der Menschheit schlechthin auffasst.

Mag es auch legitim und plausibel sein, diese Attitüde a posteriori als durchsichtige Distinktionsstrategie einer notgedrungen alles auf ihr einziges Alleinstellungsmerkmal, die Intellektualität, setzenden Schicht zu diskreditieren, so ist doch nicht abzustreiten, dass die daraus resultierende Verwissenschaftlichung der Lektürepraxis ein phänomenales Niveau erreichte, das im Sinne eines Rückkoppelungseffektes Raum für die Produktion einer immer komplexeren und anspruchsvolleren Literatur eröffnete. In der Tat entstehen in dieser Ära deutschsprachige literarische Werke, deren Rezeption geradezu notwendig eine wissenschaftlich-philologische Ausbildung erfordert. Diese Literatur für philologisch Gebildete nimmt keinerlei Rücksicht auf die sprachlichen oder kognitiven Kompetenzen des breiteren Publikums, sondern wendet sich gezielt an jene Wenigen, die – sei es als Berufsleser (Deutschlehrer, Kritiker, Übersetzer usw.), sei es als Hobby-Philologen – auch in ihrer Freizeit freiwillig die Prozeduren der schulischen Lektüre anwenden und die das Lesen demgemäß als ein professionell-systematisches Durcharbeiten von Texten auffassen. Zu dieser Art der Lektüre gehört beispielsweise die Bevorzugung editionsphilologisch zuverlässiger Ausgaben, die Zurkenntnisnahme gelehrter Einleitungen und Werkkommentare, das An- und Unterstreichen wichtiger Textpassagen, die Nutzung von Lexika und Wörterbüchern, das Nachverfolgen gelehrter Zitate und Anspielungen, die eigenständige Beschaffung relevanter Zusatzinformationen über Autor und Entstehungsumstände, das Führen von Lesetagebüchern oder auch das gelehrte Kunstgespräch mit gleichgesinnten Freunden zur vertiefenden Durchdringung des Gelesenen.

Mit dieser intellektualisierten Form der Lektüre und einer damit einhergehenden Ausdifferenzierung und weiteren Verwissenschaftlichung der Metrik korrespondiert im Bereich der anspruchsvolleren Lyrik eine Tendenz zur Entmusikalisierung und schließlich Entmetrisierung, in deren Folge das Gedicht immer weniger als in Gemeinschaft sangbares Lied, sondern mehr und mehr als subjektive Aussprache eines unverwechselbaren Individuums erscheinen soll, das in einer hochgradig individualisierten sprachlichen Form seine ganz privaten, persönlichen Gedanken, Gefühle und Empfindungen artikuliert. Texte dieses Typs, zu denen etwa Gedichte von Hölderlin, Mörike oder Nietzsche zu zählen wären, richten sich nicht an auf Unterhaltung und Erbauung erpichte Gelegenheits- und Freizeitleser aus den gerade erst alphabetisierten und noch keiner höheren Bildung teilhaftig gewordenen Unter- oder Mittelschichten, sondern an jene Wenigen, die den geistig-intellektuellen Hintergrund mitbringen, um ein erlesenes Vokabular, versteckte Anspielungen oder subtile Formzitate dechiffrieren und goutieren zu können.

Im Bereich des Dramas gilt Vergleichbares für das sogenannte ‚Lesedrama' in der Art von Tiecks *Kaiser Octavianus* (1804) oder Goethes *Faust II* (1832), das keine Rücksicht auf Spiel- und Inszenierbarkeit oder auf die Bedürfnisse des konkreten Theaterpublikums nimmt, sondern primär auf eine imaginäre, innere Visualisierung in der Phantasie des den Text lesenden Rezipierenden zugeschnitten ist. So ist es möglich, die Protagonisten dieser Werke die unterschiedlichsten weltlichen und außerweltlichen Sphären durchstreifen zu lassen und z. B. ohne Rücksicht auf finanzielle oder personelle Ressourcen Massenszenen, Tabuiertes, Phantasiegeschöpfe oder rein geistige Vorgänge auf die nur im Kopf des Lesenden existierende Bühne zu bringen und damit die prinzipiellen Möglichkeiten der Dramengattung bis zum Äußersten auszureizen. Kunstgriffe wie die Teichoskopie, die Deixis am Phantasma, die Nutzung moderner Medien, die Informationsvergabe durch Regiefiguren usw. erlauben es natürlich einem (modernen) Regisseur, solche Lesedramen entgegen ihrer eigentlichen Bestimmung doch irgendwie auf die Theaterbühne zu bringen. Aber im hier interessierenden Hinblick auf die historische Entwicklung der Lesepraktiken bleibt das Lesedrama ein signifikanter Beleg für eine Intellektualisierungstendenz, die das Lesen zu einer äußerst anspruchsvollen, weit über eine bloße Freizeitunterhaltung hinausgehenden Tätigkeit macht.

Das gilt auch für die epischen Gattungen, deren entsprechend intellektualisierte Spielarten auf eine Verunmöglichung der naiv-eskapistischen Versenkung in das Handlungsgeschehen abzielen und stattdessen eine selbstständige Reflexion über die dargestellten Themen und Probleme erzwingen. Dies geschieht in den meisten Fällen durch Illusionsbrechungen, wie in Schlegels *Lucinde* (1799), durch Ironisierung, wie in Heines *Harzreise* (1826), oder aber durch sachlich-wissenschaftliche, quasi soziologische oder psychologische Analyse und Reflexion, wie in Gutzkows *Wally, die Zweiflerin* (1835). Die Leser dieser und vergleichbarer Werke benötigen hohe sprachliche Kompetenzen, eine umfassende literarische Bildung, gute Kenntnisse der europäischen Geistesgeschichte und nicht zuletzt ein ausgeprägtes Interesse an der eigenständigen gedanklichen Bearbeitung von gesellschaftlichen, politischen, philosophischen oder soziologisch-psychologischen Problemen, um das sublime Vergnügen genießen zu können, das die Lektüre dieser und vergleichbarer Werke einem feinsinnigen Leser eröffnet.

Und nicht anders verhält es sich schließlich mit der Gebrauchsliteratur, also mit Gattungen wie dem Tagebuch, der Biographie, dem Brief, der Autobiographie oder dem Reisebericht. Auch in diesen Bereichen kommt es im 19. Jahrhundert nicht nur zu einer quantitativen Steigerung des Titelausstoßes und der Auflagenzahlen, sondern auch zu einer Ausdifferenzierung und Verfeinerung, in deren Gefolge besonders anspruchsvolle und voraussetzungsreiche Werke, wie Goethes *Aus meinem Leben. Dichtung und Wahrheit* oder Hebbels *Tagebücher*, entstehen.

Bis in die aktuelle Gegenwart hinein bleibt die literarische Kultur des Bildungsbürgertums aufgrund ihrer inhaltlichen wie formal-stilistischen Anspruchshöhe der breiten Masse der Lesenden verschlossen und unzugänglich. Durch ihren außerordentlichen Einfluss auf das im bürgerlichen Zeitalter stark expandierende Bildungssystem gelang es jedoch der zunächst sehr kleinen Schar der Bildungsbürger, ihre philologisch-wissenschaftliche Lektürepraxis als maßgebliches Verfahren für den Deutschunterricht aller Schulformen und Jahrgangsstufen zu etablieren. Bis heute wird deshalb praktisch jedermann in seiner Schulzeit mit dem Literaturverständnis dieser Bildungselite bekannt gemacht, auch wenn ihn dann seine weitere Bildungs- und Berufsbiographie – wie es häufig der Fall ist – diesem äußerst anspruchsvollen Konzept von literarischer Kommunikation wieder entfremdet (vgl. Rupp et al. 2004).

Die Unterhaltungskultur der Mittelschichten

Das in quantitativer Hinsicht bemerkenswerteste Phänomen der Lesekultur des bürgerlichen Zeitalters ist die Entstehung eines literarischen Massenmarktes für die Mittelschichten, die zwar zunächst mit einem Bevölkerungsanteil von ca. 9 Prozent eine Minderheit darstellen, die jedoch bis zur Mitte des 20. Jahrhunderts zur dominierenden gesellschaftlichen Mehrheit aufsteigen, was dann in späterer Zeit die Redeweise von der modernen ‚Mittelstandsgesellschaft' rechtfertigen wird, in der diese Gesellschaftsschicht zur wichtigsten Zielgruppe der allermeisten Akteure auf dem literarischen Markt wird.

Prägend für die Lektürepraxis der Mittelschicht ist die im 19. Jahrhundert vollzogene Übertragung des Ideals einer folgenlosen, ‚reinen' Unterhaltung, das bis dato nur für bestimmte Bereiche der mündlichen Literatur (*oral poetry*; Märchen, Sagen, Lieder u. a.) galt, auf die schriftliche literarische Kommunikation. Bloß um der Unterhaltung willen hätte eine massenhafte Teilhabe an literarischer Schriftkultur in den vorherigen Epochen schon aufgrund der unerschwinglichen Buchpreise, der fehlenden Lesekompetenz und des rudimentär entwickelten Buchdistributionssektors niemals entstehen können. Nun jedoch, verstärkt ab der Mitte des 19. Jahrhunderts, wandelt sich dies grundlegend. Für die meisten Angehörigen der Mittelschichten wird der Umgang mit Romanen, Zeitungen, Zeitschriften, Schulbüchern, Fachbüchern, Sachbüchern, Geschäftsdokumenten und anderen Druckerzeugnissen zur alltäglichen Realität. Bücher sind erschwinglich und keine auratischen Objekte mehr, denen man sich mit einer gewissen Ehrfurcht nähert und die nur zu feierlichen oder sonst wie außeralltäglichen Anlässen hervorgeholt und genutzt werden. Vor allem erlauben es die enorme Expansion des Leihbüchereiwesens und die Einführung preisgünstiger Abonnementmodelle auch dem nicht Begüterten, sich regelmäßigen Zugang zu Büchern und unterhaltenden Illustrierten zu verschaffen.

Unter folgenloser Lektüre ist mit Bezug auf die Mediennutzungsgewohnheiten der Mittelschichten zunächst zu verstehen, dass das Lesen von allen Nützlichkeitsanforderungen und von den Ehrbarkeitsidealen jener vom *pater familias* kontrollierten autoritären Lektüre (s. o.) freigestellt wird, die bis zum Ende des 18. Jahrhunderts in dieser Gesellschaftsschicht dominierten. Im Unterschied zu ihrem stark von Pragmatismus und Nützlichkeitsdenken geprägten Berufs- und Familienleben stellt die Freizeitlektüre für die Angehörigen dieser Gesellschaftsschicht eine Sphäre der unschuldigen, befreienden Träumerei dar. Man durchschweift gerne für einige Stunden die fiktiven Welten der Unterhaltungsschriftsteller und empfindet die – angebliche oder tatsächliche – Folgen- und Nutzlosigkeit dieser harmlosen Freizeitbeschäftigung als befreiend und entspannend.

Die literarische Kultur dieser sich im 19. Jahrhundert formierenden, wenige Jahrzehnte später die gesamte Gesellschaft dominierenden Mittelschicht ist von einer zweifachen Abgrenzungsbewegung gekennzeichnet. Einerseits wird jede anspruchsvolle, höhere Kultur als weltfremd, überambitioniert oder intellektualistisch diskreditiert. Und andererseits wird die grobianisch-sinnliche Kultur der bildungsfernen Unterschichten als unanständig und primitiv wahrgenommen und zurückgewiesen. Die Lesestoffe dieser Schicht sind deshalb arm an kritisch-theoretischen Reflexionen und philosophischen Dialogen, aber gleichzeitig auch frei von Sex- oder Gewalt-Exzessen. Ein wenig Lebensweisheit, etwas Spannung und die eine oder andere Pikanterie sind durchaus erwünscht, aber alles, was darüber hinausgeht und den reinen Unterhaltungswert einer erholsamen Freizeitbeschäftigung schmälern könnte, wird vermieden.

Diese intellektuelle und emotionale Genügsamkeit wird zum Markenzeichen einer Schicht, der es schon im bürgerlichen Zeitalter gelingt, sich selbst als gesellschaftlichen Normalfall zu definieren und eine imaginäre mentale Mitte zu besetzen, von der aus sowohl das Grob-Sinnliche als auch das höhere Geistige als anormal bzw. lebensfern wahrgenommen werden. Obwohl diese mittelständische Geisteshaltung bis weit in das 20. Jahrhundert hinein einen beispiellosen Triumphzug antreten und auch den allergrößten Teil der literarischen Produktion dominieren wird, ist sie aufgrund ihres programmatischen Antiintellektualismus von der Literaturwissenschaft praktisch vollständig ignoriert worden. Selbst die bekanntesten und meistgelesenen Werke dieser mittelständischen Unterhaltungslektüre sind kaum einer literaturwissenschaftlichen Analyse gewürdigt worden.

Die Namen der populären Erfolgsautoren jener Epoche sind der Allgemeinheit heute weitgehend unbekannt. So waren es nicht Goethe, Schiller, Heine oder Mörike, deren Werke hier die größte Beachtung und Hochschätzung fanden, sondern heute vergessene Autoren, wie Joseph Victor von Scheffel, dessen Versepos *Der Trompeter von Säckingen* (1854) mehr als 200 Auflagen erlebte, Friedrich von Bodenstedt, dessen *Lieder des Mirza Schaffy* (1851) mehr als 250 Mal nachgedruckt werden mussten, oder Karl von Gerok, dessen *Palmblätter* (1857) nahezu 150 Auflagen sahen. Bei diesen und vielen vergleichbaren Werken handelt es sich um wenig tiefgründige, leicht verständliche, formal wie inhaltlich anspruchslose Gedichte oder Gedichtsammlungen, in denen populäre Trinklieder, Liebesgedichte, Wanderlieder, religiöse Gedichte, humorvolle Reime usw. anzutreffen sind, deren Lektüre weder geistige Höhenflüge verlangt noch das ‚gesunde Empfinden' verletzt und dadurch zur folgenlosen entspannenden Unterhaltungslektüre taugt.

In die gleiche Richtung zielen die Lektürefavoriten der neuen Mittelschicht im Bereich der Epik. Der Roman ist hier die große Gewinnergattung, da er in mehreren Lektüreportionen über einen längeren Zeitraum hinweg rezipiert wird und dadurch ein anhaltendes, sich im Falle des in illustrierten Familienblättern, wie der *Gartenlaube*, publizierten Fortsetzungsromanes sogar über mehrere Wochen erstreckendes Immersionserlebnis verspricht. Von August Heinrich Lafontaines *Klara du Plessis und Klairant* (1795) und Heinrich Claurens *Mimili* (1816) über Eugenie Marlitts *Goldelse* (1866) und Ludwig Ganghofers *Das Schweigen im Walde* (1899) bis hin zu Julius Stindes *Emma, das geheimnisvolle Hausmädchen* (1904) oder Hedwig Courths-Mahlers *Die Aßmanns* (1917) gibt es dabei eine unübersehbare Anzahl von melodramatischen Liebesgeschichten. Sie schildern in rührseliger Weise das Schicksal unglücklicher Liebespaare, deren Herzensadel sich erst nach langen Kämpfen siegreich gegen den Adel der Geburt oder des Geldes durchsetzen kann.

Stärker auf Spannung und Abenteuer setzen die populären Grusel-, Kriminal-, Indianer- und Reiseromane in der Art von Christian Heinrich Spieß' *Das Petermännchen* (1793), Jodocus Donatus Hubertus Temmes *Die Verbrecher* (1855), Karl Mays *Winnetou* (1893–1910) oder Friedrich Gerstäckers *Die Flußpiraten des Mississippi* (1847). Um die stark wachsende Nachfrage nach Druckerzeugnissen dieses Genres befriedigen zu können, etablierte sich bereits zu Beginn des 19. Jahrhunderts ein effizient arbeitendes Übersetzungswesen. Bis heute populäre internationale Bestseller, wie James Fenimore Coopers *The Last of the Mohicans* (1826; dt. *Der letzte Mohikaner*), Eugène Sues *Les mystères de Paris* (1842/1843; dt. *Die Geheimnisse von Paris*) oder Alexandre Dumas' *Les trois mousquetaires* (1844; dt. *Die drei Musketiere*), wurden schon wenige Monate nach ihrem Erscheinen in deutscher Übersetzung auf den deutschen Buchmarkt gebracht.

Überaus erfolgreich war außerdem das ab der Mitte des 19. Jahrhunderts boomende Format der illustrierten Familienblätter. Dabei handelte es sich um reich bebilderte, wöchentlich erscheinende Abonnement-Zeitschriften, die zwar auch in volksaufklärerischem Sinne die Allgemeinbildung ihrer Abnehmer förderten und durch vielerlei praktische Haushaltstipps ihr Alltagsleben erleichterten, die jedoch in der Hauptsache unterhalten wollten und dadurch als erste Periodika in der deutschen Pressegeschichte ein nach Hunderttausenden zählendes Massenpublikum an sich zu binden vermochten (vgl. Obenaus 1987). Für die populärsten Erzeugnisse dieser Gattung, wie die *Gartenlaube* (1853–1937), *Über Land und Meer* (1858–1925) oder *Daheim* (1864–1944), konnten Erfolgsautoren wie Gerstäcker, Marlitt und Temme gewonnen werden, deren längere Werke in kommensurable Lektüreportionen aufgeteilt und als Fortsetzungsromane publiziert wurden, was die Leser stimulierte, sich bis zum Erscheinen der nächsten Ausgabe eine Woche lang schon einmal in ihrer Phantasie auszumalen, wie der Handlungsfaden wohl weitergesponnen werden würde. Diese Prolongation des Immersionserlebnisses scheint – ähnlich wie bei unseren heutigen TV-Serien – einen wesentlichen Anreiz dafür gebildet zu haben, sich Woche für Woche das nächste Heft zu besorgen und sich in einer Weise in das Lektüreerlebnis zu vertiefen, wie es bei der einmaligen Lektüre einer kurzen Erzählung kaum möglich ist.

Die im Mittelstand des 19. Jahrhunderts entstandene Form der bloß dem Vergnügen dienenden, d. h. von allen Erziehungs- oder Belehrungsansprüchen freigestellten Unterhaltungslektüre kann als Ursprung der bis in die aktuelle Gegenwart quantitativ klar dominierenden Form der Lektürepraxis bezeichnet werden. Es gelang dem – damals eigentlich noch eine gesellschaftliche Minderheit darstellenden – Kleinbürgertum, die harmlose, bloß der Unterhaltung dienende Freizeitlektüre als den Normalfall der Literaturrezeption zu etablieren und durchzusetzen. Bis heute ist der weit überwiegende Teil aller Akteure auf dem literarischen Markt damit beschäftigt, in möglichst professioneller Weise das hier erstmals artikulierte Bedürfnis nach unbeschwerter folgenloser Unterhaltungslektüre zu befriedigen.

Das gelesene Werk wird im Rahmen dieser Lektürepraxis gründlich entauratisiert, seine Rezeption wird keiner (hausväterlichen) Kontrolle unterstellt, und der Lektürestil stellt ein direktes Gegenbild zum bildungsbürgerlichen Rezeptionsstil mit seinen schulischen Bearbeitungspraktiken dar. Der unterhaltsame Bestsellerroman wird typischerweise nicht im Sinne einer Vertiefung des Textverständnisses durchgearbeitet, sondern genussorientiert und ohne weitergehende Bildungsambitionen durchschmökert. Dabei scheint es nicht selten zu einem sorglosen, wenig buchstabengetreuen Umgang mit dem Wortlaut des Textes zu kommen, d. h. langweilige Passagen werden übersprungen, den eigenen Ansichten widerstreitende Äußerungen verdreht oder marginalisiert und gestalterische Finessen oder Anspielungen nicht durchdacht und weiterverfolgt (vgl. Pette 2001; Schneider 2013). Gerade aus dieser Selbstbestätigungsfunktion der Textbenutzung scheint aber ihre beruhigende, entspannende Wirkung zu resultieren. Als gutes Buch gilt hier nicht, was Horizonte verlagert, die eigenen Meinungen in Frage stellt oder im Sinne einer ästhetischen Erziehung befreit und bildet, sondern das leicht Kommensurable, das nicht mehr als ein erholsames Freizeitvergnügen sein möchte.

Reduziert auf diese Entspannungsfunktion, konkurriert die Lektüre mit vielfältigen Alternativangeboten, wie beispielsweise Tanzveranstaltungen, Vereinsaktivitäten oder Sportereignissen. Bis zur aktuellen Gegenwart muss die Bestsellerindustrie deshalb erheblichen Aufwand sowohl im Produktions- als auch im Distributionssektor betreiben, um durch fortgesetzte Rationalisierung und Professionalisierung eine kommerziell lukrative kontinuierliche Befriedigung des Bedürfnisses nach folgenloser Unterhaltungslektüre sicherzustellen.

Die Kompensationskultur der Unterschichten

Die bei weitem größte Gesellschaftsschicht des langen 19. Jahrhunderts stellte mit einem Bevölkerungsanteil von mehr als 75 Prozent die ganz überwiegend vermögenslose, einkommensschwache und bildungsferne Land- und Industriearbeiterschaft. Auf dem Feld, im Stall, in der Werkstatt oder in der Fabrik versah sie ihre anstrengende, nicht selten gesundheitsgefährdende Arbeit, von der sie bis zum frühen 20. Jahrhundert typischerweise nur an den Sonntagnachmittagen freigestellt blieb. Da zudem die Wohnverhältnisse in dieser Gesellschaftsschicht in aller Regel sehr beengt waren, fehlte es oftmals schon an den einfachsten räumlichen und zeitlichen Voraussetzungen, um sich mit einem Buch in einen Winkel zurückzuziehen und sich ungestört dem Lektürevergnügen hinzugeben. Nicht selten wurden demgemäß in dieser Gesellschaftsschicht nolens volens Freizeitaktivitäten bevorzugt, die außer Haus durchgeführt werden konnten, wie beispielsweise das sportliche Training in Schwimm- oder Kraftsportvereinen, das Spazierengehen in öffentlichen Grünanlagen, der Besuch einer Kirmes oder einer Zirkusvorführung und das gesellige Karten- oder Würfelspiel in Ausflugslokalen und Eckkneipen.

Trotz dieser ungünstigen Rahmenbedingungen war die Arbeiterschaft des 19. Jahrhunderts für die Hersteller von Druckerzeugnissen schon wegen ihrer schieren Größe eine nicht zu vernachlässigende Zielgruppe. Und tatsächlich gelang es Verlagshäusern wie Ander (Dresden), Grosse (Berlin), Münchmeyer (Dresden), Oeser (Neusalza) oder Weichert (Berlin), spezielle Formate zu entwickeln, die hier auf Resonanz stießen. Die populären Publikationen dieser Verlagshäuser waren zum einen ganz außerordentlich preisgünstig zu erwerben, so dass selbst der ungelernte Hilfsarbeiter in der Lage war, zumindest gelegentlich ein Erzeugnis dieser Verlage zu erwerben. Und zum anderen folgten diese Publikationen einer Ästhetik der starken sinnlich-affektiven Reize (*sex and crime*), die sie aus dem Blickwinkel einer noch weitgehend ungebildeten, gerade erst alphabetisierten Klientel als reizvolle, gleichrangige Alternative zu den oben genannten Freizeitvergnügungen erscheinen ließen.

Schon ab den 1820er Jahren gab es die sogenannten *Bilderbogen*, farbig illustrierte Einblattdrucke, die als Vorläufer unserer heutigen Comics gelten können, damals aber nicht zuletzt als Hilfsmittel für Leseungeübte fungierten. Periodika dieses Typs, wie etwa die *Neuruppiner Bilderbogen*, präsentierten kurze, grell illustrierte, oftmals rührselige oder blutrünstige Bildergeschichten, die mit ihrer Kombination aus effektheischender Illustration und anspruchslosem Kurztext auch für Rezipienten mit ganz geringer Lesekompetenz kommensurabel waren.

In der zweiten Hälfte des 19. Jahrhunderts kam es dann zu einem Boom der Kolportageromane, einer in preisgünstigen, handlichen Lektüreportionen an der Haustür verkauften Spielart von populären Fortsetzungsromanen. Gewalt und Erotik waren dominierende Motive in diesen handlungs- und dialogreichen Texten, die ihre heldenhaften bzw. verführerischen Protagonist(inn)en oftmals an exotische oder verrufene Schauplätze und in zwielichtige Räuber- und Verbrechermilieus führten. Die Sprache dieser Romane war betont einfach und eher an der gesprochenen Umgangssprache als an der dichterisch-schriftlichen Hochsprache orientiert (viel wörtliche Rede, geläufiges Vokabular, kurze Sätze, kaum Allusionen usw.). Die Prolongierung des Immersionserlebnisses spielte auch in dieser einfachsten Spielart des Fortsetzungsromanes eine wichtige Rolle; viele dieser Texte erreichten eine Gesamtlänge von mehr als 1000 oder sogar 2000 Seiten, die auf mehrere Dutzend Fortsetzungslieferungen verteilt waren. Selbst die bekanntesten Autoren dieses Genres, wie z. B. Paul Walter (alias Guido von Fels), Gustav Berthold (alias Guido Waldner) oder Heinrich Sochaczewski (alias Victor von Falk), sind von der bildungsbürgerlich geprägten Literaturwissenschaft und Literaturgeschichtsschreibung weitestgehend ignoriert worden. Trotz ihrer damals massenhaften Verbreitung sind deshalb selbst ihre erfolgreichsten Bestseller, wie beispielsweise Sochaczewskis *Der Scharfrichter von Berlin* (1890; 3120 Seiten in 130 Fortsetzungslieferungen) oder Walters *Räuberhauptmann Gustav Nessel der Schädelspalter und seine schwarze Bande* (1905/1906; 2398 Seiten in 100 Lieferungen) nur in wenigen Exemplaren und zumeist in Privatsammlungen erhalten.

Das ist insofern problematisch, als diesen Texten aus zivilisationsgeschichtlicher Perspektive eine durchaus wichtige Funktion zugesprochen werden kann. Denn trotz ihrer formalen und inhaltlichen Simplizität liefern diese populären Bestseller doch ein wichtiges Indiz für den gerade in Deutschland – etwa im Vergleich zu England – wichtigen und bezeichnenden Prozess der frühzeitigen Verkleinbürgerlichung des Proletariates, der allererst die schon früh im 20. Jahrhundert einsetzende Entstehung der Mittelstandsgesellschaft ermöglichte.

War die Unterschichtenkultur des feudalistischen Zeitalters noch von den drastischsten Grobianismen durchzogen (Flatus, Ruktus, Vomitus etc.), so konzentriert sich der Kolportageroman auf die Ausmalung von Gewalt- und Liebeshandlungen und damit auf jene zwei Bereiche des Affektlebens, die – wenngleich in abgemilderter Form – auch in den populären Lesestoffen des Kleinbürgertums als der nächsthöheren Schicht eine wichtige Rolle spielen. Eine Ursache hierfür mag in dem Umstand zu erblicken sein, dass die oben genannten Bestsellerautoren der Kolportage keineswegs den untersten Bildungs- und Gesellschaftsschichten entstammten, sondern ihrerseits über einen kleinbürgerlichen, nicht selten sogar bildungsbürgerlichen Familienhintergrund verfügten. Abgesehen davon folgt jedoch auch der *prima facie* unzivilisierte Kolportageroman dem gesamtgesellschaftlichen Großtrend zur Ersetzung von Primärerfahrungen durch Sekundärerfahrungen bzw. zur Durchsetzung des Realitätsprinzipes gegenüber dem reinen Lustprinzip. An die Stelle ungehemmter sofortiger Triebabfuhr tritt also das medial vermittelte, imaginäre Nachvollziehen einer solchen Triebabfuhr im Medium des Romanes: Die Darstellung einer zünftigen Wirtshausprügelei zu lesen, stellt schon einen ersten Fortschritt gegenüber der tatsächlichen Beteiligung an einer solchen Prügelei dar. In Gestalt des Kolportageromanes erschuf die Bestsellerindustrie des 19. Jahrhunderts ein funktionierendes Substitut für die lustvoll-primärprozesshafte Ausführung tatsächlicher Triebhandlungen.

Lesegeschichtlich ist daran von Interesse, dass auf breitester Front eine Technik der imaginär bleibenden Wunscherfüllung durchgesetzt werden konnte, die bis zum Ende des feudalistischen Zeitalters – etwa in Gestalt der Pornographie – den gebildeteren und einkommensstärkeren Gesellschaftsschichten vorbehalten geblieben war. Elementare Impulse, wie beispielsweise Raufsucht, die Lust am Ekelhaften oder sexuelle Geilheit, kontrollieren und im sozialverträglichen Modus einer imaginär bleibenden Lektüreerfahrung ausagieren zu können, stellt eine wichtige Voraussetzung für die Zivilisierung und für den Erwerb der Gesellschaftsfähigkeit im Sinne jener bürgerlichen Standards dar, deren Einhaltung über die Zugehörigkeit zur Mittelschicht entscheidet. Die Entwicklung eines kompensatorischen, unkontrollierte Affekthandlungen ins Imaginäre abdrängenden Lektüremodus kann deshalb als wichtige (wenn auch gewiss nicht hinreichende) Voraussetzung für die rapide Verkleinbürgerlichung des deutschen Agrar- und Industrieproletariates und damit für die Entstehung unserer modernen Gesellschaft bezeichnet werden, in der die Mittelschicht keine Minderheit, sondern die klar dominierende Mehrheit darstellt.

Lesekultur des demokratisch-pluralistischen Zeitalters

Von einer durchgreifenden Demokratisierung der anspruchsvolleren Schriftkultur und der literarischen Bildung lässt sich erst mit Bezug auf unsere pluralistische Gegenwartsgesellschaft des 20. und 21. Jahrhunderts sprechen, in der Wohlstand und Bildungsbeteiligung ein zuvor unbekanntes, phänomenal hohes Niveau erreichen. Zuwächse in der Produktivität und der allmähliche Übergang von der Industrie- zur Dienstleistungsgesellschaft führen zu einem tiefgreifenden Wandel in der Arbeitswelt, so dass die körperliche mehr und mehr zugunsten der geistigen Arbeit zurückgedrängt wird. Drei von vier Erwerbstätigen arbeiten heute im tertiären Sektor (Dienstleistungen; überwiegend Büroberufe), und mehr als die Hälfte davon sind Frauen. In der Weimarer Republik wird eine allgemeine Teilhabe an der politischen Willensbildung (1919 Einführung der parlamentarischen Demokratie mit allgemeinem Wahlrecht) und die Einführung einer Arbeitnehmermitbestimmung (1920 Betriebsrätegesetz) durchgesetzt. 1919 wird in Deutschland der 8-Stunden-Tag gesetzlich eingeführt; bis dahin wurde im Durchschnitt 12, manchmal sogar 14 Stunden pro Tag gearbeitet.

Auch die Bildungsbeteiligung erreicht erst im demokratisch-pluralistischen Zeitalter das uns heute vertraute Maß. Der Anteil aller in Deutschland Studierenden an der Gesamtbevölkerung lag um 1800 bei ca. 0,3 Promille, um 1900 bei ca. 0,85 Promille und um 2000 bei 21,6 Promille. Bis 1914 erreichten weniger als 2 Prozent eines Jahrganges die Hochschulreife (Abitur), heute sind es fast 40 Prozent. Ähnliche Steigerungsraten gab es bei den mittleren und unteren Bildungsabschlüssen, so dass Deutschland im Verlauf des 20. Jahrhunderts im Hinblick auf sowohl den Lebensstandard als auch das durchschnittliche Bildungsniveau mit Recht als eine voll entwickelte Mittelstandsgesellschaft bezeichnet werden kann, in der nur noch ein Sechstel der Bevölkerung jener einkommensschwachen und bildungsfernen Unterschicht zuzurechnen ist, der im 19. Jahrhundert mehr als drei Viertel der Einwohner Deutschlands angehörten.

Für die Geschichte des Lesens hat diese beispiellose Steigerung des durchschnittlichen Einkommens- und Bildungsniveaus gravierende Konsequenzen. In der modernen Wissens- und Informationsgesellschaft werden journalistische und literarische Schrifterzeugnisse in bis dato unvorstellbaren Massen produziert und konsumiert. So sind etwa im 20. Jahrhundert deutlich mehr deutschsprachige literarische Werke publiziert worden als in allen früheren Jahrhunderten zusammen:

Belletristische Erstveröffentlichungen pro Jahr:

im 16. Jahrhundert	80
im 17. Jahrhundert	120
im 18. Jahrhundert	500
im 19. Jahrhundert	1800
im 20. Jahrhundert	6000

(gerundete Durchschnittswerte nach Wittmann [3]2011)

Es gibt also insgesamt ca. 900 000 deutschsprachige belletristische Publikationen, von denen mehr als 650 000 seit Beginn des 20. Jahrhunderts erschienen. Und legt man dem Vergleich nicht nur die Anzahl der Neuerscheinungen pro Jahr, sondern die Auflagenhöhen zugrunde, sind nicht 70 Prozent, sondern weit über 90 Prozent aller belletristischen Bücher im demokratisch-pluralistischen Zeitalter publiziert und rezipiert worden. Vergleichbare Steigerungsraten finden wir im Bereich der Massenpresse und der Sach- und Fachliteratur.

Darüber hinaus gewannen öffentliche Bibliotheken weiterhin an Bedeutung. Für 1880 sind im Deutschen Reich 1056 Leihbibliotheken nachgewiesen;

bis 1930 stieg diese Zahl auf den bis heute gültigen Wert von ca. 15 000 öffentlichen Bibliotheken an, so dass sich auch einkommensschwache Leser in jedem Fall die gewünschte Lektüre verschaffen konnten. Die berühmte Herzog August Bibliothek in Wolfenbüttel hatte von 1714 bis 1799 insgesamt 1648 Leser und Leserinnen, die im Durchschnitt insgesamt 13 Titel entliehen; das bedeutet, dass diese Bibliothek das ganze 18. Jahrhundert hindurch pro Werktag ungefähr ein Buch ausgeliehen hat. Seither haben sich die Ausleihquoten fast verhundertfacht; in den deutschen Bibliotheken werden heute an jedem Werktag etwa 1,4 Millionen Bücher oder andere Medien entliehen.

Ein Spezifikum des demokratisch-pluralistischen Zeitalters ist ferner die enorme Steigerung der Medienkonkurrenz, auch und gerade im Bereich der unterhaltenden, die breite Mittelstandsmehrheit adressierenden und erreichenden Massenmedien. Neben Radio, Tonkonserven, wie Schallplatte oder CD, Kinofilm und Fernsehen sind dabei in den letzten Jahrzehnten auch die verschiedenen webbasierten Medienprodukte, wie Internet-Musiktauschbörsen, Spielkonsolen, soziale Netzwerke usw., zu nennen, die einen erheblichen Teil des zur Verfügung stehenden Freizeitbudgets binden und damit einerseits die weitere Expansion der Schriftkultur in ihren traditionellen Formaten (Buch, Zeitschrift, Groschenheft usw.) begrenzen und andererseits neue Standards in puncto Immersionsintensität, Herstellungsaufwand und Nutzerfreundlichkeit setzen (vgl. Ryan 2001, Collins 2010, Rattay 2014). Die Überfülle an Freizeit- und Medienangeboten konfrontiert den modernen Literaturrezipienten mit dem Problem, innerhalb kürzester Frist entscheiden zu müssen, ob ein bestimmtes Buch seinen augenblicklichen persönlichen Lesebedürfnissen gerecht wird oder nicht. Das Anlesen und Diagonalisieren von Büchern gewinnt dadurch zunehmend an Bedeutung; erweist sich der kurz diagonalisierte Text nicht als interessant genug, kann sehr schnell auf konkurrierende Medienangebote, die oft nur einen Klick entfernt sind, ausgewichen werden.

Insofern mehr als vier Fünftel der Bevölkerung genug Freizeit, Geld und Bildung besitzen, um die auf diesem Massenmedienmarkt distribuierten Produkte nach Gusto zu rezipieren, ist eine rein an ökonomischen Kriterien orientierte Differenzierung in verschiedene Einkommens- oder Vermögensklassen im Hinblick auf eine Herausarbeitung schichtenspezifischer Formen des Mediennutzungsverhaltens nicht mehr sinnvoll. Im Folgenden wird deshalb in Anlehnung an das Sinus-Milieu-Modell (vgl. Flaig et al. [3]1997; Burda Advertising Center 2002) argumentiert, das lebensstilsoziologische Differenzierungskriterien, wie beispielsweise Wohnpräferenzen, Bekleidungsstil, Ernährungsgewohnheiten und Mediennutzungsverhalten, erfasst, um die verschiedenen Sozialmilieus voneinander zu unterscheiden. Wie sich zeigt, können auf diesem Wege auch bestimmte milieuspezifische Arten des Lesens und des Umgangs mit Literatur identifiziert werden (Details bei

Schneider 2004, v. a. S. 297–302). Dabei können im Überblick drei Haupttypen von Lebensstilmilieus ausgemacht werden, deren Repräsentanten sowohl in der Ober- als auch in der Mittel- und der Unterschicht anzutreffen sind, und zwar die traditionellen, die teilmodernisierten und schließlich die modernisierten Milieus. Dazu kommt viertens die Gruppe der Berufsleser, die nicht durch einen spezifischen eigenen Lebensstil charakterisiert sind, die aber in unserer modernen Freizeit- und Mediengesellschaft inzwischen eine dermaßen große Bevölkerungsgruppe stellen und eine derart eigenständige Lesekultur entwickelt haben, dass ihnen nachfolgend ein eigenes Unterkapitel gewidmet werden muss.

Obwohl bestimmte Berufsgruppen, wie z. B. die der Landwirte und der Mediziner, auch heute noch extreme Selbstrekrutierungsquoten aufweisen, ist die soziale Mobilität in der demokratisch-pluralistischen Gegenwartsgesellschaft erheblich stärker ausgeprägt als je zuvor. Da zudem aufgrund des allgemeinen Zuwachses an Bildung und Einkommen die Unterschiede zwischen den Rezipientengruppen geringer und subtiler geworden sind, bedarf es einer differenzierteren Analyse, um ein zutreffendes Bild von den Korrelationen zwischen bestimmten Lektürepraktiken und bestimmten Positionen im sozialen Raum zu erhalten. Insbesondere ist zu beachten, dass der milieuspezifische Habitus (Bourdieu) der Akteure im sozialen Raum im Falle eines Auf- oder Abstieges oftmals nicht synchron, sondern erst mit einer Verzögerung nachgeführt und angepasst wird, die sich über Jahrzehnte erstrecken kann. Wer also beispielsweise dem kleinbürgerlichen Milieu entstammt, erfolgreich ein Studium absolviert und nach glanzvoller Berufskarriere im alternativen Milieu eine neue soziale Heimat findet, kann und will u. U. nicht sofort und vollständig die in diesem neuen Milieu verbreiteten Bekleidungs-, Ernährungs- oder Wohnstandards übernehmen. Und auch sein Mediennutzungsverhalten wird eventuell noch die Schlacken seiner Herkunft aufweisen, so dass in seinem Bücherregal Druckerzeugnisse sehr unterschiedlichen Typs und Anspruchsniveaus vereint sein können. Dabei ist zu beachten, dass dieser spezifische Laufbahneffekt eher ein Unter-dem-eigenen-Niveau-Lesen als ein Über-dem-eigenen-Niveau-Lesen begünstigt. Denn die Bildungsvoraussetzungen, die erfüllt sein müssen, damit eine regelmäßige freiwillige Literaturrezeption überhaupt realisiert werden kann, errichten auch in der offenen Gegenwartsgesellschaft zahlreiche unsichtbare Barrieren zwischen den Bildungsschichten. Es ist kein Zufall, dass bestimmte Bücher bei Suhrkamp erscheinen und in ‚guten Buchhandlungen‘ vorrätig sind, während andere Titel bei Heyne oder Bastei Lübbe verlegt werden und auch an Tankstellen oder in Supermärkten zu erstehen sind. Eine ausdifferenzierte Kulturmarketingindustrie kann heute davon existieren, Manuskripte, die ein Autor womöglich in aller Naivität ohne jede Vorstellung von seiner potentiellen Leserschaft verfasst hat, mit professioneller Treffsicherheit der tatsächlich in Betracht kommenden Zielgruppe zuzuführen.

Bevor im Folgenden die vier oben genannten Lesergruppen und ihre spezifischen Lektürepraktiken im Detail vorgestellt werden, ist darauf hinzuweisen, dass die Zeit des Dritten Reiches im Rahmen dieser Überblicksdarstellung nicht in einem eigenen Unterkapitel dargestellt wird, da sie keine neuen sozialen Milieus und damit auch keine innovativen Leseprozeduren hervorbrachte: „Das noch heute anzutreffende Mißverständnis, das deutsche kulturelle Leben und die zeitgenössischen Strömungen der Populärkultur seien im Dritten Reich Gegenstand radikaler Umformung gewesen, ist allenfalls ein Indiz für das hartnäckige Fortwirken nationalsozialistischer Selbststilisierung. Entgegen dem Eindruck, den eine breit angelegte Kontroll- und Lenkungsbürokratie zu erwecken versuchte, entfaltete das Regime auf kulturellem Gebiet nur verhältnismäßig geringe Prägekraft. Alle wesentlichen massenkulturellen Entwicklungstendenzen setzten sich in der NS-Zeit fort oder verstärkten sich sogar noch – auch solche, die gemeinhin als Demokratisierung des Zugangs zur Kultur gewertet werden." (Frei [6]2001, 123–124; vgl. auch Adam 2013).

Die nostalgische Lesekultur der traditionellen Milieus

Lebensstil und Werteordnung der drei traditionellen Milieus, die zusammen in etwa ein Drittel der Bevölkerung stellen, zeugen von einer nostalgisch-antimodernistischen Verhaftung an den gesellschaftlichen Zuständen und Lebensbedingungen des versunkenen bürgerlichen Zeitalters. Sowohl in der Oberschicht als auch in der Mittel- und Unterschicht lassen sich im demokratisch-pluralistischen Zeitalter gesellschaftliche Milieus identifizieren, die einer solchen, auch das Freizeit- und damit das Leseverhalten tangierenden Grundorientierung folgen. Charakteristisch für die hier vorzufindenden Mentalitäten sind beispielsweise traditionalistische Geschlechterrollenkonzeptionen, direktive Erziehungsstile und konservative politische Orientierungen, die das Sicherheitsbedürfnis höher gewichten als den individuellen Freiheitsdrang.

Was zunächst die *Oberschichten* (z. B. Unternehmer, Banker, Privatiers) angeht, so besteht hier oftmals eine Orientierung am klassischen Kanon, der als Hort abendländisch-christlicher Werte verstanden und in Ehren gehalten wird. Wie schon im Besitzbürgertum des bürgerlichen Zeitalters ist die Teilhabe am höheren literarischen Leben hier jedoch nur eines von vielen Ingredienzen einer anspruchsvollen, sämtliche Teilbereiche des Lebens umfassenden Kultur, zu der auch beispielsweise regelmäßige Kunst- und Bildungsreisen, eine gehobene Wohnkultur, weltläufige Manieren, die Pflege der Familientradition, eine souveräne polyglotte Konversation, kostspielige Hobbies (Antiquitäten, Reitpferde, Oldtimer, Wein etc.) und karitative Aktivitäten zu gehören pflegen. Auch das Sammeln von

Autographen oder bibliophilen Raritäten kann in diesem Milieu zu einer Passion (neben anderen Passionen) werden. Klassisch-konservative Autoren, wie Goethe, Fontane, Hofmannsthal, Stefan Zweig oder Ernst Jünger, können zu den bevorzugten Schriftstellern der Angehörigen dieses Milieus gerechnet werden. Da viele Werke dieser und vergleichbarer Autoren nicht einem simplen Antimodernismus zugerechnet werden können, sondern als ernsthafte Auseinandersetzung mit bis heute ungelösten Problemen des Modernisierungsprozesses zu verstehen sind, lässt sich den Angehörigen der traditionalistisch orientierten Oberschicht eine ernsthafte, eigenständige Auseinandersetzung mit den literarisch relevant gewordenen Grundproblemen des Epochenüberganges vom bürgerlichen zum demokratisch-pluralistischen Zeitalter nicht absprechen. Die modernistischen Fraktionen der Oberschicht, von denen gleich ausführlicher die Rede sein wird, haben diese Probleme nicht etwa endgültig gelöst, sondern häufig nur ad acta gelegt und stattdessen neuartige, als zeitgemäßer geltende Probleme ins Zentrum ihres Interesses gerückt. Auch noch unter den Bedingungen einer verschärften Medienkonkurrenz ist jedenfalls in der alten wie in der neuen Oberschicht ein lebhaftes Interesse an der Teilhabe an höherer literarischer Kommunikation auszumachen.

Anders verhält es sich hingegen in der traditionalistischen Fraktion der *Mittelschicht*, in der Ausbildungsberufe wie der des Autoschlossers oder der Büroangestellten dominieren und in der zwar weiterhin, wie schon im bürgerlichen Zeitalter, das Unterhaltungsbedürfnis an erster Stelle steht, in der jedoch – schon seit Beginn des 20. Jahrhunderts – Rundfunk und Film als überlegene Medien zur Befriedigung dieses Bedürfnisses wahrgenommen werden. Von der Hauptzielgruppe der Romanbestsellerindustrie entwickelte sich das Kleinbürgertum des demokratischen Zeitalters schnell zum passionierten Radio-, Kino- und Fernsehmilieu, in dem die regelmäßige Rezeption familientauglicher Unterhaltungsformate (Game-, Quiz-, Musikshows; Sportreportagen; Kochsendungen usw.) das Mediennutzungsverhalten dominiert. Besondere Erwähnung verdient in diesem Zusammenhang auch der Umstand, dass in dieser Fraktion der Mittelschicht ein Faible für Stimmungslieder, Volksmusik und Schlager existiert, deren deutschsprachige Texte aufgrund der im 20. Jahrhundert einsetzenden Expansion der Musikindustrie (Schallplatte, Cassette, CD usw.) eine massenhafte, aber nicht an die Schriftrezeption gebundene Verbreitung finden. Darüber hinaus kann auch mit Bezug auf das populäre Drama festgestellt werden, dass das Interesse an den in diesem Rezipientenmilieu favorisierten Volkstheater- und Familienserienformaten (*Millowitsch-* und *Ohnesorg-Theater*, *Familie Hesselbach*, *Lindenstraße* usw.) weitestgehend über das Fernsehen und nicht durch den tatsächlichen Theaterbesuch oder gar durch die Lektüre gedruckter Dramentexte befriedigt wird. Bestsellerautoren wie Utta Danella, Heinz Günther Konsalik, Rosamunde Pilcher oder Johannes Mario Simmel besitzen dennoch in diesem Publikumssegment eine nach Millionen zählende Stammleserschaft, die vorzugsweise die Urlaubszeit nutzt, um die Werke ihrer jeweiligen Lieblingsautoren zu durchschmökern. Fast vollständig zu einem TV-Milieu wurde hingegen im Verlauf des 20. Jahrhunderts das traditionelle Arbeitermilieu, dessen Anteil an der Erwerbsbevölkerung im Zuge der Tertiärisierung von mehr als 70 auf weniger als 5 Prozent absank. Einen eigenständigen Beitrag zur Geschichte des Lesens kann man dieser traditionalistischen Fraktion der *Unterschicht* des demokratischen Zeitalters, zu der beispielsweise viele ungelernte Arbeiter und Reinigungskräfte zu zählen sind, kaum noch attestieren. Volksaufklärerische Projekte, wie der 1912 gegründete *Bund der Werkleute auf Haus Nyland* oder der 1970 begründete *Werkkreis Literatur der Arbeitswelt*, blieben in diesem Milieu ohne nachhaltige Resonanz. Die einzigen Druckerzeugnisse, die sich hier einer größeren Verbreitung erfreuen, sind die preisgünstigen Boulevard-Blätter und bunten Illustrierten (*Bild, Bild der Frau, Neue Revue* usw.), die durchblättert werden, sofern die populären TV- und Radiosender, wie RTL oder WDR 4, keine attraktiveren, intensivere Immersionserlebnisse in Aussicht stellenden Sendungen ausstrahlen.

Die janusköpfige Lesekultur der teilmodernisierten Milieus

Im Spannungsfeld zwischen Sicherheit und Freiheit tendieren die Angehörigen der drei teilmodernisierten Milieus, die zusammen etwas mehr als die Hälfte der gegenwärtigen Bevölkerung stellen, zu einer mittleren Position. So werden hier beispielsweise den Frauen in der Ausbildungs- und Berufseinstiegsphase ganz überwiegend die gleichen Chancen wie den Männern eingeräumt, aber in der Familienphase kommt es in den meisten Fällen zu einer Rückkehr zu traditionalistischen Geschlechterrollenkonzeptionen. Auch das Mediennutzungsverhalten dieser Milieus ist durch die Vermischung traditioneller und modern-experimenteller Rezeptionspraktiken gekennzeichnet.

So wird in den zur Oberschicht zählenden Fraktionen der Teilmodernisierten (z. B. Manager, Architekten, Juristen, Mediziner) einerseits der klassische Kanon in Ehren gehalten, andererseits aber auch die moderne Gegenwartsliteratur (Ingeborg Bachmann, Thomas Bernhard, Günter Grass, Elfriede Jelinek usw.) hochgeschätzt. Neben der oft beruflich bedingten, intensiven Rezeption von Fach- und Sachliteratur spielt auch die Freizeitlektüre eine wichtige Rolle, so dass die Angehörigen dieses Milieus zu den ausgesprochenen Viellesern zu rechnen sind, die vergleichsweise wenig Zeit für den TV-Konsum opfern und generell ein hohes Interesse an anspruchsvoller künstlerischer Kommunikation und an einem modernen gehobenen Lebensstil haben. Die Polyglottie dieses Milieus bringt es darüber hinaus mit sich, dass hier häufig auch die anspruchsvollen Neuerscheinungen der englischen, französischen, spanischen, lateinamerikanischen usw. Literatur Beachtung finden, über die man sich in Qualitätszeitungen wie der *Neuen Zürcher Zeitung*, der *ZEIT*, der *Süddeutschen* oder der *Frankfurter Allgemeinen Zeitung* informiert und die man ggf. sogar gerne im fremdsprachigen Original liest. Dabei ist die Lektürepraxis nicht am wissenschaftlich-philologischen Textbearbeitungsverfahren der Berufsleserschaft (s. u.) orientiert, sondern von der Erfahrung hoher Selbstwirksamkeit geprägt: Von den ernstzunehmenden, relevanten Autoren erwartet man substanzielle Beiträge zur Ausformulierung und Bearbeitung zentraler Gegenwartsprobleme, an deren Lösung man intellektuell Anteil nehmen oder auch durch direktes Engagement mitwirken möchte. Wie schon in der alten traditionalistischen, so gehört auch in dieser neuen Oberschicht das karitative, kulturelle und politische Engagement zu den Selbstverständlichkeiten des öffentlichen und privaten Lebens. Je nach persönlichem Interesse kann das beispielsweise auch bedeuten, dass man sich an der Finanzierung von Literaturhäusern, Schriftstellerstipendien oder Subskriptionsausgaben beteiligt bzw. etablierte und talentierte Autoren durch großzügig dotierte Privatlesungen unterstützt.

In den Mittelschichtenmilieus der Teilmodernisierten fehlt es an den Ressourcen für ein solches Engagement, aber auch hier finden wir die charakteristische Mischung aus Vergangenheits- und Zukunftsorientierung. So stoßen hier einerseits die Best- und Longseller der Kriminal-, Fantasy- und Science-fiction-Literatur (*Miss Marple*, *Der Herr der Ringe*, *Perry Rhodan* usw.) auf breite Resonanz, aber andererseits werden auch die Unterhaltungsangebote der neuen elektronischen Medien (Videospiele, Computerspiele, Live Action Role Playing, Soziale Netzwerke usw.) gerne ausprobiert und – ggf. auch zu Lasten des Lesezeitbudgets – dauerhaft in das Spektrum der favorisierten Freizeitaktivitäten integriert. Die Lektüre folgt hier in der Hauptsache den schon im bürgerlichen Zeitalter formulierten Idealen der ‚reinen‘, erholsamen Unterhaltung (s. o.), wobei aber eine stärker ausgeprägte Aufgeschlossenheit gegenüber Neuerungen und ein aus dem im Durchschnitt gestiegenen Bildungsniveau resultierendes Interesse an unterhaltsamer Sachliteratur zu registrieren ist. Verständlich und anschaulich aufbereitete, populärwissenschaftliche Ratgeber zu Gesundheits- und Ernährungsfragen, zu Erziehungs- und Beziehungsproblemen oder zu Themenkreisen wie Sport, Reise, Gartenarbeit oder Wohnraumgestaltung stoßen hier auf ein breites Echo, was sich auch in der Anlage entsprechender Büchersammlungen niederschlagen kann. Ein erheblicher Teil der modernen Literaturindustrie ist damit beschäftigt, immer wieder neue Krimis, Fantasyromane, Kochbücher, Erziehungsratgeber usw. zu produzieren, die den spezifischen Anforderungen der teilmodernisierten Milieus genügen, die mehr als ein Drittel der Gesamtbevölkerung stellen und zu denen überwiegend Fachkräfte der mittleren Ebene, wie beispielsweise kaufmännische Angestellte, EDV-Techniker oder Arztgehilfinnen, zu zählen sind.

Geringes Interesse an der Lektüre als Freizeitbeschäftigung findet man hingegen oftmals in den teilmodernisierten Fraktionen der Unterschicht, zu denen etwas mehr als 5 Prozent der Bevölkerung gehören und die überdurchschnittlich häufig mit massiven Lebensproblemen, wie Arbeitslosigkeit, Krankheit, Drogenabhängigkeit, Delinquenz usw., konfrontiert sind. Die kompensatorische Kultur dieser oft einkommensschwachen, vermögenslosen und bildungsfernen Medienrezipienten zielt zumeist auf die schnelle Befriedigung von Triebimpulsen, wie sie durch das Ansehen von einfachen Film- oder TV-Formaten (Sex- und Horrorfilm; Wrestlingshows usw.) oder durch den Besuch von Spielhallen, Freizeitparks und Schnellrestaurants zu erzielen ist. Nur das Groschenheft, als entfernter Nachfahre des Kolportageromanes, verleitet einige Angehörige dieses Milieus der Modernisierungsverlierer und Deklassierten zu – dann aber häufig sehr regelmäßiger – freiwilliger Teilhabe an schriftlicher literarischer Kommunikation (Kriegsromane, Krankenschwesternromane, Geisterjägerromane, Westernromane usw.).

Die fortschrittsorientierte Lesekultur der modernisierten Milieus

In den modernisierten Milieus der Gegenwartsgesellschaft stoßen wir auf eine ausgeprägte Freiheitsorientierung und auf eine positive Einschätzung posttraditioneller Werte, wie Nonkonformismus, Selbstverwirklichung, Pluralismus oder Flexibilisierung. Man folgt nicht dem gesellschaftlichen Mainstream, sondern experimentiert mit neuartigen Lebensstilen, was beispielsweise zur Bevorzugung alternativer Familien- oder Beziehungskonzeptionen (Patchworkfamilie), neuer Wohnformen (Wohngemeinschaften und -genossenschaften) oder innovativer Mobilitätskonzepte (Carsharing) führen kann. Das Mediennutzungsverhalten dieser Milieus, die nur selten in der Ober- und Unterschicht, d. h. überwiegend in der oberen, mittleren und unteren Mittelschicht anzutreffen sind, ist von einer Neigung zum Innovativen und Nonkonformistischen geprägt. Man interessiert sich nicht für Charts und Bestsellerlisten, sondern für Indie-Labels und literarische Geheimtipps, die in speziellen kleineren Läden verkauft werden, wie sie besonders in den Szenevierteln der Groß- und Universitätsstädte anzutreffen sind.

Ein zentraler Wert ist in diesen Milieus die Authentizität, die sich z. B. in einer Neigung zu literarisch-musikalischen Formaten wie Protestsong (Liedermacher) oder Poetryslam äußern kann. Ein Engagement, Lebendigkeit und Persönlichkeit atmender, echter künstlerischer Ausdruck steht hier höher im Kurs als die glatt-perfektionierte Show für das Massenpublikum. Stadtteilmagazine,

Blog-Romane, Fanzines, Untergrundmagazine, Watchblogs und ähnliche Erzeugnisse der Grauen Literatur stoßen hier dementsprechend auf größere Resonanz als die populären Erzeugnisse der Massenmedien. Auch die neuen, webbasierten Formen der interaktiven oder gemeinschaftlichen Lektüre und Textkommentierung finden hier ein positives Echo (vgl. Pleimling 2012). Zu den literarischen Favoriten dieser Milieus zählen u. a. die Popliteratur, der emanzipatorische Frauenroman und die Esoterik.

Was die Popliteratur angeht, so existiert hier inzwischen eine ausdifferenzierte Szene, zu der u. a. Sibylle Berg, Thomas Brussig, Marc Degens, Rainald Goetz und Benjamin von Stuckrad-Barre gerechnet werden. In Anlehnung an Klassiker dieses Genres, wie *On The Road* von Jack Kerouac (1957) oder *Naked Lunch* von William S. Burroughs (1959), bemühen sich die Werke dieser Autoren um die Begründung einer konsequent nonkonformistischen, traditionelle Dichotomisierungen wie die zwischen U- und E-Kultur aufbrechenden Literatur. Insofern der kreative Überschuss, der sich in ihren Kultur- und Lebensentwürfen äußert, von einer innovationsabhängigen Mode- und Lifestyle-Industrie bereitwillig aufgegriffen und abgeschöpft wird, sind die genannten Autoren einem fortgesetzten, von einer interessierten Szene genau beobachteten Überbietungswettbewerb zwischen künstlerischen und kommerziellen Interessen ausgesetzt.

Der emanzipatorische Frauenroman thematisiert die Möglichkeiten zur Gestaltung der Geschlechterbeziehungen unter den Bedingungen einer freiheitlichen, offenen und pluralistischen Gesellschaft. Schriftstellerinnen wie Doris Dörrie (*Bin ich schön?*, 1994), Verena Stefan (*Häutungen*, 1975), Karin Struck (*Blaubarts Schatten*, 1991) oder Maxie Wander (*Guten Morgen, du Schöne*, 1977) können als Erfolgsautorinnen dieses Genres gelten, das die Liebes- und Geschlechterrollenkonzeption seiner auch in dieser Hinsicht dezidiert fortschrittsorientierten Leserschaft sowohl bestätigt als auch weiter auszudifferenzieren versucht.

Die esoterische Literatur, zu der neben Klassikern, wie Paracelsus, Nostradamus oder Jacob Böhme, viele moderne Erfolgsautoren, wie Manfred Dimde, Silver Raven Wolf, Clarissa Pinkola Estes oder Anselm Grün, zählen, findet breite Resonanz in jenen Fraktionen der modernisierten Milieus, die den Nonkonformismus bis zur prinzipiellen Ablehnung bestehender Ordnungen treiben und die den wahren Fortschritt in einer spirituellen Erneuerung des Einzelnen und der ganzen Gesellschaft suchen.

Die intensive Teilhabe an authentisch-alternativer literarischer Kommunikation gehört zu den wesentlichen Eigenarten der modernisierten Milieus, deren Angehörige deshalb oftmals über umfassende, nonkonformistisch-synkretistische, ihre ganz speziellen Dispositionen reflektierende Büchersammlungen verfügen. Ihr Lebens- und Lesestil ist von dem Wunsch nach persönlicher und allgemein-gesellschaftlicher Weiterentwicklung und nach der Begegnung mit Gesinnungsgenossen geprägt, mit denen man sich auch auf medial vermitteltem Wege regelmäßig und intensiv auszutauschen wünscht. Die Angehörigen dieser Milieus stellen deshalb eine wichtige Zielgruppe der modernen Literaturindustrie dar, die das sich hier artikulierende Lesebedürfnis durch spezielle Independent-Verlage und eine alternative, in Blogs und Szenemagazinen publizierte Literaturkritik erfolgreich befriedigt.

Die Lesekultur der Berufsleserschaft

Anders als im feudalistischen (Gelehrtenstand) und im bürgerlichen (Bildungsbürgertum) Zeitalter kann die Berufsleserschaft im demokratischen Zeitalter nicht einer bestimmten sozialen Schicht zugeordnet werden. Da schon zu Beginn dieser Ära eine Vollalphabetisierung erreicht wird und ein Massenmarkt für Schrifterzeugnisse entsteht, der Zielgruppen aus sämtlichen Bildungs- und Gesellschaftsschichten anvisiert, kommt es auch im Bereich der Produzenten und Distributoren von Schriftmedien zu einer Ausdifferenzierung und Demokratisierung. So hat sich die Anzahl der Professoren an deutschsprachigen Universitäten seit Mitte des 19. Jahrhunderts vervierzigfacht, während die Gesamtbevölkerung innerhalb dieses Zeitraumes nur um den Faktor 2,5 anwuchs. Und zur Gruppe der Berufsleser zählen heute nicht nur die Schul-, Hochschul- und Volkshochschullehrer/innen, sondern viele Hunderttausend Journalisten, Übersetzer, Bibliothekare, Schauspieler, Kustoden, Publizisten, Schriftsteller, Drehbuchautoren, Literaturagenten, Archivare, Buchhändler usw. usf. Umsatz- und Beschäftigtenzahlen der *Creative Industries* liegen heute nach Ausweis der regelmäßig publizierten Kulturwirtschaftsberichte fast gleichauf mit denen der chemischen Industrie oder der Energiewirtschaft.

Diese Expansion des Bildungswesens und der Kulturindustrie hat zur Folge, dass sich unter den Dozenten einer Hochschulfakultät, im Lehrerkollegium einer Schule, im Ensemble eines Stadttheaters oder in der Redaktion einer Tageszeitung Menschen aus ganz unterschiedlichen Lebensstilmilieus finden, die größtenteils nicht aufgrund ihrer sozialen Herkunft, sondern rein aufgrund ihrer persönlichen Dispositionen und ihres Bildungshintergrundes von Berufs wegen mit der Herstellung, Verteilung oder Vermittlung von Schrifterzeugnissen befasst sind. Diese Diversifizierung ermöglicht es, praktisch für jeden Geschmack und jedes Anspruchsniveau in rascher Folge zielgruppengerechte Angebote zu entwickeln und auf den Markt zu bringen. Das Lektüreverhalten der Berufsleserschaft des demokratischen Zeitalters ist unter diesen Bedingungen oftmals von einem professionellen Pluralismus geprägt, der den ‚Berufslesern‘ früherer Epochen wie eine unbegreifliche Banalisierung oder gar Banausie erschienen wäre. Während der lateinische Gelehrte ‚seine' antiken Autoritäten und der Bildungsbürger ‚seine' nationalen Klassiker mit einer gewissen Ehrfurcht durchstudierte, unterzieht der Berufsleser der Gegenwart die zu lesenden Texte routinemäßig den geforderten gewerbsmäßigen Bearbeitungsprozeduren und springt nach Erledigung der notwendigen Arbeitsschritte sogleich zur nächsten Seminarlektüre, zum nächsten Prüfungsgegenstand, zum nächsten Übersetzungsauftrag oder zum nächsten Verlagsprojekt. So kommt es zu einer routinierten massenhaften Verarbeitung von Schrifterzeugnissen, die im Sinne der von Walter Benjamin beschriebenen, schon im 19. Jahrhundert einsetzenden Entauratisierung einerseits die Zwänge einer kommerzialisierten Kulturindustrie reflektiert, andererseits jedoch erstmals die Voraussetzungen für eine tatsächlich individualisierte und vollkommen freiheitliche Rezeptionspraxis bietet.

Denn unter den Tausenden von Schrifterzeugnissen, die im Laufe eines langen Berufslebens durch seine Hände wandern, entdeckt fast jeder professionelle Leser eine Reihe von Texten, die ihn ganz persönlich in besonderer Weise betreffen und anrühren und die seinen persönlichen Kanon von Lieblingstexten bilden. Mögen die Mechanismen dieser individuellen Kanonisierung bis zu einem gewissen Grad immer von habitustypischen Dispositionen und professionsspezifischen Bewertungskriterien überprägt sein, so kann doch hier hinsichtlich der Geschichte des Lesens von einem Novum gesprochen werden: Erstmals in der Geschichte der literarischen Kommunikation begegnet uns in der heutigen Berufsleserschaft eine Gruppe von Lesern, die im Prinzip genug Zeit, Geld und Bildung besitzen, um in ihrer Freizeit rein nach persönlichem Belieben und in kürzester Frist jeden x-beliebigen Text der Weltliteraturgeschichte nicht nur zu beschaffen, sondern auch ganz eigenständig inhaltlich zu erschließen und auszudeuten.

3 Desiderate der Forschung

In Stammes- und Feudalgesellschaften erfordert die wirtschaftliche und gesellschaftliche Entwicklung noch keine durchgängige Alphabetisierung. Das Schreiben und das Lesen gelten hier als selten genutzte Spezialfertigkeiten, deren Erledigung an eine kleine Gruppe von berufsmäßigen Schreibern und Vorlesern delegiert werden kann, die zur Bildungs-, aber nicht zur Machtelite der Gesellschaft gehören. Viel archäologische Forschung ist noch erforderlich, bis die Quellenlage eine wirklich differenzierte Beschreibung der in diesen Epochen in den einzelnen Bildungs- und Gesellschaftsschichten verbreiteten Schreib- und Lesepraktiken ermöglichen wird.

Erst im bürgerlichen und dann vollends im demokratischen Zeitalter wird das Lesen für jedermann zu einer Schlüsselqualifikation, ohne deren sichere Beherrschung kaum eine Teilhabe am beruflichen und öffentlichen Leben möglich ist. Nach wie vor fehlt es an Ressourcen, Kategorien und Methoden zur Analyse der mit Abstand am weitesten verbreiteten literarischen Kultur dieser Epochen, jener der Mittelschichten.

Je offener und durchlässiger eine Gesellschaft ist, umso freier ist das Individuum in der Gestaltung seines Mediennutzungsverhaltens. Selbst in unserer demokratisch-pluralistischen Gegenwartsgesellschaft gibt es jedoch ‚feine Unterschiede' (Bourdieu) zwischen den verschiedenen Lebensstilmilieus, deren Angehörige unter den Rezipienten der diversen literarischen Medien und Formate immer in charakteristischer Weise unter- oder überrepräsentiert sind. Differenziertere qualitativ-empirische Studien zu den Mediennutzungspräferenzen der einzelnen Lebensstilmilieus sind weiterhin ein Desiderat.

In offenen Gesellschaften ist es den Individuen im Prinzip möglich, Einblick in die an andere Zielgruppen gerichteten Medienangebote zu gewinnen. Die Ursachen, Möglichkeiten, Konsequenzen und Grenzen einer individuellen Abweichung von milieuspezifischen Mediennutzungsgewohnheiten sind bislang nicht zum Gegenstand einer systematischen wissenschaftlichen Erforschung gemacht worden.

Weiterführende Literatur

Griep, Hans-Joachim (2005). *Geschichte des Lesens. Von den Anfängen bis Gutenberg.* Darmstadt.

Handbook of Reading Research (1991–2002 [Bd. I–III]; 2011 [Bd. IV]). Hrsg. von Rebecca Barr, Michael L. Kamil, Peter B. Mosenthal und P. David Pearson. 4 Bde. London [Bd. I–III], New York und London [Bd. IV].

Schneider, Jost (2004). *Sozialgeschichte des Lesens. Zur historischen Entwicklung und sozialen Differenzierung der literarischen Kommunikation in Deutschland.* Berlin und New York.

Schön, Erich (1999). „Geschichte des Lesens". *Handbuch Lesen.* Hrsg. von Bodo Franzmann, Klaus Hasemann, Dietrich Löffler und Erich Schön unter Mitarb. von Georg Jäger, Wolfgang R. Langenbucher und Ferdinand Melichar. München: 1–85.

Stein, Peter (2006). *Schriftkultur. Eine Geschichte des Schreibens und Lesens.* Darmstadt.

Die Welt des Lesens. Von der Schriftrolle zum Bildschirm (1999). Hrsg. von Roger Chartier und Guglielmo Cavallo. Übers. aus dem Engl. von H. Jochen Bußmann und Ulrich Enderwitz, aus dem Frz. von Klaus Jöken und Bernd Schwibs, aus dem Ital. von Martina Kempter. Frankfurt/M. und New York.

Wittmann, Reinhard (³2011). *Geschichte des deutschen Buchhandels. Ein Überblick.* München.

Literatur

Adam, Christian (2013). *Lesen unter Hitler. Autoren, Bestseller, Leser im Dritten Reich.* Frankfurt/M.

Alewyn, Richard (1989). *Das große Welttheater. Die Epoche der höfischen Feste.* München.

Assel, Jutta und Georg Jäger (1999). „Zur Ikonographie des Lesens – Darstellungen von Leser(inne)n und des Lesens im Bild". *Handbuch Lesen.* Hrsg. von Bodo Franzmann, Klaus Hasemann, Dietrich Löffler und Erich Schön unter Mitarb. von Georg Jäger, Wolfgang R. Langenbucher und Ferdinand Melichar. München: 638–673.

Boelmann, Jan (2009). „Leseforschung". *Methodengeschichte der Germanistik.* Hrsg. von Jost Schneider unter redaktioneller Mitarbeit von Regina Grundmann. Berlin und New York: 309–321.

Bollwage, Max (²2015). *Buchstabengeschichte(n). Wie das Alphabet entstand und warum unsere Buchstaben so aussehen.* Graz.

Bonfadelli, Heinz (1999). „Leser und Leseverhalten heute – Sozialwissenschaftliche Buchlese(r)-forschung". *Handbuch Lesen.* Hrsg. von Bodo Franzmann, Klaus Hasemann, Dietrich Löffler und Erich Schön unter Mitarb. von Georg Jäger, Wolfgang R. Langenbucher und Ferdinand Melichar. München: 86–144.

Bourdieu, Pierre (1987 [1979]). *Die feinen Unterschiede. Kritik der gesellschaftlichen Urteilskraft.* Übers. von Bernd Schwibs und Achim Russer. Frankfurt/M.

Bunte, Iris (2013). *Bildung, Bekenntnis und Prestige. Studien zum Buchbesitz einer sozial mobilen Bevölkerungsschicht im ‚katholischen Teutschland' der Frühen Neuzeit. Die Bibliotheken der Werler Erbsälzer.* Berlin [zugl. Diss. U Siegen 2012].

Christmann, Ursula und Tobias Richter (2002). „Lesekompetenz. Prozessebenen und interindividuelle Unterschiede". *Lesekompetenz: Bedingungen, Dimensionen, Funktionen.* Hrsg. von Norbert Groeben und Bettina Hurrelmann. Weinheim und München: 25–58.

Collins, Jim (2010). *Bring on the Books for Everybody. How Literary Culture Became Popular Culture.* Durham, NC und London.

Deutsche Literatur. Eine Sozialgeschichte (1980–1997). 10 Bde. Hrsg. von Horst Albert Glaser. Reinbek b. Hamburg.

Dürscheid, Christa (⁴2012). *Einführung in die Schriftlinguistik.* Göttingen und Bristol, Conn.

Elias, Norbert (1976). *Über den Prozeß der Zivilisation. Soziogenetische und psychogenetische Untersuchungen.* 2 Bde. Frankfurt/M.

Engelsing, Rolf (1974). *Der Bürger als Leser. Lesergeschichte in Deutschland 1500–1800.* Stuttgart.

Fiske, John (2006). *Understanding Popular Culture.* London und New York.

Flaig, Berthold Bodo, Thomas Meyer und Jörg Ueltzhöffer (³1997). *Alltagsästhetik und politische Kultur. Zur ästhetischen Dimension politischer Bildung und politischer Kommunikation.* Bonn.

Frei, Norbert (⁶2001). *Der Führerstaat. Nationalsozialistische Herrschaft 1933 bis 1945.* München.

Geschichte des deutschen Buchhandels im 19. und 20. Jahrhundert (2001ff.). Hrsg. vom Börsenverein des Deutschen Buchhandels/Historische Kommission. München.

Gleba, Gudrun (2002). *Klöster und Orden im Mittelalter.* Darmstadt.

Green, Dennis Howard (1996). *Medieval Listening and Reading. The Primary Reception of German Literature 800–1300.* Cambridge.

Griep, Hans-Joachim (2005). *Geschichte des Lesens. Von den Anfängen bis Gutenberg.* Darmstadt.

Grimm, Gunter E. (1977). *Rezeptionsgeschichte. Grundlegung einer Theorie. Mit Analysen und Bibliographien.* München.

Handbook of Reading Research (1991–2002 [Bd. I–III]; 2011 [Bd. IV]). Hrsg. von Rebecca Barr, Michael L. Kamil, Peter B. Mosenthal und P. David Pearson. 4 Bde. London [Bd. I–III], New York und London [Bd. IV].

Handbuch der deutschen Bildungsgeschichte (2005). Hrsg. von Notker Hammerstein und Ulrich Herrmann. Bd. II. *18. Jahrhundert.* München.

Hansers Sozialgeschichte der deutschen Literatur vom 16. Jahrhundert bis zur Gegenwart (1980–2004). 12 Bde. Hrsg. von Rolf Grimminger. München.

Harms, Wolfgang (²2003). „Privatbibliotheken". *Lexikon des gesamten Buchwesens.* Bd. VI. Hrsg. von Severin Corsten und Stephan Füssel. Stuttgart: 107–108.

Hohendahl, Peter Uwe (1985). *Literarische Kultur im Zeitalter des Liberalismus 1830–1870.* München.

Kommunikation und Medien in der Frühen Neuzeit (2005). Hrsg. von Johannes Burkhardt und Christine Werkstetter. München.

Leroi-Gourhan, André (1981). *Die Religionen der Vorgeschichte. Paläolithikum.* Frankfurt/M.

Die lesende Frau (2009). Hrsg. von Gabriela Signori. Wiesbaden.

Maase, Kaspar (1997). *Grenzenloses Vergnügen. Der Aufstieg der Massenkultur 1850–1970.* Frankfurt/M.

Martino, Alberto (1990). *Die deutsche Leihbibliothek. Geschichte einer literarischen Institution (1756–1914). Mit einem zusammen mit Georg Jäger erstellten Verzeichnis der erhaltenen Leihbibliothekskataloge.* Wiesbaden.

Mertens, Heinrich A. (²1997). *Handbuch der Bibelkunde. Literarische, historische, archäologische, religionsgeschichtliche, kulturkundliche, geographische Aspekte des Alten und Neuen Testamentes.* Düsseldorf.

Neumann, Hildegard (1955). *Der Bücherbesitz der Tübinger Bürger von 1750–1850. Ein Beitrag zur Bildungsgeschichte des Kleinbürgertums. Die Bücherverzeichnisse in den Vermögensinventaren und Erbteilungen der Tübinger Bürger aus den Jahren 1750–1760, 1800–1810, 1840–1850.* Diss. Tübingen.

Nusser, Peter (1991). *Trivialliteratur.* Stuttgart.

Nusser, Peter (1992). *Deutsche Literatur im Mittelalter. Lebensformen, Wertvorstellungen und literarische Entwicklungen.* Stuttgart.

Obenaus, Sibylle (1987). *Literarische und politische Zeitschriften 1848–1880.* Stuttgart.

Pette, Corinna (2001). *Psychologie des Romanlesens. Lesestrategien zur subjektiven Aneignung eines literarischen Textes.* Weinheim und München.

Pleimling, Dominique (2012). „Social Reading – Lesen im digitalen Zeitalter". *APuZ – Aus Politik und Zeitgeschichte. Zukunft des Publizierens* 62.41/42 (2012): 21–27. http://www.bpb.de/system/files/dokument_pdf/APuZ_2012-41-42_online.pdf (9. März 2015).

Prutz, Robert (1859). „Die deutsche Belletristik und das Publicum". *Die deutsche Literatur der Gegenwart. 1848 bis 1858.* Bd. 2. Leipzig: 69–89.

Raftery, Barry (2009). „Archäologie der vor- und frühgeschichtlichen Bohlenwege Irlands". *Die Welt der europäischen Straßen. Von der Antike bis in die Frühe Neuzeit.* Hrsg. von Thomas Szabó. Köln, Weimar und Wien: 139–153.

Rattay, Cathrin (2014). *Bild- und Schriftrezeption im Spiegel des Kinder- und Jugendbuches. Eine Untersuchung viel gelesener Werke der seit 1954 in deutscher Sprache erschienenen Kinder- und Jugendliteratur.* Diss. Bochum. http://www-brs.ub.ruhr-uni-bochum.de/netahtml/HSS/Diss/RattayCathrin/diss.pdf (20. Mai 2015).

Rupp, Gerhard, Petra Heyer und Helge Bonholt (2004). *Lesen und Medienkonsum. Wie Jugendliche den Deutschunterricht verarbeiten.* Weinheim und München.

Ryan, Marie-Laure (2001). *Narrative as Virtual Reality. Immersion and Interactivity in Literature and Electronic Media.* Baltimore.

Scheideler, Britta (1997). *Zwischen Beruf und Berufung. Zur Sozialgeschichte der deutschen Schriftsteller von 1880 bis 1933.* Frankfurt/M.

Schenda, Rudolf (³1988 [1970]). *Volk ohne Buch. Studien zur Sozialgeschichte der populären Lesestoffe 1770–1910.* Frankfurt/M.

Schenda, Rudolf (1993). *Von Mund zu Ohr. Bausteine zu einer Kulturgeschichte volkstümlichen Erzählens in Europa.* Göttingen.

Schmandt-Besserat, Denise (1996). *How Writing Came About.* Austin.

Schneider, Jost (⁵2008 [2000]). *Einführung in die moderne Literaturwissenschaft.* Bielefeld.

Schneider, Jost (2004). *Sozialgeschichte des Lesens. Zur historischen Entwicklung und sozialen Differenzierung der literarischen Kommunikation in Deutschland.* Berlin und New York.

Schneider, Jost (2007). „Literatur und Text". *Handbuch Literaturwissenschaft.* Hrsg. von Thomas Anz. Bd. 1. *Gegenstände und Grundbegriffe.* Stuttgart und Weimar: 1–23.

Schneider, Jost (2009). „Die Sozialgeschichte des Lesens und der Begriff ‚Literatur'". *Grenzen der Literatur. Zu Begriff und Phänomen des Literarischen.* Hrsg. von Simone Winko, Fotis Jannidis und Gerhard Lauer. Berlin und New York: 434–454.

Schneider, Jost (2013). „Die Bestätigungsfunktion literarischer Kommunikation als Methodenproblem der empirischen literaturwissenschaftlichen Rezeptionsforschung". *Empirie in der Literaturwissenschaft.* Hrsg. von Philip Ajouri, Katja Mellmann und Christoph Rauen. Münster: 379–393.

Schneider, Jost (2014). „Spurlose Lektüren. Weshalb schweigen Leser über ihre Lektürepraxis?" *Internationales Archiv für Sozialgeschichte der deutschen Literatur* 39.1 (2014): 246–267.

Schön, Erich (1987). *Der Verlust der Sinnlichkeit oder die Verwandlungen des Lesers. Mentalitätswandel um 1800.* Stuttgart.

Schön, Erich (1999). „Geschichte des Lesens". *Handbuch Lesen.* Im Auftrag der Stiftung Lesen und der Deutschen Literaturkonferenz hrsg. von Bodo Franzmann, Klaus Hasemann, Dietrich Löffler und Erich Schön unter Mitarb. von Georg Jäger, Wolfgang R. Langenbucher und Ferdinand Melichar. München: 1–85.

Schücking, Levin Ludwig (1923). *Soziologie der Literarischen Geschmacksbildung.* München.

Schulze, Ursula (1997). „Gebrauchszusammenhang". *Reallexikon der deutschen Literaturwissenschaft.* Bd. 1. Gemeinsam mit Harald Fricke, Klaus Grubmüller und Jan-Dirk Müller hrsg. von Klaus Weimar. Berlin und New York: 666–667.

Die Sinus-Milieus in Deutschland. Strategische Marketing- und Mediaplanung mit der Typologie der Wünsche Intermedia. Eine Dokumentation für Anwender (2002). Hrsg. vom Burda Advertising Center. Offenburg.

Stein, Peter (2006). *Schriftkultur. Eine Geschichte des Schreibens und Lesens.* Darmstadt.

Terberger, Thomas (2009). „Die Alt- und Mittelsteinzeit". *Atlas der Vorgeschichte. Europa von den ersten Menschen bis Christi Geburt.* Hrsg. von Siegmar von Schnurbein. Stuttgart: 10–57.

Todd, Malcolm (2000 [1992]). *Die Germanen. Von den frühen Stammesverbänden zu den Erben des Weströmischen Reiches.* Übers. aus dem Engl. von Nicole Strobel. Stuttgart.

Weinrich, Harald (1967). „Für eine Literaturgeschichte des Lesers". *Merkur* 21.236 (1967): 1026–1038.

Die Welt des Lesens. Von der Schriftrolle zum Bildschirm (1999). Hrsg. von Roger Chartier und Guglielmo Cavallo. Übers. aus dem Engl. von H. Jochen Bußmann und Ulrich Enderwitz, aus dem Frz. von Klaus Jöken und Bernd Schwibs, aus dem Ital. von Martina Kempter. Frankfurt/M. und New York.

Wirsching, Andreas (1993). „Arbeit und Fest". *Neuzeit. Europäische Mentalitätsgeschichte. Hauptthemen in Einzeldarstellungen*. Hrsg. von Peter Dinzelbacher. Stuttgart: 349–361.

Wittmann, Reinhard (³2011). *Geschichte des deutschen Buchhandels. Ein Überblick*. München.

Zeichen – Rituale – Werte. Internationales Kolloquium des Sonderforschungsbereichs 496 an der Westfälischen Wilhelms-Universität Münster (2004). Hrsg. von Gerd Althoff. Unter Mitarbeit von Christiane Witthöft. Münster.

III Zentrale Fragestellungen

III.1 Grundlagen

Harun Maye

III.1.1 Medien des Lesens

1 Einleitung

An Büchern über die kulturellen und sozialen Funktionen der Schrift, des Buchdrucks oder des Computers herrscht kein Mangel. Aber ein Artikel über die
Medien des Lesens erzählt nicht deren Kultur- und Sozialgeschichte, sondern
handelt von den Unterschieden, die diese Medien in der Geschichte des Lesens
jeweils ausmachen. „Unser Schreibzeug arbeitet mit an unseren Gedanken", so
lautet ein berühmter Satz, den der halbblinde Friedrich Nietzsche im Februar
1882 in einem Brief an seinen Freund Peter Gast geschrieben hatte. Dieser Nietz-
schesatz, der laut Friedrich Kittler den Grundsatz des literarischen Medienmate-
rialismus zum ersten Mal selbstreflexiv ausspricht (Kittler 1986, 293–310), wurde
mit einer Schreibmaschine des Kopenhagener Pastors und Taubstummenlehrers
Malling-Hansen getippt und beweist in buchstäblicher Selbstanwendung, dass
nicht nur Hand- und Maschinenschrift, sondern auch deren Lektüre etwas Grund-
verschiedenes sind (Messerli 2000). Hundert Jahre nach Nietzsches Schreibma-
schinentexten sind die sogenannten Personal Computer und kurz nach ihnen die
E-Reader, Tablets und Smartphones als aktuell letzte Lese- und Schreibmedien
auf uns gekommen. Aber selbst wenn es wahrscheinlich erst diese digitalen Apparaturen waren, die neue Forschungsfragen nach dem Buch als Medium oder den
Zukünften des Lesens inspiriert haben, wurde das Lesen doch immer schon von
Papiermedien und Instrumenten begleitet und ist in eine weit zurückreichende
Mediengeschichte eingebunden. Denn es gibt auch frühere Reflexionen, in denen
die Mitarbeit von Schreib- und Lesewerkzeugen an der Arbeit der Gedanken thematisch wird: „Es klingt lächerlich, aber es ist wahr: wenn man etwas Gutes
schreiben will, so muß man eine gute Feder haben, hauptsächlich eine, die, ohne
daß man viel drückt, leichtweg schreibt" (Lichtenberg 1971 [1784–1788], 194).
Wenn erst eine „gute Feder" gewährleistet, dass Texte nicht ins Stocken geraten,
dann ist ein Teil der Verfügungsgewalt über den zu schreibenden Text an die
Materialität und Qualität des Mediums delegiert, das einen anderen ,Gedanken-
fluss' ermöglicht (Stingelin 2004, 9). Der Einfluss von Papiermedien ist hier offensichtlich, und bis heute sind es vor allem Federn, Stifte, Papierseiten und Bücher,
die die kulturellen Imaginationen des Lesens und Schreibens beherrschen.

   Das lässt sich bereits an den alten Namen ablesen, die den neuen Medien
gegeben werden: ,E-Reader' werden nicht nur umgangssprachlich, sondern auch
von den vertreibenden Firmen oft als ,E-Books' bezeichnet, selbst wenn sie nur
noch wenig mit Büchern im herkömmlichen Sinne zu tun haben. Offenbar erfor-

https://doi.org/10.1515/9783110365252-003

dert der Umgang mit neuen Medien den Anschluss an vertraute Formen des Medinengebrauchs, und zwar nicht nur, um überhaupt vorstellbar zu werden, sondern auch, weil Akzeptanz und Durchsetzung eines neuen Mediums von Leitbildern abhängen, an denen sich die kulturelle Kommunikation über das Medium organisiert und stabilisiert (vgl. Bickenbach und Maye 2009). Wenn also auch auf den Bildschirmen gegenwärtiger E-Reader und Tablets die Leseerfahrung der Buchseite simuliert wird, ist das medienhistorisch und medientheoretisch bemerkenswert. E-Reader, so scheint es, sind eine gute Gelegenheit für Buch- und Lesehistoriker, nicht nur einen Blick voraus-, sondern auch einen zurückzuwerfen, erstens auf die Lesetechniken zum Gebrauch und zweitens auf die Lesetechnologien zur Präsentation von Texten.

Die Mediengeschichte des Lesens fragt dementsprechend nach der Geschichte von Leseinstrumenten, Lesemöbeln und Leseoperationen, bislang aber nicht nach der Geschichte der Leser. Diejenige Form der Sozialgeschichte des Lesens, die eine quantitative Auswertung von Büchermengen zur Bestimmung der Lesefähigkeit der Bevölkerung zu verschiedenen Zeiten und an verschiedenen Orten betreibt, hat bereits ein großes Wissen über die *externe* Geschichte und die Institutionen des Lesens gesammelt. Dieses Wissen ist aber nur eine Vorstufe zur *internen* Geschichte des Lesens, die ihr Interesse auf die Frage fokussiert, wie gelesen worden ist (vgl. Lesen – historisch 1985; Darnton 1998 [1986]; Bickenbach 1999). Denn das Lesen geht nicht auf in den unterschiedlichen Graden der Lesefähigkeit, der Herausbildung des Buchmarkts oder der Verteilung von Büchern in unterschiedlichen Räumen und Schichten, sondern ist auch eine kulturtechnische Realität: Man kann einen Text partiell oder im Ganzen, schnell oder langsam, laut oder leise, einmal oder mehrmals lesen – und alle diese unterschiedlichen Gebrauchsweisen machen dabei auch einen Unterschied für das Lesen als einer historisch und systematisch variablen Kulturtechnik. Lesen in diesem Sinne als eine Kulturtechnik zu begreifen, meint im Gegensatz zu einem pädagogischen Verständnis von Kulturtechniken nicht nur das Decodieren von Zeichen als Bedeutungsträgern oder die Vermittlung von Medienkompetenz, sondern ganz konkret die unterschiedlichen Tätigkeiten, aus denen sich ,Lesen' zusammensetzt und die allererst jene kulturellen Leistungen und Artefakte hervorgebracht haben, die wir als Hochkultur wertschätzen.

2 Medien und Kulturtechniken des Lesens

Es gibt kein Lesen ohne Medien. Die Medien des Lesens determinieren aber nicht die Art und Weise der Lektüre, sondern geben lediglich einen Rahmen vor, innerhalb dessen sich die Operationen des Lesens realisieren. Man kann eine antike Schriftrolle z. B. nicht durchblättern und nur mit Mühe leise lesen, man kann sie aber sehr wohl einsam oder in Gesellschaft lesen, einmal oder wiederholt lesen, selbst lesen oder von einem Sklaven vorlesen lassen (Busch 2002; Havelock 1990; Svenbro 1999). Es wäre daher eine sehr eindimensionale Vorstellung, das Buch als ‚Fortschritt' gegenüber der Schriftrolle und den PC oder E-Reader wiederum als ‚Fortschritt' gegenüber dem Buch zu bezeichnen, denn nicht nur ermöglicht jedes Medium neue Gebrauchsweisen, sondern beschränkt gleichzeitig auch ältere und andere Formen des Umgangs mit Texten. Es gibt keine direkte Verbindung von Wertpräferenz und Mediengebrauch. Die leise Lektüre ist keine Weiterentwicklung gegenüber der lauten Lektüre, ebenso wie wiederholtes Lesen nicht immer gehaltvoller als eine einmalige Lektüre ist. Es kommt vielmehr auf den kulturellen und medialen Kontext an, in dem eine bestimmte Weise des Lesens realisiert wird. Der Kollektivsingular ‚Lesen' umfasst unterschiedliche Operationen des Umgangs mit Schrift und Text, an denen menschliche und nichtmenschliche Akteure beteiligt sind.

Systematisch könnte man die Medien des Lesens unterscheiden in *Geräte* (Rollen, Bücher, E-Reader usw.), *Materialien* (Ton, Pergament, Papier usw.), *Formen* (Typographien, Buchformate usw.), *Vervielfältigungstechniken* (Abschrift, Druck, digitale Kopie usw.), *Instrumente* (Lesezeichen, Vergrößerungsgläser, Zeigestäbe, Pointer usw.), *Möbel* (Tische, Pulte, Stühle usw.) und *Institutionen* (Bibliothek, Schule, Universität usw.). Eine solche Systematik ist allerdings wenig hilfreich, wenn man das Zusammenspiel von Medien und Lektüreoperationen beobachten möchte. Systematiken bergen zum einen die Gefahr, dass sie ausgefüllt werden wollen. Vor allem Handbuch- und Lexikonartikel tendieren dabei oft zu einer bloßen Addition technischer Medien und deren formaler Beschreibung. Zum anderen zementiert sich darin leicht eine Unterscheidung zwischen Buchgeschichte und Massenmedien, zwischen einer alten Buchkultur und den sogenannten neuen Medien. Lesen als eine Kulturtechnik zu betrachten, bedeutet dagegen, diese Differenz aufzuheben, an der Schnittstelle von Geistes- und Medienwissenschaften anzusetzen und die alte Buchkultur ebenso als Technologie wie die neue Medientechnik als Teil der Kultur zu beobachten.

Eine solche Auffassung erfordert historisch wie medial differenzierte Beobachtungen, die offen für die Vielfalt und Variationen der Lektüre sind. Im Folgenden soll allerdings nur ein zentrales Merkmal im Zentrum stehen, an dem Unterschiede und Gemeinsamkeiten zwischen den Medien des Lesens deutlich werden. Bücher kann man im Unterschied zu Schriftrollen und digitalen Lesemedien aufschlagen, durchblättern und überfliegen. Die Buchform ordnet Schriftzeichen nicht nur flach, sondern auch räumlich. In der *materiellen Organisation von Texten* kann daher die entscheidende Perspektive einer Mediengeschichte des Lesens ausgemacht werden.

3 Rolle und Kodex

Das Blättern ist die Basisoperation des buchgebundenen Lesens (Schulz 2015). Heute, wo Personal Computer, E-Reader, Smartphones und Tablets unsere Lage bestimmen, wird das erst eigentlich sichtbar, denn im Unterschied zu Büchern gibt es „bei echt künstlichen Gedächtnissen kein Blättern" mehr (Flusser 1992 [1987], 91). Die blätternde Lektüre bleibt auf das Medium Buch verwiesen, denn die alten Schriftrollen und die neuen Bildschirme lassen sich nicht durchblättern, sondern nur abrollen, umschalten oder wischen. Noch bevor man sie decodieren, interpretieren oder verstehen kann, müssen Bücher erst einmal aufgeschlagen und durchgeblättert werden.

In der literatur- und auch medienwissenschaftlichen Diskussion wird diese Dreidimensionalität des *Buchs als Objekt* gebundener und in Lagen geschichteter Seiten gegenüber der Eindimensionalität des *Buchs als Zeile* oder der Zweidimensionalität des *Buchs als Seite* allerdings oft ignoriert (Schmidt 2009; Spoerhase 2016). Diese Ignoranz gegenüber der dritten Dimension des Buchs ist wahrscheinlich die Folge einer Gewöhnung an dessen Zuhandensein. Die einfache Handhabung lässt die technische Medialität allzu leicht in den Hintergrund treten. Ein Buch erschließt sich aber nicht auf einen Blick und auch nicht ausschließlich durch ein rein sukzessives Ablesen, sondern es wird in der Praxis wiederholt gelesen und darin vor- und zurückgeblättert. Als blätterbares Objekt hat das Buch eine wandlungsfähige Gestalt. Das Aufschlagen, Nachschlagen oder Blättern hybridisiert die scheinbar festen Oberflächen eines Buchs in dreidimensionale Texträume, in die man ein- und durchgreifen kann.

Das Buch als Objekt oszilliert ständig zwischen seiner Zwei- und Dreidimensionalität. Der Aufbau des Buchblocks aus geschichteten Lagen zugeschnittenen Pergaments oder Papiers, die durch eine Bindung zusammengehalten und mit einem Einband oder Deckel geschützt werden, verlangt nach einer Gebrauchsweise, die alle drei Dimensionen des Buchs berücksichtigt (Rautenberg und Wetzel 2001). Neben dem Umdrehen oder Wenden muss daher vor allem das *Aufschlagen*, beispielsweise des Inhaltsverzeichnisses oder Registers, vom *Blättern* unterschieden werden, dem laut Vilém Flusser (1992 [1987], 71–91) ein Sonderstatus unter den Kulturtechniken des Lesens zukommt. Das Aufschlagen gleicht einer gezielten Suchabfrage: Inhaltsverzeichnisse und Zwischenüberschriften geben eine erste Ahnung, wovon ein Buch handelt, Namens- und Sachregister spezifizieren dieses Wissen und führen gezielt zu ein paar vom Autor als bedeutsam markierten Stellen, die der Leser aufschlagen und auswerten kann. Das Aufschlagen ist daher die Wahl einer Lesart des aufgeschlagenen Buches.

Nicht so das Blättern, denn erst beim Durchblättern der Seiten verwirklicht sich jene Freiheit der Wahl, die das Buch offeriert. Es geht um die Freiheit, ungebunden und zufällig zu lesen: Die im Buch geschichteten Seiten verlangen nach einer blätternden Hand, die bewirkt, dass „das Blättern zur Ursache wird, deren Folge eine spezifische Lesart ist, wonach das geblätterte Buch entziffert werden soll" (Flusser 1992 [1987], 91). Das an einer beliebigen Stelle aufgeschlagene Buch, der Zufallsfund, wird zur aleatorischen Ursache der Lektüre. Das Blättern endet mit dem Buch, denn die sogenannten neuen Medien kennen andere Formen der Rezeption und der Stellenlektüre. Es beginnt aber auch erst mit dem Buch, denn die Bedingung der Möglichkeit für das Durchblättern von Schriften war die Evolution der Manuskripte.

In der Antike waren verschiedene Beschreibstoffe in Gebrauch; neben Stein, Metall oder gebranntem Ton wurden auch vergänglichere Schriftträger, wie Holz oder Papyrus, beschrieben (Blanck 1992, 40–63). Aber solange Schrift auf Schreibtafeln aus Holz, Metall und Ton oder auf Rollen aus Papyrus gelesen wurde, war Blättern unmöglich. Denn Texte, die auf Rollen gewickelt sind, lassen sich nicht *durchblättern*, sondern nur im Schriftfluss *abrollen*. Rollen haben nur eine begrenzte Kapazität und Sichtfläche, so dass längere Texte in der Regel auf mehrere Rollen verteilt werden müssen. Im Kodex dagegen ist der ganze Text auf einem einzigen Trägermedium zur Hand und das Blättern generiert nicht nur einen ersten Überblick, sondern findet auch beliebige Textstellen verhältnismäßig schnell (Roberts und Skeat 1987 [1954]). Durch ein die Rolle umschließendes, loses Band kann der Text zwar an einer Stelle fixiert werden, bis zu der die Rolle abgewickelt und gelesen worden ist, aber das Anbringen von Lesezeichen oder das Verfolgen von Querverweisen ist bei Schriftrollen nicht möglich (Giele und Peltzer 2015, 680).

Die fortlaufende Schrift, in der die Rollen verfasst sind, die sogenannte *scriptio continua*, ist nur mit einer speziellen Ausbildung lesbar, denn bis zum Hochmittelalter gab es weder Satzzeichen noch Spatien zwischen den Wörtern. Da in der Antike laut gelesen oder vorgelesen, der Text also eher wie „eine musikalische Partitur" aufgeführt wurde (Cavallo 1999, 110), war das Blättern oder Springen im Text während des Vortrags unmöglich. Die Schrift musste sogar laut gelesen oder wenigstens gemurmelt werden, denn eine Schrift, die beim Lesen kaum optische Hilfestellungen anbietet, ist ohne rhetorisches Training, ohne eine Kulturtechnik der Aussprache (in der Rhetorik *pronuntiatio* genannt), die die Unterschiede zwischen den Lauten und Wörtern in der Artikulation allererst erkennen lässt, nahezu unlesbar. Bereits Augustinus führt daher Fehler in der Aussprache der kontinuierlichen Schrift als eine häufige Ursache für dunkle Stellen oder Doppeldeutigkeiten in der Bibel an (Augustinus 2002, 102). Aber nicht nur die korrekte Aussprache der Silben, sondern auch die Akzentuierungen von Pausen und die gesamte Satzmelodie sind wichtig, um das Gelesene auch verstehen zu können (Parkes 1993; Saenger 1997).

Erst in dem langen Zeitraum zwischen der Spätantike und dem Mittelalter, als der Wechsel von der Schriftrolle zum Kodex beobachtet werden kann, wurde das Blättern innerhalb eines Textes möglich; nicht nur weil in einem Kodex die Pergamentseiten und später auch die Papierbögen buchförmig angeordnet sind, sondern auch weil das Schriftbild insgesamt verändert wurde. Zunächst sind damit Lesezeichen wie Akzente und Spiritus oder Apostrophe und Tremata gemeint, die eine Realisation der Schrift im mündlichen Vortrag deutlich erleichtern. Im Gegensatz zu den antiken Schriftrollen, bei denen von einem Schriftbild im eigentlichen Sinne keine Rede sein kann, gab es in Büchern zudem zunehmend auch einen logisch gegliederten Umbruch des Textes, hervorgehobene Lettern, Leerzeichen zwischen den Wörtern, regelmäßige Interpunktion, Großbuchstaben am Satzanfang, Titel und Zwischentitel sowie bei gelehrten Werken auch Quellenangaben, Inhaltsverzeichnisse und Register (Hunger 1986; 1989, 125–129). So wurde es überhaupt erst möglich, einzelne Absätze und Stellen zu finden und vom Textganzen isoliert wahrzunehmen, ohne eine ganze Schriftrolle abrollen zu müssen.

In einem Kodex konnten zudem nicht nur mehrere Schriften eines Autors, sondern auch ganz heterogene Schriften versammelt werden, so dass ein gelehrtes Lesen sich aus dem Mediengebrauch fast automatisch ergab. Ein Buch, in dem unterschiedliche Bücher und eventuell auch Kommentare und Erwiderungen zu diesen Büchern enthalten sind, ist für eine laute und kontinuierliche Lektüre ungeeignet. Bücher verweisen nicht nur auf Dinge in der Welt, sondern vor allem auf andere Bücher, die sie ergänzen, kommentieren, fortschreiben oder denen sie widersprechen. Der Buchdruck hat diese Tendenz noch verstärkt, indem durch die beweglichen Lettern Gutenbergs nicht nur eine bessere Lesbarkeit und Einheitlichkeit des im Kodex bereits ausdifferenzierten Schriftbilds erreicht werden konnte, sondern ein bis dahin unvorstellbares Ausmaß der Verbreitung von Büchern und anderen Druckerzeugnissen. Die Revolution des Buchdrucks bestand also nicht so sehr im Drucken selbst, sondern in der enormen Vervielfältigung und Dissemination von Büchern (Eisenstein 1979; Giesecke 1991; Johns 1999). Der Kodex und erst recht der Buchdruck haben demnach einen differenzierten Textumgang und damit auch ein gelehrtes Lesen jenseits der großen Bibliotheken, Klöster und Universitäten überhaupt erst möglich gemacht. Lesen ist seitdem immer seltener eine auditive, gemeinschaftliche Tätigkeit, sondern wird „zu einem Hin und Her zwischen einem Selbst und einer Seite. Jetzt durchblättert der Leser das Buch" (Illich 1991, 86).

4 Gelehrtes Lesen: Instrumente und Möbel

Um die Handhabung der voluminösen Kodizes und gedruckten Bücher zu erleichtern, sind eine Vielzahl an Lesemöbeln konstruiert worden. Das waren hauptsächlich Klapp-, Dreh- und Stehpulte; es gab aber auch spezielle Tische mit integrierten Lesepulten und sogar sogenannte Leseräder, die als Lesemaschinen in höfischen Bibliotheken und im Umfeld wohlhabender Privatgelehrter für die wissenschaftliche Arbeit mit mehreren Büchern oder als Katalogmaschinen in Gebrauch waren (vgl. Hanebutt-Benz 1985). Ein rotierendes Lesepult erlaubt ein bequemes Arbeiten mit mehreren Büchern gleichzeitig – so stellt wenigstens der italienische Ingenieur Agostino Ramelli, der 1588 das erste Bücherrad konstruiert hatte, den großen Nutzen seiner Erfindung in dem Werk *Le Diverse et Artificiose Machine* dar: „Dieses ist eine schöne und künstliche *Machina*, welche alle denjenigen sehr bequem ist / so den *studiis* obliegen [...]. Denn mit dieser art *Machinae*, kan man eine grosse menge Bücher / ohne auffstehen und verenderung eines Orts sehen / und zugleich umbwenden" (Ramelli 1976 [1620], 292). Solche technischen Lesemöbel sind geradezu darauf angelegt, das Blättern und die parallele Lektüre mehrerer Bücher als gelehrte Praxis zu befördern. Das Gegenteil davon sind bürgerliche Lesestühle. Das Lesen aus einer halbliegenden Position heraus ist von vornherein auf Entspannung von der Schreibtischarbeit ausgelegt. Auch im Liegen oder bequemen Sitzen wird geblättert, allerdings nicht zur Sammlung von Stellen, sondern zur Zerstreuung des Geistes, wie es in einer Anzeige aus dem *Journal des Luxus und der Moden* unter der Überschrift „Langer Stuhl zum Lesen eingerichtet" ausdrücklich heißt: „Man will in dieser Stellung vielleicht gern einen Quartband einer neuen Reisebeschreibung, den man nicht in den Händen halten kann lesen, oder ein naturgeschichtliches Kupferwerk und dergl. zur Erholung durchblättern" (Schön 1987, 76–77).

Gelehrtes Lesen bedeutet dagegen vor allem Exzerpieren. Es geht buchstäblich um das Aufsammeln und Weiterverwerten von Stellen (Décultot 2014). Jeder Text wird unter dem Blick des Sammlers in seine Stellen zerlegt und dient bereits während der Lektüre als potenzielle Grundlage weiterer Texte. Zugespitzt könnte man sagen, dass Schreiben immer ein vorgängiges Lesen zur Voraussetzung hat. Lesen und Schreiben folgen einer praktischen, um das *exemplum* herum aufgebauten Rhetorik (Curtius [11]1993 [1948], 69–70). Diese materiale Rhetorik lehrt keine Regeln, nach denen Reden aufgebaut werden, sondern liefert Materialien, die der Redner in seine Reden einbauen kann (Barner 1970, 59–67; Cahn 1994, 69). Solche Redner sind in der Gelehrtenrepublik des Buchdrucks und der neuzeitlichen Wissenschaften längst zu Schreibern geworden, die von anderen Schreibern kompilierte *loci communes* thematisch weiterverwenden und ergänzen, statt im Imaginären der *inventio* die immergleichen formalen Orte abzuschreiten (Brückner 1975). Wie diese gelehrte Praxis funktioniert, d. h. mit welchen Techniken schriftliches Wissen angeeignet, gespeichert und prozessiert wurde, lässt sich gut demonstrieren anhand von Francesco Sacchinis Schrift *De ratione libros, cum profectu legendi libellus, accessit ejusdem De vitanda moribus noxia lectione oratio*, einer der auflagenstärksten und berühmtesten Leseanleitungen des 17. Jahrhunderts. Diese Gattung ist in diesem Jahrhundert weitverbreitet und viele Abhandlungen werden auch noch im 18. und 19. Jahrhundert neu aufgelegt oder übersetzt (vgl. Blair 1992; Moss 1996) – so auch das berühmte Werk von Sacchini, der in Rom unterrichtete und ein Gelehrter und Historiker des Jesuitenordens war.

In Sacchinis Leselehre heißt es, man solle jede vorzügliche Stelle sogleich exzerpieren, „um sie entweder an seinem Orte nachzuahmen oder doch anzuführen" (Sacchini 1832, 29). Um diese vorzüglichen Stellen aber zu sammeln und zum Gebrauch jederzeit abrufbar zu halten, genüge es nicht, einzelne Sätze zu unterstreichen oder Papierstücke zwischen die Seiten zu legen. Lediglich das Exzerpieren der Stellen auf ein leeres Blatt Papier oder in ein dafür vorgesehenes Heft sei die richtige Methode. Zu dieser Methode gehören wenigstens zwei Hefte, und zwar „eines, um darin einzutragen, was man während dem Lesen bemerkt, ohne Ordnung, […] das andere, mit gewissen Kapiteln oder Abschnitten versehen, unter welche man nun das erste, unordentlich Geschriebene bringt" (Sacchini 1832, 45). Das erste Heft folgt also der Leseordnung, das zweite der Sachordnung. Beides ist wichtig, denn die Leseordnung bewahrt die Reihenfolge der Argumentation einer Schrift. Die Sachordnung wiederum versammelt viele unterschiedliche Stellen aus einem Buch oder viele ähnliche Stellen aus unterschiedlichen Büchern, die dann als bereits ausformulierte Argumente (*loci*) ungebunden zur Verfügung stehen.

Die nicht zuletzt durch den Buchdruck katalysierte, enorme Zunahme an Wissen, die als ‚Explosion' oder ‚Flut' beschrieben wurde (Burke 2012, 294–303), führte dazu, dass diese doppelte Buchführung bald nicht mehr ausreichte. Neue Medien mussten an die Stelle des Buchs treten, die eine weitaus größere Menge an Informationen speichern, prozessieren und übertragen konnten. Der Zettelschrank oder Zettelkasten, der erst am Ende des 20. Jahrhunderts durch elektronische Datenbanksysteme abgelöst wurde, trat an die Stelle der *commonplace books*, aus deren polyhistorischen Kulturtechniken er sich entwickelt hatte. Die starre Ordnung des Gelesenen in Büchern mit festgefügten, thematischen *loci* wurde im 16. und 17. Jahrhundert zunächst durch die freie und bewegliche Anordnung von Zetteln in Büchern mit Fadenführung ergänzt. Der Züricher Gelehrte Konrad Gessner gilt als Erfinder dieser Kulturtechnik, die bereits als ein „hybrider Zettelkasten in buchgebundener Form" beschrieben werden kann (Krajewski 2002, 21). Aber erst der Hamburger Gelehrte Vincent Placcius ist es dann gewesen, der den Zettelkasten zwar nicht erfunden, aber 1689 als Erster eine Bauanleitung und einen Erfahrungsbericht im Umgang mit dem „gelehrten Kasten" veröffentlicht hat (Placcius 1689, 121–159). Die Zettel können in einem Karteischrank oder Zettelkasten nicht nur frei beweglich angeordnet, umsortiert, hinzugefügt und wieder entnommen werden, sondern es können auch neue Ordnungskategorien an beliebiger Stelle im System angelegt werden. Die ganze Ordnung ist auf einen Blick sichtbar, das schnelle Auffinden der Stellen ergänzt deren Verwaltung in festen Rubriken (vgl. Zedelmaier 1992, 2002).

Neben bereits publizierte Sammlungen (Anthologien, Florilegien) treten damit individuelle Sammlungen, die eine permanente Revision des Materials ermöglichen und so anschlussfähig bleiben an den individuell sich verändernden Prozess der Lektüre und an den Zugewinn neuen Wissens. In dieser sachlichen Verwandtschaft von Lektüre und Kollektion kommt die Etymologie des Begriffs Lesen erst eigentlich zur Geltung. Im 19. Jahrhundert, in dessen Verlauf die Leselehren als Gattung endgültig verschwinden und von einem universalhermeneutischen Paradigma abgelöst werden, droht diese Verbindung von Lesen und Sammeln in Vergessenheit zu geraten. Nicht jedoch das Blättern, das in der massenmedialen Ausdifferenzierung der Zeitungen und Zeitschriften einen neuen Stellenwert erhält.

5 Extensives Lesen: Romane und Zeitschriften

Der gelehrten Lektüre ist eine intensive Lektüre entgegengesetzt, in der wenige Bücher oder auch nur ein einziges Buch mit großer Aufmerksamkeit und wiederholt gelesen werden. In der historischen Leseforschung unterscheidet man eine *intensive Wiederholungslektüre*, die noch bis zum Ende des 18. Jahrhunderts vorherrschend war (vgl. Zedelmaier 2001), von einem modernen *extensiven Lesen*, in dem viele Bücher oft nur ein einziges Mal gelesen oder auch nur durchgeblättert werden (vgl. Engelsing 1974). Die intensive Wiederholungslektüre war durch einen Mangel an Büchern bedingt. Bücher wurden in kleinen Auflagen gedruckt, waren teuer in der Herstellung und außerhalb von Großstädten schwer erhältlich. Solange es keine Leihbibliotheken und Lesegesellschaften gab, war das Lesen auf Bücher beschränkt, die in Familienbesitz waren: die Bibel, Gesangbücher, Andachtsbücher, Hauskalender und sehr selten eine kleine Auswahl antiker Klassiker. Diese Erbauungsliteratur wurde wiederholt gelesen, um überweltliche Wahrheiten und kanonisches Wissen zu festigen und sich im andauernden Dialog mit diesen Wahrheiten der eigenen Identität zu vergewissern (vgl. Assmann 1985).

In Abgrenzung dazu entsteht gegen Ende des 18. Jahrhunderts ein neuer Lesertypus, den man in der Forschung als „extensiven" oder auch „profanen Leser" charakterisiert hat (Engelsing 1973, 122; Schlaffer 1984, 102). Dessen Lektürehaltung ist durch das einsame, stille Lesen vieler verschiedener Bücher und nicht mehr durch das intensive Lesen in oder laute Vorlesen aus einem kanonischen Buch gekennzeichnet. Die kulturellen und medialen Bedingungen dieser bis heute dominanten Lektüreform waren die Ausweitung der Alphabetisierung durch die Einführung einer allgemeinen Schulpflicht, die Modernisierung und Verbilligung des Buchdrucks sowie die Einrichtung von Lesegesellschaften und Leihbibliotheken (Schön 1999, 24–27; Schneider 2004, 161–170). Als Reaktion auf diese Quantität des Lesens und der Lesestoffe nimmt die intensive Lektüre eine neue Funktion der Qualitätssicherung an. Während die allgemeine Lesekultur den Übergang von der intensiven zur extensiven Lektüre vollzieht, findet die literarische und philosophisch-hermeneutische Lektüre in der *nichtidentischen Wiederholung* ein Prinzip, Kanon und Kommunikation auch unter den Bedingungen eines ausdifferenzierten Buchmarkts und anonymen Massenpublikums zu sichern. Als Unterscheidungs- und Auswahlkriterium zwischen den vielen Büchern, die jährlich erscheinen, und den wenigen Büchern, die es vermeintlich intensiv zu lesen lohnt, etabliert sich eine paradoxe Lektüreanweisung, die besagt, dass ein Buch, das nicht wert sei, zweimal gelesen zu werden, auch nicht für die einmalige Lektüre tauge (vgl. Jean Paul 1975 [1796], 151; Stanitzek 1992).

Doch diese so vernünftig scheinende Maxime bleibt die Wunschkonstellation weniger professioneller Leser. Nicht im intensiven Lesen, sondern in einer extensiven Lektüre haben Leserinnen und Leser ihre Erlebnisse der Dichtung. Extensiv gelesen und durchgeblättert werden aber nicht nur Romane oder Reisebeschreibungen, sondern vor allem die Zeitungen und Zeitschriften. Der Umschlag von einer intensiven in eine extensive Lektüre im Verlauf des 18. Jahrhunderts ist kaum erklärbar, wenn man nicht das Aufkommen der periodischen Zeitung berücksichtigt, die durch die Kombination beider Kulturtechniken die Ausbreitung der extensiven Lektüre enorm befördert hat. Laut Rolf Engelsing teilte die Zeitungslektüre mit der intensiven Erbauungslektüre die Merkmale der Wiederholung und Regelmäßigkeit, unterschied sich aber von der Lektüre der Bibel, des Psalters oder Gesangbuchs dadurch, dass „der Inhalt von Ausgabe zu Ausgabe neu war und, wenn auch innerhalb formaler und stofflicher Grenzen, unvorhersehbar wechselte" (Engelsing 1973, 133). Zeitungen und Zeitschriften waren neben dem gedruckten Buch die wichtigsten Medien des Lesens in der Neuzeit. Gegen Ende des 18. Jahrhunderts las fast jeder Zeitungen oder ließ sie sich vorlesen. Die Zeitung trug einerseits dazu bei, breitere Leserschichten an regelmäßige Lektüre zu gewöhnen und so an tagesaktuelle Informationen und politische Bildung anzuschließen; andererseits wurde diese Entwicklung aber nicht nur begrüßt, sondern vom Buchhandel und von vielen Gelehrten auch negativ beurteilt. Man befürchtete vor allem, dass die sogenannte ‚Zeitungsleserei' andere Formen der Lektüre unterdrücken würde, wie Irene Jentsch (1937) in ihrer materialreichen Dissertation zur Geschichte des Zeitungslesens anhand vieler Quellen ausführlich dokumentiert. Neben dem Vorwurf der unproduktiven Vielleserei wurde auch immer wieder die zerstreute Form der Zeitungslektüre als solche kritisiert (vgl. Rückert 1865, 780).

Die zerstreute Form der Lektüre, das Nebeneinander der vermischten Inhalte und die anonyme Leserschaft sind seit dem 18. Jahrhundert die persistenten Themen der Zeitungskritik. Nicht nur drohte die Form der Zeitungslektüre auf das Lesen gelehrter Abhandlungen und Romane überzugreifen, sondern die Romane wurden im 19. Jahrhundert auch vermehrt im Feuilleton veröffentlicht und in Fortsetzung gelesen. Von Frankreich kam der Feuilletonroman nach Deutschland und kann als wichtigster Teil des Feuilletons angesehen werden, denn nicht wenige Leser kauften die Zeitung allein wegen des Fortsetzungsromans (vgl. Bachleitner 2012).

Die Warnung vor der Lektüre von Romanen, die in Fortsetzung erscheinen, ist medienhistorisch interessant, denn die Gefährdung wird nicht in den populären Lesestoffen selbst, sondern in der neuen Egalität des Lesens und vor allem in der zerstreuten Form der Zeitungslektüre ausgemacht (Maye 2009; Schenda 1970, 287–299). „Alles ist in den Zeitschriften zerschnitten und zerstückelt", klagte der Popularphilosoph Johann Adam Bergk (1839, 111) in seiner *Bücher-Kunde* und war damit nicht allein. Das Lesen der Zeitungen und Zeitschriften scheint im Diskurs der Medien- und Kulturkritik nicht in erster Linie gefährdend zu sein, weil das dort Abgedruckte als ästhetisch minderwertig oder sittenwidrig beurteilt wird, sondern bereits deshalb, weil es in der Zeitung steht. Die materiellen Bedingungen der Produktion und Organisation einer Zeitung, vor allem das heterogene Nebeneinander und die zerstreute Darstellung der Inhalte, so die Annahme, diktieren auch die Form der Rezeption. Der Feuilletonroman ist in dieser Perspektive keine Subgattung des Romans oder eine Form der Trivialliteratur, sondern ein Presseerzeugnis. Der Roman in der Zeitung wird selber zur Zeitung; er ist ein Produkt der Massenmedien und folgt deren Gesetzen (vgl. Bachleitner 1999; Maye 2010).

Die Verbindung zwischen dem extensiven Lesen und dem Lesen der Zeitungen, zwischen *dem* Blättern und *den* Blättern reicht aber noch weiter und lässt sich auch etymologisch nachweisen. Denn das ‚Blättern' ist nicht nur vom ‚Blatt' abgeleitet, sondern auch metonymisch mit ihm verbunden. Das Blatt oder Blättchen ist ein „platter Körper von geringer Dicke bei verhältnismäßig größerer Ausdehnung in der Länge und zumal in der Breite", der sowohl das Blatt einer Pflanze als auch ein Stück Papier bezeichnen kann (Sanders 1860, 153–155). Das ‚Blatt' ist gleichbedeutend mit dem lateinischen *folium* und kann daher je nach Kontext Blätter von Pflanzen oder eben Blätter aus Papier meinen. Bereits in althochdeutscher Zeit wird damit auch das Pergamentblatt oder die einzelne Seite eines Buches bezeichnet. Als umgangssprachlicher Begriff für Zeitung wird ‚Blatt' Anfang des 19. Jahrhunderts allgemein üblich (Pfeifer 1993, 145; Sanders 1860, 153–155). Diese Übertragung stammt von den sogenannten „Fliegenden Blättern" oder „Flugblättern" frühneuhochdeutscher Zeit, welche die Vorläufer der Zeitungen waren (Pompe 2012). Die Operation des Blätterns ist der Zeitung eingeschrieben, es ist der ihr adäquate Mediengebrauch. Vor allem die vermischten Nachrichten ‚unter dem Strich', die ‚losen Blätter' des Feuilletons, stehen paradigmatisch für eine zerstreute Form der Lektüre. Auch im Französischen wird das deutlich: *feuille* (Blatt) und *feuilleter* (Blättern) sind metonymisch verbunden. Die Zeitung und vor allem das Feuilleton wird auf- und durchgeblättert. Blättern verweist also auf die Materialität der Zeitung, die aus Blättern besteht, und gleichzeitig auf den Mediengebrauch der Zeitung, das Blättern als Lektüremodus. Die periodisch erscheinende Zeitung hat die Verbreitung der extensiven, blätternden Lektüre enorm befördert, denn auch wenn man sie in regelmäßiger Wiederholung wöchentlich oder sogar täglich liest, ist sie als Textmedium darauf angelegt, nicht von vorne bis hinten durchgelesen zu werden; man schlägt sie auf und liest, was gefällt oder interessiert.

6 Digitales Lesen: E-Reader, Laptop, Tablets

„Ersetzt wurde nur der Papyrus durch das Tablet. Alles andere blieb, pointiert formuliert, gleich" (Liessmann 2017, 99). Diese Einschätzung des Philosophen Konrad Paul Liessmann steht einem Common Sense in Forschung und Bildungspolitik gegenüber, der davon überzeugt ist, dass um 2000 die digitalen Medien das Lesen noch einmal grundlegend verändert haben. Beide Einschätzungen haben Recht und Unrecht zugleich. Ob online in Form von Blogs, Wikis und textorientierten Webseiten oder offline in Form von elektronischen Büchern, Zeitschriften und PDF: Unbestritten ist, dass digitale Medien einen Einfluss darauf haben, wie wir lesen. Nicht zuletzt wird dabei auch das Medium selbst zur Botschaft, da nicht nur dessen Inhalt, sondern auch der Mediengebrauch eine Bedeutung für die Lektüre erlangt, der zur Bedeutung des gelesenen Texts beiträgt.

Das ist zutreffend, aber nicht grundsätzlich neu. Texte existieren nicht an sich, sondern nur in den Formen und Formaten, in denen sie gelesen werden (Chartier 1990, 7–24). Interessanter als die daraus ableitbare Feststellung, dass eben auch die allerneusten Medien an unserem Lesen mitarbeiten, ist die augenfällige Simulation der Buchkultur, die am vielbeschworenen „Ende der Gutenberg-Galaxis" (Bolz 1993; Birkerts 1997) eine unerwartete Renaissance erlebt. Dass E-Reader auch als E-Books bezeichnet werden und offenbar ganz bewusst die Optik und den Gebrauch analoger Bücher nachahmen, ist zunächst überraschend, da sie medientechnisch völlig verschieden sind.

Im Unterschied zu analogen Büchern und anderen Druckerzeugnissen ist in digitalen Lesemedien die Einheit von Speichern, Prozessieren und Übertragen aufgelöst bzw. in einem Medienverbundsystem verteilt. Elektronische Texte existieren an keinem festen Ort, sondern in der sogenannten Cloud sowie auf einer Vielzahl von Servern, Festplatten, Disketten und anderen Datenträgern. Die vertraute Unterscheidung zwischen Original und Kopie ist hier aufgehoben (Grassmuck 2004, 291), zudem hat die Ausgabe, der lesbare Text, eine ganz andere Form als die Eingabe, der gespeicherte Text. Elektronische Texte sind digitale Objekte, die sowohl als Codierung als auch im Medienvollzug existieren. Sie bestehen nicht nur aus einer endlichen Menge diskreter Zeichen, die einem Alphabet entnommen sind, sondern liegen auch als Quellcode sowie als maschinenlesbares Programm vor. Und erst dessen Auf- und Ausführung an einer Mensch-Maschine-Schnittstelle transformiert den Text als Abfolge elektrischer Schaltungen in einem Computer wieder in einen menschenlesbaren Text, dessen Darstellung und Performanz von dem alphabetischen Ausgangstext abweicht (Cramer 2011; Stobbe 2017).

Auch phänomenologisch lässt sich ein E-Book zum Beispiel nicht mehr als ein dreidimensionales Objekt definieren, das geschichtete Lagen von Schriftzeichen zusammenbindet, sondern es handelt sich dabei um eine einzige Oberfläche, von der ausgehend auf Schriften, Bilder, Zahlen oder Töne gleichermaßen zugegriffen werden kann. Die Darstellung von Schrift ist durch Software fast beliebig veränderbar, im Fall von Schriftzeichen kann z. B. deren Art, Farbe, Größe oder Schnitt während der Lektüre immer wieder neu eingestellt werden. Das Spektrum der Darstellung von Texten in digitalen Lesemedien reicht deshalb von monomedialen Texten unter der ausschließlichen Verwendung von Schriftzeichen bis zu multimedialen Texten, die fast jede mögliche Verbindung von Bildern, Schriften, Tönen und Zahlen realisieren können. Digitales Lesen sprengt die Grenzen der klassischen Buchkultur, insofern es nicht mehr durch analoge Schrift und analogen Druck limitiert ist. Jede denkbare Darstellung von Texten ist im Prinzip machbar geworden. Mit der Digitalisierung werden objektzentrierte Modelle des Lesens daher zunehmend fragwürdig, aber dennoch wird sowohl in der Forschung als auch in der Industrie überwiegend an der Medienform des Buchs und den etablierten Lektürepraktiken festgehalten (Kuhn und Hagenhoff 2017, 35). Das gilt nicht nur für die Lektüre auf mobilen Lesegeräten, sondern auch für die Darstellung von Literatur im Internet.

Es ist bemerkenswert, dass die „Ikonografie des Buchs, der Seite, des Umblätterns" usw. auch auf Websites anzutreffen ist, „die sich mit *nicht*-druckbarer Literatur beschäftigen" (Chaouli 2001, 74). Anstatt also neue Formen der Textanordnung und -gestaltung zu etablieren, weisen digitale Lesemedien einen dominanten intermedialen Bezug auf historisch etablierte Printmedien auf, und zwar ganz besonders auf das Buch und die Buchseite. Das ist besonders offensichtlich bei der Gestaltung und dem Gebrauch von E-Readern, die Formen und Funktionen gedruckter Bücher nachahmen. Diese Nachahmung von „the most kitsch elements of book iconography" (Drucker 2007, 216) hat aber nicht nur regressive oder pädagogische Gründe, die von besseren Sinnbildern oder Designarchitekturen behoben werden könnten, wie oft behauptet wird. Jenseits habitualisierter Nutzungsweisen, die dem Leser eines E-Books vom Lesen eines Gutenberg-Buchs vertraut sind, ist hier auch eine theoretische Einsicht wirksam, die besagt, dass neue Medien nicht ohne den Bezug auf ältere Medien auskommen. Der Vergleich mit dem Buchdruck und der Buchgelehrsamkeit ist geradezu ein historischer Topos, der seit der Frühen Neuzeit bei der Einführung neuer Medien des Wissens immer wieder beobachtet werden kann (Shapin und Schaffer 1989, 30–35).

Der wesentliche Grund für die Bezugnahme des digitalen Lesens auf das Lesen von Büchern ist aber wohl darin zu sehen, dass der Kodex ein kaum verbesserbares Medienformat darstellt. Dieser Aspekt wird nicht nur in publizistischen, sondern auch in medientheoretischen und medienhistorischen Diskursen zugunsten der Leistungsbeschreibung jeweils neuerer Medien oft übersehen. Die gesellschaftliche Überblendung von Büchern und kulturellen Werten hat verdeckt, dass das Buch ebenfalls ein hochtechnisches Medium ist, eine Technologie des Lesens, die nicht ohne Grund seit der Spätantike das bevorzugte Format für die Rezeption von Schrift ist (Wegmann 1998, 373). Ein Buch ist nicht nur transportabel und handlich, sondern ermöglicht auch Zugriffstechnologien wie das Blättern im Text, das Springen von Stelle zu Stelle, die Einführung von Markierungen, Lesezeichen und viele andere Operationen, die für das digitale Lesen immer noch relevant sind.

Genauer betrachtet, betreiben E-Reader aber keine Simulation ganzer Bücher, sondern einzelner Seiten. Die Seite ist einerseits die kleinste schrifttragende Einheit des Buchs, andererseits ein Rahmen, der eine Grenze markiert. Diese Eigenschaft der Seite wird in digitalen Lesemedien gezielt genutzt und auch überschritten. Während das Lesen von Websites im Internet immer noch maßgeblich durch das Verschieben eines Texts auf der Längsachse eines Bildschirms geprägt ist, wird beim Gebrauch eines E-Readers der Text entweder per Tastendruck (Bickenbach 2000) oder durch eine wischende Handbewegung (Ruf 2014) auf der Querachse eines Bildschirms angesteuert (Kuhn und Hagenhoff 2015, 370). Durch die unterschiedliche Rahmung wird also entweder die Abfolge diskreter Texteinheiten (Seiten) oder die Abfolge eines zusammenhängenden Textraums (Schriftrolle) beim Lesen evoziert. Es ist wohl eine List der Mediengeschichte, die Logik der Schriftrolle wieder in den Alltag des Online-Lesens eingeführt zu haben. Im Unterschied zum Kodex und vergleichbar mit dem Auf- und Zurollen einer Schriftrolle bestimmt man beim Online-Lesen selbst, wie viel Text gleichzeitig die Bildschirmseite füllen soll. Das sogenannte ‚Scrollen' gleicht daher nicht nur etymologisch dem gleichmäßigen Entrollen eines Texts auf Papyrus oder Pergament, das nicht durch Umblättern unterbrochen wird. Diese Logik der Buchrolle oder des Kodex' hat allerdings ihre Grenze in der dritten Dimension, denn der Bildschirm bleibt flach. Wie viel Text dahinter liegt, ist weder optisch noch taktil wahrnehmbar. E-Books öffnen keinen geistigen Raum, die Immaterialität des Texts erlaubt keine Körper- und Kulturtechniken wie das Blättern in einem Buch oder das Aufschlagen einer bestimmten Stelle.

Aber interessanter als die Betonung der Unterschiede zwischen analogem und digitalem Lesen, die oft als Verlust von Aufmerksamkeit oder der Fähigkeit zum „tiefen Lesen" (*deep reading*) beklagt werden (Spitzer 2005; Stocker 2015; Wolf 2009), ist die ausgeprägte Taktilität digitaler Lesemedien. Deren Interface aus Knöpfen, Schaltern und Touchscreens, deren Hyperlinks, Menüoberflächen, Scroll-Balken und andere Werkzeuge der Textsteuerung und -verarbeitung fordern andauernd dazu auf, sie zu gebrauchen. Ob Annotieren, Klicken, Liken, Scrollen oder Wischen: Der Benutzer soll mit allen Knöpfen, Tasten und Schaltflächen spielen. Das digitale Lesen kennt viele Namen und Tätigkeiten. Neu daran ist, dass Leseoperationen jetzt in Menüs und Tasten implementiert und dadurch buchstäblich schaltbar geworden sind. Der Scroll-Balken regt dazu an, den Text querzulesen, die Suchfunktion regt dazu an, den Text nach bestimmten Begriffen zu durchstöbern usw. Die Automatisierung der Lektüre durch Tastendruck oder das Antippen von berührungssensitiven Schaltflächen hat zur Folge, dass komplexe Leseoperationen vermehrt ausprobiert werden, weil sie leicht zu realisieren sind. Im tiefen Lesen mag man dem Sog der erzählten Geschichte aufmerksam und umweltvergessen folgen, die eine oder der andere mag sich einbilden, dabei auch tief zu denken oder zu empfinden. Der kulturkritische Gegensatz zwischen Oberfläche und Tiefe führt allerdings leicht – und natürlich mit Absicht – zu der irreführenden Annahme, dass das Bücherlesen im Unterschied zum Bildschirmlesen eine vollständige Lektüre von der ersten bis zur letzten Seite nahelege. Diese Annahme findet in der Mediengeschichte des Lesens aber keine Bestätigung. Im Gegenteil ist es so, dass der Kodex im Unterschied zur Schriftrolle ein diskontinuierliches Lesen geradezu befördert hat. Wenn digitale Lesemedien das Design ihrer Oberflächen an der Ikonographie und den Funktionsweisen der Buchkultur orientieren, dann werden damit lediglich Techniken der diskontinuierlichen Lektüre beliehen und weiterentwickelt, die aus dem Kodex hervorgegangen sind. Kulturkritiker, die nostalgisch an eine imaginäre Vergangenheit erinnern, in der angeblich noch von Anfang bis Ende kontinuierlich gelesen wurde, invertieren geradezu die lange Mediengeschichte des Kodex' und des gedruckten Buchs. Der Roman als *Pageturner* ist nur ein kurzes „Zwischenspiel" in der langen Geschichte des diskontinuierlichen Lesens gewesen (Stallybrass 2002, 47).

Weiterführende Literatur

Blair, Ann M. (2010). *Too Much to Know. Managing Scholarly Information before the Modern Age*. New Haven und London.

Lesen. Ein interdisziplinäres Handbuch (2015). Hrsg. von Ursula Rautenberg und Ute Schneider. Berlin und Boston.

Mak, Bonnie (2011). *How the Page Matters. Studies in Book and Print*. Toronto, Buffalo und London.

Piper, Andrew (2012). *Book Was There. Reading in Electronic Times*. Chicago, Ill. und London.

Spoerhase, Carlos (2018). *Das Format der Literatur. Praktiken materieller Textualität zwischen 1740 und 1830*. Göttingen.

Literatur

Assmann, Aleida (1985). „Die Domestikation des Lesens. Drei historische Beispiele". *Zeitschrift für Literaturwissenschaft und Linguistik* 15.57/58 (1985): 95–110.

Augustinus, Aurelius (2002). *Die christliche Bildung/De doctrina christiana*. Übersetzung, Anmerkungen und Nachwort von Karla Pollmann. Stuttgart.

Bachleitner, Norbert (1999). *Kleine Geschichte des deutschen Feuilletonromans*. Tübingen.

Bachleitner, Norbert (2012). *Fiktive Nachrichten. Die Anfänge des europäischen Feuilletonromans*. Würzburg.

Barner, Wilfried (1970). *Barockrhetorik. Untersuchungen zu ihren geschichtlichen Grundlagen*. Tübingen.

Bergk, Johann Adam (1839). *Vom Bücherlesen und der Bücher-Kunde, oder: Anweisung, wie man Bücher lesen, welche Bücher man zur Bildung und Aufklärung lesen und welche Zwecke man dadurch zu erreichen streben muss. Mit Betrachtungen über Literatur und Angabe der vorzüglichsten besten Werke und Schriftsteller*. Quedlinburg und Leipzig.

Bickenbach, Matthias (1999). *Von den Möglichkeiten einer ‚inneren' Geschichte des Lesens*. Tübingen.

Bickenbach, Matthias (2000). „Knopfdruck und Auswahl. Zur taktilen Bildung technischer Medien". *Zeitschrift für Literaturwissenschaft und Linguistik* 30.117 (2000): 9–32.

Bickenbach, Matthias und Harun Maye (2009). *Metapher Internet. Literarische Bildung und Surfen*. Berlin.

Birkerts, Sven (1997). *Die Gutenberg-Elegien. Lesen im elektronischen Zeitalter*. Frankfurt/M.

Blair, Ann (1992). „Humanist Methods in Natural Philosophy: the Commonplace Book". *Journal of the History of Ideas* 53.4 (1992): 541–551.

Blair, Ann M. (2010). *Too Much to Know. Managing Scholarly Information before the Modern Age*. New Haven und London.

Blanck, Horst (1992). *Das Buch in der Antike*. München.

Bolz, Norbert (1993). *Am Ende der Gutenberg-Galaxis. Die neuen Kommunikationsverhältnisse*. München.

Brückner, Wolfgang (1975). „Loci Communes als Denkform. Literarische Bildung und Volkstradition zwischen Humanismus und Historismus". *Daphnis. Zeitschrift für Mittlere Deutsche Literatur* 4 (1975): 1–12.

Burke, Peter (2012). *Die Explosion des Wissens. Von der Encyclopédie bis Wikipedia.* Berlin.

Busch, Stephan (2002). „Lautes und leises Lesen in der Antike". *Rheinisches Museum für Philologie* 145.1 (2002): 1–45.

Cahn, Michael (1994). „Hamster: Wissenschafts- und mediengeschichtliche Grundlagen der sammelnden Lektüre". *Lesen und Schreiben im 17. und 18. Jahrhundert. Studien zu ihrer Bewertung in Deutschland, England, Frankreich.* Hrsg. von Paul Goetsch. Tübingen: 63–77.

Cavallo, Guglielmo (1999). „Vom Volumen zum Kodex. Lesen in der römischen Welt". *Die Welt des Lesens. Von der Schriftrolle zum Bildschirm.* Hrsg. von Roger Chartier und Guglielmo Cavallo. Frankfurt/M. und New York: 97–133.

Chaouli, Michel (2001). „Was bedeutet: Online lesen? Über die Möglichkeit des Archivs im Cyberspace". *Text + Kritik. Zeitschrift für Literatur* 152 (2001): 65–74.

Chartier, Roger (1990). *Lesewelten. Buch und Lektüre in der frühen Neuzeit.* Frankfurt/M. und New York.

Cramer, Florian (2011). *Exe.cut[up]able statements. Poetische Kalküle und Phantasmen des selbstausführenden Texts.* München.

Curtius, Ernst Robert ([11]1993 [1948]). *Europäische Literatur und lateinisches Mittelalter.* Tübingen und Basel.

Darnton, Robert (1998 [1986]). „Erste Schritte zu einer Geschichte des Lesens". *Der Kuß des Lamourette. Kulturgeschichtliche Betrachtungen.* München und Wien: 98–134.

Décultot, Elisabeth (2014). *Lesen, Kopieren, Schreiben. Lese- und Exzerpierkunst in der europäischen Literatur des 18. Jahrhunderts.* Berlin.

Drucker, Johanna (2007). „The Virtual Codex from Page Space to E-space". *A Companion to Digital Literary Studies.* Hrsg. von Ray Siemens und Susan Schreibman. Malden, Oxford und Carlton: 216–232.

Eisenstein, Elisabeth (1979). *The Printing Press as an Agent of Change. Communications and Cultural Transformations in Early Modern Europe.* Cambridge.

Engelsing, Rolf (1973). *Zur Sozialgeschichte deutscher Mittel- und Unterschichten.* Göttingen.

Engelsing, Rolf (1974). *Der Bürger als Leser. Lesergeschichte in Deutschland 1500–1800.* Stuttgart.

Flusser, Vilém (1992 [1987]). *Die Schrift. Hat Schreiben Zukunft?* Frankfurt/M.

Giele, Enno und Jörg Peltzer unter Mitarbeit von Melanie Trede (2015). „Rollen, Blättern und (Ent)Falten". *Materiale Textkulturen. Konzepte – Materialien – Praktiken.* Hrsg. von Thomas Meier, Michael R. Ott und Rebecca Sauer. Berlin, München und Boston: 677–693.

Giesecke, Michael (1991). *Der Buchdruck in der frühen Neuzeit. Eine historische Fallstudie über die Durchsetzung neuer Informations- und Kommunikationstechnologien.* Frankfurt/M.

Grassmuck, Volker (2004). „Der tote Autor und die konnektive Intelligenz". *Originalkopie. Praktiken des Sekundären.* Hrsg. von Gisela Fehrmann, Erika Linz, Eckhard Schumacher und Brigitte Weingart. Köln: 287–303.

Hanebutt-Benz, Eva-Maria (1985). *Die Kunst des Lesens. Lesemöbel und Leseverhalten vom Mittelalter bis zur Gegenwart.* Frankfurt/M.

Havelock, Eric A. (1990). *Schriftlichkeit. Das griechische Alphabet als kulturelle Revolution.* Mit einer Einleitung von Aleida und Jan Assmann. Weinheim.

Hunger, Herbert (1986). „Kontinuität und Innovation in der griechischen Buchschrift zweier Jahrtausende". *Byzantium. Tribute to Andreas N. Stratos.* Volume II. Hrsg. von Nia A. Stratos. Athens: 495–522.

Hunger, Herbert (1989). *Schreiben und Lesen in Byzanz. Die byzantinische Buchkultur.* München.

Illich, Ivan (1991). *Im Weinberg des Textes. Als das Schriftbild der Moderne entstand. Ein Kommentar zu Hugos „Didascalicon".* Übers. von Ylva Eriksson-Kuchenbuch. Frankfurt/M.

Jean Paul (1975 [1796]). „Blumen-, Frucht- und Dornenstücke oder Ehestand, Tod und Hochzeit des Armenadvokaten F. St. Siebenkäs". *Werke in zwölf Bänden.* Bd. 3. Hrsg. von Norbert Miller. München und Wien.

Jentsch, Irene (1937). *Zur Geschichte des Zeitungslesens in Deutschland am Ende des 18. Jahrhunderts. Mit besonderer Berücksichtigung der gesellschaftlichen Formen des Zeitungslesens.* Leipzig.

Johns, Adrian (1999). *The Nature of the Book. Print and Knowledge in the Making.* Chicago.

Kittler, Friedrich A. (1986). *Grammophon Film Typewriter.* Berlin.

Krajewski, Markus (2002). *Zettelwirtschaft. Die Geburt der Kartei aus dem Geiste der Bibliothek.* Berlin.

Kuhn, Axel und Svenja Hagenhoff (2015). „Digitale Lesemedien". *Lesen. Ein interdisziplinäres Handbuch.* Hrsg. von Ursula Rautenberg und Ute Schneider. Berlin und Boston: 361–380.

Kuhn, Axel und Svenja Hagenhoff (2017). „Kommunikative statt objektzentrierte Gestaltung. Zur Notwendigkeit veränderter Lesekonzepte und Leseforschung für digitale Lesemedien". *Lesen X.0. Rezeptionsprozesse in der digitalen Gegenwart.* Hrsg. von Sebastian Böck, Julian Ingelmann, Kai Matuszkiewicz und Friederike Schruhl. Göttingen: 27–45.

Lesen. Ein interdisziplinäres Handbuch (2015). Hrsg. von Ursula Rautenberg und Ute Schneider. Berlin und Boston.

Lesen – historisch (1985). Hrsg. von Brigitte Schlieben-Lange. *Zeitschrift für Literaturwissenschaft und Linguistik* 15.57/58 (1985).

Lichtenberg, Georg Christoph (1971 [1784–1788]). *Schriften und Briefe.* Bd. 2. *Sudelbücher II, Materialhefte, Tagebücher.* Hrsg. von Wolfgang Promies. München/Wien.

Liessmann, Konrad Paul (2017). *Bildung als Provokation.* Wien.

Mak, Bonnie (2011). *How the Page Matters. Studies in Book and Print.* Toronto, Buffalo und London.

Maye, Harun (2009). „Volk ohne Oberhaupt. Regierungskünste des Lesens um 1800". *Ästhetische Regime um 1800.* Hrsg. von Friedrich Balke, Harun Maye und Leander Scholz. München: 101–118.

Maye, Harun (2010). „Übersetzungsfabriken. Kolportageliteratur und Soap Opera". *„Previously on…". Zur Ästhetik der Zeitlichkeit neuerer TV-Serien.* Hrsg. von Arno Meteling, Isabell Otto und Gabriele Schabacher. München: 135–156.

Messerli, Alfred (2000). „Das Lesen von Gedrucktem und das Lesen von Handschriften – zwei verschiedene Kulturtechniken?" *Lesen und Schreiben in Europa 1500–1900. Vergleichende Perspektiven.* Hrsg. von Alfred Messerli und Roger Chartier. Basel: 235–246.

Moss, Ann (1996). *Printed Commonplace-Books and the Structuring of Renaissance Thought.* Oxford.

Nietzsche, Friedrich (2003). *Schreibmaschinentexte. Vollständige Edition. Faksimiles und kritischer Kommentar.* Hrsg. von Stephan Günzel und Rüdiger Schmidt-Grépály. Weimar.

Parkes, Malcolm Beckwith (1993). *Pause and Effect. An Introduction to the History of Punctuation in the West.* Berkeley und Los Angeles, CA.

Pfeifer, Wolfgang (1993). *Etymologisches Wörterbuch des Deutschen.* Erarbeitet im Zentralinstitut für Sprachwissenschaft, Berlin, unter der Leitung von Wolfgang Pfeifer. Berlin.

Piper, Andrew (2012). *Book Was There. Reading in Electronic Times*. Chicago, Ill. und London.

Placcius, Vincentius (1689). *De Arte Excerpendi. Vom Gelahrten Buchhalten. Liber singularis, quo genera et pracepta excerpendi* [...]. Stockholm und Hamburg.

Pompe, Hedwig (2012). *Famas Medium. Zur Theorie der Zeitung in Deutschland zwischen dem 17. und dem mittleren 19. Jahrhundert*. Berlin und Boston.

Ramelli, Agostino de (1976 [1620]). *Schatzkammer Mechanischer Künste*. Hannover.

Rautenberg, Ursula und Dirk Wetzel (2001). *Buch*. Tübingen.

Roberts, Colin Henderson und Theodore Cressy Skeat (1987 [1954]). *The Birth of the Codex*. London.

Rückert, Heinrich (1865). „Die ältere deutsche Literatur und das heutige Publikum". *Deutsches Museum. Zeitschrift für Literatur, Kunst und öffentliches Leben* 48 (30. November 1865): 777–797.

Ruf, Oliver (2014). *Wischen und Schreiben. Von Mediengesten zum digitalen Text*. Berlin.

Sacchini, Francesco (1832). *Über die Lektüre, ihren Nutzen und die Vortheile sie gehörig anzuwenden*. Nach dem Lateinischen des P. Sachini teutsch bearbeitet und mit einem Anhange begleitet von Herrmann Walchner. Karlsruhe.

Saenger, Paul (1997). *Space Between Words. The Origins of Silent Reading*. Stanford, CA.

Sanders, Daniel (1860). *Wörterbuch der Deutschen Sprache. Mit Belegen von Luther bis auf die Gegenwart*. Bd. 1. Leipzig.

Schenda, Rudolf (1970). *Volk ohne Buch. Studien zur Sozialgeschichte der populären Lesestoffe 1770–1910*. Frankfurt/M.

Schlaffer, Heinz (1984). „Lesesucht". *Neue Rundschau* 95.3 (1984): 100–106.

Schmidt, Peter (2009). „Die Finger in der Handschrift. Vom Öffnen, Blättern und Schließen von Codices auf spätmittelalterlichen Bildern". *Codex und Raum*. Hrsg. von Stephan Müller, Liselotte E. Saurma-Jeltsch und Peter Strohschneider. Wiesbaden: 85–125.

Schneider, Jost (2004). *Sozialgeschichte des Lesens. Zur historischen Entwicklung und sozialen Differenzierung der literarischen Kommunikation in Deutschland*. Berlin und New York.

Schön, Erich (1987). *Der Verlust der Sinnlichkeit oder die Verwandlungen des Lesers. Mentalitätswandel um 1800*. Stuttgart.

Schön, Erich (1999). „Geschichte des Lesens". *Handbuch Lesen*. Hrsg. von Bodo Franzmann, Klaus Hasemann, Dietrich Löffler und Erich Schön unter Mitarb. von Georg Jäger, Wolfgang R. Langenbucher und Ferdinand Melichar. München: 1–85.

Schulz, Christoph Benjamin (2015). *Poetiken des Blätterns*. Hildesheim, Zürich und New York.

Shapin, Steven und Simon Schaffer (1989). *Leviathan and the Air-Pump. Hobbes, Boyle, and the Experimental Life*. Princeton and Oxford.

Spitzer, Manfred (2005). *Vorsicht Bildschirm! Elektronische Medien, Gehirnentwicklung, Gesundheit und Gesellschaft*. Stuttgart.

Spoerhase, Carlos (2016). *Linie, Fläche, Raum. Die drei Dimensionen des Buches in der Diskussion der Gegenwart und der Moderne (Valéry, Benjamin, Moholy-Nagy)*. Göttingen.

Spoerhase, Carlos (2018). *Das Format der Literatur. Praktiken materieller Textualität zwischen 1740 und 1830*. Göttingen.

Stallybrass, Peter (2002). „Books and Scrolls. Navigating the Bible". *Books and Readers in Early Modern England. Material Studies*. Hrsg. von Jennifer Andersen und Elizabeth Sauer. Philadelphia: 42–79.

Stanitzek, Georg (1992). „‚0/1', ‚einmal/zweimal' – der Kanon in der Kommunikation". *Technopathologien*. Hrsg. von Bernhard J. Dotzler. München: 111–134.

Stingelin, Martin (2004). „‚Schreiben'. Einleitung". *„Mir ekelt vor diesem tintenklecksenden Säkulum"*. *Schreibszenen im Zeitalter der Manuskripte*. Hrsg. von Martin Stingelin unter Mitarbeit von Davide Giuriato und Sandro Zanetti. München: 7–21.

Stobbe, Martin (2017). „Quellcode lesen? Ein Plädoyer für Procedural Literacy in den Literaturwissenschaften". *Lesen X.0. Rezeptionsprozesse in der digitalen Gegenwart*. Hrsg. von Sebastian Böck, Julian Ingelmann, Kai Matuszkiewicz und Friederike Schruhl. Göttingen: 47–67.

Stocker, Günther (2015). „‚Aufgewacht aus tiefem Lesen'. Überlegungen zur Medialität des Bücherlesens im digitalen Zeitalter". *Lesen. Ein Handapparat*. Hrsg. von Hans-Christian von Herrmann und Jeannie Moser. Frankfurt/M.: 33–47.

Svenbro, Jesper (1999). „Archaisches und klassisches Griechenland: die Erfindung des stillen Lesens". *Die Welt des Lesens. Von der Schriftrolle zum Bildschirm*. Hrsg. von Roger Chartier und Guglielmo Cavallo. Frankfurt/M. und New York: 59–96.

Wegmann, Nikolaus (1998). „Gute Bücher. Zum technischen Medium Literarischer Bildung". *Wege zur Kultur. Perspektiven für einen integrativen Deutschunterricht*. Hrsg. von Ralph Köhnen. Frankfurt/M. u. a.: 369–383.

Wolf, Maryanne (2009). *Das lesende Gehirn. Wie der Mensch zum Lesen kam – und was es in unseren Köpfen bewirkt*. Heidelberg.

Zedelmaier, Helmut (1992). *Bibliotheca universalis und Bibliotheca selecta. Das Problem der Ordnung des gelehrten Wissens in der frühen Neuzeit*. Köln, Weimar und Wien.

Zedelmaier, Helmut (2001). „Lesetechniken. Die Praktiken der Lektüre in der Neuzeit". *Die Praktiken der Gelehrsamkeit in der frühen Neuzeit*. Hrsg. von Helmut Zedelmaier und Martin Mulsow. Tübingen: 11–30.

Zedelmaier, Helmut (2002). „Buch, Exzerpt, Zettelschrank, Zettelkasten". *Archivprozesse: Die Kommunikation der Aufbewahrung*. Hrsg. von Hedwig Pompe und Leander Scholz. Köln: 38–53.

Oliver Jahraus
III.1.2 Literaturwissenschaftliche Theorien des Lesens

1 Theorien des Lesens und die Umbruchsituation der Literaturwissenschaft in den 1960er und 1970er Jahren

Literaturwissenschaftliche Theorien des Lesens lassen sich nicht allein damit erfassen, dass man fragt, inwiefern und auf welche Weise sie Modelle des Lesers und des Lesens in die Literaturwissenschaft und ihr theoretisches Repertoire integriert haben. Vielmehr müssen solche Theorien selbst als markantes Datum sowohl der epistemologisch orientierten Wissenschaftsgeschichte wie auch der institutionell orientierten Fachgeschichte gesehen werden, die die theoretische Fundierung der Literaturwissenschaft und mithin ihr theoretisches Selbstverständnis in der Wissenschaftslandschaft ebenso wie in ihrer gesellschaftlichen Situierung fundamental und radikal verändert haben.

Darauf haben – indirekt – zwei Bücher (Raulff 2014; Felsch 2015) aufmerksam gemacht, die in der jüngsten Zeit kurz nacheinander erschienen sind. Sie haben es sich zur Aufgabe gemacht, die Theorielandschaft in den Geistes- und Kulturwissenschaften, vor allem aber in den Literaturwissenschaften, in der Bundesrepublik Deutschland in den 1960er und 1970er Jahren nachzuzeichnen. Beide Publikationen schildern eine bis dahin ungeahnte Konjunktur von Literaturtheorie und – auch aus einer persönlichen und biographischen Sicht – die Begeisterung einer jüngeren Generation von Studierenden an zum Teil schwer verständlichen theoretischen Texten und Positionen. Bemerkenswert an den erzählten Geschichten der neuen theoretischen Fundierung der Literaturwissenschaft ist der Umstand, dass sich dieser Aufbruch vor allem mit einem Rekurs auf Theorien verband, die nicht mehr den Autor, schon gar nicht mehr das Werk, aber auch noch nicht die Gesellschaft vorrangig in den Blick nahmen, sondern den Leser und das Lesen.

Wer sich also mit literaturwissenschaftlichen Theorien beschäftigt, kann sich nicht auf die Frage beschränken, was denn Gegenstand und Fokus einer literaturwissenschaftlichen Theorie des Lesers und des Lesens sei. Gleichermaßen reicht es nicht aus, eine Position in der Theoriegeschichte der Literaturwissenschaft herauszugreifen, die das Interesse am Text und am Autor durch ein Interesse am Leser und am Lesen ergänzt. Vielmehr gilt es, das Augenmerk darauf

https://doi.org/10.1515/9783110365252-004

zu richten, dass literaturwissenschaftliche Theorien des Lesers und des Lesens in einer bestimmten historischen Phase der Literaturwissenschaft auftreten, die nur als fundamentale Umbruchsituation beschrieben werden kann. Literaturwissenschaftliche Theorien des Lesens sind Ursache, Beschleuniger und Symptom dieser Umbruchsituation in einem. Eine neue, forcierte Theoretisierung der Literaturwissenschaft in den 1960er und 1970er Jahren, die die Literaturwissenschaft auch für umfassende Theorieimporte (Arntzen 1996, 8, 94) aus anderen Wissenschaften öffnete, fand vor allem über Theorien des Lesens statt. So können die beiden Bücher von Raulff und Felsch, auch und gerade in ihrem erzählerischen Gestus, in ihrer Entfaltung einer ebenso persönlichen, personenbezogenen wie auch wissenschaftsgeschichtlichen Entwicklung deutlich machen, dass Theorien des Lesers und des Lesens einen Zusammenhang zwischen drei Polen stiften, der sowohl historisch als auch systematisch beschrieben werden kann: (1) der theoretischen Zuwendung zum Leser, (2) der forcierten Theoretisierung der Literaturwissenschaft und schließlich (3) der wissenschaftsgeschichtlichen Umbruchsituation, die damit gegeben war. Die folgenden Überlegungen skizzieren Theorieansätze aus dieser Umbruchphase und stellen den Leser als ‚Schicksalsgestalt' der Literaturwissenschaft vor.

2 Revolte und Revolution

Die Grundlagen, Reichweite und Auswirkungen dieser Umbruchsituation wurden schon im zeitgenössischen intellektuellen Kontext als fundamental angesehen. Deutlichster Beleg hierfür ist der Umstand, dass sie als Revolte oder Revolution beschrieben wurden. So sprach Ferdinand van Ingen (van Ingen 1974) von einer Revolte des Lesers und lieferte damit ein Stichwort, das sich in einem frühen Rückblick auf diese Jahre auch bei Terry Eagleton wiederholt, der einen entsprechenden Artikel mit *The Revolt of the Reader* (Eagleton 1982) überschrieb.

Mit einer solchen Begrifflichkeit ist jedoch nicht allein der tiefgreifende Charakter dieser Umbruchsituation gemeint; es lassen sich damit auch Bedingungsfaktoren dieser Entwicklung literaturwissenschaftlicher Theorien des Lesens erklären. Die Begrifflichkeit von Revolte bzw. Revolution hat eine zweifache semantische Stoßrichtung. Gerade bei marxistisch inspirierten und orientierten Theoretikern wie Eagleton ist nicht zu übersehen, dass eine solche Charakterisierung auch politisch gemeint ist. Eagleton rekonstruiert – fast schon parodistisch – die Entwicklung der Literaturwissenschaft als eine politische Geschichte. Er spricht von einem „Readers' Liberation Movement (RLM)", das angewachsen und angetreten sei, gegen die Unterdrückung durch das Establissement der traditionellen, text- und autororientierten Literaturwissenschaft anzukämpfen und dieses schließlich revolutionär umzuwälzen. Seine Pointe besteht darin, den Revolutionsbegriff zu entmetaphorisieren und die Entwicklung der Literaturwissenschaft nach dem Modell einer sozialistischen Revolution zu zeichnen. Die Revolution des Lesers ist nicht zuletzt deshalb sozialistisch, weil sie den absolutistischen Feudalismus des Autors ablöst: Sie ist daher, wie er abschließend schreibt, weniger mit der Revolution der Verbraucher befasst als mit der Übernahme der Produktionsmittel („to take over the means of production") (Eagleton 1982, 452).

Die Berücksichtigung des Lesers in der literaturwissenschaftlichen Theoriebildung wird als Akt der Demokratie und des Sozialismus verstanden und mehr noch als Sturz althergebrachter Autoritäten, wie insbesondere des Autors oder des Werks. Dass diese subversive und revolutionäre Geste auch lustvoll angetrieben sein kann, darauf hatte wirkmächtig Roland Barthes mit seinem Buch *Die Lust am Text* (1974; franz. Orig. unter dem Titel: *Le plaisir du texte*, 1973) aufmerksam gemacht.

Dabei wird deutlich, dass entsprechende hermeneutische Positionen durchaus als politisch repressiv empfunden werden, weil sie das Textverständnis eines Lesers reglementierten und determinierten. Die Interpretation von Literatur wird damit selbst zu einem Politikum, das die Frage aufwirft, ob sie von Autoritäten wie dem Autor (der diese Autorität schon im Begriff mitführt) oder dem Werk angeleitet und beherrscht wird oder ob sie dem Leser Freiheiten gewährt. Die richtige (autorintentionale oder werkbasierte) Interpretation galt als Akt der Repression, die den Leser nicht nur einschränkte, sondern ihn auch als nicht konstitutiv, als gänzlich irrelevant aus dem Feld von Möglichkeiten, Literatur zu bestimmen, ausschloss. Noch Siegfried J. Schmidt wird seine leserorientierte, allerdings empirisch fundierte Literaturtheorie mit einem berühmten Zitat von Hans Magnus Enzensberger kennzeichnen: „Bekämpfen Sie das häßliche Laster der Interpretation! Bekämpfen Sie das noch häßlichere Laster der richtigen Interpretation!" (Schmidt 1979)

Literatur nicht mehr von den Intentionen eines Autors oder von der Auratisierung eines Werkes her zu verstehen, sondern sie dem Leser und seinen Möglichkeiten frei zu überlassen, wird zu einem politischen Akt der Theoriebildung. Mit der Entwicklung literaturwissenschaftlicher Theorien des Lesens ging eine Politisierung der Literaturwissenschaft einher. Dass auch die Geschichten, die die Bücher von Raulff und Felsch erzählen, eingebettet sind in eine Umbruchsituation der westlichen Gesellschaften, die für den deutschen und französischen Bereich mit dem Jahr 1968 umschrieben wird, ist sicherlich kein Zufall. Insofern lässt sich ein erster Zusammenhang festhalten zwischen einer gesellschaftlichen Entwicklung, die auf forcierte Demokratisierung oder gar revolutionäre Ideen abstellte, einem gesteigerten Interesse an Theoriebildung und -entwicklung in den Geistes-, Kultur- und insbesondere den Literaturwissenschaften und schließlich der Entstehung von literaturwissenschaftlichen Theorien des Lesens.

3 Das neue, revolutionäre Paradigma des Lesers und des Lesens

Mit der politischen Stoßrichtung des Begriffs der Revolte war auch eine wissenschaftsgeschichtliche Dimension verbunden, die aus der Wissenschaftstheorie von Thomas S. Kuhn stammte (Kuhn 1976; amerikan. Orig. unter dem Titel: *The Structure of Scientific Revolutions*, 1962). Mit seinem Buch *Die Struktur wissenschaftlicher Revolutionen* hat Kuhn den politischen Begriff der Revolution in die Wissenschaftstheorie und in die Wissenschaftshistoriographie eingeführt. Dieser Begriff der Revolution meint einen Paradigmenwechsel in der Wissenschaft und ist daher nur über den wissenschaftstheoretischen Grundbegriff des Paradigmas zu verstehen. Dieser Begriff dient der wissenschaftsgeschichtlichen Epochenstrukturierung und bezeichnet die Bedingungen, die es einer Forschergemeinschaft über einen gewissen Zeitraum hinweg erlauben, wissenschaftliche Forschung konstant zu betreiben. Ein Paradigma kann Methoden, Einstellungen, Interessen, Werte oder Anschauungen umfassen. Die Ausrichtung wissenschaftlicher Forschung und Kommunikation erfolgt über ein Paradigma, das sich z. B. in bestimmten konventionalisierten Lösungsstrategien für wissenschaftliche Probleme konkretisiert. Ein solch allgemeines Paradigma ist immer eine Zeitlang in Geltung und begründet, ermöglicht und stabilisiert wissenschaftliches Handeln so lange, bis Probleme in einem Ausmaß auftreten, dass das bisherige Paradigma zugunsten eines neuen aufgegeben wird und eine wissenschaftliche Revolution sich vollzieht. Wissenschaftliche Revolutionen stellen Brüche, Diskontinuitäten in der Wissenschaftsentwicklung und -geschichte dar und lösen Phasen einer paradigmagestützten, sich selbst kontinuierlich entwickelnden ‚Normalwissenschaft‘ ab.

Der Paradigmabegriff erlaubt es nun, die politische Dimension, die Eagleton eröffnet, auf die wissenschaftliche Dimension zurückzubeziehen. Die Revolution ist also eine Revolution in der Literaturwissenschaft, die ihre Grundfeste, also ihr wissenschaftliches und wissenschaftstheoretisches Fundament, erschüttert. Mit dem Leser wird demnach zum ersten Mal der Wissenschaftsstatus der Literaturwissenschaft grundsätzlich problematisiert. Literaturwissenschaftliche Theorien des Lesers und des Lesens etablieren nicht nur ein neues Paradigma in der Literaturwissenschaft, sondern sie treten selbst auf mit dem expliziten Anspruch, ein solches Paradigma umzusetzen. Mit dem Rekurs auf den Leser und das Lesen ist jedenfalls ein Systemwechsel in der Theoriegeschichte der Literaturwissenschaft gegeben.

Als Erster wohl, aber mit einer wegweisenden programmatischen Geste, hatte Hans Robert Jauß in seinem Aufsatz *Paradigmawechsel in der Literaturwissenschaft* (1969) diesen Anspruch erhoben, um eine leserorientierte Literaturwissenschaft und Literaturgeschichtsschreibung einzuleiten und sein Projekt einer Rezeptionsästhetik jenseits von Hermeneutik und Strukturalismus zu charakterisieren. Bei Jauß wird deutlich, dass er die Position des Literaturwissenschaftlers mit derjenigen des Lesers überschreibt, wenn er davon ausgeht, dass jeder Literaturwissenschaftler und insbesondere der „Literarhistoriker [...] selbst immer erst wieder zum Leser werden" müsse, „bevor er ein Werk verstehen [...] kann" (Jauß 1970, 171). Dem Leser sei daher eine besondere Bedeutung im literarischen Prozess ebenso wie in der Literaturgeschichte zuzugestehen, da – wie Harald Weinrich programmatisch formuliert – „Literatur für Leser" (1971) geschrieben wird und daher auch Literaturgeschichten den Leser als Orientierungspol anvisieren müssen.

Doch mit solchen Ansprüchen sind weitergehende Implikationen verbunden. Indem literaturwissenschaftliche Theorien des Lesens als neues Paradigma auftreten, machen sie überhaupt erst deutlich, dass ältere Formen literaturwissenschaftlicher Theoriebildung ihrerseits unter wissenschaftstheoretischem Aspekt, und das heißt: als Paradigmen, reformuliert werden können. Eagleton hat diese Paradigmenfolge als Entwicklungsgeschichte der Literaturwissenschaft und insbesondere der Literaturtheorie charakterisiert: „Man könnte die Geschichte der modernen Literaturtheorie grob in drei Phasen unterteilen: eine vorrangige Beschäftigung mit dem Autor (Romantik und 19. Jahrhundert); eine ausschließliche Konzentration auf den Text (New Criticism [zu ergänzen wäre zumindest: Strukturalismus, O. J.]); und eine deutliche Hinwendung zum Leser in den letzten Jahren." (Eagleton 1988, 40)

Wie auch immer man eine solche Folge von Paradigmen und Paradigmenwechseln beurteilen mag, deutlich wird, dass literaturwissenschaftliche Theorien des Lesers, indem sie mit einem solchen Anspruch einhergehen und die gesamte Theorieentwicklung der Literaturwissenschaft *so far* als Paradigmengeschichte erscheinen lassen, zugleich die Frage nach dem Wissenschaftsstatus der Literaturwissenschaft auf neue und radikale Weise stellen. Literaturwissenschaftliche Theorien des Lesens führen zu neuen Modellen einer wissenschaftlichen und wissenschaftstheoretischen Fundierung der Literaturwissenschaft – oder aber formieren sich als Positionen, die den Wissenschaftsstatus von Literaturwissenschaft grundsätzlich in Frage stellen. Der Rekurs auf das Lesen und den Leser stellt also in jedem Fall das wissenschaftshistorische Datum einer Bifurkation der Theorieentwicklung dar.

4 Leser, Text, Interpretation

Überblickt man das gesamte Feld literaturwissenschaftlicher Theorien des Lesers und des Lesens (Link [2]1980; Schöttker 1996), muss man ebenso grundsätzlich zwischen einem realen und einem impliziten (und gegebenenfalls auch noch einem fiktiven) Leser unterscheiden wie zwischen Rezeption und Wirkung (Wünsch [2]1984) und zwischen Rezeptionsästhetik und Rezeptionsforschung. Damit wird der Bogen von den konzeptionell-leserorientierten Positionen der Rezeptionsästhetik hin zu den empirisch-leserorientierten Positionen der Empirischen Literaturwissenschaft gespannt. Dass das Konzept des Lesers nicht mit empirischen Konkretionen verwechselt werden darf, ist hinlänglich bekannt; es ist und bleibt auch und gerade in der Rezeptionsästhetik der Konstanzer Schule (Iser, Jauß) selbst eine textuelle Kategorie und ein interpretatorisches Instrument.

Während einige Positionen im Feld literaturwissenschaftlicher Theorien des Lesers und des Lesens das Konzept des Lesers als Struktur des Textes begreifen, verstehen es die anderen als Teil des Literatursystems und mithin als Teil des Kontextes. Dass aber der Leser und das Lesen selbst so unterschiedlich konzipiert werden, ist nur darauf zurückzuführen, dass zwischen diesen beiden Positionen eine erhebliche Differenz darüber besteht, was denn der Leser nun liest. Insofern gehört diese Unterscheidung in mehrfacher Hinsicht in besagten Kontext: Erstens hängt die Bestimmung des Lesers mit einer Grundsatzfrage der Literaturtheorie zusammen: Je nachdem, ob man den Leser textuell-konzeptionell oder empirisch bestimmt, ändert sich auch der Begriff des Textes erheblich. Während er im ersten Fall seine textuelle und mithin auch seine semantische Qualität beibehält, verliert er im zweiten Fall jegliche inhaltliche Bestimmung. Damit ist zweitens der Interpretationsbegriff direkt angesprochen. Im ersten Fall liest der Leser einen interpretierbaren Text, und er ist selbst Teil oder funktionales Moment der Interpretation. Im zweiten Fall wird der Textbegriff völlig von der Interpretation entkoppelt. Der Text ist lediglich eine formale Voraussetzung, die textuell nichts mehr mit den konkreten Lesevorgängen zu tun hat.

5 Rezeptionsästhetik und Literaturwissenschaft

Jauß hat seine Idee einer Rezeptionsästhetik zwar nicht als Revolution charakterisiert, aber dennoch als „Provokation" mit einer ähnlichen Stoßrichtung, auch wenn er später nicht mehr von einem Paradigma spricht. Aus heutiger Sicht haben sich Anspruch und Potenzial, Provokation und Revolution ohnehin verflüchtigt. Doch es ist eben die Idee von Provokation, die diese Form von Rezeptionsästhetik in den zeitgenössischen Wissenschafts- und Theoriekontext einordnen kann. Die Provokation sollte daraus resultieren, dass Literatur sich vor allem in einem historischen Prozess konstituiert, der dann als Literaturgeschichte identifiziert werden kann.

Rezeptionsästhetik in Jauß' Sinne meint daher eine geschichtliche Betrachtung von Literatur, die Leser und literarische Texte vor allem in ihrer historischen Distanz zu berücksichtigen sucht. Das Provokationspotenzial der Literaturgeschichte für die Literaturwissenschaft – Jauß' zentraler Text trägt den Titel *Literaturgeschichte als Provokation der Literaturwissenschaft* – resultiert daraus, dass man den Leser nicht als zu vernachlässigende Begleiterscheinung der Literatur abtun darf, sondern ihm selbst eine „geschichtsbildende Energie" (Jauß 1970, 169) zusprechen muss. Damit wird der Leser zum Movens von Literaturgeschichte erklärt, und gleichermaßen wird er auch literaturtheoretisch als konstitutiv angesehen. Dabei geht es keineswegs um konkrete empirische Leser. Vielmehr ist der Leser ein funktionales Moment der Literaturgeschichte selbst: Aber eben gerade dadurch gewinnt er sein Provokationspotenzial.

Literaturgeschichte wiederum ist demnach keine Aneinanderreihung von Werken, sondern ein Wechselverhältnis zwischen den Texten einerseits und den Erwartungen des literarischen Publikums andererseits. Literaturgeschichte ist für Jauß das Feld, auf dem der literarische Text sich dem Leser öffnet. Nur geschichtlich gesehen kann der Leser überhaupt seine literaturtheoretische Funktion bekommen. In den Ausprägungen des Lesers als Lesepublikum oder als kreativer Autor-Leser ist der Leser konstitutiv für einen Erwartungshorizont, der seinerseits wiederum als konstitutiv für Literatur anerkannt und erschlossen werden muss. Jauß hebt deshalb auf die Bedeutung der Rezeption für diesen historischen Prozess ab und spricht von einem „Prozeß fortgesetzter Horizontstiftung und Horizontveränderung" (1970, 175). Indem der Leser aber als geschichtsbildende Energie begriffen wird, wird die Geschichte selbst zu einem unhintergehbaren Horizont der Literaturinterpretation und der Literaturwissenschaft.

Die entscheidende Gelenkstelle zwischen Leser und Literaturgeschichte ist der Erwartungshorizont, den Jauß von Gadamer übernimmt. Bei Gadamer heißt es: „Verstehen [ist] immer der Vorgang der Verschmelzung solcher vermeintlich für sich seiender Horizonte." (Gadamer 1990, 311) Bei Gadamer ist diese Horizontverschmelzung Teil des hermeneutischen Vorgehens und Verstehens; sie wird jedenfalls nicht als ausschließlich konstitutiv für den schriftlich-literarisch-ästhetischen Text selbst angesehen. Diesen entscheidenden Schritt vollzieht Jauß. Für ihn gilt: „Die Distanz zwischen Erwartungshorizont und Werk, zwischen dem schon Vertrauten der bisherigen ästhetischen Erfahrung und dem mit der Aufnahme des neuen Werks geforderten ‚Horizontwandel', bestimmt rezeptionsästhetisch den Kunstcharakter eines literarischen Werks." (Jauß 1970, 178)

Der Interaktionsprozess des Lesers zwischen Werk und Erwartungshorizont findet nicht nur in der Geschichte statt, sondern ist eben dadurch selbst als geschichtlicher Prozess charakterisiert.

Mit diesen Konzepten des Lesers und der Literaturgeschichte wirft Jauß die Frage nach dem Gegenstand der Literaturwissenschaft auf, da der literarische Text für ein jeweiliges Publikum immer und nur vor einem historisch zu bestimmenden Erwartungshorizont zu verstehen sei. Der Leser wird damit zu einer neuen Perspektive auf die Literaturgeschichte, die eine historische Lese(r)forschung ermöglicht, aber zugleich auch den Rückgriff auf Texte aus der Perspektive der zeitgenössischen Lese(r)erfahrungen (Jäger 1987; 1972).

Rezeptionsästhetik kann daher insofern völlig zu Recht einen solchen Paradigma-Anspruch erheben, als sie mit ihrem Konzept des Lesers zugleich die Wissenschaftlichkeit der Literaturwissenschaft zur Disposition stellt. Man kann sich das Jauß'sche Projekt vor dem Hintergrund dieser Überlegungen noch einmal vergegenwärtigen, und zwar als Anstrengung, von außen herangetragene Wissenschaftsansprüche gerade dadurch abzuwehren, dass man für die Literaturwissenschaft einen spezifischen Paradigma-Anspruch erhebt, um ihr somit einen eigenen Wissenschaftscharakter zu sichern. Jauß' Konzeption nimmt daher eine Gelenkstelle ein: Sie lässt sich, zurückgewandt, nicht zuletzt durch ihre nach wie vor hermeneutische Fundierung in ein hermeneutisches Wissenschaftskonzept einordnen, das schon seit Dilthey die Eigenqualität der Geisteswissenschaften behauptet.

Dass diese Konstellation sich darin nicht erschöpft, kann man erkennen, wenn man in die andere Richtung, nämlich nach vorne, blickt. Nach der Rezeptionsästhetik kann man einen Zusammenhang von Paradigma-Anspruch und Leserorientierung erkennen, den immer radikalere Infragestellungen der Wissenschaftlichkeit der Literaturwissenschaft, aber auch radikalere Anstrengungen, sie dennoch zu retten, mit sich bringen. Vor allem in den 1960er, 1970er und 1980er Jahren wird die Frage, was Gegenstand der Literaturwissenschaft und was ein literarischer Text sei, mit Rekurs auf den Leser, auf seine systematische, historische oder konkret-empirische Rolle, auf hermeneutischer, strukturalistischer, soziologischer und psychologischer Basis beantwortet werden. Insofern lässt sich folgendes Prinzip festhalten: Die Geschichte des Lesers in der Literaturwissenschaft markiert zugleich jene Entwicklung, in der das Problem offenbar wird, wie die Literaturwissenschaft überhaupt zu ihrem Gegenstand kommt. Wenn also im Ausgang der Rezeptionsästhetik immer wieder der Paradigma-Anspruch erhoben wird, so zeigt dies nur, dass die Objektkonstitution ein Problem ist, das an der Rolle des Lesers kristallisiert und den Wissenschaftsstatus der Literaturwissenschaft unmittelbar betrifft.

Will man die Bedeutung und die systematische Verortung der Rezeptionsästhetik im Rahmen der methodologischen Entwicklung literaturwissenschaftlicher Interpretationsmodelle auf den Punkt bringen, so muss man festhalten, dass die Rezeptionsästhetik sich aus dem Spannungsfeld von Hermeneutik und Strukturalismus heraus entwickelt (vgl. Jauß 1969) und sie dabei das Problem der Interpretation auf den Leser projiziert. Dass ein Text niemals vollständig interpretiert werden kann, dass Interpretationen in konstitutiver Weise notwendige Grenzen finden müssen, dass Texte nur insoweit interpretiert werden können, wie sie sich der Interpretation auch entziehen, dem trägt die Rezeptionsästhetik mit ihrem Konzept des Lesers in all ihren relevanten Ausprägungen auf die eine oder andere Art Rechnung. Die Rezeptionsästhetik gibt dieser konstitutiven Voraussetzung einen Namen: den des Lesers. Bei Rainer Warning heißt es: „Ohne ein komplementäres Verhältnis von kommunikativer Unbestimmtheit und kommunikativer Bestimmtheit nämlich käme eine Interaktion von Text und Leser gar nicht in Gang." (1975, 32)

6 Roman Ingardens Phänomenologie

Im Grunde beruht diese Idee auf einer philosophischen Phänomenologie, der zufolge alle Gegenstände immer nur als Gegenstände der Wahrnehmung zugänglich sind. Roman Ingarden hat diese Idee auf die Literaturwissenschaft und den literarischen Text übertragen. Die Wahrnehmung eines Textes beschreibt er als Konkretion: Die Idee der Konkretion wiederum ist es, das Problem der Objektkonstitution selbst als Teil des Objekts zu begreifen. Ingarden geht davon aus, dass das literarische Kunstwerk vier ideale Schichten besitzt: (1) die Schicht der sprachlichen Lautgebilde, (2) die Schicht der Bedeutungseinheiten, (3) die Schicht der dargestellten Gegenständlichkeiten und schließlich (4) die Schicht der schematisierten Ansichten. Damit wird ein klares und nachvollziehbares Modell geliefert, wie sich der literarische Text semantisch aufbaut. Das Schichtenmodell dient auch dazu, erstens zwischen substanziellen Eigenschaften des Textes und Rezeptionsleistungen, mithin zwischen ontologischen und phänomenalen Qualitäten zu unterscheiden, und zweitens zugleich den Übergang zwischen diesen Ebenen plausibel zu machen. Insbesondere auf der letzten Ebene kommt Intentionalität ins Spiel, die als Grundbegriff der Phänomenologie die Voraussetzung für die Wahrnehmung von Phänomenen bezeichnet. In literarischen Texten kann Welt selbstredend nicht in einer Eins-zu-eins-Relation abgebildet werden. Aber auch die Formen der Abbildungen dienen nur dazu, Welt in bestimmter Weise wahrnehmbar zu machen. Diese Formen, in denen der literarische Text Welt wahrnehmbar macht, nennt Ingarden schematisierte Ansichten: Sie können nicht beliebig, sondern müssen schematisiert sein, weil der literari-

sche Text selbst nicht wie ein Individuum psychisch wahrnimmt: „Die schematisierten Ansichten, die nichts Konkretes oder gar Psychisches sind, gehören als
eine eigene Schicht zu dem Aufbau des literarischen Werkes." (Ingarden ²1960,
281)

Entscheidend ist jedoch, dass Schematisierung niemals die Vollständigkeit im
Schematisierten gewährleisten kann, da dies dem Charakter der Schematisierung
widersprechen würde. Schon auf der Ebene der dargestellten Gegenständlichkeiten entstehen somit Leer- oder Unbestimmtheitsstellen, und erst recht auf der
Ebene der schematisierten Ansichten. Schematisierung und Unbestimmtheitsstellen bedingen sich wechselseitig, und dieses Bedingungsverhältnis ist wiederum die Voraussetzung dafür, dass Texte überhaupt erst konkretisiert werden
müssen, bevor sie als Texte wahrgenommen werden. Diesen Konstitutionsprozess
nennt Ingarden das „‚Leben' des literarischen Werkes" (²1960, 353–380).

7 Wolfgang Isers Appellstruktur

Auf dieser Idee baut Wolfgang Isers Konzept der *Appellstruktur der Texte* auf (Iser
1975b, zur Kritik vgl. Link 1973). Iser fragt konkret: „Was aber ist der Lesevorgang?" und geht von einer „Entfaltung des Textes durch die Lektüre" aus (Iser
1975b, 228–229). Auch bei Iser wird der Text dynamisch, also „als Prozeß" (Iser
³1990 [1976], VII) definiert. Iser möchte nun diesen Prozess am Text selbst ablesen
und geht davon aus, dass der Leser ein strukturales und funktionales Moment
des literarischen Textes selbst ist: „Bedeutungen literarischer Texte werden überhaupt erst im Lesevorgang generiert; sie sind das Produkt einer Interaktion von
Text und Leser und keine im Text versteckten Größen, die aufzuspüren allein der
Interpretation vorbehalten bleibt." (Iser 1975b, 229)

Auch Iser greift auf den Begriff der Interaktion zurück, der allerdings – wie
Norbert Groeben aus empirisch-psychologischer Sicht zu bedenken gibt (Groeben
1989) – problematisch ist, weil hier nicht von einer genuinen Interaktion die Rede
sein kann, der Text in dieser Relation nicht selbst ‚agiert'. Interaktion meint also
in diesem Sinne lediglich das textuelle Komplement oder Supplement des Lesers,
der seinerseits als Textstruktur gedacht wird: Die Interaktion ist demnach eine
‚intratextuelle'. Dementsprechend präzisiert Iser diesen Interaktionsbegriff als
dialektisches Verhältnis von semantischer Determination oder Konditionierung
des Lesers durch den Text und Freiheit für den Text: „Wenn aber ein Text das
Gelesenwerden als wichtigstes Element seiner Struktur besitzt, so muß er selbst
dort, wo er Bedeutung und Wahrheit intendiert, diese der Realisierung durch den
Leser überantworten. Nun ist zwar die in der Lektüre sich einstellende Bedeutung

vom Text konditioniert, allerdings in einer Form, die es erlaubt, dass sie der Leser selbst erzeugt." (Iser 1975b, 248)

Der Grund hierfür ist in der Unbestimmtheit zu suchen, die ihrerseits aus Leerstellen resultiert: „Zwischen den ‚schematisierten Ansichten' entsteht eine Leerstelle, die sich durch die Bestimmung der aneinander stoßenden Ansichten ergibt." (Iser 1975b, 235) Daraus folgt: „An diesem Punkt entsteht ein Unbestimmtheitsbetrag, der allen literarischen Texten eigen ist, denn sie lassen sich auf keine lebensweltliche Situation so weit zurückführen, dass sie in ihr aufgingen beziehungsweise mit ihr identisch würden." (Iser 1975b, 232)

Das Fazit lautet: „Erst die Leerstellen gewähren einen Anteil am Mitvollzug und an der Sinnkonstitution des Geschehens." (Iser 1975b, 236) Der Leser erscheint bei Iser als eine strukturelle Strategie des Textes; er ist als *impliziter Leser* (Iser 1972, vgl. auch ³1990 [1976]) dem Text ‚eingeschrieben'.

In eine ähnliche Richtung zielt auch Umberto Ecos Vorschlag, einen Modell-Leser auf semiotischer Basis, einen *Lector in fabula* anzunehmen, der als Textstrategie bereits im Text angelegt ist. Damit will Eco die Frage beantworten, „wie ein Kunstwerk einerseits eine freie interpretierende Beteiligung von seinen Empfängern fordern, auf der anderen Seite aber strukturale Charakteristika aufweisen könnte, die insgesamt die Ordnung dieser Interpretation regulierten und simulierten" (Eco 1987, 5).

Für Literatur ist konstitutiv, dass beide Möglichkeiten gegeben sind; und erklärt werden kann dieses Zusammenspiel nur durch eine Gelenkstelle, die textimmanent ist und auch schon texttranszendent, nämlich durch ein in den Text selbst strukturell niedergelegtes Konzept des Lesers (*Lector in fabula*).

Während Isers Position auf der Annahme beruht, dass der literarische Text konstitutiv Strukturen aufweist, die die Lektüre bestimmen, aber von der Lektüre unabhängig sind, hält Jauß an hermeneutischen Grundprinzipien fest, begreift das Verstehen selbst als konstitutiv für den literarischen Text und berücksichtigt insbesondere die Historizität des Verstehens. So wiederholt sich in den theoretischen Bezugshorizonten – Strukturalismus bei Iser, Hermeneutik und Geschichtsphilosophie bei Jauß – jene theoretische Aufspaltung, die die Rezeptionsästhetik zu überwinden sucht. Vielleicht ist darin das konservative Moment einer solchen Rezeptionsästhetik zu sehen. Die theoretische Sprengkraft einer Konzeption des Lesers zeigt sich an der weiteren Entwicklung von Theorien des Lesens. Während in der Dekonstruktion der Rekurs auf den Leser genutzt wird, um die Revolution so weit zu radikalisieren, dass sie selbst Wissenschaft und Theorie als repressive Instanzen subvertiert, wird der Leser als Objekt der Empirisierung in der Empirischen Literaturwissenschaft genutzt, um eine radikale Form von Wissenschaftlichkeit herzustellen. In beiden Fällen gilt eine traditionelle textbezogene Hermeneutik als das Feindbild, das überwunden werden muss.

8 Roland Barthes' Lust

Als Beispiel für eine poststrukturalistische Position sei Roland Barthes' Konzept einer Lust am Text („le plaisir du texte") angeführt. Bei ihm ist es ein subversives, anarchisches Moment, das der Leser bei der Lektüre hedonistisch auslebt (*Die Lust am Text*; Barthes 1974) und das ihn selbst in die Rolle des Produzenten eines schreibbaren Textes („texte scriptible") (Barthes 1987 [1970], 8) erhebt, aber eine wissenschaftliche Institutionalisierung zugleich ausschließt (vgl. Barthes 1974, 89). Die Position evoziert eine Idee, wonach der Text vom Leser geschrieben wird. Damit gewinnt nicht nur der Textbegriff, sondern auch und vor allem der Begriff des Schreibens eine übertragene Bedeutung, die man erst vor dem Hintergrund der poststrukturalistischen Ideen von Schrift und Schreiben angemessen beurteilen kann. Eine der Grundideen des Poststrukturalismus besteht darin, die Schrift zum Schauplatz einer Zeichendynamik zu machen, die das feste Zeichensystem, das klare Verknüpfungen von Signifikant und Signifikat vorsieht, öffnet. An die Stelle fest gefügter Signifikate tritt die Signifikation, also der fortgesetzte Prozess signifikanter Verweisungen. Damit wird der Schriftbegriff nicht nur mit einer dynamischen, sondern zudem mit einer produktiven Dimension angereichert. Schreibbare Texte sind also Texte, in denen diese Produktivkraft der Schrift so angelegt ist, dass sie sich in der Lektüre entfalten kann. Dem schreibbaren Text stellt Barthes den lesbaren Text entgegen. Während der schreibbare Text ein Text ist, der sich im Moment seiner Lektüre selbst schreibt (sofern man diesen Begriff des Schreibens akzeptiert), also sich selbst konstituiert, ist der lesbare Text eher dem herkömmlichen Modell des literarischen Textes verpflichtet. Dabei darf man jedoch nicht übersehen, dass damit dem realen, empirischen Leser nicht unbedingt mehr Freiheiten eingeräumt werden, weil das Schreiben des Textes von der Schrift selbst vorgegeben ist: Selbst die Lust am Text ist eine textuelle Lust. So bleibt auch in dieser Konzeption der Leser ein Konzept, dessen Potenzial sich auf der Textebene, nicht auf der Ebene des realen Lesers aktualisiert. Insofern könnte man im Sinne Barthes' den schreibbaren Text durchaus als unlesbar bezeichnen und hätte damit einen Brückenschlag zur Dekonstruktion eines Paul de Man geleistet.

Bei de Man führt die Lektüre aufgrund der rhetorischen Dimension der Sprache, wie sie in literarischen Texten exponiert zum Ausdruck kommt, zu einer selbstreferenziellen Allegorie der Lesbarkeit bzw. zur Aporie der Lesbarkeit als Unlesbarkeit (vgl. Hamacher 1988). Lesbarkeit bzw. Unlesbarkeit sind den Texten selbst eingeschrieben. Während Iser das Verhältnis von Freiheit und Konditionierung des Lesers dialektisch zu denken versucht, wird es bei diesen beiden Positionen (Barthes und de Man) aufgrund einer Sprachkonzeption mit problematisch gewordener Signifikanz in die eine (Lust) oder andere Richtung (Unlesbarkeit) radikalisiert. Bei beiden tritt der Leser nur aufgrund erheblich veränderter begrifflicher Grundlagen ins Blickfeld ihrer Positionen, nämlich hier aufgrund des veränderten Schriftbegriffs, dort aufgrund der wesentlich veränderten Konzeption von Rhetorik. Der Leser ist hierbei jedenfalls als das theoretische Korrelat dieser (semiotischen und rhetorischen) Sprachkonzeption aufzufassen (vgl. Müller 1990).

9 Norbert Groebens und Siegfried J. Schmidts Empirisierungsprogramm

In die entgegengesetzte Richtung zielt die empirische Literaturwissenschaft, die z. B., um nur zwei der bekanntesten Exponenten zu nennen, von Norbert Groeben eher psychologisch, von Siegfried J. Schmidt eher soziologisch und kommunikationstheoretisch konzipiert wird. Während Groeben die Empirisierung als Forschungsprogramm und -praxis der Leserpsychologie betreibt (vgl. Groeben/ Landwehr 1991) und als neues Paradigma vorstellt (vgl. Groeben 1994), versteht Schmidt unter Empirisierung eher ein wissenschaftstheoretisches Programm (vgl. dazu Hillmann 1974). In beiden Fällen resultiert die Radikalität der Empirischen Literaturwissenschaft daraus, dass der Leser nicht nur als Problem, sondern geradezu als Ausschlussgrund für eine wissenschaftliche Konzeption verstanden wird, weil es nicht möglich ist, das, was Leser mit Texten machen, wissenschaftlich zu behandeln. Damit streicht die Empirische Literaturwissenschaft den Text, der nur noch als Kommunikat in verbalisierter Form in Erscheinung tritt (vgl. Schmidt 1979, 282–285), als Konstituente und als Objekt der Literaturwissenschaft. Gesprochen wird in der Empirischen Literaturwissenschaft daher nicht mehr über Texte, sondern nur noch über deren Kommunikate.

Das Ausgangsproblem ist nun Folgendes: Wie kann man den Leser verwissenschaftlichen, ohne der mit dem Leser verbundenen Infragestellung von Wissenschaftlichkeit anheimzufallen? Die Antwort lautet vorhanden: durch Empirisierung des Lesers und seiner Leseakte. Zunächst bedeutet Empirisierung eine Radikalisierung gegenüber der Rezeptionsästhetik in mehrfacher Hinsicht (vgl. Groeben [2]1980, 9–10; Schmidt 1987, 30): Gegenüber Letzterer wird der Leser nicht als abstrakte, textuelle, sondern nunmehr als konkrete, empirische Größe betrachtet. Die Objektkonstitution des Textes durch den Leser in einem möglichen Verstehensakt gilt nicht mehr als ein vom empirischen Programm nachvollziehbarer methodischer Prozess, sondern wird selbst zum wissenschaftlichen Objekt (vgl. Groeben 1987, 67–74). Dabei wird strikt zwischen Rezeption und Interpretation (vgl. Groeben 1979, 49–50) unterschieden, um eine hermeneutische

„Subjekt-Objekt-Konfundierung" (Groeben 1972, 259; ²1980, 12, 16) auszuschließen. Interpretation ist eine Verarbeitungshandlung, und literaturwissenschaftliche Interpretation, wenn man sie dann überhaupt noch so nennen will, kann empirisch nur noch auf diese Verarbeitungshandlung zurückgreifen. So heißt es symptomatisch bei Groeben: „Interpretation ist [...] Erklären von Textverstehen." (Groeben 1979, 46)

Solche empirischen Positionen werden in ihrer Weiterentwicklung konstruktivistisch und sozialgeschichtlich untermauert. Die Rezeption, Konkretion und die daran anschließende Kommunikatbildung werden als „aktiver, konstruktiver Prozess im kognitiven Bereich von Rezipienten" (Schmidt 1986, 81) aufgefasst und als eigene Wirklichkeitskonstitution und -konstruktion anlässlich Literatur (vgl. Scheffer 1992) charakterisiert. Was auch immer kognitiv als Text verarbeitet wird, beobachtbar ist doch nur das Ergebnis eben dieser Verarbeitung. In dieser Entwicklung verschiebt sich der Akzent von der theoretischen Konzeptionalisierung literarisch kommunikativer Handlungen hin zur Rekonstruktion des gesellschaftlichen Gesamtsystems in den Handlungsrollen Produktion, Vermittlung, Rezeption und Verarbeitung. Wenn es keinen Zugriff auf den Text gibt und man nur beschreiben kann, wie Menschen Texte rezipieren und interpretieren, dann liegt es nahe, nach systemischen Zusammenhängen solcher Verarbeitungshandlungen zu fragen. Damit reiht sich die Empirische Literaturwissenschaft in das weite Feld ein, das mit dem Namen ‚Sozialgeschichte der Literatur' bezeichnet wird (vgl. *Nach der Sozialgeschichte* 2000). In diesem Feld wird in verschiedenen Ansätzen die Wechselwirkung zwischen Literatur und Literaturgeschichte einerseits und Gesellschaft und Gesellschaftsgeschichte andererseits beschrieben.

10 Der Leser als Schicksalsgestalt der Literaturwissenschaft

Damit endet langsam die Phase, in denen Theorien des Lesers und des Lesens die Literaturwissenschaft umgetrieben und geprägt haben. Mit der Frage nach dem Leser und dem Lesen wurde die Frage nach der Wissenschaftlichkeit der Literaturwissenschaft aufgeworfen. Die Versuche, darauf eine Antwort zu finden, haben zu den radikalsten Infragestellungen oder Modifikationen von Literaturwissenschaft geführt. Für eine bestimmte Zeit lang, für die Zeit, in der literaturwissenschaftliche Theorien des Lesers und des Lesens auf der Tagesordnung der Theorieentwicklung und der Theoriedebatten der Literaturwissenschaft standen, hat sich die Frage nach dem Leser und dem Lesen geradezu als Schicksalsfrage der Literaturwissenschaft herausgestellt. Die Revolte des Lesers hat in einer fortschreitenden Radikalisierung schließlich dazu geführt, den literarischen Text selbst als Konstituente der Literaturwissenschaft infrage zu stellen. Damit wird das Paradigma des Lesers und des Lesens in seiner vollen Bedeutung offenbar. Der Leser und das Lesen können in diesem Sinne nicht auf eine methodologische Position zurückgeführt werden, sondern ihre Funktion und Bedeutung betreffen die (Idee von) Literatur(wissenschaft) insgesamt. Der Leser ist also ein epochaler Versuch, das Grundproblem literaturwissenschaftlicher Objektkonstitution zu benennen *und zugleich* zu bannen. Heutzutage wird die Frage nach dem Leser und dem Lesen lange nicht mehr so explizit und so radikal gestellt, doch hinter die Errungenschaften ebenso wie die Verwerfungen einer solchen Epoche der literaturwissenschaftlichen Theorien des Lesens können auch neuere Entwicklungen nicht mehr zurückfallen.

Weiterführende Literatur

Eagleton, Terry (1988). *Einführung in die Literaturtheorie*. Stuttgart.
Iser, Wolfgang (³1990 [1976]). *Der Akt des Lesens. Theorie ästhetischer Wirkung*. München.
Link, Hannelore (²1980). *Rezeptionsforschung. Eine Einführung in Methoden und Probleme*. Stuttgart und Berlin.
Rezeptionsästhetik. Theorie und Praxis (1975). Hrsg. von Rainer Warning. München.
Schöttker, Detlev (1996). „Theorien der literarischen Rezeption. Rezeptionsästhetik, Rezeptionsforschung, Empirische Literaturwissenschaft". *Grundzüge der Literaturwissenschaft*. Hrsg. von Heinz Ludwig Arnold und Heinrich Detering. München: 537–554.

Literatur

Arntzen, Helmut (1996). *Sinn und Unsinn der Germanistik*. Weinheim.
Barthes, Roland (1974). *Die Lust am Text*. Übersetzt von Traugott König. Frankfurt/M.
Barthes, Roland (1987 [1970]). *S/Z*. Übers. von Jürgen Hoch. Frankfurt/M.
Barthes, Roland (2000 [1968]). „Der Tod des Autors". Übers. von Matías Martínez. *Texte zur Theorie der Autorschaft*. Hrsg. von Fotis Jannidis, Gerhard Lauer, Matías Martínez und Simone Winko. Stuttgart: 185–197.
Bäcker, Iris (2014). *Der Akt des Lesens – neu gelesen. Zur Bestimmung des Wirkungspotenzials von Literatur*. München.
de Man, Paul (1988). *Allegorien des Lesens*. Aus dem Amerikanischen von Werner Hamacher und Peter Krumme. Mit einer Einleitung von Werner Hamacher. Frankfurt/M.
Eagleton, Terry (1982): „The Revolt of the Reader". *New Literary History* 13 (1982): 439–452.
Eagleton, Terry (1988). *Einführung in die Literaturtheorie*. Stuttgart.
Eco, Umberto (1977). *Das offene Kunstwerk*. Aus dem Italienischen übersetzt von Günter Memmert. Frankfurt/M.

Eco, Umberto (1987). *Lector in fabula. Die Mitarbeit der Interpretation in erzählenden Texten*. Aus dem Italienischen übersetzt von Heinz Georg Held. München.

Felsch, Philipp (2015). *Der lange Sommer der Theorie. Geschichte einer Revolte 1960–1990*. München.

Gadamer, Hans-Georg (1990). *Wahrheit und Methode. Grundzüge einer philosophischen Hermeneutik. Gesammelte Werke*. Bd. 1. Tübingen.

Groeben, Norbert (1972). *Literaturpsychologie. Literaturwissenschaft zwischen Hermeneutik und Empirie*. Stuttgart u. a.

Groeben, Norbert (1979). „Zur Relevanz empirischer Konkretisationserhebung für die Literaturwissenschaft". *Empirie in Literatur- und Kunstwissenschaft*. Hrsg. von Siegfried J. Schmidt. München: 43–81.

Groeben, Norbert (²1980). *Rezeptionsforschung als empirische Literaturwissenschaft. Paradigma- durch Methodendiskussion an Untersuchungsbeispielen*. Tübingen.

Groeben, Norbert (1987). „Verstehen, Erklären, Bewerten in einer empirischen Literaturwissenschaft". *Rezeptionsforschung zwischen Hermeneutik und Empirik*. Hrsg. von Elrud Ibsch und Dick H. Schram. Amsterdam: 65–106.

Groeben, Norbert (1989). „Das Konzept der Text-Leser-Interaktion in der Empirischen Literaturwissenschaft". *SPIEL* 8/2 (1989): 255–273.

Groeben, Norbert (1994). „Der Paradigma-Anspruch der Empirischen Literaturwissenschaft". *Empirische Literaturwissenschaft in der Diskussion*. Hrsg. von Achim Barsch, Gebhard Rusch und Reinhold Viehoff. Frankfurt/M.: 21–38.

Groeben, Norbert und Jürgen Landwehr (1991). „Empirische Literaturpsychologie (1980–1990) und die Sozialgeschichte der Literatur: ein problemorientierter Überblick". *Internationales Archiv für Sozialgeschichte der deutschen Literatur* 16/2 (1991): 143–235.

Hamacher, Werner (1988). „Unlesbarkeit". Paul de Man. *Allegorien des Lesens*. Aus dem Amerikanischen von Werner Hamacher und Peter Krumme. Mit einer Einleitung von Werner Hamacher. Frankfurt/M.: 7–26.

Hillmann, Heinz (1974). „Rezeption – empirisch". *Historizität in Sprach- und Literaturwissenschaft*. Hrsg. von Walter Müller-Seidel. München: 432–449.

Hoffstaedter, Petra (1986). *Poetizität aus der Sicht des Lesers*. Hamburg.

Ingarden, Roman (²1960). *Das literarische Kunstwerk*. Tübingen.

Ingarden, Roman (1968). *Vom Erkennen des literarischen Kunstwerks*. Tübingen.

Ingen, Ferdinand van (1974). „Die Revolte des Lesers oder Rezeption versus Interpretation. Zu Fragen der Interpretation und der Rezeptionsästhetik". *Rezeption – Interpretation. Beiträge zur Methodendiskussion*. Hrsg. von Gerd Labroisse. Amsterdam: 83–147.

Iser, Wolfgang (1972). *Der implizite Leser. Kommunikationsformen des Romans von Bunyan bis Beckett*. München.

Iser, Wolfgang (1975a). „Der Lesevorgang". *Rezeptionsästhetik*. Hrsg. von Rainer Warning. München: 253–276.

Iser, Wolfgang (1975b). „Die Appellstruktur der Texte". *Rezeptionsästhetik*. Hrsg. von Rainer Warning. München: 228–252.

Iser, Wolfgang (³1990 [1976]). *Der Akt des Lesens. Theorie ästhetischer Wirkung*. München.

Iser, Wolfgang (1993). *Das Fiktive und das Imaginäre. Perspektiven literarischer Anthropologie*. Frankfurt/M.

Jäger, Georg (1974). „Die Wertherwirkung. Ein rezeptionsästhetischer Modellfall". *Historizität in Sprach- und Literaturwissenschaft. Vorträge und Berichte der Stuttgarter Germanistentagung 1972*. Hrsg. von Walter Müller-Seidel. München: 389–409.

Jäger, Georg (1987). „Historische Lese(r)forschung". *Die Erforschung der Buch- und Biblio-theksgeschichte in Deutschland*. Hrsg. von Werner Arnold, Wolfgang Dittrich und Bernhard Zeller. Wiesbaden: 485–507.

Jauß, Hans Robert (1969). „Paradigmawechsel in der Literaturwissenschaft". *Linguistische Berichte* 3 (1969): 44–56.

Jauß, Hans Robert (1970). „Literaturgeschichte als Provokation der Literaturwissenschaft". *Literaturgeschichte als Provokation*. Frankfurt/M.: 144–207.

Jauß, Hans Robert (1975). „Der Leser als Instanz einer neuen Geschichte der Literatur". *Poetica* 7 (1975): 325–344.

Link, Hannelore (1973). „‚Die Appellstruktur der Texte' und ein ‚Paradigmawechsel in der Literaturwissenschaft'". *Jahrbuch der Deutschen Schillergesellschaft* 17 (1973): 532–583.

Link, Hannelore (²1980). *Rezeptionsforschung. Eine Einführung in Methoden und Probleme*. Stuttgart und Berlin.

Müller, Harro (1990). „Zur Kritik herkömmlicher Hermeneutikkonzeptionen in der Postmoderne". *Diskussion Deutsch* 21 (1990), 589–599.

Nach der Sozialgeschichte. Konzepte für eine Literaturwissenschaft zwischen historischer Anthropologie, Kulturgeschichte und Medientheorie (2000). Hrsg. von Martin Huber und Gerhard Lauer. Tübingen.

Die nicht mehr schönen Künste. Grenzphänomene des Ästhetischen (1986). Hrsg. von Hans Robert Jauß. München.

Raulff, Ulrich (2014). *Wiedersehen mit den Siebzigern. Die wilden Jahre des Lesens*. Stuttgart.

Scheffer, Bernd (1992). *Interpretation und Lebensroman. Zu einer konstruktivistischen Literaturtheorie*. Frankfurt/M.

Schmidt, Siegfried J. (1979). „‚Bekämpfen Sie das häßliche Laster der Interpretation! Bekämpfen Sie das noch häßlichere Laster der richtigen Interpretation!' (Hans Magnus Enzensberger)". *Grundfragen der Textwissenschaft. Linguistische und literaturwissenschaftliche Aspekte*. Hrsg. von Wolfgang Frier und Gerd Labroisse. Amsterdam: 279–309.

Schmidt, Siegfried J. (1982). „Die empirische Literaturwissenschaft: ein neues Paradigma". *SPIEL* 1/1 (1982): 5–25.

Schmidt, Siegfried J. (1986). „Texte verstehen – Texte interpretieren". *Perspektiven des Verstehens*. Hrsg. von Achim Eschbach. Bochum: 75–103.

Schmidt, Siegfried J. (1987). „Text – Rezeption – Interpretation". *Rezeptionsforschung zwischen Hermeneutik und Empirik*. Hrsg. von Elrud Ibsch und Dick H. Schram. Amsterdam: 23–46.

Schmidt, Siegfried J. (1989). *Die Selbstorganisation des Sozialsystems Literatur im 18. Jahrhundert*. Frankfurt/M.

Schmidt, Siegfried J. (1991). *Grundriß der empirischen Literaturwissenschaft*. Frankfurt/M.

Schöttker, Detlev (1996). „Theorien der literarischen Rezeption. Rezeptionsästhetik, Rezeptionsforschung, Empirische Literaturwissenschaft". *Grundzüge der Literaturwissenschaft*. Hrsg. von Heinz Ludwig Arnold und Heinrich Detering. München: 537–554.

Rezeptionsästhetik. Theorie und Praxis (1975). Hrsg. von Rainer Warning. München.

Warning, Rainer (1975). „Rezeptionsästhetik als literaturwissenschaftliche Pragmatik". *Rezeptionsästhetik. Theorie und Praxis*. Hrsg. von Rainer Warning. München: 9–41.

Weinrich, Harald (1971). *Literatur für Leser. Essays und Aufsätze zur Literaturwissenschaft*. Stuttgart.

Wünsch, Marianne (²1984). „Wirkung und Rezeption". *Reallexikon der deutschen Literaturgeschichte*. Hrsg. von Klaus Kanzog und Achim Masser. Berlin und New York: 894–919.

Iris Bäcker

III.1.3 Lesen und Verstehen (Sinnbildung)

1 Sinnlicher und sinnhafter Sinn

Lesen ist mehr als bloßes Hinsehen auf Schrift. Es ist Hinsehen auf Schrift und Absehen von Schrift zugleich. Denn lesbar wird Schrift erst dann, wenn man den Blick „nicht um [ihrer] selbst willen" an sie heftet, sondern „über" sie „hinweg" *und* „durch" sie „hindurch" (Cassirer ⁴1964 [1929], 222) gleiten lässt. Hat man es auf den *sinnhaften* Sinn des Gelesenen ‚abgesehen', so tut man gut daran, von dem *sinnlichen* Sinn des Geschriebenen ‚abzusehen'. Nur so vollzieht sich die ans Wunderbare grenzende „Verwandlung" von *Sinnlichkeit* in *Sinn*, wie sie Gunter Bader (2006, 173, 179–181; 2007, 218–220) im Duktus Ernst Cassirers beschrieben und damit den Doppelsinn des Wortes ‚Sinn' auseinandergelegt hat: „‚Sinn' ist sowohl sinnlicher wie sinnhafter Sinn. Was auf die paradoxe, harte Formulierung hinausläuft: Sinn ist sowohl sinnlicher wie unsinnlicher Sinn." (Bader 2007, 220) Jeder, der im „Umgang mit dem Buchstaben" geschult ist, absolviert diese „elementare Übung von ‚Absehen' durch ‚Absehen'" (Bader 2006, 187) mit Leichtigkeit und ohne willentliches Zutun; niemand käme auf die Idee, das durch Schrift gereizte *äußere* Sehen und das *innere* Sehen des Vorgestellten mit Absicht kurzzuschließen, und wenn es jemand täte, dann nicht zum Besten des Leseflusses.

An diesem Punkt, wo äußeres und inneres Sehen faktisch kurzgeschlossen sind, ohne sich je ineinander aufzulösen, stoßen zweierlei theoretische Zugriffe auf das Lesen in bemerkenswerter Beziehungslosigkeit aufeinander: Der eine weiß vom Lesen als Vorstellungsbildung wenig, weil er in strengster Empirie vor allem auf die mechanischen Aspekte des Lesevorgangs achtet, auf die sakkadische Bewegung des Auges von einer Fixation zur anderen oder auf die subvokale Aktivität der Sprechmuskulatur, die sich allein für die Gewinnung harter Daten aus äußerer Beobachtung und apparativer Messung darbieten. Der andere dagegen, zumal er sich gegen jeden Anspruch der Empirie verwahrt, wüsste gar nicht, warum er auf die mechanische Seite des Lesens zurückkommen sollte, da er doch auf das abhebt, was der Leser im Akt des Lesens als Bedeutung oder Sinn bewusst erkennt.

Weder bei einem einseitig mechanistischen noch bei einem einseitig intellektualistischen Interesse, sondern vielmehr zwischen beiden Interessenslagen hätte man sich den wahren Ort einer Theorie des Leseaktes vorzustellen; jedenfalls dann, wenn diese den mit *allen* Sinnen lesenden Leser in den Blick nähme. Weit entfernt davon, Literatur von Berufs wegen so „zerebral zu lesen", dass ihm

https://doi.org/10.1515/9783110365252-005

ihr „Sinn [...] unterderhand zum Gegenprinzip der ‚Sinnlichkeit' gerät" (Gumbrecht 1987, 36), ist der Literaturliebhaber der – idealtypologisch gesprochen – berufene Leser.

2 Die theoretische Emanzipierung des Lesers durch die Wirkungsästhetik

Die Wirkungsästhetik der späten 1960er Jahre in der durch Wolfgang Iser vertretenen Version besticht durch die literaturtheoriegeschichtlich zwar erwartbare, aber entschiedene Wendung, mit welcher Literatur unter dem Gesichtspunkt ihrer ästhetischen Wirkung auf den Leser betrachtet wird. Ohne Leser kein Akt des Lesens und ohne Akt des Lesens kein Wirkungsgeschehen. Mit Emphase betrieb die Wirkungsästhetik die Emanzipierung des Lesers, dem bis dahin weder eine den Aspekt der Welthaltigkeit und eigentlich der Welt-Ansicht des Textes privilegierende Widerspiegelungsästhetik noch ein textzentrierter Strukturalismus und schon gar nicht eine autorzentrierte Produktionsästhetik einen vergleichbaren theoretischen Rang zugestanden hatten.

Seither ist der literarische Text nicht mehr ernsthaft ohne Bezug auf den zu denken, der mit ihm umgeht: Literatur ist nicht vom Leser unabhängiger Lesestoff, sondern Gelesenwerden. Denn erst im Akt des Lesens, und das heißt zunächst einmal und vor allem: dank der Aktivität des Lesers, gelangt das Wirkungspotential des literarischen Textes zur Aktualisierung.

3 Der reale Leser – diesseits von Idealität

Zwar hat die Wirkungsästhetik den Leser als Sinn bildenden Akteur in den Blick gebracht, nicht aber damit auch schon den realen Leser. Der *reale* Leser tritt zurück hinter die Frage nach der textinternen Bedingung der Möglichkeit seiner Verwandlung in einen *idealen* oder zumindest *disziplinierten* Leser, selbst wenn derlei Ausdrücke weit über die Zurückhaltung hinausgehen, die Iser sich auferlegt, wenn er den naheliegenden Terminus des ‚normgerechten Lesers' nicht aufgreift, sondern nur an einer einzigen Stelle von einem Leser mit ‚adäquatem Blickpunkt' spricht (vgl. Iser [4]1994 [1976], 62).

Der theoretisch gerade erst emanzipierte Leser steht von Anfang an im Verdacht, das Herangehen an den literarischen Text mit Mitteln eines sachfremden Privatwissens zu bestreiten. Ginge es nach Iser, so hätte sich der Leser bei der

Beseitigung der im Text manifest enthaltenen „Leerstellen" (Iser ⁴1994 [1976], 284) an den Text selbst zu halten und an eine Lesedisziplin, die vom „Sinn der erzählten Geschichte", damit er sich „erfüllt" (Iser 1972, 185), nichts nebenher oder von außerhalb weiß, so sehr der Leser dies natürlich immer tut im Zustand der Nichtdisziplin. An die maßgebende Instanz des ‚impliziten Lesers' (vgl. Iser 1972) sieht sich der Leser verwiesen – oder müsste sich, so der Anspruch Isers, verwiesen sehen –, um den seiner Lektüre selbsteigenen „Grad subjektiver Prägnanz" so gering zu halten, dass der Text vor dem Verschwinden in eine „privatistische Übergeschichte" zu retten ist (Iser ⁴1994 [1976], 85). Konkret sieht Iser den Leser „[ge]nötigt", den sich aus der „perspektivierten Darstellungsweise des Textes" notwendig ergebenden „Blickpunkt" einzunehmen, „damit er die divergierenden Orientierungszentren der Textperspektiven zum System der Perspektivität aufheben kann, wodurch sich zugleich der Sinn dessen erschließt, was in den einzelnen Perspektiven jeweils repräsentiert ist" (⁴1994 [1976], 62).

Iser hat den Akt des Lesens so sehr in Parallele zum Akt der Bildbetrachtung gebracht, dass man in dem ‚adäquaten Blickpunkt' ein Analogon zu jenem Augenpunkt sehen darf, den das nach den Regeln der Linearperspektivik konstruierte Gemälde dem Betrachter zuweist. Bildet das Bild den Betrachter auch nicht als Figur ab, so räumt es ihm doch von vornherein einen bestimmten Augenpunkt auf die abgebildete Welt ein und gibt ihm diesen als einzig verbindlichen vor, da sich die opake Bildfläche nur von hier aus in einen sich jenseits der Bildfläche eröffnenden virtuellen Raum verwandelt und somit der einkalkulierte Eindruck von Raumtiefe entsteht. Vorgegeben durch die Linearperspektivik der Abbildung, fällt der im Bild implizierte Augenpunkt des Betrachters mit der Spitze der Sehpyramide zusammen und befindet sich paradoxerweise in der diesseitigen Welt, von der es doch gerade abzusehen gilt.

Anders käme der Akt der Bildbetrachtung nicht zustande als dadurch, dass der Betrachter von der diesseitigen Welt einschließlich seiner physikalischen Verortung in ihr absieht, um einzig der Abbildung gewahr zu werden, und zwar derart, dass er ganz Auge ist und sonst nichts. Ist er als spekulierender ‚Sehepunkt' imstande, die abgebildeten Objekte in ihrer unterschiedlichen, perspektivenabhängigen Größe zu erfassen, dann erlebt er sich selbst als eine in ihrer Gegenwart anwesende, ihnen proportionale Figur und die abgebildete jenseitige Welt als die ihn real und einzig umgebende.

Es mag gute Gründe geben, eine rechnende Vernunft für den Akt der Bildbetrachtung in Anschlag zu bringen, bei der es darauf ankommt, die perspektivisch abgebildeten Objekte in Hinsicht auf Ordnung und Maß zu analysieren, damit das Bild tiefenräumliche Wirkung entfaltet. Die Vorstellung aber, der literarische Text täte sich analog zum Bild zuallererst in intellektueller Anschauung auf, scheint fraglich; und nur *déformation professionelle* kann den Sachverständigen dazu verleiten, sein professionelles Selbstverständnis auf den Liebhaber zu projizieren. Wäre der Leser im Akt des Lesens wirklich nur mit dem ‚Auge' des Verstandes und nicht auch mit anderen Sinnen in Anspruch genommen, so würde er die innere Bühne seines Bewusstseins wohl nicht so erfolgreich mit seiner Vorstellung bespielen, wie er es tut. Wohl kaum ist der Leser geneigt, sein „Gegenwärtigsein im Text" (Iser ⁴1994 [1976], 214) auf ein reines Gewahrwerden zu beschränken und dabei seine Sinne bis auf das intellektuelle Gewärtigen des „perspektivische[n] [Text-]Gebilde[s]" (Iser ⁴1994 [1976], 61) zu reduzieren. Schon gar nicht liebäugelt er damit, sich dem „wandernden Blickpunkt" des ‚impliziten Lesers' anzuverwandeln, nur um im Verlauf der Lektüre „den Text in die Beziehungsvielfalt seiner Perspektiven aufzufächern" (Iser ⁴1994 [1976], 192).

Der reale Leser hat Aufregenderes zu tun als dies – jedenfalls dann, wenn er den literarischen Text nicht als Anspruch, sondern als ansprechend wahrnimmt. Das gerade hat Literatur ihm zu bieten, dass sie ihn auf eine vielseitige statt nur partikulare Weise anzusprechen vermag, so wie es seiner ganzheitlichen menschlichen Verfasstheit entspricht. Wo sonst, wenn nicht in der Gegenwart seiner Vorstellung, kommen *alle* menschlichen Vermögen zu ihrem unbeschränkten Recht, die sinnlichen ebenso wie die intellektuellen, ethischen und ästhetischen? Der reale Leser tut das einzig Richtige, wenn er liest, wie es *ihm* beliebt. Denn alles zu unterdrücken, was an „Ekstase der Subjektivität" (Gumbrecht 1991) erinnert, würde jeder Lektüre den ihr eigenen Charme rauben.

Die Irritation, die vom Konstrukt des ‚impliziten Lesers' ausgeht, insofern es vor allen anderen Sinnen das spezielle intellektuelle ‚Gesicht' des Lesers privilegiert, wird fruchtbar, wenn sie zu der entscheidenden Präzisierung führt: Vorgesehen ist nicht allein, in welchem Maße und in welcher Weise der Text unser Vermögen zu einem strukturierenden Gewärtigen seiner *Dar*stellungsperspektiven in Anspruch nimmt, sondern auch unser Vermögen, uns zu dem *Vor*gestellten zu verhalten und in ein Verhältnis zu setzen. Gewiss sind „dem Verfaßtsein der Texte Aktualisierungsbedingungen eingezeichnet" (Iser ⁴1994 [1976], 61), die es erlauben, ein „Netz von Beziehungsmöglichkeiten" zu entfalten, in welchem „weckende und geweckte Perspektiven zu Standpunktverhältnissen wechselseitiger Beobachtung zusammenlaufen" (Iser ⁴1994 [1976], 193). Doch nicht nur die Möglichkeit zur Entfaltung eines Netzes von Textperspektiven hält der literarische Text für den Leser parat, sondern ebenso diejenige zur Entfaltung eines Netzes persönlicher Beziehungen zu den literarischen Figuren.

4 Der literarische Text – ein „vertracktes" Artefakt

Ein jegliches Artefakt birgt eine bestimmte Handlungsmöglichkeit, die in ihm fixiert, gegenständlich und wahrnehmbar gemacht ist. Durch die Art seines Gefertigtseins bedeutet es dem Nutzer, wozu es taugt und wie mit ihm funktional umzugehen ist. Das Artefakt, sofern *nichttextueller Art*, richtet den Nutzer auf eine in der Alltagsrealität lokalisierte Handlungsmöglichkeit aus und bekräftigt seine tätige Anwesenheit ‚hier' und nur ‚hier'. Dagegen situiert das Artefakt *textueller Art* den Nutzer in zweierlei Weise und offenbart so seine Doppelnatur. In seiner bloßen ‚Zuhandenheit' tut es kund, dass es ‚hier' praktisch handhabbar ist, und tut es eben darin dem nichttextuellen Artefakt gleich. Aber im Unterschied zum nichttextuellen Artefakt verweist das textuelle Artefakt den Nutzer darüber hinaus auf eine ‚anderswo' lokalisierte Handlungsmöglichkeit, die eigentlich erst Lesen genannt zu werden verdient.

Einerseits ist das textuelle Artefakt nichts weiter als ein Ding, das sich – falls eingebunden zwischen zwei Buchdeckeln – aufschlagen und durchblättern lässt, ein Ding, dessen das Papier beschmutzende Striche und Flecken als Schrift identifizierbar sind, die sich wiederum entziffern lässt – falls und soweit Vertrautheit mit Schrift und Schriftkundigkeit gegeben sind. Andererseits ist das textuelle Artefakt solch ein trügerisches Ding, das seine dinglich-materielle Beschaffenheit vor dem Leser in dem entscheidenden Moment verbirgt, in dem sein Blick durch die Schrift hindurch gleitet. Nur weil das textuelle Artefakt zulässt, dass der Leser von seiner sinnlichen Präsenz absieht, ja sie schlichtweg übersieht, verwandelt es sich in ein ‚übersinnliches' Ding.

Da dies für jedes textuelle Artefakt, für das *nichtliterarische* genauso wie für das *literarische* gilt, muss der Grund für die unbestreitbare Besonderheit des literarischen Artefakts woanders liegen. Was das literarische Artefakt vor allen nichtliterarischen Artefakten auszeichnet, ist dies, dass es sich im und durch das Gelesenwerden nicht einfach in ein ‚übersinnliches' Ding verwandelt (so wie jedes andere nichtliterarische Artefakt auch), sondern in ein „sehr vertracktes Ding", ein „sinnlich übersinnliches Ding" nämlich. So ‚übersinnlich' (übersehen, als nebensächlich außer Acht gelassen) sich gerade das dingliche Substrat des Textes gibt, so ‚sinnlich' (die Sinne allseitig und in der Hauptsache beanspruchend) gibt sich gerade das imaginäre Superstrat des Textes (vgl. Marx 1962 [1867], 85).

Nur die Einheit der beiden gegensätzlichen und einander gleichwohl ergänzenden Strata macht den literarischen Text zu dem „vertrackten" Artefakt, das er ist. Was das dingliche Substrat des Textes an sinnlicher Zuwendung des Lesers verliert, das gewinnt das imaginäre Superstrat des Textes im Gegenzug für sich. Während der Leser ‚hier' allenfalls die Seiten eines Buchs umblättert, darf er ‚dort', um nochmals mit Karl Marx zu sprechen, „jedes seiner *menschlichen* Verhältnisse zur Welt" realisieren, „kurz, alle Organe seiner Individualität" (Marx 1968, 539, Hervorhebung im Original). ‚Dort', in der Gegenwart seiner Vorstellung, in dieser Realität unnennbarer Atmosphären und sinnlicher Dichtigkeitszonen, steht der Leser mitten inne und tut mit.

5 Irrealwerden des Realen und Realwerden des Vorgestellten

Wann immer der Leser sich der Wirkungskraft des literarischen Textes überantwortet und also der Wirklichkeit entrückt, erleidet er, mit Iser, eine „Irrealisierung" (Iser [4]1994 [1976], 227). Doch tritt zu dem Aspekt des Realitätsverlusts, den die Rede von der „Irrealisierung" des Lesers einseitig betont, der Aspekt des Wieder- oder Zugewinns einer anderen Realität hinzu. Keine „Irrealisierung" des Lesers in der Gegenwart seiner Vorstellung, ohne dass zugleich das Vorgestellte seine Imaginarität einbüßt.

Was mit dem Realwerden des Vorgestellten unweigerlich einhergeht, ist das Aktuellwerden einer neuen Realität. Einerlei wie man diese andere Realität nennt, ob nun ‚imaginäre Welt', ‚fiktionale Welt' oder ‚Textwelt', entscheidend ist allein, dass die ‚Textrealität', wie sie hier heißen soll (vgl. Bäcker 2014, 30–31), einerseits dem gelesenen Text entspringt und andererseits für den Leser psychologisch zu einer Realität wird. Doch gewinnt das Vorgestellte nicht nur Dimensionen einer Realität, es wird auch zu der *einzigen* Realität, die den Leser während des Lesens umgibt – und ausschließlich hier ist er mit seinem Handeln, und sei es noch so ‚eingefaltet', tätig anwesend.

Der ‚irrealisierte' Leser nimmt die Welt der Textrealität schlicht als Realität, erteilt ihr den „Realitätsakzent" (Schütz 2003a, 145) und lässt dahingestellt, ob sie Schein oder Sein ist. An solcher Realitätsbejahung hegt der prinzipiell anders eingestellte Literaturtheoretiker seine Zweifel, denn er will nicht dahingestellt sein lassen, ob das, was der ‚naive' Leser als Realität ansieht, wirklich echtes Sein oder nicht bloßer Schein ist.

6 Der Akt des Lesens als ein Akt des Übersetzens

Sobald der Leser einmal zu lesen begonnen hat, wird er sich unmöglich *nicht* zu dem Vorgestellten verhalten können; und wenn er sich zu dem Vorgestellten in ein Verhältnis setzt, wird er unmöglich *nicht* die Verhältnisse schaffen können, in die er sich lesend begibt. Allerdings ist die schöpferische Aktivität des Lesers dergestalt, dass sie in ihrem intentionalen Bezug auf das *innerlich* Vorgestellte *äußerlich* nicht zutage tritt. Unbeschadet ihrer Innerlichkeit ist die Aktivität des Lesers, die ich ,innere psychologische Gestik' nenne, genauso real wie jede beliebige andere Aktivität. Eben weil diese spontane und unwillkürliche Gestik, mittels derer sich der Leser zu dem Vorgestellten in ein Verhältnis setzt, keine vorgestellte, sondern eine *realiter* vollzogene ist, nimmt das Vorgestellte Dimensionen einer Realität an.

Die Idee der „psychologischen Geste" hat erstmals Michail Čechov formuliert, als er die Schauspielkunst als eine Kunst der Übersetzung der Textvorlage in die Sprache der lebendigen Bühnenaufführung interpretierte. Leiten ließ sich Čechov (2002 [1946], 393; ³2004 [1990], 45–46) von seiner schauspielerischen Intuition, nach der hinter den Alltagsgesten und Wörtern stets ihr „Urbild" stehe, jene „unsichtbare psychologische Geste", die sich in diesen Gesten und Wörtern bloß veräußerliche und ihnen eigentlich erst Sinngerichtetheit und Ausdruckskraft verleihe.

Wenn die Schauspielkunst als eine Kunst der Übersetzung interpretierbar ist, dann die Kunst des Lesens ebenso und nicht minder. Mit einer Übersetzungsaufgabe ist auch der Leser betraut, der seinerseits so etwas wie eine Vorstellung gibt – allerdings auf der *inneren* Bühne seines Bewusstseins. Dementsprechend lässt er es bei einem inneren psychologischen Gestikulieren bewenden, während der Schauspieler seine innere psychologische Gestik dem Zuschauer in Bewegung, äußerer Gestik, Mimik, Intonation sinnfällig macht.

Es ist keine Frage, dass die Ausstattungsgegenstände der vorgestellten Welt und die sie konstituierenden Geschehnisse ebenso imaginär sind, wie es das Ensemble der in ihr agierenden literarischen Figuren ist. Streng physikalisch gesehen sind sämtliche Objekte der vorgestellten Welt eine bloße Illusion, da sie weder materielle Substanz haben noch im Diesseits des dreidimensionalen Raumes zu finden sind. Und doch erfährt die vorgestellte Welt eine Quasi-Substantialisierung, denn die inneren psychologischen Gesten, mit denen der Leser seinem Verhältnis zu dem Vorgestellten psychologisch Ausdruck gibt, sind keine Quasi-Gesten, sondern real. Real sind sie so sehr, dass sie sich äußerlich manifestieren können, etwa in jenem Vor-sich-hin-Lächeln, welches man mitunter an Lesenden beobachtet.

Mehr noch als ihre Symptomatik fasziniert die atmosphärische Wirksamkeit, die die psychologischen Gesten haben, weil sie sind, was sie sind. Den eigenen psychologischen Gesten verdankt der stimmungsorientierte Leser die Stimmung, in die er sich lesend versetzen lässt (vgl. Gisbertz 2011; Gumbrecht 2011; Wellbery 2003). Mögen sich die psychologischen Gesten auch intentional auf die vorgestellten Figuren beziehen, so haben sie in ihrer Rückbezogenheit doch den (nicht nur vorgestellten, sondern realen) Wandel seiner eigenen Stimmung zum kumulativen Resultat (vgl. Bäcker 2014, 159–161).

Der Akt des Lesens vollzieht sich also als ein Akt des Übersetzens, und zwar so, dass der Leser den literarischen Text in die Sprache der inneren psychologischen Gestik übersetzt und so, übersetzend, sich selbst aus der außertextuellen Realität in die Textrealität hineinversetzt. Nicht etwa, dass der Leser die Textrealität einfach als schon gegeben anträfe. Vielmehr hat er sie, die im Grunde nie da war, allererst und immer wieder neu zur Gegebenheit zu bringen. Doch genügt ihr allein das Innestehen des in ihr situierten Lesers, um sich nicht nur überhaupt als die ihn umgebende Realität, sondern auch als eine von vornherein sinnhabende Realität zu konstituieren. Dem Leser genügt es, inmitten der Textrealität zu stehen, um ihrer von vornherein so weit inne zu sein, dass er sinnstiftend (und das heißt nichts anderes als situationsangemessen) tätig wird.

7 Der Leser als system- und sinnstiftende Instanz inmitten seiner Textrealität

Wo von Sinn die Rede ist, da ist meist auch von Bedeutung die Rede. Von beiden wird man sinnvoll nie handeln ohne den Gesichtspunkt desjenigen, der den maßgebenden Bezugspunkt jedweder Sinn- und Bedeutungs-Relation verkörpert. Bedeutung hat der literarische Text nicht *an sich*, sondern nur *für* einen Leser, und nur insofern er im Gebrauch seine Wirkungskraft zu entfalten vermag. Die Wirkung des literarischen Kunstwerks kann der Leser gar nicht anders erfahren als dadurch, dass er im Akt des Lesens selber ans Werk geht; und er erfährt diese Wirkung umso kräftiger, je mehr er mit „allen Organen seiner Individualität" am Werk bleibt, am besten so, dass er, bei eingetretenem oder noch nachwirkendem Wirkungsereignis, in „Leselust" (Anz 1998), „Leseglück" (Bellebaum und Muth 1996) oder Beseligung durch das eigene synästhetische Tun schwebt.

Hat der Leser das Wirkungspotential von Literatur erst einmal ‚erkannt', so wird er immer wieder zum Buch greifen. Doch richtet sich der Vektor dieser die Lust an der Lektüre unermüdlich speisenden Kraft nicht eigentlich auf die diesseitige Welt von Gegenständen (zu der die Bücher gehören), sondern – weit über deren Grenzen hinaus – auf die jenseitige Welt imaginärer Handlungsmöglichkeiten, in der der Leser erlebt, wer er sein könnte, solange er sich nicht einholen lässt von all dem, was Versachlichung der Verhältnisse heißt.

Dem „literarischen Kenner" mit seinem „weltläufige[n] Interesse an Literatur" (Schlaffer 1999, 23) mag es scheinen, als ob es ihn zu noch offenen, nicht explorierten Horizonten, in ein fremdes ‚Anderswo' ziehe, doch kehrt er in Wahrheit in ein eigenes ‚Anderswo' zurück, wo zu verweilen er nur noch nicht die Gelegenheit hatte. Genau genommen kehrt der Leser – auf einem Umweg über das vermeintlich fremde ‚Anderswo' – zu sich selbst zurück. Dies gilt in dem einen Sinne, dass das ‚Anderswo' natürlich nie aufhören kann und wird, Produkt einer freien Selbsttätigkeit zu sein (vgl. Weimar 1999; 2007), wie in dem zweiten Sinne, dass dem Leser, da er sich selbst wiedergegeben ist, all jene Potentiale des Handelns und Verhaltens zur Welt offen stehen, die ihm in der Lebenswelt unter der Vorgabe des Sachlichkeitsimperativs verschlossen bleiben. Die Aussicht auf solch ebenso wenig berechen- wie rationalisierbare Erfahrung einer Rückkehr zu sich selbst macht den Akt des Lesens zu einem verlockenden Unternehmen und den literarischen Text zu einem unabdingbaren Vehikel, ohne welches die gewünschte Erfahrung nicht ‚befördert' würde.

Hat der literarische Text mit diesem Wirkungspotential für alle Leser die gleiche Bedeutung, so gewinnt er doch für jeden einzelnen Leser einen je eigenen, einen persönlichen Sinn. Denn da sich alle Leser nur darin gleichen, dass sich ein jeder von dem anderen in seiner Unwiederholbarkeit unterscheidet, lässt die Rückkehr zu dem eigenen *Ich* jeden Leser zu einem unwiederholbaren, einzigartigen und einmaligen Sinn gelangen, zu *seinem* Verständnis des Textes. So viele Leser, so viele Sinnperspektiven auf den Text und entsprechend viele private „Sinn-Subuniversa" (Schütz 2003b, 294).

Zur Aufnahme solcher persönlicher Sinn-Beziehungen empfehlen sich dem Leser als erste Kandidaten im Text dessen Figuren. Ihnen wird der Leser vor allem anderen, was an Ansprechendem noch im Text vorkommt, zunächst den Vorzug geben. Denn von der Einbindung in das System der Figuren-Beziehungen darf er am ehesten erwarten, in dem bloßen Ungefähren, welches die Textrealität anfänglich darstellt, seinen Standort zu bestimmen und gegebenenfalls von hier aus andere Teilsysteme des Textes auf den sicheren Grund der je eigenen Sinnbildung zu stellen.

Den literarischen Figuren gesellt sich der Leser hinzu, im innerlichen Ausdruck seines zu ihnen gewonnenen Verhältnisses selber handelnde Person. So sehr der Leser dem Anspruch der Figuren an seine Responsivität auch respondieren mag, er wird nicht damit rechnen dürfen, dass die Figuren sich ihrerseits auf ihn, der ihnen ja verborgen bleibt, innerlich einstellen und ihr Verhalten auf ihn orientieren. Womit er immerhin rechnen darf, ist jedoch, dass sie sich von ihm nicht einfach als monadische Planstellen nebeneinander aufstellen lassen, sondern nach einer Ordnung rufen. Es sind ihre Stellung oder ihr Verhältnis zueinander und ihre sich im Gang der Textgeschehnisse möglicherweise wandelnden Beziehungen, die eine Ordnung der Textrealität insinuieren.

Und so geben sich die literarischen Figuren nicht nur als aufeinander hin ausgerichtet, sondern sie richten zugleich den Leser auf sich aus. Sie insinuieren einen Sinn, den der Leser, unter ihrer Vorgabe, erst stiften muss. Es ist daher mehr als eine Metapher – es ist der Rekurs auf das wirkungsästhetische Konzept der „Appellstruktur der Texte" (Iser 1970) –, wenn hier einerseits die Figuren als „Appellinstanz" gefasst werden, andererseits dem Leser die Rolle der system- und sinnstiftenden Instanz zugebilligt wird.

Innerhalb der Textrealität bezieht der Leser eine Position, von der aus er einzelne Figuren oder auch das gesamte Figurenensemble konzipiert, indem er die jeweiligen Standpunkte der Figuren rekonstruiert und koordiniert. Dies geschieht nicht etwa im Sinne einer narratologischen Rekonstruktion der Perspektivenstruktur des Textes, welche die Position der Exzentrizität gegenüber der Textrealität (und der eigenen Situiertheit in ihr) voraussetzen würde. Das Interesse des Lesers ist vielmehr buchstäblich zu nehmen. Es ist das Inter-Esse des engagierten Teilhabers, der sich zu den ihn umgebenden literarischen Figuren in ein persönliches Verhältnis setzt, sei es in positiver, sei es in negativer Wertsetzung. Wie immer der Leser die Distanz zwischen sich und den Figuren verringert oder vergrößert, stets verortet er sie in diesem Werte-Gefüge auf sich selbst hin so, wie er sich selbst umgekehrt auf sie hin verortet. Indem der Leser seine psychologischen Gesten des In-die-Nähe-Lassens oder Auf-Abstand-Bringens, der Annäherung oder Distanzierung vollzieht, verleiht er den Figuren in der Textrealität genauso Ort und Bestimmtheit wie sich selbst.

So betrachtet ist die Textrealität nicht so sehr die Welt der literarischen Figuren und ihrer wechselseitigen Beziehungen als vielmehr die Welt des Lesers und *seiner* Beziehungen, die er zu den ihn umgebenden Figuren unterhält. So gewiss der Leser kraft seines Innestehens den Mittelpunkt der ihn umgebenden Textrealität bildet, so gewiss hat die innere psychologische Gestik, mit der sich der Leser, angesprochen durch die Figuren und ihre Bewertung heischenden Taten, ins Spiel bringt, ihren Ausgangspunkt in seinem *Ich*. Eben dieses ist und bleibt Nullpunkt des wertemäßigen Koordinatensystems der Textrealität. Immer zentriert um das *Ich* des Lesers, gliedert sich die Textrealität wertemäßig in eine nähere und fernere Umwelt mit allen Abschattungen der Nähe und Distanz, der Anziehungs- und Abstoßungskraft, der Vertrautheit und Fremdheit. Unbeschadet ihrer prinzipiellen *Ego*-Zentriertheit stellt sich die Textrealität dem Leser in jedem Akt der Wertsetzung anders dar und ist insofern in stetigem Wandel begriffen. Hingegen bleibt der Leser selbst unverrückbar inmitten seiner Textrealität als system- und sinnbildende Instanz verankert.

8 Der berufene Leser – diesseits von rationalem Verstehen/Der professionelle Leser – jenseits von erlebtem Verstehen

Wie immer der Leser mit dem literarischen Text umgeht, stets wird man in ihm einen Übersetzer am Werk sehen. Zu unterscheiden wäre allerdings, ob der Leser das Allernatürlichste von der Welt tut, nämlich den literarischen Text in die Sprache einer – naturgemäß individuellen – psychologischen Gestik übersetzt, oder ob er als Zielsprache der Übersetzung bewusst die Universalsprache der Ratio wählt. Hat man es im ersten Fall mit dem nichtprofessionellen Leser zu tun, dessen Übersetzung gut und gerne ohne Veröffentlichung auskommt, so im zweiten Fall mit dem professionellen Leser, der seine Übersetzung an Dritte adressiert und zur Disposition stellt.

Dabei handelt ausgerechnet der nichtprofessionelle Leser, indem er sich den Text – unter Inanspruchnahme „aller Organe seiner Individualität" – *zu eigen macht*, als der eigentlich berufene Leser des literarischen Textes. Umgekehrt ist der professionelle Leser, insofern er den vor sich selbst gebrachten Text zum Objekt seiner Analyse macht und einer methodischen *Verfremdung* unterzieht, der nichtberufene Leser.

Zwar ist der literarische Text in erster Linie dazu bestimmt, gelesen und *nicht* analysiert zu werden, doch soll dies nicht heißen, dass die Textanalyse ein entbehrliches Unternehmen wäre. So kontraintuitiv dem Literaturliebhaber das ‚Zerreden' des literarischen Textes auch vorkommen mag, so unentbehrlich wird dem Literaturwissenschaftler die Textanalyse immer bleiben. Denn sein Geschäft ist es ja, sich der unmittelbaren Wirkungskraft des literarischen Textes zu entziehen, um diesem per Analyse Einsichten abzugewinnen und sich womöglich auch einen Begriff von seiner Wirkungsweise zu machen. Der literarische Text wird alsdann um einen sekundären, analytischen Text bereichert, der seinerseits über eine gewisse Wirkungskraft verfügt, da doch die Ratio, die erklärt, was man liest, die Fähigkeit zur ästhetischen Wahrnehmung des literarischen Textes befördert.

Stets stellt der professionelle Leser die verbale Sprache in seinen Dienst und kann sie daraus nicht mehr entlassen, solange es ihm um ein *rationales Verstehen* geht. Ein ganz anderer Impetus ist beim nichtprofessionellen, aber gleichwohl berufenen Leser am Werk, nämlich das unmittelbare Erleben, welches die ‚intellektuellen Gefühle' durchaus mit einschließt. Das *erlebte Verstehen* lässt sich von keinem selbstreflexiven Bewusstsein des Lesers begleiten und kommt ohne die vermittelnden Dienste der Sprache aus.

Es hat etwas Überraschendes oder gar Paradoxes, dass der literarische Text, obwohl im Medium der Sprache verfasst und deren Kenntnis beim Leser voraussetzend, gleichwohl anders als bloß auf eine sprachgebundene Weise verstehbar ist. Gewiss kommt der Leser bei seiner Vorstellungsbildung nicht ohne Sprache aus. Doch ist die Sprache nur notwendig, um, sobald sie in die Sprache der inneren Gestik übersetzt ist, zu vergehen. Eine Rückübersetzung wiederum ist ausgeschlossen. Die Sprache der psychologischen Gestik ist nicht wörtlich Sprache, und ihre Nicht-Sprachlichkeit schließt die Rückübersetzung in die verbale Sprache schlichtweg aus.

Es sieht so aus, als sei aus dem Binarismus von ‚Nichtsprachlichkeit/Sprachlichkeit' noch einmal ein neuer Aspekt zur Differenz von erlebtem (berufenem) und rationalem (professionellem) Verstehen zu gewinnen: Das erlebte Verstehen hat die Eigentümlichkeit, stumm zu sein. Dagegen bindet sich das rationale Verstehen notwendig an Sprache und entäußert sich in einem an Dritte adressierten sekundären Text. Neben der wesentlichen Nichtsprachlichkeit des erlebten Verstehens und der wesentlichen Sprachlichkeit des rationalen Verstehens lassen sich, um dasselbe Verhältnis aus variierten Blickwinkeln anzuvisieren, noch weitere Aspekte geltend machen: Verleiht dem Leser im Falle des erlebten Verstehens schon das bare Faktum seiner tätigen Anwesenheit in der Textrealität Verstehensgewissheit, so hat er sich im Falle des rationalen Verstehens eines Verstehensresultats allererst zu vergewissern, zumal dann, wenn er um der Wissenschaftlichkeit willen den Standards der Mitteilbarkeit, Nachvollziehbarkeit und Überprüfbarkeit genügen will. Vollendet sich das erlebte Verstehen in dem sich selbst genügenden Gefühl des Verstandenhabens, so bleibt das sich in Sprache objektivierende rationale Verstehen ein streitbares, auf kontroverse Repliken berechnetes und als solches ein Verstehen mit offenem Ende. Stellt sich das erlebte Verstehen wie von selbst ein, ohne dass es beabsichtigt oder gewollt zu sein braucht oder auf Verifizierung angewiesen ist, so wird dem Leser das rationale Verstehen schon deshalb problematisch, weil er es sich eigens als Aufgabe stellt, deren Lösung einer ebenso methodischen wie methodologischen Anstrengung bedarf.

9 Von einer textzentrierten zu einer anthropozentrierten Wirkungsästhetik

Dazu berufen, den literarischen Text in die Sprache der individuellen psychologischen Gestik zu übersetzen, verbleibt der berufene Leser innerhalb der Grenzen seiner Individualität, deren Bestimmtheit wiederum nur in der Begrenztheit einer bestimmten Kultur zu haben ist. Um sich von dieser ins rein Private verwiesenen Erfahrung des berufenen Lesers abzusetzen, wandert der wissenschaftlich (und speziell: wirkungsästhetisch) ambitionierte Leser in die Provinz einer rein theoretischen Erfahrung aus und ist hier bestrebt, sich von der Begrenzung sowohl seiner Individualität wie auch seiner Kultur zu lösen. Leiten lässt er sich dabei vom Ideal wissenschaftlicher Objektivität, zu welchem sich vor allen anderen Wissenschaften die mathematische Physik, früheste und zugleich maßgebende neuzeitliche Wissenschaft, bekannt hat. Ihre Verpflichtung heißt bekanntlich „Emanzipierung von den anthropomorphen Elementen" und „vollständige Loslösung des physikalischen Weltbildes von der *Individualität* des bildenden Geistes" (Planck 1933b, 31, 30, meine Hervorhebung, I. B.).

So erstrebenswert das Ideal der Objektivität für den Wirkungsästhetiker auch ist, so problematisch wäre es aber, hierbei auf dieselbe apriorische Depersonalisierung der Erkenntniserfahrung zu setzen, so als sei dies der universal gangbare Weg. Problematisch deshalb, weil der *Human*wissenschaftler (für den uns der *anthropo*zentrierte Wirkungsästhetiker hier als Repräsentant gilt) kein *natürliches* Objekt (so wie der Naturwissenschaftler) vor sich hat, dessen unbeseelte Reaktionen auf eine experimentelle Einwirkung zu erproben wären. Sondern vor sich hat er ein *künstlich* hergestelltes literarisches Artefakt, das Anspruch auf Wirkungsmächtigkeit erhebt, dessen Wirkungskraft er sich überantwortet, um sie am eigenen Leibe als ein „Stück Natur" (Planck 1933a, ix) zu erfahren.

Mit dem in den Naturwissenschaften bewährten Vorgehen, die Erkenntniserfahrung *a priori* zu depersonalisieren, wird es im Falle einer *anthropo*zentrierten (statt bloß *text*zentrierten) Wirkungsästhetik wohl nichts werden. Der Wirkungsästhetiker ist zunächst einmal persönlich involvierter Leser, ehe er Distanz (als Ermöglichungsbedingung von Erkenntnis) gewinnt und sich selbst unter der Wirkung des literarischen Artefakts zum (gleichwohl beseelten) Objekt und unter einem selbstkritischen Blick fremd gemacht sieht.

Keine Inszenierung wirkungsästhetischen Erkennens, ohne dass der Wirkungsästhetiker in zweierlei Hypostasen zugleich auftritt: zum einen als *Proband*, dessen Berufenheit zum Leser die Probe halten soll, zum anderen als *Erprober*, der das eigene Probandsein einer Erfahrungsprobe unterzieht. Als Proband tut er gut daran, sich mit „allen Organen seiner Individualität" auf die Lektüreerfahrung einzulassen. Denn wäre er nicht persönlich involviert in das Übersetzen des literarischen Textes in die Sprache einer individuellen psychologischen Gestik, bliebe das Wirkungspotential des Textes unausgeschöpft. Als Erprober des eigenen Probandseins wird er umgekehrt alles daran setzen, die störende Einwirkung seiner Individualität auf die Erkenntniserfahrung zu minimieren, derart, dass er sich von dem Situationsfeld des Experiments absetzt, von seiner unmittelbaren Lektüreerfahrung abstrahiert und sich über dieselbe erhebt. Nur so, unter methodischem Abstrahieren, wendet sich die experimentelle Lesesituation, die allein durch seine tätige Anwesenheit mit Sinn *begabt* war, zu einer ‚objektiven'

Situation, die nun – qua Sprache und bewusst – mit Sinn *bedacht* wird, so als hätte sie mit der tätigen Anwesenheit des Probanden nichts mehr zu tun. Die verfremdende Sicht auf das eigene Selbst im Vollzug des Lesens führt keine Garantie der Objektivität mit sich. Anzustreben ist eine Selbstdistanzierung aber immer, damit die eigene Individualität als objektivierte einer Kontrolle unterstellt ist. Eine reflexive Selbstdistanzierung, die Methode hat, wäre eine, die „über sich selbst theoretisch aufgeklärt" ist, die weiß, was sie tut, und deshalb auch weiß, welchen Geltungsanspruch sie für ihr Ergebnis erheben kann (vgl. Weimar 1996, 118–121). *Methodisch* kann die Selbstdistanzierung also werden, unifizierbar ist sie nicht. Denn das auf Distanz gebrachte Leser-Selbst stellt sich dem Wirkungsästhetiker in einer völlig eigenartigen Weise dar; an ihm zeigen sich aus einer Unzahl möglicher Seiten eben solche, auf deren Betrachtung es allein ihm ankommt. Nicht einmal in der Hypostase des Erkenntnissubjekts vermag der Wirkungsästhetiker seiner individuellen Modalität zu entkommen.

Daraus ergibt sich: Wollte es der anthropozentrierte Wirkungsästhetiker dem Naturwissenschaftler nachtun und seine Individualität gänzlich aus dem Laboratorium seiner wissenschaftlichen Erfahrung ausschließen, so wäre dies nur dazu geeignet, mit Sicherheit die Essenz des literarischen Textes zu verfehlen, oder, was gleichviel ist: das dem Text essentiell innewohnende Wirkpotential.

Weiterführende Literatur

Bredekamp, Horst (2011). „Die Latenz des Objekts als Modus des Bildakts". *Latenz. Blinde Passagiere in den Geisteswissenschaften*. Hrsg. von Hans Ulrich Gumbrecht. Göttingen: 277–284.

Gerigk, Horst-Jürgen (2010). „Literaturwissenschaft – was ist das?" *Wertung und Kanon*. Hrsg. von Matthias Freise und Claudia Stockinger. Heidelberg: 155–177.

Herrmann, Fritz (2009). „Verstehensdynamik. Zur Semantik des Verstehens". *Oberfläche und Performanz: Untersuchungen zur Sprache als dynamischer Gestalt*. Hrsg. von Angelika Linke und Helmuth Feilke. Tübingen: 589–521.

Iser, Wolfgang (1991). *Das Fiktive und das Imaginäre. Perspektiven literarischer Anthropologie*. Frankfurt/M.

Lobsien, Eckhard (2010). „Literaturtheorie nach Iser". *Der Begriff der Literatur*. Hrsg. von Alexander Loeck. Berlin und New York: 207–221.

Warning, Rainer (2003). „Rezeptionsforschung. Historischer Rückblick und Perspektiven". *Wissenschaft und Systemveränderung. Rezeptionsforschung in Ost und West – eine konvergente Entwicklung?* Hrsg. von Wolfgang Adam, Holger Dainat und Gunter Schandera. Heidelberg: 57–68.

Literatur

Anz, Thomas (1998). *Literatur und Lust. Glück und Unglück beim Lesen.* München.

Bäcker, Iris (2014). *Der Akt des Lesens – neu gelesen. Zur Bestimmung des Wirkungspotentials von Literatur.* München.

Bader, Günter (2006). *Die Emergenz des Namens. Amnesie – Aphasie – Theologie.* Tübingen.

Bader, Günter (2007). „Ein Versuch zur Unlesbarkeit des Gottesnamens". *Genese und Grenzen der Lesbarkeit.* Hrsg. von Philipp Stoellger. Würzburg: 201–223.

Bredekamp, Horst (2011). „Die Latenz des Objekts als Modus des Bildakts". *Latenz. Blinde Passagiere in den Geisteswissenschaften.* Hrsg. von Hans Ulrich Gumbrecht. Göttingen: 277–284.

Cassirer, Ernst ([4]1964 [1929]). *Philosophie der symbolischen Formen. Teil 3: Phänomenologie der Erkenntnis.* Darmstadt.

Čechov, Michail A. (2002 [1946]). „O technike aktera". K. S. Stanislavskij: *Rabota aktera nad soboj.* M. A. Čechov: *O technike aktera.* Vstupitel'naja stat'ja O. A. Radiščevoj. Moskva: 371–485.

Čechov, Michail A. ([3]2004 [1990]). *Die Kunst des Schauspielers. Moskauer Ausgabe.* Aus dem Russischen von Thomas Kleinbub und Ruth Kolbusch-Wyneken. Mit einem Beitrag von Marija O. Knebel. Stuttgart.

Gerigk, Horst-Jürgen (2010). „Literaturwissenschaft – was ist das?" *Wertung und Kanon.* Hrsg. von Matthias Freise und Claudia Stockinger. Heidelberg: 155–177.

Gumbrecht, Hans Ulrich (1987). „Moderne Sinnfülle – Vierundzwanzig Jahre ‚Poetik und Hermeneutik'". *Frankfurter Allgemeine Zeitung* (16. September 1987): 35–36.

Gumbrecht, Hans Ulrich (1991). „Tod des Subjekts als Ekstase der Subjektivität". *Postmoderne – globale Differenz.* Hrsg. von Hans Ulrich Gumbrecht und Robert Weimann. Frankfurt/M.: 307–312.

Gumbrecht, Hans Ulrich (2011). *Stimmungen lesen. Über eine verdeckte Wirklichkeit der Literatur.* München.

Herrmann, Fritz (2009). „Verstehensdynamik. Zur Semantik des Verstehens". *Oberfläche und Performanz: Untersuchungen zur Sprache als dynamischer Gestalt.* Hrsg. von Angelika Linke und Helmuth Feilke. Tübingen: 589–521.

Iser, Wolfgang (1970). *Die Appellstruktur der Texte. Unbestimmtheit als Wirkungsbedingung literarischer Prosa.* Konstanz.

Iser, Wolfgang (1972). *Der implizite Leser. Kommunikationsformen des Romans von Bunyan bis Beckett.* München.

Iser, Wolfgang ([4]1994 [1976]). *Der Akt des Lesens. Theorie ästhetischer Wirkung.* München.

Iser, Wolfgang (1991). *Das Fiktive und das Imaginäre. Perspektiven literarischer Anthropologie.* Frankfurt/M.

Lobsien, Eckhard (2010). „Literaturtheorie nach Iser". *Der Begriff der Literatur.* Hrsg. von Alexander Loeck. Berlin und New York: 207–221.

Leseglück. Eine vergessene Erfahrung? (1996). Hrsg. von Alfred Bellebaum und Ludwig Muth. Opladen.

Marx, Karl (1962 [1867]). *Das Kapital. Kritik der politischen Ökonomie.* Erster Bd. Buch I: *Der Produktionsprozeß des Kapitals.* Berlin.

Marx, Karl (1968). „Ökonomisch-philosophische Manuskripte aus dem Jahre 1844". *Schriften. Manuskripte. Briefe bis 1844* (Ergänzungsbd. Erster Teil der Marx Engels Werke [MEW]). Berlin: 533–546.

Planck, Max (1933a). „Geleitwort". *Wege zur physikalischen Erkenntnis: Reden und Vorträge.* Leipzig: vii–ix.

Planck, Max (1933b). „Die Einheit des physikalischen Weltbildes. Vortrag gehalten am 9. Dezember 1908 in der naturwissenschaftlichen Fakultät des Studentenkorps an der Universität Leiden". *Wege zur physikalischen Erkenntnis: Reden und Vorträge.* Leipzig: 1–32.

Schlaffer, Heinz (1999). „Der Umgang mit Literatur. Diesseits und jenseits der Lektüre". *Poetica. Zeitschrift für Sprach- und Literaturwissenschaft* 31.1–2 (1999): 1–25.

Schütz, Alfred (2003a). „Das Problem der Personalität in der Sozialwelt. Bruchstücke (1937)". *Alfred Schütz Werkausgabe. Bd. V.1. Theorie der Lebenswelt 1. Die pragmatische Schichtung der Lebenswelt.* Hrsg. von Martin Endreß und Ilja Srubar. Konstanz: 91–176.

Schütz, Alfred (2003b). „Don Quijote und das Problem der Realität". *Alfred Schütz Werkausgabe. Bd. V.1. Theorie der Lebenswelt 1. Die pragmatische Schichtung der Lebenswelt.* Hrsg. von Martin Endreß und Ilja Srubar. Konstanz: 285–323.

Stimmung. Zur Wiederkehr einer ästhetischen Kategorie (2011). Hrsg. von Anna-Katharina Gisbertz. München.

Warning, Rainer (2003). „Rezeptionsforschung. Historischer Rückblick und Perspektiven". *Wissenschaft und Systemveränderung. Rezeptionsforschung in Ost und West – eine konvergente Entwicklung?* Hrsg. von Wolfgang Adam, Holger Dainat und Gunter Schandera. Heidelberg: 57–68.

Weimar, Klaus (1996). „Text, Interpretation, Methode". *Wie international ist die Literaturwissenschaft?* Hrsg. von Lutz Danneberg und Friedrich Vollhardt. Stuttgart: 110–122.

Weimar, Klaus (1999). „Lesen: zu sich selbst sprechen in fremdem Namen". *Literaturwissenschaft. Einführung in ein Sprachspiel.* Hrsg. von Heinrich Bosse und Ursula Renner. Freiburg/Br.: 49–62.

Weimar, Klaus (2007). „Das Wort *lesen*, seine Bedeutungen und sein Gebrauch als Metapher". *Genese und Grenzen der Lesbarkeit.* Hrsg. von Philipp Stoellger. Würzburg: 21–34.

Wellbery, David E. (2003). „Stimmung". *Ästhetische Grundbegriffe. Historisches Wörterbuch in 7 Bdn. Bd.5.* Hrsg. von Karlheinz Barck, Martin Fontius, Dieter Schlenstedt, Burkhart Steinwachs und Friedrich Wolfzettel. Stuttgart und Weimar: 703–733.

Horst-Jürgen Gerigk
III.1.4 Lesen als Interpretieren

1 Was heißt Lesen?

Was passiert mit unserem Bewusstsein, wenn wir einen literarischen Text lesen? Die ‚Lektüre' des literarischen Textes ist zweifellos das Zentrum aller Beschäftigung mit ‚Literatur'. Durch Rückkehr zum Text werden Fehldeutungen ausgeschlossen, die sich während der Erstlektüre gebildet haben. Und doch bleibt die Frage: Gibt es überhaupt eine ideale Interpretation? Ist sie das unausgesprochene Fundament aller Kritik, wenn um die richtige Deutung eines literarischen Textes gestritten wird, was ja immer wieder der Fall ist? Gibt es überhaupt ein ‚freies Lesen'? Frei von Vorurteilen, die den Blick auf das verstellen, was tatsächlich zum Ausdruck kommt? Sind nicht auch bei einsamster Lektüre weltanschauliche Vorprägungen als unbemerkte Selbstverständlichkeiten mit am Werk?

Das Verstandene schriftlich zu fixieren, unternimmt ohnehin nur der Kritiker oder der Literaturwissenschaftler. Die große Mehrheit aller Leser formuliert ihr Urteil, wenn überhaupt, nur in pauschalen Stellungnahmen wie: ‚hat mir gefallen/hat mir nicht gefallen' – ohne dass Begründungen vorgenommen würden. ‚Lesen nach Vorschrift' wiederum ist der Wunsch aller totalitären Staaten, die das Deutungsmonopol nicht nur für die Literatur ihrer Gegenwart, sondern auch für ihre eigenen Klassiker beanspruchen.

Zweifellos aber ist der Leser eines literarischen Textes während der Lektüre, was die literarisch gestalteten Sachverhalte anbelangt, ‚klüger' als vor der Lektüre und ‚klüger' als nach der Lektüre. Das liegt daran, dass die Verständnislenkung des Autors einen Denkraum bereitstellt, in den der Leser regelrecht entführt wird, und dass der Leser als lesendes Bewusstsein ganz in der Welt aufgeht, die der literarische Text eigens für ihn erschließt. Und diese Entführung geschieht auch aufgrund einer Steuerung, die vom Autor eines literarischen Textes nach allen Regeln seiner ‚Kunst' systematisch in Gang gesetzt wird. Der Vorgang, mit dem unser Bewusstsein dieser Kunst entspricht, heißt Lesen.

Lesen beschränkt sich aber nicht auf die Lektüre literarischer Texte. Tageszeitungen, Gebrauchsanweisungen, Werbetexte, Urlaubsgrüße, Liebesbriefe, Fahrpläne, Telefonbücher – alles wird ‚gelesen'. Die Kunst des Lesens ist sogar älter als die Schrift. Auch ein Analphabet besitzt die Fähigkeit, ‚Spuren' zu lesen. Was also bedeutet ‚Lesen'?

https://doi.org/10.1515/9783110365252-006

2 Lesen und Schrift

In der Geschichte der Menschheit ist das Lesen früher da als die Schrift. Auch wer weder Schriftzeichen entziffern noch aufschreiben kann, ist fähig, Spuren zu lesen. Spuren lesen aber heißt, etwas zum Zeichen nehmen, um sich in der Welt eine Orientierung zu geben. Um aber Spuren als solche zu erkennen und richtig zu deuten, ist Sachverstand nötig, ein Sich-Auskennen, das nicht mit ‚Bildung‘ identisch ist. Von Kindheit an sehen wir uns dazu gezwungen, die Umwelt zu verstehen, um nicht zu Schaden zu kommen. Wenn Martin Heidegger das „Sein des Daseins" als „Sorge" kennzeichnet, so ist damit gemeint, dass wir ständig zwischen dem Zuträglichen und dem Abträglichen zu unterscheiden haben, weil wir „in der Welt" sind (Heidegger 1977, 428–458). Immer geht es darum, Zeichen, die bereits da sind, zu bemerken und richtig zu lesen, um sich mit Blick auf die Zukunft vernünftig zu orientieren. Dem Bauern kann etwa der Südwind ein Zeichen für Regen sein (natürliches Zeichen), und der Autofahrer orientiert sich an den Verkehrszeichen (künstliche Zeichen): beide Mal ohne ‚Schrift‘. Sie ist allerdings die Voraussetzung für die ‚Lektüre‘ eines literarischen Textes.

Friedrich Schiller liefert in seinem Gedicht *Der Spaziergang* folgende Definition der Schrift: „Körper und Stimme leiht die Schrift dem stummen Gedanken,/ Durch der Jahrhunderte Strom trägt ihn das redende Blatt." Man sieht: Das „redende Blatt" schließt das Zuhören mit ein. Sprache ist gesprochenes Wort, das durch die Schrift fixiert wird: über die Zeiten hinweg (Schiller 1987, 232). Worin aber besteht das Besondere eines ‚literarischen Textes‘?

3 Ein literarischer Text – was ist das?

Ein literarischer Text ist ein endlicher Text und ein Text ohne Sprecher (Gerigk 1989, 201–225). Wenn wir einen literarischen Text durchgelesen haben, dann steht fest, was in der von ihm erschlossenen Welt als Faktum zu gelten hat. Wir können die geschilderten Sachverhalte nicht aus Sicht eines anderen Sachverständnisses kritisieren oder verbessern. Bei einem Leitartikel in der Tageszeitung wäre das durchaus möglich, denn nicht-literarische Texte sind unendliche Texte, die aus einem unendlichen Kontext zu uns sprechen und deshalb für immer offen sind für Kritik aus einem anderen Sachverständnis. Es geht in nicht-literarischen Texten um die richtige Bezeichnung von Gegenständen und Sachverhalten innerhalb unserer gemeinsamen empirischen Wirklichkeit.

Der literarische Text aber hat keinen Sprecher, den man auf die Herkunft seines Wissens befragen könnte. Der literarische Text beglaubigt sich selbst. Wir können nicht Franz Kafkas Erzähler im Roman *Das Schloss* auf seine Kompetenz bezüglich der geschilderten Sachverhalte befragen, wohl aber den Verfasser eines geschichtswissenschaftlichen Buches. Der literarische Text als endlicher Text ohne Sprecher erschafft eine Wirklichkeit, die dem Zugriff unserer empirischen Wirklichkeit auf ganz bestimmte Weise entzogen bleibt. Die von einem literarischen Text erschlossene Welt hat ihre eigenen Gesetze, die vom Autor eines literarischen Textes in seinen Dienst gestellt werden.

Was aber sind das für Gesetze, nach denen ein literarischer Text funktioniert? Begonnen sei mit der Erläuterung zweier zentraler Begriffe: ‚Realitätsebene' und ‚anthropologische Prämisse'. Jeder literarische Text erschließt eine eigene Welt, und diese Welt ist nicht die Welt unserer empirischen Wirklichkeit, sondern eine erfundene Welt, die von ihrem Autor gezielt in Nähe oder Ferne zur alltäglichen Empirie entworfen wurde. Die Welt der Fiktion ist immer, unabhängig von der Textsorte, durch einen Abstand zur empirischen Wirklichkeit gekennzeichnet.

So können im Märchen der Brüder Grimm der Wolf und die sieben jungen Geißlein mitsamt ihrer Mutter so sprechen wie Menschen; und die ‚Science fiction' eines H. G. Wells überwindet mit der *Zeitmaschine* Raum und Zeit. Die innerfiktionale Realität ist also in beiden Texten auf jeweils andere Art ‚fantastisch'. Der Leser aber stellt sich sofort auf diesen Abstand zu seiner alltäglichen Empirie ein und versteht, es handelt sich um ‚Literatur'. Das heißt, er gehorcht der ‚Einspurung' in die Normen der innerfiktionalen Wirklichkeit, die jeder literarische Text automatisch im lesenden Bewusstsein veranlasst.

Im realistischen Roman eines Gustave Flaubert (*Madame Bovary*) oder eines Émile Zola (*La Bête Humaine*) liegt, im Gegensatz zu den Märchen der Brüder Grimm und der ‚Science fiction' eines H. G. Wells, eine programmatische Nähe zur empirischen Wirklichkeit vor. Sophokles wiederum arbeitet in seiner Tragödie *König Ödipus* mit zwei verschiedenen Realitätsebenen: einer realistischen und einer fantastischen (Gerigk 2008). Sämtliche Dialoge, die vor unseren Augen stattfinden, sind mit ihren Verdächtigungen, Widerlegungen, Zustimmungen, Bekenntnissen in psychologischer Hinsicht völlig realistisch. Das Fundament der Ereignisse aber, aus denen sie hervorgehen, ist fantastisch: Ödipus hat seinen Vater erschlagen und seine Mutter geheiratet; und deshalb ist in Theben die Pest ausgebrochen. Mit einer ganz ähnlichen Mischung von Realismus und Fantastik arbeitet E.T.A. Hoffmann in seiner *Geschichte vom verlornen Spiegelbilde*: Weil Erasmus Spikher sein Spiegelbild in Italien seiner Geliebten als Andenken überlassen hat, setzt ihn seine Ehefrau in Deutschland vor die Tür. Einen Ehemann ohne Spiegelbild will sie nicht haben: „Hast du's wieder, so sollst du mir herzlich willkommen sein." Ja, man will die Polizei holen und jagt ihn aus der Stadt, weil ihm das Spiegelbild fehlt. Und Spikher geht „in die weite Welt" (Hoffmann 1960, 282). Das heißt, auf der Basis einer einzigen fantastischen Voraussetzung wird die realistische Geschichte eines Ehebruchs erzählt: Spikher verliert seine bürgerliche Existenz und damit seine soziale Identität. Hoffmann wie auch Sophokles bedienen beide Ebenen, die realistische wie die fantastische, mit der gleichen Intensität, wenn auch im Vordergrund die realistische Ebene dominant bleibt. Solche Mischung will gekonnt sein, um nicht ihre Suggestivität zu verlieren. Die ‚Einspurung' aber gründet immer im angeborenen Kunstverstand des Betrachters.

Neben der ‚Realitätsebene', die den Abstand der Welt des Textes zur empirischen Wirklichkeit festlegt, hat jeder literarische Text auch in seiner ‚anthropologischen Prämisse' ein unveränderliches Merkmal. Sie legt den exemplarischen Charakter von Personen und Handlung fest: Alles, was geschieht, ist jeweils kennzeichnend für das implizite Menschenbild. Die anthropologische Prämisse der Welt eines literarischen Textes legt fest, von welchen „Grenzsituationen" (Jaspers 1971, 229–280) die geschilderten menschlichen Schicksale bestimmt werden (Gerigk 1975, 11–15). So besteht etwa die anthropologische Prämisse der fünf großen Romane Dostojewskijs aus den Wirkungsfaktoren: Verbrechen, Krankheit, Sexualität, Religion und Politik. Der Verbrecher hat in der Welt Dostojewskijs nach vollzogener Untat drei Möglichkeiten. Er kann sich der Polizei stellen, ein Geständnis ablegen und die Strafe für sein Verbrechen akzeptieren, um so wieder in die menschliche Gesellschaft zurückzukehren, die er durch sein Verbrechen verlassen hat. Diesen Weg geht Raskolnikow im Roman *Verbrechen und Strafe* (1866). Die zweite Möglichkeit besteht darin, dass der Verbrecher nach vollzogener Tat ins Ausland entflieht, um sich der Strafe zu entziehen. Diesen Weg geht Pjotr Werchowenskij, nachdem er Schatow erschossen hat, im Roman *Die Dämonen* (1871/1872). Die dritte Möglichkeit besteht darin, dass der Verbrecher nach vollzogener Tat Selbstmord begeht. Diesen Weg geht Smerdjakow im Roman *Die Brüder Karamasow* (1879). Dostojewskij entwirft mit seinen fünf großen Romanen eine Welt, die vom Sittengesetz regiert wird, und positioniert den Menschen zwischen Gut und Böse (Gerigk 2013).

Eine völlig andere anthropologische Prämisse vertreten etwa die großen Romane Tolstojs, *Krieg und Frieden* (1868/1869) und *Anna Karenina* (1875–1877). Dort wird eine arterhaltende Ethik herrschend, mit der Institution ‚Familie' im Zentrum. Anna Karenina verstößt mit ihrem egoistischen Ehebruch gegen die Institution Familie und landet deshalb im Selbstmord unter einem Güterzug: Das Nützliche überrollt das Schöne (Gerigk 2012).

Wiederum anders definiert Turgenjew die menschliche Situation. Für ihn ist die Seele ein verirrter Schmetterling, der hilflos zwischen Vorhang und Fenster herumflattert: im Angesicht unerreichbarer Freiheit draußen. Dieses ‚Emblem' der menschlichen Situation findet sich wörtlich in seinem Roman *Rauch* (vgl. Turgenjew 1964, 597), ohne dass es bislang von der Forschung als ein solches erkannt worden wäre (Gerigk 2015, 14).

Um einem Autor nicht etwas abzuverlangen, was ihm völlig fernliegt, oder ihm Meinungen anzudichten, die er gar nicht vertritt, ist es nötig, die anthropologische Prämisse seiner literarischen Texte zu ermitteln, denn aus dieser Prämisse ergibt sich der Referenzrahmen, innerhalb dessen sich Charaktere und Handlung bewegen und beurteilt werden müssen.

Es ist das Kriterium der „poetologischen Differenz", mit dem die Struktur eines literarischen Textes als Leistung der künstlerischen Intelligenz in den Griff genommen wird. Die Definition lautet: „Die poetologische Differenz ist die Differenz zwischen der innerfiktionalen Begründung und der außerfiktionalen Begründung eines innerfiktionalen Sachverhalts" (Gerigk 2002, 17). Wird der innerfiktionale Sachverhalt für sich genommen, so kann zwar ein adäquates inhaltsbezogenes Verständnis für die geschilderte Textwelt und die handelnden Personen zustande kommen, niemals aber kann sich in einer solchen Einstellung die „poetologische" Funktion dieses Sachverhalts zeigen, denn diese wird erst sichtbar, wenn unser Verstehen den Sprung in die „poetologische Differenz" vollzieht.

Mit der poetologischen Differenz kommt es zum „Anblick" der vom Text erschlossenen Welt von außerfiktionalem Standpunkt. Die Aufmerksamkeit des Lesers bewegt sich jetzt sowohl auf der Figurenebene im Nachvollzug bereits verstandener Welt (psychologisches Verstehen) als auch „draußen" im Nachvollzug der Struktur dieser Welt als Leistung einer künstlerischen Intelligenz (poetologisches Verstehen). Die Fähigkeit, sowohl psychologisch als auch poetologisch zu verstehen, entspricht zwar der Natur des literarischen Textes und ist deshalb in jedem von uns angelegt, muss aber geübt und kultiviert werden, um als Selbstverständlichkeit zu funktionieren. Das natürliche Verstehen literarischer Texte wird zunächst und zumeist vom psychologischen Nachvollzug bereits verstandener Welt dominiert, denn darin besteht das Fundament aller Aneignung von literarischen Texten.

4 Der vierfache Schriftsinn

Grundlage der Textauslegung ist der „buchstäbliche Sinn" dessen, was wörtlich dasteht. Auf diesem *fundamentum* wird im Umgang mit dem Text ein dreistufiges *superaedificatum* errichtet, ein Überbau: der „allegorische Sinn", der „tropologische Sinn" und der „anagogische Sinn". Diese weiteren Stufen bezeichnen die möglichen Lesarten des buchstäblichen Sinns (Gerigk 2002, 119–139). Allegorisch lesen heißt, nicht beim buchstäblichen Sinn stehen bleiben, immer sofort auch die „übertragene Bedeutung" sehen: Alles ist Metapher. Die Meister solcher

Umsetzung des Konkreten ins Allgemeine vor unseren Augen sind offensichtlich Ovid (*Metamorphosen*) und Dante (*Göttliche Komödie*). Der buchstäbliche Sinn ist hier bereits übertragene Bedeutung, und die allegorische Lesart sagt: Der Mensch hier und jetzt ist der Gegenstand, „unterworfen der Gerechtigkeit in Belohnung und Strafe". So sieht die wahre Botschaft der *Commedia* aus, wie Dante selbst in seinem Brief an Cangrande della Scala (wahrscheinlich 1319) erläutert (Dante 1993, 15). Der „tropologische Sinn" besteht in der Anwendung des Verstandenen auf mich selbst. In seiner berühmten Abhandlung *Vom Nutzen und Nachteil der Historie für das Leben* erweist sich Friedrich Nietzsche als Anwalt und Meister der „tropologischen" Lesart: Er spielt die Lust am Leben aus gegen alle Moral und lässt die große Tradition nur insoweit zu Wort kommen, wie sie uns hilft, den „ästhetischen Zustand" herzustellen. Im Referenzrahmen einer heutigen Hermeneutik, die keine religiösen Grundlagen mehr besitzt, wird der „anagogische Sinn" zu einer Lesart, mit der der Selbstreflexivität des literarischen Textes entsprochen wird. Der adäquate Umgang mit dem literarischen Text besteht jetzt in der „poetologischen Rekonstruktion", mit der die Leistung des Autors als künstlerischer Intelligenz anschaulich vor Augen geführt wird: als Entfaltung des darzustellenden Gegenstandes zu „phänomenaler Fülle" (Husserl 1968, 77) nach Maßgabe der Natur des literarischen Textes.

Ein spätmittelalterliches Distichon hat den vierfachen Schriftsinn auf folgende Weise zusammengefasst: „Littera gesta docet, quid credas allegoria, / Moralis quid agas, quo tendas anagogia." Auf Deutsch: „Der Buchstabe lehrt das Geschehene, was zu glauben ist, die Allegorie, was zu tun, der moralische Sinn, wohin zu streben, die Anagogia" (Lubac 1952, 13). Wobei heute die Anagogia umzudenken ist in die „poetologische Rekonstruktion".

5 Fazit: Lesen als Interpretieren

Der Hintergrund, vor dem die Formel „Lesen als Interpretieren" ihre Bedeutung erhält, ist nun verdeutlicht worden: Die Lektüre des literarischen Textes ist es, die der Literaturwissenschaft ihren Gegenstand liefert. Und das heißt: Die Literaturwissenschaft hat sich auf den vorwissenschaftlichen Umgang des Lesers mit literarischen Texten einzulassen, um ihren Gegenstand adäquat zu bestimmen. Damit wird aber der Akt des Lesens durchaus nicht dem Belieben des Subjekts ausgeliefert, sondern, wie zu zeigen war, der Natur des literarischen Textes unterstellt. Und diese Natur hat ihre Gesetze. Diese Gesetze wurden in unserem Zusammenhang als Eigenheiten des literarischen Textes formuliert: Der literarische Text ist ein Text ohne Sprecher und ein endlicher Text, verpflichtet sich einer bestimmten Realitätsebene, die dominierend bleibt, veranschaulicht mit Charakteren und Handlung eine anthropologische Prämisse, verwirklicht das leitende *Intentum* gemäß der strukturierenden Dynamik der poetologischen Differenz und integriert die mögliche Rezeption im vierfachen Schriftsinn.

Im Grundsätzlichen bedeutet das: Der literarische Text reguliert aufgrund seiner Natur die Kreativität des Autors wie auch die Hermeneutik des Lesers. Autor und Leser begegnen sich im literarischen Text. Der Autor liefert mit der Veranschaulichung seines *Intentum*, nach Maßgabe der Regulierungen („Gesetze") von literarischem Text überhaupt, das „objektive Korrelat" („objective correlative", Eliot 1966, 145) zum geforderten Verständnis des Lesers. Der „tropologische Sinn" stellt den Freiraum grenzenlos subjektiver Deutungen bereit, einen Freiraum, der vom „anagogischen Sinn" wieder verschlossen wird, so dass damit die „Lektüre" des literarischen Textes zu einem „Lesen als Interpretieren" im strengen Sinne wird.

Zur Literaturwissenschaft im weitesten Sinne gehören natürlich auch „Schaffenspsychologie" (den Autor betreffend) und „Rezeptionspsychologie" (den Leser betreffend). Beide Disziplinen stehen aber mit dem literarischen Text nur in einem assoziativen Zusammenhang (meist auf der Ebene von Ursache und Wirkung). Die Schaffenspsychologie untersucht, wie der Autor an seine Themen kommt; und dies geschieht mit Rücksicht auf sein Leben und seine Zeit. Beliebt und sehr geachtet ist dabei die Erforschung der Entstehungsgeschichte eines literarischen Textes mit Aufspürung der entsprechenden „Archive", wo die Details gelagert sind. Einen eigenen Forschungszweig bilden hier die „Pathographien" kranker Dichter. Man denke etwa an *Strindberg und van Gogh. Versuch einer vergleichenden pathographischen Analyse* (1977, zuerst 1922) von Karl Jaspers, worin auch Hölderlin abgehandelt wird, was der Titel nicht erkennen lässt. Die Rezeptionspsychologie wiederum protokolliert den Verlauf der Wirkungsgeschichte literarischer Texte, ihre Aufnahme zu verschiedenen Zeiten durch verschiedenste Verteiler, die psychologisch und soziologisch erfasst werden wollen. Man denke an *Goethe und die Deutschen* von Wolfgang Leppmann, mit dem Untertitel: *Der Nachruhm eines Dichters im Wandel der Zeit und der Weltanschauungen* (Leppmann 1982).

Der literarische Text als künstlerisches und deshalb autonomes Gebilde wird jedoch weder von der „Schaffenspsychologie" noch von der „Rezeptionspsychologie" ins Zentrum der Betrachtung gestellt (Gerigk 2010). Es ist vielmehr die „Poetologie", welche per definitionem zuständig ist für das autonome Eigenleben des literarischen Textes als „Werk" einer künstlerischen Intelligenz. Auch in solchem Zugriff schlummert allerdings die Gefahr, den literarischen Text nur noch „formalistisch" zu betrachten: als jeweilige Summe von erzähltechnischen Kunstgriffen, die in ihrer Virtuosität als Selbstzweck begriffen und herausgestellt werden. Wie sich zeigen ließ, kommt es aber darauf an, die Kunstgriffe im Dienst eines *Intentum* (= *causa finalis*) wahrzunehmen, dessen Verwirklichung durch die „poetologische Differenz" geregelt wird.

Literatur

Argüelles Fernández, Gerardo (2009). *Analisis del concepto de „conformación literaria" de Roman Ingarden bajo la consideración del postulado de la „differencia poetológica" de Horst-Jürgen Gerigk.* Tesis que para obtener el grado de Doctor en Letras. Universidad Nacional Autónoma de México, Ciudad Universitaria.
Argüelles Fernández, Gerardo (2013). „Intencionalidad y poetología. Notas para una teoría literaria entre Husserl, Ingarden y Gerigk". *Diálogos transdisciplinarios III.* Julio César Schara, compilador. Santiago Querétaro, Oto., México: 11–43.
Dante Alighieri (1993). *Das Schreiben an Cangrande della Scala.* Übers. von Thomas Ricklin. Mit einer Vorrede von Ruedi Imbach. Lateinisch/Deutsch. Hamburg.
Dante Alighieri (1956). *Die Göttliche Komödie.* Italienisch und deutsch. Übers. von August Vezin. Freiburg/Br. und Rom.
Eliot, Thomas Stearns (1966). „Hamlet and His Problems" (1919). *Selected Essays.* London: 141–146.
Gadamer, Hans-Georg (1960). *Wahrheit und Methode. Grundzüge einer philosophischen Hermeneutik.* Tübingen.
Gerigk, Horst-Jürgen (1975). *Entwurf einer Theorie des literarischen Gebildes.* Berlin und New York.
Gerigk, Horst-Jürgen (1989). *Unterwegs zur Interpretation. Hinweise zu einer Theorie der Literatur in Auseinandersetzung mit Gadamers „Wahrheit und Methode".* Hürtgenwald.
Gerigk, Horst-Jürgen (2014 [2002]). *Lesen und Interpretieren.* Göttingen und Heidelberg.
Gerigk, Horst-Jürgen (2008). „Zerrissenheit – König Ödipus grenzt sich ab gegen das romantische Ich". *Vom Selbst-Verständnis in Antike und Neuzeit.* Hrsg. von Alexander Arweiler und Melanie Möller. Berlin und New York: 271–281.
Gerigk, Horst-Jürgen (2010). „Literaturwissenschaft – was ist das?" *Wertung und Kanon.* Hrsg. von Matthias Freise und Claudia Stockinger. Heidelberg: 155–177.
Gerigk, Horst-Jürgen (2012). *Dichterprofile. Tolstoj, Gottfried Benn, Nabokov.* Heidelberg.
Gerigk, Horst-Jürgen (2013). *Dostojewskijs Entwicklung als Schriftsteller. Vom „Toten Haus" zu den „Brüdern Karamasow".* Frankfurt/M.
Gerigk, Horst-Jürgen (2015). *Turgenjew. Eine Einführung für den Leser von heute.* Heidelberg.
Grimm, Jacob und Wilhelm Grimm (1949). „Der Wolf und die sieben jungen Geißlein". *Kinder- und Hausmärchen.* München: 58–61.
Heidegger, Martin (1977). *Sein und Zeit.* Frankfurt/M.
Heidegger, Martin (2000). „Wissenschaft und Besinnung" (1953). *Gesamtausgabe.* Abt. 1, Bd. 7. *Vorträge und Aufsätze.* Hrsg. von Friedrich Wilhelm von Herrmann. Frankfurt /M.: 37–65.
Hoffmann, E.T.A. (1960). „Die Geschichte vom verlornen Spiegelbilde". *Fantasie- und Nachtstücke.* München: 268–283.
Husserl, Edmund (1968). *Logische Untersuchungen.* Tübingen.
Ingarden, Roman (1931). *Das literarische Kunstwerk.* Tübingen.

Jaspers, Karl (1971). *Psychologie der Weltanschauungen*. Berlin, Heidelberg und New York.

Leppmann, Wolfgang (1982). *Goethe und die Deutschen. Der Nachruhm eines Dichters im Wandel der Zeit und der Weltanschauungen*. Bern und München.

Lubac, Henri de (1952). *Der geistige Sinn der Schrift*. Einsiedeln.

Nietzsche, Friedrich (1980). „Unzeitgemäße Betrachtungen. Zweites Stück: Vom Nutzen und Nachtheil der Historie für das Leben". *Sämtliche Werke. Kritische Studienausgabe in 15 Bdn*. Hrsg. von Giorgio Colli und Mazzino Montinari. Bd. 1. München, Berlin und New York: 243–334.

Ovidius Naso, Publius (1964). *Metamorphosen. Epos in 15 Büchern*. Übers. von Hermann Breitenbach. Zürich.

Schiller, Friedrich (1987). „Der Spaziergang". *Sämtliche Werke*. Bd. 1. Hrsg. von Gerhard Fricke und Herbert G. Göpfert. München: 228–234.

Sophokles (1958). „König Ödipus". Übers. von K. W. F. Solger. *Griechische Tragiker. Aischylos, Sophokles, Euripides*. Hrsg. und mit einem Nachwort versehen von Wolf Hartmut Friedrich. München: 395–441.

Turgenjew, Iwan (1964). „Rauch". Übers. von Josef Hahn. *Romane*. München: 493–666.

Wells, Herbert George (1987). „The Time Machine". *Complete Short Stories*. London: 9–91.

Dorothee Birke

III.1.5 Der Leser als Adressat

Vorbemerkung

Wenn Literaturtheoretikerinnen und -theoretiker von „dem Leser" sprechen, ist damit eher selten eine konkrete Person mit empirisch erforschten Lesegewohnheiten oder -praktiken gemeint. Vielmehr bezeichnet „der Leser" ein breites Spektrum an Konzepten, die zur Untersuchung des Verhältnisses zwischen Autor, Text und Rezeption herangezogen werden. Je nach Erkenntnisinteresse und Prämissen der einzelnen Theorien finden sich unterschiedliche Modellierungen, wie schon die Vielzahl an Begriffen zeigt, die in der Theorie Verwendung gefunden haben: impliziter Leser, Modell-Leser, *narratee*, idealer Leser und Interpretationsgemeinschaft sind nur einige Beispiele einer fast beliebig verlängerbaren Liste. Diese Konzepte sind zum Teil inkompatibel und schwer systematisch zu kategorisieren (vgl. Scheffel 2011; Willand 2014). Grob lassen sich aber vier Arten von literaturwissenschaftlichen Leserkonzepten unterscheiden:

1. *Reale Leser* (auch „empirische Leser" [Scheffel 2011] oder „konkrete Leser" [Schmid 2005]) stehen im Mittelpunkt solcher Untersuchungen, die sich mit verifizierbaren Rezeptionsweisen tatsächlicher Personen befassen – so die neuro-ästhetischen Lesestudien von David S. Miall und Don Kuiken (Miall und Kuiken 2001; Miall 2006), Norbert Groebens Untersuchungen zur Leserpsychologie (Groeben 1982) oder auch Alberto Manguels Geschichte des Lesens (Manguel 1996).

2. *Leserfiguren* sind Teil der erzählten Welt. Darstellungen lesender Figuren in der Literatur sind sowohl als ästhetisches Phänomen untersucht worden (Marx 1995) wie auch als Reflexion auf das Lesen als kulturelle Praktik (Bray 2009; Birke 2016 verknüpft beide Perspektiven). Als besonders einflussreiche Leserfigur in der Literaturgeschichte kann Miguel de Cervantes' Don Quichote gelten (vgl. III.3.1).

3. Als *fiktive Leser* bzw. *fiktive Adressaten* (Schmid 2013 [2007], 175) werden die Adressaten der Kommunikation innerhalb von narrativen Texten konzeptualisiert. Modelle, die dieses Konzept beinhalten, basieren auf der Annahme, dass Erzähltexte eine „kommunizierte Kommunikation" darstellen (Janik 1973, 12), in der sich ein fiktiver Erzähler an einen fiktiven Rezipienten richtet („fiktiv" wird hier als Gegenstück zu ‚real' verwendet und „bezeichnet den ontologischen Status des [...] Ausgesagten", wogegen ‚fiktional' als Gegenstück zu ‚faktual' sich auf „den pragmatischen Status einer Rede" bezieht, vgl. Martinez und Scheffel 2012 [1999], 15–16). Eine besonders einflussrei-

https://doi.org/10.1515/9783110365252-007

che Modellierung des fiktiven Lesers in der Erzähltheorie ist Gerald Princes Konzept des *narratee* als Pendant zum Erzähler (1980). Wolf Schmid, der den Begriff des ‚fiktiven Lesers' für den deutschen Sprachraum eingeführt hat, plädiert inzwischen dafür, ihn durch den Begriff des ‚fiktiven Adressaten' zu ersetzen (2013 [2007]), da der fiktive Rezipient auch ein Zuhörer sein kann.

4. Die Mehrzahl der Leserkonzepte aus dem Bereich der Literaturtheorie lässt sich in der Kategorie der *abstrakten Leser* (Schmid 2013 [2007], 171) fassen. Ansätze, die mit einem solchen Konzept arbeiten, suchen auf verschiedene Art und Weise die Rolle von Leserinnen und Lesern als Adressatinnen und Adressaten des Textes (statt, wie im Falle der fiktiven Leser, Adressaten der Erzählung) zu fassen. Ein besonders wirkmächtiges Konzept aus der Kategorie der abstrakten Leser ist Wolfgang Isers „impliziter Leser" (Iser ⁴1994 [1976]).

Die folgenden Ausführungen konzentrieren sich auf Leserkonzepte der Kategorien 3 und 4. Die strikte Unterscheidung zwischen den beiden Kategorien wird in der deutschen Theorie vor allem von Schmid vertreten, der wiederum in erster Linie von Literaturtheoretikerinnen und -theoretikern aus dem slawischen Raum beeinflusst ist (Schmid 2013 [2007], 172). In der anglo-amerikanischen Theorie wird eine ähnlich gelagerte Differenzierung von Peter J. Rabinowitz (1987) entwickelt; er unterscheidet zwischen einer *authorial audience*, auf deren Wissen und Werte der Text zugeschnitten erscheint, und einer *narrative audience*, die als hypothetisches Publikum des Erzählers dessen Geschichte als faktual begreift. Allerdings sind die beiden Kategorien nicht in allen Theorien als klar getrennt konzipiert, und in einigen Fällen gibt es auch fließende Übergänge zu den Kategorien 1 und 2.

1 Der fiktive Leser als Adressat der Erzählung

Der fiktive Leser bzw. Adressat als Pendant zum Erzähler ist ein zentrales Konzept der Erzähltheorie. Das Interesse am fiktiven Leser als dem Adressaten der Erzählung wurde v. a. durch den amerikanischen Erzählforscher Gerald Prince (1980; 1985) vorangetrieben, der dafür in englischsprachigen Studien den Begriff des *narratee* (franz. *narrataire*) etabliert hat. Narratologen verorten den fiktiven Leser auf einer anderen Erzählebene als die Leserfiguren: Er ist nicht in erster Linie eine handelnde Figur in der erzählten Welt, sondern das ‚Du', das im Erzählprozess angesprochen wird. Dabei können mit Hilfe dieser Kategorie durchaus unterschiedliche Textphänomene diskutiert werden.

Eine besonders auffällige Ausrichtung auf einen fiktiven Adressaten findet sich in ‚Erzählungen in der Erzählung‘, wenn eine Figur innerhalb der erzählten Welt das Wort an eine oder mehrere andere Figuren richtet. Im Märchenzyklus *Tausendundeine Nacht* etwa ist der persische König ein fiktiver Adressat der Geschichten, die ihm die in der Rahmenhandlung näher beschriebene Scheherazade erzählt. Manche Erzähltexte bieten noch weitere Verschachtelungen, so z. B. Emily Brontës Roman *Wuthering Heights*, in dem der Ich-Erzähler Lockwood zum fiktiven Adressaten der Haushälterin Nelly Dean wird, die ihrerseits in einigen Passagen als fiktive Adressatin der Geschichte von Isabella Heathcliff fungiert.

Eine solche Gerichtetheit auf einen Adressaten als einer konkreten Figur in der erzählten Welt kann auch ohne Rahmenhandlung deutlich werden. Die Erzählerrede in Briefromanen ist auf den Empfänger des Briefes zugeschnitten, zum Beispiel Werthers Freund Wilhelm in Johann Wolfgang von Goethes *Die Leiden des jungen Werthers* oder Pamelas Eltern in Samuel Richardsons *Pamela*. Auch Ich-Erzählungen wie Edgar Allan Poes Kurzgeschichte „The Tell-Tale Heart" richten sich ausdrücklich an eine Figur innerhalb der erzählten Welt: „[W]hy will you say that I am mad? [...] Hearken! and observe how healthily – how calmly I can tell you the whole story." (Poe 1976 [1843], 259) Die Person des fiktiven Adressaten und die Rezeptionssituation (ein Verhör? eine medizinische Untersuchung? eine Gerichtsverhandlung?) sind bei Poe durch die Art der Ansprache angedeutet, ohne explizit beschrieben zu werden.

In anderen Fällen sind direkte Ansprachen nicht an ein zuhörendes Publikum gerichtet, sondern sie wenden sich tatsächlich ausdrücklich an einen an der Erzählhandlung nicht beteiligten Leser. Diese Art der direkten Ansprache ist vor allem typisch für Erzählungen mit allwissenden Erzählern, die nicht selbst an der Handlung beteiligt sind. In George Eliots *Adam Bede* beispielsweise schließt die Beschreibung einer Interaktion zwischen zwei Figuren mit den Worten: „That is a simple scene, reader. But it is almost certain that you, too, have been in love" (Eliot 1996 [1859], 493). Ansprachen an einen fiktiven Leser in solchen Texten sind oft auch in der dritten (statt in der zweiten) Person formuliert, so z. B. in Christoph Martin Wielands *Don Sylvio*: „Unsre schönen Leserinnen werden ihm [Don Sylvio] dieses übereilte Urteil desto eher zu gut halten, wann sie bedenken, daß er von seiner Tante, die aus bekannten Ursachen sehr wenig Gesellschaft sah, in einer [...] strengen Einsamkeit erzogen worden war [...]." (Wieland 2009 [1764], 25)

Immer wieder ist in der Erzähltheorie die Frage aufgeworfen worden, wie das Verhältnis zwischen der letztgenannten Art von Adressaten, die explizit als Leser angesprochen werden, und den realen Leserinnen und Lesern des Textes zu denken ist. Theoretikern wie Wolf Schmid und Gerald Prince geht es in erster Linie um die Entwicklung eines konsistenten Kommunikationsmodells, in dem die Ebene des fiktiven Adressaten bzw. *narratee* ebenso grundsätzlich von der des realen Lesers zu unterscheiden ist wie die Ebene des Erzählers von der des Autors. Andere Studien befassen sich hingegen eher mit dem besonderen Bezug solcher Ansprachen auf die reale Rezeptionssituation. Robyn R. Warhol (1989) etwa sieht die Anreden als Aufrufe zur Stellungnahme und unterscheidet zwischen ‚distanzierenden' (*distancing*) und ‚beteiligenden' (*engaging*) Varianten. Während erstere den realen Leser dazu auffordern, das entworfene ‚Du' ironisch-distanziert zu sehen, legen letztere eine emotionale Anteilnahme nahe (ein Beispiel hierfür wäre die oben zitierte Passage aus *Adam Bede*). Dorothee Birke (2016) versteht Leseransprachen als Teil einer Rhetorik, durch die ein Erzähltext bestimmte Arten von Lesehaltungen (z. B. analytisch, moralisch oder mitfühlend) evoziert und somit über seine eigene Funktion als Medienartefakt reflektiert.

Eine Sonderform der Ansprache eines fiktiven Adressaten, die vor allem in Erzähltexten seit den 1980er Jahren zunehmend zu finden ist (Fludernik 1993, 217), ist die Du-Erzählung, in der das Pronomen der zweiten Person sich auf die Protagonistin oder den Protagonisten der Erzählhandlung bezieht. Ilse Aichingers „Spiegelgeschichte" ist ein frühes Beispiel: „Sie tragen dich ins Haus und die Stiegen hinauf. Du wirst aus dem Sarg gehoben. Dein Bett ist frisch gerichtet." (Aichinger 1954, 65) In diesem Beispiel – und noch klarer in Fällen wie Tom Robbins' Roman *Half Asleep in Frog Pyjamas* (1994), in dem das angesprochene Du als eine 29-jährige Börsenmaklerin aus Seattle namens Gwendolyn Mati charakterisiert wird – wird einerseits durch das Pronomen eine Kommunikationssituation mit einem konkreten fiktiven Adressaten klar markiert, andererseits aber kein realweltlich unmittelbar einleuchtender Rahmen für diese Situation entworfen oder angedeutet (wie es etwa in Poes Geschichte geschieht). Anders als das Erzählen in der ersten und der dritten Person ist das Erzählen in der zweiten Person in der Alltagskommunikation ungewöhnlich und wird eher als Form empfunden, die von natürlichen Mustern abweicht (Zipfel 2001, 164).

Noch etwas anders gelagert ist ein besonders prominentes Beispiel für eine Du-Erzählung, Italo Calvinos Roman *Se una notte d'inverno un viaggatore* (1979, *Wenn ein Reisender in einer Winternacht* [1983]), der sich dezidiert an seinen eigenen Leser wendet: „Du schickst dich an, den neuen Roman *Wenn ein Reisender in einer Winternacht* von Italo Calvino zu lesen. Entspanne dich. Sammle dich. Schieb jeden anderen Gedanken beiseite. Laß deine Umwelt im ungewissen verschwimmen. Mach lieber die Tür zu, drüben läuft immer das Fernsehen." (Calvino 1983, 7) Dadurch, dass das angesprochene Du im weiteren Verlauf des Textes nicht nur liest, sondern beispielsweise auch eine Buchhandlung besucht und sich in eine andere Leserin verliebt, unternimmt der Roman „die originelle Verschmelzung zweier ansonsten getrennter Erscheinungsformen des Du im Erzähltext: der Leseranrede und der Du-Erzählung" (Korte 1987, 180). Zudem handelt es sich bei dem Protagonisten der Du-Erzählung um eine Leserfigur (vgl. die Kategorie 2), die die gleiche mediale Handlung vollzieht wie die reale Leserin oder der Leser. So wird der tatsächliche Leser einerseits an den eigenen Lektüreakt und andererseits an den Unterschied zwischen Realität und Fiktion erinnert; Irene Kacandes (1993) beschreibt den speziellen Effekt von Calvinos postmoderner Erzählung als ‚literarische Performanz' (*literary performative*). Eine Typologie verschiedener Arten von Du-Erzählungen liefert Monika Fludernik (1993).

Während für die bisher aufgezählten Beispiele eine explizite Ansprache eines Adressaten kennzeichnend war, gehen viele erzähltheoretische Modelle davon aus, dass jeder Erzähltext grundsätzlich einen fiktiven Adressaten darstellt (z. B. Prince 1980; Schmid 2013, 178), da die Rede des Erzählers immer als (wenigstens implizit) auf eine bestimmte Art von Rezeption ausgerichtet zu verstehen sei. Andere Narratologen hingegen lehnen die Vorstellung ab, dass für jeden literarischen Erzähltext ein fiktiver Erzähler anzunehmen sei (z. B. Köppe und Kindt 2014, 86), so dass in diesen Modellen auch der fiktive Adressat kein notwendiger Bestandteil ist. In der Interpretationspraxis findet das Konzept ohnehin vor allem dann Anwendung, wenn der Bezug auf einen fiktiven Adressaten ein auffälliges Textmerkmal ist.

2 Der abstrakte Leser als Adressat des Textes: Vom impliziten Leser zur Interpretationsgemeinschaft

Während das in der Erzählung angesprochene ‚Du' vor allem in der Erzähltheorie untersucht worden ist, spielen Konzeptualisierungen von Textadressaten bzw. abstrakten Lesern in einem breiten Spektrum literaturtheoretischer Modelle eine Rolle. Als Hochzeit der Beschäftigung mit dem Verhältnis zwischen Text und Leser (oder dem Lesen als Handlung) können die 1970er Jahre gelten, in denen unter anderem Roland Barthes, Jonathan Culler, Umberto Eco, Judith Fetterley, Stanley Fish, Wolfgang Iser und Wolf Schmid ihre rezeptionstheoretischen Überlegungen entwickelten.

Einer der am weitesten verbreiteten Begriffe zur Bezeichnung eines abstrakten Lesermodells ist „impliziter Leser" bzw. *implied reader*. Dieser Begriff hat eine zweifache Provenienz: Einerseits wurde er im Werk des amerikanischen Literaturtheoretikers Wayne Booth eingeführt, andererseits (insbesondere für den deutschen Sprachraum) durch einen der prominentesten deutschen Vertreter der Rezeptionsforschung, den Konstanzer Anglisten Wolfgang Iser. Booth legt den Grundstein für die Einführung des Begriffs bereits 1961 in seinem Buch *The Rhetoric of Fiction*, in dem er den literarischen Text als ein rhetorisches Gebilde beschreibt. Nach Booths Auffassung nehmen literarische Texte einen bestimmten normativen Standpunkt ein, den man in der Theorie einerseits als ein im Text eingeschriebenes Bild des Autors (*implied author*) personalisieren kann, der jedoch andererseits nicht mit den Ansichten, Werten und Normen des realen Autors identisch sein muss: „The ‚views of man' of Faulkner and E. M. Forster, as they go about making their Stockholm addresses or writing their essays, are indeed of only peripheral value to me as I read their novels. But the implied author of each novel is someone with whose beliefs on all subjects I must largely agree if I am to enjoy his work. Of course, the same distinction must be made between myself as reader and the often very different self who goes about paying bills, repairing leaky faucets, and failing in generosity and wisdom. It is only as I read that I become the self whose beliefs must coincide with the author's. [...] The author creates, in short, an image of himself and another image of his reader; he makes his reader, as he makes his second self [...]." (Booth 2004 [1961], 137–138)

Diese Idee eines vom Text evozierten Lesers, von Booth selbst als *postulated reader* bezeichnet (z. B. Booth 2004 [1961], 177), etabliert sich später in der Erzähltheorie in Analogie zum Konzept des *implied author* als *implied reader* (vgl. z. B. Fludernik 2009, 160). Im Gegensatz zum Konzept des *narratee* oder fiktiven Adressaten, das meist lediglich in Bezug auf seine Reichweite kritisiert wird, wird die Dyade des *implied author/implied reader* allerdings nicht selten als grundsätzlich überflüssige Anthropomorphisierung abgelehnt (vgl. Nünning 1993 sowie Kindt und Müller 1999; Kindt und Müller 2006). Eine Verteidigung findet sich bei Richardson (2011).

Inspiriert durch Booths Konzept des *implied author*, aber mit einem deutlich auf die Seite des Rezeptionsprozesses verlagerten Schwerpunkt und unter Rückgriff auf Arbeiten von Hans Robert Jauß und Roman Ingarden, entwickelt Iser in den 1970er Jahren sein eigenes Modell des „impliziten Lesers" (*Die Appellstruktur der Texte*, 1970; *Der implizite Leser*, 1972; *Der Akt des Lesens*, 1976). Der Grundgedanke in Isers Rezeptionsästhetik ist, dass die Bedeutung eines literarischen Textes nicht unabhängig von dessen Rezeption gedacht werden kann: „Das Werk ist das Konstituiertsein des Textes im Bewußtsein des Lesers." (Iser ^{4}1994 [1976], 39) Dies bedeutet für Iser allerdings nicht, dass das Werk ein rein subjektives Phänomen ist. Vielmehr geht er von einer „in den Texten eingezeichnete[n] Struktur des impliziten Lesers" aus. Der implizite Leser „verkörpert die Gesamtheit der Vororientierungen, die ein fiktionaler Text seinen möglichen Lesern als Rezeptionsbedingungen anbietet. Folglich ist der implizite Leser nicht in einem empirischen Substrat verankert, sondern in der Struktur der Texte selbst fundiert." (Iser ^{4}1994 [1976], 60) Während Texte einerseits durch „Textstrategien" bestimmte Leseakte vorkonturieren, enthalten sie andererseits „Leerstellen", „die als bestimmte Aussparungen Enklaven im Text markieren und sich so der Besetzung durch den Leser anbieten" (Iser ⁴1994 [1976], 266). Der Text wird also als gekennzeichnet durch ein Zusammenspiel von Steuerungsmechanismen und Freiräumen verstanden, die im impliziten Leser anthropomorphisiert sind.

Isers Modell des impliziten Lesers ist von verschiedenen Seiten kritisiert worden: als vage (Kindt 2007, 357), als für die Interpretationspraxis unbrauchbar (Willand 2014, 296), als Versuch, persönlichen Lektüreerfahrungen allgemein verbindlichen Status zuzusprechen (Schneider 2005, 482), oder auch als Theorie, die durch die Hintertür die vermeintlich abgelehnte Auffassung wieder einführt, dass es letztendlich der Autor des Werkes sei, der dessen Bedeutung festlege (Littau 2006, 109). Die Rede vom Text als „strukturierte[r] Hohlform", durch die „der Empfänger immer schon vorgedacht ist" (Iser ⁴1994 [1976], 61), wirft in der Tat die Frage auf, welche Bedeutung dem Rezipienten als Instanz in Isers Theorie tatsächlich zukommt (vgl. auch die Diskussion dazu bei Willand 2014, 270–271).

Wie sich in der Diskussion um Isers Theorie bereits andeutet, können Ansätze, die mit einem Konzept des abstrakten Lesers arbeiten, durchaus unterschiedliche Antworten auf die Frage geben, welche Instanz für das Schaffen von Bedeutung zentral ist. Marcus Willand teilt rezeptionstheoretische Ansätze ein in objektivistische, die den Text als Träger von der Rezeption unabhängiger Bedeutung sehen, interaktionistische, die das Zusammenspiel von Leser und Text betonen, und subjektivistische, die die Idee einer im Text verankerten Bedeutung ablehnen (Willand 2014, 125–127). Isers Rezeptionsästhetik wäre dann je nach Lesart dem objektivistischen Lager zuzuordnen (wenn man seine Theorie als primär auf die vom Autor geschaffene Textgestalt bezogen versteht) oder dem interaktionistischen (wenn man Isers eigene Sicht ernst nimmt, dass seine Theorie Lesen als aktiven Prozess verstehbar macht).

Eine andere Schwerpunktsetzung in der Modellierung des Verhältnisses zwischen Text und Leser unternehmen Jonathan Culler und Umberto Eco in ihren rezeptionstheoretischen Entwürfen: Sie suchen die Vorkenntnisse oder Kompetenzen zu bestimmen, die für eine angemessene Lektüre eines literarischen Textes notwendig sind. Eco postuliert dafür einen abstrakten „Modell-Leser, der in der Lage ist, an der Aktualisierung des Textes so mitzuwirken, wie es sich der Autor gedacht hat, und sich in seiner Interpretation fortzubewegen, wie jener seine Züge bei der Hervorbringung des Werkes gesetzt hat." (Eco 1987, 67) Während Eco die Autorintention als Maßstab für eine adäquate Lesart anlegt, versteht Culler Literatur als soziale Institution, die Regeln zur Lektüre ausgebildet hat: „The question is not what actual readers happen to know but what an ideal reader must know implicitly in order to read and interpret works in ways which we consider acceptable, in accordance with the institution of literature." (Culler 1975, 144) Cullers

‚idealer Leser' verkörpert die ‚literarische Kompetenz', deren Konventionen in *Structuralist Poetics* (1975) ausbuchstabiert werden.

Können die abstrakten Leser bei Culler und Eco interaktionistischen Rezeptionsmodellen zugeordnet werden, ist das auf den ersten Blick ähnlich gelagerte Konzept der Interpretationsgemeinschaft (*interpretive community*) von Stanley Fish insofern grundlegend anders, als es eine subjektivistische Stoßrichtung hat (siehe Willand 2014, 139). Zwar interessiert sich auch Fish für die Konventionen und Strategien, die den Leseprozess bestimmen. Er geht jedoch weiter, indem er diese Strategien als von vornherein bestimmend für die Wahrnehmung der Form des Textes betrachtet: „[T]hese strategies exist prior to the act of reading and therefore determine the shape of what is read rather than, as is usually assumed, the other way around." (Fish 1980, 14) Das Verständnis eines Textes ist also nach Fish vollständig durch die *interpretive community* determiniert, der ein realer Leser zugehört – und somit auch von Gemeinschaft zu Gemeinschaft variabel. Weitere subjektivistische Lesermodelle finden sich in den poststrukturalistischen Theorien von Roland Barthes und Jacques Derrida, die ebenfalls die Auffassung ablehnen, es könne eine verbindliche Lesart von Texten geben. Wie Willand (2014, 180–181) betont, unterscheiden sich subjektivistische Modelle allerdings in Bezug auf die Rolle, die sie dem Leser als Individuum zubilligen. Für Fish ist gerade nicht der einzelne Leser, sondern die Interpretationsgemeinschaft bestimmend. Die Poststrukturalisten betonen hingegen die Einzigartigkeit der individuellen Lektüreerfahrung, die sie jedoch nicht empirisch, sondern theoretisch zu erfassen suchen.

3 Die Wiederkehr des ‚realen Lesers'?

Die große Bandbreite der Modelle des abstrakten Lesers, so lässt sich zusammenfassen, erklärt sich aus den unterschiedlichen Erkenntnisinteressen, die den Theorien zugrunde liegen. (Beispielsweise: Soll präskriptiv eine Theorie der adäquaten Interpretation entwickelt oder deskriptiv der Verstehensprozess nachgezeichnet werden?) Ebenso unterscheiden sich die Ansätze in ihrer Methodik wie auch in ihren Prämissen in Bezug auf zentrale Probleme, wie etwa Rolle der Autorintention oder Literaturbegriff. Trotz der Vielfältigkeit der Ansätze innerhalb der Rezeptionsforschung lässt sich aber eine übergreifende Tendenz bei der Entwicklung von Lesermodellen feststellen: eine kritischere Haltung gegenüber Konzeptualisierungen, die einen ‚abstrakten Leser' postulieren. Insbesondere in zwei wichtigen Strömungen innerhalb der jüngeren Rezeptionsforschung ist dies zu beobachten.

Die erste kann man als kulturwissenschaftliche Wende verstehen, die das Interesse der subjektivistischen Ansätze an individuellen und sozialen Unterschieden im Lektüreverhalten weiterentwickelt. Solche Theorien kritisieren Modellierungen eines abstrakten Lesers als monolithisch und betonen politische Dimensionen des Leseprozesses. Eine frühe Vertreterin eines solchen Ansatzes ist die feministische Theoretikerin Judith Fetterley (*The Resisting Reader*, 1978). Fetterley beschreibt einen Großteil der kanonischen Texte in der amerikanischen Literatur als auf eine männliche Leserschaft hin ausgerichtet und entwickelt eine alternative Lesestrategie – personalisiert in einem *resisting reader* –, die die Texte aus einer dezidiert weiblichen Perspektive kritisch hinterfragt. Übernimmt Fetterley noch die Idee eines durch den Text evozierten impliziten Lesers Booth'scher Prägung (auch wenn sie diesen als dezidiert männlich und daher kritisch zu unterlaufen sieht), haben seither vor allem feministische und postkoloniale Theoretikerinnen und Theoretiker ihr Interesse weiter hin zur Untersuchung tatsächlichen Leseverhaltens verlagert. Janice A. Radway und Jacqueline Bobo etwa führen für ihre ethnographischen Studien *Reading the Romance* (1991 [1984]) und *Black Women as Cultural Readers* (1995) Interviews mit Rezipientinnen und interessieren sich dafür, welchen spezifischen Gebrauch bestimmte soziale Gruppen von den Texten machen.

Eine andere Art der Hinwendung zu realen statt abstrakten Lesern ist typisch für die zweite neuere Tendenz in der Rezeptionsforschung: Die kognitive Literaturwissenschaft macht es sich zur Aufgabe, die Mechanismen der kognitiven Verarbeitung literarischer Texte zu beschreiben, und beruft sich dabei häufig auf eine Affinität zu naturwissenschaftlichen und empirischen Ansätzen. Programmatisch formuliert etwa Ralf Schneider für seinen *Grundriß zur kognitiven Theorie der Figurenrezeption am Beispiel des viktorianischen Romans* (2000) das Ziel, „durch kognitionspsychologisch fundierte, wenn möglich überprüfte, grundsätzlich aber überprüfbare Beschreibungen der Prinzipien von Rezeptionsvorgängen in psychischen Systemen eine Annäherung an den *tatsächlichen Rezeptionsprozeß* zu erreichen" (Schneider 2000, 13, meine Hervorhebung, D.B.). Allerdings führen wenige Vertreterinnen und Vertreter der kognitiven Strömungen selbst empirische Versuche durch – zumeist ziehen sie Modelle aus der Kognitionswissenschaft, Informatik und Psychologie heran (besonders zentral ist in vielen Ansätzen z. B. die Schematheorie), um Rezeptionsvorgänge zu analysieren. Streng genommen operieren auch die kognitiven Ansätze oft nicht mit realen Leserinnen und Lesern, sondern mit theoretischen Konstrukten, die Willand als „probabilistische Lesermodelle" bezeichnet: „nicht-reale Modellannahme[n] [des] (historisch) realen Lesers" (Willand 2014, 68), die „das Ergebnis eines abstrahierenden, summarischen […] Versuchs der Abbildung von Realität" (Willand 2014, 102) sind. Wie auch Schneider betont, werden also auch in kognitiven Strömungen der Literaturwissenschaft letztlich abstrakte Leser entworfen (Schneider 2005, 483), deren

Aussagekraft in Bezug auf tatsächliche Prozesse des Lesens plausibilisiert werden muss. Ähnliches gilt auch für viele Vertreterinnen und Vertreter der kulturwissenschaftlich orientierten Leserforschung, die ebenfalls mit Modellen und/oder mit nicht repräsentativen empirischen Datensätzen arbeiten.

Während die kulturwissenschaftliche Rezeptionsforschung durch eine dezidierte Abkehr von generalisierenden Lesermodellen gekennzeichnet ist, wird kognitiven Ansätzen oft vorgeworfen, universalistische Vorstellungen von ‚dem Leser' vorauszusetzen. Die Kritik richtet sich gegen den Anspruch vieler Vertreterinnen und Vertreter dieser Theorien, allgemein gültige Mechanismen der Informationsverarbeitung zu beschreiben (Köppe und Winko 2008, 304). Einem solchen Vorwurf begegnet Sven Strasen mit dem Vorschlag, kognitive und kulturwissenschaftliche Ansätze zu einer kontextsensiblen „cognitive theory of culture" (Strasen 2013) zusammenzuführen. In welchem Verhältnis das Lesermodell eines solchen synthetisierenden Ansatzes zu empirisch greifbaren realen Leserinnen und Lesern steht, wäre allerdings noch auszubuchstabieren.

Weiterführende Literatur

Iser, Wolfgang (⁴1994 [1976]). *Der Akt des Lesens. Theorie ästhetischer Wirkung*. München.
Prince, Gerald (1980). „Introduction to the Study of the Narratee". *Reader-Response Criticism: From Formalism to Post-Structuralism*. Hrsg. von Jane P. Tompkins. Baltimore, MD: 7–25.
Rabinowitz, Peter J. (1987). *Before Reading: Narrative Conventions and the Politics of Interpretation*. Ithaca, NY.
Schmid, Wolf (2013 [2007]). „Textadressat". *Handbuch Literaturwissenschaft*. Bd. 1. Hrsg. von Thomas Anz. Stuttgart und Weimar: 171–181.
Warhol, Robyn R. (1989). *Gendered Interventions: Narrative Discourse in the Victorian Novel*. New Brunswick, NJ.

Literatur

Aichinger, Ilse (1954). „Spiegelgeschichte". *Der Gefesselte: Erzählungen*. Frankfurt/M.: 63–74.
Birke, Dorothee (2016). *Writing the Reader: Configurations of a Cultural Practice in the English Novel*. Berlin und Boston.
Bobo, Jacqueline (1995). *Black Women as Cultural Readers*. New York.
Booth, Wayne C. (2004 [1961]). *The Rhetoric of Fiction: The Quest for Effective Communication*. Malden, MA.
Bray, Joe (2009). *The Female Reader in the English Novel: From Burney to Austen*. New York, NY.
Calvino, Italo (1983). *Wenn ein Reisender in einer Winternacht*. Aus dem Italienischen übersetzt von Burkhart Kroeber. München und Wien.

Culler, Jonathan (1975). *Structuralist Poetics: Structuralism, Linguistics and the Study of Literature*. London.

Eco, Umberto (1987). *Lector in fabula: Die Mitarbeit der Interpretation in erzählenden Texten*. Aus dem Italienischen übersetzt von Heinz Georg Held. München.

Eliot, George (1996 [1859]). *Adam Bede*. Hrsg. von Valentine Cunningham. Oxford.

Fetterley, Judith (1978). *The Resisting Reader: A Feminist Approach to American Fiction*. Bloomington, IN.

Fish, Stanley (1980). *Is There a Text in This Class? The Authority of Interpretive Communities*. Cambridge, MA.

Fludernik, Monika (1993). „Second Person Fiction: Narrative ‚You' As Addressee And/Or Protagonist". *Arbeiten aus Anglistik und Amerikanistik* 18 (1993): 217–247.

Fludernik, Monika (2009). *An Introduction to Narratology*. New York, NY.

Groeben, Norbert (1982). *Leserpsychologie: Textverständnis – Textverständlichkeit*. Münster.

Janik, Dieter (1973). *Die Kommunikationsstruktur des Erzählwerks. Ein semiologisches Modell*. Bebenhausen.

Herman, David (2009). „Cognitive Narratology". *Handbook of Narratology*. Hrsg. von Peter Hühn, John Pier, Wolf Schmid und Jörg Schönert. Berlin und New York: 30–43.

Iser, Wolfgang (⁴1994 [1976]). *Der Akt des Lesens: Theorie ästhetischer Wirkung*. München.

Kacandes, Irene (1993). „Are You in the Text? The ‚Literary Performative' in Postmodernist Fiction". *Text and Performance Quarterly* 13 (1993): 139–153.

Kindt, Tom (2007). „Denn sie wissen nicht, was sie tun. Stanley Fish vs. Wolfgang Iser". *Kontroversen in der Literaturtheorie/Literaturtheorie in der Kontroverse*. Hrsg. von Ralf Klausnitzer und Carlos Spoerhase. Berlin: 353–368.

Kindt, Tom und Hans-Harald Müller (1999). „Der ‚implizite Autor': Zur Explikation und Verwendung eines umstrittenen Begriffs". *Rückkehr des Autors. Zur Erneuerung eines umstrittenen Begriffs*. Hrsg. von Fotis Jannidis, Gerhard Lauer, Matías Martínez und Simone Winko. Tübingen: 273–288.

Kindt, Tom und Hans-Harald Müller (2006). *The Implied Author: Concept and Controversy*. Berlin und Boston.

Köppe, Tilmann und Tom Kindt (2014). *Erzähltheorie: Eine Einführung*. Stuttgart.

Köppe, Tilmann und Simone Winko (2008). *Neuere Literaturtheorien: Eine Einführung*. Stuttgart und Weimar.

Korte, Barbara (1987). „Das Du im Erzähltext: Kommunikationsorientierte Betrachtungen zu einer vielgebrauchten Form". *Poetica* 19 (1987): 169–189.

Littau, Karin (2006). *Theories of Reading: Books, Bodies and Bibliomania*. Cambridge.

Manguel, Alberto (1996). *A History of Reading*. Harmondsworth.

Martínez, Matías und Michael Scheffel (2012 [1999]). *Einführung in die Erzähltheorie*. München.

Marx, Friedhelm (1995). *Erlesene Helden. Don Sylvio, Werther, Wilhelm Meister und die Literatur*. Heidelberg.

Miall, David S. und Don Kuiken (2001). „Shifting perspectives: readers' feelings and literary response". *New Perspectives on Narrative Perspective*. Hrsg. von Willie van Peer und Seymour Chatman. Albany, NY: 289–301.

Miall, David S. (2006). *Literary Reading: Empirical and Theoretical Studies*. New York, NY.

Nünning, Ansgar (1993). „Renaissance eines anthropomorphisierten Passepartous oder Nachruf auf ein literaturkritisches Phänomen? Überlegungen und Alternativen zum Konzept des *implied author*". *Deutsche Vierteljahrsschrift für Literaturwissenschaft und Geistesgeschichte* 67.1 (1993): 1–25.

Poe, Edgar Allan (1976 [1843]). „The Tell-Tale Heart". *The Short Fiction of Edgar Allan Poe*. Hrsg. von Stuart Levine und Susan Levine. Indianapolis, IN: 259–262.

Prince, Gerald (1980). „Introduction to the Study of the Narratee". *Reader-Response Criticism: From Formalism to Post-Structuralism*. Hrsg. von Jane P. Tompkins. Baltimore, MD: 7–25.

Prince, Gerald (1985). „The Narratee Revisited". *Style* 19 (1985): 299–303.

Prince, Gerald (2009). „Reader". *Handbook of Narratology*. Hrsg. von Peter Hühn, John Pier, Wolf Schmid und Jörg Schönert. Berlin und New York: 398–410.

Rabinowitz, Peter J. (1987). *Before Reading: Narrative Conventions and the Politics of Interpretation*. Ithaca, NY.

Radway, Janice A. (1991 [1984]). *Reading the Romance: Women, Patriarchy, and Popular Literature*. Chapel Hill, NC.

Richardson, Brian (2011). „Introduction. Implied Author: Back from the Grave or Simply Dead Again?" *Style* 45 (2011): 1–10.

Scheffel, Michael. „Reader" (2011). *The Encyclopedia of the Novel*. Hrsg. von Peter Melville Logan. Oxford. DOI 10.1111/b.9781405161848.2011.x (15. September 2015).

Schneider, Ralf (2000). *Grundriß zur kognitiven Theorie der Figurenrezeption am Beispiel des viktorianischen Romans*. Tübingen.

Schneider, Ralf (2005). „Reader Constructs". *Routledge Encyclopedia of Narrative Theory*. Hrsg. von David Herman, Manfred Jahn und Marie-Laure Ryan. Abingdon: 482–483.

Schmid, Wolf (2005). *Elemente der Narratologie*. Berlin und New York.

Schmid, Wolf (2013 [2007]). „Textadressat". *Handbuch Literaturwissenschaft*. Bd. 1. Hrsg. von Thomas Anz. Stuttgart und Weimar: 171–181.

Schmid, Wolf (2013). „Narratee". *The Living Handbook of Narratology*. Hrsg. von Peter Hühn, John Pier, Wolf Schmid und Jörg Schönert. Hamburg. http://www.lhn.uni-hamburg.de/article/narratee (25. August 2015).

Stewart, Garrett (1996). *Dear Reader: The Conscripted Audience in Nineteenth-Century British Fiction*. Baltimore, MD.

Strasen, Sven (2008). *Rezeptionstheorien: Literatur-, sprach- und kulturwissenschaftliche Ansätze und kulturelle Modelle*. Trier.

Strasen, Sven (2013). „The Return of the Reader: The Disappearance of Literary Reception Theories and their Revival as a Part of a Cognitive Theory of Culture". *Anglistik* 24 (2013) 2: 31–48.

Warhol, Robyn R. (1989). *Gendered Interventions: Narrative Discourse in the Victorian Novel*. New Brunswick, NJ.

Wieland, Christoph Martin (2009 [1764]). *Der Sieg der Natur über die Schwärmerey, oder die Abentheuer des Don Sylvio von Rosalva. Comische Erzählungen. Wielands Werke: Oßmanstedter Ausgabe*. Hrsg. von Klaus Manger und Jan Philipp Reemtsma. Bd. 7.1. Bearb. von Nikolaus Immer. Berlin.

Willand, Marcus (2014). *Lesermodelle und Lesertheorien. Historische und systematische Perspektiven*. Berlin und Boston.

Zipfel, Frank (2001). *Fiktion, Fiktivität, Fiktionalität. Analysen zur Fiktion in der Literatur und zum Fiktionsbegriff in der Literaturwissenschaft*. Berlin.

Simon Aeberhard
III.1.6 Fehllesen

Lesen, die Transsubstantiation von graphischen Zeichen in Laute, Worte, propositionale Gehalte, Bedeutung und Sinn, ist eine dermaßen avancierte und voraussetzungsreiche Kulturtechnik, dass Fehlleistungen auf den verschiedensten
Ebenen und in den unterschiedlichsten Stadien der mentalen und/oder artikulatorischen Aneignung von Geschriebenem geradezu unvermeidlich sind. Zahlreiche anekdotische Szenen von Fehllektüren in der Kulturgeschichte zeugen von
diesem Sachverhalt. Jener Aphorismus, welchen Georg Christoph Lichtenberg
in eines seiner Sudelbücher notierte, ist darunter wohl eine der prägnantesten
Fassungen: „Er las immer Agamemnon statt ‚angenommen‘, so sehr hatte er den
Homer gelesen." (Lichtenberg ³1991, 166 [G 187]) Sigmund Freud kommentiert
Lichtenbergs konzise „Beobachtung" ebenso prägnant: Sie enthalte bereits „fast
die ganze Theorie des Verlesens" (Freud 1999a, 124).

Alle Formen des Fehllesens eint, dass die eingeübte Rezeption von Schriftzeichen gewissermaßen hinterrücks eine unvorhergesehene Produktivität gegen die
automatisierte, als passiv konzeptualisierte Decodierung schriftlicher Gehalte entfaltet. Der theoretische Reiz von Verlesern besteht entsprechend in der spontanen,
behavioristisch nicht vorhergesehenen Eigenleistung seitens des Empfängers, die
als Störung auf die grundsätzlichen Möglichkeits- und Gelingensbedingungen
schriftlicher Kommunikation verweist. Der Doppelcharakter von Lektüre, gleichzeitig (rezeptiv) wahrgenommene Schriftzeichen zu dekodieren und dabei (produktiv) Bedeutung herzustellen und sprachliche Information zu (re)konstruieren,
wird im Verlesen in diesem Sinne medienphilosophisch als missglückte, ‚gestran-
dete‘ und fehlgegangene Dialektik produktiver Rezeption manifest.

Eine Anekdote ist noch keine Theorie, und ein Verleser, auch wenn er regelhaft stattfindet, macht noch keine Fehllektüre aus. Die linguistische, psychoanalytische und textphilologische Wissenschaftsgeschichte zum Verlesen, die im
Folgenden als Erstes nachzuzeichnen sein wird, besteht zunächst in Versuchen,
der hinterlistigen Produktivität seitens der Leserinnen und Leser einen systematischen Ort zuzuweisen. Zwischen den verschiedenen modalen Ausprägungen von
sprachlichen Fehlleistungen – Verlesern, Verschreibern, Verhörern und Versprechern – wird dabei dezidiert und strategisch nicht unterschieden. Wo genau der
Ort dieser *lapsus linguae* aufzusuchen ist, worin ihre Regelhaftigkeit gegenüber
nicht-determinierten Zufälligkeiten besteht und woher die (Fehl-)Lesenden das
kreative Potenzial für ihre Abweichungen nehmen, kurz: wie Verleser ihrerseits
zu lesen sind – in dieser Frage freilich sind sich die involvierten Disziplinen nicht
einig.

https://doi.org/10.1515/9783110365252-008

Der positivistischen Annäherung an Phänomene des Verlesens steht, zweitens, das avancierte literaturwissenschaftliche Theorieangebot des *Misreading* gegenüber. Die rhetorische Übertragungslogik allen Sprachgebrauchs vorausgesetzt, argumentieren Dekonstruktivistinnen und Dekonstruktivisten der U.S.-amerikanischen Schule zunächst kontraintuitiv gegen jede Möglichkeit von gelingendem Lesen schlechthin. Die überschüssige, durch den gelesenen Text nicht oder nur teilweise induzierte Bedeutungsproduktivität, die der Leseakt generiert, verweist zurück auf den ‚starken' literarischen Text, der sich jeder finiten Bedeutungsstabilisation verweigert. Lesen, insbesondere literarisches Lesen, findet, so gesehen, strukturell im Modus des Fehlers statt.

1 Phänomene des Verlesens

Die wissenschaftshistorische Entdeckung von Verlesern

Obwohl die Kulturgeschichte zahlreiche Anekdoten von Verlesern kennt, wurde der Phänomenbereich erst um 1900 zum Gegenstand wissenschaftlicher Untersuchungen. 1895 publiziert der Wiener Indogermanist Rudolf Meringer zusammen mit dem Psychiater Karl Mayer eine erste *psychologisch-linguistische Studie* mit vielen Hunderten eigenhändig gesammelter Tokens von sprachlichen Unfällen, namentlich „Wie man sich verspricht", (darunter bemerkenswerterweise auch: wie man sich ‚verdenkt'), „Wie man sich verliest", „Wie man sich verschreibt" und „Wie man sich verhört".

Unzufrieden mit der spekulativen Methodik der Forschung auf dem Gebiet der historischen Sprachentwicklung und inspiriert von ersten Resultaten, die sich aus der Zusammenschau von empirischer Psychologie und linguistischer Artikulationsforschung ergeben, hofft Meringer mit seiner Kasuistik verschiedenster *lapsus linguae*, eine neue Form von Evidenzbasis zur Erklärung von Sprachwandel zu erarbeiten. Sollte es nämlich erstens gelingen, den disparaten, momenthaften und individuellen Phänomenen von Versprechern, Verlesern, Verhörern und Verschreibern eine gemeinsame verborgene Gesetzmäßigkeit abzugewinnen, und sollte es zweitens gelingen, Parallelen zwischen diesen empirisch gewonnenen Regeln und den bekannten abstrakten, makrohistorischen und generellen Gesetzen des Lautwandels zu ziehen, so liegt es nahe, die beiden zunächst distinkten Phänomenbereiche einer gemeinsamen Ursache zuzuschreiben.

Diese „höhere Ursache" vermutet Meringer „in der Anlage des psychischen Sprechorganismus", welche, offenbar anthropologisch, unterschiedlichen Lauten unterschiedliche Intensitäten der mentalen Organisation zuweist: „[K]onstante psychische Kräfte" affizierten die neurophysiologische Artikulationsmechanik dergestalt, dass gewisse Arten von *„Sprech*fehlern" (wie er die spontanen Fehlleistungen im Unterschied zu organisch bedingten *Sprach*fehlern nennt) regelhaft auftauchen müssten (Meringer und Mayer 1895, VII und 9, meine Hervorhebung, S. Ae.). Meringer diagnostiziert Antizipationen, Postpositionen, Kontaminationen, Substitutionen, Assimilationen, Dissimilationen und Abbrüche auf Laut-, Silben- und Wortebene, sowohl innerhalb einer intendierten kürzeren Einheit als auch in ganzen Phrasen. Die Pointe dieser Klassifikation besteht darin, dass die gesammelten, *„rein erfahrungsmäßig gewonnene[n]"* Belege ausnahmslos „mit einem gewissen Teile der ‚Lautgesetze' im Zusammenhang zu stehen" scheinen (Meringer und Mayer 1895, 165 und 163, Hervorhebung im Original), namentlich mit bestimmten erklärungsbedürftigen Ablautungen, unübersichtlichen Verschleifungen und dunklen Verkürzungen, welche die indoeuropäische Sprachfamilie der genetischen Forschung als etymologische Rätsel aufzugeben pflegt.

Wissenschaftshistorisch bedeutsam ist die Schrift Meringers und Mayers deshalb, weil sie zunächst akzidentelle und bedeutungslose sprachliche Missgeschicke nicht ignoriert oder pathologisiert, sondern auf den entsubjektivierten, weder nach Produktion oder Rezeption noch nach Schriftlichkeit oder Mündlichkeit differenzierten und transhistorischen Begriff des „Sprechfehlers" bringt und damit als einen theoriebedürftigen, positivistisch grundsätzlich determinierbaren Phänomenbereich urbar macht.

Lapsus Freudianus

In *Zur Psychopathologie des Alltagslebens* – 1901 in zwei Nummern der *Monatsschrift für Psychiatrie und Neurologie* und 1904 als eigenständiges Buch veröffentlicht – führt Sigmund Freud analog das generische Konzept des Vergreifens (d. h. „Fehl- und Zufallshandlungen" nicht nur sprachlicher Natur) systematisch auf *„unvollkommen unterdrücktes psychisches Material"* zurück. Diese Inhalte seien zwar *„vom Bewußtsein abgedrängt, doch nicht jeder Fähigkeit, sich zu äußern beraubt worden"* (Freud 1999a, 310, Hervorhebung im Original). Was in Versprechern und ihnen verwandten Phänomenen also zum (fast schon sprichwörtlichen) „Vorschwein" (vgl. Meringer und Mayer 1895, 62) kommt, sind psychische Gehalte, deren Verdrängung ereignishaft missglückt.

Durch seine Beschäftigung mit Vergesslichkeit, konkret mit der gängigen Inkommodität entfallener Eigennamen, war Freud 1898 auf eine zentrale Entdeckung in der Funktionsweise der Verdrängung gestoßen. Als sein eigener Analysand entschlüsselt Freud über freies Assoziieren nicht nur die Bedeutung der Alternativnamen, die ihm statt des gesuchten eingefallen waren, sondern auch den verborgenen Grund für das Vergessen (nämlich dass der gesuchte Name oberflächlich mit kurz zuvor verdrängten Inhalten verbunden war). Die psychische Verdrängung unwillkommener Gehalte in das Unbewusste glückt offenbar nicht immer vollständig, so schließt Freud, sondern verrät sich zumindest gelegentlich in momentanen Fehlleistungen. Zu diesen Fehlleistungen gehören auch und vornehmlich die *lapsus linguae*, die damit den epistemologischen Status von Symptomen erhalten (vgl. Freud 1999a, 11) – und daher ihrerseits gelesen werden wollen. Die therapeutische Rekonstruktion der assoziativ motivierten Verschiebungslogik der Psyche erlaubt es, den tieferen Sinn, die auf den zweiten Blick erst offenbar werdende ‚Richtigkeit' hinter oberflächlichen Fehlern auszumachen, ja Fehlleistungen als genuine Äußerungsakte des Unbewussten zu lesen (vgl. Freud 1999b, 33). Lichtenbergs eingangs zitierte Anekdote von jenem, der statt ‚angenommen' stets ‚Agamemnon' liest, weil er mit Anspielungen auf homerische Heldennarrative jederzeit rechnet, findet nicht zuletzt deshalb Freuds lebhafte Zustimmung, weil die antike Mythenwelt zuverlässig den Fundus für unbewusste Gehalte bildet (ausführlicher dazu vgl. Strowick 2002, 166–167).

Das epistemologische Manöver, Sprechfehler als performative Äußerungsakte des Unbewussten zu verstehen, legitimiert Freud zur Plünderung der Belegsammlung von Meringer und Mayer und versetzt ihn in die Position des Diskursbegründers der nach ihrem vermeintlichen Entdecker so genannten ‚Freud'schen Versprecher'. Fehlleistungen in diesem Sinne eröffnen methodologisch das Einfallstor des Unbewussten in den Alltag. Freud'sche Versprecher (die auch Verleser umfassen) gehören daher nicht nur ins Zentrum, sondern programmatisch auch an den Anfang aller Epistemologie des Un- und Vorbewussten; sie stehen aus diesem Grund am Beginn von Freuds *Vorlesungen zur Einführung in die Psychoanalyse* (vgl. Freud 1999b, 18–76). Versprecher, Verschreiber, Verleser und Verhörer bilden den systematischen Prototyp der spontanen Entbergung von Unbewusstem und damit den propädeutischen Gegenstand zur Untersuchung der (sprachlich-assoziativen) Verdrängungs- und Verschiebelogiken der Psyche.

Linguistik

Die rein linguistische „Vorarbeit" Meringers und Mayers findet von Anfang an Freuds entschiedensten „Widerspruch" (Freud 1999b, 61–62; vgl. auch Freud 1999a, 26–27). Wo Meringer und Mayer Vertauschungskalküle auf der mentalen Organisationsebene der artikulatorischen Oberfläche dingfest machten, sieht Freud den bestimmenden – und den methodisch ‚geeignetsten' (vgl. Freud 1999b, 25) – Manifestationsakt der für ihn und seine Disziplin zentralen Größe des Unbewussten. Trotz Gleichheit des untersuchten Materials bahnt sich damit ein andauernder und beidseits spitzzüngig geführter Streit um die disziplinäre Vorherrschaft gegenüber dem Phänomenbereich von *lapsus linguae* an.

Einen geeigneten Beleg für ein *experimentum crucis* zu finden, ist dabei unmöglich. Ob etwa der Beispielsatz „es war mir auf der Schwest... auf der Brust so schwer" durch eine oberflächliche (linguistische) Antizipation (zu „schwer", vgl. Meringer und Mayer 1895, 36 und 43) oder von einem verborgenen (psychischen) Inzestwunsch (via „Bruder/Schwester" zu „Brust der Schwester") determiniert ist (vgl. Freud 1999a, 91), wird zum nur ideologisch entscheidbaren Streitfall. In seiner zweiten, um viele Belege erweiterten Veröffentlichung zum Thema protestiert Meringer „auf das energischste" gegen die Freud'sche Vereinnahmung seiner Beispielsammlung (Meringer 1908, 129), worauf Freud (1999a, 179) in der Neuauflage der *Psychopathologie* von 1910 seinerseits mit einer weiteren polemischen Fußnote gegen Meringer antwortet. In einem späteren Aufsatz macht es sich wiederum Meringer (1923) zur Aufgabe, jeden einzelnen der psychoanalytischen Belege von Freud minutiös zu widerlegen.

Linguistische Beiträge zum Verlesen treten in der Folge gegenüber dem kulturell dominanten Freud'schen Paradigma bis in Zeiten nach-behavioristischer Modelle des Lesens defensiv auf (vgl. nur Wells 1951). Erst mit dem methodischen Einschluss kognitiver Konstruktivität in den Sprachverarbeitungsprozess werden Lese- und Sprechfehler als Evidenzbasis wieder interessant (Fromkin 1973, 13): Sie gewähren nämlich Einblick in die nicht direkt beobachtbaren Strukturen und Prozesse der mentalen Sprachverarbeitung und -repräsentation. Im Zuge dieses Forschungsparadigmas werden auch die beiden umfangreichen Belegsammlungen Meringers wieder aktuell – *Versprechen und Verlesen* erfährt in dieser Zeit sogar eine faksimilierte Neuauflage (Meringer und Mayer 1978) –, da sie mit insgesamt ca. 4400 schriftlich verzeichneten Belegen bis in die 1970er Jahre die größte und kompletteste Dokumentation von *lapsus linguae* weltweit liefert (Celce-Murcia 1973, 195).

Erklärtes Erkenntnisziel dieses linguistischen (Neu-)Ansatzes ist die explizite Beschreibung aller mentalen Abläufe, die beim Lesen und Sprechen involviert sind (vgl. Cutler und Fay 1978, X), um ein möglichst vollständiges Sprachproduktionsmodell zu generieren (vgl. Schade et al. 2008). Fehler können dabei in allen wahrnehmungstheoretischen, kognitiven und artikulatorischen Stadien unterlaufen und geben indirekten Aufschluss über die eingeschlossenen Prozesse und aufgerufenen Strukturen: von der untersten Ebene des visuellen Erkennens von Wörtern, über das Missverstehen semantischer und syntaktischer Beziehungen zwischen den Wörtern, sowie fehlgehenden metatextuellen Erwartungen bis hin zum grundsätzlichen Verkennen der pragmatischen Funktion eines Textes. Versprecher, die unter Laborbedingungen als artikulatorische Verleser hergestellt werden (vgl. Harley 2006), bieten diesbezüglich auch heute noch eine relevante Datenquelle für psycholinguistische Fragestellungen, etwa nach den Einheiten, mit denen sprachliche Äußerungen mental geplant werden (vgl. Leuninger 1996, 113).

Textkritik

Der *Anti-Ödipus* zu Freuds Arbeitsgebiet der sprachlichen Missgriffe erscheint 1972 und leitet sich von einem dritten disziplinären Hintergrund her. Der klassische Philologe und überzeugte Marxist Sebastiano Timpanaro zerzaust in *Il lapsus freudiano* das gesamte Theoriedesign der Psychoanalyse furios als bourgeoise Doktrin, als zugleich szientistisch und antiwissenschaftlich (Ersteres im Stil wie in der Terminologie, Letzteres in ihren ideologischen Interpretamenten). Die Hauptkritik Timpanaros (2010, 13 und 125) richtet sich erkenntniskritisch gegen die Tatsache, dass die psychoanalytischen Erklärungen von Versprechern sich jedem Kriterium der Falsifizier- oder Verifizierbarkeit entziehen. Die polyglotten Assoziationsketten des Unbewussten, die fragwürdig maieutische Funktion des Therapeuten und die suggestiven Lesehilfen in Freuds Texten spotteten jeden Begriffs von Determinismus, dessen psychische Variante er ja gerade aufzeigen wolle (Timpanaro 2010, 42–44).

Timpanaro stellt Freuds fantastischen Fabeln die strenge und althergebrachte Methodik der Editionsphilologie gegenüber, die es in verderbten Texten mit genau derselben Art von Phänomenen zu tun habe: Texte aller Art seien nun einmal der konstanten Gefahr der ‚Banalisierung‘ (*banalizzazione*) ausgesetzt: der Tendenz, archaisch wirkende, stilistisch höhere und unübliche Formen durch einfachere, gewöhnlichere, gebräuchlichere zu ersetzen (Timpanaro 2010, 30). Diese Trivialisierung greift das Wort auf den unterschiedlichen Ebenen an (von der Schreibweise über Phonetik, Morphologie und Lexik bis zu seiner syntaktischen Funktion), was in der Editionsphilologie im Axiom *lectio difficilior potior* (im Zweifelsfall ist die schwierigere Variante die bessere) zum Ausdruck kommt. In der *banalizzazione* liege, so Timpanaro, die Hauptursache dafür, dass es in der Überlieferung von Texten überhaupt zu Fehlern komme. Dieselbe Ursache erklärt nach Timpanaro auch den Großteil von alltäglichen Versprechern, Verlesern, Verhörern und Verschreibern, und hierin liege eine weit ökonomischere Erklärung für die allermeisten *lapsus*, die Freud zitiere.

Letzten Endes schafft auch Timpanaros Invektive gegen Freud selbstverständlich keine objektiv verlässliche Entscheidungsgrundlage zwischen einer psychoanalytischen ‚Hermeneutik des Verdachts‘ und der linguistischen Erklärung des artikulatorischen Oberflächenphänomens. Stattdessen wird alles Nachdenken über phänomenales Fehllesen immer weiter in die aporetische Fragestellung getrieben, wer bzw. welche Instanz denn eigentlich über richtiges und falsches

Lesen, und, in letzterem Fall, über schwerere und leichtere Lesarten des Verlesens entscheide.

2 Misreading

Ein theoretisches Modell von Verlesen, das der disparaten Begrifflichkeit um die empirische Phänomenalität von *lapsus linguae* gegenübersteht, bietet das literaturwissenschaftliche Konzept des *Misreading*, das stark mit der an der Yale University in den 1970er Jahren gepflegten Spielart der Dekonstruktion und den Namen Paul de Man, Joseph Hillis Miller und Harold Bloom verbunden ist. Das Konzept lässt sich selbst in die Wissenschaftsgeschichte des Fehllesens einlesen, insofern es an die Frage nach Entscheidungsgrundlagen für vermeintlich richtiges und objektiv falsches Lesen anschließt. Aus der notorischen Vagheit dieser Grenze schließt die Theorie des *Misreading* in antipositivistischer Volte nicht mehr, dass alles Lesen, selbst wenn es fehlgeht, seine (deterministische) Richtigkeit auf einer höheren Ebene habe (welche auch immer das sein mag), die Dekonstruktivistinnen und Dekonstruktivisten folgern stattdessen im Gegenteil skeptizistisch, dass jedes Lesen, streng genommen, immer schon ein Falsch- und Fehllesen sei.

Tatsächlich stimmen die unterschiedlichen Ausformulierungen des *Misreading* darin überein, dass sie die begriffliche Unumgänglichkeit von Fehllektüren betonen, mithin die Unmöglichkeit, nicht fehlzulesen. Oberflächlich betrachtet, entleert eine solche Begriffsbildung, wogegen sie polemisiert: Wenn es kein im strengen Sinne richtiges Lesen geben kann, worin liegt dann der heuristische Wert dieses theoretischen Begriffs des Fehllesens? – Die Antworten auf diese Frage fallen unterschiedlich aus.

Paul de Man

Im Vorwort zu *Allegories of Reading* beschreibt Paul de Man (1979, ix) rückblickend, wie er sich bei der Arbeit an einem Rousseau-Text zu einer programmatischen Wende gezwungen gesehen habe, weg von traditionellem und sachhaltigem Interpretieren, hin zu einem Nachdenken über die grundsätzliche Problematik des Lesens – die komplexen erkenntnistheoretischen, sprachphilosophischen und ästhetischen Voraussetzungen der Entzifferung und Deutung literarischer Texte. Dieser Kurswechsel von verstandenen Inhalten zu den (Vor-)Bedingungen des Verstehens sei kennzeichnend für eine gesamte Generation von Literaturwissenschaftlern, und interessanter sei diese Änderung der Perspektive in ihren

Resultaten als in ihren Beweggründen. Denn im Ergebnis entwickelte sie aus dem Theorem des (literarischen) (Fehl-)Lesens nichts weniger als ein neuartiges Verständnis des Wesens von Literatur.

Anlass für de Mans theoretische Grundeinsicht war weniger der Rousseau-Text selbst (*Essai sur l'origine des langues*) als vielmehr dessen dekonstruktive Lektüre von Jacques Derrida in *Grammatologie* (1983 [1967], 171–541), welche de Man (²1983 [1971], 102–141) seinerseits einer kritischen Lektüre unterzogen hatte. Dieser analytische Zugang der zweiten Ordnung bildet das Programm von *Blindness and Insight*, das 1971 neun, in der Neuauflage von 1983 zwölf Essays über die zeitgenössische literaturtheoretische, -wissenschaftliche und -kritische Sprache und ihre Erkenntnisformen enthält. Nicht als Beitrag zu einer Geschichte der jüngsten Literaturkritik und nicht als Überblick über aktuelle Tendenzen der Literaturtheorie, sondern als Frage nach den Möglichkeitsbedingungen von genuin literarischer Erkenntnis, „literary understanding" (de Man 1983, vii) – nach Einsichten, die nur die Literatur zu vermitteln imstande sei –, attestiert dieser Band den (durchwegs namhaften) Interpretinnen und Interpreten ein augenfälliges Unvermögen – ausnahmslos.

Verantwortlich für diese merkwürdig gehäuften Fehllektüren sei, so de Mans (²1983 [1971], 106) These, nicht eine fehlende oder fehlerhafte hermeneutische Methodik oder gar eine individuelle kognitive Beschränktheit der Kritikerinnen und Kritiker, sondern ein wesentlicher Aspekt der literarischen Sprache selbst: ihre dekonstruktive Verfassung, namentlich ihre Tendenz zum performativen Selbstwiderspruch. Die grammatisch-logische Dimension von Aussagebildungen, welche zu einem primären Textverständnis nicht nur einlädt, sondern dazu förmlich nötigt (de Man 1984, 261), läuft nämlich ihren eigenen rhetorischen Überformungen notwendig zuwider, was zu einer stetigen Revision der Lektüre führt. Jedes Lesen, welches Gehalte verstehend zu fixieren trachtet, hat sich also fall- und stellenweise zu entscheiden, ob sie der assertiven Logik eines gegebenen Textes folgt *oder* das Dementi der rhetorischen Verschiebungen durch Figuren und Tropen ernst nimmt. In keinem der beiden Fälle wird es letztgültig gelingen, der selbstwidersprüchlichen sprachlichen Verfasstheit des Textes vollständig gerecht zu werden.

„How can we know the dancer from the dance?" lautet die letzte Zeile des Gedichts *Among School Children* von W. B. Yeats, das de Man (1988, 40–43) einer diesbezüglich beispielhaften und anschaulichen Analyse unterzieht: Ihrer grammatischen Struktur nach fragt die Zeile nach den Kriterien, die es erlauben, Person und Tätigkeit, Akteur und Akt, Subjekt und Ereignis voneinander zu unterscheiden. Als rhetorische Frage verstanden, postuliert sie jedoch gerade die hoffnungslose Unmöglichkeit, diese Grenze jemals letztgültig zu ziehen. Dieser Widerspruch zwischen der Mitteilungs-, Bedeutungs- und Repräsentationsfunktion einerseits und den rhetorischen Verschiebungen und Verwerfungen in einem literarischen Text (im auf Deutsch nicht zugänglichen Vorwort von *Allegories of Reading* reformuliert als Widerspruch zwischen „cognitive and performative language" [de Man 1979, ix]) ist (zumindest immanent) bruchlos nicht aufzulösen; vielmehr provoziert er beharrlich voneinander abhängige, aufeinander bezogene, schlechterdings aber sich gegenseitig ausschließende Deutungen.

De Mans emphatischer Literaturbegriff, seine homogenisierende und normative Verwendung von „literary language in general" (de Man 1983, ix) leitet sich hiervon ab: Das Wesen literarischer Sprache besteht genau darin, wörtliche und figurative Bedeutung besonders drastisch gegeneinander auszuspielen, das intrikate *(sich) Versprechen der Sprache* (wie de Man [2012, 225] im Rekurs auf Heidegger und Freud im Original auf Deutsch schreibt) für ihre Rezipienten als unabschließbares Spiel zu inszenieren. Als Literatur kann entsprechend gelten, was dieses ‚Selbstversprechen' performativ hervorruft, also gleichzeitig (eindeutige) Lesbarkeit verheißt *und* die Entscheidungsaporien des Selbstwiderspruchs provoziert. Der Begriff von Literatur wird von de Man (1988, 40) mit der „rhetorische[n], figurative[n] Macht der Sprache" emphatisch gleichgesetzt. Die in *Blindness and Insight* generell diagnostizierte Blindheit der Interpretationen ist daher kein akzidentelles Unvermögen, sondern ein notwendiges Korrelat zur irreduzibel rhetorischen Verfasstheit der (literarischen) Sprache (de Man 1983, 141).

Gerade weil Sprache, literarische Sprache zumal, letzten Endes *per se* kein rhetorisches Proprium kennt, ist jedes verstehende Lesen notwendigerweise, grundsätzlich und immer schon ein Fehllesen. Die rhetorische Macht der Sprache verschiebt, unterwandert, unterminiert, suspendiert und dementiert fortwährend die wörtliche Bedeutung, welche alleine stabile, historisch und ästhetisch anknüpfbare und dadurch hermeneutisch aufschließbare Einstiegs- und Referenzpunkte in literarische Texte anzubieten imstande ist. Jedes abschließende Verständnis ist daher immer ein voreiliges und ideologisch voreingenommenes.

De Mans Texte suchen gezielt solche Aporien und blinden Flecke auf, in denen Bedeutung und Rhetorik sich in einem unauflöslichen Knoten verheddern, der jedes weitere Textverstehen verunmöglicht (de Man 1999, 37). Diese Dialektik von *Blindheit und Einsicht* ist jedoch genau, was gemäß de Mans Theorem des *Misreading* von Literatur essenziell zu lernen ist, was literarische Erkenntnis *sui generis* ausmacht. Denn dass jedes Lesen schlechterdings ein Fehllesen ist, bedeutet nicht (oder *noch* nicht, jedenfalls nicht resultativ) Unlesbarkeit, die Unmöglichkeit von Lesen schlechthin. Vielmehr leitet das Bewusstsein um das eigene Fehllesen *als Modus des Textverstehens* an, nach dekonstruktiver Manier zu lesen: d. h. die falsche Alternative zwischen buchstäblicher und übertragener, literaler oder figuraler Lektüre dialektisch zu überschreiten, indem die vom Text aufgegebene Unmöglichkeit seiner eigenen Lektüre Schritt für Schritt rekonstruiert wird.

„Dichtung" (*poetic writing*) selbst ist für de Man (1988, 48) „die avancierteste und verfeinertste Form der Dekonstruktion". Literatur erhält damit den Status einer fundamentalen, selbstreferenziellen Erkenntniskritik, nicht in ihren resultativen Gehalten, Bedeutungen oder als Lehre, aber in ihren performativen Verfahren, die zeigen, dass Wahrheit und Irrtum (als sowohl epistemologisches, ethisches und ideologisches Begriffspaar) sprachlich unentwirrbar ineinander verstrickt sind (de Man 1983, ix). Die Texte selbst werden damit zu *Allegorien des Lesens*, wie de Man (1979) anhand etwa von Yeats, Rilke, Proust, Nietzsche und – wiederum – Rousseau demonstriert (Übersetzungen vgl. de Man 1988 und de Man 2012); Allegorien des Lesens im doppelten Sinne des Genitivs (vgl. de Man 2012, 118): Als Allegorien *auf* das Lesen schlechthin erzählen sie die Unmöglichkeit von Lektüre, als ihrerseits *allegorisierendes* Lesen verweisen sie auf die stabilisierenden Verschiebungen, die jeder Lese-Versuch unweigerlich produziert.

Die irreduzible Rhetorizität aller Sprachverwendung ist eine (nicht erst dekonstruktive) Grundeinsicht; die prioritäre Aufmerksamkeit auf die rhetorische und performative Verfahrenslogik von poetischen Texten zu legen – gerade gegenüber einer Rekonstruktion ihrer Gehalte im Sinne einer „historisierenden Erklärungsphilologie" (Hamacher 1998a, 151) –, ist aber ein Merkmal, das de Mans literaturimmanentes Theorem des *Misreading* bis heute wirkmächtig und attraktiv macht. Der etwa durch *Resistance to Theory* (de Man 1986) erneut apodiktisch aufgeworfene Hiat zwischen kontextueller (d. h. ästhetischer und/oder historischer), thematischer, ‚ideologischer' Textinterpretation einerseits und dekonstruktiven Interpretationsformen, welche sich in den alleinigen und emphatischen Dienst der Sprachautonomie von Literatur stellen, hat sich allerdings heute verflacht (und damit auch de Mans normativer Begriff von Literatur, literarischer Sprache und Kanon).

Feministisches, queeres Misreading und kontrapunktische Lektüre

Stattdessen wird der dekonstruktive Begriff des *Misreading* sehr früh seinerseits ‚gegen-ideologisch' operationalisiert und als strategische Intervention gegen einen vermeintlich befriedeten Deutungskanon produktiv eingesetzt. Die von de Man theoretisch begründete Behauptung, dass sich besonders ‚starke' literarische Texte finiten Bedeutungsstabilisationen verweigerten und nachweislich immer *auch* das Gegenteil von dem sagen, was man ihnen zu entnehmen gewohnt ist, legitimiert und animiert schon Ende der 1960er weitere Nachweise der ideologischen ‚Blindheit' voreingenommener Literaturwissenschaft. Hierfür zeigt sich allerdings weniger de Mans ab 1966 in verstreuten, beidseits des Atlantiks

geschriebenen Aufsätzen nicht sehr systematisch entwickeltes Theorem struktur-
bildend, als vielmehr dessen allgemein ideologiekritische Implikationen.

Wenn alles Lesen ohnehin ein Falschlesen ist, weil es stabilisiert, was nicht
zu stabilisieren ist, so das Rationale dieser politischen Heuristik, dann kann
nichts dagegen sprechen, kulturell ikonische Texte probeweise gegen die dominanten Schemata zu lesen und so kanonisierte Deutungsangebote zu hinterfragen. Dieser Art von Gegenlektüre wurden zuerst und werden immer wieder
genuin ‚männliche' Narrative aus einer feministischen Perspektive unterzogen
(zu den frühesten gehört etwa Millett 1970 [1969]) – eine Praxis, die systematisch
weiterentwickelt, psychoanalytisch und sprechakttheoretisch informiert (vgl.
etwa Felman 1980) zum Verfahren des *Resistant Reading* (Fetterley 1978) führt,
das darauf abzielt, einfache, oberflächliche und primäre Sinnzuschreibungen
zu vermeiden. *Queer Readings* hinterfragen, solchermaßen begründet, literarische Darstellungen unproblematischer Heterosexualität (Queer denken 2003),
und Edward Said (1993, 66) entwickelt in *Culture and Imperialism* das Konzept
des kontrapunktischen Lesens (*Contrapuntal Reading*), das es darauf anlegt, in
literarischen Dokumenten des Kolonialismus nicht nur die im Text anwesenden
Haupt-, sondern auch die unterdrückten Neben- und Gegenstimmen mitzulesen.

In den seltensten Fällen verbinden sich diese Interpretationspraktiken, die
aus dem Theorem systematischen Fehllesens die politische Legitimation für ihr
Gegenlesen ableiten, explizit mit dem Namen de Mans. Viel stärker verbunden
sind sie mit der allgemeinen Einführung und Durchsetzung des dekonstruktiven
Idioms, das vorsichtig und vorläufig von Lektüren und Lesarten spricht, wo es auf
(unmöglich gewordene) Deutungen und (unabschließbare) Interpretationen zielt.

Mit dem weiter oben beschriebenen, empirisch-phänomenalen Zugriff auf
Verleser kommen das demgegenüber metaphorische Konzept des theoretischen
Misreading sowie die damit assoziierten Lektüreverfahren da überein, wo die
Rezeption des literarischen Textes sich unter der Hand zu einer ambivalent blei-
benden, unentscheidbaren, prinzipiell unendlich iterierbaren (Miller 1987, 47)
(Re-)Konstruktion durch den (Fehl-)Leser wandelt. Verleser werden ihrerseits
gelesen, konstatierte Fehlleistungen auf Seiten des Rezipienten geben ihrerseits
Anlass zu einer zweiten Lektüre und führen damit gewissermaßen zu einem
(Fehl-)Lesen der zweiten Ordnung.

Harold Bloom

Präzise hier setzt die Dichtungstheorie von Harold Bloom ein, welche die Literaturgeschichte als eine Geschichte von sukzessiven Fehllektüren rekonstruiert.
„Dichtung [*poetry*] beginnt immer, wenn jemand, der ein Dichter werden wird,

ein Gedicht liest", schreibt Bloom (1988 [1975], 105). Das lyrische Geschäft fängt demgemäß nicht mit hehrer Inspiration, kreativer Schöpfung und werweißender Schreibarbeit an, sondern mit *Lektüre*. Blooms Theorie der Dichtung konzeptualisiert alle lyrische Produktion als eine rivalisierende Umschrift von Vorgängergedichten, weil, wer sich als Dichterin oder Dichter begreift, ein vorgängiges Gedicht unweigerlich fehllesen wird.

Mit dem Axiom einer „Notwendigkeit des Fehllesens" (Bloom 1988 [1975], 93) (*Necessity of Misreading*) reiht sich Blooms Theorie in das dekonstruktive, gleichermaßen theoretische wie methodische Paradigma des Fehllesens ein: „Lesen ist [...] Fehl-Deutung – oder Ver-Lesen" (Bloom 1988, 95). Doch die Konsequenzen, die Bloom daraus zieht, weichen durchaus von einem dekonstruktiven Programm ab. Die Notwendigkeit des Fehllesens ergibt sich für Bloom nämlich nicht aus einer sprachphilosophisch begründeten Unmöglichkeit ‚richtigen' Lesens, stattdessen ist sie bei ihm rein produktionsästhetisch fundiert: Sie folgt unmittelbar aus der psychischen Not der lesenden aspirierenden Dichterin und des lesenden aspirierenden Dichters, denn: „Jeder Leseakt ist eine Übung in Verspätetsein" (Bloom 1988 [1975], 95).

In *The Anxiety of Influence* hatte Bloom ebenso axiomatisch identifiziert, was literarische Innovationskraft und Originalität spätestens seit Shakespeare (vgl. Bloom 1995 [1973], 14) steuere: Nicht der freie Wettkampf um höchste Formen kreativer *Vision* bestimmt demnach den Fortschritt von Literaturgeschichte, sondern die rückwärtsgewandte *Re-Vision*, das kontinuierliche Um- und Fehldeuten bestehender Vorgängerdichtung. Es ist die *Einflussangst*, die Angst der (zu spät geborenen) Dichterinnen und Dichter vor literarischer Beeinflussung, ihre Besorgnis, als schwache Epigonen ihrer Tradition zu enden, die sie zur Erfindung und Schöpfung neuer Literatur führt – und entsprechend zur Abwehr bestehender Dichtung. Um nicht identisch zu reproduzieren, was die literarische Tradition ihnen anbietet (was ja ihren ambivalenten Wunsch antreibt, Schöpferin oder Schöpfer eines literarischen Werks zu werden), unterziehen sie, gemäß Bloom, Vorgängertexte bestimmten Abwehrstrategemen (*revisionary ratios*): Bloom nennt diese aufeinander aufbauenden, von Freud abgeleiteten, psychodynamischen Verschiebungskalküle mit Bezug auf antike Philosopheme *Clinamen*, *Tessera*, *Kenosis*, *Daemonization*, *Askesis* und *Apophrades* (Bloom 1995 [1973], 16–18).

„Starke Dichter" und Dichterinnen (*strong poets*) (Bloom 1997 [1975], 17; Bloom 1988 [1975], 101) gehen aus dem Agon gegen die Literaturgeschichte, diesem endlosen „Bürgerkrieg" (Bloom 1988 [1975], 59), mit einem originellen Werk hervor, ja, ihr Kampf ist es eigentlich, welcher sie individualbiographisch genauso wie literaturgeschichtlich allererst als Autorinnen und Autoren epochaler Werke konstituiert. Gedichte sind, so gesehen, nichts anderes als offensive und aggressive Entladungen in Reaktion auf den Erregungszuwachs der Einflussangst (vgl. Bloom 1995 [1973], 52) und am besten als eine ödipale Szene zwischen *precursor* und *ephebe* zu konzeptualisieren.

Weil sich diese literarischen ‚Familienfehden' (vgl. Bloom 1988 [1975], 59) zwischen Ahnen und Erben unmittelbar *in* den Texten und *als* Text abspielen, lassen sich die psychischen Verteidigungsmechanismen und Abwehrstrategeme auf der Textebene in *Misreadings,* als rhetorische Verschiebungen und (Master-)Tropen ablesen (vgl. Bloom 1997 [1975], 116–117). Die sechs *Revisionary Ratios* kombinieren sich in diesem Sinne zu einem komplexen Schema der Interpretation, das zugleich rhetorisch, psychologisch und historisch funktioniert (vgl. Bloom 1997 [1975], 111).

Eine wichtige systematische Konsequenz dieser zunächst literaturhistorischen Anlage ist, dass Texte nicht mehr als singuläre und in sich geschlossene Bedeutungseinheiten, sondern nur als Ereignisse in ihrer dialektischen Beziehung zu anderen, vorgängigen Texten analysiert werden können. Die Bedeutung eines Textes liegt für Bloom überhaupt erst *zwischen* den Texten, als ein Epiphänomen der Umschrift durch Nachfolgedichtung (vgl. Bloom 1976, 240). Entsprechend ist aber auch jedes Lesen, das definitionsgemäß ein heillos immer schon verspätetes ist, unausweichlich ein Angst-motiviertes Fehllesen (vgl. Bloom 1988 [1975], 95), ja ein gewaltsames Umdeuten (*misprision*). Nicht nur das literarische Lesen im engeren Sinne, sondern jedes deutende Lesen ist entsprechend nur adäquat als ein performatives Ereignis, ein Akt, als ein Beziehungsdelikt im inzestuösen Bereich der Textverwandtschaft zu verstehen – nicht als Bemächtigung von sprachlichen Informationen und nicht als Konstruktion von Interpretationen.

Dies hat Konsequenzen für den epistemologischen Status der Bloom'schen Theorie, ihren Literaturbegriff und ihre heuristische Reichweite. Aus der Betonung und Engführung produktionsästhetischer Mechanismen in der Lektüre folgt ein erweiterter Begriff des literarischen Systems: Nicht nur die prototypische (lyrische) Dichterin, sondern auch Literaturkritiker und Wissenschaftlerinnen sowie herkömmliche Leserinnen und Leser befinden sich, weil unlösbar in ihre jeweilige literarische Tradition verstrickt, in einem steten Kampf um (Um-)Deutungs- und Selbstbehauptungsansprüche.

Ins Fadenkreuz der Kritik von Blooms Konzeption der *Misprision* geraten hauptsächlich sein simplizistisch gedachter Freudianismus, dem er selbst zum Opfer falle, wie etwa Paul de Man (^{2}1983 [1971], 272) süffisant bemerkt, und die methodisch fragwürdige Hypostasierung der Autorpersönlichkeit, in welcher sich die Überkreuzung von psychogenen Abwehrkräften und rhetorischen Kalkülen theoriegemäß abspielen soll. In den folgenden, in rascher Folge erschienenen Büchern *Eine Topographie des Fehllesens* (1997 [1975], übrigens Paul de Man gewidmet), *Kabbala. Poesie und Kritik* (1988 [1975]), *Poetry and Repression* (1976) und *Agon. Towards a Theory of Revisionism* (1982) sowie in *An Anatomy of Influ-*

ence (2011) reagiert Bloom auf diese Kritik, ohne allerdings den Verdacht einer organizistischen Vorstellung von Kreativität und einer allzu groben Naturalisierung von psychischen Konflikten vollständig abwenden zu können.

Dennoch bleiben Blooms Einsichten in die Funktionsweise von (erweiterter) Literaturgeschichte und Kanon als intertextuelle Schauplätze diskontinuierlicher Selbstbehauptungsansprüche wertvoll, auch und gerade wenn die agonale Methodik nicht unumstritten bleibt. Die Reparaturbestrebungen von Studien, welche Blooms Methode folgen, sind zahlreich und disparat. Am erfolgversprechendsten und transparentesten scheint der individuell zu führende Nachweis, dass die untersuchte Form von Autorschaft sich manifest einer aggressiven Literatur zweiter Ordnung verpflichtet weiß, weitab aller hehren, harmonischen und postmodernistisch verspielten Intertextualität (vgl. etwa Zumsteg 2011).

3 Fehllektüren als poetische Trigger

Wenn Werner Hamacher ein Gedicht Paul Celans liest und dabei überzeugend argumentiert, dass die Wendung „die Sekunde", wie es in *Sprachgitter* tatsächlich heißt, getreu der etymologischen Anweisung (Sekunde, von lat. *secare*: schneiden) auf sich selbst angewendet werden müsse und eigentlich „als ‚diese Kunde' zu lesen" (Hamacher 1998b, 342) sei, das Wort darüberhinaus fortan beharrlich zusammengezogen als „dieSeKunde" (Hamacher 1998b, 343) zitiert, so wird daran zweierlei deutlich: Zunächst wird in Hamachers zwar begründeter und in Celans Werk eingeordneter, letztlich aber dennoch recht mutwillig wirkender Fehllektüre augenfällig, dass Fehllesen auch zum poetologischen Prinzip erhoben werden kann. Dieses Prinzip funktionalisiert Fehllektüren, Versprecher und Verhörer gezielt zum poetischen Trigger für Doppel- und Mehrdeutigkeiten aller Art. Diese Variante des produktiven ‚Fehl'-Lesens lässt dabei bewusst offen, welcher höheren, poetischen Logik und ‚Richtigkeit' sie folgt. Sie muss nicht zwangsläufig, wie Hamacher es freilich tut, „als Artikulation des Weltentzugs" (Hamacher 1998b, 340) begriffen werden. Stattdessen lässt das Fehllesen auf der poetologischen Ebene alle Maßstäbe normativ richtigen Lesens spielerisch hinter sich. Eine solche Poetik der Fehllektüre von Christian Morgensterns *Gingganz* über Kurt Schwitters' *Merz* und Walter Benjamins *Mummerehlen* bis zum *Weißen Neger Wumbaba* bleibt noch zu schreiben.

Eine zweite Konsequenz aus Hamachers gewaltsamer Fehllektüre besteht im potenziell unendlichen Regress, den das Lesen des (eigenen) Lesens des (poetischen) Lesens anstiftet. Wenn schon poetische Texte nicht mehr primär die Schrift, sondern das Lesen zu lesen geben, stoßen sie damit eine selbstbezügliche Reflexionsbewegung an, welche die Aufmerksamkeit auf die Performanz von Lektüre (im Gegensatz zur Rekonstruktion schriftsprachlich niedergelegter Inhalte) legt. Der Akt des Lesens wird darin als ein doppelter offenbar, der nicht nur liest, was geschrieben steht, sondern stets sein eigenes Lesen, d. h., was nur fehlgelesen werden kann und daher unlesbar bleibt, mitliest (vgl. Strowick 2002, 163).

Weiterführende Literatur

de Man, Paul (²1983 [1971]). *Blindness and Insight. Essays in the Rhetoric of Contemporary Criticism*. London.

Freud, Sigmund (1999b). „Vorlesungen zur Einführung in die Psychoanalyse". *Gesammelte Werke*. Hrsg. von Anna Freud. Bd. 11. Frankfurt/M.

Hamacher, Werner (1988). „Unlesbarkeit". Paul de Man. *Allegorien des Lesens*. Aus dem Amerikanischen von Werner Hamacher und Peter Krumme. Mit einer Einleitung von Werner Hamacher. Frankfurt/M.: 7–26.

Poppenberg, Gerhard (2012). „ins Freie. Probleme figurativer Sprache nach Rousseau und de Man". Paul de Man. *Allegorien des Lesens II. Die Rousseau-Aufsätze*. Hrsg. von Gerhard Poppenberg. Berlin: 271–346.

Queer denken. Gegen die Ordnung der Sexualität (2003). Hrsg. von Andreas Kraß. Frankfurt/M.

The Salt Companion to Harold Bloom (2007). Hrsg. von Graham Allen. Cambridge.

Literatur

Allen, Graham (1994). *Harold Bloom. A Poetics of Conflict*. New York.

Bloom, Harold (1976). *Poetry and Repression. Revisionism from Blake to Stevens*. New Haven.

Bloom, Harold (1982). *Agon. Towards a Theory of Revisionism*. New York.

Bloom, Harold (1988 [1975]). *Kabbala. Poesie und Kritik*. Aus dem Amerikanischen von Angelika Schweikhart. Basel und Frankfurt/M.

Bloom, Harold (1995 [1973]). *Einflußangst. Eine Theorie der Dichtung*. Basel und Frankfurt/M.

Bloom, Harold (1997 [1975]). *Eine Topographie des Fehllesens*. Frankfurt/M.

Bloom, Harold (2011). *An Anatomy of Influence. Literature as a Way of Life*. New Haven und London.

Bohrer, Karl Heinz (1993). *Ästhetik und Rhetorik. Lektüren zu Paul de Man*. Frankfurt/M.

Celce-Murcia, Marianne (1973). „Meringer's Corpus Revisited". *Speech Errors as Linguistic Evidence*. Hrsg. von Victoria A. Fromkin. The Hague und Paris: 195–204.

Cutler, Anne und David Fay (1978). „Introduction". Rudolf Meringer und Karl Mayer. *Versprechen und Verlesen. Eine psychologisch-linguistische Studie*. Faksimile-Ausgabe. Hrsg. von Anne Cutler und David Fay. Amsterdam: X–XL.

de Man, Paul (1979). *Allegories of Reading. Figural Language in Rousseau, Nietzsche, Rilke, and Proust*. New Haven und London.

de Man, Paul (²1983 [1971]). *Blindness and Insight. Essays in the Rhetoric of Contemporary Criticism*. London.

de Man, Paul (1984). *The Rhetoric of Romanticism*. New York.

de Man, Paul (1986). *The Resistance to Theory*. Minneapolis.

de Man, Paul (1988). *Allegorien des Lesens*. Aus dem Amerikanischen von Werner Hamacher und Peter Krumme. Mit einer Einleitung von Werner Hamacher. Frankfurt/M.

de Man, Paul (1999 [1979]). „Shelley Disfigured". *Deconstruction and Criticism*. Hrsg. von Harold Bloom, Paul de Man, Jacques Derrida, Geoffrey Hartmann und J. Hillis Miller. London und New York: 32–61.

de Man, Paul (2012). *Allegorien des Lesens II. Die Rousseau-Aufsätze*. Hrsg. von Gerhard Poppenberg. Aus dem Amerikanischen von Sylvia Rexing-Lieberwirth. Berlin.

Derrida, Jacques (1983 [1967]). *Grammatologie*. Aus dem Französischen von Hans-Jörg Rheinberger und Hanns Zischler. Frankfurt/M.

Felman, Shoshana (1980). *Le scandale du corps parlant. Don Juan avec Austin, ou la Séduction en deux langues*. Paris.

Fetterley, Judith (1978). *The Resisting Reader: A Feminist Approach to American Fiction*. Bloomington, IN.

Freud, Sigmund (1999a). „Zur Psychopathologie des Alltagslebens (Über Vergessen, Versprechen, Vergreifen, Aberglaube und Irrtum)". *Gesammelte Werke*. Hrsg. von Anna Freud. Bd. 4. Frankfurt/M.

Freud, Sigmund (1999b). „Vorlesungen zur Einführung in die Psychoanalyse". *Gesammelte Werke*. Hrsg. von Anna Freud. Bd. 11. Frankfurt/M.

Hamacher, Werner (1988). „Unlesbarkeit". Paul de Man. *Allegorien des Lesens*. Aus dem Amerikanischen von Werner Hamacher und Peter Krumme. Mit einer Einleitung von Werner Hamacher. Frankfurt/M.: 7–26.

Hamacher, Werner (1998a). „Die Sekunde der Inversion. Bewegungen einer Figur durch Celans Gedichte". *Entferntes Verstehen. Studien zu Philosophie und Literatur von Kant bis Celan*. Frankfurt/M.: 324–368.

Hamacher, Werner (1998b). „Lectio. De Mans Imperativ". *Entferntes Verstehen. Studien zu Philosophie und Literatur von Kant bis Celan*. Frankfurt/M.: 151–194.

Harley, Trevor A. (2006). „Speech Errors: Psycholinguistic Approach". *Encyclopedia of Language & Linguistics (Second Edition)*. Hrsg. von Keith Brown (Editor in Chief). Amsterdam: 739–745, URL: www.sciencedirect.com/science/article/pii/B0080448542007975# (6. Januar 2016).

Leuninger, Helen (1996). *Danke und Tschüss fürs Mitnehmen. Gesammelte Versprecher und eine kleine Theorie ihrer Korrekturen*. Zürich.

Lichtenberg, Georg Christoph (³1991). *Schriften und Briefe* 2. Hrsg. von Wolfgang Pomies. München.

Meringer, Rudolf (1908). *Aus dem Leben der Sprache. Versprechen, Kindersprache, Nachahmungstrieb*. Berlin.

Meringer, Rudolf (1923). „Die täglichen Fehler im Sprechen, Lesen und Handeln". *Wörter und Sachen* 8 (1923): 122–140.

Meringer, Rudolf und Karl Mayer (1895). *Versprechen und Verlesen. Eine psychologisch-linguistische Studie*. Stuttgart.

Meringer, Rudolf und Karl Mayer (1978). *Versprechen und Verlesen. Eine psychologisch-linguistische Studie*. Faksimile-Ausgabe. Hrsg. von Anne Cutler und David Fay. Amsterdam.

Miller, Joseph Hillis (1987). *The Ethics of Reading. Kant, de Man, Eliot, Trollope, James, Benjamin*. New York.

Millett, Kate (1970 [1969]). *Sexual Politics.* New York.

Poppenberg, Gerhard (2012). „ins Freie. Probleme figurativer Sprache nach Rousseau und de Man". Paul de Man. *Allegorien des Lesens II. Die Rousseau-Aufsätze.* Hrsg. von Gerhard Poppenberg. Berlin: 271–346.

Queer denken. Gegen die Ordnung der Sexualität (2003). Hrsg. von Andreas Kraß. Frankfurt/M.

Said, Edward (1993). *Kultur und Imperialismus. Einbildungskraft und Politik im Zeitalter der Macht.* New York.

Schade, Ulrich, Thomas Berg und Uwe Laubenstein (2008). „Versprecher und ihre Reparaturen". *Psycholinguistik. Ein internationales Handbuch.* Hrsg. von Gert Rickheit, Theo Herrmann und Werner Deutsch. Berlin: 317–338.

Speech Errors as Linguistic Evidence (1973). Hrsg. von Victoria A. Fromkin. The Hague und Paris.

Strowick, Elisabeth (2002). „Erzählen, Wiederholen, Durchblättern. Bruchstücke einer psychoanalytischen Theorie des Lesens". *Literatur als Blätterwerk. Perspektiven nichtlinearer Lektüre.* Hrsg. von Jürgen Gunia und Iris Hermann. St. Ingbert: 160–181.

The Salt Companion to Harold Bloom (2007). Hrsg. von Graham Allen. Cambridge.

Timpanaro, Sebastiano (2010). *The Freudian Slip. Psychoanalysis and Textual Criticism.* London.

Wells, Rulon (1951). „Predicting Slips of the Tongue". *The Yale Scientific Magazine* 26.3 (1951): 9–30.

Zumsteg, Simon (2011). *poeta contra doctus. Die perverse Poetologie des Schriftstellers Hermann Burger.* Wien, New York und Zürich.

Simon Aeberhard
III.1.7 Unlesbarkeit

Was Schrift ist (sprich: was einer Rezipientin oder einem Rezipienten als Geschriebenes entgegentritt), kann in den allermeisten Fällen auch gelesen werden. Und was als Lesbares entgegenkommt, wird – in aller Regel – zugleich mit der Erkenntnis, dass es sich dabei um Schriftzeichen handelt, auch schon gelesen. Nur unter Aufbietung außergewöhnlicher Selbstüberlistungstricks bringen wir es über uns, *nicht* zu lesen, was kenntlich Schrift ist und lesbar erscheint (und stattdessen z. B. ein Bild zu sehen). „Ja, ich kann ein gedrucktes Wort – wenn ich die Druckschrift kenne – gar nicht ansehen, ohne einen eigentümlichen Vorgang des inneren Hörens des Worts", schreibt etwa Wittgenstein (1984, 180) im *Brown Book*.

Bei ausreichender Kenntnis des Zeichensystems und mit zunehmender Eingeübtheit scheinen die vielfältigen und komplexen Decodierungsprozesse, die zusammengefasst ‚Lesen' genannt werden, soweit automatisiert, dass sie *im Moment* des Erkennens des Codes bereits stattfinden. Schrift und Geschriebenes einerseits sowie Entziffertes und Gelesenes andererseits werden im Normalfall nicht operativ differenziert. Diese Gleichzeitigkeit lässt keinen Zwischenschritt und damit auch keine methodische Beobachtung der eigenen Entschlüsselungs- und Verstehensaktivitäten zu. Ein solcher Reflexionsprozess kann erst dann einsetzen, wenn der Leseautomatismus unvorhergesehen unterbrochen wird – sei es momenthaft dadurch, dass sich eine ursprüngliche Lesevariante im Rekurs als fehlerhaft erweist (vgl. III.1.6 „Fehllesen"), sei es nachhaltiger dadurch, dass das Lesen an eine Stelle kommt oder an einen Text gerät, wo die automatisierte Entzifferung ereignishaft versagt.

Die Reihe von theoretischen und methodischen Überlegungen, die im Folgenden darzustellen ist, setzt an dieser Stelle ein. Gerade dadurch, dass sie eine eingespielte Entzifferungspraxis zum Scheitern bringen, lenken Phänomene der Unlesbarkeit die Aufmerksamkeit auf die normalerweise unbewussten Mechanismen und Medien des Lesens selbst.

Wenn es darum geht, Fälle zu artikulieren, in denen die eingespielte Lese- und Deutungskunst überraschend an ihre buchstäblichen Grenzen gelangt, trifft das Deutsche (anders als die meisten anderen Sprachen) eine instruktive Unterscheidung, die seit 2013 auch in der Deutschen Industrienorm 1450 zu *Schriften – Leserlichkeit* festgehalten ist: *Leserlichkeit* wird da definiert als „Eigenschaft einer Folge erkennbarer Zeichen, die es ermöglicht, diese Zeichen im Zusammenhang zu erfassen" (Deutsches Institut für Normung 2013, 4). Als ‚unleserlich' können im Umkehrschluss Druck-, vor allem aber Handschriften gelten, in denen sich die Spur der Schrift nicht zu distinkt zu identifizierenden Einheiten fügt, wenn

https://doi.org/10.1515/9783110365252-009

eine bestimmte Stelle oder ein ganzer Text zwar als Resultat eines intendierten Schreibvorgangs kenntlich, insgesamt aber unentzifferbar bleibt; sei es wegen defizienter, verfallener und veralteter Textträger, sei es wegen eines nicht vollständig bekannten, idiosynkratisch oder undeutlich ausgeführten Schriftsystems (zum typographischen Begriff der Lesbarkeit vgl. de Jong 2015).

Lesbarkeit wird gemäß DIN demgegenüber definiert als die „Eigenschaft erkennbarer Zeichen und leserlich angeordneter Zeichenfolgen, die es ermöglicht, die Information zweifelsfrei zu verstehen." (Deutsches Institut für Normung 2013, 4) Als ‚unlesbar‘ wären also umfangreichere Texte zu bezeichnen, die in ihren einzelnen Teilen durchaus dechiffrierbar, als Schriftsprache also vollständig leserlich, deut- und insofern auch verstehbar sind, im (pragmatischen) Ganzen, im Zusammenhang der einzelnen Zeichen, Worte, Sätze und Abschnitte aber unverständlich und ihrer Struktur nach nicht nachvollziehbar bleiben.

Die beiden Begriffe der technischen, wahrnehmungspraktischen Unleserlichkeit auf der einen und der textuellen, verstehenskonzeptionellen Unlesbarkeit auf der anderen Seite kommen darin überein, dass das schriftsprachlich Niedergelegte kommunikativ nicht oder nur ungenügend (weiter)prozessiert werden kann – aus der Kommunikation selbst äußerlichen Gründen im Fall der Unleserlichkeit, aus kommunikationsinhärenten Gründen im Fall der Unlesbarkeit.

Insofern Schrift und Schriftlichkeit zu den Konstituenten von Bedeutungskulturen und den ihnen eigenen Symbolsystemen gehören, und insofern sich am Umgang mit scheiternden Decodierungen das Reflexionsniveau und die Leistungsstärke von kulturellen Lesepraxen erst messen lässt, rühren die beiden Konzepte von (technischer) Unleserlichkeit und (konzeptioneller) Unlesbarkeit an den grundsätzlichen Erkenntnisbedingungen, den basalsten wahrnehmungspraktischen Grundlagen unserer Lesekultur.

1 Unleserlichkeit: Editionswissenschaft

Allen voran kennt die Editionsphilologie eine intensive praktische Beschäftigung mit konkreten Unleserlichkeiten aller Art; immerhin stellt der Umgang mit fachsprachlich sogenannten ‚verderbten‘, d. h. unleserlichen, unlesbaren oder offenkundig verfälscht überlieferten Textstellen insbesondere bei der Edition von antiken und mittelalterlichen Handschriften und Codices ein fast alltägliches Problem dar. Von keinem einzigen der bedeutenden Texte aus der Antike sind z. B. Autographen oder autorisierte Abschriften erhalten; stattdessen muss, schon aufgrund des langen und unübersichtlichen Überlieferungszeitraums, methodisch davon ausgegangen werden, dass sämtliche vorhandenen Ausgaben des Textes in irgendeiner Form korrupt sind, d. h. gegenüber dem verlorenen Original Lücken, spätere Eingriffe und materielle Fehler enthalten, die den Zugang zum ursprünglichen Text verstellen (Heyworth und Wilson 2002a, 230).

Das systematische Problem fehlender, nachgewiesen und unmittelbar authentischer Textzeugen stellt sich konkret Herausgeberinnen und Herausgebern sehr alter Texte, virtualiter aber allen Leserinnen und Lesern tradierter Druckerzeugnisse, insofern deren Status immer bezweifelt werden kann. Dies in doppelter Hinsicht: Nicht nur fehlt erstens eine glaubwürdig autorisierte Fassung, das Original des Textes, sein verbürgter Ursprung; bei den stattdessen als Textzeugen auftretenden Abschriften und Druckausgaben (die darüber hinaus durch die Vermittlung von unübersehbar vielen weiteren Zwischenabschriften und -drucken, Exzerpten, Paraphrasen, Zitaten, Nachahmungen und Übersetzungen vom Original abstammen können) muss zweitens davon ausgegangen werden, dass sie nur unzuverlässige Zeugenschaft von diesem ihrem Ursprung ablegen. Die gewissenhafte Rekonstruktion der Urfassung eines Textes hat sich daher nicht nur mit dem epistemologisch unsicheren Status der vorhandenen Versionen und Varianten auseinanderzusetzen, sondern auch mit Ungewissheiten über den genetischen Weg und die Korrektur-, Manipulations- und Veränderungsstadien, durch die diese ihrerseits historisch gegangen sind.

Jeder textkritische Ansatz geht vor diesem Hintergrund zunächst methodisch vom Generalverdacht der Unleserlichkeit seines Gegenstandes aus. Dessen Leserlichkeit und Lesbarkeit allererst zu (re)konstruieren, ‚herzustellen' (vgl. Nutt-Kofoth 2003, 602; Wirth 2010, 390) sieht die Editionsphilologie entsprechend als ihre erste und eigentliche Aufgabe an. Idealiter tritt sie mit dem doppelten Anspruch an, einen Text nicht nur in seiner ursprünglichen Notation integral zu restituieren, sondern dabei auch lückenlos aufzuklären, was zu seiner fall- und stellenweisen Entstellung geführt hat. Eine gewissenhafte Edition rekonstruiert daher zumindest implizit auch die Geschichte der Lesarten; dies wiederum im zweifachen Sinne: Sie legt einerseits Rechenschaft darüber ab, wie sie selbst die Textgenese konzeptualisiert (vgl. Maas ²1950 [1927], 16), und verdeutlicht damit andererseits auch den historischen Verlauf der Verständnisse, Interpretationen und Einsichten, zu denen der vormals edierte Text (gerechtfertigt oder nicht) Anlass gegeben hat.

Die Disziplin der Editionsphilologie hat im Laufe ihrer Geschichte ein ganzes Arsenal von Begriffen zur Beschreibung von Verderbnissen und entsprechenden Korrekturverfahren ausgebildet, hinter deren Technizität sich die politische Episteme textkritischer Vorgehensweisen verbirgt (vgl. Konjektur und Krux 2010; ferner auch Benne 2015). Ziel war dabei zunächst (so etwa bei Karl Lachmann, einem Schüler Friedrich Schleiermachers, der neben dem Neuen Testament eine ganze Reihe lateinischer Texte, mittelhochdeutscher Epen und Lessings sämtliche Werke herausgegeben hat), rein ‚mechanische' Verfahren zu entwickeln, die gänzlich ohne herausgeberische Interpretationsentscheidungen auskommen (vgl. Most 2005, 10). Rasch zeigte sich jedoch, dass, wenn die Überlieferung eines Textes verdorben ist (und sie muss allein schon aus Gründen der fernschriftlichen Kommunikation stets als verdorben gelten), gewissermaßen nur noch seherische Fähigkeiten helfen, um trotzdem zu lesen, was nicht zu lesen ist, wie die für die Disziplin kennzeichnend freimütige, letztlich auf Schleiermacher zurückgehende Terminologie offenherzig zugesteht: „Erweist sich die Überlieferung als verdorben, so muß versucht werden, sie durch *divinatio* zu heilen. Dieser Versuch führt entweder zu einer evidenten Emendation oder zu mehreren etwa gleichmäßig befriedigenden Konjekturen oder zu der Erkenntnis, daß eine Heilung durch *divinatio* nicht zu erhoffen ist (*crux*)" (Maas ²1950 [1927], 10).

Die Konjektur (von lat. *coniectura*, Vermutung) umschreibt eine indiziengestützte Annahme bei unklarem Text-Tatbestand, von der, wiewohl revidierbar, mit einem mittleren Grad an Zuversicht erwartet werden kann, dass sie sich der Wahrheit annähert (vgl. Scholz 2012, 486–487). Die Problematik von Konjekturen, die eine explizite editorische ‚Verbesserung' einer Textstelle vornehmen (vgl. Heyworth und Wilson 2002a, 230), besteht darin, dass sie im Prinzip die Kenntnis des Originals voraussetzen (vgl. Maas ²1950 [1927], 10). Als hochproblematisch gilt heutzutage deswegen die stillschweigende Korrektur einer Textstelle (Emendation, von lat. *emendatio*, Berichtigung), weil sie den zugrundeliegenden Text im Zweifelsfall der Gefahr aussetzt, fortan fehlerhaft weitertradiert zu werden, also statt einer Verbesserung einen weiteren, nicht rückgängig zu machenden Irrtum in der Textgestalt verursacht. Im methodischen Bewusstsein um das eigene tastende Wissen wurde im 19. Jahrhundert zunächst das Setzen von Konjekturen und Emendationen zunehmend (positivistisch) diszipliniert und schließlich (zugunsten der Crux) in skeptizistischer Politik fast gänzlich disqualifiziert (vgl. Bremer und Wirth 2010, 15).

Wenn die Verderbnis auch mit ausgeklügelten interpretationsmethodischen Verfahren nicht ausgebessert werden kann und als ‚unheilbar' gelten muss, besteht die *ultima ratio* der Textphilologie in der Crux. Die Crux (†) steht als Zeichen nicht dafür, dass alle Wiederbelebungsversuche einer Textstelle aussichtslos geworden sind, sondern das Kreuz steht für die Marter, die eine so gekennzeichnete, im Sinne der Definition unleserliche Stelle ihren Interpretinnen und Interpreten bereitet (vgl. Schubert 2010, 98). Sie markiert den verlorenen Ursprung – die (vermutete) Sinnfülle da, wo jetzt keine, offensichtlich sinnlose oder nicht (mehr) deutbare Zeichen stehen – und ist daher eine explizite Kapitulationserklärung vor den überlieferten Textvarianten. Was die Herausgeberinnen und Herausgeber nicht methodisch gesichert entscheiden können, was ihnen als unleserlich erscheint, wird der Leserin und dem Leser damit als Unlesbarkeit überantwortet.

Alle diese Problemkreise der Edition setzen im Prinzip voraus, dass die originale Textgestalt und der originale Textgehalt, die es beide allererst zu (re)konstruieren, also leserlich und lesbar zu machen gilt, bereits bekannt sind. Ohne eine solche genaue Vorstellung des Originals gäbe es keinen Maßstab zur Sammlung von Textzeugen (*collatio*) und zur Bewertung der Überlieferungssituation (*recensio*), geschweige denn Kriterien zur Ordnung der gesammelten Überlieferungsstadien (*examinatio*). In diesem Sinne macht sich die editionsphilologische Praxis notwendig einer intrikaten *Petitio principii* schuldig: Wo sie nicht kapitulatorisch nur Cruces aufstellen will, setzt sie voraus, wonach sie sucht. Da editorische Textkonstitution (‚Textgenese') streng besehen nichts anderes bedeutet als eine Lesbarkeit herzustellen, wo vorher Unleserlichkeit unterstellt werden musste, da zweitens Lesbarkeit herzustellen nichts anderes bedeutet, als (bestimmte) Lesarten auch schon durchzuführen, begibt sich die Editionsphilologie unvermeidlich in einen Zirkel.

Die erkenntnistheoretisch unzulässige wechselseitige Voraussetzung von Schrift und Lektüre ist allerdings weder der Editionsphilologie als Disziplin noch der Textkritik als Wissenskultur anzulasten. Denn erstens kann sie nicht anders verfahren (will sie an ihrem Geschäft festhalten, textuelle Artefakte kulturell zu tradieren) und zweitens bildet die textkritische Rekonstitution nur ein wesentliches Merkmal unserer alltäglichen Lesepraxis ab: Derselbe Teufelskreis bestimmt nämlich jedes Lesen, insofern Leseakte Bedeutung aus Zeichenkonfigurationen gewinnen und ihr „*Interesse am Buchstaben*" und ihr „*Interesse am Sinn*" (Bremer und Wirth 2010, 21) nur wenig scharf voneinander trennen können. Sinn und Buchstabe, Lektüre und Schrift sind stets voneinander abhängig und setzen sich gegenseitig voraus. Text(re)konstitutive und hermeneutische Operationen sind auch beim herkömmlichen Lesen nicht voneinander zu unterscheiden: „[Text-] Kritik und Hermeneutik sind interdependent." (Szondi 1975, 38)

2. Unlesbare Texte: Philologie

Insofern Lesen nicht lediglich in automatisiertem Decodieren schriftsprachlich niedergelegter Information besteht, insofern die „divinatorische Vermutung möglicher Sinnzusammenhänge" (Bremer und Wirth 2010, 16) jeden Lektüreakt entscheidend prägt, insofern „Verständnis und Entzifferung sich wechselseitig vorausgreifen, bestätigen und korrigieren" (Szondi 1975, 38), macht sich auch das alltägliche Lesen eines Zirkelschlusses schuldig, der voraussetzt, wonach er sucht. Textkonstitution und -interpretation lassen sich an diesem ganz basalen Punkt auch im Alltag niemals trennen: „Wortwahrnehmung und Wortverstehen basieren beide auf Prozessen, die inferentiellen Charakter haben." (Wirth 2010, 397)

Wo Textkritik methodisch Unleserlichkeit voraussetzt und sich am Phantasma der originalen Textgestalt und den materiellen Spuren des literarischen Werks abarbeitet, kultiviert die hermeneutische Praxis ein dazu komplementäres Verfahren: Ihr Projekt ist es nicht, leserlich zu machen, was nicht (mehr) zu lesen ist. Vielmehr bezieht sich ihr primäres Interesse stattdessen, mehr oder weniger am materiellen Buchstaben vorbei oder durch diesen hindurch, direkt auf den (unterstellten) Sinn. Doch gewärtigt auch dieser „hermeneutische Imperativ" (Schlegel 2015, 152) rasch Grenzen der Lesbarkeit, die methodisch in den Griff zu bekommen genuine Aufgabe der Literaturtheorie ist.

Die Hermeneutik als Theorie des Verstehens hat sich, obwohl bisweilen als „*Kunstlehre* der *Auslegung* von *Schriftdenkmalen*" (Dilthey 1990, 320, Hervorhebung im Original) definiert, lange Zeit nicht oder nur oberflächlich mit den Medien der Literatur, allen voran der Schrift, und damit auch dem Lesen auseinandergesetzt. Als Folge einer bis in die Mitte des 20. Jahrhunderts fast ausschließlich philosophisch orientierten Analyse des Verstehens konnten Probleme der Unlesbarkeit und das „Skandalon des Zirkels" (Szondi 1975, 13), das sie anstoßen, daher nicht explizit in den literaturwissenschaftlichen Blick geraten. Dennoch kann Philologie insgesamt als Disziplin des Umgangs, ihre Geschichte als die Geschichte der theoretischen Auseinandersetzung mit der basalen Zirkularität der Kulturtechnik Lesen und ihren notwendig inferenziellen Schlussverfahren angesehen werden (vgl. Wegmann 1994): Wo immer nämlich Interpretationen methodologisch bewusst arbeiten, reflektieren sie zumindest implizit auch das epistemologisch prekäre Treiben ihres eigenen Lesens. In der alten Formulierung vom ‚hermeneutischen Zirkel' etwa wurde die abduktive Prozessualität des Verstehens immer wieder diskutiert, und zwar nicht nur in der negativen Paradoxie der Verfügbarmachung einer erkenntnistheoretischen Unverfügbarkeit, sondern auch als Produktivität sich überlagernder Verstehens- und Entschlüsselungsprozesse. Der Begriff der Unlesbarkeit wäre in diesem Sinne missverstanden, wenn man ihn alleine als Eigenschaft von Texten oder Zeichenfolgen verstünde; insofern sie auf die Voraussetzungen des Lesens aufmerksam macht, impliziert jede Form von Unlesbarkeit eine selbstreflexive und erkenntniskritische Aktivität seitens ihrer Leserinnen und Leser.

Dass nur die unvorhergesehene Unterbrechung des eingespielten Decodierens eine theoretische Reflexion auf den Prozess des Lesens und seine methodische Beobachtung zulässt, dass ganz konkrete Unleserlichkeiten beharrlich hermeneutische Verfahren zu ihrer Beseitigung provozieren – das wird auch in der jüngeren Geschichte der Literaturwissenschaften deutlich. Nicht zuletzt neuartige modernistische literarische Schreibweisen seit Beginn des 20. Jahrhunderts führten nämlich ihrerseits zu diesbezüglichen Innovationsschüben in der Literaturtheorie, indem sie ihre Rezipientinnen und Rezipienten immer offensiver mit Texten konfrontierten, welche deren eingespielten Lesegewohnheiten widerstehen mussten und in diesem Sinne unlesbar wirkten. Insbesondere die geradezu ikonisch schwierigen und *a priori* unverständlichen Texte von Franz Kafka, James Joyce, Jorge Luis Borges, Samuel Beckett, Luigi Pirandello, Paul Celan, Arno Schmidt und unzähligen weiteren haben dazu geführt, neue, methodisch kontrollierte (sich oft dezidiert als nicht- oder gar anti-hermeneutisch verstehende) Interpretationsverfahren zu etablieren, die ihre wichtigsten Erkenntnisse auch auf die Voraussetzungen der literarischen Kommunikation zurückführen: die materialen, medialen, generischen, sozialen, historischen, kognitiven und epistemologischen Implikationen des Lesens literarischer Schrift(en).

3 Unlesbarkeit: Literaturtheorie

Die theoretische Bedeutung der Sinn (mit)produzierenden Aktivität der Leserinnen und Leser rückt wissensgeschichtlich auch dann verstärkt in den Blick der Literaturwissenschaften, wenn in der Psychologie rein behavioristische Modelle des Lesens abgelöst werden und die kognitive Konstruktivität des vermeintlichen Rezeptionsakts verstärkt miteinbezogen wird. Erst das Abkommen von Konzeptionen des Lesens als rein passives Dekodieren schriftlich niedergelegter Informationen erlaubt es, das Lesen als zumindest in Teilen schöpferischen und kreativen Akt zu entdecken, reale und theoretische, empirische und virtuelle, historische und gegenwärtige, implizite und implizierte Leserinnen und Leser mithin als eine ernstzunehmende Größe in das Theoriedesign literarischer Kommunikation aufzunehmen (vgl. Willand 2014, 77). Die Frage nach der Leserin und dem Leser und ihrer genauen Rolle beim Zustandekommen von Textbedeutung angesichts verschiedener Formen von Unlesbarkeit ist denn auch eine der vordringlichsten Fragen der Literaturtheorie seit den 1970er Jahren.

Roland Barthes: Schreibbarkeit – pluraler Text

Nicht als Konsumentin oder Konsument, sondern emphatisch als „Textproduzenten" werden Leserinnen und Leser erstmals bei Roland Barthes (1976 [1970], 8) gehandelt – eine für die damalige Zeit überraschende Umkehrung der Verhältnisse, welche die entscheidende Pointe von Barthes' gleichermaßen theoretischer wie praktischer Studie *S/Z* von 1970 ausmacht: „Unsere Literatur ist von der gnadenlosen Trennung gezeichnet, die die literarische Institution zwischen dem Hersteller und dem Verbraucher des Textes, seinem Besitzer und seinem Käufer, seinem Autor und seinem Leser aufrecht erhält." (Barthes 1976 [1970], 8)

Diese Verhältnisse umzukehren und das Lesepublikum aus seiner konsumistischen Rolle als Verbraucherinnen und Verbraucher zu befreien, ihm stattdessen eine Schlüsselrolle bei der Aktivität der Bedeutungsgebung zuzuweisen, macht die experimentelle Anlage von *S/Z* aus – einer Schrift, die aus einem zweijährigen Seminar entstanden ist, welches Barthes 1968/69 in Paris unterrichtet hat. Das Buch ist denn auch das ausführliche Leseprotokoll dieses Seminars zu Honoré de Balzacs *Sarrasine*. „Schritt für Schritt" (Barthes 1976 [1970], 16) werden einzelne Bruchstücke („Lexien", Barthes 1976 [1970], 18) – einzelne Worte, Halbsätze, kurze Phrasen, Dialogpassagen und ganze Abschnitte – aus der Novelle zitiert und dergestalt in eine strukturale (Mikro-)Analyse überführt. Der Novellentext wird dabei bestimmten Codes zugeordnet, „bestirnt" (Barthes 1976 [1970], 18), d. h. einem kurzen *close reading* unterzogen, und beides wird im eigentlichen Lauftext *pas à pas*, Kapitel für Kapitel kommentiert.

Im Vorlauf zum progredierenden Durchgang durch den analysierten Text stellt Barthes die konzeptuellen Weichen zur Emanzipation der Leserinnen und Leser gegenüber homogenen und vorgefertigten bildungsbürgerlichen Wissensbeständen und Interpretamenten. Dem „lesbaren Text" (*texte lisible*), der als darstellendes Produkt in seiner Sinngebung vollkommen transparent ist, stellt er als „Gegenwert" den „schreibbaren Text" (*texte scriptible*) (Barthes 1976 [1970], 8) gegenüber. Nur der schreibbare Text lässt dabei Platz für die emphatische Aktivität und politisch bedeutsame Produktivität des Lesens.

Während der ‚lesbare Text' Sinn stabilisiert und vereindeutigt, „dem geschlossenen System des Abendlandes verpflichtet" bleibt und „dem Gesetz des Signifikats ergeben" (Barthes 1976 [1970], 12), provoziert der ‚schreibbare' (in diesem Sinne: unlesbare) Text die aktive, singuläre und gegenwärtige Produktion, die ‚Schreibung' von (potenziell unendlichen) Sinnschichten durch Leserinnen und Leser.

„Je pluraler der Text ist, um so weniger ist er geschrieben, bevor ich ihn lese", lautet eines der Axiome, mit welchen Barthes (1976 [1970], 14) die vorgesehene Rolle der Rezeption vom Verbraucher zum Hersteller vertauscht und die Leserinnen und Leser so vom Zwang des geschlossenen Diskurses befreit. Lesen ist kein passives Decodieren mehr, „keine parasitäre Geste, keine reaktive Ergänzung einer Schrift [...], es ist eine Arbeit", es ist „lexeographische[s] Handeln [...], denn ich schreibe mein Lesen" (Barthes 1976 [1970], 15).

Ein solches Lesen-Schreiben, das sich der unübersehbaren Pluralität von Sinndimensionen, der semantischen und semiotischen Vieldeutigkeiten im Text überlässt, ist eine singuläre Praxis: Sie produziert unvergleichliche Lektüren (was interessanterweise Barthes' früherem Programm der strukturalen Analyse von Erzählungen widerspricht). Denn diese schreiben nicht transhistorische Gehalte fest, sondern sind radikal präsentisch: „Der schreibbare Text ist ständige Gegenwart [...], der schreibbare Text, das sind *wir beim Schreiben*" (Barthes 1976 [1970], 9, Hervorhebung im Original).

Erst unter diesen drei Voraussetzungen (Aktivität der Leserin und des Lesers, Aktualität des Lesens und Singularität der Lektüre) tun sich die „unendlichen Spielmöglichkeiten" des Textes auf (Barthes 1976 [1970], 7), hier erst kann sich das Lesepublikum dem „Zauber der Signifikanten" und der „Wollust des Schreibens" ganz überlassen, das unbeschränkte Wuchern des Sinns und der Sinne verfolgen und in die „Galaxie von Signifikanten" (Barthes 1976 [1970], 10) eintauchen: „Einen Text interpretieren heißt nicht, ihm einen (mehr oder weniger begründeten, mehr oder weniger freien) Sinn geben, heißt vielmehr abschätzen, aus welchem Pluralem [sic!] er gebildet ist." (Barthes 1976 [1970], 9)

Die Tatsache, dass Barthes einen vergleichsweise klassischen Text für sein Seminar ausgewählt hat, einen oft und gerne gelesenen, bekannten und mehr oder minder ‚ausinterpretierten' Text, ist interessant: Hätte er für Barthes früher für eine bürgerlich befriedete Literatur stehen müssen, für eine „écriture classique" (Barthes 1971 [1953], 16), eine uniforme Schreibweise, die sich in ihrer konventionellen Sinngebung nur selbst bestätigt, so ändert sich das mit der neuentdeckten, emanzipativen Freiheit des Entwirrens von Sinnangeboten, mit der „Geburt des Lesers" (*naissance du lecteur*) (Barthes 2000 [1968], 193), welchem emanzipatorisch offensteht, den Text zu „*mißhandeln*, ihm *das Wort abzuschneiden.*" (Barthes 1976 [1970], 19, Hervorhebung im Original) In der ostentativen Umgehung von altgedienten, ‚bürgerlichen' Lesepraxen installiert Barthes also strategisch eine neue Unlesbarkeit, welche es erlaubt, Leserinnen und Leser von der Zentrierung auf einen homogenen Sinn lustvoll zu befreien. Der Nachteil dieser Methodik besteht freilich darin, dass die daraus resultierenden singulären Lektüren alle Standards intersubjektiver Überprüfbarkeit unterlaufen.

Wolfgang Iser: Leerstellen

Einer der frühesten und wichtigsten Untersuchungsgegenstände einer Theorierichtung, die nach den generischen Wirkungspotenzialen von Literatur fragt, ist die möglichst präzise phänomenologische Rekonstruktion der (impliziten) Verstehensprozesse auf Leserseite. Dass nämlich Leserinnen und Leser, wenn sie literarische Texte rezipieren, stets Informationen über die dargestellte Welt ergänzen müssen, die der Text, streng betrachtet, gar nicht liefert, dass also nicht alles, was gelesen wird, wenn gelesen wird, tatsächlich auch im Text steht, kann als

Ausgangspunkt der Arbeiten von Wolfgang Iser angesehen werden. Unlesbarkeit fungiert hier geradewegs als Voraussetzung für das kommunikative Verhältnis, das Leserinnen und Leser mit dem Text eingehen.

In seiner in den 1970er Jahren ausgearbeiteten *Theorie ästhetischer Wirkung* beschreibt Iser „das Lesen als Prozeß einer dynamischen Wechselwirkung von Text und Leser" (Iser ³1990 [1976], 176), konzeptualisiert die Rezeption von Literatur also in Form eines interaktionistischen Modells: „Das Lesen als eine vom Text gelenkte Aktivität koppelt den Verarbeitungsprozeß des Textes als Wirkung auf den Leser zurück." (Iser ³1990 [1976], 257) Mit dieser axiomatischen Formel treibt Iser die Handlungs- und Vollzugsdimension des Lesens als wechselseitige Affizierung von durch den Text bereitgehaltenen Strukturen einerseits und dem Vorstellungsvermögen des Lesepublikums andererseits hervor.

Am Anfang von Isers Konstanzer Antrittsvorlesung (Iser 1970) steht die Feststellung, dass literarische Texte nicht aus einer Ansammlung finiter Informationen bestehen, die es lesend zu extrahieren gilt. Sie sind keine Container tieferer Bedeutung, sondern fungieren in Isers Modell als objektive „Textstrukturen", die in ihrer Erfassung durch die Leser als (sukzessive) „Aktstrukturen" beschrieben werden können (Iser ³1990 [1976], 63). Diese Handlungsdimension ist dabei vom Text impliziert, denn einzelnen Merkmalen des Textes kommt nach Iser die Eigenschaft zu, in der Rezeption Wirkpotenziale kommunikativ abzurufen, den (objektiven) Text also zu einer Art Anleitung und Anweisung, zu einer „Spielregel" und „Partitur" (Iser ³1990 [1976], 176–177) werden zu lassen, der strukturierte Resonanzen und Reaktionen (‚Lesarten') auslöst.

Verantwortlich für diesen Appell seien „Leerstellen" (Iser ³1990 [1976], 267) im literarischen Kunstwerk, welche „den Leser [...] in den Text hinein" zögen und seine „kontrollierte Betätigung" bewirkten – gerade *weil* sie nicht lesbar sind, gerade *weil* die Informationen, die sie enthalten, im Text abwesend sind. Iser entwickelt seinen wirkungsästhetischen Grundbegriff der Leerstelle im Anschluss an das Konzept der „Unbestimmtheitsstellen" des polnischen Kunstphilosophen Roman Ingarden (³1965, 261), der 1931 phänomenologisch konsequent zwischen der Darstellungsebene eines Textes und den Vorstellungsinhalten, die dieser Text auslöst, zu unterscheiden versucht hatte. Statt auf eine vollständig durch den Text determinierte Welt treffen wir in literarischen Texten nämlich alleine auf „schematisierte Ansichten" von Gegenständen, die, da im Text nur eine gewisse, in jedem Fall endliche Anzahl von Eigenschaften überhaupt explizit spezifiziert sein können, andere Aspekte unbestimmt lassen (Ingarden ³1965, 270–289). Fungieren diese „Unbestimmtheitsstellen" für Ingarden als Kennzeichen „intentionaler" Gegenstände, die in ihrer (kunst)ontologischen Existenzweise eine Zwischenposition einnehmen zwischen dem (sinnlichen) Erfassen realer und der (imaginären) Konstitution idealer Gegenstände, legt Iser (³1990 [1976], 271) den

Fokus auf die Funktionsweise dieser Unbestimmtheit als „Kommunikationsbegriff". Das Wissen um die aktive Rolle des Lesepublikums bei der Konstitution der Textwelt, um „die Kreativität der Rezeption" (Iser [3]1990 [1976], 176), erlaubt es Iser nämlich, in den „Unbestimmtheitsbeträge[n]" (Iser [3]1990 [1976], 269–270) von literarischen Texten ein zentrales Scharnier für die kommunikative Interaktion zu erkennen, die Leserinnen und Leser lesend mit dem Text eingehen.

Werden bei Ingarden ([3]1965, 272) Unbestimmtheitsstellen fallweise ausgefüllt oder ergänzt (oder auch ignoriert) und potenzielle Elemente in der Vorstellungswelt von Leserinnen und Lesern idealerweise so aktualisiert, dass die zu vermittelnden Ansichtsschichten ein (nach der klassischen Ästhetik) stimmiges Ganzes ergeben, insistiert Iser an diesem Punkt: Ihm geht es dezidiert nicht um „banale" Ergänzungsleistungen, bei der Frage etwa, ob ein Protagonist, der in einem Text alleine als alter Mann vorgestellt wird, graue oder schwarze Haare habe. Statt dieses textinduzierten, stabilen „Erzeugen[s] einer Wahrnehmungsillusion im Vorstellungsbewußtsein" ist Iser ([3]1990 [1976], 277) gestalttheoretisch interessiert am dynamischen „Interaktionsverhältnis" zwischen „implizitem Leser" (Iser 1972) und Text.

In Gang kommt dieses Kommunikationsverhältnis in der Form eines „inferentiellen Decodierens" (analog zu den „monumentalen Leerstellen" editionsphilologischer Unleserlichkeit; Wirth 2008, 286): dadurch, dass Leserinnen und Leser zu „passiven Synthesen" (Iser [3]1990 [1976], 143), „zu einer projektiven Besetzung" (Iser [3]1990 [1976], 265) etwa von (merklich oder unmerklich) Ausgespartem, Nicht-Vorhandenem, Ungeschriebenem – Unlesbarem – stimuliert werden. Dieses findet sich gerade an den Gelenkstellen eines Textes, etwa in Dialogen, bei Perspektivwechseln und zwischen Abschnitten, allgemein: als unvermittelter Schnitt zwischen Ansichtsschichten. Das Lesepublikum ist in seinem Rezeptionsakt angehalten, bedeutsame Verbindungen zwischen Textsegmenten und -schichten selbst herzustellen und dadurch Kohärenz allererst aufzubauen, etwa den erzählerischen Fortschritt einer Geschichte oder ihren Spannungsaufbau mitzukonstruieren. Dass diese Projektionen und Synthesen seitens der Leserinnen und Leser stets heuristisch und vorläufig sind, zeigt sich darin, dass sie dynamisch auf je nachfolgende Informationen reagieren: „Der Kommunikationsprozeß wird also nicht durch einen Code, sondern durch die Dialektik von Zeigen und Verschweigen in Gang gesetzt und reguliert." (Iser [3]1990 [1976], 265)

Die Leseerfahrung bildet kumulativ entsprechende Normen und Erwartungen aus, die ihrerseits wiederum vorgeben, was überhaupt verstanden werden kann und damit – seiner strukturellen Unlesbarkeit zum Trotz – kulturell ‚lesbar' ist. Der Umgang mit Leerstellen ist für Iser denn auch gattungsevolutionär erklärbar: Funktionieren klassische Texte mit konventioneller und expliziter Lenkung der Leserinnen und Leser durch eine stabile auktoriale Erzählposition noch mit relativ geringen Unbestimmtheitsbeträgen (und setzen sich damit der Gefahr aus, zu langweilen), so ist es ein Kennzeichen des modernistischen Romans, dass er sein Publikum mit seiner harten Schnitt-, Montage- und Segmentationstechnik zu stärkerer Aktivität (und Selbstreflexion) animiert (vgl. Iser 1972, 9–11) – auf die Gefahr hin, es dabei zu überfordern.

Isers Leerstellen wären daher missverstanden, wenn man sie mit rätselhafter ‚Unentscheidbarkeit', dezisionistischer ‚Unbestimmbarkeit' oder spielerischer ‚Offenheit' verwechseln würde. Ihre Funktion besteht vielmehr darin, als „Steuerungskomplexe" (Iser ³1990 [1976], 264) zu fungieren: Es sind unlesbare, negative „Enklaven im Text", die sich „der Besetzung durch den Leser anbieten" und auf seiner Seite jene „Konstitutionsaktivität" provozieren (Iser ³1990 [1976], 266), welche den performativen *Akt des Lesens* ausmachen. Nur in diesem Sinne Ungesagtes und Unlesbares auf den verschiedensten Ebenen vermag an das lesende Publikum zu appellieren und es in eine gewinnbringende Interaktion mit dem literarischen Text zu bringen.

Jacques Derrida: illisibilité; Werner Hamacher/Paul de Man: Unlesbarkeit

Versteht man das Lesen von Literatur primär als Einübung in eine bestimmte Form von Erkenntniskritik (vgl. de Man ²1983 [1971], 109), so kann die Erfahrung von Unlesbarkeit nicht nur als situativer Einsatz, sondern geradezu als strukturelle Vorbedingung dieser Epistemologie gelten: Die Grunderfahrung von nicht zu beseitigender Uneindeutigkeit eines zu lesenden Textes, vom Widerstand des Objekts gegen alle Deutungs- und Entscheidungsversuche, das Abrutschen des Lesebegehrs an der Textoberfläche führt propädeutisch ein in die dekonstruktivistische Lehre von der gegenseitigen Unentwirrbarkeit und ideologischen Überformtheit von Bedeutendem und Bedeutetem.

Jacques Derridas strategischer (und vergleichsweise statischer) Begriff der *illisibilité* geht zurück auf sein Konzept der Schrift (*écriture*), das er in den späten 1960er Jahren zunächst durch seine Auseinandersetzung mit der Husserl'schen Phänomenologie, mit dem Saussure'schen Strukturalismus und mit der Freud'schen Psychoanalyse entwickelt hatte. In *Die Stimme und das Phänomen*, *Grammatologie* und *Die Schrift und die Differenz* (Derrida 1979; 1983; 1972 [orig. alle 1967]) zeigt Derrida, dass jede sprachliche Bezugnahme auf Außersprachliches (Wirklichkeit, Präsenz, Identität) ideologisch befangen ist. Gegen diese Art von Metaphysik gesetzt ist das Konzept der *différance*, das Problem der nicht zum Stillstand zu bringenden Aufschubs- und Verschiebelogik sprachlicher Signifikation, in der jedes Signifikat zugleich als Signifikant wirkt. Die wesentliche

Pointe dieses unendlichen Aufschubs von Sinn besteht darin, dass das Zentrum, das oberste Signifikat, das alleine den Verweiszusammenhang stabilisieren und damit Sinn garantieren könnte, notwendig leer ist, dass also – interpretations-theoretisch gewendet – jede Sinnzuschreibung und Bedeutungsfixierung ihrer eigenen Verblendung zum Opfer fällt. Eine ambivalente Form der Unlesbarkeit fungiert bei Derrida aus diesem Grund zugleich als strukturelle Unmöglichkeit wie als ebenso strukturelle Notwendigkeit jenes Transsubstantiationsaktes von der Spur der (Ur-)Schrift in lebendige Sprache, der das Lesen selbst ist.

Analog dazu suspendieren literarische Texte für Paul de Man ihre (konstativen) Aussagen durch das gleichzeitige (performative) Wissen um ihre Rhetorizität, sodass der Begriff von Literatur letztlich einem Programm der systematischen Bezweiflung ihrer Lesbarkeit gleichkommt. „[D]ie Möglichkeit des Lesens [darf] nie als gegeben angenommen werden" (de Man 1993, 190; ²1983 [1971], 107), schreibt er in diesem Sinne und rechnet strategisch durchaus mit einer gewissen Wahrscheinlichkeit, dass Lesen sich als Unmöglichkeit herausstellen kann. Dieser Begriff der – sehr theoretischen und sehr generellen – „Unlesbarkeit" als einer „Unmöglichkeit des Lesens" ist eine der polemischen Konsequenzen aus dem Theorem des *Misreading*, die de Man (2012, 223 und 118) selbst gezogen hat.

Streng besehen führt der Begriff direkt in den performativen Selbstwiderspruch – den de Man (1988, 170) durchaus auch gesehen hat: „Die Behauptung, dass jede Lektüre, die ihre eigene Lesbarkeit voraussetzt, im Irrtum ist, betrifft auch die Lektüren de Mans – und damit auch die Möglichkeit, derartige Behauptungen lesbar zu machen." (Schumacher 2000, 332) So kann auch eine Theorie des (notwendigen) Fehllesens, der Unlesbarkeit *a fortiori* nicht ganz vermeiden, dass sie selbst in das mächtige Postulat der Lesbarkeit verwickelt wird.

Werner Hamacher, de Mans erster deutscher Herausgeber, überbietet de Man schon in seinem Vorwort in einem unter diesen Umständen nur konsequenten *Misreading* und stellt de Mans vielsinniger, heideggerianischer Wendung: „*Die Sprache verspricht (sich)*" (de Man 2012, 225, deutsch und Hervorhebung im Original), die hinterhältige, bewusst auf Freuds Studien zum Versprechen und Verlesen rekurrierende Gnome zur Seite: „Lesen verliest (sich)." (Hamacher 1988, 21) Die bereits bei de Man strukturell angelegte Idee von einer unhintergehbaren Irreduzibilität von Literatur wird von Hamacher „*a limine*" (Hamacher 1998a, 8 und 10) ernst genommen und an ihre Grenzen getrieben. Hamachers theoretisch gewichtiger Begriff von Unlesbarkeit ist denn auch nicht als defätistisch zu verstehen, sondern sprachphilosophisch radikal: „Wenn de Man vom Text als einer Allegorie der Unlesbarkeit spricht, so dürfte das auch so zu lesen [!] sein, daß erst diese Unlesbarkeit, nämlich die Verifikations- und Verallgemeinerungs-Unfähigkeit des Textes dazu zwingt, ihn in immer anderen Weisen, immer als irreduzibel anderen und, *a limine*, immer als Unlesbaren zu lesen." (Hamacher 1998a, 178)

Das „Gebot der Sprache", einen Referenten im Außerhalb des Sprachlichen zu finden, und das (figurale) „Scheitern der Sprache" im Versuch, ebendiese Referenzialität garantieren zu können, diese beiden widersprüchlichen Tendenzen, die sich gegenseitig dynamisch bestätigen, bestärken und dringlich machen, führen alles Lesen in die Einsicht „seiner eigenen Unmöglichkeit" (Hamacher 1998a, 158, 159 und 155). Insofern aber dieser „Imperativ der Negativität" sich wiederum selbst „nicht lesen" lässt (Hamacher 1998a, 168) (zumindest nicht ohne Wiederholung des Fehlers, den er denunziert) – und spätestens hierin scheint Hamacher das de Man'sche Textkorpus, das er kommentiert, zu überschreiten –, sieht sich jede Lektüre einer Aporie ausgesetzt, die auch und gerade das professionelle Interpretationsgeschäft ernsthaft gefährdet: „Es ist nicht sicher, daß es eine Wissenschaft von der Literatur geben kann," schreibt Hamacher (1998a, 151–152) mehrfach, „denn weder läßt sich sicherstellen, daß sie dem Imperativ der Sprache folgen und gesicherte Bedeutungen produzieren kann, noch daß dieser Imperativ überhaupt ein Imperativ und somit der Grund ist, der gesicherte Bedeutungen ermöglicht." (Hamacher 1998a, 175)

Aus dieser aporetischen Ausgangslage ergeht für Hamacher eine ethische Forderung an die literaturwissenschaftliche Praxis: die Forderung, das unvermeidliche Scheitern jedes Leseversuchs auszustellen, das Aussetzen, die „unendliche Suspendierung" (Hamacher 1998a, 190) des hermeneutischen Begehrens performativ und singulär zu artikulieren: „Ein Text ist zu lesen nicht als *fait accompli*, sondern als Projekt seiner Konstitution." (Hamacher 1998a, 183) Alleine in einer solchen Umschrift literarischer Texte, die nicht auf Verstehen zielt, sondern im Gegenteil auf den allegorischen Nachweis der Unlesbarkeit, kann eine epistemologisch redliche Literaturwissenschaft operieren.

Auf diese Weise wird das Lesen zu einer epistemologischen Prozedur, welche durchaus Erkenntnisse erzielen kann, wenn auch primär in Form einer „negativen Gewißheit" (Hamacher 1998a, 166): „Jede Allegorie, auch die der Unlesbarkeit, ist noch eine Figur der Erkenntnis." (Hamacher 1998a, 191) Konsequent in die Aporie getrieben, zeigt sich Unlesbarkeit nicht als das Gegenteil von Lesen (vgl. dazu auch Derrida 1994, 162), nicht als Grund, warum nicht gelesen werden kann, sondern vielmehr als Grund und Grundierung für das Lesen: „Lesbar ist etwas erst in seiner Unlesbarkeit" (Hamacher 1998a, 26), „zur Struktur des Lesens [gehört] das Unlesbare" (Hamacher 2015, 74). In einer Formulierung Derridas: „Eine *unlesbare* Unlesbarkeit wird stattgehabt haben, sie wird hier an Ort und Stelle *als* unlesbar lesbar werden." (Derrida 1994, 214)

So wird in den äußersten theoretischen Denkmöglichkeiten deutlich, wie sehr Lesen offenbar ein selbstbezüglicher und dabei für diese Selbstbezüglichkeit eklatant blinder Prozess ist: In jedem Fall provozieren auch die extremsten Formen von Unlesbarkeit – nur an der Oberfläche paradox – hartnäckig Verfahren zu ihrer Beseitigung – und werden gelesen, vielleicht intensiver als das *a priori* Lesbare.

Weiterführende Literatur

Barthes, Roland (1976 [1970]). *S/Z*. Aus dem Französischen von Jürgen Hoch. Frankfurt/M.
de Man, Paul (1988). *Allegorien des Lesens*. Aus dem Amerikanischen von Werner Hamacher und Peter Krumme. Mit einer Einleitung von Werner Hamacher. Frankfurt/M.
Hamacher, Werner (1998b). „Lectio. De Mans Imperativ". *Entferntes Verstehen. Studien zu Philosophie und Literatur von Kant bis Celan*. Frankfurt/M.: 151–194.
Iser, Wolfgang (³1990 [1976]). *Der Akt des Lesens. Theorie ästhetischer Wirkung*. München.
Konjektur und Krux. Zur Methodenpolitik der Philologie (2010). Hrsg. von Anne Bohnenkamp, Kai Bremer, Uwe Wirth und Irmgard Wirtz. Göttingen.
Wirth, Uwe (2008). „Die Konjektur als blinder Fleck einer Geschichte bedingten Wissens". *„Interesse für bedingtes Wissen". Wechselbeziehungen zwischen den Wissenskulturen*. Hrsg. von Caroline Welsh und Stefan Willer. München: 269–294.

Literatur

Barthes, Roland (1971 [1953]). *Le Degré zéro de l'écriture*. Paris.
Barthes, Roland (2000 [1968]). „Der Tod des Autors". Übers. von Matías Martínez. *Texte zur Theorie der Autorschaft*. Hrsg. von Fotis Jannidis, Gerhard Lauer, Matías Martínez und Simone Winko. Stuttgart: 185–193.
Barthes, Roland (1976 [1970]). *S/Z*. Aus dem Französischen von Jürgen Hoch. Frankfurt/M.
Benne, Christian (2015). *Die Erfindung des Manuskripts. Zu Theorie und Geschichte literarischer Gegenständlichkeit*. Berlin.
Bremer, Kai und Uwe Wirth (2010). „Konjektur und Krux. Methodentheoretische und begriffsgeschichtliche Vorüberlegungen". *Konjektur und Krux. Zur Methodenpolitik der Philologie*. Hrsg. von Anne Bohnenkamp, Kai Bremer, Uwe Wirth und Irmgard Wirtz. Göttingen: 13–33.
de Jong, Ralf (2015). „Typographische Lesbarkeitskonzepte". *Lesen. Ein interdisziplinäres Handbuch*. Hrsg. von Ursula Rauschenberg und Ute Schneider. Berlin und Boston: 233–256.
de Man, Paul (1979). *Allegories of Reading. Figural Language in Rousseau, Nietzsche, Rilke, and Proust*. New Haven und London.
de Man, Paul (²1983 [1971]). *Blindness and Insight. Essays in the Rhetoric of Contemporary Criticism*. London.
de Man, Paul (1988). *Allegorien des Lesens*. Aus dem Amerikanischen von Werner Hamacher und Peter Krumme. Mit einer Einleitung von Werner Hamacher. Frankfurt/M.
de Man, Paul (1993). „Die Rhetorik der Blindheit". *Die Ideologie des Ästhetischen*. Hrsg. von Christoph Menke. Frankfurt/M.: 185–230.
de Man, Paul (2012). *Allegorien des Lesens II. Die Rousseau-Aufsätze*. Hrsg. von Gerhard Poppenberg. Aus dem Amerikanischen von Sylvia Rexing-Lieberwirth. Berlin.

Derrida, Jacques (1972 [1967]). *Die Schrift und die Differenz*. Aus dem Französischen von Rodolphe Gasché und Ulrich Köppen. Frankfurt/M.

Derrida, Jacques (1979 [1967]). *Die Stimme und das Phänomen. Ein Essay über das Problem des Zeichens in der Philosophie Husserls*. Aus dem Französischen übers. u. mit einem Vorwort vers. von Jochen Hörisch. Frankfurt/M.

Derrida, Jacques (1983 [1967]). *Grammatologie*. Aus dem Französischen von Hans-Jörg Rheinberger und Hanns Zischler. Frankfurt/M.

Derrida, Jacques (1994). „Überleben". *Gestade*. Hrsg. von Peter Engelmann. Aus dem Französischen von Monika Buchgeister und Hans-Walter Schmidt. Wien: 245–283.

Deutsches Institut für Normung (2013). *DIN 1450:2013-04*. Berlin.

Dilthey, Wilhelm (1990). „Die Entstehung der Hermeneutik" [1900]. *Gesammelte Schriften*. Bd. 5: *Die geistige Welt. Einleitung in die Philosophie des Lebens*. Stuttgart und Göttingen: 317–331.

Hamacher, Werner (1988). „Unlesbarkeit". Paul de Man. *Allegorien des Lesens*. Aus dem Amerikanischen von Werner Hamacher und Peter Krumme. Mit einer Einleitung von Werner Hamacher. Frankfurt/M.: 7–26.

Hamacher, Werner (1998a). *Entferntes Verstehen. Studien zu Philosophie und Literatur von Kant bis Celan*. Frankfurt/M.

Hamacher, Werner (1998b). „Lectio. De Mans Imperativ". *Entferntes Verstehen. Studien zu Philosophie und Literatur von Kant bis Celan*. Frankfurt/M.: 151–194.

Hamacher, Werner (2015). „Diese Praxis – Lesen –". *Lesen. Ein Handapparat*. Hrsg. von Hans-Christian von Herrmann und Jeannie Moser. Frankfurt/M.: 73–98.

Heyworth, Stephen und Nigel Wilson (2002a). „Textverbesserung". *Der neue Pauly. Enzyklopädie der Antike*. Hrsg. von Hubert Cancik und Helmuth Schneider. Stuttgart und Weimar. Bd. 12: 230–231.

Heyworth, Stephen und Nigel Wilson (2002b). „Textverderbnis". *Der neue Pauly. Enzyklopädie der Antike*. Hrsg. von Hubert Cancik und Helmuth Schneider. Bd. 12. Stuttgart und Weimar: 231–233.

Ingarden, Roman (^{3}1965). *Das literarische Kunstwerk. Mit einem Anhang von den Funktionen der Sprache im Theaterschauspiel* [1931]. Tübingen.

Iser, Wolfgang (1970). *Die Appellstruktur der Texte. Unbestimmtheit als Wirkungsbedingung literarischer Prosa*. Konstanz.

Iser, Wolfgang (1972). *Der implizite Leser. Kommunikationsformen des Romans von Bunyan bis Beckett*. München.

Iser, Wolfgang (^{3}1990 [1976]). *Der Akt des Lesens. Theorie ästhetischer Wirkung*. München.

Konjektur und Krux. Zur Methodenpolitik der Philologie (2010). Hrsg. von Anne Bohnenkamp, Kai Bremer, Uwe Wirth und Irmgard Wirtz. Göttingen.

Löffler, Jörg (2005). *Unlesbarkeit. Melancholie und Schrift bei Goethe*. Berlin.

Maas, Paul (^{2}1950 [1927]). *Textkritik*. Leipzig.

Most, Glenn W. (2005). „Editor's Introduction". Sebastiano Timpanaro. *The Genesis of Lachmann's Method* [*La genesi del metodo del Lachmann*, 1963]. Hrsg. von Glenn W. Most. Chicago und London: 1–32.

Nutt-Kofoth, Rüdiger (2003). „Textkritik". *Reallexikon der deutschen Literaturwissenschaft*. Bd. 3. Gemeinsam mit Georg Braungart, Harald Fricke, Klaus Grubmüller, Friedrich Vollhardt und Klaus Weimar hrsg. von Jan-Dirk Müller. Berlin und New York: 602–607.

Schlegel, Friedrich (2015). „Zur Philologie II". *Hefte „Zur Philologie"*. Hrsg. von Samuel Müller. Paderborn: 107–204.

Scholz, Oliver R. (2012). „Konjektur". *Historisches Wörterbuch der Rhetorik*. Hrsg. von Gert Ueding. Bd. 10. Berlin und Boston: 486–496.

Schubert, Martin (2010). „Das Kreuz mit der Crux. Zur altgermanistischen Editionspraxis". *Konjektur und Krux. Zur Methodenpolitik der Philologie*. Hrsg. von Anne Bohnenkamp, Kai Bremer, Uwe Wirth und Irmgard Wirtz. Göttingen: 97–106.

Schumacher, Eckhard (2000). *Die Ironie der Unverständlichkeit. Johann Georg Hamann, Friedrich Schlegel, Jacques Derrida, Paul de Man*. Frankfurt/M.

Szondi, Peter (1975). *Einführung in die literarische Hermeneutik*. Hrsg. von Jean Bollak und Helen Stierlin. Frankfurt/M.

Wegmann, Nikolaus (1994). „Was heißt einen ‚klassischen Text' lesen? Philologische Selbstreflexion zwischen Wissenschaft und Bildung". *Wissenschaftsgeschichte der Germanistik im 19. Jahrhundert*. Hrsg. von Jürgen Fohrmann und Wilhelm Voßkamp. Stuttgart und Weimar: 334–450.

Willand, Marcus (2014). *Lesermodelle und Lesertheorien. Historische und systematische Perspektiven*. Berlin und Boston.

Wirth, Uwe (1995). „Abduktion und ihre Anwendungen". *Zeitschrift für Semiotik* 17.3–4 (1995): 405–424.

Wirth, Uwe (2008). „Die Konjektur als blinder Fleck einer Geschichte bedingten Wissens". *„Interesse für bedingtes Wissen". Wechselbeziehungen zwischen den Wissenskulturen*. Hrsg. von Caroline Welsh und Stefan Willer. München: 269–294.

Wirth, Uwe (2010). „Abduktion und Transkription. Perspektiven der Editionsphilologie im Spannungsfeld von Konjektur und Krux". *Konjektur und Krux. Zur Methodenpolitik der Philologie*. Hrsg. von Anne Bohnenkamp, Kai Bremer, Uwe Wirth und Irmgard Wirtz. Göttingen: 390–413.

Wittgenstein, Ludwig (1984). *Eine Philosophische Betrachtung. Werkausgabe*. Hrsg. von Rush Rhees. Bd. 5. Frankfurt/M.

Eike Kronshage
III.1.8 Theorien des Nicht-Lesens

1 Phänomen ‚Nichtlesen'

Die radikalste und zugleich einfachste Form des Nichtlesens besteht darin, nicht zu lesen, sich also jeglicher Form geschriebener Sprache zu entziehen. Dieses absolute Nichtlesen bleibt vermutlich ein hypothetischer, weil kaum zu realisierender Grenzfall. Jedoch werfen auch relative Nichtleser die Frage nach der Bedeutung des Lesens auf. Wenn Lesen bestimmte kognitive, kulturelle, soziale, psychische und physiologische Funktionen erfüllt, bedeutet das Nichtlesen die Nichterfüllung dieser Funktionen durch den individuellen Nichtleser und bedarf, wo es sich um vitale Funktionen handelt, möglicherweise einer Kompensation durch alternative Praktiken.

Lesen wie Nichtlesen stellen keine ahistorischen Konstanten dar, sondern unterliegen historischem Wandel. Der Fokus soll im Folgenden jedoch auf der Praxis des Nichtlesens in *heutiger* Zeit liegen, die sich erheblich von früheren Lese- und Nichtlesepraktiken unterscheidet. So hat etwa Jesper Svenbro in seiner Untersuchung der historischen Semantik der altgriechischen Verben für „lesen" gezeigt, dass das Verb *némein* eigentlich ‚verteilen' bedeutete und typisch war für die „Situation eines Lesers, der einer Schar Zuhörer mündlich das geschriebene Wort verteilt" (Svenbro 2015, 176). Ähnlich lasse sich das griechische *légein* verstehen, das ‚sagen' bedeutet und somit auf „einen Leseakt mündlicher Art" verweist, „was gleichzeitig die Hypothese vom Lesen als eines ‚mündlichen Verteilens' bestärkt" (Svenbro 2015, 178). Die Geschichte dieser Verben zeigt Svenbro zufolge, dass ein Leser im antiken Griechenland jemand gewesen sein muss, der „über die nötige Kompetenz verfügt, um den Inhalt der geschriebenen Mitteilung an Zuhörende zu ‚verteilen', die selbst Analphabeten sein können" (Svenbro 2015, 179). Die historische Semantik der griechischen Verben belegt, dass der Empfänger geschriebener Botschaften nicht immer ein Leser sein musste, sondern durchaus auch ein Analphabet (und somit Nichtleser in einem engeren Sinne) sein konnte. Das geschriebene Wort musste, wo es gelesen wurde, gesagt (*légein*) werden, so dass Geschriebenes Produktionsmittel für Gesagtes war. Antike Nichtleser verweigerten sich darum keineswegs Texten; ihr Rezeptionsmodus war jedoch primär nicht der des Lesens, sondern der des Zuhörens.

Freilich gab es bereits in der Antike Leser, die der heute dominanten Vorstellung des Lesens entsprachen, also vorwiegend stille Selbstleser waren. Ihr Modus der Aneignung geschriebener Sprache war „eine bewusst-intentionale und primär innere, d. h. geistige Handlung eines Individuums, in der komplexe Pro-

https://doi.org/10.1515/9783110365252-010

zesse der visuellen Aufnahme und Wahrnehmung v. a. von Sprache in der Form schriftlicher Zeichen [...] und des geistigen Verstehens zur Bedeutungsgenerierung zusammenwirken" (Müller-Oberhäuser ³2004, 381). Die Verschiebung von der akustischen zur visuellen Aufnahme des Geschriebenen beinhaltet gleichsam eine Verschiebung vom Lesen als einer sozialen Praxis – von der heute noch das mit dem deutschen „raten, Rat erteilen" verwandte englische *to read* zeugt (vgl. OED Online) – hin zu einer individuellen Praxis. Svenbro zufolge gibt es für diese Praxis auch in der griechischen Antike bereits ein Wort, das der Geschichtsschreiber Herodot verwendete, *epi-légesthai*, „für sich lesen". Dabei ist der Leser nicht nur Promulgator des Geschriebenen, sondern gleichzeitig auch sein Adressat, unter Umständen „sogar sein einziger Adressat [...], dann nämlich, wenn er sich selber vorliest" (Svenbro 2015, 178). Durch das Zusammenspiel verschiedener historischer Entwicklungen, wie der Ausbildung der bürgerlichen Gesellschaft, der Erfindung des Buchdrucks und der zunehmenden Alphabetisierung, wird dieses Konzept des Lesens (individuell, still, selbstgerichtet) zur dominanten Vorstellung, während das im antiken Sinne sagende Lesen als mündliche Verteilungspraxis nicht nur an Bedeutung verliert, sondern auch dort stigmatisiert wird, wo immer der Verdacht einer mangelnden individuellen literalen Kompetenz aufkommt – ein Umstand, den etwa der Roman *Der Vorleser* von Bernhard Schlink thematisiert.

Wenn im Folgenden also von Nichtlesen die Rede ist, bezieht sich dieser Begriff auf das aktuell dominante Verständnis von Lesen im oben geschilderten Sinne. Bewusst ausgeklammert werden damit neben dem sozialen Lesen auch die Bereiche alternativer medialer Vermittlung von Texten, etwa in Form von Bildern oder Hörbüchern, die fließenden Grenzen von Produktions- und Rezeptionsebene sowie die unterschiedlichen Leseweisen (etwa die Unterscheidung von ästhetischem und pragmatischem Lesen [dazu: Küpper 2001, 210–211]).

Betrachtet man das Nichtlesen vor der Folie dieses eingeschränkten Lesebegriffs, treten einige seiner Grundzüge deutlicher zutage. Denn: Lesen ist eine Tätigkeit, die oft romantisiert wird. Das wurde vielfach angemerkt, etwa von Henry Hitchings in *How to Really Talk About Books You Haven't Read* (2008). Darin konzediert Hitchings: „surely, we are too reverent about books, and we are too reverent about reading" (Hitchings 2008, 9). Ähnliches stellt der französische Literaturwissenschaftler Pierre Bayard im Vorwort zu seinem Essay über das Nichtlesen fest, *Comment parler des livres que l'on n'a pas lus?* (Bayard 2007) – dessen deutsch- und englischsprachige Übersetzungen (*Wie man über Bücher spricht, die man nicht gelesen hat* / *How to Talk About Books You Haven't Read*) jeweils das abschließende Fragezeichen fallen lassen und somit eher eine Art Handlungsanweisung als eine Frage suggerieren. Bayard schreibt, wir lebten in einer Gesellschaft, „in der die Lektüre noch immer Gegenstand einer Form von Sakralisierung ist. Diese Sakralisierung bezieht sich vorzugsweise auf eine bestimmte Anzahl kanonischer Texte – die Liste variiert je nach Milieu –, die nicht gelesen zu haben praktisch verboten ist, wenn man sich nicht blamieren will." (Bayard 2007, 10) Angesichts dieser quasi-religiösen Verehrung des Lesens muss der Akt des Nichtlesens als ein *Sakrileg* erscheinen – ein Kompositum, in dem ironischerweise das lateinische *legere* ('lesen', aber auch 'auflesen') steckt, und welches das unerlaubte Auflesen und Aufsammeln der *sacra*, der 'Heiligtümer', bezeichnet. Wo das Lesen also an bestimmte Erwartungen und Hoffnungen (religiöser oder quasi-religiöser Natur) geknüpft ist, scheint vom Nichtlesen nichts zu erwarten und erst recht nichts zu erhoffen zu sein.

Als kulturelle Praxis ist das Lesen eng mit dem Geschmack verbunden, der von Norbert Elias und später von Pierre Bourdieu als etwas Soziales identifiziert wurde. Als „Klassengeschmack" hängt er eng mit der Position im sozialen Raum zusammen: „Handle es sich um Filme oder Theaterstücke, Comic strips oder Romane, Möbel oder Kleidung: Seinem Geschmack folgen heißt, die Güter *orten*, die der eigenen sozialen Position objektiv zugeordnet sind, und die miteinander harmonieren" (Bourdieu 1987 [1979], 366, Hervorhebung im Original). Wo der Geschmack die Kenntnis von und das Verhältnis zu literarischen Werken beinhaltet, steht zu erwarten, dass das Nichtlesen mit einem geringen kulturellen Kapital und folglich mit einer niedrigen sozialen Position assoziiert wird. Die hier genannten soziologischen Analysen differenzieren nach Lektüre*objekten*. Sie untersuchen die sozialen Unterschiede im Zugriff auf Literatur primär unter *Lesern*, mit anderen Worten: die Präferenzen für bestimmte Werke als Ausdruck des Klassengeschmacks. Dadurch verlieren sie den *Nichtleser* aus dem Blick, der nicht innerhalb der Literatur bestimmte Werke vor anderen präferiert, sondern es gewissermaßen präferiert, nicht zu präferieren (in der Manier eines Bartleby also die Frage nach Lesepräferenzen mit „I would prefer not to" beantwortet). Bourdieu hat plausibel dargelegt, dass es kein Außerhalb des sozialen Raums geben kann, weshalb auch seine Analyse des „kulturellen Schismas, das jede Klasse von Werken ihrem jeweiligen Publikum beiordnet" (Bourdieu 1987 [1979], 65), kein Außerhalb des kulturellen Raums denken zu können scheint. Wo Bourdieus Analyse vom Lesen handelt, da differenziert er je nach *Was*-Lesen („Reiner und 'barbarischer' Geschmack" [Bourdieu 1987 [1979], 60]), nicht jedoch das aus Ignoranz, Indifferenz, Unvermögen, Verbot oder Verweigerung resultierende *Ob*-Lesen. In Anlehnung an Bourdieus These, dass „die Definition von Kunst [...] Gegenstand von Klassenauseinandersetzungen ist" (1987 [1979], 91), muss der Nichtleser (fiktionaler Texte) als 'Erweiterung der Kampfzone' gelten, indem er (absichtlich oder unabsichtlich) die Möglichkeit eines Lebens ohne Kunst bzw. Kunstgenuss behauptet. Anders als in der Klassenzuordnung zu den Präferenzen von populärer vs. autonomer Ästhetik (1987 [1979], 57–67) ist die Position des Nichtlesers im sozialen Raum sehr viel schwerer zu bestimmen, wenngleich davon ausgegangen werden darf, dass sein kulturelles Kapital gemeinhin als gering betrachtet werden wird.

Die kognitionswissenschaftlichen Befunde der jüngeren Zeit weisen darauf hin, dass die Lektüre insbesondere literarischer Texte einen spürbaren Einfluss auf die Persönlichkeitsentwicklung hat (Djikic et al. 2009). Das zeigt auch der programmatische Titel von Vera Nünnings *Reading Fictions, Changing Minds: The Cognitive Value of Fiction* (2014) an, in welchem sie nicht nur von einem Entwicklungspotential („transformative potential of art" [Djikic et al. 2009, 24]), sondern dezidiert von einem Verbesserungspotential kognitiver Fähigkeiten beim und durch das Lesen ausgeht: „fiction leads to the improvement of readers' cognitive abilities" (Nünning 2014, 10). Nünnings Überlegungen interessieren sich für den Menschen als Leser fiktionaler Texte, d. h. sie sind geleitet von der „fascinating question of why people spend so much time on reading imaginary stories" (Nünning 2014, 12). Als Gegenentwurf zu diesem Typus steht bei Nünning keinesfalls der Nichtleser, sondern der Leser nicht-fiktionaler Texte: „Why do people engage in such seemingly unproductive activities, when they could do much more profitable things and learn something about their environment by, for instance, perusing factual stories or textbooks?" (Nünning 2014, 12–13). Nünnings Untersuchungsbereich besteht somit ausschließlich aus Lesenden, die sich lediglich in der Wahl ihres Leseobjekts unterscheiden (wie sich auch Bourdieus Überlegungen zum Klassengeschmack an den unterschiedlichen Lesepräferenzen ausrichteten, wenngleich mit binnenfiktionaler Differenzierung von populären und autonomen Ästhetiken). Diese Unterscheidung von Lesern fiktionaler Texte auf der einen und Lesern faktualer Texte auf der anderen Seite ist sinnvoll angesichts von Nünnings Erkenntnisinteresse, nämlich dem Nachweis, dass das Lesen fiktionaler Texte für das Erlernen eines breiteren Spektrums lebensweltlicher Situationen *besser* geeignet sei als das Lesen faktualer Texte („provides better conditions for this kind of learning than textbooks or standard interactive situations" [Nünning 2014, 19]). Jedoch werden damit die kognitiven Konsequenzen der (freiwilligen oder unfreiwilligen) Leseverweigerung des Nichtlesers aus der Untersuchung ausgeblendet, wenngleich sie, auf Grund der ausschließlich positiven kognitiven Bilanz des Lesens (fiktionaler Texte), in Nünnings Text implizit als eine Verlustrechnung für Nichtleser durchscheinen. Mit anderen Worten: Wer nicht liest, der bringt sich um die erstrebenswerten intellektuellen, zwischenmenschlichen, überzeugungsgenerierenden und -justierenden, ethischen und emotionalen Erträge des Lesens (dieser bestimmten Textsorte) (Nünning 2014, 10–15). Es tritt neben die soziale Stigmatisierung des Nichtlesers, die bei Bourdieu (implizit) erkennbar war, nun eine Stigmatisierung in Hinblick auf die kognitive Entwicklung, die in einer zunehmend alphabetisierten Welt, in welcher der Zugang zu

Bildungsgütern wie literarischen Texten weitgehend demokratisiert ist, (implizit) als ein Atavismus erscheinen muss.

Zusätzlich zu den vermuteten Folgen des Nichtlesens (literarischer Texte) für die kognitive Entwicklung, scheint es auch direkt gesundheitsschädigend zu sein. Eine Langzeitstudie untersucht, „whether those who read books have a survival advantage over those who do not read books and over those who read other types of materials" (Bavishi et al. 2016, 44). Der Befund der Autoren ist positiv: „A 20% reduction in mortality was observed for those who read books, compared to those who did not read books." (Bavishi et al. 2016, 47) Wie Nünning unterscheiden auch Bavishi et al. Lesertypen primär nach Leseobjekten und gehen davon aus, dass die erhöhte Lebenserwartung vorrangig auf Leser von fiktionalen Texten zutrifft, auf Grund der, wie sie ebenfalls in Einklang mit Nünning befinden, höheren kognitiven Aktivierung beim Fiktionslesen. Der Überlebensvorteil sei in diesem Fall „greater than the survival advantage of reading newspapers and magazines", denn: „Reading books tends to involve two cognitive processes that could create a survival advantage. First, it promotes ,deep reading', which is a slow, immersive process; [...] [s]econd, books can promote empathy, social perception, and emotional intelligence, which are cognitive processes that can lead to greater survival" (Bavishi et al. 2016, 44). Immerhin scheinen die Autoren nicht auf der Ausschließlichkeit der Überlebensvorteile von Lesern zu beharren, da sie bei der Schilderung beider potentiell lebensverlängernden kognitiven Prozesse betonen, dass das Fiktionslesen die jeweiligen Prozesse *befördern* könne (*promote*), nicht jedoch deren Möglichkeitsbedingung sei. Anders gewendet: Auch Nichtleser können ein langes Leben erwarten, wenngleich sie statistisch gesehen von ihren (Fiktion) lesenden Zeitgenossen laut Bavishi et al. mit einiger Wahrscheinlichkeit überlebt werden. Ein innovativer Aspekt dieser Studie scheint insbesondere die Bemessung der Lesedauer zu sein, die für das Eintreten der gesundheitsfördernden Effekte vonnöten ist: „This study found that those who read books for an average of 30 min per day – say, a chapter a day – showed a survival advantage, compared to those who did not read books" (Bavishi et al. 2016, 47). Die titelgebende Formulierung „a chapter a day" (analog zum sprichwörtlichen „apple a day") signalisiert eine skalierbare Unterscheidung von Viel- und Weniglesern, mit der erfreulichen Botschaft, dass bereits Wenigleser, die nur ein paar Seiten am Tag lesen, von der heilsamen Kraft fiktionaler Texte profitieren können.

Es gibt, wie diese Überlegungen zeigen, gute soziale, kognitive und auch medizinische Gründe, nicht Nichtleser zu sein oder zu werden, so dass nach den Ursachen für die Existenz von Nichtlesern zu fragen ist. Um sich diesem komplexen Problemfeld angemessen nähern zu können, sollen im Folgenden die Nichtleser in drei an den Modalverben *können*, *dürfen* und *wollen* ausgerichtete Kategorien unterteilt werden (die ersten beiden sind Modalverben der Möglichkeit, das dritte ein Modalverb der Notwendigkeit). Abschließend wird eine besondere Gattung von Lesern in den Blick genommen, nämlich diejenige der berufsmäßigen Leser – Literaturwissenschaftler und Literaturkritiker –, die nicht gerade im Verdacht stehen, zu den Nichtlesern zu gehören. Hier soll gezeigt werden, dass sich in diesen Gruppen in den vergangenen zwanzig Jahren zunehmend methodische Praktiken und Zugriffe auf den ihren Berufsstand erst ermöglichenden Gegenstand entwickelt haben, deren gemeinsamer Nenner in einer Kultivierung des Nichtlesens besteht.

2 Nichtlesenkönnen

Mit dem Begriff der Lesefertigkeit lassen sich Hartmut Eggert und Christine Garbe zufolge „Leser von Nicht-Lesern unterscheiden, und zwar im Sinne der Beherrschung des Schriftsystems (Alphabetentum)" (Eggert und Garbe ²2003 [1995], 9). Der Weltbildungsbericht der UNESCO aus dem Jahre 2015, *Education for All 2000–2015: Achievements and Challenges*, zählt weltweit knapp 781 Millionen erwachsene Analphabeten, wobei von einer höheren Dunkelziffer ausgegangen wird (UNESCO 2015, 137–138). Der Bericht ordnet Gruppen nach ihrem jeweiligen „Level of Literacy" den unterschiedlichen Stufen von „Non-literate", „Semi-literate", „Literate at initial level" und „Literate advanced level" zu (UNESCO 2015, 143 et passim). Die Zahlen belegen, dass ein nicht unerheblicher Teil der Weltbevölkerung gar nicht, nur geringfügig oder bestenfalls rudimentär lesen kann und folglich zu den Nichtlesern gezählt werden muss. Das Analphabetentum, so der Bericht weiter, nimmt weltweit stetig ab, wenngleich die Zielvorgabe des Aktionsplans von Dakar aus dem Jahre 2000, die Zahlen bis 2015 zu halbieren, verfehlt wurde (UNESCO 2015, 135–151).

Während der Großteil der Analphabetismus-Rate auf sogenannte Entwicklungsländer entfällt, hat eine rezente Studie über den Analphabetismus in Deutschland gezeigt, dass auch in den westlichen Industrienationen zum Teil große Defizite in der Lesefertigkeit bestehen. Die Autoren der Studie kommen zu dem Schluss, dass über sieben Millionen Erwachsene in Deutschland über keine oder lediglich rudimentäre Lesefertigkeiten verfügen (Grotlüschen et al. 2012, 19–21). Auch diese Studie unterteilt nach Graden des Analphabetismus, wobei in Deutschland nur 0,6 Prozent der Bevölkerung überhaupt keine literale Kompetenz aufweisen (Nichterreichen der Wortebene beim Lesen und Schreiben – sei es in Form eines *primären* Analphabetismus, bei dem Literalität nicht erworben wurde, sei es in Form eines *sekundären* Analphabetismus, bei dem einmal erlernte Literalität wieder verlorengegangen ist). Insgesamt sehen die Literalitätsforscher der Studie jedoch auf Grund des hohen sogenannten „funktionalen Analphabetismus" in Deutschland, also der „Unterschreitung der gesellschaftlichen Mindestanforderungen an die Beherrschung der Schriftsprache, deren Erfüllung Voraussetzung ist zur sozial streng kontrollierten Teilnahme an schriftlicher Kommunikation in allen Arbeits- und Lebensbereichen" (Drecoll 1981, 31), einen Verbesserungsbedarf. Ihrer Kalkulation zufolge sind es „vierzig Prozent der Bevölkerung, die ihre literale Kompetenz noch deutlich verbessern können" (Grotlüschen et al. 2012, 21).

Diese Gruppe absoluter Nichtleser ist leichter zu beschreiben, als die im Folgenden betrachteten und an den Modalverben *dürfen* und *wollen* ausgerichteten Gruppen, die sich aus absoluten und relativen Nichtlesern zusammensetzen. Denn das beschriebene absolute Nichtlesen (als Nichtlesenkönnen) steht nicht in Relation zu einem bestimmten Lesegegenstand, wie das beispielsweise bei Alphabeten der Fall ist, die vom Lesen bestimmter Textsorten absehen (also etwa keine Romane lesen oder keine vermeintlich komplexen Texte oder ausschließlich Texte von einer bestimmten Länge usw.). Es verwundert daher nicht, dass in den wenigen Arbeiten, die sich dezidiert dem Nichtlesen widmen (Bayard 2007; Hitchings 2008), der *absolute* Nichtleser im engen Sinne von der Untersuchung weitgehend ausgeschlossen wird.

3 Nichtlesendürfen

Die offensichtlichste Form des Nichtlesendürfens ist die Zensur. Zensurmechanismen können explizit in Form von Verboten oder durch Unverfügbarmachung bestimmter Texte oder Textkorpora wirken, aber auch implizit, etwa durch gesellschaftliche Ächtung bestimmter Lektüren. Hierbei sind die Nichtleser in der Regel nicht absolute, sondern partielle Nichtleser, welche die jeweils durch zensorische Eingriffe verbotenen Texte nicht lesen dürfen. In ihrer alltäglichsten Form beinhaltet Zensur die meist staatlichen oder kirchlichen Maßnahmen zur Unterdrückung bestimmter Texte, etwa in Gestalt gesetzlich legitimierter Verbote von Druck, Verkauf und/oder Besitz eines Werkes. Prominente Beispiele hierfür aus jüngerer Zeit sind einerseits das Verbot des Neudrucks von Adolf Hitlers *Mein Kampf*, das erst mit Erlöschen des Urheberrechts im Jahr 2015 und gegen den im Juni 2014 nachdrücklich vorgebrachten Wunsch der Justizministerkonferenz aufgehoben wurde, so dass das Buch seit Anfang 2016 in einer wissenschaftlich kommentierten Edition käuflich zu erwerben ist; andererseits die im Zuge der Veröffentlichung von Salman Rushdies *The Satanic Verses* (1988) gegen den Autor vom damaligen iranischen Staatsoberhaupt Ajatollah Chomeini herausgegebene Fatwa und das damit verbundene Kopfgeld auf Rushdie, welches zuletzt 2016 erhöht wurde. Dies führte zum Verbot von Rushdies Roman in bestimmten Ländern, hatte aber auch eine verkaufsfördernde Wirkung in zahlreichen anderen Ländern, in denen das Buch erschien. Beide Beispiele zeigen, dass Zensurverbote in ihrem Anspruch stets räumlich begrenzt sind und nicht zuletzt oft das Gegenteil von dem bewirken, auf das sie abzielen.

Aber auch pädagogische Maßnahmen der Leseerziehung können zensorische Effekte bewirken, etwa der in den moralischen Wochenschriften der Aufklärung vorgebrachte Appell, Frauen und Mädchen vor der (insbesondere unkontrollierten) Lektüre von Romanen (und der Verführung durch diese) zu schützen. Die durch Literatur verführte Frau ist ein etablierter Topos: Francesca da Rimini in Dantes *Divina Commedia* und Gustave Flauberts *Madame Bovary* sind kanonische Beispiele. Letztlich steht wohl auch dieser Aufruf im Zeichen von, im engsten Sinne des Wortes, ökonomischen (also den οἶκος, den ‚Haushalt', betreffenden) Interessen: Frauen, die lasen, konnten sich nicht gleichzeitig um Kindeserziehung und Haushalt kümmern (dazu ausführlich Aliaga-Buchenau 2004, 45–67).

Auch die bewusste Vorenthaltung von Informationen (etwa in Form gedruckter Texte) ist eine Art von Zensur. Die (oft illegale) Verfügbarmachung solcher Dokumente, wie in jüngerer Zeit durch Chelsea Manning oder Edward Snowden zu Stande gebracht, erzeugt nicht nur neue politische Akteure (wie es Lagasnerie [2016, 77–78] behauptet), sondern lässt auch eine Konfliktzone der beiden nach Modalverben der Möglichkeit und der Notwendigkeit kategorisierten Gruppen von Nichtlesern erkennbar werden. Wer nicht lesen darf oder kann, mag ein Nichtleser sein, aber durchaus auch ein lesenwollender Nichtleser. Obwohl Zensur die Möglichkeit des Lesens unterbindet, unterbindet es deswegen nicht notwendig auch das Bedürfnis nach Lesen. Vermutlich (wenn auch empirisch schwer zu belegen) sind Verbote der sicherste Weg, Interesse an einem Gegenstand zu wecken (vgl. dazu und mit Bezug auf das Lesen Ruppelt und Lützeler 2009, 16–18, 36–37).

4 Nichtlesenwollen

Eggert und Garbe betrachten es als Forschungskonsens, „dass Entwicklungsprozesse zur Herausbildung stabiler Lesegewohnheiten entscheidend mitgeprägt werden von den sozialen Feldern, in denen Kinder und Jugendliche heranwachsen" (Eggert und Garbe ²2003 [1995], 43). Eine Untersuchung dieser Sozialisationsprozesse müsse folglich nach unterschiedlichen Faktoren fragen, „nach dem Elternhaus (Leseklima), nach Schichtzugehörigkeit (soziale Herkunft), formaler Bildung (Schultypen) und Freundeskreis (peer group)" (Eggert und Garbe ²2003

[1995], 43). Gleichermaßen bedeutend muss folglich der Einfluss dieser Faktoren auf die Entwicklung zum Nichtleser gewertet werden. In Bourdieu'scher Terminologie ließe sich von der Sozialisation als der Ausbildung eines Habitus sprechen, der, unter bestimmten Voraussetzungen, die Form eines Nichtlesehabitus annimmt, sei es unbewusst als Produkt des gesellschaftlichen Milieus, in welches das Individuum hineinsozialisiert wird, sei es in bewusster Abgrenzung zur Buch- und Lesekultur. Für letztere hat es in allen Zeiten Beispiele (zumal literarische) gegeben. Sie stellen das Lesen als eine Handlung dar, die jeder Form politisch, ökonomisch oder gesellschaftlich relevanten Handelns diametral entgegengesetzt ist. In politischen Verdacht gerät das Lesen beispielsweise, wenn sich am Ende der ersten Szene von Shakespeares *Henry VI, Part 2* York ereifert, dass Heinrichs „bookish rule hath pulled fair England down" (Shakespeare 1999, 1. Akt, 1. Szene, V. 271), womit er sich zum virilen Gegner von Heinrichs angeblicher Buchgelehr- samkeit stilisiert, die nicht zur politischen Praxis des Königtums tauge. Analog dazu wird auch Prospero in Shakespeares *The Tempest*, vor Beginn der Dramen- handlung noch Herzog von Mailand, von seinem Bruder Antonio entmachtet, was diesem insbesondere deshalb möglich gewesen war, da Prospero sich praktisch vom Regieren zurückgezogen hatte, um sich ganz seinen Studien – und somit dem Lesen – hinzugeben. Es gibt jedoch auch zahlreiche Beispiele, bei denen die Lese- verweigerung Praxis überhaupt erst ermöglicht, so zum Beispiel in den Sherlock Holmes-Erzählungen Arthur Conan Doyles. In *A Study in Scarlet* fertigt Dr. Watson eine Liste des Kenntnisstandes seines Freundes an, deren erster Punkt lautet: „1. Knowledge of Literature. – Nil." Holmes selbst scheint sein Nichtlesertum hin- gegen nicht als Schwäche, sondern geradezu als herausragende Eigenschaft zu betrachten, wenn er sich als „skilful workman" stilisiert, der seinen Geist (den er als „a little empty attic" betrachtet) nicht mit unnützem Wissen belaste. Auf diese Weise habe er, Holmes, „nothing but the tools which may help him in doing his work, but of these he has a large assortment, and all in the most perfect order" (Doyle 1996 [1887], 15).

Aus ökonomischer Sicht erscheint das Lesen ebenfalls als eine unren- table Tätigkeit. Dabei geht allerdings der Antagonismus von Bücherlesen und Geschäftstüchtigkeit in der Regel schon immer vom Primat der Ökonomie aus. Es verwundert darum nicht, dass diese Form der Lesekritik im Zeitalter der Indus- trialisierung Konjunktur hat. So verurteilt beispielsweise Dixon, die Haushälterin der Hale-Familie in Elizabeth Gaskells Industrieroman *North and South*, die intel- lektuellen Bemühungen ihres Hausherrn: „But he should ha' made a deal more on her, and not been always reading, reading, thinking, thinking. See what it has brought him to! Many a one who never reads nor thinks either, gets to be Rector, and Dean, and what not; and I dare say master might, if he'd just minded missus, and let the weary reading and thinking alone." (Gaskell 2008 [1855], 131) Diese energisch vorgetragene Kritik am fehlenden ökonomischen Nutzen des Lesens thematisiert auch Aldous Huxley in seinem dystopischen Roman *Brave New World* (1932). Darin konditioniert die Herrscherklasse der sogenannten Alphas zur nachhaltigen Sicherung der Produktivität der unteren Schichten die Kinder der Delta-Klasse durch den Einsatz von Elektroschocks zu Nichtlesern. Wann immer diese Deltakinder Bücher berühren, erzeugt ein elektrischer Schlag ein körperliches Unwohlsein, welches in kurzer Zeit in einen „,instinctive' hatred of books" umschlägt (Huxley 2007 [1932]).

Drittens argumentieren zahllose literarische Beispiele, dass Lesen den Realitätssinn trüben und somit gesellschaftliche Partizipation beeinträchtigen kann. Dieser literarische Topos findet sich in kanonischen Werken wie *Don Quijote*, *Madame Bovary* oder *Northanger Abbey*. Verstärkt wird dieser Befund durch lebensweltliche Fallbeispiele, wie etwa die durch Lektüre der *Leiden des jungen Werthers* herbeigeführten Selbstmorde im 18. Jahrhundert (dazu: Künast 2013, 132–136).

Auch die Lust an der Lektüre, verschiedentlich als eine Art Norm des Lesens angenommen, ist wohl eher das, was bei Nahrungspräferenzen (auf die der Begriff „Geschmack" hinweist) als „acquired taste" bezeichnet wird: Das Lustempfinden – zumal bei der Lektüre komplexer literarischer Texte – muss erlernt und eingeübt werden und ist somit immer auch Ausdruck eines kulturellen Kapitals mit hoher Distinktionskraft.

Die willentliche Entscheidung eines Menschen, zum Nichtleser zu werden bzw. Nichtleser zu sein, kann zahlreiche Gründe haben. Er kann das Bedürfnis nach Lektüre nicht verspüren, etwa, weil er seine Bedürfnisse durch andere Praktiken oder anderen Medienkonsum als ebenso gut oder besser befriedigt empfindet. Ebenfalls denkbar ist eine Abneigung gegen das Lesen aus einem der genannten Gründe (politisch, ökonomisch, sozial) oder eine Abneigung gegen das Lesen in der hier zur Grundlage gesetzten, dominanten Form als innerer und geistiger Prozess. So erweist sich beispielsweise Sokrates am Ende des *Phaidros* als Gegner des geschriebenen (und somit auch des gelesenen) Wortes, wenn er Phaidros den Mythos des ägyptischen Gottes Theuth erzählt. Dieser soll dem König Thamus die Schrift angeboten haben, welche der Herrscher jedoch mit dem Hinweis ablehnte, sie werde seinem Volk nur Schaden bringen und „den Seelen der Lernenden vielmehr Vergessenheit einflößen aus Vernachlässigung der Erinnerung" (Platon 2004, *Phdr.* 275a; zur Deutung dieser schwierigen Passage vgl. Curtius [11]1993 [1948], 308–309). Während für Sokrates die Weisheit nicht schriftlich zu *fixieren* (und zu rezipieren) ist, halten viele Buchgelehrsamkeit sogar für das genaue *Gegenteil* von Lebenstüchtigkeit, wie beispielsweise Ernest Arthur George Pomeroy in seinem Essay *How to Lengthen Our Ears: An Enquiry Whether Learning from Books Does Not Lengthen the Ears Rather Than the Understanding*. Das Buch, welches Virginia Woolf später im September 1917 in einer scharfen Polemik in *TLS* unter dem Titel „To Read or Not To Read" verriss, empfiehlt, Bücher von Kindern fernzuhalten: „But, suppose you wanted your child to become stupider than was intended by nature, how would you proceed? The best way, I fancy, would be to make the child learn to read as early as five years of age [...]. Next, you might, by means of cheap publications and free libraries, do all that you could to make him spend every minute of his spare time in reading, till the feat had become a habit" (Pomeroy 1917, vi). Statt zu lesen, sollten sich die Kinder einem Handwerk widmen und praktische Dinge erlernen (Pomeroy 1917, vii). Eine solche utilitaristische Kritik am Lesen hat natürlich prominente Vorläufer; literargeschichtlich relevant ist in dieser Hinsicht Charles Dickens Roman *Hard Times* (1854), der mit der berühmten, vom Utilitaristen Mr. Gradgrind feierlich vorgetragenen Forderung „Now, what I want is, Facts" beginnt (Dickens 2006 [1854], 7). Neben derartigen moralisch-pädagogischen Motivationen sind auch Menschen denkbar, die durch Kapitulation vor dem niemals zu bewältigenden Lesevolumen zu Nichtlesern wurden. Angesichts der Unmöglichkeit einer Erstlektüre aller existierenden Texte mögen solche Leser verzweifeln, zumal das ohnehin unabschließbare Projekt die Möglichkeit der wiederholten Lektüren erst recht ausschließt.

Häufiger als solch absolutes Nichtlesenwollen ist das spezifische, objektgerichtete Nichtlesenwollen, bei dem sich die Abneigung (in welcher Form auch immer) gegen ein spezifisches Stratum von Texten richtet, etwa gegen ein einzelnes Werk, das Werk eines bestimmten Autors, einer besonderen Epoche, einer speziellen Nationalliteratur oder Gattung. Denkbar ist auch, dass Werke gemieden werden, die bei einem bestimmten Verlag erschienen sind, die von einer gewissen (hohen oder niedrigen) Popularität sind, die eine bestimmte Länge oder Komplexität aufweisen, an eine spezifische Materialität gebunden sind usw.

5 Professionelle Leser: Die Literaturwissenschaften und das Nichtlesen

In seinem *ABC of Reading* (1934) empfiehlt Ezra Pound Studierenden der Literaturwissenschaft, sich an Experten zu halten, wenn sie etwas über Literatur erfahren möchten: „And if he wanted advice he would go to someone who KNEW something about it" (Pound 1991 [1934], 30). Kenner der Art, wie Pound sie im Sinn hat, sind neben dem Dichter selbst fraglos der Literaturwissenschaftler und der Literaturkritiker (deren Aufgabenbereiche im deutschsprachigen Raum strenger getrennt sind als etwa im angelsächsischen, wo sich *literary critic* auf beides beziehen kann). Doch haben sich Mitglieder beider Gruppen stets auch als notorische Nichtleser erwiesen.

Den nichtlesenden Literaturkritikern hat Honoré de Balzac in seinem Roman *Illusions perdues* ein Denkmal gesetzt: Er lässt darin gleich eine ganze Bande nichtlesender Kritiker auftreten, deren Anführer der stolze Nichtleser Étienne Lousteau ist, der offen zugibt, Bücher, die er rezensieren muss, entweder nur zu überfliegen oder überhaupt gar nicht erst zu lesen, sehr zum Schrecken des ambitionierten Lucien de Rubempré, der sich zunächst als Schriftsteller und dann als Kritiker im Paris der Restauration einen Namen zu machen hofft. Als er sieht, dass Lousteau seine unaufgeschnittenen (und somit ungelesenen) Bücher bereitwillig abgibt, und er naiv nachfragt, „Eh! bien, [...] comment ferez-vous vos articles?", erntet er nur Spott und Hohn von den nichtlesenden Kritikern (Balzac 1843, 207). Das Hauptinteresse dieser Kritikerbande gilt der Steigerung ihres ökonomischen und kulturellen Kapitals durch die Kritik und nicht, wie Lucien irrigerweise annimmt, der Kunst selbst. Folglich wird auch die tatsächliche Lektüre zur Nebensache. Umgeben von der Pariser Hautevolee, spielen die Kritiker in Balzacs Roman ein Spiel, das ihnen bei erfolgreicher Anwendung ein gutes Leben sichert.

Das Bild des in der Bibliothek vergrabenen und sich von der Gesellschaft abwendenden Literaturwissenschaftlers (konstruiert wie derartige Stereotype nun einmal sind) lässt nicht vermuten, dass Literaturwissenschaftler die Kunst für soziale Vorteile ausspielen würden und dass sie, wie Lousteau und seine Freunde, notorische Nichtleser seien. Dass dieses Bild mit der Realität wenig gemein hat, stellt Bayard gleich zu Beginn seiner Abhandlung über das Nichtlesen fest: „Als jemand, der an der Universität Literatur unterrichtet, kann ich mich der Verpflichtung, Bücher zu kommentieren, die ich in den meisten Fällen gar nicht aufgeschlagen habe, nur schwer entziehen." (Bayard 2007, 9) Und er fügt hinzu: „Für einen Literaturprofessor ist es zum Beispiel undenkbar zuzugeben – auch wenn es für die meisten zutrifft –, dass er Prousts Werk nicht in seiner Gänze gelesen, sondern nur darin geblättert hat." (Bayard 2007, 10–11) Auch Literaturwissenschaftler gehören Bayard zufolge zur Gruppe der Nichtleser. David Lodge gibt dafür in seinem Campus-Roman *Changing Places: A Tale of Two Campuses* (1975) ein bemerkenswertes und vielzitiertes (Bayard 2007, 153–156; Hitchings 2008, 2) Beispiel. Eine Gruppe von Literaturwissenschaftlern spielt zur Rettung eines zähen gesellschaftlichen Abends ein Spiel mit Namen „Humiliation": „The essence of the matter is that each person names a book which he hasn't read but assumes the others have read, and scores a point for every person who has read it [...], a kind of intellectual strip poker" (Lodge 1979 [1975], 135–136). Die Literaturexperten tasten sich vorsichtig von außen („some eighteenth-century book so obscure I can't even remember the name of it" [Lodge 1979 [1975], 135]) an das kanonische Zentrum ihrer Disziplin heran (*Hiawatha*, *Paradise Regained*), bis schließlich einer der Anwesenden, Professor Ringbaum, genug von dem Spiel hat und mit *Hamlet* den vielleicht kanonischsten Text der englischen Literaturgeschichte nennt. Er habe zwar die Verfilmung mit Laurence Olivier gesehen, nie aber die Tragödie selbst gelesen. Letztlich, so deutet der Roman an, kostet diese Ehrlichkeit Ringbaum seine Stelle, „because the English Department dared not give tenure to a man who publicly admitted to not having read *Hamlet*" (Lodge 1979 [1975], 136).

Der Unterschied zwischen der Lousteau-Bande und Howard Ringbaum ist offensichtlich: Erstere kommt mit ihrem Nichtlesen ungestraft davon, während das Nichtlesen des Letzteren institutionell sanktioniert wird, was wohl immer noch mit dem hohen kulturellen Kapital zu erklären ist, das Universitätsprofessoren zugebilligt wird, wenngleich, wie Niklas Luhmann gezeigt hat, das Nichtlesen die vornehmliche Beziehung zum Geschriebenen ausmacht: In seiner Analyse des Wissenschaftssystems merkt Luhmann nämlich an, dass „die Fülle der relevanten Informationen inzwischen so angewachsen [sei], dass kein Forscher mehr ein volles Fach beherrschen kann, ja selbst in ausgewählten Spezialgebieten seines Fachs nur noch einen Bruchteil der neu erscheinenden Literatur erfassen und verarbeiten kann" (Luhmann [7]2005 [1968], 296); der Wissenschaftler wird also, mit anderen Worten, immer vom jeweiligen System (Wissenschaftssystem, Kultursystem usw.) in ein relatives Nichtlesertum gezwungen. Unabhängig von systemischen Zwängen wird, wie das Beispiel Ringbaum zeigt, vom professionellen Leser erwartet, ein tatsächlicher Leser und kein Nichtleser zu sein. Es soll daher abschließend darum gehen, anhand einiger rezenter Analysemethoden und Textzugriffe dieser Gruppe das Nichtlesen in der literaturwissenschaftlichen Praxis in den Blick zu nehmen.

Algorithmisches Lesen (Distant Reading, Surface Reading)

Seit den späten 1990er Jahren hat Franco Moretti in verschiedenen Publikationen den Weg hin zu einer quantitativen Literaturwissenschaft eingeschlagen. In seinem Essay *Graphs, Maps, Trees* (2005) konstatiert er, dass es ihm in seiner Untersuchung nicht um konkrete, individuelle Romantexte gehe, sondern um künstliche Konstrukte. Er schreibt von einem „new object of study" und führt aus, worin dieses für ihn bestehe: „instead of concrete, individual works, a trio of artificial constructs – graphs, maps, and trees – in which the reality of the text undergoes a process of deliberate reduction and abstraction" (Moretti 2005, 1). Er vollzog damit, in einer für ihn typischen, entwaffnenden Ehrlichkeit, den Weg vom Kunstwerk zum künstlichen Werk, vom *work of art* zum *artificial work* (*construct*). So untersuchte Moretti zusammen mit seinem Mitarbeiterstab im Jahr 2009 7000 britische Romane aus der Zeit zwischen 1740–1850, ohne sie selbst zu lesen. Die Vorzüge dieser Methode liegen auf der Hand; sie ist, wie Moretti sagt, „the best way to go beyond the 1 percent of novels that make up the canon, and catch a glimpse of the literary field as a whole" (Moretti 2009, 134). Selbst in dieser Frühphase digitaler geisteswissenschaftlicher Forschung wird bereits das Potential für komparatistische Arbeiten erkennbar: Insofern die zu untersuchenden Daten gut aufbereitet vorliegen, lassen sich mit vergleichsweise geringem Aufwand ganze Literaturen über sprachliche, nationale, temporale Grenzen hinweg auf ein bestimmtes *tertium comparationis* vergleichen. Aber das Verfahren provoziert natürlich auch die Frage, wer dabei eigentlich liest. Und die Antwort scheint zu sein: ein Computer. Und wo wir uns mit dessen Leseergebnissen befassen, ganz gleich wie erkenntnisfördernd und aufschlussreich sie für uns als Literaturwissenschaftler sind, haben wir uns eine Ebene weiter von unserem zentralen Untersuchungsgegenstand, dem ästhetischen Artefakt, entfernt (darum: *distant reading*).

Mit Hinblick auf die Frage des Nichtlesens lässt sich darum feststellen, dass in Morettis Methode sehr viel *„distant"*, aber nur wenig *„reading"* ist – zumindest, wenn man die Lektüre in dem hier zu Grunde gelegten, traditionellen Sinne, als eine sich über die Zeit erstreckende, verstehende und direkte Auseinandersetzung von Mensch und Buch oder Mensch und Text versteht. Einem Interview zufolge, das Moretti 2015 Arno Widmann für die *Frankfurter Rundschau* gab, geht es ihm darum, „nicht zu lesen, sondern von Maschinen lesen zu lassen". Und ein wenig später spezifiziert Moretti ein Beispiel Widmanns, dass dieser Adorno digital nach Schlagworten durchsucht habe: „Sie haben Adorno gelesen, ohne ihn zu lesen. Also war es Distant Reading" (Moretti 2015). Lesen, ohne zu lesen, ist also eine methodisch innovative und institutionell etablierte Form des Zugriffs auf Literatur, die professionell von Literaturwissenschaftlern betrieben wird, welche dadurch zu Nichtlesern werden. Es muss in diesem Zusammenhang jedoch erwähnt werden, dass Moretti – so auch in dem bereits zitierten Interview – wiederholt darauf hinweist, dass er die traditionelle, dem Lesen verhaftete Methode des *close reading* nicht in Konkurrenz, sondern als Komplement zu seiner neuen, dem Nichtlesen verpflichteten Methode des *distant reading* sieht.

Analog dazu, wenngleich mit anderer Stoßrichtung, bringt sich das sogenannte *surface reading* in Position, das 2009 von Stephen Best und Sharon Marcus in den Fachdiskurs eingebracht wurde, deren Aufsatz mit den an Anthony Trollope angelehnten Worten „Reading ‚The Way We Read Now'" beginnt. Dabei meinen sie mit „We" primär die Gemeinschaft von Literaturwissenschaftlern, die, so Best und Marcus, Lesen mit Interpretieren gleichsetzen würden. Sie wenden sich in diesem Aufsatz gegen eine Art des symptomatischen Lesens (das sie insbesondere in der an Sigmund Freud orientierten psychoanalytischen und der an Fredric Jameson orientierten marxistischen Schule festmachen) sowie gegen die binäre Struktur von Oberfläche und Tiefe, die dieses symptomatische Lesen impliziere.

Im homogenen Feld der Literaturwissenschaftler, so die beiden Autoren weiter, sei die Praxis des symptomatischen Lesens derart tief verwurzelt, dass man sich, um gar nicht erst der Versuchung zu erliegen, marxistisch oder freudianisch zu lesen, Computern zuwenden solle: „Where the heroic text commands admiration of its unique features, computers can help us to find features that texts have in common in ways that our brains alone cannot. Computers are weak interpreters but potent describers, anatomizers, taxonomists." (Best und Marcus 2009, 17)

Mit der Forderung nach einer „minimal critical agency" (Best und Marcus 2009, 17) kann auch das Lesen erfolgreich an Algorithmen delegiert und so der Literaturwissenschaftler zum Nichtleser von Literatur werden, dessen Lektüre dann primär die algorithmischen Lektüreergebnisse darstellen. In Bezug auf die Literatur werden mittels *surface reading* aus Literaturwissenschaftlern nicht nur Oberflächenleser, sondern, in gewisser Hinsicht, auch Nichtleser.

Mangelnder oder delegierter Lesegenuss (interpassives Lesen)

Die von Moretti geforderte Verbindung unterschiedlicher methodischer Zugriffe auf Literatur (d. h. lesender und nicht-lesender) befreit die literaturwissenschaftlichen Nichtleser von dem Verdacht, aus dem Lesen keinen Genuss ziehen zu können. Kritisch im Hinblick auf die allgemeine Genussfähigkeit (und damit auch die von Literaturwissenschaftlern beim Lesen) äußerte sich wiederholt Robert Pfaller. In Anlehnung an Slavoj Žižeks Überlegungen zum sogenannten Dosengelächter (*canned laughter*) in US-amerikanischen Sitcoms kommt Pfaller zu dem Ergebnis, dass uns dieses Lachen der Anderen von der (Žižek zufolge möglicherweise lästigen) Pflicht entbinde, selbst zu lachen. Pfaller hat Žižeks Überlegungen zu seiner Theorie der Interpassivität ausgebaut, der zufolge es Kunstwerke gibt, die „sich selbst betrachten" (Pfaller 2002, 27), mit anderen Worten, für die kein Rezipient mehr vonnöten ist. Und, so Pfaller weiter: „Es gibt Betrachter, die das offenbar so wollen" (Pfaller 2002, 28). Anders als in der Theorie der *Interaktivität* zwischen Rezipient und Werk (etwa in der Rezeptionsästhetik bei Wolfgang Iser und Hans Robert Jauß) müssen *interpassive* „Betrachter nicht nur nicht mitproduzieren, sie müssen nicht einmal betrachten. Das Werk steht fix und fertig da, nicht nur fertig produziert, sondern auch fertig konsumiert" (Pfaller 2002, 28). Konsum und Genuss werden delegiert. Davon sieht Pfaller auch den Lesegenuss betroffen, insbesondere den von Akademikern, die wie „viele Intellektuelle in Bibliotheken zum Beispiel Hunderte Seiten aus Büchern fotokopieren, auch wenn sie durchaus ahnen, dass sie die Kopien niemals lesen werden." Dieses Verhalten muss widersprüchlich erscheinen, da die besagten Intellektuellen Pfaller zufolge meist nicht ahnen, „dass der Fotokopierapparat ihnen als ‚interpassives Medium' gedient hat, mit Hilfe dessen sie eine ziemlich buchstäbliche Darstellung des Lesens geliefert haben, und dass diese Darstellung des Lesens ihr Bedürfnis nach Lesen offensichtlich [...] befriedigt" (Pfaller 2008, 85).

Aus anderen Gründen als bei Moretti und Best und Marcus wird auch bei Pfaller der Literaturwissenschaftler zu einem Nichtleser, der, so sein Befund, liest, indem er nicht mehr liest, weil er den Genuss des Lesens ohne das Lesen haben möchte. Diese kulturkritische These mag empirisch nicht belegbar sein (vermutlich trifft sie in der von Pfaller vorgebrachten Polemik nicht einmal zu), sie zeigt aber, so der Untertitel von Pfallers Buch, ‚Symptome der Gegenwartskultur' an, die auf eine Abkehr vom unmittelbaren Genuss deuten.

Nichtlesestrategien

Die Genussform des Literarischen, die Bayard und Hitchings ins Zentrum ihrer Untersuchungen stellen, betrifft weniger die aus dem Lesevorgang gewonnene Lust, sondern die Lust des Redens über Literatur (so auch ihre Buchtitel: *Comment parler des livres* und *How to Really* Talk *About Books*). Ihre Betonung der kommunikativen Dimension von Literatur verdankt sich ihrer soziologisch bzw. kulturwissenschaftlich geprägten Überzeugung „Culture *is* conversation" (Hitchings 2008, 13), was bedeutet, dass für sie Kulturgenuss folglich kommunikativer Genuss ist. Sieht man einmal von dem performativen Widerspruch ab, dass die zahllosen, von ihnen zur Illustration angebrachten literarischen Belegstellen sie sehr wohl als eifrige Leser ausweisen (und somit signalisieren, dass ihre Aussagen freilich *cum grano salis* zu verstehen sind), geben ihre Bücher tatsächlich konkrete Ratschläge, wie das Genießen einer Konversation bei Unkenntnis des besprochenen Gegenstandes gelingen könne, „strategies you can adopt in order to talk successfully about books" (Hitchings 2008, 250), „effiziente Strategien [...], wie man mit den peinlichen Situationen fertig wird, die das Leben für uns bereithält" (Bayard 2007, 80).

Diese Überlegungen weisen die *erfolgreiche* Konversation als eine aus, in der man nicht als Ignorant erkannt wird, in der man also, mit Freud gesprochen, erfolgreich eine narzisstische Kränkung vermeidet. Folglich scheint der Lustgewinn dabei von narzisstischer Natur zu sein, die Erfahrung des Ichs als wenn schon nicht Wissender, so doch Könnender, d. h. als jemand, der sich in der Welt der Literatur bewegen kann, ohne sich intensiv und lesend mit ihr auseinandergesetzt zu haben, der also Nichtleser ist. Nichtleser kann man Bayard zufolge sein, indem man Bücher nicht liest, aber sich ihrer Stellung bewusst ist (vgl. Bayard 2007, 29–31), indem man gelesene Bücher wieder vergisst, so dass es ist, als ob man sie nie gelesen hätte (vgl. Bayard 2007, 69–80; analog zur bereits erwähnten Diskussion des Vergessens im *Phaidros* [vgl. Platon 2004, *Phdr.* 275a]), oder indem man eine der gängigen und oft unterrichteten Lesestrategien (vgl. Gold 2007, 48–53) zu einer konsequenten Nichtlesestrategie umfunktioniert, also Bücher querliest (vgl. Bayard 2007, 33–51), oder sich Bücher durch Hörensagen aneignet (vgl. Bayard 2007, 52–69).

In seiner bereits erwähnten Analyse des Wissenschaftssystems stellt Luhmann fest, dass „angesichts der hohen Komplexität des heutigen Wissens [...] die Gesellschaft erst recht abkürzender Orientierungshilfen [bedarf]" (Luhmann [7]2005 [1968], 298). Die Strategien von Hitchings und Bayard tragen diesem aus Systemzwängen erwachsenden Umstand Rechnung. Ein solchermaßen vorgehender Nichtleser verwendet ein hohes Maß an Energie auf die Anwendung oder die Habitualisierung dieser Strategien, um von dem Aufwand, zu lesen, entlastet zu werden. Die Verschiebung ist sogar eine doppelte, wenn man bedenkt, dass nicht nur die Energie anders kanalisiert wird, sondern auch die dadurch gewonnene Lust: Es handelt sich nicht mehr um die Lust am Lesen, sondern um die Lust am Nichtlesen, die in sozialer Interaktion immer dann zur Geltung gelangt, wenn man erfolgreich über einen Text reden kann, ohne zuvor die zahlreichen zu seiner Lektüre notwendigen Stunden investiert zu haben. Das daraus gewonnene Vergnügen ähnelt dem ökonomischen, mit geringer Kapitalinvestition eine hohe Rendite zu erzielen (so wie es in der Regel als frustrierend erfahren wird, wenn es sich andersherum verhält).

Weiterführende Literatur

Bayard, Pierre (2007). *Wie man über Bücher spricht, die man nicht gelesen hat.* München.
Best, Stephen und Sharon Marcus (2009). „Surface Reading: An Introduction". *Representations* 108 (2009): 1–21.
Hitchings, Henry (2008). *How to Really Talk About Books You Haven't Read.* London.
Moretti, Franco (2005). *Graphs, Maps, Trees: Abstract Models for a Literary History.* London und New York.
Pfaller, Robert (2002). *Die Illusionen der Anderen: Über das Lustprinzip in der Kultur.* Frankfurt/M.
Svenbro, Jesper (2015). „Lesen verweigern. Schreiben verweigern". *Lesen. Ein Handapparat.* Hrsg. von Hans-Christian von Herrmann und Jeannie Moser. Frankfurt/M.: 173–190.

Literatur

Aliaga-Buchenau, Ana-Isabel (2004). *The „Dangerous" Potential of Reading: Readers and the Negotiation of Power in Nineteenth-Century Narratives.* New York und London.

Balzac, Honoré de (1843). *Œuvres complètes. La comédie humaine.* Abt. 8, Teil 1, Buch 2: *Illusions perdues.* Paris.

Bavishi, Avni, Martin D. Slade und Becca R. Levy (2016). „A Chapter a Day: Association of Book Reading with Longevity". *Social Science & Medicine* 164 (2016): 44–48.

Bayard, Pierre (2007). *Wie man über Bücher spricht, die man nicht gelesen hat.* München.

Best, Stephen und Sharon Marcus (2009). „Surface Reading: An Introduction". *Representations* 108 (2009): 1–21.

Bourdieu, Pierre (1987 [1979]). *Die feinen Unterschiede. Kritik der gesellschaftlichen Urteilskraft.* Frankfurt/M.

Curtius, Ernst Robert ([11]1993 [1948]). *Europäische Literatur und lateinisches Mittelalter.* Tübingen und Basel.

Dickens, Charles (2006 [1854]). *Hard Times.* Hrsg. von Paul Schlicke. Oxford.

Djikic, Maja, Keith Oatley, Sara Zoeterman und Jordan B. Peterson (2009). „On Being Moved by Art: How Reading Fiction Transforms the Self". *Creativity Research Journal* 21.1 (2009): 24–29.

Doyle, Arthur Conan (1996 [1887]). „A Study in Scarlet". *The Adventures of Sherlock Holmes.* Hrsg. von Julian Wolfreys. Ware: 11–63.

Drecoll, Frank (1981). „Funktionaler Analphabetismus – Begriff, Erscheinungsbild, psychosoziale Folgen und Bildungsinteressen". *Für ein Recht auf Lesen. Analphabetismus in der Bundesrepublik Deutschland.* Hrsg. von Frank Drecoll und Ulrich Müller. Frankfurt/M.: 29–40.

Eggert, Hartmut und Christine Garbe ([2]2003 [1995]). *Literarische Sozialisation.* Stuttgart und Weimar.

Gaskell, Elizabeth (2008 [1855]). *North and South.* Hrsg. von Angus Easson. Oxford.

Gold, Andreas (2007). *Lesen kann man lernen: Lesestrategien für das 5. und 6. Schuljahr.* Göttingen.

Grotlüschen, Anke, Wibke Riekmann und Klaus Buddeberg (2012). „Hauptergebnisse der leo. – Level-One Studie". *Funktionaler Analphabetismus in Deutschland. Ergebnisse der ersten leo. – Level-One Studie.* Hrsg. von Anke Grotlüschen und Wibke Riekmann. Münster: 13–53.

Hitchings, Henry (2008). *How to Really Talk About Books You Haven't Read.* London.

Huxley, Aldous (2007 [1932]). *Brave New World.* London.

Künast, Hans-Jörg (2013). „Lesen macht krank und kann tödlich sein. Lesesucht und Selbstmord um 1800". *Sinn und Unsinn des Lesens. Gegenstände, Darstellungen und Argumente aus Geschichte und Gegenwart.* Hrsg. von Sandra Rühr und Axel Kuhn. Göttingen: 121–139.

Küpper, Joachim (2001). „Einige Überlegungen zur Ästhetik des Wortkunstwerks". *Zeitschrift für Ästhetik und Allgemeine Kunstwissenschaft* 46.2 (2001): 209–226.

Lagasnerie, Geoffroy de (2016). *Die Kunst der Revolte: Snowden, Assange, Manning.* Berlin.

Lodge, David (1979 [1975]). *Changing Places: A Tale of Two Campuses.* London.

Luhmann, Niklas ([7]2005 [1968]). „Selbststeuerung der Wissenschaft". *Soziologische Aufklärung 1: Aufsätze zur Theorie sozialer Systeme.* Wiesbaden: 291–316.

Moretti, Franco (2005). *Graphs, Maps, Trees: Abstract Models for a Literary History.* London und New York.

Moretti, Franco (2009). „Style, Inc. Reflections on Seven Thousand Titles (British Novels, 1740–1850)". *Critical Inquiry* 36 (2009): 134–158.

Moretti, Franco (2015). „Vom Lesen ohne zu lesen. Interview mit Arno Widmann". *Frankfurter Rundschau* (5. Februar 2015). http://www.fr-online.de/literatur/interview-franco-moretti-vom-lesen-ohne-zu-lesen,1472266,29761782.html (16. September 2016).

Müller-Oberhäuser, Gabriele (³2004). „Lesen/Lektüre". *Metzler Lexikon Literatur- und Kulturtheorie*. Hrsg. von Ansgar Nünning. Stuttgart und Weimar: 379–380.

Nünning, Vera (2014). *Reading Fictions, Changing Minds: The Cognitive Value of Fiction*. Heidelberg.

Pfaller, Robert (2002). *Die Illusionen der Anderen: Über das Lustprinzip in der Kultur*. Frankfurt/M.

Pfaller, Robert (2008). *Das schmutzige Heilige und die reine Vernunft: Symptome der Gegenwartskultur*. Frankfurt/M.

Platon (2004). „Phaidros". *Sämtliche Werke*. Bd. 2. Hrsg. von Ursula Wolf. Reinbek b. Hamburg.

Pomeroy, Ernest Arthur George, 7th Viscount Harberton (1917). *How to Lengthen Our Ears: An Enquiry Whether Learning from Books Does Not Lengthen the Ears Rather Than the Understanding*. London.

Pound, Ezra (1991 [1934]). *ABC of Reading*. London und Boston.

„read, v." OED Online. http://www.oed.com/view/Entry/158851 (2. Januar 2017).

Ruppelt, Georg und Paul Michael Lützeler (2009). *Nimm und lies: Zwei Essays über das Lesen*. Hannover.

Shakespeare, William (1999). *Henry VI, Part 2*. Hrsg. von Ronald Knowles. London.

Svenbro, Jesper (2015). „Lesen verweigern. Schreiben verweigern". *Lesen. Ein Handapparat*. Hrsg. von Hans-Christian von Herrmann und Jeannie Moser. Frankfurt/M.: 173–190.

UNESCO (2015). *Education for All 2000–2015: Achievements and Challenges*. Paris: United Nations Educational, Scientific and Cultural Organization. http://unesdoc.unesco.org/images/0023/002322/232205e.pdf (6. September 2016).

III.2 Praktiken des Lesens

Thomas Anz

III.2.1 Leselust

1 Historische und systematische Aspekte zur Bewertung der Leselust

Dass die Literaturwissenschaft nach Jahren intensiver Methodendiskussionen und Bemühungen, wissenschaftlichen Rationalitätsmaßstäben zu entsprechen, seit den 1980er Jahren langsam ihre Scheu überwunden hat, sich ernsthaft mit einem scheinbar so ‚irrationalen' Phänomen wie dem Vergnügen beim Lesen auseinanderzusetzen, war zweifellos angeregt durch die maßgeblich von Roland Barthes mit seiner Schrift *Le plaisir du texte* aus dem Jahre 1973 initiierte Entfesselung der „Lust am Text" in poststrukturalistischen Theorien und postmodernen Programmen. Diese sind inzwischen wie die Schriften von Barthes zu einem historischen Phänomen geworden. Doch die Frage nach den Arten und Gründen der Lust am Lesen literarischer Texte ist mehr als zwei Jahrtausende älter als sie und hat sich keineswegs erledigt. Sie ist in den letzten Jahrzehnten im Rahmen der forciert betriebenen Emotionsforschung von der Literaturwissenschaft mit interdisziplinär erweiterten Konzeptualisierungen erneut aufgegriffen worden, mit denen die analytischen Unschärfen und die genialische Monologizität von Barthes' Schriften, die sich dem interdisziplinären Forschungsdialog verweigerten, überwunden wurden. Der *„emotional turn"* (Anz 2006) in den Kultur- und Sozialwissenschaften ist dabei mit Recht auch als *„return"* (u. a. von Koppenfels und Zumbusch 2016, 17) bezeichnet worden, weil die mit ihm verbundenen Fragestellungen auf Traditionen der Rhetorik, Poetik, Ästhetik und Hermeneutik zurückgreifen, die im 20. Jahrhundert nur vorübergehend ausgeblendet wurden.

Die Aufwertung der Leselust nach der literarischen Moderne

Im Umkreis der literarischen Moderne des 20. Jahrhunderts hatten Begriffe wie ‚Lust' oder ‚Vergnügen' keinen sonderlich hohen Stellenwert. Dieter Wellershoff, der ebenfalls 1973 eine Sammlung seiner Essays unter dem Titel *Literatur und Lustprinzip* veröffentlichte, hatte schon Ende der 1960er Jahre mit Blick vor allem auf Bertolt Brecht die „Tendenz der modernen Ästhetik" kritisiert, „aus dem Zuschauer oder Leser eine Dame ohne Unterleib zu machen, die garantiert keine außerrationalen Erlebnisse hat". In der literarischen Moderne werde „die libidinöse Bindung an das ästhetische Objekt verhindert, in der Literatur zum Beispiel

https://doi.org/10.1515/9783110365252-011

durch die zahlreichen Methoden der Distanzierung, die das Identifikationsverbot praktizieren" (Wellershoff 1973, 111–112).

Das Unbehagen an den lustfeindlichen Tendenzen der literarischen Moderne hatte sich zu diesem Zeitpunkt allerdings sehr viel vehementer als in Deutschland in der subkulturellen Literaturszene der USA geäußert. Umberto Eco, den nach eigenem Bekunden die „Lust am Fabulieren" (Eco 1982, 12) zum Schreiben seines ersten Romans motiviert hatte, rechnete 1983 in seiner *Nachschrift zum ‚Namen der Rose'* die Wiederentdeckung der Lust an Literatur mit Recht den amerikanischen Programmatikern der Postmoderne als Verdienst an. Die Hervorhebung der ‚Lust' an Literatur war hier mit dem Appell verbunden, die Kluft zwischen Elite- und Massenkultur aufzuheben. Ihr entsprach die in Deutschland stärker noch als in anderen Ländern geläufige Entgegensetzung von Kunst und Vergnügen, von, wie man gerne ergänzt, ‚wahrer' Kunst und ‚bloßem' Vergnügen.

Die Kluft hatte sich in Deutschland im späten 18. Jahrhundert geöffnet, mit der Expansion des literarischen Marktes und den Warnungen vor der grassierenden Sucht nach schlechten Romanen, und sie vergrößerte sich noch in der literarischen Moderne. Diese Kluft war es, die der von Eco ebenfalls zitierte amerikanische Literaturkritiker Leslie Fiedler Ende der 1960er Jahre zu überwinden forderte. Einer damals jungen literarischen Bewegung, die er „postmodern" nannte, bescheinigte er eine zukunftsträchtige Vitalität, die literarische Moderne hingegen erklärte er für tot. Ende Juni 1968 hielt Fiedler an der Freiburger Universität seinen aufsehenerregenden, doch bald für längere Zeit vergessenen Vortrag mit dem Titel *Close the Gap and Cross the Boarder – The Case for Post-Modernism*, der wenig später unter anderem Titel in der Zeitung *Christ und Welt* veröffentlicht wurde. Der Vortrag warb für eine neue Literatur und eine neue Literaturkritik zugleich. Die Literatur der Moderne, die hier totgesagt wird, ist eine Literatur von und für kulturelle Eliten: hermetisch, dunkel, hochgradig selbstreflexiv sowie interpretationsbedürftig und für das Publikum deshalb oft nur durch die vermittelnde Tätigkeit von professionellen Kritikern bzw. Literaturwissenschaftlern zugänglich; eine Literatur, die sich dem massenhaften Konsum verweigert und sich daher von populären Formen lustbetonter Unterhaltungsliteratur entschieden abgrenzt. Die Aufgabe der gegenwärtigen, postmodernen Literatur sei es dagegen, so Fiedler, „die Lücke zwischen Bildungselite und der Kultur der Masse zu schließen" (Fiedler 1968, 10).

Die fixierten Grenzen zwischen Literatur als Kunst auf der einen Seite und populären, kulinarisch konsumierten Genres wie dem Western, dem Science-Fiction-Roman, der Pornographie und weiteren Formen der Popkultur auf der anderen Seite wurden in der so verstandenen postmodernen Literatur verflüssigt, und die Umgangsformen mit dieser Literatur sollten entschieden lustbetont sein. Von „unterhaltsamer Spielerei", von „Entertainment", von der Leidenschaft und den „Ekstasen des Lesens" ist in Fiedlers Vortrag die Rede (Fiedler 1968, 9–10). Dass diese gleichsam klassenlose, die kulturellen und damit auch gesellschaftlichen Hierarchien unterlaufende Literatur sich dem Medien-Kommerz nicht entzieht, war für Fiedler kein Argument gegen sie. Im Kontrast etwa zu Theodor W. Adornos die ästhetische Moderne noch einmal auf hohem Niveau repräsentierender Kritischer Theorie kapitalistisch geprägter Gesellschaft und Kultur stand 1968 das, was Fiedler dazu formulierte: „Diese Schriftsteller fürchten nicht, sich etwa auf dem Marktplatz zu kompromittieren; im Gegenteil, sie haben sich für ein Genre entschieden, das dem Ausbeutungscharakter der Massenmedien sichtbar verbunden ist." (Fiedler 1968, 9)

Von der im Zeichen der literarischen Postmoderne wiederentdeckten Lust an Literatur zeigte sich die Literaturwissenschaft zunächst wenig berührt. Sie blieb ‚lustlos' in dem Sinne, dass für sie die Lust an Literatur gar kein oder ein nur beiläufig ernst genommenes Thema war. Nach der Veröffentlichung von Barthes' *Le plaisir du texte* sprachen zwar auch Literaturwissenschaftler und -kritiker sehr viel häufiger über die „Lust am Text" als vorher. Aber fundierte Forschungen über Arten und Gründe des Vergnügens an Literatur blieben zunächst selten. Barthes selbst hatte sich mit der programmatischen Unsystematik seiner Skizzen und Fragmente, Ideen und Anregungen zu dem Thema jeglicher Ordnung eines wissenschaftlichen Diskurses darüber verweigert. „Die Lust am Text", erklärt sein Essay gleich zu Beginn, könne „sich niemals erklären" (Barthes 1974, 7). Und später fügte er hinzu: „[...] wenn ich hier von Lust am Text spreche, so immer en passant, in ganz ungesicherter, keineswegs systematischer Art" (Barthes 1974, 51).

Soweit die Literaturwissenschaft, angeregt von poststrukturalistischen Impulsen, ihre Rationalitätsansprüche nicht aufgab, reagierte sie auf Fragen nach der Lust am Lesen eher hilflos. Die immer auch psychologisches Wissen erfordernde Frage nach den emotionalen Effekten der von ihr analysierten Texte hatte sie aufgrund der in ihr verbreiteten Psychologiefeindlichkeit lange vernachlässigt oder systematisch um zentrale Bestandteile verkürzt. Dabei hatte die Fragestellung eine keineswegs rationalitätsfeindliche Tradition. Den pädagogischen und moralischen Impulsen der Aufklärung entsprach es im 18. Jahrhundert durchaus, das Vergnügen an Literatur als wichtig hervorzuheben. Sie ordneten es allerdings zunächst einem höherwertigen, vernunftgemäßen Nutzen unter. Christian Friedrich von Blanckenburg beispielsweise forderte in seinem 1774 erschienenen *Versuch über den Roman*: „Der Dichter soll durch das Vergnügen unterrichten, er soll in seinen Lesern Empfindungen und Vorstellungen erzeugen, die die Vervollkommnung des Menschen und seine Bestimmung befördern können." (Blanckenburg 1965, 288–289) Dass er das „Vergnügen" dem „Unterrichten" unterstellte, beklagte Friedrich Schiller später in seiner Schrift *Über den Grund des Vergnügens an tragischen Gegenständen*, habe der Kunst und der Kunsttheorie geschadet, und forderte selbst eine „bündige Theorie des Vergnügens". „Die wohlgemeinte Absicht", so heißt es hier, „das Moralischgute überall als höchsten Zweck zu verfolgen, die in der Kunst schon so manches Mittelmaß erzeugte und in Schutz nahm, hat auch in der Theorie einen ähnlichen Schaden angerichtet. Um den Künsten einen recht hohen Rang anzuweisen, um ihnen die Gunst des Staats, die Ehrfurcht aller Menschen zu erwerben, vertreibt man sie aus ihrem eigentümlichen Gebiet, um ihnen einen Beruf aufzudringen, der ihnen fremd und ganz unnatürlich ist. Man glaubt ihnen einen großen Dienst zu erweisen, indem man ihnen, anstatt des frivolen Zwecks, zu ergötzen, einen moralischen unterschiebt" (Schiller 2004b, 359). Wenn der Zweck der Kunst aber ein moralischer sei, „so verliert sie das, wodurch sie allein mächtig ist, ihre Freiheit, und das, wodurch sie so allgemein wirksam ist, den Reiz des Vergnügens. Das Spiel verwandelt sich in ein ernsthaftes Geschäft; und doch ist es gerade das Spiel, wodurch sie das Geschäft am besten vollführen kann" (Schiller 2004b, 360).

Ein „freies Vergnügen, so wie die Kunst es hervorbringt", ist nach Schiller auch ihr dominanter Zweck, obwohl es manchem widerstrebe, dass sie „einen so gemeinen Zweck, wie man sich das Vergnügen denkt, zu ihrem letzten Augenmerk haben sollte" (Schiller 2004b, 359). Als ‚frivol' oder ‚gemein', so geht aus dieser Schrift hervor, erschien damals vielen, was Begriffe wie ‚Vergnügen', ‚Ergötzen' oder ‚Lust' bezeichnen. Solche Abwertungen dürften mit dafür verantwortlich sein, dass die Literaturwissenschaft es so lange kaum für wert erachtet hat, eine ‚Theorie des Vergnügens' an Literatur auszuarbeiten. Das ist umso erstaunlicher, als für die prominenten Poetiken von Horaz und von Aristoteles sowie erst recht für die philosophische Ästhetik die Lust an Literatur einen zentralen Stellenwert hatte, ähnlich wie in den Lehren zur Kunst der Rede (Rhetorik) diese nicht nur nützen (*prodesse*), sondern zugleich Freude bereiten (*delectare*) sollte.

Lust als Kriterium der Bewertung von Literatur in der Kritik und Forschung

Mit einigem Recht hat Jacques Derrida in den 1970er Jahren über Immanuel Kants *Kritik der Urteilskraft* behauptet, das Rätsel der Lust bewege das ganze Buch. Die Lust sei Ausgangspunkt der dritten *Kritik*, und diese sei ihretwegen geschrieben und ihretwegen zu lesen (Derrida 1978, 51; dt. Derrida 1992, 63). In der Tat hatte „Lust" in Kants *Kritik der Urteilskraft* und sogar in Adornos *Ästhetischer Theorie*, die schon im ersten Kapitel, sich mit Kant und Sigmund Freud auseinandersetzend, darüber handelt, einen zentralen Stellenwert. Kant erklärte gleich zu Beginn seiner Schrift das Gefühl der Lust oder der Unlust zur Basis aller ästhetischen Urteile. Nach „Vorrede" und „Einleitung" beginnt die *Kritik der Urteilskraft* mit dem Satz: „Um zu unterscheiden, ob etwas schön sei oder nicht, beziehen wir die Vorstellung nicht durch den Verstand auf das Objekt zum Erkenntnisse, sondern durch die Einbildungskraft [...] auf das Subjekt und das Gefühl der Lust oder Unlust desselben." Im „Erkenntnisurteil" richtet sich der begriffliche Verstand auf ein Objekt, im ästhetischen Urteil wird sich das Subjekt seiner eigenen Lust- und Unlustempfindungen bewusst. „Ein regelmäßiges, zweckmäßiges Gebäude mit seinem Erkenntnisvermögen [...] zu befassen, ist etwas ganz anderes, als sich dieser Vorstellung mit der Empfindung des Wohlgefallens bewußt zu sein. Hier wird die Vorstellung gänzlich auf das Subjekt, und zwar auf das Lebensgefühl desselben, unter dem Namen des Gefühls der Lust oder Unlust, bezogen" (Kant 1983, 279).

„Wohlgefallen" und „Lust" sind hier partiell synonyme Begriffe. Schon das weist darauf hin, dass Kants „Lust"-Begriff eine andere Bedeutung hat als später der so eng mit Sexualität konnotierte „Lust"-Begriff Freuds. Als Bewertungskriterium bei der Wahrnehmung von literarischen Texten oder anderen Objekten unterliegt der Begriff unterschiedlichen Bedeutungszuweisungen, die selbst wiederum mit divergenten Bewertungen verbunden sind. In der Regel reserviert Kant „Lust" für eine von ihm besonders hoch bewertete Art des Wohlgefallens: das „uninteressierte Wohlgefallen" (Kant 1983, 281). Das aber ist so frei und gereinigt von allem sinnlichen Interesse am Objekt der Lust, dass Adorno mit einigem Recht der Ästhetik Kants vorhalten konnte, sie werde mit ihrer Hochschätzung des interesselosen Wohlgefallens „zum kastrierten Hedonismus, zu Lust ohne Lust". Diese Ästhetik, so wendet Adorno ein, eines Besseren belehrt durch Nietzsche und Freud, sei „ungerecht [...] gegen das leibhafte Interesse, die unterdrückten und unbefriedigten Bedürfnisse, die in ihrer ästhetischen Negation mitvibrieren und die Gebilde zu mehr machen als zu leeren Mustern" (Adorno 1970, 25). Was die Lust am Kunstwerk angeht, so siedelt Adorno seine Position zwischen Kant und Freud an. Er benennt dabei eine beiden gemeinsame Voraussetzung, die jener Literaturwissenschaft fehlt, die sich ausdrücklich nur mit Texten und nicht mit den Menschen, die sie schreiben oder lesen, befasst und schon deshalb keine Aussagen über die Lust an Literatur machen kann: „Für beide", so Adorno über Kant und Freud, „ist das Kunstwerk eigentlich nur in Beziehung auf den, der es betrachtet oder der es hervorbringt. [...] Kein Wohlgefallen ohne Lebendige, denen das Objekt gefiele" (Adorno 1970, 24). Das autonome Subjekt, das bei Kant im interesselosen Wohlgefallen dem schönen Objekt gegenüber das konkrete sinnliche Begehren abgelegt hat, ist Adorno zu unlebendig. Andererseits ist ihm das triebgesteuerte, empirisch-psychologische Subjekt, das nach Freud sein sinnliches Begehren in das Zeichensystem des Kunstwerks überführt oder beim Lesen von ihm stimulieren lässt, zu wenig geistig. Als „Zeichensystem für subjektive Triebregungen" verstanden, werde das Kunstwerk in seiner Autonomie, in seinem Formniveau, in seiner „Idee von Wahrheit" ignoriert. Mit Freud argumentiert Adorno im Sinne einer Kritik gesellschaftlicher Lustunterdrückung, mit Kant im Sinne einer Kritik hemmungslos gewordener Konsumlust. Irreversibel sei Kants Erkenntnis, „daß ästhetisches Verhalten von unmittelbarem Begehren frei sei". Diese Erkenntnis habe „Kunst der gierigen Banausie entrissen, die sie stets wieder abtastet und abschmeckt" (Adorno 1970, 23).

Kants Gegenüberstellung von interessiertem Wohlgefallen am „Angenehmen" und interesselosem Wohlgefallen am „Schönen" hat bei Freud seine Entsprechung in der Gegenüberstellung von direkter und sublimierter Triebbefriedigung. Solche dichotomischen Denkformen, mit denen grob zwei Arten der Lust unterschieden und in eine Wertehierarchie eingesetzt werden, sind auch noch bei Adorno und sogar bei Barthes nachweisbar. Kants Abwertung des bloß sinnlichen Vergnügens kehrt bei Adorno in Sätzen wieder, die typisch für die Vorbehalte der ästhetischen Moderne gegenüber populären Formen des Kunstgenusses sind: „Wer Kunstwerke konkretistisch genießt, ist ein Banause; Worte wie Ohrenschmaus überführen ihn." (Adorno 1970, 26–27)

Lust wird bei Adorno zu einem pejorativen Begriff, wenn er mit dem Konsum von Genussmitteln assoziiert ist. Der ästhetische Hedonismus diskreditiert sich nach Adorno insofern, als er hineinpasst in eine genussfixierte Gesellschaft: „Ist schon die Kunst für den Betrieb der Selbsterhaltung unnütz – ganz verzeiht ihr das die bürgerliche Gesellschaft niemals –, soll sie sich wenigstens durch eine Art Gebrauchswert bewähren, der der sensuellen Lust nachgebildet ward." (Adorno 1970, 28) Es gibt jedoch in der Perspektive Adornos andere, höherwertige Lüste, die sich von den Konsumbedürfnissen der Masse abheben. Da gibt es zum einen die Lust am gesellschaftlich verdrängten Leid, am Negativen, am Dissonanten, die von hochwertigen Kunstwerken ermöglicht wird. Die Lust an ihnen besteht in der durch sie vermittelten Erfahrung, schlechten gesellschaftlichen Verhältnissen Widerstand entgegensetzen zu können. „Glück an den Kunstwerken" ist in diesem Fall „das Gefühl des Standhaltens, das sie vermitteln" (Adorno 1970, 31).

Adorno beruft sich hier auf Kants „Lehre vom Erhabenen" (Adorno 1970, 31) und damit auf jene Theorie, die wie keine andere das paradoxe Zusammenspiel von Erfahrungen der Unlust und der Lust in der Konfrontation mit dem Schrecklichen zu erklären bemüht war. Unter ihrem Eindruck hatte schon Schiller 1791 seine Theorie des Vergnügens an tragischen Gegenständen entworfen und dabei ebenfalls zwei diametral entgegengesetzte Arten der Lust unterschieden: eine bloß „sinnliche Lust", „die vom Gebiet der schönen Kunst ausgeschlossen wird" (Schiller 2004b, 360), und jene „moralische Lust" (Schiller 2004b, 364), mit der wir in der Tragödie das „Leiden des Tugendhaften" (Schiller 2004b, 363) schmerzvoll genießen können, weil es uns die Überlegenheit und Freiheit unserer moralischen Vernunft gegenüber allen Naturzwängen beweist. Noch im 20. Jahrhundert hat das Lustgefühl, das im 18. Jahrhundert unter dem Stichwort des „Erhabenen" vielfach beschrieben, evoziert und vornehmlich Männern zugeschrieben wurde, viel von seinem vormaligen Prestige und Reiz behalten: die Lust des sich autonom fühlenden Subjekts, sich gegenüber dem, was es zu überwältigen droht, behaupten zu können.

Neben die erhabene Lust der Selbstbehauptung tritt jedoch seit Nietzsche immer dominanter die der Selbstauflösung. Adorno stellt dem „Kunstgenießer", der sich das Kunstwerk wie eine Mahlzeit einverleibt, jenen Kunstrezipienten entgegen, der in dem Gegenstand seiner Wahrnehmung verschwindet. Die Unterscheidung zwischen minderwertiger und höherwertiger Lust ist auch in diesem Zusammenhang noch einmal deutlich erkennbar: „Wer im Kunstwerk verschwindet, wird dadurch dispensiert von der Armseligkeit eines Lebens, das immer zu wenig ist. Solche Lust vermag sich zu steigern zum Rausch; an ihn wiederum reicht der dürftige Begriff des Genusses nicht heran, der überhaupt geeignet wäre, Genießen einem abzugewöhnen." (Adorno 1970, 28)

Die Vorstellung vom lustvollen Verschwinden des Subjekts im Kunstwerk hat bei Barthes Entsprechungen in jener Annäherung an den Text, die als „Wollust" besonders ausgezeichnet wird. Der bloßen „Lust" („plaisir") stellt Barthes die exklusivere „Wollust" („jouissance") entgegen, das „große Sichverlieren des Subjekts" (Barthes 1974, 8 und 86), und mit dieser Gegenüberstellung reproduziert das als „postmodern" geltende Manifest doch noch, was die Moderne zur Verfestigung der Kluft zwischen Massen- und Elitekultur und dabei zur Abwertung „niedriger", einfacher und profaner Lüste beigetragen hat. Das zeigt sich auch in seinen Reflexionen über erotische und sexuelle Lust. Wo man in Literaturtheorien der 1980er und 1990er Jahre den erotischen Reiz von Literatur suggestiv hervorzuheben versuchte, kombinierte man das Wort ‚Text' in diversen, mehr oder weniger diffusen Variationen mit dem Wort ‚Körper'. Barthes' Fragmente über *Die Lust am Text* machten auch in dieser Hinsicht Schule. „Die Lust am Text, das ist jener Moment, wo mein Körper seinen eigenen Ideen folgt – denn mein Körper hat nicht dieselben Ideen wie ich." (Barthes 1974, 26) Der Text selbst wird zum sinnlich anziehenden Körper, zum „Textkörper" (Barthes 1974, 51). Der Text könne sich „in Form eines Körpers enthüllen" (Barthes 1974, 83). Die „Lust des körperlichen Striptease" gleiche der „des erzählerischen Hinauszögerns" (Barthes 1974, 17). Sexuelle Lust bleibt bei dieser Körper-Metaphorik allerdings weitgehend ausgegrenzt. Barthes schrieb mit abschätzigem Blick auf Pornographie: „Der Text der Lust ist nicht zwangsläufig der, der von Lust berichtet, der Text der Wollust ist niemals der, der eine Wollust erzählt. Die Lust der Darstellung ist nicht an ihren Gegenstand gebunden" (Barthes 1974, 83). Hiermit ist eine ästhetische Einstellung gegenüber Kunst und Literatur gefordert, der Ruth Klüger später (1996) vorwarf, dass mit ihr Fragen nach Textinhalten und damit auch nach wichtigen geschlechtsspezifischen Aspekten des Lesevergnügens bestenfalls sekundäre Bedeutung hätten. Die Lust am Text ist in den Beschreibungen von Barthes in der Tat ein geschlechtsübergreifendes Phänomen. Seine Typologie der Lustleser unterscheidet Fetischisten, Zwangsneurotiker, Paranoiker und Hysteriker (Barthes 1974, 93), von erotischen Inhalten sieht sie jedoch ebenso ab wie von Männlichkeit oder Weiblichkeit. Und auch die literarischen Techniken erotischer und sexueller Luststimulation bekommen sie nicht in den Blick.

Ob Kant, Schiller, Freud, Adorno oder Barthes, sie alle unterscheiden zwischen einer minderwertigen Lust am Kunstwerk und einer höherwertigen. Der französische Kultursoziologe Pierre Bourdieu hat später im Blick vor allem auf Kant gezeigt, dass mit der Differenzierung von hohen und niedrigen Kulturgenüssen die „feinen Unterschiede" markiert werden, mit denen sich soziale Schichten und Gruppen voneinander abgrenzen. „Die Negation des niederen, groben, vulgären, wohlfeilen, sklavischen, mit einem Wort: natürlichen Genusses, diese Negation, in der sich das Heilige der Kultur verdichtet, beinhaltet zugleich die Affirmation der Überlegenheit derjenigen, die sich sublimierte, raffinierte, interesselose, zweckfreie, distinguierte, dem Profanen auf ewig untersagte Vergnügen zu verschaffen wissen." Dies sei der Grund, „warum Kunst und Kunstkonsum sich – ganz unabhängig vom Willen und Wissen der Beteiligten – so glänzend eignen zur Erfüllung einer gesellschaftlichen Funktion der Legitimierung sozialer Unterschiede" (Bourdieu 1987 [1979], 27).

Jenseits solcher Analysen, die nach sozialen Funktionen der Unterscheidungen zwischen unterschiedlichen Lüsten an Literatur fragen, hat sich die jüngere Literaturwissenschaft mittlerweile auf anderen Wegen von der Ignoranz gegenüber der Lust am Text, von dem die Lust nur beschwörenden, diffus analysierenden Sprechen über sie oder von der Disqualifizierung bestimmter Arten der Lust entfernt, vor allem dort, wo sie Anschluss an die psychologische, psycholinguistische, evolutionsbiologische und auch neurowissenschaftliche Erforschung lust- oder unlustvoller Emotionen suchte und mit ihr interdisziplinär kooperierte.

Schon im 19. Jahrhundert hatte Gustav Theodor Fechner mit seiner *Vorschule der Aesthetik* einen Versuch vorgelegt, die Fragestellungen philosophischer Ästhetik mit rationalen und methodischen Prinzipien induktiver Psychologie zu verknüpfen. Fechners Studie wurde von Freud und wird noch heute von manchen namhaften Psychologen hoch geschätzt und wird von gegenwärtigen Vertretern einer „Experimentellen Ästhetik" (vgl. Kebeck und Schroll 2011) oder auch dem 2012 gegründeten „Max-Planck-Institut für empirische Ästhetik" unter ausdrücklicher Berufung auf ihn fortgeführt; sie blieb jedoch von Seiten der Literaturwissenschaft fast völlig ignoriert. Die „wichtigste Frage" der Ästhetik, erklärte Fechner, werde immer lauten: Warum „gefällt oder missfällt" etwas? (Fechner 1876, Erster Theil, 5) Das Gefallen sei ein Gefühl der Lust, das Missfallen eines der Unlust. Zu den zentralen Aufgaben der Ästhetik gehöre es daher, „den besonderen inneren und äusseren Ursachen der Lust und Unlust nachzugehen, Gesetze ihrer Entstehung unter besondern Verhältnissen aufzusuchen" (Fechner 1876, Erster Theil, 12). Die Grundlage dieser psychologischen Ästhetik bildete die hedonistische und eudaimonistische Philosophie der Antike, auf die sich Fechner wiederholt berief.

Ihr entsprechend klassifiziert die psychologische Emotionsforschung noch heute die Vielfalt von Emotionen nach solchen, die mit Lust oder Unlust verbunden sind. Eine Einführung in die Emotionsforschung definiert Emotionen als „körperlich-seelische Reaktionen, durch die ein Umweltereignis aufgenommen, verarbeitet, klassifiziert und interpretiert wird, wobei eine Bewertung stattfindet" (Hülshoff 1999, 14). Beim Lesen ist das „Umweltereignis" der literarische Text bzw. eine einzelne Textstelle im Kontext des vorher Gelesenen. Die Bewertung folgt der Dichotomie von Lust und Unlust. Ein weit verbreitetes Buch des renommierten Hirnforschers Ernst Pöppel zitiert gleich zu Beginn Albert Einstein mit den Worten: „Alles, was von den Menschen getan und erdacht wird, gilt der Befriedigung gefühlter Bedürfnisse sowie der Stillung von Schmerzen." (Pöppel 1995, 9) Der Gründer des Münchner Instituts für Medizinische Psychologie versucht zu zeigen, „wie in der Tat Lust und Schmerz in all unseren Erlebnissen verborgen sind und manchmal nur zu deutlich sich in den Vordergrund drängen" (Pöppel 1995, 9). In seinen Beschreibungen typischer Erlebens- und Verhaltensweisen geht er davon aus, dass „jedes Erlebnis von vornherein lust- oder unlustbetont ist. [...] Ob wir etwas betrachten, hören, betasten, riechen oder schmecken, ob wir etwas bedenken, planen, erörtern oder auch erforschen, stets ist das subjektive Erlebnis mehr als eine objektive Auskunft über die reale Welt oder ein Geschehen in uns selbst. Jedes Erlebnis ist von vornherein immer auch angenehm oder unangenehm, schön oder häßlich, lustvoll oder schmerzhaft, und im äußersten Fall berauschend oder ekelhaft" (Pöppel 1995, 9). Auch wenn Literaturwissenschaftler oder Literaturkritiker die hier angesprochenen Sachverhalte selten genauer analysiert haben, wurden diese in jüngerer Zeit von ihnen nicht mehr gänzlich ignoriert. Die 1996 erschienene *Einführung in die Wertung von Literatur* von Renate von Heydebrand und Simone Winko etwa bezieht zusammen mit emotionalen Wirkungen von Literatur, wie ‚Rührung' und ‚Mitleid', ‚Spannung' oder ‚Ekel', die Erzeugung von Lust- und Unlustgefühlen durchaus mit ein. Solche Wirkungen werden bewertet, und diesen Bewertungen wiederum liegen bestimmte Wertmaßstäbe zugrunde. In der Argumentationsanalyse unterscheiden Wertungstheorien zwischen objektbezogenen Argumenten, die Merkmale des bewerteten Textes beschreiben, und subjekt- bzw. wirkungsbezogenen Argumenten, die unter anderem auch die emotionalen Wirkungen eines Textes auf Leser beschreiben. Der Literaturkritiker Marcel Reich-Ranicki legte 1986 in seinem Gespräch mit dem Literaturwissenschaftler Peter von Matt die hedonistische Grundlage seiner

Bewertungspraxis offen. Peter von Matt bot ihm drei mögliche Antworten auf die Frage nach den Funktionen von Literatur an: „Literatur vermittelt Wahrheit, die Wahrheit über die Welt und die Menschen. Das ist die eine Möglichkeit, die philosophische. Literatur zeigt mir, wie ich leben soll und schreckt mich von dem falschen Weg ab. Das ist die zweite, die pädagogische Definition. Drittens: Literatur verschafft mir Lust und Vergnügen. Das ist die epikureische Definition. Sie verschafft mir Denkvergnügen, Spiellust, erotisches Vergnügen, Lust als Aggressionsabfuhr usw. Alle drei Möglichkeiten können sehr simpel oder sehr hoch entwickelt sein. Wahrheit, Erziehung oder Lust, wo liegt für Sie das Hauptgewicht?" Reich-Ranicki antwortete: „Beim Vergnügen, bei der Lust. Ich entscheide mich also für die epikureische Definition." (Matt und Reich-Ranicki 2017, 66) Die Konsequenzen dieser Entscheidung für die literaturkritische Wertung fasste von Matt so zusammen: „Das Lust- oder Unlustgefühl, das der Text in Ihnen weckt, ist entscheidend für alles, was nachher passiert." Das sei zwar etwas überspitzt formuliert, entgegnete Reich-Ranicki, „aber der Ausgangspunkt meiner Kritik ist damit richtig angedeutet." (Matt und Reich-Ranicki 2017, 65)

2 Arten und Theorien der Leselust

Lust am Spiel

Symptomatisch für die Aufwertung der Leselust als Thema, Anspruch oder Versprechen von Literatur seit den 1980er Jahren waren u. a. gehäufte Vergleiche von Literatur und Spiel. Wo Literatur wieder eng mit ‚Spiel' assoziiert wurde, wie es nicht zuerst Schiller und nicht zuletzt Freud nahegelegt hatten, bei denen das Bedürfnis nach Literatur auf jenen Spieltrieb zurückgeführt wurde (Schiller 2004c; Freud 1969), der nach Johan Huizinga (1987) Grundlage aller menschlichen Kultur ist, da ließen sich die Lust, das Vergnügen, die Freude an ihr kaum noch ignorieren.

Der amerikanische Psychologe Victor Nell wählte für den Akt des lustvollen Lesens den Begriff „ludic reading". Die lexikalische Bedeutung des lateinischen Wortes „ludus" ist sowohl ‚Spiel' als auch ‚Spaß'. „Ludic reading" erinnert daher daran, dass die Wurzeln lustvollen Lesens im Spiel liegen. So gerät denn auch die Leselust besonders solchen Reflexionen über Literatur in den Blick, die ihren Spielcharakter hervorheben.

Ein im frühen 20. Jahrhundert keineswegs singuläres, sondern symptomatisches Beispiel dafür ist Freuds Vortrag *Der Dichter und das Phantasieren*. Angeregt auch von den damals verbreiteten Schriften des Spieltheoretikers Karl Groos

(1899), legte Freud hier vor einem Laienpublikum eine Spiel- und zugleich auch Lusttheorie der Literatur vor. Der Vortrag versucht, „eine erste Aufklärung über das Schaffen des Dichters zu gewinnen", und glaubt sie im Vergleich der dichterischen Tätigkeit mit dem Spiel des Kindes zu finden: „Sollten wir die ersten Spuren dichterischer Betätigung nicht schon beim Kinde suchen? Die liebste und intensivste Beschäftigung des Kindes ist das Spiel. Vielleicht dürfen wir sagen: Jedes spielende Kind benimmt sich wie ein Dichter, indem es sich eine eigene Welt erschafft oder, richtiger gesagt, die Dinge seiner Welt in eine neue, ihm gefällige Ordnung versetzt." (Freud 1969, 171) Und umgekehrt: „Der Dichter tut nun dasselbe wie das spielende Kind; er erschafft eine Phantasiewelt, die er sehr ernst nimmt, d.h. mit großen Affektbeträgen ausstattet, während er sie von der Wirklichkeit scharf sondert." (Freud 1969, 172) Wie der Tagtraum sei die Dichtung „Fortsetzung und Ersatz des einstigen kindlichen Spielens" (Freud 1969, 178). Der Erwachsene mag nach Freud nicht auf den Lustgewinn verzichten, den er als Kind aus dem Spielen bezogen hat.

Der Antrieb zum Spielen wie zur literarischen Phantasietätigkeit ist demnach die Belohnung durch Lust. Etwa zu der Zeit, als Freud seinen Vortrag hielt, begann der niederländische Kulturhistoriker Johan Huizinga seine Spieltheorie der Kultur auszuarbeiten, die er 1938 unter dem Titel *Homo ludens* vorlegte. Nach Huizinga steht das Spiel am Anfang aller menschlichen Kultur, insbesondere auch der Literatur, und ist ein sie prägendes Element geblieben. Konstitutives Merkmal des Spiels sei das „Vergnügen", der „Spaß", die „Lust" (Huizinga 1987, 11).

Wenn Spiel so eng mit Lust assoziiert ist und Literatur wiederum mit Spiel, dann liegt es nahe, dass die literaturwissenschaftliche Erforschung von Arten, Gründen und Bedingungen der Lust beim Lesen von Spieltheorien wichtige Anregungen erhalten kann. Unklar allerdings bleibt bei vielen Gleichsetzungen von Literatur und Spiel, bei Freud wie bei Barthes und vielen anderen, auch unter dem Aspekt der Lust, ob die Lust am Schreiben oder die Lust am Lesen gemeint ist und wieweit beide Tätigkeiten unterschieden oder aufeinander bezogen werden. Unklar bleibt weiterhin, mit welchen Arten des Spiels Literatur gleichgesetzt wird. Roger Caillois hat eine Typologie von vier Arten des Spiels entworfen und innerhalb jeder Spielart unterschieden zwischen Spielen, bei denen eher eine ‚kindliche', schwach geregelte, spontane Komponente dominiert (er gibt ihr den griechischen Namen *paidia*, das heißt ‚Kinderspiel'), und eher ‚erwachsenen', stärker geregelten Spielen (*ludus*). Auf dem einen Pol der sich daraus ergebenden Einteilungsskala „regiert fast ausschließlich ein gemeinsames Prinzip des Vergnügens, der freien Improvisation und der unbekümmerten Lebensfreude", auf der anderen Seite gibt es ein „wachsendes Bedürfnis, die anarchische Natur willkürlichen, gebieterischen und absichtlich hemmenden Konventionen zu unterwerfen, sie immer mehr in die Enge zu treiben, indem man fortwährend schwierigere Hindernisse einbaut, um so den Weg zu dem ersehnten Resultat möglichst unbequem zu gestalten" (Caillois 1982, 20). *Ludus* ist eine disziplinierte Weiterentwicklung von *paidia*. Die „Begabung zur Improvisation und Fähigkeit zur Freude, die ich paidia nenne, verbindet sich mit dem Hang zur Meisterung künstlicher Schwierigkeiten, die ich als ludus bezeichnen möchte" (Caillois 1982, 36). Die Unterscheidung lässt sich ohne Schwierigkeiten auf Umgangsformen mit dem Spielmaterial der Sprache übertragen. Die frühkindliche Freude am Spiel mit Lautwiederholungen und Rhythmisierungen bleibt in Versmaßen oder Reimschemata erhalten, wird hier jedoch in geregeltere Bahnen überführt und eröffnet partiell andere Quellen des Vergnügens. Zu ihnen gehört die Befriedigung bei der „Meisterung einer willkürlichen Schwierigkeit" (Caillois 1982, 41), die dem Spieler zur Erreichung seines Ziels durch bestimmte Spielregeln künstlich auferlegt wird.

Solchen Unterscheidungen entsprechen unterschiedlich konturierte Thesen bei Beschreibungen der Leselust, denen allerdings eines gemeinsam ist: Nahezu alle Lusttheorien lassen sich auf ein Grundprinzip zurückführen. Sie variieren, differenzieren und konkretisieren ein abstraktes Beschreibungs- und Erklärungsmuster. Und dieses lautet: Lust ist Befreiung von Unlust. Unlust ist ein Gefühl des Mangels, das den Wunsch erzeugt, ihn zu beseitigen. Die Aufhebung des Mangels ist mit Lustgefühlen verbunden.

Die konkreteren spieltheoretischen Antworten auf die Frage nach den Lustquellen spielerischer Tätigkeit fallen innerhalb dieses Grundprinzips verschieden aus (zusammenfassend Anz 1998, 33–76): Lust beim Spiel geht einher mit der Befreiung von Zwang, der Abreaktion überschüssiger Energien (Spencer 1855), Erholung von der Erschöpfung einseitig überbeanspruchter Kräfte (Lazarus 1883), Befriedigung über das Funktionieren der herausgeforderten Fähigkeiten (Bühler [4]1924 [1918] über „Funktionslust", auch Schönau 1991, 66), Stolz über die Bewältigung von Schwierigkeiten (Dörner und Vehrs 1975), Ersatz für fehlende Sozialkontakte (Winnicott 1973), Befreiung bzw. Ablenkung von diversen Besorgnissen im tranceartigen Zustand narkotischer Entrücktheit (Nell 1988; Csikszentmihalyi [11]2010 [1987]).

Befreiung von Unlust

Eine allgemeine und vielfach variierte spieltheoretische These, die auch die Leselust tangiert, lautet: Die Lust am Spiel besteht in der Befreiung von unlustvollen Zwängen. Zum Spielen wird man in der Regel nicht gezwungen. Und man spielt wohl vor allem deshalb, weil man sich davon Vergnügen erhofft. „Spiel gibt es nur", so heißt es in einer spieltheoretischen Schrift von Roger Caillois, „wenn die Spieler Lust haben, zu spielen, und sei es auch das anstrengendste und erschöpfendste Spiel, in der Absicht zu zerstreuen und ihren Sorgen, d.h. dem gewöhnlichen Leben zu entgehen. Vor allem aber müssen die Menschen aufhören können, wann es ihnen gefällt, müssen sagen können: ich spiele nicht mehr" (Caillois 1982, 13–14).

Dass der Spielende die Möglichkeit zur Wahl zwischen vielen Spielangeboten hat, ist einer der Befreiungsaspekte, die Jean-François Lyotard später im Umfeld der Postmoderne dem Spiel zuschrieb. Zum grundlegenden Schritt in das postmoderne Wissen erklärt er, im Rückgriff auf Ludwig Wittgenstein, das „Erkennen der Heteromorphie der Sprachspiele". Es „impliziert offenkundig den Verzicht auf den Terror, der ihre Isomorphie annimmt und zu realisieren trachtet" (Lyotard 1986, 91). Das Bewusstsein von der Vielgestaltigkeit bestehender und zukünftiger Sprachspiele widersetze sich dem Dominanzanspruch bestimmter Sprachspiele und ihrem totalitären Potential. Das biblische Babel wurde zur Metapher der postmodern bejahten Pluralität von Sprachspielen. Den lustvollen Leser eines Textes stellte Barthes sich vor als „einen Menschen, der alle Sprachen miteinander vermengt, mögen sie auch als unvereinbar gelten". Das Gewirr der verschiedenen Sprachen beim Turmbau zu Babel stand dafür als Modell. Es sei, so Barthes, weder Strafe noch Unglück, sondern eine Verheißung des Glücks: „Der alte biblische Mythos kehrt sich um, die Verwirrung der Sprachen ist keine Strafe mehr, das Subjekt gelangt zur Wollust durch die Kohabitation der Sprachen, die nebeneinander arbeiten: Der Text der Lust, das ist das glückliche Babel." (Barthes 1974, 8)

Dem programmatischen Pluralismus der Postmoderne entsprachen die vielen in ihr zirkulierenden Komposita, in denen das erste Morphem den Singular negiert: „Mehrdeutigkeit", „Mehrfach-Codierung", „Polysemie" oder „Polyphonie". Wenn in solchen Kontexten der Spiel-Begriff verwendet wird, dann wird auch hier das mit ihm eng assoziierte Merkmal der „Freiheit", die es dem Spieler bietet, des bei aller Geregeltheit „Offenen" und „Ungewissen" hervorgehoben, der „Spielraum", die Durchlässigkeit für Zufälle oder Handlungsalternativen, Eigeninitiativen und selbstbestimmte Aktivität. Als zwanghaft werden zumeist Verpflichtungen empfunden, die mit Begriffen und Werten wie „Einheit" und „Eindeutigkeit", „Stabilität" und „Ordnung" oder Entgegensetzungen von „wahr" und „falsch", „real" und „fiktiv", „epigonal" und „innovativ" eingeklagt werden.

In verschiedensten Variationen führen auch Theorien über das Wohlgefallen am Schönen dieses auf die Befreiung von diversen Arten der Unlust zurück. Nach Schiller ist das menschliche Subjekt nicht nur unlustvollen Zwängen der äußeren Natur (etwa der Schwerkraft, der die Schönheit des leichten Schwebens oder Fliegens entgegengesetzt ist), sondern auch den Zwängen seiner eigenen sinnlichen Natur unterworfen sowie denen seiner geistigen Natur, seines „Formtriebs", seiner Rationalität und Moral, die seine sinnliche Natur zu disziplinieren versuchen. Im ästhetischen Zustand, wie ihn Schiller imaginiert, tun sich

Sinnlichkeit und Vernunft gegenseitig keinen Zwang an, sondern harmonieren miteinander. Schön sind jene Kunstwerke, die weder unter dem Diktat sinnlicher Triebe noch unter formalen und moralischen Zwängen hervorgebracht oder wahrgenommen werden. Und schön ist jene Seele, in der „Sinnlichkeit und Vernunft, Pflicht und Neigung harmonieren" (Schiller 2004e, 371). Ein schöner literarischer Text ist demnach weder spontaner, unmittelbarer Ausdruck naturwüchsiger Affekte noch das Produkt formaler Regelzwänge und moralischer Verpflichtungen. Ein schöner Text muss, so ließe sich ergänzen, in jeder Hinsicht zwanglos erscheinen. Ihm darf weder der emotionale Druck, unter dem er entstanden ist, angemerkt werden noch die Anstrengung der formalen Gestaltung. Nur dann lässt er auch den Lesenden eine Freiheit, in der sie sich weder durch ihre Affekte überwältigen lassen noch ihren moralischen und rationalen Ansprüchen hörig sind.

Auf Sprache und Dichtung übertragen sagt dieses Prinzip: Je weniger Worte gebraucht werden, um eine bestimmte Informationsmenge zu vermitteln, um so lustvoller wirkt der Text. Oder noch einfacher gesagt: Es befriedigt uns, wenn uns mit wenig Worten viel gesagt wird; mit Unlust hingegen reagieren wir, wenn uns mit großem Wortaufwand wenig gesagt wird. Eine treffende Formulierung, ein einleuchtendes Bild kann deshalb beglücken, weil damit komplexe Sachverhalte überraschend leicht und mühelos zu erfassen sind. Dem liegt, so lässt sich ergänzen, die Vorstellung zugrunde, dass die Aufwendung von Kraft und Anstrengung mit Unlust verbunden ist. Wenn man sich zur Erreichung eines Ziels Kraftaufwand ersparen und die damit verbundene Unlust somit reduzieren kann, ist dies mit einem befreiten Lustgefühl verbunden. Freud hat später dieses Prinzip unter dem Begriff „Aufwandsersparnis" in seiner Theorie des Witzes und der Lachlust verwendet und dabei auf einige fundamentale Kennzeichen von Literatur generell übertragen: auf „Reim, Alliteration, Refrain und andere Formen der Wiederholung ähnlicher Wortklänge", auf Anspielungen oder auch Nachahmungen. All diese Phänomene ermöglichen den Lesenden ein „Wiederfinden des Bekannten", und das ist nach Freud insofern mit „Ersparungslust" verbunden, als die Wahrnehmung von etwas Neuem Aufwand erfordert. Sogar jene „Freude am Wiedererkennen", in der Aristoteles „die Grundlage des Kunstgenusses erblickt", wird von Freud auf diese Weise erklärt. (Freud 1970, 114–115)

Im Schönen suchen wir danach eine Ersatzbefriedigung für das, was uns die Realität in der Regel vorenthält: Ordnung, Harmonie, Vollkommenheit. Nach Nietzsche hat die Dichtung des schönen Scheins, der „Harmonie" und der „Einheit des Menschen mit der Natur" ihre Basis in der Erfahrung der „Schrecken und Entsetzlichkeiten des Daseins" (Nietzsche 2005, 34–36). Um trotz dieser Erfahrungen überhaupt leben zu können, schaffe sich der Mensch ein entsprechendes Gegenbild in der Illusion, welche die apollinische Kunst, hierin dem Traum ähnlich, zu schaffen vermag. Die Lust am Schönen besteht demnach in der Aufhebung der Unlust am Schrecklichen.

Gleichförmigkeit, Ordnung, Regelmäßigkeit oder Einheitlichkeit allein werden jedoch in der Regel, wie viele ästhetische Theorien betonen, nicht als schön empfunden, also mit Wohlgefallen aufgenommen, sondern nur in der Kombination mit Differenzen, Ordnungswidrigkeiten, Regelabweichungen oder Mannigfaltigkeit. Der Unlusteffekt bloßer Gleichförmigkeit wird als monoton, langweilig oder ermüdend beschrieben, der einer gänzlich fehlenden bzw. nicht wahrnehmbaren Einheitlichkeit wiederum als zusammenhanglos, chaotisch oder verwirrend. Fechners empirische Ästhetik hat solche Einsichten im 19. Jahrhundert zu präzisieren versucht und zu einem der wichtigsten ästhetischen Grundprinzipien erklärt: zum „Princip der einheitlichen Verknüpfung des Mannichfaltigen" (Fechner 1876, Erster Theil, 53–80). Zusammengefasst besagt dieses Prinzip, „dass der Mensch, um Gefallen an der receptiven Beschäftigung mit einem Gegenstande zu finden [...], eine einheitlich verknüpfte Mannichfaltigkeit daran dargeboten finden muss" (Fechner 1876, Erster Theil, 54). Ob in der Kombination von Gleichförmigkeit und Differenz, von Einheitlichkeit und Mannigfaltigkeit eher die Dominanz des einen oder die des anderen mit ästhetischem Wohlgefallen wahrgenommen wird, ist, von individuellen Vorlieben einmal abgesehen, historischen Wandlungen des Schönheitsempfindens unterworfen. In den „offenen" Texten und in den ästhetischen Programmen der Moderne wie der Postmoderne ist das Prinzip der Einheitlichkeit zwar nicht gänzlich negiert, doch stark zurückgedrängt. Dem entsprechen Konzepte der „Funktionslust".

Funktionslust

Eine wichtige Komponente der Spiel- wie der Leselust ist die Bewältigung von herausfordernden Schwierigkeiten. Die Spiel-Psychologie hat immer wieder darauf hingewiesen, dass das mit der Experimentierlust verbundene Vergnügen am Spiel in seiner Intensität maßgeblich vom Schwierigkeitsgrad eines Spieles abhängt. Schon der Entwicklungspsychologe Karl Bühler fand es bemerkenswert, „daß eine Bewegung dem Kinde immer nur so lange Spielfreude gewährt, als es ihm noch einige Schwierigkeiten bereitet, sie auszuführen" (Bühler [4]1924 [1918], 464).

Kognitionspsychologische Experimente haben gezeigt: Schwierigkeiten in Form von Neuartigem, von Überraschungen, Widersinnigkeiten, Konflikten und Unsicherheiten sind für die kognitiven Aktivitäten eine potentiell reizvolle Herausforderung. Wer von dem Komplexitätsgrad einer Reizkonfiguration in seiner Kompetenz überfordert oder unterfordert wird, reagiert mit Unlust. Nur wenn das

Schwierigkeitsniveau eines Spieles den Fähigkeiten des Spielers entspricht, ist es für ihn lustvoll. Ist es zu hoch, reagiert der Spieler mit Unlustgefühlen der Angst oder des Ärgers, ist es zu niedrig angesetzt, mit der Unlust der Langeweile. Jeder Spieler sucht die für seine Kompetenz optimale Stimulation in Form von mehr oder weniger starken Gegnern, mehr oder weniger komplizierten Aufgaben – und mehr oder weniger anspruchsvoller Lektüre.

Computerspiele tragen dem Rechnung, indem sie den Spielern unterschiedliche Levels der Schwierigkeit anbieten. Die erfolgreichsten literarischen Werke der Weltliteratur haben ihre Qualitäten oft nicht zuletzt darin, dass ihre Reize auf mehreren Niveaus liegen. Dantes *Göttliche Komödie*, Shakespeares *Romeo und Julia*, Goethes *Faust I* oder Thomas Manns *Buddenbrooks* kann man auch dann mit Vergnügen lesen, wenn man die Texte nicht auf allen Ebenen in ihrer hohen Komplexität verstanden hat. In jedem Fall jedoch will das Lesen wie das Spielen gelernt und geübt sein.

Die Geschichte des Lesevergnügens beginnt vielleicht mit den Herausforderungen und Erfolgserlebnissen beim schwierigen Spuren-Lesen auf der Jagd. Die bei dieser Art von Rätsel-Spiel aktivierten Hirnregionen wurden zur Basis für die spätere Kulturtechnik des Schreibens und Entzifferns sprachlicher Zeichen. Literarische Texte sind relativ komplexe Zeichensysteme, deren Wahrnehmung noch höher entwickelte Kompetenzen voraussetzt. Karl Bühler hat sie 1918 in seiner weitgehend von Groos (1899) übernommenen Spieltheorie mit einem Begriff zu beschreiben versucht, der so plausibel erscheint, dass er noch heute vielfach verwendet wird, auch zur Charakterisierung literarischen Vergnügens: „Funktionslust". Damit Tiere und Menschen sich für den Ernst des Lebens einüben, habe die Natur die dazu erforderlichen Betätigungen selbst mit Lust ausgestattet: „[S]ie hat die Einrichtung der Funktionslust geschaffen. Die Tätigkeit als solche, das angemessene, glatte, reibungslose Funktionieren der Körperorgane abgesehen von jedem Erfolg, den die Tätigkeit bringen konnte, wurde zur Lustquelle gemacht. Damit war der Motor des rastlosen Probierens gewonnen." (Bühler ⁴1924 [1918], 454–455) Im Spiel, so formulierte Jean Piaget im Anschluss an Groos und Bühler, werden Aktivitäten eingeübt „nur aus dem Vergnügen heraus, sie zu beherrschen und aus ihnen ein Gefühl der Virtuosität und der Kraft zu schöpfen" (Piaget 1969, 120).

Im glatten, reibungslosen Funktionieren nicht nur seiner Körperorgane, sondern auch seiner Phantasie, seines Gedächtnisses, seiner Emotionen, seines Denkens und seines Willens spürt der spielende Mensch mit Genugtuung und Freude seine eigene Lebendigkeit und seine diversen Kompetenzen, seine Fähigkeit, überhaupt aktiv zu sein und darüber hinaus seine Aktivitäten auch noch eigenständig zu kontrollieren und zu koordinieren. Der Begriff „Funktionslust" unterstellt dem Lebewesen eine Art Bewegungsdrang und zugleich das Bedürfnis, ihn in geordneter, kontrollierter, beherrschter Form auszuagieren. Die Wiederholung des Gleichen, die für frühkindliche Spiele so charakteristisch und auch ein fundamentales Prinzip zur Strukturierung literarischer Texte ist, beweist nicht nur die anhaltende Freude an der Tätigkeit, sondern ist zugleich auch Ausdruck der triumphalen Selbstvergewisserung, die eigenen Tätigkeiten so beherrscht koordinieren zu können, dass sie den vorangegangenen ähnlich sind. Etwas von der frühkindlichen Funktionslust an der wiederholten Hervorbringung oder auch Wahrnehmung gleicher Lautfolgen oder rhythmischer Einheiten scheint sich nicht nur in den Sprachspielen des Witzes oder der Nonsense-Poesie, sondern noch im literarisch artifizielleren Umgang mit Reimformen und Versmaßen erhalten zu haben.

Eine Leistung des Begriffs „Funktionslust" besteht darin, dass mit ihm unterschiedliche Arten der Lust bewusster gemacht werden. Bühler dient er unter anderem zur Abgrenzung von „Befriedigungslust" oder auch „Endlust" (Bühler ⁴1924 [1918], 436 und 432). Diese ist das Ziel einer Tätigkeit und schließt sie ab. Nicht die Tätigkeit selbst ist hier lustvoll, sondern das mit ihr erreichte Ziel, der Zustand des Erfolgs, der Sättigung oder Entspannung, der alle weitere Aktivität für eine Weile bremst. Mit hoher Funktionslust begleitete Tätigkeiten werden hingegen oft rastlos bis zur Grenze der Erschöpfung weitergeführt. Sie sind nicht durch einen genussvollen Endzustand begrenzt, sondern durch die Erschöpfbarkeit der Kräfte.

Flow

Ein lustvoller Effekt der Konzentration auf herausfordernde Schwierigkeiten ist unter dem Begriff „Flow" beschrieben worden. Verbreitet hat ihn seit den 1970er Jahren maßgeblich der Chicagoer Psychologe und Glücksforscher Mihaly Csikszentmihalyi zur Bezeichnung eines tranceartigen Zustands narkotischer Entrücktheit im ungehinderten Fluss einer Tätigkeit. Victor Nells Kognitionspsychologie des Lustlesers verglich dieses „Flow-Erleben" unter dem bezeichnenden Titel *Lost in a Book* eingehend mit Tagträumen und Trancezuständen. Freud hatte das selbst- und realitätsvergessene Aufgehen des Lesers in der Welt der Fiktion 1930 als „milde Narkose" (Freud 1974, 212) charakterisiert und Kurt Tucholsky wenig später mit Sätzen, auf die sich kürzlich wieder das „Max-Planck-Institut für empirische Ästhetik" in einer Projektbeschreibung unter dem Stichwort „Lese-Flow" berief: „Manchmal, o glücklicher Augenblick, bist du in ein Buch so vertieft, daß du in ihm versinkst – du bist gar nicht mehr da. [...] dein Körper verrichtet gleichmäßig seine innere Fabrikarbeit, – du fühlst ihn nicht. Du fühlst dich nicht. Nichts weißt du von der Welt um dich herum, du hörst nichts, du siehst nichts, du liest."

(Tucholsky 1932; vgl. *Flow beim Lesen*) In der neueren Medienpsychologie werden diese oder ähnliche Zustände inzwischen dominant mit Begriffen wie „Absorption" (als völliges Aufgehen in einer momentanen Tätigkeit; vgl. u. a. Wirth et al. 2012), „Immersion" (als „Eintauchen" in eine virtuelle Realität; vgl. u. a. Klimek 2012) und/oder „Präsenz-Erleben" (als „Feeling of being there" in Phasen des „Vergessens" der medialen Vermitteltheit des Dargestellten; vgl. u. a. Bucher und Baschera 2007; Wirth und Hofer 2008; vgl. auch Gumbrecht 2004) untersucht.

3 Funktionen der Leselust

Nicht erst unter evolutionsbiologischen Gesichtspunkten der jüngeren Kognitions- und Emotionsforschung, die nach den sozialen und biologischen Funktionen literarischer Kommunikation fragt, kann folgende These einige Plausibilität für sich beanspruchen: Kommunikation im Medium literarischer Texte (und damit vor allem auch das Lesen) dient der spielerischen Erprobung und Ausbildung kognitiver und emotionaler Kompetenzen, die in risikoreicheren Interaktionen mit sozialen und natürlichen Umwelten von oft lebensentscheidender Bedeutung sind (vgl. z. B. Tooby und Cosmides 2006). Und zugleich dienen sie, unabhängig von offensichtlicher Nützlichkeit, dem Lustgewinn. Vermutlich ist der Lustgewinn sogar das dominante Motiv, sich durch Literatur emotionalisieren zu lassen.

„Lust" ist allerdings, wie Karl Eibl in *Animal poeta* erklärt, kein „Letztbegriff", sondern müsse der evolutionsbiologischen Bewährungsfrage ausgesetzt werden: „Wofür ist Lust gut?" (Eibl 2004, 310) Eibl legt eine Antwort nahe, die in der Tradition von „Erholungstheorien" (vgl. Anz 1998, 62) des Spiels stehen: Die Lust der an literarischer Kommunikation Beteiligten an literarisch inszenierten Spielen mit Emotionen verschafft den dauergestressten menschlichen Organismen eine Entlastung und Erholung, die ihrer Überlebensfähigkeit dienlich ist. Eine etwas andere Antwort erscheint jedoch zumindest ebenso plausibel: Lebewesen, die bei Tätigkeiten, die eine Überlebensfunktion haben, Lust empfinden, haben höhere Überlebenschancen, weil der Antrieb, überleben zu wollen, allein oft zu schwach entwickelt ist, um überlebensfördernde Verhaltensweisen zu motivieren (vgl. Anz 1998, 56–57). Beide Thesen tendieren allerdings dazu, das Lesen von Literatur pauschal zu idealisieren und das soziobiologisch destruktive bzw. dysfunktionale Potential, das die durch Lust motivierte Lektüre bestimmter literarischer Texte auch haben kann, zu unterschätzen, statt es im Einzelfall kritisch zu reflektieren.

4 Ausblick, Forschungsperspektiven

Literaturwissenschaftliche Forschungen über Arten und Gründe von Lust- und Unlustgefühlen, die von literarischen Texten beim Lesen hervorgerufen werden, sind spezialisiertes Teilgebiet einer allgemeinen Lustforschung und dabei auf Interdisziplinarität angewiesen. Leselust ist mit Emotionen verbunden, die einerseits den gleichen Gesetzmäßigkeiten folgen wie Lustgefühle sonst auch, die andererseits jedoch eigenen Bedingungen unterliegen. Das gilt ebenso für Lustgefühle bei der Wahrnehmung unterschiedlicher Künste wie der „bildenden" oder „darstellenden", der Musik und der Literatur.

Theorien und Analysen spezifischer Lustgefühle beim Lesen greifen durchgängig auf Lustkonzepte zurück, die auch für die Wahrnehmung anderer Künste relevant sind, und konkretisieren sie mit unterschiedlicher Gewichtung in komplexen, relativ autonomen Forschungsfeldern. Einen zentralen Stellenwert hat dabei der Begriff des „Schönen", der mit dem Begriff und Forschungsfeld der „Ästhetik" eng assoziiert ist. Von der „Lust", dem „Wohlgefallen" oder der „Freude" am Schönen relativ deutlich unterschieden werden wiederum jene Arten der sich signifikant als Lachen artikulierenden Lust, mit denen sich die Witz- und Komikforschung auseinandersetzt. In beiden Forschungsfeldern wiederum sind erotische und sexuelle Lustgefühle von erheblicher Bedeutung. In der philosophischen und wissenschaftlichen Ästhetik hat sich allerdings, von der marginalisierten Pornographie-Forschung abgesehen, kein eigenes Forschungsfeld mit vergleichbarer Dignität etabliert. Vergleichsweise wenig wurde auch die Lust an negativen Emotionen wie Angst (vgl. Anz 2013) oder Ekel (vgl. Menninghaus 1999) untersucht, in Tragödientheorien immerhin hatte die Anziehungskraft des Traurigen schon lange einen dominanten Stellenwert. Eine der tragödientheoretischen Schriften Schillers macht auf die paradoxe Lust an Unlustgefühlen mit einem Satz aufmerksam, der nach wie vor eine Herausforderung für die Forschung ist: „Es ist eine allgemeine Erscheinung in unsrer Natur, daß uns das Traurige, das Schreckliche, das Schauderhafte selbst mit unwiderstehlichem Zauber an sich lockt, daß wir uns von Auftritten des Jammers, des Entsetzens mit gleichen Kräften weggestoßen und wieder angezogen fühlen." (Schiller 2004d, 372)

Alle diese Arten von Lust sind Phänomene, die für die Wahrnehmung unterschiedlicher Künste relevant sind und zu Fragen nach spezifischen Ausprägungen in einzelnen Künsten herausfordern. Mit divergierender und sich wandelnder Wertschätzung und Aufmerksamkeit differenzieren ästhetische Theorien zwischen dem „Naturschönen" und dem „Kunstschönen". Und von der Natur und der Kunst wird vielfach der Mensch unterschieden, und hierbei noch einmal differenziert zwischen dem schönen Körper und der „schönen Seele" (vgl. u. a. Schiller 2004a). Geschlechterdifferenzen sind dabei von eminenter Bedeutung:

Schönheit, so legen die Reflexionen über sie seit Jahrhunderten in stereotyper Weise nahe, ist ein Privileg vor allem des Weiblichen – in der männlichen Wahrnehmung. Was die „Schönen Künste" betrifft, so sind die visuell wahrnehmbaren privilegierte Gegenstände ästhetischer Theorien. Musik und Literatur spielen dagegen meist eine nur untergeordnete Rolle. Eine neuere, grundlegende Monographie über *Die Schönheit von Literatur* von Joachim Jacob (2007) unterscheidet zwischen der Schönheit sprachlicher Zeichenkörper (ihrem der Musik ähnlichen Wohlklang oder der optischen Qualität schöner Schrift sowie der Anordnung sprachlicher Zeichen) und den Vorstellungen von schönen nichtsprachlichen Objekten der Wahrnehmung, die durch die Bedeutung sprachlicher Zeichen hervorgerufen werden. Die visuelle Wahrnehmung des „Naturschönen", des „Kunstschönen" oder der Schönheit eines Menschen wird beim Lesen sprachlicher Zeichen imaginiert.

Für künftige Forschungen speziell zur Leselust sind dies wichtige Ansätze. Sie sind mit der Aufgabe konfrontiert, ein in literarischen Texten hochkomplexes Zusammenspiel heterogener Reizkomponenten zu untersuchen. Eine literaturwissenschaftliche Hedonistik muss sie einerseits analytisch trennen und ihre Wirkungsmöglichkeiten isoliert zu bestimmen versuchen. Sie müsste andererseits die Effekte ihres Zusammenwirkens zu erkennen bestrebt sein. Empirische Methoden der Rezeptionsforschung auf der Basis von Leserbefragungen oder Messungen der psychophysischen Reaktionen von Lesenden bleiben angesichts der Komplexität literarischer Lustvermittlung relativ begrenzt in der Relevanz und Differenziertheit ihrer Ergebnisse. Fechners psychologische Ästhetik war da, wo sie wirklich die von ihm geforderte experimentelle Ästhetik „von unten" ist, relativ beschränkt im Vergleich zu seinen theoretischen Reflexionen. Erfahrungslos sind die nicht strikt empirischen Theoriebildungen jedoch nicht. Sie beruhen auf den im Lauf der Geschichte angesammelten Erfahrungen anderer sowie auf der Systematisierung intuitiver und selbstreflexiver Einsichten, die sich von anderen nachvollziehen lassen. Das mag methodisch fragwürdig sein, kann jedoch einer Hypothesenbildung dienen, die der genaueren empirischen Überprüfung bedarf. Es gibt in der Tat kaum eine Hypothese empirischer Lustforschung, die nicht schon spekulativ längst von anderen vorgedacht worden wäre. Literaturwissenschaftliche Lustforschung ist auf geeignete Formen empirischer Psychologie angewiesen, jedoch weiterhin auch auf einen Erfahrungsaustausch über die Zeiten hinweg, schon wegen der Beschränktheit gegenwartsfixierter Erfahrungen und auch deshalb, weil sie sonst ein wertvolles Potential an kompetenten Auskunftgebern verlieren würde.

Weiterführende Literatur

Alfes, Henrike F. (1995). *Literatur und Gefühl. Emotionale Aspekte des Lesens und Schreibens.* Opladen.

Anz, Thomas (2003). „Spannung". *Reallexikon der deutschen Literaturwissenschaft.* Bd. 3. Gemeinsam mit Georg Braungart, Harald Fricke, Klaus Grubmüller, Friedrich Vollhardt und Klaus Weimar hrsg. von Jan-Dirk Müller. Berlin und New York: 464–467.

Evolutionary Aesthetics (2003). Hrsg. von Eckart Voland und Karl Grammer. Berlin und Heidelberg.

Hillebrandt, Claudia (2011). *Das emotionale Wirkungspotenzial von Erzähltexten. Mit Fallstudien zu Kafka, Perutz und Werfel.* Berlin.

Mellmann, Katja (2007). *Emotionalisierung – Von der Nebenstundenpoesie zum Buch als Freund. Eine emotionspsychologische Analyse der Literatur der Aufklärungsepoche.* Paderborn.

Menninghaus, Winfried (2003). *Das Versprechen der Schönheit.* Frankfurt/M.

Literatur

Adorno, Theodor W. (1970). *Ästhetische Theorie.* Frankfurt/M.

Anz, Thomas (1998). *Literatur und Lust. Glück und Unglück beim Lesen.* München.

Anz, Thomas (2006). „Emotional Turn? Beobachtungen zur Gefühlsforschung". *Literaturkritik.de* 12 (2006). http://www.literaturkritik.de/public/rezension.php?rez_id=10267 (17. November 2017).

Anz, Thomas (2013). „Angstlust". *Angst. Ein interdisziplinäres Handbuch.* Hrsg. von Lars Koch. Stuttgart: 206–217.

Barthes, Roland (1974). *Die Lust am Text.* Aus dem Französischen von Traugott König. Frankfurt/M.

Blanckenburg, Friedrich von (1965). *Versuch über den Roman.* Faksimiledruck der Originalausgabe von 1774. Stuttgart.

Bourdieu, Pierre (1987 [1979]). *Die feinen Unterschiede. Kritik der gesellschaftlichen Urteilskraft.* Frankfurt/M.

Bühler, Karl (⁴1924 [1918]). *Die geistige Entwicklung des Kindes.* Jena.

Caillois, Roger (1982). *Die Spiele und die Menschen. Maske und Rausch.* Frankfurt/M., Berlin und Wien.

Csikszentmihalyi, Mihaly (¹¹2010 [1987]). *Das flow-Erlebnis. Jenseits von Angst und Langeweile.* Stuttgart.

Derrida, Jacques (1978). *La vérité en peinture.* Paris.

Derrida, Jacques (1992). *Die Wahrheit in der Malerei.* Hrsg. von Peter Engelmann. Wien.

Dörner, Dietrich und Wolfgang Vehrs (1975). „Ästhetische Befriedigung und Unbestimmtheitsreduktion". *Psychological Research* 37 (1975): 321–334.

Eco, Umberto (1982). *Der Name der Rose.* Roman. München.

Eibl, Karl (2004). *Animal Poeta. Bausteine der biologischen Kultur- und Literaturtheorie.* Paderborn.

Fechner, Gustav Theodor (1876). *Vorschule der Ästhetik.* Erster Theil. Zweiter Theil. Leipzig.

Fiedler, Leslie (1968). „Das Zeitalter der neuen Literatur. Die Wiedergeburt der Kritik". *Christ und Welt* (13. September 1968): 9–10.

Flow beim Lesen. Max-Planck-Institut für empirische Ästhetik. https://www.aesthetics.mpg.de/forschung/abteilung-sprache-und-literatur/grundbegriffe-der-aesthetik/projekte/flow.html (4. August 2017).

Freud, Sigmund (1969). „Der Dichter und das Phantasieren". *Studienausgabe.* Hrsg. von Alexander Mitscherlich et al. Bd. 10. *Bildende Kunst und Literatur.* Frankfurt/M.: 169–179.

Freud, Sigmund (1970). „Der Witz und seine Beziehung zum Unbewußten". *Studienausgabe.* Hrsg. von Alexander Mitscherlich et al. Bd. 4. *Psychologische Schriften.* Frankfurt/M.: 9–219.

Freud, Sigmund (1974). „Das Unbehagen in der Kultur". *Studienausgabe.* Hrsg. von Alexander Mitscherlich et al. Bd. 9. *Fragen der Gesellschaft, Ursprünge der Religion.* Frankfurt/M.: 191–270.

Groos, Karl (1973 [1899]). *Die Spiele der Menschen.* Hildesheim und New York.

Gumbrecht, Hans Ulrich (2004). *Diesseits der Hermeneutik. Die Produktion von Präsenz.* Frankfurt/M.

Heydebrand, Renate von und Simone Winko (1996). *Einführung in die Wertung von Literatur. Systematik – Geschichte – Legitimation.* Paderborn.

Hülshoff, Thomas (1999). *Emotionen. Eine Einführung für beratende, therapeutische, pädagogische und soziale Berufe.* München.

Huizinga, Johan (1987). *Homo ludens. Vom Ursprung der Kultur im Spiel.* Reinbek b. Hamburg.

Jacob, Joachim (2007). *Die Schönheit der Literatur. Zur Geschichte eines Problems von Gorgias bis Max Bense.* Tübingen.

Kant, Immanuel (1983). „Kritik der Urteilskraft". *Werke in zehn Bänden.* Hrsg. von Wilhelm Weischedel. Bd. 8. Darmstadt: 237–620.

Kebeck, Günther und Henning Schroll (2011). *Experimentelle Ästhetik.* Wien.

Klüger, Ruth (1996). *Frauen lesen anders. Essays.* München.

Literatur als Spiel. Evolutionsbiologische, ästhetische und pädagogische Aspekte (2009). Hrsg. von Thomas Anz und Heinrich Kaulen. Berlin und New York.

Klimek, Sonja (2012). „Illusion, Immersion und Identifikation im Erzähl-Rollenspiel". *Colloquium Helveticum* 43 (2012): 244–266.

Koppenfels, Martin von und Cornelia Zumbusch (2016). „Einleitung". *Handbuch Literatur & Emotionen.* Hrsg. von Martin von Koppenfels und Cornelia Zumbusch. Berlin und Boston: 1–36.

Lazarus, Moritz (1883). *Über die Reize des Spiels.* Berlin (Auszug in *Das Spiel* 1991: 34–66).

Lyotard, Jean-François (1986). *Das postmoderne Wissen. Ein Bericht.* Graz und Wien.

Matt, Peter von und Marcel Reich-Ranicki (2017). *Der doppelte Boden. Ein Gespräch über Literatur und Kritik.* Hrsg. von Thomas Anz. Marburg.

Menninghaus, Winfried (1999). *Ekel. Theorie und Geschichte einer starken Empfindung.* Berlin 1999.

Menninghaus, Winfried (2011). *Wozu Kunst? Ästhetik nach Darwin.* Berlin.

Nell, Victor (1988). *Lost in a Book. The Psychology of Reading for Pleasure.* New Haven.

Nietzsche, Friedrich (2005). „Die Geburt der Tragödie aus dem Geiste der Musik". *Sämtliche Werke. Kritische Studienausgabe.* Hrsg. von Giorgio Colli und Mazzino Montinari. Bd. 1. München: 9–156.

Piaget, Jean (1969). *Nachahmung, Spiel und Traum. Entwicklung der Symbolfunktion beim Kinde.* Stuttgart.

Pöppel, Ernst (1995). *Lust und Schmerz. Vom Ursprung der Welt im Gehirn.* München.

Präsenzerfahrung in Literatur und Kunst: Beiträge zu einem Schlüsselbegriff der ästhetischen und poetologischen Diskussion (2007). Hrsg. von André Bucher und Marco Baschera. Paderborn.

Das Spiel (1991). Hrsg. von Hans Scheuerl. Bd. 2. Weinheim.

Schiller, Friedrich (2004a). „Über Anmut und Würde". *Sämtliche Werke.* Bd. 5. Hrsg. von Wolfgang Riedel. München: 433–488.

Schiller, Friedrich (2004b). „Über den Grund des Vergnügens an tragischen Gegenständen." *Sämtliche Werke.* Bd. 5. Hrsg. von Wolfgang Riedel. München: 358–372.

Schiller, Friedrich (2004c). „Über die ästhetische Erziehung des Menschen in einer Reihe von Briefen". *Sämtliche Werke.* Bd. 5. Hrsg. von Wolfgang Riedel. München: 570–669.

Schiller, Friedrich (2004d). „Über die tragische Kunst". *Sämtliche Werke.* Bd. 5. Hrsg. von Wolfgang Riedel. München: 372–393.

Schiller, Friedrich (2004e). „Kallias oder über die Schönheit". *Sämtliche Werke.* Bd. 5. Hrsg. von Wolfgang Riedel. München: 394–432.

Schönau, Walter (1991). *Einführung in die psychoanalytische Literaturwissenschaft.* Stuttgart.

Spencer, Herbert (1855). *The Principles of Psychology.* London (Auszüge in deutscher Übersetzung in *Das Spiel* 1991: 55–57).

Tooby, John und Leda Cosmides (2006). „Schönheit und mentale Fitness. Auf dem Weg zu einer evolutionären Ästhetik". Übersetzt von Karl Eibl und Katja Mellmann. *Heuristiken der Literaturwissenschaft. Disziplinexterne Perspektiven auf Literatur* (Poetogenesis 3). Hrsg. von Uta Klein, Katja Mellmann und Steffanie Metzger. Paderborn: 217–243.

Tucholsky, Kurt (1932). „Moment beim Lesen". *Die Weltbühne* 15 (12. April 1932): 573.

Wellershoff, Dieter (1973). *Literatur und Lustprinzip.* Köln.

Winnicott, Donald W. (1973). *Vom Spiel zur Kreativität.* Stuttgart.

Wirth, Werner und Matthias Hofer (2008). „Präsenzerleben – eine medienpsychologische Modellierung". *Montage AV* 17 (2008) 2: 159–175.

Wirth, Werner, Matthias Hofer und Holger Schramm (2012). „The Role of Emotional Involvement and Trait Absorption in the Formation of Spatial Presence". *Media Psychology* 15 (2012): 19–43.

Matthias Bickenbach

III.2.2 Geschichte und Formen des individuellen Lesens

1 Perspektiven der Lektüretechniken

Dass man individuell laut oder still lesen kann, weiß jeder Leser. Der Übergang vom ersten, buchstabierenden, lauten zum flüssigen, stillen Lesen ist nicht zuletzt Teil der eigenen Lesesozialisation. Das Ziel aller Lektüre aber, das Textverstehen, steht gemeinhin eher im Bann der stillen Lektüre. Lautes Lesen wird demgegenüber heute weniger als Kunst des Lesens gepflegt, sondern erscheint vielmehr als eine Sonderform, die fakultativ ausgeübt wird: als Vorlesen für andere. In der Lesedidaktik wird lautes Lesen zur Übung eingesetzt, als Vorbereitung zum ‚richtigen‘ stillen Lesen. Eine Suchabfrage im Internet und in Universitätsbibliotheken mit der Wortkombination ‚laut lesen‘ ergibt nahezu ausschließlich Verweise auf diesen didaktischen Diskurs. Lautes Lesen wird für den Leseunterricht bis zur 8. Klasse zur Einübung von Lesekompetenz empfohlen (vgl. *Grundschule Deutsch* (2012) 34/2012). Es erlaubt die Überprüfung der Lesefähigkeit und übt den Automatisierungsgrad der Zeichenerfassung wie die Lesegenauigkeit. Zugleich wird die für das Verstehen von Texten notwendige Lesegeschwindigkeit trainiert und ein zu flüchtiges Überlesen verhindert (vgl. Rosebrock und Nix [2]2008). Nicht zuletzt können gemeinschaftliche Lesespiele (Tandemlesen, Echolesen) die Motivation erhöhen, lesen zu lernen. Doch dies ist nur vorbereitend. In einem Mehrstufenmodell des Lesens wird es vom Ziel der Sinnerfassung unterschieden (vgl. Frauen et al. 2008). Lautes Lesen ist damit in der Position der Propädeutik, die einem gleichsam ‚richtigen‘ Lesen in der Form der stillen, visuellen Erfassung von Texten vorangeht.

Dieser eingeschränkten Funktionalisierung des lauten Lesens steht jedoch eine Geschichte historischer Funktionen der Rezeption von Literatur gegenüber, die das laute Lesen einerseits als eigenständige *ästhetische Dimension* der Literatur ausweisen und andererseits auf die eigene *Geschichte von Lektüretechniken* verweisen (vgl. Bickenbach 1999). Denn dass die stille Lektüre automatisch das Paradigma des Lesens darstellt und heute mit seinem Begriff gleichsam zusammenfällt, ist eine kulturhistorische Entwicklung, die das Vergessen der Kulturen des lauten Lesens in der Antike und im Mittelalter voraussetzt.

In der Geschichte des Lesens haben beide Lektüretechniken jeweils ihre eigenen Erzählungen hervorgebracht. Gerne wird der Übergang von einer Kultur des lauten Lesens in der Antike und während des Mittelalters zum ‚Verstummen‘

https://doi.org/10.1515/9783110365252-012

als Paradigmenwechsel zur Neuzeit gesetzt. Stilles Lesen kann so etwa als eine Folge des Buchdrucks gewertet werden (vgl. Giesecke 1991, 420–435, 572–580). Doch solche Epochenschwellen sind, bei genauerer Betrachtung, schwierig zu bestimmen. Von der grundsätzlichen Option, laut oder still lesen zu können, ist die Sozialgeschichte des Lesens, die Frage der Verbreitung von Alphabetisierung und Lesefähigkeit in der Gesellschaft, zu unterscheiden.

Literaturwissenschaftliche Studien zum Lesen gehen eher von einzelnen, berühmten und gelehrten Lesern aus, seien es lesende Autoren oder fiktive Leser etwa in Romanen des 18. Jahrhunderts. Mit Blick auf einzelne reale oder fiktive Leser lässt sich die Thematisierung des stillen Lesens indes bis in die früheste Antike zurückverfolgen, bis zu Euripides' Drama *Hippolytos* aus dem Jahr 428 v. Chr. (s. u., 3.). Eher sozialgeschichtlich ausgerichtete Arbeiten verweisen demgegenüber darauf, dass das laute Lesen für sich selbst und das Vorlesen für andere zumindest bis in das 18. Jahrhundert hinein, jenseits der Gelehrten, wesentliche öffentliche Funktionen für die Rezeption und Verbreitung von Literatur innehatte (vgl. Chartier 1990; Schön ²2006; Stein ²2010). Die stille Lektüre als *allgemeines Paradigma* scheint sich erst mit der Entstehung eines *allgemeinen* Lesepublikums durchzusetzen. Ein solches entsteht in Deutschland erst im Verlauf des 18. Jahrhunderts. Rolf Engelsing hat diese ‚Leserevolution' zwischen etwa 1740 und 1770 mit dem Übergang der Lesegewohnheiten von „intensiver" Lektüre – das wiederholte Lesen weniger Bücher, meist der Bibel – zur „extensiven" Lektüre, dem Durchlesen eines Buches nach dem anderen, bestimmt (Engelsing 1973, 112–154). Die lesenden Helden aus den Romanen der Zeit, von Wielands *Die Abenteuer des Don Sylvio von Rosalva* (1764) und Goethes *Werther* (1774) bis hin zu Karl Philipp Moritz' *Anton Reiser* (1785), lesen still für sich. Als Leser von Romanen in Romanen stellen sie die imaginativen Wirkungen literarischer Texte heraus, bis hin zur Identifikation und immersiven Verwechslung von Realität und Literatur (vgl. Marx 1995). Diese Motivik der Romane reflektiert das individuelle Lesen als extensive Unterhaltungslektüre ihres Publikums, das still für sich liest, ohne gelehrte Ausbildung, die das kritische Verstehen und die Urteilskraft anleiten würde.

Dies wird zeitgenössisch als ‚Lesewut' und ‚Lesesucht' der Unterhaltungslektüre kritisiert oder auch mit dem Begriff der ‚brutalen Lektüre' belegt, die Stellen nach eigenen Vorlieben auswählt, ohne den Gesamtzusammenhang zu beachten (vgl. Stanitzek 1998).

Während Lyrik auch weiterhin laut gelesen wird (vgl. Alewyn 1978), verschwindet in der Zeitschriften- und Romanlektüre die Praxis des lauten Lesens. Am Ende des 18. Jahrhunderts lassen sich dann explizite Lektüreanweisungen finden, in denen die stille, visuelle Erfassung als notwendige Voraussetzung für jedes Textverstehen thematisiert wird. Lautes Lesen behindere das Verstehen eher, als es dieses fördere (vgl. Bergk 1799). Erich Schön hat diesen Wandel des Lesens als Mentalitätswandel der Leser im 18. Jahrhundert beschrieben, durch den das laute Lesen aus der Lesekultur verschwindet und einen „Verlust der Sinnlichkeit" nach sich zieht (vgl. Schön 1987, 99–122). Lesen ist demzufolge nicht mehr vornehmlich körperliche und an die Modulation und Artikulation gebundene Interaktion mit Texten, sondern rein geistiges Erfassen von Zusammenhängen und Bedeutungsstrukturen. Letzteres kann dann auch kritisch als eine Metaphysik des Sinns gewertet werden (vgl. Kittler 1985). Als Gegenbewegung zur extensiven Lektüre, die Bücher ‚verschlingt' oder konsumiert, kommt um 1800 die Differenz von einmaligem und wiederholtem Lesen als Kriterium in den Blick. Gute Bücher müssen zweimal gelesen werden (vgl. Stanitzek 1992); dass sie dabei still gelesen werden, ist hier jedoch bereits implizite Voraussetzung.

Dies war jedoch in anderen Epochen alles andere als selbstverständlich. In der historischen Leseforschung wird seit langem darüber gestritten, ob die These Josef Baloghs (1926) einer „Normalform" oder „Gewohnheit" des lauten Lesens in der Antike stichhaltig ist (Balogh 1926, 87 und 202–204). Texte laut zu artikulieren ist nach Balogh für antike Leser selbstverständlich und gleichermaßen Voraussetzung wie Ideal für das Textverstehen. Baloghs Studie verweist auf die zahlreichen akustischen Metaphern für Buchstaben und Schriften, in denen es „tönt" oder „singt", und stellt dabei die Einheit von „audire-legere-intellegere" heraus, die das antike Lesen ausmache (Balogh 1926, 95).

Die nur sehr wenigen expliziten Erwähnungen stiller Lektüre in der Antike betonen zudem das Außergewöhnliche dieses Lesens, das so als Sonderform einer Kultur des lauten Lesens erscheint. Dennoch wurde vermutet, dass, zumindest bei geübten Lesern, stilles Lesen weit üblicher war, als es Balogh darstellt (vgl. Kenyon [2]1951; Knox 1968; Busch 2002). Ebenso ist zu reflektieren, dass die visuelle Erfassung von Zeichen immer schon als Rezeptionsweise gegeben ist, so dass sich grundsätzlich die Möglichkeit wechselseitiger Verweisung zwischen „stummen" und „redenden" Zeichen ergibt (vgl. Svenbro 1990). Inwiefern das stille Lesen jedoch als Paradigma historisch verbreitet war, kann sehr unterschiedlich eingeschätzt werden. Für Balogh ist Ambrosius, der Bischof von Mailand, dessen stummes Lesen Augustinus in seinen *Bekenntnissen* (um 385 n. Chr.) beschreibt, die „erste uns lesetechnisch verwandte" Figur (Balogh 1926, 209; vgl. Augustinus 1987, 249). Diese Deutung legt den Fokus auf die Tradition der Bibelexegese und die Unterscheidung verschiedener Schriftsinne. Lassen sich die wörtliche und die metaphorische Bedeutung eines Textes noch laut lesen, so entzieht sich der allegorische oder heilsgeschichtliche Sinn einer Textstelle der verbindlichen Artikulation. Augustinus' Formel für die Gleichsetzung von stiller Lektüre und geistigem Verstehen heißt denn auch: „Außen lesen und innen begreifen" (Augustinus 1987, 441). Stille Lektüre verbreitet sich zunächst in den Klöstern beim Umgang mit der

Bibel. Paul Saenger hat in der veränderten Textorganisation irischer Mönche des 8. Jahrhunderts den Durchbruch zur stillen Erfassung von Texten beschrieben (vgl. Saenger 1982). Die *scriptio continua* der Antike als Schriftform, die ohne Trennung von Worten und Sätzen durch Leerräume fortlaufend Buchstaben an Buchstaben reiht, setzt das laute Lesen als Strukturierungsweise des Textes durchaus voraus. Diese Technik weicht sodann Schreibformen, die kürzere, daher auch visuell leichter erfassbare Sätze hervorbringen, die Worte voneinander absetzen und im Verlauf des Mittelalters Satzzeichen (Komma, Semikolon, Punkt) und mehrstufige Gliederungen von Texten einführen, die einer visuellen Erfassung entgegenkommen (vgl. Parkes 1991). An scholastischen Texten des Hochmittelalters (etwa Thomas von Aquins *Summa Theologica*) lässt sich die Argumentationsstruktur in der Textgestaltung ‚ablesen'. Ivan Illich (1991) hat mit Blick auf die klösterlichen Leseanweisungen von Hugo von St. Viktor das Jahr 1130 als Wende in der Schriftgeschichte zum stillen Lesen hin dargestellt. Das bis dahin halblaute, murmelnde Lesen wird als Sonderbereich ausgewiesen und von der Lektüre *in silentio* abgegrenzt, die zudem durch größere Räume der gemeinschaftlich genutzten Scriptorien – und bald darauf in den Bibliotheken der ersten Universitäten – schon aus Gründen der akustischen Rücksichtnahme zur Pflicht wird. Die laute Lektüre ist in den Klosterregeln Gegenstand einer Differenzierung: Gemeinsames lautes Lesen und stilles Studium des Einzelnen werden voneinander getrennt. Jenseits der Klöster und gelehrter Studierregeln (Hodegetiken, Lectio-Lehren) übernimmt das laute Lesen jedoch weiterhin auch primäre Funktionen der Rezeption (Texterfassung) wie der Verbreitung von Texten durch öffentliches oder gemeinschaftliches Vorlesen (vgl. Zedelmaier 1991).

Aus der langen Geschichte des Lesens wird deutlich, dass die Lektüretechniken weniger als absolute Gegensätze zu sehen sind, denn als miteinander in historisch-sozialen Kontexten verbundene Lektüretechniken, die teils komplementär, teils konkurrierend Verwendung finden. Strikten Wertzuschreibungen (etwa: laut = äußerlich, still = innerlich) ist daher mit Skepsis zu begegnen. Zurückzuweisen ist auch die Vorstellung, dass erst die Durchsetzung stillen Lesens ein verstehendes und individuelles Lesen hervorbringe. In der Geschichte des Lesens lassen sich *auch* Argumente für das laute Lesen als Form individueller Aneignung und als notwendige Voraussetzung für das richtige Textverständnis finden.

2 Unterschiede: Technische und funktionale Differenzen im Lesen

Betrachtet man *laut* und *still* als Lesetechniken für sich, sind deutliche Unterschiede festzustellen, etwa auch im Lesetempo. Doch eine Bewertung derselben ist nicht einfach. Lektüretechniken können unvermerkt privilegiert werden, was der Unterscheidung (und Abwertung des jeweils anderen) dient, jedoch stets nur eine partielle, subjektiv gefärbte Sicht auf sie darstellt. Eine solche Annahme wäre es etwa, dass lautes Lesen die „ursprünglichere" Technik der Entzifferung darstellt. Historisch wie biographisch scheint dies zunächst zu stimmen: Erst lernt man laut zu buchstabieren, dann still zu lesen. In frühen Schriftkulturen las man laut, im Verlauf des Zivilisationsprozesses ‚verstummt' das Lesen. Dass unsere Schriftform, das phonetische Alphabet, jeden Buchstaben mit einem Laut verbindet, ermöglicht zudem weitere Privilegierungen des lauten Lesens: Es kann als Realisierung dessen, was in der Schrift nur schriftlich kodiert ist, erscheinen. Die Unterscheidung zwischen „toten Buchstaben" und „lebendiger Stimme" hat hier ihren Ursprung. Laut lesen heißt, den Text selbst zu erwecken, ihn zu „verlebendigen". Noch Hans-Georg Gadamer sieht in seiner Hermeneutik die „Verlebendigung" des Textes durch die „Zurückverwandlung" des in der Schrift „entfremdeten Sinn[s]" als die „eigentliche hermeneutische Aufgabe" (Gadamer 1990, 397).

Seit der Antike bestimmen zahlreiche akustische Topoi ‚tönender Buchstaben' („littera sonat", „vox littera") die Schrift als ‚Rede' (Balogh 1926, 203). Das gilt metaphorisch noch bis heute, etwa wenn man sagt, dass ein Autor in seinen Texten von etwas ‚spricht'. Erst Jacques Derrida hat auf die impliziten Hierarchien dieses Phonozentrismus des Abendlandes hingewiesen (vgl. Derrida 1983 [1967]). Auch wenn faktisch nicht mehr laut gelesen wird, halten sich Metaphern wie etwa die ‚Stimme' des Erzählers im Text oder der ‚Dialog' mit einem Text. Lektüre konnte im Humanismus als „hohes Geistergespräch" zwischen Leser und Autor gedacht werden (Brogsitter 1958). Der Siegeszug der stillen Lektüre wäre von daher als ‚Verlust' im Zivilisationsprozess deutbar.

Dem steht allerdings gegenüber, dass Begriff und Tätigkeit des Lesens nicht zwingend von der akustischen Seite her abgeleitet werden müssen. Lesen bedeutet zunächst die visuelle Rezeption, nämlich das erkennende Sammeln von Zeichenzusammenhängen mit dem Auge. Die Etymologien der antiken Begriffe für das Lesen verweisen auf visuelle Tätigkeiten. Das Griechische verwendet für Lesen zunächst *anagnoskein* (wiedererkennen), später dann *legein*, aus dem sich das lateinische *legere* bildet. Ist mit *lectio* dann auch die Vorlesung gemeint, so geht die Wortbedeutung jedoch auf die Tätigkeit des Sammelns und Zusammenlesens zurück. In den Bezeichnungen von Obst- oder Weinlese hat sich diese Wortbedeutung bis heute erhalten. Lesen ist, so gesehen, zunächst einmal das Sammeln von Zeichen, die zu einem Zusammenhang geordnet werden (vgl. Bickenbach 2015). Physiologisch sammelt das Auge beim Lesen in einer besonderen Form. Anders als bei der natürlichen Wahrnehmung springt das Auge in ruckhaften Bewegungen von Textmerkmalen zu Textmerkmalen. Lesen ist kein kontinuierlicher Wahrnehmungsvorgang, sondern unterliegt sogenannten Sakkaden; ‚Sprüngen‘ der Augen. Unterhalb der bewussten Wahrnehmung verfolgen die Augen weder Buchstaben für Buchstaben noch Wort für Wort oder Satz für Satz, sondern sie orientieren sich an den typographischen und morphologischen Strukturen der Schrift und der Sprache. Der physiologische Grund für diese besondere Augenaktivität ist der sehr kleine Schärfebereich des Auges, die *Fovea* (vgl. Dehaene 2012, 23). Die Folge ist, dass der Lektürevorgang einen Text niemals absolut vollständig wahrnimmt; doch das bedeutet auch, dass die Länge der Sakkaden bis hin zum Querlesen und ‚Turbo-Lesen‘ trainiert werden kann. Folglich kann stilles Lesen erheblich schneller erfolgen als lautes Lesen, das an die Geschwindigkeit der Artikulation gebunden bleibt. Zwischen den Sakkaden wiederum gibt es Fixationspunkte, kurze Ruhepausen, die auch Rücksprünge einleiten können, um sich sozusagen des Gelesenen zu vergewissern, etwa bei schwierigen oder unbekannten Wörtern oder Schreibweisen. Augenmessungen können zeigen, dass Rücksprünge bei komplexen Texten häufiger auftreten als bei einfachen. Ebenso können typographische Schriftformen zu einem langsameren oder schnelleren Lesen beitragen.

Lange Zeit hat man sich jedoch gefragt, ob nicht jedes Lesen eigentlich ein (subvokalisierendes) lautierendes Lesen ist. Auch ohne die Worte laut auszusprechen, ist ihr Klang mental aufgerufen. Kann man also im strikten Sinne überhaupt still lesen? Erst jüngste Hirnforschungen haben zeigen können, dass bei stiller und lauter Lektüre tatsächlich völlig unterschiedliche Verarbeitungswege im Gehirn aktiviert werden, so dass es also ein ausschließlich stilles Lesen durchaus gibt (Dehaene 2012, 38–54). Dabei werden bekannte und häufig wiederkehrende Worte in ökonomischer Aufwandsvermeidung rein visuell erkannt, während neue oder komplizierte Worte unter Beteiligung der Sprachzentren verarbeitet werden. Dies erklärt auch, warum beim Lesenlernen zunächst lautiert wird (werden muss), bis schließlich das stille Lesen möglich ist.

Die Differenz des Lesetempos aber kann wiederum unterschiedlich bewertet werden. Stilles Lesen kann als nur flüchtiges Überlesen kritisiert werden, oder aber als gleichsam augenblickliche Erfassung des Zusammenhangs eines Textes gelten. Die Unterscheidung von *kursorischer* (eilender, schneller) und *statarischer* (verweilender) Lektüre hat der Göttinger Philologe und Pädagoge Johann Matthias Gesner 1735 erstmals hervorgehoben (vgl. Gesner 1735) und deren funktionale Kopplung später als „wahre Philosophie" des Lesens propagiert (Gesner

1756, 366). Indem der traditionelle Schulunterricht um 1750 Texte noch *verbo ad verbum*, also Wort für Wort durchging und jeweils die grammatischen und rhetorischen Figuren erklärte, Literaturunterricht also Sprachunterricht war, kam die Frage, was in den Texten gesagt werde oder was sie bedeuten, gar nicht erst auf. In seinen Reformvorschlägen verweist Gesner durchgehend darauf, dass das Lesen so für die Schüler förmlich zu einem „Ekel" werden müsse (Gesner 1756, 256–283; 352–372). Er empfiehlt, Texte erst einmal kursorisch ganz durchzulesen, das stärke die Motivation, um dann erst bestimmte Stellen langsam genauer zu betrachten. Erst so, in der Erfassung des Zusammenhangs, können Handlung und Inhalte von Texten (statt nur deren Sprachstrukturen) gründlich verstanden werden. Erst so gilt: Lesen bildet (vgl. Kopp und Wegmann 1988). Gesners Modell wurde von Johann Gottfried Herder im *Zweiten Kritischen Wäldchen* (1767) ausführlich aufgenommen, woraufhin diese Revolution des Leseunterrichts in die Schulreformen um 1770 Eingang fand (Bickenbach 1999, 152–161).

Der Zusammenhang von schnell und langsam, von stiller, kursorischer Lektüre und dann ebenso stiller, statarischer Detailanalyse des Textes, der die lautierende Wort-für-Wort-Erklärung des alten Schulunterrichts ablöst, greift unmittelbar auch in die Kunst, Texte zu verstehen, in die Hermeneutik ein. Diese beschreibt in ihrer Praxis den ‚hermeneutischen Zirkel', in dem das Verstehen von Texten aus dem wechselseitigen Zusammenhang von Teil und Ganzem entsteht. In der späteren Hermeneutik, etwa bei Wilhelm Dilthey und Hans-Georg Gadamer, ist dieser konkrete Bezug zur Lektüretechnik verlorengegangen. Doch Friedrich Schleiermacher schreibt in seiner Begründung der allgemeinen Hermeneutik 1807 noch: „Auch innerhalb einer einzelnen Schrift kann das Einzelne nur aus dem Ganzen verstanden werden, und es muß deshalb eine kursorische Lesung, um einen Überblick des Ganzen zu erhalten, der genaueren Auslegung vorangehen." (Schleiermacher 1977, 97) Johann Adam Bergk hatte in seiner *Kunst, Bücher zu lesen* bereits formuliert: „Philosophische Schriften dürfen nicht laut gelesen werden, weil uns das Vernehmen der Töne an dem Uiberschauen [sic] des Ganzen hindert. [...] Wir können daher weder die Folgerichtigkeit, noch die Wahrheit der behaupteten Sätze prüfen." (Bergk 1799, 72) Dies bedeutet nicht nur einen Verlust der Sinnlichkeit lauter Lektüre, sondern koppelt implizit auch die zentralen Werte der Kultur aneinander: Stilles Lesen wird mit dem Erfassen des geistigen Gehalts gleichgesetzt, lautes Lesen gilt als äußerlich oder eben oberflächlich. Lautes Lesen wird zu einer funktionalen oder ästhetischen Sonderform, das Vorlesen für Kinder oder für ein Publikum.

3 Historische Positionen zum Wert stillen und lauten Lesens

Den skizzierten Wertungen und Funktionalisierungen der Lektüretechniken in historischen Kontexten ist das Projekt einer Geschichte des Lesens gegenüberzustellen, in der epochenübergreifend die jeweilige Funktion von Lektüretechniken betont wird. Laut und still ermöglichen jeweils andere (und in sich selbst wiederum differente) Konstitutionsformen eines Textes. Lautes Lesen ist dann nicht nur als artikulierende Wiederholung der schriftlichen Form zu verstehen, sondern als eine eigenständige Performanz, die literarische Texte anders realisiert als in stiller Lektüre. Die Frage ist literaturtheoretisch relevant: Ist die Hörbuch-Version eines Textes noch dasselbe Buch? Verändern markante Betonungen des lauten Lesens als Aktualisierung des Textes individuell nicht auch das Verständnis? Dass es dabei nicht nur um die ästhetischen, klanglichen Qualitäten der Sprache geht, die artikuliert anders zur Wirkung kommen als in der visuellen Rezeption, können Detaillektüren historischer Texte zeigen, in denen das Lesen selbst Thema ist.

Still für sich: Von der Ausnahme zum Vorbild (Euripides und Augustinus)

Die erste Erwähnung einer explizit stillen Lektüre findet sich in einer Szene des Dramas *Hippolytos* von Euripides (428 v. Chr.) und wird dort als dramatischer Effekt genutzt. Eine verstorbene Ehefrau hinterlässt eine Schreibtafel mit (falschen) Anschuldigungen gegen ihren Schwiegersohn. Ihr Mann liest es auf der Bühne still für sich. Was dort steht, wird dem Publikum also verschwiegen. Statt den Inhalt des ‚Briefes' vorzulesen, äußert er aber die Worte: „Laut ruft das Blatt, meldet das Gräßliche! [...] Welches Leid vernehm ich Unseliger, redend in dieser Schrift!" (Euripides, Vers 877–880, Übersetzung nach Havelock 2007, 11). Erst die weitere Handlung des Dramas entfaltet die falschen Anschuldigungen und deckt sie auf. Während Eric A. Havelock diese Szene als Exempel für den Übergang der oralen Kultur zur Schriftkultur in Griechenland anführt, hatte Balogh solche Metaphern der ‚redenden' Schrift noch als Argument für die Normalität lauten Lesens gewertet (vgl. Balogh 1926).

In der Spätantike erscheint das stille Lesen in Augustinus' *Confessiones* (397–401 n. Chr.) zwar ebenfalls als eine Ausnahme-Situation, die Verwunderung erzeugt; doch dient dies dem Autor zur Vorauswiesung auf jene berühmte Leseszene, die Augustinus' Bekehrung einleiten wird. Angesichts der Bibellektüre des Bischofs Ambrosius schreibt Augustinus: „Wenn er aber las, so glitten die Augen über die Blätter, und das Herz spürte nach dem Sinn, Stimme und Zunge aber ruhten." (Augustinus 1987, 249) Das stille Lesen wird hier mit dem Herzen als Symbol des Inneren in Verbindung gebracht. Das Herz ,spürt' den Sinn der Bibelworte, der sich folglich nur der stillen Lektüre eröffnet. Dass die berühmte Leseszene der Bekehrung des Augustinus dann ebenfalls ausdrücklich als Vorgang der stillen Lektüre beschrieben wird, fundiert sie nachhaltig im Sinne eines inneren Erfassens der geistigen Bedeutung. Auf der Suche nach Gott hört Augustinus eines Tages eine Stimme, die ihn auffordert: „nimm es, lies es" (Augustinus 1987, 413). Er schlägt das Buch des Apostels Paulus an zufälliger Stelle auf: „Ich ergriff es, schlug es auf und las still für mich den Abschnitt, auf den zuerst mein Auge fiel." (Augustinus 1987, 417) Die zufällig aufgeschlagene Warnung des Apostels vor „Schmausereien" bewirkt Augustinus' Abwendung von allem Äußeren. Die Bekehrung nach innen, zu Gott, ist vollzogen.

Das stille Lesen wird damit als inneres geistiges Erfassen wirkungsmächtig privilegiert. Dies ist eine Abkehr und Umkehrung der bis dahin, außer von Ambrosius, ausgeübten Aneignung von Bibelworten. Bei Gregor von Navianz etwa heißt es genau umgekehrt: „lese ich es mit lauter Stimme, so gelange ich vor den Schöpfer, sehe den Sinn der Schöpfung ein, und meine Bewunderung für den Schöpfer ist größer, als sie früher war, da noch allein meine Augen mich belehrten" (zitiert nach Balogh 1926, 95). Augustinus jedoch kommt nach seiner Bekehrung zu einer Formel, die das stille Lesen als intimen, individuellen Zugang zum Text nahelegt: „Außen lesen und innen begreifen" (Augustinus 1987, 441). Den Gründen einer solchen inneren Aneignung durch stille Lektüre setzt Friedrich Nietzsche unter Bezugnahme auf Augustinus dann kritisch eine Kunst der Auslegung durch individuelle Aussprache oder Interaktion mit Texten entgegen, in der die vergessene Kunst, laut zu lesen, gegen die christliche Metaphysik wiederentdeckt werden soll.

Die Wiederentdeckung des lauten Lesens (Wieland und Nietzsche)

Der Philosoph Nietzsche war ausgebildeter (Alt-)Philologe. Die Kultur des lauten Lesens in der Antike ist ihm nicht entgangen. In *Jenseits von Gut und Böse* (1885) stellt er diese kritisch seiner Zeit entgegen: „Der Deutsche liest nicht laut, nicht fürs Ohr, sondern bloß mit den Augen, er hat seine Ohren dabei ins Schubfach gelegt. Der antike Mensch las, wenn er las – es geschah selten genug – sich selbst etwas vor, und zwar mit lauter Stimme; man wunderte sich, wenn jemand leise las, und fragte sich insgeheim nach Gründen. Mit lauter Stimme: das will sagen, mit all den Schwellungen, Biegungen, Umschlägen des Tons und Wechseln des

Tempos an denen die antike *öffentliche* Welt ihre Freude hatte." (Nietzsche 1960b, 714) Der Übergang von der Verwunderung über stilles Lesen zu dessen Vorherrschaft, die sich mit Augustinus kanonisch vollzieht, markiert bei Nietzsche die Epoche des Christentums und mündet in einer Schwundstufe der Moderne, in der die akustische Dimension der Sprache keine öffentliche Resonanz mehr hat. Die Folge sei eine Literatur, die „Klänge ohne Klang, Rhythmus ohne Tanz" produziere (Nietzsche 1960b, 713). Nietzsche wird dem seine Erfindung des „großen Stils" und seinen tanzenden Philosophen Zarathustra entgegenstellen.

Doch war er nicht der Erste, der die antike Kultur des lauten Lesens wiederentdeckte. Rund ein Jahrhundert vor ihm, im Jahr 1788, fertigte Christoph Martin Wieland anlässlich seiner Übersetzung Lukians eine Fußnote an, die in der Geschichte des Lesens nachhaltig Karriere machen sollte. Sie begründet die Perspektive einer Geschichte des Lesens selbst. Lukian schreibt in seiner Satire über den *ungebildeten Büchernarr* (um 160 n. Chr.): „Freilich hast du das vor dem Blinden voraus, daß du in deine Bücher hineingucken kannst, bis du genug hast; ich gebe sogar zu, daß du einige flüchtig überliest, wiewohl so schnell, daß die Augen den Lippen immer zuvorlaufen. Aber [...] ich werde dir nie zugeben, daß du ein Buch [...] lesen könnest, wenn du nicht alle seine Tugenden und Fehler kennst" (Lukian 1911, 75). Die Kritik ist offenkundig. Doch Wieland kommentiert nicht den Topos der flüchtigen Lektüre, sondern das Detail, dass die Augen den Lippen vorauslaufen. Er zieht daraus eine überraschende Schlussfolgerung: „Diese Stelle beweist, dünkt mich, deutlich genug, daß die Alten [...] alle Bücher, die einen Wert hatten, laut zu lesen pflegten und daß bei ihnen Regel war, ein gutes Buch müsse laut gelesen werden" (Lukian 1991, 75, Fußnote). Diese „Regel", so Wieland weiter, sei „so sehr in der Natur der Sache begründet, und daher so indispensabel, daß sich mit bestem Grunde behaupten läßt, alle Dichter und überhaupt alle Schriftsteller von Talent und Geschmack müssen laut gelesen werden, wenn nicht die Hälfte ihrer Schönheiten für den Leser verloren gehen soll" (Lukian 1911, 75, Fußnote).

Diese Einlassung des Übersetzers geht über eine Wort- oder Sachanmerkung zum Haupttext weit hinaus. Wieland folgert gleich zwei „Regeln" aus dieser Stelle: Erstens beweise sie, dass lautes Lesen in der Antike der Normalfall gewesen sei. Zweitens aber beweise dies, dass *alle* guten Bücher so gelesen werden sollten. Während Lukian nur ein Maß des Lesetempos vorgibt, das den Text nicht flüchtig überliest, übersetzt Wieland dies in eine literarische Ästhetik, in der die „Schönheiten" der Literatur zur Geltung kommen sollen. Die Betonung liegt hier darauf, dass „alle" guten Texte – und nicht nur Gedichte – laut gelesen werden müssten. Wieland wendet sich damit gegen die etablierte Gattungsdifferenz, nach der (seit Sacchini 1614) Lyrik laut, Prosa aber still rezipiert werden soll.

Murmeln (Nietzsche und Seneca)

Dass lautes Lesen die klanglichen Schönheiten eines Textes hervortreten lässt, ist evident. Ob damit aber ein besseres Verständnis erzielt wird, ist bei Wieland nur indirekt zu erschließen, insofern Lukian selbst darauf verweist. Demgegenüber betont Nietzsches Zivilisationskritik die vergessenen Qualitäten des lauten Lesens deutlicher und gibt dabei einen Hinweis auf eine Lektüretechnik des halblauten Lesens, die explizit als verstehende Aneignung gerade auch philosophischer Schriften empfohlen wird.

„Noch ein Jahrhundert Leser – und der Geist selbst wird stinken“, lässt Nietzsche Zarathustra prognostizieren (Nietzsche 1960a, 305). Heutige Kultur- und Medienkritik mag sich diesem Urteil unter den Zeichen von Flüchtigkeit und Zerstreuung anschließen. Sven Birkerts' *Gutenberg-Elegien* (Birkerts 1997, 28) sprechen der Jugend die Fähigkeit, mit guter Literatur konzentriert umzugehen, schlicht ab. (Dafür seien die neuen Medien verantwortlich, aber auch eine Wandlung des Lesens, die vom konzentrierten Erfassen zum stillen, oberflächlichen Konsumieren verlaufe [vgl. Birkerts 1997, 97–100]). Turnusmäßig wiederholt sich dies heute im Zeichen des Internets und der Lektüre am Bildschirm, die der flüchtigen Lektüre gleichgesetzt wird. Der Diskurs kristallisiert sich an der vermeintlichen Differenz des „guten“ Buches zum flüchtigen elektronischen Text aus. Lektüre und Buch werden dabei jedoch allzu leicht dem Ideal des aufmerksamen und sorgfältigen Lesens gleichgesetzt. Das Ideal ist hier das humanistische Ethos der Lektüre, die „cum cura“ (mit Sorgfalt) liest (Bickenbach 1999, 147–151). In dieser Tradition war jedoch die strenge Auswahl von Schriften die Voraussetzung. Die Regel für Lektüre lautet: „Multa, non multum“, viel soll man lesen, nicht vieles, also nur wenige, gute Autoren.

Nietzsches Invektive gegen die Leser seiner Zeit verweist jedoch nicht einfach nur auf den Topos der Oberflächlichkeit. In der Vorrede zur *Genealogie der Moral* (1887) gibt er einen Hinweis darauf, was als Kunst des Lesens, zumal eines denkbar geschliffenen Textes, zu gelten hat: „Ein Aphorismus rechtschaffen geprägt und ausgegossen, ist damit, daß er abgelesen ist, noch nicht ‚entziffert‘; vielmehr hat nun erst dessen Auslegung zu beginnen, zu der es einer Kunst der Auslegung bedarf.“ (Nietzsche 1960c, 770) Diese aber beruhe auf einer vergessenen Fähigkeit: „Freilich tut, um dergestalt das Lesen als Kunst zu üben, eins vor allem not, was heutzutage gerade am besten verlernt worden ist [...], zu dem man beinahe eine Kuh und jedenfalls nicht ‚moderner Mensch‘ sein muß: das Wiederkäuen...“ (Nietzsche 1960c, 770). Das „Wiederkäuen“ bezieht sich jedoch nicht einfach nur metaphorisch auf Wiederholungslektüre. Nietzsche spielt vielmehr wortwörtlich auf eine konkrete Technik des halblauten Lesens an, auf die *Ruminatio*. Der ‚Rumen‘ ist der Schlund und die *Ruminatio* stellt als ‚Wiederkäuen‘

eine bekannte christliche Lesetechnik des halblauten Murmelns dar, die etwa bei Thomas von Aquin als geistige Verarbeitung der Heiligen Schrift empfohlen wird (vgl. Illich 1991, 58). Doch auf diesen christlichen Kontext spielt Nietzsche wohl kaum an. Auch Arthur Schopenhauer hatte „Rumination" schon als einzig sinnvolle Form der Aneignung des Gelesenen bezeichnet. Dieser bezieht sie jedoch nicht auf murmelnde Lektüre, sondern rein formal auf das wiederholende Nachdenken, um auf eigene Gedanken zu kommen: „Denn selbst das Gelesene eignet man sich erst durch späteres Nachdenken darüber an, durch Rumination. Liest man hingegen immerfort, ohne späterhin weiter daran zu denken; so faßt es nicht Wurzel und geht meistens verloren." (Schopenhauer 1988, 481)

Das Wiederkäuen bildet jedoch auch eine konkrete, traditionelle Form des halblauten Lesens, das weit vor dem Murmeln christlicher Mönche als persönlicher Umgang mit philosophischen Texten von prominenter Seite propagiert wurde. Niemand anders als Seneca empfiehlt im 38. Brief seiner *Briefe an Lucilius* (ca. 62 n. Chr.) ausführlich das murmelnde Lesen von philosophischen Texten. Die Tradition mündlicher Unterweisung wird dabei als Vorbild für die Lektüre übertragen, das halblaute Lesen wird zu einer Zwiesprache mit dem Text, zum Gespräch, und dieses ist als Form der Aufnahme des Gelesenen entscheidend: „Am meisten bringt ein Gespräch voran, weil es in kleinen Abschnitten eindringt in die Seele." (Seneca 1974, 305) Öffentliche Reden dagegen überlasten den Lernenden. Philosophie müsse daher mit gesenkter Stimme für sich selbst gelesen werden: „Die Philosophie ist ein guter Rat: einen guten Rat gibt niemand mit lauter Stimme. Manchmal muß man sich auch jener, sozusagen, Volksreden bedienen, [...] wo es aber nicht darum geht, daß einer lernen wolle, sondern daß er lerne, muß man auf diese mit gesenkter Stimme gesprochenen Worte zurückkommen." (Seneca 1974, 305) Es geht hier nicht um Wirksamkeit im Sinne der Rhetorik, sondern um individuelle Aneignung. Mit verhaltener Stimme gelesene Worte seien wirksamer als das „Getön". Sie „bleiben hängen: nicht nämlich sind viele nötig, sondern wirksame". Die Wirksamkeit ist dabei als Anregung zur eigenen Produktivität bestimmt. Was so in die Seele aufgenommen werde, wird gleichsam ‚verdaut' (*concoquas*) und verwandelt sich zu eigenen Gedanken. „Wenig ist es, was man sagt, aber wenn es die Seele gut aufgenommen hat, gewinnt es Kraft und erhebt sich. [...] [V]iel wird sie ihrerseits selbst hervorbringen und mehr zurückgeben, als sie empfangen hat." (Seneca 1974, 307) Das murmelnde Lesen wird zur Technik der Auswahl, der dosierten Aneignung, in der die Artikulation und die Aneignung als Umwandlung fremder Worte zu eigenen Erkenntnissen zusammenfallen.

Laut lesen als Performance und Sprachinstallation

Es gibt aktuell nur wenige explizite Poetiken lauter Lektüre in der Gegenwartsliteratur. In den gesonderten Gattungen von etwa Lautpoesie, Spoken Word und
auf Poetry-Slams werden Sprechen, Klang und Geräusch eigens zelebriert, jedoch
dabei gerade nicht als Lektüre, sondern als Performance gefasst. Der Umstand,
dass Dichter, zumindest auf Dichterlesungen, auch laut lesen, wird selten
reflektiert. In seiner Frankfurter Poetikvorlesung *agar agar zauzarim. Zur Naturgeschichte des Reims und der menschlichen Anklangsnerven* hat Peter Rühmkorf
mit weiten literaturgeschichtlichen Kenntnissen den Reim als geradezu anthropologische Konstante dargestellt, aber über die Form der Lektüre findet man dort
kein Wort (vgl. Rühmkorf 1985). So ist es eine Besonderheit, wenn ein Lyriker sich
zu seinen Vorstellungen, laut zu lesen, wie auch zur Institution der Dichterlesung
explizit und ausführlich äußert.

Thomas Kling hat sich in seinem Werdegang als Dichter und für seine eigenen
Dichterlesungen auf eine Nähe zur Wiener Gruppe berufen und in Absetzung zur
Dichterlesung traditioneller Art einerseits und zur Performance andererseits sein
Konzept der „Sprachinstallation" entwickelt (Kling 1997, 11–15). Das Besondere an
diesem Konzept liegt in einer Dopplung und Überkreuzung akustischer und visu-
ell-schriftlicher Medienästhetik für seine Lyrik. Der Begriff der Sprachinstallation
ist ebenso Definition des Gedichts selbst im Sinne der Mischung und Installation
verschiedenster Sprachformen – Soziolekte, Dialekt, Slang, historische Sprachen,
wissenschaftliche und medientechnische Termini – als auch Klings Begriff für die
Aufführung dieser Sprachinstallation bei der Lesung. „Das Gedicht als literales
Ereignis ist die Sprachinstallation vor der Sprachinstallation." (Kling 1997, 20)

Sowohl die traditionelle Lesung als auch die Performances der 1970er Jahre,
die statt weihevoller Dichterlesung das Publikum etwa mit „Bohrinselsounds"
konfrontierte, überzeugen Kling nicht. Sie alle beachteten den Vorgang des
Lesens zu wenig. Klings Konsequenz: „Ziemlich genau 1985 begann ich meine
Auftritte als Sprachinstallationen zu bezeichnen. Das geschah zunächst, um
eine Grenze zur Performance und zum Label Performance zu ziehen. Dabei verzichtete ich nicht auf ein bißchen Mixed Media [...] und wurde ein histrionischer
Dichter." (Kling 1997, 59) Ein Histrione ist ein römischer Schauspieler, pantomi-
mischer Tänzer und Gaukler, der Körper, Gestik und Stimme zum Aufführungsort der Sprache macht. Kling führt ganz verschiedene Vorbilder dafür an, Trou-
badour und Volksprediger, Oswald von Wolkenstein oder auch barocke Dichter.
Allen histrionischen Dichtern aber ist gemeinsam, dass der Körper selbst zum
Aufführungsort wird. Dies wäre nun so neu nicht. Doch seit 1999 erscheinen
Klings Lesungen in Form einer CD zum Gedichtband als „gebrannte Performance"
neben dem gedruckten Text (Kling 2000, 230). Dies wäre zunächst noch durchaus

als Privilegierung des gesprochenen Wortes über das geschriebene zu verstehen. „Immer wieder kam der Satz, den ich aus den 80er Jahren kenne: Jetzt, wo ich sie gehört habe, verstehe ich ihre Gedichte viel besser." (Kling 2000, 230) Doch diese Lesung als Sprachinstallation sei weder „Ergänzung" zum Text noch dessen ‚eigentliche', vorbildliche Realisierung, sondern schlicht ein alternativer Zugang: „es sind zwei literarische Produkte" (Kling 2000, 230). Lautes und stilles Lesen sind damit gleichberechtigte, aber alternative Zugänge zum Text. Lesen ist nicht mehr nur als Sinnentnahme begriffen, sondern als aktive Performanz des Textes durch Leser auf unterschiedliche Weise. Dass es Kling nicht nur um die akustische Performanz geht, beweist sich nicht zuletzt darin, dass sich seine Gedichte durch eine Schreibweise und Typografie auszeichnen, die schwerlich in allen grafisch gesetzten Strukturen gesprochen werden kann. Schon sein erster Gedichtband (1986) inszeniert die Konfrontation von Stimme und Schrift sichtbar auf dem Titel, indem gerade das Wort „Gedichte" im Zeilenumbruch als unaussprechbar gebrochen wird: „GEDIC/HTE" (Kling 1986, Cover).

Der Sprachinstallation geht es nicht um Verlebendigung von Schrift oder Geist im lauten Lesen, sondern um Verwandlung, um die „proteushaften" Qualitäten von Lyrik. Das Gedicht, das „mehrfach gelesen" werden will, wird zu einem Text, der sich ständig verwandelt: „Es ändert sich bei jedem Lesen." (Kling 2000, 239) Was bei einer Lesung oder Aufführung als Performanz des Textes allzu plausibel erscheint, impliziert jedoch die Sprachinstallation der Sprache im Gedicht selbst. Klings Diktion der Wirkstoffe und intermedialen Mischungen fasst dies medientechnisch: „Dichtung ist gesteuerter Datenstrom und löst einen solchen im Leser aus." In systematischer Überkreuzung ist von „Sprachpolaroids" und von „Ohrbelichtung" die Rede. Als ein „Sprachspeicher" sei das Gedicht „ein Mundraum" (Kling 2000, 329), der jedoch gerade nicht als Ort autoritativer Diktion gedacht ist, sondern als der Ort, an dem Sinn hervorgebracht, verändert und umgestaltet wird: „Gedichte sind hochkomplexe (‚vielzüngige', polylinguale) Sprachsysteme. [...] Das Gedicht baut auf Fähigkeiten der Leser/Hörer, die denen des Surfens verwandt zu sein scheinen, Lesen und Hören – Wellenritt in riffreicher Zone." (Kling 1997, 55)

4 Ausblick

Thomas Klings Plädoyer für eine Kunst des Lesens im Zeichen des Wellenreitens darf nicht einfach als modische Metaphorik missverstanden werden. Vielmehr betont der Verweis Fähigkeiten individuellen Lesens, die das, was allzu leicht als Einheit aufgefasst wird, zu differenzieren wissen: Weder ist Lesen der stillen, visuellen Informationsaufnahme zu subsumieren noch ist es dem (hermeneutischen)

Verstehen gleichzusetzen. Individuelles Lesen ist daher auch nicht nur als jeweils individuelles Verständnis eines Textes zu fassen, sondern als dem Verstehen immer schon vorausgesetzte (funktionale oder lustvolle) Anwendung der verschiedenen Möglichkeiten dieser Kulturtechnik. Laute oder stille Lektüre sind weniger als Realisierung ein und desselben Textes auf zweierlei Weise zu begreifen, denn als verschiedene performative Aktionen, die unterschiedliche Qualitäten eines Textes hervorbringen können. Individuelles Lesen kann so multiple Zugangsweisen zu Texten ermöglichen, die alternativ, aber auch kooperativ eingesetzt werden. Sei es, dass schnelle, kursorische (browsende, surfende) Lesebewegungen die Übersicht über große Mengen von Text oder von Texten ermöglichen, um zu beurteilen, was gerade relevant ist und langsam zu lesen lohnt (vgl. Weinrich 1984), sei es, dass die akustischen Qualitäten eines Textes andere körperliche und ästhetische Erfahrungen im Umgang mit Literatur erlauben. Die Individualität des Lesens wird sich darin zeigen, dass sie funktional klug vorgeht und doch die Fähigkeit, durch andere Lektüretechniken anderes zu entdecken, nicht vergisst.

Weiterführende Literatur

Bickenbach, Matthias (1999). *Von den Möglichkeiten einer ,inneren' Geschichte des Lesens*. Tübingen.

Kittler, Friedrich A. (1985). „Ein Höhlengleichnis der Moderne. Lesen unter hochtechnischen Bedingungen". *Zeitschrift für Literaturwissenschaft und Linguistik* 15 (1985): 204–220.

Kopp, Detlev und Nikolaus Wegmann (1988). „Das Lesetempo als Bildungsfaktor? Ein Kapitel aus der Geschichte des Topos ,Lesen bildet'". *Der Deutschunterricht* 40.4 (1988): 45–58.

Marx, Friedhelm (1985). *Erlesene Helden. Don Sylvio, Werther, Wilhelm Meister und die Literatur*. Heidelberg.

Schön, Erich (1987). *Der Verlust der Sinnlichkeit oder die Verwandlungen des Lesers. Mentalitätswandel um 1800*. Stuttgart.

Stanitzek, Georg (1998). „Brutale Lektüre ,um 1800' (heute)". *Poetologien des Wissens um 1800*. Hrsg. von Joseph Vogl. München: 249–265.

Weinrich, Harald (1984). „Lesen – schneller lesen – langsamer lesen". *Neue Rundschau* 95.3 (1984): 80–99.

Literatur

Alewyn, Richard (1978). „Klopstocks Leser". *Festschrift für Rainer Gruenter*. Hrsg. von Bernhard Fabian. Heidelberg: 100–121.

Augustinus, Aurelius (1987). *Bekenntnisse*. Aus dem Lateinischen von Joseph Bernhart. Frankfurt/M.

Balogh, Josef (1926). „Voces Paginarum. Beiträge zur Geschichte des lauten Lesens und Schreibens". *Philologus* 82 (1926): 84–109 und 202–240.

Bergk, Johann Adam (1799). *Die Kunst, Bücher zu lesen.* Jena.

Bickenbach, Matthias (1999). *Von den Möglichkeiten einer ‚inneren' Geschichte des Lesens.* Tübingen.

Bickenbach Matthias (2015). „Lesen". *Historisches Wörterbuch des Mediengebrauchs.* Hrsg. von Heiko Christians, Matthias Bickenbach und Nikolaus Wegmann. Köln, Weimar, Wien: 393–411.

Brogsitter, Karl Otto (1958). *Das hohe Geistergespräch. Studien zur Geschichte der humanistischen Vorstellungen von einer zeitlosen Gemeinschaft der großen Geister.* Bonn.

Busch, Stephan (2002). „Lautes und leises Lesen in der Antike". *Rheinisches Museum für Philologie* 145.1 (2002): 1–45.

Chartier, Roger (1990). *Lesewelten. Buch und Lektüre in der frühen Neuzeit.* Frankfurt/M. und New York.

Dehaene, Stanislas (2012). *Lesen. Die größte Erfindung der Menschheit und was dabei in unseren Köpfen passiert.* München.

Derrida, Jacques (1983 [1967]). *Grammatologie.* Aus dem Französischen von Hans-Jörg Rheinberger und Hanns Zischler. Frankfurt/M.

Engelsing, Rolf (1973). „Die Perioden der Lesergeschichte in der Neuzeit". *Zur Sozialgeschichte deutscher Mittel- und Unterschichten.* Göttingen: 112–154.

Gadamer, Hans-Georg (1990). *Wahrheit und Methode. Grundzüge einer philosophischen Hermeneutik. Gesammelte Werke.* Bd. 1. Tübingen.

Gesner, Johann Matthias (1735). *T. Livii patavini historiarum libri qui supersunt. Ex editione et cum notis Ioannis Clerici.* Lipsiae.

Gesner, Johann Matthias (1756). *Kleine deutsche Schriften.* Göttingen und Leipzig.

Giesecke, Michael (1991). *Der Buchdruck in der frühen Neuzeit. Eine historische Fallstudie über die Durchsetzung neuer Informations- und Kommunikationstechnologien.* Frankfurt/M.

Grundschule Deutsch (2012). 34/2012.

Havelock, Eric A. (2007). *Als die Muse schreiben lernte. Eine Medientheorie.* Berlin.

Illich, Ivan (1991). *Im Weinberg des Textes. Als das Schriftbild der Moderne entstand. Ein Kommentar zu Hugos „Didascalicon".* Übers. von Ylva Eriksson-Kuchenbuch. Frankfurt/M.

Kenyon, Frederic (²1951). *Books and Readers in Ancient Greece and Rome.* Oxford.

Kittler, Friedrich A. (1985). „Ein Höhlengleichnis der Moderne. Lesen unter hochtechnischen Bedingungen". *Zeitschrift für Literaturwissenschaft und Linguistik* 15 (1985): 204–220.

Kling, Thomas (1968). *Geschmacksverstärker. Gedichte.* Düsseldorf.

Kling, Thomas (1997). *Itinerar.* Frankfurt/M.

Kling, Thomas (2000). *Botenstoffe.* Köln.

Kling, Thomas (2001). *Sprachspeicher.* Lyrik vom 8. bis zum 20. Jahrhundert eingelagert und moderiert von Thomas Kling. Köln.

Knox, Bernhard N. W. (1968). „Silent Reading in Antiquity". *Greek, Roman and Byzantine Studies* 9 (1968): 421–435.

Kopp, Detlev und Nikolaus Wegmann (1988). „Das Lesetempo als Bildungsfaktor? Ein Kapitel aus der Geschichte des Topos ‚Lesen bildet'". *Der Deutschunterricht* 40.4 (1988): 45–58.

Lukian von Samosata (1911). „Der ungebildete Büchernarr". *Sämtliche Werke.* Nach der Übers. von Christoph Martin Wieland. Bd. V. Hrsg. von Hans Floerke. München: 75–83.

Marx, Friedhelm (1995). *Erlesene Helden. Don Sylvio, Werther, Wilhelm Meister und die Literatur.* Heidelberg.

Nietzsche, Friedrich (1960a). „Also sprach Zarathustra". *Werke in drei Bänden*. Hrsg. von Karl Schlechta. Bd. 3. München: 275–561.

Nietzsche, Friedrich (1960b). „Jenseits von Gut und Böse". *Werke in drei Bänden*. Hrsg. von Karl Schlechta. Bd. 2. München: 563–759.

Nietzsche, Friedrich (1960c). „Zur Genealogie der Moral". *Werke in drei Bänden*. Hrsg. von Karl Schlechta. Bd. 2. München: 761–900.

Parkes, Malcolm Beckwith (1991). *Scribes, scripts and readers. Studies in the communication, presentation and dissemination of medieval texts*. London.

Quintilianus, Marcus Fabius (1972/1975). *Institutionis oratoriae libri XII*. Lateinisch und deutsch. 2 Bde. Hrsg. und übers. von Helmut Rahn. Darmstadt.

Rosebrock, Cornelia und Daniel Nix ([2]2008). *Grundlagen der Lesedidaktik und der systematischen schulischen Leseförderung*. Baltmannsweiler.

Rühmkorf, Peter (1985). *agar agar zaurzaurim. Zur Naturgeschichte des Reims und der menschlichen Anklangsnerven*. Frankfurt/M.

Sacchini, Franceso (1832). *Über die Lektüre, ihren Nutzen und die Vortheile sie gehörig anzuwenden*. Nach dem Lateinischen des P. Sachini teutsch bearbeitet und mit einem Anhange begleitet von Herrmann Walchner. Karlsruhe.

Saenger, Paul (1982). „Silent Reading: Its Impact on Late Medieval Script and Society". *Viator. Medieval and Renaissance Studies* 13 (1982): 367–414.

Schleiermacher, Friedrich (1977). *Hermeneutik und Kritik*. Hrsg. und eingeleitet von Manfred Frank. Frankfurt/M.

Schön, Erich (1987). *Der Verlust der Sinnlichkeit oder die Verwandlungen des Lesers. Mentalitätswandel um 1800*. Stuttgart.

Schön, Erich ([2]2006). „Geschichte des Lesens". *Handbuch Lesen*. Hrsg. von Bodo Franzmann, Klaus Hasemann, Dietrich Löffler und Erich Schön unter Mitarb. von Georg Jäger, Wolfgang R. Langenbucher und Ferdinand Melichar. Baltmannsweiler: 1–85.

Schopenhauer, Arthur (1988). Parerga und Paralipomena II. *Werke in fünf Bänden*. Hrsg. von Ludger Lütkehaus. Bd. 5. Zürich.

Schulmanagement 2 (2008). Hrsg. von Christine Frauen, Dana Johannsen und Frauke Wietzke.

Seneca, Lucius Annaeus (1974). „An Lucilius. Briefe über die Ethik". *Philosophische Schriften*. Lateinisch und Deutsch. Hrsg. von Manfred Rosenbach. Bd. 3. Darmstadt 1974.

Stein, Peter ([2]2010). *Schriftkultur. Eine Geschichte des Lesens und Schreibens*. Darmstadt.

Stanitzek, Georg (1992). „‚0/1', ‚einmal/zweimal' – der Kanon in der Kommunikation". *Technopathologien*. Hrsg. von Bernhard J. Dotzler. München: 111–134.

Stanitzek, Georg (1998). „Brutale Lektüre ‚um 1800' (heute)". *Poetologien des Wissens um 1800*. Hrsg. von Joseph Vogl. München: 249–265.

Svenbro, Jesper (1990). „The ‚Interior' Voice. On the Invention of Silent Reading". *Nothing to Do with Dionysos? Athenian Drama in Its Social Context*. Hrsg. von John J. Winkler und Froma I. Zetilin. New Jersey: 366–384.

Weinrich, Harald (1984). „Lesen – schneller lesen – langsamer lesen". *Neue Rundschau* 95.3 (1984): 80–99.

Welke, Martin (1981). „Gemeinsame Lektüre und frühe Formen von Gruppenbildungen im 17. und 18. Jahrhundert. Zeitungslesen in Deutschland". *Lesegesellschaften und bürgerliche Emanzipation. Ein europäischer Vergleich*. Hrsg. von Otto Dann. München: 29–53.

Zedelmaier, Helmut (1991). „Lesen, Lesegewohnheiten im MA". *Lexikon des Mittelalters*. Hrsg. von Robert-Henri Bautier und Robert Auty. Bd. 5. München und Zürich: 1908–1909.

Corinna Schlicht
III.2.3 Geschichte und Formen sozialer Lesekonstellationen

Das kollektive Lesen erfüllt verschiedene soziale Funktionen (vgl. Flaschka 2009, 281). Diese reichen von der Hilfestellung für des Lesens Unkundige über ökonomische Interessen (Gemeinschaftsabonnements) bis hin zu erzieherischen Motiven, wie Erbauung, Bildung und Belehrung in Schule, Universität und Religionsgemeinschaften. Daneben dienen die unter dem Stichwort der Geselligkeit beobachtbaren Lesekonstellationen der Unterhaltung im doppelten Wortsinn. Das Amüsement wie auch die Plauderei über das gemeinsam Gelesene (im Falle des Vorlesens Gehörte) sind Teil einer geselligen Lektürepraxis, zu der auch jene Form des Lektüregesprächs gehört, die dem Textverstehen dient. So kann die Debatte über einen Text, der individuell oder gemeinschaftlich rezipiert wird, eine besondere Form der kollektiven Leseerfahrung stiften.

Lesen hat immer eine soziale Rahmung. So wie es aufgrund der kulturellen Vorprägung der Rezipientinnen und Rezipienten kein rein individuelles Lesen gibt, so beinhaltet auch das gemeinschaftliche Lesen immer das Moment des Für-sich-Rezipierens. Dennoch lässt sich ein spezifischer, auf Gemeinschaftlichkeit ausgerichteter Lesemodus festmachen, dessen unterschiedliche Ausformungen zum einen diachron anhand verschiedener Situationen und Orte und zum anderen systematisch mit der Unterscheidung zwischen Rezipierenden und Produzierenden als Konstellationen gemeinsamer Lektüren nachgezeichnet werden sollen. Die fiktionale Darstellung gemeinsamen Lesens wäre ein weiteres Betrachtungsfeld, wird hier jedoch ausgespart, da im Folgenden ausschließlich reale Lesegewohnheiten in den Blick genommen werden sollen.

1 Geschichte des gemeinschaftlichen Lesens

Von geselliger Oralität zu geselliger Literalität

Schon die Antike erlebte eine erste Verschiebung von der Mündlichkeit hin zur Schriftlichkeit. Die homerischen Epen gelten als Beispiel dafür, dass vor ihrer Verschriftlichung eine mündliche Vermittlung des ‚Textes' stattgefunden hat (vgl. Gordesiani 1986; Latacz 2001). Mit dem Hellenismus (326–330 v. Chr.) begann jedoch eine buchbasierte Lesekultur, die durch das Schulwesen gestützt erste Buchsammlungen, wie die Bibliotheken in Alexandria oder Pergamon, her-

https://doi.org/10.1515/9783110365252-013

vorbrachte; gleichwohl war diese Kultur der stillen, privaten Lektüre die einer sozialen Elite, die sich Bücher finanziell leisten konnte (vgl. Schön 2001, 4–5).

Während die Lese- und Schreibfähigkeit in der römischen Antike weit verbreitet war, muss für das Mittelalter ein überproportionaler Analphabetismus angenommen werden. Nur allmählich fand das Mittelhochdeutsche Eingang in die Schriftsprache; diese war Latein, womit einem überwiegenden Teil der Bevölkerung der Zugang zu Texten verschlossen blieb. Vor allem gelehrte Geistliche und adlige Damen verfügten über die nötige Lesekompetenz. „Den größten Teil ihres Publikums erreichte die höfische Literatur [...] in der gemeinsamen Rezeption, im freien (oder textunterstützten) Vortrag und im Vorlesen" (Schön 2001, 10; vgl. auch Greven 1973, 119). Entsprechend kannte das Mittelalter Troubadoure, Minnesänger und fahrende Gaukler, die einem interessierten Publikum – meist schon bekannte Verse – vortrugen (vgl. Scholz 1980). Selten stand hier die Schrift als Medium zur Verfügung, vielmehr wurden die Texte auswendig dargeboten. Auch für andere (außerliterarische) Bereiche dominierte bis zu dieser Zeit die Mündlichkeit. Die Schrift war nicht das primäre Medium, sondern „Repräsentation körpergebundener Rede" (Pott 2000, 519). Demgegenüber ist die christlich-liturgische Praxis des Mittelalters zu nennen, in der die gemeinsame Rezeption und Wiederholung religiöser Texte zentral war (vgl. Angenendt [4]2009).

Die gesellige Mündlichkeit ohne bzw. vor der Existenz schriftlicher Quellen fand meist im Rahmen gastlicher Ess- und Trinkrunden ihren Ort, sodass die Rezeptionssituation ursprünglich in einem lustbetonten Kontext stand (vgl. Steinlein 2004, 11). Doch bereits mit der höfischen Tradition etablierte sich allmählich eine Hörsituation, in der tatsächlich aus Büchern in einem privat-familialen oder auch öffentlichen Rahmen vorgelesen wurde. Damit verschob sich der Schwerpunkt von der Performanz hin zum Text (vgl. Manguel 1998, 141). „Als Darbietungsform oder als von bestimmten literarischen Texten implizit geforderte Lektüre stellt das laute Lesen (und das Anhören eines Vortrags) eine weit verbreitete Praktik der alten Gesellschaft dar. In ihr konnten sich Muße und Freundschaft verbinden" (Chartier 1990, 149). Als typische gesellige Vortrags- und Vorlesekontexte nennt Roger Chartier das Militär, für die Städte den Salon, für die Reisesituation Reisekutschen, Schenken und Herbergen sowie das Landleben allgemein, wobei auf dem Land die gesellige Oralität und in der Stadt die gesellige Literalität stärker ausgeprägt waren (vgl. Chartier 1990, 154–155). Aber auch die Arbeit und der Feierabend kannten das Vortragen von Geschichten in geselliger Runde. Das arbeitsbegleitende Vorlesen in Gesinde- und Spinnstuben, wie sie im 15. Jahrhundert in den sogenannten Spindelevangelien (*Évangiles des quenouilles*; vgl. Manguel 1998, 142–143) dokumentiert sind, war bis zum 17. Jahrhundert weit verbreitet. Allerdings handelte es sich hierbei um ein textbasiertes Zu-Gehör-Bringen (vgl. Manguel 1998, 142–143; Steinlein 2004, 11). Die Verbindung von manueller

Arbeit und begleitendem Vortrag hielt sich bis ins 19. Jahrhundert (vgl. Steinlein 2004, 11). Alberto Manguel führt dazu das Beispiel einer kubanischen Zigarrenfabrik an, deren Arbeiter während ihrer Tätigkeit einen Vorleser dafür bezahlten, dass er ihnen aus Zeitungen, Sachbüchern und Romanen vorlas. Diese Form der Unterhaltung und Bildung sozial Unterprivilegierter wurde jedoch bald vom Gouverneur als ‚subversiv' eingeschätzt und verboten (vgl. Manguel 1998, 135–136).

Vom Mittelalter bis ins 18. Jahrhundert veränderte sich die Lesepraxis vom gemeinsamen lauten zum einsamen stillen Lesen (vgl. Plumpe und Stöckmann 2001, 315). Zum einen brachte der Wandel vom monastischen zum scholastischen Lesen Neuerungen in der Textproduktion mit sich, die sich vor allem in Interpunktionszeichen, Fußnoten und Kommentaren zeigen, sodass die Texte immer mehr zu Lesetexten wurden (vgl. Schön 2001, 12–13). Zum anderen führte die Verbreitung von Lese- und Schreibzubehör wie tragbaren Buchpulten oder anderem Schreib- und Lesemobiliar (vgl. Hanebutt-Benz 1985) dazu, dass sich das Lesen schließlich zur stillen Einzelbetrachtung von Schrift entwickelte (vgl. Schön 2001, 14). Technisch und materiell erlebte die Buchkunst im 18. Jahrhundert eine Renaissance, die dazu führte, „das Buch als Gesamtkunstwerk aus Einband, Typographie und Illustration in Erscheinung treten zu lassen. [...] [Es ist] die dritte Blütezeit des Buchdrucks" (Hanebutt-Benz 1985, 103).

Die Schrift bildete sich mit der Aufklärung zum primären Medium heraus, deren Ideen nahezu ausschließlich schriftlich vermittelt wurden (vgl. Pott 2000, 518). Doch war auch der Austausch über das Gelesene Teil der aufklärerischen Didaxe. Der Text-Vortrag sollte zum einen belehren, zum anderen unterhalten und folgte damit dem von Horaz entlehnten, aufklärerischen Ideal. Erich Schön fasst dies als *„autoritative Vorlesesituation"* zusammen, „in der sich die Autorität des Vorlesers (Hausvater, Pfarrer, Schulmeister) verband mit der Autorität des Buches" (Schön 2001, 31). Diese vor allem in den protestantischen Gebieten gebräuchliche Form der Vorlesestunde bei Tisch (vgl. Steinlein 2004, 13–14) wurde dann im 18. Jahrhundert „abgelöst durch das räsonierende Lesen der Männer und durch das *gesellige gemeinsame Lesen*, das sich nicht mehr einen handlungsanleitenden Sinn für die Lebenspraxis aussprach, sondern eine literarische Leseerfahrung vermittelte" (Schön 2001, 31, Hervorhebung im Original). So entstanden zahlreiche Tischgesellschaften, zu denen sich vornehmlich Studenten zusammenschlossen, um ihre selbstverfassten oder andernorts gelesenen Texte vorzutragen und miteinander zu diskutieren. Über die 1794 gegründete „Literarische Gesellschaft zu Jena", der unter anderem Johann Friedrich Herbart und Johann Gottlieb Fichte angehörten, äußert sich Fritz Horn in einem Brief an Herbart 1795: „Wenn einer von uns ein Buch oder nur eine Stelle darin vorzüglich merkwürdig und allgemein interessant fand, so teilte er freudig diesen Fund sogleich den übrigen mit [...]. Wie viel die dadurch veranlaßten Gespräche, und selbst die sich einander widersprechenden Urteile zur Aufhellung, Berichtigung und Erweckung von Ideen beitrugen, wird ein jeder von uns selbst am besten sagen" (Horn, zit. n. Marwinski 1991, 24).

Besonders die Zunahme öffentlicher und später auch privater Bibliotheken führte nicht nur zu einem breiteren Zugang zu Büchern und Zeitungen, sondern auch zur Etablierung von Orten, an denen ein kollektives Rezipieren möglich wurde. Seit der Renaissance setzte sich architektonisch die Saalbibliothek durch, sodass Lesesäle mit heller, freundlicher Leseatmosphäre entstanden. Während die Frühaufklärer die öffentlichen Bibliotheken als idealen Ort schätzten, an dem „Intellektualität und Geschmack, das heißt: literarische Urteilsfähigkeit und zivilisierte Formen des Umgangs in Gesellschaft zur Entfaltung" kamen (Wehinger 2011, 178), wurden die privaten Lesegesellschaften zu einer Art Gegenöffentlichkeit, denn sie bestimmten jenseits staatlicher Vorgaben über ihre Anschaffungen. Zudem konnten ihre Mitglieder „die Lektüre in den halböffentlichen Lesezimmern gemeinsam genießen und besprechen" (Wehinger 2011, 179). Zahlreiche Buchillustrationen geben ein Zeugnis von der zunehmenden Gemeinschaftlichkeit der Lektüren (vgl. Wunderlich 1980; Hanebutt-Benz 1985).

Im Zuge des Empfindsamkeitsdiskurses wurde Literatur zunehmend mitfühlend rezipiert. Das erklärt, warum mit der Zunahme der Lesefähigkeit und damit auch der einsamen, stillen Lektüre im 18. Jahrhundert dennoch eine Reoralisierung zu verzeichnen ist. Die moderne, belletristische Literatur der Zeit setzte auf Einfühlung, der aber das stille Für-Sich-Rezipieren entgegenläuft. Stattdessen wurde das laute Lesen für den „Austausch empathischer Lese-Erfahrungen" (Schön 2001, 34) in einem Kreis von Zuhörerinnen und Zuhörern propagiert. Orte der gemeinsamen Literaturrezeption waren die sich neu bildenden Einrichtungen wie die Lesegesellschaften und die literarischen Salons um 1800, die, dem Horaz'schen Grundsatz folgend, Belehrung mit Vergnügen verbanden, was sich unter anderem an dem auf den leiblichen Genuss abzielenden Angebot von Speisen und Getränken erkennen lässt (vgl. Wehinger 2011).

Formen der gemeinsamen Lektüre von Zeitungen

„Die Geschichte des Zeitungslesens ist von Anfang an eine Geschichte gemeinsamer Lektüre" (Welke 1981, 30), nicht zuletzt, weil Einzelabonnements für die meisten Lesekundigen kaum erschwinglich waren und sich so eine Praxis gemeinschaftlichen Lesens etablierte. Zu den Abonnenten gehörten zunächst Gaststättenbetreiber, Klöster, Höfe, Kanzleien und Schulen. „Wirts- und Bäderstuben gelten als die frühesten Lokalitäten geselliger Lektüre" (Koszyk 1973, 72); das früheste Zeugnis findet sich aus dem Jahr 1656. Schenken und Kaffeehäuser hielten bis Anfang des 20. Jahrhunderts ein breites Spektrum an Publikationen für ihre Gäste bereit. Sie erwiesen sich als „wirksamste Multiplikatoren der Tagespublizistik" (Welke 1981, 38).

Das Kloster Salem ist 1600 als erster kollektiver Abonnent einer Zeitung belegt. Viele Klöster bezogen oft mehrere Zeitungen im Abonnement, doch ist die genaue Lektürepraxis, ob gemeinsam oder reihum gelesen wurde, nicht dokumentiert. Demgegenüber kann die gemeinschaftliche Lesepraxis an Höfen und Kanzleien, die ebenfalls zu den ersten Abonnenten gehören, nachgewiesen werden (vgl. Welke 1981, 31).

Auch an zahlreichen Schulen wurden seit der Mitte des 17. Jahrhunderts Zeitungen bestellt und zur gemeinsamen Lektüre unter den Schülern als didaktisches Mittel eingesetzt (vgl. Welke 1981, 33). Bis ins 18. Jahrhundert wurden die Zeitungslektüre und das anschließende Gespräch in Erziehungsbüchern propagiert.

Doch nicht nur diese Institutionen, sondern auch Privatleute schlossen sich seit Anfang des 17. Jahrhunderts zu Abonnementgemeinschaften zusammen, um Zeitungen für den Einzelnen bezahlbar zu machen. Aber nicht nur die Druckerzeugnisse selbst, sondern zum Beispiel auch das erforderliche Leselicht war für einen Vorlesenden erschwinglicher als für viele allein Lesende (vgl. Flaschka 2009, 284).

Aus den reinen Kaufgemeinschaften, die die Zeitung untereinander zirkulieren ließen, entwickelten sich bis zum Ende des 17. Jahrhunderts vor allem in den unteren bürgerlichen Schichten der Gesellschaft weitere Lektüregepflogenheiten: Die Zeitungen wurden nicht mehr weitergereicht, sondern die Abonnenten trafen sich, lasen zusammen und besprachen das Gelesene (vgl. Welke 1981, 37). Christian Garve lobt in seinem Aufsatz *Über Gesellschaft und Einsamkeit* (1797/1800) den pädagogischen Nutzen des Zeitungslesens als Informationsquelle und betont dazu die Wichtigkeit des Lektüreaustauschs: „Es bleibt indeß auch noch jetzt die mündliche Mitheilung der Ideen, welche nur bey der persönlichen Zusammenkunft mehrerer Menschen möglich ist" (Garve, zit. n. Pompe 2012, 184).

Aufgrund des großen Anteils an Analphabeten in den unteren Bevölkerungsschichten war man mitunter auf Vorlesende angewiesen. Seit dem Mittelalter wurden Leseunkundige über lokale Vorkommnisse und tagespolitische Ereignisse durch das Rezitieren von Schriftstücken informiert. Auf diese Weise konnten sie am gesellschaftlichen, politischen und kulturellen Leben teilhaben. Zudem wurden sie an die Schrift, an Literatur und Kultur, herangeführt: „So war seit dem Mittelalter über Jahrhunderte hinweg das Vorlesen eine sozial-helfende und bildungsfördernde Maßnahme, ausgeübt von Mönchen, Gelehrten, gebildeten Bürgern, Schulmeistern und Pfarrern für die leseunkundige Bevölkerung ihrer Zeit" (Flaschka 2009, 281; vgl. auch Schön 2001, 37), wobei die Lesekundigen nicht nur vorlasen, sondern die Texte auch erklärten und deuteten (vgl. Welke 1981, 37).

Während der Aufklärung bildeten sich dann Lesegesellschaften, die ihren Mitgliedern eigene Lesebestände anboten. Deren Interesse galt nicht unbedingt der gemeinsamen Lektüre von Belletristik, sondern zunächst derjenigen von tagesaktuellen Texten, wie Zeitungen und Zeitschriften, sowie aufklärerischen Publikationen (vgl. Schön 2001, 33–34). Daraus entwickelte sich eine Form der freien Erwachsenenbildung: Die Lesegesellschaften gründeten sich unabhängig vom Staat, waren von ihrer Vereinsform her demokratisch organisiert und inhaltlich an der eigenen Gegenwart interessiert (vgl. Röhrig 1987, 336–337).

Zeitungen waren und sind gekennzeichnet durch ihre Aktualität, durch ihre Periodizität sowie durch eine feste Struktur der Informationsdarbietung, sodass sie zu Institutionen werden (vgl. Kerlen 2001, 268). Das Zeitungslesen zielte von Beginn an auf eine eigentümliche Verknüpfung von Informationsgewinn und Unterhaltung ab, denn die Gegenwärtigkeit des Gelesenen sowohl in räumlicher wie auch in zeitlicher Hinsicht versetzte die Lesenden zwar in die Lage der informierten Teilhabe, aber – sehr zum Missfallen der Frühaufklärer – das Zeitungslesen stillte auch die Neugier der Lesenden, sodass anstelle des kritischen Gesprächs mitunter Klatsch und Tratsch einsetzten (vgl. Pompe 2012, 178–188). Doch auch dies ist eine Facette der gemeinschaftlichen Lektüre.

1800 hatte nahezu jede Stadt im deutschsprachigen Raum eine (kommerzielle) Leihbibliothek; bis zur Mitte des 19. Jahrhunderts gab es insgesamt 1500–2000 Bibliotheken (vgl. Schön 2001, 42; Jäger 2010a; Ruppelt 2001), die einem breiteren Publikum Zeitungen und auch Bücher zugänglich machten. Die Zeitungs-Lesegesellschaften entwickelten sich von der Französischen Revolution bis hin zum Revolutionsjahr 1848 zu geselligen, literarischen Vereinen, deren Namen, wie „Museum", „Harmonie", „Casino" oder „Ressource", den neuen, stärker dem Amüsement zugeneigten Charakter dieser Gesellschaften andeuteten.

Familiarisierung und Pädagogisierung des Lesens im 18. und frühen 19. Jahrhundert

Die gemeinsame Familienlektüre etablierte sich vor allem im Protestantismus. Besonders im lutherisch-pietistischen Württemberg des 18. Jahrhunderts lässt sich die pädagogische Absicht anhand der Liste „befohlener Bücher" (Medick 1992, 316) nachvollziehen, zu denen neben Katechismus und Gesangbuch an erster Stelle die Bibel gehörte. Die pietistischen Reformer erkannten, dass vor allem der Privathaushalt der ideale Ort für die religiöse Festigung durch kollektive Lektüre war. „Hausandacht und häusliche Lektüre" (Medick 1992, 317) waren besser als die Schule geeignet, die Botschaft der Bibel nicht nur zu rezipieren, sondern auch anzuwenden. Dies gelang durch die ritualisierte, gemeinsame, allsonntägliche Lektüre, bei der der Hausvater aus einem Predigtbuch vorlas (vgl. Medick 1992, 320; Schön 2001, 31; Steinlein 2004, 13–14).

Doch auch die Literatur des ausgehenden 18. Jahrhunderts inszenierte ein Leseverhalten, das dem neuen buchgestützten, einsamen und stillen Lesen gegenüberstand. Joachim Heinrich Campes Jugendroman *Robinson der Jüngere* (1779/1780) ist „ein musterhaftes Beispiel für eine ganz bewußte, planmäßige Umfunktionierung älterer mündlicher Erzählsituationen im Dienst vor allem bürgerlicher Sozialisierungsinteressen" (Steinlein 2004, 15). Durch die Anordnung in eine die Binnenhandlung rahmende und vielfach durchkreuzende Rahmensituation mündlichen Erzählens wird eine bürgerliche idealtypische Familie inszeniert, die vorbildhaft auf die Rezipientinnen und Rezipienten wirken soll. „Es handelt sich dabei um den Typus der familialen Erzählrunde" (Steinlein 2004, 16), bei der der Patriarch, der Vater, der lutherischen Tradition folgend der Familie zum Feierabend Geschichten vorliest, wobei sich hierbei auch ein protestantisch-ökonomisches Ideal abzeichnet. Die gesellige Leserunde wird demnach nicht als Mußestunde inszeniert, sondern als sinnstiftendes, nützliches Beisammensein, bei der die Zuhörenden verschiedene Handarbeiten zu erledigen haben. Der Geist wird durch die Lektüre und der Körper durch die Näh- und Stickarbeiten gefordert (vgl. Steinlein 2004, 16–18). Campes Roman inszeniert und begründet also zugleich ein Modell, das die gesellige Lektüre in den Dienst einer pädagogischen Absicht stellt.

Auch die Literaturen der Spätromantik und des Biedermeier (etwa mit den Genres Märchen und Novelle) und nicht zuletzt die neue Gattung der Kinder- und Jugendliteratur sehen den Rezeptionsmodus der Geselligkeit vor: Sei es, dass die Texte ihrerseits in den Rahmenerzählungen nach Boccaccios Vorbild gesellige Vorlesesituationen inszenieren (so etwa in E. T. A. Hoffmanns *Serapions-Brüder* oder in Ludwig Tiecks *Märchen aus dem Phantasus*) oder dass sich der familiale Rezeptionsmodus des Vorlesens oder Vorsingens als Gute-Nacht-Lektüren etabliert. „Wenn schließlich das Vorlesen zu den vielfältigen Formen der prä- und paraliterarischen Sozialisation hinzutritt, dann werden auch die Lesesituationen mit affektiver Nähe und Verbundenheit versehen" (Nickel-Bacon 2011, 175). Kinderbücher dieser Zeit fügen den Texten regelrechte Anleitungen für die gesellige Rezeption bei. Ziel ist es, eine altersgemäße Lektüresituation zu schaffen, zu der dialogische Pausen zählen, bei denen die Kinder ihre Eindrücke besprechen können. Zahlreiche Gemälde und Illustrationen der Zeit festigen diesen Rezeptionsmodus des anteilnehmenden Gesprächs über das Vorgelesene.

Das Lesen in geselliger Familienrunde ist ein Konzept, das im 19. Jahrhundert dann bis in den Realismus nachwirkt, wenn Familienzeitschriften, wie etwa die *Gartenlaube*, die gemeinsame Familienlektüre in ihrem Editorial propagieren.

Kollektive Formen der Lektüre von Belletristik

Gemeinsame Lektüre hat von ihren Ursprüngen her immer auch ökonomische Ursachen, denn Geschriebenes wie Handschriftenkopien in Antike und Mittelalter oder wie die Druckerzeugnisse der Frühen Neuzeit war teuer und daher nur einem privilegierten Kreis zugänglich. Daraus entwickelte sich eine Kultur der gemeinschaftlichen Lese- und Vorleserunden. In der Renaissance war das Vorlesen in geselliger Runde eine höfische Sitte; vom 17. bis ins 19. Jahrhundert folgten dieser Gepflogenheit die „städtischen Unterschichten und auch die Landbevölkerung, die dies im Rahmen ihrer (abendlichen) Unterhaltungen pflegten oder sich sogar eigens dazu versammelten" (Schön 2001, 37). Dabei handelte es sich um Wiederholungslektüren meist geistlicher Texte.

Umfassende Alphabetisierungsbemühungen und die Etablierung des Typus der gelehrten Frau in der Frühaufklärung haben bis zum ausgehenden 18. Jahrhundert zu einer erheblichen Vergrößerung auch des weiblichen Lesepublikums geführt. Bis zum 19. Jahrhundert verfestigte sich jedoch das Lektürefeld der Frauen im Bereich der Belletristik. Die Gründe für das Gendern der vermeintlichen Lesevorlieben lassen sich leicht dekonstruieren: Der Rousseau'schen Geschlechterdifferenz folgend, wurden die Frauen systematisch aus allen Bereichen verdrängt, die ihre intellektuelle Ausbildung vorangebracht hätten. So wandelten sich auch die Lektüreempfehlungen für Frauen radikal: Fanden sich noch in den 1720er Jahren in den moralischen Wochenschriften vor allem Texte, die die Bildung der Frau befördern sollten, so veränderten sich ab der Jahrhundertmitte – getragen vom Rousseau'schen Biologismus, der den Typus der empfindsamen Frau begründete – die Lesetipps, die den Frauen ihren gesellschaftspolitischen Ort zuwiesen, nämlich das Haus, „bei gleichzeitiger Senkung des Bildungsanspruchs" (Brandes 1994, 129). Zugleich wurden jedoch die Mütter für zuständig für die Kindererziehung erklärt, zu der auch das Vorlesen gehörte. Paradoxerweise übernahmen Frauen damit die Aufgabe, „weitgehend die bürgerliche Identitätsarbeit im Bereich des literarischen Lesens, wenn nicht sogar der Kultur überhaupt zu leisten" (Schön 2001, 47). Zugleich führte die zunehmende Lesefreude der Frauen zur Rede von der sogenannten *Lesesucht*, also einem übermäßigen und daher schädlichen Konsum von fiktionaler Literatur, gegen den gemeinschaftliche Lektüreformen eingesetzt wurden, weil bei diesen die Textauswahl von männlichen Mitgliedern der Leserunden entschieden wurde (vgl. Brandes 1994, 131–133; Schön 1990).

Zudem finden sich konfessionelle Differenzen. Die jüdischen Leserinnen waren aufgrund des Talmudstudiums in der Regel lesekundiger und insgesamt gebildeter als die christliche Bevölkerung, wobei sich hier wiederum die Protestanten gegenüber der katholischen Bevölkerung durch breitere Kenntnisse auszeichneten (vgl. Greven 1973, 125; Schön 2001, 47–48).

Im ausgehenden 18. Jahrhundert bildeten sich erste private Lesegesellschaften, die zunächst als Lesezirkel dem materiellen Austausch der gemeinsam erworbenen Lektüren dienten und zunehmend zum Ort des Austauschs über das Gelesene wurden. Erste Orte dafür waren Lesebibliotheken, zum Teil buchhändlerisch organisiert, zum Teil privat mit fester Mitgliedschaft. Die sogenannten ‚Lesekabinette', die ab ca. 1775 entstanden, gaben einem zunächst rein männlichen Publikum die „Gelegenheit zum Räsonnement in einer Gemeinschaft, die von den gleichgelagerten Interessen ihrer Mitglieder getragen wurde" (Stützel-Prüsener 1981, 83), d. h. die Bücher wurden nicht mehr – wie in der Leihbibliothek – für die private Lektüre nach Hause ausgeliehen, sondern die Clubs richteten eigene Leseräume ein, in denen die gesellige Lektüre stattfand. Die meisten Lesegesellschaften waren nicht über Stand, Konfession oder Beruf festgelegte Gruppierungen, sondern sie waren als Assoziationen angelegt, also Zusammenschlüsse über soziale Grenzen hinweg aufgrund gemeinsamer Interessen. Über Statuten regelten sie ihre Mitgliedschaften, die Vereinsgeschäfte, die Auswahl der Lesestoffe sowie auch die „Verhaltensweise der Mitglieder in den Gesellschaftsräumen" (Stützel-Prüsener 1981, 76).

Aufgrund schärferer Zensurbestimmungen als Auswirkung der Französischen Revolution stagnierten um 1800 Neugründungen, und zahlreiche Lese-Gesellschaften wurden verboten (vgl. Stützel-Prüsener 1981, 74).

Bis ins 19. Jahrhundert wandelten sich die Lesegesellschaften dann zunehmend zu Salons und gesellig-literarischen Vereinen mit nun auch weiblichen Mitgliedern, wobei die Frauen zwar „nicht vom Lesen, wohl aber vom ‚Räsonnieren' ausgeschlossen" waren (Stützel-Prüsener 1981, 79). Geselligkeit im Sinne eines kollektiven Austauschs über das Gelesene war also ein männliches Privileg. Die bürgerlichen literarischen Salons, die sich um 1800 vor allem in den literarischen Zentren bildeten, waren Orte des intellektuellen Austauschs, in denen nicht nur Lesende, sondern auch Schreibende und ihr Lesepublikum aufeinandertrafen.

Die privaten Lesegesellschaften gaben sich einen offiziellen Rahmen mit fester Mitgliedschaft, Statuten und einem Reglement für den Ablauf der Treffen, die protokolliert wurden. Am Beispiel der „Literarischen Damen-Gesellschaft" in Oldenburg, die sich um 1800 gründete, hat Helga Brandes den typischen Verlauf solcher Sitzungen zusammengefasst: „Begrüßen – Zeitungslesen – Verlesen des Protokolls – Vorlesen eigener oder fremder Texte – Räsonnement" (Brandes 1994, 131). Neben der Exklusivität solcher Gruppierungen fällt die patriarchale Ausrichtung ins Auge, denn die Damen-Gesellschaften hatten durchaus auch männliche Mitglieder (meist Väter und Ehemänner), in deren Händen die inhaltliche Gestaltung (Textauswahl, Protokoll etc.) der Abende lag; die „Damen begnügten sich weitgehend mit der Rolle der passiven Zuhörerin" (Brandes 1994, 131).

Im 19. Jahrhundert ist vor allem ein Rückzug der bürgerlichen Familie ins Private zu beobachten. Sie ist der Ort der gemeinsamen Lektüre, die sich von christlicher Erbauungsliteratur bis hin zu unterhaltsamen Kinderliedern erstreckt: „Neben dem gut gedeckten Tisch erscheint die Buchlektüre als Belohnung für die erledigte Arbeit. Vorlesen oder die Möglichkeit zur selbständigen Lektüre gelten als eine der vernünftigen Lebensgestaltung angemessene Form der Freizeitbeschäftigung" (Nickel-Bacon 2011, 166–167).

An den jüdischen Frauen, die im späten 18. und frühen 19. Jahrhundert in den kulturellen Zentren wie Weimar, Jena, Berlin und Wien literarische Salons führten, die zu wichtigen Orten kultureller Praxis wurden, zeigt sich das Geschlechterparadox der Zeit besonders deutlich. Denn Frauen werden „trotz verschlossener institutionell-formaler Bildung dennoch die Trägerinnen der praktizierten Kultur [...]. Die Salons [...] waren die Einrichtungen von Jüdinnen aus reichen Familien" (Schön 2001, 49).

Mit der Ausbildung des sogenannten Bildungsbürgertums in der zweiten Hälfte des 19. Jahrhunderts wurde Literatur zunehmend zum Prestigeobjekt; teure Buchausgaben wurden gesammelt und im häuslichen Salon ausgestellt, das Zitieren aus bekannten literarischen Werken galt als chic und der Bücherschrank wurde als „geistige[r] Brautschatz" (Schön 2001, 47) Teil der Aussteuer. Das Deklamieren in der Schule (vor allem von Lyrik) im Rahmen der Rhetorikausbildung oder von literarischen Texten im häuslich familiären Kreis war Ausdruck einer angestrebten *Lesekultur*. Benimmbücher regelten, wie man sich der literarischen Darbietung gegenüber verhalten sollte, nämlich: „während der Deklamation nicht das Gespräch zu unterbrechen, Beifall zu spenden und sich jeglicher Kritik zu enthalten" (Schön 2001, 45). Die gemeinsame intellektuelle Rezeption von Literatur wich in bürgerlichen Salons also zunehmend dem Unterhaltungsgedanken (vgl. Briese 2011).

Demgegenüber gründeten sich im Zuge der Vormärzbewegung, ausgehend von der Handwerkerschaft, zunehmend Arbeiterbildungsvereine, die eine stärkere politische Ausrichtung hatten (vgl. Tenfelde 1981) und in denen das gemeinsame Lesen bzw. der Austausch über Lektüreerfahrungen zum Bildungsprogramm gehörten. Ab den 1880er Jahren gründeten sich dann – auch um der Zensur zu entgehen – Literaturclubs und Theatervereine, die vor allem gesellschaftskritische Literatur im Stile des Naturalismus verbreiten wollten. In den Großstädten Berlin, Paris, Prag, München und Wien etablierte sich um 1900 das Kaffeehaus zu einem Treffpunkt literarischer Geselligkeit (vgl. Parr 2000).

Gemeinschaftliche Literaturrezeption in der Medienkultur

Das öffentlich-rechtliche Fernsehen in Deutschland hat zahlreiche TV-Formate entwickelt, die das Buch und die Buchlektüre ins Zentrum stellen; am bekanntesten ist hier das „Literarische Quartett", das in der titelgebenden Viererkonstellation literarische Neuerscheinungen diskutiert hat. Andere Formate, wie „Lesen!", „Druckfrisch" oder „Literatur im Foyer", folgten diesem Beispiel des räsonierenden Lektüregesprächs.

Ende der 1990er Jahre hat der Popliterat Benjamin von Stuckrad-Barre durch seine Leseshows, einem Mix aus Musiksamplings, freiem Vortrag und Textlesung, erfolgreich das Format traditioneller Dichterlesungen gesprengt. Jutta Schlich hält diese Form von Event sogar für den zentralen Aspekt von Popliteratur: „Popliteratur lebt von der Eventisierung: sei es durch den Verlag, sei es durch die Autoren selbst auf ihren Lesungen – immer ist Popliteratur ein Happening, etwas, wo etwas passiert" (Schlich 2003; vgl. auch Parr 2004). Nach Gerhard Schulze misst sich der Erfolg eines Events an den Faktoren Einzigartigkeit, Episodenhaftigkeit, Gemeinschaftlichkeit und Beteiligung (vgl. Schulze 1998, 308); diese Faktoren gelten für viele Literaturveranstaltungen, die auf Interaktion mit dem Publikum setzen. Im Zusammenhang mit Literatur wird der Begriff ‚Eventisierung' jedoch meist als „böse[r] Kampfbegriff" (Porombka 2003, 125) benutzt. Der Vorwurf richtet sich gegen die Verknüpfung von Literatur/Kunst und Konsum. Ein Literaturevent steht somit im Ruf, nicht ein Werbekonzept umzusetzen, das Literatur bekannt macht, sondern umgekehrt, dass sich die Literatur, um ökonomisch erfolgreich zu sein, dem Geschmack des Massenpublikums anpassen müsse. Zu großen Leseevents zählen zum Beispiel die lit.Cologne, die sich als internationales Literaturfest versteht, dabei durch ihr gutes Marketing auffällt, denn sie wirbt mit großen Namen, ausgefallenen Orten und Literaturpräsentationen wie etwa dem WDR 5-Literaturmarathon, der zum nächtlichen Campieren und Picknicken im Funkhaus einlädt, während bekannte Stimmen aus Funk und Fernsehen 24 Stunden non-stopp aus Büchern vorlesen.

Des Weiteren gibt es Lesewettbewerbe, in deren Zentrum die öffentliche Präsentation von literarischen Texten durch die Schreibenden steht, wie etwa beim „open mike" in Berlin oder bei den „Tagen der deutschsprachigen Literatur" in Klagenfurt, in deren Rahmen der renommierte „Ingeborg-Bachmann-Preis" vergeben wird. Solche Veranstaltungen geraten mitunter in die Kritik, gerade weil die Lesungen vor einer medialen Öffentlichkeit (in Klagenfurt mit Live-TV-Übertragung, Live-Stream im Internet und Publikum im Klagenfurter ORF-Studio) ausgetragen werden. Je mehr Öffentlichkeit, also je größer die gesellige Runde, in der Literatur gemeinsam rezipiert wird, desto größer der Verdacht, dass außerliterarische Kriterien, wie Publikumsunterhaltung und Einschaltquoten, das Niveau der Veranstaltung bestimmen könnten.

Schließlich hat sich mit den Poetry-Slams seit den 1990er Jahren im deutschsprachigen Raum eine weitere Form kollektiver Literaturpräsentation etabliert, bei der junge Literatinnen und Literaten in einem Vortragswettbewerb, der meist in Kneipen oder Kulturzentren stattfindet, die eigenen Texte einem Laienpublikum zur Bewertung darbieten. Die Applausdynamik entscheidet am Ende einer solchen Veranstaltung, welche Performance am meisten überzeugt hat. „Als Slammer anzutreten heißt, sich selbst als Star und ein Stück Literatur als Soundclip zu inszenieren. In erster Linie wird dabei nicht auf literarische Qualität geachtet. Auch schlechte Texte können gewinnen, wenn sie nur gut in Szene gesetzt werden" (Porombka 2003, 132). Im Mittelpunkt steht die konzeptuelle Mündlichkeit der Texte, die selten gedruckt vorliegen, sondern allein für die Präsentation geschrieben sind; dem Publikum kommt eine zentrale Rolle zu, weil es sich nicht passiv verhält, sondern weil es sich schon während des Vortrags aktiv durch Unmutsäußerungen oder Zwischenapplaus einbringt (vgl. Diehr und Diehr 2004, 24).

Als weiterer Ort des kollektiven Lesens ist das Internet zu nennen, das mittels der Kommentarfunktion, sei es in Blogs, in Verkaufsportalen oder in sozialen Netzwerken, eine Form der Gemeinschaft herstellt, bei der die Rezipierenden ihre Lektüreerfahrungen mitteilen und aufeinander reagieren können.

2 Konstellationen und Orte geselligen Lesens

Ausgehend von der Differenz zwischen Produktion und Rezeption lassen sich vier Konstellationen des geselligen Lesens unterscheiden: (1) Produzentinnen und Produzenten lesen Rezipientinnen und Rezipienten vor, (2) privilegierte Rezipierende lesen einer Gemeinschaft vor, (3) Produzierende lesen sich gegenseitig vor und (4) Rezipierende lesen gemeinsam. Alle vier Konstellationen sind mit und ohne den Austausch über das Gelesene bzw. Gehörte anzutreffen und in der Regel an bestimmte Orte der Geselligkeit geknüpft.

Produzierende lesen Rezipierenden vor

Die sogenannte Dichterlesung hat ihren Ursprung in der antiken Tradition der mündlichen Beförderung literarischer Kultur. Noch bis ins Mittelalter war der literarische Vortrag eng verknüpft mit der musikalischen Untermalung durch

Lyra oder Harfe. Rhapsoden, Troubadoure und Minnesänger präsentierten bei Hofe ihre Inhalte, häufig in Form spezifischer Vortragsgattungen wie Elegie oder Epos (vgl. Schön 2001, 4), nicht als Lesungen mit Textvorlage, sondern als freie Gesangsdarbietungen. Im 18. Jahrhundert, in dem sich der Wandel „von der auditiven Rezeption zur optischen Rezeption" (Grimm 2008, 144) vollzog, etablierte sich zeitgleich der moderne Typus der Dichterlesung, wie wir ihn noch heute kennen (vgl. Flaschka 2009, 282; Maye 2012, 39). Es war vor allem der Dichter Friedrich Gottlieb Klopstock, der dem neuen Modus des stillen Für-sich-Lesens misstraute und daher forderte, dass Texte für das Ohr verfasst und auch vorgelesen werden müssten: „Man ist nicht sicher, völlig richtige Erfahrungen zu machen, wenn man den Dichter nur zum Lesen hingiebt, und sich hierauf die Eindrücke sagen läst. Man muß ihn vorlesen, und die Eindrücke sehen" (Klopstock 1969 [1774], 918). Das, was Klopstock hier fordert, lässt sich allerdings nicht als einfache Fortführung antiker oder mittelalterlicher Deklamationspraxen verstehen, denn die Aufführungspraktiken in der Neuzeit unterscheiden sich von denen der Klopstock-Zeit aufgrund geänderter medialer und sozialer Rahmenbedingungen. Mit der Buchkultur und der zunehmenden Lesefähigkeit auf Seiten der Rezipierenden seit Beginn des 18. Jahrhunderts muss das Vorlesen und damit auch der Dichtervortrag als eine „Poetik der Reoralisierung" (Maye 2012, 39) verstanden werden, „als Reaktion auf den zunehmenden Einfluss der Schriftkommunikation" (Maye 2012, 39). Zudem veränderten sich die Räume der Kulturrezeption: „Mit Zunahme der Lesefertigkeit im 17. und 18. Jahrhundert verlagerte sich die Vortragskunst in den Privatbereich" (Grimm 2008, 143–144) der Lesegesellschaften und bürgerlichen Salons, in denen die Autorinnen und Autoren meist vor einem ausgewählten und zudem bekannten Kreis an Zuhörenden auftraten. Doch egal ob privater oder öffentlicher Kreis, immer ist es die Präsenz der Schriftstellerinnen und Schriftsteller, die das Publikum anzieht.

Regelrechte Lesereisen gibt es seit dem 19. Jahrhundert – wie sie etwa für Ludwig Tieck oder Charles Dickens belegt sind. Heute sind sie fester Bestandteil des Verlagsmarketings. Dabei verlagert sich die Rezeption hin zu auditiven und visuellen Aspekten, denn neben den Texten spielen die inszenatorischen Fähigkeiten, der Habitus, die Stimme und damit auch die Sympathiefähigkeit der/des Vortragenden eine zentrale Rolle (vgl. Grimm 2008, 149–151). Rundfunk und Fernsehen geben im 20. Jahrhundert den Autorinnen und Autoren eine Plattform, ihre Texte einem größeren Publikum vorzutragen. Das von den Schreibenden eingesprochene Hörbuch ist eine populäre Variante der Autorenlesung.

Autorenlesungen haben im Laufe der Zeit eine feste Struktur entwickelt: Bildungs- und Kulturinstitutionen laden Autorinnen und Autoren häufig in Kooperation mit einer Buchhandlung zum Vorlesen mit anschließender Diskussion ein. Die Veranstaltung mündet in den Gang zum Verkaufstisch mit der Option, dass die erworbenen Bücher signiert werden, den Rezipientinnen und Rezipienten also ein kurzer persönlicher Kontakt mit den Schreibenden ermöglicht wird.

Weitere Rahmen für den Modus des geselligen Vorlesens bieten Leseveranstaltungen in Kulturvereinen oder anlässlich eines Kultur- oder Literaturfestivals sowie auf Buchmessen. Verschiedene Einrichtungen veranstalten außerdem Lesenächte oder -marathons, bei denen mehrere Autorinnen und Autoren anlässlich eines Literaturpreises und/oder zu einem Rahmenthema eingeladen werden, aus ihren Texten vorzutragen. Im Fokus solcher Veranstaltungen stehen der Happening-Charakter und die Vielfalt an Literaturen, Texten und stimmlichen Realisierungen.

Zu dieser Art der öffentlichen Lesekonstellation gehören ferner Lesewettbewerbe, bei denen die Vortragenden einem größeren Publikum (bisweilen auch einer breiten medialen Öffentlichkeit) gegenüberstehen. Die Entscheidung über die Preiswürdigkeit des vorgetragenen Textes unterliegt entweder einer Fachjury („Ingeborg Bachmann-Preis", „open mike") oder im Falle von Poetry-Slams einem Laienpublikum. Mitunter gibt es bei den von einer Jury ermittelten Preisen auch die separate Kategorie ‚Publikumspreis', der über ein online-voting oder eine Publikumsjury ermittelt wird. Inwieweit der Vortrag und/oder der jeweilige Text Grundlage der Entscheidungen sein soll, variiert je nach Wettbewerbsstatuten.

Davon abzugrenzen sind Poetikdozenturen und -professuren an Universitäten wie Frankfurt/M., Tübingen, Bamberg, Essen oder Zürich. Bei diesem Typus werden in der Regel nicht literarische Texte vorgetragen, sondern Workshops zum kreativen Schreiben mit Studierenden veranstaltet und Vorlesungen zur eigenen Poetologie der Schriftstellerinnen und Schriftsteller gehalten, die vielfach erst in Folge der Dozentur in eine Publikation münden.

Privilegierte Vorlesende lesen vor

Der Ursprung dieses Vorlesemodus liegt in den Kulten von Buchreligionen. Die jeweils als heilig geltende Glaubensschrift (wie Koran, Talmud oder Bibel) wird von einer dem religiösen Verständnis nach legitimierten Person der Glaubensgemeinde vorgetragen. Dabei untersteht dem/r Vorlesenden nicht nur die Auswahl des zu lesenden Textauszugs, sondern er/sie hat durch die Gestaltung des Vortrags auch interpretatorische Macht und gilt als ebenso privilegierter Vermittler wie bei der Dichterlesung der seine eigenen Texte vortragende Autor. Ein weiteres Merkmal dieser Andachtslektüren ist die Wiederholung, denn den zyklisch wiederkehrenden Festen und Feiertagen steht für die Gottesdienste eine begrenzte Zahl von Textstellen aus der jeweiligen „Heiligen Schrift" gegenüber, deren Botschaft durch liturgische Wiederholung aktualisiert und gefestigt wird.

Für das Christentum findet sich etwa in Zisterzienserklöstern die „Regula Benedicti", bei der zirkulierend einer der Mönche bei Tisch als Vorleser den schweigenden Hörern aus der Bibel vorträgt. Ziel ist die Andacht und Ablenkung von etwaigem Genuss der Speisen (vgl. Manguel 1998, 140; Flaschka 2009, 285). In der Neuzeit wird diese Rolle des Vortragenden bei Tisch – vor allem in patriarchal organisierten protestantischen Kulturen – vom ‚Hausvater' übernommen (vgl. Chartier 1990, 157; Steinlein 2004, 13–14).

Jenseits religiöser Zusammenhänge findet sich diese Vorlesesituation auch in anderen hierarchisch gegliederten Institutionen, wie etwa der Schule. Lehrkräfte lesen der Klasse vor oder bestimmen einzelne Schülerinnen oder Schüler zum Vortrag. Hierbei stehen didaktische Ziele im Vordergrund. Der Vortrag der Lehrenden kann zum einen die grundsätzliche Förderung der Aufnahmefähigkeit und des Hörverstehens etwa im Fremdsprachenunterricht, zum anderen die interpretatorische Lenkung der Lerngruppe zum Ziel haben. Im Falle des Vortrags von Schülerinnen und Schülern steht die Verbesserung der Vorlesefähigkeit im Zentrum. Zudem kann die schulische Vortragspraxis in Anlehnung an religiöse Andachtslektüren als Wiederholungslektüre zur moralischen Unterweisung dienen.

Privilegiert sind auch Schauspielerinnen und Schauspieler, die als professionelle Vorlesende – z. B. bei größeren Literaturfestivals – meist schon verstorbenen Literatinnen und Literaten eine Stimme geben und aus deren Texten vortragen. Selten sind diese Vortragenden dann Teil einer eventuell stattfindenden Publikumsdiskussion, vielmehr wird das Publikum das Dargebotene in der Regel schweigend zur Kenntnis nehmen. Ein weiteres Format bildet bei fremdsprachigen Texten die Dopplung von Autorenlesung im Original und Vortrag durch einen Schauspieler oder eine Schauspielerin in der Publikumssprache. Dieses Format kennt dann wiederum das moderierte Publikumsgespräch.

Produzierende lesen sich gegenseitig vor

Neben den literarischen Salons, die sich im 18. und 19. Jahrhundert etablierten und für Schreibende zu einem wichtigen Ort der Präsentation und des kritischen Austauschs ihrer literarischen Arbeiten wurden, bildeten sich regelrechte Dichterbünde (vgl. Hermand 1998). Seit dem Spätmittelalter lassen sich zahlreiche Gruppierungen mit unterschiedlicher Wirkkraft ausmachen. Ihnen allen gemeinsam ist die Idee, im Kreise von Gleichgesinnten und Kompetenten die eigenen Texte vorzustellen und kritisch gewürdigt zu wissen. Bei solchen Werkstattgesprächen präsentieren Schreibende einander ihre zum Teil noch unfertigen Produktionen und diskutieren sie intensiv. Dass das gegenseitige Bekanntmachen der eigenen

Texte auch über einen mündlichen Vortrag erfolgt, reicht über Zirkel wie etwa den „Göttinger Hainbund", den „Kreis der Jenenser Frühromantik", den „George-Kreis" bis hin zur „Gruppe 47", der „Wiener Gruppe" oder das 2005 von Günter Grass initiierte „Lübecker Literaturtreffen" (vgl. Cepl-Kaufmann 2011).

Neben der Vergewisserung durch den Freundeskreis gegen Kritik von außen kann die gegenseitige Beurteilung der vorgetragenen Texte zwar als fruchtbares Verfahren, aber auch als Tribunal wahrgenommen werden. In der Gruppe 47 etwa hatte sich die Bezeichnung ‚Elektrischer Stuhl' (vgl. Richter, zit. n. Epping-Jäger 2012, 264) für den Platz herausgebildet, den die Vortragenden für den Vortrag und die anschließende Diskussion einzunehmen hatten. Hans Werner Richter, der Organisator der Gruppe, teilte mit den jeweils Vorlesenden als Moderator die Bühne, auf der der ‚Elektrische Stuhl' bereitstand. Die Spielregeln besagten, dass die einzige zugelassene Äußerung der Autorinnen und Autoren der vorzutragende Text sei. Danach habe er/sie die Diskussion, die mitunter schonungslos direkt ausfiel, schweigend zu verfolgen (vgl. Richter 1979). Die Lesung von Paul Celan 1952 vor der Gruppe 47 ist nicht nur ein Beispiel für eine vernichtende Kritik, sondern verweist zudem auf den Rahmen der Hörsituation, weil nicht so sehr Celans Gedichte als vielmehr seine Vortragsweise die heftigen Reaktionen der Zuhörenden hervorgerufen hatte. Celans musikalisch-pathetische Intonation verschreckte die auf die „Strategie der Stimm-Monotonie" (Epping-Jäger 2012, 270) eingeschworenen Mitglieder. Er verstieß mit seiner anteilnehmenden Rezitation gegen das „Pathos der Nüchternheit" (Epping-Jäger 2012, 269), auf das sich die Gruppe in scharfer Abgrenzung zur NS-Rhetorik verständigt hatte.

Die einzelnen Gruppen bilden demnach einen ihnen eigenen Vorlesemodus aus, der eng verknüpft ist mit dem jeweiligen Literaturverständnis. Entsprechend lassen sich für die jeweiligen Zirkel spezifische ästhetische Positionen ausmachen, die sich gleichsam als literarische Programmatiken in den Gruppen herausgebildet haben, wie etwa die provokative Ästhetik der expressionistischen Gruppe „Sturm" oder die Ästhetik des ‚Kahlschlags' für die Gruppe 47. Mal stand ein bestimmter Dichter im Zentrum, wie Klopstock für den Göttinger Hainbund oder Stefan George für den nach ihm benannten Kreis, mal ein gesellschaftspolitisches Ziel, wie das der Märzrevolution für das „Junge Deutschland".

Rezipierende lesen gemeinsam

Der höfischen Praxis folgend, entwickelte sich im 18. Jahrhundert eine Gemeinschaftlichkeit des Lesens, die zunächst den aufklärerischen Zielen folgte, die Rezipierenden durch die gemeinsame Lektüre und das Lektüregespräch zu bilden. In Literaturzirkeln und später in Lesegesellschaften etablierte sich diese Form.

Gemeinsames Lesen hieß hier nicht unbedingt lautes Vorlesen, sondern schloss durchaus das gemeinsame, aber stille Lesen an einem dafür eingerichteten Ort, wie dem der Lesekabinette, mit ein. Nicht zu unterschätzen ist, dass sich durch die Vereinsstruktur eine weitere Form der Gemeinschaftlichkeit ergab, nämlich die Kanonbildung. Denn die Lesegesellschaften bestimmten über ihre Buchbestände und Zeitungsabonnements, wodurch sich ein gemeinsamer Lesehorizont herausbildete. Schließlich entwickelte sich in den Lesegesellschaften auch die Gepflogenheit, über das Gelesene gemeinsam zu räsonieren. Das kritische Gespräch entspringt einer aufklärerischen Bildungspraxis, das sich im Laufe der Zeit wandelte zu einem immer mehr dem Amüsement verpflichteten oberflächlichen Austausch über die – meist im Rahmen geselliger Abende laut vorgetragene – Literatur.

Ein weiterer Faktor der Verbreitung gemeinsamen Lesens war der Ausbau des öffentlichen Leihbibliothekswesens, der Gründung literarischer Lesezirkel sowie im 19. Jahrhundert zahlreicher Arbeiterbildungsvereine, die bis zur Jahrhundertwende um 1900 um ein Vielfaches zunahmen (vgl. Handbuch literarisch-kultureller Vereine, Gruppen und Bünde 1998; Jäger 2010b).

Heute finden sich verschiedene Lesezirkel hauptsächlich literaturinteressierter Laien, die den Austausch über Literatur bzw. ihre Lektüreerfahrungen suchen; hierzu gehören private Literaturkreise wie auch solche, die von diversen Bildungseinrichtungen getragen werden. Im Kontext der Leseförderung finden sich Leseclubs, wie sie etwa die „Stiftung Lesen" für Kinder und Jugendliche bundesweit anbietet. Andere Bildungsinstitutionen, darunter zahlreiche (Stadt-) Bibliotheken, bieten ebenfalls breite Leseaktivitäten für Kinder, Jugendliche und Erwachsene an.

Auch im digitalen Raum finden sich Literaturclubs, zum Beispiel „LovelyBooks" oder „GoodReads". Die Lesenden tauschen sich online über Lektüreerfahrungen aus, geben Empfehlungen ab und kommunizieren miteinander über die gelesenen Texte, die sowohl aus den Bereichen Belletristik als auch Sachbuch stammen können. Ein besonderes Phänomen des Social Readings ist der Bereich der *Fanfiction*, der sich auf Internetplattformen zu beliebten Büchern als kreative Form der Reaktion auf Lektüreerfahrungen herausgebildet hat. Zur *Fanfiction* zählt – neben Videos und Bildern – das Weiter- und Umschreiben von literarischen Texten, die auf Fanseiten gemeinsam besprochen werden. Die *Fanfiction* wird auf solchen Seiten veröffentlicht und wiederum von den Fans gelesen und kommentiert (vgl. Baumann 2010).

Im Unterschied zu den lokalen Literaturzirkeln spielt in den Internetforen die geographische Entfernung zwischen den Leserinnen und Lesern keine Rolle. Eine Diskussion über Bücher entsteht sowohl über die Kommentarfunktion als auch über sich widersprechende Kritiken.

Weiterführende Literatur

Geselliges Vergnügen. Kulturelle Praktiken von Unterhaltung im langen 19. Jahrhundert (2011).
Hrsg. von Anna Ananieva, Dorothea Böck und Hedwig Pompe. Bielefeld.

Handbuch Medien der Literatur (2013). Hrsg. von Natalie Binczek, Till Dembeck und Jörgen
Schäfer. Berlin.

im Hof, Ulrich (1982). *Das gesellige Jahrhundert. Gesellschaft und Gesellschaften im Zeitalter
der Aufklärung.* München.

Schön, Erich (1987). *Der Verlust der Sinnlichkeit oder Die Verwandlungen des Lesers. Mentalitätswandel um 1800.* Stuttgart.

Literatur

Angenendt, Arnold (⁴2009). *Geschichte der Religiosität im Mittelalter.* Darmstadt.

Baumann, Petra Martina (2010). „Lesen. Schreiben. Beta-Lesen. Literarische Fankultur im
Internet". *lesen. heute. perspektiven.* Hrsg. von Eduard Beutner, Ulrike Tanzer. Innsbruck:
211–226.

Brandes, Helga (1994). „Die Entstehung eines weiblichen Lesepublikums im 18. Jahrhundert.
Von den Frauenzimmerbibliotheken zu den literarischen Damengesellschaften". *Lesen
und Schreiben im 17. und 18. Jahrhundert. Studien zu ihrer Bewertung in Deutschland,
England, Frankreich.* Hrsg. von Paul Goetsch. Tübingen: 125–133.

Briese, Olaf (2011). „Geselligkeit, Unterhaltung, Vergnügen und die Gebildeten ihrer Verächter.
Das Beispiel Berlin". *Geselliges Vergnügen. Kulturelle Praktiken von Unterhaltung im
langen 19. Jahrhundert.* Hrsg. von Anna Ananieva, Dorothea Böck und Hedwig Pompe.
Bielefeld: 283–299.

Cepl-Kaufmann, Gertrud (2011). „Gruppenfieber. Vom Fruchtbringenden Palmbaum zum poetischen Baukran". *Schreibwelten – Erschriebene Welten. Zum 50. Geburtstag der Dort-
munder Gruppe 61.* Hrsg. von Gertrud Cepl-Kaufmann und Jasmine Grande. Essen: 80–94.

Chartier, Roger (1990). *Lesewelten. Buch und Lektüre in der frühen Neuzeit.* Frankfurt/M., New
York und Paris.

Diehr, Achim und Christina Diehr (2004). „Reisende Dichter, singende Hühner und fliehende
Freundinnen. Das Verhältnis zwischen Sänger und Publikum in Minnesang und Slam
Poetry. Ein Unterrichtsmodell für die gymnasiale Oberstufe". *Walther verstehen – Walther
vermitteln. Neue Lektüren und didaktische Überlegungen.* Hrsg. von Thomas Bein.
Frankfurt/M.: 9–28.

Epping-Jäger, Cornelia (2012). „‚Diese Stimme mußte angefochten werden'. Paul Celans Lesung
vor der Gruppe 47 als Stimmereignis". *Berührungen. Komparatistische Perspektiven
auf die frühe deutsche Nachkriegsliteratur.* Hrsg. von Günter Butzer und Joachim Jacob.
Paderborn: 263–280.

Flaschka, Horst (2009). „Vom Vorlesen und seiner Geschichte". *Visionen und Hoffnungen in
schwieriger Zeit. Kreativität – Sprachen – Kulturen.* Hrsg. von Lutz Götze und Claudia
Kupfer-Schreiner. Frankfurt/M.: 279–292.

Geselliges Vergnügen. Kulturelle Praktiken von Unterhaltung im langen 19. Jahrhundert (2011).
Hrsg. von Anna Ananieva, Dorothea Böck und Hedwig Pompe. Bielefeld.

Gordesiani, Rismag (1986). *Kriterien der Schriftlichkeit und Mündlichkeit im homerischen Epos.* Frankfurt/M.

Greven, Jochen (1973). „Grundzüge einer Sozialgeschichte des Lesens und der Lesekultur". *Lesen. Ein Handbuch.* Hrsg. von Alfred Clemens Baumgärtner. Hamburg: 117–133.

Grimm, Gunter E. (2008). „‚Nichts ist widerlicher als eine sogenannte Dichterlesung.' Deutsche Autorenlesungen zwischen Marketing und Selbstpräsentation". *Schriftsteller-Inszenierungen.* Hrsg. von Gunter E. Grimm und Christian Schärf. Bielefeld: 141–167. http:// www.goethezeitportal.de/fileadmin/PDF/db/wiss/epoche/grimm_dichterlesung.pdf (15. Juli 2015).

Handbuch literarisch-kultureller Vereine, Gruppen und Bünde 1825–1933 (1998). Hrsg. von Wulf Wülfing, Karin Bruns und Rolf Parr. Stuttgart und Weimar.

Handbuch Medien der Literatur (2013). Hrsg. von Natalie Binczek, Till Dembeck und Jörgen Schäfer. Berlin.

Hanebutt-Benz, Eva-Maria (1985). *Die Kunst des Lesens. Lesemöbel und Leseverhalten vom Mittelalter bis zur Gegenwart.* Frankfurt/M.

Hermand, Jost (1998). *Die deutschen Dichterbünde.* Köln.

im Hof, Ulrich (1982). *Das gesellige Jahrhundert. Gesellschaft und Gesellschaften im Zeitalter der Aufklärung.* München.

Jäger, Georg (2010a). „Leihbibliotheken und Lesezirkel". *Geschichte des deutschen Buchhandels im 19. und 20. Jahrhundert.* Bd. 1: *Das Kaiserreich 1871–1918.* Teil 3. Hrsg. von Georg Jäger. Berlin und New York: 281–313.

Jäger, Georg (2010b). „Lesegesellschaften und literarisch-gesellige Vereine". *Geschichte des deutschen Buchhandels im 19. und 20. Jahrhundert.* Bd. 1: *Das Kaiserreich 1871–1918.* Teil 3. Hrsg. von Georg Jäger. Berlin und New York: 314–341.

Kerlen, Dietrich (2001). „Druckmedien". *Handbuch Lesen.* Hrsg. von Bodo Franzmann, Klaus Hasemann, Dietrich Löffler und Erich Schön unter Mitarb. von Georg Jäger, Wolfgang R. Langenbucher und Ferdinand Melichar. Baltmannsweiler: 240–280.

Klopstock, Friedrich Gottlieb (1969 [1774]). „Deutsche Gelehrtenrepublik. Jhre Einrichtung. Jhre Geseze. Geschichte des lezten Landtags. Auf Befehl der Aldermänner durch Salogast und Wlemar". *Werke in einem Band.* Hrsg. von Karl August Schleiden. München und Wien: 875–929.

Koszyk, Kurt (1973). „Die Zeitung". *Lesen. Ein Handbuch.* Hrsg. von Alfred Clemens Baumgärtner. Hamburg: 72–81.

Latacz, Joachim (2001). *Troia und Homer. Der Weg zur Lösung eines alten Rätsels.* München.

Manguel, Alberto (1998). *Eine Geschichte des Lesens.* Berlin.

Marwinski, Felicitas (1991). *Lesen und Geselligkeit.* Städtische Museen Jena.

Maye, Harun (2012). „Eine kurze Geschichte der deutschen Dichterlesung". *Sprache und Literatur* 43.110 (2012): 38–49.

Medick, Hans (1992). „Buchkultur und lutherischer Pietismus. Buchbesitz, erbauliche Lektüre und religiöse Mentalität in einer ländlichen Gemeinde Württembergs am Ende der frühen Neuzeit 1748–1820". *Frühe Neuzeit – Frühe Moderne? Forschungen zur Vielschichtigkeit von Übergangsprozessen.* Hrsg. von Rudolf Vierhausen. Göttingen: 297–326.

Nickel-Bacon, Irmgard (2011). „Literarische Geselligkeit und neue Praktiken der Unterhaltung in der Kinder- und Jugendliteratur der Biedermeierzeit". *Geselliges Vergnügen. Kulturelle Praktiken von Unterhaltung im langen 19. Jahrhundert.* Hrsg. von Anna Ananieva, Dorothea Böcke und Hedwig Pompe. Bielefeld: 157–199.

Parr, Rolf (2000). *Interdiskursive As-Sociation. Studien zu literarisch-kulturellen Vereinen, Gruppen und Bünden zwischen Vormärz und Weimarer Republik.* Tübingen (Studien und Texte zur Sozialgeschichte der Literatur. Hrsg. von Wolfgang Frühwald, Georg Jäger, Dieter Langewiesche, Alberto Martino und Rainer Wohlfeil. Bd. 75).

Parr, Rolf (2004). „Literatur als literarisches (Medien-)Leben. Biografisches Erzählen in der neuen deutschen ‚Pop'-Literatur". *Deutschsprachige Gegenwartsliteratur seit 1989. Zwischenbilanzen – Analysen – Vermittlungsperspektiven.* Hrsg. von Clemens Kammler und Thorsten Pflugmacher. Heidelberg: 183–200.

Plumpe, Gerhard und Ingo Stöckmann (2001). „Autor und Publikum – zum Verhältnis von Autoren und Lesern in medienspezifischer Perspektive". *Handbuch Lesen.* Hrsg. von Bodo Franzmann, Klaus Hasemann, Dietrich Löffler und Erich Schön unter Mitarb. von Georg Jäger, Wolfgang R. Langenbucher und Ferdinand Melichar. Baltmannsweiler: 298–328.

Pompe, Hedwig (2012). *Famas Medium. Zur Theorie der Zeitung in Deutschland zwischen dem 17. und dem mittleren 19. Jahrhundert.* Berlin und Boston.

Porombka, Stephan (2003). „Vom Event-Event zum Non-Event-Event und zurück. Anmerkungen zum notwendigen Zusammenhang von Literatur und Marketing". *Auf kurze Distanz. Die Autorenlesung: O-Töne, Geschichten, Ideen.* Hrsg. von Thomas Böhm. Köln: 125–138.

Pott, Hans-Georg (2000). „Die Sehnsucht nach der Stimme. Das Problem der Oralität in der Literatur um 1800 (Hölderlin, Goethe, Schleiermacher)". *Lesen und Schreiben in Europa 1500–1900.* Hrsg. von Roger Chartier und Alfred Messerli. Basel: 517–532.

Richter, Hans Werner (1979). „Wie entstand und was war die Gruppe 47?" *Hans Werner Richter und die Gruppe 47.* Hrsg. von Hans A. Neunzig. München: 41–180.

Röhrig, Paul (1987). „Erwachsenenbildung". *Handbuch der deutschen Bildungsgeschichte.* Bd. 3. *1800–1870. Von der Neuordnung Deutschlands bis zur Gründung des Deutschen Reiches.* Hrsg. von Karl-Ernst Jeismann und Peter Lundgreen. München: 334–361.

Ruppelt, Georg (2001). „Bibliotheken". *Handbuch Lesen.* Hrsg. von Bodo Franzmann, Klaus Hasemann, Dietrich Löffler und Erich Schön unter Mitarb. von Georg Jäger, Wolfgang R. Langenbucher und Ferdinand Melichar. Baltmannsweiler: 394–431.

Schlich, Jutta (2003). *Eventisierung der Popliteratur: Der Sound des Jetzt. Interview zur Poetik-Dozentur in Heidelberg 2003* (im Interview mit Ulrich Rüdenauer). http://www.literaturkritik.de/public/rezension.php?rez_id=6123&ausgabe=200306 (27. Februar 2015).

Schön, Erich (1987). *Der Verlust der Sinnlichkeit oder Die Verwandlungen des Lesers. Mentalitätswandel um 1800.* Stuttgart.

Schön, Erich (1990). „Weibliches Lesen: Romanleserinnen im späten 18. Jahrhundert". *Untersuchungen zum Roman von Frauen um 1800.* Hrsg. von Helga Gallas und Magdalene Heuser. Tübingen: 20–40.

Schön, Erich (2001). „Geschichte des Lesens". *Handbuch Lesen.* Hrsg. von Bodo Franzmann, Klaus Hasemann, Dietrich Löffler und Erich Schön unter Mitarb. von Georg Jäger, Wolfgang R. Langenbucher und Ferdinand Melichar. Baltmannsweiler: 1–85.

Scholz, Manfred Günter (1980). *Hören und Lesen: Studien zur primären Rezeption der Literatur im 12. und 13. Jahrhundert.* Wiesbaden.

Schulze, Gerhard (1998). „Die Zukunft der Erlebnisgesellschaft". *Eventmarketing. Grundlagen und Erfolgsbeispiele.* Hrsg. von Oliver Nickel. München: 303–316.

Steinlein, Rüdiger (2004). „Vom geselligen Hörer zum einsamen Leser. Über die Verbürgerlichung mündlicher Erzählkommunikation". *Kinder- und Jugendliteratur als Schöne Literatur. Gesammelte Aufsätze zu ihrer Geschichte und Ästhetik.* Hrsg. von Rüdiger Steinlein. Frankfurt/M.: 9–24.

Stützel-Prüsener, Marlies (1981). „Die deutschen Lesegesellschaften im Zeitalter der Aufklärung". *Lesegesellschaften und bürgerliche Emanzipation. Ein europäischer Vergleich*. Hrsg. von Otto Dann. München: 71–86.

Tenfelde, Klaus (1981). „Lesegesellschaften und Arbeiterbildungsvereine: Ein Ausblick". *Lesegesellschaften und bürgerliche Emanzipation. Ein europäischer Vergleich*. Hrsg. von Otto Dann. München: 253–274.

Wehinger, Brunhilde (2011). „,Alles will jetzt lesen!' Formen der Geselligkeit in öffentlichen Bibliotheken und Lesekabinetten im Zeichen der Aufklärung". *Raum und Gefühl. Der Spatial Turn und die neue Emotionsforschung*. Hrsg. von Gertrud Lehnert. Bielefeld: 173–188.

Welke, Martin (1981). „Gemeinsame Lektüre und frühe Formen von Gruppenbildungen im 17. und 18. Jahrhundert: Zeitungslesen in Deutschland". *Lesegesellschaften und bürgerliche Emanzipation. Ein europäischer Vergleich*. Hrsg. von Otto Dann. München: 29–53.

Wunderlich, Heinke (1980). „,Buch' und ,Leser' in der Buchliteratur des 18. Jahrhunderts". *Die Buchillustration im 18. Jahrhundert*. Hrsg. von der Arbeitsstelle Achtzehntes Jahrhundert (Wuppertal). Heidelberg: 93–123.

Alexandra Pontzen
III.2.4 Relektüre – Wiederlesen

Der Terminus ‚Relektüre' (als Entsprechung zu engl. ‚rereading' bzw. zu frz. ‚relecture') ist im Deutschen jung und nicht im Wörterbuch verzeichnet; er meint das
wiederholte, zwei- oder mehrfache Lesen eines Textes sowie im engeren literaturwissenschaftlichen Sinne das so entstehende Deutungsprodukt, die gegenüber
der Erstlektüre differierende oder sogar neue Lesart eines literarischen Werkes.

(1) Die wiederholte Lektüre bzw. das Wiederlesen kann als Kulturtechnik
sowohl eine Lesestrategie bezeichnen wie auch eine rituelle Praxis oder Deu-
tungsmethode; Relektüre hat dementsprechend je andere alltagspraktische,
lesedidaktische, psycho-ästhetische bzw. fachwissenschaftlich-philologische
Ursachen und Implikationen. Gemeinsam ist ihnen die mit der Wiederholung
verbundene Idee der Intensivierung. Unterschiedlich wird indes deren Wirkung
als sinn-, verständnis-, bedeutungs- und identitätsbildend bzw. (im Gegenteil)
-unterminierend beurteilt, abhängig davon, welches von den der Wiederholung
inhärenten Elementen jeweils fokussiert wird – Identität oder Nicht-Identität.
Diese Leitdifferenz lässt sich sowohl auf das zu Lesende, den Text, als auch auf
den Akt des Lesens und den/die Lesende(n) abbilden. Denn in der Wiederholung
stellt sich die doppelte Frage, ob wirklich derselbe/dieselbe dasselbe auf dieselbe
Weise tut, wenn er/sie einen Text zum wiederholten Male liest. Die literaturwissenschaftlichen Methoden des 20. Jahrhunderts unterstellen, je nach produkti-
ons-, werk- oder rezeptionsästhetischer Ausrichtung, mindestens einer der Komponenten Veränderung in der Wiederholung und halten andere für invariant.

(2) Lesehistorisch und -soziologisch ist davon auszugehen, dass in Zeiten
geringer Alphabetisierung und schwer erreichbarer Buchmedien, also bis zum
Ende des 18. Jahrhunderts, die „intensive Wiederholungslektüre" (Engelsing 1973,
122) die Regel unter den Gewohnheitslesern bildete und häufig Texten mit einem
erzieherischen oder moralischen Anspruch galt, etwa solchen aus dem Bereich
kirchlicher Literatur (Engelsing 1973, 124). Die Frage, inwiefern sich die Charakteristika einer derartigen Lesehaltung auf literarische Texte nicht-heteronomer
Natur übertragen lassen, konstituiert sowohl für das Mittelalter als auch für die
Moderne einen Gegenstand des Forschungsinteresses. Unter den Vorzeichen von
Zensur (Calinescu 1993, 275–280) bzw. digitalem Umbruch erweitert sich das Betä-
tigungsfeld der wiederholenden Intensivierung auf intermediale Relektüren von
Hypertexten (Joyce 1998) oder auf solche zum Zweck der Entschlüsselung des
‚zwischen den Zeilen' Verborgenen.

(3) In der literarischen Wertung gilt die wiederholt ergiebige Lesbarkeit eines
Textes als Indiz seiner poetischen Verdichtung und – seit der Kopplung von Relek-

https://doi.org/10.1515/9783110365252-014

türe und Textqualität um 1800 – als Selektionskriterium, etwa für die Kanonisierbarkeit eines Werkes: „Eine klassische Schrift muß nie ganz verstanden werden können." (Schlegel 1967, 149, Fr 20)

In der antiken Rhetorik dient das Kriterium der Wiederholbarkeit als Leitdifferenz von ‚Verbrauchsrede' und ‚Wiedergebrauchsrede'. Unter Letztere fallen auch „fixierte Reden zwecks wiederholbarer Evokation kollektiver, als sozial relevant geltender Bewußtseinsakte", die dem entsprechen, „was in Gesellschaften gelockerter Sozialordnung als ‚Literatur' oder ‚Dichtung' auftritt" (Lausberg [4]1971, 17, § 16,3). Als implizites Kriterium zur Textsortenunterscheidung dient Wiederholbarkeit von Lektüre bis heute (im Rückverweis auf textstrukturelle Eigenheiten, die Relektüre verlangen) als Marker von Literarizität bzw. Poetizität im Sinne des russischen Formalismus sowie zur philosophischen Wesensbestimmung von Kunst (Fricke 2000) und Werkcharakter.

(4) Wiederholte Lektüre ist Grundlage aller literaturwissenschaftlichen Arbeitsweisen (vgl. Leitch 1987) und bildet den impliziten Bezugsrahmen ihrer Aussagerelevanz sowie ihrer Deutungshorizonte. Abhängig von der jeweiligen (literaturwissenschaftlichen) Methode stehen bei der Relektüre hermeneutisch-verifizierende oder dekonstruktivistisch-unterminierende Lektüreziele im Vordergrund. Deren Differenzen leiten sich aus unterschiedlichen Konzeptionierungen von Textbedeutung und Wiederholungsakt ab und tragen mit der Rezeptionsästhetik auch dem individuellen Leser und dessen Erwartungen Rechnung.

Im heutigen fachwissenschaftlichen Gebrauch von ‚Relektüre' steht, wie häufig im angelsächsischen ‚Rereading', der Aspekt einer überprüfenden Revision (‚revisiting') der vorherigen bzw. der Erst-Lektüre im Vordergrund. Die Revisionsabsicht kann dabei sowohl den eigenen Erst-Leseeindrücken gelten wie auch einer verbreiteten oder dominanten Lesart des Textes oder einer prominenten Interpretation durch einen Autor oder Theoretiker. Methodologisch fokussierte Relektüren unter dem Vorzeichen der Alterität verstehen sich zudem häufig als grundsätzliche Überprüfung der historischen und kulturellen Selektions- und Deutungsmechanismen, die zur Aufnahme eines Werks in den Kanon einer Nationalliteratur beigetragen oder, umgekehrt, seine Kanonisierung verhindert haben (vgl. etwa die Reihe „Re-Reading the Canon", die feministische Lektüren ‚klassischer' Texte präsentiert: http://www.psupress.org/books/series/book_SeriesReReading.html, 13. Juni 2015).

(5) Als Subgenre medialer Literaturkritik unterzieht die Rubrik ‚wieder(ge)lesen'/‚rereading' ältere Texte einer Aktualitätsprüfung, in der Regel mit dem Ziel, sie dem Vergessen zu entreißen (vgl. etwa im Guardian http://www.theguardian.com/books/series/rereading; 13. Juni 2015). Der Bezugspunkt der Relektüre liegt dabei meist in der Literaturgeschichte oder dem Kanon, seltener in der individuellen oder generationellen Lesebiographie des Kritikers.

(6) Jenseits der literaturwissenschaftlichen Methodik und Praxis bezeichnet Wiederlesen auch eine häufig ästhetisch oder biographisch begründete Lektürepraxis von Literaturliebhabern, die mit der Rezeption eines Textes eindrucksvolle poetische oder lebensgeschichtliche Erfahrungen verbinden und diese (z. T. zyklisch) wiederholen (seltener: überprüfen) möchten. Naiv praktiziert, ermöglicht Relektüre dann ein (in seiner Bekanntheit beruhigendes) Spiel mit dem ‚make believe' des Fiktionalen oder dient in der Spielart des ‚reflective rereading' auch als anthropologische Methode zur Selbsterkenntnis des Lesers (vgl. Meyer Spacks 2011): „Wenn wir eine Geschichte zum ersten Mal lesen, ist unsere Aufmerksamkeit auf die Geschichte gerichtet, bei den nachfolgenden Lektüren auf uns selbst." (Leitch 1987, 495, meine Übersetzung, A.P.) Das selbstreflexive Moment erklärt das Faszinosum eigener Lesebiographie in der Vermischung von Lebens- und Leseerfahrung, versinnbildlicht im „Buch der Erinnerung" (Manguel 1999, 71–73), und auch das Interesse am Phänomen der Relektüre von Kinderbüchern und anderen ‚Lebensbüchern' im Alter.

Unter veränderten sozial- und mentalitätsgeschichtlichen Vorzeichen schreibt sich in der (auto-)biographischen Relektüre die bürgerliche Kultur des ‚Lieblingszitats' fort, das sich ebenfalls aus einer als ‚Lieblingslektüre' zelebrierten Wiederholungslektüre speist, die überdies dem Auswendiglernen dient (vgl. Engelsing 1973, 131) und als Form der Literaturaneignung, etwa für das Bildungsbürgertum, zugleich identitätsstiftend und sozial-distinktiv wirkt (vgl. Schneider 2004, 229).

1 Hauptaspekte der Relektüre

Relektüre oder wiederholte Lektüre realisiert sich in historisch und systematisch unterschiedlichen Erscheinungsformen: als ein intensiver Lesemodus, als hermeneutische Strategie im engeren lesedidaktischen Verstehens- und im weiteren kulturellen Deutungskontext oder als religiös-rituelle oder ästhetisch-therapeutische Aneignung und Meditation von Texten. Die je anderen impliziten und expliziten Erklärungsmodelle der Relektüre referieren zum einen auf die medien- und sozialhistorische Distributionssituation von Texten, also auf eine Art quantitative Mangelsituation, die qualitativ durch intensivierende Mehrfachlektüre zu kompensieren ist. Werkbezogene Deutungsansätze hingegen betonen eine durch komplexe inhärente Strukturen und die Überdeterminierung von Texten verursachte Notwendigkeit der Mehrfachlektüre als einer Lesestrategie. Sie überführt die räumlich gedachte semantische Vielschichtigkeit eines Textes in ein zeitliches Modell der Entfaltung (etwa des „vierfachen Schriftsinns") in mehreren Lesevorgängen der allegorischen Übertragung. Werden Sinn oder Bedeutung v. a. als transzendent oder sakral konzeptualisiert, eröffnet die mehrfache Lektüre die Möglichkeit einer kontemplativen, häufig inkarnierend gedachten Verbindung des Lesenden mit dem Text. Das Rituelle dieses Verfahrens kann in säkularen Kontexten auch nach Auffassung Sigmund Freuds als rein sinnlich-ästhetisches Vergnügen des Lesers an der Wiederholung realisiert werden. Wird die Bedeutung eines Textes, wie im Kontext der Dekonstruktion, als letztlich nicht-fixierbar gedacht, weil Repräsentationslogik und Ursprungs-Metaphysik von Sprache als Referenzsystem sowie die phänomenologische Rückbeziehung von Sinn auf Intention in Frage gestellt sind, dann erscheint die Relektüre nicht als Sonder-, sondern als Regelfall jedweder Lektüre, die dann ohne Annäherung an einen ,verborgenen' Sinnkern plurale, dynamisch sich wandelnde Lesarten generiert. Sie sind, aus Sicht der Dekonstruktion, Charakteristika der Lektüre selbst, nicht aber Folge sich verändernder Befindlichkeiten des Lesenden (Rosebrock 1994, 57), sondern vielmehr evoziert durch die nicht-intentionale Rhetorizität als das strukturelle Moment, dessentwegen Texte von sich selbst differieren, weil etwa Aussageform und -inhalt nicht übereinstimmen.

Die strukturell vieldeutige Verfasstheit bedingt in Wolfgang Isers Rezeptionsästhetik auch die Subjektivität des Lesenden, namentlich als Subjektivitätseffekt der Struktur, insofern der Leser von seinen, ebenfalls aus Lektüre generierten, Vorerwartungen ebenso bestimmt wird wie von den konkreten Aktualisierungen literarischer Codes in der jeweils ,neuen Lektüre'.

Dass auch Physiologie und Psychologie des Lektüreakts auf partielle oder prinzipielle Wiederholung angelegt sind, verdeutlichen theoretische Modelle des Lesens ebenso wie neuere empirische Untersuchungen.

Das Phänomen der Relektüre umfasst also systematisch unterscheidbare repetitive Aspekte. Sie betreffen: (1) den Akt des Lesens (seine empirisch-physiologischen, psychologischen, psychoanalytischen und philosophischen Spezifika), (2) das Objekt der Lektüre, die Verfasstheit des Textes (als strukturiertes Ensemble von Zeichen in einer ,Reihe' oder Tradition) einschließlich der ihm angemessenen Deutungsmethoden sowie (3) die Konzeptualisierung der Wiederholung, im Text selbst wie in seiner literaturwissenschaftlichen Lektüre (als Re-Duplikation eines als selbstidentisch gedachten Vorgangs, dessen variierende Dopplung oder grundsätzliche dialektische Konstituierung gemäß Jacques Derridas ,Am Anfang war die Wiederholung'-Diktum, dass „der Wiederholung nichts voranging" [Derrida 1976 [1967], 450]).

2 Lesen als Wiederholung: Physiologisch – psychologisch – psychoanalytisch – philosophisch

Als Kulturtechnik wird das Lesen erlernt, d. h. eingeübt, wobei Wiederholung das konstitutive Moment dieser Übung ist, insofern nämlich die Identifikation von Zeichen die Vertrautheit mit dem Schriftbild oder, je nach Lernmethode, seinem lautlichen Pendant voraussetzt und umso erfolgreicher verläuft, je höher der Grad des Wiedererkennens ist. Prominente Berichte über das Lesenlernen betonen die Bedeutung der Wiederholung auf dem Weg vom Vorlesen über das Auswendiglernen zum Selbst-Lesen: „Ich kletterte auf mein Eisenbett mit dem Buch ‚Waisenkind' von Hector Malot, das ich auswendig kannte; halb rezitierte ich, halb entzifferte ich, ich nahm mir alle Seiten nacheinander vor: Als die letzte Seite umgeblättert war, konnte ich lesen." (Sartre 1964, 46)

Die experimentelle Leseforschung hat über die moderne Augenbewegungsforschung ältere Forschungshypothesen (vgl. Huey 1968 [1908]) bestätigen können, denen zufolge der Lesevorgang nicht fließend verläuft, sondern die Augenbewegungen in ruckhaften Sprüngen (Sakkaden) und dazwischenliegenden Ruhepausen (Fixationen) bestehen, während derer das eigentliche ‚Lesen' bzw. Erkennen der Schrift erfolgt. Den sich dabei abzeichnenden „Wortüberlegenheitseffekt" (Christmann und Groeben 2001, 149), d. h. den Umstand, dass sinnhafte Wörter besser identifiziert und memoriert werden als Reihen von Einzelzeichen, erklärt man inzwischen damit, dass es sich um „dem Leser bekannte Einheiten [handelt], die er im Gedächtnis gespeichert hat" (Günther 1996, 924), wobei die moderne Lese- und Worterkennungsforschung im Unterschied zur älteren das Phänomen nicht auf der Wahrnehmungs-, sondern auf der Sprachverarbeitungsebene ansiedelt. Für den gelingenden Prozess der sich entfaltenden Lesefähigkeit gelten Automatisierung, Flexibilisierung, Regularisierung und Intentionalität als die entscheidenden Modalitäten (vgl. Aust 1996, 1173–1176), wobei insbesondere Automatisierung und Regularisierung auf Wiederholung beruhen.

Auch beim geübten Leser von Alphabet- und Silbenschriften entscheiden Lesepraxis und visuelles Wiedererkennen über die Lesegeschwindigkeit (zur Funktion wiederholender Lesestrategien in der Lesedidaktik vgl. Rosebrock und Nix [7]2014), indem die jeweiligen Augenfixationen, abhängig vom Wiedererkennungsgrad, unterschiedlich viele Wörter auf einmal erfassen. Dabei sind Steigerungen von 5–6 Wörtern bis zu Fixationen, die einen ganzen Absatz erfassen, möglich, abhängig von Erfahrung und Lesequantität der Probanden. Das Erkennen von Wörtern hängt von deren Bekanntheitsgrad (für den visuellen Wortschatz) ab (vgl. Inhoff und Rayner 1996, 946). Je weniger Fixationen pro Wort zur

Worterkennung nötig sind, desto schneller kann man einen Text (stumm) lesen; je länger das Wort, umso höher ist die Wahrscheinlichkeit einer Mehrfachfixation; je häufiger sein Vorkommen, umso kürzer die Fixationszeit. Wiederholung rhythmisiert demnach den Lesevorgang, indem sie ihn (im Falle der Wortwiederholung) einerseits beschleunigt, andererseits, als wiederholte Fixation, verlängert. Zudem bestimmt Wiederholung den Lesevorgang, was Forschungen zu Eye-Tracking als nicht linearem, sondern sprunghaftem und dabei z. T. repetitivem Prozess gezeigt haben: 5–15 Prozent aller Fixationen sind Regressionen, bei denen die Augen im Text zurückgehen und schon Gelesenes wiederholt in den Blick nehmen (vgl. Inhoff und Rayner 1996, 945).

Das verweist auf dem Lesevorgang inhärente Anteile von Wiederholung, ausgehend von der Annahme, dass die betreffenden Prozesse „eher zyklisch als linear und sowohl gleichzeitig als auch nacheinander ablaufen" (Aust 1983, 235). Insofern korrigiert die empirische Leseforschung eine Konzeptualisierung von Lektüre/*lecture* als „Akt des Auffassens von der materialen, schriftsprachlichen Verfasstheit eines Textes, der dem Verstehen vorausliegt" (Campe 2007, 385).

Auch aus Sicht der Kognitionspsychologie erscheint Lesen heute als komplexer und v. a. interaktiver Vorgang, dessen Wechselseitigkeit rekursive Strukturen impliziert. Während ältere Kommunikationsmodelle das Lesen als tendenziell passiven Akt der Dekodierung verstanden haben, gilt Lesen heute fraglos als Text/Leser-Interaktionsprozess, in dem das Moment der Wiederholung u. a. in Gestalt von Rückkopplungsschleifen konstitutiv ist, als „kognitiv-konstruktive Interaktion zwischen Textinformation und (Vor-)Wissen der Rezipienten/innen" (Christmann und Groeben 2001, 147) – und das textsortenunabhängig. Insgesamt erweisen sich auf der Ebene des Textverständnisses kohärenzerzeugende Faktoren (wie Koreferenzen, d. h. mehrfache Bezeichnung desselben, zu denen u. a. Rekurrenzen, wörtliche Wiederholungen, beitragen) als Hilfen zum Verständnis satzübergreifender Bedeutungsstrukturen (vgl. Christmann und Groeben 2001, 158). Aus lesepsychologischer Sicht begünstigen damit textuelle Wiederholungsstrukturen die Lesegeschwindigkeit und das Textverständnis; bei der Bestimmung von Verständlichkeitsdimensionen in der Modellierung von Textrezeption spielen „semantische Redundanz" und „kognitive Strukturierung" eine entscheidende Rolle (Groeben 1978, zit. n. Christmann und Groeben 2001, 181). Sie verweisen auf Strukturen der Wiederholung im Text, die zugleich dem Akt des Lesens, physiologisch wie kognitiv, inhärent scheinen. Auch verbreitete Lese- und Rezeptionsstrategien, wie die SQ3R-Methode nach Francis P. Robinson (*Survey, Question, Read, Recite, Review*), fokussieren Elemente der Wiederholung zur Optimierung des Textverstehens sowohl als totale Abschlusswiederholung (*Review*/Repetieren) als auch als Rekapitulation (*Recite*) während des Leseprozesses (vgl. Christmann und Groeben 2001, 192–193). Auch in der metakognitiven Überwachung des

Leseprozesses durch den Leser spielen Wiederholungen eine wichtige Rolle zum Abbau von Verstehensdefiziten.

Insofern enthält jede Lektüre eine (zumindest partielle) Relektüre, und Lesen als Vorgang hat auf den Ebenen der visuellen Wahrnehmung sowie kognitiven Verarbeitung Wiederholungscharakter, der gemäß Erkenntnissen der kognitiven Entwicklungspsychologie, der *Cognitive Science* und der Gedächtnistheorie auf die „konservative Natur mentaler Repräsentationen" verweist (Dürness 1993, 190, zit. n. Theunissen und Hühn, Sp. 744).

Komplementär zur kognitionspsychologischen Fokussierung der visuellen Bedeutung der Schrift, insistiert das Modell einer ‚inneren Stimme' (*inner speech*) mit Hinweis auf Phänomene der Subvokalisation auf der Bedeutung der Stimme auch beim (äußerlich) lautlosen Lesen. Konzeptualisiert als ein „aufgrund von Schrift zu sich selbst Sprechen in fremdem Namen" (Weimar ²2010, 67), erscheint Lesen als simultane Versprachlichung der Schrift und Vernehmen einer (inneren) Stimme, also in sich als mediale Dopplung bzw. Wiederholung.

Auch aus Sicht der Psychoanalyse Freuds ist Lesen Wiederholung, und zwar des (vom Autor und Leser) Verdrängten, das als Unbewusstes gelesen wird und seinerseits liest: Freuds Konzeption vom tagträumenden Dichter versteht literarische Textproduktion als einen vom Lustprinzip bestimmten Primärprozess und einen vom Realitätsprinzip geleiteten rationalen Sekundärprozess; deren textgenetische und -inhärente Überlagerungen (vgl. Antonsen 2010, 269–270) können durch (wiederholte) Lektüre analytisch geschieden werden. Insofern wird im Text das Unbewusste des Autors lesbar; zugleich aber liest der Leser sein eigenes Verdrängtes, das in Gestalt von Fehllektüren und Verlesern wiederkehrt, sodass gilt: „Das Unbewußte ist ein Leser" (Felman 1988, 205). Es produziert Lektüren, darunter die im Freud'schen Sinne eigentlich verfehlten. Denn Verlesen ist zwangsläufiger Effekt des Lesens, das so „als Wiederholungsakt/performative Artikulation des Akts der Verfehlung des Lesens lesbar" wird (Strowick 2002, 167). Auch mit Jacques Lacan bleibt die Wiederholung im Lesen Wiederkehr, aber nicht mehr – wie für Freud – des Verdrängten, sondern als die „aller Verdrängung vorgängige Grundbewegung des Unbewussten selbst" (Theunissen und Hühn 2004, Sp. 744).

Das Moment der Wiederholung hat deshalb, bezogen auf den Akt der Lektüre, nicht nur eine kognitionspsychologische, psycholinguistische, neurowissenschaftliche und psychoanalytische Dimension, sondern auch eine philosophisch-medientheoretische und im engeren Sinne literaturwissenschaftliche, insofern die externen Wiederholungsstrukturen beim Lesen mit den internen der Literatur als Schrift wie als literarischem Artefakt korrelieren – letzteres insofern der Text intratextuelle Wiederholungsstrukturen und -elemente aufweist oder als Text bereits Elemente anderer, schon bekannter Texte enthält. Dabei lässt sich wiederum zwischen konkreten Übernahmen im Sinne einer spezifischen, und

u. U. intendierten, Intertextualität und prinzipieller Zitathaftigkeit als Folge einer totalisierend auftretenden Intertextualitätsannahme unterscheiden.

3 Der Text als Wiederholung

Als Nachahmung (Mimesis) ist das Kunstwerk Wiederholung von ‚Wirklichkeit'; insofern ist seine Rezeption ‚Wiederholung', und es lässt sich mit Søren Kierkegaard, der „Wiederholung" (1843) zu einem philosophischen Grundbegriff erhebt, jedes Lesen, auch das vermeintlich ‚erste', per se als Wiederholung verstehen, insofern im Akt der Lektüre Gewesenes als wieder Präsentes aktualisiert wird, denn Wiederholung und Erinnerung bestimmen sich für Kierkegaard wechselseitig als „gleiche Bewegung" in „entgegengesetzter Richtung". In der intendierten und reflexiven Wiederholung kommt, qua Bewusstsein, das absolut Neue ins Spiel (Theunissen und Hühn 2004, Sp. 739).

Versteht man „allegorische" Lektüre als „traditionale Wiederholung durch Erinnern" und „moderne" Lektüre als „Erinnern durch Wiederholen", kann man in Kierkegaards Intervention den Umbruch von der alten allegorischen zur modernen „ironischen" Lektüre sehen (Haverkamp 1981, 562); dazu darf man die Modelle aber nicht als sukzessiv teleologisch, sondern muss sie als komplementär begreifen.

Die Problematik der in der Verschiebung von Zeit und Erfahrungsmodus gegebenen Differenz wird in der philosophischen Traditionslinie Kierkegaard – Husserl – Nietzsche – Heidegger beim Versuch, Wiederholung als Zeitigung zu konzipieren, stetig mitgedacht (vgl. Rosebrock 1994), sodass – zugespitzt bei Gilles Deleuze (1992) – Wiederholung gerade nicht als „wiederholter Ablauf identischer Vollzüge verfaßt" ist (Stanitzek 1992, 123, mit Verweis auf Leitch 1987, 491– 508) und Differenz nicht als Negation gedacht wird, sondern als Konzept nach Art von Ludwig Wittgensteins „Familienähnlichkeit" (Kocyba [2]1995, 201). Das ist umso relevanter für die Relektüre, als Lesen ein Vollzug ist und Buchstabenschrift sich im Raum erstreckend linear, d. h. in der Zeit, dekodiert wird, also per se nicht selbstidentisch gedacht werden kann.

Die Linearität des Zeichensystems Schrift gibt dessen Bedeutungsentfaltung als sukzessiv vor. Wenngleich neuere empirische Untersuchungen der angewandten Lese- und Verstehensforschung diese traditionsreiche medientheoretische Denkfigur mikrostrukturell partiell korrigieren, so dominiert sie doch den Blick auf das schriftliche Artefakt. Relektüre interessiert aus medientheoretischer und philosophischer Perspektive v. a. unter dem Aspekt der „Zeiterfahrung des Lesens" (Rosebrock 1994), die sich vom Konzept der Schrift als linearem, dynamisch zu entschlüsselndem, abstraktem Zeichensystem ableitet und vom Objekt auf das Subjekt und den Akt der Lektüre erstreckt.

Jenseits der zeit-/räumlichen Medialität von Schrift, die zur Relektüre einlädt, sie überhaupt erst ermöglicht (was Sokrates und Platon zu ihrer fundamentalen Schriftkritik animiert, die sich gegen die Verweichlichung des Gedächtnisses richtet), weisen (literarische) Texte auf mikro- und makrostruktureller Ebene Wiederholungsmerkmale auf, deren Identifizierung, Semantisierung und Systematisierung wiederholte Lektüre verlangen. Dazu gehören nicht nur augenfällig wiederkehrende Faktoren und Figuren (Motive, Leitmotive, Metaphern, Metren), sondern – mit den strukturalistisch geprägten Analysekategorien von Syntagma und Paradigma – auch Muster textueller Tiefenstruktur, die (wie Algirdas Julien Greimas' Konzept der Isotopie) als textbildende Mittel zur Kohäsion bzw. Kohärenz beitragen. Diese Funktionsmodelle, die das Moment der Wiederholung (und Variation) als beobachtbares Strukturmoment auf unterschiedlichen Textebenen voraussetzen (vgl. Hansen-Löve 2006, 42; Groddeck ²2010; Parr 2015), fordern es (implizit) auch als Beobachtungsperspektiv bei der Lektüre.

Sonderformen der Textgestaltung, wie bi- oder trimediale Gattungen (Emblemata aus *inscriptio*, *pictura* und *subscriptio*), Text/Bild-Collagen oder Konkrete Poesie, die sich durch wechselseitige Verweisungskontexte zu einer Gesamtaussage ergänzen, erzwingen und exponieren den ‚schielenden‘, zwischen Detail und Gesamtheit hin und her wechselnden Blick. Unter den paratextuellen Elementen wirken v. a. die Texttitel, die im Hinblick auf das Textganze antizipatorisch, rekapitulativ und reflexiv funktionieren, mit Blick auf die Tradition zugleich „hypothetical and revisionary" (Seidel 1998). Literarische Genrespezifika wie Rahmung, analytisches oder zyklisches Erzählen sowie extreme Verdichtung in literarischen Kurzformen wie der Lyrik werden erst als solche erkennbar, wirksam und dekodierbar, wenn sie aufeinander und auf das Textganze bezogen werden, was nur durch eine wiederholte Lektüre bzw. die aus ihr hervorgehende intensive Textkenntnis ermöglicht wird.

Über den Einzeltext hinaus markieren intertextuell repetierende Referenzen (vgl. Till 2009, Sp. 1376) literarische Zusammenhänge und konstituieren Gattungen bzw. die Gattungserwartungen von Lesern, die dem Element der Wiederholung einen festen Platz in Theorie und Praxis der Rezeptionsästhetik sichern, insofern Relektüre auch immer den genrekonstituierenden Prätexten der Tradition oder Reihe gilt (vgl. Jauß 1970; Iser 1976). Das Konzept der „Literarischen Reihe" (Tynjanov 1971 [1927]), mit dem die russischen Formalisten die ‚externe Funktion‘ eines literarischen Textes innerhalb des literarischen Systems erfassen wollten, indem sie ein Werk in die Gesamtheit der ihm vorausgegangenen und folgenden Werke der Literaturgeschichte einordneten und so den Zusammenhang einer ‚inneren Literaturgeschichte‘ herstellten, variiert das auf Wiederholung und

Variation aufbauende Klassifikationsmodell von Syntagma und Paradigma auf intertextueller Ebene.

Induziert durch den russischen Formalismus und seine strukturalistischen Folgen, werden intra- und intertextuelle Wiederholungsfiguren als objektiv beschreibbare Komplexitätsstrukturen zum Ausweis von Literarizität, verstanden als Grundeigenschaft der literarischen Rede (also gattungsübergreifend aller literarischen Texte), bzw. ‚Poetizität‘ nach Roman Jakobsons Bestimmung der poetischen Funktion als Projektion des Prinzips der Ähnlichkeit von der (paradigmatischen) Achse der Selektion auf die (syntagmatische) Achse der Kombination (vgl. Jakobson 1970). Relektüre als Technik der Entschlüsselung und Analyse ist implizite Folge der Gestaltungsmerkmale von Literarizität/Poetizität. Im Umkehrschluss wird die textbasierte Möglichkeit bzw. Notwendigkeit von Relektüre historisch, dort gemäß traditioneller Hermeneutik bzw. deren Nachtseite ‚der Unverständlichkeit‘, als Indiz literarischer Qualität angesetzt und um 1800 (vgl. Stanitzek 1992) zum Wertungskriterium instrumentalisiert, indem wertvolle Texte wiedergelesen werden können (und müssen), wertlose hingegen nicht. Daraus ergeben sich als Gegenstandstheorie die Kunstwerksphilosophie sowie als zugehörige Methode die Hermeneutik (vgl. Bosse ²2010). Autoren nutzen dies in eigener Sache zur Konstituierung eines emphatischen Werkbegriffs, verbunden mit der Forderung nach einem ebenso emphatischen Konzept von Leser-Ethos, so etwa bei Vladimir Nabokov: „Eigentümlicherweise kann man ein Buch nicht lesen: Man kann es nur wiederlesen. Ein guter Leser, ein bedeutender Leser, ein aktiver und kreativer Leser ist ein Wiederleser. […] Wenn wir ein Buch zum ersten Mal lesen, steht schon der mühselige Vorgang, bei dem wir unsere Augen von links nach rechts bewegen […], steht schon der Vorgang, durch den wir erfahren, wovon das Buch in räumlicher und zeitlicher Hinsicht handelt, zwischen uns und der Würdigung des Kunstwerks." (Nabokov 2014, 37)

Wo es strukturalistischen Ansätzen beim Nachweis von wiederholungsbasierter Poetizität um objektivierbare, d. h. positiv beschreibbare Texteigenschaften geht, fokussieren poststrukturalistische Strömungen anhand eines universal konzeptualisierten Intertextualitätsbegriffs die Idee der Subjektdezentralisierung, indem ontologische Intertextualität an die Stelle intentionaler Autorschaft tritt. In diesem Sinne rekonstruiert Michel Foucault Literatur als Wiederholung von Büchern im Raum der ‚Bibliothek‘. Julia Kristevas Modell von Intertextualität, als dialogischer Interaktion aller Texte untereinander, argumentiert – unabhängig von Autor-Intention und Leser-Bewusstsein – mit der grundsätzlichen Zitathaftigkeit jedes Textes („jeder Text ist Absorption und Transformation eines anderen Textes" [Kristeva 1972, 348]), und Roland Barthes' Konzept des Textes als ‚Gewebe von Zitaten‘ radikalisiert über den Zitatbegriff das Modell der Wiederholung zum Prinzip des Textuellen (noch radikaler versteht Derrida Sprache als ‚Iteration‘).

Das damit verbundene Projekt der Subjektdezentrierung zielt auf die Ineinssetzung von Schreibendem und Lesendem: „Derjenige, der schreibt, ist auch derjenige, der liest, [er ist] selbst nur Text, der sich aufs neue liest, indem er sich wieder schreibt." (Kristeva 1972, 372) Darin zeigt sich zugleich die Nähe zu Freuds Lektüre-Verständnis, das die Rolle des Lesens im metaphorischen wie im konkreten Sinn für die Psychoanalyse dialektisch fasst – das Unbewusste ist zu lesen und liest seinerseits –, während Kristeva die Koinzidenz von Produzent und Rezipient betont.

Jeweils anders akzentuiert wird aber nicht nur das Verhältnis von Relektüre als externer und dynamisch-rezeptiver Wiederholungsstruktur zu den (unterstellten) internen medienspezifischen und intra- wie intertextuellen Wiederholungsstrukturen (vgl. Bellour 1979; Parr 2015), also das Verhältnis von Wiederholungselementen im Leseakt und auf der Textebene, sondern auch das Verhältnis zwischen den Ebenen der Textproduktion und -rezeption, die in je anderer Weise ‚Bedeutung' generieren bzw. ‚wiederholen' oder ‚wiederhólen'.

4 Die Wiederholung im Kontext literaturwissenschaftlicher (Deutungs-)Methoden

Die unterschiedlichen Aktualisierungen dessen, was Relektüre bezeichnet, ergeben sich aus Referenz und Verständnis des Präfixes ‚Re-'. Es kann sich auf den Text, den Akt der Lektüre oder die Erfahrung des Lesenden beziehen und ihnen jeweils Subjekt- oder Objekt-Status innerhalb der Wiederholung zuschreiben: Werden sie wiederholt oder wiederholen sie bereits selbst etwas als vorgängig Gedachtes, wie die Absicht oder Imagination des Autors, den Prozess des Schreibens, das Vor-Verstehen oder – mit Barthes – literarische Codes? Die Unterscheidung ist insofern relevant, als sich aus ihr weitere Differenzierungen ableiten lassen. So verlagert z. B. die Einsicht, dass bereits der Gegenstand der Wiederholung seinerseits wiederholender Natur sei, die Prämissen der Referenz weg vom „logisch-genealogischen Primat des Musters" (Krämer 1998, 345) hin zu Derridas Logik der ‚Différance/Différence', die in ihrem eigenen Begriff eine mit sich selbst identische Bedeutung dekonstruiert und durch die sich die Identität des Zeichens mit sich selbst zugleich „verbirgt und verschiebt" (Derrida 1974 [1967], 86). Diese Radikalisierung der Saussure'schen Konzeption von der Differenzialität der Zeichen, deren Bedeutung sich erst aus und als Unterscheidung aktualisiert, lässt Lesen als Akt der Übersetzung erscheinen, dem kein ‚Original' vorangeht. Die Vorstellung ständiger Zirkulation wäre somit bereits im vermeintlichen Objekt der Wiederholung gegeben, das damit seinen privilegierten Ort als Referenzpunkt verlöre.

Zeitlichkeit wird dabei, im Gegensatz zu der von Derrida diagnostizierten „Metaphysik der Präsenz" der Phänomenologie (Derrida 2003 [1967], 18), von der Paradoxie einer Ursprünglichkeit von Wiederholung und Repräsentation her gedacht (vgl. Derrida 1976 [1967], 302–327; Derrida 2004 [1972]). Damit ist zugleich der identitätsphilosophisch intrikate Aspekt der Wiederholung berührt, die Wiederholung als Nichtidentität in der Identität (vgl. Till 2009, Sp. 1376): „Erstens ist das erste und zweite Ereignis der Wiederholung dasselbe – sonst handelte es sich um Varianz oder Ähnlichkeit. Zweitens ist das erste und zweite Mal der Wiederholung different, und das Dazwischentretende ist die Zeit – diese Differenz hebt aber die Identität nicht auf, sondern verzeitlicht sie." (Rosebrock 1994, 12)

Zudem sind das Erste und Zweite der Wiederholung, wie bei Deleuze (1992), aufeinander verwiesen, denn „[s]o wenig ein Erstes ist, ehe es ein Zweites zu solchem macht, so wenig ist dies Zweite in seinem Zweitsein souverän." (Mathy 1998, 8) Wiederholung ist in diesem Verständnis nicht als sekundäres Element einer Reihe oder als späteres Phänomen zu verstehen, sondern als Grundgröße komplexer, mehrgliedriger Strukturen, die überhaupt erst von der Dopplung an entstehen. Die Relektüre ist in diesem Sinne nicht nur auf die Erstlektüre bezogen, sondern diese notwendig auch auf jene (vgl. Galef 1998).

Das Moment der Zeitlichkeit, das das Konzept von Identität mit sich selbst in Frage stellt, insofern Wiederholung nur in der Zeit gedacht werden, Zeit aber nur als Veränderung konzeptualisiert werden kann, wirkt sich im Fall der Relektüre auf den Text wie den Leser aus und ist überdies dem Vorgang der Lektüre inhärent.

Die Frage, ob die Wiederholung repräsentiert oder präsentiert, ob sie Präsenz schafft oder auf Abwesenheit verweist, wird in der doppelten Bedeutung von ‚wiederholen' als „*verbale verbindung von* holen *[...] mit* wieder ‚zurück, wiederum, noch einmal'. *in trennbarer komposition* wíederholen *i. s. v.* zurückholen *(unter A), in fester komposition* wiederhólen *mit der bedeutung ‚noch einmal sagen oder tun' (unter B)*" reflektiert (Grimm 1999, Bd. 29, Sp. 1047). Sie klingt auch in Bedeutung und Schreibweise von ‚wi(e)derlesen' an, wenn der Vorstellung des ‚noch einmal' (dasselbe), die auch schon im 16. Jahrhundert „*durcharbeiten, korrektur lesen*" umfasst, ein „*dem sinne entgegenlesen*" kontrastiert (vgl. Grimm 1999, Bd. 29, Sp. 1112).

Die Konsequenzen aus den der Wiederholung innewohnenden Paradoxa werden im Hinblick auf Konzepte der Relektüre besonders deutlich, wo traditionell hermeneutische Methoden solchen der Dekonstruktion gegenüberstehen: Die neuzeitliche Hermeneutik seit Friedrich Schleiermacher konzeptualisiert den Lese- und Verstehensprozess als Umkehrung, d. h. als chiastische Wiederholung des Textproduktionsprozesses (vgl. Weimar 1987, 159, 167–168). Gadamer charakterisiert hermeneutisches Verstehen nach Schleiermacher (1995) als „reproduktive Wiederholung der ursprünglichen gedanklichen Produktion", ermöglicht durch die „Kongenialität der Geister" und auf der Grundlage der Sprache (Gadamer 1970, Sp. 1064). Das Paradigma umgekehrter Rekonstruktion bestimmt unter veränderten Vorzeichen auch andere Deutungsansätze, die Schöpfung und Rezeption als komplementär, aber strukturanalog denken, etwa die psychoanalytische Kreativitätstheorie. Nur tritt in der psychoanalytischen Hermeneutik an die Stelle der Autor-Intention das Unbewusste, das gleichsam ‚gegen den Strich' gelesen werden muss.

Umgesetzt im hermeneutischen Zirkel als zentralem Verfahren der textimmanenten Interpretation dient Relektüre der kontinuierlichen Präzisierung und Korrektur von vorherigen Leseeindrücken und bewirkt idealiter die Annäherung an den Bedeutungskern des Werkes, der als selbstidentisch und zeitüberdauernd gedacht wird (vgl. Bickenbach 1999, 259). Das Verfahren korreliert mit (historischen) Techniken der wiederholten Lektüre, insofern deren Lesedurchgänge einerseits überblickend ‚kursorisch', andererseits (vertiefend) ‚statarisch' ablaufen und, sich wechselseitig supplementierend, zur Interpretation führen (vgl. Stanitzek 1992, 123–124).

Das hermeneutisch zirkuläre Verfahren kann auch in postmoderner Fortschreibung zur Interpretation des ‚offenen Kunstwerks' (Umberto Eco) dienen, zielt dann aber auf einen Text(-sinn), der nicht qua Lektüre entschlüsselt, sondern generiert wird, wenn der Interpret durch seine Lesestrategien Bedeutung und Struktur von Texten allererst hervorbringt (so Stanley Fish 1980, indem er die Konkurrenz von leser- bzw. textfokussierter Theorie durch die Herrschaft der Interpretationsstrategie ablöst). Das Kunstwerk ist deswegen „‚offen' für eine Vielzahl von Interpretationen" (Eco 1989, 360), weil der Text „nicht bloß ein Parameter für die Bewertung der Interpretation [ist]; vielmehr konstituiert ihn erst die Interpretation selbst als ein Objekt und nimmt dieses als ihr Resultat, an dem sie sich in einem zirkulären Prozess messen kann. Ich gestehe, damit den alten, nach wie vor gültigen ‚hermeneutischen Zirkel' neu definiert zu haben" (Eco 1994, 71–72).

Dem hermeneutischen Modell in seiner Urform liegen identitätsphilosophische Prämissen der Vorgängigkeit von Sinn zugrunde, die bei Eco fehlen und die einerseits mit Blick auf die Zeitgebundenheit von Textlektüre und Erkenntnis, die dem Identitätskonzept zuwiderläuft, nicht zu vereinbaren sind und andererseits ebensowenig mit dem Derrida'schen Konzept der Différance als Doppelaspekt von prinzipieller Nicht-Identität mit sich selbst plus zeitlicher Verschiebung. Denn führt in der Logik der Hermeneutik die Wiederholung – zumindest idealiter – immer näher zu dem *einen* Textsinn, so verweist für die Dekonstruktion jede Wiederholung „zugleich auf den Unterschied, die Differenz bzw. die ‚différance'" (Haupt 2002, 55). Sie hat deshalb keine „bedeutungsstabilisierende, sondern im Gegenteil bedeutungszerstörende Wirkungen" (Till 2009, Sp. 1376): Jede Wiederverwendung auch desselben Wortes löse ‚semantische Identität' auf (Till 2009, Sp. 1376). Die Différance als verschiebende Unterscheidung „differenziert auch die Vorstellung von der Einheit der Kategorie [Text] zum ‚pluralen' Text" (Bickenbach 1999, 259): „Eine wiederholte Lektüre [...] allein bewahrt den Text vor Wiederholung. Wer es versäumt, wiederholt zu lesen, ergibt sich dem Zwang, überall die gleiche Geschichte zu lesen." (Barthes 1994, 20)

Barthes geht insofern über Ecos Konzept vom offenen Kunstwerk hinaus, als Relektüre sich bei ihm nicht ausschließlich auf den Text bezieht und diesen ggf. neu interpretiert, sondern Relektüre auf die vorgängigen Lektüren verwiesen ist, indem die Wiederholung letztere rekapituliert und unterminiert. Steht bei Eco Relektüre im Dienste einer nicht abgeschlossenen Deutung, so verweist sie bei Barthes auf die Nicht-Abgeschlossenheit des literarischen Textes selbst.

Dass es eine Wiederholung als Identität nicht gibt, sondern dass Wiederholung immer (auch) Differenz produziert, wird inzwischen in den unterschiedlichsten methodologischen Zusammenhängen anerkannt: „In der Wiederholung ändert sich das Wiederholte – auch und gerade, wenn es als dasselbe wiedererkannt und dadurch bestätigt wird" (Luhmann 1995, 194–195). Im Sinne von Niklas Luhmanns Definition „Wiederholung bedeutet immer: Wiederholung unter anderen Umständen und streng genommen: Wiederholung als ein anderer" (Luhmann, 1995, 69), akzentuieren verschiedene literaturwissenschaftliche Methoden je andere Aspekte der Veränderung.

Geschichte des Phänomens und seiner Erforschung

Bei Relektüre/wiederholtem Lesen handelt es sich allenfalls in einem äußerlichen Sinne um ein Phänomen; konzeptionell sind mit der wiederholten Lektüre jeweils andere Rahmenbedingungen, Ursachen, Implikationen und Ziele verbunden. Historisch und systematisch verschoben haben sich der Status der Relektüre (vom Normal- zum Sonderfall der Rezeption), ihre Objekte und ihre Funktionen (vom didaktischen zum wissenschaftlichen Instrument, vom rituell-religiösen zum säkularen Genuss) sowie ihre Bewertung als unabdingbare Pflicht bzw. ‚guilty pleasure'. Man mag es als Paradox empfinden, dass historisch die Relektüre/das *Rereading* als Praxis dem Lesen vorausging (vgl. Calinescu 1993, 276).

Für die antike Rhetorik ist Wiederholung in werkästhetischer wie rezeptionsästhetischer Hinsicht ein zentrales Phänomen. Nicht nur lässt sich auf den Schatz rhetorischer Mittel und referenzieller Strukturen verweisen (vgl. Mathy 1998, 8; Till 2009), auch die Anweisungen an den künftigen Redner sehen in ihm v. a. einen Wiederleser: So konzentriert sich die *lectio*, als Teil des Triviums der *septem artes*, auf die „besten Autoren [...], und zwar in mehrfacher Wiederholung" (Bahmer 2011, 566–567); deren intensive Lektüre verspricht neben Nutzen für Redekunst und Allgemeinbildung auch Genuss und Entspannung und ist von hohem ethisch-moralischem Wert (vgl. Cicero 2007, 329 [De oratore III, 39]; Quintilianus ³2006, 120–121 [Institutio oratoria I, 8, 11–12 und X, 1, 27]).

Der mögliche kultische Hintergrund der Wiederholungslektüre klingt schon in Ciceros etymologisierender Herleitung von *religio* als *relegere* (oft/wieder lesen) an, auf die Jean Paul hinweist, wenn er beobachtet, dass ausdauernde Lektüre auch um 1800 für das Volk immer noch „beten' heisset" (Jean Paul 1969, 35).

Rituelle wie säkulare Formen wiederholender Lektüre zeichnen sich durch Intensität, Konzentration, Aufmerksamkeit (*attentio*) und inkarnierende Lektüretechniken aus, mit deren Hilfe Texte oder Textteile qua wiederholender Artikulation (*ruminatio* – eigentlich das Wiederkäuen bei Kühen) einverleibt bzw. auswendiggelernt werden. Anleitungen zum richtigen und fruchtbringenden Lesen sowie Reflexionen auf die religiöse Lektürepraxis, in denen Relektüre als Element von *lectio*, Lesung oder Lektüre implizit wie explizit relevant wird, finden sich von der Spätantike bis ins Mittelalter – etwa bei Augustinus, in der Benediktinerregel oder im *Didascalicon de studio legendi* Hugos von St. Victor (vgl. Bahmer 2011, Sp. 567–569; Schnyder 2009, 430–431; Illich 2014 [1991]).

Das Rituelle und Spirituelle der Relektüre scheint in der christlichen *lectio divina* als einer Form meditativer Bibellektüre, die sich auf bestimmte Textabschnitte konzentriert und aus diesen Bedeutsames mehrfach wiederholt (vgl. Baier 2013, 249), funktional dominant (vgl. von Moos 1993, 451); das Moment der Wiederholung ist dabei instrumenteller Natur. Das intensive, in die Meditation führende Lesen soll zudem inkarnierende Effekte zeitigen, indem man „sich die Worte einverleibt, sie wiederkäuend zu einem Teil des Selbst macht" (Schnyder 2009, 435).

Mediävistische Untersuchungen zum Verhältnis religiöser und weltlicher Lesekonzepte zeigen, dass sich solche institutionalisierten und gleichsam religiösen Lesekonzepte aus dem geistlichen Bereich im Mittelalter auf säkulare Lektüre erweitern, indem z. B. in intradiegetischen Erzählsituationen derartige Lesepraktiken illustriert (und folglich eingeübt) werden (vgl. Schnyder 2009, 451–453).

Aktuell finden sich Nachklänge spiritueller Leseübungen und der Praxis lesegestützter Meditation im zeitgenössischen Christentum wie in anderen religiösen oder spirituellen Bewegungen (vgl. Baier 2013, 250–251, 260). Mehrmalige Lektüre gilt dabei als Ausgangspunkt der meditativen Versenkung in den (dann häufig schon auswendig beherrschten) Text. Ihm wird im Kontext der Bibliotherapie und einer religionspädagogischen „Theologie des Lesens" auch therapeutische Wirkung zugesprochen (vgl. Duda 2008; Munzel 1997).

Die seit der Antike betriebene Exegese-Methode der allegorischen Textauslegung, die demselben Text systematisch unterschiedliche Deutungsebenen zuspricht, oder auch Hugos von St. Victor *Didascalicon*, das aus didaktischen Gründen die Methode der Auslegung als eine spezifische Reihenfolge von intellektuellen Operationen (*littera(e)* – *sensus* – *sententia*) postuliert und die feste Abfolge der Würdigung von Wortlaut, unmittelbarem Sinn und tiefergehendem Verständnis eines Textes praktiziert, setzen mehrere Textdurchgänge voraus (vgl. Bahmer 2011, Sp. 570). Auch im Konzept des „vierfachen Schriftsinns", der von den ersten christlichen Jahrhunderten bis ins Mittelalter als Auslegungsmethode üblich war, müssen die Sinn-Ebenen aus Gründen der Komplexität jeweils einzeln aktualisiert werden, um dann punktuell oder als Ganze zueinander in Beziehung gesetzt werden zu können. Die so ermöglichte, ja erwünschte, potenzierbare Wiederholungslektüre unterscheidet sich von der rhizomatischen des späten 20. Jahrhunderts durch die mitgedachte paradigmatische Systematik und syntagmatische Schlüssigkeit der Allegorese. Sie ist deshalb nur *tendenziell* unabschließbar, während die dekonstruktivistische Lesart von Relektüre auf *prinzipielle* Unabschließbarkeit angelegt ist.

Im didaktischen Zusammenhang, auch der Scholastik, steht der Praxis der Relektüre deren grundsätzliche Kritik zur Seite; Relektüre bzw. deren durch die Schrift gegebene Möglichkeit gilt als Gefahr und Gedächtnisschwächung. Ihr sei deswegen das Auswendiglernen bzw. -beherrschen des Textes vorzuziehen (vgl. Manguel 1999). Lob und Kritik der Relektüre durchziehen, im dialektischen Bezug auf Platons Schriftkritik, die philosophische (vgl. Schleiermacher 1995, 97–98) und didaktische Debatte (vgl. Illich 2014 [1991], 38, 41–42).

Als um 1200 mit der Verschriftlichungs-Explosion das Ende des lauten Lesens einhergeht (vgl. Illich 2014 [1991], 122–124), wird mit dem stillen Lesen auch die Relektüre zu einer breiter verankerten Praxis – eine Entwicklung, die dreihundert Jahre später durch die Erfindung des Buchdrucks fortgesetzt und verstärkt wird. Initiiert durch die Reformation, Martin Luthers Fokussierung auf die Schrift und die Autorisierung zu eigener Lektüre, wird Relektüre in der Muttersprache für größere Lesekreise zur religiös-intellektuellen Alltagspraxis (vgl. Calinescu 1993, 79–85).

Die sozialgeschichtlich prominenteste Periode der Wiederholungslektüre ist die Zeit der ‚intensiven' Lektüre, als deren (vorläufigen) Endpunkt man die zweite Revolution in der Lesegeschichte im 18. Jahrhundert ansetzt (vgl. Aust 2007, 408). Sie führt qualitativ zum „tendenziellen Wechsel vom intensiven (immer wieder dieselbe Lektüre) zum extensiven Lesen (immer nur neue Lektüre)" und wird begleitet von einer funktionalen Verlagerung des Lesens vom „‚Studium' zur ‚Unterhaltung'" (Aust 2007, 408). Zuvor bedeutet „Buchlektüre [...] in der Regel Wiederholungslektüre" (Schneider 2004, 83). Schichtenspezifisch bleibt die wiederholte Lektüre auch über das 18. Jahrhundert bis in das 19. Jahrhundert hinein als dominante Lesepraxis erhalten, wie Jung-Stilling oder Karl May bezeugen (vgl. Engelsing 1973, 132); auch die Belegsituation für das Verb stützt dies; „wi(e)derlesen" in der Bedeutung von „noch einmal, aufs neue lesen" findet sich „literarisch seit dem 16., häufiger erst im 18. und 19. Jh." (Grimm 1999, Bd. 29, Sp. 1111)

Die implizite Gleichsetzung von (in historischer Lesart) intensiver mit (in systematischer Hinsicht) wiederholter Lektürepraxis ist u. a. wegen der unterschiedlichen Rahmenbedingungen und literarischen Referenzsysteme nicht unproblematisch (vgl. Wittmann 1999, 422), ebenso die strikte Entgegensetzung von intensiver und extensiver Lektüre als zwei differenten Perioden der Lesegeschichte. Schon Engelsing (1973), auf den die Unterscheidung zurückgeht, versteht Regelmäßigkeit als Gemeinsamkeit und Bindeglied beider Lektüretechniken. Deren Übergang sieht er mit der Einführung der periodischen Zeitung im 17. Jahrhundert vorbereitet, insofern diese intensiv-wiederholte und extensiv-einmalige Lektüre komplementär vereinige. Verschoben auf die Rezeptionshaltung des Lesers kennzeichnet Wiederholung beide Lektüremodi, denn auch extensive Lektürepraxis diente in der Folgezeit vielfach dazu, „denselben Leseeindruck durch neue Produkte zu wiederholen" (Engelsing 1973, 122), war also ihrerseits Wiederholungslektüre. Umgekehrt enthält die intensive Lektüre Elemente, die sich nicht im formalen Kriterium von Repetition und Regelmäßigkeit erschöpfen, sondern, wie etwa bei der Erbauungslektüre, für den Lesenden einen anderen als nur informativen oder unterhaltsamen Wert verkörpern und als aufmerksame konzentrierte Lektüretechnik eine lange Tradition haben. Quintilian empfiehlt, es „soll unsere Lektüre nicht roh, sondern durch vieles Wiederholen mürbe und gleichsam zerkleinert unserem Gedächtnis [...] einverleibt werden" (Quintilianus ³2006, 438–439 [*Institutio oratoria* X, 1, 19]). Sein Rat „[I]st das Buch durchgelesen, so ist es unbedingt von neuem vorzunehmen" (Quintilianus ³2006, 438–439 [*Institutio oratoria* X, 1, 20]), weil „das Vorzüglichste häufig gerade absichtlich versteckt" werde, argumentiert strukturell und rezeptionsästhetisch mit der Tektonik der Rede sowie – medientheoretisch – mit der Linearität der Schrift, um aus ihnen beiden die Notwendigkeit wiederholter Lektüre abzuleiten.

Während intensive Wiederholungslektüre bis zum Ende des 18. Jahrhunderts den Gewohnheitsleser charakterisiert, der in der Folgezeit zur extensiven Lektüre übergeht, wird wiederholte Lektüre danach zunehmend zum Ausweis ‚gelehrter Lektüre', v. a. des im späten 18. Jahrhundert so genannten ‚Autodidakten' (Stanitzek 1992, 116–117), und konzentriert sich in der Folgezeit auf die Gruppen der philologischen Fachleute, der professionellen Leser und der Lektüre-Liebhaber, während das verbreitete Rezeptionsverhalten eines größeren Publikums auf plot-orientierte einmalige Lektüre ausgerichtet ist. Das wird bis heute angenommen (vgl. Reusch 2004, 110) und stellt u. a. die Lesedidaktik vor Herausforderungen (Cornis-Pope und Woodlief 2003; Helmers 2003) im Hinblick auf die Motivation der Schüler*innen und die methodologischen Implikationen des einfachen bzw. mehrfachen Lesens für die Interpretation von literarischen Texten.

Innerhalb der gelehrten Lektürepraxis des späten 18. Jahrhunderts wird wiederholte Lektüre aus systemtheoretischer Sicht zu einem Versuch der Unterscheidung im Kommunikationsprozess über Literatur (vgl. Stanitzek 1992); unter dem Eindruck der ‚Bücherflut‘ greife die gelehrsame Lektüre auf das – lesehistorisch – überkommene Modell der intensiven Lektüre zurück und mache mehrfache Lesbarkeit eines Buches zugleich zum Argument der literarischen Wertung und Kanonbildung: „Wenn ein Buch nicht werth ist 2 mal gelesen zu werden, so ists auch nicht werth 1 mal gelesen zu werden" (Jean Paul 1936, 70). In diesem Sinne propagieren denn auch die Autoren selbst die Notwendigkeit der Mehrfachlektüre ihrer eigenen Werke oder stilisieren sich als Wiederholungsleser der eigenen Produkte (zu Jean Paul vgl. Stanitzek 1992, 127–128; zu Goethe vgl. Reusch 2004, 110–111).

Umgekehrt wird in der satirischen Rezeption literarischer Wertungs- und Selektionsprozesse die (zwangsweise) wiederholte Lektüre schlechter Literatur – im Zuge der Ineinssetzung von ‚Qualität‘ und Relektüre eines Werks – als „Höllenstrafe" imaginiert, die dazu „verdammt, [...] hundert schlechte Romane, hundertmal durchzulesen" (Schulze 1801, 12; zit. n. Stanitzek 1992, 126).

Inzwischen geht man für das Ende des 18. Jahrhunderts von einem Nebeneinander verschiedener Lesemodi als einer ‚doppelten Lesekompetenz‘ aus (vgl. Kopp und Wegmann 1988, 98), die in der Praxis die z. T. polemische Konkurrenz der Verfahren kursorischer bzw. statarischer Lektüre abgelöst bzw. unterlaufen haben. In komplementärer Ergänzung dienen schnelles kursorisches Übersichtslesen und bedächtig statarisches Lesen (vgl. Kopp und Wegmann 1988) als verschiedene Lektüretempi innerhalb der wiederholten Lektüre von geübten Fachlesern. Bei professionellen literaturwissenschaftlichen Lesern (vgl. Schneider 2004, 421–423) ist mit zunehmender Erfahrung zudem davon auszugehen, dass sie schon beim ersten Mal so lesen, „als läse man zum zweiten Mal" (Stanitzek 1992, 123, mit Rekurs auf Meiners [2]1791, 35–36, und Barthes 1970, 22–23), sodass die wiederholte Lektüre weniger eine reale Praxis als einen theoretischen Anspruch oder – im Kontext der ästhetischen Wertung – ein Gedankenexperiment zum Zweck der Beurteilung eines Textes darstellt.

Neuere Forschungen weisen darauf hin, dass die komplementären Lesehaltungen nicht unmittelbar mit Anspruch oder Qualität der Texte verknüpft sein müssen und Wiederholungslektüre auch Trivial- und Unterhaltungsliteratur zuteil wird. Die Motivation sieht man weniger in der Poetizität der Texte als in einem spezifisch ludisch-performativen Gewinn (vgl. Calinescu 1993, 277) für den Lesenden oder seinem Wunsch nach Rückkehr und Bewältigung frühkindlicher Dramen, die das Wiederlesen aus psychoanalytischer Sicht ermögliche, weil die

Allwissenheit des Wiederlesers ihm die Antizipation traumatischer Erfahrung erlaube (vgl. Odden 1998).

Insofern koexistieren spätestens seit der ‚zweiten Leserevolution' unterschiedliche Typen der Wiederholungslektüre, und es lassen sich neben den Spielarten der funktional-pragmatischen Relektüre, die der Informationsentnahme und (meta-kognitiven) Verstehensvergewisserung dient, im Bereich ästhetisch-epikureischer Relektüre ein naiver und ein reflektierter Typus unterscheiden: Beide lassen sich (mit Calinescu 1993) als spielerische Performanzen des Fiktionalen (‚games of make believe') verstehen, bei denen der Leser verschiedene Rollen wählen kann, die sich sowohl auf den Grad als auch auf den Gegenstand seiner Wiederholungs-Reflexion beziehen: Entweder spielt er das Spiel des ‚make believe' des Fiktionalen und genießt die beruhigende Allmachtsphantasie, die aus seinem Vorwissen entsteht, oder er zielt auf die Beobachtung und Reflexion der Regeln dieses Spiels, die sich ihm bei der Relektüre verdeutlichen (vgl. Calinescu 1993, 189–192).

In jüngerer Zeit interessiert sich die neurowissenschaftlich orientierte Leseforschung für die kognitiven Prozesse und differenten Aufmerksamkeitszustände bei unterschiedlichen Lektürepraktiken – einer entspannten, tendenziell *extensiven* Lektüre auf der einen und einer *konzentrierten*, auf Textspezifika ausgerichteten, tendenziell wiederholenden (philologischen) Lektüre auf der anderen Seite –, auch um intuitive Annahmen über mentalitäts- und mediengeschichtliche Differenzen von ‚Leseepochen' zu überprüfen (vgl. Goldmann 2012 über Natalie Phillips).

Zum Status der Relektüre in unterschiedlichen literaturwissenschaftlichen Methoden

Zur Geschichte des Phänomens gehört seine Präsenz in der wissenschaftlichen Praxis. Alle literaturwissenschaftlichen Methoden setzen eine wiederholte Lektüre des zu verstehenden, zu deutenden, zu re- oder dekonstruierenden Textes voraus (vgl. Bauer 1998), und zwar z. T. ohne es zu wissen (vgl. Calinescu 1993, 278), in der Regel ohne es zu thematisieren, meist ohne es zu reflektieren. Der blinde Fleck mag sich über das Selbstverständliche der Relektüre-Praxis erklären (vgl. Galef 1998), die sich u. a. in Arbeitsweisen wie Unterstreichung, Markierung und Kommentierung niederschlägt (die bezeichnenderweise eins zu eins auf das Arbeiten mit digitalen Textformaten übertragen wurden). Schon Johann Gottfried Herder sah in der geringen Zahl der bei der Erstlektüre gemachten Anstreichungen dann bei der prüfenden Relektüre ein Zeichen dafür, dass der Text letztere nicht verdiene (vgl. Herder 1878 [1769], 341).

Nicht nur praktisch, auch konzeptionell realisieren sich literaturwissenschaftliche Lektüren als Relektüren; je nach Explizitheit und Reflexion lassen sich drei Typen unterscheiden:

(1) Verfahren, die sich (implizit) auf frühere Lesarten beziehen, um sich von ihnen abzusetzen, wie das v. a. für verschiedene poststrukturalistische Verfahren des Fehllesens der Fall ist. Feministisches *Misreading* (vgl. Millet 1970 [1969]), Gegen-den-Strich-Lesen oder die kontrapunktische Lesestrategie (*lecture en contrepoint*) der Postcolonial Studies (vgl. Said 1993) sind auf eine Erstlektüre (zumindest als im kulturellen Gedächtnis verankerte Lesart) konzeptionell verwiesen, um eben diese als ‚implizit vorgegebene‘ Richtlinien begriffenen Lesarten subversiv unterlaufen oder ihnen explizit entgegnen zu können. Bezweckt wird so u. a. „A Map for Rereading" (Kolodny 1980) als Antwort auf Harold Blooms *A Map of Misreading* (1975). Zum anderen soll durch gezielte Überinterpretation (*Over-Reading*) ‚Weiblichkeit‘ in Texte hineingelesen werden. Im dekonstruktiven Feminismus hingegen wird *Misreading* als systematisches, mit dem subversiven Potential von Texten unumgänglich verbundenes Fehllesen verstanden, das sich am Derrida'schen Konzept der Differenz (Différance) orientiert, ähnlich wie Paul de Mans „allegories of reading" (1979).

Insofern sind die genannten Verfahren immer auch Relektüren früherer; als wechselseitig und dynamisch aufeinander verwiesen, bieten Diskursanalyse und Literaturgeschichte Überschreibungen (Palimpseste) einander folgender Relektüren (vgl. Leitch 1987, 497).

(2) Explizit nehmen Verfahren, die ihren intensiven Lektürebezug herausstellen, wie *Close reading*, *Explication de texte* oder textimmanente Interpretation, die Relektüre des literarischen Textes als Verfahren in Anspruch. Emil Staigers prominentes Credo, die „Kunst der Interpretation" erfordere zu „begreifen, was uns ergreift" (Staiger 1955, 11), setzt bei der emotionalen, dem Verstehen vorausgehenden Wirkung des Textes ein, die nur durch Relektüre rational eingeholt werden könne, denn „zuerst verstehen wir eigentlich nicht" (Staiger 1955, 12). Das Verständnis der Erstlektüre als „eigentümliches hermeneutisches Lufteinholen", das Staiger an der Gedicht-Lektüre illustriert, lässt sich als wirkungsästhetische Begründung für den gattungspoetischen Topos von der Unverständlichkeit der Lyrik lesen (vgl. Polaschegg 2007, 107). Zwar steht Staiger mit seinen Überlegungen zur Relektüre in der Tradition der Hermeneutik und ihrer zirkulären Verfahren, doch räumt er auch deren Grenzen ein: „Manchmal findet die Berührung nicht schon beim ersten Lesen statt. Oft geht uns das Herz überhaupt nicht auf" (Staiger 1955, 12). Das Wechselverhältnis von Unverständlichkeit, Relektüre und Klassizität (im Verständnis des Kanons) hat schon die romantische Hermeneutik beschäftigt, „alle class.[ischen] Schriften werden nie ganz verstanden, müssen daher ewig wieder kritisiert und interpretiert werden*./" (Schlegel 1981 [1797],

141, Fr. 671), und macht Staiger anschlussfähig für Unverständlichkeits-Forschung sowie für die Fragen literarischer Emotionspsychologie.

Ähnlich explizit, aber theoretisch elaborierter, ist seit den 1960er Jahren von Seiten der Rezeptionsästhetik der Status der Relektüre thematisiert worden, wenn sie die Aneignung von literarischen Texten durch ihre Leser ins Zentrum von Literaturtheorie und Literaturgeschichtsschreibung rückt (vgl. Jauß 1970). Das Konzept von Lektüre als Dialog zwischen Text und Rezipienten definiert Werke als Ereignisse, bei deren Rekonstruktion der Leser miteinzubeziehen sei; dessen Lektüre ist, immer auf der Folie eines qua Lektüre entstandenen, intersubjektiv und objektivierbar gedachten „Erwartungshorizonts", Relektüre. Ihre Grundlage ist struktureller Art, besteht in Leer- und Unbestimmtheitsstellen, die zu Hypothesenbildung und ‚Mitarbeit' des Lesers an der Konstituierung des Textsinns einladen, allerdings nicht verstanden als „einseitige Forderung des Textes an den Leser", denn „Sinnkonstitution und Konstituierung des lesenden Subjekts sind zwei in der Aspekthaftigkeit des Textes miteinander verspannte Operationen" (Iser 1976, 246). Insofern konstituiert die Relektüre nicht nur den Textsinn neu, sondern auch den Leser. Radikalisiert man diese Perspektive, ist auch der Lesende, wie der literarische Text, im Prozess der Lektüre „mit keiner seiner Erscheinungsweisen" identisch (Iser 1976; Rosebrock 1994, 58).

(3) Eine eigene Theorie der Relektüre liegt im deutschsprachigen Raum allenfalls in Ansätzen vor (vgl. Weimar 1987, 168), wie auch für das Lesen als technisches Verfahren im Umgang mit Literatur (*Lecture*) keine Methodenlehre existiert (vgl. Campe 2007, 385). Thomas M. Leitch (1987) plädiert deshalb dafür, Relektüre nur als jeweilige zu untersuchen, da auch für sie keine Methodik existiere. Genutzt wird Relektüre zur kritischen Befragung einzelner Autoren, Werke oder Theorien oder im Rahmen von Intertextualitäts-Untersuchungen, häufig unter den Vorzeichen der Dekonstruktion.

Die wenigen, seit den 1990er Jahren vorliegenden, systematischen Arbeiten heben in der Regel auf einen Aspekt aus dem Problemkomplex der Relektüre ab, der nur ansatzweise mit anderen verknüpft wird, ferner dominiert dabei die disziplinäre Ausrichtung des Ansatzes: Leitch hat als einer der Ersten (1987) auf die mit der Relektüre als (impliziter) Methode verbundenen heuristischen Implikationen und Verzerrungen hingewiesen, auch im Blick auf die lesedidaktische Praxis und die Folgen für den Literaturunterricht in Schule und Hochschule.

Aus systemtheoretischem Blickwinkel betrachtet Georg Stanitzek (1992) die Rolle der Relektüre für das Studium und die Kanonbildung der Literatur v. a. im 18. Jahrhundert. Er pointiert, im Rekurs auf Schlegel, den zirkulären Zusammenhang zwischen einer Theorie, die „Interpretation als Moment des Kanon-Studiums zu fassen sucht", und der damit als notwendig implizierten Unverständlichkeit (Stanitzek 1992, 128) als eigener Textqualität: Erst Letztere plausibilisiere eine den Text als kanonisch ausweisende wiederholte Lektüre und werde umgekehrt von einer Praxis der Relektüre produziert, die prinzipiell als unabschließbar zu denken sei und die für Schlegel als Ausweis des ‚Classischen' gilt.

Cornelia Rosebrock (1994) fokussiert vor einem philosophischen Fragehorizont das Verhältnis von „Lektüre und Wiederholung" unter dem Aspekt der Zeiterfahrung des Lesens; Eckhard Lobsiens Arbeit (1995) konzentriert sich auf den textuellen Wiederholungsaspekt als „Phänomenologie der poetischen Sprache"; Wolfgang Braungart (1996) öffnet den Fragehorizont hin auf eine Theorie der Literatur als symbolischer Handlung, die in der Wiederholung (wie im Falle von Inszeniertheit, ästhetischer Elaboriertheit, Selbstbezüglichkeit, Expressivität und Symbolizität) Ritualcharakter aufweise. Der Akzent liegt hier auf Auratisierung und Sakralisierung der ästhetischen Erfahrung und Literatur als Kult. Matthias Bickenbach problematisiert die Möglichkeiten einer „inneren Geschichte des Lesens" mit Blick auf lesepsychologische Prozesse bei unterschiedlichen Lektüretechniken, -konzepten und -praktiken mit Akzent auf Wielands Lesepoetologie und die ihm zeitgenössische Lektürepädagogik in ihrem Verhältnis zum hermeneutischen Zirkel (vgl. Bickenbach 1999, 55–173).

Mireille Hilsum dokumentiert breit die Rolle der *Relecture* als retrospektive Selbstlektüre für die französische Autorenpoetik, beginnend mit den im 18. Jahrhundert durch die Form der Werkausgabe editorisch geforderten Formen der Autoren-Selbst-Relektüre, bis ins 20. Jahrhundert (vgl. Hilsum 2007). Systematisierende Ansätze zur Erforschung und Theoriebildung des „intricate, difficult and little-researched topic" (Calinescu 1993, 274) der Relektüre kommen vorwiegend aus dem angelsächsischen Raum (vgl. Galef 1998; Leitch 1987; Calinescu 1993), häufig vor dem methodologischen Hintergrund von Rezeptionsästhetik (Wolfgang Iser, Roman Ingarden) und Intertextualitätsmodellen der Überschreibung (Gérard Genette). Als grundlegend kann Matei Calinescus Versuch (1993) angesehen werden, Poetik und Theorie der Relektüre aus literaturtheoretischer, kulturanthropologischer, soziologischer, philosophischer und psychologischer Sicht zu entwerfen. Innovativ ist an seiner Typologie der Relektüre die Verbindung von Narrativik und Ludistik, die das Zusammenspiel von Regelkenntnis und Reflexion im *make-believe-game* der Fiktion bzw. ihrer Gattungen diskutiert (und damit einer methodologischen Debatte vorgreift, die heute im Zusammenhang der Game Studies geführt wird). Die Bandbreite neuerer Relektüre-Theoreme und Anwendungen im Sinne von „Second Thoughts" illustriert David Galefs Sammelband (1998) von konkreten und allgemein poetologischen Intertextualitätsstudien über unterschiedliche historische, mediale und biographische Paradigmen des *Rereadings* und seine visuellen Imagines bis zu lebensalterspezifischen Realisierungen und psychoanalytischen Beweggründen der Relektüre. Patricia Ann Meyer Spacks (2011) bietet im Vergleich dazu eine eher anekdotische Rekonstruktion von lesebiographischen und literaturdidaktischen Erfahrungen.

5 Offene Forschungsfragen

Konzeptualisierung, Praxis und Reflexion der Relektüre potenzieren die mit der Lektüre verbundenen Fragen, lassen manche, etwa die nach der Geschichtlichkeit des Lesens, besonders deutlich zu Tage treten (vgl. Haverkamp 1981, 561), sodass der empirischen Relektüre-Forschung wie ihrer Theoriebildung eine Schlüsselstellung zukommt.

Die empirische Untersuchung von Relektüre-Techniken im Zusammenhang mit Blickverhalten und neuronalen Reaktionen der Lesenden gehört ebenso zu den Desideraten wie Typologien von Relektüre mit gattungs- und autorenpoetischem, hermeneutischem und gender-spezifischem Schwerpunkt: Die von Calinescu angeregte Theoriebildung mit Elementen aus Kulturanthropologie, Rezeptionsästhetik und Spieltheorie sollte sowohl gattungspoetisch als auch -hermeneutisch ausdifferenziert werden, mit besonderem Akzent auf denjenigen Genres, die nicht dem traditionellen Werk- und Textverständnis der Geschlossenheit, Individualität und Endgültigkeit entsprechen und die Implikationen, die mit einem traditionellen Modell hermeneutischer Relektüre verbunden sind (Kohärenz – Transparenz – Selbstgenügsamkeit/*self-sufficiency*), unterlaufen. Vor allem dialogisch-fragmentarische Texte und solche mit freier Kombinatorik, die hypertextuelle Verfahrensweisen zitieren, wie kontrafaktisches Erzählen oder Narrationen vor dem Hintergrund der *possible-world*-Theorie, wären ein fruchtbarer Gegenstand, dessen aktuelle Beliebtheit beim Lesepublikum zudem die verbreitete Unterstellung korrigieren könnte, dass das „mehrfache Lesen von Romanen vielleicht nur noch den Literaturwissenschaftlern vorbehalten bleibe" (Reusch 2004, 110). Neben der Affinität bestimmter Gattungen zu allegorischer bzw. ironischer Relektüre (vgl. Haverkamp 1981) und der Sonderstellung der Lyrik wären die historischen Formen der Lektüre zu rekonstruieren, die durch Lektüre-Techniken organisiert sind (vgl. Bickenbach 1999, 252) und ihrerseits Kanones hervorgebracht haben. Die Rolle der Selbst-Relektüre in einer historisch-systematischen Autorenpoetik vor dem Hintergrund von Medienwandel und Digitalisierung wäre ein ebenso fruchtbarer Gegenstand wie die zeitgenössische Bedeutung von Relektüre als Ritual, v. a. im Kontext geselligen Lesens.

Hermeneutisch aufschlussreich wäre die kritische Untersuchung von Relektüre im Hinblick auf ihre Gefahren (etwa Überinterpretation/*over-reading*): Worin besteht „the gain-loss phenomen in rereading" (Galef 1998, 18); wie anti-aristotelisch sähe eine ‚Bilanz-Poetik' der Relektüre aus, in der Spontaneität, Spannung, Überraschung durch Prolepsen, Vorausdeutungen und Allwissenheit des Lesers ersetzt sind?

Zu den Desideraten in historisch-methodologischer Hinsicht gehört es, das Konzept der Differenz nicht nur „als kritische Struktur der Geschichte des Lesens" und als Differenz zwischen Lektüretechniken, -praktiken, -konzepten und ihren kulturellen Konfigurationen zu verorten, sondern v. a. die Differenz „des als Identität vorausgesetzten Lesens zu sich selbst" wahrzunehmen (Bickenbach 1999, 259). Diese Differenz (aber eben auch die Kontinuität) wäre an Lesebiographien, also dem Lesen und Wiederlesen in verschiedenen Altersstufen und der Relektüre von Kinder- und Lebensbüchern im Alter, ebenso zu untersuchen wie an genderdifferenten Leseprozessen mit der grundsätzlichen Frage, ob die Relektüre (wie die Lektüre) weiblich ist und in welcher Form (‚Lesewut' usw.) sie praktiziert und diskursiviert wird.

Weiterführende Literatur

Calinescu, Matei (1993). *Rereading*. New Haven und London.

Galef, David (1998). „Observations on Rereading". *Second Thoughts: A Focus on Rereading*. Hrsg. von David Galef. Detroit: 17–33.

Rosebrock, Cornelia (1994). *Lektüre und Wiederholung. Zur philosophischen Deutung der Zeiterfahrung des Lesens*. Kassel.

Stanitzek, Georg (1992). „‚0/1', ‚einmal/zweimal' – der Kanon in der Kommunikation". *Technopathologien*. Hrsg. von Bernhard J. Dotzler. München: 111–134.

Theunissen, Michael und Helmut Hühn (2004). „Wiederholung". *Historisches Wörterbuch der Philosophie*. Hrsg. von Joachim Ritter und Karlfried Gründer. Bd. 12. Darmstadt: 738–746.

Till, Dietmar (2009). „Wiederholung". *Historisches Wörterbuch der Rhetorik*. Hrsg. von Gert Ueding. Bd. 9: St–Z. Tübingen: 1371–1377.

Literatur

Antonsen, Jan Erik (2010). „Psychoanalyse". *Literaturtheorien des 20. Jahrhunderts*. Hrsg. von Ulrich Schmidt. Stuttgart: 266–293.

Aust, Hugo (1983). *Lesen. Überlegungen zum sprachlichen Verstehen*. Tübingen.

Aust, Hugo (1996). „Die Entfaltung der Fähigkeit des Lesens". *Schrift und Schriftlichkeit (Writing and Its Use): Ein Interdisziplinäres Handbuch internationaler Forschung*. Hrsg. von Hartmut Günther und Otto Ludwig. Berlin: 1169–1178.

Aust, Hugo (2007). „Lesen". *Reallexikon der deutschen Literaturwissenschaft*. Bd. 2. Gemeinsam mit Georg Braungart, Klaus Grubmüller, Jan-Dirk Müller, Friedrich Vollhardt und Klaus Weimar hrsg. von Harald Fricke. Berlin und New York: 406–410.

Bahmer, Lonni (2011). „Lectio". *Historisches Wörterbuch der Rhetorik*. Hrsg. von Gert Ueding. Bd. 10. Darmstadt: 565–574.

Baier, Karl (2013). „Lesen als spirituelle Praxis der Gegenwartskultur". *Text und Mystik. Zum Verhältnis von Schriftauslegung und kontemplativer Praxis*. Hrsg. von Karl Baier, Regina Polak und Ludger Schwienhorst-Schönberger. Göttingen: 23–59.

Barthes, Roland (1970). *S/Z*. Paris.

Barthes, Roland (1994 [1970]). *S/Z*. Aus dem Französischen von Jürgen Hoch. Frankfurt/M.

Bauer, Matthias (1998). „Bedeutung". *Metzler Lexikon der Literatur- und Kulturtheorie*. Hrsg. von Ansgar Nünning. Stuttgart und Weimar: 41.

Bellour, Raymond (1979). „Cine-Repetitions". *Screen* 20.2 (1979): 65–72.

Bickenbach, Matthias (1999). *Von der Möglichkeit einer inneren Geschichte des Lesens*. Tübingen.

Bloom, Harold (1975). *A Map of Misreading*. New York.

Bosse, Heinrich (²2010). „Verstehen". *Literaturwissenschaft: Einführung in ein Sprachspiel*. Hrsg. von Heinrich Bosse und Ursula Renner-Henke. Freiburg/Br., Berlin und Wien: 67–84.

Braungart, Wolfgang (1996). *Ritual und Literatur*. Tübingen.

Calinescu, Matei (1993). *Rereading*. New Haven und London.

Calinescu, Matei (1998). „Orality in Literacy: ‚Some Historical Paradoxes of Reading and Rereading'". *Second Thoughts: A Focus on Rereading*. Hrsg. von David Galef. Detroit: 51–74.

Campe, Rüdiger (2007). „Lecture". *Reallexikon der deutschen Literaturwissenschaft*. Bd. 2. Gemeinsam mit Georg Braungart, Klaus Grubmüller, Jan-Dirk Müller, Friedrich Vollhardt und Klaus Weimar hrsg. von Harald Fricke. Berlin und New York: 385–388.

Christmann, Ursula und Norbert Groeben (2001). „Psychologie des Lesens". *Handbuch Lesen*. Hrsg. von Bodo Franzmann, Klaus Hasemann, Dietrich Löffler und Erich Schön unter Mitarb. von Georg Jäger, Wolfgang R. Langenbucher und Ferdinand Melichar. Baltmannsweiler: 145–222.

Cicero, Marcus Tullius (2007). *De oratore. Über den Redner*. Lateinisch/Deutsch. Hrsg. und übers. von Theodor Nüßlein. Düsseldorf.

Cornis-Pope, Marcel und Ann Woodlief (2003). „The Rereading/Rewriting Process: Theory and Collaborative, Online Pedagogy". *Intertexts. Reading Pedagogy in College Writing Classrooms*. Hrsg. von Marguerite Helmers. Mahwah, NJ: 146–164.

de Man, Paul (1979). „Rhetoric of Tropes (Nietzsche)" [1974]. *Allegories of Reading. Figural Language in Rousseau, Nietzsche, Rilke, and Proust*. New Haven und London: 103–118.

Deleuze, Gilles (1992 [1968]). *Differenz und Wiederholung*. Aus dem Französischen von Joseph Vogl. München.

Derrida, Jacques (1974 [1967]). *Grammatologie*. Aus dem Französischen von Hans-Jörg Rheinberger und Hanns Zischler. Frankfurt/M.

Derrida, Jacques (1976 [1967]). *Die Schrift und die Differenz*. Aus dem Französischen von Rodolphe Gasché und Ulrich Köppen. Frankfurt/M.

Derrida, Jacques (2003 [1967]). *Die Stimme und das Phänomen. Einführung in das Problem des Zeichens in der Phänomenologie Husserls*. Aus dem Französischen von Hans-Dieter Gondek. Frankfurt/M.

Derrida, Jacques (2004 [1972]). „Die différance". *Postmoderne und Dekonstruktion. Texte französischer Philosophen der Gegenwart*. Hrsg. von Peter Engelmann. Ditzingen: 76–113.

Dorness, Martin (1993). *Der kompetente Säugling. Die präverbale Entwicklung des Menschen*. Frankfurt/M.

Duda, Martin (2008). *Das Glück, das aus den Büchern kommt. Lesekunst als Lebenskunst.* München.

Eco, Umberto (1989). *Semiotik. Entwurf einer Theorie der Zeichen.* München.

Eco, Umberto (1994). „Überzogene Textinterpretation". *Zwischen Autor und Text. Interpretation und Überinterpretation.* Aus dem Englischen von Hans Günter Holl. München: 52–74.

Engelsing, Rolf (1973). *Analphabetentum und Lektüre. Zur Sozialgeschichte des Lesens in Deutschland zwischen feudaler und industrieller Gesellschaft.* Stuttgart.

Felman, Shoshana (1988). „Die Lektürepraxis erneuern". *Individualität.* Hrsg. von Manfred Frank und Anselm Haverkamp. München: 203–209.

Fish, Stanley (1980). *Is There a Text in This Class? The Authority of Interpretive Communities.* Cambridge, MA.

Fricke, Harald (2000). *Gesetz oder Freiheit. Eine Philosophie der Kunst.* München.

Gadamer, Hans-Georg (1970). „Hermeneutik". *Historisches Wörterbuch der Philosophie.* Hrsg. von Joachim Ritter und Karlfried Gründer. Bd. 3. Darmstadt: 1061–1073.

Galef, David (1998). „Observations on Rereading". *Second Thoughts: A Focus on Rereading.* Hrsg. von David Galef. Detroit: 17–33.

Goldmann, Corrie (2012). „This is your brain on Jane Austen, and Stanford researchers are taking notes". *Stanford Report* (7. September 2012) http://news.stanford.edu/news/2012/september/austen-reading-fmri-090712.html (13. Juni 2015).

Greimas, Algirdas Julien (1971 [1966]). *Strukturale Semantik. Methodologische Untersuchungen.* Aus dem Französischen von Jens Ihwe. Braunschweig.

Grimm, Jacob und Wilhelm (1999). *Deutsches Wörterbuch.* München [Nachdruck der Erstausgabe 1854–1984].

Groddeck, Wolfram (²2010). „Wiederholen". *Literaturwissenschaft: Einführung in ein Sprachspiel.* Hrsg. von Heinrich Bosse und Ursula Renner-Henke. Freiburg/Br., Berlin und Wien: 157–170.

Groeben, Norbert (²1978). *Die Verständlichkeit von Unterrichtstexten. Dimensionen und Kriterien rezeptiver Lernstadien.* Münster.

Günther, Hartmut (1996). „Historisch-systematischer Aufriss der psychologischen Leseforschung". *Schrift und Schriftlichkeit (Writing and Its Use): Ein interdisziplinäres Handbuch internationaler Forschung.* Hrsg. von Hartmut Günther und Otto Ludwig. Berlin: 918–930.

Hansen-Löve, Aage A. (2006). „Wieder-Holungen – Zwischen Laut- und Lebensfigur: Jakobson – Kierkegaard – Freud – Kierkegaard". *Wiederholen. Literarische Funktionen und Verfahren.* Hrsg. von Hendrik Birus, Roger Lüdeke und Inka Mülder-Bach. Göttingen: 41–92.

Haupt, Sabine (2002). *„Es kehrt alles wieder". Zur Poetik literarischer Wiederholung in der deutschen Romantik und Restaurationszeit. Tieck, Hoffmann, Eichendorff.* Würzburg.

Haverkamp, Anselm (1981). „Allegorie, Ironie und Wiederholung. (Zur zweiten Lektüre)". *Text und Applikation. Theologie, Jurisprudenz und Literaturwissenschaft im hermeneutischen Gespräch.* Hrsg. von Manfred Fuhrmann, Hans Robert Jauß und Wolfhart Pannenberg. München: 561–565.

Herder, Johann Gottfried (1878 [1769]). „Kritische Wälder. Oder Betrachtungen über die Wissenschaft und Kunst des Schönen. Zweites Wäldchen über einige Klotzische Schriften". *Sämmtliche Werke.* Bd. 3: *Kritische Wälder.* Hrsg. von Bernhard Suphan. Berlin.

Huey, Edmund Burke (1968 [1908]). *The Psychology and Pedagogy of Reading: With a Review of the History of Reading and Writing and of Methods, Texts, and Hygiene in Reading.* Cambridge, Mass. und London.

Illich, Ivan (2014 [1991]). *Im Weinberg des Textes. Als das Schriftbild der Moderne entstand. Ein Kommentar zu Hugos „Didascalicon".* Übers. von Ylva Eriksson-Kuchenbuch. München.

Inhoff, Albrecht W. und Keith Rayner (1996). „Das Blockverhalten beim Lesen". *Schrift und Schriftlichkeit (Writing and Its Use): Ein interdisziplinäres Handbuch internationaler Forschung.* Hrsg. von Hartmut Günther und Otto Ludwig. Berlin: 942–957.

Intertexts. Reading Pedagogy in College Writing Classrooms (2003). Hrsg. von Marguerite Helmers. Mahwah, NJ.

Iser, Wolfgang (1976). *Der Akt des Lesens. Theorie ästhetischer Wirkung.* München.

Jakobson, Roman (1970). „Linguistik und Poetik". *Literaturwissenschaft und Linguistik. Ergebnisse und Perspektiven.* Hrsg. von Jens Ihwe. Frankfurt/M.: 142–178.

Jauß, Hans Robert (1970). *Literaturgeschichte als Provokation.* Frankfurt/M.

Jean Paul (1936). „Bemerkungen". *Sämtliche Werke. Historisch-kritische Ausgabe.* Hrsg. von Eduard Behrend. 2. Abt.: Nachlaß. Bd. 5. Weimar.

Jean Paul (1969). „Flegeljahre". *Werke in 3 Bänden.* Hrsg. von Norbert Miller. Bd. 3. München: 7–380.

Joyce, Michael (1998). *Page to Screen: Taking Literacy into the Electronic Era.* Hrsg. von Ilana Snyder. London und New York.

Kierkegaard, Søren (1966 [1843]). *Die Wiederholung.* Reinbek b. Hamburg.

Kocyba, Hermann (²1995). „Deleuze". *Metzler Philosophen Lexikon. Von den Vorsokratikern bis zu den neuen Philosophen.* Hrsg. von Bernd Lutz. Stuttgart: 200–203.

Kolodny, Annette (1980). „A Map for Rereading; or, Gender and the Interpretation of Literary Texts". *New Literary History* 11 (1980) 3: 451–467.

Kopp, Detlev und Niklaus Wegmann (1988). „‚Wenige wissen noch, wie Leser lieset.' Anmerkungen zum Thema: Lesen und Geschwindigkeit". *Germanistik und Deutschunterricht im Zeitalter der Technologie. Selbstbestimmung und Anpassung. Vorträge des Germanistentages 1987.* Hrsg. von Norbert Oellers. Bd. 1. Tübingen: 92–104.

Krämer, Sybille (1998). „Das Medium als Spur und als Apparat". *Medien, Computer, Realität. Wirklichkeitsvorstellungen und neue Medien.* Hrsg. von Sybille Krämer. Frankfurt/M.: 73–94.

Kristeva, Julia (1972). „Wort, Dialog und Roman bei Bachtin". *Literaturwissenschaft und Linguistik. Ergebnisse und Perspektiven.* Hrsg. von Jens Ihwe. Bd. 3: Zur linguistischen Basis der Literaturwissenschaft. Frankfurt/M.: 345–375.

La relecture de l'œuvre par ses écrivains mêmes. Bd. 1: *Tombeaux et testaments.* Bd. 2: *Se relire contre l'oubli? (e siècle)* (2007). Hrsg. von Mireille Hilsum. Paris.

Lausberg, Heinrich (⁴1971). *Elemente der literarischen Rhetorik. Eine Einführung für Studierende der klassischen, romanischen, englischen und deutschen Philologie.* München.

Leitch, Thomas M. (1987). „For (Against) a Theory of Rereading". *Modern Fiction Studies* 33 (1987): 491–508.

Lobsien, Eckhard (1995). *Wörtlichkeit und Wiederholung. Phänomenologie poetischer Sprache.* München.

Luhmann, Niklas (1995). *Die Kunst der Gesellschaft.* Frankfurt/M.

Manguel, Alberto (1999). *Eine Geschichte des Lesens.* Reinbek b. Hamburg.

Mathy, Dietrich (1998). „Vorab ergänzend". *Dasselbe noch einmal: Die Ästhetik der Wiederholung.* Hrsg. von Carola Hilmes und Dietrich Mathy. Opladen und Wiesbaden: 7–11.

Meiners, Christoph (²1791). *Anweisungen für Jünglinge zum eigenen Arbeiten, besonders zum Lesen, Excerpiren, und Schreiben.* Hannover.

Meyer Spacks, Patricia Ann (2011). *On Rereading.* Cambridge, Mass.

Millett, Kate (1970 [1969]). *Sexual Politics*. New York.

Moos, Peter von (1993). „„Was galt im lateinischen Mittelalter als das Literarische an der Literatur?' Eine theologisch-rhetorische Antwort des 12. Jahrhunderts". *Interessenbildung im Mittelalter*. Hrsg. von Joachim Heinzle. Stuttgart: 431–451.

Munzel, Friedhelm (1997). *Bibliotherapie und religiöses Lernen. Ein interdisziplinärer Beitrag zur „Theologie des Lesens" und zur Innovation des Religionsunterrichts*. Münster.

Nabokov, Vladimir (2014). „Gute Leser und gute Autoren". *Vorlesungen über westeuropäische Literatur. Gesammelte Werke*, Bd. XVIII. Hrsg. von Fredson Bowers und Dieter E. Zimmer. Hamburg: 33–43.

Odden, Karen (1998). „Retrieving Childhood Phantasies. A Psychoanalytic Look at Why We Re(read) Popular Literature". *Second Thoughts: A Focus on Rereading*. Hrsg. von David Galef. Detroit: 126–151.

Parr, Rolf (2015). „Konzepte von Wiederholen/Wiederholung in Medientheorien. Eine (unvollständige) Bestandsaufnahme". *Wiederholen/Wiederholung*. Hrsg. von Rolf Parr, Jörg Wesche, Bernd Bastert und Carla Dauven-van Knippenberg. Heidelberg: 15–29.

Polaschegg, Andrea (2007). „Tigersprünge in den hermeneutischen Zirkel oder Gedichte nicht verstehen. Gattungspoetische Überlegungen (lange) nach Emil Staiger". *1955–2005. Emil Staiger und die „Kunst der Interpretation" heute*. Hrsg. von Joachim Rickes, Volker Ladenthin und Michael Baum. Bern, Bruxelles, Frankfurt/M., New York, Oxford und Wien: 87–110.

Quintilianus, Marcus Fabius (³2006). *Institutionis oratoriae libri XII. Ausbildung des Redners. Zwölf Bücher*. Hrsg. und übers. von Helmut Rahn. Erster Teil. Buch I–VI. Zweiter Teil. Buch VII–XII. Darmstadt.

Reusch, Judith (2004). *Zeitstrukturen in Goethes Wahlverwandtschaften*. Würzburg.

Rosebrock, Cornelia (1994). *Lektüre und Wiederholung. Zur philosophischen Deutung der Zeiterfahrung des Lesens*. Kassel.

Rosebrock, Cornelia und Daniel Nix (⁷2014). *Grundlagen der Lesedidaktik und der systematischen schulischen Leseförderung*. Baltmannsweiler.

Said, Edward W. (1993). *Culture and Imperialism*. New York.

Sartre, Jean Paul (1964). *Die Wörter*. Reinbek b. Hamburg.

Schlegel, Friedrich (1981 [1797]). „[V] Fragmente zur Litteratur und Poesie". *Kritische Friedrich Schlegel-Ausgabe*. Hrsg. von Ernst Behler und Hans Eichner. Bd. 16: *Fragmente zur Poesie und Literatur*. Erster Teil. Hrsg. von Hans Eichner. Paderborn u. a.: 83–190.

Schlegel, Friedrich (1967). „Kritische Fragmente", *Kritische Friedrich-Schlegel-Ausgabe*. Hrsg. von Ernst Behler. Erste Abteilung: Kritische Neuausgabe. Bd. 2: *Charakteristiken und Kritiken I (1796–1801)*. Hrsg. von Hans Eichner. Paderborn u. a.: 147–163.

Schleiermacher, Friedrich (1995). *Hermeneutik und Kritik*. Hrsg. und eingeleitet von Manfred Frank. Frankfurt/M.

Schneider, Jost (2004). *Sozialgeschichte des Lesens. Zur historischen Entwicklung und sozialen Differenzierung der literarischen Kommunikation in Deutschland*. Berlin und New York.

Schnyder, Mireille (2009). „Kunst der Vergegenwärtigung und gefährliche Präsenz. Zum Verhältnis von religiösen und weltlichen Lesekonzepten". *Literarische und religiöse Kommunikation in Mittelalter und Früher Neuzeit. DFG-Symposion 2006*. Hrsg. von Peter Strohschneider. Berlin und New York: 427–453.

Schulze, Friedrich August (1801). *Die ganze Familie wie sie seyn sollte; ein Roman, wie er seyn kann; von Friedrich Christian Spieß, Geschwindschreiber in der Unterwelt*. [o. O.]

Seidel, Michael (1998*)*. „Running Titels". *Second Thoughts: A Focus on Rereading*. Hrsg. von David Galef. Detroit: 34–50.

Staiger, Emil (1955). *Die Kunst der Interpretation*. *Studien zur deutschen Literaturgeschichte*. Zürich.

Stanitzek, Georg (1992). „,0/1', ,einmal/zweimal' – der Kanon in der Kommunikation". *Technopathologien*. Hrsg. von Bernhard J. Dotzler. München: 111–134.

Strowick, Elisabeth (2002). „Erzählen, Wiederholen, Durchblättern. Bruchstücke einer psychoanalytischen Theorie des Lesens". *Literatur als Blätterwerk. Perspektiven nichtlinearer Lektüre*. Hrsg. von Jürgen Gunia und Iris Hermann. St. Ingbert: 161–181.

Theunissen, Michael und Helmut Hühn (2004). „Wiederholung". *Historisches Wörterbuch der Philosophie*. Hrsg. von Joachim Ritter und Karlfried Gründer. Bd. 12. Darmstadt: 738–746.

Till, Dietmar (2009). „Wiederholung". *Historisches Wörterbuch der Rhetorik*. Bd. 9: St–Z. Hrsg. von Gert Ueding. Tübingen: 1371–1377.

Tynjanov, Jurij (1971 [1927]). „Über die literarische Evolution". *Russischer Formalismus*. Hrsg. von Jurij Striedter. München: 432–460.

Weimar, Klaus (1987). „Interpretationsweisen bis 1850". *Deutsche Vierteljahrsschrift für Literaturwissenschaft und Geistesgeschichte* 61 (1987), Sonderh.: 152–173.

Weimar, Klaus (2007). „Das Wort *lesen*, seine Bedeutungen und sein Gebrauch als Metapher". *Genese und Grenzen der Lesbarkeit*. Hrsg. von Philipp Stoellger. Würzburg: 21–34.

Weimar, Klaus (²2010). „Lesen: zu sich selbst sprechen in fremdem Namen". *Literaturwissenschaft: Einführung in ein Sprachspiel*. Hrsg. von Heinrich Bosse und Ursula Renner-Henke. Freiburg/Br., Berlin und Wien: 53–66.

Wittmann, Reinhard (1999). „Gibt es eine Leserevolution am Ende des 18. Jahrhunderts?" *Die Welt des Lesens. Von der Schriftrolle zum Bildschirm*. Hrsg. von Roger Chartier und Guglielmo Cavallo. Übers. aus dem Engl. von H. Jochen Bußmann und Ulrich Enderwitz, aus dem Frz. von Klaus Jöken und Bernd Schwibs, aus dem Ital. von Martina Kempter. Frankfurt/M. und New York: 421–454.

Jörg Wesche
III.2.5 Parallele Lektüren

1 Konzeptuelles Verständnis

Parallele Lektüre bezeichnet eine Praxis des Lesens, bei der mehrere Texte oder Textteile nebeneinander und tendenziell gleichzeitig gelesen werden (vgl. etymologisch bereits gr. παράλληλος = ‚nebeneinander'). Das Spektrum dieser Praxis ist wenig erforscht und erscheint prinzipiell breit und heterogen. Allgemein kann parallele Lektüre entweder vom realen Leser ausgehen oder durch den Text strukturell bedingt sein. Entsprechend lassen sich leser- und textinduzierte Formen paralleler Lektüre unterscheiden.

2 Leserinduzierte Formen

Als rein vom realen Leser ausgehendes Leseverhalten oder „Modalität des Buchlesens", die vor allem Vielleser pflegen (Bonfadelli 2001, 113), erfolgt parallele Lektüre im weitesten Sinn unabhängig von den Gegenständen oder Textsorten der Belletristik und Gebrauchsliteratur, z. B. als Lektüre mehrerer Bücher, die nicht im Zusammenhang stehen und willkürlich durch den Leser ausgewählt werden. Gerade bei jüngeren Lesern ist auch die selektive Form der „Häppchen-Lektüre" durch „Lese-Zapping" verbreitet (Jaspers 2001, 20). Für die Begriffsbildung ist an dieser Stelle zu bedenken, dass das Phänomen der parallelen Lektüre hier in der Nähe zum Lesen mit einer begleitenden Tätigkeit (z. B. Musikhören) steht. Umgekehrt kann es auch sinnvoll erscheinen, etwa beim informierten Hören während eines Konzerts, das durch das Lesen eines Programmhefts begleitet wird, von paralleler Lektüre zu sprechen. Darüber hinaus lassen sich performativ oder rituell gekoppelte Leseakte als Parallelhandlungen verstehen (vgl. z. B. die Synchronisation der Lesung von Schwurformeln und festgelegten Schwurgesten oder die liturgische Koordination von Schriftlesung, Lektionston und Figuralmusik im Gottesdienst).

Solche Beispiele verweisen indessen auf einen Definitionsspielraum, der begrifflich zu präzisieren ist, da es in diesen Fällen um das pragmatische Nebeneinander von Leseakten und anderen Handlungsformen geht. Lesesystematische Trennschärfe kann das Konzept der parallelen Lektüre demgegenüber nur gewinnen, sofern das grundlegende Kriterium eines Nebeneinanders von mehreren Texten bzw. Textteilen beim Lesen erfüllt ist.

https://doi.org/10.1515/9783110365252-015

Mit Blick auf das Spektrum leserinduzierter paralleler Lektüre ist von der offenen Form eine intentional gerichtete Variante zu unterscheiden. Auch hier sind die Auswahl und der Umfang der parallelen Lektüre von Texten oder Textteilen maßgeblich durch den realen Leser bedingt, werden jedoch durch ein spezifisches Leseinteresse geleitet. Entsprechend stellt der reale Leser ein z. B. thematisch verbundenes, zeitlich begrenztes oder autorbezogenes Korpus zusammen, das im Rezeptionsmodus paralleler Lektüre erschlossen wird.

Sowohl für die intentional offene als auch die gerichtete Variante ist es definitorisch zudem möglich, sie prozessual eng oder weit zu fassen. Dabei kann parallele Lektüre entweder auf einen einzigen, durchgehenden Lektürevorgang bzw. eine Lektüresitzung festgelegt oder eine erweiterte Bestimmung vorgenommen werden, nach der auch bei einer zeitlich unterbrochenen, abwechselnd fortgesetzten Rezeption verschiedener Texte über eine längere Zeitspanne hinweg von paralleler Lektüre gesprochen wird (beispielsweise beim gleichzeitigen Lesen mehrerer Romane). Darüber hinaus ist aus systematischer Sicht zu beachten, dass die parallele Lektüre stets sowohl individuell als auch kollektiv (z. B. als Rundlektüre in einer Gruppe) angelegt sein kann.

3 Textinduzierte Formen

Bei textinduzierten Formen wird der Rezeptionsmodus der parallelen Lektüre strukturell durch den „Textadressat[en]" (Schmid 2007, 171) nahe- oder festgelegt. Die Parallelität beim Lesen kann dabei innerhalb eines Leseobjekts (intratextuell) oder zwischen mehreren Leseobjekten (intertextuell) entstehen.

Intratextuelle Parallellektüre

Die intratextuelle Strukturierung paralleler Lektüre zeigt sich bereits in gängigen, historisch weit zurückreichenden Techniken des Seitenaufbaus (‚mise en page') wie der Spaltennotation (gegenüberliegende Textblöcke), Interlinearglossierung (Kommentierung zwischen den Zeilen), Fußnote oder Marginalie (Randbemerkung). Methodisch ist dabei analog zur analytischen Ausdifferenzierung des Textadressaten mit der Unterscheidung zwischen ‚impliziten' (vgl. Iser 1972), ‚intendierten' (vgl. Link 1976), ‚imaginierten' oder ‚konzeptionellen' Lesern (vgl. Grimm 1977, 38–39) eine historische Kontextualisierung solcher Verfahren notwendig, mit der auch die jeweilige funktionale Ausrichtung paralleler Lektüre im Text korreliert. Die Marginalie z. B. markiert in der Frühen Neuzeit eine historisch spezifische Form der Texterschließung, die sich aus der zeitgenössischen Topik als rhetorischem Lektüremodell speist und der „Bedeutungsfokussierung" dient (Neuber 2000, 178). Zugleich sind die jeweiligen systematischen Besonderheiten solcher intratextuellen Verfahren zu berücksichtigen. Die Notation in Spalten etwa kann zwar auf fortlaufende Lektüre hin angelegt sein (vgl. z. B. Zeitungskolumnen, Lexikon- oder Handbucharticle), wird jedoch auch zur Anregung paralleler Lektüre eingesetzt. Standard ist diese Möglichkeit beispielsweise bei mehrsprachigen Ausgaben. Dem Originaltext links wird die Übersetzung dabei in der Regel rechts gegenübergestellt; bei Versübertragungen geht die Parallelstellung so weit, dass der Wortlaut der Ausgangs- und Zielsprache so exakt wie möglich zeilenweise nebeneinander gedruckt wird.

Sprachästhetisch funktionalisiert erscheint diese Form z. B. in dem Übersetzungsexperiment *Am Quell der Donau* (1998) von Herbert Schuldt und Robert Kelly, das die Artistik und Komik einer Oberflächenübersetzung der gleichnamigen Hymne Friedrich Hölderlins vom Deutschen ins Amerikanische nach dem buchstabengetreu genommenen Wort*laut* durchspielt und dadurch einen neuen Textsinn in der Zielsprache erzeugt. Aus dem Titel der Hymne *Am Quell der Donau* wird mangels der Deutschkenntnis Kellys nach seinem Hörverständnis die Formulierung „*Unquell the Dawn Now*", die Schuldt dann im nächsten Schritt nach dem Sinn als „Ent-ersticke das Morgengrauen jetzt" ins Deutsche zurückübersetzt; daraufhin wiederholt Schuldt den Vorgang noch einmal selbst, so dass sich die Übersetzungsschleife um die zwei Versionen „*Ain't'er Shtick the Morgue and Growin' Shades?*" und „*Ist nicht ihr Dreh das Leichenschauhaus und's Schatten-Pflanzen?*" erweitert und schließlich insgesamt vier Abwandlungen des Ausgangstexts parallel nebeneinanderstehen (vgl. Schuldt et al. 1998, 1). Auf diese Weise wird Hölderlins Gedicht also in einem fünfstimmigen Resonanzraum schrittweise transformiert, wobei die Kunstfertigkeit der jeweils angebotenen Übertragung anhand der je Druckspalte auch typographisch durch Mehrfarbdruck (blau, braun, lila, grün und rot) ausgewiesenen Verfremdungsstufen nur durch parallele Lektüre nachvollzogen werden kann. Ziel ist dabei „eine allmähliche Vergröberung, eine Brutalisierung Hölderlins, der Abstieg seines Textes in die Niederungen, wo dieser sich selbst als eine heitere, böse, verschlissene Dichtung gegenübersteht"; vorgeführt werden soll damit eine „Achterbahn, auf der das Deutsche durch das Englische fährt" (Schuldt et al. 1998, 78). Folglich ist der parallele Lesemodus dem Text in diesem Fall notwendig eingeschrieben. Entsprechend erscheint das Textensemble im Druck nicht buchförmig gebunden, sondern in einer Schuberausgabe als Medienkombination von acht Leporellos, einem Buch und einer CD. Die Leporellos können dabei entfaltet und nebeneinandergelegt werden, so dass das pingpongartige Wechselspiel zwischen beiden Sprachen und damit auch die selbstreferentielle Reflexion des Übersetzens im Spaltendruck synoptisch deutlich wird (s. Abb. 1).

Friedrich Hölderlin *Am Quell der Donau*	Robert Kelly *Unquell the Dawn Now*	Schuldt *Ent-ersticke das Morgengrauen jetzt*

In der Buchversion stehen die einzelnen Versübertragungen dann zeilenweise untereinander, so dass die Variationsbewegung, wiederum im Mehrfarbdruck, in der horizontalen Parallelität nachvollzogen werden kann. Eine beigefügte CD mit den Vertonungen der verschiedenen Transformationen erweitert die parallele Lektüre schließlich intermedial und dokumentiert das Nachsprechen der Verse im Hörspiel *Schallgeschwister*.

Abgesehen von dieser ästhetischen Funktionalisierungsmöglichkeit wird die Spaltennotation zudem gerade in wissenschaftlichen Ausgaben oder Lehrbüchern häufig durch einen ausgegliederten Fußnotenbereich flankiert, der ebenfalls in die parallele Lektüre einbezogen werden kann. Für die Fußnote ist dabei charakteristisch, dass die parallele Lektüre zum einen im Text selbst durch Fußnotenzeichen gesteuert ist – entweder durch die horizontale Gliederung zwischen Haupttext und Fußnotenbereich oder durch Endnoten mit einem nachgestellten Anmerkungsteil –, zum anderen aber auch – wie im Fall von bibliographischen Querverweisen – intertextuelle Verknüpfungen herstellt und ein springendes Lesen zwischen Haupt- und Verweistext voraussetzt. Einen Sonderfall stellen in dieser Hinsicht wiederum fingierte Fußnoten dar, bei denen die parallele Lektüre ins Leere geführt werden kann. Literaturgeschichtliche Bedeutung erlangt diese paradoxe Spielart etwa als satirische Authentifizierungsstrategie bei Christoph Martin Wieland und Jean Paul oder auch als Wissenschaftlichkeit anzeigendes Gestaltungselement moderner Erzählkunst (vgl. Zubarik 2014; Stang 1992).

Für die systematische Beschreibung der intratextuellen Formen paralleler Lektüre lassen sich sodann der vertikale Spaltensatz der Kalendermatrix sowie die Textmetapher der horizontal aufgebauten Partitur bedenken.

Die parallele Textorganisation in Kalendern ist bereits im Mediensystem des 17. Jahrhunderts verbreitet (vgl. Böning 2011). Im Bereich der Barockdichtung spielt Grimmelshausen mit dem Prinzip, indem sein im Quartformat gedruckter

Schuldt

Ain't'er Shtick the Morgue and
Growin' Shades?

Schuldt

Ist nicht ihr Dreh
das Leichenschauhaus
und's Schatten-Pflanzen?

Abb. 1 (Nachdruck mit freundlicher Genehmigung des
Steidl Verlags

Ewig-währender Calender (1670) eingangs sechs Spalten (*materiae*) parallel auf
einer Doppelseite anordnet, die im Verlauf des Textes unterschiedlich weitergeführt und schrittweise reduziert werden. Der Text ist zudem durch Graphiken und
Tabellen mit astrologischen Informationen durchsetzt. Grimmelshausen erzeugt
damit bewusst den Eindruck einer geordneten Unordnung und fordert den Leser
zu wiederholender Lektüre auf. Parallelität fungiert dabei gezielt als Mittel der
Komplexitätssteigerung, die im Zeichen einer Poetologie komischer Vermischung
steht und den Lesevorgang erschweren soll (vgl. Mannack 2008, 191).

Als Partitur beschreibt den Text zunächst Roland Barthes (1976, 33–37). Dazu
verfolgt er am Beispiel von Honoré de Balzacs Novelle *Sarrasine* die Parallelfüh-
rung verschiedener Stimmen (z. B. Stimme der Empirie, Stimme der Wissenschaft,
Stimme der Wahrheit). Auch den kreativen Akt des Lesens selbst hat man bildhaft
mit der musikalischen Umsetzung einer Partitur verglichen (vgl. Spinner 2003,
265). Erscheinen solche Analogien heuristisch oder didaktisch sinnvoll, bleiben
sie gleichwohl eine rezeptionsästhetische Metapher. Im Fall des konkreten „Par-
titurlesens" als Umdenken von Notenschrift in Musik (Dickreiter 1997, 69) lässt
sich der intratextuell organisierte Rezeptionsmodus paralleler Lektüre allerdings
textsortenspezifisch präzisieren. So ist die ab ca. 1800 verbreitet gebräuchliche
musikalische Aufzeichnungsform der Partitur mit ihren sich bis heute ausdifferen-
zierenden Partiturtypen (Dirigier-, Studien-, Hörpartitur, Klavierauszug usw.) in
der Regel daraufhin angelegt, durch die taktgebundene Zeilennotation gleichzeitig erklingender Instrumente und Stimmen (‚Akkoladen') Polyphonie abzubilden.
Insofern ist parallele Lektüre für diese Textsorte konstitutiv. Zugleich wird am Beispiel der Partitur selbst deutlich, dass parallele Lektüre und Zeichensystem entkoppelt gedacht werden müssen. Denn die parallele Lektüre kann hier entweder
an ein durchgehendes Notationssystem gebunden sein (Notenlesen) oder, wie z. B.
in der Chorpartitur, mehrere Systeme (Noten- und Schriftzeichen) kombinieren.

Ein Beispiel für die literarische Funktionalisierung der Partitur als Sehtext, der dann parallele Lektüren allererst ermöglicht, gibt die Buchausgabe von Ernst Jandls Sprechoper *Aus der Fremde* (1979), die durchgehend dreispaltig notiert ist. Eine partiturähnliche Seitenaufteilung (Sprecherangaben links, Sprechtexte mittig, Regiebemerkungen rechts) entsteht in diesem Fall dadurch, dass die konjunktivischen Sprechtexte und indikativischen Regiebemerkungen zeilenweise parallel notiert sind. Darüber hinaus sind die zusammengehörigen Dreizeiler fortlaufend als Strophen durchnummeriert, was auf den Gebrauch von Taktzahlen in der musikalischen Partitur verweist. Durch diese synoptische Notationsweise wird der strophische Duktus des Sprechtexts nicht durch eingeschobenen ‚Nebentext' gestört, und die parallele Lektüre erweckt den Eindruck von Mehrstimmigkeit als Wechselspiel von Aussage- und Möglichkeitsform. Die textuelle Anspielung auf die Form der Partitur im Satzspiegel steht dabei im Zusammenhang der Strategie Jandls, trotz des programmatischen Musikverzichts in seinem Sprechtext auch Opernelemente aufzurufen und diese etwa als Reflex barocker Opernkunst (vgl. Plachta 2001, 202–207) formal zu integrieren.

Einen Mehrstimmigkeitseffekt erzeugt auch Terézia Moras Roman *Das Ungeheuer* (2013), indem er die Perspektiven der beiden Hauptfiguren – des IT-Spezialisten Darius Kopp und seiner verstorbenen Frau Flora – parallel führt. Als typographisches Mittel dient wiederum die Spaltennotation, wobei die Perspektive des Darius durch die in diesem Fall horizontale Aufspaltung des Seitenspiegels gleichsam als Oberstimme über die Tagebuchaufzeichnungen Floras gesetzt ist. Dort, wo Floras Perspektive entfällt, bleibt die Spalte indessen frei, so dass der Text an solchen Stellen durch die parallele Notation die Leere markiert, die durch den Selbstmord der Geliebten entstanden ist. Zur horizontalen Dreistimmigkeit erweitert ist das Prinzip in J. M. Coetzees *Diary of a Bad Year* (2007), das in der oberen Spalte insgesamt 55 Essays eines Autors namens J. C. präsentiert und darunter die beiden Ich-Erzählstimmen des Essayisten und seiner Bekannten Anya setzt. Beim Abtippen der Abhandlungen kommentiert Anya die kulturpessimistischen Ansichten skeptisch, so dass der Text im parallelen Seitenaufbau einer Gegenposition Raum gibt, die in der Ebene der Ich-Perspektive von J. C. wiederum reflektiert wird. Auf diese Weise kann die parallele Notation den fortschreitenden Dialogprozess im Text abbilden, zugleich aber auch die jeweiligen Wissenshorizonte der Figuren getrennt halten, wie sich im Textverlauf vor allem an den Gesprächen zwischen Anya und ihrem Freund Alan zeigt, der plant, J. C. um sein Vermögen zu betrügen. Kennzeichnend für solche Formen der Parallelkonstruktion ist entsprechend die Funktionalisierung zum Zweck der parallelen Handlungsführung und literarischen Repräsentation von Multiperspektivität.

Die vertikale Darstellungsvariante mehrerer Perspektiven in Kolumnen, die wie die *materiae* in der barocken Kalender-Matrix parallel gelesen werden sollen, realisiert im Bereich der Gegenwartsliteratur Katharina Hackers Berlinroman *Alix, Anton und die anderen* (2009). Die jeweils getrennten Sichtweisen können dabei, ähnlich wie in Moras Roman, oft konfligieren oder aneinander vorbeigeführt werden, um z. B. kommunikative Störungen anzuzeigen.

Möglich ist aber etwa auch das gezielte Hervorbringen von verfremdenden Echo-Effekten, wie in Andrej Bitows als „Echoroman" betitelter Erzählung *Der Symmetrielehrer* (2012). Inszeniert wird hier ein Verwirrspiel zwischen der fingierten Buchvorlage *The Teacher of Symmetrie* aus der Feder des ebenfalls erfundenen A. Tired-Boffins – ein Anagramm des Autors – und der angeblichen russischen Übersetzung Bitows. Die Konfusion wird dabei durch die deutsche Übertragung Rosemarie Tietzes noch potenziert, indem Tietze sich gemäß der vexierenden Erzähllogik des vorgespiegelten Übersetzungsspiels im Roman als ‚dritte' Parallelstimme kommentierend zu Wort meldet.

Die systematische Widersprüchlichkeit zweier Stimmen gestaltet schließlich Erich Loests autobiographische Erzählung *Der Zorn des Schafes* (1991). Loest führt seine Sichtweise auf die DDR-Vergangenheit mit den originalen Wanzenberichten seiner Überwachung durch die Staatssicherheit synchron und in paralleler Gegenüberstellung im Text zusammen. Auf diese Weise entstehen zwei durchgehende Textschichten, die sich in ihrer Unversöhnlichkeit grundsätzlich fremd bleiben und daher auch typographisch voneinander getrennt sind (vgl. Wesche 2011). Durch das Angebot zu paralleler Lektüre lenkt Loest das Augenmerk auf die Kollision der Stimmen und dokumentiert die ebenso skrupel- wie im Ergebnis oft ahnungslose Abhörpraxis des Staatsapparats, um den vorgeblichen Tatsachengehalt der Überwachungsberichte als unzureichend oder kontrafaktisch zu enttarnen. Erzählfunktional fußt die parallele Lektüre dabei auf der gleichzeitigen Darstellung von zwei abweichenden Perspektiven, die sich auf der Ebene der Frequenz als Synchronisation repetitiven Erzählens (mehrfach erzählen, was einmal geschieht) beschreiben lässt.

Intertextuelle Parallelität

Kennzeichnend für die intertextuellen Varianten ist ein Textadressat, durch den ein bestimmter Prätext so eingebunden wird, dass dieser durch parallele Lektüre im konkreten Akt des Lesens herangeführt werden muss oder soll. Dem Einzeltext ist eine textübergreifende parallele Lektüre buchstäblich eingeschrieben. Im Zentrum steht damit die rezeptionsästhetische Prämisse, dass parallele Lektüre in diesem Fall auf eine durch den Text entsprechend vorgegebene Form der Intertextualität reagiert. Dabei geht es nicht um ein bloßes Zitieren, das sich z. B. als formelhafte Referenz auf Vorwissen stützen kann und dadurch eine Gedächtnisleistung aktiviert, sondern um das gezielte Auslösen eines doppelten Lesevorgangs, in dem die Lektüre eines Texts (a) durch die Lektüre mindestens eines weiteren Texts (b) flankiert wird, der durch Text (a) festgelegt ist.

In historischer Sicht fordert diese Textpraxis bereits Martin Opitz mit werkstrategischem Kalkül explizit ein. Während seiner Zeit als Lehrer am akademischen Gymnasium in Weißenburg veröffentlicht er 1623 neben seiner *Zlatna*-Dichtung eine Bearbeitung der berühmten *Beatus ille*-Epode von Horaz unter dem Titel *Lob des Feldtlebens*. Angezeigt ist damit, wie sich der junge Opitz als angehender Poet der gelehrten *res publica litteraria* seiner Zeit anschickt, in die Tradition der humanistischen *Laus ruris*-Dichtung einzutreten (vgl. Lohmeier 1981). Die poetologisch aufschlussreiche Vorrede zu der kleinen Alexandrinerdichtung enthält nun die ausdrückliche Aufforderung, seine beiden Dichtungen – also *Lob des Feldtlebens* und *Zlatna* – „gegen einander [zu] halten / vnnd den unterscheid derselben / welche die so von der Poesie recht zu vrtheilen wissen leichte kennen / betrachten wollen" (Opitz 1978, 109). Markiert ist damit am Beginn der neuen deutschen Literatur im Zeichen des Stilideals von Opitz – seine epochemachende Poetik erscheint ca. ein Jahr später – ein den Leser fordernder Rezeptionsmodus von Literatur, für den die gleichzeitige Aufnahme mehrerer Texte kennzeichnend ist. Im humanistischen Traditionshorizont lässt sich dieses abgleichende Verfahren als philologisches Lesen beschreiben. Bei Opitz zielt es auf die Beurteilung seines Fortschritts als Dichter durch den Leser; außerdem versucht Opitz seine bis dahin wenigen und verstreuten Schriften auf diese Weise werkpolitisch als zusammenhängendes Œuvre in der gelehrten Öffentlichkeit zu konstituieren (vgl. Wesche 2016).

Darüber hinaus kann das historische Beispiel zur Differenzierung weiterer systematischer Ebenen dienen. So vermag sich die aktive Parallellektüre grundsätzlich frei oder anhand von textleitenden Signalen zwischen ganzen Werken oder einzelnen Werkteilen hin und her zu bewegen. Im Fall von Opitz werden zwei Texte desselben Autors zur Parallellektüre angeboten. Der Modus wird zudem ausdrücklich vom Verfasser selbst in der Vorrede als integriertem Paratext ins Spiel gebracht, ist den beiden Werken (*Lob des Feldtlebens* und *Zlatna*) jedoch nicht aus einem gesamtkompositionellen Gedanken heraus strukturell eingeschrieben, da Opitz sie zunächst unabhängig voneinander schreibt.

Eine alternative Organisationsweise intertextueller Parallellektüre lässt sich demgegenüber im Bereich der Gegenwartsliteratur am Beispiel von Michael Wüstefelds Langgedicht *AnAlphabet* (2007) verdeutlichen (vgl. dazu Malinowski und Wesche 2013). Hier ist die intertextuelle Parallellektüre strukturell vorgegeben und im Nachwort auch paratextuell abgesichert. Konkreter Bezugstext ist das *Alfabet* der dänischen Lyrikerin Inger Christensen (1981), dem sich Wüstefeld geradezu methodisch „entgegenschreib[t]" (Wüstefeld 2007, 66). Die besondere

Struktur der beiden abc-darischen Texte beruht dabei auf der Überblendung der alphabetischen mit einer mathematischen Ordnung. Während Christensen ihr *Alfabet* bei A beginnt und jeden Buchstaben nach der Fibonacci-Folge mit einer exponentiell anwachsenden Anzahl von Versen bis zu N fortschreibt, beginnt Wüstefelds *AnAlphabet* komplementär am Ende des Alphabets bei Z und stellt wiederum nach der Fibonacci-Folge schließlich bei N den Anschluss zu Christensen her. Der Text Christensens wird durch Wüstefelds Ergänzung so verändert, dass aus beiden Texten eine neue poetische Gesamtstruktur entsteht, die erst durch Parallellektüre vom Leser erfasst werden kann.

Systematisch gesehen basiert parallele Lektüre dabei auf zwei nicht kooperativ verfassten Werken unterschiedlicher Autoren; sie ist von Wüstefeld aus gesehen gesamtkompositionell angelegt und explizit vorgegeben. Lesepraktisch sollen beide Texte nebeneinander aufgenommen werden. Die vergleichende Lektüre kann sich während des Rezeptionsvorgangs zwar frei bewegen, doch wird sie durch das geregelte Zusammenspiel von alphabetischer und mathematischer Ordnung genau vorstrukturiert. Lesehermeneutisch ergibt sich in der von Wüstefeld erzeugten poetischen Gesamtstruktur dadurch schließlich eine neue Verstehensdimension. So kommt es durch die parallele Lektüre zu einer Synchronisierung des vorwärts (Christensen) und rückwärts (Wüstefeld) gerichteten Lesens, das sich im Lektüreakt als echoartige Annäherungsbewegung nachvollziehen lässt. Schrittweise wird ein gewissermaßen gepfropfter Gesamttext erkennbar, in dem das unvermittelte Verstummen des Textes bei Christensen als apokalyptische Geste des Endens in einem GAU (vgl. Grage 2011) nun durch Fortschreibung und algorithmische Hervorbringung neuer Verse bei Wüstefeld wieder als Wachstum fruchtbar und somit tröstend gewendet wird.

4 Forschungsperspektiven

In der Leseforschung ist bisher weder das Phänomen noch der Begriff der ‚parallelen Lektüre' breit eingeführt. Entsprechend sind nur Teilaspekte exemplarisch untersucht (zur intertextuellen Parallellektüre vgl. Malinowski und Wesche 2013), während keine übergreifende Aufarbeitung des komplexen Gesamtfeldes vorliegt.

Systematische Forschungsperspektiven liegen zunächst in der Überprüfung der Trennschärfe und Reichweite des Gegenstandsbereiches: Inwiefern sind beispielsweise intermediale Anordnungen, wie Text/Bild-Relationen in Zeitungen und Comics oder auch Untertitel im Film, einschlägig; inwiefern erscheinen poetische von gebrauchsliterarischen Formen (z. B. philologische, theologische oder juristische Parallelstellenlektüre) funktional geschieden?

Auch methodisch wäre das Untersuchungsfeld über rezeptionsästhetische, texthermeneutische oder medienwissenschaftliche Ansätze hinaus weiter fruchtbar zu machen. Im Sinn der Grundlagenforschung wünschenswert ist insbesondere die quantitativ und qualitativ aussagekräftige Erhebung und lesersoziologische Bewertung von parallelem Lektüreverhalten in synchronen Längsschnitt- und diachronen Querschnittsanalysen. In Einzelstudien zum Leseverhalten der Deutschen etwa konnte temporär ein Anstieg paralleler Lektüre bei Viellesern und jüngeren Lesern registriert werden (Franzmann 2001, 93–94). Neben statistischen Untersuchungsmöglichkeiten geht es literaturhistorisch sowohl um die einzelphilologische als auch komparatistische Sichtung und Sicherung des einschlägigen Textmaterials. Relevant ist dabei letztlich auch die produktionsästhetische Dimension von Parallellektüren, die Schreibprozesse z. B. bei intensiv lesenden Autoren wie Thomas Mann begleiten und gezielte Schreibimpulse setzen können. Zu bedenken ist in diesem Zusammenhang nicht zuletzt die Entwicklung kognitionswissenschaftlicher Methoden zur Erforschung paralleler Lektüre. Kulturwissenschaftliche Fragehorizonte liegen schließlich u. a. in der Reflexion von Parallellektüre als Technik der Wissensorganisation in Gegenwartsgesellschaften, Kompensationsstrategie der Erosion von Kanonwissen oder systematisches Schnittfeld zum mehrsprachigen und interkulturellen Lesen.

Weiterführende Literatur

Franzmann, Bodo und Dietrich Löffler (1993). „Leseverhalten in Deutschland 1992/1993".
Media Perspektiven 10 (1993): 454–464.
Das Lesebarometer – Lesen und Mediennutzung in Deutschland (2000). Hrsg. von Claudia
Langen und Ulrike Bentlage. Gütersloh.
Lesen in Deutschland 2008 (2008). Hrsg. von der Stiftung Lesen. Mainz.

Literatur

Barthes, Roland (1976 [1970]). *S/Z*. Aus dem Französischen von Jürgen Hoch. Frankfurt/M.
Böning, Holger (2011). „Der Kalender im Mediensystem des 17. Jahrhunderts". *Grimmelshausen
als Kalenderschriftsteller und die zeitgenössische Kalenderliteratur*. Hrsg. von Peter
Heßelmann. Bern: 13–32.
Bonfadelli, Heinz (2001). „Soziologie des Lesens – Leser, Leseverhalten, Buchmarkt".
Handbuch Lesen. Hrsg. von Bodo Franzmann, Klaus Hasemann, Dietrich Löffler und Erich
Schön unter Mitarb. von Georg Jäger, Wolfgang R. Langenbucher und Ferdinand Melichar.
Baltmannsweiler: 86–144.

Dickreiter, Michael (1997). *Partiturlesen. Ein Schlüssel zum Erlebnis Musik.* Mainz.

Franzmann, Bodo (2001). „Lesezapping und Portionslektüre". *Media Perspektiven* 2 (2001): 90–98.

Franzmann, Bodo und Dietrich Löffler (1993). „Leseverhalten in Deutschland 1992/1993". *Media Perspektiven* 10 (1993): 454–464.

Grage, Joachim (2011). „Die Abwehr des Zufalls. Inger Christensen und die sprachbildende Kraft der Mathematik". *Zahlen, Zeichen und Figuren. Mathematische Inspirationen in Kunst und Literatur.* Hrsg. von Andrea Albrecht, Gesa von Essen und Werner Frick. Berlin und Boston: 511–528.

Grimm, Gunter E. (1977). *Rezeptionsgeschichte. Grundlegung einer Theorie. Mit Analysen und Bibliographie.* München.

Iser, Wolfgang (1972). *Der implizite Leser. Kommunikationsformen des Romans von Bunyan bis Beckett.* München.

Jaspers, Ulrike (2001). „Von Häppchen-Lektüre und Lese-Zapping. Ein Gespräch mit dem Leseforscher Bodo Franzmann über neue Trends im Leseverhalten der Deutschen". *Forschung Frankfurt* 19.4 (2001): 20–25.

Das Lesebarometer – Lesen und Mediennutzung in Deutschland (2000). Hrsg. von Claudia Langen und Ulrike Bentlage. Gütersloh.

Lesen in Deutschland 2008 (2008). Hrsg. von der Stiftung Lesen. Mainz.

Link, Hannelore (1976). *Rezeptionsforschung. Eine Einführung in Methoden und Probleme.* Stuttgart.

Lohmeier, Anke-Marie (1981). *Beatus ille. Studien zum ‚Lob des Landlebens' in der Literatur des absolutistischen Zeitalters.* Tübingen.

Opitz, Martin (1978). *Gesammelte Werke.* Bd. II/1. Hrsg. von George Schulz-Behrend. Stuttgart.

Malinowski, Bernadette und Jörg Wesche (2013). „Synchrones Lesen. Mathematik und Dichtung bei Michael Wüstefeld und Daniel Kehlmann". *Poetiken der Gegenwart.* Hrsg. von Leonard Herrmann und Silke Horstkotte. Berlin und New York: 139–154.

Mannack, Eberhard (2008). „Grimmelshausens *Ewig-währender Calender* als Medium der Komik". *Anthropologie und Medialität des Komischen im 17. Jahrhundert (1580–1730).* Hrsg. von Stefanie Arend, Thomas Borgstedt, Nicola Kaminski und Dirk Niefanger. Amsterdam und New York: 189–205.

Neuber, Wolfgang (2000). „Topik als Lektüremodell. Zur frühneuzeitlichen Praxis der Texter-schließung durch Marginalien am Beispiel einiger Drucke von Hans Stadens *Wahrhaftiger Historia*". *Topik und Rhetorik. Ein interdisziplinäres Symposium.* Hrsg. von Thomas Schirren und Gert Ueding. Tübingen: 177–197.

Plachta, Bodo (2001). „‚Aus der Fremde'. Reflexe barocker Opernkunst in Jandls Sprechoper". *„Ach, Neigung zur Fülle ...". Zur Rezeption ‚barocker' Literatur im Nachkriegsdeutschland.* Hrsg. von Christine Caemmerer, Walter Delabar und Jan Bürger. Würzburg: 199–212.

Schmid, Wolf (2007). „Textadressat". *Handbuch Literaturwissenschaft.* Bd. 1. *Gegenstände und Begriffe.* Hrsg. von Thomas Anz. Stuttgart und Weimar: 171–181.

Schuldt, Herbert, Robert Kelly und Friedrich Hölderlin (1998). *Am Quell der Donau.* Göttingen.

Spinner, Kaspar H. (2003). „Von der Werkinterpretation über die Rezeptionsästhetik zur Dekonstruktion". *Theorien der Literatur* 1. Hrsg. von Hans Vilmar Geppert und Hubert Zapf. Tübingen: 259–270.

Stang, Harald (1992). *Einleitung – Fußnote – Kommentar. Fingierte Formen wissenschaftlicher Darstellung als Gestaltungselemente moderner Erzählkunst.* Bielefeld.

Wesche, Jörg (2017). „Trügerische Antikenübersetzung. Poetologisches Translationsverständnis bei Martin Opitz und humanistische Autorisierung im *Lob des Feldtlebens* (1623)". *Humanistische Antikenübersetzung und frühneuzeitliche Poetik in Deutschland (1450–1620)*. Hrsg. von Klaus Kipf, Jörg Robert und Regina Toepfer. Berlin und New York: 409–426.

Wesche, Jörg (2011). „Am Ohr der Staatsmacht. Über das (Ab-)Hören in Florian Henckel von Donnersmarcks *Das Leben der Anderen* und Erich Loests Stasi-Dokumentationen". *Tangenten oder „Die Geschichte dampft noch" (Erich Loest) – Deutsche Literatur 1950 bis 1989 und 1989 bis 2009*. Hrsg. von Carsten Gansel und Joachim Jacob. Göttingen: 247–259.

Wolff, Erwin (1971). „„Der intendierte Leser'. Überlegungen und Beispiele zur Einführung eines literaturwissenschaftlichen Begriffs". *Poetica* 4 (1971): 141–166.

Wüstefeld, Michael (2007). „Fußnote zu *Das AnAlphabet*". *Das AnAlphabet nach Inger Christensen und Leonardo Fibonacci*. Göttingen: 64–72.

Zubarik, Sabine (2014). *Die Strategie(n) der Fußnote im gegenwärtigen Roman*. Bielefeld.

Zymner, Rüdiger (2002). „Übersetzung und Sprachwechsel bei Martin Opitz". *Martin Opitz (1597–1639). Nachahmungspoetik und Lebenswelt*. Hrsg. von Thomas Borgstedt und Walter Schmitz. Tübingen: 99–111.

Bernhard J. Dotzler

III.2.6 Geheimes Lesen: De-Chiffrieren

1 Zur Begrifflichkeit

Seit den Enthüllungen Edward Snowdens oder dem sogenannten NSA-Skandal
(2013) wissen es alle, aber man hätte es lange schon wissen können und sollen –
erstens: dass es Instanzen gibt, die heimlich lesen, was nicht für sie geschrieben
wurde; und zweitens: dass solche Instanzen mittlerweile vor allem medial-ma-
schineller Art sind. Es sind die Computer z. B. (aber nicht nur) der NSA, die den
Datenraub an anderen Computern (Handys inklusive) dieser vernetzten Welt
begehen.

Nur weil es Computer sind, können die heimlich mitgelesenen Daten vom
ruchbar gewordenen Ausmaß der Millionen und Milliarden sein. Und nur weil
Computer ihrem Prinzip nach lesende und schreibende – also informationsver-
arbeitende, und nicht energiewandelnde – Maschinen sind (obwohl sie, wie
alles elektronische Gerät, natürlich ebenfalls Energie verschlingen), konnten
und können sie dieses Tun verrichten, wie es zuvor, weitaus bescheidener
dimensioniert, Menschenhänden, Menschenaugen, Menschenhirnen vorbehalten war.

Streng genommen ist alles Lesen ein Decodieren, Dechiffrieren, Entziffern.
Man hat, hinreichend alphabetisiert, nur vergessen, dass das Alphabet ein Code
für Sprachlaute ist; das Projekt der allgemeinen Alphabetisierung um und nach
1800 zielte auf nichts anderes als vorab ein solches Vergessen. Bekanntlich sollten
„Zahlen und Figuren" *nicht mehr* „Schlüssel aller Kreaturen" und schon gar nicht
Encodierung jenes „Eine[n] geheimen Wort[s]" sein, wie es sich zumindest die
(früh-)romantische Poesie in ihren „Märchen und Gedichten" als reines Signifikat
ohne Signifikantenballast erträumte (Novalis ²1981 [1800]; vgl. zu dieser Naturalisierung der Kulturtechnik Lesen ausführlich: F. Kittler 1985, 33–59). Aber man
konsultiere etwa nur einen Roman wie *Anton Reiser*, um wieder darauf gestoßen
zu werden, was „vieles Buchstabieren" (Moritz 1972 [1785–1790], 15) an Mühsal
bedeutet; oder man wende sich unvertrauten Zeichensystemen zu, wie etwa der
Keilschrift, deren Codehaftigkeit einem sofort ins Auge springt.

Zugleich liefert bereits die Keilschrift ein frühes – womöglich frühestes – Beispiel für eine Chiffre. Als Zeugnis „jener Zivilisationen, die in Mesopotamien an
den Flüssen Euphrat und Tigris blühten", dort, wo in der Gegenwart nur noch
der endlose Krieg herrscht, ist ein in Keilschrift verfasstes Rezept einer Tonglasur
erhalten, das man, weil seine Anordnung verwürfelt wurde, als „Beweis für die
erste echte Geheimschrift" bezeichnet hat (Wrixon 2000, 18). Als den umgekehr-

https://doi.org/10.1515/9783110365252-016

ten „ersten" (Wrixon 2000, 20; vgl. Buch Daniel, 5. Kap.) überlieferten Fall der Entschlüsselung oder Kryptoanalyse einer Geheimschrift hat man die biblische Geschichte von Daniel vermutet, der als Sklave erst Nebukadnezars, dann Belsazars das „Mene mene tekel u-parsin" richtig deutete. Ein anderer Fall sehr alten Wissens über die Tunlichkeit kryptographisch-kryptoanalytischer Kenntnisse ist das indische *Kamasutra*, das den Frauen empfiehlt, ebendiese Kenntnisse zu besitzen (vgl. Vatsyayana 2004, 73 [Kamasutra I.3.15] und 88 [Yashodaras Kommentar]).

Wie solche Beispiele zeigen, ist also zu unterscheiden zwischen einem Code im Allgemeinen und einer Chiffre im Besonderen, zwischen En- und Decodierung einerseits, Chiffrierung und Dechiffrierung andererseits, so wenig das Wortfeld trennscharfe Abgrenzungen kennt. Auch von einem Code sagt man, er werde entziffert oder geknackt; auch eine Geheimschrift heißt schlicht ein Code. Aber in der Sache ist der Code als „Zuordnung von Einheiten einer bestimmten Art", etwa Tönen, „zu Einheiten einer anderen Art" (Roesler 2005, 45), wie den Noten, etwas anderes als eine Chiffre oder Chiffrierung, durch die eine Transformation von einer in eine andere Codierung stattfindet, zum Beispiel wenn man das Wort „Wort" mithilfe der Positionswerte seiner Buchstaben im Alphabet (a = 01, b = 02 usw.) verschlüsselt: 23151820. – „Geheimes Lesen" ist eine in vergleichbarer Weise ambige Formulierung für verschiedene, klar voneinander unterscheidbare Tätigkeiten, nämlich für entweder ein heimliches Lesen oder für das Lesen von Geheimem. Nur im Fall der Spionage, des Abfangens von Korrespondenz, das „so alt [ist] wie die Korrespondenz selbst" (so „ein Schulungsredner am britischen GCHQ" [Government Communications Headquarters], zit. n. F. Kittler 2002, 203), kommt beides zur Deckung – ein Fall, dessentwegen es auch ein geheimes Schreiben als Pendant zum geheimen Lesen gibt, nämlich die von der Kryptographie zu unterscheidende Steganographie, die man anwendet, um den Anschein zu erwecken, dass es da gar nichts abzufangen und zu dechiffrieren gäbe.

2 Lesen als Decodieren

Der zunächst zu fokussierende Aspekt der Lektüre des Geheimen hat als die Aktivität der Decodierung wohl nachgerade universale Bedeutung. Bis hin zum ins Leere gehenden Rätselraten in Michael Hanekes *Code Inconnu* (2000), um nur *ein* aktuelles Beispiel zu nennen, scheint die Geschichte des Lesens dieser Art eine jener Geschichten zu sein, „die keinen Anfang haben, sondern die immer schon irgendwo begonnen haben" (Naqvi 2010, 2). Die Anfänge verlieren oder, so könnte man ebenso sagen, finden sich im Märchen: „[Es] erzählt von drei Brüdern; sie treffen einen Mann, der ein Kamel oder, in anderen Versionen, ein Pferd verloren hat. Ohne zu zögern beschreiben sie es ihm: Es ist weiß, auf einem Auge blind, trägt zwei Schläuche auf dem Rücken, einen mit Wein, den anderen mit Öl gefüllt. Sie haben es also gesehen? Nein, gesehen haben sie es nicht. Also werden sie wegen Diebstahl[s] angeklagt und müssen sich einer Gerichtsverhandlung stellen. Für die Brüder ist es ein Triumph: Sofort und ohne Mühe demonstrieren sie, wie sie das Aussehen eines Tieres, das sie nie gesehen haben, mit Hilfe kleinster Indizien rekonstruieren konnten." (Ginzburg 1988, 88)

Obgleich hier von Jagd und Jägern nicht im Geringsten die Rede ist, ist die von den drei Brüdern unter Beweis gestellte Fähigkeit zweifellos von der Art, wie sie der Mensch in grauer Vorzeit als Jäger entwickelt haben muss. Spuren entdecken und deuten, Geräusche zuordnen, Fährten lesen war wohl Jahrtausende lang eine Schlüsselkompetenz, um Beute zu machen und nicht Beute zu werden. Man kann in ihr den Ursprung der Erzählkunst vermuten: als Kunst, Daten in die Form einer Ereignisfolge wie „Hier ist jemand vorbeigekommen" zu bringen. Und man kann hypothetisch die Schreibkunst daraus herleiten, indem man das „Entziffern" oder „Lesen" von Spuren nicht als Metapher versteht, sondern wörtlich nimmt: „als verbale Kondensation eines historischen Prozesses, der in einem sehr langen Zeitraum zur Erfindung der Schrift führte" (Ginzburg 1988, 88–89).

Immerhin, wo der Mythos aufhört und – eben dank der Schrift – Geschichte beginnt, findet sich in den vor rund 5000 Jahren verfassten, mesopotamischen Texten dieselbe Fähigkeit dokumentiert: als Wahrsagekunst. Auch bei ihr handelt es sich um das „kognitive Verhalten", aus Sichtbarem auf Unsichtbares, aus Anwesendem auf Abwesendes, aus Zeichen auf eine Botschaft zu schließen, um ein Entziffern oder Decodieren also, wie es als Grundidee schließlich in das seinerseits „jahrtausende alte Bild vom ‚Buch der Natur' einmünden sollte" (Ginzburg 1988, 90). Man kennt die notorischen Beispiele der damit anhebenden Welt-Lektüre-Geschichte: so zum einen Galileis kurz nach dem Erscheinen einer italienischen Version des Märchens von den „die Zeichen des verlornen Kamels" (Armeno 1932 [1557], 39) lesenden Brüdern auftrumpfende Erklärung, das Universum liege wie ein stets offenes Buch vor unseren Augen, man müsse nur seine Sprache (nämlich die *lingua mathematica*) beherrschen und seine *caratteri* (Charaktere, Zeichen, Buchstaben) kennen (Galileo Galilei, Il Saggiatore [1623], hier zit. n. Ginzburg 1988, 95 und 99, sowie – für den Kontext ebenfalls notorisch – Blumenberg 1981, 74); und zum anderen die Rede vom genetischen Code, zu dem die berüchtigte „Doppelhelix" James D. Watsons und Francis Cricks den die DNA als „Buch des Lebens" lesbar machenden Schlüssel geliefert hätte (vgl. Blumenberg 1981, 372–409, sowie, als Ausgangspunkt einer intensiven epistemologischen Debatte, Kay 2002).

In Urzeiten also die „Jäger des Neolithikums", dann „babylonische Wahrsager, die sich bemühen, die von Göttern in Stein und Himmel geschriebenen Botschaften zu lesen" (Ginzburg 1988, 107), einige tausend Jahre später dann etwa Voltaires orientalische Erzählung *Zadig*, die sich das Spurenlese-Märchen in einer Weise aneignete, dass man in der Folge kurzerhand von der „Methode Zadigs" sprach (Ginzburg 1988, 106–107, sowie dazu Voltaire 1969, 12–16 [*Zadig oder Das Schicksal. Eine morgenländische Erzählung* [1747], drittes Kapitel: „Der Hund und das Pferd"]), ähnlich wie auf dem Gebiet der Kunstgeschichte, wieder später, von der „Morelli-Methode" (Ginzburg 1988, 79), und schließlich modern(st)e Wissenschaft – so verschieden die Beispiele sind (und so viele über Carlo Ginzburgs klassische Studie hinaus zu ergänzen wären), sie alle verbindet ein gemeinsames Lektüre-Modell: Lesen als Decodieren.

3 Kryptologie: Der „Buchstabenfall"

Allerdings scheint man mit Blick auf dieses Decodieren noch einmal differenzieren zu müssen. Die Spuren, die der Jäger liest, hat das gejagte Wild gewiss nicht als Kommunikat hinterlassen. Man könnte also unterscheiden zwischen einem Entziffern von Codes ohne und von solchen mit Kommunikationsabsicht, einem Lesen im Buch der Natur und einem Lesen künstlicher Codes. In beiden Fällen ist in das Decodieren immer zugleich ein Interpretieren verwickelt. Nur im letzteren Fall kann es sich auch um einen seinerseits codierten Code, also einen chiffrierten Text und damit bei dessen Lektüre um eine Dechiffrierung handeln.

Doch sind auch diese Unterscheidungen nicht trennscharf und konsequent aufrechtzuerhalten. Nicht umsonst legt die vermutlich berühmteste Kryptographie-Erzählung der Weltliteratur, E. A. Poes *The Gold Bug*, so großen Wert auf ihre gleichsam naturgeschichtliche Grundierung; und nicht umsonst hat umgekehrt Sigmund Freud das psychoanalytische Decodierungsverfahren, „aus gering geschätzten oder nicht beachteten Zügen, aus dem Abhub – dem ‚*refuse*' – der Beobachtung, Geheimes und Verborgenes zu erraten" (Ginzburg 1988, 83), sowohl explizit mit der Morelli-Methode verglichen als auch explizit ins kryptologische Paradigma hinübergespielt (vgl. nur die [auch bei Ginzburg 1988, 86, erwähnte] Signorelli-Botticelli-Boltraffio-De-Chiffrierung zuerst in: Freud 1952 [1898], 520–525, wieder in: Freud 1941 [1901], 6–12; vgl. ferner: Freud 1942 [1899–1929], 361–362, mit Verweis [639] auf: Pfister 1913).

Poes in engem Anschluss an seine *Few Words on Secret Writing* entworfene *Gold Bug*-Story zieht alle Register ihres Themas. Die Hauptfigur ist Entomologe mit einer Sammlung, um die ihn, wie es heißt, „selbst ein Swammerdam beneidet" hätte; darin besteht ihr Pakt „mit der Naturgeschichte", wie er auch im titel-gebenden Käfer-Fund zum Ausdruck kommt, bei dem es sich um einen Skarabäus handeln soll, den der Held der Geschichte „für eine Neuentdeckung" hält (Poe 1966a, 860–861 und 894). Zugleich verweist der Skarabäus als der Glückskäfer der Ägypter auf die nicht lange vorher – 1822 – erfolgte Entzifferung der Hierogly-phen durch Jean-François Champollion (vgl. W. Kittler 1999, 435), nicht anders als darauf auch explizit angespielt wird, wenn das in eins mit dem Käfer gefundene Kryptogramm mit einer Art, eben, „hieroglyphischer Unterschrift" (Poe 1966a, 898) beglaubigt heißt. Wie mit ihren graphologischen Überlegungen (vgl. Poe 1966a, 908–909, und dazu – die Graphologie im Indizienparadigma verortend – Ginzburg 1988, 97–98) und schließlich der Einsicht, dass „Glas" im endlich erar-beiteten Klartext kein Trinkgefäß, sondern im Seefahrer-Soziolekt ein Fernrohr meint (vgl. Poe 1966a, 910), bewegt sich die Erzählung soweit auf der Ebene des Decodierens. Denn die Hieroglyphen waren eine in Vergessenheit geratene Schrift und daher ein Rätsel, nie aber eine Geheim- oder Chiffrenschrift. Gerade um eine solche geht es sodann aber vor allem, und zwar sowohl im steganographischen Sinne einer mit Geheimtinte verfassten Schrift, die erst durch Erwärmung „ans Licht gebracht" (Poe 1966a, 897) wird, als auch im kryptographischen Sinne einer verschlüsselten Botschaft.

Die Dechiffrierung solcher Botschaften, als der damit in den Fokus rückende Aspekt des Lesens von Geheimem, kann auf zweierlei Weise geschehen. Entweder man kennt den Schlüssel, wie es in der Regel auf Seiten des vorherbestimmten Empfängers der Fall ist: Dann besteht die Entschlüsselung schlicht in der Umkeh-rung der Verschlüsselung. Oder man ist nicht der vorherbestimmte Empfänger, sondern hat die Nachricht in irgendeiner Weise abgefangen: Dann beginnt die Arbeit der Kryptoanalyse. In diese Art der Dechiffrierung, diesen „geistigen Vorgang der Entzifferung" einer Geheimschrift bei unbekanntem Schlüssel, gibt die Erzählung Poes „einigen Einblick", und zwar um zu demonstrieren, dass sie „mehr ist als bloßes Raten" und dadurch paradigmatisch für den Zweifel, „ob menschlicher Scharfsinn überhaupt ein Rätsel der Art zu konstruieren vermag, welches nicht menschlicher Scharfsinn, bei rechter Hingebung, wieder lösen möchte" (Poe 1966a, 907, 904 und 902). Dasselbe, also „daß menschlicher Erfin-dungsgeist keine Geheimschrift austüfteln kann, die menschlicher Erfindungs-geist nicht auch aufzulösen vermöchte" (Poe 1966b, 310), schrieb Poe bereits in seinem Kryptographie-Essay. In beiden Fällen geht es um das, was Claude E. Shannon später den „Buchstabenfall" (Shannon 2000 [1949], 103) nennen und seinerseits noch als paradigmatisch für die *Kommunikationstheorie der Chiffrier-systeme* behandeln wird.

Es geht also, was dergleichen Systeme angeht, um den Fall der klassischen Substitutionschiffren, bei denen jeder Buchstabe der Botschaft durch einen anderen Buchstaben ersetzt wird (manchmal auch durch andere Zeichen, wie man aus Poes Erzählung ersehen kann). Eine solche Substitutionschiffre erdachte bereits ein Aineias Taktikos (lat. Aeneas Tacticus), der um 350 v. Chr. seinen eigenen Namen als Verschlüsselungsbeispiel verwendet und dadurch überliefert hat (Aeneas 1853, 11), wobei freilich die, wie Poe (1966b, 327) sagt, „zwanzig verschiedene[n] Verfahren", die Aeneas beschreibt, fast sämtlich „Systeme des Verbergens" (Shannon 2000 [1949], 103), also steganographische Vorkehrungen betreffen, während sich nur einmal eine rudimentäre Substitutionschiffre findet (vgl. Aeneas 1853, 18). Verbessert und variiert wurde diese Art der Chiffrierung dann etwa durch Polybios, Caesar, Johannes Trithemius, Johann Baptista Porta sowie schließlich Blaise de Vigenère (vgl. Kahn [2]1996 [1967]; Bauer [3]2000; Singh 2000) – womit im Prinzip sogar schon die nachgerade mythisch gewordene *Enigma* als post-Poe'sche Substitutionschiffrenoptimierungsmaschine am Horizont der Überlegungen steht. Bezeichnenderweise soll der NSA-Elite-Ausbilder Lambros D. Callimahos seine kryptologische Leidenschaft als jugendlicher Leser der Poe'schen Story entwickelt haben (vgl. F. Kittler 2002, 203).

Darüber hinaus geht es aber nicht nur um dergleichen Chiffriersysteme, sondern eben vor allem um den (geistigen) Vorgang des Dechiffrierens: um „*Regeln für die Auflösung von Codes* [Chiffren]" (Poe 1966b, 327, Hervorhebung im Original), um die Frage nach einer „Lösungsmethodik" (Poe 1966a, 902) als dem zu benutzenden „Dietrich" (Poe 1966b, 313), wenn man nicht im Besitz des Schlüssels ist. Dieser „Dietrich", so Poe, ist die „Sprache" selbst, die „allgemeine Struktur der Sprache", und ganz wie Shannon (und vorher Markoff) legt Poe dem kryptoanalytischen Lesen „die Auffassung [zugrunde], daß Sprache durch einen stochastischen Prozeß dargestellt werden kann, der eine diskrete Folge von Symbolen in Abhängigkeit von einer bestimmten Wahrscheinlichkeitsstruktur generiert" (Poe 1966a, 902; Poe 1966b, 327; Shannon 2000 [1949], 103–104). Der schlichte Einfall, für alle Zeichen des Kryptogramms die „Häufigkeiten zu ermitteln" (Shannon 2000 [1949], 165) und diese mit den Buchstabenhäufigkeiten der in der Klarschrift verwendeten Sprache zu korrelieren, verwandelt die Entzifferung, von der Poes Erzählung berichtet, in „mehr als bloßes Raten", und nährt die Gewissheit der Erzählung wie des Kryptologie-Essays, dass es keine Geheimschrift gibt, „die der Entschlüsselung trotzt" (Poe 1966b, 310), kein künstlich ausgedachtes Rätsel, das nicht ebenso kunstvoll aufzulösen wäre.

Dabei bringt diese Maxime zugleich nicht weniger als die grundsätzliche Poetologie der Detektivgeschichten Poes zum Ausdruck. Deren Kunst, notierte er, bestünde darin, „selbst (als Autor)" ein Gewebe zu spinnen, nur um es dann wiederum selbst, aber zur (grundlosen) Verblüffung der Leser, „entwirren zu können" (so Poe in einem Brief vom 9. August 1846, zit. n. Poe 1966a, 1037). Es handelt sich also um eine Leseanweisung allgemeinerer Art – nicht anders als etwa schon bei der weltliterarisch berühmt gewordenen Baldanders-Figur Grimmelshausens und ihrer Kunst, „mit allen Sachen so sonst von Natur stumm seyn" zu reden, beschrieben durch „nachfolgende Wort": „Jch bin der Anfang und das End / und gelte an allen Orthen. // *Manoha, gilos, timad, isaser, sale, lacob, salet, enni nacob idil dadele neuavv ide eges Eli neme meodi eledid emonatan desi negogag editor goga naneg eriden, hohe ritatan auliac, hohe ilamen eriden diledi sisac usur sodaled auar, amu salif ononor macheli retoran; Vlidon dad amu ossosson, Gedal amu bede neuavv, alijs, dilede ronodavv agnoh regnoh eni tatæ hyn lamini celotah, isis tolostabas oronatah assis tobulu, VViera saladid egrivi nanon ægar rimini sisac, heliosole Ramelu ononor vvindeleshi timinituz, bagoge gagoe hananor elimitat*" (Grimmelshausen 1989 [1668–1669], 604–605; zu Baldanders' Weltruhm vgl. Borges 1982, 15–16).

Der Schlüssel ist hier dem Kryptogramm vorangestellt, womit dessen Dechiffrierung (aus jeweils dem ersten und letzten Buchstaben der Unsinnswörter ergibt sich: „Magst dir selbst einbilden vvie es Einem ieden ding ergangen hernach einen discurs daraus formirn Vnd dauon Glauben vvas der vvahrheit æhnlich ist so hastu VVas dein nærrischeR uorvvitz begehret") so leicht fällt, wie das Ergebnis unschwer als Anleitung, wie der Roman zu lesen (decodieren) sei, zu erkennen ist.

Als der „Buchstabenfall" gründet die soweit entwickelte Art der Kryptographie und Kryptoanalyse eben auf der „Bildung der geschriebenen Wörter aus Buchstaben" (Avé-Lallemant 1875, 20) und damit auf der Beschaffenheit der literalen Welt – des Mediums Literatur. Wohl deshalb sind chiffrierte Passagen bis in die Gegenwart, also bis weit hinaus über Arno Schmidts pseudo-diabolischen Einfall eines (vermutlich) pseudo-verschlüsselten offenen Briefs an die *Herren Truman (Roosevelt), Stalin, Churchill (Attlee)* vom März 1949 (Schmidt 1995, 71; ein älteres, berüchtigtes Beispiel ist Balzac 1829; populär wurden in jüngerer Zeit Powers 1991 und Stephenson 1999; aber auch die seitenlangen Turingmaschinen-Notate in Händler 2006 verdienen hier Erwähnung; für umfänglichere Zusammenstellungen vgl. die weiterführenden Literaturangaben unter: Pommerening 1999), in der sogenannten Belletristik keine Seltenheit; und wohl deshalb konnte auch nicht ausbleiben, dass umgekehrt ein hochliterarisches Beispiel, nämlich ausgerechnet das „Hexen-Einmaleins" aus Goethes *Faust* (s. Abb. 1), als ‚Probe' der *Geheimschreibekunst* Verwendung fand (Avé-Lallemant 1875, 11; zu *Wandrers Nachtlied* als dem darauffolgenden Beispiel vgl. Siegert 1993, 163–165).

a b c d e f g h i k l m n o p q r s t u v w x y z
n e d a f i h o x p b q t s l v w g c k r u y z m

ak qkgme rfwgcfot   [du muszt verstehn
ngk fxtg qndo mfot   aus eins mach zehn]
[...]

Abb. 1: „Hexen-Einmaleins" aus Goethes *Faust*. Quelle: Avé-Lallemant (1875, 11).

In ihrer Deckungsgleichheit mit Literalität gibt es aber wohl jedenfalls, wie die Kulturtechnik des Decodierens, auch die Kunst des De-Chiffrierens gleichsam ‚immer schon'. Dem „Brauch verschlüsselten Schreibens", so Poe, dürfe „ein hohes Alter" unterstellt werden, da „kaum eine Zeit" vorstellbar sei, „in der nicht die Notwendigkeit oder wenigstens das Verlangen bestand, Nachrichten von einem Individuum zu einem anderen derart zu übermitteln, daß ein allgemeines Verständnis ausgeschlossen bleibt"; „Formen geheimer Nachrichtenübermittlung" müsse es daher „fast gleichzeitig mit der Erfindung der Schrift gegeben haben" (Poe 1966b, 308–309).

4 De-Chiffrieren: Elektronisch

Im Unterschied zur Decodierungspraxis ist oder war die „so ungeheure Spielerei und Schnörkelei, wie die Geschichte der Chiffrirkunst [sic] nachweist" (Avé-Lallemant 1875, 19), aber nicht universaler Natur, auch wenn das Aufkommen der Postkarte aufgrund der Unverborgenheit ihrer Beschriftung einen Moment lang danach zu schreien schien. Die „Regel" bildete „die Chiffreschrift" vielmehr nur „im geheimen diplomatischen wie im Militärverkehr", während sie „im Privatverkehr" fast „nur von Kaufleuten benutzt [wurde], um mittelst des Telegraphen wichtige Handelsnachrichten schnell an die gehörige Stelle zu bringen" (Avé-Lallemant 1875, 7). Aber die Erwähnung des Telegraphen in diesem Kontext deutet schon an, in welcher Richtung sich die Welt seitdem verändert hat: von der literalen zur elektronischen Welt. Ein Franz Kafka hat diesen Übergang poetisch wie vielleicht kein anderer reflektiert. Da ist zum einen etwa die Geschichte über den *Nachbarn* (so denn auch der ihr von Max Brod gegebene Titel), der das Telephon des Erzählers parasitär belegt: „Die elend dünnen Wände, die den ehrlich tätigen Mann verraten, den unehrlichen aber decken. [...] Harras braucht kein Telephon, er benutzt meines, er hat sein Kanapee an die Wand gerückt und horcht [...]."
(Kafka 1993, 371–372)

Und da ist zum anderen der oft zitierte Brief an Milena über die geschriebenen Küsse, die nicht ankommen, weil die Gespenster sie auf dem Wege austrinken: „Die Menschheit fühlt das und kämpft dagegen, sie hat, um möglichst das Gespenstische zwischen den Menschen auszuschalten, und den natürlichen Verkehr, den Frieden der Seelen, zu erreichen, die Eisenbahn, das Auto, den Aeroplan erfunden, aber es hilft nichts mehr, es sind offenbar Erfindungen, die schon im Absturz gemacht werden, die Gegenseite ist soviel ruhiger und stärker, sie hat nach der Post den Telegraphen erfunden, das Telephon, die Funkentelegraphie. Die Geister werden nicht verhungern, aber wir werden zugrundegehn." (Kafka 1986, 302; Brief von Ende März 1922)

Die Elektrifizierung der Kommunikation vollzog und vollzieht sich also zum einen durch „Medien, die die Möglichkeit der Interzeption" in viel höherem Maße als der Schriftverkehr „immer schon implizieren" (Shannon 2000 [1949], 109). *Warning! Walls have ears*, wusste eine Kampagne, und: *Der Feind hört mit*, warnte ein Propagandafilm nicht erst des Zweiten, sondern bereits des Ersten Weltkriegs. So erfuhr die Anwendung kryptologischer Verfahren bei weitem noch keine Universalisierung, doch aber erheblichen Aufschwung. Zum anderen bedeutet die Elektrifizierung der Datenflüsse sodann, und vor allem, in sich selbst ein fortwährendes De-Chiffrieren – zumindest seit sie im Medium universaler Rechenmaschinen und ihrer Netzwerke (also: Computer und Internet, Smartphones etc.) erfolgt, in denen Text, Ton und Bild unterschiedslos im Binärcode verarbeitet werden.

Der komplementäre Vorgang von Codierung und Decodierung war schon der Normalfall unter literalen Bedingungen, und ist es nun im Dienst elektronischer Schaltkreise mit ihrem *on* (1) oder *off* (0) nicht weniger. Aber auch das De-Chiffrieren wurde dabei so universal wie das Medium. Seit 1963 regelt der *American Standard Code for Information Interchange* (ASCII) die Wandlung und Rückwandlung (fast) aller Schreibmaschinenzeichen in Computercode (ob hexadezimal oder binär notiert), also etwa des „Habe nun, ach [...]" (um ebenfalls *Faust* zu bemühen) in „486162656E756E616368 [...]". Die höhere Kryptologie spräche in einem solchen Fall zwar von einem „degenerierten Typ von Chiffriersystem" (Shannon 2000 [1949], 112). Als Transformation von einer in eine andere Codierung handelt es sich aber doch jedenfalls um eine Chiffre (nur eben nicht mit kryptographischer, sondern standardisierender Absicht), die damit vor Augen führen mag, in welchem Ausmaß das De-Chiffrieren mit der Verbreitung digitaler Medien sowohl ihrerseits zum Normalfall als dabei auch zur unentwegten Heimlichkeit geworden ist. In Sekundenbruchteiltaktung prozessiert das Netz seine Geheimschrift, um sie auf *user*-Seite als E-Mail, Blog oder Suchmaschinenauskunft erscheinen zu lassen. Und als *Big Data* firmiert der schlichte Umstand, dass dazu nicht nur Geheimes, sondern – nun also doch – fortwährend auch heimlich (mit-)gelesen und geschrieben (gespeichert) wird.

Weiterführende Literatur

Bauer, Friedrich L. (³2000). *Entzifferte Geheimnisse. Methoden und Maximen der Krypto-graphie.* Berlin und Heidelberg.

Blumenberg, Hans (1981). *Die Lesbarkeit der Welt.* Frankfurt/M.

Ginzburg, Carlo (1988). „Spurensicherung. Der Jäger entziffert die Fährte, Sherlock Holmes nimmt die Lupe, Freud liest Morelli – die Wissenschaft auf der Suche nach sich selbst". *Spurensicherungen. Über verborgene Geschichte, Kunst und soziales Gedächtnis.* Übers. von Gisela Bonz. München: 78–125.

Kahn, David (²1996 [1967]). *The Codebreakers.* New York.

Roesler, Alexander (2005). „Code/Codierung". *Grundbegriffe der Medientheorie.* Hrsg. von Alexander Roesler und Bernd Stiegler. Paderborn: 45–51.

Shannon, Claude E. (2000 [1949]). „Die mathematische Kommunikationstheorie der Chiffrier-systeme". *Ein/Aus. Ausgewählte Schriften zur Kommunikations- und Nachrichtentheorie.* Hrsg. von Friedrich A. Kittler und Claude E. Shannon. Berlin: 101–175.

Singh, Simon (2000). *Geheime Botschaften. Die Kunst der Verschlüsselung von der Antike bis in die Zeiten des Internet.* München.

Literatur

Aeneas (1853). „Von Vertheidigung der Städte. Kap. XI: ‚Ueber Chiffreschrift'". *Griechische Kriegsschriftsteller.* Erster Theil. Hrsg. von Hermann Köchly und Wilhelm Rüstow. Leipzig: 110–127.

[Armeno, Christoforo] (1932 [1557]). *Die Reise der drei Söhne des Königs von Serendippo.* Aus dem Italienischen ins Deutsche übers. von Theodor Benfey. Mit einer Einleitung, Anmerkungen und einem Register hrsg. von Richard Fick und Alfons Hilka. Helsinki.

Avé-Lallemant, Friedrich Christian Benedikt (1875). *Die Geheimschreibekunst in ihrer Anwen-dung auf die Reichspostkarten. Eine praktische Anleitung zur leichten Erlernung der Chiffrir-schrift.* Separat-Abdruck aus dem illustrierten Familienblatt „Der Hausfreund". Leipzig.

Balzac, Honoré de (1829). *Physiologie du mariage.* Paris.

Bauer, Friedrich L. (³2000). *Entzifferte Geheimnisse. Methoden und Maximen der Krypto-graphie.* Berlin und Heidelberg.

Blumenberg, Hans (1981). *Die Lesbarkeit der Welt.* Frankfurt/M.

Borges, Jorge Luis (1982). *Gesammelte Werke.* Bd. 8: *Buch der imaginären Wesen.* München/Wien.

Freud, Sigmund (1952 [1898]). „Zum psychischen Mechanismus der Vergesslichkeit". *Gesammelte Werke.* Bd. I. London.

Freud, Sigmund (1942 [1899–1929]). „Die Traumdeutung". *Gesammelte Werke.* Bd. II/III. London.

Freud, Sigmund (1941 [1901]). „Zur Psychopathologie des Alltagslebens". *Gesammelte Werke.* Bd. IV. London.

Ginzburg, Carlo (1988). „Spurensicherung. Der Jäger entziffert die Fährte, Sherlock Holmes nimmt die Lupe, Freud liest Morelli – die Wissenschaft auf der Suche nach sich selbst". *Spurensicherungen. Über verborgene Geschichte, Kunst und soziales Gedächtnis.* München: 78–125.

Grimmelshausen, Hans Jakob Christoph von (1989 [1668–1669]). „Der abentheuerliche Simplicissimus Teutsch". *Werke*. Bd. I.1. Hrsg. von Dieter Breuer. Frankfurt/M.

Händler, Ernst Wilhelm (2006). *Die Frau des Schriftstellers*. Frankfurt/M.

Kafka, Franz (1986). *Briefe an Milena*. Hrsg. von Jürgen Born und Michael Müller. Frankfurt/M.

Kafka, Franz (1993). *Schriften. Tagebücher. Kritische Ausgabe: Nachgelassene Schriften und
Fragmente I*. New York und Frankfurt/M.: 370–372.

Kahn, David (²1996 [1967]). *The Codebreakers*. New York.

Kay, Lily E. (2002). *Das Buch des Lebens. Wer schrieb den genetischen Code?* München.

Kittler, Friedrich A. (1985). *Aufschreibesysteme 1800/1900*. München.

Kittler, Friedrich A. (2002). „Jeder kennt den CIA, was aber ist NSA?" *Short Cuts*. Hrsg. von Peter
Gente, Heidi Paris und Martin Weinmann. Frankfurt/M.: 201–210.

Kittler, Wolf (1999). „Lesen und Rechnen". *Literaturwissenschaft. Einführung in ein Sprachspiel*.
Hrsg. von Heinrich Bosse und Ursula Renner. Freiburg/Br.: 427–441.

Moritz, Karl Philipp (1972 [1785–1790]). *Anton Reiser. Ein psychologischer Roman*. Mit Textvarianten, Erläuterungen und einem Nachwort hrsg. von Wolfgang Martens. Stuttgart.

Naqvi, Fatima (2010). *Trügerische Vertrautheit. Filme von Michael Haneke*. Wien.

Novalis (²1981 [1800]). „Wenn nicht mehr Zahlen und Figuren". *Werke*. Hrsg. und kommentiert
von Gerhard Schulz. München: 85.

Pfister, Oskar (1913). „Kryptolalie, Kryptographie und unbewußtes Vexierbild bei Normalen".
Jahrbuch für psychoanalytische und psychopathologische Forschungen 5 (1913): 117–157.

Poe, Edgar Allan (1966a). „Der Goldkäfer". *Werke*. Bd. 1. Hrsg. von Kuno Schumann und Hans
Dieter Müller. Olten: 859–914.

Poe, Edgar Allan (1966b). „Einige Bemerkungen über Geheimschriften". *Werke*. Bd. IV. Hrsg. von
Kuno Schumann und Hans Dieter Müller. Olten: 308–327.

Pommerening, Klaus (1999). *Kryptologie. Kryptologie in Roman und Kurzgeschichte*. http://
www.staff.uni-mainz.de/pommeren/Kryptologie/Klassisch/0_Unterhaltung/Lit/Literat.
html (10. Juli 2015).

Powers, Richard (1991). *Gold Bug Variations*. New York.

Roesler, Alexander (2005). „Code/Codierung". *Grundbegriffe der Medientheorie*. Hrsg. von
Alexander Roesler und Bernd Stiegler. Paderborn: 45–51.

Schmidt, Arno (1995). „Briefe aus der Wundertüte". *Bargfelder Ausgabe*. Werkgruppe III: *Essays
und Biographisches*. Bd. 3: *Essays und Aufsätze I*. Bargfeld.

Shannon, Claude E. (2000 [1949]). „Die mathematische Kommunikationstheorie der Chiffrier-
systeme". *Ein/Aus. Ausgewählte Schriften zur Kommunikations- und Nachrichtentheorie*.
Hrsg. von Friedrich A. Kittler und Claude E. Shannon. Berlin: 101–175.

Siegert, Bernhard (1993). *Relais. Geschicke der Literatur als Epoche der Post (1751–1913)*.
Berlin.

Singh, Simon (2000). *Geheime Botschaften. Die Kunst der Verschlüsselung von der Antike bis
in die Zeiten des Internet*. München.

Stephenson, Neal (1999). *Cryptonomicon*. New York.

Vatsyayana (2004). *Kamasutra*. Neu übers. und mit einer ausführlichen Einleitung von Wendy
Doniger und Sudhir Kakar. Ins Deutsche übertragen von Robin Cackett. Berlin.

Voltaire (1969 [1747]). „Zadig oder Das Schicksal. Eine morgenländische Erzählung". *Sämtliche
Romane und Erzählungen*. Aus dem Franz. übertragen von Liselotte Ronte und Walter
Widmer. Mit einem Nachwort von Fritz Schalk. München: 5–87.

Wrixon, Fred B. (2000). *Codes, Chiffren & andere Geheimsprachen. Von den ägyptischen
Hieroglyphen bis zur Computerkryptologie*. Köln.

Jürgen Nelles
III.2.7 Magische Lektüren

1 Einleitung

Unter „magischen Lektüren" werden *außergewöhnliche* Formen des Lesevorgangs und -verhaltens verstanden, die sich von *normalen* Lektüreprozessen unterscheiden und mitunter auch von deren textuellen Gegebenheiten wie von ihren außertextuellen Rahmenbedingungen, Voraussetzungen und Wirkungen. Magische Lektüren meinen demnach meistens ein spezielles Leseverhalten und ein besonderes Verhältnis von Lesenden zu ihren Lesestoffen sowie zu den als mehr oder weniger traditionell geltenden Schrift- bzw. Zeichenträgern und vermehrt – seit dem letzten Drittel des 20. Jahrhunderts – auch zu elektronischen und interaktiven Neuen Medien (PCs, Smartphones usw.) im Informationszeitalter (vgl. Lobin 2014). Magische Lektüren können entweder *reale* Lesende oder auch im weitesten Sinne *literarische* oder *virtuelle* Figuren unternehmen, die einem Text- und/oder Zeichensystem sich verbunden fühlen, ausgeliefert oder verfallen sind, und die spezielle Befürchtungen, Hoffnungen oder Erwartungen hegen, die mit ihrer Lektüre einhergehen, von ihr ausgehen oder durch sie vermieden werden können oder sollen.

Im Folgenden werden nach einem Erklärungsversuch der Bezeichnung magische Lektüren anhand verschiedener *magischer* (ritueller, religiöser etc.) *Lektüregewohnheiten* wichtige Aspekte der *als magisch betrachteten oder bezeichneten Medien* unter Berücksichtigung relevanter Wissenschaftsdisziplinen aufgeführt (2). Der sich anschließende historische Überblick führt schwerpunktmäßig *Praktiken* und *Theorien* magischer Lektüren und magischer Schriften auf (3), die sich an den jeweiligen epochalen (Leit-)Text- oder Zeichenträgern magischer Medien und ihren jeweiligen Wirkungs- respektive Rezeptionsformen orientieren: von den frühgeschichtlichen Anfängen piktografischer und skripturaler Techniken über die Etablierung der Schriftkultur in Handschriften (während der Antike und des Mittelalters) und die sich seit Beginn der Neuzeit mit dem Buchdruck verändernden Lebens- und Lesebedingungen bis zur von den Neuen Medien geprägten Gegenwart im 21. Jahrhundert. Im Anschluss an die begriffliche, systematische und historische Darstellung werden einige prägnante *literarische Paradigmen für magische Lektüren* genannt (4).

https://doi.org/10.1515/9783110365252-017

2 Magische Lektüren und ihre Bedeutungen

Während mit dem Begriff ‚Lektüre' gemeinhin der Vorgang des Lesens bezeichnet wird, manchmal auch dessen textuelle bzw. materielle Grundlage und damit meistens Printmedien (Bücher oder Zeitungen), seltener Neue Medien, wie E-Books oder Tablets, gemeint sind, erweist sich eine Bestimmung oder gar Definition der Bezeichnung *magische Lektüren* als problematischer. Magische Lektüren werden häufig in Kontrast gesehen oder gesetzt zu vernunftgeleiteten Lesevorgängen, die auf das *angemessene* oder gar *richtige* Verstehen eines Textes oder Diskurses zielen. Die in den (Text-)Wissenschaften betriebenen Lektüren bedienen sich deshalb systematisch angeleiteter und dadurch überprüfbarer Analyse- und Interpretationsmethoden. Demgegenüber werden magische Lektüren häufig mit außer- oder vorwissenschaftlichem ‚magischem Denken' in Verbindung gebracht und zugleich in ein – oft kontrastives oder konkurrierendes – Verhältnis zu mythischen, religiösen sowie theologischen Lesungen gesetzt; manchmal werden magische Lektüren auch als archaische oder autistische Formen textueller Einverleibung oder Fetischisierung charakterisiert und je nach Standpunkt legitimiert oder stigmatisiert.

Die meisten Erklärungsversuche, die dem Phänomen des ‚Magischen' gewidmet sind, zeichnen sich durch vielschichtige Mehrdeutigkeiten und tendenzielle Offenheiten aus, was sich bereits in der etymologischen Herkunft des Wortes ‚magisch' andeutet. Dem Adjektiv ‚magisch' liegt das Substantiv ‚Magie' (aus altgr. μαγεία: mageía, lat. *magia*: Lehre der Magier, ‚Zauberei') zugrunde, das wahrscheinlich vom altpersischen Volk der Mager abgeleitet worden ist. Die Mager, die etwa im 4. Jahrhundert v. Chr. nach Griechenland gelangten, galten als erfahrene Traumdeuter und versierte Wahrsager und sollen sich okkulter Praktiken bedient haben, um mit *übersinnlichen* Kräften Lebewesen, Gegenstände oder Ereignisse zu beeinflussen. Durch *Beschwörungen* (mittels Gedanken- oder Wortzauber), magische Techniken (wie In- oder Evokationen) sowie durch rituelle Praktiken sollen übernatürliche Kräfte auf die Umwelt ausgeübt und übertragen werden (vgl. Müller 2001). Das diesem Verständnis zugrundeliegende *magische Denken* vertraut auf magische Handlungen oder Gegenstände (Fetische, Talismane usw.) sowie auf Worte und Sprüche, denen eine besondere Kraft zugetraut wird, welche bestimmte Wirkungen erzielen oder verhindern sollen (vgl. Regardie 1991). Falls das Beschworene oder Erwartete nicht eintritt, wird das einem Misslingen des entsprechenden magischen Rituals oder einem mächtigeren Gegenzauber zugeschrieben (vgl. Ritualtheorien 1998).

Die Anthropologie stellt magisches Denken als kulturübergreifendes Phänomen in fast allen Religionen sowie in der für diese oft als archaische Vorform geltenden Magie fest (vgl. Encyclopedia of Cultural Anthropology 1996). Beinahe alle Stammeskulte bedienen sich magischer Praktiken, von denen viele der mitunter aus ihnen hervorgehenden Religionen magische Versatzstücke übernommen haben (etwa Beschwörungsformeln). In vor- und frühgeschichtlichen Gesellschaften – und noch in einigen heutigen ‚primitiven' Stammeskulturen (in Osteuropa, Mittelamerika und Afrika) – versprechen magische Lektüren, etwa durch die Rezitation bestimmter Namen, Wörter und Formeln, Schutz vor Naturgewalten, vor natürlichen und übernatürlichen Feinden oder verheißen Jagdglück und Fruchtbarkeit. In altorientalischen und hellenistisch-römischen Kulturkreisen waren magische Praktiken weit verbreitet. Da die Bibel Magie als unvereinbar mit dem Glauben an *einen* Gott betrachtet, wird vor Magiern und (falschen) Propheten gewarnt; ägyptische Wahrsager und babylonische Beschwörer handeln sich den Vorwurf ein, falschen Göttern bzw. Götzen zu dienen (vgl. Götterbilder 2012). Von der Ablehnung der Magie in der Bibel wurde die abendländisch-christliche Tradition weitgehend geprägt (vgl. Teufelsglaube und Hexenprozesse 1987), wobei mit Bezug auf die als unmoralisch verurteilte Magie auch die der Zauberei und der ‚Teufelsbuhlschaft' verdächtigten ‚Hexen' angeklagt und die Hexenverbrennungen in der Frühen Neuzeit – gemäß der Bibelstelle „Eine Zauberin sollst du nicht am Leben lassen" (Ex 22,17) – gerechtfertigt und auf magische Rituale aller Art bezogen wurden (vgl. Decker 2010 [2004], 8).

Auch die fortschreitende Herausbildung wissenschaftlicher Methoden (Experimentieren, Systematisieren usw.) verdankt sich teilweise Disziplinen, die sich magischer Techniken bedienen (etwa der Alchemie, Astrologie, Heil- und Kräuterkunde). In der Psychologie wird mit magischem Denken eine Erscheinungsform der kindlichen Entwicklung bezeichnet, bei dem ein Kind glaubt, sein Denken, Sprechen und Handeln beeinflusse die mit diesen verbundenen Geschehnisse, wobei die tatsächlichen Wechselbeziehungen von Ursachen und Wirkungen ignoriert werden. Bei Erwachsenen finden sich aus psychologischer Sicht mitunter abgeschwächte Formen magischen Denkens, die eigentümliche Vorstellungen oder Wahrnehmungen erzeugen und sich in eigenartigen Denk-, Sprech- und Verhaltensweisen äußern können. Aus wissenschaftstheoretischer Perspektive wird magisches Denken in der Regel als eine Vorstufe zum rationalen Denken oder als irrationale Abweichung von diesem verstanden (vgl. Grüter 2010). Mit magischem Denken gehen oftmals der Glaube und die Hoffnung einher, bestimmte Gegenstände (Amulette, Fetische, Talismane etc.) und – ggf. auf diesen enthaltene – Texte oder Zeichen (Aufschriften, Formeln, Symbole etc.) könnten bewahrende oder heilende, schädigende oder vernichtende Wirkungen auf die eigene oder eine andere Person sowie auf die Umwelt ausüben, etwa auf das Wetter, Tiere und Pflanzen (auf Saatgut, Ernte usw.).

Dabei wird der (Les-)Art und dem Ambiente, dem Ort und der Zeit der jeweiligen magischen Lektüre sowie der An- oder Abwesenheit bestimmter Personen eine entscheidende Bedeutung hinsichtlich des Erfolgs des beispielsweise als

Beschwörung oder Einverleibung (von Texten oder Schriftträgern) begriffenen Lektüreaktes zugesprochen. Von magischen Lektüren werden jedenfalls über rationale Lesevorgänge hinausgehende übernatürliche Effekte erwartet, oder solche werden, wenn sie unerwartet eingetreten sind, zu vorangegangenen Lesestoffen und/oder Lektürepraktiken in Beziehung gesetzt. Die Neurobiologie sieht die Ursachen magischer Vorstellungen in den Aktivierungsmustern bestimmter Neuronenverbände und synaptischer Netzwerke von Nerven- oder Sinneszellen, die letztlich als Auslöser für *innere* Bilder verantwortlich seien und die das menschliche Denken und Handeln ebenso bestimmen wie das Erkennen der äußeren Welt (vgl. Hüther 2008).

Im Folgenden soll unter magische(n) Lektüre(n) zum einen der Vorgang des Lesens und Deutens respektive die Anwendung von Texten verstanden werden, die mit unerklärlichen, übernatürlichen und übersinnlichen Sphären in Beziehung stehen (sollen); zum anderen finden die den ‚magisch' genannten Lektüren und Praktiken zugrundeliegenden Lesestoffe sowie ihre *materiellen* Zeichenträger (Tafeln, Blätter, Bücher etc.) und *medialen* Zeichensysteme (Bilder, Wörter, Formeln etc.) Berücksichtigung. Anhand literarischer und außerliterarischer Beispiele können verschiedene Formen *magischer* Lektüren und *magischer* Medien aufgeführt und von anderen phänomenologisch und terminologisch abgesetzt und unterschieden werden: Affinitäten und Differenzen bestehen einerseits zwischen frühgeschichtlichen, antiken oder mittelalterlichen rituellen und religiösen Beschwörungstexten (wie Schamanen- und Zaubersprüchen), die meist weniger durch kontemplative Lektüre als mittels öffentlicher Auftritte und Verlautbarungen ihre bannenden oder bewahrenden Wirkungen entfalten sollten, und andererseits den seit der Erfindung des Buchdrucks im 15. Jahrhundert sich prinzipiell verändernden Lesegewohnheiten (vom intensiven zum extensiven Lesen) und die damit auch einhergehende Entwicklung und zunehmende Ausdifferenzierung der Wissenschaften (vgl. Göttert 2001).

3 Geschichte der magischen Lektüren

Magische Lektüren beginnen – anthropologisch, ethnologisch und soziologisch gesehen – nicht erst in Gesellschaften, die der Kulturtechnik des *Lesens* von Bild- oder Schriftzeichen mächtig sind, sondern schon bei vor- oder außerschriftlichen bzw. bei schriftlosen Gemeinschaften und deren gestischen und oralen Kommunikationsformen. Magische Lektüren zeichnen sich durch vielfältige Beziehungsstrukturen aus, welche Lesende zum einen an gegenständliche lesbare respektive deutbare Medien binden (wie Tierknochen, Höhlenmalereien, Steininschriften,

Schriftrollen, Handschriften, Printmedien, Desktops usw.); zum anderen werden von Seiten der Lesenden von allen als magisch betrachteten Medien Wirkungen jenseits ihrer jeweiligen materiellen Gegebenheiten erhofft, ersehnt oder befürchtet. Die Erwartungen der Lesenden richten sich dabei meistens auf Bereiche, die das jeweilige *magische* Medium (und seine als in der Regel symbolisch verstandene ‚Botschaft') transzendieren und sich entweder in heilsamer Weise auf den Lesenden und die Seinigen oder – mit positiven oder negativen Folgen – auf jemanden anderen richten oder auswirken (sollen). Ursprüngliche Gründe für die Lektüre und die Verfertigung magischer Schriften scheinen meistens das Gefühl oder die Erkenntnis des Ausgeliefertseins an numinose Naturgewalten und den hinter diesen vermuteten Gottheiten gewesen zu sein, die durch magische Rituale und/oder Texte beschworen und beschwichtigt, um Beistand, Trost oder Wiedergutmachung für erlittenes Ungemach angerufen werden sollen (vgl. Die Welt der Rituale 2006).

Die geschichtlichen Entwicklungen, innerhalb derer sich *magische* Lektüren rekonstruieren oder vermuten lassen, zeichnen sich einerseits durch Affinitäten zu *traditionellen* Lesegewohnheiten, zu ihren Schrift- oder Zeichenträgern und den mit diesen einhergehenden historischen Veränderungen aus; andererseits unterscheiden sich *magische* Lektüren von *normalen* Lesevorgängen, -gelegenheiten und -umständen oder treten bewusst oder unbewusst in Konkurrenz zu ihnen. In Anschluss an die Forschungen von Claude Lévi-Strauss zum *Wilden Denken* (1968) geht die Ethnologie davon aus, dass sich das Denken in archaischen Kulturen vor allem auf magische Zusammenhänge gründete, wobei unklar bleibt, inwieweit hier bereits von magischen *Lektüren* gesprochen werden kann. Jenseits von rational erklärbaren Zusammenhängen unterstellt magisches Denken zwar akausale, aber sinnhafte Beziehungen, etwa zwischen Gottheiten oder Gegenständen einerseits und den auf sie verweisenden Bildern, Symbolen und Zeichen andererseits, deren Verhältnis höhere oder tiefere Bedeutungen zugeschrieben werden (vgl. Reck 2007).

Altertum

Als früheste materielle Belege, die als im weitesten Sinne Grundlagen für möglicherweise magische Lektüren gedient haben könnten, gelten die bereits aus der Steinzeit bekannten Höhlenmalereien, Steinkreise oder Artefakte, die wahrscheinlich als Kulissen oder Hilfsmittel zur Durchführung magischer Handlungen und Zeremonien fungiert haben, wie etwa die berühmten Bilder im französischen Lascaux (vgl. Bataille 1986; Blanchot et al. 1999).

Früheste schriftliche Quellen, die magisches Denken bezeugen, reichen bis in die mesopotamischen, sumerischen und altägyptischen Hochkulturen zurück.

In frühen (Keil-)Schriften der Sumerer, die ab dem 3. Jahrtausend v. Chr. erhalten sind, wird von Bild-, Liebes- und Potenzzaubern berichtet: Mit einer aus Ton, Wachs oder anderen Materialien geformten oder gemalten Figur sollte auf eine bestimmte Person wohlwollend oder strafend eingewirkt werden (vgl. Eschweiler 1994). Seit dem 1. Jahrtausend v. Chr. wurden von und für Spezialisten magische Handbücher verfasst und gesammelt.

In dem in Vorderasien zwischen den Flüssen Euphrat und Tigris gelegenen ‚Zweistromland' Mesopotamien identifizierten sich Magier mit Marduk, dem Hauptgott des babylonischen Pantheons. Die Magier Babylons zählten um 2000 v. Chr. zu den wenigen Schriftkundigen, die öffentlich, etwa als Lehrer, auftraten und die babylonischen Schriften verbreiteten (vgl. Wiggermann 2002, 664). Die in den späteren christlichen Magietheorien gebräuchliche Aufspaltung in Gott und Teufel als personifizierte Kontrahenten von Magie und Religion war in den mesopotamischen Kulturen unbekannt. Die Götter selbst wurden als Magoi angesehen, und Magier galten als Mitglieder der Gesellschaft (vgl. Daxelmüller 2005).

Im chinesischen Altertum, das schriftliche Überlieferungen seit der Shang-Dynastie (zwischen dem 18. und 11. Jahrhundert v. Chr.) kennt, bediente sich eine altchinesische Religion, der Wuismus, schamanistischer Riten. Zu den Aufgabenbereichen der „Wu" genannten Zauberpriester und -priesterinnen gehörten das Deuten von Orakelknochen und Träumen sowie Wettervoraussagen und die damit verbundene Bitte um Regen. Zu diesem Zweck verfiel ein mit magischen Fähigkeiten ausgestatteter Priester in ekstatische Tänze, die von Ausrufen und Gesängen begleitet wurden, von denen man sich magische Wirkungen erhoffte (vgl. Schmidt-Glintzer ³2002). In der auf die Shang-Dynastie folgenden Zhou-Dynastie (von ca. 1100 bis ca. 250 v. Chr.) wurden ebenfalls von Zauberpriestern, den Fangshi, magische Techniken ausgeübt, die außerhalb der sich (seit dem 5. Jahrhundert v. Chr.) verbreitenden konfuzianischen Riten lagen. Die Fangshi waren unter anderem für das Wahrsagen zuständig, sollten Kontakte zu den Göttern herstellen und eine Wunderdroge für die Unsterblichkeit suchen. Sie betrieben Exorzismus und Schamanismus und bedienten sich der Astrologie und Geomantie, einer Form der Hellseherei, bei der Markierungen in der Erde gedeutet wurden (vgl. Pennick 1982). Besonders die mit den Bemühungen um die Unsterblichkeit zusammenhängenden magischen Beschwörungstechniken wurden teilweise in den ab 400 v. Chr. entstehenden Taoismus übernommen (vgl. Bauer 2001).

Ägypten

Die Schöpfungsmythen und Glaubenssysteme in der Frühzeit Ägyptens (ab ca. 3000 v. Chr.) gründen auf einer magischen Basis, die hauptsächlich dem Schutz vor Naturkatastrophen und der Heilung von Krankheiten diente. Im frühen Ägypten bezeichnet die Sphäre des Magischen sowohl Religion als auch Magie und spielt eine im von Ritualen durchzogenen Alltag bedeutende Rolle (vgl. Wilkinson 2003). Magisch-religiöse Namen und Zaubersprüche waren ebenso bekannt wie magische Figuren und Amulette, die in der Antike weit verbreitet waren. Zu einem der bekanntesten, wie Schmuck getragenen Amulette gehörte das „Horus-Auge", das altägyptische Sinnbild für den Lichtgott Horus und gleichzeitig eine altägyptische Hieroglyphe, die neben ihrer magischen Bedeutung auch in der Mathematik angewendet wurde. Das Horus-Auge ist das von Thot (dem Gott des Mondes, der Magie und der Weisheit) geheilte linke Auge („Mondauge") des Lichtgottes Horus. Ursprünglich diente das Symbol als Schutzmittel und wurde seit Beginn des Alten Reichs (ca. 2700 bis ca. 2200 v. Chr.) bis zum Ende der Pharaonenzeit (ca. 30 v. Chr.) als Amulett- und Schutzzeichen gegen den ‚bösen Blick' verwendet. Im Neuen Reich (von ca. 1530 bis 1075 v. Chr.) wurden Sargwände und Grabbeigaben mit ‚magischen Augen' dekoriert. Thot, der häufig mit seinen Attributen Griffel und Schreibtafel dargestellt wird, wurde in der griechischen Mythologie mit Hermes gleichgesetzt und später mit diesem zu einem der legendärsten Verfasser magischer Schriften, Hermes Trismegistos, verschmolzen.

Eine andere Gottheit persischen Ursprungs, die ab dem 2. Jahrhundert hauptsächlich auf Amuletten aus dem Nahen Osten und aus Ägypten dargestellt wurde, war der hahnenköpfige und schlangenbeinige Abraxas (vgl. Bischof 1996). Die mit seinem Abbild verzierten Amulette zeigen verschiedenartige kultische und kulturelle Einflüsse. Abraxas konnte beispielsweise mit einer römischen Tunika bekleidet und von der ägyptischen Ouroboros-Schlange umringt sein, die sich selbst in den Schwanz beißt. Das bereits im Alten Griechenland ikonografisch belegte Bildsymbol steht für die Unendlichkeit des Lebens-Kreislaufs, für die „Ewige Wiederkunft des Gleichen", wie sie dann Friedrich Nietzsche in *Also sprach Zarathustra* (1885) entfalten wird. Die älteste bekannte Ouroboros-Schlange ist auf einem den Sarkophag des Pharao Tutanchamun (der von ca. 1332 bis 1323 v. Chr. regierte) umgebenden Grabschrein abgebildet. Die frühen Amulette waren teilweise auch mit griechischen Buchstaben, aber den Namen der jüdischen Erzengel, Michael, Gabriel, Raphael und Uriel, beschriftet. Der Name des Abraxas ergab numerologisch nach griechischer Zählweise die Anzahl der 365 Tage eines Jahres (*ΑΒΡΑΧΑΣ*: A = 1, B = 2, P = 100, A = 1, X = 60, A =1 Σ = 200, gesamt: 365), sodass die Magie des Amulettes und die abgebildete Gottheit ewig wirken sollten (vgl. Michel 2004). Aus dem Namen Abraxas und aus einer auf diesen zielenden Beschwörungsformel hat sich wahrscheinlich das magische Wort „Abrakadabra" entwickelt. Ähnliche Spruch-, Wörter- oder Buchstabenzauber werden auch in anderen Kulturregionen und in späteren Epochen gebildet, etwa „Simsalabim" oder „Hokuspokus", wobei Letzteres, ähnlich wie „Abrakadabra", heute vorwiegend als abwertendes Synonym für ‚fauler Zauber' gilt. Da dem Namen Abraxas ein Ewigkeitswert zugeschrieben wurde, fand er häufig in Riten für Bindungen Verwendung, die den Lauf der Zeiten überdauern und ewig währen sollten. Von zentraler Bedeutung waren die auf den Amuletten eingeprägten oder eingeritzten ‚Kraftworte', da ihre Aussprache und Anwendung als wirkmächtig angesehen wurden.

Magische Wirkungen wurden auch den ältesten Sammlungen altägyptischer Hieroglyphen zugesprochen, den Pyramidentexten und den späteren, reich bebilderten Grabinschriften, die auch als Totenbücher bezeichnet werden. Die seit etwa 2500 v. Chr. bekannten Inschriften setzen sich aus Beschwörungsformeln, Zaubersprüchen sowie liturgischen Anweisungen zusammen, die beschreiben, wie die Seele in Begleitung des Sonnengottes Re durch die Unterwelt reist (vgl. Assmann 2002). Ab etwa 2500 v. Chr. werden die magischen Sprüche auch auf Sargwände oder auf Papyrusrollen geschrieben, die in Särge gelegt oder mit denen Mumien umwickelt werden (vgl. Gestermann 2005). Der Sieg der Mächte des Lichts über das Böse und die Finsternis wurde durch die Kenntnisse des Sonnengottes garantiert, sodass bestimmte magische Wörter auf Amuletten Verwendung fanden und ihnen auch in der späteren Ritualmagie noch große Wirkung zugetraut wurde (vgl. Hornung [6]2005). Magische (Götter-)Gestalten und Amulette waren in der Antike weit verbreitet und gelangten auch in den hellenistisch-römischen Kulturkreis.

Klassische Antike

Da zwischen den aus den mesopotamischen Kulturen bekannten magischen Praktiken und denen der griechisch-römischen Antike unübersehbare Ähnlichkeiten bestehen, liegt ein mehr oder weniger intensiver Austausch nahe (vgl. Daxelmüller 2005). Die in Homers *Odyssee* (um ca. 850 v. Chr.) überlieferte Begegnung der Zauberin Kirke mit Odysseus (10. Gesang, Verse 135–574), dessen Gefährten sie in Schweine verwandelt haben soll (Kuhn 2008), scheint die früheste altgriechische Quelle für magische Aktivitäten zu sein (vgl. Drury 2003). Magische Kräfte wurden auch dem aus dem griechischen Mythos und vor allem aus Ovids *Metamorphosen* (ca. 8 n. Chr.) bekannten Dichter und Sänger Orpheus zugeschrieben (vgl. Döring 1996). In einigen Regionen rund um das Mittelmeer lassen sich ab dem 6. Jahrhundert v. Chr. Mysterienkulte nachweisen, die sich unter anderem auf Orpheus und orphische Schriften zurückführen lassen, die hauptsächlich magische und mythische Schilderungen enthalten (vgl. Eliade 1992). Die Mysterienkulte zielten jedoch, anders als viele magische Handlungen, nicht auf eine individuelle Erfahrung, sondern auf Gemeinschaftserlebnisse, seien das die durch Initiationsriten geprägten eleusinischen Mysterienfeiern oder die nicht selten ausschweifenden dionysischen Kulte. In verschiedenen Mysterien verbanden sich magische und mythische Elemente mit meditativen und visionären Techniken (vgl. Roessli 2000).

Im Laufe der römischen Kaiserzeit bildete sich etwa ab dem 2. Jahrhundert aus der Magie die „Theurgie" („Gotteswerk") als Bezeichnung für religiöse Riten, die es ermöglichen sollten, mit göttlichen Wesen in Verbindung zu treten und von ihnen Beistand zu erhalten, wobei die erhoffte Reaktion *nicht* durch magische Praktiken erreicht werden sollte. Die Theurgie mündete schließlich in die „Gnosis" („Erkenntnis"), deren verschiedenartige Lehren von der Antike bis zur Neuzeit den Kern einer magischen Tradition im Okzident bilden sollten. Erste rationale Auseinandersetzungen mit magischen Praktiken beginnen in der griechischen Antike im 6. Jahrhundert v. Chr. mit den sich an den Vorsokratiker Pythagoras namentlich anschließenden Pythagoreern. Philosophische Auseinandersetzungen mit der Theurgie und der Theologie finden sich ebenfalls bei Platon und Aristoteles. Für Platon etwa stellten Magier und Zauberer eine Bedrohung des Verhältnisses dar, in dem Menschen und Götter normalerweise miteinander verkehrten, denn die Magie versuche, die Götter zu beeinflussen und zu bestimmten Handlungen zu veranlassen (vgl. Drury 2003).

In der Antike bestand das Ziel vieler magischer Lektüren und Handlungen darin, geheime Kraftquellen zu entdecken. Mittels magischer Rituale und der Verwendung geheimer Namen sollten Gottheiten von Seiten der Magier beeinflusst oder um Beistand angerufen werden. Da der Name eines Gottes als dessen Attribut gedacht wurde, bedeutete die Kenntnis seines Namens an seiner Macht teilzuhaben. Um Magier zu werden, bedurfte es einer Initiation, deren Ablauf nicht verraten werden durfte, sodass das entsprechende Geheimwissen mehr und mehr zum Kennzeichen der Magie wurde (vgl. Drury 2003). Bei einigen griechischen Magiern vermutete man, sie hätten einen „Parhedros", einen übermenschlichen oder göttlichen Beistand, dem magische Kräfte zugesprochen wurden, etwa um Lebensmittel herbeizuschaffen oder Feinde zu vernichten. Von dem Gnostiker Markion, der als einer der ersten als Ketzer betrachtet wurde, behauptete der Kirchenvater Irenäus von Lyon, er habe einen Parhedros gehabt, der ihn bei Weissagungen unterstützt habe. Der Philosoph Kelsos, der in der 2. Hälfte des 2. Jahrhunderts die älteste bekannte, allerdings nicht erhaltene Streitschrift gegen das Christentum verfasste (*Alethès lógos*: „Wahre Lehre"), deren *Lehre* aus einer Gegenschrift des Kirchenlehrers Origenes rekonstruiert werden kann, behauptete, auch Jesus sei ein Magier gewesen, da er über magische Fähigkeiten, wie etwa Wunder zu wirken, verfügt habe. Dem neugeborenen Jesus selbst sollen seinerzeit mehrere Magier gehuldigt haben (im gr. Ursprungstext: „Μάγοι ἀπὸ ἀνατολῶν": „Mágoi apò anatolôn", Magier von Osten), die als weise Sterndeuter beschrieben – und erst später zu Heiligen *Drei* Königen umgedeutet – werden (vgl. Becker-Huberti

2005). Jesus und auch die von ihm ermächtigten Jünger werden, wie viele Bibelstellen überliefern, mehrmals ‚böse' Geister austreiben (vgl. Mk 6,12).

Nach dem Ende der römischen Königsherrschaft wurde in der römischen Republik (zw. 510 v. Chr. und 27 n. Chr.) der Begriff Magos auf persische Priester und ihre traditionellen Riten und Prophezeiungstechniken bezogen. Seit der unter Augustus beginnenden Kaiserzeit (zwischen 27 und ca. 476) wurde mit Magus ein Hexenzauberer bezeichnet; unter Magia wurden teilweise auch Astrologie und Weissagung sowie Heilkunde, aber auch Giftmischerei verstanden, wozu ‚instrumenta magica' (Geräte für magische Zwecke) Verwendung fanden. Als Medien der Magie fungierten die seit dem 5. Jahrhundert v. Chr. nachweisbaren ‚Fluchtäfelchen', die eine in der Antike im gesamten Mittelmeerraum verbreitete Form des Schadenzaubers darstellten (vgl. Fluchtafeln 2004). In die ursprünglichen, aus dünnen Bleiplättchen bestehenden Fluchtäfelchen (gr. κατάδεσμοι: *Katádesmoi*) wurden die Namen der Opfer eingeritzt, später auch längere Texte. Die Fluchtäfelchen wurden in Brunnen oder Gräbern versenkt, damit nur die angerufenen Götter die Botschaften erreichten und die ihnen zugedachten Opfer erhielten. Als plastische Formen sind aus Bronze, Ton oder Wachs modellierte Defixionesfigurinen (‚Zauberpuppen') bekannt (vgl. Graf 1996), die andere Menschen darstellen und dem eigenen Willen unterwerfen oder Konkurrenten ausschalten sollten (vgl. Kropp 2008). Während der Herstellung dieser Täfelchen wurden magische Rituale durchgeführt, in denen Puppen gefesselt, durchbohrt oder verstümmelt und verbrannt wurden (vgl. Witteyer 2004). Die diesem Medium zugefügten *Verletzungen* sollten auf die gemeinte Person mittels eines mit magischen Praktiken vollzogenen Analogiezaubers übertragen werden (vgl. Pfister 1927). Vergleichbare Phänomene finden sich in der aus Westafrika stammenden Voodoo-Religion (vgl. Chesi 2003), die am ausgeprägtesten in Haiti praktiziert wird (vgl. Gößling 2004). Mitunter wurden in der Antike auch ‚Bindungstäfelchen' mit positiven Absichten verwendet, etwa als Liebes- oder Potenzzauber (vgl. Preisendanz 1972).

Ähnliche Funktionen soll das ebenfalls mit Analogiezaubersprüchen verbundene und seit der Antike bekannte „Nestelknüpfen" erfüllen, wozu „Nesteln", also Schnüre oder Riemen, in besonderer Weise geknüpft und gleichzeitig magische „Knüpfsprüche" gemurmelt werden müssen, wovon sowohl der römische Dichter Vergil als auch der griechische Philosoph Plotin berichten. Aus dem antiken Rom sind Gesetze gegen ‚schwarze' Magie bekannt, die etwa Zaubersprüche zur Verfluchung von Ernten („Mala carmina") verboten; demgegenüber wurden ‚gute' Carmina (‚Inkantationen'), die als heilkräftig angesehen wurden, nicht als Magie verurteilt (vgl. Drury 2003, 36). Bereits im 5. Jahrhundert v. Chr. werden magische Praktiken als zu ahndende Delikte in das römische „Zwölftafelrecht" aufgenommen (in das „Schadenersatzrecht", Tafel VIII. Die Absichten der inkriminierten magischen Rituale bestanden etwa darin, religiöse und politische Gegner zu bekämpfen (vgl. Flach 2004). Wegen des „crimen magiae" (Verbrechen der Magie) wird Kaiser Valens seine heidnischen Gegner verfolgen, wobei sein Ziel weniger darin bestand, einzelne Magier zu vernichten, als darin, die im Untergrund als Organisationen vermuteten Gruppen zu bekämpfen. Das Gefühl der Bedrohung durch organisierte Oppositionen setzte sich in den christlichen Vorstellungen von ‚Teufelssekten' fort, hinter denen man Abtrünnige wie Häretiker und später Hexen vermutete (vgl. Daxelmüller 2005).

Bereits seit dem 2. Jahrhundert sind Fragmente von Büchern mit Zauberrezepten überliefert, wie die „Papyri Graecae Magicae", die der Behandlung von Krankheiten dienten. Diese Bücher verzeichnen spezielle Rezepte und Hinweise praktizierender Magier, die ihre Rezepturen prüften, verbesserten und entsprechende Formeln aufzeichneten (vgl. Drury 2003, 34). Für spätere magische Lehren bedeutsam war die Schrift *De mysteriis Aegyptorium* („Über die Mysterien der Ägypter") des griechischen Philosophen Iamblichos von Chalkis, der zwischen der abzulehnenden Zauberei und der Theurgie unterscheidet. Die sich aus den chaldäischen Orakeln entwickelnde Theurgie umfasst Theorie *und* Praxis. Das Ziel der Theurgie besteht in der Einigung mit dem Göttlichen (‚Henosis'), wobei die rituelle Praxis als Gotteswerk gilt. Da sich die Theurgie zu einer Art philosophischer Religion gewandelt hat, erhalten in ihr magische Praktiken, Opfergaben und Kultbilder neue Bedeutungen (vgl. Betz 2002, 666). Weitere Einflüsse der Antike auf die magische Tradition Europas oder auch ihre Unterdrückung stellten die verschiedenartigen Lehren der Gnosis sowie der Neuplatonismus und die Werke des durch diesen beeinflussten Augustinus dar. Dessen strikte Ablehnung jeder Magie, die er als Vertrag zwischen Menschen und Dämonen verurteilte, bildete das Fundament der mittelalterlichen Theologie, die magische Theorien und Praktiken als Teufelspakte verstand und verfolgte. Obwohl Augustinus in seinen *Confessiones* (*Bekenntnisse*, ca. 400 n. Chr.) seine eigene Bekehrung auf die aus der Antike bereits bekannte ‚Stichomantie' bzw. ‚Bibliomantie' zurückführte, rügte er dieses ‚Stechorakel', bei dem jemand mit einem spitzen Gegenstand in eine zufällig ausgewählte Seite in einem für heilig oder bedeutend gehaltenen Buch ‚sticht', um eine beliebige Stelle aufzuschlagen und daraus eine Prophezeiung abzuleiten. Diese Form der auch ‚Bibelstechen' genannten Mantik wurde von Papst Gregor I. als häretisch verdammt, blieb aber lange eine magische Lektürepraxis, die auch unter der Bezeichnung „Däumeln" verbreitet war, da man mit einem Daumen ein Buch durchblätterte und eine beliebige Seite aufschlug und deutete. ‚Bibelstechend' haben der sogenannten ‚Dreigefährtenlegende' nach der Heilige Franz von Assisi und seine ersten beiden Gefährten durch dreimaliges zufälliges Aufschlagen die Bibel nach ihren künftigen Lebensaufgaben befragt und laut der dort gefundenen Stellen (vgl. Mt 19,21; Lk 9,3 und Lk 9,23) die Grundsätze des Franziskanerordens gebildet.

Mittelalter

Während der Christianisierung Europas (zw. 300 und 1050) wurden die heidnischen Religionen der Kelten und Germanen, der Skandinavier und Slawen sowie die anderer nicht-christlicher Völker mit Magie gleichgesetzt und als „Paganismus" (‚Heidentum') dämonisiert. Dennoch wurden bestimmte, etwa germanische Rituale und magische Praktiken von einigen Missionaren in die christliche Lehre integriert (vgl. Hasenfratz 2007). Diese Formen von Magie wurden verwendet, um dämonische Kräfte und Mächte abzuwehren oder auch Heilungen vorzunehmen (vgl. Birkhan 2010). Die alten Schriftzeichen der Germanen, die Runen, die in zeitlich und regional abweichenden Alphabeten vorkommen, wurden sowohl als Zeichen für einen bestimmten Laut oder eine Lautverbindung geschrieben wie auch als Zeichen für einen Begriff, dessen Namen sie tragen. Runen wurden außerdem als magische Zeichen oder Zahlen verwendet. Wie in fast allen alten Kulturen, welche die Schrift für ein Geschenk eines Gottes hielten, wurden auch Runen häufig mit religiösen und sakralen Zwecken verbunden, wovon etwa Grabinschriften oder eingeritzte magische Namen auf Lanzen- und Speerspitzen zeugen (vgl. Düwel ⁴2008). Obwohl die christliche Kirche magische Praktiken verurteilte, blieben viele Formen erhalten und vermischten sich mit christlichen Bräuchen. Fundgruben für magische Handlungen, die oft von magischen Gesängen begleitet wurden, stellen frühmittelalterliche ‚Bußbücher' und ‚Beichtspiegel' dar, die auch Aufschlüsse über die betriebene oder unterstellte Zauberkunst („arte malefica") bieten. Zu den bekanntesten Spruchdichtungen gehören die nach dem Ort ihrer Auffindung benannten beiden „Merseburger Zaubersprüche" (ca. 9. Jahrhundert), die sich thematisch und zeitlich auf die vorchristliche germanische Mythologie beziehen. In althochdeutscher Sprache dient der erste „Lösespruch" zur Lösung von Fesseln eines gefangenen Kriegers, der zweite als „Heilungszauber" für einen verletzten Pferdefuß. Der im Kloster Lorch aufbewahrte „Lorcher Bienensegen" (ca. 900), der umgekehrt, ‚auf den Kopf gestellt', am unteren Rand einer Seite der apokryphen Jenseitsvision „Visio St. Pauli" (frühes 9. Jahrhundert), die von dem Apostel Paulus stammen soll, aufgezeichnet wurde, zählt zu den ältesten gereimten Dichtwerken in altdeutscher Sprache und möchte ein ausgeschwärmtes Bienenvolk in den heimischen Bienenstock zurücklocken.

Im Zuge der fortschreitenden Christianisierung beschäftigte man sich eingehend mit magischen Praktiken und ging von deren tatsächlicher Wirksamkeit aus. Aufschlussreich sind in diesem Zusammenhang die kirchlichen Gesetze, wie das nach dem Kirchenlehrer Gratian benannte *Decretum Gratiani* (ca. 1140), der einflussreichsten Sammlung des mittelalterlichen Kirchenrechts, und die dazu verfassten Kommentare der Dekretisten. Bei magischen Praktiken spielten Zaubersprüche eine herausragende Rolle: Amulette oder die zur Zauberei erforderlichen

Zutaten, wie Kräuter, Wurzeln oder Steine, erhielten ihre Wirkung oft erst durch Zaubersprüche, die beim Sammeln oder bei der Zubereitung von magischen Elixieren gesprochen werden mussten. In den dekretistischen Schriften werden auch Praktiken beschrieben, aus denen hervorgeht, welche *Medien* am Körper getragen werden mussten, um bestimmte magische Wirkungen zu erzeugen. Meistens handelte es sich um Zettel mit geheimen Zeichen oder um Plättchen mit Worten aus dem Alten Testament, die sich ein zu Heilender um den Kopf spannen musste. Vergleiche mit dem jüdischen Brauch, Textstellen der Tora in einem Gebetsriemen ('Tefillin') beim Morgengebet um eine Hand und einen Arm zu wickeln sowie den 'Kopfteil' über der Stirn zu tragen, liegen nahe (vgl. Hausmann 1988). Einige Dekretisten billigten die um den Hals getragenen Zettel, wenn auf ihnen das Glaubensbekenntnis oder das Vaterunser stand, und glaubten an die heilenden Wirkungen der 'heiligen Worte'. Wenn jedoch jemand 'heilige Worte' als Beschwörung verwendete, um Kräutern eine Kraft zu verleihen, die ihnen nicht zugesprochen wurde, beging er damit eine schwere Sünde.

Im christlichen Hochmittelalter (1050–1350) wurde Magie als Häresie angesehen und bekämpft, wobei zahlreiche Schriften belegen, dass magische Rituale weit verbreitet waren. In literarischen Werken finden sich immer wieder Erwähnungen oder Beschreibungen magischer Zeremonien, wie in den seit dem 12. Jahrhundert verbreiteten Epen um den legendären König Artus, um Tristan und Isolde oder um den sagenhaften Zauberer Merlin. Albertus Magnus war einer der ersten Gelehrten, die einerseits auf der Grundlage der 'natürlichen' Vernunft eine Philosophie zu entwickeln versuchten; er schloss jedoch andererseits die Wirkung von sowohl 'weißer' wie auch 'schwarzer' Magie nicht grundsätzlich aus und bezeichnete sich sogar selbst als „einen Kenner der magischen Künste" (in *Liber de animalibus*). Zahlreiche Anekdoten berichten von Wundern, die Albertus Magnus im Bund mit magischen Kräften bewirkt haben soll (vgl. Petzold 2011). Der große Einfluss magischer Theorien und Praktiken auf das Christentum wird im Mittelalter durch die „Grimoires" (altfrz. *gramaire*) dokumentiert, Zauberbücher, die magisches Wissen verbreiteten, sowie durch die „Angelologie", der Lehre von den Engeln (vgl. Hafner 2010), und der diesen häufig als Anhang angefügten „Dämonologie", der Lehre von den 'gefallenen' Engeln bzw. den 'bösen' Geistern (vgl. Lange et al. 2003). Außer Engeln und Dämonen, die in fast allen Religionen und Kulturkreisen vorkommen, übernimmt das Christentum auch Elemente aus der antiken und germanischen Mythologie sowie aus dem Judentum und der Kabbala. Die Grimoires enthalten Listen von Engeln und Dämonen und bieten Anleitungen, um magische Symbole zu Formeln zu kombinieren, sowie Zaubersprüche und astrologische Regeln, die zum Herbeirufen von magischen Wesen oder zur Herstellung von Talismanen und Zaubertränken dienen sollen. Obwohl sogar einige Päpste Grimoires besessen und einige von ihnen Teufelspakte geschlossen und ‚schwarze' Künste betrieben haben sollen, war der Besitz von Zauberschriften von Seiten der Kirche prinzipiell verboten. Die Besitzer wurden von weltlichen Gerichten oder später von denen der Inquisition wegen Häresie oder Hexerei angeklagt und endeten nicht selten auf dem Scheiterhaufen. Für die dafür vorgesehenen Gerichtsverfahren lieferte der berüchtigte „Hexenhammer" (*Malleus Maleficarum*, 1487) des deutschen Inquisitors Heinrich Kramer (lat. Johannes Institoris) Rechtfertigungen und Anleitungen; im zweiten von drei Teilen finden sich vorwiegend Einzelheiten über ‚schädliche' Magie. Auch die von der Kirche sichergestellten Grimoires wurden beschlagnahmt und wie andere verbotene Schriften öffentlich verbrannt. In der Apostelgeschichte (19,19) wird eine angeblich freiwillige Verbrennung von Zauberbüchern durch heidnische Magier beschrieben (vgl. Rafetseder 1988); spätere Bücherverbrennungen leiten davon häufig ihre Legitimation ab (vgl. Treß ²2008). Es wurde beispielsweise behauptet, in Zauberbüchern hielten sich Dämonen auf oder das Aufschlagen des betreffenden Buches riefe diese herbei. Die Wirkung der Grimoires reichte vom späten Mittelalter bis ins 18. Jahrhundert.

Im Mittelalter wird zuerst von dem scholastischen Philosophen Wilhelm von Auvergne zwischen einer göttlichen „Magia naturalis" und einer zerstörerischen teuflischen Magie unterschieden. Unter dem Namen Abraham von Worms schildert 1387 ein jüdischer Mann seinen ‚magischen Lebenslauf' und beschreibt unter anderem ein rituelles Prozedere, das zur Bändigung dienstbarer Geister durchgeführt wurde, sowie magische Buchstabenquadrate. Besonders die magischen Buchstaben- und Zahlenquadrate werden unzählige *Nachbildungen* finden, angefangen bei einem der berühmtesten magischen Quadrate von Albrecht Dürer, das in dem mit alchemistischen Motiven versehenen Kupferstich *Melencholia I* (1514) zu sehen und auf verschiedenartige Weisen zu lesen und zu deuten ist, bis hin zu den aus lateinischen Quadraten entstandenen und seit den 1980er Jahren zunächst in Japan populären Buchstaben-, Silben-, Wörter- und Zahlen-Sudokus – deren Lösungen allerdings weniger als magische Lektüreprozesse denn als sukzessive Erledigung von Denksportaufgaben betrachtet werden können (vgl. Bach 2006).

Renaissance

In der Renaissance wurden bedeutende Schriften des Altertums wiederentdeckt, von denen viele dem legendären Hermes Trismegistos zugeordnet wurden, etwa die als *Corpus Hermeticus* bekannt gewordenen Dialoge und vor allem die *Tabula Smaragdina* („Smaragdene Tafeln", ca. 6. Jahrhundert), eine der wirkmächtigsten Texte magischer Literatur (vgl. Benesch 1985). Als grundlegend wird darin vor allem die Vorstellung eines engen Zusammenhangs zwischen Mikro- und Makrokosmos betrachtet, der das Verhältnis zwischen Himmel und Erde, Körper und Geist als eine Entsprechung und als umfassendes Erklärungsmodell für die Situierung des Menschen im Universum ansieht. Der von den Medicis beauftragte Übersetzer der hermetischen Schriften, der als Gründerfigur der Renaissance-Magie geltende Humanist Marsilio Ficino, glaubte in diesen eine ägyptische Variante der Weisheitslehre Platons erkennen zu können, dessen Werke er ins Lateinische übertragen hat. Ficino unterscheidet seinerseits zwischen der *Magia naturalis* als natürlicher und spiritueller Magie sowie der dämonischen Magie, womit er sich wegen des Vorwurfs, auch magische Praktiken zu verwenden, einen Häresievorwurf zuzog. In Tommaso Campanellas Magielehre wurden die beiden Stränge der Magie gegen Ende des 16. Jahrhunderts wieder vereint. Die *Magia naturalis* wurde ein Synonym für die „Philosophia naturalis" und leistete Beiträge zur Religion, zur Ästhetik und gehört zur Vorgeschichte der Psychologie (vgl. Daxelmüller 2005, 221–222).

Für den italienischen Philosophen Giovanni Pico della Mirandola besteht die Aufgabe magischer Lektüren, wie er in *De hominis dignitate* (1496, „Über die Würde des Menschen") ausführt, darin, einen Ausgleich zwischen Himmel und Erde, zwischen ‚oberen' und ‚unteren' Kräften herzustellen. Pico hing, wie auch Ficino, einer Weltsicht der Emanation des Kosmos aus dem Göttlichen an; sein Magie-Konzept geht davon aus, dass das Universum und die Natur durchdrungen seien vom Geist und die Magie dem Menschen das innere Wirken der Natur und des Kosmos zugänglich machen könne. Der ‚heilige' Magier strebt laut Pico die Vereinigung der Erde mit dem Himmel, die der Materie mit dem Geist an. Durch den Zugang zur Welt des Göttlichen kann man in Picos Magie einen gnostischen und einen mystischen Ansatz erkennen, der allerdings ebenfalls eine Art magischen Fundamentalismus enthält, da der Mensch für einen werdenden Gott gehalten wird. Besonders die in Picos Nachfolge stehende hermetische Tradition der Renaissance-Magie lässt eine holistische Perspektive erkennen, nach der in einem umfassenden Sinn alles Bestehende einen Aspekt des Göttlichen enthält, den es gewissermaßen durch magische Lektüren zu entschlüsseln gilt (vgl. Drury 2003, 85–86).

An Picos Schriften und an die Auslegung der *Tabula Smaragdina* seines Lehrers Johannes Trithemius knüpft Heinrich Cornelius Agrippa von Nettesheim mit seinem Buch *De Occulta Philosophia* (1530) an. Der Mediziner, Theologe und Rechtsgelehrte legt damit die erste theoretische und praktische Gesamtdarstellung der Magie vor. Unter *Magia naturalis* verstand Agrippa von Nettesheim eine Magie, die als eine Art Universalwissenschaft zu gelten hatte und die Physik, Mathematik und Theologie umfasste. Mit Hilfe der *Magia naturalis* sollte die Begrenzung des erlaubten Wissens durchlässiger gemacht und die Natur als

Erklärungsmodell herangezogen werden. Für die Entwicklung des naturwissenschaftlichen Denkens stellte die *Magia naturalis* einen wichtigen Ausgangspunkt dar. In den auch innerhalb der Theologie zugelassenen, sich aber mehr und mehr ausdehnenden Grenzen rückte nun die Erforschung der Natur immer mehr in den Vordergrund.

Der die Naturheilkunde erneuernde Alchemist, Astrologe und Mystiker Paracelsus bediente sich außer der Verfeinerung überlieferter Heilmethoden der „Signaturenlehre", der Lehre von den Zeichen in der Natur, die auf einem kosmischen Denken in Analogien und Entsprechungen beruht und als nicht-wissenschaftliches Erklärungsmodell gilt (vgl. Foucault [17]2006 [1966]). Paracelsus greift auf das hermetische Prinzip der wechselseitigen Übereinstimmungen zwischen dem Menschen als Mikrokosmos und der Welt als Makrokosmos zurück und leitet von sichtbaren Merkmalen, wie Form und Farbe von Pflanzen, deren Wirkungen im Heilungsprozess ab; so prädestiniere die äußere Gestalt der Walnuss (bzw. ihr innerer ‚Kern') diese zur Behandlung des ähnlich aussehenden Gehirns (vgl. Biedermann [2]1978 [1972]). Paracelsus und der an ihn anschließende neapolitanische Arzt und Alchemist Giambattista della Porta, der in seinem Buch *Phytognomonica* (1588) anhand von „Signaturen" ein System von Zusammenhängen zwischen Pflanzen, Tieren und Gestirnen aufzeigt, liefern eine der grundlegenden Theorien der modernen Homöopathie, die Ähnliches mit Ähnlichem zu heilen versucht (vgl. Pelt 2005). In seiner *Magia naturalis* (1558), in der della Porta von einer ‚Hexenausfahrt' aufgrund einer Salbe berichtet, hat er eines der wenigen Hexensalbenrezepte überliefert. Die von ihm wiedergegebene Rezeptur enthält vor allem halluzinogene Wirkstoffe alkaloidhaltiger Pflanzen aus der Familie der Nachtschattengewächse (von denen einige als Kult- und Rauschpflanzen galten und gelten) sowie Komponenten mit eher symbolischem Charakter (vgl. Ochsner 2003).

Der englische Alchemist, Astrologe und Mystiker John Dee war der wohl bedeutendste christliche Engelsmagier, der im Gegensatz zu seinen Vorgängern seine Engelsmagie in aller Öffentlichkeit entwickeln konnte. Der von ihm in Trance versetzte Alchemist und Spiritist Edward Kelley offenbarte ihm als Medium die ‚Henochische Sprache', eine magische Sprache, die angeblich der Kommunikation Gottes mit seinen Engeln dienen sollte (vgl. Eschner 2000). Von dieser Geheimsprache erhofften sich Dee und Kelley Weisheiten, die sie seit den Zeiten der alttestamentarischen Patriarchen verloren glaubten, wie etwa das okkulte Wissen, über das der biblische Henoch verfügt haben soll. Die beiden Alchemisten verwendeten bei ihren magischen Lektüren einen quadratischen „magischen Apparat", der aus einer Ansammlung von Tafeln und Symbolen bestand und von henochischen Buchstaben umrahmt wurde.

Einen besonderen magischen Aspekt führt Giordano Bruno mit Bezug auf Ficinos Theorie der Liebe als natürlicher Magie zu einem extremen Ausdruck, indem er annahm, dass vieles durch die Erzeugung von „Phantasmata" beein-flusst und manipuliert werden könne. So liegt seiner ‚erotischen Magie' der Gedanke zugrunde, erotische Phantasmata könnten, wenn sie mit dem Gefühl der Hingabe aufgeladen seien, andere Menschen emotional beeinflussen. Die zu beeinflussende Person nimmt nach Bruno solche von einem Magier erzeugten Phantasmata auf, die sich dann in gewünschter Weise entfalten. Bruno geht inso-fern über Ficino hinaus, als er die Kunst des Gedächtnisses in seine Magievorstel-lungen mit einbezieht. Die Phantasmata werden in dem Sinne manipuliert, dass sie zu mystischen Imaginationen führen (sollen). Diese Form der Magie wurde mit der Redekunst, der Rhetorik, verbunden, vor allem von Giulio Camillo Delminio, der als Erster die Kunst des Gedächtnisses mit magisch-mystischen Erfahrungen in Beziehung setzte.

In der Frühen Neuzeit (1450–1750) finden sich neben der von Gelehrten ver-tretenen *Hochmagie* auch im einfachen Volk vielfältige magische Praktiken. Diese wurden von sogenannten ‚weißen' Hexen, die als Heilerinnen galten, in fast jedem Dorf betrieben. Sie verfügten über magisches Wissen, wie Wahrsagen, oder über die Fähigkeiten zur Herstellung von Heilmitteln gegen viele Krankheiten von Menschen und Tieren. Die weißen Hexen schützten sich vor sie schädigenden Einflüssen durch magische Zaubersprüche, wobei sie sich auch vieler Elemente des Christentums, wie etwa Gebete, bedienten. Das Bild der bösen Hexe, die sich durch dämonische Züge auszeichnete, wurde von der christlichen Kirche gezielt als Feindbild einer antichristlichen Teufelsbündlerin entworfen.

Aufklärung und Romantik

In Europa wurde seit dem 17. Jahrhundert die Magie mehr und mehr aus dem *öffentlichen* Leben verdrängt, da sie im Vergleich mit den sich entwickelnden Wis-senschaften zunehmend als irrational galt. In der Nachfolge von René Descartes' Rationalismus wurde durch die philosophischen Schriften Balthasar Bekkers, Christian Thomasius', Immanuel Kants und anderer den Möglichkeiten, magische Fähigkeiten durch die Übertragung jenseitiger Mächte oder durch einen ‚Teufels-pakt' zu erhalten, eine fundamentale Absage erteilt. In der Bezeichnung „Laterna magica", ein als „Zauberlaterne" bezeichnetes Projektionsgerät, das im 17. Jahr-hundert erfunden und bis zum 19. Jahrhundert ein beliebtes Unterhaltungsme-dium wurde, kreuzen sich begrifflich das der Magie verhaftete Denken des als ‚finster' bezeichneten Mittelalters und das Bewusstsein, an der Schwelle einer neuen, Aufklärung genannten Epoche zu stehen, deren technische Entwicklun-gen, etwa in Gestalt technischer Apparaturen, immer sichtbarer wurden. Gleich-zeitig entstanden (teilweise geheime) Gesellschaften, die Elemente der *Magia naturalis*, der Alchemie und Theosophie sowie der Kabbalistik aufgriffen (vgl. Köpf 2002, 673). Die Magie und einige ihrer zeremoniellen Riten erhielten etwa in dem bereits im 17. Jahrhundert entstandenen Rosenkreuzer-Orden einen großen Stellenwert. Die Rosenkreuzer versuchten Alchemie, Magie und Kabbalistik mit zeitgenössischen wissenschaftlichen Erkenntnissen zu verbinden und zu verbreiten. Dieser aufklärerische Impetus ist auch der im 18. Jahrhundert entstandenen Freimaurerei eigen und findet seinen Ausdruck in den fünf Grundpfeilern der Gemeinschaft: Freiheit, Gleichheit, Brüderlichkeit, Toleranz und Humanität. Die Mitglieder des Freimaurertums, die zwar in ‚Logen' organisiert und zur Geheimhaltung in rituellen Angelegenheiten verpflichtet waren und sind, betätigen sich jedoch gemäß ihrer Leitbegriffe durchaus auch öffentlichkeitsorientiert in sozialen oder karitativen Bereichen.

Zu den herausragenden Persönlichkeiten der Epoche gehörte der italienische Alchemist und Okkultist Alessandro Graf von Cagliostro, der sich als Begründer eines ägyptischen Freimaurerordens ausgab und durch alchemistische Experimente und magische Rituale, etwa auf der Suche nach dem Stein der Weisen oder einem ‚Rezept' für Gold, für europaweites Aufsehen sorgte (vgl. Cagliostro 1991). Der Cagliostro-Stoff animierte Johann Wolfgang von Goethe zu seinem Lustspiel *Der Groß-Cophta* (1792). In der sich magischer Praktiken und seines Teufelspaktes bedienenden Titelgestalt von Goethes *Faust* (Teil I: 1808; Teil II: 1832) verschmelzen Züge von dessen historischem Vorbild, dem Alchemisten und Magier Johann Georg Faust und der an diesen anschließenden Faust-Sage, mit solchen des Scharlatans Cagliostro. Dieser fungiert ebenfalls als eines der Vorbilder für Friedrich Schillers Romanfragment *Der Geisterseher* (1789) (vgl. Cagliostro 1991); einen solchen hat auch der römische Maler Andrea Locatelli in seinem Gemälde *Magische Szene* (1741) vor der Kulisse eines antiken Tempels vergegenwärtigt.

Elemente magischen Denkens lassen sich auch bei den Dichtern der Romantik finden, etwa bei dem durch die Beschäftigung mit dem Mystiker Jacob Böhme inspirierten Novalis, die sich in seinen *Hymnen an die Nacht* (1800) ebenso niederschlägt wie im Romanfragment *Die Lehrlinge zu Sais* (1802). E. T. A. Hoffmann verbindet alchemistisches und magisches Experimentieren mit den damals neuesten technischen Errungenschaften, etwa in *Der Sandmann* (1816) und *Der goldne Topf* (1819) sowie in *Die Elixiere des Teufels* (1816) (vgl. Nelles 2002). Heinrich von Kleist konzentriert in *Michael Kohlhaas* (1810) eine magische Lektüre auf die wenigen, aber bedeutungsvollen Worte, die auf dem Zettel einer der Wahrsagekunst mächtigen Zigeunerin enthalten sind. Die Romantik mit ihrer Hinwendung zu den verborgenen Seiten der menschlichen Existenz brachte ebenfalls Gelehrte hervor, die sich, wie der Arzt, Maler und Naturphilosoph Carl Gustav Carus, Gedanken machten über *Magische Wirkungen im Leben, in der Wissenschaft und in Poesie und Kunst* (1857). Mit seinen umfassenden Kenntnissen und Tätigkeiten, zu denen auch ‚magische Bewegungen', wie Pendel, Wünschelrute und Tischrücken, aber auch Hellsehen und Traumdeutungen gehörten, zählt er zu den Vorgängern para- und tiefenpsychologischer Forschungen. Ähnliche Tendenzen fanden ihren Niederschlag in vielen magischen Texten des 19. Jahrhunderts. Als Wegbereiter des modernen Okkultismus im 19. Jahrhundert wird Eliphas Levi betrachtet, der den hebräisch klingenden Namen Éliphas Lévi Zahed annahm und in seinen Schriften vier grundlegende Gesetze bzw. Begriffe der Magie aufstellte: Geist, Materie, Bewegung und Stillstand.

19. und 20. Jahrhundert

Am Übergang vom 19. zum 20. Jahrhundert wurden besonders in England alte magische Traditionen von dem 1888 gegründeten „Hermetic Order of the Golden Dawn" aufgegriffen und üben bis heute einen starken Einfluss auf Magie und Magier aus. Der „Golden Dawn", zu dessen Mitgliedern Magier wie Aleister Crowley und der irische Dichter William Butler Yeats gehörten, verstand sich als Fortführung westlicher Magie- und Mysterientraditionen, wie etwa die der Freimaurer und Rosenkreuzer (vgl. Frenschkowski [5]2012). Die Grundlagen des „Golden Dawn" bildeten das unter obskuren Umständen entdeckte „Cipher Manuscript", das in einem Alphabet verfasst ist, das einer überlieferten Geheimschrift des Abtes Johannes Trithemius ähnelt und Initiationsrituale enthält (vgl. Regardie 1987). Der „Golden Dawn" bediente sich okkulter und magischer Traditionen, die sich der Astrologie und Alchemie, der henochischen Magie John Dees sowie magischen Texten über die Götter Altägyptens und Griechenlands ebenso verdankten wie Elementen des jüdischen und christlichen Glaubens. Als esoterisch orientierter Orden wurde der „Golden Dawn" zum Vorbild moderner neuheidnischer wie neureligiöser Strömungen wie „Wicca" oder „Thelema", die naturmagische Rituale pflegen und sich magischer Symbole bedienen (Hexa- und Pentagramme usw.) und ihren jeweiligen Glaubensrichtungen magische Schriften zugrundelegen, wie etwa – im Falle von „Thelema" – das als „The Book of the Law" („Das Buch des Gesetzes") bezeichnete *Liber AL vel Legis* (1909) von Crowley, eines der einflussreichsten okkulten Bücher der Gegenwart.

Im 20. Jahrhundert erzielten verschiedene Magier und Magierinnen, wie Austin Osman Spare, Dion Fortune oder Franz Bardon, sowohl durch ihre öffentlichen Auftritte als auch durch ihre magischen Schriften große Erfolge, die sich zum Teil auch in Literatur, Film und (Pop-)Musik niederschlugen. Der Aufschwung der Magie setzte sich vor allem in der seit den 1950er Jahren entstandenen Beat-Generation und in der seit den 1960ern anschließenden Hippie-Bewegung in Nordamerika fort. Dort wurde in den 1970er Jahren auch die

Bezeichnung „New Age" geprägt, die magische, esoterische oder okkultistische Praktiken (Tarot, Pendeln usw.) mit Astrologie und Parapsychologie verband (vgl. Kemp 2004). Anregungen erhielten die alternativen Jugend- und Gegenbewegungen durch den zum Kultautor avancierenden Carlos Castaneda. Seine aufsehenerregenden Darstellungen seiner Begegnungen mit dem (fiktiven) indianischen Yaqui-Zauberer Don Juan Matus berichteten von paranormalen Phänomenen und vor allem von seinen auf der Grundlage bewusstseinserweiternder Drogen gewonnenen Erkenntnissen. Diese widersprachen vielen bisherigen wissenschaftlichen und religiösen Welterklärungsmodellen und lösten Diskussionen über die Rationalität der in den westlichen Kulturen praktizierten Wissenschaften aus. Zur gleichen Zeit begründete der Ethnologe Hans Peter Duerr, besonders in *Traumzeit* (1978), ein „magisches Universum", das darauf abzielt, abendländische und vor allem aufklärerische Wissenschaftstraditionen, ihre Voraussetzungen und Auswirkungen zu hinterfragen, indem ihnen Riten und Praktiken nicht-westlicher Kulturen gegenüber- bzw. entgegengestellt werden. Magie soll dabei, wie Duerr in seinem mehrbändigen Opus *Der Mythos vom Zivilisationsprozess* (1988–2002) darzulegen versucht, die von Norbert Elias in *Über den Prozeß der Zivilisation* (1939) vorgelegte Zivilisationstheorie erschüttern und einen neuen Zugang zum „Wilden Denken" und zur ‚Wildnis' jenseits der ‚Zivilisation' eröffnen. Duerrs Bücher bieten Beispiele dafür, dass magische Lektüren insofern ein überzeitliches Phänomen darstellen, als magische Schriften der Vergangenheit bis in die Gegenwart hinein wirken und in gegenwärtigen Werken für künftige magische Lektüren aufgehoben werden.

4 Beispiele für magische Lektüren

Für Leser, die als magisch zu klassifizierende Lektüren vornehmen, stellt sich das Verhältnis von *magischen* Texten und *wirklicher* Welt meistens als besondere Erfahrung oder außergewöhnliches Erlebnis dar, das oft als eine mehr oder weniger bewusste und gewollte Versenkung in einen anderen Kosmos gedeutet wird. Dabei wären Lesende, die sich von für magisch gehaltenen Lehrbüchern gewissermaßen übernatürliche Wirkungen versprechen, grundsätzlich zu unterscheiden von solchen Lesenden, die in einem übertragenen Sinne von meist literarischen Texten Erklärungen für emotionale Angelegenheiten oder für kognitive Bereiche erhalten oder erwarten. Die womöglich unbeabsichtigte Versenkung in als nicht-magisch angesehene literarische Texte kann zu gleichsam magischen Bannungen und Wirkungen unvermuteter Art werden. Davon legen zahlreiche Leseerlebnisse realer und literarischer Lesender ebenso Zeugnisse ab wie prominente Lesepaare. Zu ihnen gehören leidenschaftliche Leserfiguren, wie der von Miguel de Cervantes ersonnene Don Quijote (1615), Karl Philipp Moritz' Anton Reiser (1790) oder Peter Kien in Elias Canettis *Die Blendung* (1936); darüber hinaus zählen dazu die sich der *Magie des Lesens* hingebenden (Lese-)Paare oder -Partner der Weltliteratur, wie in Giovanni Boccaccios Novellensammlung *Das Decamerone* (1348–1353) Francesca und Paolo, in Jean-Jacques Rousseaus *Julie oder die Neue Heloise* (1761) Saint-Preux und Julie d'Étanges, oder die beiden männlichen Titelgestalten in Gustave Flauberts *Bouvard und Pécuchet* (1881).

Gestalten aus der Kinder- und Jugendliteratur, die der Bücherwelt und der Lektüremagie erliegen, wären anzufügen, wie Bastian Balthasar Bux, der sich in Michael Endes *Die unendliche Geschichte* (1979) derart in ein Buch versenkt, dass er sich während seiner Lektüre in das dort dargestellte und mit zahlreichen magischen Attributen und Figuren bevölkerte „Phantásien" *einlebt*. Mit sprachmagischen Effekten spielt und auf solche zielt Michael Endes Buchtitel *Der satanarchäolügenialkohöllische Wunschpunsch* (1989). Das dem Titelsubstantiv vorangestellte adjektivische ‚Koffer-' oder ‚Schachtelwort' (zusammengesetzt aus: Satan, Anarchie, Archäologie, Lüge, genial, Alkohol und höllisch) ent- und erhält dabei eine Reihe von magischen Bedeutungen, die das Schicksal der im Buch auftretenden beiden Magier, der Hexe Tyrannja Vamperl und des Zauberers Beelzebub Irrwitzer, betreffen. In den seit den 1990er Jahren erscheinenden Bänden der populären Buchreihe *Das magische Baumhaus* der amerikanischen Kinderbuchautorin Mary Pope Osborne entdecken die Geschwister Anne und Philipp ein Baumhaus voller Bücher. Mit dem Baumhaus können sie zu allen Orten reisen, die in den vorgefundenen Büchern gezeigt werden. In der *Tintenwelt*-Trilogie (*Tintenherz*, 2003; *Tintenblut*, 2005; *Tintentod*, 2007) der deutschen Jugendbuchautorin Cornelia Funke führen magische Lektüren dazu, dass Leser aus der ‚realen' Welt in die ‚Tintenwelt' verschwinden und umgekehrt, literarische Gestalten in der ‚Wirklichkeit' auftauchen. Der 1997 einsetzende Erfolg der Kultbücher und -filme rund um den von der englischen Autorin Joanne K. Rowling ins Leben gerufenen ‚Zauberlehrling' Harry Potter dokumentiert das anhaltende Interesse an Magiern und Magie. Dabei dürfte zur Faszination der Heptalogie zum einen der Kampf zwischen ‚guter' und ‚böser' Magie, zwischen ‚weißen' und ‚schwarzen' Hexen und Hexern herausragende Bedeutung zukommen, zum anderen deren Ausbildung mittels magischer Lektüren in einem englischen ‚Zaubererinternat'.

Populäre Formen des magischen Lesens und Deutens finden sich bis heute im Volks(aber)glauben, etwa im seit dem 17. Jahrhundert bekannten ‚Kaffeesatzlesen', im ‚Handlinienlesen' oder auch im Silvesterbrauch des ‚Bleigießens', die hauptsächlich zum Zwecke des mehr oder weniger ernsthaften Wahrsagens unternommen werden. Die der Einverleibung von ‚Buchstabensuppe' oder von ‚Buchstabenplätzchen' vorangehende Beschäftigung mit den Buchstaben dient vor allem für (Vorschul-)Kinder der spielerischen Aneignung des Alphabets und der Bildung von Wörtern.

Im 21. Jahrhundert scheinen vermehrt interaktive Multi-Media-Apparaturen und -systeme (Tablets, Smartphones etc.) gleichsam magische Wirkungen auf die auf die entsprechenden Displays gebannt Blickenden auszuüben – wobei diese Beobachtung noch der genaueren empirischen Erfassung und epistemologischen Auswertung bedarf.

Weiterführende Literatur

Daxelmüller, Christoph (2005). *Zauberpraktiken. Die Ideengeschichte der Magie.* Düsseldorf.
Decker, Rainer (2010 [2004]). *Hexen. Magie, Mythen und die Wahrheit.* Überarbeitet und mit neuen Abbildungen. Darmstadt.
Drury, Nevill (2003). *Magie. Vom Schamanismus und Hexenkult bis zu den Technoheiden.* Aarau und München.
Göttert, Karl-Heinz (2001). *Magie. Zur Geschichte des Streits um die magischen Künste unter Philosophen, Theologen, Medizinern, Juristen und Naturwissenschaftlern von der Antike bis zur Aufklärung.* München.
Grüter, Thomas (2010). *Magisches Denken. Wie es entsteht und wie es uns beeinflusst.* Frankfurt/M.
Petzold, Leander (2011). *Magie. Weltbild, Praktiken, Rituale.* München.

Literatur

Assmann, Jan (2002). *Totenliturgien in den Sargtexten des Mittleren Reichs.* Heidelberg.
Bach, Claudia (2006). *Sudoku-Trick-Kiste. Swordfish, X-Wing, Forcing Chains, mehr als 25 wichtige Lösungstechniken für Anfänger und Fortgeschrittene, mit 103 Übungen in 4 Schwierigkeitsstufen.* Berlin.
Bataille, Georges (1986). *Die vorgeschichtliche Malerei. Lascaux oder Die Geburt der Kunst.* Stuttgart.
Bauer, Wolfgang (2001). *Geschichte der chinesischen Philosophie: Konfuzianismus, Daoismus, Buddhismus.* München.
Becker-Huberti, Manfred (2005). *Die Heiligen Drei Könige. Geschichten, Legenden und Bräuche.* Köln.
Benesch, Kurt (1985). *Magie der Renaissance.* Wiesbaden.
Betz, Hans Dieter (2002). Art. „Magie", II.2: „Griechische Antike". *Religion in Geschichte und Gegenwart.* 4., völlig neu bearb. Aufl. Hrsg. von Hans Dieter Betz, Don S. Browning, Bernd Janowski und Eberhard Jüngel. Bd. 5. Tübingen: 665–666.
Biedermann, Hans (^{2}1978 [1972]). *Medicina Magica. Metaphysische Heilmethoden in spätantiken und mittelalterlichen Handschriften.* Graz.
Birkhan, Helmut (2010). *Magie im Mittelalter.* München.

Bischof, Norbert (1996). *Das Kraftfeld der Mythen. Signale aus der Zeit, in der wir die Welt erschaffen haben.* München.

Blanchot, Maurice, René Char und Rolf Winnewisser (1999). *Das Tier von Lascaux.* Münster.

Cagliostro. Dokumente zu Aufklärung und Okkultismus (1991). Hrsg. von Klaus H. Kiefer. München.

Chesi, Gert (2003). *Voodoo in Afrika.* Innsbruck.

Daxelmüller, Christoph (2005). *Zauberpraktiken. Die Ideengeschichte der Magie.* Düsseldorf.

Decker, Rainer (2010 [2004]). *Hexen. Magie, Mythen und die Wahrheit.* Überarbeitet und mit neuen Abbildungen. Darmstadt.

Döring, Jörg (1996). *Ovids Orpheus.* Basel und Frankfurt/M.

Drury, Nevill (2003). *Magie. Vom Schamanismus und Hexenkult bis zu den Technoheiden.* Aarau und München.

Duerr, Hans Peter (1978). *Traumzeit.* Frankfurt/M.

Duerr, Hans Peter (1988–2002). *Der Mythos vom Zivilisationsprozeß.* 5 Bde. Frankfurt/M.

Düwel, Klaus (⁴2008). *Runenkunde.* Stuttgart.

Eliade, Mircea (1992). *Schamanen, Götter und Mysterien. Die Welt der alten Griechen.* Freiburg/Br., Basel und Wien.

Elias, Norbert (1939). *Über den Prozeß der Zivilisation. Soziogenetische und psychogenetische Untersuchungen.* 2 Bde. Basel.

Encyclopedia of Cultural Anthropology (1996). Hrsg. von David Levinson und Melvin Ember. New York.

Eschner, Michael (2000). *Die Henochische Magie nach Dr. John Dee.* Bd. 1. Bergen.

Eschweiler, Peter (1994). *Bildzauber im alten Ägypten.* Freiburg/Schweiz.

Flach, Dieter (2004). *Das Zwölftafelgesetz. Leges XII tabularum.* Darmstadt.

Fluchtafeln. Neue Funde und neue Deutungen zum antiken Schadenzauber (2004). Hrsg. von Kai Brodersen und Amina Kropp. Frankfurt/M.

Foucault, Michel (¹⁷2006 [1966]). *Die Ordnung der Dinge. Eine Archäologie der Humanwissenschaften.* Aus dem Französischen von Ulrich Köppen. Frankfurt/M.

Frenschkowski, Marco (⁵2012). *Die Geheimbünde. Eine kulturgeschichtliche Analyse.* Wiesbaden.

Gestermann, Louise (2005). *Die Überlieferung ausgewählter Texte altägyptischer Totenliteratur („Sargtexte") in spätzeitlichen Grabanlagen.* Wiesbaden.

Gößling, Andreas (2004). *Voodoo. Götter, Zauber, Rituale.* München.

Götterbilder und Götzendiener in der Frühen Neuzeit. Europas Blick auf fremde Religionen (2012). Hrsg. von Maria Effinger, Cornelia Logemann und Ulrich Pfisterer. Heidelberg.

Göttert, Karl-Heinz (2001). *Magie. Zur Geschichte des Streits um die magischen Künste unter Philosophen, Theologen, Medizinern, Juristen und Naturwissenschaftlern von der Antike bis zur Aufklärung.* München.

Graf, Fritz (1996). *Gottesnähe und Schadenzauber. Die Magie in der griechisch-römischen Antike.* München.

Greer, John Michael (2005). *Enzyklopädie der Geheimlehren.* München.

Grüter, Thomas (2010). *Magisches Denken. Wie es entsteht und wie es uns beeinflusst.* Frankfurt/M.

Hafner, Johann Evangelist (2010). *Angelologie.* Paderborn.

Hasenfratz, Hans-Peter (2007). *Die Germanen. Religion, Magie, Kult, Mythus.* Erftstadt.

Hausmann, Richard D. (1988). *Tefillin. Vorschriften, Gebräuche und ihre Deutung.* Zürich.

Hornung, Erik (⁶2005). *Der Eine und die Vielen – altägyptische Götterwelt.* Darmstadt.

Hüther, Gerald (2008). *Die Macht der inneren Bilder.* Göttingen.

Kemp, Daren (2004). *New Age: A Guide*. Edinburgh.

Köpf, Ulrich (2002). Art. „Magie", IV.2: „Neuzeit". *Religion in Geschichte und Gegenwart*. 4., völlig neu bearb. Aufl. Hrsg. von Hans Dieter Betz, Don S. Browning, Bernd Janowski und Eberhard Jüngel. Bd. 5. Tübingen: 672–674.

Kropp, Amina (2008). *Magische Sprachverwendung in vulgärlateinischen Fluchtafeln (defixiones)*. Tübingen.

Kuhn, Barbara (2008). „Kirke". *Mythenrezeption. Die antike Mythologie in Literatur, Musik und Kunst von den Anfängen bis zur Gegenwart*. Hrsg. von Maria Moog-Grünewald. Stuttgart: 396–403.

Lange, Armin, Hermann Lichtenberger und K. F. Diethard Römheld (2003). *Die Dämonen – die Dämonologie der israelitisch-jüdischen und frühchristlichen Literatur im Kontext ihrer Umwelt*. Tübingen.

Lévi-Strauss, Claude (1968). *Das wilde Denken* [franz. 1962]. Übers. von Hans Naumann. Frankfurt/M.

Lobin, Henning (2014). *Engelbarts Traum. Wie der Computer uns Lesen und Schreiben abnimmt*. Frankfurt/M.

Magie und Religion. Beiträge zu einer Theorie der Magie (1978). Hrsg. von Leander Petzold. Darmstadt.

Michel, Simone (2004). *Die magischen Gemmen. Zu Bildern und Zauberformeln auf geschnittenen Steinen der Antike und Neuzeit*. Berlin.

Müller, Klaus E. (2001). *Wortzauber. Eine Ethnologie der Eloquenz*. Frankfurt/M.

Nelles, Jürgen (2002). *Bücher über Bücher. Das Medium Buch in Romanen des 18. und 19. Jahrhunderts*. Würzburg.

Ochsner, Patrizia F. (2003). *Hexensalben und Nachtschattengewächse*. Solothurn.

Pelt, Jean Marie (2005). *Die Geheimnisse der Heilpflanzen*. München.

Pennick, Nigel (1982). *Die alte Wissenschaft der Geomantie – Der Mensch im Einklang mit der Erde*. München.

Petzold, Leander (2011). *Magie. Weltbild, Praktiken, Rituale*. München.

Pfister, Friedrich (1927). „Analogiezauber". *Handwörterbuch des deutschen Aberglaubens*. Hrsg. von Hans Bechtold-Stäubli unter Mitwirkung von Eduard Hoffmann-Krayer. Bd. 1. Berlin und Leipzig: 385–395.

Preisendanz, Karl (1972). „Fluchtafel (Defixion)". *Reallexikon für Antike und Christentum*. Hrsg. von Georg Schöllgen und Theodor Klauser. Bd. 8. Stuttgart: 1–29.

Rafetseder, Hermann (1988). *Bücherverbrennungen: Die öffentliche Hinrichtung von Schriften im historischen Wandel*. Wien.

Reck, Bernhard C. (2007). *Modelle moderner Gegenaufklärung. „Magisches Denken" und seine politischen Implikationen*. Hamburg.

Regardie, Israel (1987). *Das magische System des Golden Dawn*. Bd. 3. Hrsg. von Hans-Dieter Leuenberger. Freiburg/Br.

Regardie, Israel (1991). *Elemente der Magie*. Reinbek b. Hamburg.

Ritualtheorien. Ein einführendes Handbuch (1998). Hrsg. von Andréa Belliger und David J. Krieger. Opladen.

Roessli, Jan-Michel (2000). „Orpheus. Orphismus und Orphiker". *Philosophen des Altertums. Von der Frühzeit bis zur Klassik. Eine Einführung*. Hrsg. von Michael Erler und Andreas Graeser. Darmstadt: 10–35.

Schmidt-Glintzer, Helwig (^{3}2002). *Das alte China. Von den Anfängen bis zum 19. Jahrhundert*. München.

Teufelsglaube und Hexenprozesse (1987). Hrsg. von Georg Schwaiger. München.

Treß, Werner (²2008). *„Wider den undeutschen Geist!" Bücherverbrennung 1933.* Berlin.

Die Welt der Rituale. Von der Antike bis heute (²2006). Hrsg. von Claus Ambos, Stephan Hotz, Gerald Schwedler und Stefan Weinfurter. Darmstadt.

Wiggermann, Franciscus (2002). Art. „Magie" II.1: „Alter Orient". *Religion in Geschichte und Gegenwart.* 4., völlig neu bearb. Aufl. Hrsg. von Hans Dieter Betz, Don S. Browning, Bernd Janowski und Eberhard Jüngel. Bd. 5. Tübingen: 662–664.

Wilkinson, Richard H. (2003). *Die Welt der Götter im Alten Ägypten. Glaube – Macht – Mythologie.* Stuttgart.

Witteyer, Marion (2004). „Verborgene Wünsche. Befunde antiken Schadenzaubers aus Mogotia-cum-Mainz". *Fluchtafeln. Neue Funde und neue Deutungen zum antiken Schadenzauber.* Hrsg. von Kai Brodersen und Amina Kropp. Frankfurt/M.: 41–50.

Silke Horstkotte

III.2.8 Lesen von Text/Bild-Korrelationen

Dass Bilder gelesen werden können wie Texte, dass Bilder und Texte miteinander korrelieren, gar eine intermediale Einheit bilden können und dass auch diese Einheit wiederum lesbar ist – das alles sind keine selbstverständlichen Annahmen. Im 18. Jahrhundert galt das Bild als Anderes des Textes. Bildkunst und Dichtung wurden in einem *Paragone*, einer Wettkampfbeziehung gesehen, in der eins das andere nachzuahmen trachtete. Gotthold Ephraim Lessing beschrieb in seinem folgenreichen *Laokoon* das Bild als Raumkunst, die Literatur dagegen als Zeitkunst und unterstellte beiden miteinander inkompatible Ausdrucksmöglichkeiten. Die Dichtung gebrauche „artikulierte Töne in der Zeit", die Bildkunst „Figuren und Farben in dem Raume"; folglich seien „Körper mit ihren sichtbaren Eigenschaften, die eigentlichen Gegenstände der Malerei", „Handlungen der eigentliche Gegenstand der Poesie" (Lessing 1990, 116).

Das „Laokoon-Paradigma" (Baxmann 2000; vgl. Das Laokoon-Projekt 1984; Wellbery 1984) galt in der ästhetischen Theorie bis in die zweite Hälfte des 20. Jahrhunderts fast unhinterfragt – und das, obwohl die zugrunde liegende *ut pictura poesis*-Debatte der Antike unterschiedliche Anknüpfungsmöglichkeiten bietet. Bild und Text können als komplementäre Schwesterkünste ebenso wie als konkurrierende, einander überbietende oder jeweils uneinholbare Künste erscheinen. Das Laokoon-Paradigma ignoriert zudem die vielfältigen Überschneidungen und integrativen Bild/Text-Formen von mittelalterlichen illuminierten Handschriften über Stiche und Titelkupfer der Frühen Neuzeit bis zu Comicstrips und Buchillustrationen in der Gegenwart. Erst die Ekphrasis-Forschung der 1980er und 1990er Jahre wandte sich wieder der Wechselwirkung der Künste zu, konzentrierte sich allerdings auf Formen gegenseitiger Repräsentation oder Übersetzung (Heffernan 1991; Krieger 1992).

Lange galt unter dem Regime des Laokoon-Paradigmas auch die Wahrnehmung der Künste als komplementär. Die Bildbetrachtung wurde kategorial von der Textlektüre unterschieden. Das änderte sich mit neueren semiotischen Ansätzen, die im Laufe der 1990er Jahre u. a. von Mieke Bal (1991) und W. J. T. Mitchell (1994) in ein neues Forschungsfeld *visual culture studies* eingebracht wurden. In semiotischer Perspektive erscheinen Bild und Text dabei als unterschiedliche, aber gleichwertige Zeichensysteme, die ähnliche Entzifferungskompetenzen vom Rezipienten erfordern. Zur gleichen Zeit reicherte die Studie *Lese-Zeichen* der Literaturwissenschaftlerin Sabine Gross (1994) die Diskussion integrativer Bild/Text-Formen und Wahrnehmungen erstmals um kognitionswissenschaftliche Forschungen an, die zuvor vor allem in der Kommunikationswissenschaft

https://doi.org/10.1515/9783110365252-018

und Diskurslinguistik rezipiert worden waren. Seither haben zahlreiche Studien betont, dass visuelle, körperliche und kognitive Vorgänge in der Lektüre von Bildern und Texten nicht voneinander zu trennen sind. Während semiotische Beiträge dabei Bild-Text-Interaktionen auf einer zeichenhaften Textoberfläche in den Vordergrund stellen, richten kognitionstheoretisch informierte Arbeiten ihr Hauptaugenmerk auf die Aktivität der Rezipienten.

Im Folgenden werden diese beiden Ansätze dargestellt und um eine phänomenologisch-hermeneutische Perspektive ergänzt: Text/Bild-Korrelate sind bedeutungshafte Gebilde, die sich in Lektüren realisieren; mögliche Lektüren basieren wiederum auf spezifischen Formen der Bild/Text-Interaktion. Abschließend werden unterschiedliche Bild/Text-Korrelate aufgezeigt und deren Lektüremöglichkeiten an drei exemplarischen Texturen diskutiert: Rolf Dieter Brinkmanns Foto-Text-Montage *Rom, Blicke*, W. G. Sebalds *Die Ausgewanderten* und die Graphic Novel *Asterios Polyp* von David Mazzucchelli.

1 Semiotik

Unterschiedliche Vorstellungen über das Lesen von Bild/Text-Korrelaten sind jeweils abhängig davon, was unter einem Wort/Bild-Kunstwerk verstanden wird. Sind Bilder und Texte Medien, Kanäle oder semiotische Modi? Ist ihr Zusammentreten eine Art von Dialog? Eine Kommunikation? Ein intermedialer Zwischenraum? Ein Kampfschauplatz semiotischer Systeme? Oder ein multimodaler Gegenstandsbereich, in dem gemeinsame semiotische Prinzipien in und durch verschiedene Ausdrucksressourcen operieren? Das Fundament eines semiotisch geprägten Verständnisses von Bild/Text-Korrelaten wird bereits im 18. Jahrhundert gelegt. Lessing geht davon aus, dass die Sprachkunst „willkürliche", die Bildkunst dagegen „natürliche" Zeichen verwendet (Lessing 1990, 61). Deshalb sei die bildende Kunst an engere Regeln gebunden als die Dichtung. Beispielsweise könne die Statuengruppe in den vatikanischen Museen den Körper Laokoons nicht zu sehr durch Kleidung verdecken, sonst wäre Laokoons Schmerz nicht sichtbar. In der dichterischen Beschreibung durch Vergil hingegen „ist ein Gewand kein Gewand; es verdeckt nichts; unsere Einbildungskraft sieht überall hindurch" (Lessing 1990, 58–59).

Lessing betont Unterschiede ebenso wie Gemeinsamkeiten der durch Bildkunst und Dichtung gebotenen Rezeptionsmöglichkeiten. Beide lassen ein sekundäres „Bild" (Lessing 1990, 65) in der Einbildungskraft zurück; doch die Art, wie die Einbildungskraft angeregt wird, muss aufgrund der kategorialen Differenzen zwischen Bildkunst und Dichtung unterschiedlich ausfallen. Die Bildkunst lässt der Einbildungskraft freies Spiel – aber nur, wenn sie sich auf einem mittleren Affektniveau bewegt. Keinesfalls darf sie extreme Affekte darstellen, die der Einbildungskraft keine Steigerungsmöglichkeit mehr bieten, denn wenn „Laokoon also seufzet, so kann ihn die Einbildungskraft schreien hören; wenn er aber schreiet, so kann sie von dieser Vorstellung weder eine Stufe höher, noch eine Stufe tiefer steigen, ohne ihn in einem leidlichern, folglich uninteressantern Zustande zu erblicken" (Lessing 1990, 32). Letztlich steht die Dichtung für Lessing über der Bildkunst, weil sie einzelne Eindrücke in ein Handlungskontinuum einbettet und der Einbildungskraft folglich mehr und reichhaltigere Anschlussmöglichkeiten bietet. Zudem nimmt die Dichtung andere Künste in sich auf und regt den Rezipienten zu deren imaginativer Vergegenwärtigung an (vgl. Lessing 1990, 110). Eben in dieser imaginativen Vergegenwärtigung realisiert sich für Lessing die ästhetische Erfahrung (vgl. Wellbery 1984, 106).

Seit den 1990er Jahren ist das Verhältnis von Bild und Text in semiotischen Arbeiten neu bewertet worden. Bal und Mitchell betonen zwar mit Lessing die irreduzible Differenz zwischen Bild und Text, verweisen aber über Lessing hinaus zugleich auf deren wechselseitige Beeinflussung und Durchdringung (vgl. Bal 1991, 19). Bilder haben ebenso wie Texte eine Textur, eine gestaltete Oberfläche (vgl. Bal 1999, 82). Weil Bilder auf allen Ebenen untrennbar mit Sprache verbunden sind, stellt ihre Wahrnehmung eine Form semiotischer Lektüre dar (vgl. Bal 1999, 89). Die älteren Arbeiten Mitchells beschreiben Wort und Bild als kategorial unterschiedliche Arten der Repräsentation, die miteinander verfeindeten kulturellen Werten entspringen (1994, 4). Aber diese kategoriale Trennung wird durch vielfältige Überschneidungen in der Praxis überlagert. Auf dieser praktischen Ebene sind für Mitchell alle Medien gemischt, alle Repräsentationen heterogen (vgl. Mitchell 1994, 5).

Am stärksten realisiert sich diese Durchmischung im sogenannten „imagetext", der Bild- und Text-Anteile zu einer integrativen Form komponiert. Allerdings ist letztlich jeder Text „imagetext", weil auch vermeintlich ,reine' Texte über ihr Schrift- oder Druckbild visuelle Anteile enthalten (vgl. Mitchell 1994, 95). Auch visuelle Beschreibungen sowie Metaphern tragen für Mitchell zur Bild-Textlichkeit bei (vgl. Mitchell 1994, 96). Im Bereich manifester „imagetexte" betont Mitchell die Vielfalt möglicher Bild/Text-Beziehungen – von den spannungsreichen Bezügen zwischen Gedichten und Zeichnungen des englischen Romantikers William Blake bis zu Formen der Unterordnung oder Arbeitsteilung in Comics und Karikaturen (vgl. Mitchell 1994, 91).

Als die sich etablierende Comicforschung das semiotische Modell aufgriff, wurde vor allem das Spannungsmoment zwischen Bild und Text betont. Für Charles Hatfield sind Comics eine „art of tensions", deren Leser Wort und Bild als unterschiedliche Zeichentypen erkennen müssen (Hatfield 2005, 37). Obwohl kein anderes Erzählmedium Wörter und Bilder so stark durchmischt wie der Comic, sieht Hatfield die beiden semiotischen Modi in Beziehungen des Widerspruchs, der Komplikation und der gegenseitigen Ironisierung. Insbesondere die Lektüre von Comics sei von einem antagonistischen Verständnis eigengesetzlicher Codes geleitet. Auf der Ebene des Textes dagegen finden sich durchaus auch Annäherungen von Wort und Bild, wenn Schrift als Bild erscheint, Bilder dagegen abstrakt oder symbolisch eingesetzt werden (vgl. Hatfield 2005, 36). Jenseits eines vereinfachenden Verständnisses semiotischer Codes könne die Lückenhaftigkeit der Comic-Seite mit ihrem Patchwork von Bildern, Formen und Symbolen deshalb eine Vielzahl von Lektüren eröffnen und so eine Rezeptionserfahrung stiften, die dezentriert, instabil und nicht fixierbar ist (vgl. Hatfield 2005, xiii–xiv).

2 Kognition

Während semiotische Theorien den Leseprozess auf die kompetente Verarbeitung textueller Codes zurückführen, betonen kognitive Modelle die Interaktion zwischen textuellen „cues" und dem „meaning-making" von Leserinnen und Lesern – so die Comicforscherin Karin Kukkonen in einer schematischen Gegenüberstellung (Kukkonen 2013, 13). Demnach bedienen Comics die kognitiven Vorlieben ihrer Leser, indem sie narrative und piktoriale Hinweise so einsetzen, dass vorhandene Skripte und Schemata aufgerufen werden. Die Informationsverarbeitung beim Lesen greift auf schematisiertes Wissen (z. B. Gattungserwartungen oder vertraute Handlungsmuster) zurück; unerwartete Erzählverläufe können kognitive Schemata aber auch durchbrechen und zur Entwicklung neuer Schemata in einer Rezeptionsgemeinschaft beitragen (vgl. Stockwell 2002, 79). Neben narrative Schemata treten im Comic Bildschemata, die in besonderer Weise die körperliche Erfahrung von Leserinnen und Lesern aufrufen (vgl. Kukkonen 2013, 20). Auf der Basis kognitiver Schemata bilden Leser Inferenzen zu textuellen „cues", die visuell, verbal oder gemischt verbal-visuell sein können. Auch Sequenz und Ordnung der Textelemente können Interferenzbildung signalisieren und die Konstruktion eines mentalen Modells der Textwelt leiten. In diese „storyworld" können Leser auf dem Wege imaginativer Immersion eintreten und sie zum Gegenstand ihrer eigenen Erfahrung machen (vgl. Herman 2002).

Bereits die Arbeiten von Bal und Mitchell gehen von einem interaktiven Geschehen zwischen dem „imagetext" und seinen Lesern aus. Das Zeichen ist für Bal kein korrekt dekodierbares, statisches Objekt, sondern ein komplexes und dynamisches Geschehen, das die Partizipation des interpretierenden, körperlich affizierten Rezipienten einschließt (vgl. Bal 1999, 130). Kognitive Ansätze verwenden für diese Interaktion eine stärker naturwissenschaftlich-technische Beschreibungssprache und legen größeres Gewicht auf die Leser- als auf die Textseite. Sabine Gross betont, dass Wort- und Textbedeutung bereits in die Augenbewegungen von Leserinnen und Lesern eingehen (vgl. Gross 1994, 8). Ihr Grundmodell des Lesevorgangs basiert auf empirischen Studien zur Mikrostruktur des Lesens, die seit dem späten 19. Jahrhundert vorliegen. Demnach beruht das Textverständnis „wesentlich auf der visuellen Verfügbarkeit des Textes, das heißt auf seiner *räumlichen* Enkodierung" (Gross 1994, 9). Die Flexibilität der Augenbewegungen bei der Textlektüre unterscheidet sich physiologisch nicht von der Betrachtung eines Bildes; eine klare Trennung zwischen Bild und Schrift sowie zwischen Bild- und Schriftwahrnehmung ist deshalb nicht möglich (vgl. Gross 1994, 10).

Für die Annahme einer solchen Trennung in semiotischen Theorien seit der Lessing-Zeit macht Gross einen lesegeschichtlichen Umbruch im 13. Jahrhundert verantwortlich, in dem die ikonische Privilegierung der Bildwahrnehmung einer semiotischen Privilegierung weicht. Seither ist Lesen der Versuch, die materielle Oberfläche des Textes zu ignorieren (vgl. Gross 1994, 63), basierend auf einer zweifach körperfeindlichen psycho-physiologischen Selbstdisziplinierung: Der Eindämmung der Textmaterialität entspricht die Ruhigstellung des Leserkörpers, das gezielte Unterdrücken propriozeptischer Wahrnehmung (vgl. Esrock 2004). Gleichwohl geben auch reine Schrifttexte „keinen Zeitablauf vor, sondern eine Flächenordnung" – und das gilt erst recht für Bild/Text-Interaktionen (Gross 1994, 63). Zur Fixierung der Textmaterialität gibt es deshalb immer wieder Gegenbewegungen, beispielsweise die Neubestimmung von Materialität und Ikonizität des Textes in Symbolismus, Dadaismus und Futurismus. In diesen Bewegungen sollen Zeichen nicht mehr Bedeutungsmedium, sondern unmittelbar sichtbar und anschaulich sein.

Grundsätzlich gilt: Textlektüre ist nie strikt linear, sondern hat lediglich eine Vorzugsrichtung. Neben gezieltem Vor- und Zurückblättern interferiert auch der Lektürekontext (Ablenkung) mit einer dominant linearen Lektüre. Seit Ablösung der Schriftrolle durch den Codex wird das Buch zum Simultanobjekt. Die Integration piktoraler Textelemente eröffnet in besonderem Ausmaß die Möglichkeit unterschiedlicher Lektürerichtungen und -pfade und macht so die ohnehin immer gegebene Möglichkeit nicht-linearer Lektüren zum Gegenstand der Wahrnehmung und Reflexion. Bildelemente mobilisieren das Leserauge und führen es in eine umherstreifende Bewegung, bei der die körperlichen Aspekte visueller Wahrnehmung in den Vordergrund rücken. Die produktive Störung eines habituellen Leseflusses durch Bilder oder durch ungewohnte Bild/Text-Anordnungen in experimentellen Graphic Novels öffnen Leseprozesse der Beobachtung und Analyse, die sonst automatisch und unbemerkt ablaufen. Zudem generieren Bild/Text-Korrelate Bedeutung wesentlich über die räumliche Anordnung von Bild und Schrift und heben somit die räumliche Dimension aller Texte selbstbezüglich hervor.

3 Phänomenologie

Auch wenn kognitive Ansätze die Rolle des Lesers für die Bedeutungskonstitution eines Textes betonen, stellen sie eher abstrakte Lektüremöglichkeiten oder typische Lektüremuster dar und fokussieren nur selten reale Lektüren individueller Leser. Wo dies doch geschieht, greifen die Autoren meist auf eigene Lektüreerfahrungen zurück und ergänzen so den Außenblick kognitionswissenschaftlicher Forschung um die Innensicht phänomenologischer Beschreibung. Elaine Scarry (1999) beispielsweise betont in ihrer Studie zur Lesevisualisierung, eine durch lebhafte Beschreibungen aufgerufene sinnliche Wahrnehmung lasse sich nur auf dem Wege der Introspektion untersuchen. Eine zweite Welle kulturwissenschaftlicher Kognitionsforschung seit 2010 ist durch den phänomenologischen Erfahrungsbegriff geprägt (Stockwell 2002; Stockwell 2009); umgekehrt greift die philosophische Disziplin der Phänomenologie seit einigen Jahren verstärkt kognitionswissenschaftliche Erkenntnisse auf (vgl. Gallagher und Zahavi ²2012; Noë 2012). Kognition erscheint in diesen neueren interdisziplinären Beiträgen nicht mehr als rein geistige Tätigkeit, sondern als aktive körperliche Erfahrung.

Für die Bild/Text-Forschung ist diese Akzentverschiebung perspektivreich. Ellen Esrock zeigt in ihren Arbeiten, dass Bilder ebenso wie Texte nicht rein visuell aufgenommen, sondern durch das gesamte somatosensorische System erfahren werden (vgl. Esrock 2004). Leser können ihre Körpererfahrung als Korrelat verbaler und visueller Phänomena in zwei Weisen nutzen: In der Simulation erfährt der Rezipient einen Körperzustand, der Schlüsselelemente derjenigen körperlichen Prozesse modelliert, die bei einer realen Interaktion mit Figuren, Handlungen und Ereignissen des Textes aufträten. In der Transomatisation dagegen erfährt ein Teil des Rezipienten einen Körperzustand, der die Textrealität ersetzt, etwa wenn der Text den Blick einer Figur beschreibt, die Reaktion des Lesers aber nicht in einem Blick, sondern in beschleunigter oder verlangsamter Atmung besteht (vgl. Esrock 2014). Die Darstellung eines brennenden Kinos in Marjane Satrapis *Persepolis*-Comic beispielsweise kann per Simulation das Schmerzgedächtnis aktivieren. Aber die Leser des Comics können per Transomatisation auch die dargestellten Reaktionen der Figuren animieren – die Atmung des Lesers wird zum Vehikel der Textbedeutung.

Methodologisch ist die Kombination kognitiver und phänomenologischer Modelle allerdings nicht unproblematisch, denn beide Ansätze sind nicht vollständig miteinander kompatibel. Eine wichtige Prämisse phänomenologischer Theorien seit den Arbeiten Edmund Husserls besteht darin, nicht von einer Theorie auszugehen, sondern stets mit der Erfahrung von Individuen anzufangen und durch genaue Beschreibung dieser Erfahrung zu bestimmen, wie die Erfahrung beschaffen ist. Vorannahmen – auch naturwissenschaftliche Vorannahmen über das Funktionieren unseres kognitiven Apparates – werden in einer phänomenologischen Epoché systematisch ausgeklammert. Der Phänomenologie der Wahrnehmung Maurice Merleau-Pontys (1996) zufolge ist Erfahrung im Körper und in den Sinnen verankert; sie ist folglich nicht abstrahierbar. So kann optische Wahrnehmung nicht auf die Physiologie des Auges oder neurale Verarbeitung im Gehirn reduziert werden. Erfahrung wird verstanden in der Bedeutung, die sie für ein Individuum hat; diese Bedeutung entsteht in Vermittlungsprozessen, die in unserem Leib stattfinden und die allen Vorstellungen vom Körper vorausgehen (vgl. Waldenfels 2010). Jede Erfahrung birgt somit einen nicht formalisierbaren phänomenalen Überschuss.

In der Wahrnehmung begegnen sich Subjekt und Objekt weniger, als dass sie einander erst etablieren. Wahrnehmung findet in einem Zwischenraum zwischen einem Subjekt, einem Objekt, der Wahrnehmung anderer Subjekte, einem gelebten Raum, gelebter Zeit, gelebter Welt statt (vgl. Merleau-Ponty 1966). Erst in diesem Dazwischen erhält Wahrnehmung Bedeutung. Für das Verständnis von Bild/Text-Lektüren hat eine phänomenologische Hermeneutik Konsequenzen, die sich von verbreiteteren semiotischen und kognitionsbasierten Ansätzen unterscheiden. Weder die Zeichenhaftigkeit eines Text/Bild-Korrelats noch die physiologischen Vorgänge bei seiner Lektüre, sondern die Zwischensphäre zwischen beiden gelangt in den Fokus einer Beschreibung, die Lektüreerfahrung so darstellt, wie sie von individuellen Lesern erlebt wird (und nicht so, wie ein Kognitionsforscher sie analysieren würde). Damit wird es möglich, danach zu fragen, welche Art von Erfahrungen unterschiedliche Text/Bild-Korrelate anbieten und wie diese Potentialitäten sich im Bedeutungsgeschehen zwischen Text und Leser realisieren. Ein phänomenologischer Bildbegriff, nach dem das Bild erst in spezifischen Wahrnehmungsakten entsteht, kann dazu beitragen, die Klammer linguistischer Begrifflichkeit in semiotischen und multimodalen Analysen zu öffnen.

4 Lektüren

Text-Bild-Korrelate haben eine lange Geschichte. Bereits die mittelalterliche Buchmalerei verbindet in der Initiale Letter und Bild, ohne dass beide restlos miteinander verschmelzen. Es entsteht ein semiotisches Spannungsverhältnis zwischen der Ikonizität des Buchstabens und seinem symbolischen Gehalt, seiner alphabetischen Codierung. Mit Beginn des Buchdrucks verstärkt sich der mediale Hybridcharakter. Kompilationswerke und Lexika wie Gregor Reischs *Margarita philosophica* (1503) verwenden visuelle Ordnungsstrategien, die ein System sichtbarer Begriffshierarchien und -verhältnisse erschließen. Zur genuinen Qualität der Tafeln gehört es, die vertraute Dichotomie von Bild und Text zu unterlaufen. Sie stellen ein System sichtbarer Begriffshierarchien und Verhältnisse her, das gleichermaßen gelesen und betrachtet, d. h. sukzessiv oder synoptisch, in jedem Falle aber visuell erfahren werden muss. Indem der Text zum deiktischen Instrument wird, das den visuellen Rezeptionsakt differenziert lenkt, potenzieren sich auch dessen semantische Qualitäten (vgl. Siegel 2006).

Die Emblembücher des 16. und 17. Jahrhunderts prägen mit der Dreiteilung von Inscriptio, Pictura und Subscriptio eine konventionalisierte ikonotextuelle Struktur mit einem vorgegebenen Leseweg aus. Im Allegoriendenken des Emblems werden Bild- und Textteile in unterschiedlicher Weise an den Funktionen des Darstellens und des Deutens beteiligt: Im Idealtypus (von dem einzelne Embleme oft genug abweichen) präsentiert die Pictura einen bedeutungshaltigen Gegenstand, die Inscriptio regt zur Suche nach einem Zweitsinn an, und die Subscriptio erläutert diesen (vgl. Peil 1998; Scholz 2002). In der Prachtentfaltung spätbarocker Buchkultur werden auch andere Texte zunehmend bebildert. Die oft aufwendig gestalteten Titelkupfer bilden allegorisch-emblematische Text-Bild-Ensembles, die ein ganzes Werk charakterisieren und eine Deutungsperspektive vorgeben. Als piktorale Selbstrepräsentation des Werks und seines Autors fungieren sie darüber hinaus als Werbe- und Vermarktungsinstrumente (vgl. Die Pluralisierung des Paratextes 2008). Der Titelkupfer zu Hans Jakob Christoffel von Grimmelshausens *Simplicissimus Teutsch* (1668/1669) beispielsweise ersetzt die fehlende Vorrede; die fantastische Abbildung einer halb menschlichen, halb tierischen Satyrgestalt charakterisiert den gesamten Roman als unorganisches Konglomerat heterogener Teile, das seine Entstehung einem Missverhältnis von *Ingenium* und *Iudicium* verdankt.

Ende des 18. Jahrhunderts weckt die Wiederentdeckung der italienischen Renaissancemalerei die Bildbegeisterung der deutschen Frühromantik; Wilhelm Heinrich Wackenroders und Ludwig Tiecks *Herzensergießungen eines kunstliebenden Klosterbruders* (1797) und Tiecks Roman *Franz Sternbalds Wanderungen* (1798) werden zur „Initialzündung für eine Erweiterung und Verlagerung der kunsttheoretischen Programmatik von der Literatur auf die bildende Kunst" (Mandelkow 1982, 54). E. T. A. Hoffmann lässt seine *Fantasiestücke in Callots Manier* (1814/1815) mit einer Eloge auf den manieristischen Kupferstecher Jacques Callot einsetzen, dessen Bilder als Inzentiv der dichterischen Einbildungskraft benannt werden. In den *Serapionsbrüdern* (1819/1821) konzipiert Hoffmann ganze

Novellen, beispielsweise *Die Fermate* oder *Doge und Dogaresse*, als erzählerische Umsetzungen von Gemälden. In *Prinzessin Brambilla* (1820) schließlich ordnet er die Callot'schen Kupferstiche, welche das Capriccio nachzuerzählen vorgibt, dem Text als grafische Abbildungen zu. In der Rezeption der Erzählung wird der Leser also mit der Inspirationsquelle des Autors konfrontiert, die nun zur Basis eigener Bildvorstellungen werden kann. Streng genommen handelt es sich bei den Kupferstichen, die Carl Friedrich Thiele nach Callots *balli di sfessania* anfertigte, nicht um Illustrationen – gezeigt werden isolierte Figuren unter Auslassung des Handlungskontextes, in dem sie bei Callot stehen. Die Bilder allein sind defizitär, und die wiederholte Anweisung des Erzählers, Figuren und Ereignisse selbst zu erschauen, ergeht an eine Einbildungskraft, die erst durch das Wechselspiel von Bild *und* Erzählung freigesetzt wird (vgl. Schmidt 2003).

In der Gegenwart finden sich besonders viele und interessante Formen der experimentellen Einbindung von Bildern in Büchern für Erwachsene. Sie erfordern neue Analysemethoden, die literaturwissenschaftliche mit bildwissenschaftlichen Kompetenzen anreichern und bildspezifische Formen der Wahrnehmung berücksichtigen. Einen wichtigen Vorläufer für die in der deutschsprachigen Gegenwartsliteratur häufige Abbildung fotografischer Vorlagen stellt Rolf Dieter Brinkmanns aus Briefen, Aufzeichnungen und Fotografien montierter Band *Rom, Blicke* (1979) dar. Brinkmann gehörte in den 1970er Jahren zu den schillerndsten Vertretern einer literarischen Pop Art, die durch rasch konsumierbare Bilder starke Eindrücke erzeugen wollte. *Rom, Blicke* genießt bis heute kultische Verehrung, ist aber geprägt von tiefem Hass auf das, was der Band zu zeigen vorgibt. Seine dicht mit nichtssagenden Fotografien gesichtsloser Vorstädte und unscharfer Landschaften, mit Zeitungsausschnitten, Stadtplänen, Kursbuchseiten und Erotikpostkarten bedruckten Bildseiten parodieren die Konventionen des touristischen Fotoalbums. Die Fotografien präsentieren sich als reine Oberfläche, jeglicher Referenz zum Materiellen entleert. Sie entstammen einem postmodernen Verständnis der Fotografie als Kopie ohne Original, die durch ihre Referenzlosigkeit das historische Bewusstsein des Rezipienten destruiert. Jede Lektüre, jede Betrachtung wird an die Grenzen der Frustration geführt.

Seit den 1990er Jahren publizierte der an der University of East Anglia lehrende Literaturwissenschaftler W. G. Sebald eine Reihe pseudodokumentarischer Fototexte, deren Bildpoetik ein gegensätzliches Programm langsamer Bilder entwickelt (vgl. Horstkotte 2009). In *Die Ausgewanderten* (1992), *Die Ringe des Saturn* (1995) und *Austerlitz* (2001) verwendet Sebald Fotografien, die einen kontemplativen Zugang zu einer unwiederbringlich verlorenen Vergangenheit eröffnen. Die Porträtfotografien und Bildpostkarten in *Die Ausgewanderten* entstammen keiner bildgesättigten Kultur der Ready-mades, sondern einer bildarmen Vergangenheit, in dem dem Einzelbild ein hoher emotionaler Wert zukommt. Ebenso wie die Porträtierten tragen auch die auratischen Bilder einen deutlich sichtbaren historischen Index. Für den Erzähler werden die Fotografien zu Objekten intensiver Betrachtung, ja meditativer Versenkung. Auch an Sebalds Leser richten die Abbildungen nach fotografischen Vorlagen den Appell, an dieser Versenkung teilzunehmen und mit dem Erzähler in die Lebensläufe der vier Protagonisten einzutauchen. Gegen diesen in der Erzählung explizit formulierten Appell laden zumindest einige der Fotografien aber auch zu einer detaillierten Lektüre ein, bei der die Zeichenhaftigkeit der Fotografie in den Vordergrund tritt – insbesondere bei fotografischen Abbildungen von Schrift.

Brinkmann konfrontiert ganzseitige Fotomontagen mit weitgehend unverbundenen Textblöcken; Sebald präsentiert Fotografien als Einzelbilder, die mitten in den Erzählfluss eingesetzt werden. Auf unterschiedliche Weise werden Leserinnen und Leser durch diese Text/Bild-Anordnungen aus einer habituellen Leseordnung herausgerufen und dazu aufgefordert, Beziehungen zwischen Bild und Text herzustellen. Einen weitaus höheren Grad an Bild/Text-Hybridität erreichen ästhetisch ambitionierte Graphic Novels wie David Mazzucchellis *Asterios Polyp* (2009) oder Craig Thompsons *Habibi* (2011), in denen die bimodale Erzähltradition des Comics um diagrammatische Formen und Hybridbildungen aus der Buchillumination und dem Künstlerbuch angereichert wird.

Gegenwärtig stellen Graphic Novels die wohl komplexeste und dichteste Form phänomenaler Reflexion über Text/Bild-Korrelate und deren Wahrnehmung dar. „WHAT if reality (as perceived) were simply an extension of the self? Wouldn't that color the way each individual experienced the world?" – Mit diesen Fragen eröffnet der Erzähler in *Asterios Polyp*, ein tot geborener Zwillingsbruder des Protagonisten, eine den gesamten Text durchziehende Diskussion über den Zusammenhang von Selbst, Wahrnehmung und Welt – und um deren Darstellung in Bild und Text. Sechs Farbschemata exponieren und elaborieren den Einfluss subjektiver Wahrnehmung und zeigen an, wessen Perspektive die Comic-Panels jeweils wiedergeben. Die Schemata orientieren den Leser und verschaffen ihm Zugang zu unterschiedlichen Selbst- und Weltkonstruktionen. Vor allem aber drücken sie eine sich entwickelnde Weltsicht des Protagonisten aus, der im Verlauf der Graphic Novel lernt, die eigene Perspektive mit derjenigen anderer Figuren zu versöhnen. Auch für den Leser können die Farbschemata zu einer Schule des Sehens werden. Während die expliziten Erzählerreflexionen zu einer stärker kognitiven Auseinandersetzung anregen, sprechen Farbe, Stil und Anordnung der Panels Leserinnen und Leser auf einer affektiven Ebene an und setzen so eine zweifache phänomenologische Reflexion in Gang.

Für weitere Untersuchungen zur Lektüre von Text/Bild-Korrelaten enthalten die je ganz unterschiedlichen Hybridbildungen in diesen drei Werken den wichtigen Hinweis, dass das Verhältnis von Bildern und Texten sich nicht auf einer allgemeinen und abstrakten Ebene klären lässt, sondern am Einzelwerk in seinen historischen Gattungskontexten aufgezeigt werden muss. Nachdem in den letzten Jahren wichtige kognitionstheoretische Arbeiten zur Wahrnehmungsverarbeitung im Leseprozess entstanden sind, liegt die Aufgabe einer phänomenologischen Hermeneutik darin, die Realisierung der von Text/Bild-Korrelaten angebotenen Potentialitäten im Bedeutungsgeschehen zwischen Werk und Leser zu beschreiben. Jenseits artifizieller Entgegensetzungen von Bild und Text besteht ein großes Desiderat im Bereich der literarischen Visualität, der Erforschung der Literatur als Teil einer immer schon (auch) visuellen Kultur.

Weiterführende Literatur

Bal, Mieke (1991). *Reading „Rembrandt": Beyond the Word-Image Opposition*. Cambridge.
Horstkotte, Silke (2009). *Nachbilder: Fotografie und Gedächtnis in der deutschen Gegenwartsliteratur*. Köln, Weimar und Wien.
Kukkonen, Karin (2013). *Contemporary Comics Storytelling*. Lincoln und London.
Lesen ist wie Sehen: Intermediale Zitate in Bild und Text (2006). Hrsg. von Silke Horstkotte und Karin Leonhard. Köln, Weimar und Wien.
Mitchell, W. J. T. (1994). *Picture Theory: Essays on Verbal and Visual Representation*. Chicago.

Literatur

Bal, Mieke (1991). *Reading „Rembrandt": Beyond the Word-Image Opposition*. Cambridge.
Bal, Mieke (1999). *Quoting Caravaggio: Contemporary Art, Preposterous History*. Chicago.
Baxmann, Inge (2000). *Das Laokoon-Paradigma: Zeichenregime im 18. Jahrhundert*. Berlin.
Esrock, Ellen J. (1994). *The Reader's Eye: Visual Imaging as Reader Response*. Baltimore und London.
Esrock, Ellen J. (2004). „Embodying Literature". *Journal of Consciousness Studies* 11/5–6 (2004): 79–89.
Esrock, Ellen J. (2014). „Touching Words and Images". *EMPAC @ Rensselaer*. https://vimeo.com/101555579/ (30. Dezember 2016).
Gallagher, Shaun und Dan Zahavi (²2012). *The Phenomenological Mind*. New York und London.
Gross, Sabine (1994). *Lese-Zeichen. Kognition, Medium und Materialität im Leseprozeß*. Darmstadt.
Hatfield, Charles (2005). *Alternative Comics: An Emerging Literature*. Jackson.
Heffernan, James (1991). „Ekphrasis and Representation": *New Literary History* 22 (1991): 297–316.
Herman, David (2002). *Story Logic: Problems and Possibilities of Narrative*. Lincoln.
Horstkotte, Silke (2009). *Nachbilder: Fotografie und Gedächtnis in der deutschen Gegenwartsliteratur*. Köln, Weimar und Wien.

Kress, Gunther und Theo van Leeuwen (2001). *Multimodal Discourse: The Modes and Media of Contemporary Communication*. London.

Krieger, Murray (1992). *Ekphrasis. The Illusion of the Natural Sign*. Baltimore.

Kukkonen, Karin (2013). *Contemporary Comics Storytelling*. Lincoln und London.

Das Laokoon-Projekt. Pläne einer semiotischen Ästhetik (1984). Hrsg. von Gunter Gebauer. Stuttgart.

Lesen ist wie Sehen: Intermediale Zitate in Bild und Text (2006). Hrsg. von Silke Horstkotte und Karin Leonhard. Köln, Weimar und Wien.

Lessing, Gotthold Ephraim (1990). „Laokoon: Oder über die Grenzen der Malerei und Poesie. Mit beiläufigen Erläuterungen verschiedener Punkte der alten Kunstgeschichte". *Werke und Briefe in zwölf Bänden*. Bd. 5/2. Hrsg. von Wilfried Barner. Frankfurt/M.: 11–206.

Mandelkow, Robert (1982). „Kunst- und Literaturtheorie der Klassik und Romantik". *Neues Handbuch der Literaturwissenschaft*. Hrsg. von Klaus von See. Bd. 14: *Europäische Romantik I*. Wiesbaden: 49–82.

Merleau-Ponty, Maurice (1966). *Phänomenologie der Wahrnehmung*. Berlin.

Mitchell, W. J. T. (1994). *Picture Theory: Essays on Verbal and Visual Representation*. Chicago.

Noë, Alva (2012). *Varieties of Presence*. Cambridge, Mass.

Peil, Dietmar (1998). „Emblematik". *Metzler Lexikon Literatur- und Kulturtheorie. Ansätze – Personen – Grundbegriffe*. Hrsg. von Ansgar Nünning. Stuttgart und Weimar: 114–116.

Die Pluralisierung des Paratextes in der Frühen Neuzeit. Theorie, Formen, Funktionen (2008). Hrsg. von Frieder von Ammon und Herfried Vögel. Münster.

Scarry, Elaine (1999). *Dreaming by the Book*. Princeton.

Schmidt, Olaf (2003). *„Callots fantastisch karikierte Blätter". Intermediale Inszenierungen und romantische Kunsttheorie im Werk E.T.A. Hoffmanns*. Berlin.

Scholz, Bernhard (2002). *Emblem und Emblempoetik. Historische und systematische Studien*. Berlin.

Siegel, Steffen (2006). „Bild und Text. Ikonotexte als Zeichen visueller Hybridität". *Lesen ist wie Sehen: Intermediale Zitate in Bild und Text*. Hrsg. von Silke Horstkotte und Karin Leonhard. Köln, Weimar und Wien: 51–74.

Stockwell, Peter (2002). *Cognitive Poetics: An Introduction*. New York und London.

Stockwell, Peter (2009). *Texture: A Cognitive Aesthetics of Reading*. Edinburgh.

Waldenfels, Bernhard (2010). *Sinne und Künste im Wechselspiel: Modi ästhetischer Erfahrung*. Berlin.

Wellbery, David E. (1984). *Lessing's Laocoon: Semiotics and Aesthetics in the Age of Reason*. Cambridge.

III.3 (Selbst-)Beobachtungen des Lesens

Friedhelm Marx

III.3.1 Lesende Romanfiguren

1 Vorbemerkung

Literarhistorisch entfaltet sich das Motiv des Lesens in der Literatur des späten Mittelalters und reicht bis in die Gegenwart. Seine Konjunktur ist gekoppelt an die mediale Erfolgsgeschichte des Buchs und die Verbreitung der Kulturtechnik des Lesens. Die wechselhafte Geschichte des Lesens, die im 18. Jahrhundert ihren ersten Höhepunkt erreicht, bildet sich in den lesenden Figuren der Literatur ab. Die Verdrängung der Bildkultur durch die Schrift führt zu einer literarischen Öffentlichkeit (Stockhammer 1991, 20–22), die sich fortan in Figurationen des Lesens spiegelt.

Der Beitrag konzentriert sich auf acht Aspekte, die für das Motiv des Lesens konstitutiv sind: Die lesenden Figuren der Literatur schreiben an der Geschichte des Lesens mit, indem sie den Akt des Lesens reflektieren (1). Durch die Spielfigur des Lesers/der Leserin gewinnt die Literatur eine neue, genuin poetologische, literaturkritische und intertextuelle Dimension (2). Innerhalb eines wechselhaften medialen Umfelds kommt dieser Selbstreflexion die Funktion zu, sich von anderen, konkurrierenden Medien abzugrenzen (3): Das Buch im Buch trägt zur Selbstbehauptung der Literatur bei. Lesende Figuren verkörpern und vermitteln eine Schule des Lesens, indem sie etwa die Folgen falscher Lektüre vorführen. Die Codierung literarischer Lesehandlungen reicht von der Affirmation im Zeichen erweiterter Horizonte über die Warnung vor schädlichen Werken und falschem Lesen bis zur Statuierung der Gewalt des Mediums. Spätestens seit dem 18. Jahrhundert korreliert die jeweilige Lesebiographie denn auch mit Subjektbildung oder -destruktion (4). Die Lesenden der Literatur führen gender- (5) und altersspezifische (6) Lesehaltungen, -stoffe und -strategien vor, die der Sozialgeschichte des Lesens entsprechen oder auch programmatisch entgegenstehen. Innerhalb der Literatur erscheint das Lesen als transitorischer Akt: Jenseits der Verinnerlichung und Vereinzelung, die mit dem nicht-geselligen Lesen einhergeht, reicht das Spektrum der Folgen von erotischer Affizierung bis zu Terror und Gewalt (7). An den Lesefiguren lässt sich beobachten, dass es befreiende und einengende, weiter- und irreführende, verbindende und isolierende, lebensschaffende und lebensbedrohliche, ja terroristische Texte gibt. Schließlich kommt dem Lesen in der Literatur die Funktion zu, ein intergenerationelles, kulturelles Gedächtnis zu etablieren. In den lesenden Figuren profiliert sich die Literatur als Erinnerungsmedium (8).

Lesende Figuren gibt es in nahezu allen literarischen Gattungen. Im Roman kommt dem Motiv des Lesens allerdings eine besondere Funktion zu: „Die promi-

https://doi.org/10.1515/9783110365252-019

nentesten Helden des modernen Romans seit Don Quijote [sind] lesende Helden" (Schlaffer 1973, 49). Auch wenn viele Dramenfiguren als Leser auftreten und – wie etwa Friedrich Schillers Karl Moor in den *Räubern* – ihren Mut, ihre Wut und ihren Aktionsdrang der Lektüre verdanken, fehlt dem Lesen im Drama die Funktion medialer Selbstreflexion: Sofern es sich nicht um ein Lesedrama handelt, bildet das Lesen auf der Bühne (im Unterschied zum Spiel im Spiel) gerade nicht den Rezeptionsakt des Zuschauers ab. Im Roman dagegen entspricht die lesende Figur den Leserinnen und Lesern des Romans, die sich gespiegelt, verzerrt, idealisiert im Buch wiedererkennen können. Aufgrund dieser poetologischen Relevanz konzentriert sich der Beitrag auf lesende Romanfiguren.

2 Selbstreflexion der Literatur

Dass Miguel de Cervantes' Roman *El ingenioso hidalgo Don Quixote de la Mancha* (1605/1615), einer der Gründungstexte der modernen Romanliteratur, einen enthusiastischen Leser in den Mittelpunkt stellt, strahlt auf die Gattungsgeschichte des Romans aus. Die Spielidee dieses ersten großen Leserbuches wird von den europäischen Literaturen des 18. Jahrhunderts gleich mehrfach aufgenommen und variiert. Christoph Martin Wielands Roman *Der Sieg der Natur über die Schwärmerei oder die Abenteuer des Don Sylvio von Rosalva* (1764) oder Johann Karl August Musäus' Roman *Grandison der Zweite, oder Geschichte des Herrn von N**** (1760–1762) lassen ihre Protagonisten nicht mehr Ritterbücher lesen, sondern das, was zu ihrer Zeit an Titeln und Gattungen *en vogue* ist: französische Feenmärchen einerseits, Briefromane Samuel Richardsons andererseits. Damit reagieren sie wie die meisten Romane, die lesende Figuren vorhalten, auf die Lesekonjunkturen ihrer Zeit, reflektieren sie, kritisieren sie und parodieren sie zugleich. *Was in Romanen jeweils gelesen wird*, formiert eine gesonderte Literaturgeschichte, die die „wirklichen" Lesegewohnheiten und -vorlieben spiegelt, aber auch einen eigenen Kanon der reizvollen, wertvollen, brisanten, gefährlichen, zu Unrecht vergessenen oder ungeschriebenen Literatur etabliert. Der Lesestoff der Romanfiguren lässt dementsprechend keine unmittelbaren Rückschlüsse auf die Lesekonjunkturen der jeweiligen Entstehungszeit zu (vgl. Stückrath 1984). Die Mode der Ritterbücher etwa, in die Cervantes' Don Quijote sich versenkt, war zur Zeit der Publikation des Romans längst abgeklungen. Dieser spezifischen Lektüre kommt vor allem eine poetologische Funktion zu, insofern der Roman sich selbst durch die Figur des lesenden Ritters als potenziertes Ritterbuch zu erkennen gibt. Das gilt auch für die Don-Quijotiaden der folgenden Jahrhunderte, wie diejenigen Wielands oder Musäus'.

Es gehört gleichfalls von Anfang an zum literarischen Selbstreflexionsprofil des Motivs, dass im Roman neue Formen des Lesens erprobt oder gespiegelt werden. Nicht nur *was*, sondern auch *wie* gelesen wird, ist bereits im *Don Quijote* mit Bedeutung aufgeladen. Besondere Aufmerksamkeit kommt der Form des Lesens im Kontext der Genie-Ästhetik des späten 18. Jahrhunderts zu, die jede Stimulation durch Bücher diskreditiert, weil sie Originalität gefährdet oder unterdrückt. Johann Wolfgang Goethes *Leiden des jungen Werthers* (1774), ein Schwellentext in der Geschichte des Motivs, bringt dieses Dilemma zum Ausdruck. Werther spielt neue Formen des Lesens durch, die sich mit der von ihm prätendierten Originalität vereinbaren lassen sollen: Gleich zu Beginn verweigert er die vielen Bücher, um sich stattdessen das eine, *seinen* Homer, buchstäblich einzuverleiben. Und er liest *seinen* Homer nicht in der gelehrten Stube, sondern ostentativ in der freien Natur, wo sich das Gelesene ins eigene Leben verweben lässt und so natürlich erscheinen soll wie die Zubereitung einer Mahlzeit. Dem innerhalb des Romans etablierten literarischen Kanon der Empfindsamkeit entspricht eine empfindsame Form des Lesens, die trotz einiger Ironiesignale durch den außerordentlichen Erfolg des Romans popularisiert wird (vgl. Nelles 2002). Die literarische Reflexion neuer Leseformen wirkt auf die Lesepraxis zurück.

Innerhalb der Literatur markieren lesende Figuren eine Form medialer Selbstreflexion (vgl. Marx 1995; Nelles 2002), die sich dadurch selbst einen Ort in der Literaturgeschichte zuschreibt, dass sie den Abstand zu den Texten ausmisst, deren Lektüre sie verhandelt: „Der Text selbst hat die Möglichkeit, ein Reflexionsmedium zu setzen, in dem er sich als eine differenzierende Distanznahme zu einem oder mehreren Texten präsentiert und diese Distanznahme in die Konkretheit des Werks einschreibt." (Stierle 1984, 141)

3 Selbstbehauptung der Literatur: Die Schule des Lesens

Durch die Thematisierung des Lesens in der Figur des Lesers profiliert und behauptet sich die Literatur in Abgrenzung oder Konkurrenz zu anderen Medien. Die produktive Rezeption des *Don Quijote* im 18. Jahrhundert reagiert auf den Umstand, dass das Lesen von Romanen einer vielstimmigen aufklärerischen Kritik ausgesetzt ist. Indem der Roman die Chancen und die Gefahren des Lesens zu seinem Thema macht, immunisiert er sich gegen den Vorwurf unreflektierter Erhitzung der Einbildungskraft. Dieser Topos der Romankritik begleitet die Erfolgsgeschichte der Gattung durch das 18. Jahrhundert, in dem der Roman als Dichtungsart gilt, „die am meisten verachtet und am meisten gelesen wird" (Wezel

1971, I). Die von Johann Karl Wezel beobachtete Verachtung der Gattung korreliert mit der aufklärerischen Lesesuchtdebatte, die immer wieder die verderblichen Folgen der Romanlektüre herausstellt (vgl. Bracht 1987, 390–448; Neubauer 1991; Rothe 2005) – und das Motiv des Lesens imprägniert. Innerhalb des Romans die Gefahren der Romanlektüre zu verhandeln, trägt im 18. Jahrhundert zur Selbstbehauptung und zur Selbstnobilitierung der Gattung bei (vgl. Marx 1995). Auch jenseits der aufklärerischen Romankritik schreibt sich das Motiv fort: Lesende Figuren ermöglichen eine innerliterarische Auseinandersetzung mit allen denkbaren Vorbehalten gegenüber der Lektüre und etablieren so das Medienreflexionspotential des Romans. In den Leseszenen der Gegenwartsliteratur erscheint das exzessive Lesen allerdings, bedingt durch ein neues Medienumfeld, in einem zunehmend positiveren Licht (vgl. Goetsch 1996, 403; Stocker 2007, 89–94). Insgesamt gehört es zum poetologischen Repertoire des modernen Romans, die eigene Wirkung dadurch zu reflektieren, dass vom Lesen erzählt wird. Durch die Spielfigur des Lesers gewinnt der Roman eine neue, genuin poetologische, literaturkritische und intertextuelle Dimension, die es erlaubt, sich einerseits als Medium zu behaupten, andererseits Medienkonkurrenz literarisch auszutragen.

Die Figur des Lesers im Medium der Literatur dient von Anfang an einer Propädeutik richtigen Lesens. Dabei steht die Warnung vor und Abgrenzung von falschen, fatalen, verderblichen Formen des Lesens zunächst im Vordergrund. Die Literatur des 18. Jahrhunderts offeriert eine ganze Galerie von Romanlesern, die in die Welt ihrer Lektüre eintauchen und dadurch ins Abwegige geraten, sich vereinzeln und verirren. Den literarischen Fortschreibungen des *Don Quijote* im 18. Jahrhundert sind Warnungen vor den falschen Büchern und dem falschen Lesen eingeschrieben. Die innerliterarische Thematisierung des Lesens provoziert eine Reflexion der eigenen Rezeptionshaltung. Das Lesen des Lesens vermag jene Distanz zu vermitteln, die den schwärmerisch lesenden Romanfiguren fehlt. Aber in einer solchen propädeutischen Funktion geht das Motiv des Lesens im Roman nur selten auf. Der Schule des Lesens stehen Motiventfaltungen gegenüber, die nicht die Domestizierung, sondern die Karnevalisierung des Lesens betonen und betreiben. Adalbert Stifters Erzählung *Die Narrenburg* (1841) gehört zu den Werken, die das Scheitern vernunftgeleiteten Lesens in den Blick nehmen: Die Regel des Burgherrn Hanns von Scharnast, nach der jeder mögliche Erbe der Burg sich verpflichten muss, seine Lebensgeschichte aufzuschreiben, sie sodann im roten Stein der Burg zu archivieren und alle bereits dort eingelagerten Lebensgeschichten zu lesen, führt nicht zu dem Ziel, die dokumentierten Narrheiten der Vorfahren für alle Zukunft zu verhindern. Im Gegenteil: Der Erzähler teilt mit, dass die Erben, „statt durch die Lebensbeschreibungen abgeschreckt zu werden, sich ordentlich daran ein Exempel nahmen, und so viel verrücktes Zeugs thaten, als nur immer in eine Lebensbeschreibung hineingeht" (Stifter 1980, 322). Diese

Beobachtung führt vor, dass das Lesen ein Moment des Karnevalesken, Ungebändigten mit sich führt, das keine Schule des Lesens zu kontrollieren vermag.

4 Lesen und Subjektbildung

Der literarischen Verhandlung falschen oder fehlgeleiteten Lesens in der Nachfolge des *Don Quijote* stehen Romane gegenüber, die die Lektüre als Medium der Subjektbildung feiern. Den Ausgangspunkt einer solchen Selbstfindung bildet die Absonderung und Isolation im Akt des Lesens, wie sie idealtypisch in den *Confessiones* des Augustinus vorgezeichnet ist: zum einen im stillen Lesen des Mailänder Bischofs Ambrosius (vgl. Conf. VI, 3; Augustinus 2009, 143–144), zum anderen im durch den Zuruf „tolle, lege" initiierten Lesen des Autobiographen Augustinus selbst (vgl. Conf. VIII, 29; Augustinus 2009, 219–220). Als Gründungsszene der Subjektivität markiert das Lesen der Heiligen Schrift hier eine entscheidende Lebenswende, indem es das eigene, bessere Ich zum Vorschein kommen lässt. Derartig emphatische Inszenierungen des Lesens ziehen sich durch die Literaturgeschichte. Noch Thomas Buddenbrooks überwältigende Schopenhauer-Lektüre in Thomas Manns *Buddenbrooks* (1901) schließt in ihrer Offenbarungstopik unmittelbar an das emphatische Lesen des Augustinus an: „Und siehe da: plötzlich war es, wie wenn die Finsternis vor seinen Augen zerrisse, wie wenn die sammtne Wand der Nacht sich klaffend teilte und eine unermeßlich tiefe, eine ewige Fernsicht von Licht enthüllte…" (Mann 2002, 723)

In Mary Shelleys *Frankenstein or The Modern Prometheus* (1818) stößt Frankensteins Kreatur durch einen Zufall auf drei Bücher, die ihr elementare Erscheinungsformen des Menschseins eröffnen: Plutarchs Biographien, Goethes Werther-Roman und John Miltons *Paradise Lost*. Auch wenn die durch diesen Leseakt initiierte Subjektbildung im weiteren Verlauf des Romans durchkreuzt wird, erscheint das Lesen hier als Chance, Entfaltungsmöglichkeiten der eigenen Subjektivität zu entdecken.

„In Wirklichkeit ist jeder Leser, wenn er liest, eigentlich der Leser seiner selbst. Das Werk des Schriftstellers ist lediglich eine Art von optischem Instrument, das der Autor dem Leser reicht, damit er erkennen möge, was er in sich selbst vielleicht sonst nicht hätte sehen können", schreibt Marcel Proust (2002, 323–324; dazu Stockhammer 1991, 232–236). Derartiges „Sich-selbst-Lesen" wird in der Literatur immer wieder durchgespielt: Die lesende Figur entdeckt sich selbst in einem Buch, das ihre Geschichte erzählt. In Friedrich von Hardenbergs *Heinrich von Ofterdingen* stößt der junge Heinrich auf ein Buch, in dem ganz offensichtlich sein eigenes Leben geschrieben steht, das er aber nicht im herkömmlichen Sinn zu lesen vermag: „Heinrich war sehr bekümmert, und wünschte nichts sehnlicher, als das Buch lesen zu können, und vollständig zu besitzen. Er betrachtete die Bilder zu wiederholten Malen und war bestürzt, wie er die Gesellschaft zurückkommen hörte." (Novalis 1977, 265) Was Heinrich hier in einer fremden Sprache, mit Bildern aus fernen Ländern im Buch entgegentritt, ist offenbar die fragmentarische Geschichte seines eigenen Lebens, die er selbst noch nicht übersieht: Er versucht, sich selbst zu lesen (vgl. Nelles 2002, 249–258).

Auf die Spitze getrieben erscheint die Spielfigur des Sich-selbst-Lesens in Italo Calvinos Roman *Se una notte d'inverno un viaggiatore* (1979), der sich an dem Experiment versucht, den Leser zum Protagonisten zu machen (vgl. Maybach 1990). Noch in dieser postmodernen Variation bleibt präsent, dass das Lesen ein Akt der Selbstbegegnung zu sein vermag.

5 Leserinnen und Leser: Gendercodierungen

Bereits in der Lesesuchtdebatte des 18. Jahrhunderts wird zwischen männlichen und weiblichen Lesenden differenziert. Nach Maßgabe der aufklärerischen Anthropologie ist die weibliche Imagination vergleichsweise leichter affizierbar und damit durch das Lesen tendenziell gefährdet. Die zeitgenössischen Lektüre-Empfehlungen für Frauen sehen entsprechende Beschränkungen vor (vgl. Kittler 2003, 176–180). Diese Geschlechtsstereotypik strahlt auf die lesenden Figuren der Literatur aus: Leserinnen stehen in der Gefahr, sich durch Romanlektüre der bürgerlichen Ordnung und Lebensform zu entziehen. Dass Schillers Miller in *Kabale und Liebe* die empfindsame Liebe seiner Tochter auf das „gottlose Lesen" zurückführt, ist symptomatisch: Hier konvergieren der männliche und der väterliche Blick in der Vermutung, dass Luise vor allem durch ihre Romanlektüre erotisch affiziert worden ist. In Gustave Flauberts *Madame Bovary* (1857) schreibt sich diese Perspektivierung genuin weiblichen Lesens fort: Emma Bovarys Lektüre von Liebesromanen setzt einen „Prozeß des Begehrens in Gang, der auf einen Mangel in der Realität der sozialen Existenz verweist" (Bronfen 2004, 233) und auf ihren Selbstmord zuläuft, weil die fade Wirklichkeit ihrer Ehe nicht dem literarischen Modell romantischer Liebe zu entsprechen vermag (vgl. Tonard 1999; Aliaga-Buchenau 2004, 97–124). Das stoffliche Spektrum und die identifikatorische Form ihrer Lektüre prägen ein Stereotyp weiblichen Lesens (vgl. Lehnert 2000, 26–28), das noch in Stephen Kings enthusiastischer Leserin Annie Wilkes in *Misery* (1987) nachklingt.

Die zunehmend weibliche Codierung schwärmerisch-identifikatorischer Lektüre im 19. Jahrhundert imprägniert auch die männlichen Leserfiguren. Wer, wie Des Esseintes in Joris-Karl Huysmans *À rebours* (1884), das Lesen als Surrogat des Lebens erprobt, tritt effeminiert in Erscheinung. Stendhals *Le Rouge et le Noir* (1830) offeriert dagegen ein viril codiertes Gegenmodell: Für Julien Sorel ist die Lektüre das entscheidende Medium des gesellschaftlichen Aufstiegs. Nicht Romane, sondern Napoleon-Bücher und Jean-Jacques Rousseaus *Confessions* liefern ihm die notwendige Orientierung für sein (allerdings scheiterndes) Karriereprogramm (vgl. Meier 1993, 46–61). Bis zur Gegenwart reflektieren die literarischen Ausdifferenzierungen männlichen und weiblichen Lesens die jeweiligen gesellschaftlichen Geschlechterkonstruktionen (vgl. Anz 1998, 218–225; Dufief 1999; Lehnert 2000, 119–121).

6 Junge Leser, alte Leser

Don Quijote, die Gründungsgestalt der lesenden Romanfiguren, ist ein alter Mann: Seine exzessive Lektüre von Ritterbüchern schlägt jenseits des 50. Lebensjahrs in den Plan um, als fahrender Ritter Abenteuer zu suchen. Die Don-Quijotiaden des 18. Jahrhunderts modifizieren diese Konstellation: Ihre lesenden Romanfiguren Johann Glük, Don Sylvio, Werther, Heinrich Herrmann, Anton Reiser, Wilhelm Meister und William Lovell sind in ihrer Mehrzahl jung. „Unsern Jungen Leuten, Männern und Weibern, wird die Zeit lange, sie haben kein nützliches Geschäft unter Händen, und Müßiggang führt sie zur Romanen-Lektür. Da wird die noch ungebildete Vernunft in alle Irrgänge der Phantasie geführt; da thut sich überall ein Feenpallast auf, ein reizendes Tugendbild, eine übermenschliche Vollkommenheit, eine bezaubernde Unschuld erscheint; und diese noch edlen Bilder verwöhnen sie gegen das wirkliche Leben, und versezen sie in Mißlaune und Gleichgültigkeit", schreibt Johann Georg Heinzmann 1795 (Heinzmann 1977, 142–143). An jungen Leuten lässt sich – den anthropologischen und psychologischen Überzeugungen der Epoche gemäß – die Wirkung der Romanlektüre auf die Imagination vorführen. Die durch das Lesen provozierte Form der Grenzüberschreitung kommt bis zur Gegenwart vor allem jungen Romanfiguren zu. Michael Endes Jugendbuch *Die unendliche Geschichte* (1979), das den jungen Bastian Balthasar Bux auf seiner Lesereise nach Phantásien begleitet, unterstellt denn auch gleich zu Beginn, dass eigentlich jeder in seiner Jugend schon mal so enthusiastisch gelesen habe wie der Protagonist der Geschichte.

Jenseits des *Don Quijote* gibt es dagegen nur wenige alte Leserfiguren. Flauberts Bouvard und Pécuchet (*Bouvard et Pécuchet*, 1881) sind beinahe 50 Jahre alt bei ihrer ersten Begegnung: Die nun einsetzende gemeinschaftliche Lektüre bleibt allerdings folgenlos, auch wenn sie in drei Jahrzehnten beinahe alle zeitgenössischen Wissensbereiche durchläuft. Alte Büchermenschen, wie Elias Canettis Sinologe Peter Kien in *Die Blendung* (1935), treten in der Regel nicht als Lesende in Erscheinung: Die entscheidenden Stationen ihrer Lesebiographie sind längst abgeschlossen und dem Modus manischen Büchersammelns gewichen. Seit dem 18. Jahrhundert interessiert sich die Literatur nicht mehr für die alten Leser. Wenn den Alten eine Form von Weisheit attestiert wird, so erscheint sie weniger an Lektüre als an die jeweilige Lebenserfahrung gekoppelt: Den jungen Lesenden stehen alte Figuren gegenüber, die von ihrem Leben erzählen oder ihre Lebenserfahrungen für die jungen Leser schriftlich festhalten.

7 Lesen und Begehren, Lesen und Gewalt

Für die Literatur ist das Lesen als Sujet auch deswegen von Interesse, weil ihm alle denkbaren transitorischen Qualitäten zukommen. Wenn es von Wielands Romanfigur Don Sylvio heißt: „er las nicht, er sah, er hörte, er fühlte" (Wieland 1964, 25), wird dem Lesen eine fundamentale emotionale Stimulierung zugeschrieben, die von Anfang an erotisch imprägniert ist. Am Ende substituiert Don Sylvios Liebesglück mit Donna Felicia jede weitere Lektüre. Deutlicher noch zeichnet sich der erotisierende Effekt des Lesens in der „Urszene sympathetischer Lektüre" (Jauß 1982, 618) ab, die Dantes *Divina Commedia* im 5. Gesang des Inferno vorhält: Paolo und Francesca lesen gemeinsam die Liebesgeschichte von Lancelot und Guinevere und verlieben sich über der Lektüre ineinander (vgl. Wuthenow 1980, 21–25). Calvinos Roman *Se una notte d'inverno un viaggiatore* (1979) nimmt dieses Motiv spielerisch auf, indem der Leser zuletzt mit der Leserin im Bett liegt und das Lesen eben jenes Buches beendet, das von ihm handelt: „Einen Moment noch. Ich beende grad *Wenn ein Reisender in einer Winternacht* von Italo Calvino." (Calvino 1983, 313) Offensichtlich gehört es zur Signatur des Motivs erotisierenden Lesens, dass die Attraktion dabei auch auf den Text ausstrahlt, der vom verführerischen Lesen erzählt (vgl. Anz 1998; Roloff 1999).

Das andere Ende des Spektrums markieren jene Romane, in denen das Lesen zum Impuls lebensbedrohlicher Gewalt avanciert. Jean Pauls Romanfigur Roquairol etwa (*Der Titan*, 1800–1803), ein hochreflektierter, zunehmend verzweifelter Leser, bringt sich in einem Nachspiel der *Leiden des jungen Werthers* um, wie schon Werther selbst seinen Selbstmord literarisch inszeniert, indem er Gotthold Ephraim Lessings *Emilia Galotti* auf dem Pult aufgeschlagen liegen lässt. Im Selbstmord wird eine durch exzessive Lektüre provozierte Isolation der Leserfiguren sichtbar gemacht. Was die Subjektbildung fördert, kann ebenso zur Selbstauslöschung – oder auch zur Gewalt gegen die anderen führen: In der Literatur wird auch das Phänomen des Terrors mit dem Akt der Lektüre verschränkt. In Norbert Gstreins Roman *Eine Ahnung vom Anfang* (2013) führt der Erzähler den quasireligiösen Fanatismus seines ehemaligen Schülers (und mutmaßlichen Attentäters) auch auf jene Bücher zurück, die er ihm selbst zu lesen gab: Albert Camus *Les Justes* und Henry David Thoreaus *Walden; or, Life in the Woods* (vgl. Gunreben 2015). Derartige Verbindungen von Lektüre und Gewalt zielen allerdings nicht darauf ab, bestimmte, besonders explosive Bücher oder gar den Akt des Lesens selbst zu diskreditieren. Im Gegenteil: Noch in der Vergegenwärtigung der brisanten Folgen der Lektüre reflektiert der Roman die eigene mediale Wirkung.

8 Lesen und Erinnern

Lesende Figuren verkörpern im Akt der Lektüre das kulturelle Gedächtnis, indem sie brisante, explosive, verkannte, verschüttete oder gar imaginäre Werke der Literatur in Erinnerung rufen. Damit schreiben sie dem Lesen im Allgemeinen und dem von ihnen etablierten Kanon im Besonderen einen Ort im Erinnerungsdiskurs ihrer Zeit zu. Spätestens seit der Mitte des 19. Jahrhunderts formen die in den Büchern gelesenen Bücher jeweils ein Reservoir des kulturellen oder familiären Gedächtnisses. Im Kontext genuin moderner Beschleunigungsphänomene avanciert das Lesen in der Literatur zu einem Medium der Erinnerung. In Stifters *Die Mappe meines Urgroßvaters* (1841) sichert das Lesen die familiäre Genealogie, indem es elementare Lebenserfahrungen kondensiert und festhält. Dabei ist das Lesen der Mappe für den lesenden Erzähler selbst chronisch ungesichert; am Ende räumt er ein: „Es ist noch recht viel übrig; aber das Lesen ist schwer. Oft ist kein rechtes Ende, oft deutet sich der Anfang nur an, manchmal ist die Mitte der Ereignisse da, oder es ist eine unverständliche Krankengeschichte." (Stifter 1982, 232) Auch wenn das Lesen (wie hier) selten ungebrochen erscheint, stiftet es in der Literatur des Realismus Erinnerungen an andere, vergangene Lebensformen, deren Sinn längst vom Vergessen umstellt ist. Dem entspricht in der Literatur des 20. Jahrhunderts der Gedächtnisort der Bibliothek (vgl. Assmann 1991, 14–18): In Danilo Kiš' *Enciklopedija Mrtvih* (dt. *Die Enzyklopädie der Toten*, 1983) stößt der Ich-Erzähler auf eine imaginäre Bibliothek, die enzyklopädisch das vollständige Leben aller Verstorbenen enthält, deren Namen in keiner anderen Enzyklopädie erwähnt ist: „mit der Absicht, die menschliche Ungerechtigkeit zu überwinden und allen Geschöpfen Gottes denselben Status für die Ewigkeit zu sichern" (Kiš 1986, 51). Abgeschottet von der Welt, liest er in einer Nacht das bis in alle Einzelheiten ausgemalte Leben des eigenen Vaters. Diese Lektüre verdankt sich zwar offenbar einem Traum, ihre Niederschrift allerdings bewahrt das Leben eines

Vergessenen. Unter den vielen Funktionszuschreibungen des Lesens kommt den literarischen Figurationen der Erinnerung in Zeiten konkurrierender Speichermedien des kulturellen Gedächtnisses eine wachsende Bedeutung zu. In welcher Form die innerliterarischen Spiegelungen des Lesens auf das sich verändernde Medienumfeld der Gegenwart und die zunehmende Marginalisierung des Lesens reagieren, bedarf einer eigenen Untersuchung.

Weiterführende Literatur

Bickenbach, Matthias (1999). *Von den Möglichkeiten einer ‚inneren' Geschichte des Lesens.* Tübingen.

Marx, Friedhelm (1995). *Erlesene Helden. Don Sylvio, Werther, Wilhelm Meister und die Literatur.* Heidelberg.

Nelles, Jürgen (2002). *Bücher über Bücher. Das Medium Buch in Romanen des 18. und 19. Jahrhunderts.* Würzburg.

Stocker, Günther (2007). *Vom Bücherlesen. Zur Darstellung des Lesens in der deutschsprachigen Literatur seit 1945.* Heidelberg.

Stockhammer, Robert (1991). *Leseerzählungen. Alternativen zum hermeneutischen Verfahren.* Stuttgart.

Literatur

Aliaga-Buchenau, Ana-Isabel (2004). *The „Dangerous" Potential of Reading: Readers and the Negotiation of Power in Nineteenth Century Narratives.* New York und London.

Anz, Thomas (1998). *Literatur und Lust. Glück und Unglück beim Lesen.* München.

Assmann, Aleida (1991). „Zur Metaphorik der Erinnerung". *Mnemosyne. Formen und Funktionen der kulturellen Erinnerung.* Hrsg. von Aleida Assmann und Dietrich Hardt. Frankfurt/M.: 13–35.

Augustinus, Aurelius (2009). *Bekenntnisse.* Übers. und hrsg. von Kurt Flasch. Stuttgart.

Bickenbach, Matthias (1999). *Von den Möglichkeiten einer ‚inneren' Geschichte des Lesens.* Tübingen.

Bracht, Edgar (1987). *Der Leser im Roman des 18. Jahrhunderts.* Frankfurt/M.

Bronfen, Elisabeth (2004). *Nur über ihre Leiche: Tod, Weiblichkeit und Ästhetik.* Würzburg.

Calvino, Italo (1983). *Wenn ein Reisender in einer Winternacht.* Übers. von Burkhart Kroeber. München.

Dahms, Andrea Elisabeth (2005). *Erlesene Welten. Der fiktive Leser in der modernen Literatur. Karl Philipp Moritz, Gottfried Keller, Peter Handke.* Frankfurt/M.

Dufief, Anne-Simone (1999). „La Lectrice, personnage et destinataire dans les romans de la deuxième moitié du XIXe siècle". *La lecture au féminin/Lesende Frauen. La lectrice dans la littérature française du Moyen Age au e siècle/Zur Kulturgeschichte der lesenden Frau in der französischen Literatur von den Anfängen bis zum 20. Jahrhundert.* Hrsg. von Angelica Rieger und Jean-François Tonard. Darmstadt: 199–212.

Goetsch, Paul (1996). „Von Bücherwürmern und Leseratten. Der Motivkomplex Lesen und Essen". *Literaturwissenschaftliches Jahrbuch* 37 (1996): 381–406.

Gunreben, Marie (2015). „Die Gefährlichkeit der Literatur. Norbert Gstreins Roman *Eine Ahnung vom Anfang*". *Österreichische Gegenwartsliteratur* (Sonderheft *Text und Kritik*). Hrsg. von Hermann Korte. München: 164–174.

Heinzmann, Johann Georg (1977). *Appell an meine Nation. Über die Pest der deutschen Literatur*. Reprographischer Nachdruck der Ausgabe von Bern 1795. Hrsg. von Ernst Weber. Mit einem Nachwort von Reinhard Wittmann. Hildesheim.

Jauß, Hans Robert (1982). *Ästhetische Erfahrung und literarische Hermeneutik*. Frankfurt/M.

Kiš, Danilo (1986). *Enzyklopädie der Toten*. Übers. von Ivan Ivanji. München und Wien.

Kittler, Friedrich A. (2003). *Aufschreibesysteme 1800/1900*. München.

Lehnert, Gertrud (2000). *Die Leserin. Das erotische Verhältnis der Frauen zur Literatur*. Berlin.

Mann, Thomas (2002). *Buddenbrooks. Große Kommentierte Frankfurter Ausgabe*. Bd. 1.1. Hrsg. von Eckhard Heftrich. Frankfurt/M.

Marx, Friedhelm (1995). *Erlesene Helden. Don Sylvio, Werther, Wilhelm Meister und die Literatur*. Heidelberg.

Maybach, Heike (1990). *Der erzählte Leser. Studien zur Rolle des Lesers in Italo Calvinos Roman Wenn ein Reisender in einer Winternacht und in anderen Werken der Erzählliteratur*. Frankfurt/M.

Meier, Franziska (1993). *Leben im Zitat. Zur Modernität der Romane Stendhals*. Tübingen.

Nelles, Jürgen (2002). *Bücher über Bücher. Das Medium Buch in Romanen des 18. und 19. Jahrhunderts*. Würzburg.

Neubauer, Martin (1991). *Indikation und Katalyse. Funktionsanalytische Studien zum Lesen in der deutschsprachigen Literatur des ausgehenden 18. Jahrhunderts*. Stuttgart.

Novalis (1977). „*Heinrich von Ofterdingen*". *Schriften*. Bd. 1: *Das dichterische Werk*. Hrsg. von Paul Kluckhohn und Richard Samuel. Stuttgart.

Proust, Marcel (2002). *Auf der Suche nach der verlorenen Zeit. Frankfurter Ausgabe*. Bd. 7. Hrsg. von Luzius Keller. Übers. von Eva Rechel-Mertens. Frankfurt/M.

Pütz, Peter (1983). „Werthers Leiden an der Literatur". *Goethe's Narrative Fiction. The Irvine Goethe Symposium*. Hrsg. von William J. Lillyman. Berlin: 55–68.

Roloff, Volker (1999). „Lektüre und Schaulust. Zur ästhetischen Praxis von Lektüreromanen des 19. Jahrhunderts". *La lecture au féminin/Lesende Frauen. La lectrice dans la littérature française du Moyen Age au e siècle/Zur Kulturgeschichte der lesenden Frau in der französischen Literatur von den Anfängen bis zum 20. Jahrhundert*. Hrsg. von Angelica Rieger und Jean-François Tonard. Darmstadt: 171–190.

Rothe, Matthias (2005). *Lesen und Zuschauen im 18. Jahrhundert. Die Erzeugung und Aufhebung von Abwesenheit*. Würzburg.

Schlaffer, Heinz (1973). *Der Bürger als Held: sozialgeschichtliche Auflösungen literarischer Widersprüche*. Frankfurt/M.

Schön, Erich (1987). *Der Verlust der Sinnlichkeit oder Die Verwandlungen des Lesers. Mentalitätswandel um 1800*. Stuttgart.

Siebeck, Anne (2009). *Das Buch im Buch. Ein Motiv der phantastischen Literatur*. Marburg.

Stierle, Karlheinz (1984). „Werk und Intertextualität". *Das Gespräch*. Hrsg. von Karlheinz Stierle und Rainer Warning. München: 139–150.

Stifter, Adalbert (1980). „Die Narrenburg". *Werke und Briefe. Historisch-kritische Gesamtausgabe*. Bd. 1,4. Hrsg. von Helmut Bergner und Ulrich Dittmann. Stuttgart, Berlin, Köln und Mainz.

Stifter, Adalbert (1982). „Die Mappe meines Urgroßvaters". *Werke und Briefe. Historisch-kritische Gesamtausgabe*. Bd. 1,5. Hrsg. von Helmut Bergner und Ulrich Dittmann. Stuttgart, Berlin, Köln und Mainz.

Stocker, Günther (2002). „‚Lesen' als Thema der deutschsprachigen Literatur des 20. Jahrhunderts. Ein Forschungsbericht". *Internationales Archiv für Sozialgeschichte der deutschen Literatur* 27 (2002): 208–241.

Stocker, Günther (2007). *Vom Bücherlesen. Zur Darstellung des Lesens in der deutschsprachigen Literatur seit 1945*. Heidelberg.

Stockhammer, Robert (1991). *Leseerzählungen. Alternativen zum hermeneutischen Verfahren*. Stuttgart.

Stückrath, Jörn (1984). „Der literarische Held als Leser. Ein historisch-typologischer Prospekt". *Literatur, Sprache, Unterricht. Festschrift für Jakob Lehmann*. Hrsg. von Michael Krejci und Karl Schuster. Bamberg: 102–108.

Tonard, Jean-François (1999). „Les rêveries d'une lectrice solitaire: Emma Bovary". *La lecture au féminin/Lesende Frauen. La lectrice dans la littérature française du Moyen Age au e siècle/Zur Kulturgeschichte der lesenden Frau in der französischen Literatur von den Anfängen bis zum 20. Jahrhundert*. Hrsg. von Angelica Rieger und Jean-François Tonard. Darmstadt: 213–224.

Wezel, Johann Karl (1971). *Herrmann und Ulrike. Ein komischer Roman*. Faksimiledruck nach der Ausgabe von 1780. Bd. 1. Stuttgart.

Wieland, Christoph Martin (1964). „Die Abenteuer des Don Sylvio von Rosalva". *Werke*. Bd. 1. Hrsg. von Fritz Martini und Hans Werner Seiffert. München.

Wuthenow, Ralph-Rainer (1980). *Im Buch die Bücher oder Der Held als Leser*. Frankfurt/M.

Peter Friedrich

III.3.2 Repräsentationen des Lesens in Literatur, Kunst, Film und Fernsehen

1 Visuelle Repräsentationen des Lesens

Den mentalen Vorgang des Lesens kann man weder sehen noch verbildlichen: Das *Wie* des Lesens bleibt unsichtbar und kann nicht beobachtet werden (vgl. Stromberg 1983, 29; Bickenbach 1999, X; Messerli 2010, 490; Keller 2011a, 10; Tschopp 2014, 162). Gleichwohl hat es immer Versuche der visuellen Repräsentation des Lesens gegeben, weil etwas ins Licht der medialen Reflexion gerückt werden soll, das wegen seiner besonderen Bedeutung für Gesellschaft und Kultur anscheinend nicht unsichtbar bleiben darf. Dementsprechend reichen Abbildungen von lesenden Menschen bzw. Darstellungen von Lesesituationen bis in die Anfänge der Schriftkultur zurück. Für die Leseforschung sind gerade visuelle Repräsentationen des Lesens zu einer unerlässlichen Quelle bei der Erforschung historischer Lektürepraktiken geworden. Sprachliche und bildliche Darstellungen des Lesens können als Selbstreflexionen der Lesekultur durch Konkretisationen des Leseaktes anhand seiner Situierung, Möblierung und Kontextualisierung aufgefasst werden. Repräsentationen des Lesens zeigen Erfahrungen, Hoffnungen, Befürchtungen, Erwartungen, Norm-Vorstellungen und Gefahren des Lesens, die durch konkrete Figurationen im Bild- oder Sprachraum und dessen entsprechende Ausstattung inszeniert werden.

2 Lesebilder und ihre Auswertung

Für Fritz Nies' mentalitätsgeschichtliche Erforschung von Lesebildern geben Abbildungen keine objektive Wirklichkeit wieder, sondern sind ikonographische Auskunftsquellen bzw. „Vorstellungen" (Nies 1991, 3) vom Lesen, die unter Verwendung weiterer historischer Fakten die Entwicklung von Typologien von Leserinnen und Lesern, Lesesituationen und Lektürepraktiken ermöglichten. Erich Schön spricht hinsichtlich solcher Bilder von „historischem Quellenmaterial" (Schön 1987, 313), welches die „Unmittelbarkeit der teilnehmenden Beobachtung" (Schön 1987, 63) ersetze, den Wandel von Lesehaltungen begreifbar mache und so neue Dimensionen lesehistorischer Erkenntnisse bereitstelle. Für Jutta Assel und Georg Jäger erbringt die Betrachtung von Lesebildern gleichfalls einen Mehrwert für die Rekonstruktion historischer Leseauffassungen und -praktiken, denn Bilder vom

https://doi.org/10.1515/9783110365252-020

Lesen und von Lesenden hätten oft einen verborgenen Sinn, der sich erschließe, wenn man auf alltagsweltliche, politische und kulturelle Kontexte rekurriere und hierbei die umfangreiche emblematische Literatur (antike Mythologie, Bibel, barocke Emblematik usw.) kritisch berücksichtige (vgl. Assel und Jäger 1999, 638).

Das Verhältnis zwischen der medialen Realität von Bildern, ihrer spezifisch visuellen Logik, und ihrer Beziehung zur Textpraxis bleibt bis heute ein wichtiges Forschungsthema. Das von vielen Bildanalytikern angewandte ikonographische Vorgehen im Sinne Erwin Panofskys, wonach der symbolische Gehalt von Bildern durch den Rückgriff auf andere Medien (vorrangig auf Texte) erschlossen wird, ist hierbei kontrovers diskutiert worden. Im Zusammenhang mit ‚Leselust'-Darstellungen in der niederländischen Malerei von Rembrandt bis Vermeer wurde die Verlässlichkeit der ikonographischen Analyse hinterfragt. Die Herleitung bildlicher Bedeutung anhand tradierter Texte wird zunehmend kritisch beurteilt, gefordert wird etwa, sich auf die äußere Erscheinung, die reine Visualität des Bildes, zu konzentrieren (vgl. Schulze 1993, 11). Auch die Kunsthistorikerin Cornelia Schneider relativiert die ikonographische Aussagekraft der Darstellung von Lesenden und Bücherbenutzern. Sie findet in den historischen Lese-Illustrationen schwer zu überwindende Mehrdeutigkeiten, da die historischen und gesellschaftlichen Bedeutungszusammenhänge nicht verlässlich dekodiert werden könnten. Dies verhindere es beispielsweise, so etwas wie ‚Leseglück' aus Bildern problemlos *herauszulesen* (vgl. Schneider 1996, 118). Auch Alfred Messerli hat hervorgehoben, dass bis heute eine „überzeugende Theorie der Bildkritik" fehle. Im Rückgriff auf Gottfried Boehm bezeichnet er jene Bilddeutungspraxis, die im Bild nur ein Abbild vorgängiger Sprachordnungen sieht, als die schwächste Form der Lesebild-Interpretation. Er plädiert daher für eine „Ikonik" im Sinne Max Imdahls, nach der die formale Gestaltung des Bildes „Sachverhalte", „mentale Projektionen", „historische Wahrnehmungsweisen" des Lesens repräsentiere, die auf andere, textliche Weise nicht zu gewinnen seien (Messerli 2014, 234–235). Jüngst ist in diesem Zusammenhang auch der auf Michel Foucault zurückgehende Begriff des Dispositivs verwendet worden. Den Umstand, dass Lesen unsichtbar ist und nur indirekt anhand einer Anordnung von Dingen und Haltungen von Menschen sichtbar gemacht werden kann, um eine „Performanz von Wissen", „Subjektivierung und gesellschaftlicher Macht" in eine „Lichtordnung" zu stellen, hat Felix Keller im Rückgriff auf Foucault und Giorgio Agamben als „Dispositiv des Lesens" zu fassen versucht (Keller 2011a, 15–17).

Um den Quellenwert historischer (insbesondere visueller) Repräsentationen des Lesens für eine Geschichte des realen Lesens zu beurteilen, müssen zahlreiche Indikatoren berücksichtigt werden, etwa historische Stiltendenzen, Gattungstraditionen, Konventionalität der Motivik und andere mehr (vgl. Schön 1987, 313). Auch künstlerische Darstellungsintentionen dürfen nicht außer Acht gelassen werden, denn Lektüreszenen waren oft ‚gestellt' und es kam dem Künstler hierbei nicht primär auf das Lesen, sondern etwa auf die Körperhaltung des Modells an (vgl. Nies 1991, 2).

In diesem Zusammenhang spielt auch das strukturelle Element der medialen Differenz eine besondere Rolle. Lesebilder in bildender Kunst, Film und Fernsehen beobachten jeweils das Nutzungsverhalten eines anderen Mediums, sie reflektieren und konstituieren ihre eigene Medialität stets durch vergleichende, womöglich konkurrierende Beschäftigung mit einem fremden Medium, während sich bei Repräsentationen des Lesens in der Literatur ein Medium *selbst* beobachtet, also ein Fall von Selbstreflexion oder Selbstkonstitution vorliegt (vgl. Kirchmann und Ruchatz 2014, 17).

Unabhängig davon, ob in der Forschung zu Repräsentationen des Lesens eine ikonographische, buchgeschichtliche, ikonische, strukturale oder diskurshistorische Herangehensweise gewählt wurde, herrscht weitgehend Konsens darüber, dass Repräsentationen des Lesens Konstruktionen sind, die nicht das als mentaler Prozess unsichtbar bleibende Lesen abbilden, sondern Lesepraktiken und soziokulturelle Lesebedeutungen sichtbar machen, fixieren, stützen sowie an deren Wandel mitwirken.

3 Repräsentationen des Lesens in der bildenden Kunst

Visuelle Repräsentationen von Lektüreakten oder Leseszenen finden sich als Skulpturen, Reliefs, Goldschmiedearbeiten, Elfenbeinschnitzereien, Ölbilder, Aquarelle, Buchillustrationen, Holzschnitte, Radierungen, Lithographien, Zeichnungen, Exlibris, Comics, Karikaturen, Fotografien, aber auch in bewegten Film- und Fernsehbildern. Lesebilder sowie Bildbeschreibungen, Bildanalysen oder Bildvergleiche stellen u. a. die Arbeiten von Kertész (1971), Hanebutt-Benz (1985), Wunderlich und Klempt-Kozinowski (1985), Schön (1987), Gödden und Nölle-Hornkamp (1990), Nies (1991), Schulze (1993), Schneider (1996), Assel und Jäger (1999), Rautenberg (2000), Bollmann (³2005), Signori (Die lesende Frau 2009), Inmann (2009) und Grond-Rigler und Keller (Die Sichtbarkeit des Lesens 2011) bereit.

Das *Ikonographische Repertorium zur Europäischen Lesegeschichte* (Nies und Wodsak 2000) stellt in diesem Zusammenhang ein wichtiges Hilfsmittel dar. Der Band listet 3661 Bilddokumente zum Lesen auf, liefert die Bilddaten und bietet verschiedene Register, die den Zugriff auf Themen der Ikonographie des Lesebildes vom 16. Jahrhundert bis zur Gegenwart erlauben.

Angesichts der Materialfülle soll im Folgenden vor allem auf die europäische Malerei zwischen Mittelalter und 20. Jahrhundert eingegangen werden, denn hier findet sich zweifellos das umfangreichste und vielfältigste Archiv von Lesebildern. Systematisierungsversuche angesichts der Fülle des Materials sind nur selten unternommen worden (vgl. Rautenberg 2000, 36). In der Regel werden chronologische „Leser-Profile im Bilderspiegel der Epochen" (Nies 1991, 26–80) präsentiert. Eine systematische Übersicht haben Assel und Jäger (vgl. 1999, 638–639) versucht. Die Autoren unterscheiden drei Bezugsfelder, durch die Kontextualisierungen und Rubrizierungen vorgenommen werden können: (1) die christliche Heilsgeschichte, (2) Bildung und Wissen, (3) Sinnengenuss und Sexualität. In Anlehnung an diese Systematik lassen sich sechs Rubriken der bildlichen Thematisierung des Lesens unterscheiden:

(1) Lesen erscheint in sakralen Kontexten als Ausdruck von Kontemplation und Frömmigkeit, denn das Christentum ist eine Buchreligion: Jesus, Apostel, Kirchenväter, Eremiten, Mönche, Anna, Maria, Maria Magdalena werden bereits seit dem Mittelalter als Lesende religiöser Literatur gezeigt.

(2) Lesen wird als intellektuelle Praxis (Gelehrsamkeit, Belesenheit, Bildung, Wissen) vorgestellt, denn seit der Entstehung der Gutenberg-Galaxis ist das Buch gesellschaftliches Leitmedium: Zu sehen sind lesende Gelehrte, Künstler, Aristokraten, Privatpersonen beiderlei Geschlechts; häufig finden sich Unterrichtssituationen.

(3) Bilder zeigen berühmte Leser und Leserinnen und berühmte Lektüren: lesende Dichter, Don Quijote, Werther, Madame Bovary beim Lesen; Darstellungen des Werther- oder Klopstock-Lesers bzw. der -Leserin; Lesen oder Vorlesen berühmter Volksbücher oder auch Romanleser und -leserinnen.

(4) Bilder thematisieren die Lust am Lesen, die emotionale Besetzung des Buches und die Intimität der Lektüre (Verführungskraft des Buches, Sinnengenuss und Sexualität, extensive Lektüre). Einen der wichtigsten Motivkomplexe bei der bildlichen Repräsentation des Lesens stellen dabei Erotisierungen von lesenden Frauen dar.

(5) Es finden sich Kritik, Spott und Satire als kulturkritische, politische, pädagogische Intervention in eine realitätsverfehlende und alltagsferne Lektürepraxis (Büchernarren, Bibliotheksbesitzer, Weltverweigerer, Unpolitische etc.).

(6) Schließlich können Lesebilder auch nach der sozialen Form des Lesens, nach Lesehaltungen, Landschaften, Räumen des Lesens und ihrer Möblierung systematisiert werden: Lesen allein, zu zweit oder in Gemeinschaft, Lesemöbel, Lesen in geschlossenen Räumen oder in der Natur, Körperhaltungen von Lesenden (sitzend, stehend, liegend, bekleidet oder nackt).

Einen durchgängig anzutreffenden roten Faden scheint die Geschichte solcher Repräsentationen des Lesens in der Malerei außerdem in einer historisch stabilen binären Axiologie bzw. kulturellen Ambivalenz zu haben: männliche vs. weibliche Lektüre, Sinnlichkeit vs. Verstand, Buch vs. Leben, Theorie und Gelehrsamkeit vs. Praxis, Kopf vs. Herz, Welt vs. Scheinwelt, Heilige Schrift vs. ketzerisches Buch, Einsamkeit vs. Geselligkeit kennzeichnen die binäre Stereotypie bildlicher und auch literarischer Repräsentationsformen und -themen des Lesens (vgl. Assel und Jäger 1999, 669; Stocker 2007, 356). Entsprechende Motivkomplexe und rekurrente Bildelemente entwickeln sich seit dem Mittelalter paradigmatisch in zwei speziellen Bildformen. Es handelt sich dabei um die gut erforschten Bildtypen des *lesenden Hieronymus* und der *lesenden Maria* (an die sich der Bildtypus der lesenden Maria Magdalena angelagert hat). Hier haben sich lesebezogene Bildmotive etabliert, die Epochen, Schulen, Diskurse und Kunstlandschaften übergreifende Auswirkungen hatten. Die symbolische Sprache dieser Motive begründete einerseits den religiösen Nimbus des Leseglücks, löste sich aber andererseits von der christlichen Tradition, wurde Umwertungen unterzogen und prägte auch leseskeptische Bildkompositionen, und zwar bis in die Ästhetik des Film- und Fernsehbildes hinein. Wegen der Persistenz beider Formate wurde auch von „Archetypen" (Nies 1991, 104) der Leserepräsentation bzw. von der „Genese eines Dispositivs" (Ritte 2011, 48) gesprochen.

Besonders der Bildtypus des studierenden Hieronymus, in den Elemente zahlreicher Abbildungen von lesenden Evangelisten und Kirchenlehrern eingegangen sind, ist für die weitere Entwicklung von Lesebildern relevant geworden. Man hat in der entsprechenden künstlerischen Bildpraxis eine der bedeutendsten Quellen für die abendländische Visualisierung des Lesens gesehen. Aus der umfangreichen Tradition seien hier lediglich einige der wichtigsten Künstler, die den Heiligen Hieronymus bei der Lektüre zeigen, aufgezählt: Jan van Eyck 1442 (s. Abb. 1), Antonello da Messina ca. 1474, Albrecht Dürer 1511 und 1514 (s. Abb. 2), Lucas Cranach d. Ä. um 1515, 1526 und öfter, Jan Massys 1537, Abraham, Cornelis und Frederik Bloemaert (17. Jahrhundert), Caravaggio um 1606, Georges de la Tour ca. 1640–1650, Rembrandt van Rijn um 1642. Die Reihe macht deutlich, dass sich ein Ensemble maßgeblicher Bildbestandteile des Bildtypus *Hieronymus im Gehäuse* entwickelt hatte, das sich summarisch bzw. bildübergreifend folgendermaßen charakterisieren lässt: Körperhaltungen des Hieronymus zeigen den Lektüreakt als eine besondere Form der Konzentration und Kontemplation; gelehrtentypische Weltabgewandtheit und Entrücktheit in räumlicher Abgeschlossenheit; aufgeschlagene Bücher und Manuskripte verdeutlichen, dass es sich um ein studierendes, vergleichendes Lesen handelt, welches neben Erkenntnis auch Schreiben zum Ziel hat; die abgebrannte Kerze erinnert nicht nur an die Vergänglichkeit des Seins, sondern auch an die nächtelange Lektüre, also daran, dass studierendes Lesen einen ‚langen Atem' erfordert; die *Vanitas*-Elemente verknüpfen die heilsgeschichtliche Bedeutung des Lesens, Lesen als Gottesdienst,

Abb. 2: Albrecht Dürer: Der heilige Hieronymus im Gehäuse (1514). Kupferstich, 24,4 x 18,5 cm. Staatliche Museen zu Berlin – Preußischer Kulturbesitz. Quelle: https://commons.wikimedia.org/wiki/File:D%C3%BCrer-Hieronymus-im-Geh%C3%A4us.jpg (abgerufen am 6. August 2018).

Abb. 1: Jan van Eyck: Der heilige Hieronymus im Gehäuse (1442). Öl auf Holz, 20,6 x 13,3 cm. Detroit Institute of Arts. Quelle: https://commons.wikimedia.org/wiki/File:Jan_van_eyck,_san_girolamo_nello_studio,_detroit.jpg (abgerufen am 6. August 2018).

mit der Weltwirklichkeit, die durch die Lektüre erleuchtet bzw. mit Sinn ausgestattet wird (exemplarische Bildbeschreibungen zum Bildtypus *Hieronymus im Gehäuse* bei Cavalli-Björkmann 1993, 47–53; Schneider 1996, 121–126; Assel und Jäger 1999, 643–645). Bildung und Belesenheit des legendären Bibelübersetzers „lassen Hieronymus zum Prototypen des *homo literatus* werden, der, da seine Devotion an Gott eng an seine geistige Arbeit gebunden ist, auch zum Patron weltlicher Gelehrter avanciert" (Schulze 1993, 15).

Die Bildtradition des lesenden Hieronymus (die maßgeblich durch Albrecht Dürer geprägt wurde und sich von hier aus in die Bildformen des lesenden *Hieronymus im Gehäuse* und des *Eremiten Hieronymus in der Wüste* aufgespalten hat) stellt ein Ensemble von Bildelementen des gelehrten lesenden Mannes bereit, das sich säkularisierte und im Prozess der Ausdifferenzierung der Lesekultur und des Buchmarktes auch durch eine zunehmende Ambivalenz bei der Wertung des Lesens auszeichnete (vgl. Nies 1991, 105; Schneider 1996, 125; Ritte 2011, 51).

Abb. 3: Gerrit Dou: Astronom bei Kerzenlicht (1665). Öl auf Holz, 32 x 21,2 cm. J. Paul
Getty Museum, Los Angeles. Quelle: https://
commons.wikimedia.org/wiki/File:Dou_
Astronomer-by-candlelight.jpg (abgerufen am
6. August 2018).

Abb. 4: Adolph Schroedter: Don Quichote,
im Lehnstuhl lesend (1834). Öl auf Leinwand,
54,5 x 46 cm. Staatliche Museen zu Berlin
– Preußischer Kulturbesitz. Quelle: https://
commons.wikimedia.org/wiki/File:Adolf_
Schr%C3%B6dter1834.jpg (abgerufen am
6. August 2018).

Aus ihm entwickelte sich einerseits die Gelehrtendarstellung (etwa Gerrit Dous
berühmtes Gemälde *Astronom bei Kerzenlicht* aus den 1650er Jahren, s. Abb. 3)
und die Tradition des männlichen Porträts mit Buch (vgl. Cavalli-Björkmann 1993,
49–53; Assel und Jäger 1999, 644), die sich auch noch auf das Porträtieren von
Königen und Staatsmännern in Bibliotheken oder mit dem Requisit des Buches
in der Hand ausgewirkt hat. Bis ins 19. Jahrhundert hinein bleibt die Ikonographie des Gelehrten in der Studierstube erhalten und prägt auch die Umkehrung
der Bildaussage über das Lesen (Einsamkeit und Weltabgewandtheit des Lesens
als Weltverweigerung und -verfehlung, soziale Isolation, gelehrte Belesenheit
als Eitelkeit), etwa in Don Quijote-Darstellungen des 19. Jahrhunderts (vgl. Assel
und Jäger 1999, 644). Die Bildbestandteile werden also nicht nur säkularisiert,
sondern auch umgedeutet: Lang andauernde Lektüre in meditativer Entrücktheit
und räumlicher Abgeschlossenheit mutiert zum Indiz für Soziophobie, Weltverfehlung und Praxisverweigerung; die intensive und exzessive Lektüre falscher
Bücher führt zur Fehllektüre der Wirklichkeit und zur psychophysischen Dege-
neration. Bildbelege für närrische Gelehrte und monomanische Büchersammler
finden sich zahlreich. Die Tradition reicht von Albrecht Dürers Holzschnitt zur
Illustration des Büchernarren in Sebastian Brants *Narrenschiff* und geht über Kari-

Abb. 5: Simone Martini: Verkündigung an Maria (ca. 1333). Tempera auf Holz, 265 x 305 cm. Uffizien, Florenz. Quelle: https://commons.wikimedia.org/wiki/Simone_Martini?uselang=de#/media/File: Simone_Martini_and_Lippo_Memmi_-_The_Annunciation_and_Two_Saints_-_WGA15010.jpg (abgerufen am 6. August 2018).

katuren närrischer Gelehrter im 17. und 18. Jahrhundert (vgl. Hanebutt-Benz 1985, 176–186; Manguel 2000, 347–356) bis zu Adolph Schroedters (1834, s. Abb. 4) und Eduard Grützners (1904) populären Don Quijote-Gemälden, die, in einer Zeit, die nach realpolitischen Veränderungen verlangt und vom mediopolitischen Wandel geprägt ist, die eskapistische und realitätsferne Lächerlichkeit der Lektürepraxis ins Bild setzen (vgl. Assel und Jäger 1999, 644).

Auf eine ebenso reichhaltige Bildtradition blickt der Topos von der ‚Lesenden Maria' zurück, denn er gehört seit dem frühen Mittelalter zum ikonischen Arsenal der Marienverehrung der römischen Kirche. Maria, ihre Mutter Anna und Maria Magdalena bilden Prototypen der mit einem Buch abgebildeten lesenden Frau (vgl. dazu Schneider 1996, 128–143; vgl. Assel und Jäger 1999, 645–648). Der Bildtypus ‚Lesende Maria' kennt zahlreiche Varianten, die sich durch die Jahrhunderte wiederholen und eine Beziehung des Lesens zur häuslichen Erziehung durch die Mutter, zu hausfraulichen Pflichten und auch zum Topos der Frau als Trägerin religiöser Überlieferung und Sitte unterhalten. Von besonderer Bedeutung sind zunächst die Verkündigungsdarstellungen (s. Abb. 5). Künstler des hohen und späten Mittelalters zeigen Maria bei der Verkündigung durch den Erzengel als lesende Frau und nicht, wie ältere Quellen behauptet hatten, damit beschäftigt, einen Tempelvorhang zu weben. Nur selten wird Maria so gezeigt, dass sie simultan zum Lektüreakt mit einer Handarbeit beschäftigt ist. Weitere Motivkomplexe sind (1) Maria liest als schwangere Jungfrau im Stall von Bethlehem, (2) Maria liest im Stall von Bethlehem, nachdem sie geboren hat, und Josef übernimmt die Pflege ihres Sohnes, (3) Maria liest, auf dem Esel sitzend, auf der Flucht nach

Abb. 6: Théodore Roussel:
Lesendes Mädchen
(1886/87). Öl auf Lein-
wand, 152,4 x 161,3 cm. Tate
Gallery, London. Quelle:
https://commons.wikimedia.
org/wiki/File:Theodor_
Roussel_Reading_Girl_1886.
jpg?uselang=de (abgerufen
am 6. August 2018).

Ägypten, während Josef den Esel führt und dabei das Jesuskind trägt, (4) Maria liest als Theologin und Lehrerin der Heilsbotschaft und (5) Maria lehrt Jesus das Lesen (abgebildet bei Schreiner 2009, 143–154).

Die lesende Maria wurde im 14. und 15. Jahrhundert zur „Symbolgestalt, die Lesebedürfnisse und Bildungsansprüche von Frauen rechtfertigte" (Schreiner 2009, 141; vgl. auch Macho 2007, 78). Zur großen Tradition lesender Frauen in der Malereigeschichte gehören also auch Bilder von ‚professionellen Leserinnen', d. h., es finden sich durchaus Darstellungen gelehrter und frommer lesender Frauen als Autorinnen oder Theologinnen (vgl. etwa die Abbildungen bei Eich-berger 2009, 259–263).

In der Folgezeit wird das Lesen der Frauen immer vielschichtiger und zwei-deutiger (vgl. Signori 2009, 12). Wie beim Leitkonzept des Hieronymus werden die religiös-christlichen Attribute zunehmend in den Hintergrund gedrängt. Stattdessen verselbständigen sich die sinnliche Ausstrahlung des Frauenkörpers (Ekstase, Leidenschaft, Erotik) und die Einarbeitung zeittypischer Rollenerwar-tungen. Bereits die lesende Maria bei der Verkündigung bereitet die später häufig anzutreffende Sexualisierung des weiblichen Lesens vor (vgl. Ritte 1999, 292; Straub 2011, 83 und 89). Denn Schreiben wird seit der Antike als eine Form der Zeugung metaphorisiert und Lesen daher konsequenterweise als Empfängnis und Geburt (vgl. Macho 2007, 77–79). Die Menschwerdung Gottes im Schoße Marias war somit einem Beschriftungsvorgang zu vergleichen (vgl. Schreiner 2009, 129), der in der bildlichen Umsetzung späterer Jahrhunderte und unter Einbeziehung der Bildtradition der büßenden, oft nackt lesenden Sünderin Maria Magdalena

(Vorbildfunktion hatte Correggios *Maria Magdalena*, um 1520) zu zahllosen lasziven Leserinnen-Figuren führte (vgl. Nies 1991, 105; Bildbeispiele: Friedrich Heinrich Füger, *Die büßende heilige Magdalena*, 1808, vgl. Bollmann ³2005, 69; Jean-Jacques Henner, *Die Lesende*, um 1880/1890, vgl. Bollmann ³2005, 89; Théodore Roussel, *Lesendes Mädchen*, 1886/1887, vgl. Bollman ³2005, 97, s. Abb. 6). Die häufig zu findenden Abbildungen (nackter) lesender Frauen oder Mädchen, die Buch oder Zeitschrift über ihrem Schoß halten (François Boucher, *Madame de Pompadour*, 1756, vgl. Bollmann ³2005, 61; François Hubert, nach Carême, *Hony soit qui mal y pense*, 1777, vgl. Schön 1987, 7), zitieren offensichtlich diese Tradition. Auf Jean-Baptiste-Siméon Chardins *Die Freuden des Privatlebens*, 1746, liegt das Buch auf dem Schoß der lesenden Frau, während die Attribute des hausfraulichen Lebens (im Hintergrund sieht man ein Spinnrad) unbenutzt bleiben. Die Engel, die die mariologische Leseszene betraten, transformieren zu lüsternen Männern, die heimlich in Schlafräume eindringen, in denen sich eine junge Frau bei der Bettlektüre befindet (James Northcote, *Die liederliche Tochter*, Kupferstich, 1796, vgl. Nies 1998, 219; Nies 1991, 105). Die Zeugungsmetapher wird am deutlichsten dort außer Kraft gesetzt, wo die lesende Frau als Masturbierende gezeigt wird, wie etwa in Pierre-Antoine Baudouins *Die Lektüre*, um 1760 (vgl. Bollmann ³2005, 24). Die Bilder insinuieren, dass das Lesen der Schrift als Inbegriff von Vernunft oder sprachlicher Weltschöpfungskraft zur Trivialität einer unsozialen Selbstpraxis mutiert ist. An die Stelle der intimen Lektüre von Romanen und Illustrierten, die in eine biologisch und intellektuell ‚unfruchtbare' Praxis einmündet, d. h. die Frau ihrer sozialen Rolle und ‚natürlichen Bestimmung entfremdet', soll das Kind als Attribut der Frau treten. Maria auf dem Esel lesend, während Josef den kleinen Jesus hält, findet sich etwa in dem Heinrich Jenny zugeschriebenen Kupferstich *Das leselustige Kindermädchen* (1863) zitiert und umgedeutet. Der Stich zeigt ein in die Buchlektüre vertieftes Kindermädchen, einen Kinderwagen hinter sich herziehend, aus dem das Kind, für das sie Sorge zu tragen hätte, längst weinend herausgefallen ist, ohne dass sie es bemerkt hat (vgl. Schneider 1996, 141; ein weiterer Bildbeleg, der diesen Typus zitiert, ist James Gillrays kolorierte Radierung *La Promenade en famille*, 1797, vgl. Nies 1998, 219). Dass die Rollen der handarbeitenden Hausfrau und des lesekundigen, gebildeten (nicht aber gelehrten) Mädchens keinen Widerspruch darstellen, zeigen Bilder, auf denen die junge Frau in eine Lektüre vertieft und zugleich mit einer Handarbeit beschäftigt ist (vgl. Nies 1998, 215; Assel und Jäger 1999, 638).

Die Verbildlichung des Lesens ist seit dem 17. und verstärkt dem 18. Jahrhundert beim Übergang in die moderne Lesekultur von Ambivalenzen geprägt: Ein sich entwickelnder Buchmarkt, die Alphabetisierung größerer Bevölkerungsschichten, die Mode des Romanlesens, die Umstellung auf extensives, d. h. intimes und einsames Viellesen, bei dem Frauen die größere Lesergruppe stellen, führen zu einem ausgiebigen Diskurs über die richtige und falsche Nutzung des Buches. Bilder stehen innerhalb dieses Regulierungsprozesses offensichtlich nicht in Medienkonkurrenz zum Buch, sondern haben vielmehr an der Durchsetzung und Wertschätzung der Buchkultur ihren Anteil. Sie leisten einen Beitrag zur Pädagogisierung, Disziplinierung und Normalisierung des Lesepublikums durch die Veranschaulichung von Lesekonzepten und die Verstärkung von Kanonisierungsprozessen, die jeweils zwischen den Denormalisierungsrisiken des Nicht-Lesens und des Zuviel-Lesens bzw. der falschen und der richtigen Lektüre angesiedelt sind.

Eine Akzentverschiebung hin zur Reflexion von Medienkonkurrenz und damit zur kritischen Reflexion der Buchkultur, die auch als Zurückweisung „der Literarizität der Bilder" (Karpenstein-Eßbach 1998, 21), d. h. der Ermittlung von Bildbedeutungen aus der Textkultur in der Tradition der Ikonographie, bezeichnet wurde, findet sich in der bildenden Kunst des 20. Jahrhunderts (etwa in den Bildern von Lesenden bei Pablo Picasso, René Magritte, Edward Hopper und Gerhard Richter). Mit dem Mittel der kubistischen Formauflösung, die das konventionelle Sehen ohnehin problematisiert, zeigt Picasso auf seinem berühmten Gemälde *Deux personnages* (1934) zwei Frauen, die zusammen über einem Druckwerk sitzen (vgl. Renner 2009, 429). Schon Form und Farbkomposition verhindern, dass man etwas über den Gegenstand oder die Wirkung der Lektüre auf die Lesenden erfährt. Ursula Renner hat an Picassos Gemälde gezeigt, dass es dem Bildbetrachter als Blick-Beobachtendem einen eigenständigen „visuellen Meditationsraum" eröffnet; der Seh-Akt tritt neben den Lese-Akt und gräbt sich in gewisser Hinsicht subversiv in ihn ein, indem das Repräsentieren selbst paradox wird (vgl. Renner 2009, 427–428). Damit „triumphiert die Schaulust über die Leselust" (Renner 2009, 416–417). Hinsichtlich zweier weiterer Lesebilder von Picasso (*Femme couchée lisant*, 1939 und *Femme anlongée sur un divan*, 1939) resümiert Jürgen Raab, Picasso überschreite die Grenzen der Sichtbarkeitswelt in Richtung einer Deutungslosigkeit, die nunmehr weder durch den ornamentalen noch symbolischen Einbezug eines Buches „eingefangen werden" könne (Raab 2011, 126). Die Lesenden auf Bildern des 20. Jahrhunderts bewohnen zwar nach wie vor eine andere (innere) Welt, auf die sich ihre Aufmerksamkeit, an ihrer Körperhaltung und ihrem Blick sichtbar, hin bündelt, aber sie scheinen von drohenden äußeren Gefahren oder Problemen der Wir-Beziehungen noch weniger Notiz zu nehmen als die Nichtleser. Dies lässt sich exemplarisch auch bei Edward Hopper beobachten (etwa *People in the Sun*, 1960), der zwar an die Bildtradition der vielen versunken lesenden Frauen anknüpft, aber seine Leserinnen sind „nicht gefährlich, sondern gefährdet" (Bollmann [3]2005, 142). Das Hotelzimmer als Ort des Lesens – wie auch die mutmaßliche Lektüre (ein Fahrplan?) – deuten bei Hopper auf die Einsamkeit und Depression des modernen Menschen hin (vgl. Bollmann [3]2005, 142). Krasser kann die Vorstellung von einer identitätsbildenden und welterschließenden Phantasiereise der intimen und extensiven Leserin nicht reduziert und als Unbehaustheit des Menschen veräußerlicht werden. So wie die Lesebilder Picassos und Hoppers lässt sich auch Gerhard Richters Gemälde *Lesende* (1994) in einer bekannten ikonographischen Tradition (Gerrit Dou, *Zeitungslesende Alte*, 1630/1631; Jan Vermeer, *Briefleserin in Blau*, 1662–1664) verorten. Bereits Dous und Vermeers Gemälde aus dem 17. Jahrhundert visualisieren die soziale Fremdheit der Leserinnen, denn ein Bildbetrachter kann niemals sehen, was die Porträtierte liest, weiß und denkt (vgl. Bollmann [3]2005, 57). Bei Richters an die Ästhetik der Fotografie angelehnten Malerei (Brust und die lesestoffhaltende Hand der Frau sind vom unteren Bildrand abgeschnitten) dient die Repräsentation des Lesens allerdings der Versinnbildlichung einer *existenziellen* Unerreichbarkeit und Fremdheit des Anderen (vgl. Müller 2011, 113). Richter repräsentiert die Haltung der Lesenden, um die Abwesenheit des Blicks einzufangen, unabhängig von der Frage nach Inhalten, Chancen und Risiken der Lektüre. Die ephemere Aufkündigung des Sozialbezuges, die Simultanität von Abwesenheit und Anwesenheit, die Fremdheit des Vertrauten, die dem Lesevorgang so eigentümlich ist, dient der Veranschaulichung sozialer Entfremdung.

4 Repräsentationen des Lesens im Film

Darstellungen Lesender oder Repräsentationen des Lesens in Film und Fernsehen werden unter den Aspekten ‚Medienreflexion' und ‚Intermedialität' betrachtet. Intermediale Medienreflexion bedeutet, dass Filme andere Medien beobachten und darüber „reflexive Potentiale generieren", indem sie Differenzverhältnisse zwischen den verglichenen Medien sichtbar machten (Kirchmann und Ruchatz 2014, 9).

Extradiegetisch ist der Film durch etwaige literarische Vorlagen, das Drehbuch, Vor- und Abspann eng mit dem Lesen verbunden. Intradiegetisch kann Lesen im Film in all jenen Formen auftauchen, die sich in der Welt des Lesens antreffen lassen (vgl. Böhn und Schrey 2014, 200): (1) Es werden lesende Männer und Frauen gezeigt, die in beruflichen oder privaten Kontexten Zeitungen, Briefe, E-Mails oder Bücher lesen; Lesende können sitzend oder liegend, in geschlossenen oder offenen, in privaten oder öffentlichen Milieus gezeigt werden. Meistens bleibt hierbei unklar, was gelesen wird und warum. (2) Lesen kann durch das Sprechen über Bücher, durch die Verwendung des Buches als Requisit oder durch Bibliotheken und Buchhandlungen als Spielorte jeweils anders codiert werden. (3) Filmfiguren können durch ihre berufliche Tätigkeit oder durch ihren Lebensstil als lese- oder buchaffine Figuren charakterisiert werden. Dann wird die lebensweltliche Relevanz von Lektüre stillschweigend vorausgesetzt und die Zuschauenden müssen das sinnlich Ausgesparte konkretisieren.

Da es nur wenige filmische Darstellungen des langandauernden, versunkenen Lesens gibt, geht die Filmwissenschaft davon aus, dass die Repräsentation des Lesens für den narrativen Fluss des Bewegungsbildes offensichtlich unattraktiv ist, denn „wer will schon Menschen auf der Leinwand zuschauen, wie sie in tiefer Versenkung ein Buch lesen" (Terporten 2002, 124). Auch Schrift wird im Erzählkino in der Regel als illusionsstörend empfunden und vermieden (vgl. Schneider 1998, 226). Versuche, die versunkene Leserin in ihrer Regungslosigkeit zu zeigen, wie ihn Aki Kaurismäki in *Das Mädchen aus der Streichholzfabrik* (FIN/S 1990) unternommen hat, gelten als bloße „Provokation" (Terporten 2002, 124, Fußnote 36). Rainer Werner Fassbinders Literaturverfilmung *Effi Briest* (BRD 1974) zeigt Hanna Schygulla in der Eingangsszene als Lesende, während die gelesenen Textzeilen vom Regisseur gesprochen werden (auch Margit Carstensen sieht man als ehemalige Bibliothekarin und rauchende Leserin in Fassbinders *Martha*, BRD 1973).

Häufig wird das still Gelesene durch eine vorlesende, verlesende oder rezitierende Stimme und/oder durch Einblendung der gelesenen Schriftzeichen verdoppelt. In Orson Welles Film *Citizen Kane* (USA 1941), der das komplexe Verhältnis von traditioneller Hochkultur und moderner Kulturindustrie thematisiert, werden bereits in der Eingangssequenz „eingeblendete Gedichte rezitiert, Erklärungen verlesen, ein Tagebuch gelesen, ein Vertrag vorgelesen" (Böhn und Schrey 2014, 201). Eine wahre Fundgrube hinsichtlich der Reflexion buchkultureller, lesebezogener Fragestellungen stellt die Bilderwelt des Regisseurs Peter Greenaway dar. In *Prosperos Bücher* (F/NL/GB/J 1991) wird die Handlung des Films (Shakespeares *Der Sturm*) zugleich vom Hauptdarsteller geschrieben und vorgelesen.

Durch Körperhaltungen oder Requisiten sichtbar gemachtes Lesen dient im Film meist weniger der Reflexion der Tätigkeit selbst, als der Typisierung von Figuren und der Kontextualisierung von Handlungen. Lesende sind kreativ und unkonventionell Handelnde, empathisch, anti-kommerziell und medienkritisch, während die Antagonisten der profitorientierten, glitzernden Medien-, Finanz- und Wirtschaftswelt entstammen können. Folgt man den nicht sehr zahlreichen Arbeiten, die sich mit Lesen im Film beschäftigen, dann arbeitet besonders der Hollywood-Film eine positive und traditionelle (aufklärerisch-humanistische) Repräsentation des Lesens aus. Peter Weirs *Der Club der toten Dichter* (USA 1989) thematisiert Lesen und poetische Belesenheit als Ausdruck von Kreativität, Individualität und – darin dem traditionellen Bildungsroman folgend – von Identität sowie als Grundvoraussetzung für Selbstentfaltung, kritisches Selbstdenken und Widerstandskraft angesichts einer autoritären Institution Schule. In Nora Ephrons *E-Mail für Dich* (USA 1998) werden keine Lesenden gezeigt, aber die Protagonisten sind durch ihre divergierenden Beziehungen zum Buch charakterisiert: Die Frau ist Leserin und idealistische Besitzerin einer kleinen Buchhandlung, der Mann Manager einer Buchhandlungskette. Dem entspricht der Antagonismus der Charaktere: Die Protagonistin ist menschen- und kinderfreundlich, dem Kommerz abgeneigt; der Mann sieht das Buch als Handelsobjekt. Der Film spielt demnach mit dem Klischee einer im männlichen Kommerz untergehenden weiblich-romantischen Lesekultur (vgl. Lehnert 2000, 7–9). Es finden sich aber auch männliche Besitzer von Buchhandlungen oder Antiquariaten, die für Frauen erotisch attraktiv sind, weil sie mit dem (phallischen) Attribut des Buches ausgestattet sind und die untergehende Buchkultur im Kontrast zur glitzernden Medien- und Geschäftswelt verkörpern (Roger Michell, *Notting Hill*, GB/USA 1999; Adrian Lyne, *Untreu*, USA 2002). An das traditionelle Motiv der Sinnlichkeit der weiblichen Lektüre knüpft die französische Erotikkomödie *Die Vorleserin* von Michel Deville (F 1988) an. Die aus der Malerei bekannte erotische Selbstpraxis des stillen weiblichen Lesens wandelt sich zur sozialen Praxis des Vorlesens, d. h. das Vorlesen dient in diesem erotischen Filmklassiker der Linderung sozialer und körperlicher Leiden, wobei sich die Akte des Vorlesens mit der erotisierenden Präsenz der Vorleserin vermischen.

In François Truffauts Literaturverfilmung *Fahrenheit 451* (GB 1966) wird das Buch als individualistisch und subversiv thematisiert. Die televisionäre Bildwelt eines totalitären Systems verdrängt gewaltsam (d. h. durch Bücherverbrennung bei der im Titel genannten Temperatur) die humane Bücherwelt; die Büchermenschen sind die moralisch überlegene, freiheitsliebende Gruppe. Dass dies mit ihrer Belesenheit zusammenhängt, weist der Film nicht eigens nach, sondern setzt diese Prämisse bei den Zusehern und Zuseherinnen als gegeben voraus.

Truffauts Film gehört auch zur Gruppe der Bibliotheksfilme. Diese Filme inszenieren den mit Lesestoff möblierten Raum als quasi-sakralen Ort der Ruhe, Gelehrsamkeit, Entrücktheit und Geborgenheit. Bibliotheken sind im Film oft vom Bibliotheksbrand bedroht. Der Bücherbrand symbolisiert die barbarische Entdifferenzierung der kulturellen Wirklichkeit, die Unlesbarkeit der Welt durch Einäscherung des literalen Wissens. Christine Mielke (2014, 228) zählt folgende Filme auf, die Bibliotheken als sakrale, gelegentlich obsessiv besetzte Räume inszenieren: *Der Name der Rose* (Jean-Jacques Annaud, F/I/D 1986), *Frühstück bei Tiffany* (Blake Edwards, USA 1961), *Die neun Pforten* (Roman Polanski, E/F/USA 1999), *Forrester – Gefunden* (Gus Van Sant, USA 2000), *Sieben* (David Fincher, USA 1995).

Traditionelle Vorbehalte gegen das Lesen (Passivität, Eskapismus, Weltfremdheit, Manipulation, Zerstreuung), die in Malerei und Literatur häufig thematisiert wurden, sind aus der Darstellung des Leseaktes bzw. den Anspielungen auf das Lesen in vielen Filmen des Erzählkinos entfernt worden. Lesen firmiert als freie, freiwillige, antikommerzielle Beschäftigung mit „überzeitlichen menschlichen künstlerischen Qualitäten, Konzentration und Selbstbescheidung, die Fähigkeit zum meditativen Rückzug auf sich selbst und die gleichzeitige Hinwendung zur Kunst" (Lehnert 2000, 11). Diese affirmativen Repräsentationen des Lesens in vielen Filmen inszenieren paradoxerweise Logozentrismus und latente Bilderfeindlichkeit (so Böhn und Schrey 2014, 199, zu einer entsprechenden Inszenierung der Schrift in *Matrix* [Lana und Lilly Wachowski, USA/AUS 1999]). Selbst Science Fiction-Filme zeigen, wenn auch selten, Protagonisten als Leser ledergebundener Bücher inmitten einer digitalen Zukunftswelt. Der Shakespeare-Kenner Captain Picard in *Star Trek: Next Generation* (USA 1994) wird als Freizeitleser charakterisiert, der die zahlreichen virtuellen Vergnügungen an Bord des Raumschiffes durch das einsame Buchlesen ergänzt. Seine Vorliebe für das Schöngeistige und für den einsamen Leseakt überformt seine Funktionen als Technologe und Militär und weist ihn als nachdenklichen und sensiblen Menschen aus (vgl. Lehnert 2000, 12–13).

Aus dieser konventionellen Orientierung an Maßstäben der Buchkultur, die auch als mediales Paradox bezeichnet werden kann, hat Christine Mielke den Schluss gezogen, der Film kenne keine eigene Ikonographie des Lesens: Er habe vielmehr die „älteste ikonographische Tradition, z. B. mittelalterliche Mariendarstellungen", in die technische Audiovision „transferiert" (Mielke 2014, 230–231). Das traditionelle Bedeutungsspektrum habe meist keinerlei Relevanz für den Handlungsablauf und stelle allein für den Kenner der ikonographischen Tradition eine zusätzliche Bedeutungsebene dar (etwa die ‚lesende Frau' in Philip Kaufmans *Die unerträgliche Leichtigkeit des Seins*, USA 1988, als Zitat der gebildeten, sittsamen Frau aus der Malereitradition).

Die These von der buchkulturellen Konventionalität der Leserepräsentation im Film unterstreicht auch Frank Terpoorten (2002, 108–109): Leser seien in der Kinoästhetik in der Minderheit, und wenn sie auftauchten, dann als Zitat aus den klassischen Inszenierungsformen der Literatur und bildenden Kunst. David Fincher in *Sieben* (USA 1995) zitiert etwa Carl Spitzwegs Gemälde *Der Bücherwurm*. Selbst Regisseure, die in ihren Werken explizit an intermedialer Reflexion der Lese- und Buchkultur interessiert seien, wie Peter Greenaway, schlössen an die überlieferte ambivalente Bildtradition an: In *Der Koch, der Dieb, seine Frau und ihr Liebhaber* (F/NL/GB 1989) unterscheiden sich die Figuren dadurch, ob sie Leser oder Nicht-Leser sind, und die Bibliothek erscheint als sakraler Ort. Terpoorten (2002, 113–115) weist hierbei aber darauf hin, dass das Lesen häufig keinen innerweltlichen Überlebensvorteil liefert, denn in Greenaways Film tötet der Nicht-Leser den Leser. Dieses Motiv, nach dem der romantische Leser im Überlebenskampf dem virilen und buchfernen Antagonisten unterliegt, findet sich etwa auch in Adrian Lynes US-amerikanischem Spielfilm *Untreu* (2002), denn hier ermordet der betrogene Ehemann den Büchermenschen; Mann und Frau finden wieder zueinander und die Tat bleibt offenbar ungesühnt.

Tatsächlich finden sich zahlreiche intermediale Bezüge zu den malerischen und literarischen Traditionen der Leserepräsentation, die aber sehr wohl auch die Ambivalenz des Lese-Diskurses erkennen lassen. Etwa jene einer durch die Sinnlichkeit des Lesens erotisierten Frau, die in der Gefahr steht, ihre Familie aufs Spiel zu setzen (*Untreu*). Ein frühes Beispiel für die filmische Adaption dieses *marianischen Bovarismus* stellt David Leans Schwarzweißwerk *Begegnung* (GB 1945) dar. Die treusorgende Hausfrau und Mutter Laura verlässt regelmäßig die kleinbürgerliche Familie und ihren Alltagstrott, um in der Stadt eine Leihbibliothek aufzusuchen. Bei diesen Bibliotheksbesuchen beginnt sie eine leidenschaftliche Liebesaffäre, in der sie die Phantasien der Romane aus der Leihbücherei nacherlebt und ihr soziales Umfeld zu vernachlässigen beginnt. In Greenaways Filmklassiker *Bettlektüre* (GB 1996) schließlich sind Lesen, Schrift, Eros, Tod, westliche und östliche Kultur sowie die Künste enigmatisch-symbolistisch miteinander verschränkt; eine Verschränkung, die nur noch das (digitale) Filmbild einzufangen und der menschlichen Erfahrung zur Verfügung zu stellen vermag.

Im europäischen Film existieren Repräsentationen des Lesens, die Medienunterschiede komplex artikulieren, d. h., die die visuelle Beobachtung des Lesens distanziert reflektieren. Nanni Morettis Film *Liebes Tagebuch...* (I/F 1994) beispielsweise beobachtet die Medialität von Buch und Fernsehen. Gerardo, der Freund Morettis, *Ulysses*-Leser und Fernsehverweigerer, sitzt auf dem Zwischendeck eines Schiffes und versucht zu lesen. Durch einen laufenden Fernseher fühlt er sich in seiner Lektüre gestört. Er bemüht sich, durch Positionswechsel der Faszination des Bildschirms auszuweichen, bis es ihm nicht mehr gelingt, der Blickachse des TV-Geräts zu entkommen; er legt sein Buch aus der Hand und steht von nun an in der Faszination amerikanischer Soap operas (vgl. Kreimeier 1995, 190–191). Der Film zeigt somit die Umerziehung eines Lesers, seine Übernahme der Blickachse des Fernsehbildes, die unvermeidliche Änderung medialer Nutzungspraktiken, die nun nicht mehr eindeutig auf Seiten des Lesens und der traditionellen Versprechen der literalen Kultur stehen.

Das gilt erst recht für monströse Lektüren und Anti-Leser, die sich durchaus in Filmen finden lassen: Vampir- und Zombi-Filme zeigen, wie die (wissenschaftliche) Lektüre nicht nur Bürger, sondern auch Monstren gebiert (vgl. Keller 2011b, 148–165; Verdicchio 2011, 142–147). George A. Romeros *Zombi 2 – Das letzte Kapitel* (USA 1985) zeigt den lesenden Zombi Bub, der offenbar weiß, dass er zum Zwecke seiner Sozialisierung und Vermenschlichung lesen muss; er liest im Stehen, dreht und hält das Buch dabei sehr ungeschickt und der Leseakt will ersichtlich nicht mehr gelingen. Das Lesen ist hier kein stabiles Dispositiv mehr, es formt nicht länger „ein Anderes aus dem Bestehenden" (den braven Bürger oder das

Monster). Die „initiierende Struktur der Ordnung des Lesens" hat durch ihre Neutralisierung ihre Geltungskraft verloren (Keller 2011b, 159).

5 Repräsentationen des Lesens im Fernsehen

Traditionelle Vorbehalte gegen das Lesen (Passivität, Eskapismus, Weltentfremdung, Manipulation, Zerstreuung) sind auf die Rezeption von Bildschirmmedien projiziert worden, wobei zahlreiche Topoi der historischen Lesesuchtdebatte übernommen wurden. Während die fiktionale Literatur die elektronischen Medienkonkurrenten kritisch beobachtet, macht das öffentlich-rechtliche Fernsehsystem in Deutschland seinen Bildungsauftrag sichtbar, indem es in gewissem Umfang versucht, die literarische Kultur zu beobachten und das Lesen dabei positiv zu repräsentieren, und dies obwohl – wie Hubert Winkels (1997, 37) zu Recht bemerkt hat – Television an Schrift eigentlich kein Interesse hat. Leselust, Leseleidenschaft und Viellesen werden in der postmodernen Gegenwartsliteratur (vgl. Anz 1998, 16; Stocker 2007, 91), aber auch im öffentlich-rechtlichen Fernsehen positiv bewertet. Es hat den Anschein, dass das elektronische Bildmedium, das längst die „bildzeugende, halluzinatorische Kraft" (Winkels 1989, 104) von der Literatur übernommen hat, eine Art von Wiedergutmachung für die Veränderungen des Lesens durch die Medienkonkurrenz anstrebt. Manfred Schneiders Einschätzung aus dem Jahre 1997, wonach der vielzitierte und oft missverstandene Satz Papst Gregors des Großen, Bilder seien die Schrift für Idioten, eine ikonoklastische Medienpädagogik geprägt habe und es demnach Konsens wäre, dass das glotzende Sehen der Fernsehbilder Schrift, Ratio und diskursive Identität der Rezipienten untergrabe und zerstreue, trifft sicherlich *nicht* mehr uneingeschränkt auf die gegenwärtige Mediendidaktik und Medienwelt zu (vgl. Schneider 1997, 173–186). Gleichwohl prägte die immer wieder angeführte Befürchtung der Ersetzung der Lesekindheit durch eine Fernsehkindheit, mit entsprechenden negativen Folgen für die psychische und intellektuelle Entwicklung der Heranwachsenden (Lesen ist ein Akt der Sammlung und Fernsehen einer der Zerstreuung), über viele Jahre das Bemühen der öffentlich-rechtlichen Anstalten, sich mit dem Lesen in diversen Sendeformaten auseinanderzusetzen.

In zahlreichen dem Buch gewidmeten Sendungen versucht das TV, Büchern zu Umsatzsteigerungen zu verhelfen und die Position des Lesens innerhalb der Medienkonkurrenz zu stärken. Seit 1964 hat es im deutschen öffentlich-rechtlichen Fernsehen ca. 14 entsprechende Sendungen bzw. Sendeformate gegeben. Neben ausschließlich der Buchvorstellung gewidmeten Sendungen (z. B. *Das literarische Kaffeehaus*, NDR, 1964–1967; *Literaturmagazin*, SWF, 1972–1982; *Das literarische Quartett*, ZDF, 1988–2001; *Reich-Ranicki Solo*, ZDF, 2002; *Lesen!*, ZDF, 2002–2009; *Schümer und Dorn. Der Büchertalk*, SWR, 2003–2004; *Literatur im Foyer*, SWR, seit 1990; *Druckfrisch*, ARD, seit 2003; *Das blaue Sofa*, ZDF, seit 2011) existieren Filmbiographien bekannter Autorinnen und Autoren, Dokumentarfilme über Literatur, Filmessays und Talkshows. Am häufigsten werden Autorinnen und Autoren oder Leserinnen und Leser beim Reden über das Lesen gezeigt. In lesebezogenen Gesprächsrunden agierte lange der von Hubert Winkels sogenannte Les-Sprecher, der mit einer halbierten Lesebrille hantierte (vgl. Winkels 1997, 39). Diese Formate waren, gemessen an der Sehbeteiligung, zum überwiegenden Teil nicht sehr erfolgreich, haben aber an der Anstiftung zur Leselust sowie an lesekultureller Orientierung und an literarischer Geschmacksbildung mitzuwirken versucht.

Visualisierungen eines Lektüreaktes finden sich im Fernsehen nur sehr selten. Auch hier scheint wie für den Film zu gelten: Leises Lesen als einsame Tätigkeit kann im Bewegungsbild nicht reizvoll gezeigt werden, denn die Attraktivität des Mediums beruht geradezu auf der Negation von Bewegungslosigkeit, Innerlichkeit und Stille (also von Lektüre und Schrift).

Vorlesen ist als Sendeformat im Fernsehen der 1990er Jahre erprobt worden. Hans-Joachim Kulenkampffs tägliche Reihe *Nachtgedanken* (der Titel verwies auf das gleichnamige Gedicht Heinrich Heines) wurde zum Sendeschluss ausgestrahlt. Der populäre Entertainer las knapp zweitausend Mal kurze Texte der Weltliteratur, um die Zuseher/-hörer mit guten und inhaltsschweren Gedanken in die Nacht zu entlassen; so als gelte es, die ‚Flüchtigkeit‘ und ‚Belanglosigkeit‘ des Fernsehbildes aus der Traumwelt der Zuschauer fernzuhalten.

In die Kategorie televisionärer Leserepräsentation durch Vorlesen gehören auch die alljährlichen Übertragungen des Lesewettbewerbs zur Verleihung des Ingeborg-Bachmann-Preises während der Klagenfurter ‚Tage der deutschsprachigen Literatur‘ auf 3Sat, bei dem junge Autorinnen und Autoren aus unveröffentlichten Werken vortragen.

Zur neuen Ikonographie des Lesens in den Fernsehstudios, aus der der Les-Sprecher mit der Brille verschwunden ist, gehören gegenwärtig die Sichtbarkeit des Medienverbundes und die Unsichtbarkeit des Leseaktes. In Nachrichtensendungen präsentiert man das aufgeklappte Notebook und/oder das papierene Manuskript, aber zugleich ist der Blick stets von diesen Lesemedien ab- und den Zusehern zugewandt, während vom Teleprompter heimlich gelesen wird, und zwar um der Illusion einer präsentischen Reziprozität des Blicks willen. Blick, Körperhaltung, Stimme, Mimik, Gestik werden so eingesetzt, dass sie den Eindruck des Lesens und seine körperlichen Erscheinungsformen geradezu vermeiden und Präsenz und orale Spontaneität vermitteln (vgl. Winkels 1997, 38–39). Die geistige Absenz des stillen Lesens, die auch immer den Rückzug aus einer sozialen

Situation darstellt, ist hier vollständig negiert, wird aber durch die häufige Aufforderung, Hintergründe zu einer Thematik z. B. auf Internet-Seiten *nachzulesen*, als Verhaltensmöglichkeit angesprochen.

In aktuellen Fernsehfilmen und zahlreichen Fernsehserien werden nur gelegentlich Lesende gezeigt. Einen modernen oder postmodernen *modus legendi*, wonach besonders legere Körperhaltungen beim Lesen eingenommen werden, das Buch geknickt, verbogen, herumgeschleppt, gebrochen wird (vgl. Petrucci 1999, 526), lässt sich nicht feststellen. Das Lesen findet oft in geschlossenen Räumen statt und trägt zu Inszenierung von Privatheit, Intimität und Freizeit bei oder dient als Abbreviatur für geistige Arbeit in beruflichen Milieus. Häufiger findet sich auch hier die Figurencharakterisierung durch professionelle oder leidenschaftliche Beziehungen zur Buchkultur: Buchhändlerinnen, Antiquare, Lektoren in Kriminalserien, TV-Dramen und TV-Liebeskomödien sind zumeist human und unkonventionell handelnde sowie kreativ denkende Menschen (z. B. *Wilsberg*, ZDF, seit 1995; *Frauen lügen besser*, D 2000; *Die Westentaschenvenus*, D 2002; *Erbin mit Herz*, D/A 2004).

Während dem Lesen gewidmete Sendeformate der öffentlich-rechtlichen Anstalten den Literaturbetrieb affirmativ beobachten, findet sich besonders bei den privaten Sendern eine stärkere Distanz des Mediums gegenüber der Lesekultur. Die privaten Sender *repräsentieren* meist die Abwesenheit von literarischem Lesen und *präsentieren* die Erlebnisqualitäten des Fernsehens gerade dadurch als ästhetische Konkurrenz: Wenn gelesen wird, dann meist kursorisch oder recherchierend im Internet. Es finden sich neuerdings Sitcoms oder Parodien, die den Wandel der Lesekultur als audiovisuelle Artikulation von Mediendifferenz thematisieren. In der US-amerikanischen Sitcom *The Big Bang Theory* (nach einer Idee von Chuck Lorre und Bill Prady, USA, seit 2007), die 2014 bei der sogenannten werberelevanten Zielgruppe die meistgesehene Fernsehserie war, wird unablässig an Bildschirmen gelesen und geschrieben. Die vier männlichen Protagonisten verkörpern sogenannte ‚Nerds‘, deren Denken und Handeln durch Fernsehen, Internet, naturwissenschaftliche Fachliteratur und Comic-Bücher geprägt ist. Während sie im professionellen Sektor hochspezialisierte Naturwissenschaftler und Mediennutzer sind, werden sie privat als sozial inkompetent (überwiegend unfähig zum Fremdverstehen und zur Perspektivenübernahme), aber auch als originell und liebenswert gezeigt. Hierbei werden traditionelle Muster der Komik des gelehrten Sonderlings bzw. der donquichottesken Weltverfehlung durch übermäßigen Buchgebrauch, die auf dem Kontrast Fiktion/Wirklichkeit beruhte, auf die gegenwärtig bedeutsamere Differenz analog/digital appliziert.

Eine auch im privaten Fernsehen zu findende Ausnahme, der man große Bedeutung zumessen sollte, ist das gemeinsame öffentliche Kurztext-Lesen von Zuschauern, Moderatoren und Kandidaten in der Quizshow *Wer wird Millionär?*

(D, seit 1999 bei RTL). Hier wird die pragmatische Relevanz der *Reading literacy*-Kompetenz gemäß der PISA-Test-Logik unterhaltsam repräsentiert. Der Gratifikationscharakter des gelingenden (informationsentnehmenden) Lesens, der die gegenwärtige Bildungsdiskussion maßgeblich prägt, wird durch seine Verdoppelung im Medium des Geldgewinns massenwirksam verstärkt und veräußerlicht.

6 Repräsentationen des Lesens in der Literatur

Repräsentationen des Lesens in der Literatur finden sich in großer Fülle. Bei einer Spurensuche in der Literatur stößt man auf die unterschiedlichsten Aspekte: Es finden sich Bibliotheken, Bibliotheksbewohner sowie Bücher als Motive; man liest Gespräche über Bücher und die verschiedenen Facetten des Lesens; es existieren lesende Helden und Heldinnen, Thematisierungen des impliziten Lesers, der impliziten Leserin und erzählstrategische Adressierungen der realen Leser und Leserinnen.

Dieser Themenkomplex darf als gut erforscht gelten. In den entsprechenden wissenschaftlichen Arbeiten wird die besondere Bedeutung des 17. und 18. Jahrhunderts für die Repräsentation des Lesens in der europäischen Literatur als Sattelzeit herausgestellt (vgl. Bracht 1987; Schön 1987; Neubauer 1991; Bickenbach 1999; Nelles 2002; Rothe 2005). Es werden hinsichtlich zeitgenössischer Lesepraktiken „Verunsicherungen und Befürchtungen, Normvorstellungen und Wunschbilder der Autoren" (Schön 1987, 319) bei der Beobachtung von Umbrüchen in der Lesekultur gefunden. Literatur reflektiere dabei poetisch immer auch die herrschenden Kommunikationsformen und die Medien ihrer Zeit (Schreib-, Druck- und Lesetechniken; vgl. Assmann 1985, 95–110; auch Hörisch 1999). Hierbei haben sich literarische Traditionen und intertextuelle Bezüge ausgeprägt, die sich bis in die Gegenwartsliteratur verfolgen lassen. Bickenbach konfiguriert demgegenüber eine „innere Geschichte des Lesens", die nicht primär auf Alphabetisierungsgrade, Tendenzen der Buchmarktentwicklung und Buchbesitzstatistiken abhebt. Vielmehr wird die Historizität von „Leseoperationen selbst" anhand von Lektüretechniken, Lektürepraktiken und Lektürekonzepten unterschieden und in den literarischen Texten selbst gesucht (vgl. Bickenbach 1999, 9–11).

Hinsichtlich der innerliterarischen Leserepräsentation haben sich diverse Lesetypologien etabliert, die sich überwiegend in der Literatur des 17. und 19. Jahrhunderts ausdifferenziert haben: (1) Cervantes, *Don Quijote* (1605/1615), (2) Wieland, *Don Sylvio von Rosalva* (1764), (3) Goethes *Werther* (1774) und *Wilhelm Meisters Lehrjahre* (1795), (4) Karl Philipp Moritz, *Anton Reiser* (1785–1790), (5) Gustave Flaubert, *Madame Bovary* (1857). Die romanhaften Darstellungen konkreten Leseverhaltens und seiner fiktiven Auswirkungen auf das Sozialverhalten und auf die Art der Weltinterpretation der lesenden Heldinnen und Helden werden häufig abstrakt zu Begriffs-Ismen verdichtet und dienen der soziokulturellen Analyse lebensweltlicher Leserelevanz als Modelle ('Donquichottismus', 'Wertherismus', 'Bovarismus'). Repräsentationen des Lesens in der Literatur des 20. Jahrhunderts und in der Gegenwartsliteratur sind in der jüngeren Zeit häufiger untersucht worden (vgl. Karpenstein-Eßbach 1995 und 1996; Lehnert 2000; Stocker 2002 und 2007). Zur Repräsentation des Lesens bei Franz Kafka, Alfred Andersch, Robert Walser, Arno Schmidt, Botho Strauß, Walter Benjamin, Michael Ende, Corinna Soria, Bernhard Schlink, Thomas Bernhard u. a. liegen entsprechende Untersuchungen vor (vgl. Stocker 2002; Stocker 2007). In diesem Zusammenhang ist es Günther Stocker aufgefallen, dass sich beispielsweise die literarisch behandelten Leseweisen in der deutschsprachigen Literatur nach 1945 durchaus auf ein bipolares Schema bringen lassen, welches mit den Repräsentationen des Lesens in der Literatur- und Kunstgeschichte korrespondiere: (1) Versunkenheit vs. Distanz, (2) Gläubigkeit vs. Skepsis, Kritik, (3) Intensität und Genauigkeit vs. Flüchtigkeit und Schnelligkeit, (4) Pragmatik vs. Ehrfurcht und Sakralisierung, (5) Medialität vs. Imagination, (6) Weltflucht vs. Hinwendung zur Welt, (7) Ich-Stärkung, Geborgenheit vs. Ich-Schwächung, Lesesucht, (8) Passivität vs. Handeln (vgl. Stocker 2007, 356–357). Allerdings erwiesen sich Leser und Leserinnen in der Gegenwartsliteratur als souverän; sie unterliegen nicht dem Risiko der Weltverfehlung. Negative Auswirkungen ('Realitätsverlust' und 'Lesesucht') haben den Hochwerten 'Weltwissen erlesen', 'Lesen als Integral der Ich-Bildung' und 'Leselust' bzw. 'Lust am Text' Platz gemacht (vgl. Anz 1998; Lehnert 2000; Stocker 2007).

Weiter existieren literarische Repräsentationen, die das Lesen vor dem Hintergrund der Medienkonkurrenz thematisieren, und dieser Aspekt sollte in zukünftiger Leseforschung stärker Beachtung finden. Von Lessings *Laokoon* (1766), in dem die Mediendifferenz zwischen Malerei und Poesie, Sehen und Lesen thematisiert wird (vgl. III.2.8 „Lesen von Text/Bild-Korrelationen"), über Wielands *Don Sylvio von Rosalva* (1764), in dem sich eine Lesepoetologie findet, der es um die Beobachtung von Gattungsdifferenzen und der Differenzierung von textlicher und empirischer Wahrscheinlichkeit geht, über Moritz' *Anton Reiser* (1785–1790), in dem dem fanatischen Lesehunger das Theater als Ausgleich zwischen Ideal und Wirklichkeit entgegengestellt wird, über Ray Bradburys Roman *Fahrenheit 451* (1953), in dem das Diktat der Bücherlosigkeit auf die orale Tradierung der Lesestoffe trifft, über Anderschs *Sansibar oder der letzte Grund* (1957), in dem die Auseinandersetzung mit dem „lesenden Klosterschüler" Ernst Barlachs – vor dem Hintergrund des Massenmediums Radio als Propagandamittel – die Lektüreweise des Protagonisten verändert, über Calvinos *Wenn ein Reisender in einer Winter-*

nacht (1979), in dem eingangs das Lesen im Gegensatz zum Fernsehen thematisiert wird, bis hin zu Franz Fühmanns Erzählung *Pavlovs Papierbuch*, in der das
Papierbuchlesen gegen elektronische Lesegeräte ausgespielt wird, lassen sich
zahlreiche Beispiele finden.

Weiterführende Literatur

Assel, Jutta und Georg Jäger (1999). „Zur Ikonographie des Lesens – Darstellungen von
    Leser(inne)n und des Lesens im Bild". *Handbuch Lesen*. Hrsg. von Bodo Franzmann, Klaus
    Hasemann, Dietrich Löffler und Erich Schön unter Mitarb. von Georg Jäger, Wolfgang R.
    Langenbucher und Ferdinand Melichar. München: 638–673.
Bickenbach, Matthias (1999). *Von den Möglichkeiten einer ‚inneren' Geschichte des Lesens*.
    Tübingen.
Mielke, Christina (2014). „Lesen und Schreiben sehen. Dichtung als Motiv im Film". *Medien-
    reflexion im Film. Ein Handbuch*. Hrsg. von Kay Kirchmann und Jens Ruchatz. Bielefeld:
    225–241.
Nies, Fritz (1991). *Bahn und Bett und Blütenduft. Eine Reise durch die Welt der Lesebilder*.
    Darmstadt.
Rautenberg, Ursula (2000). „Das Lesen sehen. Bilder von Büchern und Lesern am Beginn der
    Frühen Neuzeit". *Die Struktur medialer Revolutionen. Festschrift für Georg Jäger*. Hrsg. von
    Sven Hanuschek. Frankfurt/M.: 36–50.
Die Sichtbarkeit des Lesens. Variationen eines Dispositivs (2011). Hrsg. von Christine
    Grond-Rigler und Felix Keller. Innsbruck.
Stocker, Günther (2007). *Vom Bücherlesen. Zur Darstellung des Lesens in der deutsch-
    sprachigen Literatur seit 1945*. Heidelberg.
Wunderlich, Heinke und Gisela Klempt-Kozinowski (1985). *Leser und Lektüre. Bilder und Texte
    aus zwei Jahrhunderten*. Dortmund.

Literatur

Anz, Thomas (1998). *Literatur und Lust. Glück und Unglück beim Lesen*. München.
Assel, Jutta und Georg Jäger (1999). „Zur Ikonographie des Lesens – Darstellungen von
    Leser(inne)n und des Lesens im Bild". *Handbuch Lesen*. Hrsg. von Bodo Franzmann, Klaus
    Hasemann, Dietrich Löffler und Erich Schön unter Mitarb. von Georg Jäger, Wolfgang R.
    Langenbucher und Ferdinand Melichar. München: 638–673.
Assmann, Aleida (1985). „Die Domestikation des Lesens". *Lesen – historisch*. Hrsg. von Brigitte
    Schlieben-Lange. Göttingen: 95–110.
Bartz, Christina (2014). „Antwortlos. Brief, Postkarte und E-Mail in filmischer Reflexion".
    Medienreflexion im Film. Ein Handbuch. Hrsg. von Kay Kirchmann und Jens Ruchatz.
    Bielefeld: 243–256.
Bickenbach, Matthias (1999). *Von den Möglichkeiten einer ‚inneren' Geschichte des Lesens*.
    Tübingen.

Böhn, Andreas und Dominik Schrey (2014). „Intermedialität und Medienreflexion zwischen Konvention und Paradoxie. Schrift und Blindenschrift im Film". *Medienreflexion im Film. Ein Handbuch.* Hrsg. von Kay Kirchmann und Jens Ruchatz. Bielefeld: 199–211.

Bollmann, Stefan (³2005). *Frauen, die lesen, sind gefährlich. Lesende Frauen in Malerei und Fotografie.* Mit einem Vorwort von Elke Heidenreich. München.

Bracht, Edgar (1987). *Der Leser im Roman des 18. Jahrhunderts.* Frankfurt/M.

Cavalli-Björkmann, Görel (1993). „Hieronymus in der Studierstube und das Vanitasstilleben". *Leselust. Niederländische Malerei von Rembrandt bis Vermeer.* Ausst.-Kat. Schirn-Kunsthalle, Frankfurt/M., 24. September 1993 bis 2. Januar 1994. Hrsg. von Sabine Schulze. Stuttgart: 47–53.

Eichberger, Dagmar (2009). „„Una libreria per donne assai ornata et riccha'. Frauenbibliotheken des 16. Jahrhunderts zwischen Ideal und Wirklichkeit". *Die lesende Frau.* Hrsg. von Gabriela Signori. Wiesbaden: 241–264.

Gödden, Walter und Iris Nölle-Hornkamp (1990). *Von den Musen wachgeküßt... Als Westfalen lesen lernte.* Hrsg. im Auftrag des Landschaftsverbandes Westfalen-Lippe. Paderborn.

Hanebutt-Benz, Eva-Maria (1985). *Die Kunst des Lesens. Lesemöbel und Leseverhalten vom Mittelalter bis zur Gegenwart.* Museum für Kunsthandwerk Frankfurt/M.

Hörisch, Jochen (1999). *Ende der Vorstellung. Die Poesie der Medien.* Frankfurt/M.

Inmann, Christiane (2009). *Forbidden Fruit. A History of Women and Books in Art.* München.

Karpenstein-Eßbach, Christa (1995). *Medien – Wörterwelten – Lebenszusammenhänge. Prosa der BRD 1975–1990 in literatursoziologischer, diskursanalytischer und hermeneutischer Sicht.* München.

Karpenstein-Eßbach, Christa (1996). „Die Demütigung des Lesers und die Aufführung des Buches in Botho Strauß' ,Kongress'". *Widersprüche im Widersprechen. Historische und aktuelle Ansichten der Verneinung.* Hrsg. von Peter Rau. Frankfurt/M.: 214–219.

Karpenstein-Eßbach, Christa (1998). „Medien als Gegenstand der Literaturwissenschaft: Affären jenseits des Schönen". *Bildschirmfiktionen. Interferenzen zwischen Literatur und neuen Medien.* Hrsg. von Julika Griem. Tübingen: 13–32.

Keller, Felix (2011a). „Die Sichtbarkeit des Lesens. Variationen eines Dispositivs". *Die Sichtbarkeit des Lesens. Variationen eines Dispositivs.* Hrsg. von Christine Grond-Rigler und Felix Keller. Innsbruck: 10–17.

Keller, Felix (2011b). „Der Anti-Leser. An den Rändern der buchkulturellen Ordnung". *Die Sichtbarkeit des Lesens. Variationen eines Dispositivs.* Hrsg. von Christine Grond-Rigler und Felix Keller. Innsbruck: 148–165.

Kertész, André (1971). *On Reading.* New York.

Kirchmann, Kay und Jens Ruchatz (2014). „Einleitung. Wie Filme Medien beobachten. Zur kinematographischen Rekonstruktion von Medialität". *Medienreflexion im Film. Ein Handbuch.* Hrsg. von Kay Kirchmann und Jens Ruchatz. Bielefeld: 9–42.

Kreimeier, Klaus (1995). *Lob des Fernsehens.* München.

La lecture au féminin/Lesende Frauen. Zur Kulturgeschichte der lesenden Frau in der französischen Literatur von den Anfängen bis zum 20. Jahrhundert (1999). Hrsg. von Angelica Rieger und Jean-François Tonard. Darmstadt.

Lehnert, Gertrud (2000). *Die Leserin. Das erotische Verhältnis der Frauen zur Literatur.* Berlin.

Leselust. Niederländische Malerei von Rembrandt bis Vermeer (1993). Ausst.-Kat. Schirn-Kunsthalle, Frankfurt/M., 24. September 1993 bis 2. Januar 1994. Hrsg. von Sabine Schulze. Stuttgart.

Die lesende Frau (2009). Hrsg. von Gabriela Signori. Wiesbaden.

Macho, Thomas (2007). „Das lesende Mädchen". „*Aber die Erinnerung davon*". *Materialien zum Werk von Marlene Streeruwitz*. Hrsg. von Jörg Bong, Roland Spahr und Oliver Vogel. Frankfurt/M.: 74–81.

Manguel, Alberto (2000). *Eine Geschichte des Lesens*. Reinbek b. Hamburg.

Maybach, Heike (1990). *Der erzählte Leser. Studien zur Rolle des Lesers in Italo Calvinos Roman* Wenn ein Reisender in einer Winternacht *und in anderen Werken der Erzählliteratur*. Frankfurt/M.

Medienreflexion im Film. Ein Handbuch (2014). Hrsg. von Kay Kirchmann und Jens Ruchatz. Bielefeld.

Messerli, Alfred (2010). „Leser, Leserschichten und -gruppen, Lesestoffe in der Neuzeit (1450–1850): Konsum, Rezeptionsgeschichte, Materialität". *Buchwissenschaft in Deutschland. Ein Handbuch*. Bd. 1: *Theorie und Forschung*. Hrsg. von Ursula Rautenberg. Berlin und New York: 443–502.

Messerli, Alfred (2014). „Lesen im Bild: Zur Ikonographie von Buch und Lektüreakten vom 16. bis zum 20. Jahrhundert". *Internationales Archiv für Sozialgeschichte der deutschen Literatur* 39.1 (2014): 226–245.

Mettler, Michel (2011). „Angeweht". *Die Sichtbarkeit des Lesens. Variationen eines Dispositivs*. Hrsg. von Christine Grond-Rigler und Felix Keller. Innsbruck: 35–38.

Mielke, Christina (2014). „Lesen und Schreiben sehen. Dichtung als Motiv im Film". *Medienreflexion im Film. Ein Handbuch*. Hrsg. von Kay Kirchmann und Jens Ruchatz. Bielefeld: 225–241.

Müller, Michael R. (2011). „Der Verdacht der Fremdheit. Gerhard Richters *Lesende* (1994)". *Die Sichtbarkeit des Lesens. Variationen eines Dispositivs*. Hrsg. von Christine Grond-Rigler und Felix Keller. Innsbruck: 108–114.

Nelles, Jürgen (2002). *Bücher über Bücher. Das Medium Buch in Romanen des 18. und 19. Jahrhunderts*. Würzburg.

Neubauer, Martin (1991). *Indikation und Katalyse. Funktionsanalytische Studien zum Lesen in der deutschsprachigen Literatur des ausgehenden 18. Jahrhunderts*. Stuttgart.

Nies, Fritz (1991). *Bahn und Bett und Blütenduft. Eine Reise durch die Welt der Lesebilder*. Darmstadt.

Nies, Fritz (1998). „Bilder von Bildung und Verbildung durch Lesen". *Lebensläufe um 1800*. Hrsg. von Jürgen Fohrmann. Tübingen: 203–222.

Nies, Fritz und Mona Wodsak (2000). *Ikonographisches Repertorium zur Europäischen Lesegeschichte*. München.

Petrucci, Armando (1999). „Lesen um zu lesen: Eine Zukunft für die Lektüre". *Die Welt des Lesens. Von der Schriftrolle zum Bildschirm* (1999). Hrsg. von Roger Chartier und Guglielmo Cavallo. Übers. aus dem Engl. von H. Jochen Bußmann und Ulrich Enderwitz, aus dem Frz. von Klaus Jöken und Bernd Schwibs, aus dem Ital. von Martina Kempter. Frankfurt/M. und New York: 501–530.

Petz, Anja (1999). „Die Leserin im Bild – ‚Kleine Fluchten' oder die Tür zur Welt?" *La lecture au féminin/Lesende Frauen. Zur Kulturgeschichte der lesenden Frau in der französischen Literatur von den Anfängen bis zum 20. Jahrhundert*. Hrsg. von Angelica Rieger und Jean-François Tonard. Darmstadt: 269–290.

Raab, Jürgen (2011). „Die Appellstruktur der Bilder und der Akt des Lesens". *Die Sichtbarkeit des Lesens. Variationen eines Dispositivs*. Hrsg. von Christine Grond-Rigler und Felix Keller. Innsbruck: 121–127.

Rautenberg, Ursula (2000). „Das Lesen sehen. Bilder von Büchern und Lesern am Beginn der Frühen Neuzeit". *Die Struktur medialer Revolutionen. Festschrift für Georg Jäger.* Hrsg. von Sven Hanuschek. Frankfurt/M.: 36–50.

Renner, Ursula (2009). „Bildlektüre – Lektürebild. Zu Pablo Picassos ‚Deux Personnages'". *Die lesende Frau.* Hrsg. von Gabriela Signori. Wiesbaden: 415–438.

Ritte, Jürgen (2011). „Vorbild und Vorfahre: Der Heilige Hieronymus". *Die Sichtbarkeit des Lesens. Variationen eines Dispositivs.* Hrsg. von Christine Grond-Rigler und Felix Keller. Innsbruck: 48–52.

Ritte, Jürgen (1999). „‚Die eine Stelle war's, die uns besiegte'. Die Frage nach dem Buch bei Francesca da Rimini". *La lecture au féminin/Lesende Frauen. Zur Kulturgeschichte der lesenden Frau in der französischen Literatur von den Anfängen bis zum 20. Jahrhundert.* Hrsg. von Angelica Rieger und Jean-François Tonard. Darmstadt: 291–301.

Rothe, Matthias (2005). *Lesen und Zuschauen im 18. Jahrhundert. Die Erzeugung und Aufhebung von Abwesenheit.* Würzburg.

Schenda, Rudolf (1987). „Bilder vom Lesen – Lesen von Bildern". *Internationales Archiv für Sozialgeschichte der deutschen Literatur* 12 (1987): 82–106.

Schneider, Cornelia (1996). „Leseglück im Spiegel der Kunst. Eine Spurensuche". *Leseglück. Eine vergessene Erfahrung.* Hrsg. von Alfred Bellebaum und Ludwig Muth. Opladen: 115–146.

Schneider, Irmela (1998). „‚Please Pay Attention Please'. Überlegungen zur Wahrnehmung von Schrift und Bild innerhalb der Medienkunst". *Bildschirmfiktionen. Interferenzen zwischen Literatur und neuen Medien.* Hrsg. von Julika Griem. Tübingen: 223–243.

Schneider, Manfred (1997). *Der Barbar. Endzeitstimmung und Kulturrecycling.* München.

Schön, Erich (1987). *Der Verlust der Sinnlichkeit oder Die Verwandlungen des Lesers. Mentalitätswandel um 1800.* Stuttgart.

Schreiner, Klaus (2009). „Die lesende und schreibende Maria als Symbolgestalt religiöser Frauenbildung". *Die lesende Frau.* Hrsg. von Gabriela Signori. Wiesbaden: 113–154.

Schulze, Sabine (1993). „Leselust. Standortbestimmung und Ausstellungsrundgang". *Leselust. Niederländische Malerei von Rembrandt bis Vermeer.* Ausst.-Kat. Schirn-Kunsthalle, Frankfurt/M., 24. September 1993 bis 2. Januar 1994. Hrsg. von Sabine Schulze. Stuttgart: 9–22.

Die Sichtbarkeit des Lesens. Variationen eines Dispositivs (2011). Hrsg. von Christine Grond-Rigler und Felix Keller. Innsbruck.

Signori, Gabriela (2009). „Einführung". *Die lesende Frau.* Hrsg. von Gabriela Signori. Wiesbaden: 1–15.

Still lesen. Malerei des 17. bis 19. Jahrhunderts. Ausst.-Kat. Residenzgalerie Salzburg, 23. November 2001 bis 3. Februar 2002.

Stocker, Günther (2002). „‚Lesen' als Thema der deutschsprachigen Literatur des 20. Jahrhunderts. Ein Forschungsbericht". *Internationales Archiv für Sozialgeschichte der deutschen Literatur* 27.2 (2002): 208–241.

Stocker, Günther (2007). *Vom Bücherlesen. Zur Darstellung des Lesens in der deutschsprachigen Literatur seit 1945.* Heidelberg.

Straub, Wolfgang (2011). „Im Café Gumpendorf. Männlich erotisierende Blicke auf weibliche Leserinnen". *Die Sichtbarkeit des Lesens. Variationen eines Dispositivs.* Hrsg. von Christine Grond-Rigler und Felix Keller. Innsbruck: 82–92.

Stromberg, Kyra (1983). „Der lesende Mensch" *Kunst und Antiquitäten* V (September/Oktober): 16–29.

Tschopp, Silvia Serena (2014). „Historische Leseforschung: Umrisse und Perspektiven". *Internationales Archiv für Sozialgeschichte der deutschen Literatur* 39.1 (2014): 151–165.

Terpoorten, Frank (2002). „Die Bibliothek von Babelsberg. Über Bücher im Film". *Literatur als Blätterwerk.* Hrsg. von Jürgen Gunia und Iris Hermann. St. Ingbert: 107–124.

Verdicchio, Dirk (2011). „Monströse Lektüren. Essay über eine lesende Vampirin". *Die Sichtbarkeit des Lesens. Variationen eines Dispositivs.* Hrsg. von Christine Grond-Rigler und Felix Keller. Innsbruck: 142–147.

Die Welt des Lesens. Von der Schriftrolle zum Bildschirm (1999). Hrsg. von Roger Chartier und Guglielmo Cavallo. Übers. aus dem Engl. von H. Jochen Bußmann und Ulrich Enderwitz, aus dem Frz. von Klaus Jöken und Bernd Schwibs, aus dem Ital. von Martina Kempter. Frankfurt/M. und New York.

Winkels, Hubert (1989). „Weiterlesen!" *manuskripte* 29.106 (1989): 101–109.

Winkels, Hubert (1997). *Leselust und Bildermacht. Über Literatur, Fernsehen und neue Medien.* Köln.

Wunderlich, Heinke und Gisela Klempt-Kozinowski (1985). *Leser und Lektüre. Bilder und Texte aus zwei Jahrhunderten.* Dortmund.

IV Interdisziplinäre Implikationen und Konzepte

Renate Brosch
IV.1 Lesen aus Sicht der Kognitionswissenschaften

1 Vorbemerkung

Die Hermeneutik als traditionelle Lehre der Auslegung von Texten ist unzuläng-
lich in Bezug auf das Lesen als Erlebnis und Erfahrung, da sie nicht die Vorgänge
im Bewusstsein mitreflektiert, sondern sie vielmehr vom Endpunkt des Textverständnisses her neutralisiert (vgl. Assmann 1996, 8). Damit reduziert sie ihre
Erkenntnismöglichkeiten und versagt sich Einblick in die Feinheiten des Leseerlebnisses, die nicht nur für die Interpretation relevant sind, sondern auch für den
Zusammenhang eines Werkes mit dem kulturellen Gedächtnis. Erst die kognitive
Literaturwissenschaft, die sich in den vergangenen drei Jahrzehnten in England
und den USA etabliert hat, widmet sich dem Ziel, das Verhältnis von Textmerkmalen und Leserkognition in die Interpretation fiktionaler Texte einzubeziehen
(vgl. Wege 2013, 14), indem sie aufschlüsselt, welche kognitiven Voraussetzungen
und mentalen Repräsentationen konstruktiv am Textverarbeiten beteiligt sind.
  Akzeptiert man die Leiblichkeit des Denkens als wichtigste Prämisse der Kognitiven Literaturwissenschaft, dann resultiert daraus die Notwendigkeit eines veränderten, verstärkt ‚körperlichen‘ Verständnisses davon, wie Bedeutung sprachlich generiert wird. Im Gegensatz zu einer poststrukturalistischen Annahme von
autonomer Sprachverarbeitung wird die lektürebegleitende mentale Prozessierung als Interaktion zwischen *Top-down*-Weltwissen und *Bottom-up*-Textverar-
beitung verstanden (vgl. Wege 2013, 82). Beim Lesen laufen Naturalisierungspro-
zesse ab, mit denen Leser unbewusst die Fiktion mit realen Welterfahrungen in
Einklang bringen (vgl. Culler 1975, 138). Dies schließt beispielsweise ein Decodieren von Körpersprache und eine Einfühlung in die Emotionen von literarischen
Figuren ein (vgl. Wege 2013, 50). Dennoch plädiert die Kognitive Literaturwissenschaft nicht für eine Beschränkung ihres Untersuchungsgegenstandes auf die
Ebene individueller kognitiver Prozesse, da evolutionsbiologisch entstandene
Verbindungen im Gehirn nur die Basis für komplexe kulturhistorisch kontingente
Prägungen bilden. Nach Ansicht der Kognitiven Literaturwissenschaft wirken biologische und kulturelle Ursachen zusammen; sie wendet sich gegen das Dogma,
dass Kultur allein konstitutiv ist für die Identität der menschlichen Spezies, und
plädiert für eine Aufhebung der Dichotomie (vgl. Easterlin 2012, 3–4).
  Textsinn entsteht aus dem interaktiven und integrativen Zusammenspiel
von semiotischen Strukturen und kognitiven Ressourcen. Die Verarbeitung eines

https://doi.org/10.1515/9783110365252-021

Textes kann durch diesen nicht absolut determiniert sein, denn die imaginativen Prozesse beim Lesen hängen auch von persönlicher Erfahrung, individuellen Bedürfnislagen und Erwartungshaltungen ab. Ohne eine Übertragung kulturellen Wissens auf die Lektüre würde aber kein Verständnis zustande kommen. Deshalb ist das Verarbeiten von literarischen Texten auch nicht rein individuell und subjektiv; es ist teils von kognitiven Dispositionen, teils von kulturellen Determinanten bestimmt. Gerade die kognitiven Prozesse der Partizipation im Akt des Lesens stellen eine neuere Herausforderung an die Forschung dar. Hier haben die Teildisziplinen der Kognitiven Narratologie und Kognitiven Poetik Erkenntnisse über textuell generierte kognitiv-emotionale Effekte während der Lektüre erbracht, z. B. über die Erzeugung von Empathie durch bestimmte Formen der Charakterisierung und Perspektivierung (vgl. Keen 2007, 92–97). Damit werden Prozesse beobachtbar, welche in die kritische Interpretation hineinreichen sowie die soziale und kulturelle Funktion der Literatur mitbetreffen (vgl. Stockwell 2009, 11). Das bedeutet, dass die Kognitive Literaturwissenschaft nicht den Anspruch erhebt, alle ästhetischen Phänomene erschöpfend erklären zu wollen oder zu können; sie ergänzt vielmehr die hermeneutische Interpretation bzw. legt die mentalen Prozesse offen, die ihr zugrunde liegen.

2 Verkörperte und relationale Kognition

Die wichtigste Leistung der Kognitionswissenschaften ist eine radikale Neukonzeption des Bewusstseins gegenüber früheren psychologischen Vorstellungen. Diese Neukonzeption verändert frühere Vorstellungen auf fundamentale Weise: Zum einen erweist sich das Denken als *embodied* (verkörpert); es findet in neuronalen Prozessen im Gehirn statt und entsteht in aktivem Austausch sämtlicher körperlichen Prozesse mit der Umgebung. Ein weiterer Aspekt dieser neueren Vorstellungen vom Bewusstsein liegt darin, dass es sozial interaktiv und relational funktioniert und ein Einblick in die Gemüts- und Bewusstseinszustände anderer Menschen zu den früh ausgeprägten Fähigkeiten gehört. Menschen empfinden sich gegenseitig als ähnlich denkende, handelnde und empfindende Wesen, deren verkörperte Kognition sich aus ähnlichen konkreten perzeptuellen, sensomotorischen Interaktionen speist (vgl. Wege 2013, 48). Die Kognitionspsychologie geht daher nicht mehr von einem relativ isolierten subjektiven Bewusstsein als Basis des menschlichen Weltbezugs aus, sondern von einer inhärent sozial integrierten Intersubjektivität.

In Folge kognitionswissenschaftlicher Erkenntnisse hat die Psychologie einen Paradigmenwechsel vollzogen, der die Intersubjektivität vom Rande wieder ins

Zentrum der Theoriebildung rückt. Martin Altmeyer und Helmut Thomä nennen ihn den „relational turn", da es um die Einsicht geht, dass der Mensch ein Verhältnis zu sich selbst und zur Welt nur durch und aufgrund von intersubjektiven Bezügen entwickelt (Altmeyer und Thomä 2006, 8). Für Sigmund Freud war dagegen Intersubjektivität nicht evident. Stattdessen beruhte seine Theorie des Unterbewussten auf einer internalistischen Struktur, die das „Es" zu einer „Art intrapsychischer Unterwelt" erklärte (Altmeyer und Thomä 2006, 9). Freuds Konzeption hatte in der fiktionalen Erzählliteratur große Breitenwirkung, man denke nur an die sogenannte Bewusstseinsliteratur, an die Interiorisierung des Geschehens, an die Entwicklung der Erzähltechnik des *stream-of-consciousness* und an die Häufigkeit von homodiegetischer Erzählweise mit interner Fokalisierung.

Diese ‚intersubjektiven Ansätze' in der Psychologie lösten sich mehr und mehr von der Idee des isolierten Bewusstseins, das sich auf der Grundlage einer egozentrischen Orientierung nach und nach zum sozialen Wesen entwickelt. Das Selbst als essentieller Kern, bestehend aus bestimmten Eigenschaften, tritt ganz in den Hintergrund (vgl. Trevarthen 2001, 417). Diese Richtungen betrachten die zwischenmenschliche Beziehung und Bezogenheit als die Matrix der subjektiven Psyche. In diesem Zusammenhang entstanden auch die ersten interpersonellen Modelle des Denkens, wie z. B. die „simulation theory", die davon ausgehen, dass Menschen sich bewusst oder unbewusst ständig gegenseitig berücksichtigen und beeinflussen.

Die bahnbrechende Entdeckung der Spiegelneuronen hat diese Theorien bestätigt. Sie werden unter dem Begriff *4e cognition* zusammengefasst, der besagt, dass die Kognition – also Denken, Fühlen und andere Bewusstseinszustände – nicht allein geistiger Natur ist, sondern in komplexer Interaktion mit physischen und körperlichen Prozessen, also im Austausch mit dem materiellen Umfeld und der kreatürlichen Umwelt stattfindet (4e bezieht sich auf die Eigenschaften *embodied*, *enactive*, *embedded* und *extended*). Auch abstraktes Denken, Logik und Sprache sind nicht autonom (*disembodied*), sondern stammen aus konkreten körperlichen Erfahrungen. Dazu gehören perzeptuelle, senso-physische und motorische Bewegung und Raumerfahrung sowie Interaktion mit Objekten und anderen Menschen. Höhere Abstraktionsleistungen und mentale Repräsentationen können nur verstanden werden, wenn ihre Erfahrungshaftigkeit berücksichtigt wird (vgl. Wege 2013, 48).

Für den Lektüreprozess bedeutet dies, dass die leserseitige Vorstellung durch Aktualisierung realweltlicher Erfahrungen zustande kommt und sich, solange dies sinnfällig möglich ist, in analogen kognitiven Bahnen bewegt. Texte werden realisiert durch neuronale Prozesse im Gehirn, die auf mental gespeicherten Erfahrungen der Weltwahrnehmung und universal evolvierten Gesetzmäßigkeiten der Kognition beruhen (vgl. Wege 2013, 13). „Bei der Rezeption literarischer

Texte werden mental gespeicherte körperliche Erfahrungen (*embodied experience*) in der Gestalt so genannter Image-Schemata, einer Sonderform mentaler Repräsentationen, aktiviert" (Wege 2013, 48).

3 Phasen und Komponenten der Wahrnehmungssituation Leser-Text

Wie wir seit langem wissen, ist Textverständnis keine passive Aufnahme eines gegebenen Inhalts, sondern aktive Sinnkonstitution. Im Verstehensprozess während der Lektüre verschmelzen inner- und außertextuelle Informationseinheiten, d. h. Vorerfahrungen, Wissen und kulturelle Schemata, miteinander (vgl. Hertrampf 2011 [2009], 136). In diesem interaktiven Prozess werden *Bottom-up*-Textwissen im Arbeitsgedächtnis und *Top-down*-Weltwissen im Langzeitgedächtnis der Leser miteinander abgeglichen (vgl. Wege 2013, 82). Diese Interaktion zwischen Textstrukturen und Lesestrategien generiert eine Organisation des Textes, die ihn kommunikationsökonomisch handhabbar und besser verständlich macht. Die am Lesen beteiligten kognitiven Prozesse sind auf einem Kontinuum zwischen automatischen, unbewussten, teilbewussten, emotionalen und rational-kritischen angesiedelt. Die Setzung von Chronologie und Kohärenz sowie plausibler „good continuation" gehört zu den Basisorganisationen, die Manfred Jahn in *bounding* (Setzung von Anfang und Ende), *distilling* (Selektion relevanter Details) und *emplotting* (Erstellung eines Handlungsschemas) unterteilt (Jahn 2003, 202–203; vgl. Wege 2013, 105). Somit ist Plot nicht mehr eine Eigenschaft des Textes, sondern ein Produkt der Leser-Text-Interaktion. Weiterhin finden Segmentierung (vgl. Herman 2003, 172), Zuschreibung von Kausalbeziehungen und Projektion, die Erwartungen und Voraussagen schafft, während der Erstlektüre statt. Schon an der Schwelle zur Interpretation sind Prozesse wie das Verstehen und Aushandeln standardisierter Verhaltensweisen durch Schema-Attribution, Abgleich mit realweltlichem Denken und Verhalten und mit vorgängigem Wissen angesiedelt.

Die folgenden Phasen des Lesens sind lediglich Modellbildungen, mit denen eine Annäherung an komplexe interaktive Prozesse versucht wird. Ihre Gliederung folgt ähnlichen Strukturierungen bei Manfred Jahn, Uri Margolin und David Herman.

Primäre automatisierte und naturalisierende Prozesse

Schon am basalen Lesevorgang zeigt sich, dass das Lesen keine passive Sinnentnahme ist, sondern aktive Sinnkonstitution. Während der fortlaufende Blick des Rezipienten die Zeichen verfolgt, erfolgt die Wahrnehmung des Textes gleichzeitig von der Wort- über die Satz- bis zur Textebene und umgekehrt. Zahlreiche psychologische Studien haben ergeben, dass sich der Blick nicht völlig gleichmäßig und linear über die Wörter bewegt. Stattdessen treten mitunter ‚Regressionen‘ nach links oder oben auf, die dem Zweck dienen, Missverständnisse oder Ambiguitäten auszuräumen, indem bereits prozessierte Wörter in einen nachträglichen Kontext gestellt werden (vgl. Schubert 2009, 53). Das Auge springt dabei ruckartig von einem zum nächsten Fixationspunkt. Zwischen diesen liegen die sogenannten Sakkaden, minimale Vorwärts- und Rückwärtsbewegungen des Auges, in denen es weitgehend ‚blind‘ ist (Schubert 2009, 55). Besonders beim Verarbeiten von Ambiguitäten müssen verschiedene Hypothesen gleichzeitig im Arbeitsgedächtnis behalten werden; an Fixationsverlängerungen der Augen beim Lesen zeigt sich, dass Leser hier länger verweilen im Bemühen, Bedeutungen oder Bezüge von Mehrdeutigkeiten zu befreien (vgl. Hertrampf 2011 [2009], 136; Gross 1994, 19).

Während der Informationsverarbeitung beim Lesen werden ständig Entscheidungen getroffen, viele davon automatisch und unbewusst. Deshalb verläuft der Lesevorgang diskontinuierlich, und auch die Abfolge der einzelnen Fixationen entspricht nicht immer der Textfolge. Mithilfe von Rückkoppelung und Vorausschau durchkreuzen Leser die lineare Sukzession der sprachlichen Zeichen. Meist erzeugt die Reihenfolge der Nennung bereits eine Hierarchie der fiktionalen Gegenstände. In der Regel werden Informationen am Anfang eines Textes besonders genau aufgenommen und daher bleiben die am Anfang entstandenen Eindrücke länger im Gedächtnis. Dieser *primacy effect* zuerst präsentierter Informationen kann im Verlauf der weiteren Lektüre signifikante Überraschungen auslösen (vgl. Zerweck 2002, 223), wie z. B. die Redefinition der Erzählerin und der Erzählmotivierung im letzten Teil des Romans *Atonement* von Ian McEwan (2001), welche die gesamte bis dahin aufgebaute fiktionale Welt nachträglich umdefiniert.

Ein entscheidendes Merkmal verkörperter Kognition ist das ständige Erstellen räumlicher Vorstellungsmuster, sowohl beim Verstehen von Abstraktionen wie – naheliegenderweise – beim Lesen von fiktionalen Weltentwürfen. Ohne eine räumliche Vorstellung der fiktionalen Welt ist Verständnis schlechterdings unmöglich. Die Konzeptionalisierung eines fiktionalen Raumes funktioniert durch mentale Übertragung realer senso-motorischer Welterfahrung in den Rezeptionsprozess. Es gilt als gesichert, dass das illusionsbildende Erlebnis des Erzählens auf dem Muster realer körperlicher Weltorientierung mit ihrer senso-motorischen Erfahrung beruht. Verkörpertes Verstehen bedeutet also mentale Resituierung („fictional recentering", vgl. Caracciolo 2012, 42). Schon in Wolfgang Isers späteren Schriften (vgl. Iser 1993, 244) ist dieser Verkörperungsaspekt der leserseitigen Vorstellung angelegt. Erst die Aktualisierung eines fiktionalen Raumes ermöglicht alle Arten von Bewegung, die im Handlungsablauf nötig sind. Leser versetzen sich imaginativ an den fiktionalen Schauplatz bzw. projizieren sich in die fiktionale Welt (vgl. Caracciolo 2012, 42). Sie entwerfen einen virtuellen Körper, der sich am fiktionalen Schauplatz analog zur realen Erfahrungswelt bewegt. Dadurch können sie die Topographie des fiktionalen Raumes durch imaginative Kartierung erschließen (vgl. Caracciolo 2011, 118). Solches „cognitive mapping" scheint eine Basisaktivität des Gehirns zu sein; das zeigt sich am weitreichenden semantischen Mehrwert konzeptueller Grundmetaphern („image schemata") von z. B. Vertikalität, Richtung und Behältnis, die den metaphorischen Transfer von abstrakten Vorstellungen in räumliche leisten (vgl. Lakoff und Johnson 1980).

Image-Schemata sind verkörperte, senso-motorisch verankerte, durch frühkindliche neuronale Verknüpfungen entstandene, mentale Prototypen, die automatisch aktiviert werden (z. B. Leben als Weg, Gehirn als Container). Sie leisten einen signifikanten Beitrag zur imaginativen Verarbeitung von Lektüre. Jegliche mentale Prozessierung sprachlich vermittelter Welt basiert auf der Aktivierung solcher „image schemata". Sie bilden die Basis für die mentalen Grundorganisationen während des Textverstehens, denn sie ergänzen, wie George Lakoff und Mark Johnson gezeigt haben, propositionales Wissen mit der „imaginativen Rationalität" ihres visuell gestalthaften Wissens (vgl. Lakoff und Johnson 1980, 235). Konzeptuelle Grundmetaphern generieren Semantiken, die während der Lektüre primäre Organisationsprozesse leiten, z. B. die Organisation in Vordergrund und Hintergrund, die Identifikation von Handlungsträgern und deiktischen Zentren („foregrounding", „mapping" und „deictic shifts", vgl. Stockwell 2002, 109, 105). Ihr schematisches Wissen enthält Mehrwert in Form von kulturellen Wertungen (wie „good is up" und „bad is down"), so dass sie auch bei der interpretativen Beurteilung eine (meist unbewusste) Rolle spielen.

Dynamische Visualisierung

„Beim Lesevorgang schwenkt der linear fortlaufende Blick des Rezipienten von Signifikant zu Signifikant, von Vorstellungsbild zu Vorstellungsbild" (Hertrampf 2011 [2009], 136). Durch die Kognitionswissenschaften ist in den letzten Jahren deutlich geworden, dass beim Verstehen von Texten visuelle und verbale Elemente zusammenspielen und Leser zwischen ihnen hin und her wechseln („dual coding theory", vgl. Sadoski und Paivio 2001, 1–2). Neuropsychologische Experimente von Marisa Bortolussi und Peter Dixon haben gezeigt, dass die Erinnerung an die spezifische sprachliche Komposition von Texten relativ schnell nach dem Leseerlebnis verblasst, im Gedächtnis bleibt ein so genanntes „situation model", d. h. eine visuelle Repräsentation der beschriebenen Phänomene (Bortolussi und Dixon 2013, 26–27). Aber auch schon während des Lesevorgangs spielt die visuelle Vorstellung eine entscheidende Rolle.

Nach Iser wird beim Lesen in Form passiver Synthesen jene Vorstellungsbildung erzeugt, die sich „weder in der Sprachlichkeit des Textes manifestiert, noch [...] reines Phantasma der Einbildungskraft" ist. Diese Synthesen vollziehen sich „unterhalb der Schwelle unseres Bewußtwerdens" und sind primär visuell (Iser 1984, 219). In der Kognitiven Literaturwissenschaft meint „Visualisierung" die Aktualisierung mentaler Bilder im Prozess des Lesens (Esrock 2005, 633; Brosch 2017). Diese Visualisierung bzw. leserseitige visuelle Vorstellung funktioniert analog zur realen Wahrnehmung; man muss sie sich als „enactive" und „embodied", d. h. handlungssimulierend und verkörpert, denken (Varela et al. 1993; Noë 2004). Sehen und mentale Repräsentation sind insofern ähnlich, als sie auf einem gemeinsamen neuronalen Substrat basieren und von derselben Gehirnregion gesteuert werden. Sie sind aber wiederum insofern verschieden, als die mentale Visualisierung, verglichen mit realen Wahrnehmungen, stets vage und indistinkt bleibt. Die vorgestellten Inhalte erreichen nie das voll ausgestaltete 3D-Tiefensehen, das sich im ebenfalls prozesshaft ablaufenden realen Wahrnehmen einstellt, sondern werden allenfalls so deutlich wie das so genannte 2½D-Vorstadium (vgl. Marr 2010, 354). Die lektürebegleitenden Vorstellungen sind nie völlig ausgestaltet oder saturiert, was der Grund für die häufige Enttäuschung von Lesern bei der Begegnung mit Filmadaptionen sein mag, denn im Gegensatz zum Film ist die Visualisierung nicht auf eine Gestalt festgelegt.

Darin liegt auch ihr enormes Wirkungspotential: Die Flüchtigkeit und Ungenauigkeit der Vorstellungsbilder ist kein Makel, sondern vielmehr ein Vorteil. Sie bleiben dadurch fortlaufend adaptierbar. Die Erstlektüre beinhaltet so eine „kumulative Modifikation der auf der Zeitachse zusammenlaufenden Vorstellungsgegenstände" (Iser 1984, 240). Ständig müssen während der Erstlektüre neue Informationen in die Visualisierung aufgenommen werden, so dass die mentalen Repräsentationen partiell ergänzt und konkretisiert, aber auch morphologisch verändert werden. Die Vorstellungsbildung ist also dynamisch im doppelten Sinn. Sie verfolgt einerseits ein fortlaufendes Geschehen und sie wandelt ihre Gestalt ständig während der Lektüre.

Ordnungsstrukturen, binäre Oppositionen

Trotz oder gerade aufgrund dieser Dynamik der Vorstellung und des zu verarbeitenden Inhalts finden Strukturierungsprozesse statt, die als Gestaltwahrnehmung zu beobachten sind. Die Ordnung der Dinge wird vom kognitiven Apparat hergestellt; er interpretiert, inszeniert, konstruiert „Weltmodelle" (Singer 2002, 173) auf der Basis seiner Erfahrungen der wahrgenommenen Umwelt (vgl. Wege 2013, 45). „Wir richten unser Verhalten/Handeln, Denken, Deuten und Fühlen nach bereits angelegten mentalen Repräsentationen/Modellen aus; dies hilft, Überlebensprobleme zu bewältigen – so muss die Welt nicht täglich aufs Neue erlernt werden. Dies erklärt die Veränderungsresistenz unserer individuellen Vorstellungen und die Trägheit der Weltbilder gegenüber neuen Fakten" (Wege 2013, 46).

Nach Herman wird beim Lesen ein zeitlicher Vorgang in räumlichen Vorstellungseinheiten erfasst. Als Leser neigen wir dazu, relationale Vorstellungen von Figuren und Objekten im Raum zu erstellen (vgl. Herman 2002, 263). Eine Organisation in binäre Oppositionen von Figur und Grund mit ihren entsprechenden Wertigkeiten ist für die Alltagswahrnehmung charakteristisch. Diese aus der Malerei übernommenen Begriffe spiegeln jedoch die Dynamik unserer Vorstellungen nur unzureichend. Wie Peter Stockwell zeigt, bestehen *Figur-Grund*-Visualisierungen fast immer aus einer beweglichen Figur im Vordergrund, deren Spur wir gedanklich von einem Orientierungspunkt zum anderen folgen (vgl. Stockwell 2002, 14–15). Literarische Texte bilden oft eine als ästhetisch reizvoll empfundene Parallele zwischen der räumlich konkreten Dynamik der *Figur-Grund*-Vorstellung und thematischen oder metaphorischen Grenzüberschreitungen.

In der Alltagswahrnehmung bestimmen die momentanen Interessen des Betrachters, was jeweils im Vordergrund steht. Beim Lesen tendiert die Vorstellung dazu, zwecks Verständlichkeit und Dissonanzbewältigung kontrastive Entwürfe gegeneinanderzustellen, die alsbald synthetisiert werden können. Wegen ihrer Affinität zum Cartesianischen Dualismus und wegen der mittransportierten kulturellen Wertigkeiten gelten binäre Gegensätze als reduktiv. Sie erleichtern jedoch die Organisation des Materials bei der Lektüre enorm, indem sie eine Kartierung der fiktionalen Welt begünstigen, die Illusionsbildung ungeheuer erleichtern, Verständnis für Charaktere verbessern und Themen vereinfachen. Literarische Texte nutzen diese kognitive Neigung strategisch und spielen mit unserer ausgeprägten Disposition zur bildlich-räumlichen Organisation unserer Vorstellungen, sie können bekanntermaßen auch die erwartete Hierarchie von Figur und Grund auf den Kopf stellen, um poetische Wirkung zu erzielen (vgl. Tsur 2009, 250).

Die im literarischen Text enthaltenen Unbestimmtheitsstellen und Ambivalenzen mobilisieren als Dissonanzmanagement die Einteilung in Kontraste und

Dichotomien. Solche Gegensätze können im Setting hervortreten, in den Figuren-konstellationen oder auch in dargestellten Gegenständen, die dadurch mit symbolischem Mehrwert angereichert werden. Ein Interagieren der Bilder von Figuren und Raum ist ein einprägsames Darstellungsverfahren, das die Wirkung beider Textelemente erhöht. Aber nicht nur Räume und Figuren, auch dingliche Gegenstände eignen sich hervorragend zur parallelen oder kontrastierenden Anordnung, die in der Struktur des Textes wie auch in seiner Verarbeitung als Erinnerungs- und Verständnishilfe nützlich ist. Erhöhte Aufmerksamkeit kann dann z. B. durch einen Aspektwechsel in den Figur-Grund-Zuschreibungen erzeugt werden.

Man sollte sich deshalb kontrastive Darstellungselemente nicht als Eingrenzung der Vorstellung denken, sondern als Ermöglichungsstruktur. Das verlagert den Blick der Analyse auf die interessanten dynamischen Prozesse, die aus räumlichen, sozialen und symbolischen Oppositionen entstehen, z. B. ethnischen Trennungen, sozialen Hierarchien oder Bereichen von privat und öffentlich, aus denen Konflikt, Bewegung und Transgression hervorgehen. Die Kontraste leisten wertvolle Verstehenshilfe, bevor kompliziertere Rezeptionsvorgänge, wie konzeptuelle Integration und Dekonstruktion, geleistet werden können.

Die Literatur nutzt Konstruktionen von Dichotomien und binären Oppositionen, um Leserinnen die mentale Organisation zu erleichtern, aber auch um die schematische ‚Denkfaulheit' zu stören. Die Poetizität literarischer Texte ermuntert dazu, gedankliche Grenzübergänge bzw. mentale Projektionen zu vollziehen. Geschickte Autoren haben ihre Texte daher immer so angelegt, dass Leser einfache Binarismen und Dualismen verwerfen müssen, indem sie entweder eine andere Perspektive einnehmen oder ihre Rahmenreferenz ändern. Beides sind projektive Vorgänge, welche die Überwindung einer ursprünglichen Einstellung beinhalten (vgl. Brosch 2007, 20–21). Solche konzeptuelle Integration (s. u. „blending") erzeugt emotionale und kognitive Wirkungsmacht, weil sie sowohl das Bedürfnis nach Ordnung, Kohärenz und Geschlossenheit der mentalen Modellbildung wie auch das nach mentaler Herausforderung befriedigt (vgl. Wege 2013, 81).

Perspektive und kognitiver Realismus

Die Visualisierung wird von der Darstellungsweise eines Textes angeleitet, insbesondere durch seine Perspektivenstruktur, die wiederum deiktisch verankert und gerichtet ist. Jeder fiktionale Raumentwurf setzt durch Bezüge von Betrachter und Gegenstand sowie durch Blicklenkungen eine Perspektive voraus. Die Perspektive von Erzähltexten ist nicht selbst anschaulich, vielmehr bestimmt sie aufmerksamkeitslenkend die Einstellung, den Ausschnitt und den Standpunkt der fiktionalen Welt und ist damit am *cognitive mapping* beteiligt.

Fokalisierte Perspektiven sind durch Deixis in einem individuellen Bewusstsein verankert und intentional gerichtet. Die Aufmerksamkeit, Perzeptionsweise und kognitive Verarbeitung des fokalisierten Seh-Aktes resultiert in der spezifischen Repräsentation eines Gegenstandes. All dies ist nicht literaturspezifisch, wie Margolin zusammenfasst, sondern entspricht der realen Wahrnehmung und besitzt *psychologische Wahrheit* (vgl. Margolin 2003, 283). Die Innenperspektive einer fiktionalen Figur gilt als besonders nachvollziehbar; sie bietet eine größere Einsicht in die dargestellte Person und wird deshalb als Mittel zur Erzeugung von Anteilnahme interpretiert (vgl. Adamson 2001, 90; Jahn 1996, 252, 256). Die neuropsychologischen Experimente von Catherine Emmott und Antony Sanford haben jedoch gezeigt, dass Leser umso weniger geneigt sind, die Perspektive eines Charakters zu übernehmen, je mehr dieser Charakter personalisiert ist (vgl. Emmott und Sanford 2012, 167). Hier widerspricht die kognitionspsychologische Forschung zur Visualisierung den Grundannahmen der Erzählforschung.

Die visuelle Vorstellung folgt nämlich nicht der im Text vorherrschenden Perspektive allein (vgl. Brosch 2007, 56–58). Weder zwingt uns eine omnisziente, externe Perspektive, deren urteilenden Herrschaftsblick anzunehmen, noch verwandelt uns eine interne Fokalisierung automatisch in empathische Leser (vgl. Brosch 2008, 75–76). Interne Fokalisierung macht den Lesenden zugleich die Begrenztheit der figuralen Wahrnehmung bewusst. Das wird besonders deutlich an der Wirkungsweise des unzuverlässigen Erzählens, das die Affinität zur alltäglichen Wahrnehmung ausnutzt, um eine widerständige Visualisierung zu provozieren. Unzuverlässige Fokalisierungen beweisen, dass das simultane Nachvollziehen der Gedanken und Gefühle unterschiedlicher fiktionaler Charaktere (und Erzählerfiguren) möglich ist. Leser sind aber auch ohne sie in der Lage, unterschiedliche Sichtweisen nebeneinander parat zu halten. Visualisierung kann nahtlos zwischen verschiedenen Betrachterperspektiven wechseln oder eine vorherrschende Blickrichtung ergänzen bzw. kontrastieren. Solche gedankliche Multiperspektivik macht einen Großteil des Lesevergnügens aus: „We are both Red Riding Hood *and* the wolf at the same time; the force of the experience, the horror comes from ‚knowing‘ both sides of the story" (Clover 1989, 95).

Jedoch kann die Perspektivenstruktur eines Textes zur Intensivierung des Leseerlebnisses führen, denn anscheinend funktionieren textuelle Anleitungen zur Erzeugung eines quasi-sensorischen Inhalts am besten, wenn wir uns das Sehen eines anderen vorstellen sollen. Auch wenn es sich um das Wahrnehmen von unbewegter Szenerie handelt, sind solche Beschreibungen nicht statisch, denn sie geben die Blickbewegungen einer Wahrnehmung auf der Suche nach Bedeutung wieder. Elaine Scarry weist auf Passagen in Marcel Prousts *In Swanns Welt* hin, in denen das Sehen selbst auf besondere Weise wiedergegeben ist, z. B. im Kinderzimmer von Combray und im Hotelzimmer von Balbec (vgl. Scarry 1996,

163, 167). Diese Passagen reproduzieren die „materiellen Voraussetzungen der zu produzierenden Wahrnehmung" (Scarry 1996, 167). So machen sie die Lesenden zu stellvertretenden Beobachtern; sie sind textuelle Auslöser besonders lebendiger Vorstellung. Eine ähnlich eindrucksvolle Visualisierungsstrategie verfolgen Wahrnehmungsbeschreibungen, bei denen fiktionale Figuren ihr Gegenüber durchschauen wollen. Solche Blickszenen wecken die Aufmerksamkeit dadurch, dass die Thematisierung des Sehens mit dem leserseitigen primären Interesse an fiktionalen Charakteren verkoppelt ist. Zudem zeigt sich in diesen Visualisierungsanlässen der Einfluss der epistemologischen Verknüpfung von Sehen und Verstehen in unserer Kulturtradition.

Inferenzen und Theory of Mind

Die Aufmerksamkeitslenkung literarischer Texte funktioniert über den Wechsel zwischen unterschiedlichen Appellstrukturen. Dadurch ergeben sich Diskontinuitäten in der Sinnkonstruktion aus verschiedenen Lektüremodi zwischen einem immersiven Miterleben, einem distanzierteren kritischen Lesen sowie plötzlich aufscheinenden Erkenntnissen und imaginativen Momenten und dem Innehalten als Reflexionsanlass.

Ein dynamisches Geschehen unterstützt, wie Eckhard Lobsien erläutert, die Vorstellungsbildung (vgl. Lobsien 1975, 52). Das bedeutet aber auch, dass eine Unterbrechung des Geschehensflusses bzw. der Situationsillusion als Unterbrechung der primären Vorstellungsbildung fungieren kann. Ein Wechsel des Diskursmodus kann ein Aufmerksamkeitssignal sein, das zum intensiveren Lesen überleitet: „Stets ist Interesse an eine Defizienz, an eine Erwartung oder einen Wunsch gekoppelt: Damit ein Gegenstand Interesse erweckt, darf er weder völlig aus dem Muster der Erwartung und vorhandenen Konzepten herausfallen noch ganz in ihnen aufgehen, denn beidemale würde das Gesehene keine vorhandene Defizienz ausfüllen können" (Wolf 1993, 81).

Das Lektüreerlebnis intensiviert sich, wenn die leserseitige Neugier aktiviert ist, und diese Neugier bezieht sich vornehmlich auf Menschen. Ein Hauptinteresse von Lesern, wenn nicht überhaupt die Hauptmotivation des Lesens von fiktionaler Literatur, sind Charaktere, die psychologisch verstanden werden (vgl. Graf 2004, 59). Kognitionswissenschaftlich informierte Literaturwissenschaftler gehen davon aus, dass das Lesen von fiktionaler Literatur intersubjektiv motiviert ist, wobei Intersubjektivität alle mentalen Prozesse einschließt, nicht nur rational bewusste. „Intersubjectivity is the process in which mental activity – including conscious awareness, motives and intentions, cognitions and emotions – is transferred between minds." (Trevarthen 2001, 415) Demnach ist das menschliche

Bewusstsein primär „other-directed" und sozial: „In normal circumstances we are more aware of others' feelings and intentions than of our own inner states" (Trevarthen 2001, 416). Eine Besonderheit der menschlichen Spezies und die Basis für ihren außergewöhnlichen evolutionären Erfolg scheint gerade diese Fähigkeit zu intermentalem Verständnis zu sein (vgl. Trevarthen 2001, 417). Im Gegensatz zu einem älteren Verständnis, wonach das menschliche Bewusstsein primär innerlich und von anderen notwendig getrennt ist, gilt nunmehr die Fähigkeit zu zwischenmenschlicher Empathie, mentaler Kooperation und zu Intersubjektivität als grundlegend.

Auch das Interesse an Literatur wird vom Interesse an anderen Menschen angetrieben, und zwar nicht so sehr am Kollektiv, sondern am psychologisch gestalteten Einzelnen (vgl. Vermeule 2010, xii). Leser haben ein im Literaturunterricht gern unterdrücktes Bedürfnis, die fiktiven Gestalten automatisch mit menschlichem Empfinden auszustatten, mit ihnen zu fühlen oder sich sogar zu identifizieren. Daher kann die Erzählliteratur als Trainingsfeld für interpersonale Kompetenz dienen (vgl. Palmer 2004, 11).

Zum festen Erwartungshorizont der Leser von Romanen gehört die psychologische Befindlichkeit und Motivierung eines oder mehrerer Akteure. Inferenzen sind dabei eine unabdingbare Operation im Textverstehen. Wenn die Erzählweisen Emotionen, Erklärungen von Absichten und Gefühlsreaktionen schuldig bleiben, sind die Charaktere dennoch kein absolutes Rätsel, denn Empathiefähigkeit und *Theory of Mind* gehören zu den alltäglich genutzten Fähigkeiten des Menschen. Diese intersubjektiven Vermögen ermöglichen die Ergänzung von psychologischer Motivierung und von Kausalbeziehungen. Das klassische Beispiel von E. M. Forster zur Unterscheidung von *story* und *plot*: „The king died and then the queen died" ist kognitiv dürftig, denn die Ergänzung „of grief", die laut Forster einen Plot ausmacht, wird vom Leser per Inferenz bereitgestellt (Forster 1969, 82).

Unterschiedliche Darstellungsweisen fordern vom Leser verschiedene Varianten des *mindreading*. Für Ernest Hemingways Schreibweise ist z. B. typisch, dass Gefühle ausgespart werden und durch „camera-eye narration" in Handlungsabläufe übersetzt, die sich in der verkörperten Rezeption leicht nachvollziehen lassen, aber Raum für die Bedeutungskonstruktion offenlassen (vgl. Zunshine 2003, 277). Das Hauptinteresse an Charakteren beim Lesen von fiktionaler Literatur bezieht seine Spannung aus verschiedenen Verfahren der Darstellung, die vom Leser eine kognitive Ergänzung verlangen. Vor allem müssen Leser ihre Fähigkeit aktivieren, sich in die Charaktere hineinzuversetzen, um ihre Motivationen zu verstehen. Dies gelingt mithilfe von emotionaler und kognitiver Empathie, wobei Leser eigene Erfahrung und psychologisches Wissen in Anschlag bringen. (Unter Kognitivisten herrscht Uneinigkeit darüber, ob intersubjektives Verständnis primär auf ein *Theory of Mind* oder auf eine physiologisch fundierte *simulation* zurückzuführen ist. Lisa Zunshine hält *Theory of Mind* für die Grundlage fiktionalen Erzählens, während Greg Currie die Meinung vertritt, dass jegliche imaginative Gefühlsübertragung auf einer mentalen Simulation beruht.) Hypothesen über die Gedankenwelt und Gemütsverfassung fiktionaler Charaktere sind fesselnd, und die Anteilnahme der Lesenden an den Figuren steigert die Involviertheit in den Text.

Blending und Schemarevision

Literarische Texte bergen auch die Möglichkeit, dass die Ausbildung von Vorstellungen enorm erschwert oder unterbunden wird. Schon die Rezeptionsästhetik stellt fest, dass die ästhetische Herausforderung literarischer Texte in den zu ergänzenden Leerstellen liegt. Durch diese kognitive Partizipation können die zuvor unbewussten passiven Synthesen bewusstgemacht werden. Art und Grad der Aufmerksamkeit korrelieren mit Konventionalisierung und Innovation des Textes. Verfremdung, Verborgenes und Geheimnis: Der Schlüssel zu eindringlichen Lektüremomenten ist unsere Neugier. Das literarische Verfahren, das sie weckt, ist Entautomatisierung, z. B. durch eine aussparende oder verfremdende Beschreibung. Bei der Illusionsstörung wird ein automatisiertes Verstehen unterbrochen und erhöhtes kognitives Dissonanzmanagement erforderlich. Dies ist z. B. der Fall bei Metalepsen, die wir auf einer Abstraktionsebene verarbeiten müssen, die weit entfernt vom Bildlichen ist. Die Vorstellung wird dort gestört oder erschwert, wo eine Analogie zur realen Weltwahrnehmung nicht mehr möglich ist.

Es besteht eine enge Verbindung zwischen dem kognitiven Leseablauf und der Poetizität eines Textes, wobei erhöhte Poetizität distanzerzeugend wirkt (vgl. Wolf 1993, 123). Wenn das Verständnis erschwert wird, müssen die eigenen Erwartungen an den Text mitreflektiert werden. Sabine Gross stellt daher fest, dass literarische Texte eine bestimmte Art zu lesen nicht nur erfordern, sondern geradezu erzeugen. Dieses literarische Lesen deckt die den Leseprozess vorantreibenden kognitiven Strategien auf und entautomatisiert sie (vgl. Gross 1994, 30).

Durch das Erschweren der automatisierten Wahrnehmung kann ein neues Sehen erzwungen werden. Hier bringt die Vorstellung nicht den Reichtum der Anschauung in das abstrakte Denken hinein, sondern die Vorstellung selbst wird zum Träger von Erkenntnis. Für Iser ist die Vorstellungserschwerung eine entscheidende Konstituente des ästhetischen Potentials literarischer Texte. Die Funktion dieser Vorstellungserschwerung „bewirkt vor allem [...] etwas zu entdecken, das wir gar nicht sehen konnten, so lange die gewohnte Perspektive herrschte, durch die wir über das Gewußte verfügen. So läuft die Vorstellungserschwerung darauf hinaus, den Leser von habituellen Dispositionen abzulösen, damit er sich das vorzustellen vermag, was durch die Entschiedenheit seiner habituellen Orientierungen vielleicht unvorstellbar schien" (Iser 1984, 293).

Die Visualisierung bringt etwas zur Erscheinung, das weder mit der Gegebenheit des empirischen Objekts noch mit der Bedeutung eines repräsentierten Gegenstands identisch ist, sondern Resultat einer emergenten konzeptuellen Integration. Einer der kognitiven Literaturwissenschaftler der ersten Stunde, Mark Turner, hat darauf hingewiesen, dass dies keine Besonderheit der Literatur ist. Konzeptuelle Integration bzw. „blending", wie er es nennt, findet im Alltag ständig statt, wenn scheinbar unzusammenhängende oder widersprüchliche Informationen verknüpft werden müssen. Aber auch das Generieren und Verarbeiten von Metaphern beruht auf der Fähigkeit zur Herstellung von konzeptueller Integration. Durch *blending* entsteht eine „emergente Struktur", die mehr beinhaltet als die textuell vorgegebenen „input domains" (Turner 2006, 96).

Anspruchsvolle Literatur mit ihren textuellen Dissonanzen und Ambiguitäten kann sehr weitreichende Anforderungen an die kognitiven Integrationsvorgänge stellen. Das Verstehen polyvalenter poetischer Texte erfordert Integrationsvorgänge, die über alltägliche kognitive Decodierungsprozesse hinausgehen. Dies kann bedeuten, dass Meinungen, Erfahrungen, Wissen und Annahmen in Frage gestellt werden. Wie oben bereits erwähnt, beruhen lektürebegleitende Vorstellungen auf kulturellen Schemata, Skripten oder *Frames* (nicht zu verwechseln mit Image-Schemata), die gebündeltes schematisiertes kulturelles Wissen komprimieren und so das Verständnis kommunikationsökonomisch erleichtern. Literatur ist idealerweise in der Lage, diese kulturellen Schemata zu hinterfragen und zu unterwandern, so dass Leser gezwungen werden, ihre bisherige Weltsicht aufzugeben (vgl. Strasen 2008, 33). Diese Umstrukturierung konventioneller Schemata führt dem Rezipienten die eigenen habituellen Sehweisen, die immer schon in die Kultur eingebunden sind, vor Augen und ermöglicht so eine Revision des kulturellen Imaginären (vgl. Fluck 1997). Nicht zuletzt durch den Austausch in „temporary reading communities", wie sie sich heutzutage im Internet häufig formieren, kann die Verbreitung neuer Sichtweisen auch im kollektiven kulturellen Gedächtnis Fuß fassen.

Weiterführende Literatur

Dancygier, Barbara (2012). *The Language of Stories: A Cognitive Approach*. Cambridge.
Huber, Martin (2009). *Literatur und Kognition*. Paderborn.
Richardson, Alan (2015). „Imagination: Literary and Cognitive Intersections". *The Oxford Handbook of Cognitive Literary Studies*. Hrsg. von Lisa Zunshine. Oxford: 225–245.
Zunshine, Lisa (2006). *Why We Read Fiction: Theory of Mind and the Novel*. Columbus.

Literatur

Adamson, Sylvia (2001). „The Rise and Fall of Empathetic Narrative: A Historical Perspective on Perspective". *New Perspectives on Narrative Perspective*. Hrsg. von Willie van Peer und Seymour Chatman. New York: 83–100.

Altmeyer, Martin und Helmut Thomä (2006). „Einführung: Psychoanalyse und Intersubjektivität". *Die vernetzte Seele: Die intersubjektive Wende in der Psychoanalyse*. Hrsg. von Martin Altmeyer und Helmut Thomä. Stuttgart: 7–35.

Assmann, Aleida (1996). „Einleitung. Metamorphosen der Hermeneutik". *Texte und Lektüren. Perspektiven in der Literaturwissenschaft*. Hrsg. von Aleida Assmann. Frankfurt/M.: 7–26.

Bortolussi, Marisa und Peter Dixon (2013). „Minding the Text: Memory for Literary Narrative". *Stories and Minds: Cognitive Approaches to Literary Narrative*. Hrsg. von Lars Bernaerts, Dirk De Geest und Luc Herman. Lincoln, NH: 23–37.

Brosch, Renate (2007). *Short Story. Textsorte und Leseerfahrung*. Trier.

Brosch, Renate (2008). „Weltweite Bilder, lokale Lesarten: Visualisierungen der Literatur". *Visual Culture: Beiträge zur XIII. Tagung der Deutschen Gesellschaft für Allgemeine und Vergleichende Literaturwissenschaft*. Hrsg. von Monika Schmitz-Emans und Gertrud Lehnert. Heidelberg: 61–82.

Brosch, Renate (2017). „Experiencing Narratives: Default and Vivid Modes of Visualization". *Poetics Today*. 38.2 (2017): 255–272.

Caracciolo, Marco (2011). „The Reader's Virtual Body". *Storyworlds* 3 (2011): 117–138.

Caracciolo, Marco (2012). „Fictional Consciousnesses: A Reader's Manual". *Style* 46.1 (2012): 42–64.

Clover, Carol J. (1989). „Her Body. Himself. Gender in the Slasher Film". *Fantasy in the Cinema*. Hrsg. von Donald James. London: 91–133.

Culler, Jonathan (1975). *Structuralist Poetics. Structuralism, Linguistics and the Study of Literature*. London.

Dancygier, Barbara (2012). *The Language of Stories: A Cognitive Approach*. Cambridge.

Easterlin, Nancy (2012). *A Biocultural Approach to Literary Theory and Interpretation*. Baltimore.

Emmott, Catherine und Anthony J. Sanford (2012). *Mind, Brain and Narrative*. Cambridge.

Esrock, Ellen (2005). „Visualisation". *Routledge Encyclopedia of Narrative Theory*. Hrsg. von David Herman, Manfred Jahn und Marie-Laure Ryan. London und New York: 633–634.

Fluck, Winfried (1997). *Das kulturelle Imaginäre. Eine Funktionsgeschichte des Amerikanischen Romans 1790–1900*. Frankfurt/M.

Forster, Edward Morgan (1969). *Aspects of the Novel*. London.

Graf, Werner (2004). *Der Sinn des Lesens: Modi der literarischen Rezeptionskompetenz*. Münster.

Gross, Sabine (1994). *Lese-Zeichen: Kognition, Medium und Materialität im Leseprozeß*. Darmstadt.

Herman, David (2002). *Story Logic: Problems and Possibilities of Narrative*. Lincoln.

Herman, David (2003). „Stories as a Tool of Thinking". *Narrative Theory and the Cognitive Sciences*. Hrsg. von David Herman. Stanford: 163–192.

Hertrampf, Marina Ortrud M. (2011 [2009]). *Photographie und Roman. Analyse – Form – Funktion. Intermedialität im Spannungsfeld von nouveau roman und postmoderner Ästhetik im Werk von Patrick Deville*. Bielefeld.

Huber, Martin (2009). *Literatur und Kognition*. Paderborn.

Iser, Wolfgang (1984). *Der Akt des Lesens: Theorie ästhetischer Wirkung*. München.

Iser, Wolfgang (1993). *Prospecting: From Reader Response to Literary Anthropology*. Baltimore.

Jahn, Manfred (1996). „Windows of Focalization: Deconstructing and Reconstructing a Narratological Concept". *Style* 30.2 (1996): 241–267.

Jahn, Manfred (2003). „,Awake! Open your eyes!' The Cognitive Logic of External and Internal Stories". *Narrative Theory and the Cognitive Sciences*. Hrsg. von David Herman. Stanford: 195–213.

Jopling, David A. (1993). „Cognitive Science, other Minds, and the Philosophy of Dialogue". *The Perceived Self: Ecological and Interpersonal Sources of Self-Knowledge*. Hrsg. von Ulric Neisser. New York: 290–309.

Keen, Suzanne (2007). *Empathy and the Novel*. Oxford.

Lakoff, George and Mark Johnson (1980). *Metaphors We Live By*. Chicago und London.

Lobsien, Eckhard (1975). *Theorie literarischer Illusionsbildung*. Stuttgart.

Margolin, Uri (2003). „Cognitive Science, the Thinking Mind and Literary Narrative". *Narrative Theory and the Cognitive Sciences*. Hrsg. von David Herman. Stanford: 271–294.

Marr, David (2010). *Vision: A Computational Investigation into the Human Representation and Processing of Visual Information*. Cambridge.

Noë, Alva (2004). *Action in Perception*. Cambridge.

Palmer, Alan (2004). *Fictional Minds*. Lincoln.

Richardson, Alan (2015). „Imagination: Literary and Cognitive Intersections". *The Oxford Handbook of Cognitive Literary Studies*. Hrsg. von Lisa Zunshine. Oxford: 225–245.

Sadoski, Mark and Allan Paivio (2001). *Imagery and Text: A Dual Coding Theory of Reading and Writing*. Mahwah.

Scarry, Elaine (1996). „Die Lebendigkeit der Vorstellung. Der Unterschied zwischen Tagtraum und angeleiteter Phantasie". *Texte und Lektüren*. Hrsg. von Aleida Assmann. Frankfurt/M.: 156–187.

Schubert, Christoph (2009). *Raumkonstitution durch Sprache: Blickführung, Bildschemata und Kohäsion in Deskriptionssequenzen englischer Texte*. Tübingen.

Singer, Wolf (2002). *Der Beobachter im Gehirn. Essays zur Hirnforschung*. Frankfurt/M.

Stockwell, Peter (2002). *Cognitive Poetics: An Introduction*. London und New York.

Stockwell, Peter (2009). *Texture: A Cognitive Aesthetics of Reading*. Edinburgh.

Strasen, Sven (2008). *Rezeptionstheorien: Literatur-, sprach- und kulturwissenschaftliche Ansätze und kulturelle Modelle*. Trier.

Trevarthen, Colwyn (2001). „Intersubjectivity". *MIT Encyclopedia of the Cognitive Sciences*. Hrsg. von Robert A. Wilson and Frank Keil. Cambridge, Mass.: 415–419.

Tsur, Reuven (2009). „Metaphor and Figure-Ground Relationship: Comparisons from Poetry, Music, and the Visual Arts". *Cognitive Poetics. Goals, Gains and Gaps (= Applications of Cognitive Linguistics* 10 [2009]). Hrsg. von Geert Brône und Jeroen Vandaele. Berlin: 237–277.

Turner, Mark (2006). „The Art of Compression". *The Artful Mind*. Hrsg. von Mark Turner. Oxford: 93–114.

Varela, Francesco J., Evan Thompson und Eleanor Rosch (1993). *The Embodied Mind: Cognitive Science and Human Experience*. Cambridge.

Vermeule, Blakey (2010). *Why Do We Care about Literary Characters?* Baltimore.

Wege, Sophia (2013). *Wahrnehmung, Wiederholung, Vertikalität: Zur Theorie und Praxis der Kognitiven Literaturwissenschaft*. Bielefeld.

Wolf, Werner (1993). *Ästhetische Illusion und Illusionsdurchbrechung in der Erzählkunst. Theorie und Geschichte mit Schwerpunkt auf englischem illusionsstörenden Erzählen*. Tübingen.

Zerweck, Bruno (2002). „Der *cognitive turn* in der Erzähltheorie: Kognitive und ‚Natürliche' Narratologie". *Neue Ansätze in der Erzähltheorie*. Hrsg. von Vera Nünning und Ansgar Nünning. Trier: 219–242.

Zunshine, Lisa (2003). „Theory of Mind and Experimental Representations of Fictional Consciousness". *Narrative* 11.3 (2003): 270–291.

Zunshine, Lisa (2006). *Why We Read Fiction: Theory of Mind and the Novel*. Columbus.

Beate Lingnau
IV.2 Lesen aus textlinguistischer Perspektive

Das Lesen wird hier als eine aktive leserseitige Konstruktion von Bedeutung betrachtet, also in erster Linie im Sinne des Entwickelns von Textverständnis. Das Verstehen von Texten ist, ebenso wie die Textlinguistik, die ihren Ursprung erst in den 70er Jahren des 20. Jahrhunderts hatte (vgl. Fix 2008a), ein recht neuer Bereich in der linguistischen Forschung. Diese beschäftigte sich lange Zeit eher mit Struktur und Aufbau von Sprache, nicht aber mit Verstehensprozessen (vgl. Busse 2008). Auf Basis eines eher technisch motivierten Kommunikationsmodells (vgl. u. a. Shannon 2001) ging man davon aus, dass es für das Verstehen von Texten ausreiche, die Regeln dieses Systems im Sinne der Saussure'schen ‚langue' zu beherrschen (vgl. Busse 2008). Textverstehen wird demgegenüber in der neueren linguistischen Forschung als ein kognitive *und* kommunikative Vorgänge umfassender Prozess angesehen, der über an der Textoberfläche sichtbare Aspekte hinausgeht (vgl. Strohner 2006).

Ausgehend von einer psycholinguistischen Taxonomie des Textverstehens, werden im Folgenden zunächst grammatische, semantische und pragmatische Aspekte des Textverstehens und schließlich der Textualitätsbegriff sowie Textsorten und Intertextualität im Hinblick auf das Lesen betrachtet. Grundlegend ist dabei die Idee, dass Textualität nicht als eine Art „Vorab-Definition" gesehen werden muss, also als Kriterium dafür, ob es sich bei einer Ansammlung von Worten um einen Text handelt (Hausendorf 2008). Vielmehr stellen Texte Hinweise bereit, die „im Moment der Lektüre ausgewertet und verstanden werden" (Hausendorf 2008, 323). Um dies zu veranschaulichen, werden im Folgenden mögliche Textualitätshinweise am Beispiel der fiktionalen Kurzgeschichte „Kleiner Auto-Roman" von Erich Maria Remarque (1926) rekonstruiert, der die Liebesgeschichte eines zweisitzigen Sportwagens (Er) mit einem ebenfalls zweisitzigen Innensteuerkabriolett (Sie) erzählt.

1 Textverstehen aus psycholinguistischer Sicht

Gert Rickheit und Hans Strohner (1993) gehen davon aus, dass perzeptuelle, syntaktische, semantische und pragmatische Komponenten beim Prozess des Textverstehens eine Rolle spielen. Perzeptuelles Verarbeiten bezieht sich in diesem Zusammenhang auf die Wahrnehmung der sensomotorischen Merkmale und

https://doi.org/10.1515/9783110365252-022

Komponenten (zum Beispiel die Sprache des Textes, das Erkennen von Satzarten und die Erfassung einzelner Wörter). Auf der syntaktischen Ebene geht es um die Satzstellung sowie die morphologische Struktur der Wörter. Auf der semantischen Ebene gehört zum Textverständnis sowohl die Erfassung der Wortkonzepte als auch die referenzielle Beziehung dieser Konzepte zu realen und fiktiven Textwelten. Die Bildung einer kohärenten Struktur und die Verknüpfung mit weiterem Wissen bezeichnen die Autoren als semantisches Sinnverstehen. Schließlich wird darauf verwiesen, dass darüber hinaus auch Erkenntnisse über die kommunikative Absicht des Textproduzenten für das Verständnis eines Textes bedeutsam sind. Dies wird als pragmatisches Sinnverstehen bezeichnet. Es verweist auf die mitgedachte kommunikative Komponente der Textrezeption (vgl. Rickheit und Strohner 1993, 70). Strohner (2006) sieht das Verstehen von Texten ebenfalls nicht nur als Enkodierung von Wörtern, Sätzen und satzübergreifenden Zusammenhängen an, sondern als eine intentionsbezogene Form der Textverarbeitung. Die Rezeption von Texten wird in diesem Zusammenhang als ein komplexes Zusammenspiel unterschiedlicher kognitiver Prozesse betrachtet, die sich aus Verstehen, Bewerten, Ausführen und weiteren Reaktionen auf die Lektüre zusammensetzen. Demzufolge werden Texte nicht nur als kohärente Folge von Sätzen betrachtet, sondern als Produkte kommunikativer Handlungen mit sprachlichen und anderen Informationen. Eine ähnliche Vorstellung des Leseprozesses wird beispielsweise von Tobias Richter und Ursula Christmann ([3]2009 [2002]) postuliert, die von hierarchieniedrigen und hierarchiehohen Verarbeitungsebenen bei der Textrezeption ausgehen, beginnend mit weitgehend automatisierten Prozessen, wie der Identifikation von Buchstaben und Wörtern, und abschließend mit der Bildung von Makrostrukturen sowie dem Erkennen rhetorischer Strategien. Hierarchiehohe Verstehensprozesse münden in diesem Verständnis in der leserseitigen Konstruktion eines mentalen Modells auf der Grundlage von Propositionen (vgl. van Dijk und Kintsch 1983; Mental Models 1999; Kürschner und Schnotz 2008), bei deren Entstehung sowohl textinhärente Informationen als auch das Weltwissen des Lesers involviert sind (vgl. Rickheit und Sichelschmidt 1999). Genauer spezifiziert wird der Aufbau eines mentalen Modells beispielsweise bei Tatjana Jesch (2009, 47–49), die annimmt, dass nicht nur an der Textoberfläche wahrnehmbare, sondern auch implizite semantische Informationen (Präsuppositionen) und pragmatisches Wissen im Sinne kognitiver Schemata einbezogen werden. Dies wird am Beispiel von eng an den Wortsinn gekoppelten semantischen Präsuppositionen nachvollziehbar. Der Satz „Beide begegneten sich zum ersten Mal" aus Remarques kleiner Erzählung (vgl. Remarque 1926, 271) lässt den Schluss zu, dass die Akteure, auf die das Pronomen „beide" referiert, sich zuvor noch niemals begegnet sind. Das Verb „begegnen" legt außerdem die Präsupposition nahe, dass es sich bei den Akteuren um lebendige Wesen handelt und steht im Widerspruch dazu, dass die im Text eingeführten möglichen Referenten zwei Automobile sind. Im Text wird diese Vermischung unterschiedlicher alltagsweltlicher Konzepte (Belebtheit und Unbelebtheit) fortgeführt und spezifiziert: „Als Er ihr in die Scheinwerfer sah, gewahrte Er fassungslos ihr köstlich geschnittenes Kühlerprofil. Das Benzin in seinen Adern stockte einen Augenblick und begann dann in Liebe zu sieden" (Remarque 1926, 271). Hier wird die Assoziation zu einer Liebesszene hervorgerufen, indem vorgeformt anmutende metaphorisch geprägte Strukturen geboten werden (vgl. Dausendschön-Gay et al. 2007). Dies erinnert an Äußerungen wie ‚Als er ihr in die Augen sah' oder ‚das Blut in seinen Adern stockte und begann dann in Liebe zu sieden'. Der punktuelle Austausch belebter durch unbelebte Materie (Scheinwerfer statt Augen, Benzin statt Blut) lässt zwei unterschiedliche mögliche Szenarien zu: Zum einen den Kontext einer Liebesszene und zum anderen einen Kontext, in dem es um Autos geht. Diese Vermischung legt als Interpretationsrahmen wiederum einen literarischen und fiktionalen Zugang nahe, da unbelebten Gegenständen menschliche Eigenschaften zugesprochen werden.

Das Lesen wird in dieser linguistischen Perspektive somit als aktiver Konstruktionsprozess betrachtet, was impliziert, dass sich die mentalen Modelle unterschiedlicher Leser eines Textes durchaus unterscheiden können. Für die Textverstehensforschung ist es daher von zentraler Bedeutung, Strukturen in Texten zu finden, die von möglichst vielen Lesern ähnlich interpretiert werden. Der Einbezug von intertextuellen Bezügen wird in diesen Modellen nicht negiert. Allerdings wird die Rolle dieser Bezüge für das Textverstehen auch nicht systematisch beschrieben, sondern vielmehr unspezifisch unter dem Label „Weltwissen" des Lesers (Strohner 2006, 197) subsumiert. Einige Autoren beziehen aber zumindest Textsorten bzw. Genrewissen in den Verstehensprozess ein. So nimmt beispielsweise Wolfgang Schnotz (2000) für die Textverarbeitung eine Ebene der Textoberfläche, der Textbasis, des referentiellen mentalen Modells und zusätzlich eine Genreebene an. Letztere bezieht sich auf die Textsorte, aber vor allem auf die damit zusammenhängende Textfunktion (vgl. Schnotz 2000, 498).

2 Die Rolle der Grammatik beim Textverstehen

Andreas Lötscher (2006, 19) bezeichnet die Grammatik als ein abstraktes, ort- und zeitloses Regelsystem, welches keine bedeutungstragenden Elemente beinhaltet, aber dennoch als „Steuerungsmittel" des Verstehens fungiert. Dies scheint nicht nur – wie auf den ersten Blick anzunehmen – auf der Satz-, sondern auch auf der Textebene zu gelten. In einer Reihe wissenschaftlicher Arbeiten konnte in neuerer Zeit belegt werden, dass grammatische Formen sogar einen erheblichen Beitrag zum Verstehen von Texten leisten (vgl. Lötscher 2006; Hoffmann 2006; Henning 2011; Konopka 2006).

Die Generierung unterschiedlicher Bedeutungen auf der Äußerungsebene geschieht zum einen durch syntaktische und zum anderen durch morphologische Aspekte. Im Deutschen ist die Stellung der Satzglieder im Satz relativ variabel und kann zur Generierung unterschiedlicher Bedeutungen im Sinne einer Zusammengehörigkeit mit verschiedenen Satzteilen genutzt werden. Beispielsweise wird in dem Satz „Auch Sie hatte ihn gesehen; und auch ihr fuhr ein süßer Schreck in die Zylinder." (Remarque 1926, 271) das Agens bzw. Subjekt des Satzes, „Sie", durch die Stellung der Satzglieder zueinander deutlich. Das Satzsubjekt kann zum einen durch die Verbzweitstellung und zum anderen durch die morphologische Markierung (Nominativ) identifiziert werden. Im zweiten Teilsatz ist die Beziehung von Agens und Patiens nicht durch die Satzstellung, sondern ausschließlich durch die Dativmarkierung des Personalpronomens („ihr") und den Nominativmarkierungen am Artikel („ein") und am Adjektiv („süßer") in der Nominalphrase „ein süßer Schreck" zu erschließen. In dem genannten Beispiel wird das Verstehen aller Wahrscheinlichkeit nach auf semantischer Ebene durch die Unwahrscheinlichkeit bzw. Unmöglichkeit der unmarkierten Variante (*Sie fuhr einen süßen Schreck ...) erleichtert.

Lötscher (2006) beschreibt das Gegensatzpaar Form und Kontext und geht davon aus, dass grammatische Informationen nur dann zur Bedeutungsgenerierung herangezogen werden, wenn sie markiert sind. Nur das, „was aus dem Kontext nicht direkt oder falsch erschlossen würde" (Lötscher 2006, 25), wird durch markierte grammatische Formen verdeutlicht. Unmarkiert sind in diesem Zusammenhang eher unterspezifizierte Formen, die unterschiedliche Lesarten zulassen. Als Beispiele nennt Lötscher für die Tempora das Präsens, den Indikativ für die Modi sowie die Verbzweitstellung in einfachen Aussagesätzen als Kontrast zu anderen Satzgliedstellungen. Daraus ergibt sich als Standardinterpretation für unmarkierte Formen eine Interpretation als Assertion, mit uneingeschränktem Wahrheitsanspruch, die sich auf die direkte Realität und die Gegenwart bezieht (vgl. Lötscher 2006, 27). Dass grammatische Formen unverzichtbar sind, um komplexere Bedingungsgefüge auszudrücken, zeigen auch Eva Breindl und Ulrich Hermann Waßner (2006). Breindl und Waßner können zudem belegen, dass gerade die Konnektoren von großer Bedeutung für das Textverständnis sind und sein Gelingen positiv beeinflussen, da sie wichtige Hinweise für die Art der Verknüpfung von Propositionen liefern. Nur so können beispielsweise zeitliche Relationen wie „Als Er ihr in die Scheinwerfer sah, gewahrte Er fassungslos ihr köstlich geschnittenes Kühlerprofil." (Remarque 1926, 271) oder die Unsicherheit sowie der Zweifel über einen Vorgang ausgedrückt werden: „Man wusste nie, ob die Kolben arbeiteten" (Remarque 1926, 271).

Textgrammatische Ansätze

Aus textlinguistischer Sicht sind vor allem solche grammatischen Verknüpfungen von Bedeutung, die durch eine pronominale Wiederaufnahme Hinweise auf thematische Zusammenhänge geben. Roland Harweg (1979) stellte beispielsweise das Prinzip der expliziten und impliziten Wiederaufnahme in den Vordergrund und postulierte, dass die wichtigste Grundlage für einen Text eine nicht unterbrochene pronominale Verknüpfung sei (vgl. Gansel und Jürgens 2007, 37). Auch wenn grammatische Verknüpfungen in neueren Ansätzen im Hinblick auf die Textualität weder als notwendig noch als hinreichend angesehen werden (vgl. Brinker [6]2005 [1985]), sind sie doch von zentraler Bedeutung für das Textverstehen.

Die explizite Wiederaufnahme lexikalischer Items kann durch Rekurrenz, synonyme Ausdrücke, Pro-Formen, Hypero- bzw. Hyponyme sowie pronominale Formen erfolgen (vgl. Harweg 1979; Gansel und Jürgens 2008). In unserem Textbeispiel werden beispielsweise durchgängig die Pronomen „Er" als Referent für „einen zweisitzigen Sportwagen" und „Sie" für „ein zweisitziges Innensteuer-Kabriolett" verwendet: „Auch Sie hatte ihn gesehen; und auch ihr fuhr ein süßer Schreck in die Zylinder" (Remarque 1926, 271). Die beiden Pronomen werden immer großgeschrieben, was sie wie Eigennamen erscheinen lässt.

3 Semantik und Textverstehen

Da sich in zahlreichen Studien gezeigt hat, dass die Satzbedeutung von Lesern besser erinnert wird als die Oberflächenform der einzelnen Sätze, haben sich als Standardbeschreibungsmodelle für die kognitive Textverarbeitung die sogenannten Mentalen Modelle oder Situationsmodelle durchgesetzt (vgl. Nieding 2006). Die Verknüpfung von Sätzen durch das Prinzip der Wiederaufnahme kann auch mit lexikalisch-semantischen Mitteln realisiert werden. Dabei geht es aber nicht nur um die Verknüpfung mit dem folgenden bzw. dem vorhergehenden Satz. Vielmehr wird angenommen, dass thematische Zusammenhänge durchaus über mehrere Sätze hinweg durch lexikalische Items aus bestimmten thematischen Kontexten auf syntagmatischer oder paradigmatischer Ebene oder durch propositionale Bedeutungszusammenhänge hergestellt werden können. Für einen kohärenten Textzusammenhang reicht das Prinzip der Wiederaufnahme auf der grammatischen Ebene nicht aus. Zwischen den Sätzen muss ein Bedeutungszusammenhang bestehen, der nicht nur über grammatische Verknüpfungen hinausgeht, sondern auch ohne grammatische Verknüpfungen erzeugt werden kann (vgl. Brinker ⁶2005 [1985]). So wird der Zusammenhang der beiden ersten Sätze nicht etwa durch eine grammatische, sondern durch eine semantische Verbindung hergestellt, die sich hier in einer Metonymie, einer Teil-Ganzes-Relation der Lexeme ‚Sportwagen' und ‚Chassis' (Fahrgestell) zeigt: „Er war ein zweisitziger Sportwagen, langgestreckt, wunderbar im Aufriss und fabelhaft edel in der Linie, hochtourig, rassig – mit einem Motor, der überzüchtet war wie ein Barsoi aus Perchinoblut. Das Chassis ein einziger glatter durchgehender Schnitt, mit unerhörter Kühnheit alles eliminierend, was Bogen heißt [...]." (Remarque 1926, 270)

Greimas' Isotopien

Der Isotopieansatz von Algirdas J. Greimas wird auch als ein semantisch-struktureller Ansatz bezeichnet und ähnelt dem syntagmatischen Pronominalisierungsansatz insofern, als der thematische Textzusammenhang durch lexikalische Items hergestellt wird, die miteinander in Beziehung stehen (vgl. Gansel und Jürgens 2007). Dies geschieht allerdings nicht auf einer grammatischen, sondern auf einer lexikalisch-semantischen Ebene und geht über die reine Wiederaufnahme insofern hinaus, als dass alle Lexeme thematisch miteinander verknüpft werden können. Texte sind demnach Gefüge von 1 bis n Isotopieebenen (vgl. dazu Kallmeyer ³1980 [1974]; Kintsch und van Dijk 1978). Im gewählten Beispieltext geschieht dies auf der einen Seite durch Lexeme wie „zweisitzig", „Sportwagen", „Chassis", „Kotflügel", „Kühlerhaube" etc., wird auf einer anderen Isotopieebene aber konterkariert: ‚Leben', ‚schmerzvoll', ‚plötzlicher Tod', ‚Götter', ‚Qual' etc. Beide weisen auf unterschiedliche thematische Zusammenhänge hin, die allerdings allein durch die Betrachtung der Isotopien noch nicht sinnvoll verknüpft werden können.

Für das Verständnis eines gesamten Textes kann daher die Beschäftigung mit Zusammenhängen zwischen einzelnen Lexemen nicht ausreichen, da diese nicht die Komplexität der gesamten Textbedeutung(en) oder auch nur die Bedeutung einzelner Sätze darstellen können (vgl. Lötscher 2008, 110).

Propositionen – van Dijk

Walter Kintsch und Teun A. van Dijk (1978) nehmen mit ihrem Modell zum Textverstehen mit Propositionen deutlich größere Bedeutungseinheiten als einzelne Lexeme in den Blick. Auch hier steht die Idee im Vordergrund, dass „Satzfolgen kohärente Texte ergeben, wenn zwischen Sätzen inhaltliche Beziehungen bestehen, vergleichbar den Inhaltsbeziehungen zwischen Satzgliedern" (Lötscher

2008, 93). Kintsch und van Dijk gehen dabei von der Prämisse aus, dass das Verstehen von den Rezipienten als äußerst unkompliziert empfunden wird. Bei einer näheren Analyse der dem Verstehen zugrundeliegenden Teilprozesse zeige sich, dass ganze Reihen unterschiedlicher Prozesse in hoher Geschwindigkeit ineinandergriffen und mit sehr wenigen Interferenzen und ohne Überlastung des kognitiven Systems gleichzeitig abliefen.

Die Grundannahme ist, dass die Oberfläche eines Textes vom Leser als ein Set von Propositionen interpretiert wird. Der Begriff Proposition stammt ursprünglich aus der Sprechakttheorie und bezeichnet die neutrale Bedeutung eines Satzes (vgl. Gansel und Jürgens 2007, 44; Lexikon der Sprachwissenschaft [4]2008 [1983], 558). Allerdings wird nicht deutlich gemacht, welcher Satzbegriff hier zugrunde gelegt wird (vgl. Gallmann [8]2009, 763). Die Repräsentation eines Textes in Form der Textbasis wird aber nicht einfach als eine unzusammenhängende Liste von Propositionen verstanden. Vielmehr sind die Propositionen durch grammatische und lexikalische Mittel oder durch Inferenzen miteinander verknüpft und bilden als kohärente Einheit die Mikrostruktur der Textrepräsentation (vgl. Lötscher 2008, 94). Jedoch sind nicht alle Propositionen explizit miteinander verbunden. Fehlende Verbindungen werden von den Lesern durch Inferenzen ausgefüllt. Diese im Text selbst fehlenden Propositionen werden als „implizite Propositionen" bezeichnet. Sie machen den Text kohärent und bilden zusammen mit der Textoberfläche die sogenannte implizite Textbasis (vgl. Kintsch und van Dijk 1978, 365). Van Dijk und Kintsch gehen davon aus, dass – vermutlich um kognitive Ressourcen zu schonen – die Textbasis zu einer Makrostruktur verdichtet wird, sodass die Kernaussage des Textes herausgefiltert werden kann. Hierfür wird ihrer Annahme zufolge ein Set von Regeln auf die Propositionen der Textbasis angewendet.

4 Textualität

Sprach- wie Literaturwissenschaftler beschäftigen sich mit der Frage, wann eine Ansammlung von Worten als Text zu bezeichnen sei (vgl. Jesch 2009, 40). Aus linguistischer Sicht sind Texte in diesem Zusammenhang „weit mehr als miteinander verknüpfte Sätze". Sie werden vielmehr als „*die* – thematisch bestimmte und eine Funktion ausübende – Grundeinheit sprachlicher Kommunikation" betrachtet (Fix 2008a, 15). Zudem sind Texte immer mit anderen Texten verbunden und bilden Textnetze oder Textverbünde (vgl. Fix 2008a, 34). Sprachwissenschaftler interessieren sich vorrangig für nichtliterarische Texte, die sich von Aufdrucken auf dem Boden von Plastiktüten (vgl. Hausendorf 2009) bis hin zu komplexen und elaborierten Textsorten, wie beispielsweise Gesetzestexten (vgl. Hoffmann 1992), erstrecken. Generell ist aber nicht festgelegt, welche Arten von Text im Rahmen textlinguistischer Arbeiten zum Gegenstand der Betrachtung gemacht werden.

Jochen Vogt schlägt in diesem Zusammenhang eine „Literaturwissenschaftliche Hermeneutik" vor, die auf der einen Seite der prinzipiellen Vieldeutigkeit literarischer Texte gerecht wird, aber auf der anderen Seite lediglich „behutsame Deutungen" zulässt und stets um Plausibilität und Nachvollziehbarkeit bemüht ist (Vogt 2008, 69). Nichtliterarische Texte, die Vogt als Gebrauchs- bzw. pragmatische Texte bezeichnet, ließen selbstverständlich ebenso wie literarische Texte immer Interpretationsspielräume zu. „Verallgemeinerungen, Unschärfen und Mehrdeutigkeiten", die Texten unweigerlich inhärent seien, würden hier allerdings möglichst „durch Präzision gleich wieder aus der Welt [geschafft]" (Vogt 2008, 62), während literarische Texte gerade mit diesen Elementen spielten. Gert Rickheit und Hans Strohner (1993, 70) gehen sogar unabhängig von der Struktur des Textes davon aus, dass Leser unendlich viele Möglichkeiten hätten, einen Text zu interpretieren, und führen dies auf die Komplexität der beteiligten Vorgänge zurück (vgl. Vater 1994).

Ein wichtiger Aspekt im Hinblick auf das Textverstehen ist, dass die Gedanken des Verfassers nicht eins zu eins auf den Rezipienten übertragen werden (vgl. Keller 2012). Rudi Keller wendet sich damit von klassischen Kommunikationstheorien ab, nach denen „sprachliche Zeichen so etwas wie Verpackungskartons sind, die dazu dienen, Gedanken von einem Kopf zum anderen zu schicken" (Keller 2012, 166). Auf der anderen Seite sollen aber gerade die sprachlichen Phänomene beschrieben werden, die einer Sprachgemeinschaft ähnliche Interpretationen nahelegen und ermöglichen. Heiko Hausendorf (2008) geht sogar davon aus, dass Texthaftigkeit nicht unmittelbar an der Textoberfläche sichtbar wird. Vielmehr ist Texthaftigkeit für ihn etwas, das erst während des Leseprozesses durch die Wahrnehmung von Textualitätshinweisen zustande kommt. Denkt man diesen Gedanken konsequent weiter, verliert ein Text seine Materialität. Denn nicht mehr das, was wir auf dem Papier in Form von geschriebenen Wörtern wahrnehmen, wäre dann ein Text, sondern ein abstraktes Konstrukt, das, angeregt durch die Rezeption geschriebener Sprache, im „Kopf des Lesers" entsteht (Hausendorf 2008, 324).

Für das Lesen und damit das Verstehen sind solche Textualitätshinweise zudem prototypische sprachliche Entitäten, die als eine Art „Passepartout Interpretation" fungieren (Hermanns 2012, 158). Auch Helmuth Feilke (2012, 210) betont, dass das Verstehen von Sprache immer auf Reproduktionen, das heißt auf der Verwendung sozial verbindlicher Sprachroutinen beruhe. Damit ergänzt er Hermanns' Gedanken um den Aspekt der Sprechergemeinschaft, die durch ihren Sprachgebrauch Textroutinen erzeugt, welche dann wiederum ihren Mitgliedern als Interpretationshilfen dienen.

5 Kulturelle Aspekte des Textverstehens

Ulla Fix (2008b) greift noch einen weiteren Aspekt des Textverstehens auf, den sie als kulturell bezeichnet. Textverständnis in diesem Sinn stellt nicht die kognitive Verarbeitung oder die Wahrnehmung intertextueller Bezüge in den Vordergrund. Um Texte aus einer „sozialen Perspektive" zu verstehen, ist noch eine andere Art von Wissen nötig. Denn um den „Gebrauchswert" eines Textes zu erkennen, benötigen wir Hinweise für die kommunikative Funktion von Texten. Diese sind zumeist der Beschreibung von Textsorten inhärent. Sie können auf unterschiedlichen sprachlichen und nichtsprachlichen Ebenen gefunden werden und bestimmte leserseitige Erwartungen hervorrufen. So kann beispielsweise ein Text, der mit ‚Es war einmal' beginnt, aufgrund eben dieser Phrase als Märchen identifiziert werden, eine Textsorte mit unterhaltender Funktion, die auf eine fiktive Welt referiert. Die Aufteilung eines Textes in mehrere Spalten weist darauf hin, dass es sich um einen Zeitungsartikel handeln könnte, also einen Text mit eher informierender Funktion, der die Aufgabe hat, den Leser über Ereignisse in der realen Welt zu informieren. Fix (2008b) stellt darüber hinaus die These auf, dass auch andere Aspekte, wie „Ort", „Materialität" und „Medium" (Fix 2008b, 105), die soziale Funktion eines Textes markieren können. Sie führt dafür beispielhaft die Klappentexte von Büchern an. Für diese Art von Texten sei es schwierig, eindeutige Textsortenmerkmale festzulegen. Allerdings würden Klappentexte allein aufgrund der Tatsache, dass sie auf den Teil eines Schutzumschlags eines Buches gedruckt seien, der sich vorne und hinten auf der Innenseite des Covers eines gebundenen Buches befindet, sehr spezifische leserseitige Erwartungen wecken. Texte können ihre soziale Funktion aber auch ganz unabhängig von allen anderen Textmerkmalen allein durch die Wahl der Materialität und des Ortes, an dem sie stehen, verändern. „Weil das Zitat auf eine Mauer geschrieben ist, lesen wir es als Graffito. Weil der Wetterbericht in einem Gedichtband steht, nimmt man ihn als Gedicht wahr" (Fix 2008b, 105).

6 Textsorten und Textmuster

Die Textlinguistik beschäftigt sich nicht nur mit der Frage nach dem „Wesen des Textes", sondern vor allem in neuerer Zeit auch mit der „Strukturierung des Feldes" (Fix 2008b, 65). Fix sieht allerdings einen engen Zusammenhang zwischen diesen Ebenen. In der heutigen Textlinguistik sei vor allem eine „auf dem Alltagswissen aufbauende Textsortenbeschreibung" (Fix 2008b, 65) grundlegend, während in früheren Untersuchungen eher strikte Typisierungen im Vorder-

grund gestanden hätten. Mit Klaus Brinker ([6]2005 [1985]) können „Textsorten [...]
ganz allgemein als komplexe Muster sprachlicher Kommunikation verstanden
[werden], die innerhalb der Sprachgemeinschaft im Laufe der historisch-gesell-
schaftlichen Entwicklung aufgrund kommunikativer Bedürfnisse entstanden
sind" (Brinker [6]2005 [1985], 138).

Bei der Beschäftigung mit Textsorten können daher sowohl synchrone als
auch diachrone Betrachtungen fruchtbar sein (vgl. Gansel und Jürgens 2007). Fix
unterscheidet in diesem Zusammenhang *Top-down-* und *Bottom-up-*Vorgehensweisen zur Bestimmung von Textsortenmerkmalen. Unter einer *Top-down-*Bestimmung versteht sie eine reine Typologisierung von Texten. Wolfgang Heinemann
und Dieter Viehweger (1991), die eine kognitive Sicht von Textauffassung zugrunde
legen, favorisieren ein *Bottom-up-*Vorgehen zur Kategorisierung von Texten. Sie
gehen davon aus, dass sowohl für die Produktion als auch für das Verständnis von
Texten prototypische Formulierungsmuster auf vielen unterschiedlichen Ebenen
zum Tragen kommen. Sie unterscheiden in diesem Zusammenhang sprachliches
Wissen, Sachwissen, Interaktionswissen, Illokutionswissen, metakommunikati-
ves Wissen und Wissen über globale Textstrukturen. Fix nimmt für das Verstehen
von Texten ein Musterwissen an, das weit über die Anwendung von Regeln hinausgeht. Regelwissen reicht hier nicht aus, da der Musterhaftigkeit sowohl festgelegte
Strukturen als auch Freiräume inhärent sind. Trotzdem können Muster erkannt
und reproduziert werden, weil sie in der Regel prototypische Elemente enthalten,
die durch „einige hochtypische Elemente mit Signalfunktion" markiert werden (Fix
2008b, 67). Die Idee einer solchen Signalfunktion für das Erkennen von Textmus-
tern kann auch Feilke (2012) bestätigen. Er stellte seinen Probanden die Aufgabe,
Textsorten nur anhand einiger weniger Signalwörter oder Wortgruppen zu erkennen, was einem Großteil der Probanden problemlos gelang. Für den Beispieltext,
der mit dem Satz: „Er war ein zweisitziger Sportwagen, langgestreckt, wunderbar
im Aufriss und fabelhaft edel in der Linie, hochtourig, rassig, mit einem Motor, der
überzüchtet war wie ein Barsoi aus Perchinoblut." (Remarque 1926, 270) beginnt,
könnten solche Hinweise beispielsweise die Verwendung des durchgängig groß
geschriebenen Personalpronomens „Er", Adjektive wie „wunderbar", „fabelhaft",
„überzüchtet" und der metaphorische Vergleich mit einem „Barsoi aus Perchinoblut" (also einem Windhund) und das Präteritum als gewählte grammatische
Zeitform sein. Diese würden dem Leser vermutlich keinen Zweifel lassen, dass es
sich bei dem nachfolgenden Text nicht etwa um eine Autowerbung, sondern aller
Wahrscheinlichkeit nach um einen literarischen Text handelt.

Eine umfassende systematische linguistische Beschreibung relevanter Textsorten steht derzeit allerdings noch aus. Zudem besteht keine Einigkeit darüber,
auf welcher Kategorisierungsgrundlage dies geschehen soll (vgl. Brinker [6]2005
[1985]).

7 Intertextualität

Der Begriff Intertextualität hatte seinen Ursprung in der literaturwissenschaftlichen Diskussion der 1960er und 1970er Jahre und war zunächst poststrukturalistisch und dekonstruktivistisch geprägt. Dabei steht die Prämisse im Vordergrund, dass ein Text nicht ausschließlich als Werk eines einzelnen Autors betrachtet werden kann, sondern immer „nur ein polyphoner Intertext" (Janich 2008, 179) ist, in dem eine Vielzahl von Stimmen zu Wort kommen. Dies hat zur Folge, dass der Textsinn sowohl beim Schreiben als auch beim Lesen immer wieder neu konstituiert werden muss (vgl. Janich 2008; Jakobs 1999). Die Textoberfläche, die für den Leser sinnlich wahrnehmbar ist, kann in diesem Sinn nichts weiter als ein Anstoß für die Konstruktion des Textsinns sein (vgl. Linke et al. 1996). Eva-Maria Jakobs (1999, 5) bezeichnet die Bezüge auf andere Texte sogar als zwingende Voraussetzung für das Funktionieren von Texten in einer Gemeinschaft. Auch neuere pragmatisch-kommunikative und kognitionswissenschaftliche Ansätze gehen davon aus, dass die Konstruktion einer Textbedeutung sowohl beim Produzenten als auch beim Rezipienten weit über die auf der Textoberfläche wahrnehmbaren Inhalte hinausgeht. Vielmehr konstituiert sich der Text durch dynamische Konstruktions- und Rekonstruktionsleistungen der kommunikativ Handelnden. Kirsten Adamzik bezeichnet dies als „Re-Kreation" (Adamzik 2004, 94).

Zusammenfassend bleibt festzuhalten, dass das Lesen und Verstehen von Texten aus linguistischer Sicht ein hochkomplexer Prozess ist, der in neueren Forschungen als aktive Konstruktionsleistung des Rezipienten angesehen wird, die sich über das Dekodieren einzelner Wörter bis hin zu der Herstellung intertextueller Bezüge erstreckt und weit mehr Aspekte involviert, als an der Textoberfläche wahrnehmbar sind.

Weiterführende Literatur

Hausendorf, Heiko (2008). „Zwischen Linguistik und Literaturwissenschaft: Textualität revisited. Mit Illustrationen aus der Welt der Urlaubsansichtskarte". *Zeitschrift für Germanistische Linguistik* 36.3 (2008): 319–342.
Kintsch, Walter und Teun A. van Dijk (1978). „Toward a model of text comprehension and production". *Psychological Review* 85.5 (1978): 363–394.
Richter, Tobias und Ursula Christmann (³2009 [2002]). „Lesekompetenz. Prozessebenen und interindividuelle Unterschiede". *Lesekompetenz. Bedingungen, Dimensionen, Funktionen*. Hrsg. von Norbert Groeben und Bettina Hurrelmann. Weinheim: 25–58.
Textlinguistik. 15 Einführungen (2008). Hrsg. von Nina Janich und Klaus Brinker. Tübingen.

Literatur

Adamzik, Kirsten (2004). *Textlinguistik. Eine einführende Darstellung.* Tübingen.

Breindl, Eva und Ulrich Hermann Waßner (2006). „Syndese vs. Asyndese. Konnektoren und andere Wegweiser für die Interpretation semantischer Relationen in Texten". *Text – Verstehen. Grammatik und darüber hinaus.* Hrsg. von Hardarik Blühdorn, Eva Breindl und Ulrich Hermann Waßner. Berlin und Boston: 46–71.

Brinker, Klaus (⁶2005 [1985]). *Linguistische Textanalyse. Eine Einführung in Grundbegriffe und Methoden.* Berlin.

Busse, Dietrich (2008). *Interpretation, Verstehen und Gebrauch von Texten. Semantische und pragmatische Aspekte der Textrezeption.* http://docserv.uniduesseldorf.de/servlets/ DerivateServlet/Derivate-10280/S0089240.pdf (12. August 2015).

Dausendschön-Gay, Ulrich, Elisabeth Gülich und Ulrich Krafft (2007). „Vorgeformtheit als Ressource im konversationellen Formulierungs- und Verständigungsprozess". *Gespräch als Prozess. Linguistische Aspekte der Zeitlichkeit verbaler Interaktion.* Hrsg. von Heiko Hausendorf. Tübingen: 181–219.

Feilke, Helmuth (2012). „Textroutine, Textsemantik und sprachliches Wissen". *Sprache und mehr. Ansichten einer Linguistik der sprachlichen Praxis.* Hrsg. von Angelika Linke, Hanspeter Ortner und Paul R. Portmann. Berlin und Boston: 209–230.

Fix, Ulla (2008a). „Text und Textlinguistik". *Textlinguistik. 15 Einführungen.* Hrsg. von Nina Janich und Klaus Brinker. Tübingen: 15–35.

Fix, Ulla (2008b). *Texte und Textsorten – sprachliche, kommunikative und kulturelle Phänomene.* Berlin.

Gallmann, Peter (⁸2009). „Der Satz". *Duden, die Grammatik.* Hrsg. von Kathrin Kunkel-Razum und Peter Eisenberg. Mannheim, Wien und Zürich: 763–842.

Gansel, Christina und Frank Jürgens (2007). *Textlinguistik und Textgrammatik: eine Einführung.* Stuttgart.

Gansel, Christina und Frank Jürgens (2008). „Textgrammatische Ansätze". *Textlinguistik. 15 Einführungen.* Hrsg. von Nina Janich und Klaus Brinker. Tübingen: 55–85.

Harweg, Roland (1979). *Pronomina und Textkonstitution.* München.

Hausendorf, Heiko (2008). „Zwischen Linguistik und Literaturwissenschaft. Textualität revisited. Mit Illustrationen aus der Welt der Urlaubsansichtskarte". *Zeitschrift für Germanistische Linguistik* 36.3 (2008): 319–342.

Hausendorf, Heiko (2009). „Kleine Texte – über Randerscheinungen von Textualität". *Online-Zeitschrift der SAGG. Germanistik in der Schweiz* 6 (2009). http://www.germanistik. unibe.ch/SAGG-Zeitschrift/6_09/hausendorf.html (20. März 2015).

Heinemann, Wolfgang und Dieter Viehweger (1991). *Textlinguistik. Eine Einführung.* Tübingen.

Henning, Mathilde (2011). „Ellipse und Textverstehen". *Zeitschrift für Germanistische Linguistik* 39.2 (2011): 239–271.

Hermanns, Fritz (2012). „Linguistische Hermeneutik. Überlegungen zur überfälligen Einrichtung eines in der Linguistik bislang fehlenden Teilfaches". *Sprache und mehr. Ansichten einer Linguistik der sprachlichen Praxis.* Hrsg. von Angelika Linke, Hanspeter Ortner und Paul. R. Portmann. Berlin und Boston: 125–169.

Hoffmann, Ludger (1992). „Wie verständlich können Gesetze sein?" *Rechtskultur als Sprachkultur. Zur forensischen Funktion der Sprachanalyse.* Hrsg. von Günther Grewendorf. Frankfurt/M.: 122–157.

Hoffmann, Ludger (2006). „Ellipse im Text". *Text – Verstehen. Grammatik und darüber hinaus.* Hrsg. von Hardarik Blühdorn, Eva Breindl und Ulrich Hermann Waßner. Berlin und Boston: 90–108.

Jakobs, Eva-Maria (1999). *Textvernetzung in den Wissenschaften. Zitat und Verweis als Ergebnis rezeptiven, reproduktiven und produktiven Handelns.* Berlin und Boston.

Janich, Nina (2008). „Intertextualität und Text(sorten)vernetzung". *Textlinguistik. 15 Einführungen.* Hrsg. von Nina Janich und Klaus Brinker. Tübingen: 177–199.

Jesch, Tatjana (2009). „Textverstehen. Texte lesen". *Lesekompetenz – Textverstehen – Lesedidaktik – Lesesozialisation.* Hrsg. von Christine Garbe, Karl Holle und Tatjana Jesch. Paderborn: 39–103.

Kallmeyer, Werner ([3]1980 [1974]). *Lektürekolleg zur Textlinguistik. 1. Einführung.* Königstein/Ts.

Keller, Rudi (2012). „Zu einer Theorie der semiotischen Kompetenz". *Sprache und mehr. Ansichten einer Linguistik der sprachlichen Praxis.* Hrsg. von Angelika Linke, Hanspeter Ortner und Paul R. Portmann. Berlin und Boston: 165–175.

Kintsch, Walter und Teun A. van Dijk (1978). „Toward a model of text comprehension and production". *Psychological Review* 85.5 (1978): 363–394.

Konopka, Marek (2006). „Topologie komplexer Sätze und Textverstehen. Zur Stellung von Verbletztsätzen mit *weil*". *Text – Verstehen. Grammatik und darüber hinaus.* Hrsg. von Hardarik Blühdorn, Eva Breindl und Ulrich Hermann Waßner. Berlin und Boston: 108–125.

Kürschner, Christian und Wolfgang Schnotz (2008). „Das Verhältnis gesprochener und geschriebener Sprache bei der Konstruktion mentaler Repräsentationen". *Psychologische Rundschau* 59.1 (2008): 139–149.

Lexikon der Sprachwissenschaft ([4]2008 [1983]). Hrsg. von Hadumod Bußmann und Claudia Gerstner-Link. Stuttgart.

Linke, Angelika, Markus Nussbaumer und Paul R. Portmann ([3]1996). *Studienbuch Linguistik.* Tübingen.

Lötscher, Andreas (2006). „Die Formen der Sprache und die Prozesse des Verstehens. Textverstehen aus grammatischer Sicht". *Text – Verstehen. Grammatik und darüber hinaus.* Hrsg. von Hardarik Blühdorn, Eva Breindl und Ulrich Hermann Waßner. Berlin und Boston: 19–46.

Lötscher, Andreas (2008). „Textsemantische Ansätze". *Textlinguistik. 15 Einführungen.* Hrsg. von Nina Janich und Klaus Brinker. Tübingen: 85–113.

Mental Models in Discourse Processing and Reasoning (1999). Hrsg. von Gert Rickheit und Christopher Habel. *Advances in Psychology* 128 (1999).

Nieding, Gerhild (2006). *Wie verstehen Kinder Texte? Die Entwicklung kognitiver Repräsentationen.* Lengerich.

Remarque, Erich Maria (1926). „Kleiner Auto-Roman". *Sport im Bild* 32.11 (28. Mai 1926): 470–471.

Richter, Tobias und Ursula Christmann ([3]2009 [2002]). „Lesekompetenz. Prozessebenen und interindividuelle Unterschiede". *Lesekompetenz: Bedingungen, Dimensionen, Funktionen.* Hrsg. von Norbert Groeben und Bettina Hurrelmann. Weinheim: 25–58.

Rickheit, Gert und Lorenz Sichelschmidt (1999). „Mental Models: Some answers, some questions, some suggestions". *Advances in Psychology* 128 (1999): 9–40.

Rickheit, Gert und Hans Strohner (1993). *Grundlagen der kognitiven Sprachverarbeitung.* Tübingen und Basel.

Schnotz, Wolfgang (2000). „Das Verstehen schriftlicher Texte als Prozeß". *Text- und Gesprächslinguistik. Ein internationales Handbuch zeitgenössischer Forschung.* Hrsg. von Klaus Brinker. Berlin und New York: 497–506.

Shannon, Claude E. (2001). „A mathematical theory of communication". *ACM SIGMOBILE Mobile Computing and Communications Review* 5.1 (2001): 3–55.

Strohner, Hans (2006). „Textverstehen aus psycholinguistischer Sicht". *Text – Verstehen. Grammatik und darüber hinaus.* Hrsg. von Hardarik Blühdorn, Eva Breindl und Ulrich Hermann Waßner. Berlin und Boston: 187–205.

Textlinguistik. 15 Einführungen (2008). Hrsg. von Nina Janich und Klaus Brinker. Tübingen.

van Dijk, Teun A. und Walter Kintsch (1983). *Strategies of Discourse Comprehension.* New York und London.

Vater, Heinz (1994). *Einführung in die Sprachwissenschaft.* München.

Vogt, Jochen (2008). *Einladung zur Literaturwissenschaft.* München.

Joachim Pfeiffer

IV.3 Psychologische Dimensionen des Lesens

Psychologische und psychoanalytische Theorien des Lesens kommen darin überein, dass Lesen nicht als rein passiver Rezeptionsvorgang anzusehen ist, bei dem der Text nur ‚dekodiert' würde, sondern als aktiver Konstruktionsprozess, der zu einer Interaktion zwischen Text und Leserinnen und Lesern führt, also einen Akt der Kommunikation darstellt. Dabei wirken zahlreiche Teilprozesse zusammen, von der Worterkennung über die Herstellung semantischer und syntaktischer Relationen bis zur Integration von Vorwissen, Überzeugungen und Erwartungen (Christmann und Groeben 1999, 145–146). Während die kognitionspsychologische Forschung vor allem die kognitiven Strukturen und ihre Funktionsweise untersucht, gehen psychoanalytische Theorien davon aus, dass auch das Unbewusste der Leserin/des Lesers an der Interaktion mit dem Text beteiligt ist und dass die ‚Phantasiestruktur' des (literarischen) Textes Übertragungs- und Gegenübertragungsvorgänge zwischen Text und Lesenden auslöst. Der Unterschied zwischen der Rezeption literarischer und nicht-literarischer Texte ist dabei besonders zu beachten (vgl. Henschel 2013, 119; Keen 2006). So ist etwa die Bedeutung affektiver Komponenten oder der Grad der Identifikation bei der Lektüre literarischer Texte größer als bei der Rezeption von Sachtexten. Aus diesem Grund stehen vor allem literarische Texte im Fokus psychoanalytischer Rezeptionstheorien.

1 Psychoanalytische Wirkungsmodelle/ Wirkungsästhetik

Texte sind immer auf Wirkung angelegt. Selbst wenn sie nicht für die Veröffentlichung bestimmt sind, enthalten sie an der Oberfläche oder in ihrem ‚Subtext' rezeptionssteuernde Elemente und Strukturen.

Ein frühes wirkungsästhetisches Modell legte Sigmund Freud bereits in seinem Aufsatz „Der Dichter und das Phantasieren" aus dem Jahr 1908 vor (Freud 1999 [1941], Bd. VII, 213–223). Darin setzt er zunächst den dichterischen Produktionsprozess in Analogie zum kindlichen Spiel: „Jedes spielende Kind benimmt sich wie ein Dichter, indem es sich eine eigene Welt erschafft oder, richtiger gesagt, die Dinge seiner Welt in eine neue, ihm gefällige Ordnung versetzt." (Freud 1999 [1941], Bd. VII, 214) Wenn sich der Dichter durch seine literarische Phantasie eine

https://doi.org/10.1515/9783110365252-023

Wunscherfüllung verschafft, mit der er die „unbefriedigende Wirklichkeit" korrigiert oder zumindest in Frage stellt, dann gilt dies ebenso für die Lesenden: Durch die *Ars poetica*, die Kunst des Ästhetischen, gelingt es dem Autor, die Leserinnen und Leser zur Rezeption von Verbotenem, Verpöntem oder Anstößigem zu verlocken und deren Widerstände teilweise zu überwinden. Den damit verbundenen ästhetischen Lustgewinn, der „die Entbindung größerer Lust aus tiefer reichenden psychischen Quellen" ermöglicht, nennt Freud „Verlockungsprämie" oder „Vorlust". Er vertritt sogar die Meinung, „daß alle ästhetische Lust, die uns der Dichter verschafft, den Charakter solcher Vorlust trägt, und daß der eigentliche Genuß des Dichtwerkes aus der Befreiung von Spannungen in unserer Seele hervorgeht" (Freud 1999 [1941], Bd. VII, 223). Nach diesem Modell ist die Lust beim Lesen literarischer Texte also eine doppelte: Die Lektüre verschafft uns eine „Vorlust" mittels des Ästhetischen, das uns zur näheren Beschäftigung mit dem (literarischen) Text verlockt; diese Textarbeit löst dann „Spannungen in unserer Seele", indem sie den Weg zu verdrängten Vorstellungen freilegt und es ermöglicht, dass wir „unsere eigenen Phantasien nunmehr ohne jeden Vorwurf und ohne Schämen" genießen können (Freud 1999 [1941], Bd. VII, 223). Bezeichnenderweise weist Freud hier darauf hin, dass der literarische Text in den Lesenden produktive und kreative Aktivitäten auslöst: die Produktion eigener Phantasien, die nun ebenfalls die Schranken der inneren Zensur durchbrechen können.

Diese Untersuchung Freuds ist in ihren Prämissen von der Erfahrung repressiver gesellschaftlicher Strukturen um 1900 bestimmt – deshalb wird hier mit einer gewissen Einseitigkeit die befreiende Wirkung literarischer Lektüren betont. Dem Lesen wird eine geradezu therapeutische Wirkung zugesprochen, da sich die Leserinnen und Leser in Verbindung mit der „Verlockungsprämie" der ästhetischen Form ihrer unbewussten Strukturen bemächtigen können. Es ist besonders bemerkenswert, dass Freud hier ein frühes wirkungsästhetisches Modell entwickelt, das von der Ästhetik des Kunstwerks ausgeht und dessen Sprengkraft betont. Der literarische Text ermutigt uns zu Grenzüberschreitungen und Tabubrüchen – in Rückbesinnung auf das kindliche Spiel und das Glück der Kindheit, das uns das Erwachsenendasein zu verwehren scheint.

Dieses emanzipative Potential des Poetischen kommt besonders in einer Textgattung zum Ausdruck, die Freud bereits im Jahr 1905 reflektiert und die in seiner jüdischen Sozialisation eine besondere Rolle spielte: die des Witzes, deren Wirkungsmechanismus er in seiner Studie *Der Witz und seine Beziehung zum Unbewußten* (Freud 1999 [1941], Bd. VI) an zahlreichen Beispielen untersucht. Der Witz ermöglicht – vor allem über sprachliche Verfahren der Verschiebung, Verdichtung, der Mehrdeutigkeiten/Polysemien und der Symbolisierung – die Aufhebung von Hemmungen und Verboten, insbesondere tabuisierter sexueller oder aggressiver Inhalte. Es handelt sich um sprachliche Mechanismen, die dem Bewusstsein der

Lesenden zum Teil entzogen sind. Freud spricht von der *Ars poetica* des Witzes, die ihre Kunst z. B. im Sprachspiel oder in der spielerischen Verwendung von Polysemien entfaltet. Das Durchbrechen der inneren Zensur, das durch den Witz erleichtert wird, trägt zur „Aufwandsersparnis" in den Lesenden/Hörenden bei: Diese ersparen sich jenen Hemmungsaufwand, der zur Unterdrückung aggressiver oder sexueller Triebansprüche nötig wäre – und können die ersparte Energie lustvoll „ablachen" (Freud 1999 [1941], Bd. VI, 153). Auch hier ist es gerade die sprachliche Form des Witzes, die den Weg zu innerpsychisch oder gesellschaftlich Tabuisiertem ebnet. Von besonderem Interesse ist in diesem Zusammenhang Freuds Feststellung, dass uns die Wortspiele des Witzes, bei denen sich der Wortklang von der Bedeutung löst, eine besondere Erleichterung verschaffen: Während die „ernsthafte Verwendung der Worte" mit einer gewissen Anstrengung verbunden ist, kommt den klanglichen Spielereien eine Leichtigkeit zu, die innere Zensurzwänge zu lockern vermag (Freud 1999 [1941], Bd. VI, 143). Freud verteidigt damit eine Form der Poesie, die für Julia Kristeva die „Revolution der poetischen Sprache" ausmacht (Kristeva 1978). Für Kristeva sind es gerade der Klang, das Rhythmische und Rhetorische avantgardistischer Texte (Lautréamont, Mallarmé), die das Semantische und dessen Sinngebungen unterlaufen. Weil der Klang der Wörter einer frühen Entwicklungsstufe angehört, kann er sich den Strukturgesetzen und Determinanten der Sprache entziehen und zur Destabilisierung und Subversion der symbolischen Ordnung (der Sprache) beitragen (vgl. Kristeva 1978, 32–113).

Viele der literarischen Interpretationen Freuds erweisen sich im Grund als implizite Wirkungstheorien (vgl. Schönau und Pfeiffer ²2003, 39). So untersucht Freud in seiner *Traumdeutung* die zeitlose Faszination von Sophokles' *König Ödipus* oder von Shakespeares *Hamlet* und liefert eine Erklärung für die „Geschichtsresistenz" dieser und anderer bedeutender Werke der Weltliteratur (Schönau und Pfeiffer ²2003, 40). Nach Freud beruht deren bleibende Faszination darauf, dass sie uns mit unseren verdrängten Kindheitswünschen konfrontieren, insbesondere der Tabu-belegten Liebe zur Mutter, aber auch mit dem Verbot des Vaters, wodurch diese Wünsche mit Angst und Schuldgefühlen verbunden sind. Die Texte konfrontieren uns mit unserem Begehren nicht nur in literarisch verwandelter Gestalt, sie repräsentieren auch die historische Veränderung der ödipalen Strukturen: So ist in *Hamlet* das ödipale Begehren stärker verhüllt als in *König Ödipus*, wir erfahren in dem „moderneren" Stück von den kindlichen Wunschphantasien „nur durch die von ihr ausgehenden Hemmungswirkungen" (Freud 1999 [1941], Bd. II/III, 271). Hamlets Skrupel, den Onkel zu ermorden, erklärt Freud mit dem Umstand, dass im Onkel Hamlets eigene ödipale Wünsche repräsentiert werden; am Mord wird Hamlet durch seine Schuldgefühle gehindert. Auf diese Weise werden die Lesenden/Zuschauenden mit ihren eigenen Kindheitswünschen und -ängsten konfrontiert und können durch das Drama Schuld und

Angst kathartisch abarbeiten. Freud erklärt mit dieser Interpretation zweierlei: einmal die Bedeutung von Hamlets Zögern als Zentrum des Stücks; andererseits die bleibende Faszination des Zuschauers durch dieses „modernere Drama" (Freud 1999 [1941], Bd. II/III, 271) und, historisch gesehen, das „Fortschreiten der Verdrängung im Gemütsleben der Menschen" (Freud 1999 [1941], Bd. II/III, 271). Auf diese Weise entwirft Freud eine Rezeptionstheorie, die das „Vorwissen" des Zuschauers und seine psychischen Dispositionen als historische begreift. Die Konsequenz, den Ödipuskomplex selbst als historisch zu verstehen und seine Universalität in Frage zu stellen, zieht Freud allerdings nicht.

Freuds wirkungsästhetisches Modell zeigt, dass die Aktivierung unbewusster Vorstellungen und Wünsche in den Lesenden durch die Phantasiestrukturen des Textes bedingt ist. Peter von Matt bezeichnet diese Phantasiestrukturen im Drama als „psychodramatisches Substrat", das nicht mit der Phantasie des Autors gleichzusetzen ist. Von Matt versteht darunter vielmehr eine überindividuelle Struktur, die als „abstrakte Statik" des Werks fungiert und als verborgene Substruktur des Textes erschlossen werden kann (von Matt 2001, 77). In der Rezeption wirkt dieses Substrat wie ein Energiefeld, von dem die „ästhetische Strahlung" des Werks ausgeht (von Matt 2001, 67). Das psychodramatische Substrat gleicht einer verborgenen unbewussten Dimension des Dramas, die gleichwohl eine prototypische Strukturierung aufweist und eine kathartische Wirkung für Leserinnen und Leser bzw. Zuschauerinnen und Zuschauer ermöglicht.

Von Matt setzt diesen Wirkmechanismus am Beispiel von Schillers *Wilhelm Tell* ins Licht. Er geht von dem wenig beachteten Widerspruch aus, dass es zwischen Tells Einzelaktion, dem Mord an Gessler, und der Kollektivaktion der Staatsgründung auf dem Rütli keinen Zusammenhang gebe (vgl. von Matt 2001, 68). Dies erscheint umso auffälliger, als Tells Einzelgängertum von Schiller gegen die von ihm benutzten historischen Quellen gestaltet wurde. Dazu kommt, dass diese Zusammenhanglosigkeit am Schluss wieder verwischt wird, indem das Volk sich um Tell versammelt und ihn als Retter feiert (vgl. von Matt 2001, 68). Im psychodramatischen Substrat des Stücks werde eine kollektive Erfahrung reaktiviert, dass nämlich die Urform der menschlichen Gemeinschaft in der gewaltsamen Tötung des Oberhaupts und der Umwandlung der Vaterhorde in eine Brüdergemeinschaft gründe (so Freud in *Totem und Tabu*, 1999 [1941], Bd. IX) und dass diese Tötung ein „ungeheures Schuldbewusstsein" kollektiver Art auslöse (von Matt 2001, 70). Das psychodramatische Substrat erweist sich zwar als ödipal strukturiert, da ja die Vaterfigur (Gessler) getötet wird – Schiller gelinge es aber, das am Schluss notwendigerweise ausbrechende Schuldbewusstsein aufzufangen und ökonomisch umzuleiten: Der Text lenke die Schuld zunächst von den Brüdern des Rütlischwurs auf Tell, dann von Tell auf die Figur des Parricida um. Deswegen dürfen die „Brüder" zunächst von seinem Mord an Gessler nichts wissen, deshalb distanziert sich Tell so entschieden vom Verbrüderungsritual auf dem Rütli. So ermöglicht Schiller – trotz der ödipalen Grundstruktur des Dramas – die Entlastung von Schuldgefühlen und befördert die Katharsis der Zuschauerinnen und Zuschauer am Ende. Aus diesem Grund auch kann der Autor den Anschein erwecken, dass hier der Französischen Revolution, die im Königsmord kumuliert, das alternative Modell eines humanen Umsturzes entgegengesetzt werde. Peter von Matt liefert mit seiner Interpretation ein Modell, das die Wirkungsweise unbewusster Dimensionen im literarischen Text erklärt.

Neuere literaturpsychologische Forschungen widmen sich verstärkt einem Gegenstandsbereich, der lange Zeit vernachlässigt wurde, der aber schon in den frühen Arbeiten Freuds in den Fokus rückte: die Erforschung literarischer Formen und Strukturen und die Frage nach deren Wirkung auf die Leserinnen und Leser. Freuds etwas einseitiger Gedanke von der Form als „Verlockungsprämie" wird z. B. in der These aufgegriffen und weitergeführt, dass sich lyrische Sprachformen wie der Reim als „Aufmerksamkeitsersparnis" verstehen ließen, die sich bei der Wiedererkennung des Gleichen in Lust umsetze (Pietzcker 1990, 13). Die Arbeiten zur Funktion der literarischen Form folgen unterschiedlichen psychoanalytischen Theorien und lassen sich, neben den triebpsychologischen Theorien Freuds, vor allem in selbst- und ichpsychologische Ansätze differenzieren. Für Selbstpsychologen in der Nachfolge von Hanns Sachs und Melanie Klein kommt der Form vor allem eine narzisstische Funktion zu: Der Schriftsteller liebe in der ästhetischen Form des Werks sich selbst, genieße seine Allmacht in Texten, die er anderen zur Bewunderung anbietet: „Alle Formkriterien – Einheit, Vollständigkeit, Selbstgenügsamkeit usw. – sind Mittel zur Sicherstellung der Integrität und der Unsterblichkeit des Objekts" (Bush 1984, 168). Diese Integrationsfunktion der Form überträgt sich auch auf die Leserinnen und Leser, für die das Ästhetische nicht nur Lustgewinn bedeutet, sondern auch zur Selbstkonstitution und zur Festigung der Ich-Identität beitragen kann. Für Pinchas Noy vermittelt die Form zwischen dem Selbst, den Objekten und der Realität und lässt Leserinnen und Leser unterschiedliche Entwicklungsstufen der Selbstintegration durchleben, vom fragmentierten Selbst bis hin zu den komplexen Strukturen des reifen Subjekts (vgl. Noy 1979; Pietzcker 1990, 213). Noys Ansatz trägt der Einsicht Rechnung, dass die Form moderner Texte keineswegs immer Harmonie und Einheit repräsentiert, sondern oft von Diskontinuitäten, Brüchen und Fragmentierungen bestimmt ist.

Den wechselnden Funktionen der Form geht auch Gilbert J. Rose nach, der die bisher umfangreichste psychoanalytische Untersuchung zur ästhetischen Form vorgelegt hat. In *The Power of Form* (1980) begreift er die ästhetische Formgebung als Wechselspiel zwischen Auflösung und Konstruktion, Aufweichung der Grenzen von Selbst und Objekt und einer neuen Selbstkonstitution, die über die Form vermittelt werde. In der formalen Strukturierung des Werks können die Grenzen zwischen Selbst und Welt verschoben werden – der literarische Text erscheint hier als eine Art „Übergangsobjekt" (Winnicott [12]2010 [1973]), das sowohl dem Selbst als auch der äußeren Realität angehört.

Neben diesen selbstpsychologischen Ansätzen stehen ichpsychologische, die der literarischen Form unterschiedliche Ich-Funktionen zuschreiben, insbesondere ichfunktionale Abwehrmechanismen: Triebkontrolle, Ordnung, Übersicht und Verständlichkeit (vgl. Lesser 1972). Solche Theorien stehen in Gegensatz zu den triebpsychologischen Freuds, in denen eher die subversive Energie der Literatur in ihr Recht gesetzt wird.

Die Neulektüre Freuds durch Jacques Lacan, die einen großen Einfluss auf die psychoanalytische Literaturwissenschaft ausübte, ist in ihrer rezeptionsästhetischen Bedeutung noch relativ wenig erforscht. Einer ihrer Grundgedanken besteht in der Umkehrung des Saussure'schen Zeichenschemas, wonach das Signifikat den Signifikanten dominiere. Bei Lacan wird das Signifikat zum „Effekt des Signifikanten" (Lacan 1975, 22). Der endlose Verweisungs- und Verschiebungsprozess der Zeichen gleicht der Struktur des Begehrens; Bezeichnen und Begehren folgen derselben Dynamik. Dieser Vorgang leitet sich ab aus einem Verdrängungsvorgang, der Teil der menschlichen Entwicklung ist: Durch das Verbot der ursprünglichen Liebe zur Mutter (das Inzestverbot) gilt das mütterliche Objekt des Begehrens als verloren und muss von da an durch andere Objekte ersetzt werden. Dadurch wird ein endloser Substitutionsprozess in Gang gesetzt, der in der metonymischen Verschiebung der Signifikanten reproduziert wird. Dieser Verschiebungsprozess verweist stets auf andere Signifikanten und damit auf die Unmöglichkeit eines stabilen Sinns; die Lesenden folgen in der Lektüre diesem unendlichen Verweisungsvorgang. Während die Lektüre für Freud eine Erfüllung ursprünglicher Wünsche ermöglicht, bleibt das Begehren in der Lacan'schen Theorie unerfüllbar. Die Analogie von (unbewussten) psychischen und sprachlich-linguistischen Prozessen ist eine wesentliche Prämisse dieser Relektüre Freuds. Deswegen kann Lacan auch sagen, das Unbewusste sei wie eine Sprache strukturiert. Lesen bedeutet dann, den unendlichen Verschiebungsvorgängen der sprachlichen Zeichen zu folgen und in ein unabschließbares Sprachspiel einzutreten.

2 Die Rezeptionstheorie Norman N. Hollands

Norman N. Holland hat als Erster eine psychoanalytisch orientierte Rezeptionstheorie entworfen, die empirisch fundiert ist. Er führte eine umfangreiche Versuchsreihe mit qualitativen Interviews durch, bei der er über einen längeren Zeitraum die Reaktion von Leserinnen und Lesern auf Texte analysierte und die Reaktionsmuster zur Grundlage einer Persönlichkeitsanalyse machte. Die empirische Versuchsanordnung bestand darin, dass über ca. zehn Wochen mehrere Personen einmal wöchentlich epische, lyrische und dramatische Texte lasen und sich mit dem Versuchsleiter darüber unterhielten, der das Gespräch aufzeichnete. Dabei sollten die Probanden keine literarischen Analysen liefern, sondern ihre Assoziationen und Gefühle äußern, die der Text in ihnen auslöste. Die große Menge an Interviewmaterial (pro Person etwa 500 Seiten) diente Holland als Grundlage für die Persönlichkeitsanalyse. Die Beschreibung der Versuchsanordnungen und die Auswertung der Ergebnisse veröffentlichte er in seinem Buch *5 Readers Reading* (1975), für das er einen Teil des Untersuchungsmaterials auswählte. Holland weist nach, wie sehr die individuellen Rezeptionsweisen divergieren und wie sehr sie mit dem *identity theme* (Identitätsthema) des jeweiligen Lesers/der jeweiligen Leserin zusammenhängen: Jeder Leser schafft das Werk im Leseakt neu, indem er es seinen (unbewussten) Strukturen anpasst und in der Begegnung mit dem Text seine eigenen Anpassungs- und Abwehrmechanismen rekonstruiert – dabei wird mitunter der Textsinn so lange verzerrt, bis er mit dem ‚Identitätsthema‘ übereinstimmt (vgl. Pfeiffer 2006, 339). Diese subjektive Relativierung des Textsinns gilt allerdings nur für die Alltagslektüre, in der die Textbedeutung sehr stark dem jeweiligen Persönlichkeitstypus angepasst wird. Dagegen hat das Modell der „Gegenübertragung" auch eine Bedeutung für die wissenschaftliche Textlektüre.

3 Gegenübertragung als Modell literarischer Kommunikation

Die Wende vom Text zum Lesen schlug sich in der Literaturwissenschaft der 1970er Jahre in einer ‚Rezeptionsästhetik‘ (Jauß, Iser) nieder, die sich besonders für das Wirkungspotenzial der Texte und für die im Lesevorgang stattfindende Interaktion zwischen Text und Leserinnen/Lesern interessierte. Ähnlich wie Holland stellt Wolfgang Iser die Frage nach den Strukturen, „die die Verarbeitung der Texte im Rezipienten lenken" (Iser [3]1990 [1976], IV). Dabei würdigt er Hollands Wirkungstheorie, kritisiert sie aber auch wegen der „begrifflichen Verfestigungen", die der Offenheit der Freud'schen Begrifflichkeit nicht gerecht würden (Iser [3]1990 [1976], 67). Freud habe seine Terminologie den unterschiedlichsten Gebieten entnommen und sie einem „systemorientierten Erkenntniszugriff" gerade entzogen (Iser 1990, 68). Für Iser ist die Vielzahl der Lektüreweisen eines Textes nicht nur auf die unterschiedlichen Leserpersönlichkeiten, sondern auch auf die „Unbestimmtheitsgrade" literarischer Texte zurückzuführen (Iser [3]1990 [1976], 84 und 267).

Der Wechsel von der Text- zur Leserorientierung fand in der psychoanalytischen Literaturwissenschaft seit den 1980er Jahren besonders in den Begriffen der „Übertragung" und „Gegenübertragung" seinen Ausdruck, die als Modelle der literarischen Kommunikation zwischen Text und Leserinnen/Lesern zu verstehen sind. Der Übertragungsbegriff hat zunächst seinen Sitz im Leben im psychoanalytischen Setting: Die Analysanden übertragen Erfahrungen und Einstellungen aus früheren Objektbeziehungen auf die Beziehung zum Analytiker/zur Analytikerin und vermengen damit die Gegenwart mit der Vergangenheit. Fast alle zwischenmenschlichen Beziehungen sind durch solche Übertragungsvorgänge gekennzeichnet, die allerdings in der Regel nicht bewusst erlebt werden – die Analyse soll die Übertragungsprozesse bewusstmachen. Für den Analytiker ist es ebenso wichtig, seine „Gegenübertragung" in der analytischen Arbeit zu erkennen, also seine Übertragung von Gefühlen, Erfahrungen auf die Analysanden bewusstzumachen, da sie die Kommunikationssituation verfälschen können. Analog zu dieser Beziehungsstruktur kann auch der (literarische) Text als Übertragungsangebot an die Leserinnen/Leser verstanden werden; denn jeder Text enthält ein Wirkungspotenzial – von Matt (1979) spricht in diesem Zusammenhang von „Opus-Phantasie" –, das die Rezeption des Lesers steuert. Sind diese Wirkungsstrategien wie ein Übertragungsangebot an den Rezipienten anzusehen, so reagieren die Lesenden ihrerseits mit „Gegenübertragungen" auf den Text, z. B. durch Identifikation, Projektion, Ambivalenz oder Abwehr. Wie die Analyse der Übertragungs- bzw. Gegenübertragungsphänomene im psychoanalytischen Setting einen Erkenntnisfortschritt bedeutet und den Weg zu unbewussten Vorstellungen bahnt, so ist es auch ein Erkenntnisgewinn für die Lesenden, wenn sie ihre Gegenübertragung als spezifische Reaktion auf das Übertragungsangebot des Textes verstehen. Für die wissenschaftlichen wie die nicht-wissenschaftlichen Leserinnen und Leser kann es von Bedeutung sein, sich ihre Gegenübertragungsreaktionen bewusstzumachen, um auf diese Weise einseitige oder verfälschende Reaktionen auf den Text zu vermeiden. Denn „Interpretationen, die der Gegenübertragung unreflektiert verhaftet bleiben, drohen zu einem verzerrten Bild ihres Gegenstandes zu gelangen" (Pietzcker 1992, 33).

Wesentlich an solchen Theorieansätzen ist die Einsicht, dass nicht der Text selbst, sondern Beziehung und Interaktion zwischen Text und Leserinnen und Lesern zum Erkenntnisgegenstand werden und dass der Text als Element einer Kommunikationssituation begriffen wird. Mit der Analyse der Text-Leser-Interaktion werden auch die Wirkungspotenziale des Textes (etwa seine Erzählstrategien) sichtbar.

4 Empirische Leserpsychologie und kognitionspsychologische Ansätze

Weit entfernt von psychoanalytischen Rezeptions- und Wirkungsmodellen sind lerntheoretisch ausgerichtete Theorien des Behaviorismus, die bis in die 1960er Jahre hinein die Psychologie dominierten. Die behavioristische Psychologie versuchte die Erforschung des Lesens auf eine empirische Grundlage zu stellen, klammerte dabei aber kognitive oder motivationale (also interne) Prozesse weitgehend aus (vgl. Groeben und Vorderer 1988, 145). Stattdessen wurden die Umweltbedingungen und -reize, die auf die Leserinnen und Leser einwirken, und die Veränderungsmöglichkeiten der Lesesituation untersucht. Der Behaviorismus verstand die Kognitionsstrukturen als prinzipiell unerforschbar ('Black Box') und schränkte seinen Untersuchungsgegenstand auf die Reiz-Reaktions-Abfolge ein. Ein Grundproblem dieses deterministischen Kommunikationsmodells war die Auffassung vom Lesen als weitgehend passiver Dekodierung der Textbedeutung, die den komplexen Teilprozessen des Lesens und den Vorgängen im menschlichen Bewusstsein nicht gerecht wurde.

Die Kognitionspsychologie, die das behavioristische Paradigma seit den 1960er Jahren zunehmend ablöste, wandte sich den kognitiven Prozessen des Lesens zu und begriff das Textverstehen als aktive (Re-)Konstruktion von Information, „in der die im Text enthaltene ‚Botschaft' aktiv mit dem Vor- und Weltwissen der Rezipienten/innen verbunden wird" (Christmann und Groeben 1999, 146; vgl. IV.1 „Lesen aus Sicht der Kognitionswissenschaften").

Die meisten kognitionspsychologischen Theorien stimmen darin überein, dass das Lesen aus Teilprozessen besteht, die auf unterschiedlichen Hierarchieebenen angesiedelt sind. Eine wissenschaftliche Grundlage schufen van Dijk und Kintsch für die kognitive Leseforschung 1983 mit ihrer Studie *Strategies of Discourse Comprehension*: Auf einer niederen Hierarchieebene des Lesens geht es hierbei um die Erkennung von Wörtern und Ausdrücken, auf einer mittleren um die Kohärenzbildung durch syntaktische Analyse und das Erkennen von Kohäsionsmitteln zwischen Satzteilen und Sätzen. Auf hierarchiehoher Ebene wird das eigene Vorwissen in die erkannten Wort-, Satz- und Textbedeutungen integriert. „Dabei spielen die Fähigkeiten, den eigenen Verständnisprozess zu überwachen (*Selbstregulation*) und über den Text hinausgehende Schlussfolgerungen zu ziehen (*Inferenzbildung*), eine große Rolle." (Lenhard 2013, 15) Die Inferenzbildung ist vor allem bei mehrdeutigen Wörtern oder Sätzen wichtig. Da in diesem Fall Kohärenzlücken vorhanden sind, muss die Leserin/der Leser selbst Schlussfolgerungen (Inferenzen) über die Beziehung von Wort- und Satzfolgen oder über kausale Zusammenhänge ziehen (vgl. van Dijk und Kintsch 1983, 49–52). Durch die beschriebenen Prozesse wird ein „Situationsmodell" (van Dijk und Kintsch 1983, 336–342) oder „mentales Modell" aufgebaut, das eine „durch eigenes Vorwissen und Schlussfolgerungen angereicherte und in eigenen Worten reproduzierbare Zusammenfassung des Textinhaltes darstellt" (Richter und Christmann 2002, 15). Die Teilprozesse des Lesens können in unterschiedlicher Weise ineinandergreifen und sich beeinflussen (vgl. Richter und Christmann 2002, 27).

Bei der Analyse solcher Teilprozesse stellen sich zahlreiche Fragen und Probleme, von denen nur einige besonders relevante herausgegriffen werden sollen. Eine der zentralen Fragen lautet, ob die Teilprozesse nacheinander oder parallel ablaufen. Nach Christmann und Groeben spricht der empirische Befund eher für die Parallelitätsannahme, da höhere Verarbeitungsprozesse bereits einsetzen, „bevor Prozesse auf niedriger Ebene abgeschlossen sind" (Christmann und Groeben 1999, 148). Eine ähnliche Frage betrifft die Worterkennung; hier wird sowohl die These vertreten, dass die Identifikation *einzelner* Buchstaben eine für das Lesen notwendige Erkenntnisleistung darstelle, als auch die mit ihr konkurrierende Annahme, dass Wörter als ganzheitlich visuelle Muster – ohne einzelne Buchstabenerkennung – verarbeitet werden. Für die zweite These spricht, dass Buchstaben als Teile von Wörtern leichter erkannt werden können – man bezeichnet dieses Phänomen als „Wortüberlegenheitseffekt" (Christmann und Groeben 1999, 149).

Auf der mittleren Ebene stellt sich die Frage nach der Abfolge der Syntax- und Semantikanalyse: Wirken sie zusammen oder erfolgt die Syntaxanalyse *vor* der semantischen Analyse und unabhängig von dieser? Offensichtlich kommt der Syntaxanalyse nur eine „Hilfsfunktion" zu, die vor allem dann einsetzt, wenn die semantischen Relationen mehrdeutig sind. Bei semantisch eindeutigen Sätzen spielt die Syntax nur eine untergeordnete Rolle (vgl. Christmann und Groeben 1999, 155–157). Offensichtlich wird sie „nur zur Dekodierung der Satzbedeutung herangezogen und dann vergessen" (Christmann und Groeben 1999, 157).

Eine weitere wichtige Frage ist die nach einer empirisch fundierten Lesertypologie, insbesondere nach der möglichen Differenzierung von literarischen und nicht-literarischen Leserinnen und Lesern (zur Problematik der Lesertypologie vgl. Groeben und Vorderer 1988, 86–102; Fischer 1980; vgl. IV.7 „Didaktische Leseforschung"). Zahlreiche der bisher entworfenen Typologien gehen von unterschiedlichen Motivationsmustern aus, hinter denen entsprechende Lesertypen angenommen werden. So konstruiert bereits Hans E. Giehrl in seiner Studie über den „jungen Leser" (1968) vier Hauptarten des Lesens (informatorisches, evasorisches, kognitives und literarisches Lesen), denen er entsprechende Lesertypen zuordnet; er weist zugleich darauf hin, dass diese Typen meist in „Mischformen" auftreten und wissenschaftlich noch unzureichend erforscht sind (Giehrl 1968, 57–61, bes. 60; vgl. auch Groeben und Vorderer 1988, 89). Bemerkenswert ist, dass hier der literarische Leser als eigener Typus erscheint, dem eine spezifische, von den anderen Typen unterschiedene Motivation zugesprochen wird. Inwiefern sich „Strukturmuster des Leseinteresses" (Groeben und Vorderer 1988, 86) empirisch ermitteln lassen, bedarf weiterer Untersuchungen.

Während sich die Leseprozesse bei der *Rezeption* literarischer und nichtliterarischer Texte nicht grundlegend unterscheiden, ist für die Erforschung der Text*wirkung* eine solche Textsorten-Unterscheidung wichtig. Christmann und Groeben bezeichnen allerdings die „vorliegende empirische Basis zur Abschätzung literarischer Wirkungseffekte" als recht schmal (Christmann und Groeben 1999, 177). Die Wirkungseffekte literarisch-ästhetischer Texte lassen sich in kognitiv-reflexive, moralisch-soziale und emotionale unterteilen, was in etwa den „drei Grundfunktionen ästhetischer Kommunikation" nach Siegfried J. Schmidt (1980, 178) entspricht. Für Groeben und Vorderer besteht die Lektürewirkung literarischer Texte vor allem in Genuss und Erkenntnis, Identifikation und Erfahrungssimulation (Groeben und Vorderer 1988, 210). Der Aspekt der „Identifikation" ist von besonderer literaturdidaktischer Relevanz, da die Kinder- und Jugendliteratur auf (zumindest partielle) Identifikation der Leserinnen und Leser mit einer Figur oder mehreren Figuren des Textes zielt. Der Lesegenuss wird hierbei erhöht, wenn in der Identifikation auch eine Distanznahme und eine Ablösung von Figuren möglich ist. Auf diese Weise können Erkenntnisprozesse einsetzen, die zu einem vertieften Textverstehen führen und es erlauben, dass Rezipient und Rezipientin selbst unterschiedliche Identitätsformen und -grade während der Lektüre durchlaufen. Die Möglichkeit der Distanznahme ist auch eine Voraussetzung für die Lust an unheimlichen Texten, z. B. an Horrorliteratur: Die Leserinnen und Leser müssen die Möglichkeit haben, sich jederzeit aus der Angstsituation zu befreien. Das Wissen um die Fiktionalität eines Textes und um die Möglichkeit des Lektüreabbruchs sind Bedingungen der „Angstlust" (Balint 1972). Die weitere empirische Erforschung der Wirkung literarischer Texte ist, zusammen mit der Medienwirkungsforschung, eines der wichtigsten Desiderate der Leserpsychologie.

Weiterführende Literatur

Handbuch Lesen (1999). Hrsg. von Bodo Franzmann, Klaus Hasemann, Dietrich Löffler und Erich Schön unter Mitarb. von Georg Jäger, Wolfgang R. Langenbucher und Ferdinand Melichar. München.

Lenhard, Wolfgang (2013). *Leseverständnis und Lesekompetenz. Grundlagen – Diagnostik – Förderung*. Stuttgart.

Lesekompetenz: Bedingungen, Dimensionen, Funktionen (2002). Hrsg. von Norbert Groeben und Bettina Hurrelmann. Weinheim und München.

Schönau, Walter und Joachim Pfeiffer (²2003). *Einführung in die psychoanalytische Literaturwissenschaft*. Stuttgart und Weimar.

Literatur

Balint, Michael (1972). *Angstlust und Regression. Beitrag zur psychologischen Typenlehre*. Mit einer Studie von Enid Balint. Reinbek b. Hamburg.

Bush, Marshall (1984). „Das Formproblem in der psychoanalytischen Kunsttheorie" [engl. 1967]. *Psychoanalyse, Kunst und Kreativität heute. Die Entwicklung der analytischen Kunstpsychologie seit Freud*. Hrsg. von Hartmut Kraft. Köln: 146–179.

Christmann, Ulla und Norbert Groeben (1999). „Psychologie des Lesens". *Handbuch Lesen*. Hrsg. von Bodo Franzmann, Klaus Hasemann, Dietrich Löffler und Erich Schön unter Mitarb. von Georg Jäger, Wolfgang R. Langenbucher und Ferdinand Melichar. München: 145–223.

Fischer, Helmut (1980). „Typologie des jungen Lesers. Grundlagen, Entwürfe, Perspektiven". *Kind und Jugendlicher als Leser*. Hrsg. von Karl Ernst Maier. Bad Heilbrunn: 86–109.

Freud, Sigmund (1999 [1941]). *Gesammelte Werke*. 17 Bde. Unter Mitwirkung von Marie Bonaparte hrsg. von Anna Freud. Frankfurt/M.

Giehrl, Hans E. (1968). *Der junge Leser. Einführung in Grundfragen der Jungleserkunde und der literarischen Erziehung*. Donauwörth.

Groeben, Norbert und Peter Vorderer (1988). *Leserpsychologie: Lesemotivation – Lektüre-wirkung*. Münster.

Handbuch Lesen (1999). Hrsg. von Bodo Franzmann, Klaus Hasemann, Dietrich Löffler und Erich Schön unter Mitarb. von Georg Jäger, Wolfgang R. Langenbucher und Ferdinand Melichar. München.

Henschel, Sofie (2013). *Effekte motivationaler und affektiver Merkmale auf das Verstehen von literarischen und faktualen Texten*. Diss. Berlin.

Holland, Norman N. (1975). *5 Readers Reading*. New Haven.

Iser, Wolfgang (³1990 [1976]). *Der Akt des Lesens. Theorie ästhetischer Wirkung*. München.

Keen, Suzanne (2006). „A Theory of Narrative Empathy". *Narrative* 14 (2006): 207–236.

Kristeva, Julia (1978). *Die Revolution der poetischen Sprache*. Frankfurt/M.

Lacan, Jacques (1975). *Schriften*. Bd. 2. Ausgew. und hrsg. von Norbert Haas. Olten und Freiburg/Br.

Lenhard, Wolfgang (2013). *Leseverständnis und Lesekompetenz. Grundlagen – Diagnostik – Förderung*. Stuttgart.

Lesekompetenz: Bedingungen, Dimensionen, Funktionen (2002). Hrsg. von Norbert Groeben und Bettina Hurrelmann. Weinheim und München.

Lesser, Simon O. (1972). „Die Funktionen der Form". *Literatur und Psychoanalyse. Ansätze zu einer psychoanalytischen Textinterpretation*. Hrsg. von Wolfgang Beutin. München: 277–299.

Matt, Peter von (1979). „Die Opus-Phantasie. Das phantasierte Werk als Metaphantasie im kreativen Prozeß". *Psyche* 33 (1979): 193–212.

Matt, Peter von (2001). *Literaturwissenschaft und Psychoanalyse*. Stuttgart.

Noy, Pinchas (1979). „An Ego-Psychological Approach to Creativity". *Psychoanalytic Quarterly* 48 (1979): 229–256.

Pfeiffer, Joachim (2006). „Literaturwissenschaft". *Freud-Handbuch*. Hrsg. von Hans-Martin Lohmann und Joachim Pfeiffer. Stuttgart und Weimar: 329–347.

Pietzcker, Carl (1990). „Überblick über die psychoanalytische Forschung zur literarischen Form". *Freiburger literaturpsychologische Gespräche* 9 (1990): 9–32.

Pietzcker, Carl (1992). *Lesend interpretieren. Zur psychoanalytischen Deutung literarischer Texte*. Würzburg.

Richter, Tobias und Ursula Christmann (2002). „Lesekompetenz: Prozessebenen und interindividuelle Unterschiede". *Lesekompetenz: Bedingungen, Dimensionen, Funktionen*. Hrsg. von Norbert Groeben und Bettina Hurrelmann. Weinheim und München: 25–58.

Rose, Gilbert J. (^{2}1982 [1980]). *The Power of Form. A Psychoanalytic Approach to Aesthetic Form*. New York.

Schmidt, Siegfried J. (1980). *Grundriß der empirischen Literaturwissenschaft*. Bd. 1: *Der gesellschaftliche Handlungsbereich der Literatur*. Braunschweig und Wiesbaden.

Schönau, Walter und Joachim Pfeiffer (^{2}2003). *Einführung in die psychoanalytische Literaturwissenschaft*. Stuttgart und Weimar.

van Dijk, Teun A. und Walter Kintsch (1983). *Strategies of Discourse Comprehension*. New York und London.

Winnicott, Donald W. (^{12}2010 [1973]). *Vom Spiel zur Kreativität*. Stuttgart.

Martin Doll
IV.4 Lesen im Zeitalter der Digitalisierung

Die fortwährende Miniaturisierung und zugleich Erreichbarkeit von digitalen Speichermedien führte spätestens ab den 1990er Jahren zu einer größeren Mobilität
umfangreichen Lesestoffes: zunächst auf Diskette, später auf CD-ROM und heute
auf den Speicherchips von E-Book-Readern und Tablet-PCs. Schnellere Über-
tragungsraten und Cloud-Computing machen heute ganze Bibliotheken nahezu
jederzeit und überall abrufbar. Dies hat auch erhebliche Auswirkungen auf konkrete Lesepraktiken. Ein gewisser Bob Brown schreibt: „Meine Lesemaschine
erlaubt dem Leser eine freie Wahl der Schriftgröße. Der Druckbuchstabe [...] ist
nicht das willkürlich fixierte, eingebundene Objekt, das wir in Büchern gefangen
sehen, sondern ein anpassungsfähiger Träger flexiblen, flottierenden Lesestoffs"
(Brown 2014 [1930], 29–30; Übers. M.D.).

Bei dieser Beschreibung handelt es sich aber keineswegs um ein etwas alt-
modisch klingendes Memo zu einem E-Book-Reader, sondern um einen Auszug
aus einem avantgardistischen Manifest aus dem Jahr 1930. Die neue Lesemaschine mitsamt ihren auf Bändern fotografisch belichteten „readies" sollte das zu
Lesende in seiner Visualität und Bewegtheit von der Statik des Buches befreien
und zugleich nichts weniger hervorbringen als eine tintenfreie „Revolution des
Wortes" (Brown 2014 [1930], 39–40). Die programmatische Schrift macht insgesamt darauf aufmerksam, dass Lesen nicht in der gedanklichen Verknüpfung
von Zeichen aufgeht, verstanden als reine Bedeutungsträger, sondern dass dabei
ebenso die materielle und technische Ebene der Zeichenträger von Bedeutung
ist.

1968 sollte das von Alan Kay entworfene, ebenfalls Konzept gebliebene
‚DynaBook‘ folgen – ein heutigen Laptops ähnliches, tragbares und drahtlos ver-
netztes Lese- und Schreibgerät für Kinder, das als erster Vorläufer des E-Book-Rea-
ders gilt (vgl. Harrison 2000, 35). Bis heute werden die technischen Aspekte der
Digitalisierung von Texten kontrovers diskutiert: Sei es, dass durch elektronische
Medien das Leseverständnis als grundlegend bedroht (vgl. Baron 2015; Carr 2010;
Spitzer 2012; Ulin 2010) angesehen wird oder im positiven Sinne als „revolutio-
niert" betrachtet wird (Schmundt 2013; Collins 2010 und 2013).

Schon in den 1990er Jahren hatten ähnliche Überlegungen eine breite Debatte
ausgelöst, in der die Positionen zwischen Biblio- und Technophilie changierten,
d. h. zwischen der Angst vor dem definitiven Ende einer intensiven Schrift- und
damit Lesekultur auf der einen Seite (vgl. Kernan 1990; Birkerts 1994) und dem
Feiern eines befreiten Lesens angesichts der neuen Möglichkeiten der Computeri-
sierung von Texten auf der anderen Seite (vgl. Bolter ²2001 [1991]; Landow 1992).

https://doi.org/10.1515/9783110365252-024

Die Frage danach, welchen Einfluss die Eigensinnigkeit von Lesegeräten und ihren Infrastrukturen im Zeitalter der Digitalisierung auf das Lesen hat, d. h., wie und mit welchen Konsequenzen sich Geschriebenes in neuen und anderen Codierungen wie auch Materialisierungen jeweils aktualisiert, geht am besten von den Implikationen der maßgeblichen Medienfunktionen des Speicherns, Übertragens und vor allem des Verarbeitens bzw. Prozessierens aus. Der medienwissenschaftliche Einsatz besteht dabei darin, davon auszugehen, „daß ein Text eine neue Bedeutung und einen neuen Status erhält, wenn die Träger wechseln, die ihn der Lektüre darbieten", auch weil sich dadurch die Praktiken und Umstände des Lesens ändern (Chartier und Cavallo 1999, 12). Friedrich Kittler schrieb schon 1985: „Ob und wie Buchstaben oder Wörter, Schriften oder Werke von Leuten rezipiert werden – darüber bestimmt zunächst und zuerst der historische Stand von Datenverarbeitung." (Kittler 1985, 205)

1 Die Effekte digitaler Speicherung auf das Lesen

Im Unterschied zu analogen Speichermedien – angefangen bei der autographen Handschrift oder Abschrift bis hin zu den bewegten Lettern des Buchdrucks – hat man es bei der digitalen Speicherung mit einem anderen Materialitätskontinuum zu tun: Bei Letzterer ist nämlich mindestens ein doppelter Übersetzungsprozess im Spiel, weil das zu Lesende erstens digital kodiert und zweitens analog realisiert wird, z. B. auf dem E-Book-Screen (vgl. Levy 2001, 138). Strenggenommen hat man es sogar mit einer Dreiheit zu tun: aus sichtbarer Oberfläche, noch von Menschen verstehbarer Programmiersprache (*source code*) und der nur für Computer lesbaren Maschinensprache (*object code* aus Nullen und Einsen) (vgl. Lessig ²2006, 369). W. J. T. Mitchell spricht daher sogar von der ‚allographen' Natur digitaler Werke, weil sie – im Gegensatz zu analog gespeicherten Informationen – unendlich oft gleich zur Darstellung gebracht werden könnten (Mitchell ⁴2001, 50–51). Auf der Seite des Digitalen können die Werke, mit den bekannten Konsequenzen für Piraterie und Urheberrechtsverletzungen, unendlich oft identisch kopiert werden. Die Zweiheit aus Quellcode und Darstellungsebene hat 1995 das holländisch-belgische Duo „jodi" zum Gegenstand ihrer Arbeit *Location* (http://wwwwwwwww.jodi.org) gemacht: Auf der Ebene der Seitenansicht begegnet den Leserinnen und Lesern im Webbrowser nur ein Gewirr an Zeichen; ruft man jedoch den HTML-Quelltext auf, sieht man im ASCII-Zeichensatz ‚gezeichnete', an die Konkrete Poesie erinnernde Bilder: „Die ästhetische Erwartung an Computersymbole, in der formatierten Repräsentation lesbar und im technischen Steuercode unleserlich zu sein, kehrt sich so um" – der Betrachter wird zum „Lese-Forscher", der um den genannten Unterschied wissen muss (Cramer 2011, 235–240).

Auch wenn dies aufseiten des digitalen Codes ununterscheidbar bleibt – aufseiten der materiellen Organisation hat man es nämlich immer mit Datenbeständen zu tun (vgl. Manovich 2001, 228) –, wird auf der inhaltlichen Ebene unterschieden zwischen ‚digitaler Literatur' und ‚digitalisierter Literatur': Im ersten Fall spricht man auch von Hyperfiction oder Netzliteratur, die „der digitalen Medien als Existenzgrundlage bedarf" (Simanowski 2002, 20) und nur als solche und nicht in Buchform existiert; im zweiten Fall handelt es sich nur um Digitalisate bereits in gedruckter oder auch handgeschriebener Form vorliegender Literatur, die das Lesen eines zusätzlich als herkömmliches Buch erhältlichen Romans am Bildschirm ermöglicht: z. b. bei dem schon seit 1971 existierenden „Project Gutenberg", bei dem gemeinfreie Texte zunächst durch schlichtes Abtippen in einfacher Textform in ASCII-Zeichenkodierung zur Verfügung gestellt wurden, oder bei den auf „Google Books" verfügbaren Buchscans.

Den immer wieder geäußerten Verdacht, dass das gedruckte Buch im Zuge dieser technischen Entwicklungen verschwände, haben zuletzt Roger Chartier und Andrew Piper relativiert. Beide gehen nach wie vor eher von einer Koexistenz von Manuskripten, Drucksachen und elektronischen Texten aus, je nach Situation der Lektüre und Lektüreprozess (vgl. Chartier 2006, 2–3; Piper 2012, 154–157). Obwohl der digitalen Speicherung notorisch eine größere Zukunftsfähigkeit zugesprochen wird, ist sie aus einer historiographischen oder archivalischen Perspektive deutlich kurzlebiger. Derzeit geht man von einer Lebensdauer sämtlicher Träger digitaler Daten von maximal 50 Jahren aus, im Vergleich zu Hunderten von Jahren bei säurefreiem, alterungsbeständigem Papier und sogar Tausenden bei Tierhäuten (vgl. Levy 2001, 154). Dies ist eine große Herausforderung zur Planung von Erhaltungsstrategien. Auf der einen Seite muss geklärt werden, in welchen Zyklen bedrohte Daten umkopiert werden müssen; auf der anderen Seite stellen sich auch Fragen zur Kompatibilität der Dateiformate: Wer stellt sicher, dass digitale Manuskripte und Nachlässe (wie sie mittlerweile u. a. im Deutschen Literaturarchiv Marbach aufbewahrt werden) in Zukunft noch lesbar bleiben, wenn etwa manche Textverarbeitungsprogramme und Computergenerationen gar nicht mehr existieren? Jens-Martin Loebel spricht daher aus der Perspektive der Langzeitarchivierung im Zusammenhang mit Abweichungen und Verlusten, die sich durch Emulatoren der Originalumgebung des Artefakts ergeben, vom sogenannten „translation gap" (Loebel 2014; vgl. auch Kirschenbaum 2008).

2 Die Effekte digitaler Übertragung auf das Lesen

Die neuen digitalen Distributions- bzw. Zirkulationswege ermöglichen im Gegensatz zu denen zur Verbreitung herkömmlicher Druckwerke einen breiteren Fundus an kostenfreien (z. B. gemeinfreien) Texten. In der Folge werden die verschiedenen Textsorten im Internet tendenziell Teil eines ‚Kontinuums': Da sie aufgrund ihrer einheitlicheren Erscheinungsform und Rahmung an Unterscheidbarkeit verlieren, verschwimmen zunehmend auch die diskursiven Kriterien der Klassifikation, aber auch die Möglichkeit der Evaluation von Publikationen hinsichtlich ihrer Autorität und Qualität (vgl. Chartier 2006, 4; vgl. auch Eco 2006, 179–181). Außerdem ist der Kontextbegriff einer radikalen Veränderung unterworfen, weil das World Wide Web „die physische Nähe von Texten, die sich in ein und demselben Gegenstand (Buch, Zeitschrift oder Zeitung) befinden, aufhebt und sie statt dessen innerhalb von logischen Architekturen positioniert und verteilt, d. h. innerhalb eines Systems von Datenverwaltung, elektronischen Karteien, Verzeichnissen und Schlüsselwörtern, die den Zugang zur Information ermöglichen" (Chartier und Cavallo 1999, 45). Boris Groys spricht in diesem Zusammenhang sogar von der „Defiktionalisierung" der Fiktion (Groys 2014).

Deklassifikation und neue Evaluationsformen von Büchern

Alles dies kann man einerseits kulturkritisch als zunehmenden Niveauverlust (vgl. Keen 2008) deuten oder aber als Überwindung eines *gatekeeping* vonseiten mächtiger Verlagshäuser, so dass Autoren nun unabhängiger im Selbstverlag und ohne größere Produktionskosten digital publizieren können (ein berühmtes ökonomisches Erfolgsbeispiel für ein selbst herausgebrachtes Buch ist E. L. James' *Fifty Shades of Grey*, auch Elfriede Jelinek veröffentlichte 2007 ihren Roman *Neid* ausschließlich im Internet). Als Gegenbewegung zu dem genannten „Disintermediationseffekt" kam es, um es mit Henry Jenkins (2006, 282) zu formulieren, zu einer Medienkonvergenz (*media convergence*): Es bildeten sich nämlich zur Orientierung von Anfang an wiederum medienspezifische Evaluationsformen im Internet heraus, wie z. B. Buchbewertungen oder -empfehlungen auf eigenen Websites oder denen von Buchanbietern (vgl. Simanowski 2002, 12). Chartier sieht in diesem Zusammenhang auch die Bibliotheken in der Pflicht, Orientierungshilfe in den qualitativ ununterscheidbaren „Textarchipelen" zu bieten (Chartier 2004, 145; 2006, 8–9). Für die Metaebene der Kommentierung oder des Rezensierens abgeschlossener Bücher bzw. E-Books – sei es öffentlich oder nur für Freunde und Bekannte – hat sich mittlerweile der Begriff ‚Social Reading' durchgesetzt (vgl. Lobin 2014, 118–121; Pleimling 2012). Stand früher die Hausbibliothek für die eigene Lesebiografie und mitunter als Statussymbol ein, wird diese Funktion derzeit zunehmend von Social-Reading-Plattformen übernommen.

Partizipatorisches Lesen und proprietäre E-Book-Formate

Aufgrund ihrer digitalen Speicherung lassen sich Texte gezielt (automatisch) durchsuchen und indizieren. Sie werden zugleich in größerem Maße zerleg- und neu zusammensetzbar (Textbausteine, markierte Stellen, Exzerpte), indem man z. B. bestimmte Lektüren exportiert, d. h. die Fundstellen aus einem breiten Korpus zu mehreren neuen Texten bzw. Textkonvoluten kombiniert (vgl. Chartier und Cavallo 1999, 47; Sosnoski spricht in diesem Fall von „Hyper-Reading" [1999, 167]).

Manche Dienste ermöglichen sogar einen Rückkanal in den Text hinein, sodass Literatur die Form eines „Kollektivromans" (Wirth 1997, 331) annehmen kann, in dem die Leserin oder der Leser in einer Art partizipativen Medienkultur (vgl. Jenkins 2006, 4) für andere Kommentare, weiterführende Ideen und Assoziationen in Form von Bildern, Tonaufnahmen, Videos und Texten einfügen kann. Während dieser aktiven Rezeption, bei der Schauen, Hören, Lesen und Schreiben bzw. Einbetten untrennbar zusammenspielen, wird der Text einer ständigen Veränderung unterworfen, sodass man nie der gleichen Version begegnen kann. Anders gesagt, der Text wird zu einem ephemeren „Stream" (Piper 2012, 58; vgl. auch Heibach 2003, 168–184). Obwohl dies etwa von George P. Landow (1992) oder Jenkins (2006) so diskutiert wird, findet, wie Uwe Wirth schon sehr früh gezeigt hat, die Form „diskursiver Mitarbeit" am Text vonseiten der Leser/Schreiber – Michael Joyce (1997, 587) spricht von „wreading"– nicht in einem hierarchiefreien Raum statt, weil meist nach wie vor eine übergeordnete Instanz redaktionell über das Einpflegen der Inhalte in das Textkorpus (oder deren Löschung) entscheidet. Es transformiere sich dabei lediglich die als überwunden gefeierte Macht des Autors in eine Redaktionsstrategie, die bestrebt sei, im Spannungsverhältnis zwischen Textkohärenz und den gewünschten Freiheiten der Lesenden ein Mindestmaß an Interpretierbarkeit zu erhalten. Ein hinsichtlich der Eingriffsmöglichkeiten gänzlich offener Text würde laut Wirth nämlich völlig uninterpretierbar; außerdem wäre es so gut wie unmöglich, Entwicklungen zu schildern bzw. eine Dramaturgie zu entwickeln (vgl. Wirth 1997, 332–334).

So finden sich im Spektrum zwischen Unabhängigkeit und Kontrolle auf der einen Seite Plattformen und Apps wie *Wattpad*, die ihren Nutzerinnen und Nutzern das Schreiben, Teilen und Kommentieren von meist kürzeren, am Smartphone geschriebenen Texten ermöglichen. Auf der anderen Seite scheint sich aber derzeit, ganz im Gegensatz zu diesem spontanen, offenen elektronischen

Kommunizieren, das in großen Verlagen erscheinende und über wenige mächtige Plattformen, wie Amazon oder iTunes, vertriebene kostenpflichtige und schreibgeschützte, also in sich geschlossene, E-Book durchzusetzen; dies vielleicht, weil es mehr mit den traditionellen Autoritäts- und Qualitätsgarantien des konventionellen Buchpublizierens ausgestattet ist. Besonders interessant in diesem Zusammenhang ist die Konjunktur des Dateiformats PDF, das in erster Linie dazu anzuleiten (wenn nicht sogar zu zwingen) scheint, zu lesen, ohne zu schreiben. Denn der vormals editierbare Text wird beim Konvertieren zum genau festgelegten Seiteninhalt. Bezeichnend ist dabei, dass die Software zum Editieren von PDF nur getrennt erhältlich ist. Dies gilt auch für das klassische Webpublishing: Im Gegensatz zu Content-Management-Systemen, wie sie beispielsweise in Blogs Verwendung finden, hat sich hier ebenso die systematische Trennung von Webdesign-Software und Browser durchgesetzt (vgl. Gitelman 2014, 130). Lesen und Schreiben werden also wieder systematisch voneinander abgegrenzt.

Bei PDF wie bei anderen proprietären Formaten, etwa dem AZW, das Amazon für sein Kindle verwendet, gibt es mittlerweile zudem einen nur herstellerseitig kontrollierten Rückkanal. Bei diesem geht es nicht um den Austausch von Kommentierungen oder Editierungen unter den Leserinnen und Lesern, sondern darum, den Verlagen zu ermöglichen, das Leseverhalten zurückzuverfolgen wie auch aufzuzeichnen sowie diese „Spurenakkumulation" (Latour 2013, 120) als Big Data auszuwerten. Das *Wall Street Journal* warnte 2012: „Your E-Book Is Reading You". Die erhobenen Daten geben nämlich unter anderem Auskunft darüber, welche Textstellen wie oft und wie lange aufgerufen wurden oder ob ein Buch überhaupt gelesen oder wo es abgebrochen bzw. welches Kapitel übersprungen wurde. Dies kann von neuem für zukünftige Publikations- und Verkaufsstrategien fruchtbar gemacht werden. Diese Form der „Einschaltquote" auf dem Buchmarkt wird vermutlich – zumindest bei Bestsellertiteln – Rückwirkungen selbst auf das Schreiben von Romanen haben. Von daher wird das Lesen hier zumindest indirekt zu einer Form des Mitschreibens. Im Sachbuchsegment hat dies bereits zur Einführung von Mini-E-Books zu aktuellen Themen geführt (z. B. sogenannten ‚Nook Snaps' oder dem ‚Kindle Single'). Ähnlich den Previews beim Film werden mittlerweile auch digitale Testbücher lanciert, um anhand des Leseverhaltens gegebenenfalls noch Anpassungen für die spätere Printausgabe vorzunehmen. Daten darüber, ob z. B. ein bestimmter Prozentsatz eines Buches gelesen wurde, sind gegenwärtig schon Grundlage von Honorarzahlungen von E-Book-Distributoren an Verlage und Autoren. Manche Anbieter machen anonymisierte Angaben zu häufig angestrichenen Stellen wiederum den Leserinnen und Lesern zugänglich (vgl. Lobin 2014, 112; Pleimling 2012; Alter 2012).

Die gleiche Technologie ermöglicht es, das Leseverhalten selbst stärker zu kontrollieren, z. B. kann ein Buch nachträglich aus der Bibliothek des Verbrauchers gelöscht werden (so 2009 bei Amazon aufgrund von Copyright-Problemen bezeichnenderweise mit den Titeln *1984* und *Animal Farm* von George Orwell geschehen). Darüber hinaus wird durch die Personalisierung der Datei, die bei der digitalen Rechteverwaltung (dem *Digital Rights Management*, kurz: DRM) von E-Books zum Einsatz kommt, die bei gedruckten Büchern gängige Praxis des Weitergebens und Ausleihens verhindert: Trotz des Feierns des sogenannten Social Reading vermindern sich gegenwärtig also die Möglichkeiten des Bücher-tauschens und -weitergebens – eine soziale Praxis, die beim traditionellen Buch, wie Andrew Piper gegen entsprechende Missverständnisse der ‚Sharing Culture' betont, nicht im Anfertigen und Verbreiten einer Kopie bestanden hätte, sondern im Weitergeben und damit (vorübergehenden) Verzicht auf das eigene Exemplar (Piper 2012, 103–104). Er fasst die auf andere Leser hin offene Buchkultur zusam-men: „We want people to read the same thing we are reading (commonality); we want to be able to send other people what we are reading (transferability); and we want to be able to talk to other people about what we are reading (sociability)." (Piper 2012, 84)

3 Die Effekte digitaler Datenverarbeitung auf das Lesen

Da digital verfügbare Inhalte (mindestens) als Zweiheit gedacht werden müssen, als digitale Repräsentation in Form gespeicherter oder übertragbarer Bits einer-seits und als wahrnehmbar gemachte Form (auf dem Bildschirm, als Ausdruck) andererseits, ist digitaler ‚Lesestoff' bezüglich seiner Darstellungsmodi grund-sätzlich ergebnisoffen (vgl. Flusser 1996; Kittler 1996). Im Unterschied zum Buch wird im Bereich des Digitalen der Inhalt also unabhängiger von konkreten Prä-sentationsweisen, sodass Prozesse der Vermittlung stärker in den Vordergrund treten (vgl. Liu 2004, 57–62): Während ein Papierdokument nämlich in sich kom-plett ist, erfordern digitale Daten immer ein passendes Gerät zu ihrer Darstel-lung. Sie werden so einerseits beliebig (gegebenenfalls automatisch) übersetzbar: z. B. (mehr oder weniger gelungen) in andere Sprachen (durch Übersetzungspro-gramme). Andererseits können sie wahlweise visuell, taktil oder auditiv wahr-nehmbar gemacht werden, weil man sie etwa in Schriftbild, Braille oder Laute übertragen kann. Der Computer fungiert dann z. B. als optisches Gerät oder als Vorleser.

Datentranscodierbarkeit und interaktive Darstellung

Lässt man das bereits thematisierte PDF beiseite, gibt es bei E-Books kein festgelegtes Layout mehr, kein starr vorgegebenes Seitenende und auch keine endgültige Benutzeroberfläche. Auf Webpages ersetzt z. B. die kontinuierliche Web*site* die fest umgebrochene Buch*seite* (vgl. Bickenbach und Maye 2009, 23). Wenn sich der Textumbruch bei Dateiformaten (wie html, mobipocket oder epub) dem Fenster des Wiedergabegeräts anpasst, spricht man von „reflowable layout" (mitfließendem Layout). Craig Mod unterscheidet in diesem Zusammenhang daher zwischen dem ‚festgelegten Inhalt' etwa von Grafikdateien und dem ‚formlosen Inhalt' der genannten Formate (Mod 2010). Die ‚formlosen' Dateistandards kennen meist auch keine fixierten Seitenzahlen, so dass es bei ihnen bislang kein allgemeingültiges Verfahren zum Zitieren einer Textstelle gibt. Als Alternative geben viele Reader den Lesefortschritt deshalb in Prozentwerten an (vgl. Levy 2001, 138–139 und 151–152; Lobin 2014, 103).

Die genuine Transcodierbarkeit der Daten (vgl. Manovich 2001, 36–48) ermöglicht den Lesenden im Gegensatz zum klassischen Buch, den Prozess der Lektüre umfassend selbst zu bestimmen, weil der Text individuellen Vorlieben angepasst werden kann: Positiv gewendet, ergibt sich auf der Seite der Benutzeroberfläche die Freiheit, individuelle Ansichten von Schrift, Schriftgröße, Laufweite, Ausrichtung etc. selbst einzustellen. Jay David Bolter zufolge sind diese je nutzerseitig einstellbaren Typographien und Ansichten schon Ausdruck eines singulären Leseprozesses; sie werden für ihn damit zu einem wesentlichen Aspekt der Interaktivität von Texten (vgl. Bolter 2007, 190). Roland Reuß (2014, 11) spricht im Zusammenhang mit diesem offenen Layout indes eher abwertend von ‚antitypographischen' Medien, weil das Textverständnis beim Lesen an PC, Laptop oder iPad massiv erschwert sei. Die Medienkonkurrenz durch digitale Formate führt so auf der anderen Seite zu Elogen auf hochwertig gestaltete gedruckte Bücher (z. B. Reuß 2012). Obwohl die gängigen E-Book-Formate aus den genannten Gründen kein typographisch ausgefeiltes Design ermöglichen, fällt auf, dass viele Lesegeräte und Apps vom Interface her die Textinhalte individuell in Buchseiten umbrechen bzw. den Wechsel einer ganzen Seite imitieren – mit Bolter und Grusin gesprochen, eine Art *remediation* des Buchdrucks –, selbst wenn man im Gegensatz zum aufgeschlagenen Buch, das zudem noch die Seitenansichten Rekto und Verso kennt, meist nur eine Seite zu sehen bekommt (vgl. Bolter und Grusin 2000; Bolter ²2001 [1991], 23–26; vgl. zur Relevanz der Seite Mak 2011). Besonders restriktiv kommt dies beim PDF zum Tragen, das eine definitive Ansicht einer Seite inklusive enthaltener Schriften speichert und damit versucht, der Druckseite eines Buches ein möglichst unveränderliches digitales Äquivalent an die Seite zu stellen.

Auf der (analogen) Darstellungsebene von digitalen Daten ist im Vergleich zu gedruckten Büchern eine Diversifizierung möglich und in der Praxis auch festzustellen. Während Letztere auf statische Bilder und Texte beschränkt bleiben, lässt sich auf neueren Readern und am Computerbildschirm zum einen der Text bewegen und zum andern durch Bewegtbild und Ton ergänzen. Da sich die Benutzungsmöglichkeiten der Lesegeräte somit nicht nur auf das Lesen beschränken, vereinen sie, im Gegensatz zur „archaische[n] Stille des Buches" (Benjamin 2009, 30), mitunter eine Vielzahl unterschiedlicher Medienerfahrungen: So konkurrieren mit dem Lesen nicht nur das Fern- oder Filmsehen, sondern auch das Webbrowsen. Sogenannte ‚enhanced' (erweiterte) E-Books versuchen diese Konkurrenz wiederum in sich selbst zu integrieren. Einige Autoren sprechen daher nicht nur von der Hypermedialisierung, sondern von der Multimedialisierung der Literatur: Als Beispiel zu erwähnen wäre die online v. a. in Infografiken erzählte Geschichte *Sumedicina* (2010) von Jana Lange und Kim Asendorf. Außerdem erlebt in diesem Zusammenhang die sogenannte ‚interaktive Prosa' (Montfort 2005; Salter 2014), ein Hybrid aus Computerspiel und Belletristik, das es schon in den 1980er Jahren in Form von Textadventures gab, eine neue Konjunktur (z. B. Jon Ingold, *80 Days*, bei der neben der grafischen Aufbereitung eine Unzahl an möglichen Spielverläufen literarisch ausformuliert ist). Diese Entwicklung hat sogar Rückwirkungen auf das gedruckte Buch, z. B. bei Leanne Shaptons *Important Artifacts...* (*Bedeutende Objekte...*) (2009), eine in Gestalt eines bebilderten und kommentierten Auktionskatalogs dokumentierte gescheiterte Beziehung, oder Reif Larsens mit gezeichneten Marginalien versehenem Roman *The Selected Works of T.S. Spivet* (*Die Karte meiner Träume*) (2009) (vgl. Lobin 2014, 264; Reading Moving Letters 2010). Simanowski ruft ins Gedächtnis, dass Lesen immer schon auch mit Schreiben oder Zeichnen zu tun hatte (sei es das Notizenmachen oder das kommentierende Unterstreichen).

Nonsequenzialität der Lektüre

Aufseiten des Computerbildschirms ermöglicht das Neben- und Übereinander mehrerer Fenster synoptische Bild-Textkombinationen und führt im Gegensatz zum Buch in größerem Maße zum Springen zwischen den synchron dargestellten Fenstern, zwischen Bildbetrachtung und Lesen. Durch diese „verstreute Mannigfaltigkeit" (*fractured multiplicity*) werden dynamische Kontextualisierungen visueller und textlicher Art möglich – grafisch tritt ein vielfältiges Nebeneinander an die Stelle der Sequenzialität des Buches (Friedberg 2006, 19 und 243; vgl. auch Hayles 2012, 61). Ellen McCracken spricht in diesem Zusammenhang sogar von zentrifugalen bzw. zentripetalen Paratexten: Während Erstere, z. B. in Form von

Hyperlinks, aus dem Haupttext herausführten, zögen Letztere, z. B. beim Auslösen einer Wortsuche, die Leserinnen und Leser eher in den Haupttext hinein (vgl. McCracken 2013, 106–107). „Der gesamte elektronische Schriftraum wird zu einem Stapel zweidimensionaler Schreibflächen", schreibt Bolter (2007, 189 und 191), „[d]as Lesen der komplexen elektronischen Seite erfordert es, auf Text, Bild und deren Wechselbeziehung zu achten. Die Leser müssen zwischen der linearen Präsentation verbaler Texte und dem zweidimensionalen Feld elektronischer Bilderschrift hin und her wechseln. Sie können alphabetischen Text auf konventionelle Weise lesen, müssen aber genauso Diagramme, Illustrationen, Fenster und Icons aufnehmen."

Neben dieser räumlichen kommt es aber auch zu einer zeitlichen Nonsequenzialität: Denn die Verlinkungen sogenannter Hypertexte ermöglichen ein sprunghaftes Lesen, diesmal in – wenn man so will – diachroner Hinsicht: Dabei geht es darum, eine ganze Reihe von Aktivitäten und Konstruktionsleistungen wie „Auswählen/Anklicken, Schreiben/Verschieben, Speichern/Verwerfen, Hinzufügen/Löschen und andere Manipulationen der Bildschirmoberfläche *als* Optionen des Lesens, Interpretierens und Reflektierens an[zu]legen" (Bruns und Reichert 2007, 169; vgl. auch Bolter 2007). In der Folge kommt es zu einem nichtlinearen Lesen, vergleichbar einem ausgiebigen Blättern, das im Gegensatz zu dem beim gedruckten Buch jedoch grob vorstrukturiert ist. Der Begriff Hypertext geht auf Ted Nelsons Projekt „Xanadu" zurück (Nelson 1992) bzw. das Konzept der Verlinkung auf Douglas Engelbart (vgl. Engelbart 1962) und schon früher auf Vannevar Bushs für mechanische Lesegeräte entwickelte Idee des *Memex*-Systems (vgl. Bush 1945). Die darauf beruhende sogenannte Hyperfiction im Bereich der Literatur mit ihrer Emphase auf der lesergesteuerten Synthese der Textebenen hatte v. a. in der Anfangsphase des öffentlich verfügbaren Internets, also in den 1990er Jahren, Konjunktur. Dabei handelt es sich um Texte, die man aufgrund ihrer Hyperlink-Struktur nicht in Buchform herausgeben kann und die ein gesteigertes Interesse weniger für den Schreibstil, sondern für Leseprozesse des „Umherschweifens durch Textnetzwerke" (Idensen 1996, 155), „der Reise eines bestimmten Lesers durch eine textuelle Struktur" (Bolter 2007, 190) hervorriefen, und zwar verbunden mit einem Hyper-Lektüre-Konzept, das sich nicht selten aus buchstäblich (miss-)verstandenen Metaphern z. B. des „Tods des Autors" speisten (Wirth 1997, 320–321). Dieses Freiheitsideal hat ihren Vordenker in Marshall McLuhan (1962; 1969, 244; 1994, v. a. 81–88). Im elektronischen Zeitalter der Interdependenz sieht er nämlich die Möglichkeit, sich von den Zwängen der linearen, sequenziellen Schrift, die untrennbar mit einer bestimmten konzeptuellen Denk- und zentralistischen Machttradition und damit grundlegender Unfreiheit verbunden sei, zu emanzipieren. Dieses an die ‚Noosphäre' von Teilhard de Chardin erinnernde ‚säkularisierte Pfingstwunder' (Winkler 2008, 161) findet sich bei Derrick de Kerckhove (2002) später als konnektives „Hypertextbewusstsein" der dezentralen Kooperation.

Wirth hat jedoch im Zusammenhang mit dem Feiern des Verlusts des Buch- und Werkcharakters von Literatur darauf aufmerksam gemacht, dass im Lichte der (Intertextualitäts-)Theorien von Roland Barthes, Wolfgang Iser, Umberto Eco bis Michel Foucault diese neuere Form der mit Hyperlinks versehenen Literatur einen nicht ganz so kategorialen Bruch im Lesen und Deuten von Texten darstellt, wie gemeinhin angenommen wird. Wirth bemerkt im Rückgriff auf Isers Konzept: „Während die Leerstellen herkömmlicher Buchtexte diskrete, unmarkierte Elemente sind, ‚deren Reiz darin besteht, dass […] der Leser die unausformulierten Anschlüsse selbst herzustellen beginnt' [Iser], so stellen die Links des Hypertextes markierte Anschlüsse dar, bei denen man nur die Wahl hat, ob man ihnen folgt oder nicht" (Wirth 1999, 31). Roy Harris (2001, 237) gibt in diesem Zusammenhang sogar zu bedenken, dass durch Links nur jahrhundertealte Lesestrategien formalisiert würden, wie man sie von Enzyklopädien und Querverweisen immer schon kenne. Im Unterschied dazu wird jedoch von der Struktur des Hypertextes ein „springende[s] Lesen" geradezu eingefordert, das aber im Vergleich zu linear strukturierten Texten keine Möglichkeit zulasse, die vorgegebene Textstruktur – wie es beim Buch durch Überspringen von Seiten der Fall ist – zu unterlaufen: „Der Sprung ist kein Kann, sondern ein Muss." (Wirth 1999, 32) Zudem sind die Pfade vom Autor vorkonstruiert (vgl. Aarseth 1997, 76–80 und 162–177; zum Missverständnis von kybernetischer Rückkopplung als Interaktivität vgl. Cramer 2011, 242 und 308; Heibach 2003, 50–51 und 74–75). Die Vielfalt an angebotenen Sprüngen führt jedoch immer auch ein „Versäumen von Möglichkeiten" vor Augen, weil, wie Espen J. Aarseth (1997, 3–4) zeigt, die Leserinnen und Leser in der „Spielwelt" des Textes permanent an Wege und Links erinnert werden, die sie nicht genommen bzw. nicht angeklickt haben. Alan Liu (2004, 62–63) gibt im Zusammenhang mit dem Feiern des Machtwechsels zwischen Autorin bzw. Autor und Leserin bzw. Leser insgesamt zu bedenken, dass angesichts der datenbankorientierten Organisation der Textdaten mittlerweile beide Seiten entmachtet seien, weil sie lediglich zu Anwendern einer Blackbox-Maschinerie würden und so im strengen Sinne keine Kontrolle über die Inhalte hätten: Beide wählten nämlich im Rahmen der Datenbank- und Auszeichnungssprachen (z. B. SQL oder XML) lediglich vorgegebene Aktionen aus oder versähen Inhalte mit Parametern. In Abkehr von den genannten (nicht unproblematischen) Ansätzen, die sich nur auf die technologischen Möglichkeiten fokussieren, leitet Florian Cramer Computerpoesie nicht aus „neuen Medien" ab und verengt sie damit nicht auf eine elektronische Realisierung. Eine solche Herangehensweise, die auf der prozessualen Ebene „sich selbst ausführende Schriften", d. h. „algorithmisch ausgeführte Sprache als Material von Dichtung betrachtet", kann grundlegende logische Verbindungen zu ‚digitalen' Vorläufern aufmachen und z. B. Computerpoesie mit permutativen Dichtungen der Antike ins Verhältnis setzen (Cramer 2011, 9–12).

Taktile und graphische Dimension der Lektüre

Bezeichnend ist allerdings, dass der beginnende Erfolg von E-Books durch die ubiquitäre Verfügbarkeit entsprechender Titel und Reader sich meistenteils auf digitalisierte Literatur bezieht. Diese häufig zusätzlich in gedruckter Form erhältlichen Texte zielen in Erscheinungsbild und auch in den im Gegensatz zur Hyperfiction fehlenden Verweisstrukturen weitgehend auf die dem gedruckten Buch äquivalente Leseerfahrung linear strukturierter Texte.

Auf der Interface-Ebene zeichnen sich die neuen Lesegeräte jedoch durch eine andere Form der taktilen Erfahrung aus, z. B. hat sich, obwohl für das Recherchieren im Internet der Begriff des „Browsens" (dt. „Blättern", „Schmökern", „Überfliegen") gebräuchlich ist (vgl. Bickenbach und Maye 2009, 22–23), mehr und mehr das Wischen gegenüber der Geste des Blätterns durchgesetzt (vgl. Ruf 2014a; 2014b). Interessanterweise wird Lesen in der Geschichte immer wieder mit der Hand in Verbindung gebracht, was sich noch im ‚Hand-Werkzeug', etwa auf der Benutzeroberfläche des Adobe Reader – stellvertretend für die Hand der Leserin oder des Lesers, nicht die des Autors oder Herausgebers – fortschreibt (vgl. Gitelman 2014, 129). Der Duden führt mittlerweile auch den aus dem Englischen entlehnten Begriff des „Handhelds" für den kleinen, u. a. zum Lesen geeigneten Taschencomputer auf (Duden 2016). Weil darauf Texte in erster Linie wieder wie gedruckte Bücher in der Horizontalen gelesen werden, gerät die Schrift, um mit Walter Benjamin (2009, 30) zu sprechen, wieder aus der „diktatorische[n] Vertikale[n]" – in diesem Fall: der des Computermonitors. Wie auch immer gehalten, ermöglichen E-Book-Reader immer eine Art geheimes Lesen, weil im Gegensatz zum gedruckten Buch kein Cover für alle sichtbar etwas zum Beispiel über das Niveau der Lektüre verrät (vgl. zur Transformation paratextueller Elemente im E-Book: Birke und Christ 2013, 75–79).

Anders als beim herkömmlichen Lesen lässt sich mit der ‚Hand' die Seite hinter dem Programmfenster bewegen, aber nicht im strengen Sinne umblättern oder wenden (vgl. Gitelman 2014, 119; Piper 2012, 3–18). Wenn das Wischen ebenfalls auf der visuellen Benutzeroberfläche realisiert ist, ändert sich sogar die Art, wie man auf den Text zugreift: Es kommt dann nämlich zu einer Lesebewegung des Umherschweifens im wie auf einer großen Ebene verteilten Textkorpus. Der Reader wird – wie schon bei Brown – zu einer Art Fenster, das ausschnittweise Textansichten möglich macht. Dadurch ergibt sich eine Art doppelte Bewegung: eine der Augen und der angezeigten Inhalte, der Schreiboberfläche (vgl. Bolter

2007, 190). Zudem sind von der Navigation her nur schwer Sprünge zwischen den horizontal und vertikal aneinandergrenzenden Textteilen möglich: Man passiert währenddessen nämlich notgedrungen andere Textpassagen (vgl. Piper 2012, 54–55) – eine Anmutung, die zum Beispiel bei der Präsentationssoftware Prezi aufgegriffen wird. Laut Chartier kommt es dabei zu einer Kombination historischer Leseweisen, denn die Leserin oder der Leser ‚scrollt' einerseits durch eine kontinuierliche Site wie durch eine antike Schriftrolle, andererseits ist diese oft strukturiert wie der erst später aufkommende Codex, also mit Paginierungen, Indizierungen und Inhaltsverzeichnissen versehen (vgl. Chartier und Cavallo 1999, 45; dass Ägypter, Griechen und Römer ihre Schriftrollen bereits in Spalten organisierten, betont hingegen Mak 2011, 4). Dies hat auch Auswirkungen auf den Designprozess von Publikationen für Tablet-PCs, insofern das Layout der Ansichten zwar speziell für bestimmte Bildschirmgrößen gestaltet wird, der Raum außerhalb des Rahmens aber tendenziell rand- bzw. endlos ist (vgl. Mod 2010). Der Bildschirm ist, wie Anne Friedberg schreibt, somit Seite und Fenster, opak und transparent zugleich, wodurch er uns eine neue Lesehaltung geradezu aufzwinge, nämlich die Seite so zu betrachten, als wäre sie ein Fensterrahmen, der virtuell den Blick freigibt auf schier endlose Datenbanken und Archive (Friedberg 2006, 19).

Kursorische und statarische Lektüre

Oftmals wird daher im Zusammenhang mit der für menschliche Maßstäbe unendlichen Fülle an Texten im Internet das Lesen am Bildschirm grundsätzlich als oberflächliches, flüchtiges Lesen diskreditiert. Chartier spricht etwa davon, dass sich das Bildschirmlesen eher für ein „segmentiertes, fragmentiertes, diskontinuierliches" Lesen kürzerer Texte, z. B. in Lexika oder Enzyklopädien eigne, während dies z. B. bei Romanen, die ein kohärentes Verständnis eines längeren Werks im Ganzen einforderten, eher störend sei (vgl. Chartier 2004, 151–152). Dieses kulturpessimistische Verdikt, dass bei elektronischen Texten automatisch eine geringere Aufmerksamkeitsspanne gegeben sei (vgl. auch Stocker 2015 und Eco 2006), hat sich angesichts der vielfältigen aktuellen visuellen Technologien zur Erhöhung der Lesbarkeit (in puncto Kontrast, Auflösung und Flimmern) allerdings überholt. Neben hochauflösenden, hochfrequenten Tablets etablieren sich nämlich mehr und mehr E-Book-Reader mit der sogenannten e-ink-Technologie, die darauf ausgerichtet sind, die als angenehmer empfundene Druckdarstellung von Lettern auf Papier zu simulieren und damit wieder einmal in einer *remediation* die elektronische Darstellung an das herkömmliche Buch anzugleichen (vgl. zum Lesen am Computerbildschirm Ziefle 2012; vgl. 2002 zum historischen Stand).

Zudem lässt sich das schnelle, kursorische Lesen als – schon bei der Lektüre gedruckter Bücher relevante – Kompetenz im Umgang mit umfangreichen Textkorpora verstehen, insofern es die Voraussetzung dafür bietet, gezielt lohnende Stellen zur genaueren Betrachtung, zur späteren langsam-konzentrierten, statarischen Lektüre auszuwählen (vgl. Bickenbach und Maye 2009, 101–117; Weinrich 1984, 84 und 97). Die bislang vorliegenden Studien zur Lesbarkeit, zum Verständnis und zur Merkfähigkeit von am Bildschirm und auf Papier dargestellten Texten bleiben so nicht ohne Grund widersprüchlich: Keine Differenzen sehen der Forschungsschwerpunkt Medienkonvergenz (2011) sowie Rockinson-Szapkiw et al. (2013); erhebliche Defizite beim Lesen von digitalen Texten konstatieren hingegen Mangen et al. (2013; vgl. auch Lobin 2014, 158; Stocker 2015, 43–47).

Hinsichtlich der Geschwindigkeit kann bei elektronischen Interfaces im Gegensatz zu Büchern die Lektüre zeitlich getaktet werden. Die Software „Spritz", verbunden mit dem Versprechen, Texte schneller erfassbar zu machen oder das Lesen überhaupt auf kleineren Displays zu ermöglichen, gibt beispielsweise gezielt Leserhythmus bzw. -geschwindigkeit von wortweise angezeigten Texten vor und liefert währenddessen leserfreundliche Zeichenauszeichnungen und -ausrichtungen zur leichteren Worterkennung (vgl. Lobin 2014, 110). Solche Programme zum schnellen seriellen visuellen Präsentieren (*Rapid Serial Visual Presentation*) simulieren im Grunde die Bewegungsmuster der Augen, die beim Lesen immer zum Tragen kommen: erstens die Sprünge über Buchstaben und Worte, die Sakkaden, wodurch dann zweitens (nach den voreingestellten Effizienzmaßstäben) das Pausieren auf bestimmten Worten, die Fixation, verkürzt werden kann; drittens schließlich wird das zeitaufwändige Zurückwandern der Augen im Text, Regression genannt, verhindert. Dadurch soll es theoretisch möglich sein, einen 300-Seiten-Roman in knapp 80 Minuten zu lesen – allerdings bei einem sehr oberflächlichen Verständnisniveau, wie schon Woody Allen über Schnelllesetrainings spöttelte: „I [...] was able to read *War and Peace* in twenty minutes. It involves Russia" (zit. n. Hayles 2012, 61).

Der algorithmische Leser und Big Data

Auf der Rezeptionsseite gibt es nicht mehr nur menschliche, sondern auch nichtmenschliche, d. h. algorithmische Leser, die – z. B. in der digitalen Philologie – eigenständig Lektüreergebnisse vorlegen. Es geht dabei u. a. darum, mit Hilfe von Big Data in großen Textkorpora Muster zu erkennen. Durch dieses rechnerseitige „distant reading", wie es Franco Moretti im Kontrast zum Close Reading nennt, konnte bislang z. B. erstens gezeigt werden, dass die meisten Genres in der Literaturgeschichte nur eine Lebensdauer von etwa 30 Jahren haben. Zweitens ließen sich durch prägnante Wortcluster einzelne Literaturepochen identifizieren (Moretti 2000, 56–58; 2009, 25–40; vgl. auch Piper 2012, 140–149; für die deutsche Computerphilologie vgl. Jannidis 1999; 2010b; einen Überblick bietet Meister 2012). Dies hat eine breite Debatte angestoßen, ob dadurch das traditionelle hermeneutische Arbeiten (Interpretation, Close Reading) obsolet werde. Die meisten Ansätze verstehen die sogenannten Digital Humanities in diesem Zusammenhang jedoch nicht als Ablösung der menschlichen Leserinnen bzw. Leser durch Computer, sondern eher als wechselseitiges Bedingungsverhältnis: Sobald mit quantitativen Datenanalysen einzelne Muster sichtbar gemacht und damit verbunden neue Fragen aufgeworfen worden seien, beginne für die Forscher, wie Moretti betont, die hermeneutische Arbeit der Interpretation (vgl. Moretti 2013; vgl. auch Hayles 2012, 29–33). Um aussagekräftige Ergebnisse zu erzielen, bedarf es außerdem einer speziellen (standardisierten) Aufbereitung der Daten, sodass die Computerphilologie zusätzlich spezielle editorische Kompetenzen umfasst (vgl. Jannidis 2010a). Geoffrey Nunberg (2009) hat in diesem Zusammenhang darauf hingewiesen, dass dadurch, dass man zunächst bei Google Books die Strategien zur Websuche eins zu eins auf die Buchinventarisierung übertragen habe, der wichtige Aspekt der Metadaten (wie man sie in Bibliothekseinträgen findet) vernachlässigt worden sei, mit zahlreichen – bis heute bestehenden – Problemen: Neben unzähligen fehlerhaften, automatisch generierten Alters-, Epochen- und Autorzuschreibungen mangele es dem System z. B. an für Wissenschaftler wichtigen Recherchemöglichkeiten nach bestimmten Kategorien und Zeitspannen.

Interessant im Zusammenhang mit dem algorithmischen Leser ist die Tatsache, dass bei der CAPTCHA-Technology die Probe darauf, ob man verzerrte Textbilder lesen bzw. entziffern kann, also ein basales Lesevermögen, als Turing-Test zur Unterscheidung von Mensch und Computer zum Einsatz kommt. Umgekehrt sind QR- oder Barcodes eigens für den algorithmischen Leser konzipiert (vgl. Gitelman 2014, 134).

Digitale Literatur

Aufgrund der neueren Technologien haben sich wie bei der sogenannten Medien- oder Netzkunst literarische Formen gebildet, die nach ihren Verbreitungsarten, -diensten bzw. -plattformen benannt sind. Als Blog berühmt wurde Rainald Goetz' Online-Tagebuch *Abfall für alle* (Goetz 1998) oder die Webanthologie *NULL* (Hettche 1999). Diese erprobten aber auf der Seite der Ästhetik wenig neue Formen, so dass beide kurze Zeit danach problemlos als Buch publiziert werden konnten (vgl. Simanowski 2002, 13). In derselben ‚Neue Medien'-Logik gibt es mittlerweile einen vor allem in Japan unter Jugendlichen boomenden Trend der Handyromane (dort: *kêtai shôsetsu*), der etwa ab 2007 auch in Europa vereinzelt aufgegriffen wurde (z. B. von Oliver Bendel oder Wolfgang Hohlbein). Dabei hat die Größe des Displays Auswirkungen auf die literarische und grafische Gestaltung: Man beschränkt sich meist auf kurze Sätze, einfache syntaktische Strukturen; zudem spielen Lautmalerei, viele Emoticons und umgangssprachliche Ausdrücke sowie strukturierende Leerzeilen, verbunden mit zahlreichen Zeilenumbrüchen, eine große Rolle. Obwohl der Handyroman nicht selten als Genre diskutiert wird, hat sich kein definierter Texttypus herausgebildet. Die einzige Klammer scheint das Medium zu sein, über das sie gelesen werden, obwohl erfolgreiche Texte, die zunächst meist – an der Serialität des Fernsehens geschult – als Fortsetzungsgeschichten verbreitet werden, später sogar in gedruckter Form erscheinen (vgl. mit einem Schwerpunkt auf Japan: Mauermann 2011, 119–120; vgl. auch 225–226; Andreotti [5]2014, 386–388).

Ähnlich verhält es sich bei der sogenannten Twitteratur – im Englischen auch *twiction* oder *twovel* (*twitter novel*) –, wobei die Plattform Twitter als Kontext dient. So hat der Autor Rick Moody eine eigens auf die twittertypische Beschränkung von 140 Zeichen hin konzipierte Erzählung *Some Contemporary Characters* in 153 aufeinanderfolgende Tweets gegliedert. In Deutschland bekam Florian Meimberg 2010 für seine *Tiny Tales* den Grimme Online Award. In weniger ernstzunehmender Form bietet Penguin in dem Buch *Twitterature* 80 der größten literarischen Werke in jeweils weniger als 20 Tweets an, von *Hamlet* bis *Harry Potter* (vgl. Rudin 2011; Drees und Meyer 2013).

Studenten der University of California, Santa Barbara, adaptierten William Shakespeares *Romeo und Julia* wiederum für Facebook („Romeo and Juliet: A Facebook Tragedy"). Die einzelnen Charaktere wurden in Facebookprofile mit entsprechenden Vorlieben (für Bücher oder Musik) übertragen und die sozialen Beziehungen in Freundschaften übersetzt (alle Familienmitglieder und Diener der Capulets waren von Anfang an Freunde; ebenso bei den Montagues). Als Interaktionsfläche wurde eine Gruppe („The Streets of Verona") ins Leben gerufen, ferner der handlungsentscheidende Maskenball als Veranstaltung eingetragen und in Form von Fotos dokumentiert sowie die maßgeblichen Dialoge auf der Gruppen-Pinnwand arrangiert (vgl. Skura et al. 2008; vgl. auch Hayles 2012, 75–76).

Obwohl der pädagogische Wert solcher Projekte nicht abzustreiten ist, schöpfen die derzeitigen Projekte, die Literatur lediglich nach den Plattformen, auf denen sie realisiert ist, auszeichnen und, wie schon die Medienkunst in den 1990er Jahren, häufig in unterhaltsamer Form technische Machbarkeit feiern, ihr Potenzial bislang nicht aus. Anspruchsvollere ästhetische Experimente stehen jedenfalls noch aus.

Weiterführende Literatur

Bickenbach, Matthias und Harun Maye (2009). *Metapher Internet. Literarische Bildung und Surfen*. Berlin.
Gitelman, Lisa (2014). *Paper Knowledge. Toward a Media History of Documents*. Durham, NC und London.
Hayles, Nancy Katherine (2012). *How We Think. Digital Media and Contemporary Technogenesis*. Chicago, Ill.
Levy, David M. (2001). *Scrolling Forward. Making Sense of Documents in the Digital Age*. New York.
Lobin, Henning (2014). *Engelbarts Traum. Wie der Computer uns Lesen und Schreiben abnimmt*. Frankfurt/M.
Piper, Andrew (2012). *Book Was There. Reading in Electronic Times*. Chicago, Ill. und London.
Reading Moving Letters. Digital Literature in Research and Teaching (2010). *A Handbook*. Hrsg. von Roberto Simanowski, Jörgen Schäfer und Peter Gendolla. Bielefeld.
Text-e. Text in the Age of the Internet (2006). Hrsg. von Gloria Origgi. Basingstoke und London.

Literatur

Aarseth, Espen J. (1997). *Cybertext. Perspectives on Ergodic Literature*. Baltimore.
Alter, Alexandra (2012). „Your E-Book Is Reading You". *The Wallstreet Journal* (19. Juli 2012).
Andreotti, Mario (⁵2014). *Die Struktur der modernen Literatur. Neue Formen und Techniken des Schreibens: Erzählprosa und Lyrik*. Bern.
Baron, Naomi S. (2015). *Words Onscreen. The Fate of Reading in a Digital World*. New York.
Benjamin, Walter (2009). „Vereidigter Bücherrevisor". *Einbahnstraße*. Werke und Nachlaß. Kritische Gesamtausgabe. Bd. 8. Hrsg. von Detlev Schöttker. Frankfurt/M.: 29–31.
Bickenbach, Matthias und Harun Maye (2009). *Metapher Internet. Literarische Bildung und Surfen*. Berlin.
Birke, Dorothee und Birte Christ (2013). „Paratext and Digitized Narrative: Mapping the Field". *Narrative* 21.1 (2013): 65–87.
Birkerts, Sven (1997). *Die Gutenberg-Elegien. Lesen im elektronischen Zeitalter*. Frankfurt/M.
Bolter, Jay David (²2001 [1991]). *Writing Space. Computers, Hypertext, and the Remediation of Print*. Mahwah, NJ.
Bolter, Jay David (2007). „Sehen und Schreiben". *Reader Neue Medien. Texte zur digitalen Kultur und Kommunikation*. Hrsg. von Karin Bruns und Ramón Reichert. Bielefeld: 182–202.
Bolter, Jay David und Richard Grusin (2000). *Remediation. Understanding New Media*. Cambridge, Mass.
Brown, Bob (2014 [1930]). *The Readies*. Hrsg. von Craig J. Saper. Baltimore, MD.
Bruns, Karin und Ramón Reichert (2007). „Einleitung [zum Kapitel Hypertext – Hypermedia – Interfictions]". *Reader Neue Medien. Texte zur digitalen Kultur und Kommunikation*. Hrsg. von Karin Bruns und Ramón Reichert. Bielefeld: 165–171.
Bush, Vannevar (1945). „As we may think". *Atlantic Monthly* 176.1 (Juli 1945): 112–114, 116, 118, 121, 123–124.

Carr, Nicholas G. (2010). *Wer bin ich, wenn ich online bin … und was macht mein Gehirn solange? Wie das Internet unser Denken verändert.* München.

Chartier, Roger (2004). „Languages, Books, and Reading from the Printed Word to the Digital Text". *Critical Inquiry* 31.1 (2004): 133–152.

Chartier, Roger (2006). „Readers and Readings in the Electronic Age". *Text-e. Text in the Age of the Internet.* Hrsg. von Gloria Origgi. Basingstoke und London: 1–11.

Chartier, Roger und Guglielmo Cavallo (1999). „Einleitung". Übers. von Martina Kempter. *Die Welt des Lesens. Von der Schriftrolle zum Bildschirm* (1999). Hrsg. von Roger Chartier und Guglielmo Cavallo. Übers. aus dem Engl. von H. Jochen Bußmann und Ulrich Enderwitz, aus dem Frz. von Klaus Jöken und Bernd Schwibs, aus dem Ital. von Martina Kempter. Frankfurt/M. und New York: 11–57.

Collins, Jim (2010). *Bring on the Books for Everybody. How Literary Culture Became Popular Culture.* Durham, NC und London.

Collins, Jim (2013). „Reading, in a Digital Archive of One's Own". *PMLA* 128.1 (2013): 207–212.

Cramer, Florian (2011). *Exe.cut[up]able Statements. Poetische Kalküle und Phantasmen des selbstausführenden Texts.* München.

De Kerckhove, Derrick (2002). „Text, Context and Hypertext". *Unplugged. Art as the Scene of Global Conflicts.* Hrsg. von Gerfried Stocker und Ars-Electronica-Center. Ostfildern-Ruit: 271–275.

Drees, Jan und Sandra Annika Meyer (2013). *Twitteratur. Digitale Kürzestschreibweisen* [Elektronische Ressource]. Frohmann.

Duden (2016). „Handheld". http://www.duden.de/rechtschreibung/Handheld (6. März 2016).

Eco, Umberto (2006). „Authors and Authority" [Interview mit Gloria Origgi]. *Text-e. Text in the Age of the Internet.* Hrsg. von Gloria Origgi. Basingstoke und London: 179–189.

Engelbart, Douglas (1962). *Augmenting Human Intellect. A Conceptual Framework.* Stanford Research Institute Summary Report.

Flusser, Vilém (1996). „Digital Apparition". *Electronic Culture: Technology and Visual Representation.* Hrsg. von Timothy Druckrey. London: 242–245.

Forschungsschwerpunkt Medienkonvergenz (Universität Mainz) (2011). *Unterschiedliche Lesegeräte, unterschiedliches Lesen?* [Studienpapier]. https://www.uni-mainz.de/downloads/medienkonvergenz_lesestudie.pdf (31. Januar 2015).

Friedberg, Anne (2006). *The Virtual Window. From Alberti to Microsoft.* Cambridge, Mass. und London.

Gitelman, Lisa (2014). *Paper Knowledge. Toward a Media History of Documents.* Durham, NC und London.

Goetz, Rainald (1998). *Abfall für alle.* http://www.rainaldgoetz.de (online bis Februar 1999).

Groys, Boris (2014). „Fiction Defictionalized: Art and Literature on the Internet" [Keynote, 25. Oktober 2014]. http://fiktion.cc/boris-groys-2/ (1. Februar 2015).

Harris, Roy (2001). *Rethinking Writing.* London und New York.

Harrison, Beverly L. (2000). „E-Books and the Future of Reading". *Computer Graphics and Applications, IEEE* 20.3 (2000): 32–39.

Hayles, Nancy Katherine (2012). *How We Think. Digital Media and Contemporary Technogenesis.* Chicago, Ill.

Heibach, Christiane (2003). *Literatur im elektronischen Raum.* Frankfurt/M.

Hettche, Thomas (1999). *NULL.* http://www.dumontverlag.de/null/karte.htm (online bis 31. Dezember 1999)

Idensen, Heiko (1996). „Die Poesie soll von allen gemacht werden"! Von literarischen Hypertexten zu virtuellen Schreibräumen der Netzwerkkultur". *Literatur im Informationszeitalter*. Hrsg. von Dirk Matejovski und Friedrich Kittler. Frankfurt/M. und New York: 143–184.

Jannidis, Fotis (1999). „Was ist Computerphilologie?" *Jahrbuch für Computerphilologie* 1 (1999): 39–60.

Jannidis, Fotis (2010a). „Digital Editions in the Net. Perspectives for Scholarly Editing in a Digital World". *Beyond the Screen. Transformations of Literary Structures, Interfaces and Genres*. Hrsg. von Jörgen Schäfer und Peter Gendolla. Bielefeld: 543–560.

Jannidis, Fotis (2010b). „Methoden der computergestützten Textanalyse". *Methoden der literatur- und kulturwissenschaftlichen Textanalyse*. Hrsg. von Vera Nünning. Stuttgart: 109–132.

Jenkins, Henry (2006). *Convergence Culture. Where Old and New Media Collide*. New York.

Joyce, Michael (1997). „Nonce Upon Some Times: Rereading Hypertext Fiction". *Modern Fiction Studies* 43.3 (1997): 579–597.

Keen, Andrew (2008). *Die Stunde der Stümper. Wie wir im Internet unsere Kultur zerstören*. München.

Kernan, Alvin B. (1990). *The Death of Literature*. New Haven.

Kirschenbaum, Matthew (2008). „Approaches to Managing and Collecting Born-Digital Literary Materials for Scholarly Use". *NEH Whitepaper* (2008). https://securegrants.neh.gov/ PublicQuery/main.aspx?f=1&gn=HD-50346-08%3E (28. Januar 2015).

Kittler, Friedrich (1985). „Ein Höhlengleichnis der Moderne. Lesen unter hochtechnischen Bedingungen". *Zeitschrift für Literaturwissenschaft und Linguistik* 57/58 (1985): 204–220.

Kittler, Friedrich (1996). „Computeranalphabetismus". *Literatur im Informationszeitalter*. Hrsg. von Friedrich Kittler und Dirk Matejovski. Frankfurt/M. und New York.

Landow, George P. (1992). *Hypertext. The Convergence of Contemporary Critical Theory and Technology*. Baltimore.

Latour, Bruno (2013). „Achtung: Ihre Phantasie hinterlässt digitale Spuren!" *Big Data. Das neue Versprechen der Allwissenheit*. Hrsg. von Heinrich Geiselberger und Tobias Moorstedt. Berlin: 119–123.

Lessig, Lawrence (²2006). *Code. Version 2.0*. New York.

Levy, David M. (2001). *Scrolling Forward. Making Sense of Documents in the Digital Age*. New York.

Liu, Alan (2004). „Transcendental Data. Toward a Cultural History and Aesthetics of the New Encoded Discourse". *Critical Inquiry* 31.1 (2004): 49–84.

Lobin, Henning (2014). *Engelbarts Traum. Wie der Computer uns Lesen und Schreiben abnimmt*. Frankfurt/M.

Loebel, Jens-Martin (2014). *Lost in Translation. Leistungsfähigkeit, Einsatz und Grenzen von Emulatoren bei der Langzeitbewahrung digitaler multimedialer Objekte am Beispiel von Computerspielen*. Glückstadt.

Mak, Bonnie (2011). *How the Page Matters. Studies in Book and Print*. Toronto, Buffalo und London.

Mangen, Anne, Bente R. Walgermo und Kolbjørn Brønnick (2013). „Reading Linear Texts on Paper versus Computer Screen: Effects on Reading Comprehension". *Journal of Educational Research* 58 (2013): 61–68.

Manovich, Lev (2001). *The Language of New Media*. Cambridge, Mass.

Mauermann, Johanna (2011). *Handyromane. Ein Lesephänomen aus Japan*. Berlin.

McCracken, Ellen (2013). „Expanding Genette's Epitext/Peritext Model for Transitional Electronic Literature: Centrifugal and Centripetal Vectors on Kindles and iPads". *Narrative* 21.1 (2013): 105–124.

McLuhan, Marshall (1962). *The Gutenberg Galaxy. The Making of Typographic Man*. Toronto.

McLuhan, Marshall (1969). „The Playboy Interview: Marshall McLuhan". *Playboy Magazine* (März 1969): 233–269.

McLuhan, Marshall (1994). *Understanding Media. The Extensions of Man*. Cambridge, Mass.

Meister, Jan-Christoph (2012). „Computerphilologie vs. ‚Digital Text Studies'". *Literatur und Digitalisierung*. Hrsg. von Christine Grond-Rigler und Wolfgang Straub. Berlin und Boston: 267–296.

Mitchell, William J. (⁶2001). *The Reconfigured Eye. Visual Truth in the Post-Photographic Era*. Cambridge, MA.

Mod, Craig (2010). „Books in the Age of the iPad". http://craigmod.com/journal/ipad_and_ books/%3E (30. Januar 2015).

Montfort, Nick (2005). *Twisty Little Passages. An Approach to Interactive Fiction*. Cambridge, MA.

Moretti, Franco (2000). „Conjectures on World Literature". *New Left Review* 1 (2000): 54–68.

Moretti, Franco (2009). *Kurven, Karten, Stammbäume. Abstrakte Modelle für die Literaturgeschichte*. Frankfurt/M.

Moretti, Franco (2013). *Distant Reading*. London.

Nelson, Theodor Holm (1992). *Literary Machines. The Report on, and of, Project Xanadu Concerning Word Processing, Electronic Publishing, Hypertext, Thinkertoys, Tomorrow's Intellectual Revolution, and Certain Other Topics Including Knowledge, Education and Freedom* [1982]. Sausalito, CA.

Nunberg, Geoffrey (2009). „Google's Book Search: A Disaster for Scholars". *The Chronicle of Higher Education* (31. August 2009). https://chronicle.com/article/Googles-Book-Search-A/48245/%3E (9. Januar 2015).

Piper, Andrew (2012). *Book Was There. Reading in Electronic Times*. Chicago, IL und London.

Pleimling, Dominique (2012). „Social Reading – Lesen im digitalen Zeitalter". *Aus Politik und Zeitgeschichte* 62.41/42 (2012): 21–27.

Reading Moving Letters. Digital Literature in Research and Teaching (2010). *A Handbook*. Hrsg. von Roberto Simanowski, Jörgen Schäfer und Peter Gendolla. Bielefeld.

Reuß, Roland (2012). *Ende der Hypnose. Vom Netz und zum Buch*. Frankfurt/M.

Reuß, Roland (2014). *Die perfekte Lesemaschine. Zur Ergonomie des Buches*. Göttingen.

Rockinson-Szapkiw, Amanda J., Jennifer Courduff, Kimberly Carter und David Bennett (2013). „Electronic versus Traditional Print Textbooks: A Comparison Study on the Influence of University Students' Learning". *Computers & Education* 63 (2013): 259–266.

Rudin, Michael (2011). „From Hemingway to Twitterature: The Short and Shorter of It". *Journal of Electronic Publishing* 14.2 (2011): 1–8. http://dx.doi.org/10.3998/3336451.0014.213%3E (31. Januar 2015).

Ruf, Oliver (2014a). *Die Hand. Eine Medienästhetik*. Wien.

Ruf, Oliver (2014b). *Wischen und Schreiben. Von Mediengesten zum digitalen Text*. Berlin.

Salter, Anastasia (2014). *What Is Your Quest? From Adventure Games to Interactive Books*. Iowa City.

Schmundt, Hilmar (2013). „Gutenbergs neue Galaxis: Vom Glück des digitalen Lesens". Spiegel E-Book.

Simanowski, Roberto (2002). *Interfictions. Vom Schreiben im Netz*. Frankfurt/M.

Skura, Helen, Katia Nierle und Gregory Gin (2008). „Romeo and Juliet: A Facebook Tragedy". http://english149-w2008.pbworks.com/w/page/19011402/Romeo%20and%20 Juliet%3A%20A%20Facebook%20Tragedy (1. Februar 2015).

Sosnoski, James (1999). „Hyper-Readings and Their Reading Engines". *Passions, Pedagogies, and 21st Century Technologies*. Hrsg. von Gail E. Hawisher und Cynthia L. Selfe. Logan, UT und Urbana, IL.

Spitzer, Manfred (2012). *Digitale Demenz. Wie wir uns und unsere Kinder um den Verstand bringen*. München.

Stocker, Günther (2015). „‚Aufgewacht aus tiefem Lesen'. Überlegungen zur Medialität des Bücherlesens im digitalen Zeitalter". *Lesen. Ein Handapparat*. Hrsg. von Hans-Christian von Herrmann und Jeannie Moser. Frankfurt/M.: 33–48.

Text-e. Text in the Age of the Internet (2006). Hrsg. von Gloria Origgi. Basingstoke und London.

Ulin, David L. (2010). *The Lost Art of Reading. Why Books Matter in a Distracted Time*. Seattle, WA.

Weinrich, Harald (1984). „Lesen – schneller Lesen – langsamer lesen". *Neue Rundschau 95.3* (1984): 80–99.

Winkler, Hartmut (2008). „Die magischen Kanäle, ihre Magie und ihr Magier. McLuhan zwischen Innis und Teilhard de Chardin". *McLuhan neu lesen. Kritische Analysen zu Medien und Kultur im 21. Jahrhundert*. Hrsg. von Derrick de Kerckhove, Martina Leeker und Kerstin Schmidt. Bielefeld: 158–169.

Wirth, Uwe (1997). „Literatur im Internet. Oder: Wen kümmert's, wer liest?" *Mythos Internet*. Hrsg. von Stefan Münker und Alexander Roesler. Frankfurt/M.: 319–336.

Wirth, Uwe (1999). „Wen kümmert's, wer spinnt? Gedanken zum Schreiben und Lesen im Hypertext". *Hyperfiction. Hyperliterarisches Lesebuch: Internet und Literatur*. Hrsg. von Beat Suter und Michael Böhler. Basel und Frankfurt/M.: 29–42.

Ziefle, Martina (2002). *Lesen am Bildschirm. Eine Analyse visueller Faktoren*. Münster, New York, München und Berlin.

Ziefle, Martina (2012). „Lesen an digitalen Medien". *Literatur und Digitalisierung*. Hrsg. von Christine Grond-Rigler und Wolfgang Straub. Berlin und Boston: 223–250.

Thomas Ernst
IV.5 Der Leser als Produzent in Sozialen Medien

1 Der digitale Medienwandel und Leser als Produzenten

Die Digitalisierung als zentraler Medienwandel der Gegenwart verändert viele Bereiche der Gesellschaft nachhaltig, insbesondere ihre Wissens-, Kommunikations- und Arbeitsformen. Bezeichnungen wie ‚postindustrielle Gesellschaft' (Bell 1973), ‚Informationszeitalter', ‚Netzwerkgesellschaft' (Castells 1996) oder ‚Facebook-Gesellschaft' (Simanowski 2016) weisen diesen Veränderungen sogar eine epochale Qualität zu. Vor allem die Intensität der medialen Vernetzung im World Wide Web, dem wichtigsten ‚Inter-Netzwerk', hat seit Mitte der 1980er Jahre enorm zugenommen und scheint Marshall McLuhans mediengenealogische Beschreibung einer Ablösung der Gutenberg-Galaxis durch ein elektronisches Zeitalter zu erfüllen (vgl. McLuhan 1962).

Medienhistorisch wird das ‚Web 1.0', das Informationen von Webservern abrufbar gemacht hat, vom ‚Web 2.0' abgegrenzt, in dem der interaktive Austausch von Informationen und die vernetzte Kommunikation neue Dimensionen erreichen (vgl. u. a. O'Reilly 2005). Dieses ‚Web 2.0' bzw. ‚Social Web' zeichnet sich vor allem durch Soziale Medien aus, die den kontinuierlichen und geregelten Informationsaustausch sowie die kollaborative Wissensproduktion in spezifischen Netzwerken ermöglichen und in denen von den Nutzern produzierte soziale Beziehungen sowie neue Daten entstehen, also miteinander geteiltes Wissen (vgl. Ebersbach et al. ²2011, 35). Die weltweit meistgenutzten Sozialen Medien sind Facebook, ein soziales Netzwerk mit derzeit monatlich ca. zwei Milliarden aktiven Nutzern, und Youtube, ein Videoportal mit monatlich ca. einer Milliarde Nutzern. Diese Sozialen Medien sind zunächst einmal nur digitale Plattformen mit Serverkapazitäten, auf denen dann von Nutzergemeinschaften (‚Communities') in transparenter Weise ein ‚User Generated Content' bereitgestellt und diskutiert wird (Ebersbach et al. ²2011, 36), teilweise in mehrfachen Durchläufen.

Auch im Bereich der Literatur gibt es eine Vielfalt unterschiedlicher Sozialer Medien, die für die (kollaborative) Produktion, Distribution, Lektüre und die vernetzte Kommentierung von Literatur genutzt werden. Dazu zählen vor allem soziale Netzwerke wie Facebook und Twitter, Lit- und Buchblogs, Social Reading-, Crowdfunding- und Fan-Fiction-Plattformen sowie Wikis. In solchen Sozialen Medien kann der Leseakt zugleich zu einem öffentlichen oder – in geschlossenen

https://doi.org/10.1515/9783110365252-025

Communities – teil-öffentlichen Textproduktionsakt werden, der dann auch als ,Social Reading' bezeichnet wird. Dominique Pleimling definiert dieses knapp als „online geführter, intensiver und dauerhafter Austausch über Texte" (Pleimling 2012, 21). Damit verändert sich allerdings die Funktion des Lesers, der nicht nur aktiver Rezipient, sondern als solcher in Sozialen Medien zugleich auch Textproduzent sein kann. So können Leser als *Selfpublisher* eigene Texte öffentlich verfügbar machen und zu Autoren werden oder aber ins Gespräch mit anderen Leser-Autoren kommen und deren kritische Anmerkungen wiederum öffentlich kommentieren.

Die in der ,Gutenberg-Galaxis' der gedruckten Bücher durch Intermediäre wie Verlage, Druckereien oder Buchhandel institutionalisierte Differenz von Autor einerseits und Leser andererseits wird teilweise aufgehoben. Man kann diesen Wandel unter der Formel vom ,Leser als Produzenten' fassen, die ein Postulat von Walter Benjamin aktualisiert, der 1934 ein Selbstverständnis der Autoren als ,Produzenten' einforderte: Sie sollten die Produktionsapparate nicht nur beliefern, sondern reflektieren und verändern. Auf diese Weise werde „für den Autor als Produzenten der technische Fortschritt die Grundlage seines politischen" (Benjamin 2011 [1934], 521). In ganz ähnlicher Weise ermöglichen Soziale Medien den Lesern in digitalisierten Gesellschaften eine solche Aneignung der literarischen und literaturkritischen Produktions- und Distributionsmittel, die unter Schlagworten wie ,Partizipation', ,Transparenz' und ,Demokratisierung' auf vielen gesellschaftlichen Feldern politische Effekte zeigen (vgl. u. a. Bunz 2012, 153): Mehr Leser tauschen sich über eine breitere Vielfalt an Literatur aus, erreichen wesentlich einfacher ein größeres Publikum. Allerdings gibt es auch negative Entwicklungen, man denke nur an die Probleme mit Trollen (intentional provokative Nutzer) oder der *Hate Speech* (aggressiv-diskriminierende Redeweisen) in Sozialen Medien.

Die Vorstellung vom Leser als Produzenten markiert allerdings keinen Paradigmenwechsel im Sinne eines scharfen Bruches, da diese Formel erstens an ältere Traditionslinien anschließt, in der Leser bereits in unterschiedlicher Weise als Textproduzenten bzw. Mitverfasser verstanden wurden; zweitens hat die Nutzung Sozialer Medien die Lektüre gedruckter Werke längst noch nicht abgelöst. Von daher verwundert es nicht, dass die Erforschung des Lesens „von nutzergenerierten Texten im Internet noch als Forschungsdesiderat" (Kuhn 2015, 681) gilt.

Literaturhistorisch darf diese mediale Verschiebung zur produktiven Leserschaft in Sozialen Medien allerdings nicht unterschätzt werden. Wie rasant sich dieser Medienwandel in den beiden letzten Dekaden vollzogen hat, zeigen die Handbücher zum Lesen von 1973 (Baumgärtner) und 2001 (Franzmann et al.). Peter Glotz fordert 1973 zwar eine „[n]eue Kritik" und „neue Leser", prophezeit aber zugleich, dass „weder Hörfunk und Fernsehen noch die Tageszeitung derartige Innovationen bringen" (Glotz 1973, 619) würden (ohne damals auch nur eine Idee von digitalen sozialen Medien haben zu können). Als dann 2001 digitalisierte Texte zwar bereits an Bildschirmen, jedoch vor allem noch über das Medium CD-ROM konsumiert werden, konstatiert das *Handbuch Lesen* im Artikel *Elektronische Medien*, „daß eine massive Veränderung nicht stattfinden" werde: „Jede elektronische Information" sei „an technische Vorrichtungen gebunden" und habe „deshalb eine wesentlich eingeschränkte Gebrauchsfähigkeit" (Saur 2001, 286). Leser würden daher immer das gedruckte Buch den elektronischen Medien vorziehen. Inzwischen nutzen allerdings Millionen Smartphone-Besitzer ihren mobilen Zugriff auf digitale Bibliotheken (vgl. Gomez 2008, 165); und in den Sozialen Medien haben sich sehr wohl Leseweisen ausgebildet, die den produktiven Umgang mit Literatur nicht einschränken, sondern erweitern.

2 Geschichte und Theorien des sozialen und des produktiven Lesers

Das Social Reading, die produktive gemeinsame Lektüre in Sozialen Medien, verbindet zwei Traditionslinien des Lesens miteinander, nämlich gesellige und damit soziale Formen der Lektüre, die sowohl den Austausch mit Autoren und Autorinnen als auch die Kommunikation von Lesern und Leserinnen untereinander umfassen können, und Ansätze, die den Lektüreakt in besonderer Weise als einen der eigenständigen (schriftlichen) Produktivität verstehen. Die Entstehung geselliger bzw. sozialer Formen des Lesens geht historisch weit zurück und kann im Bereich der Leser-Leser-Kommunikation u. a. in den literarischen Salons des 18. und 19. Jahrhunderts verortet werden. Für den Bereich der ‚literaturbezogene[n] Autor-Rezipient-Kommunikation' hat Tobias Christ eine kleine Sozialgeschichte vorgelegt, in der er nachweist, dass es zwar vielfältige (bi-/unidirektionale, a-/ symmetrische, direkte oder medial vermittelte) Formen dieses Austauschs gibt, allerdings „nur eine kleine literaturinteressierte Minderheit des Lesepublikums" (Christ 2017, 275) daran partizipiert, weshalb auch die neuen digitalen Autor-Rezipienten-Interaktionsformen nur zögerlich angenommen würden.

In Weiterentwicklung semiotischer, (post)strukturalistischer oder literatursoziologischer Ansätze werden ab den späten 1960er Jahren ‚interaktionistische Lesermodelle' wichtig, deren gemeinsame Grundannahme darin besteht, „dass literarische Bedeutungsproduktion vor allem das Ergebnis der Interaktion von Leser und Text ist" (Willand 2014, 216). Solche Theorien gehen – in Abgrenzung von der sinnstiftenden Figur des Autors – von der Unbestimmtheit des Textsinns aus oder fokussieren, machtkritisch gewendet, auf die notwendige Befreiung des

Lesers aus vorgegebenen Verstehensstrukturen, weshalb sie die Lektüre als eine in hohem Maße produktive Tätigkeit begreifen. In diesem Sinne erklärt Michel de Certeau die „Teilung zwischen Lesen und Schreiben" (de Certeau 1988 [1980], 297) zu einer institutionalisierten Machttechnik, die letztlich nur „die Realität der Lesepraxis" (de Certeau 1988 [1980], 304) verdecke, in der der Leser eigentlich schon immer „ein schwärmerischer Autor" (de Certeau 1988 [1980], 306) sei.

Besonders wirkungsmächtige interaktionistische Lesermodelle sind die Rezeptionsästhetik der ‚Konstanzer Schule' (vgl. Iser 1970; 1972; 1976) und das Lesemodell von Roland Barthes (2000 [1968]; ⁸1996 [1973]). Diese Ansätze wirken sich auch auf konkrete Lektürepraxen und die Literaturdidaktik aus. Ab Mitte der 1990er Jahre entwickeln Gerhard Haas, Kaspar H. Spinner, Günter Waldmann und andere das Konzept des produktionsorientierten Unterrichts, der davon ausgeht, dass das kreative Um- oder Weiterschreiben literarischer Texte durch die Schülerinnen und Schüler deren Textverständnis befördere (vgl. Haas et al. 1994; Haas 1997; Waldmann 1998). In dieser Tradition – und parallel zum Aufstieg der Sozialen Medien – erhält auch das autobiografische und das kreative Schreiben eine größere Bedeutung, das spätere Buchbloggen schließt an die Empfehlung von Lesetagebüchern an (vgl. Waldmann 2000; Hintz ²2005; vgl. zur Kritik auch Spinner 1999, 35–36).

Im digitalen Medienwandel rückt in der ersten literaturwissenschaftlichen Annäherung an Hypertexte, also digitale Texte mit aus sich heraus weisenden Hyperlinks, der ‚aktive Leser' ins Zentrum, „der sich bei jedem Link entscheiden muss, ob er dem angebotenen Pfad folgt oder nicht" (Wirth 2001, 57). Schon 1991 beschreibt Jay David Bolter, dass der Hypertext das geordnete Verhältnis von Autor und Leser in eine Unordnung bringe: „As readers we become our own authors, determining the structure of the text for the next reader, or perhaps for ourselves in our next reading." (Bolter 1991, 30–31) Peter Gendolla und Jörgen Schäfer weisen allerdings darauf hin, dass es sich bei Hypertexten nur um eine Aktivierung des Lesers in engen und durch die Texte vorgegebenen Grenzen handele. Zwar müsse der Leser „inter*aktiv* lesen", allerdings keinesfalls frei, sondern innerhalb einer „abbildbare[n], adressierbare[n] Struktur" (Gendolla und Schäfer 2001, 79; vgl. auch Wirth 1999, 336–337). Während die Auswahl der Hyperlinks somit nur als eine eingeschränkte Form der Leseraktivität zu bewerten ist, die Roberto Simanowski sogar als „Tod des *Lesers*" bezeichnet, sei eine darüber hinausgehende „echte[] Interaktivität" anzustreben, „kein bloßes Klicken, sondern wirkliche Mitbestimmung des Publikums" (Simanowski 2008, 49–50). Diese realisiert sich in Sozialen Medien, in denen die Leser bei der Rezeption von Literatur selbst Texte produzieren oder sich an der (Erst-)Produktion oder Fortschreibung von Literatur beteiligen.

3 Begriffe, Modelle und Medien des produktiven Lesers in Sozialen Medien

Die Figur des produzierenden Lesers in Sozialen Medien schließt nicht nur an literarische Modelle des geselligen oder textproduzierenden Lesens an, sondern auch an gesellschafts- und medienwissenschaftliche Modelle des *Prosumings* und der nutzergenerierten Inhalte. Schon vor der Einführung der Sozialen Medien prägte Alvin Toffler 1980 die Figur des ‚Prosumers‘: Nach der agrarischen und der industriellen Gesellschaft entstehe eine postindustrielle Informationsgesellschaft, in der elektronische Medien eine ganz andere Partizipation der Konsumenten am Marktgeschehen ermöglichten. Die industrielle Differenz von anbietenden *Produzenten* und nachfragenden *Konsumenten* werde in der Figur des ‚Prosumenten‘ aufgehoben, der eine neue Kultur des ‚Do-It-Yourself‘ und ganz neue Lebensstile entwickeln und dadurch die Ökonomie und sogar „the future of civilization itself" revolutionieren werde (Toffler 1980, 305; vgl. McLuhan und Neville 1972; Negroponte 1996 [1995], 231, über ‚being digital‘; Benkler 2006, 473, über „The Wealth of Networks"). Zwar weist Erhard Schüttpelz (2009) darauf hin, dass die Konzeption des ‚Prosuming‘ weiterhin eher eine idealisierte Utopie als eine Beschreibung realer Verhältnisse darstelle; er plädiert deshalb für die differenzierte Analyse konkreter Wirkungen und Widersprüche in spezifischen ‚Prosumenten-Communities‘. Es scheint jedoch plausibel zu sein, die Figur des produktiven Lesers in Sozialen Medien als eine Spielart des Prosumenten zu begreifen und zugleich Schüttpelz’ Postulat einer begrifflichen Differenzierung und detaillierten Fallanalyse einzulösen.

Die Prosumenten produzieren im ‚partizipativen Web‘ einen ‚User-Created Content‘, den die OECD schon 2007 als eine besonders wichtige ökonomische und rechtliche Herausforderung betrachtete (vgl. OECD 2007). ‚Nutzergenerierte Texte in digitalen Netzwerken‘ bestimmt Axel Kuhn als „primär schriftlich codierte, lesend rezipierte und persistente Inhalte, die einer kreativen, wahrnehmbaren Schreibleistung von Individuen entsprechen [...] und im Rahmen von Anwendungen, die Interaktion zwischen deren Nutzern auf Basis der Texte zulassen, für eine potenzielle Öffentlichkeit [...] über das Internet bereitgestellt werden" (Kuhn 2015, 684). Während die Produzenten nutzergenerierter Texte zwar überdurchschnittlich gebildet und intensive Buchleser sind (vgl. Kuhn 2015, 688), werden die nutzergenerierten Inhalte sowie die Kommunikationsverhältnisse in den Sozialen Medien auch kritisch betrachtet (vgl. u. a. van Dijck 2013; Lovink 2007; Lovink 2012; Schäfer 2011). Zudem werden die Konzepte der ‚Aufmerksamkeitsökonomie‘ und des ‚Selbstmanagements‘ genutzt, um die Selbstinszenierung der Nutzer von

Sozialen Medien (vgl. Reichert 2008) und der Online-Literaturkritik zu beschreiben (vgl. Wegmann 2012).

Roberto Simanowski kategorisiert bereits 2002 verschiedene Formen von literarischen Online-Mitschreibprojekten (vgl. Simanowski 2002, 16) und nennt als ein herausragendes Beispiel Claudia Klingers Projekt *Beim Bäcker* (1996–2000). Ebenfalls zur Jahrtausendwende prophezeit ein *Spiegel Spezial* zur „Zukunft des Lesens", dass „der Leser [...] eine neue Rolle" bekomme, er werde „zum interaktiven Nutzer, auf den die Inhalte zugeschnitten sind" (Jung 1999, 19). Während der Diskurs über partizipatorische Formen des digitalen Lesens zwar bereits vor der Jahrtausendwende einsetzt, etablieren sich die wichtigsten Sozialen Medien erst später (Facebook ab 2004, Youtube ab 2005, Twitter ab 2006), etwa zeitgleich zum Blogging. Ab 2006 wird das Prinzip Sozialer Medien auch auf Social Reading-Plattformen übertragen, in den USA beispielsweise auf „Goodreads" (ab 2006) und „Readmill" (2011–2014), in Deutschland auf „Lovelybooks" (ab 2006), „Whatchareadin" (ab 2014), „Sobooks" (2014–2017) und „Mojoreads" (ab 2017).

Soziale Medien und folglich auch Social Reading-Plattformen und digitale Leseräume basieren auf medialen Voraussetzungen, die in den Buchwissenschaften in Abgrenzung von der Buchkultur beschrieben werden: Der materielle, statische Text in gedruckten Büchern wird vom codierten, flexiblen Digitaltext abgelöst, der auch als ‚E-Book' bezeichnet wird. Diese kategoriale Zuschreibung suggeriert jedoch, dass auch der digitale Text auf seine statische Oberfläche reduziert werden könne, wie beispielsweise im Dateiformat PDF. Diese Übertragung verkennt erstens, dass für die umfassende Bewertung digitaler Texte auch die unter dieser Oberfläche liegende Ebene des Quellcodes in die Lektüre einbezogen werden sollte (vgl. Stobbe 2017), sowie zweitens, dass diese Objektzentrierung die Aktivität der Leser im digitalen Leseprozess verdeckt, denn digitale Lesemedien sind „im genuinen Sinne interaktive und variierende mediale Objekte, die manuell oder automatisiert in konkreten kommunikativen Räumen angepasst werden können" (vgl. Kuhn und Hagenhoff 2017, 36–37). Anstelle einer objektbezogenen Bestimmung, zum Beispiel eines ‚E-Books', sei es unabdingbar, digitale Lesemedien „als Bündelung gestalterischer und nutzungsorientierter Eigenschaftsausprägungen zu definieren" (Kuhn und Hagenhoff 2015, 362), die die verwendeten Kommunikationskanäle, die typographische Gestaltung, die Modularisierung der Texte oder die Einbindungsmöglichkeiten, Präsentationsumgebungen und Navigationsarchitekturen von Texten betreffen (vgl. Kuhn und Hagenhoff 2015, 365–371).

Neben diesen medialen Voraussetzungen ist für das Verständnis von produktiven Leseprozessen in Sozialen Medien auch eine Analyse der konkreten Kommunikations- und Gemeinschaftsverhältnisse wichtig. Noch weit vor den ersten Sozialen Medien prägte Stanley Fish in seiner *Reader-Response*-Theory den Begriff der „Interpretive Communities" (Fish 1980), die die jeweilige Lektüre kontextgebunden beeinflussen. Heute beeinflussen die technischen und sozialen Voraussetzungen der Lesegeräte bzw. Plattformen die Leseprozesse und -gemeinschaften: Digitale Leser lassen sich differenzieren über ihre unterschiedlichen Interfaces, Zugangsformen, Gestaltungsmöglichkeiten, Schreib- und Leserechte.

Aus allen diesen medialen und sozialen Veränderungen, die sich in Sozialen Medien ganz anders als mit Bezug auf den traditionellen Gegenstand des Lesens, das Buch, darstellen, ergeben sich weitreichende Folgen für den Literaturbetrieb. Eine entscheidende Herausforderung ist dabei die Entwicklung neuer Geschäftsmodelle, die angesichts der Potenziale digitaler Kopien und der sogenannten ‚Kostenloskultur' im Internet die Nutzer überzeugen (vgl. Gomez 2008, 174), sowie die Etablierung von Standards wie „Texte als Commons, Transparenz der Lesedaten und Langzeitarchivierung", die eine wichtige Voraussetzung für offene Autor-Leser-Interaktionen sind, aktuell jedoch nur eingeschränkt realisiert werden (vgl. Ernst 2017, 153).

4 Autor-Leser-Produktivität, Leser-Leser-Produktivität und Online-Literaturkritik in Sozialen Medien

Aktuell hat sich eine Vielfalt von produzierenden Leserrollen in Sozialen Medien etabliert, die sich an unterschiedlichen Modellen und Standards orientieren. Es können, in Relation zu den jeweiligen Kommunikationsverhältnissen und den Inhalten der zu produzierenden Texte, drei Formen der Leserproduktivität in Sozialen Medien unterschieden werden: (1) Formen der Autor-Leser-Produktivität in Sozialen Medien, bei der Leser direkt in den literarischen Produktionsprozess involviert sind oder gegenüber dem Autor auf dessen Veröffentlichungen in Sozialen Medien reagieren können; (2) die Fan-Fiction als eine spezifische Leser-Leser-Produktivität; sowie (3) Formen der Online-Literaturkritik durch Leser.

Von Twitteratur bis Crowdfunding: Autor-Leser-Produktivität in Sozialen Medien

Die jeweiligen Sozialen Medien präfigurieren dabei unterschiedliche Formen der Autor-Leser-Produktivität. Dies betrifft insbesondere die Frage, ob der Ausgangstext eines Autors bereits vorhanden ist und dann von den Lesern oder gemeinsam mit ihnen modifiziert bzw. fortgeschrieben wird, oder aber ob die Leser an der Produktion eines literarischen Textes partizipieren: durch Finanzierung und Beobachtung der Schreibprozesse, durch Kommentare oder konkretes Mitschreiben. Während die literarische Produktion und Distribution von Autoren über ihre Accounts in Sozialen Medien wie Facebook oder Twitter sowie in ihren Litblogs den Lesern ermöglicht, diese Texte direkt zu kommentieren oder fortzuschreiben, werden Leser beim ‚Crowdfunding‘ (Schwarmfinanzierung) im Regelfall in den Prozess der Textproduktion selbst eingebunden.

Die wichtigsten sozialen Kommunikationsnetzwerke, Facebook und Twitter, haben spezifische Formen der Literatur hervorgebracht (vgl. Kreuzmair 2016): ‚Facebook-Romane‘, wie @*Zwirbler* (2010–2014), und ‚Twitteratur‘, wie jene von @*tiny_tales* (2009–2012, 17 800 Follower) oder @*NeinQuarterly* (seit 2012, 162 000 Follower). Das Besondere an diesen Formen der Literaturproduktion und -distribution ist neben ihrer spezifischen medialen Form, dass sie direkt in ein soziales Netzwerk eingebunden sind, in dem die neuen Beiträge geliked, weitergeleitet, kommentiert, problematisiert oder weitergeschrieben werden können. Im Fall der Twitteratur haben alle Leserinnen und Leser die Möglichkeit, sich – über die Nutzung spezifischer Hashtags oder der je eigenen Timeline mit individuellen Präferenzen – die maximal 140 bzw. 280 Zeichen (seit 2017) langen Kürzestnarrationen in unterschiedlichen Kontexten anzeigen zu lassen oder aber zu bewerten und zu kommentieren.

Weblogs sind regelmäßig ergänzte Webseiten, deren Postings in umgekehrt chronologischer Reihenfolge angeordnet sind (vgl. Herring et al. 2004, 1) und die im Regelfall eine direkte Kommentierung der Blogpostings zulassen. Die Autor-Leser-Produktivität funktioniert daher ähnlich wie in den sozialen Kommunikationsnetzwerken, allerdings haben die Autorinnen und Autoren hier eine wesentlich größere Kontrolle über die eigenen Texte sowie über die Kommentarfunktionen, da Weblogs im Regelfall von den Autoren selbst gehostet werden (eine solche Kontrolle und Datensouveränität ist in den sozialen Kommunikationsnetzwerken nur eingeschränkt möglich). Eines der bekanntesten literarischen Blogs (Litblogs) ist *Die Dschungel. Anderswelt* von Alban Nikolai Herbst, auf dem der Autor Fotos, Kurzprosa, Gedichte, Kommentare, Aphorismen oder aktuelle Informationen postet, die von den Lesern kommentiert und teilweise um- oder weitergedichtet werden, worauf manchmal wiederum der Autor reagiert.

Beim Crowdfunding, das in der Tradition der Subskriptionsverfahren steht und einem geplanten Projekt die notwendige finanzielle Unterstützung gewähren soll, sind die beteiligten Leser oft in den Produktionsprozess eines literarischen Textes eingebunden. Crowdfunding-Plattformen wie „Startnext" (seit 2010) oder „100 Fans – Crowdfunding für Bücher" (seit 2013) bieten Autoren an, für ihre Projekte mit Videoclips und Texten zu werben. Auf „Startnext" sind seit

2012 schon mehrfach 15 000 bis 20 000 € für Buchprojekte gesammelt worden, die jeweils mehreren hundert Unterstützerinnen und Unterstützer durften die erfolgreichen Projekte beim Entstehen begleiten: Sie können – je nach Projekt – den Schreibfortschritt beobachten, Textauszüge kommentieren, auf Fragen des Autors antworten oder an ‚Liveschreibexperimenten' teilnehmen und Vorschläge für den weiteren Verlauf machen. Wenngleich die Finanzierung von Literaturprojekten durch eine Community (Crowdfunding) weitaus besser funktioniert als das kollektive Mitschreiben (Crowdsourcing), können die Unterstützer zumindest auf Autorenfragen zum weiteren Verlauf antworten und sich somit indirekt am Schreibprozess beteiligen, zum Beispiel beim Online-Fortsetzungsroman *Morgen mehr* von Tilman Rammstedt (vgl. Ernst 2017; Rammstedt 2017), oder über die Auswahl eines Themas und einzelner Begriffe den entstehenden Text maßgeblich beeinflussen, wie im Projekt *Menschliche Regungen* von Tim Krohn (vgl. Krohn 2015).

Fan-Fiction: Leser-Leser-Produktivität in Sozialen Medien

Während bei diesen Formen der Autor-Leser-Produktivität in Sozialen Medien die Leser-Texte eher einen bewertenden Charakter haben, sieht dies bei Fan-Fiction anders aus: Hier geht es darum, im Anschluss an positiv bewertete literarische Texte eine eigene kreative Fort- oder Umschreibung vorzulegen, die auf einer entsprechenden Fan-Fiction-Plattform veröffentlicht und von *Beta*leserinnen und -lesern wie auch anderen kommentiert und dann eventuell überarbeitet wird (vgl. Jenkins 2008; Baumann 2010).

Solche Fan-Fiction hat eine lange Tradition, durch die digitale Vernetzung allerdings eine globale Verbreitung und Öffentlichkeit gefunden: Ein kurzer Blick auf große Fan-Fiction-Portale, wie „Fanfiction.net", „Wattpad" oder „Fanfiktion.de", gibt einen Eindruck davon, wie groß und aktiv die Fan-Fiction-Communities sind. Zwar bewegen sich die Texte in den meisten Fällen im Bereich der Trivialliteratur oder populärer Medien (neben ‚Bücher' sind auf „Fanfiktion. de" ‚Anime & Manga' sowie ‚TV-Serien' die meistgenutzten Kategorien für das Ausgangsmaterial), einzelne Projekte haben jedoch einen großen Erfolg, so schrieb E. L. James ihren populären Weltbestseller *50 Shades of Grey* (2011) zunächst unter dem Pseudonym „Snowqueens Icedragon" und in Anlehnung an die *Twilight*-Filmsaga als Fan-Fiction.

Allerdings zeichnet sich die Fan-Fiction durch ein ästhetisch-rechtliches Paradox aus: Seiner Bestimmung nach handelt es sich um eine Gattung, die in einer intensiven strukturellen und inhaltlichen Abhängigkeit von einem Prätext verbleibt, also keinen eigenständigen Werkcharakter annimmt. Zugleich wäre nach dem Urheberrecht genau dieser eigenständige Werkcharakter die Voraussetzung, um sich intertextuell auf einen Prätext beziehen zu dürfen. Diese prekäre rechtliche Situation der Fan-Fiction zeigt exemplarisch die Herausforderungen, vor der die Institutionen des literarischen Marktes, in diesem Fall die Kategorie des geistigen Eigentums, durch die produzierenden Leser in Sozialen Medien stehen (vgl. zu den Rechtsfragen auch: Busse und Farley 2012; Reißmann et al. 2017).

Social Reading: Online-Literaturkritik durch Leser

Die öffentliche Literaturkritik war ein Privileg der Feuilletons und einzelner Fernsehsendungen. Dass sich dieser Status ändern würde, thematisierte Sigrid Löffler bereits 1998, als sie die professionellen Literaturkritikerinnen und -kritiker als eine „aussterbende Spezies" (Löffler 1998) bezeichnete. Der öffentliche Bedeutungsverlust der professionellen Literaturkritik hat seither noch zugenommen, zugleich lässt sich ein Aufstieg der Online-Literaturkritik von Lesern in Sozialen Medien feststellen.

Die literatur- und sprachwissenschaftliche Forschung hat sich vor allem auf die Leseraktivitäten auf Webplattformen kommerzieller Anbieter konzentriert, insbesondere auf Leserrezensionen auf der Webseite des Online-Händlers Amazon. Leser können hier unproblematisch alle Bücher rezensieren, allerdings werden die jeweiligen Rezensionen wie auch die Qualität der Rezensenten nach einem Punkteverfahren selbst zum Gegenstand der Bewertung. Diese vernetzte und doppelte Bewertungsstruktur ist kommunikativ komplex, die Rezensionen selbst sind dies weniger: Die Forschung kommt hier einhellig zu der Bewertung, dass die ‚Amazon-Laienrezensionen' sich vorrangig für populäre Texte interessieren und diese nicht auf Basis ästhetischer Kategorien, sondern wirkungspsychologischer Eindrücke bewerten und diese Wertung zwar schriftlich, stilistisch aber nur in der Form der Alltagskommunikation vermitteln (vgl. Bachmann-Stein 2015, 89; Rehfeldt 2017, 248).

Im Gegensatz zu Ansätzen, die die Online-Literaturkritik durch Leser pauschal als einen ‚Kulturverfall' ansehen, nimmt Thomas Anz eine differenziertere Position ein, indem er – neben einigen Bedenken – auch die höhere Nachhaltigkeit, die größere Öffentlichkeit sowie die Ausweitung der Gegenstandsbereiche und Themen der Online-Literaturkritik hervorhebt (vgl. Anz 2010, 49–53). In der Tat erhält man ein ausgewogeneres Bild, wenn man die Online-Literaturkritik der Leser jenseits der Amazon-Leserplattform betrachtet und auch Formate wie private Buchblogs oder Wikis in den Blick nimmt (vgl. Ernst 2015, 102–106). Es gibt gelungene Buchblogs, deren Rezensionen anspruchsvoller sind als die durchschnittlichen Amazon-Rezensionen; Beispiele wären *Buzzaldrins Bücher* von Mara Giese oder *Literaturen* von Sophie Weigand. Bei den Buchblogs werden auch einzelne Postings intensiv kommentiert und ggf. mit der Leser-Autorin diskutiert. Ähnlich intensive Rezensions- und Kommentarmöglichkeiten bieten etablierte Social Reading-Plattformen, wie „Goodreads" oder „Lovelybooks".

Auf manchen dieser Plattformen wird die Datensouveränität der Leser, die sich neben die Werkherrschaft der Autoren stellen könnte, nur unzureichend gewährleistet, insbesondere wenn nutzerproduzierte Inhalte auf Plattformen von Monopolisten bereitgestellt werden. Die neue Plattform „Mojoreads" wirbt damit, dass sie neben einer besonderen Vernetzung der Beitragenden auch deren Privatsphäre und Datensouveränität weitestmöglich beachte. Schließlich ist die Wikipedia ein gelungenes Beispiel für die öffentliche Wissensproduktion über Literatur in Sozialen Medien durch Leser, die sich hier kollaborativ, transparent (wenngleich teilweise anonymisiert) und prozessual vollzieht und rechtlich zum Allgemeingut wird. Damit Leser diese Plattformen angemessen nutzen können, bleibt es daher notwendig, ‚Digital Literacy' sowie Soziale-Medien-Kompetenzen (vgl. u. a. Jenkins 2009, 35–104) zu vermitteln.

Es wird sich allerdings noch erweisen müssen, ob und, wenn ja, in welchen Formen sich solche Kompetenzen einer ‚Digital Literacy' gesellschaftlich breit vermitteln lassen, inwiefern sich durch solche digitalen Kompetenzen und weitere technische Innovationen auch die Netzwerkmedien selbst wandeln und ob digitaleditorische Standards und die Datensouveränität der Leser eine größere Relevanz erhalten. Als Teil der Digital Humanities hilft die Digitale Literaturwissenschaft – in interdisziplinärer Verschränkung mit der Informatik, der Medien-, Kommunikations- und Buchwissenschaft – bereits dabei, diese Fragen zu untersuchen, indem sie sich u. a. intensiv mit der technischen Seite digitaler Medien, dem Programmieren, den Problemen der Datenmodellierung und -analyse und der Nutzung von Methoden wie der Netzwerkanalyse oder der Stylometrie und ihren Implikationen befasst (vgl. Digital Humanities 2017). Als ein Forschungsbereich der Digitalen Literaturwissenschaft befasst sich die Netzliteraturwissenschaft u. a. mit der vernetzten Kommunikation in der Blogosphäre (vgl. Trilcke 2013), der Untersuchung von Computerspielen als einer interaktiven Form der Literatur (vgl. Textpraxis 2017) und mit konkreten Problemen des digitalen Lesens, die z. B. bei der erläuternden Annotation von Texten durch Leser entstehen (vgl. Bauer und Zirker 2017; vgl. auch allgemeiner Lesen X.0 2017).

Weiterführende Literatur

Kuhn, Axel (2015). „Nutzergenerierte Texte in digitalen Netzwerken". *Lesen. Ein interdisziplinäres Handbuch*. Hrsg. von Ursula Rautenberg und Ute Schneider. Berlin und Boston: 679–700.

Kuhn, Axel und Svenja Hagenhoff (2017). „Kommunikative statt objektzentrierte Gestaltung. Zur Notwendigkeit veränderter Lesekonzepte und Leseforschung für digitale Lesemedien". *Lesen X.0. Rezeptionsprozesse in der digitalen Gegenwart*. Hrsg. von Sebastian Böck, Julian Ingelmann, Kai Matuszkiewicz und Friederike Schruhl. Göttingen: 27–45.

Lesen X.0. Rezeptionsprozesse in der digitalen Gegenwart (2017). Hrsg. von Sebastian Böck, Julian Ingelmann, Kai Matuszkiewicz und Friederike Schruhl. Göttingen. http://www.v-r.de/_uploads_media/files/9783847107453_boeck_etal_lesen_wz_082839.pdf (20. August 2017).

Pleimling, Dominique (2012). „Social Reading – Lesen im digitalen Zeitalter". *APuZ – Aus Politik und Zeitgeschichte. Zukunft des Publizierens* 62.41/42 (2012): 21–27. http://www.bpb.de/system/files/dokument_pdf/APuZ_2012-41-42_online.pdf (20. August 2017).

Literatur

Anz, Thomas (2010). „Kontinuitäten und Veränderungen der Literaturkritik in Zeiten des Internets: Fünf Thesen und einige Bedenken". *Digitale Literaturvermittlung. Praxis – Forschung – Archivierung*. Hrsg. von Renate Giacomuzzi, Stefan Neuhaus und Christiane Zintzen. Innsbruck, Wien und Bozen: 48–59.

Bachmann-Stein, Andrea (2015). „Zur Praxis des Bewertens in Laienrezensionen". *Literaturkritik heute*. Hrsg. von Heinrich Kaulen und Christina Gansel. Göttingen: 77–91.

Barthes, Roland (⁸1996 [1973]). *Die Lust am Text*. Aus dem Französischen von Traugott König. Frankfurt/M.

Barthes, Roland (2000 [1968]). „Der Tod des Autors". *Texte zur Theorie der Autorschaft*. Hrsg. von Fotis Jannidis, Gerhard Lauer, Matías Martínez und Simone Winko. Stuttgart: 181–193.

Bauer, Matthias und Angelika Zirker (2017). „Explanatory Annotation of Literary Texts and the Reader: Seven Types of Problems". *IJHAC: A Journal of Digital Humanities* 11.2 (2017): 212–232.

Baumann, Petra Martina (2010). „Lesen. Schreiben. Beta-Lesen. Literarische Fankultur im Internet". *lesen. heute. perspektiven*. Hrsg. von Eduard Beutner und Ulrike Tanzer. Innsbruck: 211–226.

Bell, Daniel (1973). *The Coming of Post-Industrial Society. A Venture in Social Forecasting*. New York.

Benjamin, Walter (2011 [1934]). „Der Autor als Produzent". *Gesammelte Werke II. Das Kunstwerk im Zeitalter seiner technischen Reproduzierbarkeit und andere Schriften*. Frankfurt/M.: 513–527.

Benkler, Yochai (2006). *The Wealth of Networks. How Social Production Transforms Markets and Freedom*. New Haven und London.

Bolter, Jay David (1991). *Writing Space. The Computer, Hypertext, and the History of Writing*. Hillsdale.

Bunz, Mercedes (2012). *Die stille Revolution. Wie Algorithmen Wissen, Arbeit, Öffentlichkeit und Politik verändern, ohne dabei viel Lärm zu machen.* Berlin.

Busse, Kristina und Shannon Farley (2012). „Remixing the Remix. Ownership and Appropriation within Fan Communities". *M/C Journal* 16.4 (2013). http://journal.media-culture.org.au/index.php/mcjournal/article/view/659 (20. August 2017).

Castells, Manuel (1996). *The Rise of the Network Society. The Information Age: Economy, Society and Culture Vol. I.* Cambridge und Oxford.

Christ, Tobias (2017). „Formen literaturbezogener Autor-Rezipient-Kommunikation vor der ‚digitalen Revolution'. Ein sozialgeschichtlicher Überblick". *Lesen X.0. Rezeptions-prozesse in der digitalen Gegenwart.* Hrsg. von Sebastian Böck, Julian Ingelmann, Kai Matuszkiewicz und Friederike Schruhl. Göttingen: 253–280. http://www.v-r.de/_uploads_media/files/9783847107453_boeck_etal_lesen_wz_082839.pdf (20. August 2017).

de Certeau, Michel (1988 [1980]). *Kunst des Handelns.* Aus dem Französischen übersetzt von Ronald Voullié. Berlin.

Digital Humanities. Eine Einführung (2017). Hrsg. von Fotis Jannidis, Hubertus Kohle und Malte Rehbein. Stuttgart.

Ebersbach, Anja, Markus Glaser und Richard Heigl ([2]2011). *Social Web.* Konstanz.

Ernst, Thomas (2015). „‚User Generated Content' und der Leser-Autor als ‚Prosumer'. Potenziale und Probleme der Literaturkritik in Sozialen Medien". *Literaturkritik heute.* Hrsg. von Heinrich Kaulen und Christina Gansel. Göttingen: 93–111.

Ernst, Thomas (2017). „Wem gehören Autor-Leser-Texte? Das geistige Eigentum, netzliterarische Standards, die Twitteratur von @tiny_tales und das Online-Schreibprojekt *morgen-mehr. de* von Tilman Rammstedt". *Lesen X.0. Rezeptionsprozesse in der digitalen Gegenwart.* Hrsg. von Sebastian Böck, Julian Ingelmann, Kai Matuszkiewicz und Friederike Schruhl. Göttingen: 145–167. http://www.v-r.de/_uploads_media/files/9783847107453_boeck_etal_lesen_wz_082839.pdf (20. August 2017).

Fish, Stanley (1980). *Is There a Text in This Class? The Authority of Interpretive Communities.* Cambridge, MA.

Gendolla, Peter und Jörgen Schäfer (2001). „Auf Spurensuche. Literatur im Netz, Netzliteratur und ihre Vorgeschichte(n)". *Text + Kritik. Zeitschrift für Literatur* 152 (2001): 75–86.

Glotz, Peter (1973). „Die Bedeutung der Kritik für das Lesen". *Lesen. Ein Handbuch. Lesestoff – Leser und Leseverhalten – Lesewirkungen – Leseerziehung – Lesekultur.* Hrsg. von Alfred Clemens Baumgärtner. Unter Mitarbeit von Alexander Beinlich, Malte Dahrendorf, Klaus Doderer und Wolfgang R. Langenbucher. Hamburg: 604–622.

Gomez, Jeff (2008). *Print is Dead. Books in Our Digital Age.* New York.

Haas, Gerhard (1997). *Handlungs- und produktionsorientierter Unterricht. Theorie und Praxis eines ‚anderen' Literaturunterrichts für die Primar- und Sekundarstufe.* Seelze.

Haas, Gerhard, Wolfgang Menzel und Kaspar H. Spinner (1994). „Handlungs- und produktions-orientierter Literaturunterricht". *Praxis Deutsch* 123 (1994): 17–25.

Handbuch Lesen (2001). Hrsg. von Bodo Franzmann, Klaus Hasemann, Dietrich Löffler und Erich Schön unter Mitarb. von Georg Jäger, Wolfgang R. Langenbucher und Ferdinand Melichar. Baltmannsweiler.

Herring, Susan C., Lois Ann Scheidt, Sabrina Bonus und Elijah Wright (2004). „Bridging the Gap: A Genre Analysis of Weblogs". *Proceedings of the 37th Hawai'i International Conference on System Sciences (HICSS-37).* Los Alamitos. http://ella.slis.indiana.edu/~herring/herring.scheidt.2004.pdf (20. August 2017).

Hintz, Ingrid (²2005). *Das Lesetagebuch: intensiv lesen, produktiv schreiben, frei arbeiten. Bestandsaufnahme und Neubestimmung einer Methode zur Auseinandersetzung mit Kinder- und Jugendbüchern im Deutschunterricht*. Baltmannsweiler.

Iser, Wolfgang (1970). *Die Appellstruktur der Texte. Unbestimmtheit als Wirkungsbedingung literarischer Prosa*. Konstanz.

Iser, Wolfgang (1972). *Der implizite Leser. Kommunikationsformen des Romans von Bunyan bis Beckett*. München.

Iser, Wolfgang (1976). *Der Akt des Lesens. Theorie ästhetischer Wirkung*. München.

Jenkins, Henry (2008). *Fans, Bloggers, and Gamers. Exploring Participatory Culture*. New York.

Jenkins, Henry (2009). *Confronting the Challenges of Participatory Culture. Media Education for the 21st Century*. Unter Mitarbeit von Ravi Purushotma, Margaret Weigel, Katie Clinton and Alice J. Robison. Cambridge and London. https://web.archive.org/web/20131203213008/ http://mitpress.mit.edu/sites/default/files/titles/free_download/9780262513623_ Confronting_the_Challenges.pdf (20. August 2017).

Jung, Alexander (1999). „Rilke, elektronisch". *Spiegel Spezial: Die Zukunft des Lesens* 10 (1999): 12–19.

Kreuzmair, Elias (2016). „Was war Twitteratur?" *Merkur. Deutsche Zeitschrift für Europäisches Denken (online)*, 4. Februar 2016. https://www.merkur-zeitschrift.de/2016/02/04/ was-war-twitteratur/ (20. August 2017).

Kuhn, Axel (2015). „Nutzergenerierte Texte in digitalen Netzwerken". *Lesen. Ein interdisziplinäres Handbuch*. Hrsg. von Ursula Rautenberg und Ute Schneider. Berlin und Boston: 679–700.

Kuhn, Axel und Svenja Hagenhoff (2015): „Digitale Lesemedien". *Lesen. Ein interdisziplinäres Handbuch*. Hrsg. von Ursula Rautenberg und Ute Schneider. Berlin: 361–380.

Kuhn, Axel und Svenja Hagenhoff (2017). „Kommunikative statt objektzentrierte Gestaltung. Zur Notwendigkeit veränderter Lesekonzepte und Leseforschung für digitale Lesemedien". *Lesen X.0. Rezeptionsprozesse in der digitalen Gegenwart*. Hrsg. von Sebastian Böck, Julian Ingelmann, Kai Matuszkiewicz und Friederike Schruhl. Göttingen: 27–45.

Lesen. Ein Handbuch. Lesestoff – Leser und Leseverhalten – Lesewirkungen – Leseerziehung – Lesekultur (1973). Hrsg. von Alfred Clemens Baumgärtner unter Mitarbeit von Alexander Beinlich, Malte Dahrendorf, Klaus Doderer und Wolfgang R. Langenbucher. Hamburg.

Lesen X.0. Rezeptionsprozesse in der digitalen Gegenwart (2017). Hrsg. von Sebastian Böck, Julian Ingelmann, Kai Matuszkiewicz und Friederike Schruhl. Göttingen. http://www.v-r. de/_uploads_media/files/9783847107453_boeck_etal_lesen_wz_082839.pdf (20. August 2017).

Löffler, Sigrid (1998). „Die Furien des Verschwindens. Der Kritiker als aussterbende Spezies: Wie läßt sich sein Prestigeverfall aufhalten?" *Die Zeit*, 30. Dezember 1998. http://www. zeit.de/1999/01/Die_Furien_des_Verschwindens/komplettansicht (20. August 2017).

Lovink, Geert (2007). *Zero Comments. Blogging and Critical Internet Culture*. London und New York.

Lovink, Geert (2012). *Networks Without a Cause. A Critique of Social Media*. Cambridge.

McLuhan, Marshall (1962). *The Gutenberg Galaxy. The Making of Typographic Man*. Toronto.

McLuhan, Marshall und Barrington Neville (1972). *Take Today. The Executive as Dropout*. New York.

Negroponte, Nicholas (1996 [1995]). *Being Digital*. New York.

OECD (2007). *Participative Web: User-Created Content*. https://www.oecd.org/sti/38393115.pdf (20. August 2017).

O'Reilly, Tim (2005). „What is Web 2.0. Design Patterns and Business Models for the Next Generation of Software". http://www.oreilly.com/pub/a/web2/archive/what-is-web-20. html (20. August 2017).

Pleimling, Dominique (2012). „Social Reading – Lesen im digitalen Zeitalter". *APuZ – Aus Politik und Zeitgeschichte: Zukunft des Publizierens* 62.41/42 (2012): 21–27. http://www.bpb.de/ system/files/dokument_pdf/APuZ_2012-41-42_online.pdf (20. August 2017).

Rehfeldt, Martin (2017). „‚Ganz große, poetische Literatur – Lesebefehl!' Unterschiede und Gemeinsamkeiten von Amazon-Rezensionen zu U- und E-Literatur". *Lesen X.0. Rezeptionsprozesse in der digitalen Gegenwart*. Hrsg. von Sebastian Böck, Julian Ingelmann, Kai Matuszkiewicz und Friederike Schruhl. Göttingen: 235–250. http://www.v-r.de/_uploads_ media/files/9783847107453_boeck_etal_lesen_wz_082839.pdf (20. August 2017).

Reichert, Ramón (2008). *Die Macht der Vielen. Über den neuen Kult der digitalen Vernetzung.* Bielefeld.

Reißmann, Wolfgang, Nadine Klass und Dagmar Hoffmann (2017). „Fan Fiction, Urheberrecht und Empirical Legal Studies". *POP. Kultur & Kritik* 6.1 (2017): 156–172.

Saur, Klaus Gerhard (2001). „Elektronische Medien". *Handbuch Lesen*. Hrsg. von Bodo Franzmann, Klaus Hasemann, Dietrich Löffler und Erich Schön unter Mitarb. von Georg Jäger, Wolfgang R. Langenbucher und Ferdinand Melichar. Baltmannsweiler: 281–287.

Schäfer, Mirko Tobias (2011). *Bastard Culture! User Participation and the Extension of the Cultural Industries*. Amsterdam. http://mtschaefer.net/media/uploads/docs/Schaefer_ Bastard-Culture_2011.pdf (20. August 2017).

Schüttpelz, Erhard (2009). „Einleitung. Prosumentenkultur und Gegenwartsanalyse". *Prosumenten-Kulturen*. Hrsg. von Sebastian Abresch, Benjamin Beil und Anja Griesbach. Unter Mitarbeit von Erhard Schüttpelz. Siegen: 7–18.

Simanowski, Roberto (2002). „Digitale Literatur? Das Essay zum Wettbewerb". *Literatur.digital. Formen und Wege einer neuen Literatur*. Hrsg. von Roberto Simanowski. München: 11–26.

Simanowski, Roberto (2008). *Digitale Medien in der Erlebnisgesellschaft. Kultur – Kunst – Utopien*. Reinbek b. Hamburg.

Simanowski, Roberto (2016). *Facebook-Gesellschaft*. Berlin.

Spinner, Kaspar H. (1999). „Produktive Verfahren im Literaturunterricht". *Neue Wege im Literaturunterricht. Informationen, Hintergründe, Arbeitsanregungen*. Hrsg. von Kaspar H. Spinner. Hannover: 33–41.

Stobbe, Martin (2017). „Quellcode lesen? Ein Plädoyer für Procedural Literacy in den Literaturwissenschaften". *Lesen X.0. Rezeptionsprozesse in der digitalen Gegenwart*. Hrsg. von Sebastian Böck, Julian Ingelmann, Kai Matuszkiewicz und Friederike Schruhl. Göttingen: 47–67. http://www.v-r.de/_uploads_media/files/9783847107453_boeck_etal_lesen_ wz_082839.pdf (20. August 2017).

Textpraxis. Digitales Journal für Philologie. Sonderausgabe #2 (2017): *Digitale Kontexte. Literatur und Computerspiel in der Gesellschaft der Gegenwart*. Hrsg. von Maren Conrad, Theresa Schmidtke und Martin Stobbe. http://www.uni-muenster.de/Textpraxis/sonderausgabe-2 (20. August 2017).

Toffler, Alvin (1980). *The Third Wave*. London u. a.

Trilcke, Peer (2013). „Ideen zu einer Literatursoziologie des Internets. Mit einer Blogotop-Analyse". Textpraxis 7.2 (2013). URL: https://miami.uni-muenster.de/Record/ f48e61d1-7204-4ac5-8f59-c59ecc4a2953 (18. Oktober 2017).

van Dijck, José (2013). *The Culture of Connectivity. A Critical History of Social Media*. New York.

Waldmann, Günter (1998). *Produktiver Umgang mit Literatur im Unterricht. Grundriss einer produktiven Hermeneutik: Theorie – Didaktik – Verfahren – Modelle.* Baltmannsweiler.
Waldmann, Günter (2000). *Autobiografisches als literarisches Schreiben. Kritische Theorie, moderne Erzählformen und -modelle, literarische Möglichkeiten eigenen autobiografischen Schreibens.* Baltmannsweiler.
Wegmann, Thomas (2012). „Warentest und Selbstmanagement. Literaturkritik im Web 2.0 als Teil nachbürgerlicher Wissens- und Beurteilungskulturen". *Kanon, Wertung und Vermittlung. Literatur in der Wissensgesellschaft.* Hrsg. von Matthias Beilein, Claudia Stockinger und Simone Winko. Berlin und Boston: 279–291.
Willand, Marcus (2014). *Lesermodelle und Lesertheorien. Historische und systematische Perspektiven.* Berlin und Boston.
Wirth, Uwe (1999). „Literatur im Internet. Oder: Wen kümmert's, wer liest?" *Mythos Internet.* Hrsg. von Stefan Münker und Alexander Roesler. Frankfurt/M.: 319–337.
Wirth, Uwe (2001). „Der Tod des Autors als Geburt des Editors". *Text + Kritik. Zeitschrift für Literatur* 152 (2001): 54–64.

Soziale Medien, Webplattformen und Webpräsenzen

100Fans – Crowdfunding für Bücher. https://100fans.de (20. August 2017).
@*NeinQuarterly* (Eric Jarosinski). https://twitter.com/neinquarterly?lang=de (20. August 2017).
@*tiny_tales* (Florian Meimberg). https://twitter.com/tiny_tales?lang=de (20. August 2017).
@*Zwirbler.Roman.* https://www.facebook.com/Zwirbler.Roman (20. August 2017).
Fanfiktion.de. Das Fanfiction-Archiv. https://www.fanfiktion.de (20. August 2017).
FanFiction. https://www.fanfiction.net (20. August 2017).
Giese, Mara. *Buzzaldrins Bücher.* http://buzzaldrins.de (20. August 2017).
Goodreads. https://www.goodreads.com (20. August 2017).
Herbst, Alban Nicolai. *Die Dschungel. Anderswelt.* http://albannikolaiherbst.twoday.net/ (20. August 2017).
Klinger, Claudia (1996–2000). *Beim Bäcker.* http://www.claudia-klinger.de/archiv/baecker/index.htm (20. August 2017).
Krohn, Tim (2015). *777 „menschliche Regungen".* https://wemakeit.com/projects/timkrohn (18. Oktober 2017).
Lovelybooks – Leser empfehlen Dir die besten Bücher und Autoren. https://lovelybooks.de (20. August 2017).
Mojoreads. https://mojoreads.com (20. August 2017).
Rammstedt, Tilman (2016). *Morgen-mehr.de.* http//www.morgen-mehr.de (am 20. August 2017 offline).
Readmill. http://readmill.com (am 20. August 2017 nur noch „Epilogue" abrufbar).
Sobooks.de | Social Reading. https://sobooks.de (am 20. August 2017 offline).
Startnext – Crowdfunding Plattform für Projekte und Startups. https://www.startnext.com (20. August 2017).
Wattpad. https://www.wattpad.com (20. August 2017).

Weigand, Sophie. *Literaturen – Blog für Literatur und Buchkultur*. http://literatourismus.net (20. August 2017).

Whatchareadin Bücherforum. https://whatchareadin.de (20. August 2017).

Wikipedia. Die freie Enzyklopädie. https://de.wikipedia.org/wiki/Wikipedia:Hauptseite (20. August 2017).

Till Dembeck
IV.6 Mehrsprachiges und interkulturelles Lesen

1 Begriffsbestimmung

Literaturwissenschaft ist fachpolitisch bis heute nach Nationalphilologien differenziert. Allein schon die mehr oder weniger stillschweigend vorausgesetzte Engführung von Nation, Sprache und Kultur – auch wenn sie inzwischen vielfältig dekonstruiert wurde – zeigt, dass mehrsprachige und interkulturelle Literatur und damit auch das mehrsprachige und interkulturelle Lesen als Sonderfall gelten, dem die Einsprachigkeit der Literatur wie der Lektüre als eigentlicher Normalfall gegenüberstehen. Dem ist entgegenzuhalten, dass literarisches Lesen de facto immer schon Sprach- und Kulturdifferenzen überschreitet. Das ist bereits dann der Fall, wenn ein Leser seine eigenen Worte zu lesen glaubt, deren schriftliche Verfasstheit aber dafür sorgt, dass sie ihm auch als ‚fremde Worte' gegenübertreten (vgl. hierzu Weimar 1999). Insofern richtet sich jegliches Lesen grundsätzlich auf fremde Rede, sodass die These nicht ganz unplausibel erscheint, dass jedes Lesen mehrsprachig und/oder interkulturell ist.

Wenn aber für jede Form des Lesens so etwas wie eine sprachlich-kulturelle Differenz konstitutiv ist, so ist es sinnvoll, zunächst genauer zu bestimmen, von welcher Art der Sprach- bzw. Kulturdifferenz auszugehen ist, wenn mehrsprachige und interkulturelle Lektüre beschrieben werden. Dabei ist zu beachten, dass Sprach- und Kulturdifferenzen keineswegs als vorgegebene Strukturen und abgekoppelt von Rezeptionsprozessen existieren, sondern von diesen Prozessen zumindest teilweise mit konstituiert werden. Es ist daher am sinnvollsten, den Bereich dessen, was als mehrsprachiges und/oder interkulturelles Lesen beschrieben werden kann, ausgehend von den Operationen zu umreißen, die ein solches Lesen vollzieht. Denn dann lässt sich zumindest indirekt auch etwas darüber sagen, welche Arten von Sprach- und Kulturdifferenz im Rahmen einer literaturwissenschaftlichen Beschreibung des Lesens jeweils von Bedeutung sind.

In einer ersten Annäherung lässt sich auf Basis dieser Vorüberlegung folgende Bestimmung formulieren: Mehrsprachiges und interkulturelles Lesen unterscheiden sich dadurch von anderen Formen des Lesens, dass sie in besonderer Weise auf Sprach- bzw. Kulturdifferenzen bezogen sind und damit zugleich auch selbst dazu beitragen, Sprach- und Kulturdifferenzen zu markieren bzw. zu bestimmen. Dieser Vorschlag einer ersten Bestimmung wird im Folgenden zunächst in Auseinandersetzung mit unterschiedlichen Forschungsansätzen aus literaturwissen-

https://doi.org/10.1515/9783110365252-026

schaftlicher Perspektive zu erhärten versucht (2.). Daraus ergibt sich sowohl für das mehrsprachige als auch für das interkulturelle Lesen ein Modellvorschlag, der über den derzeitigen Forschungsstand hinausgeht. In diesem Zusammenhang wird auch die Forschungsgeschichte zumindest skizzenhaft erläutert. Daran anschließend werden Grundlinien der Sachgeschichte des mehrsprachigen und des interkulturellen Lesens aufgezeigt (3.). Am Schluss steht eine kurze Auflistung der Forschungsdesiderate (4.).

Aus literaturwissenschaftlicher Sicht ist eine Beschreibung und Analyse mehrsprachigen wie auch interkulturellen Lesens bisher allenfalls in Bruchstücken unternommen worden. Die folgenden Überlegungen stellen insofern zum Teil eher Maßgaben für noch zu leistende Forschung auf, als dass sie diese schon einlösen können.

2 Systematische Beschreibung

Das literaturwissenschaftliche Interesse am Lesen speist sich einerseits aus der Notwendigkeit, abschätzen zu können, wie literarische Texte (historisch) gelesen wurden und werden bzw. gelesen werden konnten und können. Andererseits ist Lesen die Grundoperation der Literaturwissenschaft selbst. Beide Aspekte gilt es auch für die Beschreibung des mehrsprachigen und interkulturellen Lesens zu berücksichtigen. Dabei kommt man vor allem mit Blick auf das empirische, nicht notwendigerweise philologische Lesen nicht umhin, Fragestellungen und Forschungsergebnisse benachbarter Disziplinen einzubeziehen. Das betrifft bereits die Frage, wie sich Sprach- und Kulturdifferenzen beschreiben lassen.

Lesen und Sprachdifferenz

Mehrsprachigkeit ist – auch wenn es in den vergangenen 20 Jahren eine Vielzahl von Versuchen gegeben hat, dies zu ändern – bis heute in erster Linie ein Gegenstand der Linguistik und der Erziehungswissenschaften bzw. der sogenannten Fremdsprachendidaktik. Aus sprachwissenschaftlicher Perspektive sind mit Blick auf Mehrsprachigkeit mehrere Ebenen zu unterscheiden, auf denen sich Differenzen zwischen Idiomen konstituieren können. Deren Beschreibung ist in erster Linie Gegenstand der Varietätenlinguistik (hierzu und zum Folgenden vgl. Sociolinguistics 2008). Unterscheiden lässt sich auf diese Weise u. a. zwischen unterschiedlichen Standardsprachen (also beispielsweise dem Standarddeutschen und dem Standardfranzösischen, aber auch zwischen dem österreichischen und dem luxemburgischen Standarddeutsch), zwischen unterschiedlichen Dialekten (also in erster Linie örtlich zu bestimmenden Idiomen) und (im Gegensatz dazu in erster Linie auf Sozialdifferenzen zurückgehenden) Soziolekten, Fachsprachen, aber auch zwischen Registern und Stillagen sowie zwischen sehr unterschiedlichen Formen der Sprachmischung (Pidgins, Kreolsprachen etc.). In allen Fällen handelt es sich bei den beschriebenen Einheiten um eine zumindest theoretisch auf der Grundlage empirischer Korpora beschreibbare Form der Sprachstandardisierung, also um statistisch beobachtbare Regelmäßigkeiten der Sprachverwendung, die in unterschiedlich hohem Grad kodifiziert sein können.

Aus dieser Perspektive lässt sich mehrsprachiges Lesen als ein Lesen definieren, für das eine Differenz zwischen mindestens zwei Idiomen konstitutiv ist, die mit den skizzierten Beschreibungsmodellen der Linguistik erfasst werden kann. Als Grenzüberschreitung könnte dann zählen, dass entweder a) der Leser im Text mehrere Idiome ausmachen kann oder dass b) der Leser im Text (mindestens) ein Idiom vorfindet, das ihm nicht oder nur wenig vertraut ist. Im zweiten Fall könnte mehrsprachiges Lesen auch ein Lesen sein, das einen (sofern es das gibt) einsprachigen Text zum Gegenstand hat. In gewisser Weise ist der zweite Fall vom ersten allerdings nur mit Blick auf die zugrunde gelegte Skala zu unterscheiden, denn hier differiert die Sprache des Textes von derjenigen der Kon-Texte. In beiden Fällen ist es nicht zuletzt das Lesen selbst, das die Sprachdifferenzen gestaltet: Für einen mittelalterlichen Leser mag die Unterscheidung zwischen dem Latein, das er liest, und seiner Erstsprache gar nicht ins Gewicht gefallen sein, falls er sich Latein und Volkssprache als Strukturen auf ganz unterschiedlichen Ebenen gedacht hat, die in gar keinem Zusammenhang zueinander stehen. Die Lektüre war dann insofern einsprachig, als sie zumindest im Bewusstsein des Lesers keine Sprachdifferenz konstituierte.

Die Untersuchung des Verhältnisses von Mehrsprachigkeit und Lesen kann indes insofern auch grundsätzlicher ansetzen, als sich schon aus der Differenz zwischen Umgangssprache und schriftlicher Standardsprache eine potentielle Fremdheit jedes schriftlichen Textes im Hinblick auf mündliche Erst- oder Sozialisationssprachen ableiten lässt. Die linguistische Forschung hat hierfür das Konzept der konzeptionellen (im Gegensatz zur medialen) Schriftlichkeit entwickelt – also einer Form der Sprachregulierung, die in erster Linie mit Schrift assoziiert und, im Unterschied zur Nahsprache der konzeptionellen Mündlichkeit, als distanzsprachliche Programmierung wahrgenommen wird. Bereits Peter Koch und Wulf Oesterreicher, denen sich die Popularität des Konzepts verdankt, gehen dabei davon aus, dass die Differenzierung zwischen Nah- und Distanzsprache in bestimmten Fällen zur idiomatischen Abkoppelung, also zur Diglossie führen kann (vgl. Koch und Oesterreicher 1985). Dies dürfte beispielsweise bei der Fortentwicklung des gesprochenen Latein zu den romanischen Sprachen der

Fall gewesen sein: Der Abstand zwischen dem geschriebenen und dem stetig sich verändernden gesprochenen Latein, also zwischen Distanz- und Nahsprache, mündete in eine Situation, in der die Kenntnis der Nahsprache das Verständnis der Distanzsprache nicht mehr garantierte. Auch wenn die aktuellere Diskussion mit Blick auf neue Medienformate die immer schon graduell gedachte Unterscheidung relativiert, kann sie für Beschreibungen mehrsprachigen Lesens dienlich sein. In Abhängigkeit von den jeweils gegebenen orthographischen Normen und den Schriftsystemen kann sich die Differenz zwischen konzeptioneller Schriftlichkeit und Mündlichkeit in unterschiedlichen Sprachräumen und Kontexten sehr unterschiedlich gestalten.

Zur Beschreibung des mehrsprachigen Lesens im Unterschied zu anderen Formen des Lesens hat in erster Linie die Sprachwissenschaft sowie die Schrifterwerbs- bzw. Lesekompetenzforschung beigetragen. Traditionell wurde dabei unterschieden zwischen ‚muttersprachlicher‘ und ‚fremdsprachlicher‘ Lesekompetenz; heute werden diese Begriffe meist durch neutralere Termini ersetzt (z. B. Erst-/Zweitsprache). Das Augenmerk der Lesekompetenzforschung liegt auf der Lektüre einsprachiger Texte, es geht also um den Fall, dass dem Leser das Idiom eines Textes mehr oder weniger unvertraut ist. Ausgehend von der Zielsetzung, didaktische Strategien zur Verbesserung fremd- oder zweitsprachiger Lesekompetenz zu entwerfen, werden hier Strukturebenen des Lesens unterschieden, die sich einerseits auf die von der Systemlinguistik entwickelten Kategorien beziehen, andererseits aber soziales und kulturelles Hintergrundwissen betreffen (vgl. Ehlers 1998, 110–186; Lesekompetenz 2010).

Der mehrsprachige Text als Gegenstand der Lektüre erhält erst in jüngster Zeit Aufmerksamkeit von Seiten der linguistischen Mehrsprachigkeitsforschung; untersucht wird beispielsweise das Funktionieren von Code-Switching im geschriebenen Text (vgl. Language Mixing 2012). Bislang gelten die Bemühungen, ähnlich wie in der Forschung zum mündlichen Code-Switching, in erster Linie dem Wechsel zwischen unterschiedlichen (nationalen) Standardsprachen. Sehr wenig Aufmerksamkeit kommt dem mehrsprachigen Lesen (in seinen beiden Formen) von Seiten der kognitionswissenschaftlichen Leseforschung zu, die noch nahezu gar nicht erforscht hat, wie Leser mit Mehrsprachigkeit in (literarischen) Texten umgehen.

Die Erforschung des mehrsprachigen Lesens durch die Lesekompetenzforschung hat mit vielen literaturwissenschaftlichen Theorien des Lesens gemein, dass sie auf konstruktivistischen Vorannahmen beruht, also davon ausgeht, dass Rezipienten den Sinn des Gelesenen (mit) konstituieren und nicht nur passiv aufnehmen. Dabei wird in der Regel die Gegebenheit linguistischer Strukturen vorausgesetzt, insbesondere mit Blick auf Grammatik, also das Sprachsystem, die *langue* im Sinne der Systemlinguistik. Das liegt nicht zuletzt daran, dass im

Hintergrund vieler Arbeiten ein (wie auch immer kaschiertes) Konzept von Muttersprache steht, das Sprache als gleichsam naturgegebenes Werkzeug des Menschen auffasst.

Von Seiten einiger Richtungen der Soziolinguistik und der Literaturwissenschaft gerät der Begriff der Muttersprache allerdings in den letzten Jahren verstärkt in die Kritik. Die wohl umfassendste Arbeit hierzu ist von Thomas Paul Bonfiglio (2010) vorgelegt worden, der einerseits die Genese von Semantiken verfolgt, die Spracherwerb mit natürlicher Genealogie engführen (Muttersprache, ‚native language' etc.), andererseits systematische Aporien des Konzepts offenzulegen versucht. Weiter noch gehen Arbeiten, die jegliche Form von Spracheinheit ganz generell als ‚Erfindung' ansehen und damit unter anderem die Zählbarkeit von Sprachen in Frage stellen (vgl. Makoni und Pennycook 2005). Die Verbindung zwischen diesen Ansätzen lässt sich herstellen, wenn man bedenkt, nach welchen Kriterien sich Spracheinheiten, d. h. Sprachgrenzen, überhaupt abgrenzen lassen. Denn als Indikator von Spracheinheit gilt gemeinhin die Möglichkeit, zu entscheiden, ob einzelne Äußerungen korrekt gebildet sind oder nicht. Und als Gradmesser für Sprachrichtigkeit gilt wiederum in weiten Teilen der Systemlinguistik die muttersprachliche Kompetenz – bis hin zu Noam Chomskys ersten Entwürfen der Generativen Transformationsgrammatik. David Martyn etwa hat aus literaturwissenschaftlicher Perspektive den Schluss gezogen, dass mit der Verankerung von Grammatik im Muttersprachler auch das Konzept von Spracheinheit seinen letzten Halt nur in dessen körperlicher Identität finden kann, so dass das Konzept der Muttersprache letztlich einen latenten Rassismus in sich birgt (vgl. Martyn 2014).

Sowohl in der Soziolinguistik als auch in der Literaturwissenschaft fragt man auf der Grundlage dieser Dekonstruktion danach, wie die Semantik der Muttersprache entwickelt und wie ihre Institutionalisierung abgesichert wird und wurde. In diesem Zusammenhang spielt die Programmierung von Medien der Lektüre eine tragende Rolle. Die Vorstellung von Einsprachigkeit, die sich im Begriff der Muttersprache kristallisiert, ist klar ein Effekt der neuzeitlichen Medienpolitik sowie der westlichen Semantiken von Volk und Nation (vgl. Bonfiglio 2010). Historisch sind weitere sprachpolitische Konstellationen auszumachen, beispielsweise mit Blick auf Heilige Sprachen. Herauszuheben ist für die Institutionalisierung von Einsprachigkeit die Rolle des (internationalen) Verlagswesens und der Massenmedien (vgl. Lennon 2010). Es ist unumstritten, dass die Medientechnologie des Buchdrucks einen entscheidenden Einfluss auf die Standardisierung der europäischen Volkssprachen gehabt hat (vgl. Giesecke 1992; ⁴2006 [1991], 489–497; Trabant 2006 [2003], 112–114) und damit auch die Institutionalisierung der Differenz zwischen mutter- und fremdsprachiger Lektüre vorangetrieben hat. Denn die Einsprachigkeitssemantik erzeugt die Vorstellung, Mehrsprachigkeit sei eine Vielfalt von Einsprachigkeiten (vgl. Yildiz 2012). In historischer Perspektive muss mehrsprachiges Lesen immer auf diese institutionellen Rahmenbedingungen bezogen werden.

Nimmt man die Problematisierung der Unterscheidung von Mutter- und Fremdsprache ernst, so erscheint die Lektüre einsprachig-fremdsprachiger Texte nicht mehr als paradigmatischer Fall mehrsprachiger Lektüre, sondern als nur eine von vielen möglichen Konstellationen einer Lektüre, für die Sprachdifferenzen zentral sind. In der Soziolinguistik ist für die Analyse von Sprachmischungen, die die Begrenzbarkeit von Einzelsprachen selbst in Frage stellen, also unentscheidbar lassen, welchem Sprachsystem die verwendeten Strukturen und Elemente zuzurechnen sind, der Begriff des ‚translanguaging' eingeführt worden (vgl. García 2009). Von hier aus betrachtet, ist mehrsprachiges Lesen als ‚translinguale' Lektüre zu beschreiben.

Literaturwissenschaftliche Beschreibungen mehrsprachigen Lesens

Eine Perspektive auf mehrsprachiges Lesen jenseits der Muttersprachen- und Einsprachigkeitssemantik kann Formen von Sprachdifferenz einbeziehen, die die linguistischen Ebenendifferenzierungen (Dialekt/Sprache usw.) in Frage stellen. Entsprechende Beschreibungen liegen vor allem von Seiten der Literaturwissenschaft vor; sie dienen zu einem nicht geringen Teil der Selbstbeschreibung philologischer Lektüre.

Eine gewichtige Tradition stellt hier der russische Formalismus dar, einschließlich seiner Weiterentwicklung durch erstens die Literatursemiotik Jurij M. Lotmans und zweitens den französischen Poststrukturalismus. Einer der Gründungstexte des russischen Formalismus, Viktor Šklovskijs *Искусство, как приём* („Kunst als Verfahren", 1994 [1916]), beschreibt den literarischen Text als bewusst verfremdende Darstellung – und konzipiert damit seine Lektüre als Konfrontation mit einem verfremdeten Code. Auf diesem Ansatz baut die Beschreibung des polyphonen Textes durch Michail M. Bachtin (1979 [1934/1935]) auf. Aus ihr lässt sich ableiten, dass (philologisches) Lesen nicht zuletzt in der Ausdifferenzierung von Stimmen und deren Sprachen im Text besteht. Sowohl Roland Barthes' strukturale Erzählanalyse, die den Text als komplexe Vernetzungen multipler Codierungen fasst, die im Lesen mitproduziert werden („schreibbarer Text"; Barthes 1987 [1970], 8–10), als auch Lotmans Literatursemiotik entwickeln diesen Gedanken weiter. Lotman beschreibt die Lektüre des literarischen Textes als den fortgesetzten (und letztlich immer zum Scheitern verurteilten) Versuch, *alle* Details des Textes bedeutsam werden zu lassen und so in ein Code-System einzugliedern.

Lektüre wird so die quasi-kommunikative Auseinandersetzung mit einem grundsätzlich fremdartigen Gebilde (vgl. Lotman 1972, z. B. 43).

In den literaturtheoretischen Überlegungen des französischen Poststrukturalismus finden sich an vielen Stellen Konzeptionen, die eine gewisse Ähnlichkeit zu Bachtin und Lotman aufweisen. Bekannt geworden ist vor allem Julia Kristevas auf Bachtin beruhendes Intertextualitätskonzept, das Polyphonie als Grundbedingung jeglicher Textualität ausweist (1986 [1969]). Vor dem Hintergrund von Jacques Derridas Überlegungen zur *Einsprachigkeit des Anderen* (2003 [1996]) lässt sich Dekonstruktion überhaupt als Entgrenzung sprachlicher Einheitenbildung beschreiben. Im deutschen Sprachraum ist, auch im Rückgriff auf Lotman, die konstruktive Tätigkeit des literarischen Lesers vor allem in der Rezeptionsästhetik beschrieben worden. Auch hier spielt, neben sogenannten „Leerstellen", die den Leser zur eigenständigen Füllung zwingen, die potentielle Pluralität der literarischen Codierung eine zentrale Rolle (vgl. Iser ⁴1994 [1976]).

Gleichwohl gilt für nahezu alle genannten Theorien, dass sie Sprachdifferenzen im linguistischen Sinne eher am Rande behandeln. Ihre Entwürfe lassen sich zwar grundsätzlich auf mehrsprachiges Lesen beziehen, jedoch sind entsprechende Konkretisierungen eher aus anderen Perspektiven vorgenommen worden. Vor allem ist an Studien zur Darstellung mehrsprachiger Figurenrede zu denken, die indirekt Aufschluss über die Rezeption von mehrsprachigen Texten geben. Bahnbrechend ist hier ein Beitrag von Meir Sternberg (1981), der – unter Voraussetzung einsprachiger Leser – neben der von ihm verworfenen unmittelbaren Wiedergabe von Sprachdifferenzen im Text vor allem zwei Verfahren der einsprachigen Wiedergabe mehrsprachiger Rede benennt, die von Giulia Radaelli als „latente Mehrsprachigkeit" gekennzeichnet worden sind (2014): Differenzen zwischen (nationalen Standard-)Sprachen können nach Sternberg nämlich entweder als dialektale bzw. soziolektale Differenzen wiedergegeben werden (wenn etwa der Gebrauch des Sächsischen in einem Roman von Karl May signalisiert, dass die Protagonisten in diesem Moment kein Englisch sprechen); oder es wird alles in einer Sprache wiedergegeben, aber kommentierend darauf hingewiesen, dass eigentlich ein anderes als das wiedergegebene Idiom gesprochen wird. Die Tatsache, dass beide Verfahren gut funktionieren und sehr verbreitet sind (vor allem auch im Fernsehen; siehe Parr 2014), zeigt, dass beim Lesen routinemäßig Korrespondenzen zwischen Sprachdifferenzen hergestellt werden können, die auf unterschiedlichen linguistischen Beschreibungsebenen angesiedelt sind.

Von dieser Beobachtung ausgehend, lässt sich ein Modell des mehrsprachigen Textes vorschlagen, das die abstrakten Überlegungen des Poststrukturalismus und seiner russischen Pendants mit der Konkretion linguistisch beschreibbarer Sprachdifferenzen verbindet (vgl. Dembeck 2014). Denn wenn Differenzen zwischen unterschiedlichen Standardsprachen durch dialektale Differenzen und durch formalästhetische Differenzen substituiert werden können (für Letzteres siehe etwa die Funktion des Wechsels zwischen unterschiedlichen Versmaßen im zweiten Teil von Goethes *Faust*), so liegt das daran, dass zwischen ihnen aus einer bestimmten Perspektive eine funktionale Äquivalenz besteht: Aus der Sicht des literarischen Textes sind die Beschränkungen, die ein linguistisch beschreibbares Idiom auferlegt, äquivalent zu gattungsspezifischen, rhetorischen, formalästhetischen, ja sogar mehr oder weniger willkürlich erdachten Beschränkungen, denn sie gehen zumindest potentiell auf kontingente Selektionen zurück. Eine Lektüre, die für Sprachdifferenz sensibel ist, also mehrsprachige Lektüre im oben beschriebenen Sinne, müsste die ‚freiwillige' Beschränkung des literarischen Textes auf allen diesen Ebenen der Codierung in den Blick nehmen. Eine solche Lektüre wäre die Umsetzung eines Programms der Mehrsprachigkeitsphilologie – wobei es darauf ankäme, die unterschiedlichen Arten von Sprachdifferenz genau zu beschreiben, die das Lesen bedingen und die das Lesen erzeugt. Mehrsprachiges Lesen kann dann bestimmt werden als Auseinandersetzung mit der (potentiellen) multiplen Codierung von Texten bzw. mit der multiplen Motivierung von Textstrukturen.

Lesen und Kulturdifferenz

Sprache und Kultur werden oftmals als eng miteinander verbunden vorgestellt oder sogar miteinander identifiziert. Grundlegende kulturelle Kategorien gehen unmittelbar auf Sprachdifferenzen zurück, etwa bereits die Bezeichnung βάρβαρος (bárbaros), der kulturelle und sprachliche Alterität zugleich bezeichnet (vgl. Koselleck 1989 [1975]); schon sehr früh werden zudem sprachliche Merkmale benutzt, um kulturelle Identitäten zu bestimmen – man denke etwa an die Geschichte vom Schibboleth. Wenn es darum geht, Lesen in Bezug zu Kulturdifferenz zu setzen, muss die Bedingung der Möglichkeit solcher Engführungen genauer in den Blick genommen werden.

Die Verbindung von Kultur und Sprache ist keinesfalls selbstverständlich. Entgegen steht ihr die wirkmächtige, von Aristoteles herrührende und bis heute in der analytischen Philosophie herrschende Auffassung, Sprache sei nur (unzureichendes) Zeichen für die eigentlich entscheidenden Gedanken (vgl. Trabant 2006 [2003], 29–43). Genauer scheinen Kultur und Sprache in erster Linie in solchen Zusammenhängen zusammengedacht zu werden, die Verstehen im Unterschied zum Erklären als zentrale Technik von Weltzugang ansehen. Dies gilt für die Literaturwissenschaft eher als für die Linguistik. Insofern ist es keinesfalls verwunderlich, dass die Literaturwissenschaft in der Diskussion um den Begriff der Interkulturalität, anders als bislang in der Diskussion über Mehrsprachigkeit, selbst gewichtige Beiträge geleistet hat – obgleich auch hier die vorwiegend national-philologische Orientierung der Disziplin Hemmschuhe anlegt: Die sprachfamiliär gegliederten philologischen Disziplinen (Germanistik, Romanistik, Slawistik etc.) berücksichtigen Kulturdifferenz in der Regel allenfalls zur Beschreibung literatur-geschichtlicher Einflüsse. Wichtige Grundbegriffe der Interkulturalitätsforschung verdanken sich denn auch gerade postkolonial (und insofern auch post-national) interessierten literaturwissenschaftlichen Studien.

Mit Blick auf das lesende Verstehen angesichts von Kulturdifferenz lassen sich in einem ersten Zugriff hermeneutische und poststrukturalistische Ansätze unterscheiden. Während frühere Entwürfe einer ‚interkulturellen Germanistik‘ (Wierlacher 2003) sowie literaturdidaktische Beschreibungen „interkulturellen Verstehens" (Brendella 2002) auf die verstehende ‚Aneignung‘ fremder Rede setzen, betonen neuere Ansätze gewissermaßen ein Recht auf ‚Unübersetzbar-keit‘. Fachgeschichtlich lässt sich diese Differenz auf eine Debatte beziehen, die Hans-Georg Gadamer und Jacques Derrida in den 1980er Jahren um den Stellen-wert der Fremdheit fremder Rede geführt haben – und die sich auch auf die Frage beziehen lässt, inwiefern die Überwindung von Verstehenshindernissen die fremde Rede in ihrer Autonomie bestehen lässt. Gadamers Postulat, man müsse einen gemeinsamen Verstehenshorizont erzeugen, konterte Derrida mit dem Argument, dadurch werde die Andersartigkeit des angeblich Verstandenen gera-dezu nivelliert (vgl. Text und Interpretation 1984). Entsprechende Argumente sind auch für das Übersetzen vorgebracht worden, das ja auch eine Form der mehr-sprachigen Lektüre darstellt und, sofern es eben nicht domestizierend, sondern verfremdend verfährt, seinerseits eine Form von mehrsprachiger Lektüre in der Zielsprache ermöglicht (Venuti ²2008 [1995]). Aktuell findet sich eine ähnliche Konstellation in der Auseinandersetzung um das Konzept ‚Weltliteratur‘. David Damroschs einflussreicher Bestimmung von Weltliteratur als etabliertes Netzwerk von Lektüren, durch die Texte migrieren (2003), hat Emily Apter entgegengehal-ten, dass diese Form der Lektüre Kulturdifferenzen ausblende (2013).

Positionen, die interkulturelle Lektüre als Aneignungsprozess beschrei-ben, stützen sich meist auf die Hypothese, es lasse sich eine einigermaßen klare Grenze ausmachen zwischen Eigenem und Anderem bzw. Fremdem. Diese Vor-aussetzung ist zunehmend in die Kritik geraten, besonders prominent in den 1990er Jahren durch Wolfgang Welschs Unterscheidung zwischen Inter- und Transkulturalität. Welsch (1998) unterstellt, der Begriff der Interkulturalität setze in sich abgeschlossene, klar voneinander getrennte Kulturen voraus. Bereits vor Welschs Vorschlag finden sich allerdings avanciertere theoretische Gegenmodelle zu dem von Welsch angegriffenen Interkulturalitätsmodell. Zu nennen sind hier etwa die Arbeiten von Homi K. Bhabha (2000 [1994]). Bhabha weist kulturelle Dichotomisierung (‚othering‘) als Mittel des Zugriffs auf einen Bereich aus, der tatsächlich immer schon hybrid zu denken ist. Kulturelle Hybridität erscheint so als Normalfall, kulturelle Differenz hingegen als Konstrukt, das diese Hybridität (wenn auch sehr effektiv) überdeckt. Daraus ließe sich für interkulturelle (philologische) Lektüre die Maßgabe ableiten, kulturelle Differenzkonstruktionen und -dekonstruktionen oder deren Spuren im literarischen Text einschließlich ihrer wirkungsästhetischen Dimension aufzuzeigen. In diesem Sinne lässt sich auch das jüngst von Gayatri Chakravorty Spivak entworfene Programm einer ‚ästhetischen Erziehung' begreifen, das (in Subversion des ursprünglichen Schiller'schen Konzepts) ästhetische Lektüre als kulturelle Ermächtigung beschreibt und so die Frage „Can the Subaltern Speak?" mit Problemen der Lesbarkeit verbindet (2012).

Konkretere Maßgaben für interkulturelle (philologische) Lektüre kann man aus den bereits angeführten Texttheorien von Bachtin, Lotman, Barthes u. a. entnehmen, wenn man Sprachdifferenz mit Kulturdifferenz in Verbindung bringt. Lotman hat selbst in späten Arbeiten Kultur als polyglotte Struktur aufgefasst. Er bezeichnet ‚Kulturen' als „Semiosphären" und beschreibt, wie sich innerhalb dieser Semiosphären in Prozessen der sprachlichen Synthese, d. h. der ‚Grammatikalisierung' in einem sehr allgemeinen, also auch auf kulturelle Strukturen bezogenen Sinne, einerseits Zentren bilden, die andererseits durch die periphere Multiplikation der Codes gestört werden (vgl. Lotman 2010 [1990], 163–190). Die Dekodierung dieser Wechselprozesse ist insofern ein genuines Verfahren interkultureller Lektüre, als es Produktion von Kulturdifferenzen zentral setzt.

Insgesamt lässt sich behaupten, dass die philologische Diskussion von Kulturdifferenzen grundsätzlich im Zeichen des Lesens steht. Das betrifft auch zentrale Texte der Ethnologie, wie Clifford Geertz' Modell der „dichten Beschreibung" (1973). Hier wird das Verstehen einer fremden Kultur grundsätzlich als Akt der interpretierenden Lektüre bestimmt. Auf dieser Grundlage (und in Verbindung mit einem systemtheoretischen Kommunikationsbegriff) lässt sich ein philologisches Kulturkonzept entwerfen, das Kultur insgesamt mit der Operation des Entzifferns in Verbindung bringt. Kultur gilt dann als Bezeichnung für das grundsätzlich offene Bündel an Mechanismen, die Kommunikation mit Signifikanz versorgen (vgl. Dembeck 2013). Insofern ‚Entziffern' die basalste Form der Signifikanzerzeugung ist (analog zum Wiedererkennen zeichenhafter, d. h. phonemischer Laute in Herders Sprachtheorie), ist dann Kultur unmittelbar mit Lesekompetenz verbunden. Und insofern Philologie ein grundlegender skeptischer Impuls gegenüber jeder Entzifferung innewohnt, insofern sie also festgefügten kulturellen Mustern immer schon misstraut und für Alternativen offen ist, ist philologisches Lesen dann immer schon auch interkulturelles Lesen.

3 Historische Beschreibung

Mehrsprachiges und interkulturelles Lesen bis zum Spätmittelalter

Die westliche Kulturgeschichte zwischen der griechisch-römischen Antike und der Neuzeit ist nahezu durchgängig von Formen des mehrsprachigen und interkulturellen Lesens geprägt: Nicht nur wurde die Überlieferung immer wieder umfassenden Umschreibungen unterzogen – sei es durch Medienwechsel (zum Codex, zum Pergament, zum Buchdruck), sei es durch Sprachwechsel –, die selbst Leseprozesse darstellten und neue Arten von Lektüre hervorbrachten. Vielmehr ist die interkulturelle wie mehrsprachige Dimension der Lektüre von der Spätantike bis zur Frühen Neuzeit auch insofern eine Konstante, als das Lateinische als Schriftsprache seinen Benutzern in der Regel, wenn auch in unterschiedlichen Graden, fremd war.

Gleichwohl ist es nicht einfach, konkrete Aussagen über die Art und Weise zu machen, wie diese Fremdheit zutage trat und wie mit ihr umgegangen wurde. Hier ist man meistenteils auf indirekte Rekonstruktionen angewiesen. Diese Rekonstruktionsarbeit hat sich überdies noch nicht zu einer Forschungstradition verdichtet, auf deren Ergebnisse man zurückgreifen könnte; vielmehr muss die allgemeine Lesegeschichtsschreibung konsultiert und auf einschlägige Beobachtungen abgesucht werden. Von besonderer Relevanz sind zudem die Geschichte des Fremdsprachen- und des Schreib- und Leseunterrichts, der Zusammenhang zwischen Manuskriptgestaltung bzw. Typographie und Lektüre, die Geschichte der Übersetzung und die Geschichte des Exzerpts bzw. der Annotation – dies natürlich stets im Rückbezug auf kulturpolitische Rahmenbedingungen des Lesens.

Für die östliche wie die westliche Sphäre des Römischen Reichs um die Zeitenwende ist das Nebeneinander griechischen und lateinischen Schrifttums charakteristisch. Lektüre bedeutet also wahrscheinlich häufig die Lektüre eines fremdsprachigen Textes. Zumindest aus römischer Sicht war diese Doppelsprachigkeit augenscheinlich so selbstverständlich, dass man sich fragen kann, ob die Rede von Fremdsprachigkeit überhaupt angemessen ist. Indirekt belegt allerdings die Tätigkeit der hellenistischen Grammatiker ein steigendes Bewusstsein für die Strukturen der jeweiligen Sprachen wie für die Notwendigkeit ihrer Vermittlung. Den *Confessiones* des Augustinus verdankt sich ein frühes Zeugnis für die Schmerzhaftigkeit des durch Strafen und Schuldisziplin geprägten Schriftunterrichts in einer anderen Sprache (und im griechischen Alphabet) im Gegensatz zur spielenden Natürlichkeit des Erstspracherwerbs (vgl. Augustinus 2004, 40–42).

Augustinus ist auch in anderen Hinsichten wegweisend für die Geschichte der mehrsprachigen und teils auch der interkulturellen Lektüre. Zum einen trägt er die (auch bei Aristoteles formulierte) Auffassung in das Christentum hinein, dass Sprache im Vergleich zur rein geistigen (frohen) Botschaft eine reine Äußerlichkeit sei (vgl. Trabant 2006 [2003], 45–52). Zum anderen markiert seine Abkehr von der antiken Rhetorik und Philosophie den Einsatzpunkt einer großangelegten Umschrift der antiken Quellen (einschließlich des Alten Testaments) in ein christlich fundiertes System. Auch diese Umschrift kann als umfassende aneignende bzw. domestizierende interkulturelle Lektüre aufgefasst werden. Die alleinige Sprache dieses Systems wurde auf Jahrhunderte das Lateinische.

Dem weströmischen Reich und damit auch dem westlichen Christentum ging die griechisch-lateinische Doppelsprachigkeit durch die Übermacht des Lateinischen zunehmend verloren. In der Spätantike und im frühen Mittelalter stellte sich allerdings erneut eine Situation ein, in der die Lektüre in einer zumindest teilweise fremden Sprache erneut zum Normalfall wurde – einerseits dadurch, dass das lateinische Schrifttum zur Zeit der Völkerwanderung an die Randgebiete des Reichs zurückgedrängt wurde, insbesondere auf die britischen Inseln, in Gegenden also, deren Bewohner in erster Linie keltische bzw. germanische Idiome sprachen; andererseits dadurch, dass auch in der Romania die Entfernung zwischen den Volkssprachen und dem Lateinischen so groß wurde, dass das Lateinische als *grammatica* eigens gelernt werden musste – und dann beispielsweise auch neue Formen der poetischen Behandlung des Lateinischen entstanden, etwa akzentuierende Versmaße. Gerade für die Klöster der britischen Inseln lassen sich sehr konkrete Indizien dafür finden, wie man die Lektüre der ‚Fremdsprache' Latein zu regulieren versuchte. So hat die Forschung die These entwickelt, dass die Einführung systematischer Wortzwischenräume in die Manuskripte, also die Aufgabe der *scriptio continua*, nicht zuletzt darauf abzielte, dem fremdsprachlichen Leser die grammatische Struktur der Texte sichtbar werden zu lassen (vgl. Parkes 1991 [1987]; Saenger 1997).

Die im Mittelalter zu beobachtende Entwicklung sowohl des Lateinunterrichts als auch der Textorganisation lässt den vorsichtigen Rückschluss zu, dass die Vermittlung des Lateinischen als Zweitsprache an Systematik gewann. Offenbar wird dabei das Lesen zunehmend als eine Tätigkeit angesehen, die *fremdes* Material zu erschließen hat. So lässt sich vielleicht die stufenweise Ausweitung des Schulwesens verstehen: von der Gründung von Kloster- und Domschulen in der sogenannten karolingischen ‚Renaissance' bis zur Begründung des Universitätsunterrichts – eine Entwicklung, die einhergeht mit einer Steigerung der Menge des jeweils verfügbaren und zugänglichen Schrifttums und mit der Durchdringung der kanonischen Autoren etwa durch Glossen oder *accessus ad auctorem* (vgl. Fuhrmann 2001, 16–28). Auch die Zunahme vermittelnder Strukturen der Textorganisation zeugt von einer Veränderung der Wahrnehmung des Lateinischen: Die flächendeckende Einführung systematischer Wortzwischenräume im 11. und 12. Jahrhundert auf dem Kontinent und die Einführung systematischer Interpunktion machte die sichtbare grammatische Strukturierung des lateinischen Satzes zum Standard. Die Entwicklung neuer Formate der Textpräsentation von der Absatzstrukturierung bis zum Index ermöglichte eine neuartige Erschließung des Textes in seiner Argumentationsstruktur (und damit im Übrigen auch die Ergänzung der intensiven, monastischen durch extensive, zugleich aber systematisch abgesicherte Lektüre; vgl. Illich 1991; Hamesse 1999 [1995]). Das Vorlesen wurde zunehmend ersetzt durch das (stille) Selbstlesen.

Weniger klar stellt sich die Geschichte des mehrsprachigen wie interkulturellen Lesens jenseits des Lateinischen und vor allem mit Blick auf die Volkssprachen dar. Konstatieren lassen sich einerseits Übersetzungsprozesse (beispielsweise bei der Wiederaneignung des griechischen Schrifttums aus dem arabischen Sprachraum oder in der Aufnahme altfranzösischer Vorlagen in der höfischen Literatur des deutschen Mittelalters); andererseits lässt die Forschung zum Volkssprachenunterricht im Mittelalter auf eine durchaus nicht gering zu veranschlagende Fähigkeit zum Lesen fremder Volkssprachen schließen (vgl. Glück 2002). In letzterem Zusammenhang spielen ähnliche Wendepunkte eine Rolle wie in der Geschichte des Lateinischen, etwa die karolingische Renaissance oder die Entwicklung des städtischen Lebens und damit des Fernhandels im Hochmittelalter. Innerhalb der Volkssprachen dürfte eine relativ große Toleranz gegenüber binnensprachlicher Varianz geherrscht haben.

Mehrsprachiges und interkulturelles Lesen in der Frühen Neuzeit

Sowohl der Humanismus als auch die Reformation waren, wenn auch je unterschiedlich, gegen das Lektüremodell des scholastischen Mittelalters gerichtet. Auch wenn Verallgemeinerungen nur vorsichtig möglich sind, scheint dabei der von der Reformation ausgehende Impuls zur Übersetzung der Heiligen Schrift in die Volkssprachen eher auf einsprachige Lektüre ausgerichtet gewesen zu sein: Den Gläubigen sollte der Text in ‚ihrer‘ Sprache zugänglich gemacht werden. Protestantisches theologisches Schrifttum kursierte, ebenso wie die Publikationen der Humanisten, weiterhin auf Latein über die volkssprachlichen Grenzgebiete hinweg (vgl. Gilmont 2003).

Dagegen kann dem Humanismus eine gegenüber der mehrsprachigen und interkulturellen Lektüre eher offene Haltung unterstellt werden. Denn die Forderung, Verfälschungen in Überlieferung und Deutung der heidnischen antiken

Texte zu überwinden, impliziert das Zugeständnis einer grundsätzlichen Fremdheit dieser Texte. Die Eröffnung eines direkten Zugriffs führte so nicht nur zur Neuentdeckung und dann auch Edition der Quellen, zumal der griechischen; vielmehr erweitert sich auch die Kommentierungstätigkeit, wobei sich aber die Erklärungsbedürftigkeit der Texte anders begründete als in der Scholastik. Es ging nicht darum, die Fremdheit und die intrinsische Divergenz der Texte einem (theologischen) System einzupassen, sondern darum, diese Fremdheit und Divergenz selbst zu vermitteln (vgl. Grafton 1999 [1995]). Gegenüber dem ('nahfremden') mittellateinischen Schrifttum der jüngeren Vergangenheit sollte mit den antiken Autoren (allen voran Cicero) auch ihre Sprache erneuert werden. Die neue Konjunktur von Kompendien – am berühmtesten die *Adagia* von Erasmus – zeugt ebenso wie die Entwicklung neuartiger Formen des Leseunterrichts (vgl. Kelly 1976 [1969], 128–152; Hüllen 2005, 41–62) von der Notwendigkeit, die Überlieferung für die Lektüre überhaupt erst zu erschließen.

Die bereits im Hochmittelalter bei Dante einsetzende Aufwertung von Muttersprachlichkeit (s. o.) erfuhr in Spätmittelalter und früher Neuzeit eine erneute Steigerung, und zwar in sehr unterschiedlichen Konstellationen. Beispielsweise sind für die Etablierung der französischen Standardsprache politische Interessen ausschlaggebend gewesen – etabliert wurde ein höfisches Idiom (vgl. Trabant 2006 [2003], 112–116). Die deutsche Sprachpolitik ist schon in der Frühen Neuzeit, also lange vor dem Aufkommen des Begriffs der 'Kulturnation', nicht zuletzt durch die Reformation motiviert (vgl. Trabant 2006 [2003], 109–112). In beiden Fällen (wie auch in vielen anderen Teilen Europas) führen allerdings in erster Linie mediale Veränderungen zur Etablierung schriftsprachlicher Standards, denn es war im Interesse des Druckgewerbes, Bücher herzustellen, die von einem möglichst großen Leserkreis gleichermaßen verstanden werden konnten. Daher beschäftigten sich denn auch Buchdrucker teils persönlich mit der Abfassung von Wörterbüchern und Grammatiken (s. o.). Die Entwicklung nationalsprachlicher Buchmärkte und Bildungsräume in der Frühen Neuzeit führte dazu, dass sich Formen der sozusagen bildungsfremdsprachlichen Lektüre etablierten; nicht nur in Deutschland spielte dabei vor allem das Französische eine tragende Rolle.

Mehrsprachiges und interkulturelles Lesen in der Neuzeit

Für die Neuzeit ist eine tiefgreifende Veränderung der Semantik sowohl von Sprache, insbesondere von 'Muttersprache', als auch von Kultur zu konstatieren, mit teils umfassenden Folgen für die Rezeption von Literatur. Im deutschen Sprachraum ist für diese Entwicklung Johann Gottfried Herder eine prägende Gestalt, vor allem deshalb, weil er Sprache eng an Kultur anbindet. Nach Herders

Überlegungen zum Sprachursprung ist die stabile, d. h. Wiederholbarkeit absichernde Identifikation von Zeichen in der Masse der Sinnesdaten der Ursprung von Sprache (vgl. Dembeck 2010). Das Wiedererkennen von Zeichen setzt sich dabei immer über empirische Differenzen zwischen den jeweils gegebenen Sinnesdaten hinweg und kann Zeichenhaftigkeit grundsätzlich nicht aus dem sinnlich Gegebenen selbst ableiten. Dass man demnach Zeichen immer auch anders konstituieren bzw. konfigurieren kann, sorgt dafür, dass Sprachen und Kulturen sich auch unterscheiden können. Daher ergibt sich aus Herders Sprachdenken – ähnlich wie aus Wilhelm von Humboldts Engführung von Sprache und „Weltansicht" – eine grundsätzliche Interpretationsbedürftigkeit sprachlicher und kultureller Zeugnisse. Jedes Idiom erscheint dann als partikularer Weltzugang und jeder Text als singulär, so dass (Lese-)Verstehen als Übersetzung bzw. als ‚Transkription' (Jäger 2002) anzusehen ist.

Dieser Argumentation zur Seite tritt eine Neufassung der Muttersprachensemantik, zu der ebenfalls Herder entscheidend beiträgt und die einer Neuprogrammierung der fremdsprachigen Lektüre gleichkommt. Denn Herders Argument lautet, man könne nur im Falle der Muttersprache abschätzen, wann man die (grammatischen) Regeln der Sprache (im Namen der ästhetischen Originalität) nur ‚beugt' und wann man sie bricht. Nur der Muttersprachler ist so zur literarischen Weiterentwicklung der Sprache berechtigt (vgl. Martyn 2014). Damit kann dann aber gerade die ‚Originalliteratur' für die unmittelbarste Repräsentation des ‚Geists' der jeweiligen Sprache und ‚ihres' Volks gehalten werden. Ihre Lektüre wird zur höchsten Übung derer, die diese Sprache lernen wollen. Selbst wenn Herder so weit nicht geht, dass er sich für die breite Einführung fremdsprachlicher Lektüre einsetzte – seine Sammlung europäischer Volkslieder liefert fast nur Übersetzungen –, ist ein interkultureller Impuls auch in seinen Versuchen, auf die Lektürepraxis seiner Zeitgenossen Einfluss zu nehmen, nicht zu verkennen.

Nichtmuttersprachliche Bildungslektüre konnte vor diesem Hintergrund im 18. und 19. Jahrhundert eine neue Funktion erhalten. Dies gilt zunächst, zumindest im deutschsprachigen Kontext, für das Lateinische und Griechische. Das Bildungsprogramm des Neuhumanismus, das die auf fremde und nunmehr sogar für tot erklärte Sprachen gerichteten philologischen Lektürefähigkeiten als Grundlage jeder Bildung vorsah, mag zwar als Teil einer kulturellen Identitätspolitik angesehen werden, denn man versuchte, sich der angeblich ‚eigenen', zugleich für universal erklärten kulturellen Grundlagen zu versichern (vgl. ausführlich Fuhrmann 2001, 113–216). Vielleicht aber kann man die lesende Hinwendung zu radikal fremden, da ‚toten', sprachlichen Strukturen auch als Einübung in den verstehenden Umgang mit Kontingenz auffassen. Parallel zum Aufstieg des neuhumanistischen Bildungsprogramms im 19. und 20. Jahrhundert etablierte sich die moderne Fremdsprachendidaktik der ‚lebenden' (vor allem: europäischen)

Sprachen im Wechselspiel von Schulen, Universität und Staat (Hüllen 2005, 121). In diesem Zusammenhang spielte die fremdsprachige Lektüre (zuerst auf Französisch, später auch auf Englisch) als kulturvermittelndes Lernverfahren eine zentrale Rolle (vgl. Doff 2002, 445–452).

Damit ist die Erfindung des neuhumanistischen Gymnasiums durchaus eine Reaktion auf eine neue Semantik von Kultur, die sich spätestens im 18. Jahrhundert durchsetzt. Herders Sprachursprungstheorie beschreibt die unhintergehbar kontingente Festlegung von Zeichenhaftigkeit als Ursprung auch von Kultur. Zugleich etabliert sich in dieser Zeit der Kulturbegriff als Korrelat einer „Praxis des Vergleichs" (Baecker [3]2003 [2000], 47), der die Art und Weise, wie man selbst den Dingen Bedeutsamkeit zukommen lässt, kontingent setzt. Kultur ist, was auf diese Weise verglichen wird, und zugleich, was zu diesem Vergleich befähigt. Dies gilt, obwohl der Begriff zugleich lange Zeit nahezulegen scheint, ihn identitätspolitisch einzusetzen und damit zu substanzialisieren. Kulturelle Identität wird dann beispielsweise gerne auf biologische ‚Gründe' zurückgeführt. Auf diese Weise bleibt nicht nur der Kulturbegriff ambig, sondern bleiben es auch all jene Bestrebungen, im Namen von Kultur sprachliche Fremdheit zu erschließen, wie sie die Literatur, die Linguistik und die neue Disziplin der Ethnologie prägen – und die allesamt auch Formen der Lektüre darstellen.

Jenseits der einigermaßen anspruchsvollen Bildungsprogramme des Neuhumanismus und jenseits der neuen Semantik von Kultur ist festzuhalten, dass im 19. und im 20. Jahrhundert gleichwohl eher zur Norm wurde, ein einsprachiges Publikum vorauszusetzen. Dies hängt zum einen damit zusammen, dass im Zuge der von der Forschung diskutierten „Leserevolution" am Ende des 18. Jahrhunderts neue, bildungsferne Leserschichten erschlossen sowie neue, weniger regulierte (identifikatorische) Lektüreverfahren entwickelt wurden (vgl. Wittmann 1999 [1995]). Die Bedürfnisse dieser neuen Leserschaft wurden vermutlich eher durch möglichst einsprachige Texte erfüllt. So konnten sich nationale Buchmärkte entwickeln, in denen das Originalschrifttum durch eine zunehmende Zahl von Übersetzungen ergänzt wurde, wobei überdies domestizierende, also Kulturdifferenzen eher kaschierende Verfahren der Übersetzungen bis weit ins 20. Jahrhundert hinein den Betrieb bestimmten.

Zum anderen sind das 19. und das 20. Jahrhundert in nahezu ganz Europa stark von kulturpolitischen Nationalismen bestimmt. Die Vorstellung, dass Volk und Staat durch eine National- und Muttersprache zusammengehalten werden sollten, bewirkte in Kombination mit den erzieherischen Programmen des Neuhumanismus in vielen Gegenden Europas einen weiteren Schub in der Sprachstandardisierung und im Dialektausgleich sowie eine Festigung muttersprachlicher Normen. In der Systemlinguistik wurde die Kompetenz des Muttersprachlers zur zentralen Bezugsgröße. Im Gegensatz zum Mittelalter und zur Frühen Neuzeit war damit nicht mehr die ‚fremdsprachliche' Lektüre meist lateinischer Texte der unmarkierte Normalfall, sondern umgekehrt die ‚muttersprachliche' Lektüre. Die Durchsetzung dieser Semantik hat indes keineswegs homogene Verhältnisse erzeugt, sondern beispielsweise auch viele unterschiedliche Konstellationen von Diglossie, gerade für Sprachen mit kleineren Sprechergruppen. In solchen Konstellationen dürfte mehrsprachige Lektüre im oben beschriebenen Sinne durchgängig eine zentrale Rolle gespielt haben.

4 Forschungsdesiderate

Weder das mehrsprachige noch das interkulturelle Lesen sind eigenständige Gegenstände etablierter Forschungstraditionen. Sie werden von den interessierten Disziplinen, etwa von der Linguistik oder der Literatur- und Kulturwissenschaft, in der Regel eher nebenbei behandelt. Einzig die Fremdsprachendidaktik hat im Zusammenhang mit dem aktuell stark gestiegenen Interesse an Mehrsprachigkeit begonnen, die Lektüre von Texten in einer Zweitsprache systematisch zu erforschen. Eine systematische wie historische Erfassung der mehrsprachigen und interkulturellen Lektüre ist so zwar grundsätzlich ein Desiderat, könnte aber doch auf vielfältige verstreute Forschungsergebnisse zurückgreifen.

Wünschenswert wäre eine ausgedehntere empirische Erforschung des mehrsprachigen und interkulturellen Lesens auch jenseits der pädagogischen Forschung. Besonders wichtig wäre die kognitionswissenschaftliche Klärung der Frage, wie Sprach- und Kulturdifferenzen im Leseprozess verarbeitet werden. Für die Literaturwissenschaft könnte so einer genaueren rezeptionsästhetischen Beschreibung des mehrsprachigen und interkulturellen Lesens der Weg bereitet werden. Dabei wäre besonders interessant zu erforschen, inwiefern Strukturmerkmale von Mehrsprachigkeit im Text Auswirkungen auf die Sinnkonstitution haben – man denke etwa an Wechsel des Alphabets oder auch nur der Laut-Buchstabe-Zuordnungen innerhalb des Textes, an unterschiedliche Formen der Markierung von Fremd-Materialität, an das Spiel mit kultur- oder zeitspezifischen Wissenselementen usw. Schließlich wäre, vor allem mit Bezug auf die historische Erforschung des mehrsprachigen und interkulturellen Lesens, womöglich noch viel Material zu erschließen – insbesondere mit Blick auf unmittelbare Rezeptionszeugnisse, wie Randnotizen, Tagebucheinträge u. Ä., die vor dem medienhistorischen Hintergrund vorsichtigen Aufschluss über die tatsächlich verwendeten Leseverfahren versprechen.

Weiterführende Literatur

Brendella, Lothar (2002). *Literarisches und interkulturelles Verstehen*. Tübingen.

Lesekompetenz in Erst-, Zweit- und Fremdsprache (2010). Hrsg. von Madeline Lutjeharms und Claudia Schmidt. Tübingen.

Philologie und Mehrsprachigkeit (2014). Hrsg. von Till Dembeck und Georg Mein. Heidelberg.

Text und Interpretation. Deutsch-französische Debatte mit Beiträgen von J. Derrida, Ph. Forget, M. Frank, H.-G. Gadamer, J. Greisch und F. Laruelle (1984). Hrsg. von Philippe Forget. München.

Weimar, Klaus (1999). „Lesen: zu sich selbst sprechen in fremdem Namen". *Literaturwissenschaft. Einführung in ein Sprachspiel*. Hrsg. von Heinrich Bosse und Ursula Renner. Freiburg/Br.: 49–62.

Literatur

A History of Reading in the West (1999 [1995]). Hrsg. von Guglielmo Cavallo und Roger Chartier. Übers. von Lydia G. Cochrane. Amherst, Mass.

Apter, Emily (2013). *Against World Literature. On the Politics of Untranslatability*. London und New York.

Augustinus, Aurelius (2004). *Confessiones. Bekenntnisse*. Lateinisch/Deutsch. Übers. von Wilhelm Thimme. Düsseldorf und Zürich.

Bachtin, Michail M. (1979 [1934/1935]). „Das Wort im Roman". *Die Ästhetik des Wortes*. Übers. von Rainer Grübel. Frankfurt/M.: 154–300.

Baecker, Dirk ([3]2003 [2000]). *Wozu Kultur?* Berlin.

Barthes, Roland (1987 [1970]). *S/Z*. Übers. von Jürgen Hoch. Frankfurt/M.

Bhabha, Homi K. (2000 [1994]). *The Location of Culture*. London.

Bonfiglio, Thomas Paul (2010). *Mother Tongues and Nations. The Invention of the Native Speaker*. New York.

Brendella, Lothar (2002). *Literarisches und interkulturelles Verstehen*. Tübingen.

Damrosch, David (2003). *What is World Literature?* Princeton.

Dembeck, Till (2010). „X oder U? Herders ‚Interkulturalität'". *Zwischen Provokation und Usurpation. Interkulturalität als (un)vollendetes Projekt der Literatur- und Sprachwissenschaften*. Hrsg. von Dieter Heimböckel, Irmgard Honnef-Becker, Georg Mein und Heinz Sieburg. München: 127–151.

Dembeck, Till (2013). „Reading Ornament. Remarks on Philology and Culture". *Orbis Litterarum* 68.5 (2013): 367–394.

Dembeck, Till (2014). „Für eine Philologie der Mehrsprachigkeit. Zur Einführung". *Philologie und Mehrsprachigkeit*. Hrsg. von Till Dembeck und Georg Mein. Heidelberg: 9–38.

Derrida, Jacques (2003 [1996]). *Die Einsprachigkeit des Anderen oder die ursprüngliche Prothese*. Übers. von Michael Wetzel. Paderborn.

Doff, Sabine (2002). *Englischlernen zwischen Tradition und Innovation. Fremdsprachenunterricht für Mädchen im 19. Jahrhundert*. München.

Ehlers, Swantje (1998). *Lesetheorie und fremdsprachliche Lesepraxis aus der Perspektive des Deutschen als Fremdsprache*. Tübingen.

Fuhrmann, Manfred (2001). *Latein und Europa. Geschichte des gelehrten Unterrichts in Deutschland von Karl dem Großen bis Wilhelm II.* Köln.

García, Ofelia (2009). „Education, Multilingualism and Translanguaging in the 21st Century". *Multilingual Education for Social Justice: Globalising the Local.* Hrsg. von Ajit Mohanty. New Delhi: 128–145.

Geertz, Clifford (1973). „Thick Description: Toward an Interpretative Theory of Culture". *The Interpretation of Cultures. Selected Essays.* New York: 3–30.

Giesecke, Michael (1992). „Orthotypographia. Der Anteil des Buchdrucks an der Normierung der Standardsprache". *Sinnenwandel. Sprachwandel. Kulturwandel. Studien zur Vorgeschichte der Informationsgesellschaft.* Frankfurt/M.: 302–334

Giesecke, Michael (⁴2006 [1991]). *Der Buchdruck in der frühen Neuzeit. Eine historische Fallstudie über die Durchsetzung neuer Informations- und Kommunikationstechnologien.* Frankfurt/M.

Gilmont, Jean-François (2003). „Protestant Reformations and Reading". Übers. von Lydia G. Cochrane. *A History of Reading in the West.* Hrsg. von Guglielmo Cavallo und Roger Chartier. Cambrigde: 213–237.

Glück, Helmut (2002). *Deutsch als Fremdsprache in Europa vom Mittelalter bis zur Barockzeit.* Berlin und New York.

Grafton, Anthony (1999 [1995]). „The Humanist as Reader". *A History of Reading in the West.* Hrsg. von Guglielmo Cavallo und Roger Chartier. Cambridge: 179–212.

Hamesse, Jacqueline (1999 [1995]). „The Scholastic Model of Reading". Übers. von Lydia G. Cochrane. *A History of Reading in the West.* Hrsg. von Guglielmo Cavallo und Roger Chartier. Cambridge: 103–119.

Hüllen, Werner (2005). *Kleine Geschichte des Fremdsprachenlernens.* Berlin.

Illich, Ivan (1991). *Im Weinberg des Textes. Als das Schriftbild der Moderne entstand. Ein Kommentar zu Hugos „Didascalicon".* Übers. von Ylva Eriksson-Kuchenbuch. Frankfurt/M.

Iser, Wolfgang (⁴1994 [1976]). *Der Akt des Lesens. Theorie ästhetischer Wirkung.* München.

Jäger, Ludwig (2002). „Transkriptivität. Zur Logik der kulturellen Semantik". *Transkribieren. Medien/Lektüre.* Hrsg. von Ludwig Jäger und Georg Stanitzek. München: 19–41.

Kelly, Louis G. (1976 [1969]). *25 Centuries of Language Teaching.* Rowley.

Koch, Peter und Wulf Oesterreicher (1985). „Sprache der Nähe – Sprache der Distanz. Mündlichkeit und Schriftlichkeit im Spannungsfeld von Sprachtheorie und Sprachge-schichte". *Romanistisches Jahrbuch* 36.85 (1985): 15–43.

Koselleck, Reinhart (1989 [1975]). „Zur historisch-politischen Semantik asymmetrischer Gegen-begriffe". *Vergangene Zukunft. Zur Semantik geschichtlicher Zeiten.* Frankfurt/M.: 211–259.

Kristeva, Julia (1986 [1969]). „Word, Dialogue and Novel". *The Kristeva Reader.* Hrsg. von Toril Moi. New York: 34–61.

Language Mixing and Code-Switching in Writing: Approaches to Mixed-Language Written Dis-course (2012). Hrsg. von Mark Sebba, Shahrzad Mahootian und Carla Jonsson. New York.

Lennon, Brian (2010). *In Babel's Shadow: Multilingual Literatures, Monolingual States.* Minneapolis.

Lesekompetenz in Erst-, Zweit- und Fremdsprache (2010). Hrsg. von Madeline Lutjeharms und Claudia Schmidt. Tübingen.

Lotman, Jurij M. (1972). *Die Struktur literarischer Texte.* Übers. von Rolf-Dietrich Keil. München.

Lotman, Jurij M. (2010 [1990]). *Die Innenwelt des Denkens.* Übers. von Gabriele Leupold und Olga Radetzkaja. Frankfurt/M.

Makoni, Sinfree und Alastair Pennycook (2005). „Disinventing and (Re)Constituting Languages". *Critical Inquiry in Language Studies* 2.3 (2005): 137–156.

Martyn, David (2014). „Es gab keine Mehrsprachigkeit, bevor es nicht Einsprachigkeit gab. Ansätze zu einer Archäologie der Sprachigkeit (Herder, Luther, Tawada)". *Philologie und Mehrsprachigkeit*. Hrsg. von Till Dembeck und Georg Mein. Heidelberg: 39–51.

Parkes, Malcolm B. (1991 [1987]). *Scribes, Scripts and Readers. Studies in the Communication, Presentation and Dissemination of Medieval Texts*. London.

Parr, Rolf (2014). „Die fremde Sprache in der eigenen. Wie Fernsehfilme und -serien Multilingualität inszenieren und simulieren". *Philologie und Mehrsprachigkeit*. Hrsg. von Till Dembeck und Georg Mein. Heidelberg: 401–420.

Philologie und Mehrsprachigkeit (2014). Hrsg. von Till Dembeck und Georg Mein. Heidelberg.

Radaelli, Giulia (2014). „Literarische Mehrsprachigkeit. Ein Beschreibungsmodell (und seine Grenzen) am Beispiel von Peter Waterhouses ,Das Klangtal'". *Philologie und Mehrsprachigkeit*. Hrsg. von Till Dembeck und Georg Mein. Heidelberg: 157–182.

Saenger, Paul (1997). *Space Between Words. The Origins of Silent Reading*. Stanford.

Šklovskij, Viktor (1994 [1916]). „Искусство, как приём / Kunst als Verfahren". *Russischer Formalismus. Texte zur allgemeinen Literaturtheorie und zur Theorie der Prosa*. Hrsg. von Jurij Striedter. München: 3–35.

Sociolinguistics. Soziolinguistik. An International Handbook of the Science of Language and Society. Ein internationales Handbuch zur Wissenschaft von Sprache und Gesellschaft (^{2}2008 [2004]). Hrsg. von Ulrich Ammon und Klaus J. Mattheier. Bd. 1.1. Berlin und New York.

Spivak, Gayatri Chakravorty (1988). „Can the Subaltern Speak?" *Marxism and the Interpretation of Culture*. Hrsg. von Cary Nelson und Lawrence Grossberg. Basingstoke: 271–313.

Spivak, Gayatri Chakravorty (2012). *An Aesthetic Education in the Era of Globalization*. Cambridge, Mass.

Sternberg, Meir (1981). „Polylingualism as Reality and Translation as Mimesis". *Poetics Today* 2.4 (1981): 221–239.

Text und Interpretation. Deutsch-französische Debatte mit Beiträgen von J. Derrida, Ph. Forget, M. Frank, H.-G. Gadamer, J. Greisch und F. Laruelle (1984). Hrsg. von Philippe Forget. München.

Trabant, Jürgen (2006 [2003]). *Europäisches Sprachdenken. Von Platon bis Wittgenstein*. München.

Venuti, Lawrence (^{2}2008 [1995]). *The Translator's Invisibility. A History of Translation*. London und New York.

Weimar, Klaus (1999). „Lesen: zu sich selbst sprechen in fremdem Namen". *Literaturwissenschaft. Einführung in ein Sprachspiel*. Hrsg. von Heinrich Bosse und Ursula Renner. Freiburg/Br.: 49–62.

Welsch, Wolfgang (1998). „Transkulturalität. Zwischen Globalisierung und Partikularisierung". *Interkulturalität – Grundprobleme der Kulturbegegnung. Mainzer Universitätsgespräche Sommersemester 1998*. Hrsg. vom Studium Generale der Johannes Gutenberg-Universität Mainz. Mainz: 45–72.

Wierlacher, Alois (2003). „Interkulturalität". *Handbuch interkulturelle Germanistik*. Hrsg. von Alois Wierlacher und Andrea Bogner. Stuttgart und Weimar: 257–264.

Wittmann, Reinhard (1999 [1995]). „Was There a Reading Revolution at the End of the Eighteenth Century?" *A History of Reading in the West*. Hrsg. von Guglielmo Cavallo und Roger Chartier. Übers. von Andrew Winnard. Cambridge: 284–312.

Yildiz, Yasemin (2012). *Beyond the Mother Tongue: The Postmonolingual Condition*. New York.

Ulrike Preußer

IV.7 Didaktische Leseforschung

1 Wie man Lesen lernt

Lesen ist Kulturtechnik und kulturelle Praxis, deren Aneignung nicht erst in der Grundschule beginnt (vgl. Budde et al. ²2012, 55). Der Schriftspracherwerb, der neben dem Schreiben das Lesen betrifft, ist vielmehr ein Sozialisationsprozess, der weit vor einer systematischen Einführung in die Schriftkultur einsetzt. In der vorschulischen Frühphase ist es daher das familiale Umfeld, das das Kennenlernen von Schrift ermöglicht und Einblick in ihre Verwendungsweisen gibt (vgl. Hurrelmann et al. 2006, 15–16; Dehn ²2010 [2007], 32–38). Beispiele für eine erste Verinnerlichung der Bedeutsamkeit von Schrift finden sich im Verhalten von zwei- bis vierjährigen Kindern, die die Lesehaltung der Eltern nachahmen und dabei aufrecht sitzend ein Buch durchblättern, die ein Symbol bzw. einen auffälligen Schriftzug im öffentlichen Raum wiedererkennen („McDonalds", „Coca-Cola", „Sparkasse", „Aral") oder die mit einem Stift auf dem Papier das Auf und Ab des Schreibens nachahmen. Doch auch die Fokussierungen der mündlich geäußerten Sprache und ihres Klangs stellen wichtige frühkindliche Erfahrungen dar, die als zentrale Voraussetzung für ein erfolgreiches Lesenlernen angesehen werden. Reime, Kniereiter und Abzählverse z. B. geben dem Kind einen ersten Einblick in den Rhythmus der Sprache, in die Silbenstruktur gesprochener Wörter und in ihren partiellen Gleichklang (Reim, Assonanz). Diese Fähigkeiten werden als phonologische Bewusstheit im weiteren Sinne bezeichnet (vgl. Schründer-Lenzen ⁴2013, 88), während unter phonologischer Bewusstheit im engeren Sinne das Abhören von Wörtern nach Lauten verstanden wird (vgl. Schründer-Lenzen ⁴2013, 88).

Auch dem gemeinsamen Betrachten von Bilderbüchern, dem Vorlesen (vgl. Rau 2013, 15–42), dem gemeinsamen Gespräch (vgl. Hurrelmann 2004b, 45) und dem Vorbildcharakter lesender Eltern (vgl. Eggert und Garbe ²2003 [1995], 112) kommt zentrale Bedeutung in der vorschulischen Frühphase zu. Diese Aspekte wirken sich vor allem auf die Lesemotivation des Kindes aus, für die ein noch nicht eindeutig bestätigter Zusammenhang mit der Ausbildung der Lesefertigkeit und – umfassender – der Lesekompetenz angenommen wird (vgl. Philipp 2011, 78–84). Durch Vorlesen angebahnte Lesemotivation wiederum kann dazu führen, die Freude am späteren Selbst-Lesen zu fördern (vgl. Hurrelmann 2004b, 45–50).

In der Schule wird das Kind explizit in den Schriftspracherwerb eingeführt (vgl. u. a. Adams 1990). In Bezug auf das Lesen wird darunter auf der Ebene des „*Gut Lesen[s]*" (Kruse ²2008, 177) die Anregung zur Ausbildung von Lesefertigkeit (Re- und Dekodieren, Aufbau und Erweiterung des Sichtwortschatzes), Lese-

https://doi.org/10.1515/9783110365252-027

flüssigkeit (Ausbau der Lesegeschwindigkeit, die das Textverständnis ermöglicht) und Lesestrategien (Umgang mit Verständnisschwierigkeiten) verstanden (vgl. Holle [2]2010, 145–165). Daneben wird – ebenfalls auf dieser Ebene – die literarische Bildung unterstützt, die den Umgang speziell mit literarischen Texten fördert. Auf der Ebene des „*Gern Lesen[s]*" (Kruse [2]2008, 177) wird wiederum eine Steigerung der Lesemotivation angestrebt. All diese Zielsetzungen verlaufen vor dem Hintergrund der Annahme, dass Lesen eine komplexe, konstruktive Leistung des einzelnen Kindes darstellt, bei der es an der Erzeugung der Bedeutung eines Textes maßgeblich beteiligt ist (vgl. Köhnen 2011, 143). Dementsprechend besteht in der Deutschdidaktik Einigkeit darüber, dass die Rede vom *sinnentnehmenden Lesen*, die suggeriert, dass die Bedeutung wie ein bereitliegendes Paket aus dem Text entnommen werden kann, nicht haltbar ist (vgl. Hurrelmann et al. 2006, 15–30).

Beim Übergang von der Primar- in die Sekundarstufe werden die Lesefertigkeit und -flüssigkeit sowie der Umgang mit Lesestrategien oft vorausgesetzt, obschon seit dem schlechten Abschneiden deutscher Schülerinnen und Schüler in der ersten PISA-Studie im Jahr 2000 erkannt worden ist, dass der Ausbau basaler Lesefertigkeiten allein in der Grundschule nicht ausreicht, um gute, d. h. hinreichend automatisierte und selbstgesteuerte Leseleistungen zu erzielen (vgl. Spinner 2004, 126–128). Leseförderkonzepte und spezielle Lesetrainings, die vor allem die Sekundarstufe I in den Blick nehmen, zeigen das verstärkte Interesse daran, diese offensichtliche Lücke zu schließen (vgl. u. a. Kruse [2]2008; Gold [2]2010; What Research 2006; Rosebrock et al. 2011) und Leseförderung als eine Aufgabe aller Fächer des schulischen Unterrichts zu betrachten (vgl. Gaiser und Münchenbach 2006).

Im Sekundarstufenunterricht wird das Lesen vor allem in Bezug auf den Umgang mit literarischen und Sach-Texten sowie mit Bezug auf mediale Kontexte vertieft. Im Mittelpunkt stehen hier nicht mehr die zu automatisierenden, hierarchieniedrigen, sondern die hierarchiehöheren Prozesse, wie das Herstellen nicht nur von lokalen, sondern auch von globalen Kohärenzen, die es ermöglichen, einen Text in Superstrukturen einzuordnen und schließlich in ein mentales Modell des Textes münden zu lassen (vgl. Anderson [5]2004; Rosebrock und Nix [8]2017, 18–19). Darunter wird verstanden, dass der bzw. die Lesende nicht nur sein bzw. ihr Weltwissen in die Rezeption eines Textes einbinden kann, sondern darüber hinaus auch über Textsortenwissen (Superstrukturen) verfügt, das es ihm bzw. ihr ermöglicht, inhaltlich zusammenzufassen, was der bereits gelesene Teil des Textes thematisiert, sowie Hypothesen über seinen weiteren Verlauf anzustellen. Das mentale Modell schließlich ist eine gedankliche Repräsentation des Gelesenen. Je differenzierter es ausfällt, desto exakter kann der Leser bzw. die Leserin in späteren Situationen auf Form, Inhalt und deren Beziehung zurückgreifen (vgl. Gailberger 2007, 25).

Die Lesesozialisationsforschung zeigt deutlich, dass der Prozess des Lesens ständig Veränderungen unterworfen ist, da neue private und berufliche Kontexte zumeist auch Anpassungen in der Geschwindigkeit und im Modus des Lesens, der Menge des Gelesenen oder an unbekannte bzw. ungewohnte Textsorten erfordern (vgl. Limmroth-Kranz 1997; Charlton und Pette 1999; Grundmann 2007, 72; Preußer und Sennewald 2013, 288–289).

2 Von der Leserforschung zur Kompetenzorientierung

Unter didaktischer Leseforschung versteht man die empirische Untersuchung und theoretische Modellierung von Leseprozessen, Lesefähig- und Lesefertigkeiten, der Leseeinstellung und -bereitschaft. Verbunden ist dies mit dem Ziel, die Ergebnisse für Theorie und Praxis des Lesenlehrens und -lernens nutzbar zu machen. Traditionell bezieht sich diese Zielsetzung auf den Schulunterricht (vgl. u. a. Rosebrock und Nix [8]2017; Garbe et al. [2]2010; Bertschi-Kaufmann und Härvelid [2]2008), muss aber mit Blick auf die jüngere Entwicklung der Hochschulen auf den universitären Bereich (vgl. u. a. Eggert et al. 2000; Dawidowski 2009; Literale Kompetenzentwicklung 2012) und unter Berücksichtigung des gesellschaftlichen Postulats des *lifelong learning* sogar auf Bildungsprozesse bis ins hohe Alter ausgeweitet werden (vgl. u. a. Limmroth-Kranz 1997; Charlton et al. 2002a; 2002b; Köhnen 2011, 115). Im Zusammenhang mit der gesellschaftlichen Relevanz didaktischer Leseforschung ist auf die immer noch weite Verbreitung von funktionalem Analphabetismus hinzuweisen, die zeigt, „dass es die lückenlos literalisierte Gesellschaft noch längst nicht gibt" (Bertschi-Kaufmann und Härvelid [2]2008, 30): Die Ergebnisse der ersten *Level-One*-Studie 2010 zeigen, dass ca. 7,5 Millionen Menschen in Deutschland (also 14 Prozent der Gesamtbevölkerung) zwar in den Schriftspracherwerb eingeführt worden sind, aber nur „einzelne Sätze lesen oder schreiben [können], nicht jedoch zusammenhängende – auch kürzere – Texte" (Grotlüschen et al. 2012, 20).

Folgend wird auf die – vornehmlich deutsche – schulische didaktische Leseforschung eingegangen. Mit der empirischen Erhebung und der Vorstellung didaktischer Ansätze, die nach dem systematischen Schriftspracherwerb im Jugendalter einsetzen und dementsprechend erwachsene Leserinnen und Leser fokussieren, setzen sich im deutschsprachigen Raum u. a. Anke Grotlüschen und Andrea Linde (Literalität 2007), Linde (2008), Birte Egloff und Grotlüschen (Forschen 2011), Joachim Ludwig (2012) und Manuela Schneider (2014) auseinander.

Impulse für eine auf die Schulbildung ausgerichtete didaktische Leseforschung kamen bis Ende der 1990er Jahre weniger aus der Lese- und Literaturdidaktik selbst, als aus dem Bereich der Soziologie (Lesesoziologie), der Psychologie (Leserpsychologie) und der Schriftspracherwerbsforschung (vgl. u. a. Schilcher 2012). Schon früh wird von den beiden erstgenannten Richtungen eine Schichtspezifik des Lesens in Bezug auf Lesehäufigkeit, Leseintensität und die herangezogenen Lesestoffe vermutet, die in verschiedenen Studien dann auch nachgewiesen werden kann. So zeigt z. B. Bernhard Meier (1981) in seiner Untersuchung des Leseverhaltens von insgesamt 1080 Jugendlichen in Nürnberg, dass der besuchte Schultyp (Haupt- oder Realschule bzw. Gymnasium) ebenso Einfluss auf das Leseverhalten hat, wie Schulbildung und Berufe der Eltern. Nach Meier steigt die Zahl der täglich lesenden Jugendlichen bei höherer Schichtzugehörigkeit. Außerdem lesen Gymnasiastinnen und Gymnasiasten mehr und häufiger als Real- oder Hauptschülerinnen und -schüler – allerdings nur dann, wenn es sich um komplexere Texte handelt. Seriell erscheinende Heftromane und Comics werden nach der zitierten Studie viermal häufiger von Hauptschülerinnen und -schülern als von Gymnasiastinnen und Gymnasiasten gelesen (vgl. Meier 1981, W1437–1439).

Der Lesestoff ist es – analog zum zuletzt genannten Befund – dann auch, der die ideologiekritisch ausgerichtete Literaturdidaktik bis in die 1990er Jahre hinein besonders interessierte. Die pauschale Unterscheidung zwischen „Höhenkamm-" und „Trivialliteratur" führt hier weniger zu einer rezipienten- und rezepientinnenorientierten als vielmehr zu einer dem Produkt zugewandten Forschung, die u. a. die Darstellungsstrategien von Trivialliteratur und ihrer intendierten, „antiemanzipativ" (Groeben und Vorderer 1986, 132) ausgerichteten Wirkweise in den Blick nimmt.

In der Leserpsychologie werden Lesertypologien entworfen, die Erklärungsansätze für Lesemotive bieten, aber lediglich beschreibenden Charakter besitzen, da zwar ihr Vorhandensein konstatiert, nicht aber ihr Zustandekommen erklärt werden kann (vgl. Groeben und Vorderer 1986, 124). Größere Bekanntheit erlangt die Typologie von Hans E. Giehrl (1968, 56–62), in der vier Lesertypen skizziert werden: der funktional-pragmatische (1), der emotional-phantastische (2), der rational-intellektuelle (3) und der literarische (4) Leser. Dem ersten, informatorisch lesenden Typ wird das Grundmotiv zugeschrieben, sich in der Welt orientieren zu wollen, während dem zweiten, evasorisch Rezipierenden eher daran gelegen ist, sich zumindest partiell aus ihr herauszulösen. Der dritte Lesertyp ist mit dem ersten verwandt. Er liest kognitiv orientiert, will sich in der Welt orientieren und darüber hinaus sinndeutend aktiv werden. Der vierte, literarische Lesertyp schließlich ist durch die Motive des ersten und des zweiten Typs motiviert. Eine weitere bekannte Lesertypologie, die vor allem an der Ab- bzw. Hinlenkung des Lesers zur ihn umgebenden Welt ausgerichtet ist (ähnlich den Grundmotiven von Giehrls Lesertypen 1 und 2), findet sich bei Richter und Strassmayr 1978.

Der sozialisationstheoretische Ansatz schließlich ist, was die Rezipientenorientierung betrifft, der produktivste, da er seine Forschungsfragen aus empirischen Erhebungen entwickelt und mit ihnen beantwortet und insofern intersubjektiv nachvollziehbare Aussagen zum Leseverhalten treffen kann. Aus der Perspektive der Sozialisationsforschung ist in Bezug auf das Lesen von Interesse, welche Faktoren das Individuum beeinflussen und es zu einem habitualisierten Leser bzw. einer habitualisierten Leserin oder zu einem Nicht-Leser bzw. einer Nicht-Leserin machen. Dabei sind seit Ende des 20. Jahrhunderts neben der schwer zu isolierenden personalen Entwicklung vor allem die Faktoren Familie, Freundeskreis und Schule als zentrale soziale Einflussgrößen ins Zentrum des Interesses gerückt (vgl. u. a. Hurrelmann [2]2006). Der sozialisationstheoretische Ansatz wird schließlich seit Ende des 20. Jahrhunderts verstärkt von der Literaturdidaktik aufgegriffen (vgl. u. a. Abraham 1998; Lesen im Wandel 1998; Graf 1998; 1999; 2004; [3]2011; Philipp 2011). Die Herausbildung der Begriffe *Lesesozialisation* (als allgemeinerer, alle Leseprozesse umfassender Begriff) und *literarische Sozialisation* (als speziellerer, auf literarische Texte gerichteter Begriff) ist auf die Ausdifferenzierung des Medienangebots zurückzuführen, die die Bedeutsamkeit des Lesens nicht etwa geschwächt, sondern vielmehr potenziert hat. So erfordern audiovisuelle und digitale Medien Leseprozesse, die auf eine andere, oft komplexere Weise gesteuert werden, als die zumeist lineare Rezeption eines Buches (vgl. u. a. Rosebrock 1995).

Eine didaktische Leseforschung mit spezifisch eigenen Fragestellungen und interdisziplinären Bemühungen, diese zu beantworten, bildet sich im Zuge der Veröffentlichung der Ergebnisse der ersten PISA-Studie (2001) und der ersten IGLU-Studie (2002) heraus. Diese ersten international angelegten Schulleistungsstudien markieren deutlich einen „Paradigmenwechsel" (IGLU 2007), im Zuge dessen die bisherige *input-* von einer *outcome-*Orientierung in weiten Teilen abgelöst wird. Nicht mehr die Unterrichtsinhalte und -gegenstände stehen in der Folge im Mittelpunkt lesedidaktischer Überlegungen, sondern die Kompetenzorientierung, also das Potential an Fertigkeiten, Fähigkeiten und Bereitschaften, über das die Schülerinnen und Schüler situationsgerecht verfügen können sollen. Lese- und Literaturdidaktik sind mit Blick auf Lesekompetenz an unterschiedlichen Schwerpunkten interessiert, die sich aus der angelsächsischen und amerikanischen *Literacy*-Tradition (vgl. u. a. IGLU 2007, 23–24) auf der einen und der Lesesozialisationsforschung (vgl. u. a. Eggert und Garbe [2]2003 [1995], 157–171) auf der anderen Seite ergeben.

3 Lesekompetenz: Ein Begriff mit vielen Implikationen

In Perspektive der anglo-amerikanischen *Literacy*-Tradition (vgl. u. a. Street 1984; Goody 1987; Armbruster et al. [3]2001; Kress 2003; Metacognition 2005) ist Lesekompetenz eine Schlüsselqualifikation, die dem Individuum die erfolgreiche Teilhabe an der heutigen, in weiten Teilen schriftbasierten Gesellschaft erst ermöglicht: „Der Begriff *reading literacy* definiert in pragmatischer Absicht grundlegende Kompetenzen, die in der Wissensgesellschaft für die individuelle Lebensbewältigung praktisch bedeutsam sind und Menschen befähigen, Lesen in unterschiedlichen Verwendungssituationen einsetzen zu können." (Bos et al. 2007, 23). Unter Lesekompetenz wird somit ein Verbund von kognitiven Fähigkeiten und Fertigkeiten verstanden, die vom Individuum in verschiedenen Situationen problemlösend eingesetzt werden (vgl. u. a. Ohlshavsky 1976; Black und Bower 1980; Garner 1984; Kintsch 1994). Diese Vorstellung von Lesekompetenz liegt den internationalen Schulleistungsstudien, wie PISA oder IGLU, zugrunde.

In den deutschen Bildungsstandards wird Lesekompetenz unter dem Kompetenzbereich „Lesen – mit Texten und Medien umgehen" (KMK 2003, 9; KMK 2004a, 9; KMK 2004b, 9) bzw. „Lesen – sich mit Texten und Medien auseinandersetzen" (KMK 2012, 19–24) verortet. Dort sind die Anforderungen an die für den jeweiligen Schulabschluss zu erbringenden Leseleistungen festgehalten, die in den Kernlehrplänen der einzelnen Bundesländer präzisiert werden und in den Schulcurricula eine spezifische Gewichtung erfahren (vgl. Bildungsstandards für die Grundschule [3]2011, 14–15). Überprüfungen dieser Leseleistungen finden nicht nur international mit den PISA- und PIRLS/IGLU-Studien statt, sondern auch auf nationaler Ebene. In Deutschland finden z. B. regelmäßig Erhebungen mithilfe von Vergleichsarbeiten in den dritten und achten Klassen statt. VERA-3 (VERgleichsArbeiten der dritten Klassen) wurde erstmals 2002 durchgeführt und wird seit dem Schuljahr 2008/2009 bundesweit zur Standardsicherung, zur Erfassung der Diagnosegenauigkeit und zu Zwecken der Unterrichtsentwicklung eingesetzt, VERA-8 wird seit 2006/2007 in den meisten Bundesländern durchgeführt (Bildungsstandards für die Grundschule [3]2011, 220–222). Dabei erfüllen die standardisierten Testaufgaben aller *Large-Scale-Assessments* (Leistungsmessungen mit einer hohen Probandenzahl, die international orientiert sind und mit Stichprobenuntersuchungen arbeiten, vgl. von Ackeren 2003, 20–22) den doppelten Nutzen, aus quantitativer Perspektive die Modellierung „domänenspezifischer Kompetenzen" zu ermöglichen und außerdem überhaupt als Überprüfungsinstrumente eingesetzt werden zu können (vgl. von Heynitz 2012, 35). Da jede Testaufgabe einer einzelnen Kompetenzdimension zugeordnet werden muss und Gütekriterien wie Validität, Objektivität und Reliabilität gesichert sowie die jeweilige Lösungserwartung möglichst eindeutig sein müssen, werden geschlossene Aufgabenformate wie *multiple-choice* bevorzugt eingesetzt (vgl. von Heynitz 2012, 36), was mit Blick auf kognitive Fähigkeiten und Fertigkeiten auch weitgehend umsetzbar erscheint. Es lassen sich in den Bildungsstandards aber noch weitere Dimensionen von Lesekompetenz finden, die den genannten Dimensionen nicht zuzuordnen sind, sondern eher motivationale Aspekte betreffen und bestimmte Einstellungen, Bereitschaften, kreative und imaginative Prozesse voraussetzen. So wird in den *Bildungsstandards im Fach Deutsch für den Primarbereich* festgehalten, dass die Schülerinnen und Schüler am Ende der vierten Klasse „über Leseerfahrungen verfügen" (KMK 2004a, 12) sollen, worunter die Kenntnis von Kinder- und Jugendliteratur ebenso verstanden wird, wie die Fähigkeit, „die eigenen Leseerfahrungen einschätzen und beschreiben [zu] können" (KMK 2004a, 12). Während diese Teildimensionen unter Einstellungen und Bereitschaften zu fassen sind und den motivationalen Bereich berühren (die Kenntnis von Kinder- und Jugendliteratur setzt z. B. die eigenständige Lektüre voraus), richtet sich die Formulierung „lebendige Vorstellungen beim Lesen und Hören literarischer Texte entwickeln" (KMK 2004a, 11) an die Imagination des Kindes. In den Bildungsstandards findet sich damit der pädagogische Kompetenzbegriff von Franz E. Weinert wieder, nach dem unter Kompetenzen „die bei Individuen verfügbaren oder durch sie erlernbaren kognitiven Fähigkeiten und Fertigkeiten" zu verstehen sind, „um bestimmte Probleme zu lösen, sowie die damit verbundenen motivationalen, volitionalen und sozialen Bereitschaften und Fähigkeiten, um die Problemlösungen in variablen Situationen erfolgreich und verantwortungsvoll nutzen zu können" (Weinert [3]2014, 27–28). Darüber hinaus werden jedoch auch die Aspekte des individuellen Genussempfindens, der stabilen Lesehaltung und der persönlichen Teilhabe angesprochen (vgl. Theorie und Praxis 2014).

In den *Bildungsstandards im Fach Deutsch für die Allgemeine Hochschulreife* wird außerdem eine deutliche Unterscheidung zwischen dem Umgang mit Literatur und dem mit Sachtexten vorgenommen (vgl. KMK 2012, 20–23), die einen weiteren wichtigen Punkt in Bezug auf Lesekompetenz verdeutlicht. Lesekompetenz zu besitzen bedeutet nicht nur, über ein Instrumentarium an Techniken bewusst und zielgerichtet verfügen zu können, sondern auch, sich genießend und imaginierend in andere, vielleicht sogar irreale Welten versetzen zu können. Denn gerade literarische Texte, die fiktional und mehrdeutig sind (vgl. Culler [2]2013), widersetzen sich der Verwertbarkeit in Alltagssituationen und können oft nichts Konkretes zu Problemlösungen beitragen. Sie werden nur dann zur Hilfe, wenn der bzw. die Lesende die Bereitschaft mitbringt, sie als Angebot zur Ablenkung und zur Umorientierung anzunehmen, das manchmal auch Handlungsalternativen sichtbar werden lassen kann (vgl. Abraham [2]2008, 17–18).

Die unterschiedlichen Lesestoffe, auf die Lesekompetenz gerichtet sein kann, reichen demnach von diskontinuierlichen Texten, wie Busfahrplänen und Tabellen, über Informations- und Sachtexte in kontinuierlicher und zum Teil nicht-kontinuierlicher Gestaltung (vgl. Baumert et al. 1999, 3–4) bis hin zu dramatischen, epischen und lyrischen Texten, die als die drei Großgattungen repräsentativ für literarische Texte und ihre formalen Anforderungen stehen. Das Lesen in digitalen Kontexten (Smartphone, Tablet, Computer, E-Book-Reader etc.) tritt hinzu (vgl. u. a. Kress 2003; KMK 2004b, 14–15) und stellt den Leser bzw. die Leserin dabei vor zusätzliche Herausforderungen, die im Wesentlichen durch die Faktoren Interaktivität, Virtualität und Vernetzung, durch multimediale Gestaltung (Ton, Text, Bild und Video) und die Entlinearisierung der dargebotenen Texte entstehen (vgl. Bertschi-Kaufmann und Härvelid [2]2008, 34).

Vor dem Hintergrund der vielfältigen Anforderungen, die die verschiedenen Textformen an das Lesevermögen stellen, sind auch die Lesekompetenzmodelle zu betrachten, die sich im Zuge der Kompetenzorientierung herausgebildet haben. Das kognitionstheoretische Kompetenzmodell nach PISA auf der einen und das aus der Lesesozialisationsforschung hervorgegangene auf der anderen Seite bestimmen die aktuelle Diskussion um Lesekompetenzen und ihre Teildimensionen (vgl. Hurrelmann [2]2008, 19).

Dem kognitionstheoretischen Modell liegt die Überzeugung zugrunde, dass Lesen die Basisqualifikation für gesellschaftliche Teilhabe und beruflichen Erfolg darstellt. Ohne ausreichende Lesekompetenzen können sich Menschen in einer literalen Gesellschaft weder persönlich weiterentwickeln, noch die ihnen in ihrem Lebenskontext zukommenden Aufgaben angemessen erfüllen. Lesen dient aus dieser Perspektive vornehmlich der Informationsbeschaffung und -verarbeitung (vgl. Baumert et al. 1999, 2). Daher stellen das Ermitteln von Informationen und ihre Verknüpfung mit bereits vorhandenem Wissen, „textbezogenes Interpretieren" und das abschließende „Reflektieren und Bewerten" (Hurrelmann [2]2008, 27) wichtige Teildimensionen der Lesekompetenz dar, die als „Textverstehen" aufgefasst werden (Jude et al. 2013, 202). Das kognitionstheoretische Modell hat das Ziel, die Leseleistung messen zu können, um die Stärken und Schwächen Einzelner, aber auch sozialer und/oder (inter-)nationaler Gruppen sichtbar machen zu können. Auf die Erhebung eines solchen Ist-Zustands können dann geeignete Lesefördermaßnahmen folgen, die zumeist in Lesetrainingseinheiten bzw. -programmen (vgl. Kruse [2]2008, 177) in „geschlossene[n] Unterrichtsformen" (Hurrelmann [2]2008, 26) bestehen. Die Textauswahl in Unterrichts- wie auch Leistungsüberprüfungssituationen ist dabei überwiegend an pragmatischen bzw. Sach-Texten ausgerichtet, die informationsreich sind und lebensweltliche Kontexte aufgreifen oder auf sie verweisen (vgl. Rosebrock und Wirthwein 2014, 17–22). Sachtexte können auf sehr unterschiedliche Weise gestaltet sein. Dabei besitzen sie jedoch stets solche Strukturmerkmale, die sich mit „Beschreibung", „Erläuterung mit Reihenfolge" im Sinne der Berücksichtigung einer „zeitlichen oder sachlogischen" Abfolge von Prozessen und Zusammenhängen, der Fokussierung von Ursache-Wirkungsprinzipien und mit der Orientierung an einer argumentativen, vergleichenden oder gegenüberstellenden Darstellung zusammenfassen lassen (vgl. Philipp 2012a, 95). Auch wenn die Rezeption von Sachtexten komplex und anspruchsvoll ist, eröffnen die genannten Strukturen, die sich von der Mikro- (Signalwörter) bis zur Makroebene (Textaufbau) erstrecken, gezielte Fördermöglichkeiten (vgl. u. a. Baurmann 2009; Sachtexte lesen 2009; Philipp 2012a).

Andere Schwerpunkte setzt demgegenüber das kulturwissenschaftliche Lesekompetenzmodell, das aus der Lesesozialisationsforschung heraus entstanden ist. Weniger an Leistungsmessung orientiert, liegt der Interessenschwerpunkt hier beim Prozesscharakter der Lesesozialisation, der modellartig abgebildet wird (vgl. u. a. Hurrelmann et al. 2006, 24). Diese Fokussierung führt zu anderen Grundannahmen, als zu denen, die dem kognitionstheoretischen Modell unterliegen. Lesen ist aus dieser Perspektive eine Handlung, mit der sich historisch betrachtet verschiedene Zielsetzungen herausgebildet haben. Während zur Zeit der Aufklärung Lesen vornehmlich die Möglichkeit zur Selbstbestimmung in sich birgt, entwickelt sich im Idealismus die Idee der Persönlichkeitsbildung durch Lesen. Im Medienzeitalter wird der reine Rezeptionsgenuss ein wichtiges Leseziel (vgl. Hurrelmann 2004a). Heute sind je nach Lesezusammenhang alle drei dieser Bildungsnormen relevant und werden in verschiedenen Kontexten teils einzeln, teils vermischt sichtbar. So wird z. B. in der Schule die Bildungsnorm der Persönlichkeitsbildung angesprochen, wenn eine an kindlicher oder jugendlicher Lebenswelt orientierte Lektüre mit einem moralischen Problem gewählt wird, zu dem sich die Schülerinnen und Schüler positionieren müssen, wie z. B. Janne Tellers Roman *Nichts* (dt. 2010). Der Rezeptionsgenuss steht vor allem in privaten Lesesituationen im Mittelpunkt, so z. B., wenn eine Lektüre rezipiert wird, die das Hineinversetzen in andere Welten ermöglicht und mit der Freude an dieser Möglichkeit auch tatsächlich gelesen wird. Das morgendliche Lesen einer Zeitung wiederum kann den Leser bzw. die Leserin in die Lage versetzen, sich ein eigenes Bild von politischen Zusammenhängen zu machen, auf dieser Basis eine Meinung auszubilden und nach dieser schließlich auch zu handeln.

Aus der Perspektive der Lesesozialisationsforschung ist Lesekompetenz ein weitaus umfassenderer Begriff als aus kognitionstheoretischer Sicht. Das „Leseverständnis" (Lenhard 2013, 46–48) spielt auch hier eine Rolle, doch wird es flankiert von „Motivation und emotionale[r] Beteiligung", von „Reflexion und der Fähigkeit zu[r] Anschlusskommunikation" (Hurrelmann [2]2008, 27). Diese zusätzlichen Faktoren betreffen die motivationale Haltung des Lesers bzw. der Leserin und die individuelle subjektive Beteiligung an der Lektüre. Sie umfassen zudem die Fähigkeit, über den Text im Anschluss nachzudenken, sich zu überlegen, wie man selbst die dargestellten Problemlagen und/oder Konflikte verortet oder gelöst hätte, und schließlich das Gespräch über das Gelesene, in dem man seine Einstellung in Worte fassen und eventuell auch andere Meinungen und Positionen aushalten muss. Diese Aspekte sind außerordentlich wichtig, wie viele lesedidaktische Ansätze betonen (vgl. u. a. das Mehrebenenmodell des Lesens nach Rosebrock und Nix [8]2017), doch stellt sich die berechtigte Frage, ob, und wenn ja: wie sie sich operationalisieren lassen (vgl. Kammler [2]2012), denn die Forderung nach vergleichbaren Leistungsüberprüfungen betrifft alle Unterrichtsfächer. Die Textauswahl, die an einem kulturwissenschaftlichen Lesekompetenzmodell orientiert vorgenommen wird, setzt „ästhetisch-künstlerische Texte, insbesondere fiktionale Literatur", in „eher offene[n] Unterrichtsformen" (Hurrelmann [2]2008, 27) ein, um Lesen als umfassende kulturelle Praxis erfahrbar werden zu lassen.

Die tendenzielle Ausrichtung an verschiedenen Lesestoffen, die die beiden Modelle nahelegen, deutet auf weitere Differenzierungsmöglichkeiten hin, die bereits mit der Unterscheidung zwischen Lese- und literarischer Sozialisation vorgegeben sind (vgl. u. a. Lesekompetenz [2]2006). Literarische Texte stellen eine bedeutsame, das kulturelle Kapital einer Gesellschaft bereichernde und abbildende Spezialform lesbarer Stoffe dar (vgl. Kepser und Abraham [4]2016, 19–21), die – sofern sie die Eigenschaften der Fiktionalität und der Mehrdeutigkeit (Polysemie) aufweisen – besondere Anforderungen an den Leser bzw. die Leserin stellen. Zum einen muss der oder die Lesende gedanklich einen „Fiktionspakt" (Eco [3]2004, 105) unterschreiben, der die im Text dargestellte erfundene mögliche Welt während des Lesens zu einer *wahren* Welt werden lässt. Dieser metaphorische „Fiktionspakt" stellt jedoch noch nicht sicher, dass der Leser bzw. die Leserin auch den narrativen bzw. deskriptiven Strategien der Erzählinstanz folgen oder die „dramaturgische Handlungslogik" (Spinner 2010, 102) des Textes nachvollziehen kann, macht aber auf den Umstand aufmerksam, dass die mögliche Welt im Text während des Lesens für wahr gehalten werden muss. Der bzw. die Rezipierende muss sich auf diese Widersprüchlichkeit des Erdachten als Wahrheit einlassen, um den literarischen Text nicht nur nicht als Lüge aufzufassen, sondern auch, um sich hineindenken, sich partiell identifizieren oder Fremdheitserfahrungen sammeln zu können. Dass das Gestaltungsmittel eines unzuverlässigen Erzählers (vgl. Nünning [2]2013, 5–6) auch diese Konstruktion wieder unterwandern kann, macht die Lektüre literarischer Texte nicht einfacher.

Aufgrund der spezifischen Anforderungen literarischer Texte hat es sich in der Didaktik, vor allem der Literaturdidaktik, etabliert, „literarische Kompetenz" von „Lesekompetenz" zu unterscheiden. Beide Kompetenzbereiche weisen – wie die vorangestellten Modelle bereits nahelegen – deutliche Gemeinsamkeiten auf:

Sowohl für Lese- als auch für literarische Kompetenz wird sich z. B. auf schrift-sprachliche Realisierungen bezogen, die nach ihrer Re- und Dekodierung verstanden und mit bereits vorhandenem Wissen verknüpft werden müssen. Außerdem werden beide Kompetenzbereiche bereits in der Frühphase kindlicher Entwicklung angebahnt. Die Unterschiede erweisen sich im Vergleich jedoch als weitreichender: Zum einen ist der Prozess literarischen Lernens, der hin zu literarischer Kompetenz führt (vgl. Spinner 2006, 7), nicht zwangsläufig an das Medium Buch gebunden (vgl. u. a. Abraham 2010, 12–13; Winkler 2010; Frederking und Römhild 2012) und kann somit auch mittels anderer medialer Formate angebahnt werden (vgl. Spinner 2006, 6). Das ergibt sich u. a. daraus, dass literarische Kompetenz nicht nur aus Rezeptionskompetenzen, sondern auch aus literarästhetischen und Handlungs-Kompetenzen (vgl. Abraham [2]2008, 20–22) besteht, die einen weiteren Bezugsrahmen schaffen. Zum anderen sind Lesekompetenz und literarische Kompetenz unterschiedlichen kulturellen Praxen zuzuordnen: Während Lesekompetenz der kulturellen Praxis des „Konservierens, Schaffens, Weitergebens und Adressierens von Wissen (als Alltagswissen, als wissenschaftliches Wissen)" (Abraham [2]2008, 18) zugehört, ist literarische Kompetenz „eine kulturelle Praxis des Ausdrückens und der Weitergabe ästhetischer Erfahrung in Texten und durch sie hindurch" (Abraham [2]2008, 19).

Literarische Kompetenz umfasst im Wesentlichen die Haltungen und Fertigkeiten von Leserinnen und Lesern gegenüber bestimmten Texteigenschaften, die sich nicht damit erfassen lassen, dass man sie als Spezialfall von Lesekompetenz oder etwas Darüberhinausgehendes betrachtet – sie sind etwas anderes (vgl. Abraham [2]2008, 17–19): Während ihre Operationalisierung noch aussteht (vgl. Kammler [2]2012, 16–20), kann man die Aspekte, die literarische Kompetenz beinhaltet, bereits differenzierter formulieren. Neben der Vorstellungsbildung und der persönlichen Eingebundenheit in den Text (bei gleichzeitiger Achtsamkeit auf die Grenzen, die dieser dafür setzt), spielt die auf eine besondere sprachliche Gestaltung, auf Metaphern und Symbole gerichtete Sensibilität eine wichtige Rolle. Auch Perspektivübernahme und Fremdwahrnehmung im Sinne von Identifikation und Abgrenzung gehören dazu. Außerdem ist für literarische Kompetenz Textsortenkenntnis (verstanden als Ausbau von Gattungs- und Genrewissen) bedeutsam, vor allem aber, dass der Leser bzw. die Leserin dazu in der Lage ist, die Grenzen der Interpretierbarkeit eines Textes anzuerkennen und gleichzeitig zu akzeptieren, dass es die eine, alleinig richtige Textdeutung nicht gibt (vgl. Spinner 2010; Auf dem Weg zur literarischen Kompetenz 2013).

Einige didaktische Ansätze betonen schließlich, dass Lesekompetenzmodelle nicht an der Textsorte ausgerichtet sein und stattdessen stärker auf die übergreifenden, zum Teil analogen Prozesse fokussieren sollten (vgl. Rosebrock und Wirthwein 2014, 13–14). Die Unterscheidung von Lese- und literarischer Kompetenz legt demgegenüber eine Differenzierung nahe. Beides zeigt sich in der didaktischen Leseforschung und den Umsetzungsmöglichkeiten in der Schule.

4 Didaktische Leseforschung und ihre Bedeutsamkeit für die Schule

Einen wesentlichen Beitrag zur didaktischen Leseforschung hat – verstärkt seit Mitte der 1990er Jahre – die Lesesozialisationsforschung geleistet (vgl. Dehn et al. 1999). Die biographische Leseforschung nimmt hier einen besonderen Stellenwert ein. Sie ist an der Frage interessiert, wie ein kleines, noch nicht sprechendes Kind zu einem Leser bzw. einer Leserin wird, und schließlich, ob, und wenn ja: wie sich eine stabile Lesehaltung herausbildet und fördern lässt (vgl. Graf 1998; 2004; Pieper et al. 2004; Garbe 2005; Hurrelmann et al. 2006; Wenn Schriftaneignung 2011; Graf [3]2011). Die biographische Leseforschung arbeitet zur Beantwortung dieses Fragenkomplexes mit schriftlich zu verfassenden Leseautobiographien (vgl. Graf 1998; [3]2011) oder mit narrativen, durch Leitfäden gestützten Interviews (vgl. Pieper et al. 2004; Dawidowski 2009), deren qualitative Analyse Einblick in die gelingende (oder auch misslingende) Lesesozialisation gibt. Ausgehend von der Komplexität der Herausforderungen beim Auf- und Ausbau von Lesekompetenz untersucht die biographische Leseforschung u. a., in welchen Phasen des Erwerbsprozesses der bzw. die Lernende unterstützende Maßnahmen des sozialen Umfelds benötigt (vgl. Garbe 2005, 27–28). Die Unterscheidung zwischen einer „Vor-Lese-Zeit", einer „primäre[n]" und einer „sekundäre[n] literarischen Initiation" (Graf [3]2011, 19, 38, 76) zeichnet diese Phasen nach. In der vorschulischen Frühphase sind es die Familie und der unmittelbare Nahbereich des Kindes, die Zugänge zu Bilderbüchern, Geschichten und Erzähltem eröffnen. Bedeutsam ist dabei, dass es gerade die fiktionalen Texte sind, die dem Kind angeboten werden, da Sachtexte in der vorschulischen Phase meist kein Interesse zu wecken imstande sind. Aus diesem Grund spricht man auch von *literarischer Initiation* und nicht von *Leseinitiation*.

Kinder heutiger Generationen wachsen mit einem umfangreichen Medienangebot auf, dessen Nutzung ihnen bereits deutlich früher möglich ist als das Lesen eines Buches. Daher sind auch Kinder, die aus sogenannten schriftfernen Familien stammen, zumeist mit vielen erzählerischen Mustern vertraut (zum Teil explizit, zum Teil implizit), wenn sie in die Schule kommen (vgl. Garbe 2005, 29–30).

Soll es nicht zu einem Leseknick kommen, der vielfach in der zweiten Klasse einsetzt, wenn sich die Schere zwischen den schon gut ausgeprägten kognitiven Verarbeitungsmöglichkeiten von Narrationen und der noch zu gering ausgeprägten Automatisierung des Leseprozesses geöffnet hat, ist ein anregungsreicher, auch das Vorlesen komplexer und ästhetisch befriedigender Erzählungen umfassender Deutschunterricht in der Grundschule unerlässlich (vgl. Rosebrock und Nix [8]2017, 27–28). Es sind dabei vornehmlich die Lesestoffe, die in Kindern bis zu einem Alter von ca. elf Jahren (vgl. Leubner et al. [2]2012, 77) Lesemotivation aufkommen lassen oder nicht, was die Einbindung von „Comics, Bildgeschichten und Zeitschriften" (vgl. Richter und Plath [3]2012, 43) in den Unterricht ebenso plausibel macht, wie die Berücksichtigung der Genrevorlieben von Kindern, die weniger im Bereich der realistischen Kinder- und Jugendliteratur (wie sie von Lehrkräften bevorzugt gewählt wird) als vielmehr in dem der phantastischen Literatur und Abenteuergeschichten liegen (vgl. Richter und Plath [3]2012, 73). Mit dem ersten Leseknick geht daher einher, dass die Freude der Kinder am Deutschunterricht bis zur vierten Klasse systematisch nachlässt. Am Ende der vierten Klasse sind es nur noch knapp 40 Prozent der Mädchen und knapp 30 Prozent der Jungen, die in einer schriftlichen Befragung angeben, dass ihnen der Deutschunterricht und das Lesen Spaß machen (vgl. Richter und Plath [3]2012, 75). Vor diesem Hintergrund sollte der Deutschunterricht in der Grundschule vor allem verschiedene Formen der Gratifikationen durch Lesen erfahrbar werden lassen. Diese können im Wert der Tätigkeit selbst liegen (vgl. Leseanimationsverfahren nach Rosebrock und Nix [8]2017, 111–135), in der Orientierung am Wissen um oder über eine Sache (vgl. CORI [*Concept-Oriented Reading Instruction*] nach Handbook of Self-Regulation of Learning and Performance 2011; Philipp 2012b, 185–195) oder im Wettbewerb (vgl. Lese- und Lernolympiade nach Lange [2]2012). Hinzu kommt, dass bereits Kinder in der Grundschule ein großes Interesse an digitaler Mediennutzung zeigen (vgl. KIM 2012). Auch diese in den Schriftspracherwerb einzubinden und für positive Lese- und eventuell anschließende Schreiberlebnisse zu nutzen, ist daher sinnvoll (vgl. Kaiser 2006; Abraham und Kepser [3]2009, 200–202).

Die biographische Leseforschung zeigt, dass Kinder, die diese „primäre literarische Initiation" (Graf [3]2011, 38) erfolgreich durchlaufen haben, oft zu Viellesern werden, die im Alter zwischen acht und ca. zwölf Jahren große Mengen an kinder- und jugendliterarischen Texten lesen, die der Befriedigung von Tagträumen und Phantasiereisen dienen. Der Lesemodus, in dem dieses Lesen erfolgt, ist jedoch noch nicht individualisiert und ausschließlich auf Lustgewinn gerichtet (vgl. Graf 1998, 106–113). In der Schule kann diese kindliche Leselust daher dazu genutzt werden, Gesprächsrunden über Lieblingsliteratur einzurichten oder Büchervorstellungen über Leserollen o. ä. zu initiieren. Beides dient vor allem dem Bewusstmachen und Teilen von individuellen Leseerfahrungen.

Die „sekundäre literarische Initiation" (Graf [3]2011, 76) findet im Jugendalter zwischen zwölf und achtzehn Jahren statt. Diese Phase ist von einem stark divergierenden Leseverhalten geprägt und folgt auf eine Lesekrise, die sich einstellt, weil in der einsetzenden Pubertät eine Interessenverlagerung hin zu anderen Medien stattfindet, oder aber der serielle Charakter der als Kind so lustbetont gelesenen Lektüren erkannt und als langweilig empfunden wird (vgl. Garbe 2005, 33). Es entsteht Orientierungslosigkeit in Bezug auf das Lesen (vgl. Graf [3]2011, 77–80), die nachhaltig markiert, dass in dieser Phase der Leseentwicklung ein unterstützendes Angebot – insbesondere von Seiten der Schule – nötig ist und wirksam sein kann. Aus dieser „literarische[n] Pubertät" (Graf [3]2011, 85) können verschiedene Lesemotivationen hervorgehen, die verschiedene Leseformen nach sich ziehen. In Bezug auf literarische Texte und ihre Rezeption sind vor allem drei erwachsene Typen von Leserinnen und Lesern zu unterscheiden: Zum Ersten der Typ, der die kindliche, lustbetonte Lektüre vermisst und vornehmlich die Schule für den Schwund an der Leselust verantwortlich macht, zweitens der Typ, der nach Art der lustbetonten Kinderlektüre weiterliest (zumeist mit Fokussierung anderer Lesestoffe) und drittens der Typ, der die Leselust der Kindheit in einen genießenden ästhetischen Lesemodus transformiert (vgl. Graf 1998, 115). Der Deutschunterricht der Sekundarstufen I und II kann gerade vor dem Hintergrund dieser erwachsenen Leser- und Leserinnentypen ansetzen und einen abwechslungsreichen Unterricht anbieten, der sowohl in offenen als auch in geschlossenen Unterrichtssituationen verschiedene Literatur anbietet – vom Sachtext, über aktuelle Literatur (auch Comics und Kinder- und Jugendliteratur) bis hin zu Klassikern, stets unter Einbindung verschiedener Medienformate (vgl. Abraham [2]2008, 22–23; Maiwald 2010). Wichtig ist in diesem Zusammenhang auch das Fördern einer Lesekultur, die nicht nur schulisch gerahmt, sondern an gesamtgesellschaftliche Kontexte anbindbar ist (vgl. Rosebrock und Nix [8]2017, 136–152).

Neben der qualitativ ausgerichteten Lesesozialisationsforschung und den quantitativen Leistungsüberprüfungsverfahren, die mit der Kompetenzorientierung einhergehen (vgl. IGLU, PISA, TIMSS, DESI), zeigt die Deutschdidaktik seit der Jahrtausendwende auch ein verstärktes Interesse an der Lehr-Lernforschung, um gesicherte, qualitativ-quantitative empirische Erkenntnisse über die Prozesse des Lehrens und Lernens im Deutschunterricht zu erhalten, und zwar auf Basis der Zusammenarbeit von Vertreterinnen und Vertretern der Psychologie *und* der Deutschdidaktik (vgl. Empirische Unterrichtsforschung 2006). Da zuvor überwiegend psychologische Unterrichtsforschung betrieben wurde, die die Fachdidaktiken nicht mitberücksichtigt hat, sind die Ergebnisse dieser Untersuchungen unspezifisch in Bezug auf das jeweilige Fach geblieben: „[O]b eine Lehrperson bei Einzel- und Gruppenarbeit unterstützend wirkt", spielt für mögliche didaktische Konsequenzen eine weitaus geringere Rolle, als die Beantwortung der Frage, „wie die Unterstützung ‚von der Sache her' zu bewerten ist" (Bremerich-Vos 2002, 21). Herausforderungen ergeben sich dabei u. a. in der Zusammenarbeit von Psychologen und Psychologinnen mit Literaturdidaktikern und -didaktikerinnen, da die deutschdidaktischen Vorstellungen von der Beschaffenheit literarischer Texte und dem Umgang mit ihnen auf das damit konfligierende Postulat der Operationalisierbarkeit in der Psychologie trifft (vgl. Rupp und Bonholt 2006, 248).

In jüngerer Zeit entwickeln Deutschdidaktiker und -didaktikerinnen ihre Forschungsinstrumente zunehmend selbst oder eignen sich den Umgang mit empirischen Untersuchungsdesigns an. So konnte z. B. in einer kleinen Interventionsstudie gezeigt werden, dass sich die Textmusterkenntnis von Grundschulkindern durch Vorlesen verbessert (vgl. Birkle 2012). Weitere, zwischen 2010 und 2014 durchgeführte Vorlesestudien belegen, dass sowohl Grundschulkinder als auch Schülerinnen und Schüler in der Orientierungs- bzw. Sekundarstufe I von regelmäßigen Vorleseaktivitäten seitens der Lehrkraft profitieren. Es werden „hochsignifikante Fortschritte in der basalen Lesefähigkeit" (Belgrad 2015, 38) festgestellt wie auch eine Steigerung der Lesemotivation.

Ein zwischen 2007 und 2013 durchgeführtes Projekt zur literarästhetischen Urteilskompetenz (LUK) zeigt, dass sich diese von Lesekompetenz empirisch sicher abgrenzen lässt (vgl. Roick et al. 2013). Das innerhalb des Projekts erarbeitete Modell zur Darstellung von literarästhetischer Urteilskompetenz wird aktuell um Elemente erweitert, die die „Fähigkeit zur Verarbeitung präsentierter und intendierter Emotionen" (Brüggemann et al. 2016, 113) betreffen. Insofern wird hier der Versuch unternommen, das Verständnis mittels literarischen Schreibens erzeugter Emotionen operationalisierbar zu machen und in ein Kompetenzmodell zu überführen (vgl. Brüggemann et al. 2016, 105–118).

Es wird auch versucht, die Spuren literarischer Verstehensprozesse mit *thinking-aloud*-Protokollen zugänglich zu machen und zu analysieren (vgl. Gahn 2012) und die Perspektivübernahme beim Verstehen literarischer Texte mit Leseprozessanalysen zu überprüfen (vgl. Stark 2012).

Grundlagenforschung zum Prozess des Lesens im Rahmen allgemeiner Lesekompetenz wird z. B. in Orientierung an möglichen Hilfestellungen durch Schriftbild, Orthographie und Grammatik betrieben, neuerdings auch mit Blick auf die Fokussierung der Beurteilung von Leseleistungen aufgrund der Intonation beim Vorlesen (vgl. Peters 2016). Experimente zu der Forschungsthese, ob die Ober- bzw. Unterlänge von Minuskeln eine konkrete Lesehilfe darstellen kann, legen nahe, dass sie tatsächlich eine Segmentierungshilfe darstellen, sofern die zu lesenden Wörter mindestens dreisilbig sind (vgl. Fuhrhop et al. 2016, 119–128). Inwiefern speziell morphologische und syntaktische Schreibungen und die Interpunktion als Lesehilfen dienen, wird ebenfalls untersucht (vgl. Fuhrhop und Schreiber 2016, 129–146).

Solche und ähnliche Studien dienen neben der Grundlagenforschung vornehmlich dem Zweck, die gleichsam unsichtbaren Prozesse der Herausbildung von Leseverständnis entlang den Anforderungen der jeweiligen Texte transparent zu machen. Die Ergebnisse solcher Studien ermöglichen es, in didaktischen Empfehlungen zielgerichtete Unterstützung beim Ausbau von Verstehensleistungen anzubieten.

Weiterführende Literatur

Fachliches Wissen und literarisches Verstehen. Studien zu einer brisanten Relation (2012). Hrsg. von Irene Pieper und Dorothee Wieser. Frankfurt/M.

Handbuch Lesen (1999). Hrsg. von Bodo Franzmann, Klaus Hasemann, Dietrich Löffler und Erich Schön unter Mitarb. von Georg Jäger, Wolfgang R. Langenbucher und Ferdinand Melichar. München.

Knopf, Julia (2009). *Literaturbegegnung in der Schule. Eine kritisch-empirische Studie zu literarisch-ästhetischen Rezeptionsweisen in Kindergarten, Grundschule und Gymnasium.* München.

Lese- und Literaturunterricht. Teil 1: Geschichte und Entwicklung. Konzeptionelle und empirische Grundlagen (²2010). Hrsg. von Michael Kämper-van-den-Boogaart und Kaspar H. Spinner. Baltmannsweiler.

Lese- und Literaturunterricht. Teil 2: Kompetenzen und Unterrichtsziele. Methoden und Unterrichtsmaterialien. Gegenwärtiger Stand der empirischen Unterrichtsforschung (²2010). Hrsg. von Michael Kämper-van-den-Boogaart und Kaspar H. Spinner. Baltmannsweiler.

Literarische Bildung im kompetenzorientierten Deutschunterricht (2010). Hrsg. von Heidi Rösch. Freiburg/Br.

Selbstreguliertes Lesen. Ein Überblick über wirksame Leseförderansätze (2012). Hrsg. von Maik Philipp und Anita Schilcher. Seelze.

Literatur

Abraham, Ulf (1998). *Übergänge – Literatur, Sozialisation und literarisches Lernen*. Opladen.

Abraham, Ulf (²2008). „Lesekompetenz, Literarische Kompetenz, Poetische Kompetenz. Fachdidaktische Aufgaben in einer Medienkultur". *Kompetenzen im Deutschunterricht*. Hrsg. von Heidi Rösch. Frankfurt/M.: 13–26.

Abraham, Ulf (2010). „P/poetisches V/verstehen. Zur Eingemeindung einer anthropologischen Erfahrung in den kompetenzorientierten Deutschunterricht". *Poetisches Verstehen. Literaturdidaktische Positionen – Empirische Forschung – Projekte aus dem Deutschunterricht*. Hrsg. von Iris Winkler, Nicole Masanek und Ulf Abraham. Baltmannsweiler: 9–22.

Abraham, Ulf und Matthis Kepser (³2009). *Literaturdidaktik Deutsch. Eine Einführung*. Berlin.

Adams, Marilyn Jager (1990). *Beginning to Read. Thinking and Learning about Print.* Cambridge, Mass.

Anderson, Richard C. (⁵2004). „Role of the Reader's Schema in Comprehension, Learning and Memory". *Theoretical Models and Processes of Reading*. Hrsg. von Robert B. Rudell und Norman J. Unrau. Newark, Del.: 594–606.

Armbruster, Bonnie B., Fran Lehr und Jean Osborn (³2001). *Put Reading First: The Research Building Blocks for Teaching Children to Read.* https://lincs.ed.gov/publications/pdf/PRFbooklet.pdf. National Institute for Literacy (30. Juli 2015).

Auf dem Weg zur literarischen Kompetenz. Ein Modell literarischen Lernens auf semiotischer Grundlage (2013). Hrsg. von Anita Schilcher und Markus Pissarek. Baltmannsweiler.

Baumert, Jürgen, Eckhard Klieme, Michael Neubrand, Manfred Prenzel, Ulrich Schiefele, Wolfgang Schneider, Klaus-Jürgen Tillmann und Manfred Weiß (1999). *Internationales und nationales Rahmenkonzept für die Erfassung von Lesekompetenz in PISA.* https://www.mpib-berlin.mpg.de/Pisa/KurzFrameworkReading.pdf. Berlin (30. Juli 2015).

Baurmann, Jürgen (2009). *Sachtexte lesen und verstehen: Grundlagen – Ergebnisse – Vorschläge für einen kompetenzfördernden Unterricht.* Seelze.

Belgrad, Jürgen (2015). „Lernraum Vorlesen". *Lernchance: Vorlesen. Vorlesen lehren, lernen und begleiten in der Schule.* Hrsg. von Gerd Bräuer und Franziska Trischler. Stuttgart: 19–39.

Bertschi-Kaufmann, Andrea und Frederic Härvelid (²2008). „Lesen im Wandel. Lesetraditionen und die Veränderungen in neuen Medienumgebungen". *Lesekompetenz, Leseleistung, Leseförderung. Grundlagen, Modelle und Materialien.* Hrsg. von Andrea Bertschi-Kaufmann. Seelze: 29–49.

Beschlüsse der Kultusministerkonferenz [KMK]. Bildungsstandards im Fach Deutsch für den Mittleren Schulabschluss (2003). Hrsg. vom Sekretariat der Ständigen Konferenz der Kultusminister. München und Neuwied.

Beschlüsse der Kultusministerkonferenz [KMK]. Bildungsstandards im Fach Deutsch für den Primarbereich (2004a). Hrsg. vom Sekretariat der Ständigen Konferenz der Kultusminister. München und Neuwied.

Beschlüsse der Kultusministerkonferenz [KMK]. Bildungsstandards im Fach Deutsch für den Hauptschulabschluss (2004b). Hrsg. vom Sekretariat der Ständigen Konferenz der Kultusminister. München und Neuwied.

Beschlüsse der Kultusministerkonferenz [KMK]. Bildungsstandards im Fach Deutsch für die Allgemeine Hochschulreife (2012). Hrsg. vom Sekretariat der Ständigen Konferenz der Kultusminister. http://www.kmk.org/fileadmin/veroeffentlichungen_beschluesse/2012/2012_10_18-Bildungsstandards-Deutsch-Abi.pdf (31. Juli 2015).

Bildungsstandards für die Grundschule: Deutsch konkret (³2011). Hrsg. von Albert Bremerich-Vos, Dietlinde Granzer, Ulrike Behrens und Olaf Köller. Berlin.

Birkle, Sonja (2012). *Erwerb von Textmusterkenntnis durch Vorlesen. Eine empirische Studie in der Grundschule.* Freiburg/Br.

Black, John B. und Gordon H. Bower (1980). „Storyunderstanding as Problem-Solving". *Poetics* 9.1–3 (1980): 223–250.

Bremerich-Vos, Albert (2002). „Empirisches Arbeiten in der Deutschdidaktik". *Empirische Unterrichtsforschung und Deutschdidaktik.* Hrsg. von Clemens Kammler und Werner Knapp. Baltmannsweiler: 16–29.

Brüggemann, Jörn, Volker Frederking, Sofie Henschel und Dietmar Gölitz (2016). „Emotionale Aspekte literarischer Textverstehenskompetenz: Theoretische Annahmen und empirische Befunde". *Mitteilungen des Deutschen Germanistenverbandes* 2 (2016): 105–118.

Budde, Monika, Susanne Riegler und Maja Wiprächtiger-Geppert (²2012). *Sprachdidaktik.* Berlin.

Charlton, Michael und Corinna Pette (1999). „Lesesozialisation im Erwachsenenalter: Strategien literarischen Lesens in ihrer Bedeutung für Alltagsbewältigung und Biographie". *Lesesozialisation in der Mediengesellschaft: Ein Schwerpunktprogramm. Internationales Archiv für Sozialgeschichte der deutschen Literatur.* 10. Sonderheft. Hrsg. von Norbert Groeben. Tübingen: 102–117.

Charlton, Michael, Christina Burbaum, Corinna Pette und Katrin Winter (2002a). „Qualitative und quantitative Untersuchungen zu den Strategien literarischen Lesens im Erwachsenenalter". *Lesen in der Mediengesellschaft.* Hrsg. von Heinz Bonfadelli und Priska Bucher. Zürich: 108–124.

Charlton, Michael, Christina Burbaum, Karl Schweizer, Alexander Stürz und Tilmann Sutter (2002b). „Ergebnisse der Freiburger Telefonumfrage zu Lesestrategien erwachsener Leserinnen und Leser von Romanen". *Forschungsberichte des Psychologischen Instituts der Albert-Ludwig-Universität Freiburg i.Br.* 157 (2002): 1–39.

Culler, Jonathan (²2013). *Literaturtheorie. Eine kurze Einführung.* Übers. von Andreas Mahler. Stuttgart.

Dawidowski, Christian (2009). *Literarische Bildung in der heutigen Mediengesellschaft. Eine empirische Studie zur kultursoziologischen Leseforschung.* Frankfurt/M., Berlin, Bern, Bruxelles, New York, Oxford, Wien.

Dehn, Mechthild (²2010 [2007]). *Kinder & Lesen und Schreiben. Was Erwachsene wissen sollten.* Stuttgart.

Dehn, Mechthild, Franz-Josef Payrhuber, Gudrun Schulz und Kaspar H. Spinner (1999). „Lesesozialisation, Leseunterricht und Leseförderung in der Schule". *Handbuch Lesen.* Hrsg. von Bodo Franzmann, Klaus Hasemann, Dietrich Löffler und Erich Schön unter Mitarb. von Georg Jäger, Wolfgang R. Langenbucher und Ferdinand Melichar. München: 568–637.

Eco, Umberto (³2004). „Mögliche Wälder". *Im Wald der Fiktionen. Sechs Streifzüge durch die Literatur.* Übers. von Burkhart Kroeber. München: 101–127.

Eggert, Hartmut, Christine Garbe, Irmela Marei Krüger-Fürhoff und Michael Kumpfmüller (2000). *Literarische Intellektualität in der Mediengesellschaft. Empirische Vergewisserungen über Veränderungen kultureller Praktiken.* Weinheim und München.

Eggert, Hartmut und Christine Garbe (²2003 [1995]). *Literarische Sozialisation.* Stuttgart und Weimar.

Einführung in die Deutschdidaktik (2011). Hrsg. von Ralph Köhnen. Stuttgart.

Empirische Unterrichtsforschung in der Literatur- und Lesedidaktik. Ein Weiterbildungsprogramm (2006). Hrsg. von Norbert Groeben und Bettina Hurrelmann. Weinheim und München.

Fachliches Wissen und literarisches Verstehen. Studien zu einer brisanten Relation (2012). Hrsg. von Irene Pieper und Dorothee Wieser. Frankfurt/M.

Forschen im Feld der Alphabetisierung und Grundbildung. Ein Werkstattbuch (2011). Hrsg. von Birte Egloff und Anke Grotlüschen. Münster.

Frederking, Volker und Tanja Römhild (2012). „Symediale Texte. Symediales literarisches Lernen". *Literarisches Lernen im Anfangsunterricht. Theoretische Reflexionen – Empirische Befunde – Unterrichtspraktische Entwürfe.* Hrsg. von Anja Pompe. Baltmannsweiler: 73–86.

Fuhrhop, Nana und Niklas Schreiber (2016). „Graphematische Lesehilfen". *Mitteilungen des Deutschen Germanistenverbandes* 2 (2016): 129–146.

Fuhrhop, Nana, Rebecca Carroll, Catharina Drews und Esther Ruigendijk (2016). „Sind die Buchstabenformen eine Lesehilfe?" *Mitteilungen des Deutschen Germanistenverbandes* 2 (2016): 119–128.

Gahn, Jessica (2012). „Protokolldaten zur Analyse literarischer Verstehensprozesse: beispielhafte Auswertung eines Laut-Denk-Protokolls". *Fachliches Wissen und litera-*

risches Verstehen. Studien zu einer brisanten Relation. Hrsg. von Irene Pieper und Dorothee Wieser. Frankfurt/M.: 193–210.

Gailberger, Steffen (2007). „Die Mentalen Modelle der Lehrer elaborieren". *Kompetenzhandbuch für den Deutschunterricht.* Hrsg. von Heiner Willenberg. Hohengehren: 24–36.

Garbe, Christine (2005). „Warum Leseförderung vor und in der Grundschule ansetzen muss. Erkenntnisse der biographischen Leseforschung". *Lesekompetenz fördern von Anfang an. Didaktische und methodische Anregungen zur Leseförderung.* Hrsg. von Eva Gläser und Gitta Franke-Zöllmer. Baltmannsweiler: 24–35.

Garbe, Christine, Karl Holle und Tatjana Jesch (^{2}2010). *Texte lesen. Textverstehen, Lesedidaktik, Lesesozialisation.* Paderborn.

Garner, Wesley I. (1984). „Reading Is a Problem-Solving Process". *The Reading Teacher* 38.1 (1984): 36–39.

Giehrl, Hans E. (1968). *Der junge Leser. Einführung in Grundfragen der Jungleserkunde und der literarischen Erziehung.* Donauwörth.

Gold, Andreas (^{2}2010). *Lesen kann man lernen. Lesestrategien für das 5. und 6. Schuljahr.* Göttingen.

Goody, Jack (1987). *The Interface Between the Written and the Oral.* Cambridge, UK.

Graf, Werner (1998). „Das Schicksal der Leselust. Die Darstellung der Genese der Lesemotivation in Lektüreautobiographien". *Probleme der literarischen Sozialisation heute.* Hrsg. von Christine Garbe. Lüneburg: 101–124.

Graf, Werner (1999). „Lektürebiographie: Unterhaltende Information und informierende Unterhaltung". *Lesesozialisation in der Mediengesellschaft: Ein Schwerpunktprogramm. Internationales Archiv für Sozialgeschichte der deutschen Literatur.* 10. Sonderheft. Hrsg. von Norbert Groeben. Tübingen: 89–102.

Graf, Werner (2004). *Der Sinn des Lesens. Modi der literarischen Rezeptionskompetenz.* Münster.

Graf, Werner (^{3}2011). *Lesegenese in Kindheit und Jugend. Einführung in die literarische Sozialisation.* Baltmannsweiler.

Groeben, Norbert und Peter Vorderer (1986). „Empirische Leserpsychologie". *Psychologie der Literatur.* Hrsg. von Ralph Langner. Weinheim: 105–143.

Grotlüschen, Anke, Wibke Riekmann und Klaus Buddeberg (2012). „Hauptergebnisse der leo. – Level-One Studie". *Funktionaler Analphabetismus in Deutschland. Ergebnisse der ersten leo. – Level-One Studie.* Hrsg. von Anke Grotlüschen und Wibke Riekmann. Münster: 13–53.

Grundmann, Hilmar (2007). *Sprachfähigkeit und Ausbildungsfähigkeit. Der berufschulische Unterricht vor neuen Herausforderungen.* Baltmannsweiler.

Handbook of Self-Regulation of Learning and Performance (2011). Hrsg. von Barry J. Zimmerman und Dale H. Schunk. New York.

Handbuch Lesen (1999). Hrsg. von Bodo Franzmann, Klaus Hasemann, Dietrich Löffler und Erich Schön unter Mitarb. von Georg Jäger, Wolfgang R. Langenbucher und Ferdinand Melichar. München.

Holle, Kurt (^{2}2010). „Psychologische Lesemodelle und ihre lesedidaktischen Implikationen". *Texte lesen. Textverstehen, Lesedidaktik, Lesesozialisation.* Hrsg. von Christine Garbe, Kurt Holle und Tatjana Jesch. Paderborn: 104–165.

Hurrelmann, Bettina (2004a). „Bildungsnormen als Sozialisationsinstanz". *Lesesozialisation in der Mediengesellschaft. Ein Forschungsüberblick.* Hrsg. von Norbert Groeben und Bettina Hurrelmann. Weinheim und München: 280–305.

Hurrelmann, Bettina (2004b). „Sozialisation der Lesekompetenz". *Struktur, Entwicklung und Förderung von Lesekompetenz.* Hrsg. von Ulrich Schiefele, Cordula Artelt, Wolfgang Schneider und Petra Stanat. Wiesbaden: 37–60.

Hurrelmann, Bettina ([2]2006). „Sozialhistorische Rahmenbedingungen von Lesekompetenz sowie soziale und personale Einflussfaktoren". *Lesekompetenz: Bedingungen, Dimensionen, Funktionen.* Hrsg. von Norbert Groeben und Bettina Hurrelmann. Weinheim und München: 123–149.

Hurrelmann, Bettina ([2]2008). „Modelle und Merkmale der Lesekompetenz". *Lesekompetenz, Leseleistung, Leseförderung. Grundlagen, Modelle und Materialien.* Hrsg. von Andrea Bertschi-Kaufmann. Seelze: 18–28.

Hurrelmann, Bettina, Susanne Becker und Irmgard Nickel-Bacon (2006). *Lesekindheiten. Familie und Lesesozialisation im historischen Wandel.* Weinheim und München.

IGLU 2006. Lesekompetenzen von Grundschulkindern in Deutschland im internationalen Vergleich (2007). Hrsg. von Wilfried Bos, Irmela Tarelli, Albert Bremerich-Vos und Knut Schwippert. Münster.

Jude, Nina, Johannes Hertig, Stefan Schipolowski, Katrin Böhme und Petra Stanat (2013). „Definition und Messung von Lesekompetenz. PISA und die Bildungsstandards". *PISA 2009 – Impulse für die Schul- und Unterrichtsforschung. Zeitschrift für Pädagogik*, Beih. 59. Hrsg. von Nina Jude und Eckhard Klieme. Weinheim und München: 200–228.

Kaiser, Elke (2006). „Leseförderung und Internet: kein Widerspruch". *Leselust dank Lesekompetenz. Leseerziehung als fächerübergreifende Aufgabe.* Hrsg. von Gottlieb Gaiser und Siegfried Münchenbach. Donauwörth: 58–76.

Kammler, Clemens ([2]2012). „Literarische Kompetenzen – Standards im Literaturunterricht. Anmerkungen zum Diskussionsstand". *Literarische Kompetenzen – Standards im Literaturunterricht. Modelle für die Primar- und Sekundarstufe.* Hrsg. von Clemens Kammler. Seelze: 7–22.

Kepser, Matthis und Ulf Abraham ([4]2016). *Literaturdidaktik Deutsch. Eine Einführung.* Berlin.

KIM-Studie 2012. Kinder, Medien, Computer und Internet. Basisuntersuchung zum Medienumgang 6- bis 13-Jähriger in Deutschland (2013). Hrsg. vom Medienpädagogischen Forschungsverbund Südwest. http://www.mpfs.de/fileadmin/KIM-pdf12/KIM_2012.pdf Stuttgart (30. Juli 2015).

Kintsch, Walter (1994). „Text Comprehension, Memory, and Learning". *American Psychologist* 49.4 (1994): 294–303.

Knopf, Julia (2009). *Literaturbegegnung in der Schule. Eine kritisch-empirische Studie zu literarisch-ästhetischen Rezeptionsweisen in Kindergarten, Grundschule und Gymnasium.* München.

Köhnen, Ralph (2011). „Literaturdidaktik". *Einführung in die Deutschdidaktik.* Hrsg. von Ralph Köhnen. Stuttgart: 135–204.

Kress, Gunther R. (2003). *Literacy in the New Media Age.* New York.

Kruse, Gerd ([2]2008). „Das Lesen trainieren: Zu Konzepten von Leseunterricht und Leseübung". *Lesekompetenz – Leseleistung – Leseförderung. Grundlagen, Modelle, Methoden.* Hrsg. von Andrea Bertschi-Kaufmann. Seelze: 176–188.

Lange, Reinhardt ([2]2012). *Die Lese- und Lernolympiade. Aktive Leseerziehung mit dem Lesepass nach Richard Bamberger. Leitfaden für eine erfolgreiche Umsetzung.* Baltmannsweiler.

Lenhard, Wolfgang (2013). *Leseverständnis und Lesekompetenz. Grundlagen – Diagnostik – Förderung.* Stuttgart.

Lesekompetenz: Bedingungen, Dimensionen, Funktionen (^{2}2006). Hrsg. von Norbert Groeben und Bettina Hurrelmann. Weinheim und München.

Lesekompetenz, Leseleistung, Leseförderung. Grundlagen, Modelle und Materialien (^{2}2008). Hrsg. von Andrea Bertschi-Kaufmann. Seelze.

Leselust dank Lesekompetenz. Leseerziehung als fächerübergreifende Aufgabe (2006). Hrsg. von Gottlieb Gaiser und Siegfried Münchenbach. Donauwörth.

Lesen im Wandel: Probleme der literarischen Sozialisation heute (1998). Hrsg. von Heinz Bonfadelli und Christine Garbe. Lüneburg

Lese- und Literaturunterricht. Teil 1: Geschichte und Entwicklung. Konzeptionelle und empirische Grundlagen (^{2}2010). Hrsg. von Michael Kämper-van-den-Boogaart und Kaspar H. Spinner. Baltmannsweiler.

Lese- und Literaturunterricht. Teil 2: Kompetenzen und Unterrichtsziele. Methoden und Unterrichtsmaterialien. Gegenwärtiger Stand der empirischen Unterrichtsforschung (^{2}2010). Hrsg. von Michael Kämper-van-den-Boogaart und Kaspar H. Spinner. Baltmannsweiler.

Leubner, Martin, Anja Saupe und Matthias Richter (^{2}2012). *Literaturdidaktik*. Berlin.

Limmroth-Kranz, Susanne (1997). *Lesen im Lebenslauf. Lesesozialisation und Leseverhalten 1930 bis 1996 im Spiegel lebensgeschichtlicher Erinnerungen*. http://ediss.sub. uni-hamburg.de/volltexte/1997/18/html/pub2.html. Hamburg (30. Juli 2015).

Linde, Andrea (2008). *Literalität und Lernen. Eine Studie über das Lesen- und Schreibenlernen im Erwachsenenalter*. Münster.

Literale Kompetenzentwicklung an der Hochschule (2012). Hrsg. von Ulrike Preußer und Nadja Sennewald. Frankfurt/M.

Literalität, Grundbildung oder Lesekompetenz? Beiträge zu einer Theorie-Praxis-Diskussion (2007). Hrsg. von Anke Grotlüschen und Andrea Linde. Münster.

Literarische Bildung im kompetenzorientierten Deutschunterricht (2010). Hrsg. von Heidi Rösch. Freiburg/Br.

Literarische Kompetenzen – Standards im Literaturunterricht: Modelle für die Primar- und Sekundarstufe (^{2}2012). Hrsg. von Clemens Kammler. Seelze.

Ludwig, Joachim (2012). *Lernen und Lernberatung. Alphabetisierung als Herausforderung für die Erwachsenendidaktik*. Bielefeld.

Maiwald, Klaus (2010). „Literatur im Medienverbund unterrichten". *Literarische Bildung und kompetenzorientierter Deutschunterricht*. Hrsg. von Heidi Rösch. Stuttgart: 135–156.

Meier, Bernhard (1981). *Leseverhalten unter soziokulturellem Aspekt. Eine empirische Erhebung zum Freizeit-Lesen von Großstadt-Jugendlichen (am Beispiel Nürnberg)*. Teil AB. Frankfurt/M.

Metacognition in Literacy Learning. Theory, Assessment, Instruction and Professional Development (2005). Hrsg. von Susan E. Israel, Cathy Collins Block, Kathryn L. Bauserman und Kathryn Kinnucan-Welsch. Mahwah.

Nuissl, Ekkehard (1999). „Lesen- und Schreibenlernen in der Erwachsenenbildung". *Handbuch Lesen*. Hrsg. von Bodo Franzmann, Klaus Hasemann, Dietrich Löffler und Erich Schön unter Mitarb. von Georg Jäger, Wolfgang R. Langenbucher und Ferdinand Melichar. München: 550–567.

Nünning, Ansgar (^{2}2013). „Unreliable Narration zur Einführung. Grundzüge einer kognitiv-narratologischen Theorie und Analyse unglaubwürdigen Erzählens". *Unreliable Narration. Studien zur Theorie und Praxis unglaubwürdigen Erzählens in der englischsprachigen Erzählliteratur*. Hrsg. von Ansgar Nünning. Trier: 3–39.

Ohlshavsky, Jill Edwards (1976). „Reading as Problem Solving: An Investigation of Strategies". *Reading Research Quarterly* 12.4 (1976): 654–674.

Peters, Jörg (2016). „Gutes Lesen, schlechtes Lesen. Welche Rolle spielt die Sprechmelodie?" *Der Gute Leser.* Hrsg. von Nanna Fuhrhop und Tobias Mundhenk. *Mitteilungen des Deutschen Germanistenverbandes* 63.2 (2016): 174–186.

Philipp, Maik (2011). *Lesesozialisation in Kindheit und Jugend. Lesemotivation, Leseverhalten und Lesekompetenz in Familie, Schule und Peer-Beziehungen.* Stuttgart.

Philipp, Maik (2012a). *Besser lesen und schreiben. Wie Schüler effektiver mit Sachtexten umgehen lernen.* Stuttgart.

Philipp, Maik (2012b). „Forschen und lesen – das Programm CORI (Concept-Oriented Reading Instruction)". *Selbstreguliertes Lesen. Ein Überblick über wirksame Leseförderansätze.* Hrsg. von Maik Philipp und Anita Schilcher. Seelze: 185–195.

Pieper, Irene, Cornelia Rosebrock, Heike Wirthwein und Steffen Volz (2004). *Lesesozialisation in schriftfernen Lebenswelten. Lektüre und Mediengebrauch von HauptschülerInnen.* Weinheim und München.

PISA 2000. Zusammenfassung zentraler Befunde (2001). Hrsg. von Cordula Artelt, Jürgen Baumert, Eckhard Klieme, Michael Neubrand, Manfred Prenzel, Ulrich Schiefele, Wolfgang Schneider, Gundel Schümer, Petra Stanat, Klaus-Jürgen Tillmann und Manfred Weiß. Berlin.

Preußer, Ulrike und Nadja Sennewald (2013). „Literale Kompetenzen von Germanistikstudierenden". *Mitteilungen des Deutschen Germanistenverbandes* 60.3 (2013): 276–295.

Psychologie der Literatur. Theorien, Modelle, Ergebnisse (1986). Hrsg. von Ralph Langner. Weinheim und München.

Rau, Marie Luise (2013). *Kinder von 1 bis 6. Bilderbuchrezeption und kognitive Entwicklung.* Frankfurt/M.

Richter, Karin und Monika Plath ([3]2012). *Lesemotivation in der Grundschule. Empirische Befunde und Modelle für den Unterricht.* Weinheim und München.

Richter, Wolfgang und Elisabeth Strassmayr (1978). *Leserforschung und Schülerlektüre. Einführung in die Leserforschung und eine Fallstudie an höheren Schulen in Salzburg.* Wien.

Roick, Thorsten, Volker Frederking, Sofie Henschel und Christel Meier (2013). „Literarische Textverstehenskompetenz bei Schülerinnen und Schülern unterschiedlicher Schulformen". *Literalität erfassen: bildungspolitisch, kulturell, individuell.* Hrsg. von Cornelia Rosebrock und Andrea Bertschi-Kaufmann. Weinheim und Basel: 69–84.

Rosebrock, Cornelia (1995). *Lesen im Medienzeitalter. Biographische und historische Aspekte literarischer Sozialisation.* Weinheim und München.

Rosebrock, Cornelia und Daniel Nix ([8]2017). *Grundlagen der Lesedidaktik und der systematischen schulischen Leseförderung.* Baltmannsweiler.

Rosebrock, Cornelia und Heike Wirthwein (2014). *Standardorientierung im Lese- und Literaturunterricht der Sekundarstufe I.* Baltmannsweiler.

Rosebrock, Cornelia, Daniel Nix, Carola Rieckmann und Andreas Gold (2011). *Leseflüssigkeit fördern: Lautleseverfahren für die Primar- und Sekundarstufe.* Seelze.

Rupp, Gerhard und Helge Bonholt (2006). „Lehr-/Lernforschung als empirische Lese-/Literaturdidaktik?!" *Empirische Unterrichtsforschung in der Literatur- und Lesedidaktik. Ein Weiterbildungsprogramm.* Hrsg. von Norbert Groeben und Bettina Hurrelmann. Weinheim und München: 239–253.

Sachtexte lesen im Fachunterricht der Sekundarstufe (2009). Hrsg. vom Studienseminar Koblenz. Seelze.

Schilcher, Anita (2012). „Zur Integration der Leseforschung in den deutschdidaktischen Diskurs". *Selbstreguliertes Lesen. Ein Überblick über wirksame Leseförderansätze*. Hrsg. von Maik Philipp und Anita Schilcher. Seelze: 19–37.

Schneider, Manuela (2014). *Ausbildungsorientierte Alphabetisierung. Jugendliche mit Schriftsprachdefiziten am Übergang Schule – Beruf fördern. Leitfaden für die Bildungspraxis.* Bd. 60. Bielefeld.

Schründer-Lenzen, Agi (⁴2013). *Schriftspracherwerb und Unterricht. Bausteine professionellen Handlungswissens*. Wiesbaden.

Selbstreguliertes Lesen. Ein Überblick über wirksame Leseförderansätze (2012). Hrsg. von Maik Philipp und Anita Schilcher. Seelze.

Spinner, Kaspar H. (2004). „Lesekompetenz in der Schule". *Struktur, Entwicklung und Förderung von Lesekompetenz*. Hrsg. von Ulrich Schiefele, Cordula Artelt, Wolfgang Schneider und Petra Stanat. Wiesbaden: 125–138.

Spinner, Kaspar H. (2006). „Literarisches Lernen". *Praxis Deutsch* 33.200 (2006): 6–16.

Spinner, Kaspar H. (2010). „Literaturunterricht in allen Schulstufen und -formen: Gemeinsamkeiten und Besonderheiten". *Literarische Bildung und kompetenzorientierter Deutschunterricht*. Hrsg. von Heidi Rösch. Stuttgart: 93–112.

Stark, Tobias (2012). „Zum Perspektivenverstehen beim Verstehen literarischer Texte: Ausgewählte Ergebnisse einer qualitativen Untersuchung". *Fachliches Wissen und literarisches Verstehen. Studien zu einer brisanten Relation*. Hrsg. von Irene Pieper und Dorothee Wieser. Frankfurt/M.: 153–169.

Street, Brian V. (1984). *Literacy in Theory and Practice*. Cambridge.

Theorie und Praxis des kompetenzorientierten Deutschunterrichts. Am Beispiel von Sprach-, Schreib- und literarischer Kompetenz (2014). Hrsg. von Günter Graf. Baltmannsweiler.

Unreliable Narration. Studien zur Theorie und Praxis unglaubwürdigen Erzählens in der englischsprachigen Erzählliteratur (²2013). Hrsg. von Ansgar Nünning. Trier.

VERA 3 und VERA 8 (Vergleichsarbeiten in den Jahrgangsstufen 3 und 8): Fragen und Antworten für Schulen und Lehrkräfte (2013). Hrsg. vom Sekretariat der Ständigen Konferenz der Kultusminister. http://www.kmk.org/fileadmin/veroeffentlichungen_beschluesse/2013/2013_04_18-VERA_FragenundAntworten.pdf (31. Juli 2015).

von Ackeren, Isabell (2003). *Evaluation, Rückmeldung und Schulentwicklung. Erfahrungen mit zentralen Tests, Prüfungen und Inspektionen in England, Frankreich und den Niederlanden*. Münster, New York, München und Berlin.

von Heynitz, Martina (2012). *Bildung und literarische Kompetenz nach PISA*. Frankfurt/M., Berlin, Bern, Bruxelles, New York, Oxford, Wien.

Weinert, Franz E. (³2014). „Vergleichende Leistungsmessungen in Schulen – eine umstrittene Selbstverständlichkeit". *Leistungsmessungen in Schulen*. Hrsg. von Franz E. Weinert. Weinheim und München: 17–32.

Wenn Schriftaneignung (trotzdem) gelingt. Literale Sozialisation und Sinnerfahrung (2011). Hrsg. von Hansjakob Schneider. Weinheim und München.

What Research Has to Say About Fluency Instruction (2006). Hrsg. von S. Jay Samuels und Alan E. Farstrup. Newark, Del.

Winkler, Iris (2010). „Poetisches Verstehen intermedial. Zum literaturdidaktischen Potential von Videoclips". *Poetisches Verstehen. Literaturdidaktische Positionen – Empirische Forschung – Projekte aus dem Deutschunterricht*. Hrsg. von Iris Winkler, Nicole Masanek und Ulf Abraham. Baltmannsweiler: 68–81.

Andrea Bertschi-Kaufmann/Natalie Plangger

IV.8 Genderspezifisches Lesen

Vorbemerkungen

Differenzieren sich kulturelle Muster und Konzepte des Lesens nach Geschlechterrollen (Stereotypen) aus? Und wenn ja: wie? Systematische Antworten auf diese Frage wird der Beitrag aus dreierlei Perspektiven geben und diese Perspektiven am Ende zusammenführen. Ein erster Blick (1) richtet sich auf den Lese- und Literaturerwerb und thematisiert die Rolle des Geschlechts bei der Entwicklung von Lesekompetenz und in der Lesesozialisation. Einen deutlich anderen Zugang (2) bietet die historische Sicht auf die Lektüre von Romanen und damit insbesondere auf das ‚weibliche' Lesen, welches seit dem 18. Jahrhundert mit der Romanlektüre konnotiert und als emotionale Lesehaltung jenem den männlichen Lesern zugeschriebenen reflektierten Lesen gegenübergestellt wird. Ein weiterer Teil (3) widmet sich Diskursen, in denen Lektüren in den Dienst der Geschlechterdebatte gestellt werden. Ersichtlich werden dabei unterschiedliche Funktionalisierungen von Lesestoffen im Hinblick auf die Machtverhältnisse der Geschlechter.

Je nachdem, wie sich diese drei Perspektiven in disziplinäre Zusammenhänge einordnen lassen, wird auf Ergebnisse der Sozialforschung zu den teilweise vorhandenen Geschlechterunterschieden der Lesekompetenz und der Leseentwicklung Bezug genommen, weiter auf die Geschichte des Lesens und die Herausbildung von gesellschaftlich geprägten und prägenden Praktiken und schließlich auf die genderspezifischen Funktionalisierungen der Lektüren. In allen Teilen wird vor allem auf Arbeiten aus dem deutsch- und englischsprachigen Raum eingegangen. Die historischen Betrachtungen gehen zurück bis zum Anfang des 18. Jahrhunderts. Einzelne markante Entwicklungen in der Geschichte des Lesens werden detailliert vorgestellt. Im Zentrum des Interesses stehen insbesondere die Lektüren des Stadtbürgertums, weil für diese soziale Gruppe einerseits die Quellenlage konkretere Aussagen erlaubt, andererseits sich die „neue polare Geschlechterordnung" (Schlichtmann 2001, 5), die sich ab 1750 etabliert, hier am schnellsten auf die Lebenspraxis und damit auch auf die Vorstellungen von weiblichem und männlichem Lesen auswirkt.

Die Unterscheidung zwischen dem biologischen und dem sozialen Geschlecht, wie sie das englische Begriffspaar *sex* und *gender* bietet, ist im Deutschen lexikalisch nicht gegeben. Wenn im Folgenden der deutsche Begriff ‚Geschlecht' verwendet wird, geschieht dies in Anlehnung an den von Candace West und Don H. Zimmerman (1987) ethnomethodologisch fundierten Erklärungsansatz des *doing*

https://doi.org/10.1515/9783110365252-028

gender, bei dem die geschlechtsspezifische Identität als soziale wie auch individuelle Konstruktion (vgl. Bourdieu 2005) verstanden wird.

1 Lese- und Literaturerwerb von Mädchen und Jungen

Lesekompetenzen

Für die empirische Leseforschung ist das Geschlecht – neben der sozialen Herkunft und den allgemeinen kognitiven Fähigkeiten – das individuelle Merkmal, welches Unterschiede beim Leseerwerb und des Leseverhaltens am ehesten erklärt. So ist von Leistungsstudien der letzten Jahrzehnte wiederholt nachgewiesen worden, dass die Lesefähigkeiten geschlechterdifferent und vor allem geschlechtsspezifisch verschieden entwickelt werden (z. B. PISA 2009: Bilanz nach einem Jahrzehnt 2010). Die periodisch angelegten PISA-Studien belegen seit 2000 die deutlich schwächeren Leistungen von Jungen im Gegensatz zu Mädchen im Bereich der Lesekompetenz. Diese und weitere Ergebnisse (im Überblick vgl. Philipp 2015) verstärken die derzeitigen Bestrebungen der Sozialforschung, insbesondere die Jungen und ihre Leseabstinenz in engem Zusammenhang mit deren Bildungs(miss)erfolg zu problematisieren. Bezeichnet wird diese Entwicklungslinie auch als „Jungenwende" (Weaver-Hightower 2003, 472), wobei die These von den Jungen als sogenannten Bildungsverlierern populär geworden ist. Tatsächlich haben sich die geschlechtsspezifischen Leistungsunterschiede im Jugendalter seit den ersten PISA-Studien sogar noch vergrößert (vgl. OECD 2014, 201). Die Befundlage zu den geschlechtsspezifischen Leseleistungen ist allerdings international divergent und Kritiker einer eindeutigen Zuschreibung von guten und schlechten Leistungen zu den Geschlechtergruppen weisen darauf hin, dass die praktische Bedeutsamkeit von Leistungsstudien mit Bedacht eingeschätzt werden muss (vgl. Philipp 2011, 71–72). Diese Zuschreibung kann sich nämlich keineswegs auf eine konsistente Befundlage stützen. Tatsächlich sind die Leseleistungen von Kindern in den ersten Schuljahren stärker ausgeglichen; an die einschlägigen Befunde (im Überblick vgl. Philipp und Sturm 2011) schließen sich Vermutungen an, wonach der geschlechterbezogene Schereneffekt am Übergang vom Kindheits- zum Jugendalter mit entwicklungsbedingten Unterschieden bzw. mit verschiedenen sozialen Orientierungen von Mädchen und Jungen zusammenhängt (vgl. Bertschi-Kaufmann und Schneider 2006; Bos et al. 2012). Die messbare Lesekompetenz ist allerdings nur einer der wichtigen Faktoren für die

Beobachtung der individuellen literalen Entwicklung. Unbestritten ist nämlich der enge Zusammenhang von Lesekompetenz, Lesemotivation und Selbstüberzeugung. Anreize und Zielgebungen beim Lesen sowie die Überzeugung, selber über Lesefähigkeiten zu verfügen und Leseanforderungen gewachsen zu sein, wirken stark auf die Lesekompetenz bzw. stehen in einem engen Zusammenhang mit dieser (vgl. Guthrie et al. 2012). Hinzu kommt, dass das Konstrukt *Lesekompetenz*, wie es PISA und vielen weiteren, in der Folge entwickelten Leistungstests zugrunde liegt, sich an den allgemeinen gesellschaftlichen Informationsaufgaben orientiert und weitgehend auf nicht-fiktionale Texte bezogen ist (vgl. Artelt 2005). Im Zentrum stehen kognitive Leseprozesse einschließlich der Reflexion, im schulischen Kontext meist als ‚Leseverstehen' zusammengefasst. In deutlichem Unterschied zu dieser engen Konzeption von Lesen steht das gesellschaftliche Modell der Lesekompetenz (vgl. Lesekompetenz: Bedingungen, Dimensionen, Funktionen 2002), das neben den Dimensionen der Kognition und Reflexion jene der Emotion, der Motivation und der lesebezogenen Kommunikation als konstitutiv ansieht. Werden Leseleistungen und deren Geschlechtergebundenheit als Ergebnis von individuellen Entwicklungen in sozialen Umgebungen erklärt, interessieren Enkulturationsprozesse, Antriebe und Praktiken von Heranwachsenden, aufgrund derer sich Leseleistung und Geschlechterdifferenz erklären lassen.

Lesemotivationen, Leseinteressen und Lesepraktiken

Der Begriff ‚Lesemotivation' steht in der empirischen Leseforschung für das Ausmaß, der Lesetätigkeit nachgehen zu wollen und diese mit bestimmten Zielen zu verbinden. Diese Ziele können stark differieren und sich mit verschiedenen Motivationsarten verbinden. Kategorisiert werden Motivationsarten meist entlang der von der Lesepsychologie prominent akzentuierten Unterscheidung von intrinsischer Lesemotivation (wobei der Zweck des Lesens im Akt der Textrezeption selbst liegt und der Lesetätigkeit eine ihr inhärente Befriedigung zugeschrieben wird) und der extrinsischen Lesemotivation (die aus Gründen außerhalb der Leseaktivität selbst bzw. wegen äußerer Anreize oder Ziele zustande kommt) sowie dem Leseinteresse, das auf das Lesen als Tätigkeit oder auf die Gegenstände, auf bestimmte Lesestoffe gerichtet ist (vgl. Schiefele 2009).

Für die Lesemotivation und die Leseinteressen sind geschlechtsspezifische Differenzen bei Heranwachsenden nicht übereinstimmend belegt. Unterschiede zeigen sich zwar bereits bei Kindern (vgl. Bertschi-Kaufmann 2000) und sie scheinen sich mit deren zunehmendem Alter zu verstärken (vgl. Lynn und Mick 2009). Verschiedene Aspekte wurden mehrfach, wenn auch nicht durchgängig festgestellt (vgl. Philipp 2011): Mädchen lesen mehr, sie lesen anderes und anders als

Jungen und ihnen bedeutet das Lesen mehr als Jungen (Baker und Wigfield 1999). Konstant belegt sind die gegenstandsbezogenen Interessensunterschiede zwischen den Geschlechtern, dies zumindest für jugendliche und erwachsene Leserinnen und Leser: Die Beschäftigung mit Sachtexten und mit Mysterygeschichten, Abenteuerliteratur und Comics gilt als männliche Lesetätigkeit, während Geschichten über individuelle Schicksale, problemorientierte Erzählungen und Gedichte als weibliche Lektüre attribuiert werden (vgl. Kelly 1986). Die Gründe für solche Unterschiede sind schwer zu fassen. Dass männliche Leser in der erzählenden Literatur die auf konzentrierte Aktion setzenden Genres bevorzugen, scheint plausibel (vgl. Bertschi-Kaufmann und Tresch 2004); dass sich Lesemotivationen aber nach biologischem Geschlecht unterscheiden, lässt sich theoretisch nicht hinreichend erklären. Umgekehrt lassen sich Erklärungsansätze, welche die Orientierung am sozialen Geschlecht (*gender*) in einen kausalen Zusammenhang mit der differenten Lesemotivation bringen, empirisch kaum stützen.

Unter Leseaktivität versteht man in der Regel das Ausmaß der Beschäftigung mit Texten, unter Lesepraktiken hingegen die Art der Beschäftigung. Geschlechtsspezifische Unterschiede der Leseaktivität sind für Kinder und Jugendliche längsschnittlich und konstant belegt (vgl. *JIM* 2014). So verbringen Mädchen deutlich mehr Zeit mit gedruckten Büchern und lesen am Computer zumindest ebenso viel wie Jungen. Einzelne Studien weisen Mädchen und Jungen zudem eine verschiedene Art der sozialen Einbindung der Lesetätigkeit nach. Die Orientierung an anderen Lesenden bzw. an Lesevorbildern sowie die Kommunikation über Lektüren scheinen bei jungen Leserinnen stärker ausgeprägt zu sein als bei jungen Lesern. Zudem orientieren sich Mädchen und Jungen bei der Ausgestaltung ihrer Lesepraktiken an Medienpräferenzen, für welche Geschlechterdifferenzen in der längsschnittlichen Beobachtung ausgemacht werden (vgl. *KIM-Studie* 2014). Während das Lesen am Bildschirm zunehmend von beiden Geschlechtern betrieben wird, hat die Beschäftigung mit dem Buch und das buchbezogene Gespräch seit Längerem eine viel stärkere Bedeutung im Lesealltag der Mädchen als der Jungen (vgl. Bertschi-Kaufmann und Tresch 2004).

Lesesozialisation

Der Sozialisationsbegriff, mit dem sich geschlechtertypische Entwicklungen einordnen lassen, orientiert sich am soziologisch fundierten Mehrebenen-Modell der (Lese-)Sozialisation (vgl. Groeben 2004b), wobei die Sozialisationsinstanzen Familie, Schule und Gleichaltrige auf der mittleren Ebene die übergeordnete Ebene der normgebenden Gesellschaft mit der Mikroebene des Individuums vermitteln. In theoretischer und empirischer Sicht bilden Analysen der Lesesozialisation eine relevante Grundlage für die Erklärung von unterschiedlichen Lese-motivationen und Leseinteressen (vgl. Groeben und Hurrelmann 2004; Pieper und Rosebrock 2004). Leitend für das Verständnis ist das Konzept der Ko-Kons-truktion, nach welchem die Gesellschaft bestimmte Mitgliedschaftsentwürfe anbietet, die von den Kindern und den Jugendlichen aktiv gewählt, selegiert, modifiziert, also (mit)konstruiert werden (vgl. Groeben 2004b). Lesesozialisation wird in diesem Zusammenhang verstanden als die Enkulturation des Individu-ums (vgl. Groeben 2004a, 16), als ein Hineinwachsen in kulturell geprägte Vor-stellungen und in kulturelle Praktiken. Verschiedene Instanzen fördern dabei das Vertrautwerden mit der jeweiligen Kultur, wobei das Individuum seine Art des Hineinwachsens seinerseits aktiv realisiert.

Die Familie ist nicht nur in ontogenetischer Sicht der erste Ort der Lesesozia-lisation, sie gilt auch als deren wichtigste Instanz, hat die stärkste Vermittlungs-funktion, wirkt am frühesten und mit der größten (nachgewiesenen) Nachhaltig-keit (vgl. Hurrelmann et al. 1993; Köcher 1993). Am Beginn der Lesesozialisation, der die Grundlagen für alle weiteren Entwicklungsschritte bildet, stehen prä- und paraliterarische Kommunikationsformen, mit welchen Kinder ins Bilder-buch-,Lesen' und in das Erzählen von Geschichten eingeführt werden und mit welchen das Verständnis von Geschichten und deren Handlungsfolge ausge-tauscht und für das Kind gesichert wird. Hinzu kommen die mit dem Medien-wandel zahlreichen möglichen medialen Rezeptionen, die Kinder von den Eltern, den Geschwistern oder anderen Bezugspersonen kennen und verbalisie-ren lernen; dies vor allem in Prozessen der sogenannten Anschlusskommunika-tion (vgl. Groeben 2002, 178). Als entscheidend für eine positive und dauerhafte Lesemotivation gilt ein anregendes und kooperatives Leseklima in der Familie (vgl. Hamm und Hurrelmann 1993). Dieses wird wesentlich von den im Haushalt durchschnittlich weit stärker als die Väter präsenten Müttern geprägt. Mütter sind die intensiveren Leserinnen und sie richten ihre Leseinteressen häufiger an jenen der Kinder aus. Fördereffekte – insbesondere für die Jungen – werden allerdings für jene familiären Konstellationen vermutet, in denen sich die Väter – als männliche Lesevorbilder – mit eigenen kommunikativen Angeboten und mit ihren spezifischen Leseinteressen an der Leseförderung beteiligen. Lese-bezogene Kommunikationen männlicher Lesevorbilder sind erst in Ansätzen erforscht (für das Bilderbucherzählen vgl. Elias 2009), sie scheinen weit seltener vorzukommen als weibliche Vorbilder. Tatsächlich schlägt sich die Geschlechter-ordnung der Familie in mehrerlei Hinsicht auf die Lesesozialisation nieder (vgl. Hurrelmann 2004, 183): Mädchen lesen generell und unabhängig von bestimm-baren familiären Bedingungen am Ende des Grundschulalters lieber und häufi-ger als Jungen, ihre Lesevorlieben sind stärker buchbezogen und sie integrieren Lektüren stärker in ihren Alltag (vgl. Hurrelmann et al. 1993; *KIM-Studie* 2014).

Die geschlechtsspezifischen Unterschiede der Leseaktivität differenzieren sich im Jugendalter noch stärker aus (vgl. *JIM* 2014; Bertschi-Kaufmann und Wiesner 2009). Während Mädchen vergleichsweise einfach ihre (Lese-)Vorbilder finden, distanzieren sich Jungen im Zuge ihrer Identitätsfindung und der Abgrenzung von der weiblichen Bezugsperson deshalb meist vom literarischen Lesen.

Die Herausbildung von weiblichen und männlichen Leseinteressen und Lesekarrieren ist – in sozialisationstheoretischer Sicht – wesentlich geprägt von der Geschlechterordnung und den Geschlechterbildern in der Familie. Erweitert sich der Blick auf die historische Entwicklung von Lesepraktiken und geschlechtsspezifischen lesekulturellen Mustern, sind die Bedingungen der historischen Zeiträume im 18. und 19. Jahrhundert interessant. Mit der Entwicklung von ständisch geordneten Hierarchien sozialer Gruppen hin zur bildungsbezogenen Emanzipation des Bürgertums geht ein Wandel der Leseangebote und der Lesepraktiken einher, wobei sich Geschlechterdifferenzen im Zuge dieses Wandels konturieren (vgl. Hurrelmann et al. 2006). Die bereits im 18. Jahrhundert herausgebildete weibliche Konnotation des literarischen Lesens zieht sich damit in erstaunlicher Konstanz bis heute weiter und es fehlen belegte Anzeichen für eine Auflösung der geschlechtsspezifischen Differenzen des Leseverhaltens und der lesebezogenen Einstellungen.

2 Weibliche Romanlektüren

Wechselwirkungen von Lektürepraxis und Buchproduktion

Das Leseverhalten des Stadtbürgertums verändert sich in der zweiten Hälfte des 18. Jahrhunderts markant, sowohl in quantitativer als auch in qualitativer Hinsicht. Während bis dahin wenige ausgewählte Texte, wie beispielsweise die Bibel oder religiöse Erbauungsliteratur, wiederholt gelesen und studiert wurden, verlangt die Leserschaft nun nach stets neuen Texten. Das intensive Lesen weniger Texte weicht der extensiven Lektüre von immer neuer Literatur (vgl. Engelsing 1974, 183). Vor dem Wandel wird gelesen, was ohnehin bekannt ist. Man liest, um sich zu erinnern, um sich Sachverhalte, moralische Vorstellungen oder religiöse Anschauungen zu vergegenwärtigen. Im Zuge dieser Entwicklung nimmt die Bedeutung der Wiederholungslektüre ab, hingegen spielt beim Lesen die Informationsentnahme eine zunehmend wichtige Rolle. „Das Lesen diente nicht mehr allein der gründlichen, wiederholten Aneignung lebenswichtiger Texte, sondern der Vermittlung von aktuellen und stets neuen Informationen" (Dann 1981, 16). Die Lektüre wird damit zu einem wichtigen Instrument des aufgeklärten Bürger-

tums. Allerdings handelt es sich hier um eine gesellschaftliche Elite: Für Mittel-
europa um 1800 wird angenommen, dass erst etwa 25 Prozent der Bevölkerung
lesen konnten (vgl. die groben Schätzungen bei Schenda ²1977 [1970], 444). Noch
um 1770 sollen es aber erst 15 Prozent der Bevölkerung gewesen sein. Insofern
kann man von einem markanten Anstieg der Alphabetisierungsrate sprechen.
Nebst dieser deutlich steigenden Alphabetisierungsrate im Laufe des 18. Jahrhunderts ist aber hauptsächlich der ideelle Wandel der Zeit für die veränderten
Lesegewohnheiten verantwortlich. Die Epoche der Aufklärung stellt das Infor-
mationsmonopol von Kirche und Staat in Frage und entwickelt politisch sowie
literarisch neue Kommunikationsstrukturen (vgl. Wittmann 1999, 425). Die Macht
ausübende Wirkung des geschriebenen Wortes tritt in den Hintergrund, stattdessen dient das Buch zunehmend dem lesenden Individuum und der Erweiterung
von dessen Erfahrungswelt. Diese Art der Funktionalisierung von Lektüren wird
vor allem den Leserinnen zugeschrieben. Den stadtbürgerlichen Frauen, deren
Bewegungsfreiraum weitgehend auf Haus und Familie beschränkt ist, bietet insbesondere der ‚neue‘ Roman die Möglichkeit, ihre Erfahrungswelt imaginär zu
erweitern und zumindest schriftvermittelt am gesellschaftlichen Leben außerhalb ihres gewohnten Wirkungsbereiches teilzunehmen (vgl. Garbe 2007). Lasen
die Frauen zu Beginn des Jahrhunderts noch vorwiegend erbauliche religiöse
Schriften, so sind es ab der zweiten Hälfte des Jahrhunderts zunehmend fiktionale, teilweise literarisch gestaltete Texte (vgl. Brandes 1994, 126). Selbst in den
Moralischen Wochenschriften, welche primär ein ‚nützliches‘ Lesen propagieren,
werden neben Reisebeschreibungen und Fabeln englische Familienromane als
Lektüre für Frauen vorgeschlagen (vgl. Wittmann 1999, 430–431). Dass Frauen
überhaupt als Lesepublikum an Bedeutung gewinnen, liegt zum einen am Zugang
zur Bildung für Mädchen aus dem Stadtbürgertum und zum anderen an den sich
ändernden wirtschaftlichen Verhältnissen. Im Laufe des 18. Jahrhunderts werden
die für den Haushalt zuständigen stadtbürgerlichen Frauen zunehmend entlastet. Während sie zuvor bei den meisten häuslichen Tätigkeiten noch selber Hand
angelegt haben, sind sie im Laufe des 18. Jahrhunderts vor allem mit der Aufsicht
dieser Tätigkeiten beschäftigt, welche von Angestellten ausgeführt werden. Die
damit eingesparte Zeit erlaubt ihnen ausgedehntere Lektüren als früher (vgl. Wittmann 1999, 431). Den Frauen bleibt in der Regel mehr Zeit zum Lesen als ihren
Männern, die tagsüber ihrer Arbeit außer Haus nachgehen.

Auf die veränderten Lesegewohnheiten sowie auf das neue, vermehrt weibliche Publikum reagiert der Buchmarkt mit einerseits gesteigerten Produktions-
zahlen, andererseits mit inhaltlichen Veränderungen (vgl. Dann 1981, 15). Insgesamt werden ab 1740 generell mehr Titel pro Jahr produziert. Bemerkenswert
ist jedoch vor allem der Anstieg der Romanproduktion. Beträgt der Anteil der
Romane 1740 erst 2,5 Prozent aller Neuerscheinungen, so sind es um 1800 bereits

12 Prozent (vgl. Beaujean 1971, 10). Während die Produktion der restlichen Gattungen nur langsam zunimmt, beginnt der Roman die beherrschende Stellung im Buchmarkt einzunehmen. Da insbesondere die Frauen – darunter sehr viele junge Leserinnen – zur Leserschaft der Romane gehören, behandeln diese zunehmend Stoffe, von denen angenommen wird, dass sie die weibliche Leserschaft interessieren. „Mehr seelen- als dinghafte Verkehrsformen – Empfinden, Zartsinn, Rücksicht, Herzlichkeit – wurden gepriesen" (Engelsing 1974, 306). Die Romanlektüre gilt deshalb, seitdem der Roman im 18. Jahrhundert als literarische Gattung an Bedeutung gewonnen hat, als genuin weibliche Tätigkeit. Auf diesen Umstand wird in Studien zur Geschichte des Lesens deutlich hingewiesen. Weil der öffentliche Literaturbetrieb noch heute weitgehend männlich dominiert ist, geht nämlich schnell vergessen, dass die auf Liebe, Familie und Schicksal fokussierte Gattung des Romans sich „in der Rezeption fast ausschließlich durch weibliches Lesen" (Schön 1990, 23) konstituiert.

Popularisierung und Lesesuchtdebatte

Dass sich der Buchmarkt und das Lesen so grundsätzlich und rasch verändern, bleibt nicht ohne Kritik. Die Diskussion darüber, was von wem gelesen werden darf bzw. welche Lektüren vermieden werden sollten, erhält noch mehr Gewicht; die Frage ist so alt wie das Lesen selbst und deren Verhandlung eine der „großen Debatten abendländischer Geschichte" (König 1977, 90). Die „Lesewut" (Campe 1807) des 18. Jahrhunderts ruft zunehmend Stimmen hervor, die vor dem ‚falschen' Lesen warnen. Anstoß dieser Kritik ist eine regelrechte Massenproduktion von fiktionalen Texten. Allein der enorme Anstieg an veröffentlichter Literatur führe, so die Kritiker, zu einer minderen Qualität der Texte. Gerade weil der Verbrauch von Texten bei der Bevölkerung zwar höher wird, die Erschwinglichkeit der Texterzeugnisse jedoch noch in keinem Verhältnis zu den zur Verfügung stehenden Mitteln der Lesenden steht, nimmt der Vertrieb und Absatz von günstigeren Nachdrucken zu. Die Lesesuchtkritik befürchtet, dass die so produzierten und zunehmend populären Lesestoffe „ökonomische und soziale Produkte" seien, deren ästhetischer Anspruch gering sei (Schenda ²1977 [1970], 155–156). Mit der Ausbreitung des Lesens auch in ökonomisch schwächeren Schichten geht eine Verschiebung der Lesegewohnheiten einher; sie bleibt allerdings in sehr beschränktem Rahmen, da die Unterschiede zwischen den Ständen, zwischen Stadt- und Landbevölkerung hinsichtlich des Zugangs zu Lesestoffen noch beträchtlich sind und der Anteil an Lesenden in den tiefsten Gesellschaftsschichten zu der Zeit immer noch sehr gering ist: Das Lesen dient vermehrt der bloßen Unterhaltung und nicht mehr primär einem Bildungszweck.

Dem skizzierten Wandel entspricht eine Veränderung der Romaninhalte: Zunächst gewinnt ab 1740 der moralisch-didaktische Roman an Einfluss. Er überschwemmt in der zweiten Hälfte des 18. Jahrhunderts den deutschen Buchmarkt regelrecht und geht einher mit dem Aufkommen eines sogenannten ‚weiblichen Lesemodus'. Dieser wird konnotiert mit einem einmaligen, schnellen, unreflektierten, aber empathischen Lesen, welches der Unterhaltung und Zerstreuung dient. Zunächst werden die den ‚weiblichen Lesemodus' anregenden Romane gelenkt durch Moral und Tugend. Die Protagonisten gewinnen als Individuen zwar zunehmend an Selbstwertgefühl, ihr sittengerechtes Verhalten hält aber jeder Situation stand. Die noch konsequent dem Aufklärungsideal der Tugendhaftigkeit folgenden Romane (vgl. Beaujean 1971, 16–17) provozieren schließlich eine Reaktion der ‚Stürmer und Dränger', welche die absolute Freiheit des Subjekts im Gegensatz zur Maxime unbedingter Pflichterfüllung einfordern. Das Bedürfnis der individuellen Verwirklichung sprengt die traditionelle Vorstellung von Tugend und Moral. „Die Balance zwischen Vernunft und Gefühl bricht zusammen, Leidenschaft tritt an die Stelle des zärtlichen Gefühls einer ‚vernunftsinnlichen' Qualität." (Hartmann und Hartmann 1991, 20) Die Entwicklung des Romans geht damit noch einen entscheidenden Schritt weiter und der ‚weibliche Lesemodus' gewinnt – über die weibliche Leserschaft hinaus – noch mehr an Einfluss. Goethes *Werther* ist das erfolgreichste Beispiel. Dieser Briefroman wird zum Paradebeispiel der empfindsamen Lektüre (vgl. Beaujean 1971, 18) und ‚verführt' zahlreiche junge Männer und Frauen zu einer (allzu) empathischen Lektüre. Die Lesekritiker eröffnen daraufhin eine Diskussion um die Unterscheidung von Empfindsamkeit und Empfindelei (vgl. Jäger 1969, 59). Empfindsamkeit gilt ihnen nach wie vor als anzustrebende Fähigkeit, die zu teilnehmenden Gemütsbewegungen, zu sanften und angenehmen Rührungen führt. Im Gegensatz dazu bezeichnen sie mit ‚Empfindelei' einen übertriebenen und lächerlichen emotionalen Aufwand, der ohne vernünftigen Grund betrieben wird (vgl. Jäger 1969, 21–23), und meinen damit ganz konkret zum Beispiel das starke Mitfühlen mit schwärmerischen Romanfiguren. Die heftigen Reaktionen der Lesenden auf Goethes *Werther* bestärkten die Lesesuchtkritik deshalb enorm und erweiterten deren Vorbehalte um einige Aspekte: Es wird eindringlich gewarnt vor der allzu empfindsamen Romanlektüre, die schädlich sei und nachteilige Auswirkungen auf die Lesenden habe. Die Lesesuchtkritik wird beherrscht von der Skepsis gegenüber einer Emotionalisierung der Leserinnen und Leser und deren „psychische[r] und physische[r] Vereinnahmung" (Barth 2002, 81). Grundsätzlich gilt die Kritik den weiblichen und männlichen Lesenden. Gerade Goethes *Werther* hatte insbesondere auf junge Männer enormen Einfluss ausgeübt. Dennoch sind die eigentlichen Adressatinnen der Lesesuchtkritiker die Frauen (vgl. König 1977, 97).

Zu verstehen ist diese Fokussierung auf die weiblichen Lesenden im Zusammenhang mit einer gegen Ende des 18. Jahrhunderts aufkommenden Vorstellung von Geschlechtscharakteren, welche die Grundlage für die Annahme bildet, die ‚Gefahr‘ der emotionalen Vereinnahmung durch lustvolles Lesen bestehe im Besonderen für das weibliche Geschlecht. Die bis heute nachwirkende Idee, Männer läsen distanziert und reflektiert, Frauen hingegen identifikatorisch und emotional, setzte sich in jener Zeit durch (vgl. Heydebrand und Winko 1995, 213; Keen 2010). Zum Inbegriff des kritisierten – und später als ‚Bovarismus‘ bezeichneten – lustbezogenen, distanzlosen und eskapistischen Lesens wurde Mitte des 19. Jahrhunderts Flauberts Figur Emma Bovary (vgl. Pennac 1994). Sie verfällt im Laufe der Handlung dem rauschhaften Lesen und in dessen Folge auch der ‚Gefahr‘, fiktionale und reale Welt zu vermischen. Emmas Flucht aus der Realität in die Welt der Bücher und die dadurch ausgelösten Ereignisse in ihrem Leben werden zum Exempel des zu empfindsamen weiblichen Lesens. In diesem Sinne soll das (abschreckend verstandene) Beispiel von Emma Bovary verdeutlichen, dass stark empfindsames Lesen und ein identifizierendes Mitfühlen nicht nur emotionale Folgen für die Leserin haben, sondern sich auch massiv auf deren körperliche Gesundheit auswirken. Was in Flauberts Roman als ein Leiden an der Differenz zwischen dem fiktional ausgestalteten Möglichen und dem Realen erzählt wird und bei den Lesenden Empathie hervorruft, kann als – Sympathie oder Mitleid erheischendes – Beispiel für jene schädlichen Folgen gelesen werden, vor welchen die Lesesuchtkritik stets gewarnt hat: Das Lesen und insbesondere das extensive Lesen der Frauen zersetze deren Körper.

3 Funktionalisierung von Lesestoffen in der Geschlechterdebatte

Erziehungsliteratur

Die Erkenntnis, dass bestimmte Lesestoffe und vor allem bestimmte Lesemodi sich auf den emotionalen und körperlichen Zustand des Lesenden auswirken, führt dazu, dass Lesen in Erziehungsratgebern zunehmend stärker gewichtet wird. Insbesondere die enge Verbindung, welche die Lesesuchtkritik zu Aufgaben körperlicher Disziplinierung herstellt, macht die Thematisierung des Lesens in Erziehung und Beratschlagung von Jugendlichen elementar. Die „erzwungene Haltung" sowie der „Mangel aller körperlichen Bewegung" beim Lesen führen zu „Schlaffheit, Verschleimungen, Blähungen und Verstopfungen" (Bauer 1791,

190). Die Lesekritiker behaupten damit einen direkten Zusammenhang zwischen körperlicher Schwäche und Lektüre. Das Lesen bewirke durch die stille und unnatürliche Haltung des Körpers sowie durch die Beschäftigung des Geistes mit Vorstellungen und Empfindungen eine allgemeine Schlaffheit des Körpers (vgl. Bauer 1791, 190). Darüber wiederum steht der Lesesuchtdiskurs in engem Zusammenhang mit der Diskussion über Onanie, weil es für einen geschwächten Körper viel schwieriger sei, den Geschlechtstrieb unter Kontrolle zu halten, und ein Missbrauch desselben näher liegt (vgl. Bauer 1791, 190–191).

Aus diesen Gründen ist den Lesepädagogen im ausgehenden 18. Jahrhundert die geistige, psychische und auch physische Wirkung von fiktionaler Unterhaltungsliteratur suspekt (vgl. Barth 2002, 85). Sie entwickeln deshalb literaturpädagogische Konzepte insbesondere für die Jugend, um diese von schädlichen Lektüren abzuhalten; in einigen sind speziell die Jungen anvisiert. Sie sollen dazu angehalten werden, vor dem zwölften Lebensjahr Lektüre nicht als Zeitvertreib zu konsumieren. Die Lektüre soll einzig dazu dienen, die literarästhetische Genussfähigkeit auszubilden. Literarische Lektüre gilt also einerseits als gefährlich, da sie Auswirkungen auf die gesellschaftliche Verankerung und den Triebhaushalt der Jugendlichen habe, andererseits sollen Jugendliche den Erfahrungsraum Lektüre nutzen können, um fehlgeleitete Lebensentwürfe besser erkennen zu können. Sie werden vor der zeitgenössischen populären Erzählliteratur gewarnt, gleichzeitig bieten die Lesepädagogen aber Lektüren an, die den Lesebedürfnissen entgegenkommen sollen, die aber antiempfindsamen Charakter aufweisen (vgl. Barth 2002, 91).

Neben denjenigen lesepädagogischen Konzepten, welche sich hauptsächlich an die jungen Männer richten, werden zur gleichen Zeit auch zahlreiche Lektüreempfehlungen veröffentlicht, welche speziell junge Frauen als Zielpublikum haben. Mit Blick auf die weibliche Leseerziehung scheint es offensichtlich angebracht, spezifische Lektüreempfehlungen abzugeben – dies aus mehreren Gründen: Die Mädchen gelten als unerfahrene Leserinnen, welche gesonderter Anleitung zur richtigen Lektüre bedürfen. Sie werden gleichzeitig als Vielleserinnen adressiert, da sie aufgrund der gesellschaftlichen Ordnung und ihrer Fixierung ans Haus besonders viel Zeit zum Lesen hätten. Man geht davon aus, dass die negativen körperlichen Auswirkungen des Lesens insbesondere bei Frauen zu einer negativen Beeinflussung der Geschlechtsorgane führe (vgl. Bauer 1791, 190). Und schließlich gelten die jungen Frauen aufgrund ihrer weiblichen Attribute als besonders gefährdet, der Lesesucht zu verfallen (vgl. Grenz 1997, 16). Während in den 1760er und 1770er Jahren die Ratgeber für die Mädchen noch aufgeschlossen für die weibliche Bildung einstehen und Lesen in ihrem Zusammenhang positiv bewerten, schlägt sich die kritische Einstellung gegenüber weiblichen Lektüren besonders gegen Ende der 70er Jahre des 18. Jahrhunderts in den Mädchenratgebern nieder. Ganz vehement tritt Joachim Heinrich Campe in seinem *Väterlichen Rath für meine Tochter* (2013 [1789]) gegen das Lesen von schöner Literatur ein. Er wendet sich entschieden gegen die ‚schöne' Literatur, weil diese eine übersteigerte Empfindsamkeit hervorrufe. Campe spricht sich für ein weitgehendes Verbot des Lesens aus. Am meisten stört ihn an den Romanen die Betonung des Gefühls. Gerade das Gefühl der Liebe und der Leidenschaften wecke in den Leserinnen übersteigerte Erwartungen an das eigene Leben. Anstatt der, die Einbildungskraft ansprechenden, Romane sollen besser Schriften zur Religion, Bücher aus dem Bereich der Anthropologie sowie Bücher aus dem Bereich der Geschichte und Erdbeschreibung gelesen werden. Als Gegenstück zu den allzu empfindsamen Romanen, wie Goethes *Werther* oder Johann Martin Millers *Siegwart*, schreibt Campe selbst musterhafte Romane, die seinen didaktischen Ansprüchen genügen. Sein *Robinson der Jüngere* kann als Anti-*Werther* gelesen werden (vgl. Steinlein 1986, 202–209). Auch wenn Campes Einfluss auf die Ratgeberliteratur bis ins 19. Jahrhundert hinein groß ist (vgl. Pellatz 1997, 37), finden sich auch gemäßigtere Ratgeber hinsichtlich der Lektüre von Mädchen und jungen Frauen. In allen Ratgebern drückt sich jedoch allgemein die Angst vor dem „‚Mysterium' der Weiblichkeit" (Pellatz 1997, 47) aus, einhergehend mit der daraus resultierenden Notwendigkeit einer gewissen Zügelung der weiblichen Sinnlichkeit und Phantasiebildung. Der Versuch einer Zügelung dieser Attribute geschieht über die Regulierung der Lesestoffe von bzw. für Mädchen. Etwas aus der Reihe tanzt dabei der Ratgeber von Sophie von La Roche, *Briefe an Lina* (1785). Ihre Position zum Lesen und zu Romanen ist zwar durchaus mit den anderen Ratgebern der Zeit vergleichbar, allerdings mit dem entscheidenden Unterschied, dass der Leserin sehr wohl zugetraut wird, zwischen der gelesenen Welt und der Realität zu unterscheiden. In dieser Sicht wird den Romanen das Potential zugestanden, Lebenserfahrung zu vermitteln.

Im 19. Jahrhundert gewinnt das Thema Lesen vor dem Hintergrund der stetig zunehmenden Popularität der unterhaltenden Literatur und dem wachsenden Markt für Romane in den Mädchenratgebern sogar noch stärkere Bedeutung. Allerdings werden die Positionen dazu zunächst nicht liberaler, die Vorurteile gegen die empathische Rezeption von Literatur halten sich hartnäckig (vgl. Barth 1997, 56). Dennoch enthalten die Leseratgeber des 19. Jahrhunderts ein breiter gefächertes Leseangebot als diejenigen des 18. Jahrhunderts. Weiterhin jedoch gilt die empathische Rezeption vorwiegend als weiblich. Der männliche Rezeptionsmodus wird als das geformte Ergebnis einer entsprechenden Ausbildung betrachtet, an ästhetischen Kriterien weit eher als an emotionalen ausgerichtet (vgl. Barth 1997, 56).

Feministische Literaturkritik

Die von der Lesesuchtdebatte eingeforderte Regulierung der Lektüre bildet den Boden für die spätere Bildung des Literaturkanons. Die Angst vor falschen Lektüren und das Verbieten derselben führt gleichzeitig zum Herausstellen von ‚guten' Lektüren. So führt unter anderem die Lesesuchtdebatte letztlich zu einem literaturgeschichtlichen Faktum, der Kanonisierung deutscher Klassiker (vgl. Koschorke 2003, 399). Die männliche Dominanz in unserem Literaturkanon hat verschiedene Gründe, die mit Sicht auf die Lesesuchtdebatte nahe liegen: Die Skepsis gegenüber einer literarischen Betätigung von Frauen galt damals nicht nur für das Lesen, sondern auch für das Schreiben, die Fähigkeit zum Schreiben wurde den Frauen grundsätzlich abgesprochen; dennoch Verfasstes wurde verleugnet oder ins Lächerliche gezogen, die Objekte des weiblichen Schreibens als unwichtig bzw. uninteressant taxiert, weibliche Texte in minderwertige Kategorien eingeteilt (wie Regional-, Brief- oder Frauenliteratur), und falls doch ein weibliches Werk den Weg in den Kanon fand, dann als Ausnahme und Einzelwerk und nicht als ganzes Œuvre einer Autorin (vgl. Heydebrand und Winko 1994, 100–101).

Trotzdem wurde der Kanon unter dem Gesichtspunkt der Geschlechterdifferenz in der deutschen Forschung wenig thematisiert. Dies gilt jedoch nicht für den angelsächsischen Raum. Dort entwickelte sich in den späten 1960er Jahren die feministische Literaturkritik als theoretische und kritische Auseinandersetzung mit dem männlich dominierten Literaturkanon. Die Vertreterinnen der feministischen Literaturkritik verstehen die Rezeption und Interpretation literarischer Werke als einen politischen Akt, bei dem gesellschaftspolitische und genderspezifische Muster sichtbar gemacht werden können. In einer ersten Phase – *Image of Women Criticism* genannt – zeigte die feministische Literaturkritik, wie Frauen in der Literatur dargestellt werden. Autorinnen wie Kate Millett (2000 [1969]) und Mary Ellmann (1968) setzten sich dafür ein, dass Literatur darauf hin geprüft wird, welche Frauenbilder diese vermittelt und welche Unterdrückungsmuster zugrunde liegen (vgl. Mills 1989; Donovan 1975). Verbunden mit diesem Engagement ist der Anspruch, eine neue Lesart der kanonisierten Werke zu entwickeln, die der männlichen und bisher alleingültigen Interpretation der Werke gegenübersteht und die Sicht der Frau stärker ins Zentrum rückt. Ab Mitte der 1970er Jahre konzentrierte sich die feministische Literaturkritik vermehrt auf das weibliche Schreiben und arbeitete auf die Etablierung einer weiblichen Schreibtradition hin (vgl. Moi 2002 [1985], 49). An Werken von Jane Austen und Emily Dickinson, aber auch an weniger bekannten Autorinnen und deren Werken wurde dargestellt, wie sehr eine weibliche Schreibtradition bereits besteht und wie wenig diese – ungerechtfertigterweise – bisher von Literaturkritik und Kanon berücksichtigt wurde.

Der feministischen Literaturkritik geht es also grundsätzlich um drei Dinge: Sie entlarvt die stereotypen Geschlechterrollendarstellungen in den männlichen Werken, sie kritisiert die männlich dominierte Analyse der kanonisierten Werke bzw. entwirft eine weibliche Sicht auf dieselben, und sie etabliert eine weibliche Tradition des Schreibens. Die feministische Literaturkritik agiert dabei nicht nur auf der Ebene der Kunst, sondern ordnet die Literatur und das Lesen eindeutig in einen genderpolitischen Diskurs ein.

Seit einigen Jahren etabliert sich eine Methode, welche die kritische Leseweise von kanonisierten Werken fortführt beziehungsweise weitertreibt. *Queer Reading* ermöglicht Lesarten von Literatur, welche die gängige Konstruktion von Geschlechts- und insbesondere Sexualitätskonzepten aufdeckt (vgl. Queer Reading 2008; Mallan 2009). Ähnlich der frühen Phase der feministischen Literaturkritik nimmt sich die Methode des *Queer Reading* die klassischen Werke des Literaturkanons vor und liest diese mit einem neuen Blick. *Queeres* Lesen bedeutet, die Konstrukte von Weiblichkeit und Männlichkeit und die Normierung der Heterosexualität, welche dieses Konstrukt mit sich bringt, aufzubrechen und gegenläufige Hinweise in den Texten wahrzunehmen. *Queer Reading* ist insofern politisch orientiert und funktionalisiert die Literatur in diesem Sinn für die Geschlechter- beziehungsweise Sexualitätsdebatte.

Mädchenliteratur im Genderdiskurs

Das Mädchenbuch ist das klassische Genre für eine auf geschlechtsspezifische Erziehung hin orientierte Funktionalisierung des Lesens. Mädchenliteratur unterliegt seit ihrer Entstehung eher einem lebenspraktischen als einem ästhetischen Zugriff (vgl. Wild 1990, 365). Im 18. Jahrhundert erfüllt Mädchenliteratur primär die pädagogische Aufgabe, die Leserinnen auf ihre vorbestimmte Rolle als Ehefrau und Mutter vorzubereiten. Die Lektüre der Mädchen wird damit funktionalisiert zugunsten einer Bestätigung der sich im 18. Jahrhundert verfestigenden Geschlechterrollencharaktere. Eine ganz markante Erscheinung des 19. Jahrhunderts ist die sogenannte Backfisch-Literatur. Dabei handelt es sich um speziell für Mädchen in der Pubertät (eine heute veraltete Bezeichnung für heranwachsende Mädchen war Backfisch) geschriebene Romane, welche traditionelle sowie weniger traditionelle Lebenswege von Mädchen aufzeigen (vgl. Wilkending 1997), dies mit dem Anspruch, richtungsweisend zu sein für Leserinnen in einer schwierigen Zeit des Erwachsenwerdens. Die Backfisch-Literatur entwickelt sich im Zuge der sich in diesem Jahrhundert konstituierenden Frauenbewegung, welche die klassische Rolle der Frau als Mutter und Hausfrau infrage stellt und auf gesellschaftliche Ungleichheiten zwischen Mann und Frau aufmerksam macht. Für

Frauen wird es immer schwerer, sich nach dem erklärten Frauenideal zu verhalten: Zunehmend werden sie in den Erwerbsprozess integriert, für Mädchen aus niederen Schichten sind die Heiratschancen klein. Die alte gängige Rollenverteilung hat einerseits ausgedient, andererseits sind die Möglichkeiten der Frauen für eine Selbstfindung bzw. für alternative Lebensformen noch gering. Der Übergang vom Mädchen zur bürgerlichen jungen Frau hat sich damit empfindlich verkompliziert. Die Backfisch-Literatur wirkt in dieser Situation regulierend (vgl. Wild 1990, 220). Ihren lebenspraktischen und pädagogischen Charakter behält die Mädchenliteratur auch im 20. Jahrhundert, insbesondere im Zuge der Emanzipationsbewegung der Frau.

Die Frauenbewegung des 20. Jahrhunderts, welche gegen die herrschenden Geschlechtsverhältnisse bzw. die Herrschaft des Patriarchats vorgeht, hinterlässt ihre Spuren auch in den Mädchenbüchern. Dabei legen bereits einige Titel der Backfisch-Literatur, welche tendenziell die klassische Rollenverteilung proklamiert, Widersprüche der bürgerlichen Lebensweise offen. Zwar stellt sich der Aufbruch in eine neue Geschlechterordnung in den Jugendbüchern noch verhalten dar, doch gibt es einige erste Mädchenbücher, welche eine fortschrittliche Haltung bezüglich der Geschlechterrollen vermitteln und bereits zur emanzipatorischen Mädchenliteratur gezählt werden können. Dazu gehören Bücher wie *Mit Jakob wurde alles anders* von Kirsten Boie, *Aber ich werde alles anders machen* von Dagmar Chidolue und *Kamalas Buch* von Inger Edelfeldt (vgl. Wild 1990, 366). Diese drei Titel greifen drei zentrale Themen auf, welche im Zuge der Neuen Frauenbewegung zentral sind; sie zeigen eine aktive Auseinandersetzung mit Geschlechterrollenstereotypen und gesellschaftspolitischen Problemen, auch wenn sie dabei teils noch stark in traditionellen Sichtweisen verankert bleiben: Boies Buch führt einen Rollentausch zwischen Mann und Frau vor und entwirft damit ein alternatives Familienbild, in dem der Wirkungsbereich der Frau nicht nur auf Kindererziehung und Haushalt beschränkt ist. Chidolues Buch thematisiert die Emanzipation der Frau, indem es den Weg einer jungen Frau in ein unabhängiges und berufstätiges Leben erzählt, auch wenn die männlichen Normen noch einen wichtigen Stellenwert haben. Edelfeldts Roman schließlich zeichnet die Identitätskrise einer jungen Frau und entlarvt das Frustrationspotenzial des traditionellen Frauenbildes (vgl. Wild 1990, 366–367). Die emanzipatorische Mädchenliteratur bildet schließlich die Grundlage für die Mädchen- und Jugendromane der 1990er und folgenden Jahre. Die zeitgenössische Mädchenliteratur zeigt Mädchen, die jede Rolle annehmen können, die sie möchten. Es sind starke Mädchen; Mädchen, die Fußball spielen oder Baumhäuser bauen und ihren Weg abseits der traditionellen Pfade finden. Dabei können die zeitgenössischen Romane auf ihre Vorgänger zählen und brauchen nicht mehr explizit um Emanzipation zu kämpfen (vgl. Mentzel 2002; Schilcher 2004).

Während die genderpolitischen Entwicklungen sich also seit dem 18. Jahrhundert jeweils auf die Mädchenliteratur niederschlagen, sind ähnliche Auswirkungen auf die Jungenliteratur von der Forschung sehr viel seltener beobachtet worden. Unter dem Einfluss der Frauenbewegung des 20. Jahrhunderts steht vorab die Darstellung der Mädchen und Frauen in der Literatur im kritischen Fokus. Eine vergleichbare Auseinandersetzung mit stereotypen Geschlechterdarstellungen im Jungenbuch ist erst im Zuge der sich entwickelnden Männerforschung seit den 1990er Jahren anzutreffen. Im Gegensatz zum starken Jungen der traditionellen Jungenbücher, sind die männlichen Protagonisten der aktuellen Jungenliteratur sensibel und einfühlsam, sie zeigen Gefühle und Ängste, wobei sie diese mehr als die Mädchen noch gegen die traditionellen Geschlechtervorstellungen ihrer Eltern – meist sind es die Väter – verteidigen müssen (vgl. Schilcher 2004, 12). Die Zeichnung eines neuen Jungenbildes in der Literatur gilt nicht zuletzt auch als Reaktion auf die zahlreichen Studienergebnisse, welche den Buben unserer Zeit schlechte Lesezeugnisse ausstellen; von der Jugendliteraturkritik werden entsprechende Beispiele jedenfalls oft gelobt (vgl. Weber 2014). Die neuen Jungenbücher sollen neue Lesemotivationen schaffen, indem sie der Wirklichkeit nähere literarische Vorbilder für die jungen Leser bietet. Während die differenziert gezeichneten Figuren des ‚neuen Jungen' in der aktuellen Kinder- und Jugendliteratur aus literaturwissenschaftlicher und aus genderpolitischer Sicht begrüßt werden, ist der Erfolg bei den eigentlichen Adressaten, den Knaben und jungen Männern, eher bescheiden. Das mag daran liegen, dass weiterhin eine große Differenz besteht zwischen dem theoretisch konstruierten Bild des sensiblen Jungen und dessen realer Akzeptanz in der Gesellschaft. Ein weiterer gewichtiger Grund für die männliche Ablehnung nicht des Genres ‚neues Jungenbuch', sondern teilweise generell des Lesens ist oben bereits angesprochen worden: Die Lesevorbilder unter den Erwachsenen sind in der Regel Frauen. An ihnen können sich die heranwachsenden Jungen bei der Entwicklung ihres Selbstkonzeptes aus leicht einsehbaren Gründen kaum orientieren. Das vergleichsweise geringe Interesse männlicher junger Leser an fiktionalen Lektüren wird denn auch häufig entwicklungspsychologisch begründet (vgl. Garbe 2007).

Die weibliche Konnotation des literarischen Lesens, welche sich bereits mit dem Aufkommen der Gattung des Romans zeigt, besteht also bis heute. Für die Jungen hat dies mittlerweile zu einem entscheidenden Nachteil in ihrer Lesekarriere und damit teilweise auch in ihrer Schulkarriere geführt. Insofern ist die Forderung nach einer männlichen Komponente in der Lesesozialisation und in lesekulturellen Praktiken (z. B. Stiftung Lesen 2010) gut nachvollziehbar.

Weiterführende Literatur

Gender and Reading. Essays on Readers, Texts, and Contexts (1986). Hrsg. von Elizabeth A. Flynn. Baltimore.

Geschichte der Mädchenlektüre: Mädchenliteratur und die gesellschaftliche Situation der Frauen vom 18. Jahrhundert bis zur Gegenwart (1997). Hrsg. von Dagmar Grenz und Gisela Wilkending. Weinheim.

Hurrelmann, Bettina, Susanne Becker und Irmgard Nickel-Bacon (2006). *Lesekindheiten. Familie und Lesesozialisation im historischen Wandel*. Weinheim.

Keen, Suzanne (2010). *Empathy and the Novel*. Oxford und New York.

Pieper, Irene und Cornelia Rosebrock (2004). „Geschlechtsspezifische Kommunikationsmuster und Leseverhalten am Beispiel der Lektüre bildungsferner Jugendlicher". *Siegener Periodicum zur Internationalen Empirischen Literaturwissenschaft (SPIEL)* 23.1 (2004): 63–79.

Schön, Erich (1990). „Weibliches Lesen: Romanleserinnen im späten 18. Jahrhundert". *Untersuchungen zum Roman von Frauen um 1800*. Hrsg. von Helga Gallas und Magdalene Heuser. Tübingen: 20–40.

Literatur

Artelt, Cordula (2005). *Förderung von Lesekompetenz: Expertise*. Bonn und Berlin.

Baker, Linda und Allan Wigfield (1999). „Dimensions of children's motivation for reading and their relations to reading activity and reading achievement". *Reading Research Quarterly* 34 (1999): 452–477.

Barth, Susanne (1997). „‚Buch und Leben [müssen] immer neben einander Seyn – das Eine erläuternd und bestätigend das andere': Zur Leseerziehung in Mädchenratgebern des 19. Jahrhunderts". *Geschichte der Mädchenlektüre: Mädchenliteratur und die gesellschaftliche Situation der Frauen vom 18. Jahrhundert bis zur Gegenwart*. Hrsg. von Dagmar Grenz und Gisela Wilkending. Weinheim: 51–72.

Barth, Susanne (2002). *Mädchenlektüren: Lesediskurse im 18. und 19. Jahrhundert*. Frankfurt/M.

Bauer, Karl G. (1791). *Über die Mittel dem Geschlechtstriebe eine unschädliche Richtung zu geben*. Leipzig.

Beaujean, Marion (1971). „Das Lesepublikum der Goethezeit: Die historischen und soziologischen Wurzeln des modernen Unterhaltungsromans". *Der Leser als Teil des literarischen Lebens: Eine Vortragsreihe*. Hrsg. von Marion Beaujean, Hans Norbert Fügen, Wolfgang R. Langenbucher und Wolfgang Strauß. Bonn: 5–32.

Bertschi-Kaufmann, Andrea (2000). *Lesen und Schreiben in einer Medienumgebung: Die literalen Aktivitäten von Primarschulkindern*. Aarau.

Bertschi-Kaufmann, Andrea und Christine Tresch (2004). „Mediennutzung im Spannungsfeld von Buch und Multimedia: Rezeptionsbasis und Leseverhalten". *Mediennutzung und Schriftlernen: Analysen und Ergebnisse zur literalen und medialen Sozialisation*. Hrsg. von Andrea Bertschi-Kaufmann, Wassilis Kassis und Peter Sieber. Weinheim: 175–198.

Bertschi-Kaufmann, Andrea und Hansjakob Schneider (2006). „Entwicklung von Lesefähigkeit: Massnahmen – Messungen – Effekte. Ergebnisse und Konsequenzen aus dem

Forschungsprojekt ‚Lese- und Schreibkompetenzen fördern'". *Schweizerische Zeitschrift für Bildungswissenschaften* 28.3 (2006): 393–421.

Bertschi-Kaufmann, Andrea und Esther Wiesner (2009). „Lesealltag und Leseglück in den Selbstaussagen von Jugendlichen". *Literalität: Bildungsaufgabe und Forschungsfeld.* Hrsg. von Andrea Bertschi-Kaufmann und Cornelia Rosebrock. Weinheim: 217–232.

Bos, Wilfried, Irmela Tarelli, Albert Bremerich-Vos und Knut Schwippert (2012). *IGLU 2011: Lesekompetenzen von Grundschulkindern in Deutschland im internationalen Vergleich.* Münster.

Bourdieu, Pierre (2005). *Die männliche Herrschaft.* Aus dem Franz. von Jürgen Bolder. Frankfurt/M.

Brandes, Helga (1994). „Die Entstehung eines weiblichen Lesepublikums im 18. Jahrhundert: Von den Frauenzimmerbibliotheken zu den literarischen Damengesellschaften". *Lesen und Schreiben im 17. und 18. Jahrhundert. Studien zu ihrer Bewertung in Deutschland, England, Frankreich.* Hrsg. von Paul Goetsch. Tübingen: 125–133.

Campe, Joachim Heinrich (1807) *Wörterbuch der deutschen Sprache.* Braunschweig.

Campe, Joachim Heinrich (2013 [1789]). *Väterlicher Rath für meine Tochter: Ein Gegenstück zum Theophron; der weiblichen Jugend gewidmet.* Tübingen.

Dann, Otto (1981). „Einleitung des Herausgebers: Die Lesegesellschaften und die Herausbildung einer modernen bürgerlichen Gesellschaft in Europa". *Lesegesellschaften und bürgerliche Emanzipation: Ein europäischer Vergleich.* Hrsg. von Otto Dann. München: 9–28.

Donovan, Josephine (1975). *Feminist Literary Criticism: Explorations in Theory.* Lexington.

Elias, Sabine (2009). *Väter lesen vor: Soziokulturelle und bindungstheoretische Aspekte der frühen familialen Lesesozialisation.* Weinheim und München.

Ellmann, Mary (1968). *Thinking About Women.* New York.

Engelsing, Rolf (1974). *Der Bürger als Leser. Lesergeschichte in Deutschland 1500–1800.* Stuttgart.

Garbe, Christine (2007). „Lesen, Sozialisation, Geschlecht: Geschlechterdifferenzierende Leseforschung und -förderung". *Lesekompetenz – Leseleistung – Leseförderung: Grundlagen, Modelle und Materialien.* Hrsg. von Andrea Bertschi-Kaufmann. Seelze-Velber: 66–83.

Gender and Reading. Essays on Readers, Texts, and Contexts (1986). Hrsg. von Elizabeth A. Flynn. Baltimore.

Geschichte der Mädchenlektüre: Mädchenliteratur und die gesellschaftliche Situation der Frauen vom 18. Jahrhundert bis zur Gegenwart (1997). Hrsg. von Dagmar Grenz und Gisela Wilkending. Weinheim.

Grenz, Dagmar (1997). „Von der Nützlichkeit und der Schädlichkeit des Lesens: Lektüreempfehlungen in der Mädchenliteratur des 18. Jahrhunderts". *Geschichte der Mädchenlektüre: Mädchenliteratur und die gesellschaftliche Situation der Frauen vom 18. Jahrhundert bis zur Gegenwart.* Hrsg. von Dagmar Grenz und Gisela Wilkending. Weinheim: 15–34.

Groeben, Norbert (2002). „Dimensionen der Medienkompetenz: Deskriptive und normative Aspekte". *Medienkompetenz: Voraussetzungen, Dimensionen, Funktionen.* Hrsg. von Norbert Groeben. Weinheim: 160–197.

Groeben, Norbert (2004a). „Einleitung: Funktionen des Lesens – Normen der Gesellschaft". *Lesesozialisation in der Mediengesellschaft: Ein Forschungsüberblick.* Hrsg. von Norbert Groeben und Bettina Hurrelmann. Weinheim: 11–35.

Groeben, Norbert (2004b). „(Lese-)Sozialisation als Ko-Konstruktion: Methodisch-methodologische Problem-(Lösungs-)Perspektiven". *Lesesozialisation in der Mediengesellschaft:*

Ein Forschungsüberblick. Hrsg. von Norbert Groeben und Bettina Hurrelmann. Weinheim: 145–168.

Groeben, Norbert und Bettina Hurrelmann (2004). „Geschlecht und Lesen/Mediennutzung: Vorwort". *Siegener Periodicum zur Internationalen Empirischen Literaturwissenschaft (SPIEL)* 23.1 (2004): 1–2.

Guthrie, John T., Allan Wigfield und Wei You (2012). „Instructional Contexts for Engagement and Achievement in Reading". *Handbook of Research on Student Engagement*. Hrsg. von Sandra L. Christenson, Amy Reschly und Cathy Wylie. New York: 601–634.

Hamm, Ingrid und Bettina Hurrelmann (1993). *Lesesozialisation: Eine Studie der Bertelsmann Stiftung*. Gütersloh.

Hartmann, Horst und Regina Hartmann (1991). *Populäre Romane und Dramen im 18. Jahrhundert: Zur Entstehung einer massenwirksamen Literatur*. Obertshausen.

Heydebrand, Renate und Simone Winko (1994). „Geschlechterdifferenz und literarischer Kanon: Historische Beobachtungen und systematische Überlegungen". *Internationales Archiv für Sozialgeschichte der deutschen Literatur* 19 (1994): 96–172.

Heydebrand, Renate und Simone Winko (1995). „Arbeit am Kanon: Geschlechterdifferenz in Rezeption und Wertung von Literatur". *Genus: Zur Geschlechterdifferenz in den Kulturwissenschaften*. Hrsg. von Hadumod Bußmann und Renate Hof. Stuttgart: 206–261.

Hurrelmann, Bettina (2004). „Informelle Sozialisationsinstanz Familie". *Lesesozialisation in der Mediengesellschaft: Ein Forschungsüberblick*. Hrsg. von Norbert Groeben und Bettina Hurrelmann. Weinheim: 169–201.

Hurrelmann, Bettina, Michael Hammer und Ferdinand Nieß (1993). *Leseklima in der Familie*. Gütersloh.

Hurrelmann, Bettina, Susanne Becker und Irmgard Nickel-Bacon (2006). *Lesekindheiten. Familie und Lesesozialisation im historischen Wandel*. Weinheim.

Jäger, Georg (1969). *Empfindsamkeit und Roman: Wortgeschichte, Theorie und Kritik im 18. und frühen 19. Jahrhundert*. Stuttgart.

JIM-Studie 2014: Jugend, Information, (Multi-)Media. Basisuntersuchung zum Medienumgang 12- bis 19-Jähriger (2014). Hrsg. vom Medienpädagogischen Forschungsverbund Südwest. Stuttgart.

Keen, Suzanne (2010). *Empathy and the Novel*. Oxford und New York.

Kelly, Patricia R. (1986). „The Influence of Reading Content on Students' Perceptions of the Masculinity or Femininity of Reading". *Journal of Reading Behavior* 18.3 (1986): 243–256.

KIM-Studie 2014: Kinder + Medien. Computer + Internet (2014). Hrsg. vom Medienpädagogischen Forschungsverbund Südwest. Stuttgart.

Köcher, Renate (1993). „Lesekarrieren: Kontinuität und Brüche". *Leseerfahrungen und Lesekarrieren: Studien der Bertelsmann Stiftung*. Hrsg. von Heinz Bonfadelli, Angela Fritz und Renate Köcher. Gütersloh: 215–310.

König, Dominik von (1977). „Lesesucht und Lesewut". *Buch und Leser: Vorträge des 1. Jahrestreffens des Wolfenbütteler Arbeitskreises für Geschichte des Buchwesens, 13. und 14. Mai 1976*. Hrsg. von Herbert G. Göpfert. Hamburg: 89–124.

Koschorke, Albrecht (2003). *Körperströme und Schriftverkehr: Mediologie des 18. Jahrhunderts*. München.

La Roche, Sophie von (1785). *Briefe an Lina: Ein Buch für junge Frauenzimmer, die ihr Herz und ihren Verstand bilden wollen*. Mannheim.

Lesekompetenz: Bedingungen, Dimensionen, Funktionen (2002). Hrsg. von Norbert Groeben und Bettina Hurrelmann. Weinheim.

Lynn, Richard und Jaan Mick (2009). „Sex Differences in Reading Achievement". *TRAMES* 13.1 (2009): 3–13.

Mallan, Kerry (2009). *Gender Dilemmas in Children's Fiction*. Basingstoke.

Mentzel, Stefanie (2002). „Girlies packen aus! Ein neuer Boom von Mädchenbuchserien". *Lesen zwischen Neuen Medien und Pop-Kultur: Kinder- und Jugendliteratur im Zeitalter multimedialen Entertainments*. Hrsg. von Hans-Heino Ewers. Weinheim: 187–208.

Millett, Kate (2000 [1969]). *Sexual Politics*. Urbana.

Mills, Sara (1989). *Feminist Readings*. New York.

Moi, Toril (2002 [1985]). *Sexual/Textual Politics*. London.

OECD (2014). *PISA 2012 Results: What Students Know and Can Do: Student Performance in Mathematics, Reading and Science*. Bd. I. Überarb. Aufl. Februar 2014. Paris.

Pellatz, Susanne (1997). „Pubertätslektüre für Mädchen am Ende des 18. Jahrhunderts: Der ‚väterliche Ratgeber'". *Geschichte der Mädchenlektüre: Mädchenliteratur und die gesellschaftliche Situation der Frauen vom 18. Jahrhundert bis zur Gegenwart*. Hrsg. von Dagmar Grenz und Gisela Wilkending. Weinheim: 35–50.

Pennac, Daniel (1994). *Wie ein Roman*. Köln.

Philipp, Maik (2011). *Lesesozialisation in Kindheit und Jugend: Lesemotivation, Leseverhalten und Lesekompetenz in Familie, Schule und Peer-Beziehungen. Lehren und Lernen*. Stuttgart.

Philipp, Maik (2015). „Geschlecht und Lesen". *Lesen. Ein interdisziplinäres Handbuch*. Hrsg. von Ursula Rautenberg und Ute Schneider. Berlin: 443–465.

Philipp, Maik und Afra Sturm (2011). „Literalität und Geschlecht: Zum subjektiv wahrgenommenen und in Leistungstests ermittelten schriftsprachlichen Leistungsvermögen von Jungen und Mädchen". *Didaktik Deutsch* 31 (2011): 68–95.

Pieper, Irene und Cornelia Rosebrock (2004). „Geschlechtsspezifische Kommunikationsmuster und Leseverhalten am Beispiel der Lektüre bildungsferner Jugendlicher". *Siegener Periodicum zur Internationalen Empirischen Literaturwissenschaft (SPIEL)* 23.1 (2004): 63–79.

PISA 2009: Bilanz nach einem Jahrzehnt (2010). Hrsg. von Eckhard Klieme, Cordula Artelt, Johannes Hartig, Nina Jude, Olaf Köller, Manfred Prenzel, Wolfgang Schneider und Petra Stanat. Münster.

Queer Reading in den Philologien: Modelle und Anwendungen (2008). Hrsg. von Anna Babka und Susanne Hochreiter. Göttingen und Wien.

Schenda, Rudolf (²1977 [1970]). *Volk ohne Buch. Studien zur Sozialgeschichte der populären Lesestoffe 1770–1910*. München.

Schiefele, Ulrich (2009). „Situational and Individual Interest". *Handbook of Motivation at School*. Hrsg. von Kathryn R. Wentzel und Allan Wigfield. New York und London: 197–222.

Schilcher, Anita (2004). „‚Du bist wie alle Weiber, gehorsam und unterwürfig, ängstlich und feige' – Geschlechterrollen im Kinderbuch der 90er Jahre". *Neue Leser braucht das Land! Zum geschlechterdifferenzierenden Unterricht mit Kinder- und Jugendliteratur*. Hrsg. von Annette Kliewer und Anita Schilcher. Baltmannsweiler: 1–22.

Schlichtmann, Silke (2001). *Geschlechterdifferenz in der Literaturrezeption um 1800? Zu zeitgenössischen Goethe-Lektüren*. Tübingen.

Schön, Erich (1990). „Weibliches Lesen: Romanleserinnen im späten 18. Jahrhundert". *Untersuchungen zum Roman von Frauen um 1800*. Hrsg. von Helga Gallas und Magdalene Heuser. Tübingen: 20–40.

Steinlein, Rüdiger (1986). *Die domestizierte Phantasie: Studien zur Kinderliteratur, Kinder-lektüre und Literaturpädagogik des 18. und frühen 19. Jahrhunderts*. Heidelberg.

Stiftung Lesen (2010). *Jungen lesen – aber anders! Leseförderung für Jungen in den Klassenstufen 3 bis 6*. Mainz.

Weaver-Hightower, Marcus (2003). „The ‚Boy Turn‘ in Research on Gender and Education". *Review of Educational Research* 74.4 (2003): 471–498.

Weber, Michael (2014). „Abschied vom Macho: TKKG-Tim im Wandel". *kids+media* 4.2 (2014): 62–85.

West, Candace und Don H. Zimmerman (1987). „Doing Gender". *Gender and Society* 1.2 (1987): 125–151.

Wild, Reiner (1990). *Geschichte der deutschen Kinder- und Jugendliteratur*. Stuttgart.

Wilkending, Gisela (1997). „Mädchenlektüre und Mädchenliteratur: ‚Backfischliteratur‘ im Widerstreit von Aufklärungspädagogik, Kunsterziehungs- und Frauenbewegung". *Geschichte der Mädchenlektüre: Mädchenliteratur und die gesellschaftliche Situation der Frauen vom 18. Jahrhundert bis zur Gegenwart*. Hrsg. von Dagmar Grenz und Gisela Wilkending. Weinheim: 173–196.

Wittmann, Reinhard (1999). „Gibt es eine Leserevolution am Ende des 18. Jahrhunderts?" *Die Welt des Lesens. Von der Schriftrolle zum Bildschirm* (1999). Hrsg. von Roger Chartier und Guglielmo Cavallo. Übers. aus dem Engl. von H. Jochen Bußmann und Ulrich Enderwitz, aus dem Frz. von Klaus Jöken und Bernd Schwibs, aus dem Ital. von Martina Kempter. Frankfurt/M. und New York: 419–454.

Julia Bertschik

IV.9 Kulturwissenschaftliches Lesen

Wir lesen nicht nur buchstäbliche Zeichen, sondern auch in Körpern und Gesichtern, wir lesen genetische Codes und Krankheitssymptome, Sportspiele wie Fußball oder Tennis, Fuß- und Reifenspuren, aber auch Häuserfassaden, Flugschreiber, Fingerabdrücke und Speicheltropfen: „[Ü]berall dort, wo man so etwas wie Zeichenhaftigkeit voraussetzen kann, wird immer auch umstandslos von ‚lesen‘ gesprochen. [...] Selbst dann, wenn überhaupt kein ‚Lesen‘ im engeren Sinne gemeint sein kann, fungiert ‚Lesen‘ als verbreitete und akzeptierte Metapher, mithin als normale, übliche Bezeichnung" (Scheffer 2002, 260–261) im Sinne eines „*Lesen2*" (Weimar 2007, 30). Roland Barthes hat diese Besonderheit kulturwissenschaftlichen Lesens besonders zugespitzt formuliert: „[J]e lis des textes, des images, des villes, des visages, des gestes, des scènes, etc. Ces objets sont si variés que je ne puis les unifier sous aucune catégorie substantielle ni même formelle; je puis seulement leur trouver une unité intentionelle: l'objet que je lis est seulement fondé par mon intention de lire: [...] le lecteur [...] ne décode pas, il *sur-code*; il ne déchiffre pas, il produit" (Barthes 1984 [1975/1976], 38–39, 46; dt. Barthes 2006).

Lesen als kulturwissenschaftliche Methode basiert auf der Vorstellung von *Kultur als Text* (vgl. Bachmann-Medick ²2004 [1996]). Doch wie wird hier überhaupt gelesen? Die kulturwissenschaftliche Metapher vom Lesen profitiert zwar von der sofortigen Allgemeinverständlichkeit und dem transdisziplinären Optimismus einer kulturwissenschaftlichen Vorstellung des Lesens, leidet aber zugleich unter den damit verbundenen begrifflichen Unschärfen. Denn allzu oft verschwimmen die Grenzen zwischen Wahrnehmen, Dechiffrieren, Verstehen, Übersetzen, Interpretieren, Re- bzw. Gegen-Interpretieren und Erfinden. Auch die Möglichkeit grundsätzlicher Unlesbarkeit sowie die autonome Selbstreferenz der Zeichen wird dabei häufig außer Acht gelassen (vgl. Scheffer 2002, 264; Weigel 2000). Auf diese Probleme und mögliche Ansätze ihrer Überwindung in einer expliziten (und nicht nur metaphorischen) Auseinandersetzung mit Kultur und Text wird am Ende zurückzukommen sein.

https://doi.org/10.1515/9783110365252-029

1 Kulturphysiognomik: „Lektüre der Straße" (Franz Hessel, Walter Benjamin)

Erste Ansätze eines kulturwissenschaftlichen Lesens finden sich bereits zu Beginn des 20. Jahrhunderts, zur Zeit der Weimarer Republik. Der Hintergrund liegt in einer fortschreitenden Visualisierung durch Fotografie und Film, der Beschriftung und Bebilderung der Großstädte durch (Licht-)Reklame und Schaufenstergestaltung sowie einer durch die Erfahrungen des Ersten Weltkriegs und der Russischen Revolution in ihren traditionellen Wertvorstellungen und sozialen Distinktionsmustern desorientierten Zeit. In ihr erfuhr die Lesetechnik der Physiognomie neue Popularität (vgl. Blankenburg 2000). Sie konnte auf der Wiederbelebung und (pseudo-)wissenschaftlichen Ausweitung der Lavater'schen Entschlüsselungstechnik menschlicher Gesichtszüge als Seelenausdruck Ende des 18. Jahrhunderts aufbauen. Durch Goethe und Lichtenberg war diese bereits um die Bereiche von Kleidung und Hausrat sowie durch die Pathognomik, also die Lesbarkeit von bewegtem Körper und Mienenspiel, ergänzt worden (vgl. Bertschik 2005, 34–48). Um 1900 führte dies zu lebensreformerisch-neuromantischen Syntheseversuchen aus Astro-, Kosmo-, Bio-, Psycho-, Phreno-, Chiro- und Graphologie als allgemeiner Ausdruckslehre, Charakter- wie auch Typenkunde. Gelesen und ausdeutend miteinander kombiniert wurden Sternenkonstellationen und Horoskope, Träume, Handlinien, Körperbau, Schädel- und Gesichtsformen, das Gefühlsleben wie die psychologisch aussagekräftige Handschrift.

Die eigentliche Konjunktur „physiognomischen Lesen[s]" (Assmann 2015, 117) in den 1920er und frühen 1930er Jahren bestand allerdings in einer Ausweitung individueller Physiognomien zur kulturkritischen Zeitdiagnose. Dafür bediente man sich u. a. zwar auch weiterhin des Gesichts, jetzt allerdings zunehmend im Sinne einer Metaphorik für das Typische bestimmter Zeitläufe oder Gesellschaftsformen. So etwa für die konträren Einflüsse der Russischen Revolution (*Das Antlitz Russlands*: Stepun 1934) oder aber des Amerikanismus („amerikanisches Gesicht" bzw. *Girlkultur*: Halfeld 1927, 30; Giese 1925). Ausgelöst durch eine Expansion der Waren- und Gegenstandswelt, die seit dem ausgehenden 19. Jahrhundert auf Prozesse der Rationalisierung neuer Produktionsformen (wie vor allem der Fließband-Herstellung) zurückgeht, spielte jetzt aber vermehrt auch die Lesbarkeit der materiellen Kultur eine Rolle. Die dahinterstehende, morphologische Vorstellung von einer den gesamten Kosmos strukturierenden „Kulturphysiognomik" als Vorform einer „Kulturwissenschaft" (Frobenius 1923, 150) versammelte ideologisch so unterschiedlich positionierte Zeitgenossen wie den Kulturpessimisten Oswald Spengler, den Ethnologen Leo Frobenius, den Physiognomiker Rudolf

Kassner, den Kulturphilosophen Walter Benjamin, den Soziologen Siegfried Kracauer oder den Flaneur Franz Hessel.

Hessel und Benjamin wiesen insbesondere auf die Lesbarkeit der Großstädte hin (Paris im 19. Jahrhundert, Berlin in der Zwischenkriegszeit), Benjamin, indem er auf die tatsächliche Schriftsprache der Straßennamen abhob (Benjamin 1991 [1927–1940], 1007: „Was die Großstadt der Neuzeit aus der antiken Konzeption des Labyrinths gemacht hat. Sie hat es, durch die Straßennamen, in die Sphäre der Sprache erhoben [...]"); Hessel, indem er die Bewegung des Flanierens metaphorisch als performative Straßenlektüre auswies (Hessel 1984, 145: „Flanieren ist eine Art Lektüre der Straße, wobei Menschengesichter, Auslagen, Schaufenster, Café-Terrassen, Bahnen, Autos, Bäume zu lauter gleichberechtigten Buchstaben werden, die zusammen Worte, Sätze und Seiten eines immer neuen Buches ergeben.") Beide Ansätze bezeichnen eine Form des kulturwissenschaftlichen Lesens der Stadt, die in den 1970er und 1980er Jahren dann in den semiologischen bzw. alltagspraxeologischen Verfahren von Barthes (1988b [1970/1971]) und Michel de Certeau (1988 [1980]) eine Fortsetzung finden sollte. Darüber hinaus akzentuieren seit der zweiten Hälfte des 20. Jahrhunderts aber auch ethnologische, zeichen- und diskurstheoretische Ansätze zur Kulturanthropologie, -semiotik und -poetik die Vorstellung von einer Welt als bzw. aus Zeichen, aus Diskursen, um fremde und eigene Kulturen in ihrer Gesamtheit aller ideellen und materiellen Vermittlungen (Dinge, Städte, Rituale, Handlungen) lesbar zu machen, die, selbst erzeugt, die gesellschaftlichen Verhaltensweisen regulieren (vgl. Maase 1990).

2 Interpretative Kulturanthropologie (Clifford Geertz)

In ethnologischer Hinsicht ist hier vor allem Clifford Geertz' Ansatz einer interpretativen Kulturanthropologie prägend und sein Essay über den Hahnenkampf auf Bali zum Klassiker geworden. Geertz' Hermeneutik-kritische Ausgangsfrage nach der Möglichkeit eines Verstehens ohne Einfühlung tangiert historisch entfernte literarische Texte ebenso wie kulturell entfernte fremde Gesellschaften. Die soziale Praxis des balinesischen Hahnenkampfs ist, als Text betrachtet, für Geertz daher kein bloßes Interaktions- oder Kommunikationsereignis, sondern eine ausgestaltete „Kunstform" (Geertz 1983a [1973], 246) im Sinne westlicher Literatur- und Kunstparadigmen: „Wie ein Schauspiel ist der Hahnenkampf dadurch charakterisiert, daß er nicht in der Flüchtigkeit seiner aktuellen Inszenierungssituation aufgeht, sondern immer wieder erneut die losen Bedeutungsfäden von Alltagserfahrungen an Brennpunkten bündelt, ins Bewußtsein hebt und darstellt, ohne daß Konsequenzen im wirklichen Leben befürchtet werden müßten" (Bachmann-Medick ²2004 [1996], 24). Vergleichbar mit einer Shakespeare'schen Tragödie oder einem Roman Dostojewskis, greife auch der balinesische Hahnenkampf, neben seiner Funktion als Wettspiel und Gefühlsschule im Kampf um Statusrivalitäten, grundsätzliche Themen, wie Tod, Männlichkeit, Wut, Stolz, Ehre, Verlust, Gnade und Glück, auf. Er „ordnet sie zu einer umfassenden Struktur und stellt sie in einer Weise dar, die ein bestimmtes Bild von ihrem eigentlichen Wesen hervortreten läßt" (Geertz 1983a [1973], 246). Der Hahnenkampf wird als kulturspezifisch kontextualisiertes und semiotisch überdeterminiertes Symbolsystem betrachtet, das nicht nur auf sich selbst, sondern zugleich auf etwas anderes verweist. Dies ermöglicht dem Ethnologen einen Einblick in die balinesische Kultur, ohne dazu auf Empathie oder Dialog zurückgreifen zu müssen. Geertz bedient sich dazu der Dilthey'schen Zirkelstruktur hermeneutischen Verstehens zwischen lokalspezifischen Details und umfassenden Strukturen: Die Teile entfalten ihre Bedeutung erst in der Beziehung zum Ganzen, das stets mehr ist als die Summe seiner Einzelteile. Geertz versucht also, dem Verstehensbegriff der interpretativen Anthropologie mit einer kritischen Hinwendung zur Texthermeneutik eine erkenntnistheoretische Grundlage zu geben, und bedient sich daher folgerichtig auch der Metapher kulturwissenschaftlichen Lesens: „Die Kultur eines Volkes besteht aus einem Ensemble von Texten, die ihrerseits wieder Ensembles sind, und der Ethnologe bemüht sich, sie über die Schultern derjenigen, für die sie eigentlich gedacht sind, zu lesen" (Geertz 1983a [1973], 259).

Geertz' ethnographische Methode, die fremde Kultur im Medium ihrer Symbolsysteme „zu lesen" und in Aufzeichnungen zu fixieren, deren prinzipiell fiktionaler Charakter als etwas Konstruiert-Produziertes sie wiederum in die Nähe literarischer Texte rückt, bezeichnet er im Rückgriff auf einen Ausdruck des Sprachphilosophen Gilbert Ryle als „dichte Beschreibung" (im Unterschied zur „dünnen Beschreibung", die lediglich den Verlauf eines sozialen Diskurses festhält, ohne dessen darüber hinausgehende Bedeutung zu erfassen). Auch hierfür ist die Lese-Metapher erneut von zentraler Bedeutung: „Ethnographie betreiben gleicht dem Versuch, ein Manuskript zu lesen (im Sinne von ‚eine Lesart entwickeln'), das […] aber nicht in konventionellen Lautzeichen, sondern in vergänglichen Beispielen geformten Verhaltens geschrieben ist" (Geertz 1983b [1973], 15). Über den hermeneutischen Zirkel Wilhelm Diltheys hinaus, schließt Geertz damit an Paul Ricœur an, der das Denkmodell von Text und seiner Interpretation zum Paradigma der gesamten Kultur- und Sozialwissenschaften erklärt hat (vgl. Ricœur 1972 [1971]). Im Unterschied zur kommunikationstheoretischen Wende der Hermeneutik im Gefolge Hans-Georg Gadamers ist Geertz' interpretativer Verstehensbegriff, also seine kontextualisierende Lesart fremder Kulturen, indes eher dem ‚verstehenden Erklären' Max Webers (Weber ⁴1956 [1921]) verpflichtet:

„Verstehen heißt [...], zugrunde liegende Prämissen des Denkens und Handelns in Erfahrung zu bringen – jedoch nicht, sie unbedingt auch zu teilen." Geertz geht es mit seiner kulturwissenschaftlichen Lesart demnach „gerade nicht um ein dialogisches Aushandeln von Bedeutungs- und Geltungsfragen, nicht um einen Konsens der Meinungen und Anschauungen oder gar eine ‚Horizontverschmelzung' im Sinne Gadamers" (Gottowik 2004, 167).

3 „Kontrapunktisches Lesen" (Edward W. Said)/ *New Historicism* (Stephen Greenblatt)

Ist kulturwissenschaftliches Lesen im Sinne von Interpretieren und Verstehen, ohne zu projizieren, aber überhaupt möglich? Edward W. Said hat der Metapher des kulturwissenschaftlichen Lesens den postkolonialen Begriff des „kontrapunktischen Lesens" gegenübergestellt. Gemeint ist damit eine Lesart, die ein kulturelles Archiv re-interpretiert, indem sie imperialistische Verstrickungen der Texte und ihren gleichzeitigen Widerstand dagegen herausarbeitet: „Beginnen wir damit, das kulturelle Archiv nicht als univokes Phänomen neu zu lesen, sondern *kontrapunktisch*, mit dem Bewußtsein der Gleichzeitigkeit der metropolitanischen Geschichte, die erzählt wird, und jener anderen Geschichten, gegen die (und im Verein mit denen) der Herrschaftsdiskurs agiert" (Said 1994 [1993], 92). Ein solches Vorgehen betont gerade das, was im Text ausgeschlossen ist, oder was hinter dem Rücken des Autors an den Text anschließt. Aus literaturwissenschaftlicher Perspektive plädiert Said damit zugleich für eine Ausweitung des Textbegriffs im Hinblick auf die eigenmächtige Vitalität und dehierarchisierende Vernetzung von Diskursen.

Diese zu rekonstruieren, um aus den Bündelungen und wechselseitigen Interferenzen eines solchen Netzwerks den kulturellen Code einer Gesellschaft zu lesen, ist Ziel des *New Historicism*, mit dem Stephen Greenblatt den kulturanthropologischen Ansatz von Geertz in die Literatur- als eine Kulturwissenschaft eingeführt hat (vgl. Greenblatt 1980). Geertz' kulturwissenschaftliche Form des Lesens steht also genau an der Schwelle eines kulturtheoretisch folgenreichen „‚Umschlag[s]' von der mentalistischen Analyse der Innenwelt des Geistes zu einer radikal antimentalistischen Analyse der ‚Außenwelt' von Diskursen und Symbolen, denen ein autonomer Sinn und autonome ‚Sinnmuster' jenseits mentaler Eigenschaften zugeschrieben werden" (Reckwitz 2000, 589), um gegenüber einem bedeutungslastigen Homogenitätsmodell von Kultur eher die kulturellen Interferenzen aufspüren und lesen zu können.

4 Bilder und Filme lesen (Ikonologie, Filmnarratologie)

Standen zunächst Sprachphilosophie und *linguistic turn* in Anlehnung an Ludwig Wittgensteins Welterschließung durch und über Sprache hinter der kulturanthropologischen Aneignung von Text- und Leseparadigma einer tradierten Buchkultur (vgl. Blumenberg 1981; Macho 2000), so musste diese in Auseinandersetzung mit den neuen visuellen Medien in semiotischer wie performativer Hinsicht überschritten werden. Das erforderte auch eine neuerliche Ausweitung des kulturwissenschaftlichen Lesebegriffs über seine Sprach-, Schrift- und Literaturorientierung hinaus. Denn nicht nur kunsthistorische Bilder, sondern auch Filme und TV-Serien können gelesen sowie der Leseprozess selbst durch die Möglichkeiten multipler und segmentierter Rezeption auf Video und DVD simuliert werden (vgl. Griem und Voigts-Virchow 2002; Jurga 1999).

Schon in der von der Schule Aby Warburgs in den 1920er Jahren initiierten „Ikonologie" hat sich dabei eine disziplinenübergreifende Methode des kunsthistorischen Bilder-Lesens im Sinne einer Deutung und Entschlüsselung ihrer symbolischen Formen unter Einbezug zeitgenössischer Textquellen entwickelt. Sie trägt zu einer *Lesbarkeit der Kunst* bei (vgl. Die Lesbarkeit der Kunst 1992). Martin Jurga hat zudem die narrativen Muster der Endlos-TV-Serie *Lindenstraße* im Hinblick auf ihre Kategorisierung als „weibliche *Text*sorte" untersucht (Jurga 1999, 188) und Klaus Kanzog den umstrittenen Begriff der „Film*philologie*" eingeführt [meine Hervorhebungen, J.B.]. Über die Literaturverfilmung hinaus zieht Letztere alle Phänomene der Literarisierung eines Films (Drehbuch, Filmprotokoll usw.) für dessen zu analysierende Lesbarkeit heran (vgl. Kanzog 1991; Barner 2001, 87). Vor allem die Filmnarratologie greift darüber hinaus auf Konzepte der Erzählforschung zurück, die am Beispiel literarischer Texte entwickelt wurden: „Sie verdankt dieser Erzählforschung wesentliche Differenzierungen, aber auch begriffliche Unklarheiten und Exzesse, die daraus resultieren, daß sich längst nicht alle Kategorien literarischen Erzählens auf das Medium Film übertragen lassen" (Griem und Voigts-Virchow 2002, 155). Gerade über eine solch intermediale Auseinandersetzung können aber auch neue Anstöße und Differenzierungen entstehen. Neben dem ethnologisch-praxeologischen Verständnis von kulturwissenschaftlichem Lesen als einem gleichzeitigen Produzieren von Kultur wird auch hier verstärkt auf die lesende Mitbeteiligung der Rezipienten an der Bedeutungskonstitution filmischer Medien im *close viewing* ihrer audiovisuellen Potenziale gesetzt (vgl. Griem und Voigts-Virchow 2002, 156).

Dabei lassen sich drei Phasen in der Erzähl- und Leseforschung zum Film im 20. Jahrhundert unterscheiden, die alle von der Prämisse ausgehen, dass der

Film ebenso wie die Literatur kunstfähig ist und dass er erzählt: Eine erste Phase stellt die formalistische Periode der 1920er und frühen 1930er Jahre dar, für die die Namen Hugo Münsterberg, Rudolf Arnheim, Sergej Eisenstein und Béla Balázs stehen. In ihr wurden erstmals die Formprinzipien des frühen Films als Kunst beschrieben und aufgewertet, indem z. B. die Bedeutung der literarischen Rhetorik für den Stummfilm konstatiert wurde, wofür die Zuschauer eine spezielle Lese- als Enträtselungs-Technik der symbolisch-metaphorischen Filmrede benötigten (vgl. Ejchenbaum 1995, 111). Eine zweite, strukturalistische Phase ist Mitte der 1960er bis Anfang der 1980er Jahre mit Christian Metz und Umberto Eco auszumachen. Sie ist insofern vom *linguistic turn* und der Lacan'schen Psychoanalyse beeinflusst, als die kinematographischen Codes von Einzelbildern und Bildverknüpfungen wie ein Sprachsystem gelesen werden. Auf diese Weise konnte das überwiegend mimetisch-realistische Filmtheorem der Zeit nach dem Zweiten Weltkrieg (André Bazin, Siegfried Kracauer) abgelöst werden. Schließlich sind als dritte Phase die neo-formalistische, kognitivistisch inspirierte „Wisconsin School" um David Bordwell, Kristin Thompson, Noël Carroll und Edward Branigan sowie die phänomenologischen Ansätze durch Vivian Sobchack seit den 1980er und 1990er Jahren zu nennen (vgl. Griem und Voigts-Virchow 2002, 157).

Schon die „politique des auteurs" der französischen „Nouvelle Vague" und der *Cahiers de Cinéma* hatte in den 1950er Jahren in expliziter Analogie von Sprache und Film, (literarischem) Autor und Filmemacher, der mit seiner Kamera wie ein Schriftsteller mit seinem Stift schreibe („caméra-stylo"), nicht nur die produktionsästhetische Anerkennung des Regisseurs als Künstler mit einer individuellen, von narrativen und erzähltechnischen Konventionen befreiten „écriture" propagiert. Damit einher gingen zugleich wirkungsästhetische Aspekte des Films im Sinne einer Aktivierung der Zuschauer als lesenden Co-Autoren in Form einer „Gratwanderung zwischen emanzipatorischen Tendenzen, evasiver Versenkung ins Werk und subjektivistischer Autopsie" (Moninger 1992, 158). In Ablehnung der psychoanalytischen Filmtheorie, die Film auf seine unbewusste Wirkung auf weitgehend als passiv angesehene Zuschauer fixierte, betont aber auch der kognitivistische Ansatz von Bordwell und anderen die lesende Mitarbeit, die aktiv-bewusste Bildung von Bedeutungshypothesen beim Zuschauer. Ein zentraler Begriff ist hier gerade nicht die personalisierte Instanz eines „impliziten Lesers" aus der Rezeptionsästhetik Wolfgang Isers ([3]1994 [1972]), sondern der des Sender- bzw. Erzähler-losen „cueing" im Sinne von: (filmische Bedeutung) nahelegen/suggerieren/anstoßen (vgl. Bordwell 1985, 62). Auch ohne eindeutige Erzählerinstanz handelt es sich damit, wie beim kulturwissenschaftlichen Lese-Begriff, also ebenfalls um eine – diesmal bewegungsinitiatorische – Metapher aus dem Theater-, Film- und Billardbereich (vgl. Griem und Voigts-Virchow 2002, 163).

5 Städte lesen (Roland Barthes, Michel de Certeau und andere)

Während für Hans Blumenberg gerade die Anschaulichkeit und begriffliche Unschärfe, die „bestimmte Unbestimmtheit" der Metaphorik zur Erfahrbarkeit von Welt im Paradigma ihrer „Lesbarkeit" beiträgt (Blumenberg 1981, 16), verfolgt Barthes am Beispiel der Stadtsemiologie den umgekehrten Weg: Ihm geht es darum, „einen Ausdruck wie ‚Sprache der Stadt' aus dem metaphorischen Stadium herauszuführen. Es ist sehr leicht, metaphorisch von der Sprache der Stadt zu sprechen wie man von der Sprache des Films oder der Sprache der Blumen spricht. Der wahre wissenschaftliche Sprung ist dann vollzogen, wenn man unmetaphorisch von der Sprache der Stadt reden kann" (Barthes 1988b [1970/1971], 203). Das schließt für ihn auch die Metapher von der „Lesbarkeit der Stadt" ein (Barthes 1988b [1970/1971], 201): „Die Stadt ist eine Schrift; jemand, der sich in der Stadt bewegt, das heißt der Benutzer der Stadt (was wir alle sind) ist eine Art Leser, der je nach seinen Verpflichtungen und seinen Fortbewegungen Fragmente der Äußerung entnimmt und sie insgeheim aktualisiert" (Barthes 1988b [1970/1971], 206). Aus einzelnen Gebäuden entsteht zwar eine Textur der Stadt, so, wie einzelne Buchstaben Worte und Sätze bilden, aber man liest Städte eben nicht wie Bücher, „die man vor sich liegen hat, umblättert, auf die man von oben herunterschaut" (Schlögel 2003, 308–309). Das Besondere an der Stadtlektüre ist, dass diese sowohl aus Steinen wie aus Buchstaben besteht und sich zudem im Akt der Benutzung, also einer Begehung des städtischen Raums, erschließt. So kann Lesen als kulturwissenschaftliche Methode einer *reading culture* produktiv gemacht werden, gerade indem eine explizite (und nicht nur metaphorische) Auseinandersetzung mit Kultur und Text erfolgt.

‚Nicht-Orte'

Deutlicher noch als bei Barthes selbst, findet sich dies in de Certeaus Konzept des „Nicht-Ortes" (*non-lieu*) in seiner Abhandlung *Kunst des Handelns* (de Certeau 1988 [1980]). In Abgrenzung zu Michel Foucaults Begriff der „Heterotopie" als einer kulturellen Codierung von Orten als verwirklichten Utopien (Foucault 2006) sowie zu Marc Augés identitätslosen, durch Vorschriften rein gouvernemental markierten Transitorten (vgl. Augé 1994 [1992]), unterscheidet de Certeau zwischen geographischem, statischem, stummem Ort (*lieu*) und anthropologischem, in lesende Bewegung genommenem, versprachlichtem Raum (*espace*). Letzterer entsteht, indem zunächst das Gehen selbst als Sprache verstanden wird: „Der

Akt des Gehens ist für das urbane System das, was die Äußerung (der Sprechakt) für die Sprache oder für formulierte Aussagen ist" (de Certeau 1988 [1980], 189). So entsteht eine Homologie zwischen Sprach- und Weg-Figuren im Sinne einer dann zu lesenden „Rhetorik des Gehens": „Das Verhalten des Passanten, der sich durch eine Reihe von Drehungen und Wendungen seinen Weg bahnt, kann mit [diesen] ‚Redewendungen' und ‚Stilfiguren' [z. B. der Synekdoche und des Asyndetons] verglichen werden. [...] Die eine dehnt ein Raumelement aus, damit es die Rolle des ‚Mehr' (eines Ganzen) spielen und sich an die Stelle des ganzen Raumes setzen kann [...]. Die andere erzeugt durch eine Weglassung ein ‚Weniger', schafft Lücken im räumlichen Kontinuum und behält nur ausgewählte Stücke, also Relikte, zurück" (de Certeau 1988 [1980], 192, 195). Darüber hinaus verleihen Straßennamen, Wegbeschreibungen und lokale Legenden (im etymologischen Sinne von „*legenda:* das, was man lesen muß, aber auch das, was man lesen kann", de Certeau 1988 [1980], 203) den Orten einen narrativen Überschuss über ihre rein geographische Existenz hinaus. Dieser kann, nach de Certeaus aktiver, dynamisch-produktiver Logik, gelesen werden (vgl. Weidner 1999, 113).

Als „Nicht-Ort" bezeichnet de Certeau dabei das Verfehlen des geographischen Orts im Vorgang seiner rhizomatischen Begehung, welche bei ihm mit dem Erzählen und Lesen, also mit einer narrativen Behaftung des Orts einhergeht: „Das Herumirren, das die Stadt vervielfacht und verstärkt, macht daraus eine ungeheure gesellschaftliche Erfahrung des Fehlens eines Ortes" (de Certeau 1988 [1980], 197). Als ein Beispiel nennt de Certeau die individuellen Eigennamen der Straßen als reduzierteste, den Orten zur Orientierung und Identifizierung anhaftende, lesbare Erzählungen. Sie ordnen die Oberfläche der Stadt semantisch, was sich umgekehrt auch die Literatur zur narrativen Konstitution städtischer Räumlichkeiten auf dem Weg über die Namensnennung als topographische Realitätsstiftung zunutze macht. Das gilt etwa für die minutiöse Wegbeschreibung von Hubert Fichtes Protagonisten Jäcki auf seinem Weg zur Hamburger Kellerkneipe „Palette" im ersten Kapitel von Fichtes gleichnamigem Roman: „Jäcki geht über den Gänsemarkt: [...] Zwischen der Koppelstraße in Lokstedt und dem Gänsemarkt gibt es die Haltestellen Stephansplatz, Dammtor, Staatsbibliothek, Rentzelstraße, Schlump, Schlankreye, Eppendorferweg, Heußweg, Methfesselstraße, Eidelstedterweg, Brehmweg – früher Löwenstraße [...]. Jäcki überquert den Jungfernstieg, geht am Zigarrenladen vorbei, überquert die Gerhofstraße, geht auf das Beerdigungsinstitut zu, geht am Campari-Treff vorbei, an den Antiquitätenläden vorbei, geht ungefähr hundert Schritte, steht vor einer Kellertreppe, er dreht um" (Fichte [2]2010 [1968], 9, 11). Die zunächst zielgerichtete, dann durch den Katalog möglicher anderer Haltestellen und Straßennamen erweiterte, schließlich abgebrochene Bewegungs- und Erzählweise ermöglicht eine rhizomatisch-ungerichtete Rezeption von Stadt wie auch Buch. Laut Reinhard Baumgart appelliert Fichtes *Palette* damit „an einen kurzfristig neugierigen Leser, der beliebig aufschlägt, zuschlägt, anfängt, aufhört, so wie jemand, [...] der durch eine großstädtische Hauptstraße geht, der gern und deshalb alles nur Lesbare liest, Schlagzeilen, Reklameinschriften, Plakate" (Baumgart 1994 [1973], 187).

Aber auch durch die oft nicht mehr verifizierbaren Erzählungen von erinnerten Geschichten des nicht mehr Existenten („,Das hier war eine Bäckerei'; ,dort hat Mutter Dupuis gewohnt'", de Certeau 1988 [1980], 205) erhält der Ort bei de Certeau ein lesbares, narratives Surplus seiner Erfindung. In Wolfgang Welts popliterarischem Ruhrgebietsroman *Doris hilft* (2009) hört sich das so an: „Der Friseursalon war, als ich jetzt da vorbeiging, schon einige Jahre zu und zu einer Wohnung umgewidmet. Nebenan war die Fahrschule Thomas raus und eine Postfiliale drin, nachdem die am Bahnhof geschlossen worden war. Ganz früher war ein Tante-Emma-Laden drin, den man damals noch nicht so nannte. Die Witwe Hüsken betrieb ihn, und man konnte anschreiben lassen" (Welt 2009, 8). In einer solchen Transgressionsbewegung von Narrativen, die an ihre geographischen Gegebenheiten gebunden bleiben, diese jedoch semantisch übersteigen, entsteht für de Certeau „[e]ine seltsame Toponymie, die von den Orten abgelöst ist und über der Stadt wie eine [poetische] ,Bedeutungs'-Geographie [...] schwebt" (de Certeau 1988 [1980], 200; vgl. Bertschik 2011b, 186–187).

,Kinästhetisches Lesen'

Insgesamt ist der Raum bei de Certeau also ein Ort, „mit dem man etwas macht" im Sinne einer Praxis des Handelns: Die in der performativ-transitorischen Aktion der Bewegung, die im und beim Gehen zu lesenden Erzählungen „führen also eine Arbeit aus, die unaufhörlich Orte in Räume und Räume in Orte verwandelt" (de Certeau 1988 [1980], 218, 220). In Erweiterung der Thesen von Horst Wenzel und Friedemann Kreuder lässt sich hier von einer Form ,kinästhetischen Lesens' sprechen, durch die urbane Räume überhaupt erst entstehen. Am Beispiel der Durchquerung des Kirchenraums beim lesenden Betrachten der Einzelbilderfolge von Kreuzwegstationen in der Kirchenkunst sowie beim Ablaufen von Simultanszenen mittelalterlicher Passionsspiele haben Wenzel und Kreuder auf die kinästhetische Wahrnehmung aufmerksam gemacht, in der die körperliche Bewegung auch einen körperlichen Nachvollzug der Lebens- und Leidensstationen Christi sowie eine Verschränkung von eigener Gehzeit und heilsgeschichtlicher Zeit bewirke (vgl. Wenzel und Lechtermann 2001; Kreuder 2010).

Urban Linguistics

Urbane Räume und Städte nicht allein als bebaute Flächen, sondern mit Blick auf kommunikatives, sprachliches Handeln als Dimension urbaner Konstruktionsprozesse zu verstehen, interessiert innerhalb der „Urban Studies" zudem die Forschungsrichtung der „Urban Linguistics", etwa im „Urban Space Research Network" (USRN) (vgl. Place-Making in urbanen Diskursen 2014). Städte gelten hier als Kommunikationsareale, in denen urbane Identitäten und Werte dynamisch und diskursiv verhandelt werden. Dazu sollen alle sprachbezogenen Aspekte der Stadt (Straßenschilder, Graffiti, Stadtpläne, Werbekampagnen, Facebook-Kommentare usw.) in einem urbanen Modell auch und besonders unter Einschluss ihrer multimedialen Erscheinungen und Oberflächen erfasst und somit lesbar gemacht werden. Urbaner Raum ist hier nicht nur Parameter für sprachliche Variation, sondern Sprache und alle weiteren zeichengebundenen Formationen werden in erster Linie als Parameter der deklarierten Konstituierung von Urbanität, von stadtgebunden lesbaren Bedeutungen und urbanen Welten verstanden.

6 Material Studies (Akteur-Netzwerk-Theorie, archäologische Sachforschung)

Solche Vorstellungen von (Stadt-)Kultur als praxeologischer Performanz, als ‚doing', bilden damit ein Gegenmodell zu Geertz' interpretativ-hermeneutischem Ansatz kulturwissenschaftlichen Lesens; geht dieser doch von einem Dualismus von Oberfläche und Tiefe aus, dem es um das Freilegen von vielschichtigen Bedeutungsebenen und Symbolordnungen zu tun ist, die zwar direkt erfahrbar und verkörpert sind, sich aber nicht auf den ersten Blick erschließen lassen. Ein im Kern essentialistischer Ansatz, wie er auch das indizienparadigmatische Lektüre-Verfahren Carlo Ginzburgs vom Spurenlesen als detektivischem Aufspüren unterschwelliger kultureller Deutungsmuster anhand von Oberflächensymptomen und nebensächlich wirkenden Details bestimmt (vgl. Ginzburg 1988; vgl. auch Timm 2013; Wietschorke 2013).

Demgegenüber hat die Akteur-Netzwerk-Theorie (ANT) Bruno Latours ebenfalls noch einmal die praktische statt bedeutungsvolle Dimension und Lesart kultureller Oberflächen betont und damit klassische soziologische Unterscheidungskriterien zwischen Mikro- und Makroebene in der Tradition Émile Durkheims suspendiert (vgl. Latour 2007 [2005]; Färber 2013). Soziale, technische und natürliche Objekte werden bei Latour nicht zur lesenden Erklärung umfassender

Gesellschaftsstrukturen herangezogen, sondern als in ihrer eigenen Logik und ihren eigenen Netzwerken die Gesellschaft erklärend betrachtet und gelesen. Auch Dinge gelten hier als handelnde Akteure bzw. Aktanten, die zusammen mit menschlichen Akteuren in netzwerkartigen Handlungszusammenhängen agieren, welche gelesen werden können (so z. B. das ‚Schließmöbel' Schrank, das den auf- und zuschließenden Menschen ‚in Gebrauch nimmt'; vgl. Bertschik 2011a, 323–324).

Beides, Praxis und Bedeutung, verschränkt sich darüber hinaus im Bereich der „Material Studies" archäologischer Sachforschung, die Dinge mit Texten kombiniert, um deren Sinn über die Art ihrer Verwendung zu er-lesen; läuft der „Versuch, Dinge als Zeichen zu begreifen", hier doch „stets auf das Verfahren hinaus, Dinge mit Texten zu versehen" (Schmidt 2005, 241), sie in Kontexten und Diskursfeldern zu verorten und Verbindungslinien zwischen Phänomen und Kontext zu ziehen. Damit wird sich der besonderen Herausforderung gestellt, nicht nur symbolische oder alltägliche Handlungsweisen bzw. Akteur-Aktant-Netzwerke zu lesen, sondern sogar die stummen Objekte materieller Kultur oder auch Unkultur (wie in der Abfallarchäologie; vgl. Schmidt 2005) durch die „‚Codes' ihrer Verwendung" (Kienlin 2005, 10) lesbar zu machen und aus zum Teil wertlosen Dingen zugleich bedeutungsvolle Zeichen zu generieren.

Lesen als kulturwissenschaftliche Methode einer *reading culture* kann so wiederum produktiv gemacht werden, indem neuerlich eine explizite (und nicht nur metaphorische) Auseinandersetzung mit Kultur und Text erfolgt, welche nicht zuletzt Aufschlüsse über die kulturellen Praktiken des Bedeutens und Deutens selbst liefert. Denn ähnlich wie in de Certeaus *Kunst des Handelns* oder Greenblatts *New Historicism* stellt auch ein solcher Kontextualismus ein (kultur-)poetisches Verfahren dar, „mittels dessen wir den Kontext unserer untersuchten Wirklichkeitsausschnitte mehr behaupten als nachzeichnen" (Wietschorke 2013, 32) und der kulturwissenschaftliche Leser im Sinne Barthes' so eben nicht nur decodiert, sondern übercodiert, nicht lediglich entziffert, sondern selber produziert und erfindet (vgl. Barthes 1984 [1975/1976], 46).

Die Dinge „lesen lernen" (Adalbert Stifter)

Dass „die Sache[n] gelassen selber reden" und damit die kulturellen Artefakte allein für sich sprechen können, um verstanden zu werden, wird schon in Adalbert Stifters Essay *Waarenauslagen und Ankündigungen* von 1841 bezweifelt (Stifter 2005 [1841], 269). An der neuartigen Warenpräsentation im Schaufenster bemerkt Stifter „geschriebene oder gedruckte Zettel", die neben der jeweiligen Namensbezeichnung des Produkts auch den Preis der Dinge zu lesen geben (Stifter 2005 [1841],

263). Die stumm bleibenden Objekte materieller Kultur werden also erst durch die verschriftlichten Codes ihrer ökonomischen, um Käufer konkurrierenden Verwendung in einem solchen ding-sprachlichen Ensemble zu bedeutsamen und damit lesbaren Zeichen. Die epistemologische Funktion des Lesens unterstreicht Stifter 1857 schließlich mit der biedermeierlichen Sammlungs-Apotheose über das kulturelle „[L]esen lernen" seines Romans *Der Nachsommer* (Stifter ⁹2003 [1857], 291).

In exzessiver Form herrscht hier das Prinzip der Verzettelung jeglicher Gegenstände, natürlicher wie künstlicher Objekte der botanischen, ornithologischen, mineralogischen, bibliophilen und bildkünstlerischen Sammlungen auf Risachs Asperhof vor. Möbel, Bäume und Pflanzen tragen Tafeln mit ihren Namen und Daten, was vor allem an der Rosenwand mittels „gläserne[r] Hülsen" inklusive „Abflußrinne" gegen das Regenwasser perfektioniert ist (Stifter ⁹2003 [1857], 130). Erscheint die Rosenwand dadurch geradezu als wetterfest lesbare Schriftfläche, so ist auch die Wahrnehmung von Risachs Anwesen durch den Ich-Erzähler Heinrich Drendorf als Objekt-Lektüre gekennzeichnet. Die gelbe Farbe der Rhododendren auf den Gestellen des Gewächshauses wird von ihm nicht nur gesehen, sondern in ihrer Seltenheit erst über deren Beschriftung lesend zur Kenntnis genommen: „Auf den Gestellen standen Kamelien mit gut gepflegten grünen Blättern, Rhododendern, darunter, wie mir die Aufschrift sagte, gelbe, die ich nie gesehen hatte, Azaleen in sehr mannigfaltigen Arten, und besonders viele neuholländische Gewächse" (Stifter ⁹2003 [1857], 101). Kulturelles Wissen wird hier also sowohl über die Anschauung der gesammelten Objekte wie über deren bereits verschriftlichte Archivierung vermittelt. Objekt und Sprache, Sehen und Lesen bedingen einander und erhellen sich gegenseitig in ihrer sprachlichen wie materialen Verfasstheit zur *reading culture* einer kulturwissenschaftlichen Lektüre in doppelter, sich selbst reflektierender Form: für den lesenden Erzähler *in* Stifters Text wie für den Leser *von* Stifters Text.

Weiterführende Literatur

Äußerungen. Die Oberfläche als Gegenstand und Perspektive der europäischen Ethnologie (2013). Hrsg. von Timo Heimerdinger und Silke Meyer. *Österreichische Zeitschrift für Volkskunde* 116.1+2 (2013). Wien.
Blumenberg, Hans (1981). *Die Lesbarkeit der Welt.* Frankfurt/M.
Die Dinge als Zeichen. Kulturelles Wissen und materielle Kultur (2005). Hrsg. von Tobias L. Kienlin. Bonn.
Kultur als Text. Die anthropologische Wende in der Literaturwissenschaft (²2004 [1996]). Hrsg. von Doris Bachmann-Medick. Tübingen und Basel.
Lesbarkeit der Kultur. Literaturwissenschaften zwischen Kulturtechnik und Ethnographie (2000). Hrsg. von Gerhard Neumann und Sigrid Weigel. München.

Place-Making in urbanen Diskursen (2014). Hrsg. von Ingo H. Warnke und Beatrix Busse. Berlin und Boston.
Unorte. Spielarten einer verlorenen Verortung. Kulturwissenschaftliche Perspektiven (2010). Hrsg. von Matthias Däumer, Annette Gerok-Reiter und Friedemann Kreuder. Bielefeld.

Literatur

Assmann, Aleida (2015). „Das Kryptogramm des Lebenstextes". *Lesen. Ein Handapparat.* Hrsg. von Hans-Christian von Herrmann und Jeannie Moser. Frankfurt/M.: 111–123.

Augé, Marc (1994 [1992]). *Orte und Nicht-Orte. Vorüberlegungen zu einer Ethnologie der Einsamkeit.* Frankfurt/M.

Äußerungen. Die Oberfläche als Gegenstand und Perspektive der europäischen Ethnologie (2013). Hrsg. von Timo Heimerdinger und Silke Meyer. *Österreichische Zeitschrift für Volkskunde* 116.1+2 (2013). Wien.

Bachmann-Medick, Doris (²2004 [1996]). „Einleitung". *Kultur als Text. Die anthropologische Wende in der Literaturwissenschaft.* Hrsg. von Doris Bachmann-Medick. Tübingen und Basel: 7–64.

Barner, Wilfried (2001). „Die Lesbarkeit der Literatur". *Wissenschaften 2001. Diagnosen und Prognosen.* Hrsg. von der Akademie der Wissenschaften zu Göttingen. Göttingen: 68–88.

Barthes, Roland (1984 [1975/1976]). „Sur la lecture". *Essais critiques IV: Le bruissement de la langue.* Paris: 37–47.

Barthes, Roland (1988a [1964/1966]). „Semantik des Objekts". *Das semiologische Abenteuer.* Übers. von Dieter Hornig. Frankfurt/M.: 187–198.

Barthes, Roland (1988b [1970/1971]). „Semiologie und Stadtplanung". *Das semiologische Abenteuer.* Übers. von Dieter Hornig. Frankfurt/M.: 199–209.

Barthes, Roland (2006). „Über das Lesen". *Kritische Essays IV: Das Rauschen der Sprache.* Übers. von Dieter Hornig. Frankfurt/M.: 33–43.

Baumgart, Reinhard (1994 [1973]). „Was kommt nach der modernen Literatur?" *Deutsche Literatur der Gegenwart. Kritiken – Essays – Kommentare.* München: 181–191.

Benjamin, Walter (1991 [1927–1940]). *Das Passagen-Werk. Gesammelte Schriften. Bd. V/2.* Hrsg. von Rolf Tiedemann. Frankfurt/M.

Bertschik, Julia (2005). *Mode und Moderne. Kleidung als Spiegel des Zeitgeistes in der deutschsprachigen Literatur (1770–1945).* Köln, Weimar und Wien.

Bertschik, Julia (2011a). „NebenSachen. Literatur als Gehäuse ‚der nächsten Dinge' im 19. Jahrhundert". *Magie der Geschichten. Weltverkehr, Literatur und Anthropologie in der zweiten Hälfte des 19. Jahrhunderts.* Hrsg. von Michael Neumann und Kerstin Stüssel. Konstanz: 321–336.

Bertschik, Julia (2011b). „‚Nicht-Orte' zwischen Regionalität und Globalisierung: Wolfgang Welts *Doris hilft* (2009) und Michal Hvoreckys *City/Plyš* (2005/06)". *Das erste Jahrzehnt. Narrative und Poetiken des 21. Jahrhunderts.* Hrsg. von Julia Schöll und Johanna Bohley. Würzburg: 181–193.

Blankenburg, Martin (2000). „Der Seele auf den Leib gerückt. Die Physiognomik im Streit der Fakultäten". *Gesichter der Weimarer Republik. Eine physiognomische Kulturgeschichte.* Hrsg. von Claudia Schmölders und Sander L. Gilman. Köln: 280–301.

Blumenberg, Hans (1981). *Die Lesbarkeit der Welt*. Frankfurt/M.

Bordwell, David (1985). *Narration in the Fiction Film*. London.

de Certeau, Michel (1988 [1980]). *Kunst des Handelns*. Übers. von Ronald Voullié. Berlin.

Die Dinge als Zeichen. Kulturelles Wissen und materielle Kultur (2005). Hrsg. von Tobias L. Kienlin. Bonn.

Ejchenbaum, Boris M. (1995). „Probleme der Filmstilistik. 1927". Übers. von Wolfgang Beilenhoff. *Texte zur Theorie des Films*. Hrsg. von Franz-Josef Albersmeier. Stuttgart: 100–140.

Färber, Alexa (2013). „Untiefen des Kulturellen: ethnografisch-fotografische Reproduktionen von Oberflächen in der Stadtforschung". *Äußerungen. Die Oberfläche als Gegenstand und Perspektive der europäischen Ethnologie*. Hrsg. von Timo Heimerdinger und Silke Meyer. *Österreichische Zeitschrift für Volkskunde* 116.1+2 (2013): 199–219.

Fichte, Hubert (²2010 [1968]). *Die Palette. Roman*. Frankfurt/M.

Foucault, Michel (2006). „Von anderen Räumen". Übers. von Michael Bischoff. *Raumtheorie. Grundlagentexte aus Philosophie und Kulturwissenschaften*. Hrsg. von Jörg Dünne und Stephan Günzel. Frankfurt/M.: 317–329.

Frobenius, Leo (1923). *Vom Kulturreich des Festlandes. Dokumente zur Kulturphysiognomik*. Berlin.

Geertz, Clifford (1983a [1973]). „‚Deep Play': Bemerkungen zum balinesischen Hahnenkampf". *Dichte Beschreibung. Beiträge zum Verstehen kultureller Systeme*. Übers. von Brigitte Luchesi und Rolf Bindemann. Frankfurt/M.: 202–260.

Geertz, Clifford (1983b [1973]). „Dichte Beschreibung. Bemerkungen zu einer deutenden Theorie von Kultur". *Dichte Beschreibung. Beiträge zum Verstehen kultureller Systeme*. Übers. von Brigitte Luchesi und Rolf Bindemann. Frankfurt/M.: 7–43.

Giese, Fritz (1925). *Girlkultur. Vergleiche zwischen amerikanischem und europäischem Rhythmus und Lebensgefühl*. München.

Ginzburg, Carlo (1988). „Spurensicherung. Der Jäger entziffert die Fährte, Sherlock Holmes nimmt die Lupe, Freud liest Morelli – die Wissenschaft auf der Suche nach sich selbst". *Spurensicherungen. Über verborgene Geschichte, Kunst und soziales Gedächtnis*. Übers. von Gisela Bonz. München: 78–125.

Gottowik, Volker (2004). „Clifford Geertz und der Verstehensbegriff der interpretativen Anthropologie". *Symbol, Existenz, Lebenswelt. Kulturphilosophische Zugänge zur Interkulturalität*. Hrsg. von Hans-Martin Gerlach, Andreas Hütig und Oliver Immel. Frankfurt/M., Berlin, Bern, Bruxelles, New York, Wien: 155–167.

Greenblatt, Stephen (1980). *Renaissance Self-Fashioning. From More to Shakespeare*. Chicago.

Griem, Julika und Eckart Voigts-Virchow (2002). „Filmnarratologie: Grundlagen, Tendenzen und Beispielanalysen". *Erzähltheorie transgenerisch, intermedial, interdisziplinär*. Hrsg. von Vera Nünning und Ansgar Nünning. Trier: 155–183.

Halfeld, Adolf (1927). *Amerika und der Amerikanismus. Kritische Betrachtungen eines Deutschen und Europäers*. Jena.

Hessel, Franz (1984). *Ein Flaneur in Berlin. Neuausgabe von „Spazieren in Berlin" (1929)*. Berlin.

Iser, Wolfgang (³1994 [1972]). *Der implizite Leser. Kommunikationsformen des Romans von Bunyan bis Beckett*. München.

Jurga, Martin (1999). *Fernsehtextualität und Rezeption*. Opladen.

Kanzog, Klaus (1991). *Einführung in die Filmphilologie*. München.

Kienlin, Tobias L. (2005). „Die Dinge als Zeichen. Zur Einführung in das Thema". *Die Dinge als Zeichen. Kulturelles Wissen und materielle Kultur*. Hrsg. von Tobias L. Kienlin. Bonn: 7–20.

Kreuder, Friedemann (2010). „Hören, Gehen und Sehen. Schrift, Raum und Bild. Zur verunört-lichenden Medialität der Simultanbühne des Geistlichen Spiels". *Unorte. Spielarten einer verlorenen Verortung. Kulturwissenschaftliche Perspektiven.* Hrsg. von Matthias Däumer, Annette Gerok-Reiter und Friedemann Kreuder. Bielefeld: 159–177.

Kultur als Text. Die anthropologische Wende in der Literaturwissenschaft (²2004 [1996]). Hrsg. von Doris Bachmann-Medick. Tübingen und Basel.

Latour, Bruno (2007 [2005]). *Eine neue Soziologie für eine neue Gesellschaft. Einführung in die Akteur-Netzwerk-Theorie.* Übers. von Gustav Roßler. Frankfurt/M.

Lesbarkeit der Kultur. Literaturwissenschaften zwischen Kulturtechnik und Ethnographie (2000). Hrsg. von Gerhard Neumann und Sigrid Weigel. München.

Die Lesbarkeit der Kunst. Zur Geistes-Gegenwart der Ikonologie (1992). Hrsg. von Andreas Beyer. Berlin.

Maase, Kaspar (1990). „Kultur". *Europäische Enzyklopädie zu Philosophie und Wissenschaften.* Bd. 2. Hrsg. von Hans Jörg Sandkühler. Hamburg: 900–912.

Macho, Thomas (2000). „,Kultur ist eine Ordensregel'. Zur Frage nach der Lesbarkeit von Kulturen und Texten". *Lesbarkeit der Kultur. Literaturwissenschaften zwischen Kulturtechnik und Ethnographie.* Hrsg. von Gerhard Neumann und Sigrid Weigel. München: 231–244.

Moninger, Markus (1992). *Filmkritik in der Krise. Die ,politique des auteurs' – Überlegungen zur filmischen Rezeptions- und Wirkungsästhetik.* Tübingen.

Place-Making in urbanen Diskursen (2014). Hrsg. von Ingo H. Warnke und Beatrix Busse. Berlin und Boston.

Reckwitz, Andreas (2000). *Die Transformation der Kulturtheorien. Zur Entwicklung eines Theorieprogramms.* Weilerswist.

Ricœur, Paul (1972 [1971]). „Der Text als Modell. Hermeneutisches Verstehen". Übers. von Walter L. Bühl. *Verstehende Soziologie. Grundzüge und Entwicklungstendenzen.* Hrsg. von Walter L. Bühl. München: 252–283.

Said, Edward W. (1994 [1993]). *Kultur und Imperialismus. Einbildungskraft und Politik im Zeitalter der Macht.* Übers. von Hans-Horst Henschen. Frankfurt/M.

Scheffer, Bernd (2002). „Am Rande der buchstäblichen Zeichen. Zur Lesbarkeit/Unlesbarkeit der (Medien-)Welt". *KulturPoetik* 2.2 (2002): 260–271.

Schlögel, Karl (2003). *Im Raume lesen wir die Zeit. Über Zivilisationsgeschichte und Geopolitik.* München und Wien.

Schmidt, Dietmar (2005): „Die Lesbarkeit des Abfalls. Zur Entdeckung materieller Unkultur als Objekt archäologischen Wissens". *Die Dinge als Zeichen. Kulturelles Wissen und materielle Kultur.* Hrsg. von Tobias L. Kienlin. Bonn: 239–252.

Stepun, Fedor (1934). *Das Antlitz Russlands und das Gesicht der Revolution.* Bern und Leipzig.

Stifter, Adalbert (⁹2003 [1857]). *Der Nachsommer. Roman.* Vollständige Ausgabe nach dem Text der Erstausgabe 1857. München.

Stifter, Adalbert (2005 [1841]). „Waarenauslagen und Ankündigungen". *Werke und Briefe. Historisch-kritische Gesamtausgabe.* Bd. 9/1. Hrsg. von Alfred Doppler und Hartmut Laufhütte. Stuttgart: 261–269.

Timm, Elisabeth (2013). „Bodenloses Spurenlesen. Probleme der kulturanthropologischen Empirie unter den Bedingungen der Emergenztheorie". *Äußerungen. Die Oberfläche als Gegenstand und Perspektive der europäischen Ethnologie.* Hrsg. von Timo Heimerdinger und Silke Meyer. *Österreichische Zeitschrift für Volkskunde* 116.1+2 (2013): 49–75.

Unorte. Spielarten einer verlorenen Verortung. Kulturwissenschaftliche Perspektiven (2010). Hrsg. von Matthias Däumer, Annette Gerok-Reiter und Friedemann Kreuder. Bielefeld.

Weber, Max (⁴1956 [1921]). *Wirtschaft und Gesellschaft. Grundriß der verstehenden Soziologie.* Tübingen.

Weidner, Daniel (1999). „Lesen im Land des Anderen. Schriften von Michel de Certeau". *Weimarer Beiträge* 45.1 (1999): 112–120.

Weigel, Sigrid (2000). „Zum Phantasma der Lesbarkeit. Heines ‚Florentinische Nächte' als literarische Urszenen eines kulturwissenschaftlichen Theorems". *Lesbarkeit der Kultur. Literaturwissenschaften zwischen Kulturtechnik und Ethnographie.* Hrsg. von Gerhard Neumann und Sigrid Weigel. München: 245–258.

Weimar, Klaus (2007). „Das Wort *lesen*, seine Bedeutungen und sein Gebrauch als Metapher". *Genese und Grenzen der Lesbarkeit.* Hrsg. von Philipp Stoellger. Würzburg: 21–34.

Welt, Wolfgang (2009). *Doris hilft. Roman.* Frankfurt/M.

Wenzel, Horst und Carsten Lechtermann (2001). „Repräsentation und Kinästhetik". *Theorien des Performativen.* Hrsg. von Erika Fischer-Lichte und Christoph Wulf. Berlin: 191–213.

Wietschorke, Jens (2013). „Die kulturelle Oberfläche und die Tiefen des Sozialen? Ein Sondierungsversuch". *Äußerungen. Die Oberfläche als Gegenstand und Perspektive der europäischen Ethnologie.* Hrsg. von Timo Heimerdinger und Silke Meyer. *Österreichische Zeitschrift für Volkskunde* 116.1+2 (2013): 21–35.

Monika Schmitz-Emans
IV.10 Metaphern des Lesens

1 Vorbemerkungen

Von „Metaphern des Lesens" kann, bedingt durch die Mehrdeutigkeit des Genitivs, in zweierlei Hinsicht die Rede sein: (1) im Sinne von Lesen als Bildspender
für andere Prozesse, die metaphorisch als ‚Lektüren' ausgelegt werden; hier geht
es, bezogen auf verschiedene Gegenstände, vor allem um Metaphern für Erfah-
rungs-, Interpretations- und Erkenntnisprozesse; (2) im Sinne von „Metaphern
für das Lesen", also um die Semantiken von Tätigkeiten und Prozessen, welche
dazu dienen, den Lesevorgang seinerseits metaphorisch zu charakterisieren. Zu
berücksichtigen ist hier eine besonders dichte und facettenreiche Metapherngeschichte, denn das Lesen wird (vor allem in theologischen, philosophischen, literarischen und poetologischen Texten) vielfach metaphorisch beschrieben, und in
den fraglichen Metaphoriken kommen grundlegende Vorstellungen nicht allein
über Lektüren im engeren Sinn zum Ausdruck: Modelle der Beziehung zwischen
mundus sensibilis und *mundus intelligibilis*, Anschauungen über Zeichen, Texte,
Schrift und ihre „Bedeutung", Konzepte der Konstitution, Übermittlung und
Transformation von Sinn, Reflexionen zur schriftgebundenen Kommunikation,
zur Alphabetisierung, lesepsychologische und -soziologische Beobachtungen etc.

Der Artikel ist mit Blick auf die beiden Auslegungsoptionen grob in zwei Teile
gegliedert; der erste Teil gilt dem Lesen als Metapher für Anderes, der zweite verschiedenen Bildspendertypen zur Modellierung des Lesens selbst. Ein Stichwort
wie „Allegories of Reading" (Paul de Man) verweist auf unterschiedliche theoretische Konzeptualisierungen von Literatur und Text, die sich in unterschiedlichen
Metaphoriken artikulieren.

Zunächst einmal ist aber die unhintergehbare Metaphorizität des Verbs
„lesen" selbst zu betonen, die jeden Diskurs über das ‚Lesen' zu einem (meist
verdeckt) metaphorischen macht (vgl. 2.1). Das deutsche Wort „lesen" ebenso wie
seine Äquivalente in mehreren europäischen Sprachen (die außereuropäischen
seien ausgeklammert), also etwa „légein", „legere", „leggere", „lire" etc., sind
ursprünglich assoziiert mit Vorstellungen des Sammelns, Erntens sowie auch des
physischen ‚Zurechtlegens'.

https://doi.org/10.1515/9783110365252-030

2 Metaphern des Lesens: „Lesen" als Bildspender für Prozesse der Erfahrung, der Interpretation, der Erkenntnis

2.1 Naturbuch, Weltbuch, Entziffern der Dinge

Lesen ist eine alte und facettenreich variierte Metapher für den Erfahrungsprozess selbst. Erfahrung als Lektüre zu deuten, setzt laut Hans Blumenberg die „kulturelle Idee des Buches" voraus (Blumenberg 1981, 10–11). Hartmut Böhme zufolge geht die Idee, die Natur sei eine Schrift, aus dem Vorurteil der Buchgelehrten hervor, aller Sinn könne nur schriftförmig sein (vgl. Böhme 1988, 54). Historische und kulturspezifische „Lese"-Metaphern für die Welt („das Ganze der Erfahrbarkeit", Blumenberg 1981, 9–16) haben je spezifische Implikationen. So können die Dinge und Wesenheiten als Buchstaben (*stoicheia*), die Welt als Buch oder Text erscheinen, die Schöpfung als Rede oder Botschaft des Schöpfers an die Menschen. Im Kapitel *Metaphern des Lesens* aus Alberto Manguels *Geschichte des Lesens* geht es um (eher wenige) Beispiele für das Lesen als Bildspender für Erfahrungsprozesse; Manguel erinnert u. a. an Walter Benjamin und Ernst Robert Curtius (vgl. Manguel 1998, 193–204; Benjamin 1970; Curtius ²1954 [1948]).

Jüdische Schöpfungsmythen berichten von der Genese der Welt aus Buchstaben. Als ein Kosmos aus Buchstaben gilt die Welt den Stoikern. Für Plotin sind die Sterne Buchstaben, die man bei entsprechender Kompetenz lesen kann (vgl. Plotin 1878, 90, Enneaden II 3, 6–7; vgl. Blumenberg 1981, 43). Der gestirnte Himmel bleibt bis in die Neuzeit ein wichtiger Gegenstand der Lektüre. Mittelalterliche Gelehrte wie Alain de Lille, Raimund von Sabunde, Hugo von St. Victor, Bernardus Silvestris, Johannes von Salisbury und Bonaventura verstehen die ganze kreatürliche Welt als ein göttliches Buch, das die Macht des Schöpfers offenbart und zu Interpretationen einlädt. Bibel und Naturbuch bestätigen einander wechselseitig; das erste ist nur für die Schriftkundigen lesbar, das zweite auch für Laien – so die bei Augustinus ausformulierte Zwei-Bücher-Lehre.

Die Neuzeit variiert die Naturbuch-Metapher u. a. in dem Sinn, dass sie gern das Studium dieses Buches über das Festhalten an Büchergelehrsamkeit stellt; hier werden zwei Spielformen des Lesens zu Metaphern unterschiedlicher Weltzugänge (einerseits über die Empirie, andererseits über eine zum Dogmatischen tendierende gelehrte Schriftkultur). Galileis Vorstellung einer in mathematischen Chiffren verfassten Natur entspricht der neuzeitlichen Zuversicht, grundsätzlich sei der Menschengeist mit dem des Schöpfers kompatibel und die Natur lesbar. Barthold Heinrich Brockes preist in Engführung christlicher Schöpfungsbuchmetaphern und aufgeklärter Beobachtungsfreude die Welt als Buch, das sich dem Weltleser in lebendiger Fülle erschließt (vgl. Brockes 1965, 121, 146, 340–342; Goodbody 1984, 25). Die romantische Literatur bietet (etwa bei Wackenroder, Tieck, Novalis, Hoffmann) vielfältige Lesemetaphern, in denen der Geheimnischarakter der Natur-Schrift und damit deren latente Sinnhaftigkeit betont wird. Konzepte einer ‚Rätsel‘- oder ‚Hieroglyphen‘-Schrift Natur finden sich auch in der Philosophie (Friedrich Wilhelm Joseph Schelling) und der Naturwissenschaft. Für Gotthilf Heinrich Schubert ist die Natur eine ‚Rede‘, wenngleich eine (noch) rätselhafte. Es gelte, die vom Rationalismus vernachlässigten Texte von Traum, Mythos und Poesie ebenso zu entziffern wie die äußere Erscheinungswelt. Johann Wilhelm Ritter interpretiert die physikalische Welt als Gesamtheit von Schriftzeichen (vgl. Ritter 1810). Viele Variationen der Buchmetapher bietet Jean Paul. Novalis betrachtet die zwar vergessene, aber nicht verlorene Einheit von Mensch und Natur als Voraussetzung möglicher Selbstoffenbarung der Dinge. So entwickelt der Roman *Die Lehrlinge zu Sais* eine reiche Lesemetaphorik. Arthur Schopenhauer, der sich auf die Lesemetaphorik Baltasar Graciáns stützt, suggeriert eine Rivalität zwischen dem Natur-Buch und den gedruckten Büchern, die an die Stelle lebendiger und konkreter Erfahrung treten wollen (vgl. Schopenhauer 1977b, 537–538; 1985, 154, 174, 216; 1977a, 236–237).

In verschiedenen historischen Wissensdiskursen finden sich auch in nachromantischer Zeit vielfältige Modifikationen und Spezifikationen der Metaphorik vom Buch der Welt, der Geschichte und der Seele, so in der Naturmystik, in der Physiognomik, in der Traumdeutung, in der Psychologie („Seelenschrift", „Wunderblock" etc.), aber auch noch in den modernen Naturwissenschaften (DNA-Entzifferung etc.), wenngleich die metaphysische Implikation einer Botschaft transzendenten Ursprungs hier (teilweise) kassiert erscheint. Das unlesbare, zerstörte oder verschwundene Buch tendiert in der Moderne dazu, das intakte und lesbare Buch als privilegierte Weltmetapher vielfach abzulösen. Doch in einer säkularisierten Variante lebt die Metapher von der Natur als einem Text in der Formel vom genetischen Code weiter. Auch die DNA ist als Schrift codiert. Spricht man in informatischen Diskursen zudem vom ‚Datenlesen‘, wenn es um maschinelle Informationsverarbeitung geht, so ist dies eine Metapher, da eine Lektüre – im Sinne einer Deutung im Rahmen von Alternativoptionen – nicht stattfindet.

2.2 Das Buch der Geschichte

Als Pendant des ‚Buchs' der Natur wird gelegentlich das ‚Buch' der Geschichte betrachtet, so bei den Chaldäern, den Babyloniern, den Griechen, den Römern. Vor allem über das Alte Testament dürfte die Geschichts-Buch-Metaphorik dann auf die abendländisch-christliche Welt eingewirkt haben. Alexander Demandt betont die Verwandtschaft zwischen der Metapher vom ‚Buch der Geschichte' und der vom ‚Theater der Geschichte' (vgl. Demandt 1978, 379). Die mit der Metapher vom ‚Buch der Geschichte' verknüpfte Frage, ob die Geschichte der Menschen vorab in einem Buch geschrieben stehe oder aber nachträglich protokolliert werde, verweist auf den Dissens zwischen einer deterministischen und einer nicht-deterministischen Geschichtsauffassung.

Die Idee von der Geschichte als einer Selbstoffenbarung Gottes in sukzessiver Form greift die metaphorische Verschmelzung von Geschichte und Buch auf und gewinnt ihr neue Bedeutungsdimensionen ab. Augustinus vergleicht die Geschichte mit einer Dichtung. Johann Gottfried Herder, der die Metapher vom Buch der Geschichte schätzt (vgl. Herder 1891, V, 585; XVIII, 314–316), wird zum wichtigen Anreger romantischer Geschichts-Buch-Metaphorik (vgl. Herder 1891, III, 137; Demandt 1978, 384). Auch Goethe und Jean Paul sprechen von der Geschichte als Buch. Im 19. Jahrhundert finden sich Anknüpfungen an die Geschichts-Buch-Metapher u. a. bei Leopold von Ranke, Heinrich Heine und Georg Büchner (vgl. Demandt 1978, 386). Die der Metapher immanente Konzeption eines (latent) sprachförmigen Sinns, eines Logos der Geschichte, kommt in der Hegel'schen Geschichtsphilosophie systematisch zum Ausdruck. Der Historiograph erscheint im Horizont der Metapher vom Buch der Geschichte unter verschiedenen Akzentuierungen als ein ‚Leser', sei es, dass er einen gegebenen Sinnzusammenhang lesend nachvollziehen soll, sei es, dass er einen solchen aus fragmentarischen Botschaften erst zusammenstellen oder eine kryptische Konfiguration von Zeichen in einen sinnvollen Textzusammenhang übertragen muss.

2.3 Das Buch der Seele

Die Vorstellung, man könne im Herzen, in der Seele oder im Inneren eines Menschen ‚lesen', ist u. a. umgangssprachlich geläufig (vgl. Grimm 1984 [1860], 785: „[...] es heiszt auch im herzen, in der seele eines menschen lesen, gewöhnlich durch betrachtung der augen und der züge, da seelische regungen sich im gesichte spiegeln"; Berthold von Regensburg hat im menschlichen Gesicht Buchstabenformen wahrgenommen; vgl. ferner Tiemann 1938/1941, 379; zur Fortführung dieser Analogie Gesicht/Schriftzeichen vgl. auch Massin 1970). Während der eine Mensch allerdings durchschaubar ist ‚wie ein aufgeschlagenes Buch', ist der andere seinen Mitmenschen ein ‚Buch mit sieben Siegeln'. Eine variationsfähige Modifikation der Metapher von der Seele selbst als einem Text bietet die Vorstellung einer ‚beschrifteten' (mit Inschriften versehenen) Seele. Die Genese solcher Seelen-Schrift wird teilweise auf göttliches Wirken zurückgeführt – Gott schreibt sein Gesetz in die Seelen/Herzen der Menschen (vgl. Jeremias 31.33; Paulus 2. Kor. 3.3) –, teilweise auf Erfahrungen. Bei Platon vergleicht Sokrates die Seele mit einem Buch (vgl. Platon 1959, 39a–b); Erfahrungen haben sich der Seele eingegraben wie eine Schrift, die allerdings – wie andere Schriften auch – Falsches ebenso wie Wahres mitteilen kann. Von seinen Erfahrungen zu sprechen, heißt, diesen inneren Text in Rede zu übersetzen (vgl. Platon 1959, 38c–39a). Dass der Prozess der Schriftgenese hier als Einschreibung gedeutet wird, hängt wohl mit der in der Antike verbreiteten Benutzung von Wachstafeln als Schriftträgern zusammen.

Die Inskriptionsmetaphorik spielt vor allem in der Geschichte der Gedächtnismetaphoriken eine prägende Rolle. Erinnerungsprozesse werden dabei metaphorisch als Lektüren modelliert. Dante spricht in der *Vita nova* vom ‚Buch' der eigenen Erinnerung (*memoria*); auch Shakespeare verwendet diese Metapher („the table of my memory [...] the book and volume of my brain"; Shakespeare 1992, 32, *Hamlet* 1, 5, 98–103). John Locke (*An Essay concerning Human Understanding*, 1975) macht die auf antike Motive rekurrierende Metaphorik des menschlichen Geistes als einer urspünglichen *tabula rasa* zum Ausgangspunkt seiner Erkenntnistheorie; das noch unerfahrene Subjekt gleicht einem weißen Blatt Papier (vgl. Locke 1975, II 1, § 2). Eine Fülle von Inskriptionsmetaphern für den Erfahrungsprozess leitet sich in späteren Zeiten hieraus ab, teils in Fortführung der empiristischen Ausgangsmetapher, teils im Rekurs auf die Vorstellung einer angeborenen Seelen- oder Herzensschrift, teils auch unter besonderer Akzentuierung des Motivs der ‚beschrifteten' Seele (vgl. Schneider 1986). Zu wissensgeschichtlich signifikanten Modifikationen der Seelenschrift-Metapher kommt es schließlich vor allem in psychologisch-psychoanalytischen Kontexten. Sigmund Freud spricht von der in unterschiedliche Schichtungen strukturierten Psyche metaphorisch u. a. als von einem Wunderblock; dieser trägt die Spuren früherer Einschreibungen, die aber verborgen sein können (vgl. Derrida 1972, 302–350). Prägende Erfahrungen, insbesondere leidvolle, werden gelegentlich als Tätowierungen der Seele gedeutet, so bei Peter Sloterdijk, hier verbunden mit einer poetologischen Programmatik, nämlich derjenigen der Lesbarmachung der verborgenen Seelenschrift durch die Dichtung (vgl. Sloterdijk 1988, 7–30: Vorl. 1: *Das tätowierte Leben*).

2.4 Poetiken der Welt- und Seelenschrift

Die Vorstellung, der literarische Text basiere auf einem ‚Urtext‘, spielt in poetologischen Reflexionen bis hin zur neuesten Literatur eine vielfach modifizierte Rolle – sei es als regulative Idee, sei es, um sich davon abzusetzen. Berufen sich Autoren der Romantik vielfach auf eine – wenn auch verrätselte – Naturschrift als den Text, den es literarisch zu entziffern und zu übersetzen gilt, so artikulieren Autoren des 20. Jahrhunderts (wie etwa Günter Eich) die metaphysische Grundlosigkeit ihres Schreibens vielfach im Bild des verlorenen respektive bloß eingebildeten Urtextes (vgl. Schmitz-Emans 1995). Für Peter Handke ist die Vorstellung einer Schrift aus natürlichen Dingen eine poetische Stimulation, die er als Topos auch reflektiert. Der Autor ist diesem Topos zufolge ein Leser, der in seinen Text übersetzt, was er sieht; er operiert nicht völlig im Grund- und Bodenlosen, sondern ist an einen imaginären ‚Prätext‘ gebunden – als ein Leser, Zusammen-Leser, Interpret der Dinge. Er sehe, so bemerkt Handke in einem 1986 geführten Gespräch mit dem Literaturwissenschaftler Herbert Gamper, „das Schreiben, Übersetzen und Lesen […] als Eine Handlung“ an (Handke 1987, 263).

3 Metaphern des Lesens: Metaphorische Bezeichnungen und Auslegungen des Lesens

3.1 „Lesen“ als Metapher und Metonymie

Das „Lesen“ ist metaphorisch und metonymisch mit zwei basalen Kulturtechniken verknüpft, mit denen es sich den Namen teilt, zu denen es zudem aber auch strukturelle Analogien aufweist: mit dem Deuten von Spuren und mit dem Sammeln. Vom jeweils zugrundegelegten Begriff des ‚Lesens‘ hängt es ab, ob man das Spurenlesen als echtes oder ‚nur‘ metaphorisches Lesen betrachtet. Immerhin werden beim Spurenlesen Zeichen gedeutet, auch wenn diese keinem arbiträren Code entsprechen müssen (aber auch Schreibgesten hinterlassen ja ‚Spuren‘, und wer sie liest, ist demnach ein Spurenleser). Dass auch die Codes, nach denen die sogenannten ‚natürlichen Zeichen‘ – wie auch indexikalische Zeichen, Spuren etc. – entziffert werden, kulturelle Produkte und mithin ‚arbiträre‘ Codes sind, hat die Semiotik deutlich gemacht (vgl. Eco 1972).

Lesen ist – wie in Theorien des Sammelns betont wird (vgl. Sommer 2002, 375–376) – zunächst einmal ein Sammeln. Auch wer Texte liest, liest ‚zusammen‘, stellt aus Einzelzeichen Kontexte her; sein Sammeln ähnelt dem des Sammlers von Nahrung und anderen Objekten immerhin, und im Sammeln von Texten und Büchern konvergieren Lesen und (Aus-)Lese. Im Bereich der Vorstellungshorizonte von Spurendeutung und Sammlung situieren sich mannigfache Konzeptualisierungen auch des ‚Lesens‘, die metaphorische Züge tragen. Aus der Basismetaphorik des Lesens als eines ‚Sammelns‘ leiten sich wichtige Derivatmetaphern ab, so die der Lektüre als einer Ernte, einem Einsammeln von Lese-‚Früchten‘. Eine Metonymie des Lesens ist das „Lesen“ im Sinne von: eine Lesung (*Lectio*) halten, im Sinne von: etwas vortragen. Grundlegend ist hier die bis zum Mittelalter leitende Vorstellung vom Lesen als einer Verlautbarung vorliegender Texte. Abgeleitet von solchem Ab- und Vorlesen wird das „Lesen“ dann u. a. zur Metapher der Belehrung und der Rüge (‚jemandem die Leviten lesen‘ etc.). Dass das Vorlesen respektive das gemeinsame Lesen dann auch metaphorisch mit Aussaat und späterer Ernte verknüpft ist, belegt der Name eines wichtigen Lesungsanlasses: des „Seminars“.

Peter Rühmkorf hat die Vorstellung vom Zusammen-Lesen als einer fundamentalen kulturellen Operation für seine Poetik des Reims aufgegriffen und fruchtbar gemacht (vgl. Rühmkorf 1985); auch hier erscheint das Lesen (die ‚Lese‘), mithin das Aufnehmen und Zusammenstellen, als eine Tätigkeit, die vor allem der poetischen Arbeit zugrundeliegt; der Dichter ist, begonnen beim archaischen Orakelleser und Zeichendeuter, zunächst einmal Leser, und seine Praktiken des ‚Lesens‘ korrespondieren späteren Formen des Dichtens metonymisch wie auch metaphorisch.

3.2 Lesen im Spiegel seiner metaphorischen Bezeichnungen: Bildspendertypen

Je wichtiger einer Kultur das Lesen ist, desto emphatischere Metaphern für das Lesen werden gefunden. Dies zeigt exemplarisch der Vergleich mit dem „Atmen“ („Lesen ist wie Atmen“, popularisiert anlässlich des Erscheinens von Manguels *Geschichte des Lesens*) als einem fundamentalen lebensnotwendigen Prozess. Auch lassen kulturell jeweils dominierende Metaphern des Lesens Rückschlüsse auf die Kulturen zu, die sie ausgestalten und favorisieren. So wird das ‚Lesen‘ im Mittelalter besonders gern mit einer Einverleibung analogisiert, bei der durch Beteiligung des Mundes als Artikulationswerkzeug das Aufgenommene gleichsam sinnlich (‚schmeckend‘) erfahren werden kann (s. u.), während in der Neuzeit die produktive Dimension des Lesens gegenüber der rezeptiven in den Vordergrund rückt und sich in Bildern des Organisierens, (Re-)Konstruierens und Bauens gespiegelt findet (s. u.). Die im Folgenden skizzierten Bildkomplexe spielen bei der Metaphorisierung des Lesens epochenübergreifende Rollen, ihre Verwendung unterliegt dabei aber zeitspezifischen Rahmenbedingungen.

3.3 Sinnlichkeit und Perzeptionen: Sehen, Hören, Tasten/ Fühlen, Schmecken

Sehen

Mit dem Sehen ist das Lesen metaphorisch und metonymisch verknüpft; Bedingung der Lektüre ist der Blick auf den Text, und dessen Rezeption wird geprägt durch visuelle Figuren und Strukturen, durch das Erscheinungsbild der Zeichen und des Textes sowie durch Modi des Sehens. Insofern gelesene Texte aber nicht allein als konkret sichtbare Gebilde perzipiert werden, sondern auch als Darstellungen von ‚etwas‘, womöglich als Beschreibungen von Dingen und Welten, geben sie im übertragenen Sinn den Blick frei auf diese Dinge und Welten, handle es sich dabei um faktografische oder um fiktionale Darstellungen. Entsprechend facettenreich differenzieren sich Seh-Metaphoriken da aus, wo Leseprozesse beschrieben und gedeutet werden. Liegt der Akzent auf dem fiktionalen respektive dem imaginären Charakter des Dargestellten, so erscheint der Leser oft als ‚Seher‘ in spezifischem Sinn: als Visionär, als halluzinatorisch Sehender, als jemand, vor dessen ‚innerem Auge‘ sich andere Welten oder andere Dimensionen der Welt auftun. Schon bei Platon und anderen griechischen Philosophen findet sich das Konzept eines Sehens mit dem ‚inneren Auge‘ vorgeprägt; es sind die Augen des Geistes und der Seele, die zur Ideen-„Schau“ befähigen. Das innere Auge sieht auch, wenn das äußere geschlossen ist oder versagt. Mystiker berufen sich auf ihre inneren Visionen. Bilder des ‚inneren‘, des innerseelischen Auges begegnen insbesondere im Traum. Hier allerdings können auch Trugbilder Gestalt annehmen. Die metaphorische Modellierung der Imaginationstätigkeit als einer ‚inneren Schau‘, als der Aktivierung eines ‚inneren Auges‘, als ‚Blick‘ auf sinnlich nicht Perzipierbares nimmt hier maßgeblichen Einfluss auf die Lese-Metaphorik.

Texte können als ‚Sehhilfen‘ erscheinen und sich etwa im Mikroskop oder im Teleskop metaphorisch bespiegelt finden: eröffnen sie dem Leser doch durch Nah- und Fern-Sichten Mikro- und Makrokosmen in der Fülle ihrer Details, die er mit bloßem Auge nicht gesehen hätte. Aber auch Bildgenerierungsverfahren und Bildproduktionsmedien anderer Art können als Metaphern des Lesens funktionalisiert werden, so etwa die Erzeugung von Abbildern mittels der *Camera obscura*, die für den Leser Bereiche sichtbarer Realität aus der Welt heraushebt und darstellt, oder aber durch die Generierung künstlicher Bilder mittels der *Laterna magica*. Gerade die Zauberlaterne als ein Instrument der Lichtgebung fungiert in literarischen Texten wiederholt als Metapher für die Illudierung des Lesers (vgl. Schmitz-Emans 2010, 300–325). Texte, die sich an Konzepten fotografischer oder filmischer Darstellung orientieren, suggerieren die Möglichkeit jeweils entsprechender Rezeptionsprozesse statischer oder belebter Bilder.

Von der Modellierung des Lesens als einem ‚Sehen' leiten sich diverse spezifizierende Metaphern ab, so etwa die vom Lesen als einem Sich-Bespiegeln im Buch. Als Spiegel erscheint das Buch insbesondere, da es seinem Leser dabei hilft, die eigenen Potenziale, aber auch die eigenen Schwächen zu entdecken, also seine Selbsterkenntnis zu katalysieren. Michael Ende lässt den Helden der *Unendlichen Geschichte* im Spiegel des Buchs sich selbst finden. Allerdings werden auch ggf. begrenzende Vorbedingungen des Verstehens sichtbar, wenn man das Buch als Spiegel benutzt. Ein Buch sei wie ein Spiegel, so Georg Christoph Lichtenberg; wenn ein Affe hineinsehe, könne kein Apostel herausgucken (vgl. Lichtenberg 1968, 394, Sudelbuch E, 215).

Hören

Mit akustischen Perzeptionen ist das Lesen indirekt metonymisch verknüpft, insofern frühes Lesen meist mit einer Verlautbarung (Artikulation) des Gelesenen verbunden war. Metaphorisch sprechen diverse literarische Texte aber auch von einem akustisch-halluzinatorischen Vernehmen der Stimmen von Büchern. In Umberto Ecos Roman *Il nome della rosa* (1980) scheinen die (intertextuell miteinander vernetzten) Bücher dem Leser Adso eine Art von leisem Dialog untereinander zu führen; auch andere literarische Leserfiguren hören solches Geflüster der Bücher in der Bibliothek. Intensive Lektüren können insbesondere dazu führen, dass der Leser die Stimme des Autors oder der literarischen Figuren hört.

Tasten/Fühlen

Dass das Lesen mit haptischen Erfahrungen verbunden ist (Bücher und andere Textträger müssen angefasst, ausgerollt, umgeblättert, ggf. aufgeschnitten oder anderweitig berührt werden), bietet einen Ausgangspunkt für Metaphorisierungen auch der spezifischen Reize, die sich dem Tastsinn erschließen, ‚Grobheit' und ‚Feinheit' charakterisieren. Der Kontakt zu Buchstaben und geschriebenen Wörtern kann als Begegnung mit und Kontakt zu lebendigen Körpern wahrgenommen werden. Gelesenes kann in den Leser eindringen, ihn mobilisieren, ihn womöglich transformieren. Es kann Schmerzempfindungen auslösen oder Wohlbehagen erzeugen. Bücher und Texte können ihre Leser ‚schlagen', ‚stechen', ‚schneiden', ‚(an)stoßen' und ‚(an)schieben'. Das Buch kann eine „Axt für das gefrorene Meer in uns" sein, kann dem Leser einen „Faustschlag auf den Schädel" versetzen (Franz Kafka in einem Brief an Oskar Pollak vom 27. Januar 1904, Kafka 1999, 36). Der Leser kann ‚belastet', ‚gefesselt', aber auch ‚entfesselt' werden.

Neben dem Inhalt führt auch die spezifische Materialität von Texten und Schriften zu unterschiedlichen Perzeptionsweisen und dient als Metaphernspender für unterschiedliche Lese-Erfahrungen. Gewichtsmetaphoriken verhalten sich dazu affin (etwa im Fall von ‚schweren' und ‚leichten', ‚belastenden' und ‚erhebenden'/ ‚beflügelnden' Lektüren).

Schmecken

Auch werden Bücher ‚geschmeckt', also auf ihr spezifisches Aroma hin geprüft. So registriert der Leser, ob der Autor den Text mit Einfällen, Witz und anderen Zutaten ‚gewürzt' hat, ob es sich um ‚fade' Speisen, um ‚gesalzene' Mitteilungen, um ‚bittere' Wahrheiten oder um ‚überzuckerte Pillen' handelt. Zwischen ‚geschmackvollen', womöglich ‚geschmacksbildenden' Lektüren und ‚geschmacklosem' Lesestoff wird unterschieden.

3.4 Buch und Text als Nahrung und Lebensmittel

Metaphern der Ernährung, der Einverleibung und Verdauung prägen die umgangssprachliche Beschreibung von Lesern, Lektüreobjekten und Lesevorgängen stark (‚Bücherwurm', ‚Lesefutter', ‚Durchkauen', ‚Konsumieren', kolloquialer auch: ‚sich einen Text hineinziehen' etc.).

Die metaphorische Analogisierung des Buchs mit einem Nahrungsmittel impliziert die Vorstellung einer radikalen Verinnerlichung des Gelesenen und ist insofern programmatisches Bild der Lektüre von Texten, die in das Leben des Lesers tief eingreifen. Insofern ist es kein Sakrileg, sondern sogar geboten, heilige Texte zu verschlingen. Das Bild findet sich bereits im Alten Testament: Als Hesekiel im Land der Chaldäer den Herrn selbst in seiner Herrlichkeit sieht, befiehlt ihm dieser, das Volk Israel zurechtzuweisen – und er bietet ihm eine Schriftrolle als Nahrung an (Ez 3, 1–3; vgl. Manguel 1998, 202). In der Johannesapokalypse findet sich das wohl bekannteste Beispiel des Topos vom verschlungenen Buch (vgl. Offb 10, 9–10). Da im Mittelalter die Johannes-Apokalypse intensiv rezipiert wird, prägte sich ihre Bildsprache nachhaltig ein. Noch ein 1497 von Albrecht Dürer geschaffener Holzschnitt, auf dem Johannes das Buch verschlingt, dokumentiert ihre Wirkung. Ivan Illich (2010 [1991], 58) verweist auf eine ganze Reihe von Varianten der Essmetapher bei theologischen Autoren des Mittelalters, die sich jeweils auf die Lektüre der Heiligen Schrift beziehen. Ihm zufolge leitet sich die Neigung mittelalterlicher Leser zu einer ‚geschmacklichen', d. h. sinnlichen Perzeption von Texten daraus ab, dass damals noch laut gelesen (das Gelesene murmelnd artikuliert) und die

Lektüre von Körperbewegungen begleitet wird. In der Neuzeit verbindet sich – wie u. a. die Belegsammlung Alberto Manguels zeigt – mit dem Bild des konsumierten Buchs ein Säkularisierungsprozess; die ‚geistige Nahrung' kommt nun primär von Menschen, nicht mehr vom Himmel. Die Idee vom Verschlingen des Buchs, heute noch geläufig, ist bereits in der Renaissance ein allgemein bekannter Topos. Francis Bacon unterscheidet verschiedene Formen der Nahrungsaufnahme: das Naschen, das Verschlingen und das gründliche Durchkauen von Büchern (vgl. dazu Manguel 1998, 201–202). Dass Bücher-‚Nahrung' und echte Nahrung wertend verglichen werden, bleibt da nicht aus. William Congreve, auf den Manguel (1998, 201–202) ebenfalls hinweist, lässt in seinem Drama *Liebe für Liebe* (1695) eine Figur namens Valentin zum Bücherkonsum ermutigen, weil dieser so bekömmlich sei; die Ermutigung richtet sich an einen Diener, der allerdings skeptisch bleibt – wohl weil er an Nahrung anderer Art interessiert ist. Vor allem Vielleser werden gern als Bücherfresser charakterisiert, die sich von großen Mengen ‚Lesefutter' nähren. Wenn um 1800 die Lesesucht als pathologisches Syndrom eingeschätzt wird, so verknüpfen sich in einschlägigen Diagnosen Variationen der Metapher vom ‚gegessenen' und ‚verdauten' Buch mit physiologischen Vorstellungen über die Nützlichkeit oder Schädlichkeit von Lebensmitteln. Leser werden insbesondere dazu ermahnt, ihre Lektüren langsam und nicht zu hastig zu vollziehen. Den schnell konsumierten, die Einbildungskraft überfüllenden und auf diesem Weg die Sinnlichkeit reizenden Stoffen soll normativ eine langsame und intensive Wiederholungslektüre gegenübergestellt werden, die sich als intellektuelle Arbeit ausweist und deren Ziel das Verstehen ist (vgl. Koschorke 1999, 400). Dass die Lesesuchtdebatte sich auf diätetische Argumente stützt, betont Albrecht Koschorke. Er zitiert Beispiele für die Verwendung der Metapher im Sinn von Ermahnungen zur mehrmaligen, gründlichen, stetigen, reflexionsbegleitenden Lektüre (vgl. u. a. Thiele 1781, 274; dazu Koschorke 1999, 403). Eine eher komische Gestalt ist der Bücherwurm, der sich durch Bücher hindurchfrisst – sich von ihnen nährend und sie bewohnend (vgl. Grimm 1984 [1860], 474).

In literarischen Texten finden sich vielfältige, teilweise ausgesponnene Ess-Metaphern für das Lesen; manchmal wird die Metapher auch zu satirischen oder humoristischen Zwecken konkretisiert. So verzehren in Johann Amos Comenius' *Labyrinth der Welt* in der Bibliothek die Gelehrten die Bücher (Kapitel 10). Auch in Grimmelshausens *Continuatio* des *Simplicissimus* wird Lektüre als Nahrung metaphorisiert, wobei unter anderem die Unterscheidung von „Hülse" und „Kern" eine Rolle spielt (Vorrede zu Beginn des 1. Kapitels). Eine ganze Poetik entwickelt Henry Fielding aus der Metapher vom Lesen als Nahrungsaufnahme. In einem der poetologischen Kapitel des *Tom Jones* beschreibt er gute Autoren als Gastwirte, die ihren Gästen Gerichte vorsetzen, diese zuvor ankündigen (damit jeder entscheiden kann, was er zu sich nimmt), die ihre kulinarische Kompetenz einsetzen und auf das Würzen, Zubereiten, Garnieren und Anrichten viel Sorgfalt verwenden. Das Gericht, das auf vielfältige Weisen literarisch für den Leser zum Verzehr zubereitet wird, ist ‚die menschliche Natur' (Fielding 1749, Chapter 1). Dass bibliophagische Phantasien in anthropophagische umschlagen können, liegt nahe, wenn Bücher als lebendige Wesen imaginiert werden (s. u.), die anderen lebendigen Wesen, u. a. ihren Lesern, gleichen. Eine finstere Variante der Einverleibung von Büchern und von Lesern bietet Haruki Murakamis Erzählung *Die unheimliche Bibliothek* (japan. Orig. 2005, dt. Übers. 2013), wo einem jungen Leser der Verzehr seines eigenen ‚wissensgesättigten' Gehirns durch einen bösen Bibliothekar droht.

Im Horizont der Metaphorik vom Lesen als Nahrungsaufnahme ist vor allem die Differenzierung zwischen verschiedenartigen Nahrungsmitteln signifikant. Dass Poesie wie „Brot" sein müsse, fordert Simone Weil mit einer prägnanten poetologischen Metapher, die Ingeborg Bachmann aufgreift. In Anknüpfung an Weil will Bachmann dieses Grundnahrungsmittel zwischen den Zähnen knirschen hören (vgl. Bachmann ²1984 [1982], 197). „Keine Delikatessen" (Bachmann ²1984 [1982], 172–173) soll der dichterische Text bieten, sondern Nahrhaftes, Schlichtes: In dieser Forderung konvergieren diverse metaphorisch grundierte Poetiken der Nachkriegsjahrzehnte. Bei Günter Grass werden kulinarische Metaphern für Texte, Literatur und Rezeptionsprozesse insgesamt prägend; „aus grauem Topf" sollen im Zeichen einer Ästhetik der Bescheidenheit einfache Nahrungsmittel verzehrt und der Opulenz wie dem Luxus abgesagt werden (vgl. Grass' Gedicht *Askese*, publiziert 1960 in *Gleisdreieck*, 56–57).

Auch Medikationsmetaphern erscheinen als Derivat der Essmetapher, insofern es gilt, sich die gelesene Medizin einzuverleiben. In Anknüpfung an die traditionsreiche Metapher von der ‚bitteren Pille', die durch Verzuckerung genießbarer wird, spricht etwa Grimmelshausen in der *Continuatio* vom Buch bzw. vom Werk als „überzuckerter" oder als „vergoldeter" Pille (Vorrede zu Beginn des 1. Kapitels). Überhaupt sind Bücher Pharmaka. Ihre Lektüre kann vergiftend wirken – und in Ecos *Il nome della rosa* wird aus dieser (vor allem vom Geist der Zensur und des Dogmatismus) geschätzten Lektüremetapher ein Stück Romanhandlung entwickelt, insofern es hier tatsächlich um ein giftgetränktes Buch geht. Bücher können aber auch Arzneien sein, Lektüren als Kuren dienen. In Hermann Burgers Erzählung *Blankenburg* (1986) kommen sie als Krankheitsursache wie als Heilmittel ins Spiel. Der hier seine Geschichte erzählende Kranke, ein Opfer des *morbus lexis*, hat sich an allzu opulenter Bücherkost krank gegessen, und es bedarf – entsprechend homöopathischen Therapieansätzen – einer Bücherkur, um ihn zu heilen. Verordnet wird ihm der gemäßigte Genuss des Grimm'schen Wörterbuchs, eine erfolgreiche Medikation, die den vorübergehend ‚Leselosen' zurück in die Welt der Texte und der Sprache führt.

3.5 Das Buch als Ort oder Raum

Bilder des Bauens und des Bewohnens von Texten bilden einen eigenen, variantenreichen Komplex im Gefüge der Raum-Metaphoriken. Werden Lektüren als raumbezogene Erfahrungen charakterisiert, so sind die Übergänge zwischen metonymischem und metaphorischem Sprachgebrauch wiederum fließend. Denn Bücher sind ja selbst stets auch räumliche Objekte, die vom Leser ‚durchstreift' werden müssen; Texte gelten vielfach der Darstellung von Räumen. Die Lektüre erscheint somit in mindestens doppelter Hinsicht raumgebunden – und damit als disponiert für spezifizierende Metaphorisierungen: Insbesondere literarische und künstlerische Werke lassen das Lesen zur Metapher der Erfahrung spezifischer Räume und Raumstrukturen werden. So kann das zu lesende Buch als Zimmer, Wohnung oder Haus erscheinen, die Lektüre als Nutzung eines solchen Wohnraums. Ferner kann sich das Buch als Garten oder als Landschaftsraum präsentieren, als Kultraum, Kirche oder Kathedrale, als Museum, Wunderkammer, Kuriositätenkabinett, als Archiv, Speicherraum, Sammlungsort von Erinnerungsobjekten oder auch als Durchgangsraum zu einem (wie auch immer zu bestimmenden) Anderen, einer Gegenwelt, einem Mysterium, einem neuen Erfahrungshorizont. Die Lektüre entsprechend gestalteter Bücher (und sich entsprechend selbst beschreibender Texte) wird zur Metapher der an die fraglichen Raumtypen gebundenen Praktiken und Erwartungen.

Häuser und Zimmer können bewohnt werden; sie bieten ein Heim, auch wenn andere sie erbaut haben. Leser fühlen sich insofern in Gelesenem oft ‚zuhause', manchmal allerdings auch ‚eingeschlossen'. Aus der Basismetapher vom Buch als einem Wohn- und Lebensraum lassen sich vielfältige literarische Einfälle ableiten; ein Beispiel bietet Raymond Federmans Experimentalroman *Double or Nothing* (1971), wo sich das Buch typographisch und inhaltlich in einem Zimmer spiegelt, das es selbst beschreibt. Der Leser vollzieht sowohl das Gefühl der Enge als auch die Bewegungsoptionen der Romanfigur visuell nach. Italo Calvinos Roman *Se una notte d'inverno un viaggiatore* (1979), der einen Leser (den ‚*lettore*') zum Protagonisten macht, verwendet eine Fülle von Raum-Bildern, mittels derer Texte metaphorisch beschrieben werden. So gehen die lesenden Figuren bei Calvino verzweigte Wege, sie sind mit Abbrüchen und Unstetigkeitsstellen, mit Abgründen und Verschachtelungen konfrontiert, werden von Texten aber auch auf Räume ‚jenseits' des Lesbaren verwiesen. Diverse Repräsentanten der Leserschaft beschreiben gegen Ende des Romans ihre spezifischen Formen des Lesens vorzugsweise in raummetaphorischen und architektonischen Bildern.

Als besonders stimulierend erweist sich auf literarisch-narrativer wie auf buchgestalterischer Ebene die metaphorische Analogie von Buch und Labyrinth, nicht zuletzt deshalb, weil der Raumtypus Labyrinth selbst schon eine komplexe metaphorische Dimension besitzt. Er kann nämlich für Initiation und Kampf, Kunstfertigkeit und Gefangenschaft, Lust- und Leiderfahrung stehen, für das ‚Labyrinth der Welt', für Gegenwelten, für Übergangszustände und für Geheimnisse. Jorge Luis Borges beschreibt wiederholt (imaginäre) Bücher, deren Eigenarten das Lesen zum Labyrinthgang werden lassen. In Anknüpfung u. a. an borgesianische Phantasien schicken diverse literarische Autoren ihre Leser auf den Weg bzw. die Wege durch Text- und Buch-Labyrinthe, wobei die Semantisierung dieses Labyrinthgangs sich selbst innerhalb eines breiten Spektrums an Optionen bewegt – von einer Initiationserfahrung durch das Lesen (Michael Ende, *Die unendliche Geschichte*) bis zum weitgehenden Orientierungsverlust (Raymond Murray Schafer, *Dicamus et Labyrinthos*). Eine besonders konsequente Realisierung findet das Konzept eines Textes, dessen Lektüre ein Labyrinthgang ist, in Mark Z. Danielewskis Roman *House of Leaves* (2000), wo Buch und Haus durch textgestalterische und typographische Mittel auf mehreren Ebenen metaphorisch korreliert werden.

Auch unabhängig von konkreten buchgestalterischen Praktiken können in literarischen Texten Lese-Wege metaphorisch modelliert werden, vielfach in Beziehung zu prägenden Themen. So korrespondiert die Idee des Buchs als eines sich vor dem Leser erstreckenden Geflechts von Wegen oder Spuren vielfach Themen wie Erinnerung oder Wahrheitssuche. Und das Bild vom Buch als einem Haus, das aus Türen besteht (vgl. Manganelli 1990, 132), verweist u. a. auf die intertextuellen Verknüpfungen, deren Nachvollzug den Lese(r)weg prägt.

3.6 Bewegungen, Bewegungsformen

Man kann in Büchern nicht nur wohnen, sondern sie auch durchwandern: Texte laden zum Flanieren ein; das Gehen ist eine vielfach variierte Metapher (und zugleich eine Metonymie!) des Lesens. Für die Bewegungsformen des Lesers auf dem Weg zum Buch sowie im Buch gibt es diverse prägnante Untermetaphern. So können die Zugänge zum Buch als ‚Eintritt' in die textimmanente Welt erscheinen oder auch als ‚Grenzüberschreitung' in einen anderen Raum, an die sich dann Suchbewegungen, Orientierungsprozesse und vielleicht die Erreichung von Zielen anschließen. Vor allem Geschichten, in denen Leser die Hauptfigur sind, berichten von ‚Einstiegen' ins Buch – als Einstiege in Welten des Wissens oder auch mögliche bzw. imaginäre, erträumte oder halluzinierte Welten; in Michael Endes Roman *Die unendliche Geschichte* (1979) ist das Buch für den Leserhelden zugleich Spiegel und Schwelle. Hier und in anderen Texten dienen Raumkonzepte zur Modellierung des Lesens als eines (Tag-)Träumens, als traumanaloges-halluzinatorisches Erleben – mit Folgen für das spätere Leben in Räumen jenseits des Buchs.

Der Leser ist Wanderer, Spaziergänger oder Flaneur; sein Text kann sich als natürlicher oder auch als städtischer Landschaftsraum präsentieren; viele Darstellungen zum Thema Landschaft und Spaziergang haben einen auf das Lesen beziehbaren metaphorischen Bedeutungshorizont. Dass das konkrete Reisen an exotische und ferne Orte durch Lese-Reisen ersetzt werden kann, ja dass Lese-Reisen die effizienteren, weil durch keine Grenzen behinderten Reisen sind, reflektieren literarische Texte wiederholt, unter anderem im Motiv der ‚Welt-Reise durchs Lesezimmer‘. Jean Pauls Figur des Schulmeisters Wutz unternimmt in seiner Leser-Phantasie eine Reise um die Welt (über die er anschließend schreibt), wie er denn alles letztlich aus der eigenen Phantasie schöpft und einer realen Welt nicht bedarf, wo es Bücher gibt. Das Gehen und Wandern durch Textlandschaften kann zielgerichtet sein, kann, dem linearen Textfluss folgend, aufs Ende oder auf die Lösung eines Rätsels zuhalten; es kann aber auch die Form der ‚randonée‘ annehmen – als ein Herumstreifen, das seine Orte willkürlich aufsucht und unterschiedliche Verweildauern kennt. Zu den Bewegungsformen des Lesers gehört ferner das Über-Springen oder ‚Übergehen‘ von Textteilen, aber ebenso auch das Sich-Vertiefen, das ‚Unter-die-Oberfläche‘-Dringen. Als Derivatmetaphern des Konzepts vom Lesen als der Bewegung im Text-Raum gelten können Bilder des Eindringens in Texte als einer ‚Eroberung‘; verbunden damit sind Metaphoriken von Kampf und Sieg.

Literarische Autoren haben an metaphorische Spiegelungen des Lesens als einer Bewegung im Raum vielfach poetologische Reflexionen geknüpft. In Sebastian Brants *Narrenschiff* (1494) wird die Rezeption des Textes – passend zur Kernmetapher von der Welt als Narrenwelt – als eine Seereise imaginiert. An die Adresse der Leser ergeht die Einladung, sich mittels des Narrenschiffs ins Land der Narren, nach Narragonien, zu verfügen (vgl. Hartl 2001, 34–35). Vom Lesen als einer Wanderung spricht an prominenter Stelle Boccaccio. Im Proömium des *Decamerone* wendet er sich an die lesenden Frauen. Ihr Leben sei schwerer als das der Männer, und ihr Lebensumfeld sei enger; sie müssen viel erdulden und sind daher des Trostes bedürftiger. Daher verspricht ihnen der Erzähler eine Wanderung, bei der sich nach kurzem mühseligem Aufstieg auf einen Berg bald eine schöne Ebene eröffnen werde (vgl. Boccaccio 1957, 7–9).

Die Situierung des Subjekts in einem Raum, in dem man sich bewegen kann, bildet den Ausgangspunkt für spezifische raumbezogene Metaphoriken des Lesens: Schon Laurence Sterne lässt in *Tristram Shandy* (1759–1767) das Buch, das der Leser in Händen hält, zur räumlichen Metapher (in diesem Fall von Nichtlinearität und Komplexität) werden; so schickt sein Erzähler einmal eine (gedachte) Leserin in ein früheres Kapitel zurück. Er ergeht sich in Abschweifungen aller Art, die auch typographische Pendants finden und den Leser zu vielfältigen Richtungswechseln nötigen. Lektüre gestaltet sich oft konkret wie auch metaphorisch als ein Ausmessen kartierter Räume und Spielfelder. Julio Cortázar schlägt dem Leser seines Romans *Rayuela* (1963) vor, sich durch den Roman so zu bewegen wie Kinder durch die Felder eines Hüpfspiels (das im Deutschen „Himmel und Hölle" heißt). Edoardo Sanguineti konstruiert seinen Roman *Il giuoco dell'oca* (1967) in Orientierung an der Spielfläche eines Gänsespiels, über das der Leser geschickt wird. Auch Texte, die strukturell an Schachpartien gemahnen, situieren den Leser metaphorisch auf einem Spielfeld und motivieren ihn zu verschieden ausgerichteten Bewegungen. Michel Butor gestaltet sein Buch *Mobile. Étude pour une représentation des États-Unis* (1962) als ein durchreistes Territorium, genauer: als Analogon der USA und ihrer verschiedenen Bundesstaaten; die Struktur des Buches ist ein Analogon der dargestellten räumlichen Welt. Wichtiger als die Orte selbst sind ihm ihre Verknüpfungsmöglichkeiten, also die potentiellen Wege durch den vom Buch metaphorisch repräsentierten Raum.

Wie die Frage nach der Struktur des gelesenen Textes (sind Texte als Wege, Flächen oder Räume zu betrachten?), so ist auch die nach der für Lektüren spezifischen Bewegungsform teilweise ein so fundamentaler Bestandteil von Texttheorien, dass die Metaphorizität der entsprechenden Modelle leicht übersehen wird. Wo von ‚linearen' oder ‚nicht-linearen' Lektüren die Rede ist, geht es immer auch um mehr als die Frage nach der Bewegung des Auges entlang von Schriftzeilen. Und wo das Lesen entsprechend dem Modell des ‚hermeneutischen Zirkels' beschrieben wird, ist die Kreisbewegung metaphorisch aufgeladen.

3.7 Physische Praktiken, Erwerbsarbeit und Kunst

Nicht nur die Aktivitäten des Autors, sondern auch die des Lesers werden in der Geschichte der Lese-Metaphoriken in verschiedenen konkreten Praktiken bespiegelt, mit denen es – über das Sich-Bewegen als solches hinaus – vor allem um Arbeitsprozesse und Arbeitsfelder geht. Dem Vorstellungsbereich um das Sammeln, Jagen und die agrarische Arbeit (Garten- und Ackerbau) verbunden sind Metaphern, welche die Resultate des Lesens als (nahrhaftes) Fundstück, (Aus-)Beute, Lese-Frucht, als Ernte etc. charakterisieren. Aus dem Praxisbereich des Bauens und Bastelns (*bricoler*) stammen Sprachbilder, die das Lesen als Montieren und Kombinieren, Konstruieren und ‚De-Konstruieren' verstehen. Metaphern des Entbergens und Entfaltens sind, weniger berufsfeldspezifisch, doch mit Vorstellungen materiell zu handhabender Objekte verknüpft. In Ableitung von Arbeits-Metaphoriken erscheint das zu lesende Buch unter anderem als Gerät, Handwerkszeug oder auch Objekt der Bearbeitung (durch den Leser). Wird dem Leser die Produktion von Text und von Bedeutung weitgehend überlassen, so erscheint der Text u. a. als entsprechend bedienbare Maschine. Die Text-Maschine ist eine vor allem in rezeptionsästhetischen Kontexten beliebte Metapher; sie findet ihre Konkretisierung in spezifischen Spielformen des Buches und des Textes: in Textbausteinen bzw. Buch-Teilen, die den Leser zur Kombinatorik einladen. Ist von Text-Mechaniken die Rede, so gestaltet sich der Übergang zwischen metonymischem und metaphorischem Sprachgebrauch fließend. In jedem Fall haben Text-Produktionsmaschinen, die dem Leser zur Handhabung überlassen werden, stets auch eine metaphorische Dimension, insofern sie die Bindung der Lektüre an eine rezeptionssteuernde ‚Mechanik', aber auch den Arbeits-Charakter (wenn nicht sogar den Produktions-Charakter) seiner Lektüre betonen. Aleida Assmann erinnert an Ivor Armstrong Richards' *Principles of Literary Criticism* (1924): „A book is a machine to think with." (Assmann 2010, 151)

Lesen ist aber auch eine ‚Kunst', und es findet sich in Wendungen beschrieben, die als metaphorische Referenzen auf künstlerische Praktiken gedeutet werden können. So kann es darum gehen, sich ein Bild zu machen, sich etwas ‚auszumalen', die vom Text bzw. vom Autor ‚umrissenen' Bilder rezipierend mit Farbe und Leben zu füllen; in der Poetik E. T. A. Hoffmanns werden Rezeptionsprozesse von Texten als solche Bildwerdungsprozesse umschrieben, bei denen die Einbildungskraft des Lesers sich produktiv betätigt. Der Leser kann aber auch die Rolle eines Musikers zugeordnet bekommen, der eine Komposition durch seine Interpretation als Kunstwerk erst realisiert und zum Erklingen bringt. Umberto Ecos Konzept des ‚offenen Kunstwerks', das für die Rezeptionsästhetik auch und gerade literarischer Texte anregend war, bezog sich zunächst auf musikalische Kompositionen, die bei der individuellen Aufführung durch den Interpreten erst vollendet werden. Dem Leser kann es aber auch überlassen werden, eine Architektur des gelesenen Textes zu produzieren oder umzuarbeiten, ihn aus einem Bausatz zu errichten oder ihn neu zu konfigurieren. Erscheint der Leser schließlich als ‚erweiterter' Autor (Novalis), so treten Lektürearbeit und Schreibarbeit in ein metaphorisches Spiegelungsverhältnis, dessen Implikationen beide Seiten in spezifischem Licht erscheinen lassen.

3.8 Sprachbezogene und philologische Metaphern und Metonymien des Lesens

Offen ist die Grenze zwischen Metonymie und Metapher vor allem in vielen Fällen einer sprachbildlichen Charakteristik des Lesens durch Bilder und Vergleichsrelate aus der Sphäre der Textkonstitution, -zirkulation und -benutzung. Dass Metonymien oft Metaphern zugrundeliegen, liegt dabei vor allem an den Übergängen zwischen Textproduktion und Textrezeption: Autoren sind immer auch Leser, Leser oft Autoren oder doch potenzielle Autoren. Entsprechend erscheinen

Leser als Instanzen, die selbst kreativ mit Sprache arbeiten – und dabei auf die Rede anderer reagieren, sie nicht nur auslegen, sondern auch transformieren. Leser führen ‚Dialoge' mit dem gelesenen Buch, nehmen ‚Befragungen' des Textes vor, ‚übersetzen' das Gelesene in die eigenen Begriffe, die eigene Sprache.

Zur metaphorischen Charakteristik der Leserproduktivität gehören auch Metaphern und Metonymien des Wiederholens: So erscheint der Leser gelegentlich als ‚Kopist' oder ‚Echo' des Textes. Vor allem dem philologischen Bildhorizont entstammen spezifische Metaphern: so die von der Lektüre als ‚konjekturaler' Praxis, die den Leser dazu veranlasst, Lücken zu ‚überspringen', zu ‚überbrücken', zu ‚füllen'. Kryptographische Metaphern, bei denen Lektüre als Decodierung/Entzifferung erscheint, entfalten in der Literatur eigene Stimulationspotenziale (vgl. u. a. Schafer 1984).

3.9 Lesemetaphern und komplementäre Schreibmetaphern

Relevant für die metaphorische Deutung des Lesens sind auch Metaphern der Produktion von Texten. So erscheint beispielsweise im Horizont der produktions-ästhetischen Metapher vom Schreiben als dem Architekten eines Text-Gebäudes der Leser als derjenige, der dieses Gebäude begeht oder sogar bewohnt. Wird der Text im Horizont der Metaphorik von ‚Gefäß' und ‚Inhalt' modelliert, da liegt es nahe, die Rezeption als Konsum des im Text-Gefäß aufbewahrten Inhalts zu deuten. Schafft der Schreibende ein ‚Gefäß', wie es als Behälter für Nahrungsmittel dient, so liegt es nahe, die Lektüre als Konsum des aufbewahrten Stoffes zu deuten; entstammt die Behältnis-Metapher dem Bereich von Verwaltung und Ökonomie, so liegen andere Material-Metaphern nahe. Art und Nutzungsformen der Text-Gefäße bestimmen über die Rolle des Lesers, wie etwa Paul Celans Metapher vom Gedicht als „Flaschenpost" illustriert (Celan 1983, 186). Gilt ein Text als Garten, den der Autor als Gärtner angelegt und kultiviert hat, da kann der Leser die Früchte ernten und genießen. Rückt der Verfasser eines Textes als Produzent eines Gewebes in den Blick, so kann der Leser Texturen entflechten, sich selbst vielleicht aber auch in ein solches Gewebe hüllen.

3.10 Physische Begegnungen, Bücher als Körper

Ivan Illich hat daran erinnert, dass bereits Hugo von Sankt Viktor zwischen dem Körper des Menschen und dem Buch eine Verknüpfung herstellt, indem er als den Vorläufer des Buchs die schlichte Tontafel bezeichnet, die aus Lehm hergestellt ist wie Adam selbst (Illich 2010, 53). Daraus leitet Hugo die Ermahnung ab, die

‚harten Brocken' der Schrift aufzunehmen und zu verdauen (Illich 2010, 53–54). Mit der metaphorischen Deutung des Buchs als eines in diesem Sinn verstandenen Körpers schließt die Buchmetaphorik an eine so lange wie komplexe Tradition der Gegenüberstellung von Materie und Leben sowie von Körper und Geist an. Der materielle Körper kann im Horizont dieser Tradition sowohl als bloße äußere Hülle, ja, als Gefängnis des in ihm ‚eingeschlossenen' Lebens gelten wie auch als dessen genuines Ausdrucksmedium. Eine enge Beziehung besteht zwischen metaphorischen Spiegelungen des Buchs im Horizont des Körper-Geist-Modells und der Geschichte theoretisch-metaphorischer Spekulation über die Schrift. Im 2. Korintherbrief des Paulus ist von ‚toten' Buchstaben die Rede, die der ‚Geist' lebendig macht („Denn der Buchstabe tötet, der Geist allein macht lebendig." 2. Kor 3, 6).

Gelegentlich erscheinen Texte und Bücher als einbalsamierte und damit immerhin dem Verfall entzogene Leichen. In einer Verteidigungsrede John Miltons zugunsten des Buchs (während des englischen Bürgerkriegs, als seitens des Parlaments die Zensur wieder eingeführt werden soll) heißt es: „A good Booke / is the pretious lifeblood of a / master spirit, inbalm'd and treasur'd / up on purpose to a life beyond life. – Ein gutes Buch / ist das kostbare Lebensblut eines / Menschengeistes, einbalsamiert und gespeichert / für ein Leben nach dem Leben" (zit. n. Assmann 2010, 150–162). Friedrich Schleiermacher spricht von der ‚toten Hülle des Buchstabens', in die sich ‚der lebendige Geist' zurückziehe und einen ‚Zustand der Erstarrung' annehme. Aber der im toten Buchstabenkörper fixierte Sinn soll aus dieser Hülle freigesetzt, aus diesem Körper entbunden werden. Und so ist die ‚Belebung' toter Text-Körper eine Lieblingsmetapher der Hermeneutik: Kernmetapher der Interpretation als einer ‚Verlebendigung' des Textes. Jacques Derrida hat in der Metaphorik vom ‚toten' Buchstabenkörper einen für das logozentrische Denken des Abendlandes zentralen Topos gesehen (vgl. Derrida 1974 [1967]). Oft erscheint das tote Buch samt toter Büchergelehrsamkeit als unzulänglicher Ersatz lebendiger Erfahrung (vgl. Blumenberg 1981). Allerdings bietet die Metapher von der Buchgestalt als einer körperlichen Hülle dann auch wieder Anlass zu Auferstehungsfantasien – sowie zu Wiedererweckungsfantasien, die sich an den Leser knüpfen.

3.11 Begegnungen mit lebendigen Buchstaben

Der den Text ‚belebende' Blick des Lesers kann dazu führen, dass ihm beim Lesen die perzipierten Zeichen selbst als ‚lebendig' erscheinen. Spezifische Gestaltungen von Buchstaben suggerieren entsprechende Begegnungen mit einer lebendigen Welt; schon in der mittelalterlichen Buchkunst finden sich anthropomorphe und theriomorphe Buchstaben, einzeln und in interagierenden Gruppen. Umberto Eco lässt in *Il nome della rosa* die Leser entsprechender Manuskripte solche Wesen beobachten, wie sich denn überhaupt die Manuskripte vor den Augen des Erzählers mehrfach mit Leben füllen. In Buchstabenbildern und Bildalphabeten vom Mittelalter bis zur Gegenwart, aber auch in literarischen Texten der vergangenen Jahrhunderte wird die Begegnung mit dem Text in vielfältigen Varianten als Kontakt mit einer ‚lebendigen' Welt inszeniert und beschrieben – wie in Entgegnung auf den schriftkritischen Topos vom toten und tötenden Buchstaben. Walter Benjamin bietet in seinen Aufsätzen über Kinderbücher und Fibeln diverse Varianten des Konzepts einer lebendigen Buchstabenwelt, in die der jugendliche Leser initiiert werden soll. Interesse verdienen hier insbesondere Benjamins Aufsätze *Aussicht ins Kinderbuch, ABC-Bücher vor hundert Jahren, Chichleuchlauchra. Zu einer Fibel* (Benjamin 1972a–c). In manchen ABC-Büchern sieht Benjamin Schwellen ins Reich der Zeichen, in dem andere Verwandtschaften bestehen und andere Gesetzmäßigkeiten herrschen als in der Alltagswelt und das auf den Leser daher irritierend wirkt. Der Idee einer Entgrenzung zwischen Buch- und Lebenswelt, einer Grenzüberschreitung zwischen dem ‚Inneren' des Buchs und der Außenwelt, ist vor allem der Aufsatz *Aussicht ins Kinderbuch* (1972a) gewidmet.

„Lebendige Buchstaben" können sich in literarisch-metaphorischen Kontexten als Partner, Spielgefährten und Lehrer des Lesers, aber auch als Monster oder Verführer präsentieren; Eco beschreibt in *Il nome della rosa* u. a. Lettern, die den Leser subversiv und lockend mit erotischen Szenen konfrontieren. Die Metaphern des Buchstaben-Körpers und des Buchstaben-Lebens haben in der Literatur insgesamt viele Spuren hinterlassen. Manchmal haben Buchstaben im Spiegel literarischer Beschreibungen sogar ein Gesicht; sie grimassieren und kommunizieren durch ihr Mienenspiel mit dem Leser.

3.12 Lesen als Auseinandersetzung mit der ‚Materialität' des Textes

Diskurse über die ‚Materialität' oszillieren zwischen wörtlichem bzw. metonymischem und metaphorischem Sprachgebrauch. Denn einerseits haben gelesene Texte und insofern auch deren Lektüre selbst ja durchaus eine physisch-materielle Dimension; andererseits beruht deren Akzentuierung bereits auf einer reflexiven Meta-Lektüre, bei der das ‚Materielle' des Textes oft prägnant semantisiert wird. In Bildern der Schwere, der Bindung, der Opazität, des Widerstandes artikuliert sich in jüngerer Zeit eine posthermeneutische Textkonzeption. Lesen, so Aleida Assmann in einem Aufriss zur Bedeutungsgeschichte dieser Tätigkeit, bezeichne in der Gegenwart die intensive Auseinandersetzung mit der Materialität und

Medialität des jeweils Interpretierten (vgl. Assmann 1996, 18). Im Zeichen des Interesses an dieser Materialität erscheinen die Texte als fremd, ja als Fremdkörper. Ihre Entzifferung wird zu einem physischen und damit zu einem zumindest latent mühsamen Geschehen, zu einer Spurensuche, die sich an manchen Widerständen abzuarbeiten hat: an Undeutlichkeiten, an Überschreibungen, an Störungen (vgl. Assmann 1996, 17). Entscheidend für den ‚*literalistic turn*‘ sei, „daß man Wahrheit und Texte nicht mehr unabhängig von ihrem materiellen Gegebensein als Buchstaben einer Schrift zu denken vermag“ (Assmann 1996, 17) – es gibt, metaphorisch gesagt, keine ‚Erhebung‘ des Lesers über den Text, sondern die Bindung an diesen ist unauflöslich.

Verweise auf die ‚Materialität‘ der Texte sprechen implizit-metaphorisch von deren Undurchsichtigkeit, zugleich aber auch konkret von deren sinnlich-physischer Dimension, welche die Aufmerksamkeit des Lesers in hohem Maß für sich beanspruchen kann. Statt den Blick auf Bedeutungen ‚freizugeben‘, kann sich das Erscheinungsbild des Textes sogar ‚vor‘ dessen inhaltliche Botschaft ‚schieben‘. Man kann darin eine Emanzipation des Buchstabens gegenüber dem Geist sehen: Nachdem der Geist den Buchstaben jahrhundertelang unterjocht hat, zeichnet sich nunmehr eine Umkehrung dieses Verhältnisses ab (vgl. Assmann 1996). Der Leser wird zum Spurensucher, der von den Wort-‚Körpern‘ auch das abliest, was diesen bereits eingeschrieben war, bevor der Textverfasser an die Arbeit ging. Seit den 1980er Jahren sei darum, so Assmann, eher neutralisierend vom Lesen die Rede, wo man früher vom Interpretieren sprach. Es gibt einem entsprechenden Vorverständnis zufolge keine ‚körperlose‘ Sphäre der ‚reinen‘ Bedeutungen, und Lesen erscheint als unabschließbarer Prozess, der weder auf eine Transzendierung des Textes noch auf eine finale Feststellung von Resultaten ausgerichtet ist.

Texttheoretische Diskurse sind von einer unhintergehbaren und suggestiven Metaphorik, die jeweils eine spezifische Interpretation dessen impliziert, was Lesen ist. Lange prägten die Metaphorik von ‚Buchstabe und Geist‘ und das Konzept einer (Selbst-),Offenbarung‘ des Geistes das Selbstverständnis des Lesens. Im Kontext von hermeneutischen Textmodellen ging es um Entzifferungen, Entschlüsselungen, Entbergungen, Freilegungen, Eröffnungen; wichtige Derivatmetaphern sind die Verwendung von Lese-,Schlüsseln‘ und die Verwendung hermeneutischer ‚Instrumentarien‘. Demgegenüber favorisieren posthermeneutische bzw. post-auktoriale Texttheorien das Modell des Lesen als ‚Dekonstruktion‘, orientieren sich also an einer (verschieden modifizierbaren) Architekturmetaphorik. Architekturmetaphorisch fundiert ist das Konzept eines „Mosaiks“ von Zitaten, die als Bausteine zwischen Schreibenden und Lesenden zirkulieren, wobei die Abgrenzung zwischen Schreibenden und Lesenden in letzter Konsequenz kassiert erscheint, insofern sich alle Sprachbenutzer derselben Bausteine bedienen, die nicht ihrer Autorität unterstehen. Gérard Genettes „Palimpsest“-Metaphorik (im

Feld der Intertextualitätstheorien der prominenteste Rivale von Julia Kristevas „Mosaik"-Metapher) entstammt zwar dem Bereich der Philologie bzw. der Lektürepraktiken selbst, hat aber insofern ebenfalls eine räumlich-architektonische Dimension, als sie dazu auffordert, das zu lesen, was ‚unterhalb' einer ‚oberen' Textschicht entdeckt werden kann (den ‚Hypotext' unter dem ‚Hypertext'). In Intertextualitätstheorien geht es um die Schärfung des Leser-Blicks für Schichten respektive für zusammengesetzte Oberflächen. Das Bild vom ‚Mosaik aus Zitaten' suggeriert dabei immerhin, dass der Leser es mit fester ‚Materie' zu tun hat. Liegt demgegenüber der Akzent auf dem ‚Fluss der Signifikanten', so bewegt er sich, metaphorisch gesprochen, im Flüssigen und kann nicht erwarten, je einen festen Standpunkt zu erreichen (vgl. Assmann 1991, 181–199).

3.13 Die ‚Freiheit' des Lesers; Lesen als Metapher der Emanzipation von Vor-Schriften

Die Rezeptionsästhetik der 1960er und 1970er Jahre akzentuiert die Bedeutung der Lektüre für Prozesse der Sinnkonstitution; Umberto Ecos Konzept des „offenen Kunstwerks" erinnert daran, dass selbst die Gestaltung der zu lesenden Texte manchmal dem Leser übertragen wird. Die Emanzipation des Lesers von Sinnvorgaben des Textes respektive des Autors respektive des ihm vorliegenden Textes wird zur zentralen Metapher einer Befreiung des Subjekts, die auch und gerade politische Implikationen hat. ‚Bewegliche' Texte appellieren an ‚bewegliche' Leser, unfertige Texte an den ‚kreativen' Leser, unkonventionelle und womöglich tabuverletzende Texte an den zur Bewusstseinserweiterung bereiten Leser – wobei diese und andere Attribute des Ideal-Lesers stets auch Metaphern für Haltungen sozialer und politischer Akteure sind. ‚Mobile', vom Leser (mit) zu gestaltende Texte und Buch-Objekte verweisen auf die ‚Freiheit' des Lesers als ein (rezeptions-)ästhetisches und zugleich politisches Postulat. Genannt seien Raymond Queneaus ‚Sonettmaschine' (*Cent mille milliards de poèmes*), Marc Saportas Kartenspiel-Text *Composition No. 1*, Konrad Balder Schäuffelens aus losen Zetteln bestehendes Objekt *Haus der Bienenkönigin* und Bryan Stanley Johnsons aus losen Kapiteln bestehender Roman *The Unfortunates*. Hier und in anderen Fällen sind literarische Texte und Bücher selbst als konkretisierte Metaphern theoretischer Konzepte zu betrachten (die sie dabei allerdings nicht unbedingt buchstäblich umsetzen, sondern mit denen sie teilweise auch wiederum spielen) – insbesondere der Idee eines Spiels der Leser mit dem Gelesenen (konkretisiert in spielkartenförmigen Textträgern anstelle des Codex), ferner der Idee einer Relativierung von Autorschaft (der Leser konstruiert den Text mit, wenn dieser in Gestalt kombinierbarer Einzelteile vorliegt), der Idee einer ‚Mobilisierung' des Textes – einer Überwindung seiner Statik („Starre") – und einer Mobilisierung des Lesers sowie der Idee einer Modellierung von Komplexität durch Geflechte nicht-linearer Lesewege.

3.14 Lesen als Grenzerfahrung

Komplementär zur metaphorischen Konzeptualisierung des Lesens als eines Prozesses der Autonomisierung und der Bemächtigung über Texte, Ideen und Wirklichkeiten wird das Lesen aber auch zur Metapher des Autoritätsverlusts, der Ohnmacht, der Konfrontation mit unüberwindbaren Grenzen – Grenzen des Fasslichen, Grenzen des Sagbaren. Metaphorische Valenzen haben, bezogen auf den Leseprozess insbesondere partiell oder gänzlich unlesbarer Bücher: Bücher mit teilweise oder ganz geschwärzten oder auch weißen sowie durchlöcherten Seiten, Bücher mit überdruckten Textflächen und anderen getilgten Partien, die sich der Lektüre – zumindest im konventionellen Sinn – verweigern. Wird Schrift verfremdet, überdeckt, fragmentiert, gelöscht, so wird der Versuch, sie zu lesen, vielfach zur Metapher scheiternder Bemühungen um Wissen, Sinnerschließung und Kommunikation. Das Buch, das ‚schweigt', nichts ‚zu sagen hat' oder seine ‚Geheimnisse' für sich behält, erinnert als konkretisierte Metapher unter anderem an die Dialektik von Wissen und Nichtwissen. Vielfach wird es aber auch zum metaphorischen Verweis auf Unsagbares – auf Dinge, die jenseits sprachlichen Zugriffs liegen, auf Unsägliches. Neben zerstörten und verschlossenen Büchern schweigen auch leere Bücher. Deutet man ihr konkretes Erscheinungsbild als Metapher des Lesens, so wirken sie teils als Ermutigungen, imaginäre Texte in sie einzutragen, teils als materialisiertes Hindernis schriftlicher Kommunikation.

Weiterführende Literatur

Assmann, Aleida (2010). „Das Buch – Nährstoff des Geistes, politische Waffe und Lebensbegleiter". *Seitenweise. Was das Buch ist.* Hrsg. von Thomas Eder, Samo Kobenter und Peter Plener. Wien: 150–162.

Blumenberg, Hans (1981). *Die Lesbarkeit der Welt.* Frankfurt/M.

Manguel, Alberto (1998). „Metaphern des Lesens". *Eine Geschichte des Lesens.* Berlin: 193–204.

Demandt, Alexander (1978). *Metaphern für Geschichte. Sprachbilder und Gleichnisse im historisch-politischen Denken.* München.

Literatur

Assmann, Aleida (1991). „Fest und flüssig: Anmerkungen zu einer Denkfigur". *Kultur als Lebenswelt und Monument.* Hrsg. von Aleida Assmann und Dietrich Harth. Frankfurt/M.: 181–199.

Assmann, Aleida (1996). „Einleitung. Metamorphosen der Hermeneutik". *Texte und Lektüren. Perspektiven in der Literaturwissenschaft.* Hrsg. von Aleida Assmann. Frankfurt/M.: 7–26.

Assmann, Aleida (2010). „Das Buch – Nährstoff des Geistes, politische Waffe und Lebensbegleiter". *Seitenweise. Was das Buch ist.* Hrsg. von Thomas Eder, Samo Kobenter und Peter Plener. Wien: 150–162.

Bachmann, Ingeborg (²1984 [1982]). „Fragen zeitgenössischer Dichtung". *Werke.* Bd. 4. Hrsg. von Christine Koschel, Inge von Weidenbaum und Clemens Münster. München und Zürich: 181–297.

Benjamin, Walter (1970). *Berliner Chronik.* Frankfurt/M.

Benjamin, Walter (1972a). „Aussicht ins Kinderbuch". *Gesammelte Schriften.* Bd. IV/2. *Kleine Prosa. Baudelaire-Übertragungen.* Hrsg. von Rolf Tiedemann und Hermann Schweppenhäuser. Frankfurt/M.: 609–615.

Benjamin, Walter (1972b). „ABC–Bücher vor hundert Jahren". *Gesammelte Schriften.* Bd. IV/2. *Kleine Prosa. Baudelaire-Übertragungen.* Hrsg. von Rolf Tiedemann und Hermann Schweppenhäuser. Frankfurt/M.: 619–620.

Benjamin, Walter (1972c). „Chichleuchlauchra. Zu einer Fibel". *Gesammelte Schriften.* Bd. III. *Kritiken und Rezensionen.* Hrsg. von Hella Tiedemann-Bartels. Frankfurt/M.: 267–272.

Blumenberg, Hans (1981). *Die Lesbarkeit der Welt.* Frankfurt/M.

Boccaccio, Giovanni (1957). *Der Decamerone.* Bd. 1. Zürich.

Böhme, Hartmut (1988). *Natur und Subjekt.* Frankfurt/M.

Brockes, Barthold Heinrich (1965). *Auszug der vornehmsten Gedichte aus dem Irdischen Vergnügen in Gott.* Faksimiledruck nach der Ausgabe von 1738. Stuttgart.

Celan, Paul (1983). *Gesammelte Werke.* Bd. 3. Hrsg. von Beda Allemann und Stefan Reichert. Frankfurt/M.

Curtius, Ernst Robert (1942). „Schrift- und Buchmetaphorik in der Weltliteratur". *Deutsche Vierteljahrsschrift für Literaturwissenschaft und Geistesgeschichte* 20 (1942): 359–411.

Curtius, Ernst Robert (²1954 [1948]). *Europäische Literatur und lateinisches Mittelalter.* Bern.

Danielewski, Mark Z. (2000). *House of Leaves.* New York.

Demandt, Alexander (1978). *Metaphern für Geschichte. Sprachbilder und Gleichnisse im historisch-politischen Denken.* München.

Derrida, Jacques (1972). „Freud und der Schauplatz der Schrift". *Die Schrift und die Differenz.* Aus dem Französischen von Rodolphe Gasché und Ulrich Köppen. Frankfurt/M.: 302–350.

Derrida, Jacques (1974 [1967]). *Grammatologie.* Aus dem Französischen von Hans-Jörg Rheinberger und Hanns Zischler. Frankfurt/M.

Eco, Umberto (1972). *Einführung in die Semiotik.* Autoris. deutsche Ausg. von Jürgen Trabant. München.

Ende, Michael (1979). *Die unendliche Geschichte.* Stuttgart.

Federman, Raymond (1971). *Double or Nothing. A Real Fictitious Discourse.* Chicago.

Fielding, Henry (1749). *The History of Tom Jones, a Foundling.* London.

Goodbody, Axel (1984). *Natursprache. Ein dichtungstheoretisches Konzept der Romantik und seine Wiederaufnahme in der modernen Naturlyrik.* Neumünster.

Grass, Günter (1960). „Askese". *Gleisdreieck*. Darmstadt: 56–57.

Grimm, Jacob und Wilhelm (1984 [1860]). Art. „Bücherwurm". *Deutsches Wörterbuch*. Bd. 2. München: 474.

Grimm, Jacob und Wilhelm (1984 [1885]). Art. „Lesen". *Deutsches Wörterbuch*. Bd. 12. München: 774–786.

Handke, Peter (1987). *Aber ich lebe nur von den Zwischenräumen. Ein Gespräch, geführt von Herbert Gamper*. Zürich.

Hartl, Nina (2001). *Die ‚Stultifera Navis'. Jakob Lochers Übertragung von Sebastian Brants ‚Narrenschiff'. Teiledition und Übersetzung*. Bd. 1.2. Münster, New York, München und Berlin.

Herder, Johann Gottfried (1891). „Auch eine Philosophie der Geschichte zur Bildung der Menschheit". Bd. 5. *Sämmtliche Werke* Bd. 33. Hrsg. von Bernhard Suphan. Berlin.

Illich, Ivan (2010 [1991]). *Im Weinberg des Textes. Als das Schriftbild der Moderne entstand. Ein Kommentar zu Hugos ‚Disdascalicon'*. Aus dem Englischen von Ylva Eriksson-Kuchenbuch. Frankfurt/M.

Kafka, Franz (1999). *Briefe*. Bd. 1: *1900–1912*. Hrsg. von Hans-Gerd Koch. *Schriften. Tagebücher. Briefe*. Kritische Ausgabe. Frankfurt/M.

Körte, Mona (2011). *Essbare Lettern, brennendes Buch. Schriftvernichtung in der Literatur der Neuzeit*. München.

Körte, Mona (2016). „Vom Ding zum Zeichen: Abc-Bücher und Buchstabensuppen". *Sprachen des Sammelns. Literatur als Medium und Reflexionsform des Sammelns*. Hrsg. von Sarah Schmidt. München: 139–162.

Koschorke, Albrecht (1999). *Körperströme und Schriftverkehr. Mediologie des 18. Jahrhunderts*. München.

Lichtenberg, Georg Christoph (1968). *Schriften und Briefe*. Bd. 1. Hrsg. von Wolfgang Promies. München.

Locke, John (1975). *An Essay Concerning Human Understanding*. Hrsg. von Pauline Phemister. New York.

Manganelli, Giorgio (1990). *Pinocchio. Ein Parallelbuch zu Carlo Collodis Pinocchio*. Frankfurt/M.

Manguel, Alberto (1998). „Metaphern des Lesens". *Eine Geschichte des Lesens*. Berlin: 193–204.

Massin, Robert (1970). *Buchstabenbilder und Bildalphabete*. Aus dem Französischen von Philipp Luidl und Rudolf Strasser. Ravensburg.

Murakami, Haruki (2013). *Die unheimliche Bibliothek*. Mit Illustrationen von Kat Menschik. Übers. von Ursula Gräfe. Köln.

Platon (1959). „Philebos". *Sämtliche Werke*. Bd. 5. Hrsg. von Ernst Heitsch und Carl Werner Müller. Übers. von Friedrich Schleiermacher. Hamburg.

Plotin (1878). *Enneaden*. Übers. von Hermann Friedrich Müller. Bd. 1. Berlin.

Ritter, Johann Wilhelm (1810). *Fragmente aus dem Nachlasse eines jungen Physikers*. Heidelberg.

Rothacker, Erich (1979). *Das ‚Buch der Natur'. Materialien und Grundsätzliches zur Metapherngeschichte*. Hrsg. aus dem Nachlass und bearbeitet von Wilhelm Perpeet. Bonn.

Rühmkorf, Peter (1985). *agar agar zaurzaurim. Zur Naturgeschichte des Reims und der menschlichen Anklangsnerven*. Frankfurt/M.

Schafer, Raymond Murray (1984). *Dicamus et Labyrinthos. A Philologist's Notebook*. Bancroft, Ontario.

Schmitz-Emans, Monika (1995). *Schrift und Abwesenheit. Historische Paradigmen zu einer Poetik der Entzifferung und des Schreibens.* München.

Schmitz-Emans, Monika (2010). „Die Laterna magica der Erzählung. Zur Semantik eines Bilderzeugungsverfahrens und seiner poetologischen Funktion". *Monatshefte* 102.3 (2010): 300–325.

Schneider, Manfred (1986). *Die erkaltete Herzensschrift.* München und Wien.

Schopenhauer, Arthur (1977a). *Die Welt als Wille und Vorstellung.* Buch III. Werke in zehn Bänden. Züricher Ausgabe. Bd. I/1.

Schopenhauer, Arthur (1977b). *Parerga und Paralipomena.* Teil II. Kap. II (Selbstdenken). § 264. Werke in zehn Bänden. Züricher Ausgabe. Bd. II: 543–544.

Schopenhauer, Arthur (1985). *Der handschriftliche Nachlaß.* Bd. IV. Hrsg. von Arthur Hübscher. München.

Shakespeare (1992). *Hamlet.* Hrsg. von Roma Gill. Oxford.

Sloterdijk, Peter (1988). *Zur Welt kommen – Zur Sprache kommen. Frankfurter Vorlesungen.* Frankfurt/M.

Sommer, Manfred (2002). *Sammeln. Ein philosophischer Versuch.* Frankfurt/M.

Thiele, Johann Georg Philipp (1781). *An die Jünglinge von der Bildung durch Lektüre.* Mannheim.

Tiemann, Karl-Albrecht (1938/1941). „schreiben, Schrift, Geschriebenes". *Handwörterbuch des Deutschen Aberglaubens.* Bd. 9 (Nachträge). Berlin: 293–388.

V Anhang

Forschungsbibliographie

A History of Reading in the West (1999 [1995]). Hrsg. von Guglielmo Cavallo und Roger Chartier. Übers. von Lydia G. Cochrane. Amherst, Mass.

Abraham, Ulf (²2008). „Lesekompetenz, Literarische Kompetenz, Poetische Kompetenz. Fachdidaktische Aufgaben in einer Medienkultur". *Kompetenzen im Deutschunterricht*. Hrsg. von Heidi Rösch. Frankfurt/M.: 13–26.

Adam, Christian (2013). *Lesen unter Hitler. Autoren, Bestseller, Leser im Dritten Reich*. Frankfurt/M.

Adams, Marilyn Jager (1990). *Beginning to Read. Thinking and Learning about Print*. Cambridge, Mass.

Alewyn, Richard (1978). „Klopstocks Leser". *Festschrift für Rainer Gruenter*. Hrsg. von Bernhard Fabian. Heidelberg: 100–121.

Alfes, Henrike F. (1995). *Literatur und Gefühl. Emotionale Aspekte des Lesens und Schreibens*. Opladen.

Aliaga-Buchenau, Ana-Isabel (2004). *The „Dangerous" Potential of Reading: Readers and the Negotiation of Power in Nineteenth Century Narratives*. New York und London.

Alter, Alexandra (2012). „Your E-Book Is Reading You". *The Wallstreet Journal* (19. Juli 2012).

Anderson, Richard C. (⁵2004). „Role of the Reader's Schema in Comprehension, Learning and Memory". *Theoretical Models and Processes of Reading*. Hrsg. von Robert B. Rudell und Norman J. Unrau. Newark, Del.: 594–606.

Anz, Thomas (1998). *Literatur und Lust. Glück und Unglück beim Lesen*. München.

Armbruster, Bonnie B., Fran Lehr und Jean Osborn (³2001). *Put Reading First: The Research Building Blocks for Teaching Children to Read*. https://lincs.ed.gov/publications/pdf/PRFbooklet.pdf. National Institute for Literacy (30. Juli 2015).

Artelt, Cordula (2005). *Förderung von Lesekompetenz: Expertise*. Bonn und Berlin.

Assel, Jutta und Georg Jäger (1999). „Zur Ikonographie des Lesens – Darstellungen von Leser(inne)n und des Lesens im Bild". *Handbuch Lesen*. Hrsg. von Bodo Franzmann, Klaus Hasemann, Dietrich Löffler und Erich Schön unter Mitarb. von Georg Jäger, Wolfgang R. Langenbucher und Ferdinand Melichar. München: 638–673.

Assmann, Aleida (1985). „Die Domestikation des Lesens. Drei historische Beispiele". *Lesen – historisch*. Hrsg. von Brigitte Schlieben-Lange. *Zeitschrift für Literaturwissenschaft und Linguistik* 15.57/58 (1985): 95–110.

Assmann, Aleida (2015). „Das Kryptogramm des Lebenstextes". *Lesen. Ein Handapparat*. Hrsg. von Hans-Christian von Herrmann und Jeannie Moser. Frankfurt/M.: 111–123.

Auf dem Weg zur literarischen Kompetenz. Ein Modell literarischen Lernens auf semiotischer Grundlage (2013). Hrsg. von Anita Schilcher und Markus Pissarek. Baltmannsweiler.

Aust, Hugo (1983). *Lesen. Überlegungen zum sprachlichen Verstehen*. Tübingen.

Aust, Hugo (1996). „Die Entfaltung der Fähigkeit des Lesens". *Schrift und Schriftlichkeit (Writing and Its Use): Ein interdisziplinäres Handbuch internationaler Forschung*. Hrsg. von Hartmut Günther und Otto Ludwig. Berlin: 1169–1178.

Aust, Hugo (2007). „Lesen". *Reallexikon der deutschen Literaturwissenschaft*. Hrsg. von Harald Fricke und Georg Braungart. Bd. II: H–O. Berlin und New York: 406–410.

Bachleitner, Norbert (2010). „Das Lesen digitaler Literatur: Revision einer Kulturtechnik". *lesen. heute. perspektiven*. Hrsg. von Eduard Beutner und Ulrike Tanzer. Innsbruck, Wien und Bozen: 185–201.

Bäcker, Iris (2014). *Der Akt des Lesens – neu gelesen. Zur Bestimmung des Wirkungspotenzials von Literatur.* München.

Bader, Günter (2007). „Ein Versuch zur Unlesbarkeit des Gottesnamens". *Genese und Grenzen der Lesbarkeit.* Hrsg. von Philipp Stoellger. Würzburg: 201–223.

Bahmer, Lonni (2011). „Lectio". *Historisches Wörterbuch der Rhetorik.* Hrsg. von Gert Ueding. Bd. 10. Darmstadt: 565–574.

Baier, Karl (2013). „Lesen als spirituelle Praxis der Gegenwartskultur". *Text und Mystik. Zum Verhältnis von Schriftauslegung und kontemplativer Praxis.* Hrsg. von Karl Baier, Regina Polak und Ludger Schwienhorst-Schönberger. Göttingen: 23–59.

Bal, Mieke (1991). *Reading „Rembrandt": Beyond the Word-Image Opposition.* Cambridge.

Balogh, Josef (1926). „Voces Paginarum. Beiträge zur Geschichte des lauten Lesens und Schreibens". *Philologus* 82 (1926): 84–109 u. 202–240.

Barner, Wilfried (2001). „Die Lesbarkeit der Literatur". *Wissenschaften 2001. Diagnosen und Prognosen.* Hrsg. von der Akademie der Wissenschaften zu Göttingen. Göttingen: 68–88.

Baron, Naomi S. (2015). *Words Onscreen. The Fate of Reading in a Digital World.* New York.

Barth, Susanne (1997). „,Buch und Leben [müssen] immer neben einander Seyn – das Eine erläuternd und bestätigend das andere': Zur Leseerziehung in Mädchenratgebern des 19. Jahrhunderts". *Geschichte der Mädchenlektüre: Mädchenliteratur und die gesellschaftliche Situation der Frauen vom 18. Jahrhundert bis zur Gegenwart.* Hrsg. von Dagmar Grenz und Gisela Wilkending. Weinheim: 51–72.

Barth, Susanne (2002). *Mädchenlektüren: Lesediskurse im 18. und 19. Jahrhundert.* Frankfurt/M.

Barthes, Roland (1974). *Die Lust am Text.* Aus dem Französischen von Traugott König. Frankfurt/M.

Barthes, Roland (1984 [1975/1976]). „Sur la lecture". *Essais critiques IV: Le bruissement de la langue.* Paris: 37–47.

Barthes, Roland (2000 [1968]). „Der Tod des Autors". *Texte zur Theorie der Autorschaft.* Hrsg. von Fotis Jannidis, Gerhard Lauer, Matías Martínez und Simone Winko. Stuttgart: 181–193.

Barthes, Roland (2006). „Über das Lesen". *Kritische Essays IV: Das Rauschen der Sprache.* Übers. von Dieter Hornig. Frankfurt/M.: 33–43.

Bauer, Friedrich L. (³2000). *Entzifferte Geheimnisse. Methoden und Maximen der Kryptographie.* Berlin und Heidelberg.

Bauer, Matthias und Angelika Zirker (2017). „Explanatory Annotation of Literary Texts and the Reader: Seven Types of Problems". *IJHAC: A Journal of Digital Humanities* 11.2 (2017): 212–232.

Baumann, Petra Martina (2010). „Lesen. Schreiben. Beta-Lesen. Literarische Fankultur im Internet". *lesen. heute. perspektiven.* Hrsg. von Eduard Beutner, Ulrike Tanzer. Innsbruck: 211–226.

Baumert, Jürgen, Eckhard Klieme, Michael Neubrand, Manfred Prenzel, Ulrich Schiefele, Wolfgang Schneider, Klaus-Jürgen Tillmann und Manfred Weiß (1999). *Internationales und nationales Rahmenkonzept für die Erfassung von Lesekompetenz in PISA.* https://www.mpib-berlin.mpg.de/Pisa/KurzFrameworkReading.pdf. Berlin (30. Juli 2015).

Baurmann, Jürgen (2009). *Sachtexte lesen und verstehen: Grundlagen – Ergebnisse – Vorschläge für einen kompetenzfördernden Unterricht.* Seelze.

Bavishi, Avni, Martin D. Slade und Becca R. Levy (2016). „A Chapter a Day: Association of Book Reading with Longevity". *Social Science & Medicine* 164 (2016): 44–48.

Bayard, Pierre (2007). *Wie man über Bücher spricht, die man nicht gelesen hat.* München.

Beaujean, Marion (1971). „Das Lesepublikum der Goethezeit: Die historischen und soziolo-
gischen Wurzeln des modernen Unterhaltungsromans". *Der Leser als Teil des literarischen
Lebens: Eine Vortragsreihe.* Hrsg. von Marion Beaujean, Hans Norbert Fügen, Wolfgang R.
Langenbucher und Wolfgang Strauß. Bonn: 5–32.

Belgrad, Jürgen (2015). „Lernraum Vorlesen". *Lernchance: Vorlesen. Vorlesen lehren, lernen
und begleiten in der Schule.* Hrsg. von Gerd Bräuer und Franziska Trischler. Stuttgart:
19–39.

Bennett, Alan (2008). *The Uncommon Reader.* London (dt.: [5]2008. *Die souveräne Leserin.*
Übersetzung von Ingo Herzke. Berlin).

Bergk, Johann Adam (1799). *Die Kunst, Bücher zu lesen.* Jena.

Bergk, Johann Adam (1839). *Vom Bücherlesen und der Bücher-Kunde, oder: Anweisung, wie
man Bücher lesen, welche Bücher man zur Bildung und Aufklärung lesen und welche
Zwecke man dadurch zu erreichen streben muss. Mit Betrachtungen über Literatur und
Angabe der vorzüglichsten besten Werke und Schriftsteller.* Quedlinburg und Leipzig.

Bertschi-Kaufmann, Andrea (2000). *Lesen und Schreiben in einer Medienumgebung: Die
literalen Aktivitäten von Primarschulkindern.* Aarau.

Bertschi-Kaufmann, Andrea und Christine Tresch (2004). „Mediennutzung im Spannungsfeld
von Buch und Multimedia: Rezeptionsbasis und Leseverhalten". *Mediennutzung und
Schriftlernen: Analysen und Ergebnisse zur literalen und medialen Sozialisation.* Hrsg. von
Andrea Bertschi-Kaufmann, Wassilis Kassis und Peter Sieber. Weinheim: 175–198.

Bertschi-Kaufmann, Andrea und Esther Wiesner (2009). „Lesealltag und Leseglück in den
Selbstaussagen von Jugendlichen". *Literalität: Bildungsaufgabe und Forschungsfeld.*
Hrsg. von Andrea Bertschi-Kaufmann und Cornelia Rosebrock. Weinheim: 217–232.

Bertschi-Kaufmann, Andrea und Frederic Härvelid ([2]2008). „Lesen im Wandel. Lesetraditionen
und die Veränderungen in neuen Medienumgebungen". *Lesekompetenz, Leseleistung,
Leseförderung. Grundlagen, Modelle und Materialien.* Hrsg. von Andrea Bertschi-
Kaufmann. Seelze: 29–49.

Bertschi-Kaufmann, Andrea und Hansjakob Schneider (2006). „Entwicklung von Lesefähigkeit: Massnahmen – Messungen – Effekte. Ergebnisse und Konsequenzen aus dem
Forschungsprojekt ‚Lese- und Schreibkompetenzen fördern'". *Schweizerische Zeitschrift
für Bildungswissenschaften* 28.3 (2006): 393–421.

Best, Stephen und Sharon Marcus (2009). „Surface Reading: An Introduction". *Representations*
108 (2009): 1–21.

Bickenbach, Matthias (1999). *Von den Möglichkeiten einer ‚inneren' Geschichte des Lesens.*
Tübingen.

Bickenbach Matthias (2015). „Lesen". *Historisches Wörterbuch des Mediengebrauchs.* Hrsg.
von Heiko Christians, Matthias Bickenbach und Nikolaus Wegmann. Köln, Weimar, Wien:
393–411.

Bickenbach, Matthias (2019). *Bildschirm und Buch. Versuch über die Zukunft des Lesens.*
Hannover.

Birke, Dorothee (2016). *Writing the Reader: Configurations of a Cultural Practice in the English
Novel.* Berlin und Boston.

Birkerts, Sven (1994). *Die Gutenberg-Elegien. Lesen im elektronischen Zeitalter.* Frankfurt/M.

Birkle, Sonja (2012). *Erwerb von Textmusterkenntnis durch Vorlesen. Eine empirische Studie in
der Grundschule.* Freiburg/Br.

Bloom, Harold (1975). *A Map of Misreading.* New York.

Blumenberg, Hans (1981). *Die Lesbarkeit der Welt.* Frankfurt/M.

Boelmann, Jan (2009). „Leseforschung". *Methodengeschichte der Germanistik.* Hrsg. von Jost Schneider unter red. Mitarb. von Regina Grundmann. Berlin und New York: 309–321.

Bohrer, Karl Heinz (1993). *Ästhetik und Rhetorik. Lektüren zu Paul de Man.* Frankfurt/M.

Bollmann, Stefan (³2005). *Frauen, die lesen, sind gefährlich. Lesende Frauen in Malerei und Fotografie.* Mit einem Vorwort von Elke Heidenreich. München.

Bonfadelli, Heinz (2001). „Soziologie des Lesens – Leser, Leseverhalten, Buchmarkt". *Handbuch Lesen.* Hrsg. von Bodo Franzmann, Klaus Hasemann, Dietrich Löffler und Erich Schön unter Mitarb. von Georg Jäger, Wolfgang R. Langenbucher und Ferdinand Melichar. Baltmannsweiler: 86–144.

Bos, Wilfried, Irmela Tarelli, Albert Bremerich-Vos und Knut Schwippert (2012). *IGLU 2011: Lesekompetenzen von Grundschulkindern in Deutschland im internationalen Vergleich.* Münster.

Bracht, Edgar (1987). *Der Leser im Roman des 18. Jahrhunderts.* Frankfurt/M.

Brandes, Helga (1994). „Die Entstehung eines weiblichen Lesepublikums im 18. Jahrhundert. Von den Frauenzimmerbibliotheken zu den literarischen Damengesellschaften". *Lesen und Schreiben im 17. und 18. Jahrhundert. Studien zu ihrer Bewertung in Deutschland, England, Frankreich.* Hrsg. von Paul Goetsch. Tübingen: 125–133.

Bray, Joe (2009). *The Female Reader in the English Novel: From Burney to Austen.* New York, NY.

Breidbach, Olaf (³2011). „Lesen". *Wörterbuch der philosophischen Metaphern.* Hrsg. von Ralf Konersmann. Darmstadt: 199–211.

Brosch, Renate (2007a). „Visualisierungen in der Leseerfahrung". *Visualisierungen: Textualität – Deixis – Lektüre.* Hrsg. von Renate Brosch und Ronja Tripp. Trier: 47–87.

Brosch, Renate (2007b). *Short Story. Textsorte und Leseerfahrung.* Trier.

Brosch, Renate (2008). „Weltweite Bilder, lokale Lesarten: Visualisierungen der Literatur". *Visual Culture: Beiträge zur XIII. Tagung der Deutschen Gesellschaft für Allgemeine und Vergleichende Literaturwissenschaft.* Hrsg. von Monika Schmitz-Emans und Gertrud Lehnert. Heidelberg: 61–82.

Brown, Bob (2014 [1930]). *The Readies.* Hrsg. von Craig J. Saper. Baltimore, MD.

Busch, Stephan (2002). „Lautes und leises Lesen in der Antike". *Rheinisches Museum für Philologie* 145.1 (2002): 1–45.

Cahn, Michael (1994). „Hamster: Wissenschafts- und mediengeschichtliche Grundlagen der sammelnden Lektüre". *Lesen und Schreiben im 17. und 18. Jahrhundert. Studien zu ihrer Bewertung in Deutschland, England, Frankreich.* Hrsg. von Paul Goetsch. Tübingen: 63–77.

Calinescu, Matei (1993). *Rereading.* New Haven und London.

Campe, Rüdiger (2007). „Lecture". *Reallexikon der deutschen Literaturwissenschaft.* Hrsg. von Harald Fricke und Georg Braungart. Bd. II: H–O. Berlin und New York: 385–388.

Caracciolo, Marco (2011). „The Reader's Virtual Body". *Storyworlds* 3 (2011): 117–138.

Caracciolo, Marco (2012). „Fictional Consciousnesses: A Reader's Manual". *Style* 46.1 (2012): 42–64.

Cavallo, Guglielmo (1999). „Vom Volumen zum Kodex. Lesen in der römischen Welt". *Die Welt des Lesens. Von der Schriftrolle zum Bildschirm.* Hrsg. von Roger Chartier und Guglielmo Cavallo. Frankfurt/M. und New York: 97–133.

Chaouli, Michel (2001). „Was bedeutet: Online lesen? Über die Möglichkeit des Archivs im Cyberspace". *Text + Kritik. Zeitschrift für Literatur* 152 (2001): 65–74.

Charlton, Michael, Christina Burbaum, Corinna Pette und Katrin Winter (2002a). „Qualitative und quantitative Untersuchungen zu den Strategien literarischen Lesens im Erwachsenenalter". *Lesen in der Mediengesellschaft*. Hrsg. von Heinz Bonfadelli und Priska Bucher. Zürich: 108–124.

Charlton, Michael, Christina Burbaum, Karl Schweizer, Alexander Stürz und Tilmann Sutter (2002b). „Ergebnisse der Freiburger Telefonumfrage zu Lesestrategien erwachsener Leserinnen und Leser von Romanen". *Forschungsberichte des Psychologischen Instituts der Albert-Ludwigs-Universität Freiburg i. Br.* 157 (2002): 1–39.

Chartier, Roger (1990). *Lesewelten. Buch und Lektüre in der frühen Neuzeit*. Frankfurt/M. und New York.

Chartier, Roger (2004). „Languages, Books, and Reading from the Printed Word to the Digital Text". *Critical Inquiry* 31.1 (2004): 133–152.

Chartier, Roger (2006). „Readers and Readings in the Electronic Age". *Text-e. Text in the Age of the Internet*. Hrsg. von Gloria Origgi. Basingstoke und London: 1–11.

Christmann, Ursula und Norbert Groeben (2001). „Psychologie des Lesens". *Handbuch Lesen*. Hrsg. von Bodo Franzmann, Klaus Hasemann, Dietrich Löffler und Erich Schön unter Mitarb. von Georg Jäger, Wolfgang R. Langenbucher und Ferdinand Melichar. Baltmannsweiler: 145–222.

Christmann, Ursula und Tobias Richter (2002). „Lesekompetenz. Prozessebenen und interindividuelle Unterschiede". *Lesekompetenz: Bedingungen, Dimensionen, Funktionen*. Hrsg. von Norbert Groeben und Bettina Hurrelmann. Weinheim und München: 25–58.

Collins, Jim (2013). „Reading, in a Digital Archive of One's Own". *PMLA* 128.1 (2013): 207–212.

Cornis-Pope, Marcel und Ann Woodlief (2003). „The Rereading/Rewriting Process: Theory and Collaborative, Online Pedagogy". *Intertexts. Reading Pedagogy in College Writing Classrooms*. Hrsg. von Marguerite Helmers. Mahwah, NJ: 146–164.

Dahms, Andrea Elisabeth (2005). *Erlesene Welten. Der fiktive Leser in der modernen Literatur. Karl Philipp Moritz, Gottfried Keller, Peter Handke*. Frankfurt/M.

Dann, Otto (1981). „Einleitung des Herausgebers: Die Lesegesellschaften und die Herausbildung einer modernen bürgerlichen Gesellschaft in Europa". *Lesegesellschaften und bürgerliche Emanzipation: Ein europäischer Vergleich*. Hrsg. von Otto Dann. München: 9–28.

Darnton, Robert (1998 [1986]). „Erste Schritte zu einer Geschichte des Lesens". *Der Kuß des Lamourette. Kulturgeschichtliche Betrachtungen*. München und Wien: 98–134.

de Jong, Ralf (2015). „Typographische Lesbarkeitskonzepte". *Lesen. Ein interdisziplinäres Handbuch*. Hrsg. von Ursula Rauschenberg und Ute Schneider. Berlin und Boston: 233–256.

de Man, Paul (1988). *Allegorien des Lesens*. Aus dem Amerikanischen von Werner Hamacher und Peter Krumme. Mit einer Einleitung von Werner Hamacher. Frankfurt/M.

de Man, Paul (2012). *Allegorien des Lesens II. Die Rousseau-Aufsätze*. Hrsg. von Gerhard Poppenberg. Aus dem Amerikanischen von Sylvia Rexing-Lieberwirth. Berlin.

Décultot, Elisabeth (2014). *Lesen, Kopieren, Schreiben. Lese- und Exzerpierkunst in der europäischen Literatur des 18. Jahrhunderts*. Berlin.

Dehaene, Stanislas (2012). *Lesen. Die größte Erfindung der Menschheit und was dabei in unseren Köpfen passiert*. München.

Dehn, Mechthild, Franz-Josef Payrhuber, Gudrun Schulz und Kaspar H. Spinner (1999). „Lesesozialisation, Leseunterricht und Leseförderung in der Schule". *Handbuch Lesen*. Hrsg. von Bodo Franzmann, Klaus Hasemann, Dietrich Löffler und Erich Schön unter Mitarb. von Georg Jäger, Wolfgang R. Langenbucher und Ferdinand Melichar. München: 568–637.

Dembeck, Till (2013). „Reading Ornament. Remarks on Philology and Culture". *Orbis Litterarum* 68.5 (2013): 367–394.

Deutsches Institut für Normung (2013). *DIN 1450:2013-04.* Berlin.

Dickreiter, Michael (1997). *Partiturlesen. Ein Schlüssel zum Erlebnis Musik.* Mainz.

Drecoll, Frank (1981). „Funktionaler Analphabetismus – Begriff, Erscheinungsbild, psycho-soziale Folgen und Bildungsinteressen". *Für ein Recht auf Lesen. Analphabetismus in der Bundesrepublik Deutschland.* Hrsg. von Frank Drecoll und Ulrich Müller. Frankfurt/M.: 29–40.

Duda, Martin (2008). *Das Glück, das aus den Büchern kommt. Lesekunst als Lebenskunst.* München.

Dufief, Anne-Simone (1999). „La Lectrice, personnage et destinataire dans les romans de la deuxième moitié du XIXe siècle". *La lecture au féminin/Lesende Frauen. La lectrice dans la littérature française du Moyen Age au e siècle/Zur Kulturgeschichte der lesenden Frau in der französischen Literatur von den Anfängen bis zum 20. Jahrhundert.* Hrsg. von Angelica Rieger und Jean-François Tonard. Darmstadt: 199–212.

Eagleton, Terry (1982): „The Revolt of the Reader". *New Literary History* 13 (1982): 439–452.

Ehlers, Swantje (1998). *Lesetheorie und fremdsprachliche Lesepraxis aus der Perspektive des Deutschen als Fremdsprache.* Tübingen.

Eichberger, Dagmar (2009). „,Una libreria per donne assai ornata et riccha'. Frauenbibliotheken des 16. Jahrhunderts zwischen Ideal und Wirklichkeit". *Die lesende Frau.* Hrsg. von Gabriela Signori. Wiesbaden: 241–264.

Elias, Sabine (2009). *Väter lesen vor: Soziokulturelle und bindungstheoretische Aspekte der frühen familialen Lesesozialisation.* Weinheim und München.

Empirische Unterrichtsforschung in der Literatur- und Lesedidaktik. Ein Weiterbildungsprogramm (2006). Hrsg. von Norbert Groeben und Bettina Hurrelmann. Weinheim und München.

Engelsing, Rolf (1973). „Die Perioden der Lesergeschichte in der Neuzeit". *Zur Sozialgeschichte deutscher Mittel- und Unterschichten.* Göttingen: 112–154.

Engelsing, Rolf (1973). *Analphabetentum und Lektüre. Zur Sozialgeschichte des Lesens in Deutschland zwischen feudaler und industrieller Gesellschaft.* Stuttgart.

Engelsing, Rolf (1974). *Der Bürger als Leser. Lesergeschichte in Deutschland 1500–1800.* Stuttgart.

Epping-Jäger, Cornelia (2012). „,Diese Stimme mußte angefochten werden'. Paul Celans Lesung vor der Gruppe 47 als Stimmereignis". *Berührungen. Komparatistische Perspektiven auf die frühe deutsche Nachkriegsliteratur.* Hrsg. von Günter Butzer und Joachim Jacob. Paderborn: 263–280.

Ernst, Thomas (2015). „,User Generated Content' und der Leser-Autor als ,Prosumer'. Potenziale und Probleme der Literaturkritik in Sozialen Medien". *Literaturkritik heute.* Hrsg. von Heinrich Kaulen und Christina Gansel. Göttingen: 93–111.

Ernst, Thomas (2017). „Wem gehören Autor-Leser-Texte? Das geistige Eigentum, netzliterarische Standards, die Twitteratur von @tiny_tales und das Online-Schreibprojekt *morgen-mehr. de* von Tilman Rammstedt". *Lesen X.0. Rezeptionsprozesse in der digitalen Gegenwart.* Hrsg. von Sebastian Böck, Julian Ingelmann, Kai Matuszkiewicz und Friederike Schruhl. Göttingen: 145–167. http://www.vr.de/_uploads_media/files/9783847107453_boeck_ etal_lesen_wz_082839.pdf (20. August 2017).

Esrock, Ellen J. (1994). *The Reader's Eye: Visual Imaging as Reader Response.* Baltimore und London.

Fechner, Gustav Theodor (1978 [³1925]). *Vorschule der Ästhetik.* Hildesheim und New York.

Felman, Shoshana (1988). „Die Lektürepraxis erneuern". *Individualität*. Hrsg. von Manfred Frank und Anselm Haverkamp. München: 203–209.

Fetterley, Judith (1978). *The Resisting Reader: A Feminist Approach to American Fiction*. Bloomington, IN.

Fischer, Helmut (1980). „Typologie des jungen Lesers. Grundlagen, Entwürfe, Perspektiven". *Kind und Jugendlicher als Leser*. Hrsg. von Karl Ernst Maier. Bad Heilbrunn: 86–109.

Flaschka, Horst (2009). „Vom Vorlesen und seiner Geschichte". *Visionen und Hoffnungen in schwieriger Zeit. Kreativität – Sprachen – Kulturen*. Hrsg. von Lutz Götze und Claudia Kupfer-Schreiner. Frankfurt/M.: 279–292.

Flow beim Lesen. Max-Planck-Institut für empirische Ästhetik. https://www.aesthetics.mpg.de/forschung/abteilung-sprache-und-literatur/grundbegriffe-der-aesthetik/projekte/flow.html (4. August 2017).

Forschungsschwerpunkt Medienkonvergenz (Universität Mainz) (2011). *Unterschiedliche Lesegeräte, unterschiedliches Lesen?* [Studienpapier]. https://www.uni-mainz.de/downloads/medienkonvergenz_lesestudie.pdf (31. Januar 2015).

Franzmann, Bodo (2001). „Lesezapping und Portionslektüre". *Media Perspektiven* 2 (2001): 90–98.

Franzmann, Bodo und Dietrich Löffler (1993). „Leseverhalten in Deutschland 1992/1993". *Media Perspektiven* 10 (1993): 454–464.

Fuhrhop, Nana und Niklas Schreiber (2016). „Graphematische Lesehilfen". *Mitteilungen des Deutschen Germanistenverbandes* 2 (2016): 129–146.

Fuhrhop, Nana, Rebecca Carroll, Catharina Drews und Esther Ruigendijk (2016). „Sind die Buchstabenformen eine Lesehilfe?" *Mitteilungen des Deutschen Germanistenverbandes* 2 (2016): 119–128.

Gahn, Jessica (2012). „Protokolldaten zur Analyse literarischer Verstehensprozesse: beispielhafte Auswertung eines Laut-Denk-Protokolls". *Fachliches Wissen und literarisches Verstehen. Studien zu einer brisanten Relation*. Hrsg. von Irene Pieper und Dorothee Wieser. Frankfurt/M.: 193–210.

Galef, David (1998). „Observations on Rereading". *Second Thoughts: A Focus on Rereading*. Hrsg. von David Galef. Detroit: 17–33.

Garbe, Christine (2005). „Warum Leseförderung vor und in der Grundschule ansetzen muss. Erkenntnisse der biographischen Leseforschung". *Lesekompetenz fördern von Anfang an. Didaktische und methodische Anregungen zur Leseförderung*. Hrsg. von Eva Gläser und Gitta Franke-Zöllmer. Baltmannsweiler: 24–35.

Garbe, Christine (2007). „Lesen, Sozialisation, Geschlecht: Geschlechterdifferenzierende Leseforschung und -förderung". *Lesekompetenz – Leseleistung – Leseförderung: Grundlagen, Modelle und Materialien*. Hrsg. von Andrea Bertschi-Kaufmann. Seelze-Velber: 66–83.

Garbe, Christine, Karl Holle und Tatjana Jesch (²2010). *Texte lesen. Textverstehen, Lesedidaktik, Lesesozialisation*. Paderborn.

Garner, Wesley I. (1984). „Reading Is a Problem-Solving Process". *The Reading Teacher* 38.1 (1984): 36–39.

Geschichte der Mädchenlektüre: Mädchenliteratur und die gesellschaftliche Situation der Frauen vom 18. Jahrhundert bis zur Gegenwart (1997). Hrsg. von Dagmar Grenz und Gisela Wilkending. Weinheim.

Giehrl, Hans E. (1968). *Der junge Leser. Einführung in Grundfragen der Jungleserkunde und der literarischen Erziehung*. Donauwörth.

Gilmont, Jean-François (2003). „Protestant Reformations and Reading". Übers. von Lydia G. Cochrane. *A History of Reading in the West*. Hrsg. von Guglielmo Cavallo und Roger Chartier. Cambrigde: 213–237.

Ginzburg, Carlo (1988). „Spurensicherung. Der Jäger entziffert die Fährte, Sherlock Holmes nimmt die Lupe, Freud liest Morelli – die Wissenschaft auf der Suche nach sich selbst". *Spurensicherungen. Über verborgene Geschichte, Kunst und soziales Gedächtnis*. Übers. von Gisela Bonz. München: 78–125.

Glotz, Peter (1973). „Die Bedeutung der Kritik für das Lesen". *Lesen. Ein Handbuch. Lesestoff – Leser und Leseverhalten – Lesewirkungen – Leseerziehung – Lesekultur*. Hrsg. von Alfred Clemens Baumgärtner. Unter Mitarbeit von Alexander Beinlich, Malte Dahrendorf, Klaus Doderer und Wolfgang R. Langenbucher. Hamburg: 604–622.

Gödden, Walter und Iris Nölle-Hornkamp (1990). *Von den Musen wachgeküßt... Als Westfalen lesen lernte*. Hrsg. im Auftrag des Landschaftsverbandes Westfalen-Lippe. Paderborn.

Goetsch, Paul (1996). „Von Bücherwürmern und Leseratten. Der Motivkomplex Lesen und Essen". *Literaturwissenschaftliches Jahrbuch* 37 (1996): 381–406.

Gold, Andreas (2007). *Lesen kann man lernen: Lesestrategien für das 5. und 6. Schuljahr*. Göttingen.

Graf, Werner (1998). „Das Schicksal der Leselust. Die Darstellung der Genese der Lesemotivation in Lektüreautobiographien". *Probleme der literarischen Sozialisation heute*. Hrsg. von Christine Garbe. Lüneburg: 101–124.

Graf, Werner (2004). *Der Sinn des Lesens. Modi der literarischen Rezeptionskompetenz*. Münster.

Graf, Werner (^{3}2011). *Lesegenese in Kindheit und Jugend. Einführung in die literarische Sozialisation*. Baltmannsweiler.

Grafton, Anthony (1999 [1995]). „The Humanist as Reader". *A History of Reading in the West*. Hrsg. von Guglielmo Cavallo und Roger Chartier. Cambridge: 179–212.

Grass, Günter (1960). „Askese". *Gleisdreieck*. Darmstadt: 56–57.

Green, Dennis Howard (1996). *Medieval Listening and Reading. The Primary Reception of German Literature 800–1300*. Cambridge.

Grenz, Dagmar (1997). „Von der Nützlichkeit und der Schädlichkeit des Lesens: Lektüreempfehlungen in der Mädchenliteratur des 18. Jahrhunderts". *Geschichte der Mädchenlektüre: Mädchenliteratur und die gesellschaftliche Situation der Frauen vom 18. Jahrhundert bis zur Gegenwart*. Hrsg. von Dagmar Grenz und Gisela Wilkending. Weinheim: 15–34.

Greven, Jochen (1973). „Grundzüge einer Sozialgeschichte des Lesens und der Lesekultur". *Lesen. Ein Handbuch*. Hrsg. von Alfred Clemens Baumgärtner. Hamburg: 117–133.

Griep, Hans-Joachim (2005). *Geschichte des Lesens. Von den Anfängen bis Gutenberg*. Darmstadt.

Grimm, Gunter E. (2008). „,Nichts ist widerlicher als eine sogenannte Dichterlesung.' Deutsche Autorenlesungen zwischen Marketing und Selbstpräsentation". *Schriftsteller-Inszenierungen*. Hrsg. von Gunter E. Grimm und Christian Schärf. Bielefeld: 141–167. http://www.goethezeitportal.de/fileadmin/PDF/db/wiss/epoche/grimm_dichterlesung.pdf (15. Juli 2015).

Grimm, Jacob und Wilhelm (1984 [1885]). Art. „Lesen". *Deutsches Wörterbuch*. Bd. 12. München: 774–786.

Groeben, Norbert (1982). *Leserpsychologie: Textverständnis – Textverständlichkeit*. Münster.

Groeben, Norbert (1987). „Verstehen, Erklären, Bewerten in einer empirischen Literaturwissenschaft". *Rezeptionsforschung zwischen Hermeneutik und Empirik*. Hrsg. von Elrud Ibsch und Dick H. Schram. Amsterdam: 65–106.

Groeben, Norbert (1989). „Das Konzept der Text-Leser-Interaktion in der Empirischen Literaturwissenschaft". *SPIEL. Siegener Periodicum zur Internationalen Empirischen Literaturwissenschaft* 8.2 (1989): 255–273.

Groeben, Norbert (2004a). „Einleitung: Funktionen des Lesens – Normen der Gesellschaft". *Lesesozialisation in der Mediengesellschaft: Ein Forschungsüberblick*. Hrsg. von Norbert Groeben und Bettina Hurrelmann. Weinheim: 11–35.

Groeben, Norbert (2004b). „(Lese)Sozialisation als Ko-Konstruktion: Methodisch-methodologische Problem-(Lösungs)Perspektiven". *Lesesozialisation in der Mediengesellschaft: Ein Forschungsüberblick*. Hrsg. von Norbert Groeben und Bettina Hurrelmann. Weinheim: 145–168.

Groeben, Norbert und Bettina Hurrelmann (2004). „Geschlecht und Lesen/Mediennutzung: Vorwort". *SPIEL. Siegener Periodicum zur Internationalen Empirischen Literaturwissenschaft* 23.1 (2004): 1–2.

Groeben, Norbert und Peter Vorderer (1986). „Empirische Leserpsychologie". *Psychologie der Literatur*. Hrsg. von Ralph Langner. Weinheim: 105–143.

Groeben, Norbert und Peter Vorderer (1988). *Leserpsychologie: Lesemotivation – Lektürewirkung*. Münster.

Gross, Sabine (1994). *Lese-Zeichen. Kognition, Medium und Materialität im Leseprozeß*. Darmstadt.

Gumbrecht, Hans Ulrich (2011). *Stimmungen lesen. Über eine verdeckte Wirklichkeit der Literatur*. München.

Günther, Hartmut (1996). „Historisch-systematischer Aufriss der psychologischen Leseforschung". *Schrift und Schriftlichkeit (Writing and Its Use): Ein interdisziplinäres Handbuch internationaler Forschung*. Hrsg. von Hartmut Günther und Otto Ludwig. Berlin: 918–930.

Hamacher, Werner (1988). „Unlesbarkeit". Paul de Man. *Allegorien des Lesens*. Aus dem Amerikanischen von Werner Hamacher und Peter Krumme. Mit einer Einleitung von Werner Hamacher. Frankfurt/M.: 7–26.

Hamacher, Werner (1998). „Lectio. De Mans Imperativ". *Entferntes Verstehen. Studien zu Philosophie und Literatur von Kant bis Celan*. Frankfurt/M.: 151–194.

Hamacher, Werner (2015). „Diese Praxis – Lesen –". *Lesen. Ein Handapparat*. Hrsg. von Hans-Christian von Herrmann und Jeannie Moser. Frankfurt/M.: 73–98.

Hamesse, Jacqueline (1999 [1995]). „The Scholastic Model of Reading". Übers. von Lydia G. Cochrane. *A History of Reading in the West*. Hrsg. von Guglielmo Cavallo und Roger Chartier. Cambridge: 103–119.

Hamm, Ingrid und Bettina Hurrelmann (1993). *Lesesozialisation: Eine Studie der Bertelsmann Stiftung*. Gütersloh.

Handbook of Reading Research (1991–2002 [Bd. I–III]; 2011 [Bd. IV]). Hrsg. von Rebecca Barr, Michael L. Kamil, Peter B. Mosenthal und P. David Pearson. 4 Bde. London [Bd. I–III], New York und London [Bd. IV].

Handbuch Lesen (²2006). Hrsg. von Bodo Franzmann, Klaus Hasemann, Dietrich Löffler und Erich Schön unter Mitarb. von Georg Jäger, Wolfgang R. Langenbucher und Ferdinand Melichar. Baltmannsweiler.

Hanebutt-Benz, Eva-Maria (1985). *Die Kunst des Lesens. Lesemöbel und Leseverhalten vom Mittelalter bis zur Gegenwart*. Frankfurt/M.

Harrison, Beverly L. (2000). „E-Books and the Future of Reading". *Computer Graphics and Applications, IEEE* 20.3 (2000): 32–39.

Hausendorf, Heiko (2008). „Zwischen Linguistik und Literaturwissenschaft: Textualität revisited. Mit Illustrationen aus der Welt der Urlaubsansichtskarte". *Zeitschrift für Germanistische Linguistik* 36.3 (2008): 319–342.

Hintz, Ingrid (^{2}2005). *Das Lesetagebuch: intensiv lesen, produktiv schreiben, frei arbeiten. Bestandsaufnahme und Neubestimmung einer Methode zur Auseinandersetzung mit Kinder- und Jugendbüchern im Deutschunterricht.* Baltmannsweiler.

Hoffstaedter, Petra (1986). *Poetizität aus der Sicht des Lesers.* Hamburg.

Holle, Kurt (^{2}2010). „Psychologische Lesemodelle und ihre lesedidaktischen Implikationen". *Texte lesen. Textverstehen, Lesedidaktik, Lesesozialisation.* Hrsg. von Christine Garbe, Kurt Holle und Tatjana Jesch. Paderborn: 104–165.

Huey, Edmund Burke (1968 [1908]). *The Psychology and Pedagogy of Reading: With a Review of the History of Reading and Writing and of Methods, Texts, and Hygiene in Reading.* Cambridge, Mass. und London.

Hunger, Herbert (1989). *Schreiben und Lesen in Byzanz. Die byzantinische Buchkultur.* München.

Hurrelmann, Bettina (2004). „Informelle Sozialisationsinstanz Familie". *Lesesozialisation in der Mediengesellschaft. Ein Forschungsüberblick.* Hrsg. von Norbert Groeben und Bettina Hurrelmann. Weinheim und München: 169–201.

Hurrelmann, Bettina (2004a). „Bildungsnormen als Sozialisationsinstanz". *Lesesozialisation in der Mediengesellschaft. Ein Forschungsüberblick.* Hrsg. von Norbert Groeben und Bettina Hurrelmann. Weinheim und München: 280–305.

Hurrelmann, Bettina (2004b). „Sozialisation der Lesekompetenz". *Struktur, Entwicklung und Förderung von Lesekompetenz.* Hrsg. von Ulrich Schiefele, Cordula Artelt, Wolfgang Schneider und Petra Stanat. Wiesbaden: 37–60.

Hurrelmann, Bettina (^{2}2006). „Sozialhistorische Rahmenbedingungen von Lesekompetenz sowie soziale und personale Einflussfaktoren". *Lesekompetenz: Bedingungen, Dimensionen, Funktionen.* Hrsg. von Norbert Groeben und Bettina Hurrelmann. Weinheim und München: 123–149.

Hurrelmann, Bettina (^{2}2008). „Modelle und Merkmale der Lesekompetenz". *Lesekompetenz, Leseleistung, Leseförderung. Grundlagen, Modelle und Materialien.* Hrsg. von Andrea Bertschi-Kaufmann. Seelze: 18–28.

Hurrelmann, Bettina, Michael Hammer und Ferdinand Nieß (1993). *Leseklima in der Familie.* Gütersloh.

Hurrelmann, Bettina, Susanne Becker und Irmgard Nickel-Bacon (2006). *Lesekindheiten. Familie und Lesesozialisation im historischen Wandel.* Weinheim und München.

IGLU 2006. Lesekompetenzen von Grundschulkindern in Deutschland im internationalen Vergleich (2007). Hrsg. von Wilfried Bos, Irmela Tarelli, Albert Bremerich-Vos und Knut Schwippert. Münster.

Ingen, Ferdinand van (1974). „Die Revolte des Lesers oder Rezeption versus Interpretation. Zu Fragen der Interpretation und der Rezeptionsästhetik". *Rezeption – Interpretation. Beiträge zur Methodendiskussion.* Hrsg. von Gerd Labroisse. Amsterdam: 83–147.

Inhoff, Albrecht W. und Keith Rayner (1996). „Das Blockverhalten beim Lesen". *Schrift und Schriftlichkeit (Writing and Its Use): Ein interdisziplinäres Handbuch internationaler Forschung.* Hrsg. von Hartmut Günther und Otto Ludwig. Berlin: 942–957.

Inmann, Christiane (2009). *Forbidden Fruit. A History of Women and Books in Art.* München.

Iser, Wolfgang (1975). „Der Lesevorgang". *Rezeptionsästhetik.* Hrsg. von Rainer Warning. München: 253–276.

Iser, Wolfgang (1976). *Der Akt des Lesens. Theorie ästhetischer Wirkung.* München.

Iser, Wolfgang (1991). *Das Fiktive und das Imaginäre. Perspektiven literarischer Anthropologie.* Frankfurt/M.

Iser, Wolfgang (³1994 [1972]). *Der implizite Leser. Kommunikationsformen des Romans von Bunyan bis Beckett.* München.

Jäger, Georg (1987). „Historische Lese(r)forschung". *Die Erforschung der Buch- und Bibliotheksgeschichte in Deutschland.* Hrsg. von Werner Arnold, Wolfgang Dittrich und Bernhard Zeller. Wiesbaden: 485–507.

Jäger, Georg (2010a). „Leihbibliotheken und Lesezirkel". *Geschichte des deutschen Buchhandels im 19. und 20. Jahrhundert.* Bd. 1: *Das Kaiserreich 1871–1918.* Teil 3. Hrsg. von Georg Jäger. Berlin und New York: 281–313.

Jäger, Georg (2010b). „Lesegesellschaften und literarisch-gesellige Vereine". *Geschichte des deutschen Buchhandels im 19. und 20. Jahrhundert.* Bd. 1: *Das Kaiserreich 1871–1918.* Teil 3. Hrsg. von Georg Jäger. Berlin und New York: 314–341.

Jaspers, Ulrike (2001). „Von Häppchen-Lektüre und Lese-Zapping. Ein Gespräch mit dem Leseforscher Bodo Franzmann über neue Trends im Leseverhalten der Deutschen". *Forschung Frankfurt* 19.4 (2001): 20–25.

Jauß, Hans Robert (1970). „Literaturgeschichte als Provokation der Literaturwissenschaft". *Literaturgeschichte als Provokation.* Frankfurt/M.: 144–207.

Jauß, Hans Robert (1975). „Der Leser als Instanz einer neuen Geschichte der Literatur". *Poetica* 7 (1975): 325–344.

Jentsch, Irene (1937). *Zur Geschichte des Zeitungslesens in Deutschland am Ende des 18. Jahrhunderts. Mit besonderer Berücksichtigung der gesellschaftlichen Formen des Zeitungslesens.* Leipzig.

Jesch, Tatjana (2009). „Textverstehen. Texte lesen". *Lesekompetenz – Textverstehen – Lesedidaktik – Lesesozialisation.* Hrsg. von Christine Garbe, Karl Holle und Tatjana Jesch. Paderborn: 39–103.

Jude, Nina, Johannes Hertig, Stefan Schipolowski, Katrin Böhme und Petra Stanat (2013). „Definition und Messung von Lesekompetenz. PISA und die Bildungsstandards". *PISA 2009 – Impulse für die Schul- und Unterrichtsforschung. Zeitschrift für Pädagogik,* Beih. 59. Hrsg. von Nina Jude und Eckhard Klieme. Weinheim und München: 200–228.

Jung, Alexander (1999). „Rilke, elektronisch". *Die Zukunft des Lesens. Spiegel Spezial* 10 (1999): 12–19.

Kaiser, Elke (2006). „Leseförderung und Internet: kein Widerspruch". *Leselust dank Lesekompetenz. Leseerziehung als fächerübergreifende Aufgabe.* Hrsg. von Gottlieb Gaiser und Siegfried Münchenbach. Donauwörth: 58–76.

Kammler, Clemens (²2012). „Literarische Kompetenzen – Standards im Literaturunterricht. Anmerkungen zum Diskussionsstand". *Literarische Kompetenzen – Standards im Literaturunterricht. Modelle für die Primar- und Sekundarstufe.* Hrsg. von Clemens Kammler. Seelze: 7–22.

Karpenstein-Eßbach, Christa (1996). „Die Demütigung des Lesers und die Aufführung des Buches in Botho Strauß' ‚Kongress'". *Widersprüche im Widersprechen. Historische und aktuelle Ansichten der Verneinung.* Hrsg. von Peter Rau. Frankfurt/M.: 214–219.

Kay, Lily E. (2002). *Das Buch des Lebens. Wer schrieb den genetischen Code?* München.

Kebeck, Günther und Henning Schroll (2011). *Experimentelle Ästhetik.* Wien.

Keller, Felix (2011a). „Die Sichtbarkeit des Lesens. Variationen eines Dispositivs". *Die Sichtbarkeit des Lesens. Variationen eines Dispositivs.* Hrsg. von Christine Grond-Rigler und Felix Keller. Innsbruck: 10–17.

Keller, Felix (2011b). „Der Anti-Leser. An den Rändern der buchkulturellen Ordnung". *Die Sichtbarkeit des Lesens. Variationen eines Dispositivs*. Hrsg. von Christine Grond-Rigler und Felix Keller. Innsbruck: 148–165.

Kelly, Patricia R. (1986). „The Influence of Reading Content on Students' Perceptions of the Masculinity or Femininity of Reading". *Journal of Reading Behavior* 18.3 (1986): 243–256.

Kenyon, Frederic (²1951). *Books and Readers in Ancient Greece and Rome*. Oxford.

Kertész, André (1971). *On Reading*. New York.

Kittler, Friedrich A. (1985). „Ein Höhlengleichnis der Moderne. Lesen unter hochtechnischen Bedingungen". *Zeitschrift für Literaturwissenschaft und Linguistik* 15 (1985): 204–220.

Kittler, Wolf (1999). „Lesen und Rechnen". *Literaturwissenschaft. Einführung in ein Sprachspiel*. Hrsg. von Heinrich Bosse und Ursula Renner. Freiburg/Br.: 427–441.

Kliewer, Annette (2004). „Jungenbücher – nur für Mädchen? Jungen als Helden und Leser der aktuellen Adoleszenzliteratur". *Neue Leser braucht das Land! Zum geschlechterdifferenzierenden Unterricht mit Kinder- und Jugendliteratur*. Hrsg. von Annette Kliewer und Anita Schilcher. Baltmannsweiler: 23–34.

Klüger, Ruth (1996). *Frauen lesen anders. Essays*. München.

Knopf, Julia (2009). *Literaturbegegnung in der Schule. Eine kritisch-empirische Studie zu literarisch-ästhetischen Rezeptionsweisen in Kindergarten, Grundschule und Gymnasium*. München.

Knox, Bernhard N.W. (1968). „Silent Reading in Antiquity". *Greek, Roman and Byzantine Studies* 9 (1968): 421–435.

Köcher, Renate (1993). „Lesekarrieren: Kontinuität und Brüche". *Leseerfahrungen und Lesekarrieren: Studien der Bertelsmann Stiftung*. Hrsg. von Heinz Bonfadelli, Angela Fritz und Renate Köcher. Gütersloh: 215–310.

Kolodny, Annette (1980). „A Map for Rereading; or, Gender and the Interpretation of Literary Texts". *New Literary History* 11 (1980) 3: 451–467.

König, Dominik von (1977). „Lesesucht und Lesewut". *Buch und Leser: Vorträge des 1. Jahrestreffens des Wolfenbütteler Arbeitskreises für Geschichte des Buchwesens, 13. und 14. Mai 1976*. Hrsg. von Herbert G. Göpfert. Hamburg: 89–124.

Konopka, Marek (2006). „Topologie komplexer Sätze und Textverstehen. Zur Stellung von Verbletztsätzen mit *weil*". *Text – Verstehen. Grammatik und darüber hinaus*. Hrsg. von Hardarik Blühdorn, Eva Breindl und Ulrich Hermann Waßner. Berlin und Boston: 108–125.

Kopp, Detlev und Nikolaus Wegmann (1988a). „‚Wenige wissen noch, wie Leser lieset.' Anmerkungen zum Thema: Lesen und Geschwindigkeit". *Germanistik und Deutschunterricht im Zeitalter der Technologie. Selbstbestimmung und Anpassung. Vorträge des Germanistentages 1987*. Hrsg. von Norbert Oellers. Bd. 1. Tübingen: 92–104.

Kopp, Detlev und Nikolaus Wegmann (1988b). „Das Lesetempo als Bildungsfaktor? Ein Kapitel aus der Geschichte des Topos ‚Lesen bildet'". *Der Deutschunterricht* 40.4 (1988): 45–58.

Körte, Mona (2011). *Essbare Lettern, brennendes Buch. Schriftvernichtung in der Literatur der Neuzeit*. München.

Körte, Mona (2016). „Vom Ding zum Zeichen: Abc-Bücher und Buchstabensuppen". *Sprachen des Sammelns. Literatur als Medium und Reflexionsform des Sammelns*. Hrsg. von Sarah Schmidt. München: 139-162.

Koszyk, Kurt (1973). „Die Zeitung". *Lesen. Ein Handbuch*. Hrsg. von Alfred Clemens Baumgärtner. Hamburg: 72–81.

Kress, Gunther R. (2003). *Literacy in the New Media Age*. New York.

Kruse, Gerd (²2008). „Das Lesen trainieren: Zu Konzepten von Leseunterricht und Leseübung". *Lesekompetenz – Leseleistung – Leseförderung. Grundlagen, Modelle, Methoden*. Hrsg. von Andrea Bertschi-Kaufmann. Seelze: 176–188.

Kuhn, Axel (2015). „Nutzergenerierte Texte in digitalen Netzwerken". *Lesen. Ein interdisziplinäres Handbuch*. Hrsg. von Ursula Rautenberg und Ute Schneider. Berlin und Boston: 679–700.

Kuhn, Axel und Svenja Hagenhoff (2015). „Digitale Lesemedien". *Lesen. Ein interdisziplinäres Handbuch*. Hrsg. von Ursula Rautenberg und Ute Schneider. Berlin und Boston: 361–380.

Kuhn, Axel und Svenja Hagenhoff (2017). „Kommunikative statt objektzentrierte Gestaltung. Zur Notwendigkeit veränderter Lesekonzepte und Leseforschung für digitale Lesemedien". *Lesen X.0. Rezeptionsprozesse in der digitalen Gegenwart*. Hrsg. von Sebastian Böck, Julian Ingelmann, Kai Matuszkiewicz und Friederike Schruhl. Göttingen: 27–45.

Kultur als Text. Die anthropologische Wende in der Literaturwissenschaft (²2004 [1996]). Hrsg. von Doris Bachmann-Medick. Tübingen und Basel.

Künast, Hans-Jörg (2013). „Lesen macht krank und kann tödlich sein. Lesesucht und Selbstmord um 1800". *Sinn und Unsinn des Lesens. Gegenstände, Darstellungen und Argumente aus Geschichte und Gegenwart*. Hrsg. von Sandra Rühr und Axel Kuhn. Göttingen: 121–139.

Küpper, Joachim (2001). „Einige Überlegungen zur Ästhetik des Wortkunstwerks". *Zeitschrift für Ästhetik und Allgemeine Kunstwissenschaft* 46.2 (2001): 209–226.

Kürschner, Christian und Wolfgang Schnotz (2008). „Das Verhältnis gesprochener und geschriebener Sprache bei der Konstruktion mentaler Repräsentationen". *Psychologische Rundschau* 59.1 (2008): 139–149.

Lange, Reinhardt (²2012). *Die Lese- und Lernolympiade. Aktive Leseerziehung mit dem Lesepass nach Richard Bamberger. Leitfaden für eine erfolgreiche Umsetzung*. Baltmannsweiler.

Latour, Bruno (2013). „Achtung: Ihre Phantasie hinterlässt digitale Spuren!" *Big Data. Das neue Versprechen der Allwissenheit*. Hrsg. von Heinrich Geiselberger und Tobias Moorstedt. Berlin: 119–123.

La lecture au féminin/Lesende Frauen. La lectrice dans la littérature française du Moyen Age au e siècle/Zur Kulturgeschichte der lesenden Frau in der französischen Literatur von den Anfängen bis zum 20. Jahrhundert (1999). Hrsg. von Angelica Rieger und Jean-François Tonard. Darmstadt.

Lehnert, Gertrud (2000). *Die Leserin. Das erotische Verhältnis der Frauen zur Literatur*. Berlin.

Leitch, Thomas M. (1987). „For (Against) a Theory of Rereading". *Modern Fiction Studies* 33 (1987): 491–508.

Lenhard, Wolfgang (2013). *Leseverständnis und Lesekompetenz. Grundlagen – Diagnostik – Förderung*. Stuttgart.

Lesbarkeit der Kultur. Literaturwissenschaften zwischen Kulturtechnik und Ethnographie (2000). Hrsg. von Gerhard Neumann und Sigrid Weigel. München.

Die Lesbarkeit der Kunst. Zur Geistes-Gegenwart der Ikonologie (1992). Hrsg. von Andreas Beyer. Berlin.

Das Lesebarometer – Lesen und Mediennutzung in Deutschland (2000). Hrsg. von Claudia Langen und Ulrike Bentlage. Gütersloh.

Leseglück. Eine vergessene Erfahrung? (1996). Hrsg. von Alfred Bellebaum und Ludwig Muth. Opladen.

Lesekompetenz: Bedingungen, Dimensionen, Funktionen (2002). Hrsg. von Norbert Groeben und Bettina Hurrelmann. Weinheim und München.

Lesekompetenz in Erst-, Zweit- und Fremdsprache (2010). Hrsg. von Madeline Lutjeharms und Claudia Schmidt. Tübingen.

Lesekompetenz, Leseleistung, Leseförderung. Grundlagen, Modelle und Materialien (^{2}2008). Hrsg. von Andrea Bertschi-Kaufmann. Seelze.

Leselust dank Lesekompetenz. Leseerziehung als fächerübergreifende Aufgabe (2006). Hrsg. von Gottlieb Gaiser und Siegfried Münchenbach. Donauwörth.

Leselust. Niederländische Malerei von Rembrandt bis Vermeer (1993). Ausst.-Kat. Schirn-Kunsthalle, Frankfurt/M., 24. September 1993 bis 2. Januar 1994. Hrsg. von Sabine Schulze. Stuttgart.

Die lesende Frau (2009). Hrsg. von Gabriela Signori. Wiesbaden.

Lesen. Ein Handapparat (2015). Hrsg. von Hans-Christian von Herrmann und Jeannie Moser. Frankfurt/M.

Lesen. Ein Handbuch. Lesestoff – Leser und Leseverhalten – Lesewirkungen – Leseerziehung – Lesekultur (1973). Hrsg. von Alfred Clemens Baumgärtner unter Mitarb. von Alexander Beinlich, Malte Dahrendorf, Klaus Doderer und Wolfgang R. Langenbucher. Hamburg.

Lesen. Ein interdisziplinäres Handbuch (2015). Hrsg. von Ursula Rautenberg und Ute Schneider. Berlin und Boston.

Lesen – historisch (1985). Hrsg. von Brigitte Schlieben-Lange. *Zeitschrift für Literaturwissenschaft und Linguistik* 15.57/58 (1985).

Lesen im Wandel: Probleme der literarischen Sozialisation heute (1998). Hrsg. von Heinz Bonfadelli und Christine Garbe. Lüneburg.

Lesen in Deutschland 2008 (2008). Hrsg. von der Stiftung Lesen. Mainz.

Lesen ist wie Sehen: Intermediale Zitate in Bild und Text (2006). Hrsg. von Silke Horstkotte und Karin Leonhard. Köln, Weimar und Wien.

Lesen X.0. Rezeptionsprozesse in der digitalen Gegenwart (2017). Hrsg. von Sebastian Böck, Julian Ingelmann, Kai Matuszkiewicz und Friederike Schruhl. Göttingen. http://www.v-r.de/_uploads_media/files/9783847107453_boeck_etal_lesen_wz_082839.pdf (20. August 2017).

Lese- und Literaturunterricht. Teil 1: Geschichte und Entwicklung. Konzeptionelle und empirische Grundlagen (^{2}2010). Hrsg. von Michael Kämper-van-den-Boogaart und Kaspar H. Spinner. Baltmannsweiler.

Lese- und Literaturunterricht. Teil 2: Kompetenzen und Unterrichtsziele. Methoden und Unterrichtsmaterialien. Gegenwärtiger Stand der empirischen Unterrichtsforschung (^{2}2010). Hrsg. von Michael Kämper-van-den-Boogaart und Kaspar H. Spinner. Baltmannsweiler.

Levy, David M. (2001). *Scrolling Forward. Making Sense of Documents in the Digital Age*. New York.

Limmroth-Kranz, Susanne (1997). *Lesen im Lebenslauf. Lesesozialisation und Leseverhalten 1930 bis 1996 im Spiegel lebensgeschichtlicher Erinnerungen*. http://ediss.sub.uni-hamburg.de/volltexte/1997/18/html/pub2.html. Hamburg (30. Juli 2015).

Linde, Andrea (2008). *Literalität und Lernen. Eine Studie über das Lesen- und Schreibenlernen im Erwachsenenalter*. Münster.

Link, Hannelore (^{2}1980). *Rezeptionsforschung. Eine Einführung in Methoden und Probleme*. Stuttgart und Berlin.

Literale Kompetenzentwicklung an der Hochschule (2012). Hrsg. von Ulrike Preußer und Nadja Sennewald. Frankfurt/M.

Literalität, Grundbildung oder Lesekompetenz? Beiträge zu einer Theorie-Praxis-Diskussion (2007). Hrsg. von Anke Grotlüschen und Andrea Linde. Münster.

Literarische Bildung im kompetenzorientierten Deutschunterricht (2010). Hrsg. von Heidi Rösch. Freiburg/Br.

Literarische Kompetenzen – Standards im Literaturunterricht: Modelle für die Primar- und Sekundarstufe (^{2}2012). Hrsg. von Clemens Kammler. Seelze.

Littau, Karin (2006). *Theories of Reading: Books, Bodies and Bibliomania.* Cambridge.

Liu, Alan (2004). „Transcendental Data. Toward a Cultural History and Aesthetics of the New Encoded Discourse". *Critical Inquiry* 31.1 (2004): 49–84.

Lobin, Henning (2014). *Engelbarts Traum. Wie der Computer uns Lesen und Schreiben abnimmt.* Frankfurt/M.

Lobsien, Eckhard (2010). „Literaturtheorie nach Iser". *Der Begriff der Literatur.* Hrsg. von Alexander Loeck. Berlin und New York: 207–221.

Löffler, Jörg (2005). *Unlesbarkeit. Melancholie und Schrift bei Goethe.* Berlin.

Lötscher, Andreas (2006). „Die Formen der Sprache und die Prozesse des Verstehens. Textverstehen aus grammatischer Sicht". *Text – Verstehen. Grammatik und darüber hinaus.* Hrsg. von Hardarik Blühdorn, Eva Breindl und Ulrich Hermann Waßner. Berlin und Boston: 19–46.

Ludwig, Joachim (2012). *Lernen und Lernberatung. Alphabetisierung als Herausforderung für die Erwachsenendidaktik.* Bielefeld.

Lynn, Richard und Jaan Mick (2009). „Sex Differences in Reading Achievement". *TRAMES* 13.1 (2009): 3–13.

Macho, Thomas (2000). „'Kultur ist eine Ordensregel'. Zur Frage nach der Lesbarkeit von Kulturen und Texten". *Lesbarkeit der Kultur. Literaturwissenschaften zwischen Kulturtechnik und Ethnographie.* Hrsg. von Gerhard Neumann und Sigrid Weigel. München: 231–244.

Macho, Thomas (2007). „Das lesende Mädchen". *„Aber die Erinnerung davon". Materialien zum Werk von Marlene Streeruwitz.* Hrsg. von Jörg Bong, Roland Spahr und Oliver Vogel. Frankfurt/M.: 74–81.

Mak, Bonnie (2011). *How the Page Matters. Studies in Book and Print.* Toronto, Buffalo und London.

Malinowski, Bernadette und Jörg Wesche (2013). „Synchrones Lesen. Mathematik und Dichtung bei Michael Wüstefeld und Daniel Kehlmann". *Poetiken der Gegenwart.* Hrsg. von Leonard Herrmann und Silke Horstkotte. Berlin und New York: 139–154.

Mangen, Anne, Bente R. Walgermo und Kolbjørn Brønnick (2013). „Reading Linear Texts on Paper versus Computer Screen: Effects on Reading Comprehension". *Journal of Educational Research* 58 (2013): 61–68.

Manguel, Alberto (2012 [1996]). *Eine Geschichte des Lesens.* Berlin.

Margolin, Uri (2003). „Cognitive Science, the Thinking Mind and Literary Narrative". *Narrative Theory and the Cognitive Sciences.* Hrsg. von David Herman. Stanford: 271–294.

Marr, David (2010). *Vision: A Computational Investigation into the Human Representation and Processing of Visual Information.* Cambridge.

Marwinski, Felicitas (1991). *Lesen und Geselligkeit.* Städtische Museen Jena.

Marx, Friedhelm (1995). *Erlesene Helden. Don Sylvio, Werther, Wilhelm Meister und die Literatur.* Heidelberg.

Massin, Robert (1970). *Buchstabenbilder und Bildalphabete.* Aus dem Französischen von Philipp Luidl und Rudolf Strasser. Ravensburg.

Mauermann, Johanna (2011). *Handyromane. Ein Lesephänomen aus Japan.* Berlin.

Maybach, Heike (1990). *Der erzählte Leser. Studien zur Rolle des Lesers in Italo Calvinos Roman Wenn ein Reisender in einer Winternacht und in anderen Werken der Erzählliteratur.* Frankfurt/M.

Maye, Harun (2009). „Volk ohne Oberhaupt. Regierungskünste des Lesens um 1800". *Ästhetische Regime um 1800*. Hrsg. von Friedrich Balke, Harun Maye und Leander Scholz. München: 101–118.

Maye, Harun (2012). „Eine kurze Geschichte der deutschen Dichterlesung". *Sprache und Literatur* 43.110 (2012): 38–49.

McCracken, Ellen (2013). „Expanding Genette's Epitext/Peritext Model for Transitional Electronic Literature: Centrifugal and Centripetal Vectors on Kindles and iPads". *Narrative* 21.1 (2013): 105–124.

McCurry, Steve (2016). *LESEN. Eine Leidenschaft ohne Grenzen. Mit einem Vorwort von Paul Theroux*. München, London und New York.

McLuhan, Marshall (1962). *The Gutenberg Galaxy. The Making of Typographic Man*. Toronto.

Medick, Hans (1992). „Buchkultur und lutherischer Pietismus. Buchbesitz, erbauliche Lektüre und religiöse Mentalität in einer ländlichen Gemeinde Württembergs am Ende der frühen Neuzeit 1748–1820". *Frühe Neuzeit – Frühe Moderne? Forschungen zur Vielschichtigkeit von Übergangsprozessen*. Hrsg. von Rudolf Vierhausen. Göttingen: 297–326.

Meier, Bernhard (1981). *Leseverhalten unter soziokulturellem Aspekt. Eine empirische Erhebung zum Freizeit-Lesen von Großstadt-Jugendlichen (am Beispiel Nürnberg)*. Teil AB. Frankfurt/M.

Mellmann, Katja (2007). *Emotionalisierung – Von der Nebenstundenpoesie zum Buch als Freund. Eine emotionspsychologische Analyse der Literatur der Aufklärungsepoche*. Paderborn.

Meringer, Rudolf (1923). „Die täglichen Fehler im Sprechen, Lesen und Handeln". *Wörter und Sachen* 8 (1923): 122–140.

Meringer, Rudolf und Karl Mayer (1895). *Versprechen und Verlesen. Eine psychologisch-linguistische Studie*. Stuttgart.

Messerli, Alfred (2000). „Das Lesen von Gedrucktem und das Lesen von Handschriften – zwei verschiedene Kulturtechniken?" *Lesen und Schreiben in Europa 1500–1900. Vergleichende Perspektiven*. Hrsg. von Alfred Messerli und Roger Chartier. Basel: 235–246.

Messerli, Alfred (2010). „Leser, Leserschichten und -gruppen, Lesestoffe in der Neuzeit (1450–1850): Konsum, Rezeptionsgeschichte, Materialität". *Buchwissenschaft in Deutschland. Ein Handbuch. Bd. 1: Theorie und Forschung*. Hrsg. von Ursula Rautenberg. Berlin und New York: 443–502.

Messerli, Alfred (2014). „Lesen im Bild: Zur Ikonographie von Buch und Lektüreakten vom 16. bis zum 20. Jahrhundert". *Internationales Archiv für Sozialgeschichte der deutschen Literatur* 39.1 (2014): 226–245.

Metacognition in Literacy Learning. Theory, Assessment, Instruction and Professional Development (2005). Hrsg. von Susan E. Israel, Cathy Collins Block, Kathryn L. Bauserman und Kathryn Kinnucan-Welsch. Mahwah.

Mettler, Michel (2011). „Angeweht". *Die Sichtbarkeit des Lesens. Variationen eines Dispositivs*. Hrsg. von Christine Grond-Rigler und Felix Keller. Innsbruck: 35–38.

Meyer Spacks, Patricia (2011). *On Rereading*. Cambridge, Mass.

Miall, David S. (2006). *Literary Reading: Empirical and Theoretical Studies*. New York, NY.

Mielke, Christina (2014). „Lesen und Schreiben sehen. Dichtung als Motiv im Film". *Medienreflexion im Film. Ein Handbuch*. Hrsg. von Kay Kirchmann und Jens Ruchatz. Bielefeld: 225–241.

Miller, Joseph Hillis (1987). *The Ethics of Reading. Kant, de Man, Eliot, Trollope, James, Benjamin*. New York.

Montfort, Nick (2005). *Twisty Little Passages. An Approach to Interactive Fiction*. Cambridge, Mass.

Moretti, Franco (2015). „Vom Lesen ohne zu lesen. Interview mit Arno Widmann". *Frankfurter Rundschau* (5. Februar 2015). http://www.fr-online.de/literatur/interview-franco-moretti-vom-lesen-ohne-zu-lesen,1472266,29761782.html (16. September 2016).

Moretti, Franco (2016). *Distant Reading*. Aus dem Englischen übersetzt von Christine Pries. Konstanz.

Müller, Michael R. (2011). „Der Verdacht der Fremdheit. Gerhard Richters *Lesende* (1994)". *Die Sichtbarkeit des Lesens. Variationen eines Dispositivs*. Hrsg. von Christine Grond-Rigler und Felix Keller. Innsbruck: 108–114.

Müller-Oberhäuser, Gabriele (³2004). „Lesen/Lektüre". *Metzler Lexikon Literatur- und Kulturtheorie*. Hrsg. von Ansgar Nünning. Stuttgart und Weimar: 379–380.

Munzel, Friedhelm (1997). *Bibliotherapie und religiöses Lernen. Ein interdisziplinärer Beitrag zur „Theologie des Lesens" und zur Innovation des Religionsunterrichts*. Münster.

Nell, Victor (1988). *Lost in a Book. The Psychology of Reading for Pleasure*. New Haven.

Nelles, Jürgen (2002). *Bücher über Bücher. Das Medium Buch in Romanen des 18. und 19. Jahrhunderts*. Würzburg.

Neubauer, Martin (1991). *Indikation und Katalyse. Funktionsanalytische Studien zum Lesen in der deutschsprachigen Literatur des ausgehenden 18. Jahrhunderts*. Stuttgart.

Neuber, Wolfgang (2000). „Topik als Lektüremodell. Zur frühneuzeitlichen Praxis der Texterschließung durch Marginalien am Beispiel einiger Drucke von Hans Stadens *Wahrhaftiger Historia*". *Topik und Rhetorik. Ein interdisziplinäres Symposium*. Hrsg. von Thomas Schirren und Gert Ueding. Tübingen: 177–197.

Neumann, Hildegard (1955). *Der Bücherbesitz der Tübinger Bürger von 1750–1850. Ein Beitrag zur Bildungsgeschichte des Kleinbürgertums. Die Bücherverzeichnisse in den Vermögensinventaren und Erbteilungen der Tübinger Bürger aus den Jahren 1750–1760, 1800–1810, 1840–1850*. Diss. Tübingen.

Nickel-Bacon, Irmgard (2011). „Literarische Geselligkeit und neue Praktiken der Unterhaltung in der Kinder- und Jugendliteratur der Biedermeierzeit". *Geselliges Vergnügen. Kulturelle Praktiken von Unterhaltung im langen 19. Jahrhundert*. Hrsg. von Anna Ananieva, Dorothea Böcke und Hedwig Pompe. Bielefeld: 157–199.

Nieding, Gerhild (2006). *Wie verstehen Kinder Texte? Die Entwicklung kognitiver Repräsentationen*. Lengerich.

Nies, Fritz (1991). *Bahn und Bett und Blütenduft. Eine Reise durch die Welt der Lesebilder*. Darmstadt.

Nies, Fritz (1998). „Bilder von Bildung und Verbildung durch Lesen". *Lebensläufe um 1800*. Hrsg. von Jürgen Fohrmann. Tübingen: 203–222.

Nies, Fritz und Mona Wodsak (2000). *Ikonographisches Repertorium zur Europäischen Lesegeschichte*. München.

Noë, Alva (2004). *Action in Perception*. Cambridge, Mass.

Noë, Alva (2012). *Varieties of Presence*. Cambridge, Mass.

Nuissl, Ekkehard (1999). „Lesen- und Schreibenlernen in der Erwachsenenbildung". *Handbuch Lesen*. Hrsg. von Bodo Franzmann, Klaus Hasemann, Dietrich Löffler und Erich Schön unter Mitarb. von Georg Jäger, Wolfgang R. Langenbucher und Ferdinand Melichar. München: 550–567.

Nünning, Vera (2014). *Reading Fictions, Changing Minds: The Cognitive Value of Fiction*. Heidelberg.

Odden, Karen (1998). „Retrieving Childhood Phantasies. A Psychoanalytic Look at Why We (Re) read Popular Literature". *Second Thoughts: A Focus on Rereading*. Hrsg. von David Galef. Detroit: 126–151.

OECD (2014). *PISA 2012 Results: What Students Know and Can Do: Student Performance in Mathematics, Reading and Science*. Bd. I. Überarb. Aufl. Februar 2014. Paris.

Ohlshavsky, Jill Edwards (1976). „Reading as Problem Solving: An Investigation of Strategies". *Reading Research Quarterly* 12.4 (1976): 654–674.

Parkes, Malcolm B. (1991 [1987]). *Scribes, Scripts and Readers. Studies in the Communication, Presentation and Dissemination of Medieval Texts*. London.

Parkes, Malcolm Beckwith (1993). *Pause and Effect. An Introduction to the History of Punctuation in the West*. Berkeley und Los Angeles, CA.

Parr, Rolf (2000). *Interdiskursive As-Sociation. Studien zu literarisch-kulturellen Vereinen, Gruppen und Bünden zwischen Vormärz und Weimarer Republik*. Tübingen.

Pellatz, Susanne (1997). „Pubertätslektüre für Mädchen am Ende des 18. Jahrhunderts: Der ‚väterliche Ratgeber'". *Geschichte der Mädchenlektüre: Mädchenliteratur und die gesellschaftliche Situation der Frauen vom 18. Jahrhundert bis zur Gegenwart*. Hrsg. von Dagmar Grenz und Gisela Wilkending. Weinheim: 35–50.

Petrucci, Armando (1999). „Lesen um zu lesen: Eine Zukunft für die Lektüre". *Die Welt des Lesens. Von der Schriftrolle zum Bildschirm*. Hrsg. von Roger Chartier und Guglielmo Cavallo. Übers. aus dem Engl. von H. Jochen Bußmann und Ulrich Enderwitz, aus dem Frz. von Klaus Jöken und Bernd Schwibs, aus dem Ital. von Martina Kempter. Frankfurt/M. und New York: 501–530.

Pette, Corinna (2001). *Psychologie des Romanlesens. Lesestrategien zur subjektiven Aneignung eines literarischen Textes*. Weinheim und München.

Petz, Anja (1999). „Die Leserin im Bild – ‚Kleine Fluchten' oder die Tür zur Welt?" *La lecture au féminin/Lesende Frauen. La lectrice dans la littérature française du Moyen Age au e siècle/ Zur Kulturgeschichte der lesenden Frau in der französischen Literatur von den Anfängen bis zum 20. Jahrhundert*. Hrsg. von Angelica Rieger und Jean-François Tonard. Darmstadt: 269–290.

Philipp, Maik (2011). *Lesesozialisation in Kindheit und Jugend: Lesemotivation, Leseverhalten und Lesekompetenz in Familie, Schule und Peer-Beziehungen. Lehren und Lernen*. Stuttgart.

Philipp, Maik (2012a). *Besser lesen und schreiben. Wie Schüler effektiver mit Sachtexten umgehen lernen*. Stuttgart.

Philipp, Maik (2012b). „Forschen und lesen – das Programm CORI (Concept-Oriented Reading Instruction)". *Selbstreguliertes Lesen. Ein Überblick über wirksame Leseförderansätze*. Hrsg. von Maik Philipp und Anita Schilcher. Seelze: 185–195.

Philipp, Maik (2015). „Geschlecht und Lesen". *Lesen. Ein interdisziplinäres Handbuch*. Hrsg. von Ursula Rautenberg und Ute Schneider. Berlin: 443–465.

Pieper, Irene und Cornelia Rosebrock (2004). „Geschlechtsspezifische Kommunikationsmuster und Leseverhalten am Beispiel der Lektüre bildungsferner Jugendlicher". *SPIEL. Siegener Periodicum zur Internationalen Empirischen Literaturwissenschaft* 23.1 (2004): 63–79.

Pieper, Irene, Cornelia Rosebrock, Heike Wirthwein und Steffen Volz (2004). *Lesesozialisation in schriftfernen Lebenswelten. Lektüre und Mediengebrauch von HauptschülerInnen*. Weinheim und München.

Piper, Andrew (2012). *Book Was There. Reading in Electronic Times*. Chicago, Ill. und London.

Plath, Monika und Karin Richter (³2012). „Lesemotivation in der Grundschule. Empirische

Befunde und Modelle für den Unterricht". *Lesemotivation und Medien.* Hrsg. von Bettina Hurrelmann. Weinheim und München.

Pleimling, Dominique (2012). „Social Reading – Lesen im digitalen Zeitalter". *APuZ – Aus Politik und Zeitgeschichte. Zukunft des Publizierens* 62.41/42 (2012): 21–27. http://www.bpb.de/system/files/dokument_pdf/APuZ_2012-41-42_online.pdf (9. März 2015).

Plumpe, Gerhard und Ingo Stöckmann (2001). „Autor und Publikum – zum Verhältnis von Autoren und Lesern in medienspezifischer Perspektive". *Handbuch Lesen.* Hrsg. von Bodo Franzmann, Klaus Hasemann, Dietrich Löffler und Erich Schön unter Mitarb. von Georg Jäger, Wolfgang R. Langenbucher und Ferdinand Melichar. Baltmannsweiler: 298–328.

Preußer, Ulrike und Nadja Sennewald (2013). „Literale Kompetenzen von Germanistikstudierenden". *Mitteilungen des Deutschen Germanistenverbandes* 60.3 (2013): 276–295.

Prince, Gerald (2009). „Reader". *Handbook of Narratology.* Hrsg. von Peter Hühn, John Pier, Wolf Schmid und Jörg Schönert. Berlin und New York: 398–410.

Raab, Jürgen (2011). „Die Appellstruktur der Bilder und der Akt des Lesens". *Die Sichtbarkeit des Lesens. Variationen eines Dispositivs.* Hrsg. von Christine Grond-Rigler und Felix Keller. Innsbruck: 121–127.

Rabinowitz, Peter J. (1987). *Before Reading: Narrative Conventions and the Politics of Interpretation.* Ithaca, NY.

Radway, Janice A. (1991 [1984]). *Reading the Romance: Women, Patriarchy, and Popular Literature.* Chapel Hill, NC.

Rau, Marie Luise (2013). *Kinder von 1 bis 6. Bilderbuchrezeption und kognitive Entwicklung.* Frankfurt/M.

Reading Moving Letters. Digital Literature in Research and Teaching. A Handbook (2010). Hrsg. von Roberto Simanowski, Jörgen Schäfer und Peter Gendolla. Bielefeld.

La relecture de l'œuvre par ses écrivains mêmes. Bd. 1: *Tombeaux et testaments.* Bd. 2: *Se relire contre l'oubli? (e siècle)* (2007). Hrsg. von Mireille Hilsum. Paris.

Renner, Ursula (2009). „Bildlektüre – Lektürebild. Zu Pablo Picassos ‚Deux Personnages'". *Die lesende Frau.* Hrsg. von Gabriela Signori. Wiesbaden: 415–438.

Reuß, Roland (2012). *Ende der Hypnose. Vom Netz und zum Buch.* Frankfurt/M.

Reuß, Roland (2014). *Die perfekte Lesemaschine. Zur Ergonomie des Buches.* Göttingen.

Rezeptionsästhetik. Theorie und Praxis (1975). Hrsg. von Rainer Warning. München.

Richardson, Alan (2015). „Imagination: Literary and Cognitive Intersections". *The Oxford Handbook of Cognitive Literary Studies.* Hrsg. von Lisa Zunshine. Oxford: 225–245.

Richter, Tobias und Ursula Christmann (³2009 [2002]). „Lesekompetenz. Prozessebenen und interindividuelle Unterschiede". *Lesekompetenz: Bedingungen, Dimensionen, Funktionen.* Hrsg. von Norbert Groeben und Bettina Hurrelmann. Weinheim: 25–58.

Ritte, Jürgen (1999). „‚Die eine Stelle war's, die uns besiegte'. Die Frage nach dem Buch bei Francesca da Rimini". *La lecture au féminin/Lesende Frauen. La lectrice dans la littérature française du Moyen Age au e siècle/Zur Kulturgeschichte der lesenden Frau in der französischen Literatur von den Anfängen bis zum 20. Jahrhundert.* Hrsg. von Angelica Rieger und Jean-François Tonard. Darmstadt: 291–301.

Ritte, Jürgen (2011). „Vorbild und Vorfahre: Der Heilige Hieronymus". *Die Sichtbarkeit des Lesens. Variationen eines Dispositivs.* Hrsg. von Christine Grond-Rigler und Felix Keller. Innsbruck: 48–52.

Rockinson-Szapkiw, Amanda J., Jennifer Courduff, Kimberly Carter und David Bennett (2013). „Electronic versus Traditional Print Textbooks: A Comparison Study on the Influence of University Students' Learning". *Computers & Education* 63 (2013): 259–266.

Roick, Thorsten, Volker Frederking, Sofie Henschel und Christel Meier (2013). „Literarische Textverstehenskompetenz bei Schülerinnen und Schülern unterschiedlicher Schulformen". *Literalität erfassen: bildungspolitisch, kulturell, individuell.* Hrsg. von Cornelia Rosebrock und Andrea Bertschi-Kaufmann. Weinheim und Basel: 69–84.

Roloff, Volker (1999). „Lektüre und Schaulust. Zur ästhetischen Praxis von Lektüreromanen des 19. Jahrhunderts". *La lecture au féminin/Lesende Frauen. La lectrice dans la littérature française du Moyen Age au e siècle/Zur Kulturgeschichte der lesenden Frau in der französischen Literatur von den Anfängen bis zum 20. Jahrhundert.* Hrsg. von Angelica Rieger und Jean-François Tonard. Darmstadt: 171–190.

Rosebrock, Cornelia (1994). *Lektüre und Wiederholung. Zur philosophischen Deutung der Zeiterfahrung des Lesens.* Kassel.

Rosebrock, Cornelia und Daniel Nix (⁸2017). *Grundlagen der Lesedidaktik und der systematischen schulischen Leseförderung.* Baltmannsweiler.

Rosebrock, Cornelia und Heike Wirthwein (2014). *Standardorientierung im Lese- und Literaturunterricht der Sekundarstufe I.* Baltmannsweiler.

Rosebrock, Cornelia, Daniel Nix, Carola Rieckmann und Andreas Gold (2011). *Leseflüssigkeit fördern: Lautleseverfahren für die Primar- und Sekundarstufe.* Seelze.

Rothe, Matthias (2005). *Lesen und Zuschauen im 18. Jahrhundert. Die Erzeugung und Aufhebung von Abwesenheit.* Würzburg.

Ruf, Oliver (2014a). *Die Hand. Eine Medienästhetik.* Wien.

Ruf, Oliver (2014b). *Wischen und Schreiben. Von Mediengesten zum digitalen Text.* Berlin.

Rupp, Gerhard und Helge Bonholt (2006). „Lehr-/Lernforschung als empirische Lese-/Literaturdidaktik?!" *Empirische Unterrichtsforschung in der Literatur- und Lesedidaktik. Ein Weiterbildungsprogramm.* Hrsg. von Norbert Groeben und Bettina Hurrelmann. Weinheim und München: 239–253.

Rupp, Gerhard, Petra Heyer und Helge Bonholt (2004). *Lesen und Medienkonsum. Wie Jugendliche den Deutschunterricht verarbeiten.* Weinheim und München.

Ruppelt, Georg (2001). „Bibliotheken". *Handbuch Lesen.* Hrsg. von Bodo Franzmann, Klaus Hasemann, Dietrich Löffler und Erich Schön unter Mitarb. von Georg Jäger, Wolfgang R. Langenbucher und Ferdinand Melichar. Baltmannsweiler: 394–431.

Ruppelt, Georg und Paul Michael Lützeler (2009). *Nimm und lies: Zwei Essays über das Lesen.* Hannover.

Ryan, Marie-Laure (2001). *Narrative as Virtual Reality. Immersion and Interactivity in Literature and Electronic Media.* Baltimore.

Sachtexte lesen im Fachunterricht der Sekundarstufe (2009). Hrsg. vom Studienseminar Koblenz. Seelze.

Sadoski, Mark and Allan Paivio (2001). *Imagery and Text: A Dual Coding Theory of Reading and Writing.* Mahwah.

Saenger, Paul (1982). „Silent Reading: Its Impact on Late Medieval Script and Society". *Viator. Medieval and Renaissance Studies* 13 (1982): 367–414.

Saenger, Paul (1997). *Space Between Words. The Origins of Silent Reading.* Stanford, CA.

Salter, Anastasia (2014). *What Is Your Quest? From Adventure Games to Interactive Books.* Iowa City.

Saur, Klaus Gerhard (2001). „Elektronische Medien". *Handbuch Lesen.* Hrsg. von Bodo Franzmann, Klaus Hasemann, Dietrich Löffler und Erich Schön unter Mitarb. von Georg Jäger, Wolfgang R. Langenbucher und Ferdinand Melichar. Baltmannsweiler: 281–287.

Scarry, Elaine (1996). „Die Lebendigkeit der Vorstellung. Der Unterschied zwischen Tagtraum und angeleiteter Phantasie". *Texte und Lektüren*. Hrsg. von Aleida Assmann. Frankfurt/M.: 156–187.

Scarry, Elaine (1999). *Dreaming by the Book*. Princeton.

Scheffel, Michael. „Reader" (2011). *The Encyclopedia of the Novel*. Hrsg. von Peter Melville Logan. DOI 10.1111/b.9781405161848.2011.x. Oxford: Blackwell (15. September 2015).

Scheffer, Bernd (2002). „Am Rande der buchstäblichen Zeichen. Zur Lesbarkeit/Unlesbarkeit der (Medien)Welt". *KulturPoetik* 2.2 (2002): 260–271.

Schenda, Rudolf (1987). „Bilder vom Lesen – Lesen von Bildern". *Internationales Archiv für Sozialgeschichte der deutschen Literatur* 12 (1987): 82–106.

Schenda, Rudolf (³1988 [1970]). *Volk ohne Buch. Studien zur Sozialgeschichte der populären Lesestoffe 1770–1910*. Frankfurt/M.

Schilcher, Anita (2012). „Zur Integration der Leseforschung in den deutschdidaktischen Diskurs". *Selbstgesteuertes Lesen. Ein Überblick über wirksame Leseförderansätze*. Hrsg. von Maik Philipp und Anita Schilcher. Seelze: 19–37.

Schlaffer, Heinz (1984). „Lesesucht". *Neue Rundschau* 95.3 (1984): 100–106.

Schlaffer, Heinz (1999). „Der Umgang mit Literatur. Diesseits und jenseits der Lektüre". *Poetica. Zeitschrift für Sprach- und Literaturwissenschaft* 31.1–2 (1999): 1–25.

Schlichtmann, Silke (2001). *Geschlechterdifferenz in der Literaturrezeption um 1800? Zu zeitgenössischen Goethe-Lektüren*. Tübingen.

Schmid, Wolf (2013 [2007]). „Textadressat". *Handbuch Literaturwissenschaft*. Bd. 1. Hrsg. von Thomas Anz. Stuttgart und Weimar: 171–181.

Schmidt, Dietmar (2005): „Die Lesbarkeit des Abfalls. Zur Entdeckung materieller Unkultur als Objekt archäologischen Wissens". *Die Dinge als Zeichen. Kulturelles Wissen und materielle Kultur*. Hrsg. von Tobias L. Kienlin. Bonn: 239–252.

Schmidt, Peter (2009). „Die Finger in der Handschrift. Vom Öffnen, Blättern und Schließen von Codices auf spätmittelalterlichen Bildern". *Codex und Raum*. Hrsg. von Stephan Müller, Liselotte E. Saurma-Jeltsch und Peter Strohschneider. Wiesbaden: 85–125.

Schmidt, Siegfried J. (1987). „Text – Rezeption – Interpretation". *Rezeptionsforschung zwischen Hermeneutik und Empirik*. Hrsg. von Elrud Ibsch und Dick H. Schram. Amsterdam: 23–46.

Schmidt, Siegfried J. (1991). *Grundriß der empirischen Literaturwissenschaft*. Frankfurt/M.

Schmitz-Emans, Monika (1995). *Schrift und Abwesenheit. Historische Paradigmen zu einer Poetik der Entzifferung und des Schreibens*. München.

Schmitz-Emans, Monika (2010). „Die Laterna magica der Erzählung. Zur Semantik eines Bilderzeugungsverfahrens und seiner poetologischen Funktion". *Monatshefte* 102.3 (2010): 300–325.

Schmundt, Hilmar (2013). *Gutenbergs neue Galaxis: Vom Glück des digitalen Lesens". Ein Spiegel E-Book*. Hamburg.

Schneider, Cornelia (1996). „Leseglück im Spiegel der Kunst. Eine Spurensuche". *Leseglück. Eine vergessene Erfahrung*. Hrsg. von Alfred Bellebaum und Ludwig Muth. Opladen: 115–146.

Schneider, Irmela (1998). „‚Please Pay Attention Please'. Überlegungen zur Wahrnehmung von Schrift und Bild innerhalb der Medienkunst". *Bildschirmfiktionen. Interferenzen zwischen Literatur und neuen Medien*. Hrsg. von Julika Griem. Tübingen: 223–243.

Schneider, Jost (2004). *Sozialgeschichte des Lesens. Zur historischen Entwicklung und sozialen Differenzierung der literarischen Kommunikation in Deutschland*. Berlin und New York.

Schneider, Jost (2009). „Die Sozialgeschichte des Lesens und der Begriff ‚Literatur‘". *Grenzen der Literatur. Zu Begriff und Phänomen des Literarischen*. Hrsg. von Simone Winko, Fotis Jannidis und Gerhard Lauer. Berlin und New York: 434–454.

Schneider, Jost (2013). „Die Bestätigungsfunktion literarischer Kommunikation als Methodenproblem der empirischen literaturwissenschaftlichen Rezeptionsforschung". *Empirie in der Literaturwissenschaft*. Hrsg. von Philip Ajouri, Katja Mellmann und Christoph Rauen. Münster: 379–393.

Schneider, Jost (2014). „Spurlose Lektüren. Weshalb schweigen Leser über ihre Lektürepraxis?" *Internationales Archiv für Sozialgeschichte der deutschen Literatur* 39.1 (2014): 246–267.

Schneider, Ralf (2005). „Reader Constructs". *Routledge Encyclopedia of Narrative Theory*. Hrsg. von David Herman, Manfred Jahn und Marie-Laure Ryan. Abingdon: 482–483.

Schnotz, Wolfgang (2000). „Das Verstehen schriftlicher Texte als Prozeß". *Text- und Gesprächslinguistik. Ein internationales Handbuch zeitgenössischer Forschung*. Hrsg. von Klaus Brinker. Berlin und New York: 497–506.

Schnyder, Mireille (2009). „Kunst der Vergegenwärtigung und gefährliche Präsenz. Zum Verhältnis von religiösen und weltlichen Lesekonzepten". *Literarische und religiöse Kommunikation in Mittelalter und Früher Neuzeit. DFG-Symposion 2006*. Hrsg. von Peter Strohschneider. Berlin und New York: 427–453.

Scholz, Manfred Günter (1980). *Hören und Lesen: Studien zur primären Rezeption der Literatur im 12. und 13. Jahrhundert*. Wiesbaden.

Schön, Erich (1987). *Der Verlust der Sinnlichkeit oder die Verwandlungen des Lesers. Mentalitätswandel um 1800*. Stuttgart.

Schön, Erich (1990). „Weibliches Lesen: Romanleserinnen im späten 18. Jahrhundert". *Untersuchungen zum Roman von Frauen um 1800*. Hrsg. von Helga Gallas und Magdalene Heuser. Tübingen: 20–40.

Schön, Erich (^{2}2006). „Geschichte des Lesens". *Handbuch Lesen*. Hrsg. von Bodo Franzmann, Klaus Hasemann, Dietrich Löffler und Erich Schön unter Mitarb. von Georg Jäger, Wolfgang R. Langenbucher und Ferdinand Melichar. Baltmannsweiler: 1–85.

Schöttker, Detlev (1996). „Theorien der literarischen Rezeption. Rezeptionsästhetik, Rezeptionsforschung, Empirische Literaturwissenschaft". *Grundzüge der Literaturwissenschaft*. Hrsg. von Heinz Ludwig Arnold und Heinrich Detering. München: 537–554.

Schreiner, Klaus (2009). „Die lesende und schreibende Maria als Symbolgestalt religiöser Frauenbildung". *Die lesende Frau*. Hrsg. von Gabriela Signori. Wiesbaden: 113–154.

Schulz, Christoph Benjamin (2015). *Poetiken des Blätterns*. Hildesheim, Zürich und New York.

Schulze, Sabine (1993). „Leselust. Standortbestimmung und Ausstellungsrundgang". *Leselust. Niederländische Malerei von Rembrandt bis Vermeer*. Ausst.-Kat. Schirn-Kunsthalle, Frankfurt/M., 24. September 1993 bis 2. Januar 1994. Hrsg. von Sabine Schulze. Stuttgart: 9–22.

Schüttpelz, Erhard (2009). „Einleitung. Prosumentenkultur und Gegenwartsanalyse". *Prosumenten-Kulturen*. Hrsg. von Sebastian Abresch, Benjamin Beil und Anja Griesbach. Unter Mitarbeit von Erhard Schüttpelz. Siegen: 7–18.

Seidel, Michael (1998*)*. „Running Titels". *Second Thoughts: A Focus on Rereading*. Hrsg. von David Galef. Detroit: 34–50.

Selbstreguliertes Lesen. Ein Überblick über wirksame Leseförderansätze (2012). Hrsg. von Maik Philipp und Anita Schilcher. Seelze.

Die Sichtbarkeit des Lesens. Variationen eines Dispositivs (2011). Hrsg. von Christine Grond-Rigler und Felix Keller. Innsbruck.

Siebeck, Anne (2009). *Das Buch im Buch. Ein Motiv der phantastischen Literatur*. Marburg.

Signori, Gabriela (2009). „Einführung". *Die lesende Frau*. Hrsg. von Gabriela Signori. Wiesbaden: 1–15.

Sosnoski, James (1999). „Hyper-Readings and Their Reading Engines". *Passions, Pedagogies, and 21st Century Technologies*. Hrsg. von Gail E. Hawisher und Cynthia L. Selfe. Logan, UT und Urbana, Ill.

Spinner, Kaspar H. (2003). „Von der Werkinterpretation über die Rezeptionsästhetik zur Dekonstruktion". *Theorien der Literatur* 1. Hrsg. von Hans Vilmar Geppert und Hubert Zapf. Tübingen: 259–270.

Spinner, Kaspar H. (2004). „Lesekompetenz in der Schule". *Struktur, Entwicklung und Förderung von Lesekompetenz*. Hrsg. von Ulrich Schiefele, Cordula Artelt, Wolfgang Schneider und Petra Stanat. Wiesbaden: 125–138.

Spinner, Kaspar H. (2006). „Literarisches Lernen". *Praxis Deutsch* 33.200 (2006): 6–16.

Spitzer, Manfred (2005). *Vorsicht Bildschirm! Elektronische Medien, Gehirnentwicklung, Gesundheit und Gesellschaft*. Stuttgart.

Stallybrass, Peter (2002). „Books and Scrolls. Navigating the Bible". *Books and Readers in Early Modern England. Material Studies*. Hrsg. von Jennifer Andersen und Elizabeth Sauer. Philadelphia: 42–79.

Stanitzek, Georg (1992). „‚0/1‘, ‚einmal/zweimal‘ – der Kanon in der Kommunikation". *Technopathologien*. Hrsg. von Bernhard J. Dotzler. München: 111–134.

Stanitzek, Georg (1998). „Brutale Lektüre ‚um 1800‘ (heute)". *Poetologien des Wissens um 1800*. Hrsg. von Joseph Vogl. München: 249–265.

Stark, Tobias (2012). „Zum Perspektivverstehen beim Verstehen literarischer Texte: Ausgewählte Ergebnisse einer qualitativen Untersuchung". *Fachliches Wissen und literarisches Verstehen. Studien zu einer brisanten Relation*. Hrsg. von Irene Pieper und Dorothee Wieser. Frankfurt/M.: 153–169.

Stein, Peter (²2010). *Schriftkultur. Eine Geschichte des Lesens und Schreibens*. Darmstadt.

Steinlein, Rüdiger (1986). *Die domestizierte Phantasie: Studien zur Kinderliteratur, Kinderlektüre und Literaturpädagogik des 18. und frühen 19. Jahrhunderts*. Heidelberg.

Steinlein, Rüdiger (2004). „Vom geselligen Hörer zum einsamen Leser. Über die Verbürgerlichung mündlicher Erzählkommunikation". *Kinder- und Jugendliteratur als Schöne Literatur. Gesammelte Aufsätze zu ihrer Geschichte und Ästhetik*. Hrsg. von Rüdiger Steinlein. Frankfurt/M.: 9–24.

Stewart, Garrett (1996). *Dear Reader: The Conscripted Audience in Nineteenth-Century British Fiction*. Baltimore, MD.

Stiftung Lesen (2010). *Jungen lesen – aber anders! Leseförderung für Jungen in den Klassenstufen 3 bis 6*. Mainz.

Still lesen. Malerei des 17. bis 19. Jahrhunderts. Ausst.-Kat. Residenzgalerie Salzburg, 23. November 2001 bis 3. Februar 2002.

Stobbe, Martin (2017). „Quellcode lesen? Ein Plädoyer für Procedural Literacy in den Literaturwissenschaften". *Lesen X.0. Rezeptionsprozesse in der digitalen Gegenwart*. Hrsg. von Sebastian Böck, Julian Ingelmann, Kai Matuszkiewicz und Friederike Schruhl. Göttingen: 47–67. http://www.v-r.de/_uploads_media/files/9783847107453_boeck_etal_lesen_wz_082839.pdf (20. August 2017).

Stocker, Günther (2002). „‚Lesen‘ als Thema der deutschsprachigen Literatur des 20. Jahrhunderts. Ein Forschungsbericht". *Internationales Archiv für Sozialgeschichte der deutschen Literatur* 27 (2002): 208–241.

Stocker, Günther (2007). *Vom Bücherlesen. Zur Darstellung des Lesens in der deutschsprachigen Literatur seit 1945.* Heidelberg.

Stocker, Günther (2015). „‚Aufgewacht aus tiefem Lesen'. Überlegungen zur Medialität des Bücherlesens im digitalen Zeitalter". *Lesen. Ein Handapparat.* Hrsg. von Hans-Christian von Herrmann und Jeannie Moser. Frankfurt/M.: 33–47.

Stockhammer, Robert (1991). *Leseerzählungen. Alternativen zum hermeneutischen Verfahren.* Stuttgart.

Stockwell, Peter (2009). *Texture: A Cognitive Aesthetics of Reading.* Edinburgh.

Strasen, Sven (2008). *Rezeptionstheorien: Literatur-, sprach- und kulturwissenschaftliche Ansätze und kulturelle Modelle.* Trier.

Straub, Wolfgang (2011). „Im Café Gumpendorf. Männlich erotisierende Blicke auf weibliche Leserinnen". *Die Sichtbarkeit des Lesens. Variationen eines Dispositivs.* Hrsg. von Christine Grond-Rigler und Felix Keller. Innsbruck: 82–92.

Street, Brian V. (1984). *Literacy in Theory and Practice.* Cambridge.

Strohner, Hans (2006). „Textverstehen aus psycholinguistischer Sicht". *Text – Verstehen. Grammatik und darüber hinaus.* Hrsg. von Hardarik Blühdorn, Eva Breindl und Ulrich Hermann Waßner. Berlin und Boston: 187–205.

Stromberg, Kyra (1983). „Der lesende Mensch". *Kunst und Antiquitäten* V (September/Oktober): 16–29.

Strowick, Elisabeth (2002). „Erzählen, Wiederholen, Durchblättern. Bruchstücke einer psychoanalytischen Theorie des Lesens". *Literatur als Blätterwerk. Perspektiven nichtlinearer Lektüre.* Hrsg. von Jürgen Gunia und Iris Hermann. St. Ingbert: 160–181.

Stückrath, Jörn (1984). „Der literarische Held als Leser. Ein historisch-typologischer Prospekt". *Literatur, Sprache, Unterricht. Festschrift für Jakob Lehmann.* Hrsg. von Michael Krejci und Karl Schuster. Bamberg: 102–108.

Stützel-Prüsener, Marlies (1981). „Die deutschen Lesegesellschaften im Zeitalter der Aufklärung". *Lesegesellschaften und bürgerliche Emanzipation. Ein europäischer Vergleich.* Hrsg. von Otto Dann. München: 71–86.

Svenbro, Jesper (1990). „The ‚Interior' Voice. On the Invention of Silent Reading". *Nothing to Do with Dionysos? Athenian Drama in Its Social Context.* Hrsg. von John J. Winkler und Froma I. Zetilin. New Jersey: 366–384.

Svenbro, Jesper (1999). „Archaisches und klassisches Griechenland: die Erfindung des stillen Lesens". *Die Welt des Lesens. Von der Schriftrolle zum Bildschirm.* Hrsg. von Roger Chartier und Guglielmo Cavallo. Frankfurt/M. und New York: 59–96.

Svenbro, Jesper (2015). „Lesen verweigern. Schreiben verweigern". *Lesen. Ein Handapparat.* Hrsg. von Hans-Christian von Herrmann und Jeannie Moser. Frankfurt/M.: 173–190.

Tenfelde, Klaus (1981). „Lesegesellschaften und Arbeiterbildungsvereine: Ein Ausblick". *Lesegesellschaften und bürgerliche Emanzipation. Ein europäischer Vergleich.* Hrsg. von Otto Dann. München: 253–274.

Terpoorten, Frank (2002). „Die Bibliothek von Babelsberg. Über Bücher im Film". *Literatur als Blätterwerk.* Hrsg. von Jürgen Gunia und Iris Hermann. St. Ingbert: 107–124.

Theorie und Praxis des kompetenzorientierten Deutschunterrichts. Am Beispiel von Sprach-, Schreib- und literarischer Kompetenz (2014). Hrsg. von Günter Graf. Baltmannsweiler.

Tonard, Jean-François (1999). „Les rêveries d'une lectrice solitaire: Emma Bovary". *La lecture au féminin/Lesende Frauen. La lectrice dans la littérature française du Moyen Age au e siècle/ Zur Kulturgeschichte der lesenden Frau in der französischen Literatur von den Anfängen bis zum 20. Jahrhundert*. Hrsg. von Angelica Rieger und Jean-François Tonard. Darmstadt: 213–224.

Tschopp, Silvia Serena (2014). „Historische Leseforschung: Umrisse und Perspektiven". *Internationales Archiv für Sozialgeschichte der deutschen Literatur* 39.1 (2014): 151–165.

Turner, Mark (2006). „The Art of Compression". *The Artful Mind*. Hrsg. von Mark Turner. Oxford: 93–114.

Ulin, David L. (2010). *The Lost Art of Reading. Why Books Matter in a Distracted Time*. Seattle, Wash.

van Dijk, Teun A. und Walter Kintsch (1983). *Strategies of Discourse Comprehension*. New York und London.

Verdicchio, Dirk (2011). „Monströse Lektüren. Essay über eine lesende Vampirin". *Die Sichtbarkeit des Lesens. Variationen eines Dispositivs*. Hrsg. von Christine Grond-Rigler und Felix Keller. Innsbruck: 142–147.

Vermeule, Blakey (2010). *Why Do We Care about Literary Characters?* Baltimore.

Waldmann, Günter (1998). *Produktiver Umgang mit Literatur im Unterricht. Grundriss einer produktiven Hermeneutik: Theorie – Didaktik – Verfahren – Modelle*. Baltmannsweiler.

Warning, Rainer (1975). „Rezeptionsästhetik als literaturwissenschaftliche Pragmatik". *Rezeptionsästhetik. Theorie und Praxis*. Hrsg. von Rainer Warning. München: 9–41.

Warning, Rainer (2003). „Rezeptionsforschung. Historischer Rückblick und Perspektiven". *Wissenschaft und Systemveränderung. Rezeptionsforschung in Ost und West – eine konvergente Entwicklung?* Hrsg. von Wolfgang Adam, Holger Dainat und Gunter Schandera. Heidelberg: 57–68.

Wegmann, Nikolaus (1994). „Was heißt einen ‚klassischen Text' lesen? Philologische Selbstreflexion zwischen Wissenschaft und Bildung". *Wissenschaftsgeschichte der Germanistik im 19. Jahrhundert*. Hrsg. von Jürgen Fohrmann und Wilhelm Voßkamp. Stuttgart und Weimar: 334–450.

Wehinger, Brunhilde (2011). „‚Alles will jetzt lesen!' Formen der Geselligkeit in öffentlichen Bibliotheken und Lesekabinetten im Zeichen der Aufklärung". *Raum und Gefühl. Der Spatial Turn und die neue Emotionsforschung*. Hrsg. von Gertrud Lehnert. Bielefeld: 173–188.

Weidner, Daniel (1999). „Lesen im Land des Anderen. Schriften von Michel de Certeau". *Weimarer Beiträge* 45.1 (1999): 112–120.

Weigel, Sigrid (2000). „Zum Phantasma der Lesbarkeit. Heines ‚Florentinische Nächte' als literarische Urszenen eines kulturwissenschaftlichen Theorems". *Lesbarkeit der Kultur. Literaturwissenschaften zwischen Kulturtechnik und Ethnographie*. Hrsg. von Gerhard Neumann und Sigrid Weigel. München: 245–258.

Weimar, Klaus (2007). „Das Wort *lesen*, seine Bedeutungen und sein Gebrauch als Metapher". *Genese und Grenzen der Lesbarkeit*. Hrsg. von Philipp Stoellger. Würzburg: 21–34.

Weimar, Klaus (²2010). „Lesen: zu sich selbst sprechen in fremdem Namen". *Literaturwissenschaft: Einführung in ein Sprachspiel*. Hrsg. von Heinrich Bosse und Ursula Renner-Henke. Freiburg/Br., Berlin und Wien: 53–66.

Weinrich, Harald (1984). „Lesen – schneller lesen – langsamer lesen". *Neue Rundschau* 95.3 (1984): 80–99.

Welke, Martin (1981). „Gemeinsame Lektüre und frühe Formen von Gruppenbildungen im 17. und 18. Jahrhundert. Zeitungslesen in Deutschland". *Lesegesellschaften und bürgerliche Emanzipation. Ein europäischer Vergleich*. Hrsg. von Otto Dann. München: 29–53.

Die Welt des Lesens. Von der Schriftrolle zum Bildschirm (1999). Hrsg. von Roger Chartier und Guglielmo Cavallo. Übers. aus dem Engl. von H. Jochen Bußmann und Ulrich Enderwitz, aus dem Frz. von Klaus Jöken und Bernd Schwibs, aus dem Ital. von Martina Kempter. Frankfurt/M. und New York.

Willand, Marcus (2014). *Lesermodelle und Lesertheorien. Historische und systematische Perspektiven.* Berlin und Boston.

Winkels, Hubert (1989). „Weiterlesen!" *manuskripte* 29.106 (1989): 101–109.

Winkels, Hubert (1997). *Leselust und Bildermacht. Über Literatur, Fernsehen und neue Medien.* Köln.

Winkler, Iris (2010). „Poetisches Verstehen intermedial. Zum literaturdidaktischen Potential von Videoclips". *Poetisches Verstehen. Literaturdidaktische Positionen – Empirische Forschung – Projekte aus dem Deutschunterricht.* Hrsg. von Iris Winkler, Nicole Masanek und Ulf Abraham. Baltmannsweiler: 68–81.

Wirth, Uwe (1997). „Literatur im Internet. Oder: Wen kümmert's, wer liest?" *Mythos Internet.* Hrsg. von Stefan Münker und Alexander Roesler. Frankfurt/M.: 319–336.

Wirth, Uwe (1999). „Wen kümmert's, wer spinnt? Gedanken zum Schreiben und Lesen im Hypertext". *Hyperfiction. Hyperliterarisches Lesebuch: Internet und Literatur.* Hrsg. von Beat Suter und Michael Böhler. Basel und Frankfurt/M.: 29–42.

Wittmann, Reinhard (1999). „Gibt es eine Leserevolution am Ende des 18. Jahrhunderts?" *Die Welt des Lesens. Von der Schriftrolle zum Bildschirm* (1999). Hrsg. von Roger Chartier und Guglielmo Cavallo. Übers. aus dem Engl. von H. Jochen Bußmann und Ulrich Enderwitz, aus dem Frz. von Klaus Jöken und Bernd Schwibs, aus dem Ital. von Martina Kempter. Frankfurt/M. und New York: 419–454.

Wolf, Maryanne (2009). *Das lesende Gehirn. Wie der Mensch zum Lesen kam – und was es in unseren Köpfen bewirkt.* Heidelberg.

Wolff, Erwin (1971). „,Der intendierte Leser'. Überlegungen und Beispiele zur Einführung eines literaturwissenschaftlichen Begriffs". *Poetica* 4 (1971): 141–166.

Wunderlich, Heinke (1980). „,Buch' und ,Leser' in der Buchliteratur des 18. Jahrhunderts". *Die Buchillustration im 18. Jahrhundert.* Hrsg. von der Arbeitsstelle Achtzehntes Jahrhundert (Wuppertal). Heidelberg: 93–123.

Wunderlich, Heinke und Gisela Klempt-Kozinowski (1985). *Leser und Lektüre. Bilder und Texte aus zwei Jahrhunderten.* Dortmund.

Wünsch, Marianne (²1984). „Wirkung und Rezeption". *Reallexikon der deutschen Literatur-geschichte.* Hrsg. von Klaus Kanzog und Achim Masser. Berlin und New York: 894–919.

Wuthenow, Ralph-Rainer (1980). *Im Buch die Bücher oder Der Held als Leser.* Frankfurt/M.

Zedelmaier, Helmut (1991). „Lesen, Lesegewohnheiten im MA". *Lexikon des Mittelalters.* Hrsg. von Robert-Henri Bautier und Robert Auty. Bd. 5. München und Zürich: 1908–1909.

Zedelmaier, Helmut (2001). „Lesetechniken. Die Praktiken der Lektüre in der Neuzeit". *Die Praktiken der Gelehrsamkeit in der frühen Neuzeit.* Hrsg. von Helmut Zedelmaier und Martin Mulsow. Tübingen: 11–30.

Ziefle, Martina (2002). *Lesen am Bildschirm. Eine Analyse visueller Faktoren.* Münster, New York, München und Berlin.

Ziefle, Martina (2012). „Lesen an digitalen Medien". *Literatur und Digitalisierung.* Hrsg. von Christine Grond-Rigler und Wolfgang Straub. Berlin und Boston: 223–250.

Zunshine, Lisa (2003). „Theory of Mind and Experimental Representations of Fictional Consciousness". *Narrative* 11.3 (2003): 270–291.

Zunshine, Lisa (2006). *Why We Read Fiction: Theory of Mind and the Novel.* Columbus.

Sachregister

Personenregister

Beiträgerinnen und Beiträger

Aeberhard, Dr. Simon, ist Wissenschaftlicher Assistent für Neuere deutsche Literaturwissenschaft am Deutschen Seminar der Universität Basel. – E-Mail: simon.aeberhard@unibas.ch.

Anz, Dr. Thomas, ist Professor i. R. für Neuere deutsche Literatur an der Phillips-Universität Marburg. – E-Mail: anz@staff.uni-marburg.de.

Bäcker, Dr. Iris, ist Associate Professor (DAAD-Lektorin) an der School of Philology der Higher School of Economics, Moscow. – E-Mail: iris.baecker@web.de.

Bertschik, Dr. Julia, ist Privatdozentin für Deutsche Philologie (Neuere deutsche Literatur) an der Freien Universität Berlin. – E-Mail: bertschik@germanistik.fu-berlin.de.

Bertschi-Kaufmann, Dr. Andrea, ist Professorin für Leseforschung und Literaturdidaktik an der Pädagogischen Hochschule der Fachhochschule Nordwestschweiz und Privatdozentin an der Universität Basel. – E-Mail: andrea.bertschi@fhnw.ch.

Bickenbach, Dr. Matthias, ist apl. Professor für Neure deutsche Literaturwissenschaft an der Universität zu Köln. – E-Mail: matthias.bickenbach@uni-koeln.de.

Birke, Dr. Dorothee, ist Privatdozentin für englische Literaturwissenschaft an der Universität Freiburg und Fellow am Aarhus Institute for Advanced Studies an der Universität Aarhus. – E-Mail: dorothee.birke@anglistik.uni-freiburg.de.

Brosch, Dr. Renate, ist Professorin für Neuere englische Literatur am Institut für Literaturwissenchaft der Universität Stuttgart. – E-Mail: renate.brosch@ilw.uni-stuttgart.de.

Dembeck, Dr. Till, ist Professor für Neuere deutsche Literatur und Mediendidaktik an der Université du Luxembourg. – E-Mail: till.dembeck@uni.lu.

Doll, Dr. Martin, ist Jun.-Professor für Medien- und Kulturwissenschaft an der Heinrich-Heine-Universität Düsseldorf. – E-Mail: martin.doll@hhu.de.

Dotzler, Dr. Bernhard J., ist Professor für Medienwissenschaft am Institut für Information und Medien, Sprache und Kultur der Universität Regensburg. – E-Mail: bernhard.dotzler@ur.de.

Ernst, Dr. Thomas, ist Universitätsdozent für deutsche Literatur und Kultur an der Universiteit van Amsterdam. – E-Mail: t.ernst@uva.nl.

Friedrich, Dr. Peter, ist Wissenschaftlicher Mitarbeiter an der Fakultät für Linguistik und Literaturwissenschaft (Germanistik) an der Universität Bielefeld. – E-Mail: peter.friedrich@uni-bielefeld.de.

Gerigk, Dr. Horst-Jürgen, ist Professor für Russische Literatur und Allgemeine Literaturwissenschaft an der Universität Heidelberg. – E-Mail: horst-juergen.gerigk@slav.uni-heidelberg.de.

Honold, Dr. Alexander, ist Professor für Germanistik (Neuere deutsche Literaturwissenschaft) an der Universität Basel. – E-Mail: alexander.honold@unibas.ch.

Horstkotte, Dr. Silke, ist Privatdozentin und Lehrkraft für besondere Aufgaben am Institut für Germanistik der Universität Leipzig. – E-Mail: s.horstkotte@uni-leipzig.de.

Jahraus, Dr. Oliver, ist Professor für Neuere deutsche Literatur und Medien an der Ludwig-Maximilians-Universität München. – E-Mail: oliver.jahraus@lmu.de.

Kronshage, Dr. Eike, ist Wissenschaftlicher Mitarbeiter für Englische Literaturwissenschaft an der Technischen Universität Chemnitz. – E-Mail: eike.kronshage@phil.tu-chemnitz.de.

Küpper, Dr. Thomas, ist Akademischer Rat auf Zeit am Germanistischen Institut (Literatur- und Medienwissenschaft) der Universität Duisburg-Essen. – E-Mail: thomas.kuepper@uni-due.de.

Lingnau, Dr. Beate, ist Akademische Rätin im Fach Germanistik an der Universität Bielefeld. – E-Mail: beate.lingnau@uni-bielefeld.de.

Marx, Dr. Friedhelm, ist Professor für Neuere deutsche Literaturwissenschaft an der Otto-Friedrich-Universität Bamberg. – E-Mail: friedhelm.marx@uni-bamberg.de.

Maye, Dr. Harun, ist Wissenschaftlicher Mitarbeiter am Internationalen Kolleg für Kulturtechnikforschung und Medienphilosophie der Bauhaus-Universität Weimar. E-Mail: harun.maye@uni-weimar.de.

Nelles, Dr. Jürgen, lehrt als Privatdozent Neuere deutsche Literaturwissenschaft an der Rheinischen Friedrich-Wilhelms-Universität Bonn. – E-Mail: juergennelles@gmx.de.

Parr, Dr. Rolf, ist Professor für Germanistik (Literatur- und Medienwissenschaft) an der Universität Duisburg-Essen. – E-Mail: rolf.parr@uni-due.de.

Pfeiffer, Dr. Joachim, war Professor für Neuere deutsche Literatur und Literaturdidaktik an der Pädagogischen Hochschule Freiburg bis 2017. – E-Mail: pfeiffer@ph-freiburg.de.

Plangger, Natalie, M.A., ist Wissenschaftliche Mitarbeiterin an der Pädagogischen Hochschule der Fachhochschule Nordwestschweiz. – E-Mail: natalie.plangger@fhnw.ch.

Pontzen, Dr. Alexandra, ist Professorin für Germanistik (Neuere deutsche Literatur und Medienkulturwissenschaft) an der Universität Duisburg-Essen. – E-Mail: alexandra.pontzen@uni-due.de.

Preußer, Dr. Ulrike, ist Professorin für Germanistik (Literaturdidaktik) an der Universität Bielefeld. – E-Mail: ulrike.preusser@uni-bielefeld.de.

Schlicht, PD Dr. Corinna, ist Oberstudienrätin im Hochschuldienst für Germanistik (Literaturwissenschaft) an der Universität Duisburg-Essen. – E-Mail: corinna.schlicht@uni-due.de.

Schmitz-Emans, Dr. Monika, ist Professorin für Allgemeine und Vergleichende Literaturwissenschaft an der Ruhr-Universität Bochum. E-Mail: monika.schmitz-emans@rub.de.

Schneider, Dr. Jost, ist Professor für Deutsche Philologie an der Ruhr-Universität Bochum. – E-Mail: jost.schneider@rub.de.

Wesche, Dr. Jörg, ist Professor für Neuere deutsche Literaturwissenschaft an der Universität Duisburg-Essen. – E-Mail: joerg.wesche@uni-due.de.

Grundthemen der Literaturwissenschaft

Herausgegeben von Klaus Stierstorfer

Rainer Emig, Lucia Krämer (Hrsg.)
Grundthemen der Literaturwissenschaft: **Adaption**
ISBN 978-3-11-040781-5
e-ISBN (PDF) 978-3-11-041066-2
e-ISBN (EPUB) 978-3-11-041079-2

Michael Wetzel (Hrsg.)
Grundthemen der Literaturwissenschaft:
Autorschaft
ISBN 978-3-11-029692-1
e-ISBN (PDF) 978-3-11-029706-5
e-ISBN (EPUB) 978-3-11-038908-1

Andreas Englhart, Franziska Schößler (Hrsg.)
Grundthemen der Literaturwissenschaft: **Drama**
ISBN 978-3-11-037956-3
e-ISBN (PDF) 978-3-11-037959-4
e-ISBN (EPUB) 978-3-11-037963-1

Martin Huber, Wolf Schmid (Hrsg.)
Grundthemen der Literaturwissenschaft: **Erzählen**
ISBN 978-3-11-040118-9
e-ISBN (PDF) 978-3-11-041074-7
e-ISBN (EPUB) 978-3-11-041080-8

Lut Missinne, Ralf Schneider, Beatrix Theresa van
Dam (Hrsg.)
Grundthemen der Literaturwissenschaft:
Fiktionalität
ISBN 978-3-11-046602-7
e-ISBN (PDF) 978-3-11-046657-7
e-ISBN (EPUB) 978-3-11-046633-1

Robert Matthias Erdbeer, Florian Kläger, Klaus
Stierstorfer (Hrsg.)
Grundthemen der Literaturwissenschaft: **Form**
ISBN 978-3-11-036433-0
e-ISBN (PDF) 978-3-11-036438-5
e-ISBN (EPUB) 978-3-11-038578-6

Eric Achermann (Hrsg.)
Grundthemen der Literaturwissenschaft:
Interpretation
ISBN 978-3-11-040782-2
e-ISBN (PDF) 978-3-11-057771-6
e-ISBN (EPUB) 978-3-11-057585-9

Rolf Parr, Alexander Honold (Hrsg.)
Grundthemen der Literaturwissenschaft:
Lesen
ISBN 978-3-11-036467-5
e-ISBN (PDF) 978-3-11-036525-2
e-ISBN (EPUB) 978-3-11-039128-2

Norbert Otto Eke, Stefan Elit (Hrsg.)
Grundthemen der Literaturwissenschaft:
Literarische Institutionen
ISBN 978-3-11-036469-9
e-ISBN (PDF) 978-3-11-036530-6
e-ISBN (EPUB) 978-3-11-039129-9

Christiane Lütge (Hrsg.)
Grundthemen der Literaturwissenschaft:
Literaturdidaktik
ISBN 978-3-11-040120-2
e-ISBN (PDF) 978-3-11-041070-9
e-ISBN (EPUB) 978-3-11-041084-6

Rainer Grübel, Gun-Britt Kohler (Hrsg.)
Grundthemen der Literaturwissenschaft:
Literaturgeschichte
ISBN 978-3-11-035968-8
e-ISBN (PDF) 978-3-11-035975-6
e-ISBN (EPUB) 978-3-11-038687-5

Ralf Simon (Hrsg.)
Grundthemen der Literaturwissenschaft:
Poetik und Poetizität
ISBN 978-3-11-040780-8
e-ISBN (PDF) 978-3-11-041064-8
e-ISBN (EPUB) 978-3-11-041081-5

Vittoria Borsò, Schamma Schahadat (Hrsg.)
Grundthemen der Literaturwissenschaft:
Weltliteratur
ISBN 978-3-11-040119-6
e-ISBN (PDF) 978-3-11-041072-3
e-ISBN (EPUB) 978-3-11-041078-5

Alle Bände der Reihe sind auch als eBook erhältlich